Siegfried Mielke · Stefan Heinz

Eisenbahngewerkschafter im NS-Staat

Reihe

GEWERKSCHAFTER IM NATIONALSOZIALISMUS
VERFOLGUNG – WIDERSTAND – EMIGRATION
Herausgegeben von Siegfried Mielke und Stefan Heinz

Bd. 7

Gewerkschaftlicher Widerstand wird bis heute sowohl in der öffentlichen Erinnerungskultur und in der wissenschaftlichen Forschung als auch bei den Gewerkschaften selbst in seinem Umfang und seiner Intensität erheblich unterschätzt. Die Buchreihe setzt sich das Ziel, den vergleichsweise umfangreichen Beitrag von Gewerkschaftern im Kampf gegen das NS-Regime aufzuzeigen und zu belegen.

SIEGFRIED MIELKE · STEFAN HEINZ

Eisenbahngewerkschafter im NS-Staat

Verfolgung – Widerstand – Emigration (1933–1945)

Ⓜ METROPOL

Gedruckt mit freundlicher Unterstützung der Gerda Henkel Stiftung (Düsseldorf) und des Fonds Soziale Sicherung (Frankfurt am Main)

GERDA HENKEL STIFTUNG

Fonds soziale
Sicherung

Umschlagbilder: „ITF" – Organ der ITF (Deutsche Ausgabe), Mai 1933.
Porträtaufnahmen der Eisenbahngewerkschafter/innen Lorenz Breunig, John Sieg, Hermann Jochade, Frieda Jahn, Hans Jahn (von links nach rechts).

Lektorat: Geertje Andresen

ISBN: 978-3-86331-353-1

Ansbacher Str. 70
D – 10777 Berlin
www.metropol-verlag.de

Druck: buchdruckerei.de, Berlin

Inhalt

Vorwort

Die unrühmliche Rolle der Deutschen Reichsbahn im Nationalsozialismus ist weitgehend bekannt. Das Gleiche gilt nicht für den Widerstand gewerkschaftlich organisierter Eisenbahner gegen das NS-Regime. Auf der Grundlage neuen Quellenmaterials wird in der vorliegenden Publikation die Bedeutung von Verfolgung und Widerstand für Eisenbahngewerkschaftern/innen rekonstruiert und analysiert. Widerstand gegen den NS-Staat war immer ein Randphänomen, insbesondere bei der zunächst „staatsnahen" und ab 1937 faktisch staatseigenen Deutschen Reichsbahn. Mit dem Buch soll gerade deshalb ein Beitrag geleistet werden, den unterschätzten Umfang und die kaum wahrgenommene Intensität von Verfolgung und Widerstand von Eisenbahngewerkschaftern darzustellen und zu analysieren.

Die vorliegende Studie versteht sich zugleich als Teil eines seit über zehn Jahren laufenden Forschungsprojektes zum Thema „Gewerkschafter/innen im NS-Staat. Verfolgung – Widerstand – Emigration". Zum Gesamtprojekt gehören zum einen vier Bände eines biografischen Handbuches „Gewerkschafter in den Konzentrationslagern Oranienburg und Sachsenhausen";[1] ein Projekt, das mit Studierenden und Diplomanden/innen des Otto-Suhr-Institutes für Politikwissenschaft der Freien Universität Berlin erarbeitet wurde und das 444 verfolgte ehrenamtliche und hauptamtliche Gewerkschaftsfunktionäre der Weimarer Republik biografisch erfasst, von denen sich das Gros – zumindest zeitweise – auch im Widerstand gegen das NS-Regime engagierte. Zweitens gehören dazu eine Wanderausstellung und der Begleitband „Seid wachsam, dass über Deutschland nie wieder die Nacht hereinbricht",[2] drittens der biografische Sammelband „Gewerkschafterinnen im NS-Staat"[3] und viertens drei

1 Die ersten drei von Siegfried Mielke herausgegebenen Bände des biografischen Handbuches „Gewerkschafter in den Konzentrationslagern Oranienburg und Sachsenhausen" wurden von 2002 bis 2005 im Verlag „Edition Hentrich" (Berlin) veröffentlicht, der jedoch seit einigen Jahren keine Publikationen mehr verlegt. Band 2 und 3 herausgegeben in Verbindung mit Günter Morsch, Band 4 von Siegfried Mielke und Stefan Heinz unter Mitarb. von Julia Pietsch erschien 2013 im Berliner Metropol Verlag.

2 Vgl. Siegfried Mielke/Günter Morsch (Hrsg.), „Seid wachsam, dass über Deutschland nie wieder die Nacht hereinbricht." Gewerkschafter in Konzentrationslagern 1933–1945, Berlin 2011.

3 Vgl. Siegfried Mielke (Hrsg.), Gewerkschafterinnen im NS-Staat: Verfolgung, Widerstand, Emigration, Essen 2008.

Bände eines von der Deutschen Forschungsgemeinschaft (DFG) geförderten Projektes über „Metallgewerkschafter im NS-Staat und in der Emigration".[4]

Am Anfang der Forschungen zum gewerkschaftlichen Widerstand stand der von Siegfried Mielke und Matthias Frese erarbeitete umfangreiche Editionsband „Die Gewerkschaften im Widerstand und in der Emigration 1933–1945", der im Jahr 1999 als Band 5 der Reihe „Quellen zur Geschichte der deutschen Gewerkschaftsbewegung im 20. Jahrhundert" erschien.[5] Dieser Band enthält zahlreiche zeitgenössische Quellen zum Widerstand von Eisenbahngewerkschaftern gegen den NS-Staat, die sich für das neue Teilprojekt als sehr nützlich erwiesen. Erwähnt sei außerdem die Internetpräsentation von circa 1200 Kurzbiografien „Gewerkschafter in Konzentrationslagern",[6] die ebenso eine wichtige Grundlage für das Teilprojekt zur Verfolgung und zum Widerstand von Eisenbahngewerkschaftern legte. Abgerundet wird das laufende Gesamtprojekt in den kommenden Jahren durch mehrere in Arbeit befindliche Dissertationen zum Widerstand ausgewählter Einzelgewerkschaften.

Im Zusammenhang mit der Anfertigung der vorliegenden Publikation schulden wir der Gerda-Henkel-Stiftung (Düsseldorf) besonderen Dank, da sie das wissenschaftliche Forschungsprojekt „Eisenbahngewerkschafter im NS-Staat: Verfolgung – Widerstand – Emigration (1933–1945)" über mehr als zwei Jahre finanziell gefördert hat. Ebenso großer Dank gilt dem Fonds zur sozialen Sicherung für Arbeitnehmer der Mobilitäts- und Verkehrsdienstleister e. V. (Frankfurt am Main), der das Projekt mit einem finanziellen Zuschuss unterstützt hat. Zu Dank verpflichtet sind wir ebenso den Verwandten ehemaliger Eisenbahngewerkschafter, die bereitwillig Auskunft erteilten, den Stadt-, Staats- und Gewerkschaftsarchiven, Bibliotheken und anderen wissenschaftlichen Institutionen, die mit zahlreichen Hinweisen auf biografisches Material sowie durch die Weitergabe von Dokumenten und Fotomaterial halfen.

In diesem Zusammenhang möchten wir aufgrund ihrer Hilfsbereitschaft und Unterstützung besonders danken: Monika Schmidt, Bianca Welzing-Bräutigam, Barbara Schäche und

4 Vgl. Siegfried Mielke/Stefan Heinz (Hrsg.) unter Mitarb. von Marion Goers, Funktionäre des Deutschen Metallarbeiterverbandes im NS-Staat. Widerstand und Verfolgung, Berlin 2012; dies. (Hrsg.), Funktionäre des Einheitsverbandes der Metallarbeiter Berlins im NS-Staat. Widerstand und Verfolgung, Berlin 2012; dies. (Hrsg.) unter Mitarb. von Julia Pietsch, Emigrierte Metallgewerkschafter im Kampf gegen das NS-Regime, Berlin 2014. Die drei Bände erschienen in der von Siegfried Mielke und Stefan Heinz herausgegebenen Reihe „Gewerkschafter im Nationalsozialismus. Verfolgung – Widerstand – Emigration" im Berliner Metropol-Verlag; vgl. ferner Stefan Heinz, Moskaus Söldner? Der „Einheitsverband der Metallarbeiter Berlins": Entwicklung und Scheitern einer kommunistischen Gewerkschaft, Hamburg 2010.

5 Vgl. Siegfried Mielke/Matthias Frese (Bearb.), Die Gewerkschaften im Widerstand und in der Emigration 1933–1945, Frankfurt a. M. 1999.

6 Vgl. Friedrich-Ebert-Stiftung, Gewerkschafter in Konzentrationslagern. Biografische Datenbank „Gewerkschaftsfunktionäre in Konzentrationslagern 1933–1945", angefertigt von Siegfried Mielke unter Mitarb. von Marion Goers, http://www.fes.de/archiv/adsd_neu/public_history/inhalt/gewerkschafter_in_lagern.htm (12. 4. 2016).

Dr. Martin Luchterhand vom Landesarchiv Berlin, Grit Ulrich, Isgard Löffler, Brigitte Fischer, Susanne Waidmann, Miriam Arold, Andreas Grunwald und Alexandra Kosubek vom Bundesarchiv, Prof. Dr. Johannes Tuchel, Dr. Hans-Rainer Sandvoß, Andreas Herbst, Dr. Hans Coppi, John Sieber und Susanne Brömel von der Gedenkstätte Deutscher Widerstand, Albert Knoll von der Gedenkstätte Dachau, Irmgard Bartel, Gabriele Lutterbeck, André Castrup, Sarah Christine Wefel und Christian Schemmert vom Archiv der Sozialen Demokratie und der Bibliothek der Friedrich Ebert Stiftung, Dr. Volker Eichler und Peter Haberkorn vom Hessischen Hauptstaatsarchiv Wiesbaden, Eva Haberkorn und Marion Coccejus vom Hessischen Staatsarchiv Darmstadt, Bettina Dreher, Christian Gropp und Tonia Schulte vom Landesarchiv Nordrhein-Westfalen, Monika Liebscher vom Archiv der Gedenkstätte und des Museums Sachsenhausen, Ulf Bollmann vom Staatsarchiv Hamburg, Dr. Frank Teske vom Stadtarchiv Mainz, Dr. Hartmut Semmler vom Stadtarchiv Friedrichshafen, Holger Horstmann vom Stadtarchiv Hannover, Jürgen Schuhladen-Krämer vom Stadtarchiv Karlsruhe, Brigitta Heine vom Kreisarchiv Barnim, Irene Hebecker vom Stadtarchiv Magdeburg, Friedhelm Ebbecke-Bückendorf, Historiker aus Eschweiler, Gabriele John vom Stadtarchiv Leverkusen, Jürgen Bucken vom Stadtmuseum Ibbenbüren, Hermann Unterhinninghofen und Thomas Altmeyer vom Studienkreis Deutscher Widerstand 1933–1945 e. V. sowie nicht zuletzt den Mitarbeitern/innen der Bezirksregierung Düsseldorf, insbesondere Cornelia Nowak, Angelika Phlippen und Jana Berthold.

Zudem gilt unser Dank Eberhard Podzuweit, Julia Pietsch und Dr. Dennis Egginger-Gonzalez, die das Projekt inhaltlich und redaktionell unterstützt haben. Ebenso möchten wir dem Metropol Verlag und dem Verlagsleiter Friedrich Veitl für die sorgfältige Betreuung unserer seit 2012 erscheinenden Buchreihe, in der die vorliegende Publikation erscheint, unseren Dank aussprechen. In diesem Zusammenhang sei ebenso Dr. Geertje Andresen und Dr. Nicole Warmbold für das sorgfältige Lektorat des Bandes und die mehrjährige Unterstützung des Gesamtprojektes gedankt. Ein herzliches Dankeschön gilt auch Friedrich Rewinkel, Alexander Kirchner, Wolfgang Zell, Adrian Ciancia, Désireé Jungkunz, Oliver Kaufhold und allen anderen Funktionären und Mitgliedern der Eisenbahn- und Verkehrsgewerkschaft (EVG), die mit Interesse und Kritik die Fertigstellung der Untersuchung in den letzten Jahren verfolgten. Die Studie versteht sich auch deshalb als ein Beitrag zum 120-jährigen Jubiläum der EVG. Mithilfe der in dieser Publikation enthaltenen biografischen Informationen und den Angaben zum genauen Wohnort soll dazu angeregt werden, ein Gedenken an die zahlreichen verfolgten Eisenbahner vor Ort zu ermöglichen.

Die Drucklegung der vorliegenden Publikation unterstützen der Hauptförderer des Projektes, die Gerda-Henkel-Stiftung, und der Fonds zur sozialen Sicherung für Arbeitnehmer der Mobilitäts- und Verkehrsdienstleister e. V. Auch für diese Förderung sei an dieser Stelle herzlich gedankt.

Berlin im Mai 2017 *Siegfried Mielke und Stefan Heinz*

1. Einleitung

Gewerkschaftlicher Widerstand gegen das NS-Regime nimmt – wenn überhaupt – in der bundesdeutschen Erinnerungskultur bestenfalls eine randständige Rolle ein. Erfreulicherweise wächst inzwischen wieder das wissenschaftliche Interesse, sich mit der Arbeiter- und speziell der Gewerkschaftsgeschichte im 20. Jahrhundert auseinanderzusetzen. Dennoch ist eine große Zahl der Gewerkschafter/innen unterschiedlichster Berufsgruppen, die während der NS-Herrschaft Widerstand leisteten und/oder verfolgt wurden, in Vergessenheit geraten.[1] Als Folge des „Tolerierungs-" bzw. „Anpassungskurses" der Einzelverbände des Allgemeinen Deutschen Gewerkschaftsbundes (ADGB) in den Jahren 1932/33 wurde in der Sekundärliteratur bisher jahrzehntelang die These vertreten, die Freien Gewerkschaften hätten kaum Widerstand geleistet,[2] eine These, die die Mitgliedsorganisationen des Deutschen Gewerkschaftsbundes (DGB) teilten.

Gewerkschaften und Gewerkschaftshistoriographie haben es gleichermaßen versäumt, sich dafür einzusetzen, den Widerstand von Gewerkschaftern gegen das NS-System und deren Verfolgung durch das NS-Regime systematisch zu erforschen. Es gab zwar immer wieder Würdigungen einzelner Spitzenfunktionäre, die zum „Inventar" der gewerkschaftlichen Erinnerung gehören, und auch auf regionaler Ebene entstanden Lokalstudien, die auf den Widerstand und die Verfolgung einzelner, kaum bekannter Mitglieder aus den Gewerk-

1 Arbeiterwiderstand, der Widerstand von Gewerkschaftern eingeschlossen, war umfangreich, wies eine erhebliche Kontinuität auf und hatte die größten Verluste zu beklagen. Wahrscheinlich sind mehr als zwei Drittel der Menschen, die Widerstand gegen das NS-Regime leisteten, dem Arbeiterwiderstand zuzuordnen. Vgl. den Überblick in: Wolfgang Benz/Walter H. Pehle, Lexikon des deutschen Widerstandes, Frankfurt a. M. 2008, S. 15–54; Gerd R. Ueberschär, Für ein anderes Deutschland. Der deutsche Widerstand gegen den NS-Staat 1933–1945, Frankfurt a. M. 2006, S. 11–42.

2 Vgl. Siegfried Mielke, Gewerkschafter im Nationalsozialismus. Verfolgung, Widerstand, Emigration: eine Forschungsstandanalyse, in: „80. Jahrestag der Zerschlagung der Gewerkschaften". Dokumentation einer Fachtagung am 4. Mai 2013, hrsg. von der Landeszentrale für politische Bildung Rheinland-Pfalz, Mainz 2014, S. 12–33, hier S. 16 ff.

schaften hinweisen. Das zentrale Interesse der Widerstandsforschung galt jedoch bisher den Widerstandsgruppen des 20. Juli 1944.[3]

Gewerkschaftlicher Widerstand, so die zentrale These der Autoren, wird hinsichtlich Umfang und Intensität bisher deutlich unterschätzt.[4] Dies belegen bereits vorliegende Publikationen der Autoren[5] und dies belegt auch – so unsere These – die vorliegende Studie. Unterschätzt wurde bislang auch der Widerstand von Gewerkschafterinnen und der Ehefrauen der im Widerstand Aktiven.[6]

In der vorliegenden Studie wird der Versuch unternommen, einen Überblick über den gewerkschaftlichen Widerstand aller Richtungsgewerkschaften von Eisenbahnern der Weimarer Republik zu geben. Der Schwerpunkt liegt auf dem relativ umfangreichen freigewerkschaftlichen Widerstand von Eisenbahnern im Rahmen des illegalen Einheitsverbandes der Eisenbahner Deutschlands (EdED). Es wäre allerdings verkürzt, die Analyse auf die Strukturen des illegalen EdED zu reduzieren. Unterschätzt wird in der Sekundärliteratur zum Widerstand von Eisenbahngewerkschaftern nicht nur der Widerstand ehemals freigewerkschaftlicher Funktionäre des EdED, sondern auch der kommunistischen Eisenbahngewerkschafter. Diese engagierten sich sowohl in einigen illegalen Gruppen der Revolutionären Gewerkschafts-Opposition (RGO) als auch in Widerstandsnetzwerken, die von kommunistischen Parteifunktionären dominiert wurden. Gefragt wird in der vorliegenden Studie auch nach Widerstandsaktivitäten von christlichen und Hirsch-Dunckerschen Eisenbahngewerkschaftern sowie nach dem Widerstand aus den Kreisen kleiner Berufsverbände wie

3 Bei der Gedenkfeier der Bundesregierung anlässlich des Jahrestages des 20. Juli 1944 hielt erstmals im Jahr 2015 ein hochrangiger Gewerkschaftsvertreter, der DGB-Vorsitzende Reiner Hoffmann, die Gedenkrede. Vgl. Gedenkrede. Feierstunde der Bundesregierung und der Stiftung 20. Juli 1944 zum Gedenken an den Widerstand gegen die NS-Gewaltherrschaft am 20. Juli 2015 in der Gedenkstätte Berlin-Plötzensee, http://www.stiftung-20-juli-1944.de/wp-content/uploads/2015/07/2015-06-20-Gedenkrede-20-Juli-final-00000002-2.pdf (7. 2. 2017). Schließlich erinnerte die Gedenkfeier erstmals an all die „vergessenen" Gewerkschafter und würdigte die zahlreichen Verbindungen des gewerkschaftlichen Widerstandes zum Kreis um Claus Schenk Graf von Stauffenberg. Damit wurde der Versuch unternommen, den 20. Juli 1944 nicht nur auf einen von adeligen Militärs der Wehrmacht verübten und gescheiterten Aufstandsversuch zu reduzieren. In und außerhalb der Gewerkschaften ist den wenigsten bis heute bekannt, dass viele Personen außerhalb der Wehrmacht in die Attentatspläne involviert waren, dass es Pläne für eine Nachkriegsordnung unter Beteiligung ziviler Verwaltungsstrukturen sowie Verbindungen zu Gewerkschaftern, Sozialdemokraten und sogar zu Kommunisten gab.

4 Vgl. Mielke, Gewerkschafter im Nationalsozialismus. Verfolgung, Widerstand, Emigration: eine Forschungsstandanalyse, S. 12 ff., 15 ff.

5 Vgl. die Ausführungen im Vorwort.

6 Zum Widerstand von Gewerkschafterinnen und geschlechtsspezifischen Aspekten der Widerstandsarbeit vgl. Siegfried Mielke (Hrsg.), Gewerkschafterinnen im NS-Staat. Verfolgung, Widerstand, Emigration, Essen 2008, S. 9–21; Peter Steinbach, Frauenwiderstand – Widerstand von Frauen, in: Christl Wickert (Hrsg.), Frauen gegen die Diktatur. Widerstand und Verfolgung im nationalsozialistischen Deutschland, Berlin 1994, S. 11–15.

zum Beispiel der Lokomotivführer. Bei der vergleichenden Analyse sozialdemokratischer und kommunistischer Eisenbahngewerkschafter, die das Gros des Widerstandes stellten, gehen die Autoren von der These aus, dass auch im Widerstand die Auswirkungen der Spaltung der Arbeiterbewegung das Handeln der Gewerkschafter im Widerstand gegen den NS-Staat beeinflusste und beeinträchtigte. Gewerkschaftswiderstand fand im Deutschen Reich wie in der Emigration in verschiedenen Formen seinen Ausdruck – vom Netzwerk aus Einzelpersonen, über lose Gruppen bis zur festen Organisation, wie u. a. die hier vorzustellende Arbeit der Internationalen Transportarbeiter-Föderation (ITF) und deren Interaktion mit dem illegalen EdED belegt. „Gewerkschaftlicher Widerstand" wird im Folgenden in Anlehnung an Michael Schneider verstanden als der Versuch von Gewerkschaftern – im vorliegenden Fall der Eisenbahngewerkschafter – „den persönlichen Zusammenhalt [...] aufrecht zu erhalten und zudem auf illegalem Wege Informationen über die Situation in den Betrieben zu sammeln und zu verbreiten". Gewerkschaftlicher Widerstand schloss Versuche ein, „den Propaganda-Tiraden politische Aufklärung entgegenzuhalten und damit den menschenverachtenden Charakter des nationalsozialistischen Systems, insbesondere Terror und Kriegsvorbereitung, zu beleuchten".[7] Zu diesem Zweck sammelte zum Beispiel das EdED-/ITF-Widerstandsnetzwerk um Johannes (Hans) Jahn und Eduard (Edo) Fimmen vielfältige Informationen zur Situation in den Betrieben, den Dienststellen der Deutschen Reichsbahn und den zahlreichen Reichsbahnausbesserungswerken. Diese Informationen wurden über die illegalen Zeitschriften der ITF („Fahrt-frei" und „Faschismus") und des ISK („Reinhart-Briefe" und „Sozialistische Warte") im In- und Ausland verbreitet. Zum gewerkschaftlichen Widerstand zählten auch Bestrebungen, „den Kontakt zwischen Widerstandsgruppen im Reich und im Exil, auch zwischen deutschen und ausländischen Gewerkschaftern zu halten"[8] und Konzepte einer demokratischen Neuordnung für die Zeit nach dem Ende des NS-Regimes zu entwerfen. Im Folgenden wird diese Definition von Michael Schneider verstanden als Idealtypus im Sinne von Max Weber.[9] Wie nur wenige andere Widerstandsgruppen leistete die von Edo Fimmen und Hans Jahn geführte und von der ITF finanziell und logistisch unterstützte Widerstandsgruppe einen bedeutenden Beitrag im Kampf gegen das NS-Regime. In ihrem Bestreben, den „persönlichen Zusammenhalt" aufrecht zu erhalten, war die ITF vergleichsweise erfolgreich, wenngleich – das gilt für alle gewerkschaftlichen Wider-

7 Michael Schneider, Gewerkschaftlicher Widerstand, in: Peter Steinbach/Johannes Tuchel (Hrsg.), Widerstand gegen die nationalsozialistische Diktatur 1933–1945, Bonn 2004, S. 79–89, hier S. 80.

8 Ebenda; vgl. auch Mielke/Heinz (Hrsg.) unter Mitarb. von Goers, Funktionäre des Deutschen Metallarbeiterverbandes im NS-Staat, S. 11–49.

9 Das heißt, sie wird verstanden als „ein Gedankenbild", an dem „die Wirklichkeit [im vorliegenden Falle des gewerkschaftlichen Widerstandes] zur Verdeutlichung bestimmter bedeutsamer Bestandteile ihres empirischen Gehaltes gemessen, mit dem sie verglichen" wird. Max Weber, Die „Objektivität" sozialwissenschaftlicher und sozialpolitischer Erkenntnis, in: ders., Gesammelte Aufsätze zur Wissenschaftslehre, Tübingen 1951, S. 146–214, hier S. 194.

standsgruppen – lediglich ein kleiner Teil der früheren Mitgliederschaft bereit war, sich in diesen Gruppen zu engagieren. Wie zu zeigen sein wird, beteiligten sich – viel stärker als bisher behauptet – insbesondere führende Funktionäre, die in der Weimarer Republik nicht selten als „Bonzen" diffamiert worden waren, am Kampf gegen das NS-Regime.

Das Bestreben, den Zusammenhalt zu wahren, schloss auch finanzielle Hilfen für Verfolgte und ihre Familien ein. Anhand des Beispiels der Eisenbahngewerkschafter lässt sich zudem nachweisen, dass es den Funktionären des EdED-/ITF-Netzwerkes, vor allem Edo Fimmen und Hans Jahn, gelang, bis in die Kriegsjahre hinein mit einigen Vertrauensleuten im Reich in Kontakt zu bleiben. Während der letzten Kriegsjahre nahmen neben Hans Jahn auch Werner Hansen, Willi Eichler und Walter Auerbach, die die Widerstandsaktivitäten der Eisenbahngewerkschafter von Anfang an unterstützt hatten, in der „Landesgruppe deutscher Gewerkschafter" in Großbritannien Einfluss auf die Neuordnungsvorstellungen. Auch diese Bestrebungen, während des Zweiten Weltkrieges das NS-Regime aus dem Exil heraus zu bekämpfen, sind Gegenstand der vorliegenden Untersuchung.

Ausgangspunkt dieser Studie war zunächst die systematische Erfassung möglichst aller hauptamtlichen und zahlreicher ehrenamtlicher Funktionäre[10] von Eisenbahngewerkschaften (auf Reichs-, Bezirks- und Ortsebene), die während des NS-Regimes verfolgt wurden, Widerstand leisteten und/oder emigrieren mussten. Mit der Rekonstruktion und dem Vergleich der Lebenswege – insbesondere der Erfahrungen von Verfolgung, Verhaftung, Inhaftierung, Emigration und zum Teil auch Tod – lässt sich belegen, dass frühere Gewerkschaftsfunktionäre, die zum Teil bereits während der Weimarer Republik oder in der Frühphase des Widerstandes das NS-Regime bekämpft hatten, von diesem als reale oder potenzielle Bedrohung wahrgenommen wurden. Die überwiegende Mehrheit der Gewerkschaftsfunktionäre – so unsere These – lief nicht zu den Nationalsozialisten über; ihr Verhalten bedeutete jedoch keineswegs immer auch widerständiges Handeln. Während der zwölfjährigen NS-Herrschaft variiert bei einigen Gewerkschaftsfunktionären ihr Verhalten gegenüber dem Nationalsozialismus (Widerstand, „Innere Emigration", Abwarten, Apathie). Die offensichtliche Distanz zum NS-System einer erheblichen Zahl der Funktionäre der Eisenbahngewerkschaften stellte ein nachhaltiges Integrationshindernis für das NS-Regime dar. Auf die verweigerte Einordnung der ehemaligen Gewerkschaftsfunktionäre in die NS-„Volksgemeinschaft"

10 Als Funktionäre sollen hier die Mitglieder verstanden werden, die für eine längere Zeit eine verbindliche Aufgabe in den jeweiligen Eisenbahngewerkschaften übernahmen und/oder als Betriebsrat Interessen der Belegschaft vertraten. Zu den Funktionären gehörten „Hauptamtliche" der Leitungsgremien, die als Spitzenfunktionäre (im Vorstand) oder als leitende Funktionäre der mittleren Führungsebene bezeichnet werden, ebenso wie die große Zahl der „Ehrenamtlichen" an der Gewerkschaftsbasis, in den Verbandsbezirken und im Bahnbetrieb. Als „Funktionäre" werden auch diejenigen Personen angesehen, die in einer explizit eisenbahngewerkschaftlichen Widerstandsgruppe eine konkrete Funktion übernahmen, auch wenn sie in einzelnen Fällen zuvor in keiner Eisenbahngewerkschaft organisiert waren oder keinen Beruf bei der Reichsbahn ausübten.

reagierte das NS-System zunehmend mit repressiven Maßnahmen, um den Konsolidierungsprozess der Diktatur nicht zu gefährden. Die Studie setzt sich auch das Ziel, den „vergessenen" Gewerkschaftsfunktionären, die verfolgt wurden und/oder Widerstand leisteten, einen Namen und ein Gesicht zu geben.[11]

Forschungsstand und analytischer Bezugsrahmen

Die Beschäftigung mit dem Nationalsozialismus hat in den zurückliegenden Jahrzehnten eine kaum zu überblickende Fülle an Publikationen hervorgebracht. In den meisten dieser Veröffentlichungen finden Verfolgung und Widerstand von Gewerkschaftern wenig Berücksichtigung. In der folgenden Forschungsstandanalyse wird lediglich auf die Studien eingegangen, die sich mit dem Widerstand von „Eisenbahngewerkschaftern" auseinandersetzen.[12] Auf die Sekundärliteratur, die Einzelaspekte des Forschungsstandes – wie zum Beispiel den Neuaufbau der Gewerkschaften nach Kriegsende in den Besatzungszonen sowohl im Ost- als auch im Westteil Deutschlands analysiert – wird in den entsprechenden Kapiteln der Studie eingegangen. Auch wenn es einige Veröffentlichungen zum Widerstand der Eisenbahngewerkschafter und speziell zu Edo Fimmen gibt,[13] sind zahlreiche Aspekte der Thematik bis

11 Vgl. die Angaben im biografischen Anhang.

12 Vgl. Mielke, Gewerkschafter im Nationalsozialismus. Verfolgung, Widerstand, Emigration: eine Forschungsstandanalyse, S. 12 ff., 15 ff.; Mielke/Heinz (Hrsg.) unter Mitarb. von Goers, Funktionäre des Deutschen Metallarbeiterverbandes im NS-Staat, S. 11 ff.; Mielke/Frese (Bearb.), Die Gewerkschaften im Widerstand und in der Emigration, wobei in der Einleitung des Bandes (S. 9–69) ein Überblick zu Forschungen über Verfolgung und Widerstand bis zum Ende der 1990er-Jahre gegeben wird; vgl. ferner Buschak, „Arbeit im kleinsten Zirkel", 1. Aufl. 1993 und ders., 2., aktual. Aufl. 2015, S. 9–18.

13 Vgl. Esters/Pelger/Schlingensiepen, Gewerkschafter im Widerstand; Bernd Eichmann, Auch wenn andere die Weichen stellten. Exemplarische Lebensgeschichten von Eisenbahngewerkschaftern, Köln 1988; ferner Gottwaldt, Eisenbahner gegen Hitler; Buschak, „Arbeit im kleinsten Zirkel", 1. Aufl. 1993, und ders., 2., aktual. Aufl. 2015, insbesondere S. 153–199; Nelles, Widerstand und internationale Solidarität. Die Internationale Transportarbeiter-Föderation (ITF) im Widerstand; Sigrid Koch-Baumgarten/Peter Rütters (Hrsg.), Zwischen Integration und Autonomie. Der Konflikt zwischen den Internationalen Berufssekretariaten und dem Weltgewerkschaftsbund um den Neuaufbau einer internationalen Gewerkschaftsbewegung 1945 bis 1949. Eine Quellenedition, Köln 1991; Willy Buschak, Edo Fimmen. Der schöne Traum von Europa und die Globalisierung. Eine Biografie. Mit einem Vorwort von Peter Friedemann, Essen 2002; Sigrid Koch-Baumgarten, Ein Linkssozialist und „Sturmvogel" als internationaler Gewerkschaftssekretär. Edo Fimmen und die ITF (1919–1942), in: Internationale Wissenschaftliche Korrespondenz zur Geschichte der Arbeiterbewegung 36 (2000) 1, S. 12–28. Auch in der DDR erschienen einige Forschungsarbeiten, in denen der gewerkschaftliche Widerstand der Eisenbahner zum Thema gemacht wurde. Sie entsprachen jedoch in der Regel den Direktiven der SED-Historiografie, wiesen in erheblichen Teilen einen apologetischen Charakter auf und blieben auf den Widerstand der KPD fixiert. Vgl. z. B. Horst Bednareck, Gewerkschafter im Kampf gegen die Todfeinde der Arbeiterklasse und des deutschen Volkes. Zur Geschichte der deutschen Gewerkschaftsbewegung 1933–1945, Berlin

heute gänzlich unerforscht. Gesamtdarstellungen zu den christlichen und liberalen Eisenbahngewerkschaften fehlen vollständig. Auch verschiedene freigewerkschaftliche Widerstandsgruppen, die unabhängig vom Widerstandsnetzwerk um Hans Jahn gegen das NS-Regime agierten, finden in der Sekundärliteratur keinerlei Erwähnung. Gemeint sind hier die Gruppen um Franz Apitzsch, Lorenz Breunig und Paul Beyerling sowie das Netzwerk um Karl Blaß und Richard Hölzcker.

Vernachlässigt wurden bisher vollständig die Widerstandszirkel in Reichsbahnausbesserungswerken und anderen Einrichtungen der Deutschen Reichsbahn-Gesellschaft wie der „Mitropa AG". Die im Anhang der vorliegenden Untersuchung veröffentlichten Kurzbiografien von mehr als 350 Eisenbahngewerkschaftern (Funktionäre)[14] und einigen Mitgliedern anderer Gewerkschaften verweisen auf weitere in der Sekundärliteratur vernachlässigte Aspekte der Widerstandsaktivitäten. Auch das Engagement ehemaliger Funktionäre und Mitglieder der Eisenbahngewerkschaften in parteipolitisch dominierten Widerstandsgruppen sowie die Bestrebungen von Emigranten, das NS-Regime aus dem Exil heraus zu bekämpfen, waren bisher eher selten Gegenstand wissenschaftlicher Publikationen.

Eine detaillierte Aufarbeitung aller genannten Widerstandsgruppen hätte eine weitere jahrelange Recherchearbeit erfordert, die weder aus zeitlichen noch aus finanziellen Gründen gegeben war. Die folgenden knappen Hinweise auf einige dieser Widerstandsgruppen beabsichtigen lediglich, auf weiterhin existierende Forschungslücken bei der Recherche zum Widerstand von Eisenbahngewerkschaftern aufmerksam zu machen. Verwiesen sei zum Beispiel auf die Verbindungen des kommunistischen Gewerkschaftsfunktionärs Fritz Müllerstein, der im Umfeld der Organisation „Der Bund – Internationaler Sozialistischer Orden" (ISO) im Reichsbahnausbesserungswerk in Broich Widerstand leistete. Andere Eisenbahngewerkschafter wie Karl Müller[15] engagierten sich im Rahmen einer Gruppe der „Zeugen Jehovas", verteilten illegales Material, hielten Kontakt ins Ausland und weigerten sich, an Kriegshandlungen teilzunehmen. Darüber hinaus gab es Eisenbahngewerkschafter, für die keine ehrenamtliche oder hauptamtliche Funktion in einer Gewerkschaft nachgewiesen werden konnte, die in Widerstandsgruppen wie zum Beispiel den „Edelweißpiraten" mitarbeiteten.[16]

(Ost) 1966, S. 109 ff.; Uns gehören die Schienenwege. Eine Festschrift des Ministeriums für Verkehrswesen der Deutschen Demokratischen Republik zum 125jährigen Jubiläum der Eisenbahnen in Deutschland, Berlin (Ost) o. J.

14 Kurz vor Abschluss der Recherchen fanden sich im ITF-Bestand des AdsD eine Reihe weiterer Hinweise auf Funktionäre aus den Reihen des EdED, denen jedoch im Rahmen der vorliegenden Untersuchung nicht mehr systematisch nachgegangen werden konnte. Vgl. AdsD, Bestand ITF, 5/ITFA, Mappe 95, Anschriftenliste(n).

15 Zu Karl Müller vgl. die biografischen Angaben im Anhang.

16 Vgl. z. B. die Biografie von Jean Jülich. Stefan Müller, Jean Jülich (Geb. 1929), in: Gottwaldt, Eisenbahner gegen Hitler, S. 332–337.

Vereinzelt engagierten sich auch Eisenbahner in Widerstandsgruppen von Einzelgewerkschaften, in denen vorrangig Mitglieder anderer Berufsgruppen organisiert waren. Erwähnt sei zum Beispiel Georg Otten, vor 1933 EdED-Geschäftsführer in Stendal, der sich in einer Gruppe ehemaliger Funktionäre des Deutschen Metallarbeiterverbandes (DMV) betätigte.[17] Ein weiterer bisher vernachlässigter Aspekt ist der Beitrag von Eisenbahngewerkschaftern am gewerkschaftlichen Neuaufbau nach Kriegsende.

Über die Widerstandsaktivitäten von Hunderten hauptamtlicher Eisenbahngewerkschafter und einer noch weit größeren Anzahl von ehrenamtlich tätigen Eisenbahnfunktionären gibt es bis heute keine systematische Untersuchung. Was bisher vorliegt, sind Darstellungen zur Organisationsgeschichte, die von den Eisenbahngewerkschaften[18] in der Bundesrepublik Deutschland herausgegeben wurden. Hinzu kommt die bereits erwähnte Studie von Helmut Esters, Hans Pelger und Alexandra Schlingensiepen[19] zur illegalen EdED-/ITF-Gruppe um Hans Jahn. Über die Mitglieder dieser Widerstandsgruppe enthält die Studie wenig biografisches Material. Sie beschränkt sich auf Teile West- und Süddeutschlands, dokumentiert einige zeitgenössische Quellen zum Widerstand und konzentriert sich auf die Wiedergabe ausgewählter Dokumente der Verfolger. Positiv ist hervorzuheben, dass sich die Autoren im Unterschied zu heutigen Studien auf Interviews mit Mitgliedern der Widerstandsgruppe um Hans Jahn stützen konnten. Der unbefriedigende Forschungsstand zur ITF konnte 2001 durch eine Monografie von Dieter Nelles[20] und einige ergänzende Auf-

17 Warum sich beispielsweise Georg Otten der DMV-Widerstandsgruppe unter Leitung von Alwin Brandes, Heinrich Schliestedt, Willy Rößler, Richard Teichgräber und anderen führenden DMV-Funktionären anschloss und nicht der Widerstandsgruppe der ehemaligen EdED-Funktionäre unter Leitung von Hans Jahn, die in Stendal einen Stützpunkt – vermutlich unter Leitung von Wilhelm Ebeling – besaß, konnte nicht geklärt werden. Vgl. zu biografischen Daten im Anhang und insbesondere Julia Pietsch, Georg Otten (1889–1949), in: Mielke/Heinz (Hrsg.) unter Mitarb. von Goers, Funktionäre des Deutschen Metallarbeiterverbandes im NS-Staat, S. 455–460; ferner Beatrix Herlemann, „Wir sind geblieben, was wir immer waren, Sozialdemokraten". Das Widerstandsverhalten der SPD im Parteibezirk Magdeburg-Anhalt gegen den Nationalsozialismus 1930–1945, Halle a. d. Saale 2001.

18 Vgl. Gewerkschaft Transnet (Hrsg.), Zukunft hat Vergangenheit. 110 Jahre Gewerkschaft bei der Bahn 1896–2006, Hof 2006 und Neuaufl.: Frankfurt a. M. 2010; Gewerkschaft Transnet – Hauptvorstand (Hrsg.), Transnet. Gewerkschaft bei der Bahn 1945–2008, Frankfurt a. M. 2009; Gewerkschaft Transnet (Hrsg.), 175 Jahre Beschäftigte bei den Bahnen. Ihr ständiger Kampf zur Verbesserung der Lebens- und Arbeitsbedingungen 1835–2010, Frankfurt a. M. 2010; Gewerkschaft Deutscher Lokomotivbeamten (Hrsg.), 100 Jahre GDL. Geschichte der Gewerkschaft Deutscher Lokomotivbeamten und Anwärter 1867–1967, Frankfurt a. M. 1967.

19 Vgl. Esters/Pelger/Schlingensiepen, Gewerkschafter im Widerstand.

20 Nelles, Widerstand und internationale Solidarität. Die Internationale Transportarbeiter-Föderation (ITF) im Widerstand; ders., Der Widerstand der Internationalen Transportarbeiter-Föderation gegen Nationalsozialismus und Faschismus in Deutschland und Spanien, in: Andreas G. Graf (Hrsg.), Anarchisten gegen Hitler. Anarchisten, Anarcho-Syndikalisten, Rätekommunisten in Widerstand und Exil, Berlin 2001, S. 114–155; ders., Widerstand und internationale Solidarität. Die Internationale Transport-

sätze zu einem erheblichen Teil behoben werden. Die Studie von Nelles konzentriert sich vor allem auf die Bemühungen der ITF, unter Seeleuten tragfähige Widerstandsstrukturen zu entwickeln. In Bezug auf den Widerstand von Eisenbahngewerkschaftern bleiben – gerade hinsichtlich der Zusammensetzung der EdED-Gruppen und deren „Repressionserfahrungen" – viele Fragen offen.

Zusammen mit Matthias Frese hat Siegfried Mielke den Editionsband über „Die Gewerkschaften im Widerstand und in der Emigration 1933–1945"[21] bearbeitet und herausgegeben. In diesem Editionsband werden zentrale Dokumente über den Aufbau und die programmatischen Vorstellungen des Widerstandes von Eisenbahnern im Rahmen der illegalen EdED-/ITF-Gruppe um Hans Jahn und Edo Fimmen veröffentlicht. Der Band dokumentiert die Vielfalt gewerkschaftlichen Widerstandes während der NS-Zeit sowie verschiedene Debatten, Initiativen und Aktivitäten in der Emigration. Zugleich wird der Widerstand von Gewerkschaftern, die bei der Reichsbahn beschäftigt oder für eine eisenbahngewerkschaftliche Organisation tätig waren, systematisch in einen Gesamtkontext anderer Gewerkschaftsgruppen und -strukturen eingeordnet. Auf diese Ende der 1990er-Jahre aufbereiteten Quellen und andere Unterlagen greift unter anderem Willy Buschak bei den im Jahr 2015 aktualisierten Forschungen zum eisenbahngewerkschaftlichen Widerstand zurück.[22] Willy Buschak gebührt das Verdienst, bereits 1993 den Versuch unternommen zu haben, den vielfältigen gewerkschaftlichen Widerstand in einer Gesamtdarstellung zu würdigen.[23] Zu Recht weist er in seinen Publikationen auf die Schwierigkeiten hin, bei gewerkschaftlichen Widerstandsaktivitäten die „Grenze zum politischen Widerstand" der Arbeiterparteien zu ziehen. Unter gewerkschaftlichem Widerstand versteht er die Aktivitäten, die darauf gerichtet waren, „Mitglieder oder Funktionäre der Gewerkschaften zu sammeln und den

arbeiter-Föderation (ITF), in: Hans Coppi/Stefan Heinz (Hrsg.), Der vergessene Widerstand der Arbeiter. Gewerkschafter, Kommunisten, Sozialdemokraten, Trotzkisten, Anarchisten und Zwangsarbeiter, Berlin 2012, S. 73–90; ders., Zur Traditionspflege geeignet? Internationaler gewerkschaftlicher Widerstand gegen das NS-Regime, in: Sebastian Voigt/Heinz Sünker (Hrsg.), Arbeiterbewegung – Nation – Globalisierung: Bestandsaufnahmen einer alten Debatte, Weilerswist-Metternich 2014, S. 84–104; ders., Der verdrängte Widerstand. Die Erinnerung an den Widerstand der Internationalen Transportarbeiterföderation in den deutschen Gewerkschaften, in: Stefan Berger (Hrsg.), Gewerkschaftsgeschichte als Erinnerungsgeschichte. Der 2. Mai 1933 in der gewerkschaftlichen Erinnerung und Positionierung nach 1945, Essen 2015, S. 375–399; vgl. grundlegend zur ITF Sigrid Koch-Baumgarten, Gewerkschaftsinternationalismus und die Herausforderung der Globalisierung. Das Beispiel der Internationalen Transportarbeiterföderation (ITF), Frankfurt a. M. 1999; Hartmut Simon, Die Internationale Transportarbeiter-Föderation. Möglichkeiten und Grenzen internationaler Gewerkschaftsarbeit vor dem Ersten Weltkrieg, Essen 1994.

21 Vgl. Mielke/Frese (Bearb.), Die Gewerkschaften im Widerstand und in der Emigration.

22 Vgl. Buschak, „Arbeit im kleinsten Zirkel", 2., aktual. Aufl. 2015, S. 150–199.

23 Vgl. ebenda, 1. Aufl. 1993, S. 66–100.

Zusammenhang […] nicht abreißen zu lassen."[24] Der Autor vertritt – wie in der Erstauflage des Bandes – die weitgehend zutreffende These, gewerkschaftlicher Widerstand sei in erster Linie „Arbeit im kleinsten Zirkel"[25] gewesen – eine These, die nicht ausschließlich den eisenbahngewerkschaftlichen Widerstand, sondern das gesamte Spektrum gewerkschaftlicher Widerstandstätigkeiten charakterisiert. Die Annahme Gerhard Beiers, wonach es „illegale Massenorganisationen"[26] der Gewerkschaften gegeben habe, wird von ihm zu Recht zurückgewiesen.[27] In der Frage der Bedeutung der „Illegalen Reichsleitung" vertreten die Autoren jedoch eine deutlich abweichende Position zu Buschak. Auch wenn er inzwischen von der Existenz einer „Illegalen Reichsleitung" ausgeht und diese nicht mehr als „Phantasma" beschreibt, sondern als einen übergreifenden „losen" Zusammenschluss aus Freigewerkschaftern charakterisiert, unterschätzt Buschak weiterhin deren Bedeutung. Überdies stellt er nach wie vor die Existenz einer „Reichsleitung" für den freigewerkschaftlichen Organisierungsbereich der Eisenbahner in Abrede; eine These, die es in der vorliegenden Studie mit zeitgenössischen Quellen zu widerlegen gilt.

Trotz der Auswertung zahlreicher neuer Quellen in der Neuauflage des Bandes „Arbeit im kleinsten Zirkel" unterschätzt Willy Buschak weiterhin Intensität und Umfang des Widerstandes, insbesondere auch der Eisenbahner.[28] Zuzustimmen ist Buschak, wenn er den „Organisationsplan"[29] zum Eisenbahnerwiderstand aus dem Jahr 1936 „einen guten Überblick" nennt, der aufzeigt, „wie weit die ITF ihr illegales Netz spannen wollte, welche Funktionäre Jahn noch für vertrauensvoll hielt, möglicherweise auch darüber, zu wem er engeren oder losen Kontakt hatte, wen er besuchte, mit wem er in Briefwechsel stand."[30] Seine These, der „Organisationsplan" habe eher dem „Wunschdenken Jahns denn der Wirklichkeit" entsprochen, da „Personen, die er als Gaugrafen oder Stützpunktleiter vorgesehen hatte"[31] teilweise nicht bereit gewesen seien, illegal tätig zu werden, basiert zum großen Teil auf einer Einschätzung der Düsseldorfer Gestapo. Ohne konkrete Belege und Namen zu nennen, behauptet er, „bei 9 der 14 Gaugrafen auf Jahns Übersicht über den Stand der illegalen Arbeit" ließe sich eine „Beteiligung an illegaler Arbeit nicht nachweisen."[32] Die Verfasser

24 Ebenda, 2., aktual. Aufl. 2015, S. 10 f.

25 Ebenda, S. 17.

26 So die These von Gerhard Beier. Vgl. ders., Die Illegale Reichsleitung der Gewerkschaften 1933 bis 1945, Köln 1981.

27 Vgl. Buschak, „Arbeit im kleinsten Zirkel", 2., aktual. Aufl. 2015, S. 308.

28 Eine solche Einschätzung, wie sie hier mit Blick auf Buschaks Publikation gegeben wird, bedeutet keineswegs, die These Gerhard Beiers von der Existenz vermeintlicher „Massenorganisationen" in der Illegalität rehabilitieren zu wollen.

29 Vgl. die Abbildung auf S. 739 ff.

30 Buschak, „Arbeit im kleinsten Zirkel", 2., aktual. Aufl. 2015, S. 196.

31 Ebenda.

32 Ebenda, S. 197.

der vorliegenden Studie gehen demgegenüber von der Gegenthese aus, dass das Gros der in Hans Jahns „Organisationsplan" erwähnten Gaugrafen zumindest zeitweise in der erwähnten Widerstandsgruppe mitarbeitete. Auch die Mehrheit der ehemaligen Vorstandsmitglieder des EdED, die Mehrheit der Bezirksleiter und ein nicht geringer Teil der Mitglieder des Hauptbetriebsrates der Deutschen Reichsbahn engagierten sich eindeutig im Widerstand gegen das NS-Regime. Es wird keineswegs bestritten, dass nur ein kleiner Teil der Mitgliederschaft der ehemaligen Eisenbahngewerkschaften Widerstand leistete. Dagegen lässt sich jedoch belegen, dass insbesondere zahlreiche Funktionäre von der lokalen bis zur Reichsebene in der Illegalität aktiv waren. Bei der Herstellung von Verbindungen zwischen Exil und Reichsgebiet kam insbesondere der Unterstützung seitens der ITF und des ISK große Bedeutung zu. Nur durch das Zusammenspiel einer zentralen Anleitung aus dem Ausland und der Bereitschaft zum Widerstand im Deutschen Reich war es möglich, die Aufrechterhaltung der Aktivitäten des illegalen EdED zu gewährleisten.

Biografisches Material zu Eisenbahngewerkschaftern im Widerstand findet sich bisher in nennenswertem Umfang lediglich in den zwischen 2002 und 2013 herausgegebenen vier biografischen Handbüchern über „Gewerkschafter in den Konzentrationslagern Oranienburg und Sachsenhausen"[33] und in der Studie „Eisenbahner gegen Hitler".[34] Diese Publikation von Alfred Gottwaldt erhebt den Anspruch, eine Art „Zwischenbilanz" für Forschungen zum eisenbahngewerkschaftlichen Widerstand zu ziehen, die zugleich größeren Forschungsvorhaben den Weg bereiten möchte. Innovativ an diesem Band ist die Darstellung und Analyse des eisenbahngewerkschaftlichen Widerstandes in verschiedenen Etappen. Personen, die Widerstand leisteten und aus diesem Grund verfolgt wurden, werden in dieser Studie einzelnen „Widerstandsphasen" zugeordnet. Da die Biografien aber als exemplarische Beispiele für jeweils eine der Phasen präsentiert werden, lassen sich kaum verallgemeinerbare Aussagen zu den im Widerstand aktiven Gewerkschaftern und zur Zusammensetzung der illegalen Gruppen treffen. Überdies werden in sämtlichen Publikationen, in denen der Widerstand von Eisenbahnern zum Thema gemacht wird, die Verbindungen des illegalen EdED zum ISK weitgehend ausgeklammert,[35] obwohl den Verbindungen von EdED/ITF zum ISK, die

33 Vgl. Siegfried Mielke (Hrsg.), Gewerkschafter in den Konzentrationslagern Oranienburg und Sachsenhausen. Biographisches Handbuch, 4 Bde., Berlin 2002–2013 (Bde. 2 und 3 hrsg. in Verbindung mit Günter Morsch, Bd. 4 mit Stefan Heinz unter Mitarb. von Julia Pietsch). In diesen Handbüchern finden sich zahlreiche Biografien zu Eisenbahngewerkschaftern, die in den Konzentrationslagern Oranienburg bzw. Sachsenhausen inhaftiert waren und von denen die meisten sich auch im Widerstand gegen das NS-Regime engagierten.

34 Vgl. Gottwaldt, Eisenbahner gegen Hitler.

35 Vgl. Werner Link, Die Geschichte des Internationalen Jugend-Bundes (IJB) und des Internationalen Sozialistischen Kampf-Bundes (ISK). Ein Beitrag zur Geschichte der Arbeiterbewegung in der Weimarer Republik und im Dritten Reich, Meisenheim a. Glan 1964; Sabine Lemke-Müller, Ethischer Sozialismus und soziale Demokratie. Der politische Weg Willi Eichlers vom ISK zur SPD, Bonn 1988; dies., Ethik

durch jahrelange berufliche Kontakte und Freundschaften der Eisenbahner begünstigt wurden, erheblicher Einfluss auf die Widerstandsarbeit auf internationaler Ebene und vor Ort zukommt. Besonders interessant ist in diesem Zusammenhang, dass die Kleinstorganisation ISK, die den sozialistischen Zwischengruppen zugeordnet wird, mit ihrem eigenwilligen Programm und strengen Regeln für die Mitgliedschaft jahrelang eine Kooperation mit der ITF aufrechterhalten konnte.

Hinweise auf den Lebensweg, das gewerkschaftspolitische Engagement, auf Verfolgung, Widerstand und Exil von Eisenbahngewerkschaftern finden sich auch in Handbüchern wie dem „Biographischen Handbuch der deutschsprachigen Emigration nach 1933“[36] oder im „Handbuch Deutsche Kommunisten“[37] sowie in der mehrbändigen Biografiensammlung „Widerstand in Berlin gegen das NS-Regime 1933 bis 1945“.[38] Diese Publikationen waren für das Projekt hilfreich, um Hinweise auf Eisenbahngewerkschafter zu finden, die im Widerstand tätig waren, verfolgt wurden oder emigrierten. In der Regel boten sie einen Ansatz für weitergehende Recherchen, den Widerstand systematisch aus den Biografien verfolgter und widerständiger Eisenbahngewerkschafter zu rekonstruieren.[39]

Ausgewertet wurden für die vorliegende Studie zahlreiche Protokolle, Satzungen, Jahrbücher, Geschäftsberichte, Funktionärsorgane und Zeitungen der Eisenbahngewerkschaften vor 1933,[40] ferner Zeitschriften aus der Zeit der Illegalität und des Widerstandes („Fahrt-frei“, „Faschismus“ sowie die ISK-Zeitschriften „Reinhart-Briefe“ und die „Sozialistische Warte“). Aus den vor 1933 genannten Veröffentlichungen konnten Informationen zur Entwicklung und zu den Problemen der Eisenbahngewerkschaften während der Weimarer Republik, zur

des Widerstands. Der Kampf des Internationalen Sozialistischen Kampfbundes (ISK) gegen den Nationalsozialismus. Quellen und Texte zum Widerstand aus der Arbeiterbewegung 1933–1945, Bonn 1996; Heiner Lindner, „Um etwas zu erreichen, muss man sich etwas vornehmen, von dem man glaubt, dass es unmöglich sei“. Der Internationale Sozialistische Kampfbund (ISK) und seine Publikationen, Bonn 2006; Susanne Döscher-Gebauer/Hans-Dieter Schmid/Detlef Schmiechen-Ackermann, Linkssozialistischer Widerstand gegen die nationalsozialistische Diktatur in Hannover, Leipzig 2015; Karl-Heinz Klär, Zwei Nelson-Bünde: Internationaler Jugend-Bund (IJB) und Internationaler Sozialistischer Kampf-Bund (ISK) im Licht neuer Quellen, in: Internationale wissenschaftliche Korrespondenz zur Geschichte der deutschen Arbeiterbewegung, 18 (1982) 3, 1982, S. 310–360.

36 Vgl. Röder/Strauss (Bearb.), Biographisches Handbuch.

37 Vgl. Weber/Herbst, Deutsche Kommunisten (1. Aufl. 2004 und 2., aktual. Neuaufl.: Berlin 2008).

38 Vgl. Geschichtswerkstatt unter Leitung von Fieber (Hrsg.), Widerstand in Berlin gegen das NS-Regime 1933–1945, Bde. 1–10, Berlin 2001–2004.

39 Die im Zuge der Recherchen gewonnenen Erkenntnisse zu Einzelnen mussten für die Bewertung der illegalen Aktivitäten und Widerstandsnetzwerke hinsichtlich folgender Kriterien vergleichbar sein: Sozialisation, Partei- und Gewerkschaftsleben, die Sicht auf die gewerkschaftliche Bewegung im Kaiserreich und in der Weimarer Republik und das konkrete „Verhalten“ im Nationalsozialismus.

40 Vgl. genauer im Literaturverzeichnis unter „Zeitgenössische Protokolle, Flugblätter, Literatur und Jahrbücher“.

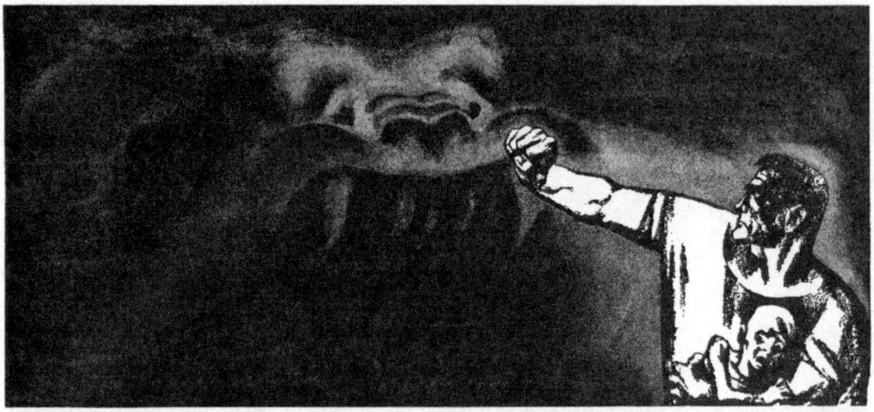

FASCHISMUS

Nummer 6 Amsterdam, den 22. September 1934.

"Mitleid ist Sünde". (ITF) Die Nationalsozialisten haben die Arbeitsschlacht verloren, sie fürchten die Folgen ihrer Niederlage: sie wollen deshalb die Erwerbslosen in möglichst kleinen Gruppen über das ganze Land verteilen. Jungarbeiter werden aus den Betrieben herausgezogen und durch Familienväter ersetzt, die durch die Rücksicht auf Frau und Kind gebunden sind. Die Jungarbeiter werden unter die militärische Disziplin der Arbeitslager gestellt. Die städtischen Erwerbslosen werden in den Barackenlagern an den Autostrassen oder in den Schnitterkasernen der grossen Güter untergebracht und müssen dort zu elenden Löhnen arbeiten. Die Männer, die als Wanderarbeiter über Land geschickt werden, wissen, dass ihre Familie in grösster Not zurückbleibt; erwerbslosen Frauen, die zur Landhilfe gepresst werden, werden die Kinder fortgenommen und ins Waisenhaus gesteckt, ihre Möbel verderben auf dem Gemeindespeicher. Wer irgend kann, weigert sich, derartige Arbeiten anzunehmen. Bei Arbeitsverweigerung wird zwar für 6-12 Wochen die Unterstützung der Reichsanstalt für Arbeitsvermittlung entzogen, doch muss nach den noch geltenden Bestimmungen der Republik das Wohlfahrtsamt der Gemeinde einen wenn auch wesentlich geringeren Unterstützungssatz zahlen. Der Widerstand der Erwerbslosen aber durchkreuzt die Absichten der Nationalsozialisten. Das "Arbeitertum", die Halbmonatsschrift der Deutschen Arbeitsfront, fordert deshalb Fortfall jeder Unterstützung für alle, die Arbeit in der Landhilfe, im Arbeitsdienst oder bei auswärtigen Notstandsarbeiten verweigern. "Hier darf es nur heissen, Mitleid ist Sünde".

Dem Wunsch der Arbeitsfront folgend, hat die Reichsregierung bereits die Anweisung erlassen, dass Wohlfahrtserwerbslosen, die sich dagegen wehren, als Wanderarbeiter verschickt zu werden, die Unterstutzung mindestens "weitgehend beschränkt" werden soll, wenn nicht gar ganz entzogen. Die Nationalsozialisten wollen die Erwerbslosen, die sich verzweifelt gegen die Sklavenarbeit wehren, kaltblütig verhungern lassen.

ITF-Zeitschrift „Faschismus – Berichte und Dokumente zur Lage der Arbeiterschaft", September 1934.
Bibliothek der FES

sozialpolitischen und ökonomischen Situation sowie zum Lebensweg der Gewerkschafter gewonnen werden.

Sowohl der illegale EdED als auch die ITF standen nach 1933 unter der Beobachtung der Gestapo. Auch auf dieses Quellenmaterial – vor allem aus dem Bundesarchiv und verschiedener Landes- und Staatsarchive – konnte zurückgegriffen werden. Hier finden sich Berichte von Festnahmen sowie sicherheitspolitische Bewertungen, die zum Teil mit anderen Materialien der NS-Verfolger wie zum Beispiel „Listen über Systemgegner" und Observationsberichte unterlegt sind. Den Verfolgerinstitutionen sollte dennoch keineswegs Allwissenheit unterstellt werden. Oft fertigten suspekte Spitzel, die finanzielle Vergütungen erhielten, Berichte für „Lagebilder" an, weshalb ihre Einschätzungen häufig auf Übertreibungen basierten. Auch mancher Gestapo-Beamte bauschte gelegentlich banale Ereignisse und Gespräche zu sicherheitspolitischen Bedrohungen auf. Da es der Gestapo mitunter nicht gelang, Spitzel in einzelne Widerstandsgruppen einzuschleusen, wird andererseits nicht selten deren Umfang und Bedeutung deutlich unterschätzt. Die Unterlagen der NS-Verfolger präsentierten in der Regel nur ein Ausschnittswissen, das Projektionen unterlag und quellenkritisch zu würdigen ist. Diese Auswahl der Materialien wird angereichert durch Protokolle und Korrespondenzen von ITF-Gremien sowie die bei Hans Jahn in Luxemburg 1938 beschlagnahmten Unterlagen, die einen Einblick in das Denken und Handeln der zentralen Akteure des Widerstandsnetzes gibt.

Daneben konnten Unterlagen von NS-Staatsanwaltschaften und von Gerichten, sowie Akten, die in erster Linie im Zusammenhang mit Strafverfahren wegen des Wiederaufbaus des illegalen EdED angelegt wurden, für das Projekt ausgewertet werden. Auch bei der Bewertung dieser Quellen gilt es, die selektive Verfolgerperspektive der Staatsanwaltschaften, Justiz und anderer NS-Institutionen zu berücksichtigen.

Besondere Schwierigkeiten ergaben sich bei der biografischen Erfassung vieler kommunaler und betrieblicher Funktionäre der Eisenbahngewerkschaften, da sie bislang in der Sekundärliteratur bzw. in biografischen Handbüchern keine Erwähnung finden. Zahlreiche Namen konnten vor allem Gerichtsakten, Protokollen, Jahrbüchern und internen Arbeitsplänen des EdED entnommen werden. Auf dieser Grundlage konnten zahlreiche Akten für die nach 1945 in der DDR anerkannten „Opfer des Faschismus" bzw. in der Bundesrepublik Deutschland die Entschädigungsakten von Verfolgten mit meist eigenhändig angefertigten Lebensläufen ausgewertet werden. Diese Akten besitzen bei quellenkritischer Auswertung hinsichtlich der gewerkschaftspolitischen Sozialisation, der Funktionen in Parteien, Gewerkschaften und Verbänden sowie im Hinblick auf die konkreten Haftzeiten einen hohen Quellenwert. Doch erst die Auswertung aller genannten Quellenprovenienzen erlaubt eine ausgewogene Darstellung.

Die für den biografischen Anhang zusammengetragenen Informationen stammen ferner aus mehr als 100 Personenstandsregistern und Standesämtern diverser Stadt- und Kreisarchive.[41] Diese breite Quellengrundlage ermöglichte es, nicht nur eine Abhandlung über die Entwicklung oder einzelne Ereignisse des Widerstandes von Eisenbahngewerkschaftern anzufertigen, sondern das Wissen über die verfolgten Gewerkschafter und die Akteure, die Widerstand leisteten, deutlich zu erweitern. Die umfangreichen biografischen Informationen trugen dazu bei, Antworten auf die Frage nach der Zusammensetzung von illegalen Gruppen und der Kultur und Sozialisation ihrer Anhänger zu finden.

Thesen und Aufbau der Untersuchung

Ein Ziel dieser Publikation besteht darin, bislang unbekannte Widerstandsgruppen aus den Reihen der Eisenbahngewerkschaften vorzustellen, wichtige Forschungslücken zu schließen und einige in der Literatur hinsichtlich des Umfangs und der Intensität des Eisenbahnerwiderstandes verbreitete Thesen zu hinterfragen. Auf Grundlage der in den Kurzbiografien enthaltenen Informationen wird die Rekonstruktion mehrerer Widerstandsnetzwerke ermöglicht. Am Anfang des Projektes stand als zentrale Zielsetzung, möglichst alle hauptamtlichen und zahlreiche ehrenamtliche Funktionäre der Eisenbahngewerkschaften der Weimarer Republik, die während des NS-Regimes verfolgt wurden auf Reichs-, Bezirks- und Ortsebene, zu erfassen. Die Zusammenstellung betrifft zwangsläufig vor allem Mitglieder des EdED, der mit Abstand größten Eisenbahngewerkschaft in der Weimarer Republik.

Durch die systematische Erfassung der verfolgten und emigrierten Widerständler und die Rekonstruktion ihres Lebensweges – vor allem anhand der Kriterien *allgemeine biografische Angaben* (Geburts- und Sterbedaten, Familienstand und Wohnorte), *Sozialisation* (soziales Milieu und Bildungsniveau), *gewerkschaftspolitische Funktionen vor der Machtübernahme der Nationalsozialisten 1933* (Gewerkschafts- und Parteifunktionen, gegebenenfalls Mandate in Parlamenten) und *Verfolgung, Widerstand, Emigration im NS-Staat* (detaillierte Angaben zur Widerstandstätigkeit, zu Repressalien, zu Haftzeiten und Haftorten) sowie *gewerkschaftspolitische Funktionen nach Ende des Zweiten Weltkrieges* – wird das Bild von Widerstand und Verfolgung unter den Bedingungen der NS-Diktatur deutlich erweitert. Gerade die Konfrontation mit den Nationalsozialisten in verschiedenen Phasen der Diktatur, die erlittene Repression, die häufig erfahrene Ausgrenzung aus Beruf und Gesellschaft, aber auch die bei Einzelnen erkennbare punktuelle Hinwendung und ideologische Annäherung an das NS-System werden deutlich. Die während der NS-Zeit bewahrte persönliche und politische Integrität zahlreicher ehemaliger Gewerkschaftsfunktionäre – so die These – weist über die Phase der zwölf Jahre Diktatur hinaus. Hierin dürfte eine wesentliche und in der Regel zu wenig beachtete Ursache für den schnellen und erfolgreichen Gewerkschaftsaufbau nach 1945 zu sehen sein.

41 Allein für diese Art der Recherchen wurden weit mehr als 1000 E-Mails und Briefe mit der Bitte um Auskunft geschrieben.

Widerstandshandeln war immer ein absolutes Randphänomen, insbesondere bei der zunächst „staatsnahen“ und ab 1937 faktisch staatseigenen Deutschen Reichsbahn. Doch das von den Verfassern unter Mitarbeit von Eberhard Podzuweit zusammengetragene biografische Material, auf dessen Grundlage über 350 Kurzbiografien angefertigt werden konnten, trägt dazu bei, die wenig wahrgenommene Intensität von Verfolgung, Widerstand und Fluchterfahrungen ins Exil, mit denen die Lebenswege der Eisenbahngewerkschafter untrennbar verbunden waren, zu analysieren. Außerdem wird die Entwicklung einer struktur- und ereignisgeschichtlichen Darstellung über den Widerstand aus den Reihen der Eisenbahngewerkschaften durch die erwähnten einzelbiografischen Betrachtungen ergänzt, da auf diese Weise die Akteure des historischen Prozesses ins Zentrum der Analyse rücken und eine Würdigung der „Träger“ des Widerstandshandelns ermöglicht wird.

Zusammenfassend werden die Thesen vertreten:

a) Funktionäre der Eisenbahngewerkschaften der Weimarer Republik waren in weit größerem Umfang am Widerstand beteiligt und von Verfolgungen durch den NS-Staat betroffen, als in der Fachwissenschaft und in der Öffentlichkeit wahrgenommen.
b) Die führenden Funktionäre des EdED ließen sich keineswegs in die NS-„Volksgemeinschaft“ einbinden, wie ihr Verhalten im Frühjahr des Jahres 1933 im Zusammenhang mit der „Anpassungspolitik“ der Freien Gewerkschaften an das NS-Regime zunächst vermuten lässt, sondern beteiligten sich in ihrer Mehrheit – zumindest vorübergehend – im Widerstand.
c) Sozialdemokratisch orientierte Gewerkschafter entfalteten in sehr verschiedenen Widerstandsnetzwerken und Zirkeln im Rahmen des illegalen EdED bis Kriegsbeginn Widerstand.
d) Die von Hans Jahn für das illegale EdED-Widerstandsnetzwerk entwickelten „Organisationspläne“ (1936 und 1938) entsprachen keineswegs nur seinem „Wunschdenken“.
e) Widerstandszirkel von Eisenbahngewerkschaftern existierten unabhängig von der bedeutendsten EdED-/ITF-Widerstandsgruppe um Hans Jahn. Analysiert werden in der vorliegenden Studie die Widerstandsnetzwerke um Franz Apitzsch/Lorenz Breunig/Paul Beyerling und das um Karl Blaß und Richard Hölzcker, die bislang in der Literatur nicht erwähnt werden.
f) Die ITF und der illegale EdED zeigten sich gegenüber dem ISK offener und flexibler als gegenüber anderen sozialdemokratischen und kommunistischen Gruppen. Der ISK versuchte, mit seiner linkssozialistischen Programmatik die Widerstandstätigkeit der Eisenbahngewerkschafter zu beeinflussen.
g) Kommunistisch orientierte Eisenbahngewerkschafter leisteten Widerstand nicht nur in „revolutionären“ Eisenbahnerzirkeln, sondern auch in parteipolitisch dominierten Widerstandsgruppen der KPD, wobei die Gewerkschaftszirkel zeitweise dem „parteipolitischen“ Kurs nicht folgten.

h) Nach bisherigen Erkenntnissen lässt sich nur ein gering ausgeprägtes Widerstandsverhalten der christlichen und liberalen Eisenbahngewerkschafter nachweisen. Der Grad ihrer Verfolgung durch die NS-Diktatur war wesentlich geringer ausgeprägt als bei den Freigewerkschaftern.

i) Funktionäre auch anderer Berufsgruppen und Gewerkschaften – vor allem aus den Reihen der Metallarbeiterschaft – engagierten sich in Reichsbahnausbesserungswerken und anderen Tochterunternehmen. Sie leisteten Widerstand unter anderem im Rahmen des ITF-/EdED-Widerstandsnetzwerkes um Hans Jahn.

j) Ein Geflecht von freundschaftlichen und beruflichen Beziehungen, das in vielen Fällen bereits im Kaiserreich entstanden war und in der Zeit der Weimarer Republik ausgebaut wurde, spielte eine wichtige Rolle für Umgang und Intensität des gewerkschaftspolitischen Widerstandes.

k) Die illegalen Netzwerke überdauerten die NS-Diktatur und spielten auch nach 1945 eine zentrale Rolle beim gewerkschaftlichen Neuaufbau. Das gilt insbesondere für die ehemaligen Widerständler des EdED-/ITF-Netzwerks.

l) Sowohl in der sowjetischen als auch in den westlichen Besatzungszonen gestaltete sich der Neuaufbau der Eisenbahngewerkschaften – vor allem im Zusammenhang mit der Organisationsform und dem Organisationskatalog – keineswegs konfliktfrei. In der Auseinandersetzung um diese Themen waren in der SBZ sozialdemokratische Funktionäre erneuten Repressalien ausgesetzt.

Auf Grundlage der genannten Thesen wird die vorliegende Arbeit der Fragestellung nachgehen, in welchen Bereichen und an welchen Orten eisenbahngewerkschaftlicher Widerstand auftrat, welche Wirkungen er entfaltete und welche Gegenmaßnahmen in Form von Terror, Gewalt und Haft den Widerstand von Eisenbahngewerkschaftern begrenzten. Die Thesen setzen eine Beschäftigung mit den gesellschaftspolitischen und ökonomischen Rahmenbedingungen in der Spätphase der Weimarer Republik und im Nationalsozialismus voraus. Die Untersuchung aller Bereiche, in denen Eisenbahngewerkschafter Widerstand leisteten, ist zwar notwendig, aber dennoch aufgrund eines beschränkten Zeitraums für die Anfertigung der Studie nur begrenzt möglich. Die Thesen werden vor dem Hintergrund der Entwicklung der verschiedenen illegalen Gruppen sowie anhand von deren Aktivitäten im Widerstand überprüft. Zum einen ist der Prozess der Entwicklung des Widerstandes in verschiedenen Phasen so darzustellen, dass der Verlauf in seiner chronologischen Entwicklung nachvollziehbar wird. Dies erscheint wichtig, um konzeptionelle und tatsächliche Veränderungen in der Praxis der illegalen Gruppen zu erfassen. Zum anderen müssen zentrale Problemfelder wie Programmatik, Strategien und Aktionsformen bzw. Schwerpunkte der gewerkschaftspolitischen Arbeit untersucht werden. Unter Einbeziehung des Quellenmaterials bietet sich ein historisch-politologischer Ansatz mit einer Kombination aus ereignis- und strukturgeschichtlicher Analyse an. Dabei wird zwischen der Darstellung des Verlaufs der Entwicklung der Eisenbahngewerkschaften vor 1933, der „Tolerierungs“- und „Anpassungspolitik“ im Frühjahr 1933 und der Zusammenfassung der Geschichte einzelner Eisenbahngewerkschaften sowie der Betrachtung von zentralen Handlungs- und Konfliktfeldern illegaler Gruppen unterschieden.[42]

Als erster Schritt wird in Kapitel 2 die Entwicklung der Eisenbahngewerkschaften in der Weimarer Republik umrissen. Vorgestellt werden zum einen der freigewerkschaftliche Deutsche Eisenbahner-Verband, der ab 1925 in Einheitsverband der Eisenbahner Deutschlands umbenannt wurde, zum anderen die wesentlich kleineren Gewerkschaften, die bei der Deutschen Reichsbahn-Gesellschaft und in anderen Eisenbahnunternehmen Arbeitnehmer organisierten – gemeint sind die christliche Gewerkschaft deutscher Eisenbahner, der liberale Allgemeine Eisenbahner-Verband, die berufsständische Gewerkschaft Deutscher Lokomotivführer sowie die ab 1928/29 entstandene kommunistische Revolutionäre Gewerkschafts-Opposition. Das Kapitel thematisiert auch das Selbstverständnis und die Schwerpunkte der jeweiligen Organisationen. Ebenso wird auf das komplizierte, teils sehr feindselige Verhältnis von Kommunisten zu den Freien Gewerkschaften am Ende der Weimarer Republik eingegangen, weil es Auswirkungen auf das Widerstandsverhalten hatte.

Kapitel 3 beschäftigt sich mit dem Prozess der „Tolerierungs“- und „Anpassungspolitik“ der verschiedenen Eisenbahngewerkschaften zum Ende der Weimarer Republik. Dabei werden die wirtschaftlichen und politischen Rahmenbedingungen sowie die gewerkschaftliche Strategie zum Ende der Weimarer Republik und im Frühjahr 1933 unmittelbar nach der Machtübernahme der Nationalsozialisten analysiert. Zudem werden Faktoren für den verringerten Handlungsspielraum insbesondere der Freien Gewerkschaften offengelegt.

Im Kapitel 4 stehen die Rahmenbedingungen gewerkschaftlichen Widerstandes gegen den NS-Staat im Mittelpunkt des Interesses. Zunächst wird auf die Zerschlagung der unabhängigen und demokratischen Betriebsvertretungen sowie die Auflösung der Eisenbahngewerkschaften eingegangen. Auch die sozialen, wirtschaftlichen und betrieblichen Bedingungen, die das regional und betrieblich durchaus unterschiedliche Widerstandshandeln begleiteten, es gelegentlich begünstigten, aber oftmals auch beeinträchtigten, werden von den Autoren beleuchtet. In diesem Kontext gehen die Verfasser auf verschiedene Verhaltensmuster der bei der Deutschen Reichsbahn-Gesellschaft Beschäftigten ein.

Kapitel 5 behandelt den Widerstand freigewerkschaftlicher Eisenbahner gegen den NS-Staat. Zunächst wird die Konzeption und Programmatik der EdED-/ITF-Widerstandsgruppe um Hans Jahn vorgestellt. Im Anschluss stehen die mittel- und kurzfristigen Ziele sowie der Anspruch der Gruppe im Verhältnis zur Realität im Fokus. Die weitere Entwicklung, der Umfang und Rückschläge des Netzwerkes werden anhand der Aktivitäten verfolgt. Zugleich

42 Auf diese Weise ist es möglich, zum einen interne Prozesse in den illegalen Gewerkschaftsgruppen zu erfassen und zum anderen relevante Faktoren des Verhältnisses der einzelnen Gruppen zueinander zu identifizieren.

geht es in einem Unterkapitel darum, Faktoren und Grenzen einer vergleichsweise erfolgreichen Widerstandstätigkeit zu bestimmen. Im Zentrum der Betrachtung stehen die Unterstützung seitens der ITF und des ISK sowie die Differenzen zwischen der ITF und dem IGB. Auch die Auswirkungen der Kontroversen werden überprüft. Ein weiteres Unterkapitel beschäftigt sich mit den Aktivitäten von Mitgliedern des EdED-Hauptvorstandes im Widerstand. Neben der Mitarbeit in der „Illegalen Reichsleitung" der Freien Gewerkschaften und in der „Reichsleitung" der Eisenbahner werden die verschiedenen illegalen Netze um Franz Apitzsch/Lorenz Breunig/Paul Beyerling und die Kontakte von Matthäus Herrmann zur Widerstandsgruppe um Wilhelm Leuschner sowie das Netzwerk im Rahmen der „Allgemeinen Krankengeldzuschuß- und Sterbekasse V. V. a. G. zu Berlin" analysiert. Andere Unterkapitel thematisieren den Widerstand der Bezirksleiter des EdED, beschäftigen sich mit der Frage, inwieweit sich die führenden EdED-Funktionäre gegenüber den Integrationsangeboten des NS-Staates resistent verhielten. Im Fokus von Kapitel 5 stehen ferner die Aktivitäten von Eisenbahngewerkschaftern in sozialdemokratischen bzw. (links)sozialistischen Gruppen.

An das Kapitel 5 schließt ein Kapitel (6) zur vergleichsweise großen Widerstandsgruppe „Nordbahn" um Otto Scharfschwerdt an, einem ehemaligen Funktionär des Vorstandes der Gewerkschaft Deutscher Lokomotivführer. Allerdings setzte sich die Gruppe, in der Eisenbahngewerkschafter und Kontakte zum illegalen EdED nur am Rande eine Rolle spielten, hauptsächlich aus Freigewerkschaftern zusammen.

Kapitel 7 fasst die bislang bescheidenen Resultate zum Widerstand christlicher und liberaler Eisenbahngewerkschafter zusammen.

In Kapitel 8 stehen kommunistische Eisenbahngewerkschafter und ihr Kampf gegen den NS-Staat im Mittelpunkt der Analyse. Dabei fließen Informationen zu verschiedenen Zielsetzungen des gewerkschaftlichen Widerstandes ein – zum einen zu gewerkschaftlichen Gruppen im Rahmen der RGO-Strategie, zum anderen zu parteipolitisch dominierten Gruppierungen, in denen auch gewerkschaftliche Zielsetzungen verfolgt wurden.

Der bisher nahezu gänzlich unerforscht gebliebene Widerstand in Reichsbahnausbesserungswerken ist Gegenstand der Analyse und Diskussion in Kapitel 9.

Kapitel 10 beschäftigt sich mit dem Beitrag von Widerständlern und Emigranten aus den Reihen der Eisenbahner zum Neuaufbau der Gewerkschaften nach Ende des Zweiten Weltkrieges. Zudem thematisieren die Verfasser einerseits, dass sich der Neuaufbau der Gewerkschaften im Ostteil wie im Westteil Deutschlands überwiegend auf „alte" Gewerkschaftsfunktionäre stützen konnte, die vielfach im Widerstand aktiv gewesen waren. Zum anderen wird analysiert, wie sich die verschiedenen politischen Strömungen der gewerkschaftlichen Bewegungen gegenseitig zu lähmen begannen und eine erneute Spaltung der Arbeiter- und Gewerkschaftsbewegung die Folge war.

Kapitel 11 beinhaltet „Elemente einer kollektiven Biografie", die Auskünfte über die politische und gewerkschaftliche Sozialisation und das Verhalten der am Widerstand aktiv Beteiligten gibt. Ziel dieses Kapitels ist es ferner, verallgemeinerbare Merkmale der Widerstand leistenden Gewerkschafter herauszuarbeiten. Über die Rekonstruktion einer Vielzahl von kurzen Einzelbiografien, die im biografischen Anhang präsentiert werden, werden differenzierte Aussagen angestrebt, wie der Weg zum gewerkschaftspolitischen Engagement der Funktionäre aus den Reihen der Eisenbahngewerkschaften verlief, welche Faktoren dafür den Ausschlag gaben und welche Gründe es den Gewerkschaftern ermöglichten, in der Regel ihre politische Integrität zu bewahren. Die Schlussbemerkungen in Kapitel 12 dienen der Erörterung der Anfangsthesen.

2. Entwicklung der Eisenbahngewerkschaften in der Weimarer Republik

Die Gewerkschaftsbewegung der Eisenbahner hat mehrere traditionsreiche Linien, die politisch bzw. ideologisch ausgerichtet waren. Seit Mitte des 19. Jahrhunderts entstanden ein christlicher, ein freigewerkschaftlich-sozialdemokratischer und ein liberal orientierter Organisationszweig, die in der Weimarer Republik ihre Fortsetzung fanden, so dass die frühe „Zersplitterung [...] nicht überwunden werden" konnte und ein „gegenseitige[r] Kampf"[1] allen Verbänden schadete. Schließlich war die Organisierung der Eisenbahner in der Gewerkschaftsbewegung besonders zersplittert. Durch die Einteilung in Fach- und Branchengewerkschaften ergab sich eine weitere Differenzierung. Hinzu kam, dass ab 1928/29 eine eigenständige kommunistische Organisation entstand, die sich in Opposition zu den Freien Gewerkschaften befand.[2]

1 Gewerkschaft Transnet (Hrsg.), Zukunft hat Vergangenheit, S. 45.

2 In der Weimarer Republik gab es drei Richtungsgewerkschaften, die jeweils einen Dachverband besaßen. Dazu gehörten die SPD-nahen ADGB-Gewerkschaften wie der Einheitsverband der Eisenbahner Deutschlands mit der höchsten Mitgliederzahl. Die Eigenbezeichnung „frei" zeigte den Anspruch, ausschließlich Arbeiterinteressen verpflichtet zu sein. Hinzu kamen die kleineren Christlichen Gewerkschaften wie die Gewerkschaft deutscher Eisenbahner sowie die liberalen Hirsch-Dunckerschen Gewerkvereine wie der Allgemeine Eisenbahner-Verband. Daneben gab es in der Regel kleinere Verbände, die Berufsgruppen organisierten. Im Eisenbahnwesen hatte die Gewerkschaft Deutscher Lokomotivführer in ihrer Berufsgruppe immer eine vergleichsweise große Resonanz. Aufgrund von verschärften Konflikten zwischen Kommunisten und Sozialdemokraten entstand ab 1927/28 die KPD-nahe Revolutionäre Gewerkschaftsopposition (RGO). Bis dahin hatten Kommunisten zumeist in den Freien Gewerkschaften mitgearbeitet. Die RGO gründete im März 1931 in einigen Regionen „Rote Eisenbahnerverbände" in Abgrenzung zu den ADGB-Gewerkschaften bzw. in Abgrenzung zum EdED. Zur Gewerkschaftspolitik in der Weimarer Republik vgl. Detlev Brunner, Bürokratie und Politik des Allgemeinen Deutschen Gewerkschaftsbundes 1918/19 bis 1933, Köln 1992; Michael Schneider, Kleine Geschichte der Gewerkschaften. Ihre Entwicklung in Deutschland von den Anfängen bis heute, Bonn 2000; Klaus Schönhoven, Die deutschen Gewerkschaften, Frankfurt a. M. 1987; Gerard Braunthal, Der Allgemeine Deutsche Gewerkschaftsbund. Zur Politik der Arbeiterbewegung in der Weimarer Republik, Frankfurt a. M. 1981; Heinrich Potthoff, Freie Gewerkschaften 1918–1933. Der Allgemeine Deutsche Gewerkschafts-

Bis zur Novemberrevolution 1918 behinderten die Reichsbahndirektion und staatliche Einrichtungen die Etablierung einer gewerkschaftlichen Interessenvertretung erheblich. Hatten sich zuvor die traditionellen Vereinigungen der Eisenbahner eine tendenziell unpolitische Haltung selbst auferlegt, die von den Arbeitgebern gefördert wurde, erlangten sie erst in der Weimarer Republik durch die Gewährung kollektiver Arbeitsrechte (Koalitionsfreiheit, Anerkennung als Tarifpartner, betriebliche Mitbestimmung und Streikrecht) den Status einer tatsächlichen Gewerkschaft.[3] Von diesen Rechten waren nun auch Beamte nicht mehr ausgenommen. Insbesondere die freigewerkschaftliche Bewegung, die mit dem Deutschen Eisenbahner-Verband (DEV) bzw. ab 1925 dem Einheitsverband der Eisenbahner Deutschlands (EdED) über die größte gewerkschaftliche Organisation verfügte, erlebte in der Weimarer Republik einen deutlichen Aufschwung. Dennoch musste der EdED, der sich die Überwindung der Zersplitterung zum Ziel gesetzt hatte, zur Jahreswende 1928/29 konstatieren: „Nach unseren Feststellungen gibt es einschließlich unseres Verbandes [...] 58 Eisenbahnerorganisationen bzw. Fachverbände, die im wesentlichen fünf verschiedenen Richtungen angehören."[4] Damit waren zum einen die großen drei weltanschaulich-ideologischen Strömungen freigewerkschaftlich, christlich, liberal und zum anderen die kommunistischen bzw. syndikalistischen Organisationen sowie die teils deutschnational und völkisch orientierten Beamtenorganisationen gemeint, die recht klein waren. Aus Sicht des EdED war trotz der eigenen Organisationsmacht die Zersplitterung eine „Hauptursache für die rechtli-

bund in der Weimarer Republik, Düsseldorf 1987; Werner Müller, Lohnkampf, Massenstreik, Sowjetmacht. Ziele und Grenzen der „Revolutionären Gewerkschafts-Opposition" (RGO) in Deutschland 1928 bis 1933, Köln 1988; Stefan Heinz, Moskaus Söldner? Der „Einheitsverband der Metallarbeiter Berlins": Entwicklung und Scheitern einer kommunistischen Gewerkschaft, Hamburg 2010.

3 Vgl. zu Details Manfred Pohl, Von den Staatsbahnen zur Reichsbahn 1918–1924, in: Lothar Gall/ders. (Hrsg.), Die Eisenbahn in Deutschland. Von den Anfängen bis zur Gegenwart, München 1999, S. 71–107; Eberhard Kolb, Die Reichsbahn vom Dawes-Plan bis zum Ende der Weimarer Republik, in: ebenda, S. 109–163.

4 Die Interessenvertretung der Eisenbahner. Kurzer Rechenschaftsbericht. Material für Funktionäre, hrsg. vom Einheitsverband der Eisenbahner Deutschlands, Berlin 1929, S. 106. Demnach bestand allein die christliche Gewerkschaft deutscher Eisenbahner aus 33 Unter- bzw. Fachverbänden. Neben dem liberalen Allgemeinen Eisenbahner-Verband und der berufsständischen Gewerkschaft Deutscher Lokomotivführer existierte ein parteipolitisch neutraler und aus 15 Verbänden bestehender Zentralgewerkschafts-Bund deutscher Reichsbahnbeamten und Anwärter, der im 1925 gegründeten Deutschen Beamtenbund organisiert war, und ein Reichsbund der höheren Beamten aus zwei Verbänden. Hinzu kamen Kleinstorganisationen wie der syndikalistische Industrieverband für das Verkehrsgewerbe sowie die völkische und radikal rechte Nationale Gewerkschaft deutscher Eisenbahner. Vgl. ebenda, S. 106 ff.; vgl. die Übersicht zur Entwicklung der (größeren) Eisenbahngewerkschaften in Deutschland Rolf Hofmann/Friedrich Rewinkel, Der Erste Eisenbahner. Entwicklungsgeschichte der Eisenbahn-Bauarbeiter, hrsg. von der EVG-Geschäftsstelle Frankfurt am Main in Zusammenarbeit mit dem EVG-Arbeitskreis Geschichte, Frankfurt a. M. 2014, S. 38 f.

che und wirtschaftliche Benachteiligung des Reichsbahnpersonals", die zusätzlich verschärft werde durch „die große Zahl der Unorganisierten".[5]

Die Folgen der Weltwirtschaftskrise ab Ende 1929 verursachten eine erhebliche Schwächung gewerkschaftlicher Politik und trafen vor allem die Freien Gewerkschaften.[6] Hinzu kam, dass im Zuge der ab 1930 einsetzenden Notverordnungspolitik die staatliche Politik häufig nicht mehr auf den Ausgleich von Interessengegensätzen orientiert war, sondern Interessen der Unternehmer bei der Strategie zur Überwindung der Krise favorisierte. Die Substanz gewerkschaftlicher Politik wurde beschädigt. Die Folge war eine allgemeine Unzufriedenheit. Dadurch gewannen radikale Positionen zur Destabilisierung der Gewerkschaften und des Weimarer Systems immer mehr an Bedeutung.

2.1 Deutscher Eisenbahner-Verband/Einheitsverband der Eisenbahner Deutschlands

Der Einheitsverband der Eisenbahner Deutschlands (EdED), der mehrere Vorläuferorganisationen hatte, wurde am 27. Juni 1925 auf einer gemeinsamen Tagung des Deutschen Eisenbahner-Verbandes (DEV) und der Reichsgewerkschaft Deutscher Eisenbahnbeamten und -anwärter (RGDE) in Köln gegründet. Zuvor hatte der DEV auf seinem III. Kongress vom 21. bis 26. Juni 1925 die Fusion beschlossen.[7] Vom DEV[8] wurden zu der Tagung 110 und von der

5 Die Interessenvertretung der Eisenbahner. Kurzer Rechenschaftsbericht, S. 110.

6 Vgl. zu Details Eberhard Heupel, Reformismus und Krise. Zur Theorie und Praxis von SPD, ADGB und AfA-Bund in der Weltwirtschaftskrise 1929–1932/33, Frankfurt a. M. 1981.

7 Vgl. Hermann Jochade, Einheitsverband der Eisenbahner Deutschlands, in: Ludwig Heyde (Hrsg.), Internationales Handwörterbuch des Gewerkschaftswesens, Bd. 1, Berlin 1931, S. 423–424, hier S. 423.

8 Die Vorgeschichte des EdED bzw. des DEV reicht bis ins Jahr 1897 zurück. Mit Unterstützung der Generalkommission der Gewerkschaften Deutschlands war bereits am 13. Januar 1897 der „Verband der Eisenbahner Deutschlands" in Hamburg gegründet worden, der umgangssprachlich „Hamburger Verband" genannt wurde. Die Mitglieder des Verbandes sahen sich regelmäßig Repressalien durch die Eisenbahnverwaltung ausgesetzt. Zeitweise soll sogar das Lesen des Verbandsorgans „Weckruf der Eisenbahner" verboten gewesen sein. Ebenso wurde die Betätigung für den Verband mit Strafen und Entlassungsdrohungen sanktioniert – besonders in Preußen und Sachsen. Wenngleich der Verband über keine große Mitgliederzahl verfügte, bildet er die erste wichtige Vorläuferorganisation des EdED. Im Süden Deutschlands entstand bald darauf der „Verband für die bayerischen Eisenbahnwerkstätten und Betriebsarbeiter". Die Gründung des Verbandes fand am 23. Oktober 1898 in Nürnberg statt. In Württemberg bildete sich 1899 eine Vereinigung mit dem Namen „Vulkan", die 1900 im „Verband württembergischer Eisenbahn-Werkstätten- und Maschinenhausarbeiter" aufging. In diesem Verband schlossen sich verschiedene lokale Vereinigungen zentral zusammen. Bald darauf, am 3. August 1902, gründete sich in Baden ein „Verband badischer Eisenbahn-Werkstätten- und Maschinenhausarbeiter". Alle drei größeren Landesverbände fusionierten am 1. Januar 1904 zum „Süddeutschen Eisenbahnerverband". Später benannte er sich in „Verband des süddeutschen Eisenbahn- und Postpersonals" bzw.

Erste Generalversammlung des DEV vom 25. bis 31. Mai 1919 in Jena.
EVG Geschichte

Franz Scheffel, Ende der 1920er-Jahre.
GDW, Bildarchiv

RGDE 55 stimmberechtigte Delegierte entsandt. Bei seiner Gründung hatte der EdED gut 197 000 Mitglieder, darunter 45 000 Beamte.

Aus der RGDE stammten lediglich 29 803 Mitglieder. Bis 1926 stieg die Zahl der Mitglieder des EdED auf 210 568, darunter befanden sich 197 721 aktive Bahnbedienstete: „Das entsprach nach den Berechnungen des Einheitsverbandes, der einen Personalbestand von 700 399 bei der Deutschen Reichsbahn Ende Dezember 1926 zugrunde legte, etwas mehr als 28 Prozent aller Beschäftigten.“[9] Später besaß der Verband zeitweise bis zu 250 000 Mitglieder (1928/29), die sich auf circa 1000 Ortsgruppen verteilten,[10] wenngleich der Mitgliederstand zum Ende der Weimarer Republik wieder erheblich sank. Zur Jahreswende 1928/29, als der Verband circa 250 000 Mitglieder zählte, übernahmen zugleich 28 000 – vorwiegend ehrenamtliche – Funktionäre eine Aufgabe in der Organisation.[11] Der EdED, der unter dem Dach des ADGB organisiert war und der SPD nahestand, war die größte Eisenbahneinzelgewerkschaft der Weimarer Republik. Den Vorsitz des EdED übernahm Franz Scheffel, seit 1920 Vorsitzender des DEV. Scheffel blieb bis Anfang 1933 Vorsitzender – sein Stellvertreter war zunächst Franz Menne, der bereits 1926 von Matthäus Herrmann abgelöst wurde. Herrmann vertrat später den Verband im Verwaltungsrat der Deutschen Reichsbahn-Gesellschaft. Für die im EdED organisierten Beamten war der Verband zugleich korporative Mitgliedsorganisation des Allgemeinen Deutschen Beamtenbundes (ADB), in dem er die größte Mitgliedsorganisation stellte.[12]

In der EdED-Satzung aus dem Jahr 1925 heißt es „Der Verband [...] erstreckt sich über das Gebiet der Deutschen Republik und die laut Friedensvertrag neu entstandenen Freistaa-

noch später – im Zuge weiterer Fusionen – in „Verband des deutschen Verkehrspersonals“ um. Zum 1. Juli 1908 trat der „Verband der Eisenbahner Deutschlands“ („Hamburger Verband“) als Reichssektion dem Deutschen Transportarbeiter-Verband (DTV) bei. Es vergingen acht Jahre, bis sich auf eine Fusion weiterer freigewerkschaftlicher Organisationen geeinigt werden konnte und auf Initiative der DTV-Reichssektion – unter Einbeziehung der süddeutschen Verbände – am 1. Juli 1916 der DEV als eigenständige Organisation gegründet wurde, wenngleich sich die Resonanz unter den Eisenbahnern bis zum Ende des Ersten Weltkrieges sehr in Grenzen hielt.

9 Gewerkschaft Transnet (Hrsg.), Zukunft hat Vergangenheit, S. 45.

10 Vgl. Die Interessenvertretung der Eisenbahner. Kurzer Rechenschaftsbericht, S. 7.

11 Dazu gehörten etwa 14 000 Mitglieder in den örtlichen Betriebsräten einschließlich der Betriebsobmänner, und circa 4500 Mitglieder in den örtlichen Beamtenräten. Hinzu kamen noch etwa 10 000 Funktionäre, die in den Betrieben, Ortsverwaltungen und Bezirksvorständen tätig waren. Außerdem besaß der EdED 1928/29 etwa 210 Verbandsangestellte und 200 Bürohilfskräfte. Vgl. ebenda, S. 7.

12 Nach dem Stand vom 31. Dezember 1929 gehörten von den ADB-Mitgliedorganisationen, die insgesamt 177 070 Mitglieder erfassten, allein 52 400 dem Organisierungsbereich der EdED-Beamtenabteilung an. Vgl. Geschäftsbericht des Allgemeinen Deutschen Beamtenbundes ADB. 1. Juli 1927 bis 30. Juni 1930. Vorgelegt dem 3. Bundeskongreß in München vom 18. bis 20. September 1930, Berlin 1930, S. 88.

ten, soweit sie vorher zum Deutschen Reich gehört haben."[13] Darüber hinaus beanspruchte der EdED, „die gewerkschaftliche Einheitsorganisation für das gesamte, in allen Bereichen einschließlich Nebenbetrieben der Eisenbahnverwaltungen [...] beschäftigte Personal"[14] zu sein. Ferner definierte der Verband als „Zweck und Ziel", die „wirtschaftlichen, sozialen und geistigen Interessen der Mitglieder zu wahren und zu fördern": „In Gemeinschaft mit der gesamten freigewerkschaftlich organisierten Arbeitnehmerschaft tritt er [der EdED] für die Ueberleitung der privatkapitalistischen Wirtschaft in die Gemeinwirtschaft ein. Die Lebenshaltung der Mitglieder soll dadurch auf einen möglichst hohen Stand gebracht und ihnen dauernd ein gerechter Anteil an den Errungenschaften der Kultur gesichert werden"[15] heißt es im Rechenschaftsbericht für Funktionäre aus dem Jahr 1928. Der EdED setzte sich als weiteres zentrales Ziel, möglichst günstige Einkommens- und Arbeitsverhältnisse für die Mitglieder herzustellen. Außerdem verfolgte er das Ziel, die Mitbestimmungsrechte bei der Reichsbahn-Gesellschaft und den „Ausbau des Arbeiter-, Angestellten- und Beamtenrechtes durch Einwirkung auf die Gesetzgebung"[16] zu forcieren. Bedienstete privater Eisenbahngesellschaften waren von Organisierungsbestrebungen des EdED ausgenommen. Die im privaten Sektor des Eisenbahngewerbes Beschäftigten wurden – soweit sie sich freigewerkschaftlich organisieren wollten – vom Deutschen Verkehrsbund (DVB) vertreten, der 1929 im Gesamtverband der Arbeitnehmer der öffentlichen Betriebe und des Personen- und Warenverkehrs (Gesamtverband) aufging. In den Bezirksbetriebsräten und im Hauptbetriebsrat der Deutschen Reichsbahn-Gesellschaft waren 1928/29 etwa 28 000 Funktionäre „im täglichen Kampfe mit der Verwaltung erfolgreich tätig".[17] Zugleich gehörten 270 Mitglieder des EdED den Bezirksbetriebsräten und 68 Verbandsvertreter den Bezirksbeamtenräten an. Von den 25 Mitgliedern des Hauptbetriebsrates der Deutschen Reichsbahn-Gesellschaft kamen 19 aus den Reihen des EdED.[18]

Der Verband verstand sich als republikanische Organisation, die – ähnlich wie die anderen freigewerkschaftlichen Organisationen des ADGB – trotz enger Verbindung zur SPD parteipolitisch unabhängig und religiös neutral zu handeln beanspruchte. Die Organe des Verbandes, der in Berlin seinen Hauptsitz hatte, waren der Vorstand, der Verbandsbeirat, die Revisions- und Beschwerdekommission sowie die Generalversammlung.[19] Dieses Gremium

13 Satzungen des Einheitsverbandes der Eisenbahner Deutschlands. Gültig ab 28. Juni 1925, beschlossen auf der gemeinsamen Generalversammlung des Deutschen Eisenbahner-Verbandes und der Reichsgewerkschaft Deutscher Eisenbahnbeamten und Anwärter am 27. Juni 1925 in Köln am Rhein, Berlin 1925, S. 3.

14 Ebenda.

15 Die Interessenvertretung der Eisenbahner. Kurzer Rechenschaftsbericht, S. 5.

16 Ebenda.

17 Ebenda, S. 7.

18 Vgl. ebenda.

19 Satzungen des Einheitsverbandes der Eisenbahner Deutschlands. Gültig ab 28. Juni 1925, S. 48 ff.

war laut Satzung das wichtigste Entscheidungsgremium, das alle drei Jahre zusammenkommen sollte. Die Delegierten wurden in Wahlkreisen gewählt, die jeweils 1500 Mitglieder umfassten und pro Kreis einen Vertreter in die Generalversammlung entsenden konnten. Nach Angaben in der Satzung des EdED, die am 23. Juni 1928 von der II. Generalversammlung in Frankfurt am Main verabschiedet worden war, bestand der Vorstand aus 21 Personen. Dazu gehörten der Vorsitzende, dessen Stellvertreter, der Hauptkassierer, sieben Sekretäre und elf weitere Mitglieder, die zentrale Aufgaben in der Organisation übernahmen.[20] Die Redakteure der Verbandszeitschrift „Deutscher Eisenbahner", die mit einer Ausgabe A für Lohnempfänger und einer Ausgabe B für Gehaltsempfänger wöchentlich erschien, gehörten ebenso als „beratende Mitglieder" dem Vorstand an.[21] Bei der III., das heißt der letzten Generalversammlung des Verbandes wurde am 27. Juni 1931 beschlossen, die Zahl der im „aktiven Dienstverhältnis" stehenden Mitglieder des EdED-Vorstandes von elf auf „mindestens zwölf" zu erhöhen und die Zahl der Sekretäre auf sechs zu begrenzen. Der sogenannte Verbandsbeirat setzte sich aus 26 Bezirksleitern und 42 Bezirksvertretern zusammen, zu denen ein weiterer Verbandsvertreter für den Freistaat Danzig hinzukam. Der Vorstand berief regelmäßig den Verbandsbeirat zu einer gemeinsamen Tagung ein; dieser konnte sämtliche vom Vorstand vorgelegte Fragen gemeinsam mit ihm beschließen.

Die Revisions- und Beschwerdekommission bestand aus fünf Mitgliedern sowie fünf Stellvertretern. Das Gremium verstand sich als Beschwerdeinstanz für alle Streitfälle, die vom Vorstand nicht geklärt werden konnten. Die Generalversammlung wurde im dreijährigen Turnus einberufen. Nach der Gründungsversammlung des EdED fanden bis zum Ende der Weimarer Republik nur noch zwei Generalversammlungen in den Jahren 1928 und 1931 statt. Die Delegierten der Versammlungen wurden aus dem Kreis der Mitglieder gewählt – ein Delegierter kam auf 1500 Mitglieder, die in Wahlkreisen zusammengefasst waren. Die Zugehörigkeit zum EdED bedeutete für gewerkschaftlich organisierte Bahnbedienstete, dass eine Institution ihre Interessen gegenüber der Deutschen Reichsbahn-Gesellschaft vertrat und die EdED-Mitglieder selbst umfangreiche Anrechte auf Sozialleistungen hatten. Der

20 Der bei der III. ordentlichen Generalversammlung in Hamburg im Jahr 1931 gewählte Vorstand bestand aus neun besoldeten und 12 unbesoldeten Mitgliedern. Dieser Vorstand blieb bis Anfang 1933 im Amt. Ihm gehörten an: Franz Scheffel (Erster Vorsitzender), Matthäus Herrmann (Zweiter Vorsitzender), Richard Hölzcker (Hauptkassierer), Franz Apitzsch (Sekretär der Tarifabteilung), Karl Blaß (Sekretär der Vokswirtschaftlichen Abteilung), Lorenz Breunig (Sekretär der Rechtsabteilung), Hans Jahn (Sekretär der Organisationsabteilung), Hermann Jochade (Sekretär für Internationale Beziehungen), Paul Kramer (Sekretär der Beamtenabteilung). Unbesoldete Mitglieder des Vorstandes waren Wilhelm Bode (Cottbus), Karl Ferber (Berlin), Friedrich Gückel (Hannover), Hermann Hahn (Breslau), Max Hövel (Köln), Wilhelm Kraft (Stuttgart), Karl Metzger (Graben bei Karlsruhe), Otto Mieth (Erfurt), Otto Mönnikes (Dortmund), Hermann Richter (Leipzig), Willi Schmidt (Hamburg), Wilhelm Schowalter (München). Vgl. Der deutsche Eisenbahner 8 (1932) 28, S. 229.

21 Vgl. Jochade, Einheitsverband der Eisenbahner Deutschlands, S. 424.

EdED gewährte seinen Mitgliedern Unterstützung bei Arbeitskämpfen, zahlte Erwerbslosen- und Umzugshilfen, sorgte im Fall von Verfahren vor Arbeitsgerichten für juristischen Beistand und machte Angebote zur Weiterbildung. Auch bei Krankheit oder Notfällen, in die Mitglieder bzw. ihre Angehörigen geraten konnten, gab es Möglichkeiten, beachtliche Zuwendungen zu erhalten.[22] Die Beitrittsmotivation resultierte somit häufig auch aus dem Anreiz, Ansprüche auf Hilfeleistungen geltend machen zu können.

Für sämtliche bei der Reichsbahn beschäftigten Arbeitnehmer bestand ein Reichslohntarifvertrag. Die einzelnen Dienstorte waren in drei Lohngebiete gegliedert, die je nach Ortsklasse 15 verschieden gestaffelte Löhne für die jeweilige Lohngruppe vorsahen. Lohngruppen gab es acht, wobei die achte Gruppe für die weiblichen Angestellten vorgesehen war. Von den mit der Reichsbahn-Gesellschaft abgeschlossenen Tarifen wurden im Jahr 1932 rund 380 000 Arbeiter und 310 000 Beamte erfasst.[23] Wie bereits erwähnt, hatte der EdED zum Zeitpunkt der Gründung im Jahr 1925 circa 197 000 Mitglieder, darunter circa 45 000 Beamte.[24] Aus der RDGE kamen lediglich 29 000 Mitglieder in die neue Organisation. Die RDGE war in den Jahren zuvor durch einen schnellen Zerfallsprozess gekennzeichnet, da sich einige Organisationsteile abgespalten und zum Teil kurzlebige neue Fachgewerkschaften gegründet hatten. Aber auch der DEV, der den „Kern" des EdED ausmachte, hatte – wie alle freigewerkschaftlichen Organisationen vor der Fusion – zahlreiche Mitglieder verloren. Während und nach der Phase der Hyperinflation in der Weimarer Republik fand eine allgemeine Austrittswelle aus den Gewerkschaften statt, die sich beim DEV insofern bemerkbar machte, dass der Organisation Ende 1922 444 764 Mitglieder und Ende 1923 nur noch 318 271 Mitglieder angehörten.[25] Ein weiteres Jahr später zählte der DEV nur noch 186 960 Mitglieder. Von den Lohnempfängern der Deutschen Reichsbahn-Gesellschaft waren zu diesem Zeitpunkt circa 40 Prozent organisiert, bei den Gehaltsempfängern betrug der Organisationsgrad lediglich knapp 15 Prozent. Die Mitgliederzahl, die in der Spitze zur Jahreswende 1929/30 250 683 Personen betrug sowie die Organisationsreichweite des EdED machten den Verband selbst in ökonomisch schwierigen Zeiten zu einem Machtfaktor, der von der Regierung und den Reichsbahndirektionen nicht ignoriert werden konnte.[26] Unter anderem gelang es dem EdED – gemeinsam mit anderen ADGB-Einzelgewerkschaften durch langwierige Verhandlungen – den Achtstunden-Tag einzuführen und eine Reihe von Mitbestimmungsrechten, die für alle Arbeitnehmer Vorteile brachten, zu etablieren.[27] Ab Ende der 1920er-Jahre

22 Vgl. Satzungen des Einheitsverbandes der Eisenbahner Deutschlands. Gültig ab 28. Juni 1925, S. 12 ff.

23 Unter den circa 1000 EdED-Ortsgruppen gab es eine Ortsgruppe in der Freien Stadt Danzig.

24 Vgl. Buß, Dreimal Stunde Null, S. 133.

25 Vgl. ebenda.

26 Vgl. Die Interessenvertretung der Eisenbahner. Kurzer Rechenschaftsbericht, S. 7 ff.

27 Vgl. Viktoria Kalass, Neue Gewerkschaftskonkurrenz im Bahnwesen. Konflikt um die Gewerkschaft Deutscher Lokomotivführer, Wiesbaden 2012, S. 108; Pohl, Von den Staatsbahnen zur Reichsbahn 1918–1924, S. 91.

Zweite ordentliche Generalversammlung des EdED vom 17. bis 23. Juni 1928 in Frankfurt am Main. *EVG Geschichte*

betrieb die Gewerkschaft eine regelmäßig gut besuchte Bildungsstätte in Hammersbach. Die Eisenbahngewerkschaft, die der ITF direkt angeschlossen war, hatte selbst auf dem Höhepunkt der Mitgliederentwicklung lediglich gut 1000 weibliche Mitglieder. Auch wegen des verschwindend geringen Frauenanteils spielte die Frauenpolitik eine untergeordnete Rolle.

Es gelang den ADGB-Gewerkschaften in der Weimarer Republik, das Tarifvertragssystem, den Achtstundentag und die Erwerbslosenversicherung durchzusetzen. Der DEV/EdED erwies sich als verlässliche Stütze der Reichsregierung, wobei die Kooperationsbereitschaft mitunter zu Spannungen mit anderen Gewerkschaften führte.[28] Trotz der Kooperations- und großer Verhandlungsbereitschaft war ein erheblicher Teil der Gesellschaft – besonders die Eliten in Politik, Wirtschaft und Wissenschaft – gewerkschaftsfeindlich eingestellt. Zum Ende der Weimarer Republik kam die Schwäche der gewerkschaftlichen Interessenvertretungen zum Vorschein. Bald nach Beginn der Weltwirtschaftskrise 1929 sank die Mitgliederzahl und damit die organisatorische Schlagkraft des EdED infolge der durch die schlechte ökonomische Situation verursachten Massenarbeitslosigkeit erheblich, so dass Ende des Jahres 1931 nur noch 203 518 Personen Mitglieder des EdED waren.[29] Erwerbslosigkeit und Mitgliederverluste hielten sich beim EdED im Vergleich zu anderen Gewerkschaften jedoch noch in

28 Vgl. Kalass, Neue Gewerkschaftskonkurrenz im Bahnwesen, S. 108.

29 Der Mitgliederschwund im EdED zwischen 1929 und 1932 betrug 27 Prozent. Nach Angaben der Politischen Polizei waren Ende 1931 noch rund 230 000 und Ende Oktober 1932 rund 225 000 Mitglieder im EdED organisiert. Vgl. Der deutsche Eisenbahner 8 (1932) 33, S. 201; vgl. Angaben in: Gewerkschafts-Zei-

Grenzen, da die EdED-Mitglieder im vergleichsweise krisenfesten öffentlichen Sektor arbeiteten. Am Vorabend der Machtübernahme der Nationalsozialisten erklärte der Verbandsvorstand: „Die Produktion hält sich auf ihrem außerordentlich tiefen Stand. Der Verkehr ist fast auf die Hälfte seines Umfangs von 1929 eingeschrumpft. Entsprechend dem stark gesunkenen Lohneinkommen der Arbeitenden und der riesigen Zahl der Arbeitslosen sind die Kleinhandelsumsätze im Vorjahr abermals eingeschrumpft, und zwar von 29 auf 23 Milliarden Mark. Im Herbst des Vorjahres schien es, als wollte sich eine konjunkturelle Besserung anbahnen, aber die an sich erfreulichen Ansätze haben bisher keine fühlbaren Wirkungen ausgelöst. Die Zuspitzung der politischen Verhältnisse hat aber die keimhaften Ansätze wieder erstickt und neue Beunruhigung in das Wirtschaftsleben hineingetragen."[30]

Die Krise sorgte letztlich für eine Belastung, der die Gewerkschaften kaum gewachsen waren.[31] Dabei wirkte sich die tiefe Spaltung zwischen Kommunisten und Sozialdemokraten, die in Form der Revolutionären Gewerkschafts-Opposition (RGO) einen für jeden sichtbaren Ausdruck fand, hemmend auf die Abwehr sozialer Kürzungen und die Bekämpfung der Nationalsozialisten aus.

2.2 Gewerkschaft deutscher Eisenbahner

Die christliche Gewerkschaft deutscher Eisenbahner (GdE), 1918 gegründet, war eine Nachfolgeorganisation des 1910 gebildeten „Reichskartells deutscher Beamter und Staatsangestellter" und des „Zentralverbandes deutscher Eisenbahnhandwerker und Arbeiter". Die Unterverbände bildeten das Gerüst der neuen Organisation. Die im Verlauf der Novemberrevolution gegründete GdE umfasste um 1930 „einschließlich des durch Kartellvertrag angeschlossenen Bayerischen Eisenbahnerverbandes e. V. rund 165 000 Mitglieder in etwa 4100 Ortsgruppen."[32] Das Gros der Mitglieder gehörte zum Personal der Deutschen Reichsbahn-

tung – Organ des Allgemeinen Deutschen Gewerkschaftsbundes 43 (1933) mit einem Anhang „Gewerkschaften in der Krise" von Helga Grebing, Michael Schneider und Klaus Schönhoven, Bonn 1983, S. 98.

30 Der Einheitsverband gibt Rechenschaft. Werbematerial für Verbandsfunktionäre, hrsg. vom Einheitsverband der Eisenbahner Deutschlands, Berlin 1933, S. 7.

31 Vgl. Michael Ruck, Gewerkschaften – Staat – Unternehmer. Die Gewerkschaften im sozialen und politischen Kräftefeld 1914 bis 1933, Köln 1990, S. 89 ff.; Klaus Schönhoven, Von der Kooperation zur Konfrontation. Gewerkschaften, Arbeitgeber und Staat in der Weimarer Republik, in: Hans-Jochen Vogel/ Michael Ruck (Hrsg.), Arbeiterbewegung und soziale Demokratie in Deutschland. Ausgewählte Beiträge, Bonn 2002, S. 257–275; vgl. zu den sozioökonomischen Rahmenbedingungen gewerkschaftlicher Politik in der Weimarer Republik Petra Weber, Gescheiterte Sozialpartnerschaft – Gefährdete Republik? Industrielle Beziehungen, Arbeitskämpfe und der Sozialstaat. Deutschland und Frankreich im Vergleich (1918–1933/39), München 2010, S. 179 ff., 190 ff., 477 ff., 501 ff., 558 ff., 663 ff., 732 ff.

32 Fritz Winters, Gewerkschaft deutscher Eisenbahner e. V. (GdE), in: Ludwig Heyde (Hrsg.), Internationales Handwörterbuch des Gewerkschaftswesens, Bd. 1, Berlin 1931, S. 646.

Gesellschaft; organisiert wurden aber auch Mitglieder der Privateisenbahnen und der Straßenbahnen. 85 000 der 165 000 Mitglieder (1930/31) der GdE waren Beamte, die übrigen Arbeiter, Handwerker und Angestellte. Die GdE gehörte mit ihren Beamtenmitgliedern dem Deutschen Beamtenbund, mit den übrigen Mitgliedern dem Gesamtverband Deutscher Verkehrs- und Staatsbediensteter an.[33] Die GdE zählte zu den Mitgliedern des christlich-nationalen Deutschen Gewerkschaftsbundes und des Internationalen Bundes Christlicher Eisenbahner- und Straßenbahnergewerkschaften.

Der organisatorische Aufbau der GdE basierte auf circa 4100 Ortsgruppen/Ortsverbänden, die in 30 Gauen zusammengefasst waren. Neben dem Gewerkschaftstag als höchstem Beschlussgremium waren der Geschäftsführende Vorstand und die Gauvorstände die wichtigsten Entscheidungsorgane. Den Vorsitz der GdE hatte bis zu seinem Tod im Jahr 1930 Wilhelm Gutsche inne. Bereits Ende der 1920er-Jahre war Oskar Rümmele, der hauptamtliche zweite GdE-Vorsitzende, zur treibenden Kraft der Organisationsleitung geworden. Nach dem Tode Gutsches übernahm Rümmele kommissarisch den Vorsitz der Organisation. Beim letzten Gewerkschaftstag im Juni 1931 wurde er einstimmig zum Vorsitzenden gewählt. Innerhalb der Gauvorstände kam die größte Bedeutung den hauptamtlichen Gauleitern zu, die „ausschließlich dem geschäftsführenden Vorstand der Gewerkschaft" unterstanden.[34] Ohne auf Einzelheiten der ausgesprochen komplizierten Organisationsstruktur, die durch Dutzende Fachverbände und ein komplexes Verhältnis zwischen Reichsorganisation und den süddeutschen Landesverbänden geprägt war, einzugehen, lässt sich mit Verweis auf die Satzung der Gewerkschaft deutscher Eisenbahner und Staatsbediensteter,[35] wie der Verband bis 1923 hieß, und auf das Organisationsstatut der Gewerkschaft feststellen, dass die Willensbildungs- und Entscheidungsprozesse demokratischen Regeln folgten. Formell verstand sich die GdE als interkonfessionell und politisch neutral, wenngleich die übergroße Mehrheit der Mitglieder aus dem christlich-nationalen Lager kam. Während der Novemberrevolution vertrat die GdE zeittypische Forderungen nach einer Neuordnung der kapitalistischen Wirtschaft, lehnte jedoch eine Verstaatlichung der Produktionsmittel ab.[36] Sie stand den Arbeiter- und Soldatenräten ablehnend gegenüber, forderte die Einberufung einer Nationalversammlung und plädierte für die Bildung eines „Verfassungsstaates".[37] In der Weimarer Republik konzentrierten sich die Neuordnungsforderungen der GdE auf eine Verbesserung

33 Vgl. Hubert Jipp, Gesamtverband Deutscher Verkehrs- und Staatsbediensteter, in: Ludwig Heyde (Hrsg.), Internationales Handwörterbuch des Gewerkschaftswesens, Bd. 1, Berlin 1931, S. 608–610.

34 Gewerkschaft deutscher Eisenbahner e. V., Vorläufige Geschäftsordnung für die Geschäftsstellen, Berlin o. J., S. 4 f.

35 Satzung der Gewerkschaft deutscher Eisenbahner und Staatsbediensteter, in: Deutsche Gewerkschaft 15 (1922) 4, 23. 12. 1922, S. 3; vgl. ferner Organisationsstatut, in: ebenda 16 (1923) 1, 6. 1. 1923, S. 3.

36 Vgl. z. B. Rettet die Revolution!, in: Erste Revolutions-Streitschrift der Gewerkschaft deutscher Eisenbahner und Staatsbediensteter, Berlin-Elberfeld den 23. November 1918.

37 Ebenda.

der Kompetenzen der Betriebs- und Beamtenräte im Sinne einer „Betriebsdemokratie“.[38] In einem Aufruf von 1922 beklagte die Gewerkschaft, dass „die Weiterbildung des Betriebsrätegedankens gehemmt“ werde und betonte, dass der „Betriebsrätegedanke [...] ein christlicher Gedanke“ sei und forderte „die Beteiligung der Arbeiterschaft am Besitz der Eisenbahn und damit Mitbestimmung durch Mitbesitz“. Der Aufruf endete mit folgenden Forderungen und Positionen: „Gegen Privatisierung und engstirnigen Staatssozialismus. Für Gemeinwirtschaft im Eisenbahnbetrieb. Gegen jede Kapitalknechtschaft. Für die Beteiligung der Arbeiterschaft am Besitz. Gegen alle Feinde des Betriebsrätegedankens. Für den Ausbau des Betriebsräterechtes.“ In mehreren Aufrufen zur Betriebsrätewahl wurde der Betriebsrätegedanke als ein „christlicher Gedanke“ bezeichnet. Die GdE verstand darunter „durch die Errichtung von Betriebsräten den Arbeiter als Menschen und ausschlaggebenden Produktionsfaktor wieder zur Geltung zu bringen und ihm das beglückende Gefühl wieder zu verschaffen, verantwortlicher Mitträger des Unternehmens zu sein“. Ergänzt wurde dieser Gedanke durch die Forderung der „Beteiligung der Arbeiterschaft am Besitz der Eisenbahn und damit Mitbestimmung durch Mitbesitz.“[39] Darüber hinaus verlangte die GdE einen besseren Schutz der Minderheiten in den Betriebsräten durch die Einführung des „Verhältniswahlsystem[s] bei den Wahlen zum Wahlvorstand und zur Freistellung.“[40] Die Vorstellungen der GdE zur Betriebsdemokratie beinhalteten auch Forderungen hinsichtlich der Beibehaltung von Beamtenräten. Sie trat für die „engste Anlehnung [der Beamtenräte] an die Gewerkschaft“[41] ein und arbeitete auf allen Ebenen in örtlichen, Bezirksbeamtenräten und im Hauptbeamtenrat der Deutschen Reichsbahn-Gesellschaft mit. Mit ihrer Betonung der Betriebsdemokratie setzte sich die GdE eindeutig vom Wirtschaftsdemokratiekonzept des ADGB ab.[42] Wie der EdED war auch die GdE Tarifkontrahent der Reichsbahn-Gesellschaft, wenngleich die christliche Gewerkschaft einen erheblich geringeren Einfluss als der freigewerkschaftliche EdED bei den Betriebsrätewahlen geltend machen konnte. So erzielte der EdED bei den Wahlen zum Hauptbetriebs-

38 Kollegen!, in: Gewerkschaft deutscher Eisenbahner und Staatsbediensteter 15 (1922) 16, 22. 4. 1922.

39 Ebenda. Vgl. Der Abschluß der Betriebsrätewahlen, in: ebenda 14 (1921) 27, 9. 7. 1921, S. 112; Diktatur oder Demokratie, in: ebenda 14 (1921) 31, 6. 8. 1921, S. 121: „Auf die politische Demokratie muß jetzt die wirtschaftliche Demokratie folgen, das Mittel dazu sind die Räte.“ Vgl. ferner Betriebsrätewahlen am 9. und 10. Mai, in: Deutsche Gewerkschaft. Zentralorgan deutscher Eisenbahner und Staatsbediensteter, Nr. 6, 2. 4. 1924.

40 Anträge zum 5. Gewerkschaftstag der Gewerkschaft deutscher Eisenbahner e. V., 21., 22. und 23. Juni 1931 in Stuttgart, Berlin o. J., S. 21.

41 1925–1928. Drei Jahre Gewerkschaft deutscher Eisenbahner e. V., Berlin o. J., S. 24. Vgl. ferner Beamtenräte, in: Gewerkschaft deutscher Eisenbahner und Staatsbediensteter 14 (1921) 17, 30. 4. 1921, S. 65; Beamtenräte, in: ebenda 14 (1921) 18, 7. 5. 1921, S. 69; Die Bedeutung der bevorstehenden Beamtenrätewahlen, in: ebenda 14 (1921) 25, 25. 6. 1921, S. 97; Zu den Beamtenratswahlen, in: ebenda 14 (1921) 30, 30. 7. 1921, S. 117.

42 Vgl. zum Wirtschaftsdemokratiekonzept Fritz Naphtali (Hrsg.), Wirtschaftsdemokratie. Ihr Wesen, Weg und Ziel, Verlagsgesellschaft des Allgemeinen Deutschen Gewerkschaftsbundes, Berlin 1928.

rat der Deutschen Reichsbahn-Gesellschaft im Jahr 1929 – bei einer Wahlbeteiligung von 88,91 Prozent – einen Stimmenanteil von 68,53 Prozent; die GdE erreichte nur 17,97 Prozent und die kommunistische RGO gerade einmal 6,46 Prozent. Der Hirsch-Dunckersche Allgemeine Eisenbahner-Verband (AEV) versank in der Bedeutungslosigkeit.[43] In der Verbandszeitschrift „Deutsche Gewerkschaft" wurden in den Jahren der Weimarer Republik regelmäßig Fragen der Tarifpolitik debattiert. 1928 beschloss der Hauptvorstand „in Anbetracht der zu erwartenden schweren Wirtschaftskämpfe" und weil die Arbeitgeber schon seit vielen Jahren Kapital für die Auseinandersetzung mit den Gewerkschaften ansammeln, für die „Mitglieder der GdE, für die ein Streikrecht in Frage kommt" mit Wirkung vom 1. April 1928 einen „besonderen Kampfschatz",[44] das heißt einen Streikfonds, zu bilden. Der Kampffonds sollte „darüber hinaus in den nächsten Jahren eine besonders große Schlagkraft" der GdE für ihre „Bestrebungen zur materiellen und rechtlichen Verbesserung der Lage der Gesamt-Eisenbahnerschaft abgeben".[45] Die Politik der GdE-Führungsgremien zielte jedoch eher selten darauf ab, Arbeitskämpfe zu führen.[46] Das gilt auch für die letzten Jahre der Weimarer Republik, als die GdE mit Lohnkürzungen konfrontiert wurde. Forderungen der GdE gingen Anfang der 1930er-Jahre unter anderem dahin, „Einkommens- und dienstlichen Verschlechterungen" entgegen zu treten, für langjährige Beschäftigte „einen erhöhten Kündigungsschutz sicherzustellen",[47] den „Kündigungsschutz für ältere Arbeiter" auszubauen und die Anzahl der Lohnklassen zu verringern. Während zwischen GdE und EdED auf programmatischem, religiösem und politischem Gebiet durchaus erhebliche Differenzen existierten, gilt dies weniger für praktische Fragen der Interessenvertretung.[48]

Die GdE verstand sich als parteipolitisch neutrale Vereinigung, die als „Interessen- und Gesinnungsgemeinschaft" auf der „Grundlage der deutschen Volksgemeinschaft und christlich-nationaler Weltanschauung"[49] wirke. Bis Februar/März 1933 trat die GdE für die staats- und gesellschaftspolitischen Errungenschaften der Weimarer Republik ein, da diese zentrale Gewerkschaftsrechte sichere. In dem zitierten Artikel „Für Freiheit und Gleichberechtigung" vom 14. März heißt es dazu: „Soweit der Angriff gegen das ‚System' den Gewerkschaften insgesamt gilt, haben wir diesen rücksichtslos zu bekämpfen. […] Hinter vielem, was uns in

43 Vgl. Jahrbuch 1929 des Einheitsverbands der Eisenbahner Deutschlands, hrsg. vom Verbandsvorstand des EdED, Berlin 1930, S. 79–84.

44 Schaffung eines besonderen Kampfschatzes für die Lohnbediensteten der GdE, in: Deutsche Gewerkschaft 21 (1928) 6, 19. 3. 1928, S. 5.

45 Ebenda.

46 Vgl. z. B. Beschluss der GdE zur Streiklage, in: Gewerkschaft deutscher Eisenbahner und Staatsbediensteter 15 (1922) 1, S. 3; ferner Streik, in: ebenda, Nr. 9, 4. 3. 1922, S. 28.

47 Anträge zum 5. Gewerkschaftstag der Gewerkschaft deutscher Eisenbahner e. V., 21., 22. und 23. Juni 1931 in Stuttgart, Berlin o. J., S. 22 f.

48 Vgl. Buß, Dreimal Stunde Null, S. 135.

49 Für Freiheit und Gleichberechtigung, in: Deutsche Gewerkschaft 25 (1932) 6, 14. 3. 1932.

diesen politisch erregten Zeiten an Systemänderungen angepriesen wird, stehen Bestrebungen, die wir nach Paragraph 3 der Satzung als organisationsfeindlich zu bekämpfen haben. Organisationsfeindlich, das heißt gewerkschaftsfeindlich, sind Bestrebungen, die mit einer irgendwie gearteten Systemänderung unter anderem erreichen wollen die Zerschlagung der Gewerkschaften, die Zertrümmerung der Sozialpolitik, insbesondere der Sozialversicherung, die Beseitigung des Schlichtungswesens als der staatlichen Hilfe zur Vermeidung von Arbeitskämpfen bis zum Weißbluten."[50] Das Bestreben, parteipolitische Neutralität zu wahren, führte bei der GdE zu einer Zurückweisung von parteipolitischer Einflussnahme, die darauf abzielte, „die Gewerkschaften erobern und ihren Parteiinteressen dienstbar machen"[51] zu wollen. Gepaart mit einer erheblichen Selbstüberschätzung der gesellschaftspolitischen Funktion von Interessenverbänden im Allgemeinen und der GdE im Besonderen, wurde in der Verbandszeitung das Organisationsinteresse der GdE als wichtigste handlungspolitische Orientierung herausgestellt: „Für uns in der GdE organisierten Eisenbahner ist weder ein Reichstag, noch die Parteien, sondern einzig und allein die Gewerkschaft deutscher Eisenbahner, orientiert an dem, was Volk und Vaterland frommt, der ruhende Pol in der Erscheinungen Flucht."[52] Eine Stellungnahme der GdE zur Notverordnungspolitik von Brüning: „Übrigens sind die vielen Parteien in Deutschland nicht unser größtes Unglück. Wie man mit ihnen fertig werden kann, wenn die Gesetzesmaschinerie infolge der bunten Parteigruppierung nicht funktioniert, lernt uns ja die Notordnungspraxis"[53] verdeutlicht neben einer Selbstüberschätzung auch eine gewisse antiparlamentarische Einstellung. Trotz antiparlamentarischer Vorbehalte finden sich in der Verbandszeitschrift unmissverständliche Absagen an „jede Putschtaktik" und an Versuche, durch eine „Diktatur eines einzelnen oder einer Gruppe von Männern" politische Probleme lösen zu wollen, sowie die Ankündigung: „Wir werden nicht zusehen, wenn der Versuch gemacht werden sollte, durch Einrichtung einer Diktatur die Bewegungsfreiheit des Einzelnen oder bestimmter Gruppen zu beeinträchtigen. Wir sind gegen jede Diktatur, weil damit nicht Deutschlands Lage erleichtert wird, sondern weil das zum Bürgerkrieg führen würde, womit, wenn auch unbeabsichtigt, die Geschäfte unserer außenpolitischen Gegner besorgt würden."[54]

50 Ebenda.

51 Ebenda.

52 Was wollen wir?, in: Deutsche Gewerkschaft 25 (1932) 9, 25. 4. 1932.

53 Ebenda.

54 Deutsche Gewerkschaft 25 (1932) 8, 11. 4. 1932.

2.3 Allgemeiner Eisenbahner-Verband

Der Hirsch-Dunckersche Allgemeine Eisenbahner-Verband (AEV), der unter den gewerkschaftlichen Organisationen die ältesten Wurzeln hatte, war die dritte bedeutende Richtungsgewerkschaft der Eisenbahner in der Weimarer Republik.[55] Im Jahr 1894 in Trier gegründet, organisierte der Verband zunächst lediglich Handwerker aus Eisenbahnwerkstätten der Preußisch-Hessischen Staatsbahngemeinschaft. Ein Hauptziel in der Frühphase der Organisation war darauf gerichtet, Selbsthilfeeinrichtungen zu schaffen und eine Verbesserung der sozialpolitischen Versicherungseinrichtungen in der Reichsbahnverwaltung zu erreichen. Ein Grund lag in der deutlichen Benachteiligung der Eisenbahnhandwerker hinsichtlich ihrer Pensionsansprüche und Leistungen für Hinterbliebene gegenüber den Eisenbahnbeamten. Nach einigen Jahren organisierte die Vereinigung, die inzwischen als „Verband deutscher Eisenbahnhandwerker und -arbeiter" auftrat, sämtliche Handwerker, Arbeiter und Hilfsbeamten, die bei der Preußisch-Hessischen Staatsbahngemeinschaft und der Elsaß-Lothringischen Reichseisenbahn beschäftigt waren. Schrittweise dehnte sich bis zur Jahrhundertwende der Aufgabenbereich auf das arbeitsrechtliche Gebiet aus. Unter anderem wurden Arbeiterausschüsse mit entsprechenden Befugnissen gefordert.[56] Die Mitgliederzahl stieg relativ schnell an; eine Entwicklung, die die Eisenbahnverwaltung dazu veranlasste, eigene Selbsthilfeeinrichtungen zu etablieren. Diese Entwicklung schwächte den Verband erheblich. Die Vereinigung wandte sich daraufhin eher den allgemeinen wirtschaftlichen Interessen ihrer Mitglieder zu und erreichte auf diese Weise eine erhebliche Steigerung der Mitgliederzahl. Eine erneute Schwächung der Organisation erfolgte bald darauf im Jahr 1908, als der „Verband deutscher Eisenbahnhandwerker und -arbeiter" von christlichen Gewerkschaftern instrumentalisiert wurde. Nach heftigen Streitereien unterlag die „christliche Minderheit" in Abstimmungen und schied aus dem Verband aus. Kurz darauf entstand – in Konkurrenz zum „Verband deutscher Eisenbahnhandwerker und -arbeiter" – eine Vorläuferorganisation der GdE. Als Ergebnis der Konkurrenzkämpfe mit den christlichen Gewerkschaftern verlegte der „Verband deutscher Eisenbahnhandwerker und -arbeiter" seinen Sitz nach Berlin.[57] Deshalb wurde der Verband auch häufig „Trier-Berliner"-Verband genannt.[58] Die Entwicklung der liberalen Hirsch-Dunckersche Vereinigung verlief dennoch

55 Vgl. Oswald Riedel, Allgemeiner Eisenbahner-Verband, in: Ludwig Heyde (Hrsg.), Internationales Handwörterbuch des Gewerkschaftswesens, Bd. 1, Berlin 1931, S. 30.

56 Vgl. ebenda, S. 30.

57 Vgl. zu Details SAPMO-BArch, RY 53/1, Protokollbücher des Vorstandes der Bezirksvereinigung Berlin des AEV, Dezember 1911 bis September 1921.

58 Vgl. Wolfgang Kučera, Die Gewerkschaften der bayerischen Eisenbahner – von den Anfängen bis zum Widerstand gegen den Faschismus, in: Bernhard Schoßig (Hrsg.), Unter dem geflügelten Rad. Arbeiten und Leben bei der Eisenbahn in München und im südlichen Bayern, München/Norderstedt 2001, S. 177–198, hier S. 182.

vergleichsweise positiv. Mitte 1914 hatten sich dem AEV circa 96 000 Mitglieder angeschlossen. Während die freigewerkschaftlichen Organisationen im Ersten Weltkrieg im Zuge der „Burgfriedenspolitik" erst schrittweise einen legalen Status erhielten, sich aus der Konspiration wagten und am 1. Juli 1916 zum DEV zusammenschlossen, waren zu diesem Zeitpunkt im AEV wesentlich mehr Gewerkschafter organisiert. Der zeitweise als Syndikus und Generalsekretär für den AEV tätige Oswald Riedel erklärte in einer kleinen Organisationsgeschichte: „Bis zum Kriegsende hatte dieser [gemeint ist der DEV] keine nennenswerten Erfolge zu verzeichnen. Das änderte sich mit einem Schlage, als mit Beginn des Waffenstillstandes aus Demobilmachungsgründen Hunderttausende betriebsfremder Arbeitskräfte in den Eisenbahndienst eingestellt wurden. Eine ungeheure Radikalisierung war die Folge; daraus ergab sich ein überraschend schnelles Aufsteigen des freigewerkschaftlichen Eisenbahnverbandes und ein erheblicher Rückschlag beim AEV."[59] Nach der Novemberrevolution 1918 konnte der AEV noch einige Zeit seine Mitgliederzahl auf über 50 000 halten.[60] Im Zuge der Inflation 1923 und der Personalkürzungen bei der Reichsbahn sowie nicht zuletzt durch die Konkurrenz zum DEV verringerte sich die Mitgliederzahl weiter. Zum Ende der Weimarer Republik betrug die Anzahl der Mitglieder, die im AEV organisiert waren, circa 32 000.[61]

Seine Aufgaben sah der AEV in der Mitgestaltung der Tarifverträge. Im Streik erkannte der AEV ein legitimes Arbeitskampfmittel, wenn andere Wege des Interessenausgleichs nicht zu erzielen waren. Zugleich bemühte sich der Verband um eine Reform des Besoldungswesens, obgleich im AEV kaum Beamte organisiert waren. Diese negative Entwicklung ließ sich nicht korrigieren, weshalb der Verband bereits 1922 konstatierte, man habe sich zu spät mit den Interessen und Bedürfnissen der Beamten beschäftigt.[62] Den Vorsitz des AEV, der sich als parteipolitisch und religiös neutral verstand, hatte während der gesamten Zeit der Weimarer Republik Hugo Scaruppe inne. Er vertrat den AEV oft auch im „Gewerkschaftsring deutscher Arbeiter-, Angestellten- und Beamtenverbände", der Spitzenorganisation aller Hirsch-Dunckerschen Gewerkvereine. Politische Außenwirkung oder ein größerer Einfluss auf das Tarifgeschehen blieben dem AEV ab der Mitte der Weimarer Republik bis zu deren Ende Anfang 1933 verwehrt.

59 Riedel, Allgemeiner Eisenbahner-Verband, S. 30.

60 Vgl. ebenda.

61 Vgl. ebenda.

62 Vgl. Dieter Schütz, Zwischen Standesbewusstsein und gewerkschaftlicher Orientierung. Beamte und ihre Interessenverbände in der Weimarer Republik, Baden-Baden 1992, S. 153.

2.4 Gewerkschaft Deutscher Lokomotivführer

Als Rechtsnachfolgerin des Vereins Deutscher Lokomotivführer (VDL), der sich am 1. Januar 1867 konstituiert hatte, entstand am 1. Januar 1920 die Gewerkschaft Deutscher Lokomotivführer (GDL), häufig auch als „Lokomotivführer-Gewerkschaft" bezeichnet. Seit ihrer Gründung bis heute ist die traditionsreiche GDL, die sich selbst als „älteste" deutsche Gewerkschaft versteht, eine berufsständische Organisation.[63] Ein ausgeprägtes Zusammengehörigkeitsgefühl und Standesbewusstsein wirkten sich offenbar positiv auf die Vereinsbildung aus. Nach eigenen Angaben organisierte der VDL bereits vor Beginn des Ersten Weltkrieges 80 bis 90 Prozent der deutschen Lokomotivführer. Mitglied werden konnten zunächst lediglich Lokomotivführer, Werkführer, Werkmeister, Maschinenmeister und „überhaupt alle im Lokomotivdienste beschäftigten Beamten, deren Verwaltungen sich der deutschen [...] Geschäftssprache bedienen."[64] Zunächst konzentrierte sich die Arbeit vor allem auf Funktionen der Selbsthilfe und Unterstützung in Notsituationen. Der VDL propagierte nicht nur politische und religiöse Neutralität, die letztlich allen Interessenverbänden zur damaligen Zeit abverlangt wurde, sondern er legte sich selbst eine „distinguierte Königstreue"[65] auf. Insofern wurde vonseiten der Arbeitgeber im VDL ein geringerer Gegner als in den freigewerkschaftlichen Vereinigungen gesehen, die erheblich stärkeren Repressalien ausgesetzt waren. In einer späteren Erklärung zur eigenen Gewerkschaftsgeschichte erklärte der Vorstand der GDL, der Nachfolgeorganisation des VDL: „Mit dem Ende des Obrigkeitsstaates und der Ausrufung der Republik am 9. November 1918 begann für die Arbeiter- und besonders die Beamtenorganisationen ein völlig neuer Abschnitt ihrer Geschichte. Die veränderte Staatsform des Deutschen Reiches gewährte dem einzelnen Staatsbürger mehr persönliche Freiheiten und den Arbeitnehmerorganisationen das volle Koalitionsrecht. [...] Der Verband bayerischer Lokomotivführer hatte bereits im März 1919 einen Umbau des VDL auf gewerkschaftlicher Grundlage gefordert. [...] Den entscheidenden Anstoß zur Umgestaltung des

63 Die Bestrebungen, einen Zusammenschluss des Lokomotivpersonals zu ermöglichen, reichen bis in das Jahr 1863 zurück, als erstmals die „Zeitschrift für Lokomotivführer" erschien. Der VDL verpflichtete sich, auf die „Hebung des Standesbewusstseins" der Lokomotivführer hinzuwirken und finanzielle Unterstützungsleistungen zu gewähren. Explizit gewerkschaftliche Zielsetzungen wie Lohnerhöhungen und Forderungen nach Verkürzung der Arbeitszeit wurden zunächst nicht aufgestellt, da die Verbandsmitglieder ansonsten mit vermehrten Repressalien seitens des Staates bzw. dem Verbot ihrer Organisation rechnen mussten. Vgl. Hanns Böttcher, Lokomotivführer-Gewerkschaft, in: Ludwig Heyde (Hrsg.), Internationales Handwörterbuch des Gewerkschaftswesens, Bd. 1, Berlin 1931, S. 1090 f.; vgl. auch Gewerkschaft Deutscher Lokomotivbeamten (Hrsg.), 100 Jahre GDL, S. 19, 35.

64 Statut der GDL von 1876, zit. n.: Gewerkschaft Deutscher Lokomotivführer (Hrsg.), 125 Jahre GDL. Erfolg und Zukunft. Geschichte der Gewerkschaft Deutscher Lokomotivführer und Anwärter 1867–1992, Frankfurt a. M. 1992, S. 38.

65 Kalass, Neue Gewerkschaftskonkurrenz im Bahnwesen, S. 141.

VDL gab dann eine gemeinsame Sitzung des Vorstandes, des Standesausschusses und der Landesvorsitzenden des VDL am 14. Mai 1919 in Berlin. Auf dieser Tagung kam man überein, daß eine Umorganisation des VDL, die von den Mitgliedern stürmisch gefordert wurde, dringend notwendig und zweckmäßig erscheine."[66]

Die GDL nahm als explizite Berufsgewerkschaft nach wie vor für sich in Anspruch, die beruflichen, wirtschaftlichen und gesellschaftlichen Interessen ihrer Mitglieder zu wahren und zu fördern und vertrat die Auffassung, dass eine Berufsgruppe durch die im Berufsleben tatsächlich ausgeübte Tätigkeit definiert werde.[67] Insofern gab es aus Sicht der Berufsgewerkschaft auch in der Weimarer Republik nicht den übergreifenden Beruf des „Eisenbahners". Deshalb lehnte die GDL eine „Einheits"- oder Industriegewerkschaft ab, die die anderen Eisenbahngewerkschaften favorisierten. Der Personenkreis, der sich der GDL anschließen konnte, erweiterte sich dennoch schrittweise. Ab 1925 durften auch Triebwagenführer dem Verband beitreten. Zugleich organisierte die GDL Maschinisten der Binnenschifffahrt. Umstritten war die Frage, ob die GDL auch Heizer aufnehmen sollte. Diese Entscheidung überließ die GDL-Führung letztlich der jeweiligen GDL-Ortsgruppe.[68] Mit Blick auf die konkurrierenden Organisationen wie den EdED, die GdE oder auch den kleinen AEV erklärte die GDL: „Von diesen drei Gewerkschaften wurde der Zusammenschluss aller Eisenbahner gefordert. Sie bezeichneten sich als Einheitsgewerkschaften, weil sie alle Berufsgruppen ohne Berücksichtigung des Anstellungsverhältnisses, also Arbeiter, Angestellte und Beamte organisierten. [...] Ein Zusammenschluss von Gewerkschaften mit derart unterschiedlicher Organisationsgrundlage konnte zu keiner gedeihlichen Arbeit führen. Die Einheitsgewerkschaften hätten in konsequenter Verfolgung ihres Organisationsprinzips die GDL ihrer Selbständigkeit beraubt, sie zerschlagen und ihre Mitglieder in Einzelmitgliedschaft aufgenommen. Schon aus diesem Grunde lehnte das Lokomotivpersonal einen Zusammenschluss mit einer Einheitsgewerkschaft ab."[69] Die GDL strebte stattdessen ausschließlich für das in der Lokomotive tätige Personal „1. Die Verbesserung und Sicherung der Ausbildungs-, Einstellungs-, Beförderungs-, Dienst-, Einkommens- und Ruhestandsverhältnisse; 2. Herbeiführung und Sicherung eines ausreichenden Einflusses auf die Regelung der Dienstverhältnisse und die Tätigkeit der Verwaltung, soweit sie den Dienstkreis der Mitglieder berührt; 3. Sicherung des Koalitionsrechtes; 4. Verwaltungsseitige Schaffung von Aus- und Fortbildungseinrichtungen für eine allgemeine, staatsbürgerliche und fachliche Weiterbildung; 5. Umge-

66 Gewerkschaft Deutscher Lokomotivbeamten (Hrsg.), 100 Jahre GDL, S. 133 f.

67 Mitglied der GDL werden konnten Angehörige des „Zugbeförderungspersonals" (Werkstättenvorsteher, Oberlokomotivführer, Lokomotivführer, so genannte Reservelokomotivführer, Berufsheizer, Triebwagenführer sowie Personal des örtlichen Maschinendienstes (Werkmeister, Werkführer, Obermaschinisten, Maschinisten und Maschinenwärter)).

68 Vgl. Gewerkschaft Deutscher Lokomotivführer (Hrsg.), 125 Jahre GDL, S. 138.

69 Gewerkschaft Deutscher Lokomotivbeamten (Hrsg.), 100 Jahre GDL, S. 149 ff.

staltung des Beamtenrechts; 6. Förderung und Ausbau der wirtschaftlichen Selbsthilfe" und nicht zuletzt mithilfe einer aktiven Öffentlichkeitsarbeit „7. Aufklärung der Mitglieder [...] über die beruflichen, wirtschaftlichen, gesellschaftlichen und Rechtsfragen."[70] Zudem gewährte die GDL ihren Mitgliedern neben einer finanziellen Unterstützung bei Erwerbslosigkeit Rechtsschutz in Straf- und Zivilverfahren sowie so genannte Beihilfen für in Notlage geratene Lokführer. Hinzu kam ein „Sterbegeld" in Höhe von 1200 RM.

Um die innerorganisatorische Willensbildung auf eine breite Basis zu stellen, war der Gesamtvorstand der GDL verhältnismäßig groß. Diesem „sechsgliedrigen" Gremium stand ein Generalsekretär vor, der ein Stimmrecht wie die anderen führenden GDL-Funktionäre wahrnehmen konnte. Mindestens die Hälfte der Mitglieder des Vorstandes, der alle zwei Jahre von einer Generalversammlung gewählt wurde, musste einer aktiven Tätigkeit im Eisenbahndienst nachgehen. Ein „engerer" Hauptvorstand bestand aus dem geschäftsführenden Vorstand, den Bezirksvorsitzenden und Vertretern „angeschlossener Sparten", zudem „aus einem im Lohnverhältnis stehenden Anwärter"[71] sowie einem „nicht-aktiven" Vertreter, der die bereits im Ruhestand befindlichen Mitglieder vertrat. Die Generalversammlung war als höchstes Gremium der GDL dazu berufen, die wichtigen Entscheidungen für die Verbandsentwicklung zu fällen. Anlässlich dieser Zusammenkunft entlasteten die Delegierten den Vorstand und nahmen den Geschäftsbericht entgegen, sie fällten Beschlüsse über die „auf der Tagesordnung stehenden und während der Verhandlung eingebrachten [...] Anträge, insbesondere Satzungsänderungen."[72] Sie genehmigten Ausführungsbestimmungen und Geschäftsordnungen für die General- und Hauptversammlungen. Außerdem stellte die Versammlung in der Regel einen „Wirtschaftsplan" für die kommenden Jahre auf. Sie bestimmte die Höhe der Rücklagen für Arbeitskämpfe, wählte den geschäftsführenden Vorstand und die Rechnungsprüfer sowie einen Presseausschuss.[73]

Die GDL hatte Anfang der 1930er-Jahre einen Mitgliederbestand von 72 000 Personen, die sowohl bei der Deutschen Reichsbahn-Gesellschaft als auch bei Privateisenbahnen beschäftigt waren. Im Frühjahr 1933 waren es nur noch unter knapp 70 000 Mitglieder. Das Organisationsgebiet gliederte sich 1931/32 in 25 Bezirke und 455 Ortsgruppen, zu denen rund 2000 „Maschinenstationen" gehörten.[74] Ihren Sitz hatte die Gewerkschaft in Berlin (Magdeburger Straße 25). Nach der Inflationskrise Anfang der 1920er-Jahre hatte sich die Gewerkschaft bald finanziell erholt, so dass sie auch ein eigenes Erholungsheim in Hannoversch-Münden unterhalten konnte. Außerdem legte die GDL – wie die freigewerkschaftliche Bewegung – viel Wert auf Bildungsarbeit, u. a. mit der Zeitschrift „Voraus" und deren Beilage

70 Böttcher, Lokomotivführer-Gewerkschaft, S. 1090.

71 Ebenda.

72 Ebenda.

73 Vgl. ebenda.

74 Vgl. ebenda, S. 1091.

„Wege zum Wissen", in der sozialwissenschaftliche Abhandlungen veröffentlicht wurden, und der Beilage „Lokomotivtechnik", in der technische Innovationen vorgestellt und erklärt wurden. Hinzu kamen Fortbildungen und Kurse zu ökonomischen, sozial- und staatspolitischen sowie technischen Fragen. Die GDL schrieb später rückblickend auf ihre Geschichte: „Die GDL bot ab 1925 ‚Bildungskurse' für Amtsinhaber der Gewerkschaft an. Hier wurden Vorträge des geschäftsführenden Vorstandes, von Juristen, Politikern und Professoren zu relevanten Themen des gewerkschaftlichen Tagesgeschäftes gehalten. In den siebentägigen Kursen wurden Themen zu Arbeits- und Tarifrecht, Gegenwartsfragen der GDL aber auch alltägliche Dinge wie die damalige deutsche Abrüstung und Außenpolitik behandelt. Insgesamt nahmen bis 1932 circa 1500 Amtsinhaber der GDL-Bezirke-/Ortsgruppen teil."[75] Wie die anderen drei Richtungsgewerkschaften DEV/EdED, AEV und GdE war auch die Berufsgewerkschaft GDL als „tariffähige" Organisation anerkannt, besaß jedoch keinen Dachverband. Mit „gegnerischen Organisationen" wie der GdE stehe sie in „freundschaftliche[r] Beziehung",[76] erklärte die „Beamtengewerkschaft" GDL. Zwischen 1920 und 1924 war die GDL, die den Beamtenorganisationen der Weimarer Republik viel näherstand als den Arbeiterorganisationen, in der RGDE organisiert. Aufgrund von Differenzen zwischen „Berufsbeamten" und Freigewerkschaftern und im Zusammenhang mit einem maßgeblich von der GDL forcierten Streik der Eisenbahnbeamten, den die RGDE nur widerwillig und der DEV überhaupt nicht unterstützt hatte, wurde die engere Zusammenarbeit bald beendet. Unabhängig davon wurden jedoch bei wichtigen Entscheidungen in den Arbeitnehmervertretungen auf Betriebsebene weiterhin Absprachen zwischen den Organisationen getroffen.

2.5 Revolutionäre Gewerkschafts-Opposition/„Rote Verbände"

Im Zuge der „ultralinken" Wende der KPD (1927/28) versuchte die Partei, Konflikte zwischen den SPD-nahen Führungen der Freien Gewerkschaften und ihrer Mitgliedschaft zu forcieren; ein Strategiewechsel, der im Zusammenhang mit Veränderungen in der Kommunistischen Internationale (KI) zu sehen ist. Zugleich war der Wechsel Ergebnis der inneren Entwicklung der KPD, der politischen Entwicklung in Deutschland sowie der Praxis der Freien Gewerkschaften.[77] Die KPD-Führung bekannte sich bis dahin jahrelang dazu, die

75 Gewerkschaft Deutscher Lokomotivführer, 150 Jahre GDL (Teil 7): Die GDL in der Weimarer Republik, in: GDL-Magazin „Voraus", Oktober 2015, http://m.gdl.de/Aktuell-2015 (29. 3. 2016).

76 Böttcher, Lokomotivführer-Gewerkschaft, S. 1091.

77 Vgl. Heinz, Moskaus Söldner? Der „Einheitsverband der Metallarbeiter Berlins"; Müller, Lohnkampf, Massenstreik, Sowjetmacht; Eva C. Schöck, Arbeitslosigkeit und Rationalisierung. Die Lage der Arbeiter und die kommunistische Gewerkschaftspolitik 1920–1928, Frankfurt a. M. 1977; Lore Heer-Kleinert, Die Gewerkschaftspolitik der KPD in der Weimarer Republik, Frankfurt a. M. 1983; Klaus-Michael Mallmann, Kommunisten in der Weimarer Republik. Sozialgeschichte einer revolutionären Bewegung,

Freien Gewerkschaften systematisch „erobern“ zu wollen. An der Parteibasis hatte jedoch die Meinung, die sozialdemokratisch dominierten ADGB-Gewerkschaften seien Organisationen des „Klassenverrats“ und es sei vergeblich, in ihnen gezielte „Fraktionsarbeit“ zu betreiben, schon vor 1928/29 hin und wieder an Bedeutung gewonnen.[78] Ab 1925 galt es für jeden Kommunisten als Pflicht, in die Freien Gewerkschaften einzutreten und sich dort im Rahmen der Statuten für eine Veränderung der Kräfteverhältnisse zugunsten der Kommunisten zu engagieren – diese Regel galt für alle freigewerkschaftlichen Organisationen, so auch für den EdED.

In Übereinstimmung mit der Kommunistischen Internationale (KI) erkannte die KPD-Führung 1928 den Beginn der „Dritten Periode“ in der allgemeinen Krisentendenz des Kapitalismus. Die Kommunisten gingen davon aus, dass sich die Klassenkämpfe verschärfen und die Radikalisierung in der Arbeiterschaft ansteigen würden.[79] Die SPD wurde zum „Hauptfeind“ erklärt.[80] Eine „Einheitsfront“ sollte fortan nur „von unten“ – unter Einbeziehung von SPD-Basismitgliedern in die Aktionen der Kommunisten – angestrebt werden. Die sich ab 1927/28 schrittweise entwickelnde Revolutionäre Gewerkschafts-Opposition (RGO) stellte sich die Aufgabe, als offensive „fraktionierte Strömung“ in den Freien Gewerkschaften wie dem EdED die von der KPD prognostizierte Linksentwicklung zu unterstützen. Deshalb versuchte die RGO, bei Auseinandersetzungen mit den Unternehmern eigene Streikleitungen aufzustellen und den EdED von seiner reformorientierten Tagespolitik abzubringen. Die Streikleitungen strebten an, „selbständig“ Wirtschaftskämpfe – also auch gegen den Willen der Funktionäre der Freien Gewerkschaften – durchzuführen und die Ausstände als politischen Kampf zu führen. Obwohl dieses Vorgehen auf den Ausbau der Strukturen der

Darmstadt 1996; Reiner Tosstorff, Profintern. Die Rote Gewerkschaftsinternationale 1920–1937, Paderborn 2004; Bert Hoppe, In Stalins Gefolgschaft. Moskau und die KPD 1928–1933, München 2007.

78 Vgl. Ulrich Eumann, Eigenwillige Kohorten der Revolution. Zur regionalen Sozialgeschichte des Kommunismus in der Weimarer Republik, Frankfurt a. M. 2007, S. 299 ff.

79 Vgl. Bert Hoppe, „Stalin und die KPD in der Weimarer Republik, in: Jürgen Zarusky (Hrsg.), Stalin und die Deutschen. Neue Beiträge der Forschung, München 2006, S. 19–42, hier S. 31 ff.

80 Funktionäre der KPD legitimierten ihre Politik in der Regel mit der „Sozialfaschismus“-These – das heißt mit einer verfehlten Annahme, wonach sich der sozialdemokratische Reformismus in eine besondere Form des Faschismus – den „Sozialfaschismus“ – verwandelt habe. Die „Sozialfaschismus“-These beinhaltete ferner die Annahme, dass sowohl die SPD-Führung als auch Funktionäre der Freien Gewerkschaften die Arbeiterschaft vom Kampf gegen den Lohnabbau der Arbeitgeber abhielten und die Abschaffung von Arbeiterrechten mit den Unternehmern durchsetzen wollten. Diese Annahme machte die SPD-Spitze und die Gewerkschaftsfunktionäre zu „Helfern“ des Faschismus oder sogar zu dessen Apologeten. Vgl. Hermann Weber, Hauptfeind Sozialdemokratie. Strategie und Taktik der KPD 1929–1933, Düsseldorf 1982; Bernd Faulenbach, Zur Rolle von Totalitarismus- und Sozialfaschismus-„Theorien“ im Verhältnis von Sozialdemokraten und Kommunisten in den zwanziger und frühen dreißiger Jahren, in: Mike Schmeitzner (Hrsg.), Totalitarismuskritik von links. Deutsche Diskurse im 20. Jahrhundert, Göttingen 2007, S. 119–131.

RGO innerhalb des EdED bzw. in allen Freien Gewerkschaften gerichtet war, bewirkte es das Gegenteil. Die Gewerkschaften entfernten die radikale Opposition mittels Ausschlussmaßnahmen. Mit den Ausschlüssen nahmen „antigewerkschaftliche Stimmungen" bei den RGO-Anhängern zu, die eine Betätigung in den Freien Gewerkschaften als aussichtslos ansahen oder für falsch erklärten. Gerade in den KPD-Hochburgen – Berlin, Ruhrgebiet und Hamburg – breiteten sich 1929/30 Bestrebungen aus, in einigen Industrien den Aufbau eigenständiger „Roter Gewerkschaften" sofort zu beginnen. Differenzen zur Organisationsfrage und zum Für und Wider autonomer Gewerkschaften zeigten sich auch deutlich beim I. RGO-Reichskongress Ende 1929.[81] Doch auch dort wurde ein Ausbau der RGO zur „formierten Opposition" in den Freien Gewerkschaften beschlossen und der Aufbau von „Konkurrenzgewerkschaften", gemeint waren die späteren „Roten Verbände", noch offiziell abgelehnt. Die in KPD und RGO wachsende Zahl der Befürworter „Roter Gewerkschaften" fühlte sich indes durch die politische Entwicklung bestärkt, die „Verselbständigung" der RGO voranzutreiben.

Die II. RGO-Reichskonferenz Mitte November 1930 beschloss, die RGO zur „Kampforganisation" auszubauen.[82] Sie leitete den Aufbau „Roter Gewerkschaften" – zum Beispiel des Einheitsverbandes der Metallarbeiter Berlins (EVMB) – ein. Ab März 1931 entstanden auch einige „Rote Verbände" bei der Eisenbahn, die jedoch im Vergleich zum EVMB auf noch weniger Erfolge verweisen konnten. Da bei der Eisenbahn der Name „Einheitsverband" bereits durch den freigewerkschaftlichen EdED „reserviert" war, nannten sich die kommu-

81 Vgl. Protokoll des I. Reichskongress der „revolutionären Gewerkschafts-Opposition Deutschlands", 30. November/1. Dezember 1929, Berlin 1930 (Manuskript); vgl. LAB, A Pr. Br. Rep. 030, Nr. 21797, Bl. 1 ff., Überwachungsbericht der Berliner Polizei, 4. 1. 1930.

82 Die Planungen der RGO-Führung für den Aufbau der RGO sahen ein Industriegruppen-Modell mit Betriebs- und Erwerbslosengruppen über Orts- und Bezirkskomitees bis zum Reichskomitee vor. Im Rahmen einer komplexen Doppelstrategie erhielten die Betriebsgruppen, die an eine „Industriegruppe" angegliedert waren, die Aufgabe, „Fraktionsarbeit" in den Freien Gewerkschaften fortzusetzen. „Rote Gewerkschaften" sollten als Teil der jeweiligen Industriegruppe – mit eigenen Sektionen in den Betrieben – existieren. Damit bildeten die „Roten Gewerkschaften" auf den unteren Ebenen eine formell getrennte Struktur. Auf höherer Ebene waren die „Roten Gewerkschaften" den RGO-Gremien rechenschaftspflichtig. Doch die sich regelmäßig ändernden Regelungen zum Verhältnis zwischen RGO-Gremien und „Roten Gewerkschaften" wurden selten vollständig umgesetzt. Schwierigkeiten sollten sich bald besonders dort zeigen, wo eine Trennung der Aufgaben zwischen RGO-Industriegruppen und „Roten Gewerkschaften" vorgesehen war. Dies führte oft auf verschiedenen Ebenen zu Konkurrenz- und Kompetenzstreitigkeiten. Zur Diskussion im Protokoll des RGO-Reichskongresses vgl. die Unterlagen in: SAPMO-BArch, RY 1/I4/6/2; vgl. auch Staatsarchiv Bremen, Nr. 4,65-1207, Die Lehren des Berliner Metallarbeiterstreiks. Resolution des Politbüros des ZK der KPD, Anlage Nr. 1 zum Rundschreiben Nr. 17 des ZK-Sekretariats der KPD, 15. 11. 1930; SAPMO-BArch, RY 1/I4/6/37, Bl. 18, Überwachungsbericht der Gestapo, 15. 6. 1933; BArch, R 1501/20079, Bl. 114, Überwachungsbericht der Berliner Polizei, 5. 1. 1931; SAPMO-BArch, RY 1/I4/6/13, Bl. 399 ff., Rundschreiben des Sekretariats des RGO-Reichskomitees Nr. 6/33, 24. 1. 1933.

nistischen Gewerkschaften in der Regel „Roter Eisenbahnerverband". Die Mitgliederstärke der „Roten Eisenbahnverbände" betrug in Oberschlesien 540 Mitglieder, in Ostpreußen 1332 Mitglieder bei 47 Sektionen, im Saargebiet 400 Mitglieder bei 21 Sektionen, in Gotha 120 Mitglieder bei einer Sektion und in Opladen 80 Mitglieder.[83] Unabhängig davon waren in „Betriebsgruppen" der RGO-Industriegruppe Eisenbahn wesentlich mehr kommunistische Eisenbahner als in den „Roten Eisenbahnerverbänden" organisiert.[84] Die Mitglieder verteilten sich – anders als bei den „Roten Eisenbahnerverbänden" über das gesamte Reichsgebiet.[85] Nicht wenige RGO-Anhänger wurden aus dem EdED wegen ihrer Betätigung für die Ziele der RGO ausgeschlossen und aus dem Dienst der Reichsbahn entlassen.

Bereits Mitte 1931 wurde der „Verselbständigungsprozess" der RGO in Richtung „Rote Verbands"-Gründungen von der KPD-Spitze gestoppt, da alle Verbände Ausdruck einer kleinen radikalen Minderheit blieben. Auch das nun vonseiten der KPD-Führung favorisierte Konzept der „innergewerkschaftlichen Fraktionsarbeit" funktionierte aufgrund von Unvereinbarkeitsbeschlüssen und wegen einer mangelnden Bereitschaft der RGO-Mitglieder, dieses Konzept zu akzeptieren, nur selten. Der RGO, die insgesamt nur circa 230 000 Mitglieder[86] und bei der Eisenbahn maximal bis zu 15 000 Personen organisiert hatte, wurde als

83 Vgl. SAPMO-BArch, RY 1/I4/6/8, Bl. 167 f., Rote Verbände. Ihr Organisatorischer Stand, Materialien des RGO-Reichskomitees, 23. 12. 1931. 1932/33 löste sich der „Rote Eisenbahnerverband" in Gotha selbst auf.

84 In der RGO-Eisenbahn („Rote Verbände" und Industriegruppen) waren nach eigenen Angaben reichsweit bis zu 15 000 Mitglieder organisiert, wenngleich die Zahl überhöht erscheint. Allein in Berlin sollen beispielsweise 2600 Mitglieder der RGO-Industriegruppe Eisenbahn angehört haben. Vgl. zu Details Mitteilungen des Landeskriminalamtes Berlin, 15. 10. 1932 und andere Materialien zur Mitgliederentwicklung SAPMO-BArch, RY 1/I4/6/8, Bl. 42 ff., 143 ff., 164 ff., 304 ff.

85 Industriegruppen der RGO-Eisenbahn existierten in den RGO-Bezirken Berlin-Brandenburg, Halle-Merseburg, Thüringen, Schlesien, Sachsen, Wasserkante, Nord-West, Ruhrgebiet, Baden-Pfalz, Niederrhein, Württemberg, Mittelrhein und Südbayern. In den RGO-Bezirken Pommern, Magdeburg-Anhalt, Danzig, Niedersachsen, Mecklenburg, Nord-Bayern, Hessen-Waldeck und Hessen-Frankfurt waren hingegen sehr wenige oder keine Aktivitäten der RGO unter den Eisenbahnern zu verzeichnen. Vgl. SAPMO-BArch, RY 1/I4/6/13, Bl. 393 ff., Rundschreiben des RGO-Sekretariats Nr. 6/33. Organisations-Richtlinien zur Verselbständigung der Industriegruppen, 24. 1. 1933.

86 Eigene Schätzung der Autoren nach Auswertung zahlreicher Materialien. Die eigenen Angaben zur Mitgliederentwicklung waren oft überhöht. Im Oktober 1932 wurde in internen Gesprächen der RGO eine Gesamtmitgliederzahl von 322 000 genannt, wobei die Politische Polizei des Berliner Landeskriminalpolizeiamtes bemerkte, dass „bemerkenswert" sei, „dass eine offizielle Mitteilung über die Höhe der Mitgliederzahlen der Roten Verbände und der einzelnen Industriegruppen der RGO nicht erfolgt, weil dadurch die zahlenmässige Schwäche bekannt werde und dies für die weitere Agitation von grossem Nachteil sein würde". In anderen internen Papieren wird mit Stand vom August 1932 von 218 000 tatsächlichen RGO-Mitgliedern ausgegangen, von denen die „Roten Eisenbahnerverbände" lediglich 1650 Mitglieder und die Industriegruppe Eisenbahn 10 000 bis 12 000 Mitglieder für sich beanspruchten. Vgl. zu Details Mitteilungen des Landeskriminalamtes Berlin, 15. 10. 1932 und andere Materialien zur Mitgliederentwicklung SAPMO-BArch, RY 1/I4/6/8, Bl. 42 ff., 143 ff., 164 ff., 304 ff.

„staatsfeindlicher Organisation" die Tariffähigkeit verweigert.[87] Gerade wegen der „Staatsfeindlichkeit", die der RGO zugeschrieben wurde, bestand bei der sehr „staatsnahen" Reichsbahn-Gesellschaft ein besonderes Risiko, sich in der kommunistischen Organisation zu engagieren. Hinzu kam, dass eigenständige Streiks meist scheiterten, da die Mehrheit der Arbeiter bei der Bahn der Politik des EdED aus Überzeugung folgte. Das Hauptziel, Wirtschaftskämpfe in „Massenstreiks" zum Sturz der kapitalistischen Herrschaft zu verwandeln, wurde vonseiten der RGO verfehlt.[88]

Die RGO-Strategie mitsamt ihren Angriffen auf die Sozialdemokratie, die von der KPD-Führung in der Illegalität 1935 zurückgenommen wurden, vertiefte die Spaltung der Arbeiterschaft. Zugleich machte der Alltag bei der Reichsbahn deutlich, wie die Angst umging, den Arbeitsplatz zu verlieren. Für Arbeiterrechte einzutreten, war schwerer geworden. Kommunisten gingen das Risiko oft ein, verbanden ihr Engagement mit radikalen Forderungen und versuchten trotz der ungünstigen Lage Streiks zu organisieren. Sie wurden als Erste entlassen. Innerhalb der RGO betrug die Erwerbslosenquote im Oktober 1932 gut 50 Prozent.[89] Die Masse der Erwerbslosen, die nicht besonders politisiert war, hatte wiederum mit Selbstwertverlusten zu kämpfen. Deshalb versuchte die RGO, Erwerbslose in Streiks einzubeziehen. Bis auf vergleichsweise wenige, die sich der RGO anschlossen, kam dieser Schritt für die Mehrheit nicht infrage. Erwerbslosen war bewusst, dass sie kaum Druckmittel hatten. Manche wollten ihren Unmut kundtun, wovon die KPD bei Wahlen profitierte. Unzufriedenheit, kurzzeitiger Protest und Apathie bildeten eine Einheit.[90]

Ein eigener Bericht zur Entwicklung der „Roten Eisenbahnerverbände" von Ende 1931 belegt eindrücklich die Schwächen und den vergleichsweise geringen Grad der Verankerung der RGO bei der Eisenbahn: „Während in Gotha, Ostpreußen und Saargebiet ein kleiner Mitgliedergewinn zu verzeichnen ist, ist in Oberschlesien und Opladen ein Rückgang zu verzeichnen. In Oberschlesien hat die Verbreiterung der Ortsgruppe Oppeln auf den gesamten Bezirk vorübergehend einen Fortschritt zu verzeichnen, der aber nicht ein dauernder war. Es

87 Sowohl einzelnen regionalen RGO-Gruppen wie der „Fraktion der oppositionellen Eisenbahner" in Königsberg als auch der gesamten RGO mit ihren „Roten Verbänden" und Industriegruppen wurde vom Reichsarbeitsgericht die offizielle Tariffähigkeit verweigert – nicht zuletzt deshalb, weil die RGO als „revolutionäre" Organisation das Schlichtungswesen und das Tarifrecht ablehnte bzw. die „staatsfeindliche" RGO keine Tarifvertragspartei im Sinne der Weimarer Verfassung sei (Urteile des RAB RB3/30 und RAB RB 83/31). Vgl. Gewerkschafts-Zeitung 42 (1932) 52, 24. 12. 1932, S. 819.

88 Die RGO zeigte ihre Selbsttäuschung, wenn sie wegen der um sich greifenden Verarmung vom Anstieg der Streikbereitschaft sprach und die Weltwirtschaftskrise als letzte kapitalistische Regung deutete. Die real abnehmende Streikbereitschaft in den letzten Jahren der Weimarer Republik belegt, wie wenig Aktionsbereitschaft vorhanden war – erst recht für einen linken Umsturz.

89 Vgl. zu Details Mitteilungen des Landeskriminalamtes Berlin, 15. 10. 1932 und andere Materialien zur Mitgliederentwicklung SAPMO-BArch, RY 1/I4/6/8, Bl. 42 ff., 143 ff., 164 ff., 304 ff.

90 Vgl. Mallmann, Kommunisten in der Weimarer Republik, S. 324 f.

ist jetzt eine Stagnation zu verzeichnen. In Opladen ist [im Original: sind] durch Betrügereien eines leitenden Funktionärs, der vorher gute Einfluss [...] verloren gegangen. Während der Mitgliederstand vorher immer noch etwas um 300 betrug, ist durch die Unregelmäßigkeiten der Stand auf 40 zurückgegangen, in den letzten Wochen [des Jahres 1931] jedoch wieder auf 80 gesteigert.“[91]

Letztlich lassen sich für die RGO bei den Betriebsrätewahlen der Reichsbahn-Gesellschaft punktuell Erfolge verzeichnen.[92] Einen größeren Einfluss erreichte die kommunistische Gewerkschaft jedoch bei der Reichsbahn nie, weil die Bereitschaft zur Mitarbeit, aufgrund des Risikos entlassen zu werden, bei der staatspolitisch bedeutsamen Bahn hoch war. Da die Risiken der als „Aktionspolitik“ verstandenen Gewerkschaftspolitik der RGO die Mitglieder zu tragen hatten, blieb sie insbesondere bei der Eisenbahn eine Organisation mit sehr instabiler Basis. Die Abgrenzungspolitik zum EdED und die Art und Weise der Streikpolitik mussten bei der tagespolitischen Arbeit große Schwierigkeiten auslösen. Von den Mitgliedern und durch äußere Faktoren verursachte Probleme, fehlende Finanzen sowie eine hohe Fluktuation waren Gründe für ausbleibende Fortschritte. Eine Etablierung der RGO-Eisenbahn als Alternative zum EdED gelang niemals.

91 SAPMO-BArch, RY 1/I4/6/8, Bl. 168, Rote Verbände. Ihr Organisatorischer Stand, Materialien des RGO-Reichskomitees, 23. 12. 1931.

92 Insofern bleibt festzuhalten, dass die RGO-Industriegruppe Eisenbahn bzw. die „Roten Eisenbahnerverbände“ in den betrieblichen Interessenvertretungen insgesamt isoliert blieben und die Mitglieder häufig – soweit sie einen Arbeitsplatz hatten – vor allem mit den EdED-Kollegen konkurrierten. Allerdings war die Bereitschaft, der RGO bei den Betriebsrätewahlen die Stimme zu geben, wesentlich höher, als die Bereitschaft, sich in der kommunistischen Gewerkschaft zu organisieren.

3. „Tolerierungs"- und „Anpassungspolitik" der Eisenbahngewerkschaften 1933

Einige führende freigewerkschaftliche Funktionäre erwogen bereits im Zusammenhang mit der Ernennung Hitlers zum Reichskanzler am 30. Januar 1933 die Ausrufung eines Generalstreiks.[1] Doch diese Überlegungen wurden wegen der Gefahr gewalttätiger Konflikte und der durch die hohe Erwerbslosigkeit verursachten Schwächung der Arbeiterorganisationen verworfen.[2] Die ADGB-Führung appellierte an die Arbeiter, „Disziplin" zu wahren. Selbst als die Gewalt gegen Kommunisten und Sozialdemokraten für niemanden mehr übersehbar war, es ab März 1933 überall im Reich zu Übergriffen auf Gewerkschaftshäuser kam und Betriebsräte abgesetzt wurden, konnte sich der ADGB nicht zum Widerstand durchringen.[3] Dessen Spitzenfunktionäre versuchten vielmehr, sich unter Betonung ihrer „nationalen Verantwortung" mit den Nationalsozialisten zu arrangieren und auf diese Weise die Gewerkschaften zu erhalten. Die ADGB-Führung erklärte ihre Neutralität gegenüber der neuen Herrschaft. Die Vorstände der ADGB-Einzelgewerkschaften wie der des EdED versprachen eine loyale Bereitschaft, an der „wirtschaftlichen und sozialen Neuordnung" infolge der „politischen Umgestaltung"[4] mitzuwirken. Auch akzeptierten die Funktionäre Eingriffe in das bereits in

1 Solche Überlegungen verfolgte zum Beispiel der Eisenbahngewerkschafter Hans Jahn (1885–1960), der zur zentralen Figur des Widerstandes von Eisenbahngewerkschaftern wurde. Vgl. Nelles, Widerstand und internationale Solidarität. Die Internationale Transportarbeiter-Föderation (ITF), in: Coppi/Heinz (Hrsg.), Der vergessene Widerstand der Arbeiter, S. 73–90.

2 Auch wenn die Erwerbslosenquote bei den Eisenbahngewerkschaftern nicht ganz so hoch ausfiel wie bei anderen Berufsgruppen wie zum Beispiel den Bauarbeitern (dort lag sie Ende 1932 bei 87 Prozent), war im Zuge der Notverordnungspolitik auch das Personal bei der Reichsbahn massiv abgebaut worden. Die Löhne, Gehälter und Versorgungsbezüge waren erheblich gekürzt worden, so dass die Mehrzahl der Reichsbahnarbeiter unter dem Lohnabbau zu leiden hatte. Vgl. Gewerkschafts-Zeitung 43 (1933) 8, 25. 2. 1933, S. 127.

3 Vgl. Günter Morsch, Arbeit und Brot. Studien zu Lage, Stimmung, Einstellung und Verhalten der deutschen Arbeiterschaft 1933–1936/37, Frankfurt a. M. 1993, S. 53–57; Werner Milert/Rudolf Tschirbs, Die andere Demokratie. Betriebliche Interessenvertretung in Deutschland, 1848–2008, Essen 2012, S. 233 ff.

4 Richtlinien für die Verbandsarbeit, 29. 3. 1933, in: Der deutsche Eisenbahner 9 (1933) 13/15, 9. 4. 1933, S. 70–72, hier S. 70.

den Jahren zuvor erodierte Tarifvertragssystem.[5] Der EdED-Vorstand erklärte: „Der nationale autoritäre Staat ist aufgerichtet worden und ist dabei, seine Machtposition auszudehnen und zu festigen. An politischen Machtkämpfen teilzunehmen, steht den Gewerkschaften nicht an."[6] Ein Teil der Funktionäre ging auf Abstand zur SPD, mit der bislang immer eine enge Allianz gepflegt worden war. Diese hatte aufgrund der freigewerkschaftlichen Distanzierung vom Mehrparteienstaat Risse bekommen. Die eigene Dachorganisation, den Internationalen Gewerkschaftsbund (IGB), der im April 1933 sein Berliner Büro geräumt hatte, verließ der ADGB im selben Monat.[7] „Politisch ist der Liberalismus tot. Er ist sang- und klanglos bei einer seiner stärksten Belastungsproben untergegangen. Diese Tatsache wird über kurz oder lang auch für die gewerbliche Gliederung Konsequenzen von weittragender Bedeutung haben. So viel läßt sich heute schon sagen, daß die politischen Richtungen innerhalb der Gewerkschaften und der Gewerkschaftsbewegung ihren Sinn verloren haben. Aber auch für politisch-konfessionelle Betätigung wird in der neuen Gewerkschaftsbewegung kein Raum mehr bleiben. Es scheint, als wenn der Weg für große und entsprechend

5 Bereits ab Beginn der Notverordnungskabinette des Zentrum-Politikers Heinrich Brüning 1930 war die Politik der Regierung nicht mehr auf einen Interessenausgleich orientiert. Sie begünstigte Krisenüberwindungsstrategien der Unternehmer auf Kosten der Beschäftigten. Der ADGB und dessen Einzelgewerkschaften wie der EdED wollten die Krise mit staatlicher Regulation überwinden und Arbeitskämpfe vermeiden. Die Vorschläge waren auf Lohnerhöhungen gerichtet, die eine gesteigerte Kaufkraft und höheren Absatz versprachen. Dadurch sollten Personalkosten für mehr Beschäftigte ausgeglichen werden. Hoffnungen auf Berücksichtigung solcher Empfehlungen erübrigten sich. Das Schlichtungswesen mit staatlichen Verbindlichkeitsverpflichtungen wurde zum Instrument des Lohnabbaus. Der Verzicht der Freien Gewerkschaften auf ein offensiveres Vorgehen hatte Bedeutung für die weitere Entwicklung. Denn das Regierungsprogramm zur Absenkung des gesamten Lohnniveaus setzte geradezu voraus, dass kaum Arbeitskämpfe geführt wurden und die Freien Gewerkschaften die zügige Durchsetzung des Lohnabbaus mit Streikaufrufen nicht unnötig gefährdeten. Dass sich der ADGB zurückhaltend verhielt, resultierte aus seiner geringeren Schlagkraft als in den 1920er-Jahren. Diese war durch massive Mitgliederverluste der Einzelgewerkschaften hervorgerufen worden. Am Vorabend des Nationalsozialismus war fast die Hälfte aller Gewerkschafter arbeitslos, bei den Eisenbahnern war die Situation nur unwesentlich besser. Diejenigen, die noch Arbeit hatten, waren jedoch oft nicht mehr vollzeitbeschäftigt. Zugleich gab es in den Freien Gewerkschaften Hoffnungen, die Regierung werde das Tarifvertragssystem nicht antasten und den ADGB als gleichberechtigten Gesprächspartner akzeptieren. Ein Trugschluss, denn 1932 wurde per Notverordnung direkt in die Tarife eingegriffen. Die Löhne sanken, weil es die Regierungspolitik so vorsah. Vgl. detailliert Karsten Steiger, Kooperation, Konfrontation, Untergang. Das Weimarer Tarif- und Schlichtungswesen während der Weltwirtschaftskrise und seine Vorbedingungen, Stuttgart 1998, S. 182 ff.; vgl. Gewerkschafts-Zeitung 43 (1933) 8, 25. 2. 1933, S. 133; Michael Kittner, Arbeitskampf. Geschichte Recht Gegenwart, München 2005, S. 488.

6 Richtlinien für die Verbandsarbeit, 29. 3. 1933, in: Der deutsche Eisenbahner 9 (1933) 13/15, 9. 4. 1933, S. 70–72, hier S. 72.

7 Zur „Anpassungspolitik" im Frühjahr 1933 vgl. Buschak, „Arbeit im kleinsten Zirkel", 2., aktual. Aufl. 2015, S. 46–86.

wirkungsvolle gewerkschaftliche Zentralverbände frei ist“,[8] verkündete der EdED-Vorstand mit Zweckoptimismus. Doch solche Hoffnungen erübrigten sich bald. Ähnlich verhielt es sich mit Hoffnungen, die Organisation des EdED werde sich wieder „festigen“, da nach dem Verbot der RGO und einer Reihe Übergriffe auf Gewerkschaftshäuser die „Ruhe wiederhergestellt“ sei und „ein ordnungsgemäßiges Versammlungsleben wieder stattfinden“[9] könne, wie Matthäus Herrmann bei einer Vorstandssitzung des EdED kurz vor der Zerschlagung seiner Organisation in Verkennung der realen Lage konstatierte.

Wie alle KPD-Nebenorganisationen war die gesamte RGO mitsamt ihrer Industriegruppe Eisenbahner und den „Roten Eisenbahnerverbänden“ bereits im Zuge der nach dem Reichstagsbrand erlassenen „Verordnung zum Schutz von Volk und Staat“ Ende Februar 1933 für illegal erklärt worden. Als ADGB-Gewerkschaft wurde der EdED am 2. Mai 1933 zerschlagen.[10] Die GdE bzw. die Christlichen Gewerkschaften, der AEV bzw. die Hirsch-Dunckerschen Gewerkvereine und zahlreiche Berufsgewerkschaften lösten sich selbst auf, wobei teils massiver Druck ausgeübt wurde. Die GDL wurde ebenso unter Druck gesetzt, sich selbst aufzulösen. Sie tilgte den Namen „Gewerkschaft“ aus ihrer Eigenbezeichnung. Die GDL konnte als berufsständischer unpolitischer „Verein Deutscher Lokomotivführer“ von Juli 1933 bis Mai 1937 in einem anderen organisatorischen Rahmen – und unter Beschneidung der demokratischen Gewerkschaftsrechte – fortbestehen. Schließlich wurde der „Verein Deutscher Lokomotivführer“ im Mai 1937 als Fachschaftsgruppe in den „Reichsbund der Deutschen Beamten“ überführt.

Alle differenziert zu bewertenden Versuche seitens der deutschen Freien Gewerkschaften, sich mit den Nationalsozialisten zu arrangieren, konnten die mächtigsten Arbeitnehmerorganisationen der Welt letztlich nicht retten.[11] Trotz der im März 1933 zunächst mit verstärkter Intensität einsetzenden gewaltsamen Übergriffe auf Gewerkschaftseinrichtungen und trotz der Verbotspolitik gegenüber der freigewerkschaftlichen Presse gingen viele Gewerkschaftsfunktionäre davon aus, sie könnten die Gewerkschaften in das politische Sys-

8 Richtlinien für die Verbandsarbeit, 29. 3. 1933, in: Der deutsche Eisenbahner 9 (1933) 13/15, 9. 4. 1933, S. 70–72, hier S. 72.

9 BArch, R 58/3297, Bl. 181, Überwachungsbericht der Politischen Polizei, 27. 4. 1933.

10 Vgl. SAPMO-BArch, NY 4420, Nr. 8, Bl. 5 ff., Auszüge des unveröffentlichten Manuskriptes von Franz Scheffel „Geschichte der Gewerkschaftsbewegung der Eisenbahner“, Kap. zum 2. Mai 1933.

11 Zu nennen ist in diesem Zusammenhang die Initiative des „Führerkreises der vereinigten Gewerkschaften“, der Ende April 1933 den Versuch unternahm, die drei größeren Richtungsgewerkschaften (Freie, Christliche und Hirsch-Dunckersche Gewerkschaften) zu vereinen und die Gewerkschaften als rein arbeitsmarktpolitische Interessenvertretung in den NS-Staat integrieren wollte. Das zentrale Ziel bestand darin, das Überleben einer gewerkschaftlichen Interessenvertretung zu sichern. Laut Gerhard Beier verkehrte sich in den Apriltagen 1933 „das Verhältnis von Widerstand oder Gleichschaltung in eine subversive Dialektik von Widerstand durch Gleichschaltung“. Gerhard Beier, Gleichschaltung und Widerstand. Zum Verhalten der deutschen Gewerkschaften im April 1933, in: Gewerkschaftliche Monatshefte 26 (1975) 7, S. 410–421, hier S. 412.

tem des NS-Staates integrieren. Die Funktionäre des EdED hielten es für opportun, „die Frage nach dem ‚Wesen' der Gewerkschaften neu zu stellen, vor allem auch im Hinblick auf die Unsicherheit weiter Kreise der Mitgliederschaft, die Sinn und Erfolg gewerkschaftlicher Arbeit unter dem neuen Kurs bezweifelten."[12]

Am 29. März 1933 fand eine Vorstands- und Beiratssitzung des EdED im Berliner Verbandshaus (Rankestraße 4) statt, bei der Richtlinien verabschiedet wurden, „die den wirtschaftlichen, sozialen und kulturellen Aufgaben der Gewerkschaften im neuen Staat entsprechen sollten."[13] Mehrere besoldete Vorstandsmitglieder, der Vorsitzende Franz Scheffel, aber auch Lorenz Breunig und Hermann Jochade, legten ihre Ämter – auch aufgrund einer Aufforderung der Beiratsmehrheit – nieder, wobei diese Entscheidung von den restlichen Versammelten mit „ergriffenem Schweigen"[14] zur Kenntnis genommen worden sei. Da Matthäus Herrmann als weniger politisch „belastet" als Scheffel galt, übernahm er bis zu einem „alsbald einzuberufenden außerordentlichen Verbandstag"[15] den Vorsitz des EdED, um die Aufgaben der gewerkschaftlichen Organisation im NS-Staat bewältigen zu können. Schließlich wollten die Funktionäre den Nachweis erbringen, wie „ernst es dem Vorstande" sei, „aus den durch den Umsturz gegebenen neuen Tatbeständen eine neue Plattform für unser Verbandsleben zu schaffen".[16] Letztlich sah der EdED-Hauptvorstand, für den Karl Blaß das Grundsatzreferat hielt, den Bestand seiner Organisation bedroht und übte sich in verhaltenem Zweckoptimismus: „Nur eins wissen wir, daß der Gewerkschaftsgedanke auch in der jetzigen Zeit sich siegreich behaupten wird. Und zwar wird er sich deshalb behaupten, weil die weit gesteckten Ziele der nationalen Revolution sich ohne ihn nicht verwirklichen lassen werden, weil mit der Vernichtung der Gewerkschaften ein Stück echten und besten deutschen Wesens zerschlagen werden würde."[17] Zugleich bedauerten der Vorstand und Beirat des EdED, dass in den letzten Wochen „im Reichsbahnbetrieb verschiedentlich unberechtigte Eingriffe von Außenstehenden die Arbeit unserer Kollegen im Betriebe und die Tätigkeit unserer Funktionäre und Betriebsräte gestört" hätten. Dadurch seien „wichtige wirtschaftliche und soziale Interessen der Eisenbahner verletzt worden".[18] In den neuen – einstimmig verabschiedeten – Richtlinien für die Verbandsarbeit heißt es unter anderem: „In seiner Ziel- und Zwecksetzung geht der Einheitsverband weit über die wirtschaftlichen Aufgaben reiner Interessen- und

12 Esters/Pelger/Schlingensiepen, Gewerkschafter im Widerstand, S. 23.

13 Ebenda.

14 Der deutsche Eisenbahner 9 (1933) 13/15, 9. 4. 1933, S. 69; vgl. zu Details auch SAPMO-BArch, NY 4420, Nr. 8, Bl. 1 ff., Auszüge des unveröffentlichten Manuskriptes von Franz Scheffel „Geschichte der Gewerkschaftsbewegung der Eisenbahner", u. a. Kap. zur Etablierung des NS-Regimes.

15 Der deutsche Eisenbahner 9 (1933) 13/15, 9. 4. 1933, S. 69.

16 Ebenda.

17 Ebenda; vgl. auch BArch, R 58/3297, Bl. 180, Überwachungsbericht der Politischen Polizei, 7. 4. 1933

18 Beschlüsse des Verbandsbeirates, 29. 3. 1933, in: Der deutsche Eisenbahner 9 (1933) 13/15, 9. 4. 1933, S. 70–72, hier S. 69.

Zweckverbände hinaus. Er erschöpft sich nicht in der Aufgabe, möglichst günstige Lohn- und Arbeitsbedingungen für seine Mitglieder zu erzielen. Der Verband steckt sich vielmehr das Ziel, dem Reichsbahnpersonal zu einer höheren kulturellen Lebensform, zu einer höheren sozialen Geltung in der Gesellschaft zu verhelfen. Er erfaßt alle wirtschaftlichen, sozialen und kulturellen Lebensäußerungen des Reichsbahnpersonals und ist damit durch seine Gemeinschaft mit den übrigen Gewerkschaften zu einem gewichtigen Faktor in der sozialen Gliederung unseres Volkes geworden."[19] Zudem wurde in einer Entschließung des Beirates zur politischen Lage festgehalten, der EdED habe seit seiner Gründung den Staatsgedanken „stets bejaht" und an dieser „grundsätzlichen Einstellung" werde sich auch „gegenüber dem neuen Staatsregime"[20] nichts ändern. Zwar sollten auch die die Verbandsarbeit und Satzung betreffenden Neureglungen von einem in naher Zukunft stattfindenden Verbandstag bestätigt werden. Die Regelungen erlangten jedoch mit sofortiger Wirkung Gültigkeit und wurden nur einen Tag später, am 30. März 1933, als Rundschreiben in die Bezirke des Verbandes geschickt.[21] Der EdED-Vorstand versprach, der Eisenbahnerverband werde ein „Förderer jeder bodenständigen Volkskunst und Volkskultur" und „Pflegestätte echter und edler Geselligkeit und Kameradschaftlichkeit"[22] sein. Zugleich wiesen die Gewerkschaftsfunktionäre des EdED darauf hin, es bestünden keinerlei Gründe, aus dem EdED auszutreten oder die Werbung für die Gewerkschaft einzustellen. Wichtig sei jedoch, auf der Grundlage der verabschiedeten Richtlinien neue Mitglieder zu werben. Zusätzlich „bedauerten" Vorstand und Beirat die „im Reichsbahnbetrieb verschiedentlich unberechtigte[n] Eingriffe von Außenstehenden [auf] die Arbeit [...] unserer Funktionäre und Betriebsräte."[23] Damit waren die Übergriffe durch die SA und NSBO im Frühjahr 1933 auf organisierte Freigewerkschafter gemeint. Dennoch sahen sich die Funktionäre des Verbandes genötigt, mit Nachdruck darauf hinzuweisen, die „Tätigkeit des Verbandes" sei auch „in der Vergangenheit" von einem „so hohen Verantwortungsgefühl gegenüber Staat und Wirtschaft getragen" gewesen, weshalb man für sich in Anspruch nahm, sich „gegen jede Art der Diffamierung unserer Mitglieder und der Organisation zu verwahren".[24]

In den Richtlinien wagte der EdED auch eine Zukunftsprognose zur künftigen Entwicklung der Gewerkschaftsbewegung: „Als Gegenspieler der organisierten Arbeitgeber sind die Gewerkschaften keine Institutionen der liberalistischen Epoche, die verschwinden werden oder verschwinden müßten, wenn diese Epoche zu Ende geht. Die Gewerkschaften weisen

19 Richtlinien für die Verbandsarbeit, 29. 3. 1933, in: ebenda, S. 70.

20 Beschlüsse des Verbandsbeirates, 29. 3. 1933, in: ebenda, S. 69.

21 Vgl. Rundschreiben Nr. 7/33 der Abteilung 1 des Vorstandes, Berlin W 50, 30. 3. 1933, in: Buß, Dreimal Stunde Null, S. 145.

22 Richtlinien für die Verbandsarbeit, 29. 3. 1933, in: Der deutsche Eisenbahner 9 (1933) 13/15, 9. 4. 1933, S. 72.

23 Beschlüsse des Verbandsbeirats, 29. 3. 1933, in: ebenda, S. 69.

24 Ebenda.

ihrer Struktur, ihren Aufgaben und ihrer Zielsetzung nach in die Wirtschaftsverfassung hinein, die den Kapitalismus unserer Tage ablösen wird, weisen hinein in die gebundene Wirtschaft der Zukunft. Und erst unter dieser Wirtschaftsform wird sich das gewerkschaftliche Ideal verwirklichen: Der gewerkschaftliche Mensch wird an die Stelle des proletarischen Lohnarbeiters von heute treten."[25] Nach Hans-Joachim Buß zielten die Richtlinien einerseits darauf ab, bei den neuen Machthabern „keinen Anstoß" zu erregen, während sie andererseits bei der Mitgliederbasis „den Eindruck erwecken sollten", als könnten zentrale Bereiche der bisher etablierten Gewerkschaftspolitik wie Tarifwesen, Arbeitsgerichtsbarkeit, Rechtsschutz sowie die Regelung des Arbeitsschutzes und der Arbeitszeit weiterhin besetzt und fortgeführt werden. Insofern seien Kernbereiche gewerkschaftlicher Arbeit also „nur vermeintlich zeitgerecht"[26] verpackt worden. Allerdings stellt auch Buß fest, dass mit „leicht auswechselbare[n] Vokabeln" der Richtlinien des EdED bereits eine „ideologische Brücke"[27] zur späteren Agitation der Deutschen Arbeitsfront (DAF) gelegt wurde. So heißt es unter anderem in einem parallel veröffentlichten EdED-Aufruf anlässlich der Betriebsrätewahlen: „Die unlautere Konkurrenz und das wirre Durcheinander und Gegeneinander der heutigen Verkehrswirtschaft muß im Interesse des Volksganzen beseitigt werden."[28] Doch die Ausführungen im Frühjahr 1933 belegen vor allem eine Tatsache: Weil sich der EdED wie auch die anderen unter Repressionsdruck stehenden freigewerkschaftlichen Organisationen – trotz aller nationalistisch aufgeladenen Unterwerfungsgesten – den Kern ihrer Arbeit – die Koalitionsfreiheit und die Schutzfunktion für Beschäftigte – nicht nehmen ließen, befanden sie sich im Widerspruch zur Gleichschaltungspolitik der Nationalsozialisten. Aus Sicht der NS-Führung mussten sie deshalb beseitigt werden.

Die Politische Polizei stellte hinsichtlich der Bereitschaft des EdED-Vorstandes, sich am 1. Mai 1933 zu beteiligen, fest: „Über die Beteiligung am Fest der deutschen Arbeit am 1. Mai 1933 bestanden unter den Vorstandsmitgliedern keine Meinungsverschiedenheiten. Es wurde beschlossen, dem Aufruf des Allgemeinen Deutschen Gewerkschaftsbundes zu folgen und sich an der Feier zu beteiligen."[29] So fatal die „Anpassungspolitik" war, so wenig ist sie losgelöst von den wirtschaftlichen und politischen Rahmenbedingungen sowie der gewerkschaftlichen Strategie zum Ende der Weimarer Republik zu bewerten. Begleitet wurde diese Entwicklung von einer strukturellen Schwäche der Sozialdemokratie. Verschiedene Faktoren waren für den verringerten Handlungsspielraum verantwortlich – nicht zuletzt ein erhebli-

25 Richtlinien für die Verbandsarbeit, 29. 3. 1933, in: ebenda, S. 72.

26 Buß, Dreimal Stunde Null, S. 150.

27 Ebenda, S. 153.

28 Zur Neuwahl der Betriebsvertretungen 1933, in: Der deutsche Eisenbahner 9 (1933) 13/15, 9. 4. 1933, S. 73.

29 BArch, R 58/3297, Bl. 181, Überwachungsbericht der Politischen Polizei, 27. 4. 1933.

ches obrigkeitsstaatliches Denken.[30] Auch wenn durchaus zahlreiche Basisgewerkschafter auf einen Aufruf zur Abwehr der Nationalsozialisten warteten, sollte die dahinterstehende Schlagkraft nicht überschätzt werden. Schon Anfang März 1933 stellte die Politische Polizei in einem Überwachungsbericht mit Blick auf Preußen fest, dass mit Arbeitskämpfen „größeren Umfangs" nicht mehr zu rechnen sei. Auch die RGO-Agitation für einen Generalstreik sei nahezu „wirkungslos"[31] gewesen, heißt es weiter. Der Hirsch-Dunckersche AEV, die christliche GdE und die berufsständische GDL hatten teilweise eine noch größere Anpassungsbereitschaft als der EdED signalisiert, allerdings schützte es auch sie nicht davor, dass ihre Legitimität als gewerkschaftliche Interessenvertretung infrage gestellt wurde. Selbst für demokratische Beamtengewerkschaften war im NS-Staat kein Platz mehr – diese sollten im „Reichsbund der Deutschen Beamten" aufgehen, dessen Organe mit zuverlässigen NSDAP-Mitgliedern besetzt waren.

Der Befehl zur Zerschlagung aller Freien Gewerkschaften unter Leitung eines „Aktionskomitees zum Schutze der deutschen Arbeit" erfolgte am 21. April 1933: „Dienstag, den 2. Mai 1933, vormittags 10 Uhr, beginnt die Gleichschaltungsaktion", stand in einem vertraulichen Schreiben, das in die Gaue der NSDAP verschickt wurde. Die Nationalsozialistische Betriebszellenorganisation (NSBO) sollte Träger der Zerschlagung sein. Die NSBO war die Kampfformation der NSDAP in den Betrieben. Ihre Aufgabe bestand darin, den Einfluss von Sozialdemokraten und Kommunisten zu brechen. Sie blieb immer – sogar bei den Anfang 1933 begonnenen und im April abgebrochenen Betriebsrätewahlen – weit hinter den Ergebnissen der Freien Gewerkschaften zurück. Der EdED hatte während der Wahlen eine Erklärung abgegeben, in der erneut die Anpassungsbereitschaft, aber auch widerständiges Potenzial zum Ausdruck kam: „Die Betriebsrätewahlen 1933 fallen in eine äußerst kritische Zeit. Die Errungenschaften der modernen Arbeiterbewegung sind bedroht. Es gilt heute mehr denn je, die wirtschaftliche und soziale Existenz der Arbeiterschaft zu verteidigen. Die Verteidigung kann nur durch starke Gewerkschaften geschehen; gerade sie aber sind heute bedroht. Die politischen Wahlen der letzten Zeit haben gezeigt, daß breite Schichten des Volkes die von den Gewerkschaften geleistete heroische Aufbauarbeit in Staat und Wirtschaft mißachten oder geringschätzen. […] Die von den Gewerkschaften zusammengefaßte Arbeiterschaft läßt sich an echtem Nationalgefühl und wahrer Vaterlandsliebe von niemandem übertreffen. Das Eintreten der Gewerkschaften während des Weltkrieges für die Erhaltung des Staates, die Verteidigung des Ruhrgebietes sind Tatsachen, die aus der neuen

30 Hinzu kam, dass nicht ganz zu Unrecht in den innergewerkschaftlichen Auseinandersetzungen die RGO als die im Vergleich zu den Nationalsozialisten stärkere Konkurrenz betrachtet wurde und damit, allerdings fälschlich, als größere politische Gefahr galt. Vgl. Claudia Kaiser, Gewerkschaften, Arbeitslosigkeit und Politische Stabilität. Deutschland und Großbritannien in der Weltwirtschaftskrise seit 1929, Frankfurt a. M. 2002, S. 298 f.

31 GStAPK, I. HA Rep. 219, Nr. 80, Bl. 265, Überwachungsbericht der Gestapo, 8. 3. 1933.

deutschen Geschichte nicht wegzudenken sind. Gerade im Interesse der Nation, deren breite Massen bei uns stehen, kämpfen wir gegen eine ungerechte Verteuerung der Lebenshaltung und für gerechte Löhne. Unsere Aufgabe ist es, dafür zu sorgen, daß die Arbeiterbewegung im Interesse des schaffenden Volkes stark bleibt, um den Umbau der Wirtschaft im Sinne der Gewerkschaften durchzuführen."[32] Die Freien Gewerkschaften hatten bei den abgebrochenen Betriebsrätewahlen 73,4 Prozent der Mandate erhalten. Während die bereits verfolgten Kandidaten „roter", also separater kommunistischer Listen einen Anteil von 4,9 Prozent erzielten, erreichte die NSBO 11,7 Prozent.[33]

Mittels einer betrieblichen Wahl konnten die Nationalsozialisten die Macht über die Arbeiterschaft nicht erlangen. Unabhängig davon, ob sie Eisenbahner waren, hofften die meisten Gewerkschafter auf ein Scheitern der von Adolf Hitler geführten Regierung. Anhand des Zerschlagungsbefehls wird ersichtlich, wie die gewerkschaftliche Bindung der Arbeiter mittels einer Strategie aus Gewalt und Integration aufgeweicht werden sollte. So heißt es, SA und SS seien „zur Besetzung der Gewerkschaftshäuser und der Inschutzhaftnahme der in Frage kommenden Persönlichkeiten einzusetzen".[34] Die Aktion sollte „dem Arbeiter und Angestellten das Gefühl" vermitteln, dass sich diese „nicht gegen ihn, sondern gegen ein [...] mit den Interessen der deutschen Nation nicht übereinstimmendes System"[35] richtete. Der Zeitpunkt der Zerschlagung unmittelbar nach dem Arbeiterkampftag am 2. Mai 1933 war bewusst gewählt. Erstmals zum Feiertag erklärt, diente der 1. Mai 1933 zur Demonstration einer vermeintlichen Einheit von Nationalsozialisten und Arbeiterschaft.[36] Die „Anpassung" der ADGB-Führung, der – wie bereits erwähnt – auch der EdED-Vorstand bedingungslos folgte, war schon ab Mitte April 1933 derart weit gegangen, dass die Gewerkschaftsspitze zur Teilnahme an den NS-Feiern anlässlich des „Tages der nationalen Arbeit" aufgerufen hatte. Sie erklärte, am 1. Mai sei angeblich stets „das Bekenntnis der von leidenschaftlichem Kulturwillen beseelten deutschen Arbeiter" erglüht, um den „werktätigen Menschen einem dumpfen Arbeiterdasein zu entreißen und ihn als freie, selbstbewusste Persönlichkeit in die Gemeinschaft des Volkes einzuordnen".[37] NSDAP-Propagandaleiter Joseph Goebbels schrieb fast zeitgleich in sein Tagebuch: „Den 1. Mai werden wir zu einer grandiosen Demonstration deut-

32 Der Einheitsverband gibt Rechenschaft. Werbematerial für Verbandsfunktionäre, Berlin 1933, S. 5.

33 Die Christlichen Gewerkschaften hatten 7,6 Pozent und die Hirsch-Dunckerschen Gewerkvereine 0,6 Prozent der Mandate errungen. Vgl. Michael Schneider, Unterm Hakenkreuz. Arbeiter und Arbeiterbewegung 1933 bis 1939, Bonn 1999, S. 74 ff.

34 Reichsleitung der NSDAP: Rundschreiben über Gleichschaltungsaktion gegen die Freien Gewerkschaften, 21. 4. 1933, in: Peter Jahn (Bearb.) unter Mitarb. von Detlev Brunner, Die Gewerkschaften in der Endphase der Republik 1930–1933, Köln 1988, S. 898–901, hier S. 899.

35 Ebenda, S. 899 f.

36 Zu Details vgl. Schneider, Unterm Hakenkreuz, S. 94–106.

37 Vorstand des ADGB, Aufruf zum 1. Mai, 15. 4. 1933, in: Gewerkschafts-Zeitung 43 (1933) 16, 22. 4. 1933, S. 241.

schen Volkswillens gestalten. Am 2. Mai werden dann die Gewerkschaftshäuser besetzt."[38] Für den EdED bedeutete diese Ansage ein Ende seiner legalen Existenz und eine gewaltsame Welle der Repression gegen seine haupt- und ehrenamtlichen Funktionäre, die neben dem Verlust des Arbeitsplatzes auch vielfach für einige Wochen in „Schutzhaft" genommen wurden.[39] Nur wenige Tage zuvor hatte der EdED-Vorstand – mit Unterstützung der Bezirksleiter – noch einmal mit Nachdruck festgestellt, dass es besonders wichtig sei, den „Verband im Interesse der erworbenen Rechte seiner Mitglieder"[40] zu erhalten.

38 Tagebucheintrag, 17. 4. 1933, in: Joseph Goebbels, Vom Kaiserhof zur Reichskanzlei, München 1937, S. 299. Bis heute existiert keine ausführliche Darstellung, in der sowohl der 1. als auch der 2. Mai 1933 systematisch untersucht, in einen Zusammenhang gerückt und regionale Spezifika bei der „Gleichschaltungsaktion" der Freien Gewerkschaften vergleichend untersucht werden.

39 Vgl. SAPMO-BArch, NY 4420, Nr. 8, Bl. 5 ff., Auszüge des unveröffentlichten Manuskriptes von Franz Scheffel „Geschichte der Gewerkschaftsbewegung der Eisenbahner", Kap. zum 2. Mai 1933.

40 BArch, R 58/3297, Bl. 182, Überwachungsbericht der Politischen Polizei, 27. 4. 1933.

4. Rahmenbedingungen gewerkschaftlichen Widerstandes gegen den NS-Staat unter besonderer Berücksichtigung der Eisenbahner

Die Deutsche Reichsbahn-Gesellschaft beschäftigte im Jahr 1933 knapp 600 000 Mitarbeiter. Nach der Machtübernahme der Nationalsozialisten zeigte die Unternehmensführung der Reichsbahn ihre Anpassungsbereitschaft, indem sie sich – obwohl formell noch unabhängig vom NS-Staat – dem Regime gegenüber für loyal erklärte. Das „Gesetz zur Wiederherstellung des Berufsbeamtentums" vom 7. April 1933 zur Amtsenthebung jüdischer und politisch missliebiger Bahnbeamter wurde in dem Unternehmen konsequent angewendet. Der Geschäftsführer der Reichsbahn-Gesellschaft, Julius Dorpmüller, der seit 1926 im Amt war, setzte die Aufrüstungspolitik sowie die rassistischen und antisemitischen ideologischen Vorgaben zur Umgestaltung des Unternehmens um. Veränderungen in der Struktur und Entlassungsmaßnahmen führten zur schrittweisen „Gleichschaltung" der Reichsbahn.[1] Bei Arbeitsbeschaffungsmaßnahmen, dem Bau der Autobahnen, durch die logistische Unterstützung von Propagandaveranstaltungen oder die Koordinierung der „Kraft durch Freude"-Programme sowie eine Schlüsselposition in der Kriegsproduktion erhielt die Geschäftspolitik der Reichsbahn einen besonderen Stellenwert für die ökonomischen Zielsetzungen des NS-Regimes.[2]

Mithilfe des „Gesetzes zur Neuregelung der Verhältnisse der Reichsbank und der Deutschen Reichsbahn" vom 10. Februar 1937 wurde die Reichsbahn-Gesellschaft, deren Mitarbeiterzahl seit 1933 erheblich anstieg, unter Reichshoheit gestellt. Hitler beabsichtigte mit dieser Maßnahme, das Unternehmen dem ausländischen Einfluss zu entziehen und das ohnehin „staatsnahe" Unternehmen – wie auch die Reichsbank – direkt zu kontrollieren. Das Unternehmen firmierte seit 1937 nur noch unter dem Namen „Deutsche Reichsbahn". Die Dienststellen, Teil der Reichsverwaltung, unterstanden der Leitung des Reichsverkehrs-

1 Vgl. Jürgen Franzke (Hrsg.), Geschichte der Eisenbahn in Deutschland, Bd. 2: Im Dienst von Demokratie und Diktatur. Die Reichsbahn 1920–1945: Deutsche Reichsbahn und Deutsche Reichsbahn-Gesellschaft in der Weimarer Republik 1920–1933. Die Reichsbahn in der nationalsozialistischen Diktatur 1933–1945, Nürnberg 2002, S. 76.

2 Vgl. ebenda, S. 76–130.

ministeriums. Julius Dorpmüller blieb Generaldirektor der Reichsbahn und wurde zugleich zum Reichsminister für Verkehr ernannt.[3]

Mit Beginn des Zweiten Weltkrieges beteiligte sich die „Deutsche Reichsbahn" unmittelbar an den Verbrechen des NS-Regimes. Sie nahm unter anderem eine bedeutende logistische Funktion für die Verlegung von Truppen der Wehrmacht und SS ein. In besetzten Ländern integrierte sie erbeutete Bahnen und die Infrastruktur in der Regel in das betriebseigene System. Kriegsschäden konnten meist erstaunlich schnell behoben werden, da für den Fall von Bombenangriffen Notfallpläne erarbeitet wurden. Die Deportationen von Jüdinnen und Juden, die Shoah, die Verschleppung von Kriegsgefangenen und Zwangsarbeitern wären ohne Transporte der Deutschen Reichsbahn nicht möglich gewesen.[4] Die Reichsbahn war deshalb Ziel alliierter Luftangriffe. Ihre Infrastruktur wurde insbesondere in der Endphase des Krieges sehr stark beschädigt. In der Dauerausstellung des „DB-Museums" in Nürnberg, das von der Deutsche Bahn AG betrieben wird, heißt es: „Die Nationalsozialisten konnten auf die Staatstreue und die nationale Gesinnung der meisten Eisenbahner bauen; viele Mitarbeiter der Reichsbahn begrüßten den neuen Staat. Der Arbeitsalltag sowie die gesamte Unternehmenskultur waren geprägt von strenger Hierarchie, strikter Aufgabenteilung und einem hohen Maß an Pflichtbewusstsein. So transportierte die Reichsbahn riesige Mengen Kohle und Kartoffeln mit der selben Präzision, wie sie Soldaten an die Front und Juden in die Vernichtungslager beförderte. Nur wenige der beteiligten Eisenbahner erkannten die Tragweite ihres Handelns jenseits der reinen Pflichterfüllung."[5]

Angesichts der Tatsache, dass die Reichsbahn und der Verwaltungsapparat des Reichsministeriums für Verkehr in „besonderer Weise" an den Verbrechen des NS-Regimes beteiligt war, stellt sich umso mehr die Frage nach den spezifischen Rahmenbedingungen und Möglichkeiten für widerständiges Handeln bei der Deutschen Reichsbahn.[6] Gefragt wird im folgenden Kapitel nach den sozialen, wirtschaftlichen und betrieblichen Bedingungen, die in einer Arbeitsumgebung, wie sie bei der Reichsbahn vorzufinden war, widerständiges Verhalten von vornherein beschränkten oder positiv beeinflussten. Faktoren, die widerständiges Handeln vermutlich begünstigten, wie beispielsweise der Kontakt illegaler Gruppen zur internationalen Ebene gewerkschaftlicher Organisierung, aber ebenso der Faktor der Mobilität, werden im Folgenden thematisiert.

3 Vgl. zu Details ebenda, S. 66 f.

4 Vgl. zu Details Alfred Gottwaldt/Diana Schulle, Die „Judendeportationen" aus dem Deutschen Reich 1941–1945. Eine kommentierte Chronologie, Wiesbaden 2005; dies., „Juden ist die Benutzung von Speisewagen untersagt". Die antijüdische Politik des Reichsverkehrsministeriums zwischen 1933 und 1945, Berlin 2007; Andreas Engwert/Susanne Kill (Hrsg.), Sonderzüge in den Tod. Die Deportationen mit der Deutschen Reichsbahn. Eine Dokumentation der Deutschen Bahn AG, Köln und Weimar 2009.

5 Franzke (Hrsg.), Geschichte der Eisenbahn in Deutschland, Bd. 2: Im Dienst von Demokratie und Diktatur, S. 69.

6 Vgl. Wolfgang Tiefensee, Geleitwort, in: Gottwaldt, Eisenbahner gegen Hitler, S. 9–11, hier S. 9.

Reichsverkehrsminister Julius Dorpmüller neben Adolf Hitler mit Hans Heinrich Lammers auf dem Balkon der Reichskanzlei bei einer Kundgebung, 4. Februar 1937.
BArch, Fotosammlung, Bild 183-H28799/ CC-BY-SA 3.0

Transport sowjetischer Kriegsgefangener in offenen Güterwagen, September 1941.
BArch, Fotosammlung, Bild 101I-267-0124-20A/Vorpahl/CC-BY-SA 3.0

4.1 Zerschlagung der unabhängigen Betriebsvertretungen und Auflösung der Eisenbahngewerkschaften (EdED, RGO, GdE, AEV, GDL)

Die gewaltsame Zerschlagung der Freien Gewerkschaften am 2. Mai 1933 bildete den Höhepunkt der seit Februar 1933 in weiten Bereichen vollzogenen Unterdrückung und Verfolgung der organisierten Arbeitnehmerschaft.[7] Vorausgegangen waren – bereits kurz nach der Ernennung Hitlers zum Reichskanzler am 30. Januar 1933 und verstärkt seit der Reichstagswahl am 5. März 1933 – Verhaftungen, Gewaltakte, Folter und Morde an Gewerkschaftsfunktionären sowie Verbote von Gewerkschaftszeitungen, Besetzungen und Zerstörungen von Gewerkschaftseinrichtungen durch SA-Gruppen und Anhänger der NSBO.[8] Die Gewerkschaftsspitzen begegneten diesen Vorgängen mit Protest, oftmals durch Intervention bei den staatlichen Behörden, der Regierung und beim Reichspräsidenten, vielfach aber waren sie wie gelähmt. Die führenden Funktionäre der Dachverbände wie der Einzelgewerkschaften reagierten in der Regel nur auf die Angriffe. Offensives Vorgehen unterblieb. Auch wenn die Gewerkschafter für die NS-Machthaber nach wie vor als unkalkulierbarer Machtfaktor galten, wichen die Spitzenfunktionäre der ADGB-Einzelgewerkschaften keineswegs von ihrem legalistischen Kurs ab.[9] Die RGO, die bereits kurz nach dem Reichstagsbrand in der Nacht vom 27./28. Februar 1933 für illegal erklärt wurde, nahm kurz darauf den Widerstand auf, indem sie versuchte, ihre Organisationsstruktur zu erhalten und bald darauf illegale „Unabhängige Klassengewerkschaften“ aufzubauen. Damit waren in der Regel Organisationen gemeint, die weitgehend „unabhängig“ von sozialdemokratischen Einflüssen in Opposition zum Nationalsozialismus aufgebaut wurden. Überdies sollten die Organisationen den „Massenwiderstand“ zur Herbeiführung der nahe geglaubten Revolution organisieren. Damit überschätzte die RGO die Aktionsbereitschaft der Arbeiterschaft, während sich die ADGB-Gewerkschaften gegenüber den neuen Machthabern selbst eine sehr defensive Rolle auferlegten.[10]

Manch zeitgenössische Beobachter haben wie die historische Forschung das Verhalten der Gewerkschaftsspitzen gegenüber den Unterdrückungsmaßnahmen des NS-Regimes als „politischen Anpassungskurs“ bis hin zur „Anbiederung“ an das Regime, als „kampflose Kapitulation“ und als „Unterwerfung“ charakterisiert. Eine systematische Beschäftigung mit

7 Vgl. auch SAPMO-BArch, NY 4420, Nr. 8, Bl. 5 ff., Auszüge des unveröffentlichten Manuskriptes von Franz Scheffel „Geschichte der Gewerkschaftsbewegung der Eisenbahner“, Kap. zum 2. Mai 1933 zur Situation im Frühjahr 1933.

8 Vgl. zum Folgenden Mielke/Frese (Bearb.), Die Gewerkschaften im Widerstand und in der Emigration, S. 12 ff., dort zahlreiche Hinweise auf die umfangreiche Literatur.

9 Vgl. zu Details Jahn (Bearb.) unter Mitarb. von Brunner, Die Gewerkschaften in der Endphase der Republik, S. 48 ff., 823–892; Axel Ulrich, Politischer Widerstand gegen das „Dritte Reich“ im Rhein-Main-Gebiet, Wiesbaden 2006, S. 76 ff.

10 Vgl. zu Details Heinz, Moskaus Söldner? Der „Einheitsverband der Metallarbeiter Berlins“, S. 286–310.

den Opfern dieser Unterdrückungsmaßnahmen unterblieb bisher. Parallel zu den Angriffen auf die Gewerkschaftsorganisationen und zur Verfolgung von deren Funktionären verliefen die politischen Auseinandersetzungen in den Betrieben, die seit Anfang des Jahres im Zeichen der Betriebsrätewahlen standen.[11] Diese wurden durch die allgemeine politische Entwicklung sowie durch die Eingriffe von staatlichen Instanzen und von NS-Organisationen massiv beeinflusst. Nicht selten wurden sozialdemokratische und kommunistische, teilweise auch christliche Betriebsräte von NSBO-Betriebsräten oder Kommissaren – oft im Einvernehmen mit der Unternehmensführung – für abgesetzt erklärt und vielfach auch von den Betrieben entlassen. Gemeinsame Listen von freigewerkschaftlichen und christlichen oder freigewerkschaftlichen und kommunistischen Gewerkschafter/innen kamen jedoch nur in Ausnahmefällen zustande oder wurden von staatlichen Instanzen für ungültig erklärt. Eine gemeinsame Strategie zur Abwehr der nationalsozialistischen Kandidaten wurde nicht entwickelt. Die Ergebnisse der Betriebsrätewahlen waren daher vom Zeitpunkt der Abstimmung, der wirtschaftlichen Situation der Beschäftigten, der Zusammensetzung der Belegschaften und der Politisierung des Betriebes abhängig. Erst nach der Reichstagswahl fand ein deutlicher Stimmungsumschwung zugunsten der NSBO-Listen statt.[12] Trotz massiver

11 Vgl. Mielke/Frese (Bearb.), Die Gewerkschaften im Widerstand und in der Emigration, S. 14 f.; ferner Matthias Frese, Betriebspolitik im „Dritten Reich“. Deutsche Arbeitsfront, Unternehmer und Staatsbürokratie in der westdeutschen Großindustrie 1933–1939, Paderborn 1991.

12 1929 hatte die NSDAP begonnen, zunächst in Berlin und anschließend in ganz Deutschland den Auf- und Ausbau von Betriebsgruppen zu systematisieren. Nach ihrem Selbstverständnis war die NSBO keine Gewerkschaft, sondern eine Kampfformation der NSDAP in den Betrieben, um den Einfluss von SPD, KPD und der freien Gewerkschaften zu brechen. Ab Ende 1930 zeigten sich erstmals zielgerichtete Bemühungen, eine nationalsozialistische Interessenvertretung durch Streikunterstützung unter den Arbeitern populär zu machen. Trotz interner Unstimmigkeiten entschlossen sich die NSBO und die NSDAP für die Teilnahme an verschiedenen Streiks. Zugleich organisierte die NSBO Maßnahmen zur Versorgung und Unterstützung für NSDAP-Mitglieder, die an Streiks beteiligt waren. Die NSBO-Führung wollte dennoch die Beteiligung ihrer Mitglieder an Lohnkämpfen nur in Einzelfällen billigen. Ab 1931 waren die NSBO-Aktivitäten mit der H. I. B.-Aktion (Hinein in die Betriebe) nochmals verstärkt worden. Die Organisation erzielte – trotz einzelner beachtlicher Erfolge vor allem unter Angestellten, Beamten und sogenannten Stehkragenproletariern – nicht die erhoffte Resonanz. Teils führte die Organisation jedoch sogar eigene Streiks durch, teilweise beteiligte sie sich mit eigenständigen Gremien an Streiks der freien Gewerkschaften. Noch häufiger versuchte sich die NSBO an Streiks der RGO „anzuhängen“ und dabei Unorganisierte für sich zu gewinnen. Die NSBO blieb bei den Betriebsrätewahlen bis Anfang 1933 weit hinter den freien Gewerkschaften und auch hinter der RGO zurück. Aus Berichten der RGO geht hervor, dass die Bildung der NSBO-Zellen über Angestellte, Meister und Vorarbeiter vorangetrieben wurde, die von den Beschäftigten als „Vorgesetzte“ betrachtet wurden. Vgl. SAPMO-BArch, RY 1/I4/6/8, Bl. 4, Der Angriff der Nazis auf die Betriebe, Brief des Bezirksausschusses der RGO-Berlin, 26. 11. 1931; vgl. Volker Kratzenberg, Arbeiter auf dem Weg zu Hitler? Die Nationalsozialistische Betriebszellen-Organisation. Ihre Entstehung, ihre Programmatik, ihr Scheitern 1927–1934, Frankfurt a. M. 1987, S. 195 ff.; vgl. Bernd Kruppa, Rechtsradikalismus in Berlin 1918–1928, Berlin (West) 1988,

Beeinflussung gelang es der NSBO jedoch nicht, die Betriebsvertretungen über den Stimmzettel zu erobern. Insbesondere die Arbeiter votierten überwiegend für die freigewerkschaftlichen Listen – dies war bei der Reichsbahn-Gesellschaft nicht anders als in anderen Industriebereichen.[13]

Das am 4. April 1933 erlassene Gesetz über Betriebsvertretungen und wirtschaftliche Vereinigungen gab den staatlichen Behörden – den Regierungspräsidenten, der Gewerbeaufsicht und der Polizei – in Zusammenarbeit mit den Unternehmern, der NSBO und anderen NS-Organisationen die rechtliche Handhabe, Betriebsräte wegen staats- oder wirtschaftsfeindlicher Einstellung abzusetzen und zu entlassen. Die Betriebsräte, denen eine wirtschaftsfeindliche Einstellung vorgeworfen wurde, konnten zumeist ihren Arbeitsplatz behalten, falls NSBO, SA oder NS-Kommissare nicht auf eine fristlose Kündigung drängten. Dagegen zog der Vorwurf der staatsfeindlichen Einstellung, der durchgängig gegenüber kommunistischen und häufig auch gegenüber sozialdemokratischen Betriebsräten gebraucht wurde, automatisch die Entlassung und in einigen Fällen auch die Verhaftung nach sich.[14] Kurz vor dem 1. Mai 1933 fand eine Vorstandssitzung des EdED statt, bei der zwar im Hinblick auf den ADGB-Aufruf zum „Tag der nationalen Arbeit“ keine Meinungsverschiedenheiten bestanden, es allerdings im Zusammenhang mit der Absetzung und Verfolgung von EdED-Betriebsräten zu Kontroversen kam. Die Politische Polizei erklärte: „Der Vorstand befasste sich weiter mit der durch die Absetzungen von Betriebsräten geschaffene Lage auf einigen Reichsbahndirektionen und Dienststellen. Zur Zeit bestehe noch keine genaue Übersicht über den gegenwärtigen Zustand. Der Vorstand werde jeden Fall prüfen, um ggf. Rechtsverwahrung einzulegen. Zur Beschaffung einwandfreier Unterlagen, auch bezügl. der Inhaftierten, werden Fragebögen an die Verwaltungsstellen von der Rechtsabteilung des Verbandes gesandt. Sodann wurde die zukünftige Gestaltung der Gewerkschaften besprochen. Da hierüber starke Meinungsverschiedenheiten bestanden, wurden keine Beschlüsse gefasst.“[15]

An der Inszenierung der Nationalsozialisten am 1. Mai 1933 beteiligten sich bis in die Abendstunden Hunderttausende. Doch nicht wenige Gewerkschafter blieben den Feiern fern. Einige organisierten Mai-Feste im kleinen Kreis. Hitler hatte auf dem Tempelhofer Feld in Berlin von einer „Erhebung“ des Volkes über „Klassen, Stände und Einzelinteressen“ gesprochen. Er betonte, der 1. Mai werde „Symbol der großen Einigung“. Das deutsche Volk könne nur stark sein, wenn es „den Geist des Klassenkampfes und der Zwietracht

S. 350 f.; vgl. Christian Striefler, Kampf um die Macht. Kommunisten und Nationalsozialisten am Ende der Weimarer Republik, Berlin 1993, S. 152 ff.; vgl. auch Oliver Reschke, Der Kampf der Nationalsozialisten um den roten Friedrichshain (1925–1933), Berlin 2004, S. 47 f., 106, 155 ff.

13 Vgl. ausführlicher Schneider, Unterm Hakenkreuz, S. 74 f.

14 Vgl. auch Gewerkschaft Transnet (Hrsg.), Zukunft hat Vergangenheit, S. 60.

15 BArch, R 58/3297, Bl. 181, Überwachungsbericht der Politischen Polizei, 27. 4. 1933.

aus dem Herzen"[16] reiße – ein entscheidender Punkt, um den es der NS-Führung letztlich ging. Für die Freien Gewerkschaften bedeutete diese Ansage, dass gerade mal einen halben Tag nach Hitlers Rede ihre Einrichtungen von NSBO- und SA-Mitgliedern gestürmt wurden. Am 2. Mai 1933 besetzten die Nationalsozialisten die Büros der Einzelorganisationen des ADGB, so auch die Gewerkschaftshäuser und Büros des EdED.[17] Das Vermögen wurde beschlagnahmt. Zahlreiche Funktionäre der mittleren und höheren Ebene kamen in „Schutzhaft" – eine genaue Zahl liegt nicht vor, allein beim EdED waren es Hunderte Funktionäre. Nicht wenige wurden gefoltert. Franz Scheffel beschreibt in einem Erinnerungsbericht, wie er selbst und andere – unter anderem Lorenz Breunig – unter Gewaltanwendung ins Gefängnis transportiert wurden.[18] Auch Hermann Schlimme, ADGB-Vorstandsmitglied und Sekretär des ADGB-Vorsitzenden Theodor Leipart, erklärte, er sei am Morgen des 2. Mai 1933 „wie alle übrigen Mitglieder des Bundesvorstandes und deren Mitarbeiter gewaltsam mit vorgehaltenen Revolvern"[19] aus den Büros geführt und „auf Lastwagen" zum Verhör abtransportiert worden. Einige hätten versucht, die Polizei zu alarmieren: „Sie kam auf Autos und fuhr ohne abzusteigen weiter, als sie sah, daß die SA das Haus umstellt hatte."[20] Die Gewalt hielt tagelang an. Viele verhaftete Gewerkschafter kamen bald wieder auf freien Fuß. Denn im Vordergrund der Maßnahmen seitens der NS-Bewegung stand die Einschüchterung und Paralysierung ihrer gewerkschaftspolitischen Gegner. Aus der Haft entlassene Gewerkschafter mussten sich jedoch regelmäßig bei der Polizei melden. Viele wurden überwacht, andere blieben inhaftiert. Für Letztere begann oft ein Leidensweg durch Konzentrationslager, Zuchthäuser und andere Haftstätten.[21] Neben der Gleichschaltung des Parlaments

16 Adolf Hitler, 1. 5. 1933, zit. n.: Schneider, Unterm Hakenkreuz, S. 95.

17 Vgl. Buschak, „Arbeit im kleinsten Zirkel", 2., aktual. Aufl. 2015, S. 87–99; Gerhard Beier, Das Lehrstück vom 1. und 2. Mai 1933, Frankfurt a. M. 1975, S. 13 ff., 36 ff.; Knud Andresen, 2. Mai 1933. Die Besetzung des Hamburger Gewerkschaftshauses und die gewerkschaftliche Anpassungspolitik, in: Forschungsstelle für Zeitgeschichte (Hrsg.), Zeitgeschichte in Hamburg 2013, Hamburg 2014, S. 35–54; vgl. SAPMO-BArch, NY 4420, Nr. 8, Bl. 5 ff., Auszüge des unveröffentlichten Manuskriptes von Franz Scheffel „Geschichte der Gewerkschaftsbewegung der Eisenbahner", Kap. zum 2. Mai 1933.

18 Vgl. ebenda.

19 Zit. n.: Augenzeugenberichte vom 2. Mai 1933, in: IG Bauen-Agrar-Umwelt (Hrsg.), „Grundstein Extra": Vor 75 Jahren: Gewerkschaften zerschlagen und verboten, Frankfurt a. M. 2008, S. 7–10, hier S. 10.

20 Ebenda.

21 Vgl. genauer die Einleitung in: Siegfried Mielke/Stefan Heinz (Hrsg.) unter Mitarb. von Julia Pietsch: Gewerkschafter in den Konzentrationslagern Oranienburg und Sachsenhausen. Biografisches Handbuch, Bd. 4, Berlin 2013, S. 11–64; Siegfried Mielke/Günter Morsch (Hrsg.), „Seid wachsam, dass über Deutschland nie wieder die Nacht hereinbricht." Gewerkschafter in Konzentrationslagern 1933–1945, Berlin 2011; SAPMO-BArch, NY 4420, Nr. 8, Bl. 5 ff., Auszüge des unveröffentlichten Manuskriptes von Franz Scheffel „Geschichte der Gewerkschaftsbewegung der Eisenbahner", Kap. zum 2. Mai 1933; vgl. auch die Informationen zu im Konzentrationslager inhaftierten Eisenbahngewerkschaftern im biografischen Anhang.

Zerstörung von Unterlagen und Inventar bei der Besetzung des Gewerkschaftshauses in Leipzig am 2. Mai 1933.
AdsD

und der Länder stellte die Zerschlagung aller freigewerkschaftlichen Organisationen einen bedeutenden Schritt zur Festigung der NS-Herrschaft dar.

Am 10. Mai 1933 entstand die Deutsche Arbeitsfront (DAF) – inszeniert als „Einheitsverband" von abhängig Beschäftigten und Unternehmern.[22] Die DAF, die sich die „Ausrottung des Marxismus" auf die Fahnen geschrieben hatte, war keine Gewerkschaft. Sie lehnte Arbeitskämpfe ab. Der Widerspruch zwischen Unternehmern und Lohnabhängigen sollte im Sinne der „Volksgemeinschafts"-Propaganda verschleiert werden. Nach Ansicht der Nationalsozialisten durfte eine Interessenvertretung der Arbeiter keine demokratischen Selbstbestimmungsrechte besitzen. Die Gründung erfolgte auch, um die Arbeiter zu vereinzeln und die in ihrem Kurs unbequem gewordene NSBO zu ersetzen. Das Gewerkschaftsvermögen

22 Zur Geschichte der DAF vgl. Matthias Frese, Betriebspolitik im „Dritten Reich". Deutsche Arbeitsfront, Unternehmer und Staatsbürokratie in der westdeutschen Großindustrie 1933–1939, Paderborn 1991; Rüdiger Hachtmann, Das Wirtschaftsimperium der Deutschen Arbeitsfront 1933–1945, Göttingen 2012; ders./Christoph Kreutzmüller, Arbeiter und Arbeiterorganisationen in Berlin (1930–1945), in: Michael Wildt/Christoph Kreutzmüller (Hrsg.), Berlin 1933–1945, München 2013, S. 111–126, hier S. 116 ff.; Hans-Gerd Schumann, Nationalsozialismus und Gewerkschaftsbewegung. Die Vernichtung der deutschen Gewerkschaften und der Aufbau der „Deutschen Arbeitsfront", Hannover/Frankfurt a. M. 1958.

floss in die DAF. Damit finanzierte die Organisation Programme zur Betreuung und Beeinflussung ihrer Mitglieder. Tarifverhandlungen gab es nun nicht mehr, Selbstgestaltungsmöglichkeiten im Arbeitsverhältnis verschwanden, Streiks waren faktisch unter Androhung von Strafen verboten.[23] Stattdessen organisierte die Arbeitsfront Wettbewerbe zwischen den Betrieben zur Steigerung der Leistungsbereitschaft und der Kriegsproduktion. Sie führte überdies kulturelle und touristische Veranstaltungen durch. Auch aufgrund dieser Anreize, aber vorrangig wegen des bei Neueinstellungen oftmals verlangten Zwangs zur Organisierung besaß die DAF zeitweise über 20 Millionen Mitglieder. Glaubt man den Lageberichten der Geheimen Staatspolizei, soll die Organisation trotzdem keineswegs beliebt gewesen sein. Die Angst, keine Arbeit zu bekommen, war ein häufiger Beitrittsgrund.[24]

Auch für die Beamtengewerkschaften wie die GDL und deren betriebliche Interessenvertretungen bedeutete der Beginn der NS-Herrschaft eine sofortige Einschränkung ihrer Betätigung. Vonseiten der Nationalsozialisten wurde erwartet, dass sie sich in den nationalsozialistisch kontrollierten „Reichsbund der Deutschen Beamten" einordneten. Das Ziel bestand darin, die Organisationen durch verlässliche Parteifunktionäre besser zu kontrollieren und Elemente der Selbstbestimmung in der Vertretung der Beamten auszuschalten. Auch die GDL versuchte, ihre Selbstbestimmung zu bewahren, wenngleich nicht wenige ihrer Mitglieder durchaus erkennbares Interesse bekundeten, sich den „neuen" Verhältnissen anzupassen – eine Anpassungsbereitschaft, die über die der Freien Gewerkschaften hinausging. Am 26. März 1933 erklärte der GDL-Vorsitzende Josef Warstein im Namen des Vorstandes: „Es sind dem geschäftsführenden Vorstand und auch mir persönlich viele Schreiben zugegangen, in denen der Wunsch zum Ausdruck kommt, auch die Gewerkschaft Deutscher Lokomotivführer möge sich den neuen Verhältnissen anpassen, d. h. sich umorganisieren. Dabei wird in wenig liebenswürdiger Weise gefragt, ob der Vorstand die Bewegung, die durch die deutschen Lande geht, nicht erkenne oder sie etwa nicht beachten wolle. Demgegenüber habe ich zu erklären: Die Gewerkschaft Deutscher Lokomotivführer lehnt es ab, sich als Schmarotzer an eine Bewegung anzuhängen, um materielle Vorteile zu erzielen. Ein solches Verhalten entspricht weder dem Charakter des deutschen Lokomotivführerstandes, noch dem Wesen der Lokomotivführer-Organisation. Wir würden unser Ansehen bei der neuen Staatsregierung einbüßen, wenn wir um materieller Vorteile willen die grundsätzliche Anschauung preisgeben. Diese grundsätzliche Anschauung ist die unbedingte parteipolitische Neutralität und die Aufrechterhaltung der inneren Unabhängigkeit von allen Parteiinstanzen. Ich bin aber ferner der Meinung, daß diese Regierung klug genug ist, den aufrechten Beamten und Staatsbürger vom Kon-

23 Zum NS-Arbeitsrecht vgl. Martin Becker, Die Betriebs- und die Volksgemeinschaft als Grundlage des „neuen" NS-Arbeitsrechts. Arbeitsrechtsideologie im NS-Rechtssystem, in: Marc Buggeln/Michael Wildt (Hrsg.), Arbeit im Nationalsozialismus, München 2014, S. 107–121, hier S. 119 f.

24 Vgl. Hachtmann/Kreutzmüller, Arbeiter und Arbeiterorganisationen in Berlin (1930–1945), S. 111–126, hier S. 119.

junkturpolitiker zu unterscheiden."[25] Einige Wochen später, am 16. April 1933, wusste Josef Warstein zu berichten, dass ein „erbitterter Kampf" zwischen den „Kollegen in der Organisation und außerhalb derselben ausgebrochen" sei – ein Kampf „mit unfairen Mitteln" und von einer Art, die dem „deutschen Wesen unwürdig"[26] sei. Zugleich wies Warstein darauf hin, dass Kollegen aus den Reihen der eigenen Organisation „Schlagworte der öffentlichen Auseinandersetzung" in die GDL hineingetragen hätten und manche Mitglieder von „Bonzen" sprächen und aus seiner Sicht damit all jene meinten, die sich „aus Uneigennützigkeit in den Dienst der Gesamtheit gestellt"[27] hätten. In dieser Zeit, als Warstein diese Zeilen schrieb, erfolgten mehrfach Durchsuchungen der Geschäftsstelle der GDL durch Anhänger der SA, bei denen es auch zu „Zusammenstößen" kam. Überdies versuchten die Nationalsozialisten, die Hauptkasse der GDL zu beschlagnahmen. Dies konnte jedoch verhindert werden.[28]

Die Attacken auf die Unabhängigkeit und Selbstbestimmung der GDL, deren Vorstand nichts weniger verteidigte als den Status einer tariffähigen Gewerkschaft, führten dazu, dass sich deren Vorstand zu einer Reihe von Zugeständnissen gegenüber der NS-Bewegung gezwungen sah. Die GDL beschloss im Frühjahr 1933, sich wieder in „Verein Deutscher Lokomotivführer" umzubenennen – ein bewusster Schritt, um die Organisation als unpolitisch darzustellen und eine gewisse Distanz zum Gewerkschaftsgedanken zu demonstrieren.[29] Mit der Umbenennung, die allerdings erst zum 1. Juli 1933 offiziell umgesetzt wurde, trug der GDL-Vorstand ohne Frage auch den Interessen eines Teils der Mitglieder Rechnung, die recht offen Sympathien mit der NS-Ideologie pflegten.[30]

Am 17. April 1933 beschloss die GDL, sich korporativ dem „Reichsbund Deutscher Technik" anzuschließen. Mit dem Beitritt verbanden sich in erster Linie Hoffnungen, nicht zwangsweise in den „Reichsbund der Deutschen Beamten" eingegliedert zu werden und auf diese Weise die Selbstständigkeit der GDL zu erhalten.[31] Beim Reichsbund handelte es sich um eine unter erheblichem NS-Einfluss stehende Vereinigung. Diese war berufsständisch gegliedert, allerdings ließ sie den angeschlossenen Fachorganisationen „ein Minimum an Freiheit"[32]

25 Schreiben von Josef Warstein, 26. 3. 1933, zit. n.: Gewerkschaft Deutscher Lokomotivbeamten (Hrsg.), 100 Jahre GDL. Geschichte der Gewerkschaft Deutscher Lokomotivbeamten und Anwärter 1867–1967, Frankfurt a. M. 1967, S. 216.

26 Erklärung von Josef Warstein, 16. 4. 1933, zit. n.: ebenda, S. 217.

27 Ebenda.

28 Vgl. ebenda, S. 219.

29 Vgl. zu Details Elisabeth Volquardts, Beamtenverbände im Nationalsozialismus. Gleichschaltung zum Zwecke der Ausschaltung aufgrund politischer oder weltanschaulicher Gegnerschaft, dargestellt am Beispiel des Deutschen Beamtenbundes, des Verbandes Preußischer Polizeibeamten e. V. und der Gewerkschaft Deutscher Lokomotivführer e. V., München 2001, S. 137 ff.

30 Vgl. Gewerkschaft Deutscher Lokomotivbeamten (Hrsg.), 100 Jahre GDL, S. 214 ff.

31 Vgl. ebenda, S. 219.

32 Gewerkschaft Deutscher Lokomotivführer, 150 Jahre GDL (Teil 11): Der Nationalsozialismus – Verbot der Gewerkschaft, in: GDL-Magazin „Voraus", März 2016, http://m.gdl.de/Aktuell-2016 (29. 5. 2016).

in ihrer Berufsvertretung. Doch auch danach und erst recht in der Situation, als der Druck auf die freigewerkschaftlichen Organisationen wuchs, bestand auch für die GDL die Gefahr, verboten zu werden. Als weiteres Zugeständnis an das NS-Regime beschloss der Hauptvorstand am 27. April 1933, drei Nationalsozialisten in das Leitungsgremium aufzunehmen. Nach wie vor erhoffte sich der Vorstand des Vereins, auf diese Weise gewerkschaftliche Kernideen „retten" zu können und ein „Mindestmaß an Unabhängigkeit und Neutralität zu bewahren."[33]

Doch trotz all dieser „Anpassungsmaßnahmen" wurde seitens des NS-Staates permanent Druck auf den Vorstand ausgeübt, möglichst bald dem „Reichsbund der Deutschen Beamten" beizutreten.[34] Zudem zeigte sich der „Reichsbund der Deutschen Beamten" mit dem Beitritt der GDL zum „Reichsbund Deutscher Technik" nicht einverstanden. Der Vorstand der GDL wurde zu einer Besprechung im Reichsministerium des Innern vorgeladen. In der „Chronik" der GDL heißt es dazu: „Was damals geschah, war typisch für das Wesen und die Handlungsweise der neuen Regierung. In dem Verhandlungszimmer wurden Vorsitzender [der GDL] Josef Warstein und zwei der neuen Vorstandsmitglieder nicht etwa von einem Beamten des Innenministeriums empfangen, sondern dort saß der Führer des ‚Reichsbundes [der Deutschen Beamten]', [Hermann] Neef, der gleichzeitig Leiter des Amtes für Beamte war und sich als Reichskommissar für Beamten-Angelegenheiten im Auftrage des Innenministers [Wilhelm Frick] ausgab. Er stellte das Ultimatum, die GDL solle sich bis zum 20. Mai [1933] auflösen; die Mitglieder müßten dem ‚Reichsbund Deutscher Beamten' beitreten. Warstein wies demgegenüber auf die bisherige erfolgreiche Arbeit der Gewerkschaft für das Lokomotivpersonal hin und lehnte es ab, dies alles einer so unsicheren Organisation zu opfern, wie sie der ‚Reichsbund' darstelle. Er untermauerte das Streben der GDL nach Beibehaltung der Selbständigkeit mit Erklärungen Hitlers, der den Berufsorganisationen die Existenzberechtigung wiederholt zugesprochen habe. [...] Die Unterredung endete mit dem Ergebnis, diese Frage noch einmal zu besprechen."[35] Durch die Vertagung der Entscheidung hatte Josef Warstein Zeit gewonnen, um sich an den Vorsitzenden des „Reichsbundes Deutscher Techniker", Gottfried Feder, zu wenden. Dieser argumentierte gegenüber den NS-Institutionen zunächst erfolgreich gegen eine Eingliederung der GDL bzw. des „Vereins Deutscher Lokomotivführer" in den Beamtenbund.[36] Dennoch wuchs der Druck weiter auf den „Verein deutscher Lokomotivführer" – schließlich stellte auch die DAF den Anspruch, künftig die Lokomotivführer organisieren zu wollen bzw. sie zwangsweise in ihre Organisation zu integrieren.

33 Ebenda.

34 Vgl. Volquardts, Beamtenverbände im Nationalsozialismus, S. 139 ff.

35 Gewerkschaft Deutscher Lokomotivbeamten (Hrsg.), 100 Jahre GDL, S. 219 f.

36 Vgl. Gewerkschaft Deutscher Lokomotivführer, 150 Jahre GDL (Teil 11): Der Nationalsozialismus – Verbot der Gewerkschaft; ferner zu Details Volquardts, Beamtenverbände im Nationalsozialismus, S. 140 ff.

Hermann Neef drängte auf die Auflösung der Vereinigung, wenngleich der Innenminister Wilhelm Frick es ablehnte, die Arbeit der Vereinigung gewaltsam zu unterbinden.[37] Doch dieser Zustand ließ sich nur bis zum Ende des Jahres 1933 aufrechterhalten. Neef beschloss, zwei Vorstandsmitglieder des „Vereins Deutscher Lokomotivführer", die Nationalsozialisten waren, zu Amtsverwaltern des „Reichsbundes der Deutschen Beamten" und des „Amtes für Beamte" zu ernennen.[38] Damit war innerhalb des Vorstandes kaum mehr eine Geschlossenheit möglich, da die beiden Vorstandsmitglieder nun Neef direkt unterstellt und weisungsgebunden waren.[39] Danach sah sich der Vorsitzende des „Vereins Deutscher Lokomotivführer" Josef Warstein nicht mehr in der Lage, weiterhin die Leitung der Organisation zu übernehmen. Er trat am 16. Dezember 1933 von der Funktion als Vorsitzender zurück. Auf diese Weise waren auch die letzten Reste gewerkschaftlicher Unabhängigkeit beseitigt. Die Leitungsfunktion übernahmen nun loyale Nationalsozialisten.

Der „Verein Deutscher Lokomotivführer" wurde nun durch einen „Führerrat" geleitet. Es schien nur noch eine Frage der Zeit, bis sich der Verein in den „Reichsbund der Deutschen Beamten" integrierte. Es sollten jedoch noch ein paar Jahre vergehen, bis auf einer „Generalversammlung" in Ludwigshafen am 12. November 1936 beschlossen wurde, den traditionsreichen „Verein Deutscher Lokomotivführer" aufzulösen.[40] Bereits im Jahr zuvor, am 18. März 1935, hatte der „Führerrat" in Übereinstimmung mit dem Reichsbeamtenführer Hermann Neef – und ohne Mitgliederbefragung – beschlossen, den Verein als „Fachschaftsgruppe Lokomotivpersonal" in den „Reichsbund der Deutschen Beamten" einzugliedern.[41] Ebenso war vom Führerrat beschlossen worden, nur noch NSDAP-Mitglieder als „Amtspersonen" und Delegierte innerhalb der Vereinigung zuzulassen. Die ausgewählten Delegierten stimmten bei der Ludwigshafener Generalversammlung im November 1936 diesen Überlegungen zu und legitimierten quasi im Nachhinein die Entscheidungen des „Führerrates". Zugleich stimmten sie einer Satzungsänderung zu, die den Mitgliedern sämtliche Mitbestimmungsrechte nahm und ermöglichte, dass Mitglieder ausgeschlossen werden konnten, sofern sie gegen die NS-Weltanschauung verstießen.[42] Sicher gab es zu diesem Zeitpunkt nicht wenige Mitglieder, die diese Satzungsänderungen für gut befanden und das Ende der Organisation begrüßten. Einige Mitglieder bedauerten jedoch auch die Selbstaufgabe der traditionsreichen Vereinigung. Sie wurde zum 27. Mai 1937 offiziell aufgelöst.

37 Vgl. Volquardts, Beamtenverbände im Nationalsozialismus, S. 142.

38 Vgl. ebenda.

39 Vgl. ebenda.

40 Vgl. ebenda, S. 144; Gewerkschaft Deutscher Lokomotivführer, 150 Jahre GDL (Teil 11): Der Nationalsozialismus – Verbot der Gewerkschaft, S. 19.

41 Vgl. ebenda.

42 Vgl. Gewerkschaft Deutscher Lokomotivbeamten (Hrsg.), 100 Jahre GDL, S. 224.

4.2 Soziale, wirtschaftliche und betriebliche Rahmenbedingungen

Die ersten Maßnahmen der „Gleichschaltung" bei der Reichsbahn-Gesellschaft richteten sich gegen die organisierte Arbeiterbewegung. Im Frühjahr 1933 war das Vorgehen von Übergriffen bis hin zu brutalen Terrormaßnahmen geprägt, die jedoch hauptsächlich außerhalb des betrieblichen Alltags stattfanden. Nach Ansicht von Günter Morsch sei es den Nationalsozialisten nicht ausschließlich darum gegangen, „Rache" an den „Novemberverbrechern" und „politischen Gegnern" zu üben, vielmehr sei die Zerschlagung der linken politischen Parteien und der Gewerkschaften die „erste und wichtigste Voraussetzung" für den Aufbau der „völkischen Leistungsgesellschaft" und die „Eroberung" eines „Großgermanischen Reichs" gewesen, deren „Fundamente nach Auffassung der Nationalsozialisten auf dem ‚arischen Arbeitsethos' ruhen sollten".[43] Innerhalb nur weniger Monate beraubten die Nationalsozialisten mittels einer Strategie aus Repression und Integration die Arbeiterbewegung ihrer Handlungsfähigkeit. Vielfältigste soziale und kulturelle Bindungen wurden gekappt. Der NS-Spitze war bewusst, dass es nicht ausreichte, die Organisationsstrukturen der Arbeiterbewegung zu zerschlagen, sondern dass die Strategie zur Ausschaltung der „Klassenkampf"-Ideologie auf der untersten Ebene, also in den Betrieben bzw. Unternehmen, fortgeführt werden musste. Hier setzten sich die Nationalsozialisten das Ziel, durch Kontrollinstanzen der DAF und mithilfe neuer Regelungen die Bindungen und Kommunikationsstrukturen der politischen Arbeiterbewegung zu zerstören. Insbesondere Gewerkschaftsvertreter aus den Betriebsräten der Deutschen Reichsbahn-Gesellschaft und exponierte Gegner der Nationalsozialisten, die schon vor der Machtübernahme durch Äußerungen gegen die NS-Bewegung auf sich aufmerksam gemacht hatten, wurden im Frühjahr 1933 entlassen.[44] Zum Teil versetzte die Verwaltung der Reichsbahn politische Gegner des NS-Regimes – gerade in den Bahnbetriebswerkstätten – in andere Abteilungen.[45] Die Zahl der bei der Reichsbahn arbeitenden Kommunisten hatte sich bereits in den letzten Jahren der Weimarer Republik ohnehin drastisch reduziert, so dass die Entlassungen nach der Machtübernahme nicht mehr besonders ins Gewicht fielen.[46] Auffällig war, dass ab März 1933 insbesondere Freigewerkschafter und Sozialdemokraten und ab April gleichen Jahres jüdische Beamte systematisch unter Druck gesetzt und entlassen wurden. Schließlich erlaubte Artikel II des am 4. April

43 Morsch, Arbeit und Brot. Studien zu Lage, Stimmung, Einstellung und Verhalten der deutschen Arbeiterschaft, S. 50.

44 Vgl. die Informationen im biografischen Anhang.

45 Vgl. die Details im biografischen Anhang, z. B. die Kurzbiografie von Wilhelm Hahn.

46 Genaue Zahlen zu politisch motivierten Entlassungen vor 1933 liegen nicht vor. Im „Informationsblatt" der ITF vom 24. Juni 1939 wurde davon berichtet, dass infolge der Zerschlagung der Freien Gewerkschaften 1933 „17 000 Betriebsfunktionäre" bei der Reichsbahn entlassen worden seien. Vgl. die Angaben in: Walter A. Schmidt, Damit Deutschland lebe. Ein Quellenwerk über den antifaschistischen Widerstandskampf 1933–1945, Berlin (Ost) 1959, S. 108.

1933 unterzeichneten „Gesetzes über Betriebsvertretungen und über wirtschaftliche Vereinigungen", mit dem auch die (abgebrochenen) Betriebsrätewahlen auf Ende September gleichen Jahres verschoben wurden, den Unternehmern, Arbeitnehmer allein wegen des „Verdachts staatsfeindlicher Einstellung"[47] zu entlassen. Nach Einschätzung von Matthias Frese sei das Resultat des neuen Gesetzes die „völlige Umorganisierung der bisherigen Betriebsvertretungen" gewesen.[48] Letztlich legalisierte das Gesetz im Nachhinein eine in den Unternehmen begonnene Praxis der spontanen Absetzung von Betriebsräten, die bei der Reichsbahn in großer Zahl freigewerkschaftliche Funktionäre traf.[49] Zwar lassen sich keine genauen Aussagen zum Ausmaß der politisch motivierten Entlassungen machen, allerdings waren es beim „staatsnahen" Unternehmen Reichsbahn mit Sicherheit viele Arbeitnehmer, die von den Maßnahmen betroffen waren.[50] Mit dem nur wenige Tage später, am 7. April 1933, verabschiedeten „Gesetz zur Wiederherstellung des Berufsbeamtentums" entledigte sich der NS-Staat der jüdischen Beamten in Wissenschaft, Politik und in der öffentlichen Verwaltung. Die antisemitische Maßnahme traf auch zahlreiche jüdische Beamte bei der Reichsbahn-Gesellschaft. Parallel begann die Deutsche Reichsbahn damit, die frei gewordenen Arbeitsplätze mit zuverlässigen Nationalsozialisten oder politisch „Unauffälligen" zu besetzen. Trotz vieler politisch motivierter Entlassungen stieg die Mitarbeiterzahl – auch im Zusammenhang mit Arbeitsbeschaffungsmaßnahmen – rasant: Waren 1933 noch 593 433 Personen beschäftigt, so waren es im Jahr darauf bereits 630 905. Bis 1937 stieg die Mitarbeiterzahl auf 703 546, zu denen zeitweilig beschäftigte Saisonarbeiter hinzukamen.[51] Alle Mitarbeiter wurden verpflichtet, ihre arische Abstammung nachzuweisen. Die Reichsbahnbeamten mussten einen „Treueschwur" auf den Führer leisten. Neue Bewerber, die frei gewordene oder neue Stellen besetzen wollten, waren gezwungen, sich einer politischen Beurteilung durch die NSDAP zu unterziehen.[52] Hinzu kam, dass die „bereits im Dienst der Reichsbahn stehenden Mitarbeiter" zwar nicht direkt zum Parteieintritt „aufgefordert" wurden: „Ein Erlass wies vielmehr die Beamten darauf hin, dass die von ihnen geforderte ‚nationale Zuverlässigkeit' nicht die Zugehörigkeit zur NSDAP voraussetzte. Dennoch traten zahlreiche Reichsbahnbeamte und auch viele Arbeiter der Partei oder einer ihrer Gliederungen bei. Die Mitgliedschaft wurde jeweils im Personalbogen vermerkt und war durchaus karrierefördernd. Nicht nur bei Neueinstellungen, sondern auch bei Versetzungen erhielten NSDAP-Mitglieder oft den

47 Zit. n.: Morsch, Arbeit und Brot. Studien zu Lage, Stimmung, Einstellung und Verhalten der deutschen Arbeiterschaft, S. 53.

48 Frese, Betriebspolitik im „Dritten Reich", S. 63.

49 Vgl. ebenda, S. 65 ff.

50 Vgl. Franzke (Hrsg.), Geschichte der Eisenbahn in Deutschland, Bd. 2: Im Dienst von Demokratie und Diktatur, S. 74.

51 Vgl. ebenda, S. 93.

52 Vgl. ebenda, S. 74.

Vorzug."[53] Dies war ein Anreiz. Er erleichterte die „Gleichschaltung" und die ideologische Integration der Bediensteten der Reichsbahn, die sich auch in ihrem äußeren Erscheinungsbild dem NS-Regime anpasste. Im Juli 1933 wurde zudem der „deutsche Gruß" als die von der Generaldirektion gewünschte Begrüßungsform im Unternehmen eingeführt.[54]

Entscheidende Befugnisse in allen Tarifangelegenheiten erhielten die am 19. Mai 1933 berufenen „Treuhänder der Arbeit", die gegenüber dem Reichsarbeitsministerium weisungsgebunden waren. Das am 20. Januar 1934 erlassene „Gesetz zur Ordnung der nationalen Arbeit" traf eine formelle Regelung über die Verteilung der einzelnen Kompetenzen zwischen den verschiedenen Institutionen.[55] Auch wenn das Gesetz die reale „arbeitsrechtliche Praxis" des NS-Regimes, wie sie „von Anfang an gehandhabt wurde",[56] ausklammerte und sich darin stattdessen eher allgemeine Floskeln fanden, fixierte das NS-Regime mit dem Gesetz zentrale Punkte der neuen „Arbeitsverfassung". Dazu gehörten die Beseitigung der Tarifautonomie, die Aufwertung staatlicher Regularien, die Auflösung der Selbstbestimmungsrechte und Vertretungsorgane der Arbeiterschaft sowie die Anerkennung von zentralen Instanzen wie „Betriebsführern".[57] Von Letzteren und den sogenannten Vertrauensräten wurde erwartet, dass sie staatliche und betriebliche Interessen mit denen der Belegschaften „vereinheitlichten".[58] Allerdings ging es mitnichten um ein konsensorientiertes Verfahren, sondern um die scheinbare Auflösung des Widerspruchs zwischen Unternehmern und Lohnabhängigen. Zugleich stand der Aufbau eines dichten Netzes zur Kontrolle und Überwachung im Vordergrund der Überlegungen. Günter Morsch konstatiert, dass die „Treuhänder" die ihnen „zugeschriebene Zurückhaltung" von Anfang an vermissen ließen, da sie „in den Betrieben massiv, oft zugunsten der Unternehmer" gegen „radikale Bestrebungen"[59] vorgingen. Diese Bestrebungen kamen nicht nur aus der klassischen Arbeiterbewegung, sondern auch aus der NSBO. Weil die Treuhänder über keine eigenen Machtmittel verfügten, sei laut Morsch die Gestapo eine „unerlässliche Stütze" und das „zweite Gesicht"[60] der „Treuhänder" gewesen. Vor allem bei größeren Unternehmen, die wie die Reichsbahn von Anfang an mit dem NS-Regime kooperierten, gelang es, im Kernunternehmen und bei angeschlossenen Unternehmen wie den Reichsbahnausbesserungswerken ein engmaschiges Netz der Kontrolle zu stricken. Dieses verfehlte bei den Bahnbediensteten seine Wirkung nicht.[61] In

53 Ebenda, S. 74.
54 Vgl. ebenda.
55 Vgl. Mielke/Frese (Bearb.), Die Gewerkschaften im Widerstand und in der Emigration, S. 17.
56 Morsch, Arbeit und Brot. Studien zu Lage, Stimmung, Einstellung und Verhalten der deutschen Arbeiterschaft, S. 57.
57 Vgl. ebenda.
58 Vgl. ebenda.
59 Ebenda, S. 61.
60 Ebenda.
61 Vgl. Mielke/Frese (Bearb.), Die Gewerkschaften im Widerstand und in der Emigration, S. 18.

diesem Netz, das der Überwachung und der Einschüchterung potenzieller oder tatsächlicher Gegner des NS-Regimes diente, arbeiteten bei der Reichsbahn, die – wie erwähnt – ab 1937 dem Reichsverkehrsministerium unterstellt war, Institutionen der Gestapo, der NSDAP, später der Sicherheitspolizei (Sipo) und des Sicherheitsdienstes des Reichsführers SS (SD) eng zusammen.[62]

In den ersten beiden Jahren nach der Machtübernahme der Nationalsozialisten blieb die soziale Lage für die große Mehrheit der Arbeitnehmer angespannt. Auch wenn es Bahnbediensteten bzw. im Staatsdienst arbeitenden Beamten materiell besser ging als beispielsweise der Arbeiterschaft in der Bauindustrie, in der die Erwerbslosigkeit 1933/34 auf hohem Niveau bestehen blieb, war auch bei den Arbeitnehmern der Reichsbahn das Leben von Entbehrungen geprägt. Dieser Umstand betraf mehr die Arbeitnehmer in den angeschlossenen Unternehmen wie den Bahnbetriebsstätten und den Reichsbahnausbesserungswerken als diejenigen Beamten, die „auf" und „an" der Schiene tätig waren. Zwar sanken die Erwerbslosenzahlen Anfang 1933 insgesamt infolge der Belebung der Weltwirtschaft und als Folge einer längerfristigen Auswirkung von Arbeitsbeschaffungsmaßnahmen aus dem Jahr 1932. Allerdings klagte ein Großteil der Gesellschaft nach wie vor über schlechte Wohnverhältnisse, mangelhafte Ernährung und ungenügende Bekleidung. Für die Stimmung unter den Arbeitnehmern und eine etwaige Resonanz auf Aktivitäten illegaler Gruppen hatten die sozialen und wirtschaftlichen Entwicklungen erhebliche Bedeutung.[63] Dieser Umstand traf vor allem die für den EdED hauptamtlich tätigen Gewerkschafter, die jedoch zum Teil seit Jahren nicht mehr im Bahnbetrieb gearbeitet hatten. Im Frühjahr 1933 befanden sich weniger als 30 Prozent aller Gewerkschaftsmitglieder in regulären Beschäftigungsverhältnissen. Entlassene hauptamtliche Gewerkschaftsfunktionäre fanden in der Regel erst nach Jahren wieder eine dauerhafte Anstellung, so dass der Verankerung illegaler Gruppen auf betrieblicher Ebene selbst in den im Hinblick auf den Widerstand gegen das NS-Regime vergleichsweise aktiven Jahren 1933/34 bis 1935 von vornherein durch ökonomische Faktoren und repressive Maßnahmen des NS-Regimes Grenzen gesetzt waren. Insofern waren Bemühungen der illegalen Gruppen darauf gerichtet, die Organisationsstrukturen in irgendeiner Weise erhalten zu können. Dabei war den Widerständlern aus den Reihen des EdED, die häufig keine Verbindung zum Unternehmen mehr hatten, bewusst, dass der gezielte Aufbau illegaler Gruppen auf betrieblicher Ebene bei der Reichsbahn schwierig werden würde.

Nicht wenige aus politischen Gründen Entlassene waren zeitweise auf die öffentliche Fürsorge angewiesen. Eisenbahngewerkschafter – sowohl die bei der Bahn beschäftigten wie

62 Dieser Befund sollte allerdings nicht dazu verleiten, der Gestapo „Allwissenheit" zu unterstellen. Vgl. Robert Gellately, Allwissend und allgegenwärtig? Entstehung, Funktion und Wandel des Gestapo-Mythos, in: Gerhard Paul/Klaus-Michael Mallmann (Hrsg.), Die Gestapo. Mythos und Realität. Mit einem Vorwort von Peter Steinbach, Darmstadt 2003, S. 47–70.

63 Vgl. Mielke/Frese (Bearb.), Die Gewerkschaften im Widerstand und in der Emigration, S. 19.

auch die Hauptamtlichen – waren ebenso häufig gezwungen, sich vorübergehend oder auf Dauer selbstständig zu machen. Viele freigewerkschaftliche Funktionäre übernahmen bereits ab Mitte bzw. Ende 1933 ein „Wandergewerbe“ als Versicherungsvertreter.[64] Einerseits ging dadurch – zumindest bei den in der Vergangenheit bei der Reichsbahn beschäftigten Funktionären – der unmittelbare Kontakt zum früheren Arbeitsumfeld verloren, andererseits konnten durch Reisen zu ehemaligen Kollegen Kontakte aus dem früheren gewerkschaftspolitischen Umfeld aufrechterhalten werden. Insofern wurde die Konstituierung illegaler Zirkel begünstigt. Dennoch blieb die Zielsetzung bestehen, genaue Informationen über den unternehmerischen Alltag sowie über die Gestaltung der Lohn- und Arbeitsverhältnisse herauszufinden. Dies war kein spezifisches Problem der Reichsbahn und der unmittelbar angeschlossenen Arbeitsbereiche. Es betraf so ziemlich alle Industriebereiche gleichermaßen. Spezialisierte Arbeitnehmer, so vor allem die qualifizierten Metallarbeiter aus den Reichsbahnausbesserungswerken, waren allerdings im Vorteil, da sie nicht so leicht ersetzbar waren und ab Mitte der 1930er-Jahre – bei Besserung der Konjunktur – wieder eingestellt wurden.[65]

Da sich jedoch zunächst 1933/34 die Lebensbedingungen der Arbeitnehmer kaum verbessert hatten und von Unmut und schlechter Versorgungslage geprägt blieben, vertraten die Funktionäre in sozialdemokratischen und kommunistischen Widerstandsgruppen – trotz trennender Einschätzungen und Zielsetzungen – gleichermaßen die Meinung, es entwickele sich eine oppositionelle Stimmung gegen die NS-Machthaber.[66] Man ging in der traditionellen Arbeiterbewegung davon aus, dass sich die ökonomische Krise zuspitzen werde. Auch wenn manche Einschätzungen und Erwartungen hinsichtlich der daraus resultierenden Bereitschaft zur Resistenz und zum Widerstand gerade aus dieser Zeit übertrieben sind, sprach einiges für die Annahme, dass sich in der Arbeiterschaft eine steigende Unzufriedenheit bemerkbar machen würde. Dies lag daran, dass das NS-Regime das Versprechen einer sozialen Verbesserung nicht einlöste.[67] Eine Triebkraft für die damals vergleichsweise höhere Bereitschaft zum Widerstand als in späterer Zeit war die 1934 anhaltende Wirtschaftskrise. Adam Tooze geht sogar derart weit zu behaupten, dass sich das „Dritte Reich“ im Sommer 1934 „am Rande einer wirtschaftlichen Katastrophe entlang hangelte.“[68] „Nie wieder in seiner zwölfjährigen Geschichte“ – so die These des britischen Historikers – „sollte das NS-Regime einer so umfassenden sozialwirtschaftlichen Krise derart nahe kommen, wie zwischen März

64 Vgl. die Angaben zahlreicher Eisenbahngewerkschafter im biografischen Anhang.

65 Vgl. die Angaben zahlreicher Eisenbahngewerkschafter im biografischen Anhang.

66 Vgl. Stephan Stracke, Die Wuppertaler Gewerkschaftsprozesse. Gewerkschaftlicher Widerstand und internationale Solidarität, Bremen und Wuppertal 2012, S. 133.

67 Vgl. Francis L. Carsten, Widerstand gegen Hitler. Die deutschen Arbeiter und die Nazis, Frankfurt a. M. und Leipzig 1996, S. 49 ff.; Schneider, Unterm Hakenkreuz, S. 710 f.

68 Adam Tooze, Ökonomie der Zerstörung. Die Geschichte der Wirtschaft im Nationalsozialismus, München 2007, S. 95.

und September 1934."[69] Nicht nur in der Arbeiterschaft, sondern auch in breiteren Kreisen der Bevölkerung entwickelte sich eine Enttäuschung über das geringe Tempo beim Abbau der Erwerbslosigkeit, die im Herbst 1934 erneut anstieg. Hinzu kam eine ungünstige Lohn-Preis-Entwicklung.[70] Die Stagnation der Löhne bei gleichzeitigem enormen Preisanstieg bei Lebensmitteln charakterisierte die ökonomische Entwicklung. Der Blick der illegalen Gruppen – dies galt auch für den EdED – war in dieser Zeit keineswegs nur auf die Reichsbahn gerichtet, sondern auf die Lage und Stimmung in der Arbeiterschaft insgesamt.

„Stimmungsberichte" von Widerständlern belegen, dass es 1934 sogar eine Verbitterung unter Arbeitnehmern gab, die dem Regime im Grunde vertrauten und eher als systemnah anzusehen waren. Gleichzeitig wurde im Herbst 1934 von Tendenzen einer gewissen Verweigerungshaltung in manchen Betrieben berichtet, in denen vor allem Metallarbeiter beschäftigt waren. Dies betraf insbesondere Arbeitnehmer, die in den Tochtergesellschaften der Reichsbahn, bei Zulieferern und Reichsbahnausbesserungswerken beschäftigt waren. Mit Blick auf diese Zeit kann von einer allgemeinen „Stimmungskrise" ausgegangen werden, die aus „Befürchtungen vor einer erneuten Verschlechterung der wirtschaftlichen Lage"[71] resultierte und sich in einer Kritik am „Einkommen und Lebensstil" der „Bonzen" artikulierte. Weiterer Unmut entzündete sich an der „Entwicklung der außenpolitischen Lage, die in weiten Kreisen der Bevölkerung die Kriegsangst wachsen ließ", wie Michael Schneider zusammenfassend analysiert.[72] Die Reichsbahn versuchte unterdessen, die Bindung des Unternehmens an den NS-Staat im alltäglichen Bahnbetrieb symbolisch deutlicher zur Schau zu stellen. Neben der Beflaggung der Bahngebäude an Feiertagen und zu besonderen Anlässen mussten Bahnmitarbeiter ab Mitte 1934 das staatliche Hoheitssymbol – einen Adler mit Hakenkreuz – an der Dienstmütze tragen.[73] Zudem war die Reichsbahn in der besonderen Situation, spezielle Subventionen und Mittel durch den NS-Staat zu bekommen, die es dem Unternehmen ermöglichten, 1933/34 Aufträge mit einem Volumen von 1,06 Milliarden Reichsmark zur Senkung der Erwerbslosigkeit in handwerkliche Betriebe und die mittelständische Industrie zu investieren.[74]

Die schrittweise Überwindung der ökonomische Krise 1935/36, die damit einhergehende politische Stabilisierung des NS-Regimes und der Wille einer Reihe Eisenbahngewerkschafter, wieder eine berufliche Zukunft in einem regulären Beschäftigungsverhältnis bei

69 Ebenda.

70 Vgl. auch in den Gestapo-Lageberichten: Wolfgang Ribbe/Sibylle Hinze (Bearb.), Die Lageberichte der Geheimen Staatspolizei über die Provinz Brandenburg und die Reichshauptstadt Berlin, Bd. 1: Der Regierungsbezirk Potsdam, Köln und Weimar 1998, S. 101 ff.

71 Schneider, Unterm Hakenkreuz, S. 711.

72 Ebenda.

73 Vgl. Franzke (Hrsg.), Geschichte der Eisenbahn in Deutschland, Bd. 2: Im Dienst von Demokratie und Diktatur, S. 74.

74 Vgl. ebenda, S. 93.

der Reichsbahn zu erlangen, beeinflussten die Kampfkraft der illegalen Gruppen in diesem Falle nicht in Richtung von mehr Spielräumen zur Agitation im Unternehmen. Hinzu kam, dass häufig jüngere Arbeitnehmer die Arbeit aufnahmen, die nicht die Sozialisationsinstanzen der Arbeiterbewegung durchlaufen hatten und die „über keine Solidarität und Gegenmachterfahrungen am Arbeitsplatz verfügten."[75] Dies betraf die Arbeitssituation bei der Reichsbahn in besonderer Weise – nicht zuletzt deshalb, weil bei dem Kernunternehmen der Reichsbahn außergewöhnlich viele NSDAP-Mitglieder konzentriert waren. Hinzu kam, dass gerade dieses Unternehmen ein besonders positives Image in der deutschen Bevölkerung besaß. Die Verbesserung der ökonomischen Situation, die unter anderem aus der zunehmenden Aufrüstung und damit verbundenen Arbeitsbeschaffungsmaßnahmen resultierte, sorgte für eine deutliche Erhöhung des Reiseverkehrs. Unabhängig von der Überwindung des Erwerbslosenproblems stiegen die Arbeitszeiten zwischen 1933 und 1938 auf durchschnittlich 48 Stunden. Während des Zweiten Weltkrieges stieg die durchschnittliche Arbeitszeit nochmals. Sie erreichte 1940/41 durchschnittlich 50,1 Stunden, wobei in einzelnen Branchen eine deutlich höhere Arbeitszeit erreicht wurde.[76] Allerdings stiegen im Zusammenhang mit der Erhöhung der Arbeitszeit und Forderungen nach Erhöhung der Leistungssteigerung die Krankheitszahlen. Ein Protokoll über die Vertrauensratssitzung im Reichsbahnausbesserungswerk Frankfurt am Main von Mitte Februar 1944 brachte die Problematik, die sich sowohl für die Unternehmensleitung als auch für die Arbeitnehmer ergab, auf den Punkt: „Der Betriebsführer kommt im Anschluß an eine Abt.-Leiter-Sitzung zur V.[ertrauens]-Ratssitzung [...]. Einziger Punkt der Tagesordnung ist die Bekanntgabe einer verlangten 10-prozentigen Leistungssteigerung der Werke ab sofort bis vorerst 15. 4. 44. Zur Erreichung dieses Ziels können 2 Wege beschritten werden. 1) Die Verlängerung der Arbeitszeit auf wöchentlich 65 Stunden oder 2) Erhöhung der Produktion durch intensivere Arbeit während der augenblicklichen Arbeitszeit. Der 2. Weg kann nur als theoretisch möglich angesehen werden, da bei der augenblicklichen körperlichen und seelischen Belastung vieler Arbeitskameraden eine 10-prozentige Leistungssteigerung durch die intensivere Ausnutzung der Arbeitskraft allein nicht mehr zu erwarten ist. Zweckmäßig ist aber die Verbindung beider Möglichkeiten."[77] Erst zum Ende des Zweiten Weltkrieges sank bei der Deutschen Reichsbahn die Wochenarbeitszeit insgesamt wieder, da zahlreiche Beschäftigte zu Aufräum- und Reparaturarbeiten verpflichtet wurden und sich ein gesellschaftlicher Erschöpfungszustand angesichts der Belastungen durch den Bombenkrieg, der die Reichsbahn stark in Mitleiden-

75 Vgl. Mielke/Frese (Bearb.), Die Gewerkschaften im Widerstand und in der Emigration, S. 19.

76 Vgl. ebenda; vgl. Timothy W. Mason, Sozialpolitik im Dritten Reich. Arbeiterklasse und Volksgemeinschaft, Opladen 1978, S. 238 ff., 280 f.

77 Niederschrift über die Vertrauensratssitzung, 18. 2. 1944, in: Günter Knopp, Chronik 1890–1989. 99 Jahre DR/DB-Ausbesserungswerk Frankfurt am Main, Idsteiner Straße 18, Frankfurt a. M. 2013, S. 47.

schaft zog, bemerkbar machte.[78] In einer weiteren Niederschrift über eine „Außerordentliche Vertrauensratssitzung" im Reichsbahnausbesserungswerk Frankfurt am Main im Februar 1944 heißt es: „Der Betriebsführer gibt bekannt, daß sich beim Luftangriff am 11. 2. 1944 – anscheinend im Hinblick auf bedauerliche Ereignisse in Bockenheim anlässlich des Luftangriffs vom 8. 2. 1944 – auch ein Teil unserer Belegschaft eine Art Panikstimmung bemächtigt hat. Diese Kameraden haben beim Alarm ohne Zustimmung der Werkleitung den Werkbereich verlassen und in den Luftschutzräumen benachbarter Häuser und Schulen Zuflucht gesucht. Ein derartiges Verhalten kann der beim Fliegeralarm für den Schutz der Bediensteten und die Werkordnung verantwortliche Werkluftschutzleiter nicht dulden."[79] Aus einem anderen Bericht geht hervor, dass in dem Werk „Disziplinarmaßnahmen" angewandt wurden, um gegen Arbeiter vorzugehen, die ohne Entschuldigung der Arbeit fernblieben.[80] Gleichzeitig sollte die Bestrafung durch „Aushang mit dem Zusatz, daß sie durch ihr undiszipliniertes Verhalten unmittelbar dem Deutschen Reich in seinem Existenzkampf in den Rücken gefallen sind"[81] in der Belegschaft bekannt gemacht werden. Auf diese Weise sollten andere Beschäftigte eingeschüchtert werden, so dass sie bei abweichendem Verhalten oder gar offenen Widerstandsaktivitäten mit dem Verlust des Arbeitsplatzes rechnen mussten und – bei schwereren Vergehen – mit Repression zu rechnen hatten und die Verachtung der NS-Anhänger in ihrem Umfeld zu spüren bekämen. Durch teils drakonische Disziplinarmaßnahmen und die permanente Drohung von Zwangsmaßnahmen und Gewalt sollten diejenigen Beschäftigten bei der Reichsbahn, die mit dem Gedanken spielten, Widerstand zu leisten, von vornherein eingeschüchtert und von ihrem Vorhaben abgebracht werden.

Zwischen 1934/35 und 1938/39 wuchsen die Einkommen aufgrund von Arbeitszeitverlängerungen und dem ab Mitte der 1930er-Jahre auftretenden Arbeitskräftemangel an. Allerdings wurden die realen Einkommen durch Preissteigerungen, Lohnabzüge, Sammlungen und Mitgliedsbeiträge erheblich begrenzt.[82] Hinzu kam, dass sich das Warenangebot ab Beginn des Zweiten Weltkrieges reduzierte. Versuche, eine ideologische Integration der Arbeitnehmerschaft mittels sozialintegrativer Maßnahmen, Karrierechancen und Freizeitangeboten zu erreichen – zum Beispiel durch die DAF, die für Eisenbahner über eine „Fachschaft Reichsbahn" und eine weitere „Fachschaft Lokomotivpersonal" verfügte – blieben gesamtgesellschaftlich begrenzt. Die Reichsbahn bildete das Musterbeispiel der „DAF"- bzw. „Kraft durch Freude"-Agitation. Zwar ließ die Bindungskraft der DAF im Laufe der Zeit nach, weshalb sie bzw. die „Vertrauensräte" stärker auf konkrete Wünsche von Beschäftig-

78 Vgl. Mielke/Frese (Bearb.), Die Gewerkschaften im Widerstand und in der Emigration, S. 20.

79 Niederschrift über die außerordentliche Vertrauensratssitzung, 12. 2. 1944, in: Knopp, Chronik 1890–1989, S. 46.

80 Vgl. Niederschrift über die außerordentliche Vertrauensratssitzung, 26. 2. 1944, in: ebenda, S. 48.

81 Ebenda, S. 48 f.

82 Vgl. Mielke/Frese (Bearb.), Die Gewerkschaften im Widerstand und in der Emigration, S. 20.

ten eingehen mussten, um nicht an Einfluss zu verlieren.[83] Allerdings blieb die Bindungskraft der NS-Organisationen bei der Reichsbahn insgesamt hoch – ein Umstand, der an der homogeneren Zusammensetzung der Belegschaft als in den meisten anderen rein privatwirtschaftlichen Unternehmen lag. Zudem kann die hohe Bereitschaft zur Zustimmung innerhalb des Unternehmens auch aus dem Gesamtbild erklärt werden, das die NS-Führung von der Reichsbahn zeichnete. Anfang Dezember 1935 bezeichnete Adolf Hitler bei einem Festakt in Nürnberg anlässlich des 100-jährigen Eisenbahnjubiläums die Reichsbahn als „das erste ganz große sozialistische Unternehmen". So handele die Bahn eher nach den „Gesichtspunkten der Vertretung der Gesamtinteressen als nach den Gesichtspunkten der Vertretung kapitalistischer Einzelinteressen."[84] Zudem betonte Hitler, die Reichsbahn werde dort ihr Streckennetz erweitern, „wo das Bedürfnis nach einer Verbindung" bestehe, auch wenn diese unrentabel sei. Zugleich forderte er von der Reichsbahn, ausschließlich „dem Staat im Friedens- wie im Kriegsfalle zu dienen" und von den Eisenbahnern, unabhängig von ihren Einzelinteressen „ihre Pflicht" im Sinne der Gemeinschaft zu erfüllen.[85] Hitler hob das „Pflichtbewusstsein" und die „Dienstfreudigkeit" hervor, weshalb das Unternehmen in hohem Maße geschätzt werde. Schließlich würden die Mitarbeiter für einen Staat „kämpfen", der nach dem Prinzip „Gemeinnutz vor Eigennutz"[86] aufgebaut sei. Diese und ähnliche Reden der NS-Führung förderten in erheblichem Maße die Zustimmung zur weiteren Integration der Reichsbahn-Gesellschaft in die NS-Wirtschafts- und Sozialpolitik. Für das Unternehmen waren die Programme zur Arbeitsbeschaffung zunächst jedoch eine erhebliche finanzielle Last und aus mittelfristigen betriebswirtschaftlichen Gründen fanden führende Mitarbeiter des Unternehmens diese nicht sinnvoll. Allerdings sorgte gerade der in Szene gesetzte Autobahnbau, der mit dem Tochterunternehmen „Reichsautobahnen" realisiert wurde, und für den Erwerbslose herangezogen wurden, für einen Prestigegewinn sowohl der Reichsbahn als auch des NS-Staates.[87]

Daneben wurden an Bahnhöfen und in Verwaltungsgebäuden Kunstwerke im NS-Stil geschaffen, die dem Arbeitsethos des deutschen Arbeiters und Beamten bei der Reichsbahn gewidmet waren. Die NS-Führung intendierte mit dieser Maßnahme, den Betriebsfrieden ideologisch abzusichern und die „Volksgemeinschafts"-Ideologie zu vergegenwärtigen. Auch bei den propagandistischen Fahrten zu den Reichsparteitagen der NSDAP, die durch die Reichsbahn zu realisieren waren, wurde durch die NS-Führung versucht, eine vermeintli-

83 Vgl. Morsch, Arbeit und Brot. Studien zu Lage, Stimmung, Einstellung und Verhalten der deutschen Arbeiterschaft, S. 423 ff.

84 Die sozialistische Leistung der Deutschen Reichsbahn, in: Völkischer Beobachter (Berliner Ausgabe), 9. 12. 1935.

85 Ebenda.

86 Ebenda.

87 Vgl. Franzke (Hrsg.), Geschichte der Eisenbahn in Deutschland, Bd. 2: Im Dienst von Demokratie und Diktatur, S. 91 ff.

che Übereinstimmung von Volk, Reich, Führer und Wirtschaft zu vermitteln. Genau diese Propaganda war ein Thema, mit dem sich der Widerstand gegen das NS-Regime insbesondere in den 1930er-Jahren beschäftigte – eine Propaganda, der der „Eisenbahnerwiderstand" Aufklärung entgegensetzen wollte. Dies geschah vermutlich weiterhin in gewerkschaftspolitischen Zirkeln vorrangig außerhalb des Unternehmens, da die betriebliche Verankerung des Widerstandes bei der Deutschen Reichsbahn bescheiden blieb.

Im Zuge der Annexion Österreichs und der Errichtung des „Protektorats Böhmen und Mähren" (1938/39) expandierten das Streckennetz und der Personalbestand der Deutschen Reichsbahn. Nach Beginn des Zweiten Weltkrieges im September 1939, bei dem sich die Reichsbahn durch Truppen- und Waffentransporte und Deportationen immer mehr in die Verbrechen des NS-Regimes verstrickte, verschlechterten sich die Möglichkeiten, illegale Gewerkschaftsarbeit betreiben zu können. Hinzu kamen steigende Leistungsanforderungen, intensivere Überwachungsmaßnahmen, Sanktions- und Strafkataloge, die Folge einer nach sozialdarwinistischen Kriterien aufgespaltenen Belegschaft waren. Dennoch konnten ab Anfang 1940 mit Unterstützung der ITF im Reichsgebiet verstärkt Sabotageakte an Gleisanlagen verübt werden, so dass mehrere Züge – vor allem Güterzüge – zum Entgleisen gebracht wurden. Im Ostfeldzug konnte die Deutsche Reichsbahn vor allem die Transportkrise kaum bewältigen. Ein Grund dafür war auch die Spurbreite des sowjetischen Schienennetzes, die aus militärstrategischen Erwägungen rund neun Zentimeter breiter als die europäische „Normalspur" ausgelegt war. Deshalb mussten zahlreiche Eisenbahnpioniere, die in Regimentern der Wehrmacht zusammengefasst waren, das Streckennetz auf tausenden Kilometern von „Breitspur" auf „Normalspur" umbauen.[88] Technische Probleme, die Kälte des russischen Winters und Partisanenanschläge auf Züge oder das Streckennetz beeinträchtigten den Bahnverkehr in den Kriegsgebieten außerordentlich. Zahlreiche Eisenbahner, die zum Teil selbst bewaffnet waren und von Wehrmacht und SS begleitet wurden, starben während des Einsatzes in den Ostgebieten. Die Reichsbahn war gezwungen, personelle Lücken zu schließen. Deshalb wurden zahlreiche Pensionäre aktiviert, aber es traten auch zahlreiche ausländische Arbeitskräfte und Zwangsarbeiter in den Dienst der Reichsbahn ein. Sämtliche Bahndirektionen beschäftigten während des Zweiten Weltkrieges Fremdarbeiter, Kriegsgefangene und zum Teil Häftlinge aus Konzentrationslagern. Diese Beschäftigten machten im Jahr 1943 circa 200 000 Personen aus, wobei die Gesamtbelegschaft zu diesem Zeitpunkt auf 1 297 000 Mitarbeiter gestiegen war.[89] Es wird vermutet, dass die Zahl der Ausländer bis Anfang 1945 weiterhin deutlich anstieg, da die Deutsche Reichsbahn zum Ende des Jahres 1944 circa 1 581 000 Beschäftigte zählte.[90] Vor allem in den Tochtergesellschaften bzw. in Reichsbahnausbesserungswerken soll der Anteil von ausländischen Arbeitskräften sehr

88 Vgl. ebenda, S. 102.

89 Vgl. ebenda, S. 112.

90 Vgl. ebenda.

hoch gewesen sein.[91] Fremdarbeiter und Kriegsgefangene lebten in der Regel in Lagern, in denen teils Widerstandshandlungen und in Einzelfällen Hilfsangebote deutscher Kollegen beobachtet werden konnten.[92] KZ-Häftlinge lebten in der Regel in Außenlagern größerer Konzentrationslager. Sie standen unter der rigiden Aufsicht der SS, die sämtliche Formen von Widerspruch, Verweigerung, Resistenz und widerständigen Handelns im Laufe der Zeit immer härter bestrafte. Walter Auerbach schrieb bereits kurz nach Beginn des Zweiten Weltkrieges an Hans Jahn: „Ich mache Dich nur noch darauf aufmerksam, daß ein neues Gesetz alle mit Todesstrafen bedroht, die den Verkehr auf der Eisenbahn oder Straßenbahn gefährden."[93] Und weiter: „Ich bin gespannt, ob jetzt die Eisenbahner aus Furcht vor Todesstrafe auf strikteste Befolgung aller Vorschriften drängen werden und wie sich diese Furcht auswirken wird."[94]

Die Deutsche Reichsbahn war nicht nur an der Ausbeutung von Zwangsarbeitern und KZ-Häftlingen beteiligt. Sie war unmittelbar an der Shoah beteiligt, indem die Reichsbahn die Deportationen in der Regel mit Sonderzügen im Auftrag des Reichssicherheitshauptamtes ausführte.[95] Zu vermuten ist, dass nicht wenige Angehörige des Zugpersonals etwas von der Situation der Menschen in den Waggons mitbekommen haben. Allerdings sind nur wenige Widerstandshandlungen bekannt, die von Eisenbahnern ausgingen, die Deportationen begleiteten. In Einzelfällen soll es Hilfsleistungen gegeben haben, zum Beispiel durch die Weitergabe von Wasser oder Essen in die Waggons. Solche und ähnliche Handlungen blieben ein sehr seltenes Phänomen.[96] Soweit es zu dieser Zeit nennenswerten Widerstand von Eisenbahnern gab, fand er in der Regel außerhalb des Kernunternehmens der Deutschen Reichsbahn oder im Exil statt.

Auch wenn die Reichsbahn als besonders sicherheitsrelevanter Bereich galt, differenzierten die Gerichte bei Ihren Urteilen gegen politische Gegner des NS-Regimes in der Anfangsphase des NS-Systems stärker zwischen „Rädelsführern" und den nach ihrem Kenntnisstand „verführten" Mitgliedern von Widerstandsgruppen. Auf diese Weise wurden – je nach Schwere des Vorwurfs, dem parteipolitischem Hintergrund und dem Zeitpunkt juristischer Entscheidungen – recht unterschiedliche Urteile gesprochen.[97] Die Staatsanwaltschaften

91 Vgl. ebenda.

92 Zu Hermann Eichhorst vgl. die biografischen Angaben im Anhang; vgl. auch Cord Pagenstecher, Ausländischer Widerstand in Berlin. Spielräume des Widerstehens von Zwangsarbeitern, in: Coppi/Heinz (Hrsg.), Der vergessene Widerstand der Arbeiter, S. 229–247.

93 BArch, R 3017/29433, Bl. 58, Brief von Walter Auerbach an Hans Jahn, 11. 9. 1939. Auerbach verweist in diesem Zusammenhang auf einen Bericht der Frankfurter Zeitung vom 10. September 1939.

94 Ebenda.

95 Vgl. zu Details Raul Hilberg, Sonderzüge nach Auschwitz, Mainz 1981.

96 Vgl. Jürgen Franzke (Hrsg.), Geschichte der Eisenbahn in Deutschland, Bd. 2: Im Dienst von Demokratie und Diktatur, S. 122.

97 Vgl. Mielke/Frese (Bearb.), Die Gewerkschaften im Widerstand und in der Emigration, S. 18.

beantragten in der Regel härtere Urteile gegen Kommunisten als gegen Sozialdemokraten. Oft fielen auch die von der Justiz ausgesprochenen Urteile härter aus. Kommunisten wurde immer eine Anleitung ihres Widerstandes aus dem Ausland unterstellt, ohne dass der Vorwurf im Einzelnen der Beweisführung bedurfte. Freigewerkschaftliche Angeklagte konnten auf eine etwas geringere Strafe hoffen, wenn ihnen keine Verbindung zur illegalen SPD vorgeworfen wurde und sie sich auf rein gewerkschaftliche Zielsetzungen im Widerstand konzentriert hatten. Bei der Reichsbahn wurde allerdings den Mitgliedern der größeren Widerstandsgruppen, insbesondere der um Hans Jahn, fast immer eine Verbindung zum Ausland unterstellt. Soweit Kontakte zur ITF oder zu anderen gewerkschaftlichen Institutionen im Exil konkret nachweisbar waren, mussten die Eisenbahngewerkschafter mit hohen Strafen rechnen.[98] Diejenigen, die in der Anfangsphase des Nationalsozialismus inhaftiert waren und wieder freikamen, standen nach ihrer Entlassung vor der Frage, ob sie weiterhin Widerstand leisten sollten. Die Option, teils mehr oder weniger intensive Verbindungen aufrechtzuerhalten, bevorzugte ein Teil der Widerständler aus der EdED-Gruppe. Die Einweisung in ein Konzentrationslager schloss sich bei exponierten bzw. im Zuge von Strafverschärfungen verurteilten Funktionären nach Verbüßung der regulären Haft an. Selbst wenn sie wieder entlassen wurden, hatten die allermeisten keine Chance, in den Dienst der „gesäuberten" Reichsbahn zurückzukehren.

Nach Beginn des Zweiten Weltkrieges wurde das Strafmaß bei Vorwürfen wie „Vorbereitung zum Hochverrat" erneut verschärft, so dass freigewerkschaftliche Widerständler kaum damit rechnen konnten, nach Verbüßung ihrer Haftstrafe wieder auf freien Fuß zu kommen.[99] Im Unternehmen Reichsbahn gab es zu dieser Zeit ein umfangreiches System der Kontrolle, Überwachung und Denunziation, so dass der gewerkschaftliche Widerstand kaum Handlungsspielräume besaß. Selbst die Mobilität des Zugpersonals kam dem Eisenbahnerwiderstand kaum zugute. In dieser Zeit kam die gewerkschaftliche Widerstandsarbeit innerhalb des Reichsgebietes – abgesehen vom Kreis um Wilhelm Leuschner – auch außerhalb der Betriebe nahezu zum Erliegen. Erst nach dem Angriff auf die Sowjetunion 1941 und zum Kriegsende wuchs der Widerstand wieder auf bescheidenem Niveau in parteipolitisch dominierten Gruppen an (z. B. aus dem Umfeld der KPD), obgleich der Widerstand von Eisenbahnern kaum noch von bei der Reichsbahn Beschäftigten getragen wurde. Eisenbahngewerkschafter beteiligten sich ab Mitte der 1930er-Jahre an einem gegenüber den Jahren 1933 bis 1935 geschrumpften, jedoch konspirativ besser gesicherten Widerstand. Dieser Widerstand sah seinen Schwerpunkt der Aktivitäten nicht unbedingt bei der Reichsbahn. Die illegale Arbeit war zu gefährlich geworden, auch wenn sich ein Teil der Agitation nach wie vor auf Sabotageakte konzentrierte, die jedoch nur in seltensten Fällen gelangen. Vielmehr verortete sich der Eisenbahnerwiderstand in breiteren gewerkschaftlichen Zusammenhängen bzw.

98 Vgl. ebenda, S. 18.

99 Vgl. ebenda.

war Teil einer Diskussion, die im Exil, insbesondere innerhalb der ITF oder den „Landesgruppen deutscher Gewerkschafter“, geführt wurde.[100] Allerdings blieb die ITF gegenüber den Landesgruppen eine Weile auf Distanz, da sie die Zusammenfassung der Emigrantenorganisationen unter einem Dach als unnötige Maßnahme empfand, die im schlimmsten Falle die illegale Arbeit behindere. Inwieweit in der Zeit des Zweiten Weltkrieges der Diskurs des Exils, an dem sich die ITF beteiligte, das Verhalten von Eisenbahnern im Kernunternehmen der Deutschen Reichsbahn beeinflusste, ist kaum bekannt.

Ab der zweiten Kriegshälfte wurden Nachkriegsplanungen entwickelt. Dabei ging die ITF von einer längeren „Umorientierungsphase“ der gesamten Bevölkerung unter Kontrolle der Alliierten und deren umfassenden staatlichen Befugnissen aus. Daneben gab es auch Vorstellungen, die an den Rätegedanken anknüpften. Der ITF gelang es lediglich, grobe gesellschaftspolitische Zielsetzungen zu formulieren, da die Zielvorstellungen einzelner Akteure im Widerspruch zueinander standen. Einige Vertreter der ITF waren bis 1943 hinsichtlich einer antikapitalistischen Perspektive weniger optimistisch als beispielsweise die „Landesgruppe deutscher Gewerkschafter in Großbritannien“.[101] Zumindest einige Führungsfiguren der ITF setzten kaum mehr Hoffnungen in die revolutionäre Arbeiterschaft – dies lag auch daran, dass ITF-Vertreter erkannt hatten, dass ein erheblicher Teil der Arbeiterschaft inzwischen dem NS-Staat ideologisch nahestand und Handlungsspielräume für Widerstand schwanden.[102] Auf die Förderung eines Widerstandes bei der Reichsbahn als Zielstellung des gewerkschaftlichen Exils wurde nicht mehr eingegangen. Von nennenswertem Widerstand durch Bahnbedienstete gegen Deportationen und die Shoah wird nicht berichtet.

100 Vgl. ebenda.

101 Vgl. zu Details Stefan Heinz, Widerstand aus dem Exil. Die Landesgruppe deutscher Gewerkschafter in Großbritannien, in: informationen. Wissenschaftliche Zeitschrift des Studienkreises Deutscher Widerstand 1933–1945 39 (2014) 79, S. 15–19.

102 Vgl. auch Nelles, Zur Traditionspflege geeignet? Internationaler gewerkschaftlicher Widerstand gegen das NS-Regime, S. 84–104.

5. Widerstand freigewerkschaftlicher Eisenbahner im NS-Staat und in der Emigration

Gefragt wird im folgenden Kapitel nach den Akteuren der Widerstandsgruppe des EdED bzw. der ITF um Hans Jahn und ihren Aktivitäten. War Edo Fimmen die „unangefochtene Führungsfigur“[1] (Dieter Nelles) oder war Hans Jahn der tonangebende Leiter der von ihm selbst als „Kaderorganisation“ deklarierten Gruppe? Mit welcher Intensität engagierten sich die von Hans Jahn ernannten Bezirksleiter und Gaugrafen in dem Widerstandsnetzwerk der Eisenbahngewerkschafter? Entsprach der „Organisationsplan“ der Widerstandsgruppe um Hans Jahn eher der Realität oder seinem „Wunschdenken“? Konnte Hans Jahn sein Konzept einer dezentralisierten Organisation umsetzen oder erzwangen die Rahmenbedingungen andere Strukturen? Nicht zuletzt stellt sich die Frage nach den Auswirkungen der Zusammenarbeit zwischen Hans Jahn, der ITF und dem Internationalen Sozialistischen Kampfbund (ISK) hinsichtlich Umfang, Intensität und Politik der Widerstandsgruppe der Eisenbahngewerkschafter.

Einzugehen ist im Folgenden ferner auf die Frage, inwieweit die Uneinigkeit innerhalb der internationalen Gewerkschaftsorganisationen über eine Neuordnung ihrer Struktur auf internationaler Ebene ihre Unterstützung für die illegal arbeitenden Gewerkschafter begrenzte. Denn die seit den 1920er-Jahren geführte Auseinandersetzung zwischen Internationalem Gewerkschaftsbund (IGB) und den Internationalen Berufssekretariaten (IBS) über die Struktur der internationalen Gewerkschaftsbewegung dauerte auch in den 1930er-Jahren an. Sahen die Pläne des IGB vor, die Autonomie der IBS einzuschränken, verfolgten einzelne Berufssekretariate, insbesondere die ITF, das Ziel, „durch einen Umbau des IGB die nationalen Mitgliedsorganisationen (Dachverbände) als Basis des Internationalen Gewerkschaftsbundes durch die Berufssekretariate zu ersetzen, das heißt die IBS zu den zentralen Akteuren der internationalen Gewerkschaftsbewegung zu machen“.[2] Die Schärfe dieser Auseinandersetzung[3] verdeutlicht zum Beispiel im Sommer 1939 ein Versuch von

1 Nelles, Der verdrängte Widerstand, S. 396.

2 Mielke/Frese (Bearb.), Die Gewerkschaften im Widerstand und in der Emigration, S. 54.

3 Vgl. zu Details Kap. 5.3.2 und 5.3.3.

Willi Eichler und Minna Specht, ca. 1925.
AdsD

Willi Eichler[4] – der zunächst von Hans Jahn unterstützt wurde –, mit dem Generalsekretär des IGB, Walter Schevenels, über eine Koordinierung der Aktivitäten der internationalen Gewerkschaftsorganisation gegen das NS-Regime zu verhandeln.

5.1 Hans Jahn: Konzeption und Programmatik einer Widerstandsgruppe

Während seiner Mitarbeit in der „Illegalen Reichsleitung" (1933–1935) kritisierte Hans Jahn die Bestrebungen seiner Kollegen, die illegalen Aktivitäten der verschiedenen gewerkschaftlichen Widerstandsgruppen zu zentralisieren. Nach eigener Darstellung trat Jahn zusammen mit René Bertholet demgegenüber für eine „Dezentralisation der ill.[egalen] Arbeit im Betriebe ein und hielt aus Sicherheitsgründen eine Koordinierung der Einzelbewegungen vorerst für ausreichend".[5]

4 Zu Willi Eichler vgl. die biografischen Angaben im Anhang.

5 Hans Jahn schildert rückblickend die Versuche zur Bildung einer „Reichsleitung deutscher illegaler Gewerkschaften", o. D., abgedr. als Dok. 22 in: Mielke/Frese (Bearb.), Die Gewerkschaften im Widerstand und in der Emigration, S. 171–178, hier S. 172.

Bestrebungen seines IRL-Kollegen Heinrich Schliestedt,[6] beim Aufbau eines Widerstandsnetzwerks ehemaliger DMV-Funktionäre und -Mitglieder auf die „alten Methoden, die alten Funktionäre und die alten Organisationsgrenzen (Dinge, die der Gestapo bekannt waren)“ zurückzugreifen, hielt er für einen Fehler, den es beim Aufbau eines Widerstandsnetzwerkes zu vermeiden galt. Ende 1936 berichtet Hans Jahn von seinen Bemühungen, ehemalige EdED-Mitglieder und -Funktionäre miteinander zu vernetzen: „Von einer Organisation im alten Sinne kann nicht gesprochen werden. Was nach mühevoller Arbeit möglich war, war die Herstellung mehr oder minder enger Verbindungen und Beziehungen und war im Laufe der Zeit die Schaffung von Kadern. Wichtig war, daß das Bewußtsein, ‚es existiert trotz totaler Naziorganisation noch eine selbstbewußte Organisation‘, bei den Funktionären nicht verloren ging.“[7] Im gleichen Bericht schreibt Jahn: „Beim Fehlen jeder demokratischen Möglichkeit mußte der Aufbau einer neuen Kaderorganisation von oben ausgehen. Der im Einvernehmen mit der ITF tätige Reichsleiter [Hans Jahn] bestimmt nach gewissenhafter Prüfung die Gaugrafen, diese wiederum stellen im Einvernehmen mit dem Reichsleiter durch Namhaftmachung von Stützpunktführern die Verbindung zu den Betrieben her. Die Gaugrafen stehen bis auf einige Ausnahmen als Arbeiter oder Beamte im Betrieb. Nach Berufen geordnet sind es zwei Lokführer, drei Sekretäre, neun Schlosser, ein Schmied, ein Transportarbeiter, ein Maler und zwei Dreher. […] Die Stützpunktführer sind sämtlich im Betrieb. Über die Gaue, Stützpunkte und führenden Funktionäre gibt die Organisationsanlage Auskunft.[8] Diese entspricht dem Stand vom 1. Dezember 1936.“[9] Während der Grundsatz „der Reorganisation des Organisationsgebietes“ für das Widerstandsnetzwerk um Hans Jahn weitgehend gelang, scheiterte der Grundsatz „peinlichste Personenauswahl“ nicht selten an fehlenden Alternativen.[10] Über die Führungsspitze der Eisenbahnerorganisation im Widerstand heißt es im gleichen Bericht: „Wir haben übrigens im Reich keinen Mann, der die gesamte Organisation kennt, und damit auch keinen Mann, der sie vertreten kann. Unsere Kaderorganisation wird von außen her durch den Reichsleiter in Verbindung mit der ITF geleitet. Alle illegalen Organisationen werden denselben Weg beschreiten müssen, wenn sie positiv den Aufbau durchführen wollen. Damit entfällt aber die Notwendigkeit der ADG [Auslandsvertretung der deutschen Gewerkschaften] in ihrer heutigen Form. Sie entspricht

6 Zu Heinrich Schliestedt (geb. 18. Januar 1883 in Hohnstedt, gest. 13. August 1938 im Elsass) vgl. Siegfried Mielke, Heinrich Schliestedt (1883–1938), in: Mielke/Heinz (Hrsg.) unter Mitarb. von Pietsch, Emigrierte Metallgewerkschafter im Kampf, S. 307–333.

7 Hans Jahn berichtet der ITF über seine Tätigkeit in der Illegalität und in der Emigration 1933–1936, 15. 12. 1936, abgedr. als Dok. 75 in: Mielke/Frese (Bearb.), Die Gewerkschaften im Widerstand und in der Emigration, S. 381–402, hier S. 386.

8 Vgl. die Abbildung auf S. 739 ff.

9 Ebenda, S. 386 f.

10 Vgl. ebenda, S. 386, ferner S. 30.

nicht den Bedürfnissen der illegalen Aufbauarbeit."[11] Neben dem Aufbau einer illegalen Organisation plädierte Jahn in seinem Bericht für die „Schaffung von Grenzstellen", die „die Verbindung nach dem Reich" aufzubauen hätten und die im „engsten Kontakt" mit ihrer Berufsinternationale „arbeiten" sollten. „Die Leiter dieser Grenzstellen können allein eine ev[en]t[uel]le Reichsleitung bilden. Sie sind ihrer Berufsinternationale gegenüber verantwortlich. Unter wechselnder Federführung können sie wertvolle Koordinationsarbeit leisten und sich als ADG etablieren, da sie von den Kämpfern im Reich und ihrer Berufsinternationale legitimiert sind. Die dem IGB zum Neuaufbau der Gewerkschaften in Deutschland zur Verfügung gestellten Gelder sind anteilgemäß den Berufsinternationalen und deren Grenzstellen zu überweisen. Die Reichsleitung – ADG – ist dem IGB gegenüber verantwortlich." Belegt ist für das Widerstandsnetzwerk der Eisenbahner lediglich die Schaffung einer Grenzstelle in Venlo, um „Material und Schriftwechsel der ITF und Reichsleitung in das Reich zu befördern". Die „Errichtung weiterer Grenzstellen [...] scheitert[e] jedoch an der Finanzfrage". Auch im Deutschen Reich gab es Hans Jahn zufolge eine „Empfangs- und Abgangsstelle für Schriftwechsel und Materialien der ITF und Reichsleitung für den innerdeutschen Verkehr", die sich in der Wohnung von Heinrich Tillier in Bleyell bei Kaldenkirchen befand.[12]

Während zu den Bezirksleitern, den Gaugrafen und dem Gros der „Stützpunktleiter" biografische Daten[13] eruiert werden konnten, gilt dies nicht für die zahlreichen Vertrauensleute auf Betriebsebene. In einem Bericht über seine Tätigkeit in der Illegalität und der Emigration von 1933 bis 1936 benennt Hans Jahn die Aufgabengebiete der betrieblichen Vertrauensleute: „Der Betriebsfunktionär muß a) die wirtschaftliche, b) die sozialpolitische, c) die gesellschaftliche Situation des Betriebes nach genauer Anleitung beobachten und in regelmäßiger Berichterstattung über den Gaugraf an die Reichsleitung und ITF die engste Verbindung aufrecht erhalten. Zu dieser Berichterstattung gehören Informationen über Produktion, Rohstoffe, Export, Binnenmarkt, Verkehrswesen und so weiter, über Lohn – Gedinge – Arbeitszeit – Arbeitsrhythmus, soziale Einrichtungen – Betriebsführer – Vertrauensräte – Arbeitsfront – Versammlungen – Diskussionen – Stimmungen und so weiter."[14] Dem Schreiben beigefügt war ein Fragebogen und Arbeitsplan.[15] Obwohl zahlreiche Hinweise in den Unterlagen der ITF auf eine umfangreiche Berichterstattung verweisen, lassen sich nach heutigem Kenntnisstand keine verlässlichen Aussagen über die illegalen Vertrau-

11 Ebenda, S. 398.

12 Vgl. genauer AdsD, Bestand ITF, 5/ITFA, Mappe 46, „Organisations-Anlage" von Hans Jahn über den Stand der illegalen Organisation der Eisenbahner im Deutschen Reich, 1. 3. 1936, abgedr. als Dok. 69 in: Mielke/Frese (Bearb.), Die Gewerkschaften im Widerstand und in der Emigration, S. 361; vgl. auch BArch, R 58/3392.

13 Vgl. die Angaben im biografischen Anhang.

14 Der Bericht ist abgedr. als Dok. 75 in: Mielke/Frese (Bearb.), Die Gewerkschaften im Widerstand und in der Emigration, S. 381–402, hier S. 387.

15 Vgl. ebenda.

ensleute der Widerstandsgruppe der Eisenbahner an der Basis machen.[16] Mit der Entscheidung zum Aufbau von Kadergruppen wies die von der ITF unterstützte Widerstandsgruppe die zum Beispiel von der KPD verfolgte Konzeption zurück, in der Illegalität möglichst viele Personen zu erfassen und eine Massenorganisation anzustreben. Zur ITF-Konzeption des illegalen Kampfes gegen das NS-Regime zählte ebenfalls die Ablehnung jeder – selbst taktisch begründeten – Mitarbeit in NS-Organisationen,[17] eine Position, die – soweit erkennbar – in der Illegalität auch eingehalten wurde.[18] Die ITF, nach Hans Jahns eigener Aussage sein „einziger Brotgeber“, verpflichtete ab Frühjahr 1936 alle Mitarbeiter und Vertrauensleute, im „Interesse des einheitlichen Wiederaufbaus der freien Gewerkschaften der deutschen Seeleute, Eisenbahner und Transportarbeiter und der größtmöglichen Sicherung ihrer Arbeit gegen den Terror der Gestapo“ von „jeder Arbeit“ für eine „Partei oder Gruppierung Abstand zu nehmen“, ferner sich „jeder Fraktionsarbeit in den Aktivgruppen zu enthalten und keiner parteipolitischen Zelle, die Einfluß auf diese Gewerkschaftsarbeit nimmt oder nehmen will, anzugehören.“[19]

5.2 Die Eisenbahnerwiderstandsgruppe um Hans Jahn und die ITF

Diskutiert werden in diesem Kapitel die Thesen über den Realitätsgehalt von Hans Jahns „Organisationsplan“ (1936). Im Mittelpunkt der folgenden Ausführungen stehen die Aktivitäten des Widerstandsnetzwerkes und die Zusammenarbeit dieses Netzwerkes mit der ITF und dem ISK, die die Aktivitäten wesentlich beeinflussten. Gefragt wird auch nach Hemmnissen in der Zusammenarbeit zwischen den verschiedenen Akteuren (EdED, ITF, IGB, ISK), die den Widerstand gegen das NS-Regime beeinflussten und zum Teil beeinträchtigten. Aufgegriffen wird in diesem Kapitel auch die Frage, wer letztendlich die entscheidende Führungsfigur – Hans Jahn oder Edo Fimmen – in diesem Widerstandsnetzwerk war.

16 Zu einigen Berichten vgl. die Unterlagen in: BArch, R 3017/29433, Bl. 2 ff., 13c ff., 16a f., 25a f., 26 ff., 29 ff., 51a, 71 ff. und BArch, R 3017/29435, Bl. 9, 56 ff., 64, 96, 98, 110, 115, 143.

17 Vgl. Mielke/Frese (Bearb.), Die Gewerkschaften im Widerstand und in der Emigration, S. 28.

18 Vgl. die ITF-Anweisung für die illegale Arbeit von Februar 1936: „In der DAF, einer faschistische[n] Organisation der Knebelung der deutschen Arbeiterschaft“ könne es „keine Vorstöße [...] von unserer Seite geben. Deshalb auch keine Besetzung irgendwelcher Posten in der DAF durch unsere Leute.“ Die Schiffahrt, Nr. 4, Februar 1936, S. 11 f., abgedr. in: Mielke/Frese (Bearb.), Die Gewerkschaften im Widerstand und in der Emigration, S. 357 f.

19 Die Schiffahrt, Nr. 10. November 1936, S. 11 f., abgedr. in: Mielke/Frese (Bearb.), Die Gewerkschaften im Widerstand und in der Emigration, S. 380 f.

5.2.1 Entwicklung und Umfang des Netzwerkes – Der „Organisationsplan" von Hans Jahn: „Wunschdenken" oder Realität?

In mehreren zeitgenössischen Berichten beschreibt Hans Jahn selbst den Aufbau und die organisatorische Entwicklung des Widerstandsnetzwerkes ehemaliger Funktionäre des EdED, der auch Vertrauensleute einzelner Industriebetriebe angehörten: „Aus kleinsten Anfängen entwickelte sich mit der Zeit eine verhältnismäßig gute Kaderorganisation. Ohne geschichtliches Vorbild, ohne Mittel zu umfassenden und regelmäßigen Unterstützungen für arbeitslose Kollegen mußte gearbeitet werden. Der Anfang war die persönliche Verbindung, die Grundlage, gegenseitiges Vertrauen."[20] In einem Bericht an die ITF vom 15. Dezember 1936 über seine Tätigkeit in der Illegalität nennt Hans Jahn als einen ersten Anknüpfungspunkt für die illegale Weiterarbeit die Auszahlung von Notfallunterstützungen in Höhe von 30 bis 50 Mark an die aus dem Eisenbahndienst entlassenen Funktionäre. In der ersten Phase des Aufbaus erwies sich für Hans Jahn die Unterstützung der ITF als besonders wichtig.[21] Nach einer Aussprache in Amsterdam gewährte sie ihm ab November 1933 eine monatliche Unterstützung von 200 RM. Folgt man Hans Jahn, dann wurde „seitens der ITF [...] nichts unterlassen, alte Verbindungen aufzufrischen bezw. neue Verbindungen herzustellen". Hans Jahn wurde beauftragt, „die bereits vorhandenen Verbindungen systematisch auszubauen und den Versuch für den Neuaufbau einer Organisation zu unternehmen. Die materielle und moralische Unterstützung der ITF wurde in ausreichendem Maße zugesagt und in Zukunft auch voll und ganz eingehalten."[22] Entsprechend seinem Konzept, die alten Organisationsgrenzen nicht zu übernehmen, wurden zum Beispiel die Gaue Rhein, Ruhr und Westfalen in fünf Bezirke und das übrige Reich in 16 weitere Gaue mit 185 Stützpunkten aufgeteilt (1936).[23] Auch der Grundsatz, bei der Besetzung der leitenden Funktionen (Bezirksleiter, Gauleiter) auf die früheren leitenden Funktionäre zu verzichten, konnte zum großen Teil umgesetzt werden. Kein einziges hauptamtliches Vorstandsmitglied des EdED und lediglich

20 AdsD, Bestand ITF, 5/ITFA, Mappe 46, „Organisations-Anlage" von Hans Jahn über den Stand der illegalen Organisation der Eisenbahner im Deutschen Reich, o. D. [1. 3. 1936], abgedr. als Dok. 69 in: Mielke/Frese (Bearb.), Die Gewerkschaften im Widerstand und in der Emigration, S. 359–368, hier S. 360.

21 Über Jahns zahlreiche Kontakte mit ehemaligen Kollegen in den ersten Monaten nach der Machtübernahme war die ITF offensichtlich noch nicht informiert. Vgl. AdsD, Bestand ITF, 5/ITFA, Mappe 13, Brief von Edo Fimmen an Oswald Schumann, vor 1933 Vorsitzender des Gesamtverbandes, 23. 7. 1933. Vgl. Mielke/Frese (Bearb.), Die Gewerkschaften im Widerstand und in der Emigration, S. 315. Der erste Kontakt zwischen Jahn und der ITF, das heißt mit Jacobus Oldenbroek, fand erst während der Deutschlandreise von Oldenbroek im September 1933 statt. Vgl. Dok. 58 in: ebenda, S. 318–327.

22 AdsD, Bestand ITF, 5/ITFA, Mappe 46, „Organisations-Anlage" von Hans Jahn über den Stand der illegalen Organisation der Eisenbahner im Deutschen Reich, o. D. [1. 3. 1936], abgedr. als Dok. 69 in: Mielke/Frese (Bearb.), Die Gewerkschaften im Widerstand und in der Emigration, S. 28, S. 359–368, hier S. 385.

23 Vgl. ebenda, S. 367.

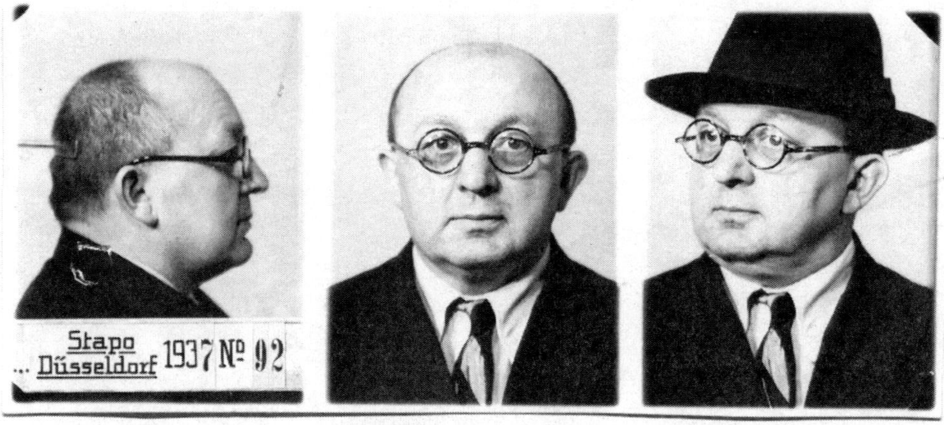

Erkennungsdienstliche Lichtbilder von Hugo Bachmann, 1937.
LAV NRW R, RW 58, Nr. 21030

ein Bezirksleiter (Georg Vogel) finden sich unter den Bezirksleitern und Gaugrafen der illegalen Organisation.

Mit seiner Verhaftung und Emigration begann nach Einschätzung von Hans Jahn eine neue Phase in der Entwicklung des Widerstandsnetzwerkes. Im Juni 1935 wurden die ursprünglich aufgebauten „19 Gaue […] zu sieben Gebieten zusammengefaßt."[24] Diese „Zentralisation" wurde notwendig, „um die teilweise abgerissenen Verbindungen wieder herzustellen. Dies gelang, nachdem ein Kurier [Hugo Bachmann] durch mehrere Reisen in die Gauvororte die entsprechende Anordnung von ITF und Reichsleitung [Hans Jahn] überbracht hatte."[25] Zwei Jahre nach dem Einbruch der Gestapo in das Widerstandsnetzwerk der Eisenbahngewerkschafter im westlichen Industriegebiet (1937) waren nach Darstellung

24 Ebenda, S. 360. Ein weiterer „Organisationsplan" mit Stand vom 1. Oktober 1935 spricht von sieben Gebieten, 19 Gauen und 114 Stützpunkten. Vgl. Mielke/Frese (Bearb.), Die Gewerkschaften im Widerstand und in der Emigration, S. 367. Dieser Bericht stimmt ansonsten im Wesentlichen mit dem hier abgedruckten „Organisationsplan" überein. Nach einer weiteren Angabe von Hans Jahn waren im März 1936 „137 Stützpunktorte, 284 Stützpunktführer und 1320 Funktionäre gemeldet", trotz „der wenig oder gar nicht befriedigenden Verbindungen nach Süddeutschland, Hannover und Pommern". Mielke/Frese (Bearb.), Die Gewerkschaften im Widerstand und in der Emigration, S. 368.

25 Ebenda. Im selben Bericht spricht Hans Jahn von „der Verhaftung und Emigration des Reichsleiters" und meint damit sich selbst. Da Jahn zwischen Edo Fimmen und der „Reichsleitung" differenziert, werden die Begriffe „Reichsleiter" und „Reichsleitung" von Jahn synonym gebraucht, gemeint ist stets Jahn selbst. Vgl. AdsD, NL Walter Auerbach, 1/WAAB, Mappe 96, Schreiben „19." Bericht [unbekannter Verfasser], 27. 1. 1936.

von Hans Jahn „die persönlichen Verbindungen nach Rhein und Ruhr wiederhergestellt",[26] da die inzwischen aus der Haft Entlassenen „samt und sonders bereit [waren], unter den neuen Voraussetzungen des ‚Einersystems' wieder mitzuarbeiten." Nach diesem neuen System sollte „jeder Einzelne [...] in Zukunft auf sich selbst gestellt" agieren, das heißt, Verbindungen sollten „nicht mehr untereinander gehalten" werden, „sondern nur noch über W.[illi] M.[olitor] zu Kramer [Hans Jahn]." Werde dieses System konsequent umgesetzt, könnten bei einem „Betriebsunfall" nur noch „2 Leute hochgehen".[27] Weiter heißt es: „Ausser unbedingter Vorsicht müssen deshalb neue Arbeitsmethoden eingeführt werden. Diese beruhen im Wesentlichen auf persönlicher Aussprache unter Vermeidung alles Geschriebenen und Gedruckten."[28]

In der ersten Phase bis zur Flucht in die Niederlande, in der Hans Jahn auch der „Illegalen Reichsleitung"[29] angehörte, arbeitete er noch eng mit sozialdemokratischen Widerstandskämpfern – unter anderem mit der Widerstandsgruppe um Alfred Markwitz[30] („Gruppe Markwitz") – zusammen.[31] Eine Zusammenarbeit mit sozialdemokratischen Widerstandsgruppen, die spätestens im Februar 1936 mit den neuen Anweisungen der ITF für die illegale Arbeit untersagt wurde, lässt sich bis Anfang 1936 nicht nur für Hans Jahn, sondern auch für eine ganze Reihe anderer Mitglieder seiner Kaderorganisation nachweisen. Erwähnt seien

26 Bericht über Pfingsttreff mit W.[ilhelm] M.[olitor], BArch, R 3017/29436, Bl. 68. In dem Bericht heißt es u. a.: „Mitarbeiter sind in fast allen größeren Orten von Rhein und Ruhr vorhanden."

27 Ebenda.

28 Ebenda.

29 Vgl. genauer in Kap. 5.2 zur Mitarbeit von Mitgliedern des EdED-Hauptvorstandes in der „Illegalen Reichsleitung".

30 Alfred Markwitz (geb. 23. Juli 1883 in Berlin, gest. 3. Mai 1965 in Eisenach); Kaufmann; seit 1908 Mitglied der SPD; zunächst Mitinhaber eines Exportgeschäfts des Vaters, später kaufmännischer Leiter in einem Berliner Industrieunternehmen; nach Erwerbslosigkeit Angestellter im Bezirksamt Berlin-Friedrichshain; 1933 entlassen; Mitglied der illegalen SPD-Leitung und unterhielt Kontakt zur Sopade in Prag; führendes Mitglied der Widerstandsgruppe „Markwitz"; am 7. März 1935 festgenommen, ab 22. Juli 1935 in Untersuchungshaft in Berlin-Moabit; vom VGH am 26. September 1936 zu sechs Jahren Zuchthausstrafe verurteilt; setzte sich nach 1945 für den Zusammenschluss von KPD und SPD ein; 1946 Mitglied der SED und engagierte sich für die Förderung der Kultur in Eisenach; von Mitte September 1947 bis Anfang Januar 1949 Bürgermeister von Eisenach; zeitweise Mitglied der „Volkskammer" der DDR. Vgl. StA Eisenach, NL Alfred Markwitz.

31 Zur sozialdemokratischen Widerstandsgruppe um Alfred Markwitz vgl. Der Reichsanwalt beim VGH – Anklageschrift 17J336/35 gegen Alfred Markwitz u. a., 27. 5. 1936 und Urteil des VGH 2H28/36-17J336/35 gegen Alfred Markwitz u. a., 26. 9. 1936, in: Nationalsozialismus, Holocaust, Widerstand und Exil 1933–1945, Online-Datenbank; Hans-Rainer Sandvoß, Die „andere" Reichshauptstadt. Widerstand aus der Arbeiterbewegung in Berlin von 1933 bis 1945, Berlin 2007, S. 90 ff.; vgl. auch Ingrid Fricke, Franz Künstler (1888–1942). Eine politische Biographie, Berlin 2016, S. 405 f.

unter anderem die Gaugrafen Karl Pieper („Gau Brandenburg. Vorort[32] Berlin"), der ebenfalls mit der „Gruppe Markwitz" in Verbindung stand, ferner Paul Hildebrandt („Gau Thüringen. Vorort Meiningen"), der Leiter einer illegalen Wandergruppe in Walldorf bei Meiningen war, die sich in erster Linie aus ehemaligen Sozialdemokraten zusammensetzte.[33] Auch Willi Schmidt, Ersatzmann des Gaugrafen Wilhelm Burmester („Gau Wasserkante. Vorort Hamburg"), der vor 1933 zu den unbesoldeten Mitgliedern des EdED-Hauptvorstandes gehörte, engagierte sich nicht nur gewerkschaftlich, sondern auch im sozialdemokratischen Widerstand. Er vertrieb u.a. illegale Druckschriften der SPD und kassierte für eine illegale Widerstandsgruppe der SPD bis 1935 Beiträge. Diese Aktivitäten führten 1936 zu seiner Festnahme.[34] Auch unter den „Stützpunktleitern" und Vertrauensleuten in den Betrieben finden sich weitere Beispiele. Genannt seien unter anderem Karl Molt, Heinz Arhilger, Alfred Rineck und August Schacher.[35] Das heißt, in dieser ersten Phase des organisatorischen Aufbaus bestimmten Hans Jahn und seine Mitstreiter die organisatorische Entwicklung und die Aktivitäten der Widerstandsgruppe. Angaben über den organisatorischen Umfang der Widerstandsgruppe der Eisenbahngewerkschafter liegen nur von Hans Jahn und Edo Fimmen vor, die die einzigen waren, bei denen die Fäden der Organisation zusammenliefen. Für einzelne Regionen wie Süddeutschland finden sich darüber hinaus Angaben unter anderem in Berichten von Karl Molt.[36]

Hans Jahn war es im Süden Deutschlands nicht in gleicher Weise wie im westlichen Industriegebiet und zum Teil in Nord- und Ostdeutschland gelungen, ein flächendeckendes Stützpunktnetz seiner Widerstandsgruppe aufzubauen. Aber er konnte Mitte 1936 Karl Molt[37] zur Mitarbeit im Widerstand gewinnen. Molt war vor 1933 Bezirkssekretär des EdED in Württemberg gewesen. Bereits 1933 musste er in die Schweiz fliehen. Weil er vor den Nationalsozialisten nicht kampflos kapitulieren wollte, hatte er am Abend des 7. März 1933 2000 Angehörige des „Reichsbanners Schwarz-Rot-Gold" zusammengezogen, um die Nationalsozialisten anzugreifen, war aber von der Parteiführung der SPD davon abgehalten worden. Danach gehörte er zu den von den Nationalsozialisten besonders gesuchten Gegnern. Über seine frühen illegalen Aktivitäten in der Schweiz ist wenig bekannt. Die Bedingungen für eine illegale Arbeit gegen das „Dritte Reich" erwiesen sich in der Schweiz als „äußerst schwierig". „Die Angst vor Überfremdung, starke antikommunistische Grundeinstellungen und ökonomische Erwägungen führten in der Regel zu einer restriktiven Auslegung asyl-

32 Mit der Bezeichnung „Vorort" im Zusammenhang mit den einzelnen Gauen ist jeweils gemeint, wo der leitende Funktionär des illegalen Bezirks bzw. Gaus ansässig war.

33 Zu Karl Pieper und Paul Hildebrandt vgl. die biografischen Angaben im Anhang.

34 Zu Willi Schmidt vgl. die biografischen Angaben im Anhang.

35 Vgl. die Angaben der Genannten im biografischen Anhang.

36 Vgl. u. a. BArch, R 3017/29433, Bl. 5C, 13a, 19, 28 f., 40 ff., 79 ff.

37 Zu Karl Molt vgl. die biografischen Angaben im Anhang.

Karl Molt, 1950er-Jahre.
StA Stuttgart, Bestand 2113, NL Karl Molt, FM 37/2

rechtlicher Bestimmungen. Nicht selten ging der Antikommunismus soweit, dass er sozialdemokratische Gewerkschafter und Politiker einschloss."[38] Das in der Regel existierende Arbeits- und ein striktes politisches Betätigungsverbot waren weitere Hindernisse, die eine Zusammenarbeit deutscher Gewerkschafter in der Schweiz und ihre Kontakte zu illegalen Gruppen im Deutschen Reich äußerst erschwerten. Molt hatte zunächst jedoch in Edo Fimmen, dem Generalsekretär der ITF, und in Robert Bratschi, dem Generalsekretär und späteren Präsidenten des Schweizerischen Eisenbahner-Verbandes (SEV), wichtige Fürsprecher.[39]

Trotz äußerst schwieriger Rahmenbedingungen konnte Karl Molt von der Schweiz aus eine Reihe von Verbindungen in das Deutsche Reich knüpfen, insbesondere nach Württemberg. Ferner hatte er Kontakt zu anderen Emigrantenorganisationen. In der Schweiz arbeitete Molt als Mitglied der Widerstandsgruppe um Anton Döring, der sogenannten „Funken-Gruppe"[40] mit. Deren Zeitschrift „Der Funke" ließ er per Kurier an sozialdemo-

38 Siegfried Mielke, Valentin Baur (1891–1971), in: Mielke/Heinz (Hrsg.) unter Mitarb. von Pietsch, Emigrierte Metallgewerkschafter im Kampf, S. 73–87, hier S. 76.

39 Als Molt 1938 in Schwierigkeiten mit den Schweizer Behörden geriet, nahm Edo Fimmen Kontakt mit Robert Bratschi auf und teilte anschließend Hans Jahn mit, Molt stehe unter „hohem Schutz". Vgl. genauer Brief von Edo Fimmen an Hans Jahn, 5. 4. 1938, abgedr. als Dok. 84 in: Mielke/Frese (Bearb.), Die Gewerkschaften im Widerstand und in der Emigration, S. 423 f.

40 Vgl. die Protokollnotizen über die Sitzungen und Besprechungen in Romanshorn, Arbon und Zürich, 27./28. 11. 1937, abgedr. als Dok. 80 in: Mielke/Frese (Bearb.), Die Gewerkschaften im Widerstand und in der Emigration, S. 413–415.

kratische Mitglieder seines früheren Wahlkreises – Molt hatte 1932 erfolglos für den Landtag kandidiert – transportieren, soweit er sicher sein konnte, dass sich diese gegen das NS-Regime engagierten. Trotz heftiger Ablehnung der Sopade ließ er auf gleichem Wege deren Zeitschrift „Sozialistische Aktion“ nach Württemberg transportieren und verteilen. Dieses Vorgehen führte er auch nach seinem Engagement in der Widerstandsgruppe der Eisenbahner um Hans Jahn und Edo Fimmen fort. Dies widersprach zwar den ITF-Prinzipien, die von allen Widerständlern, die mit ihr zusammenarbeiteten, eine „restlose Einordnung in die von der ITF herausgegebenen Richtlinien“[41] einforderten. Auch die Zusammenarbeit von Karl Molt mit Gerhard Kreyssig, einem Mitarbeiter des IGB, der zumindest zeitweise zu den Vertrauten von Heinrich Schliestedt gehörte, stieß bei Hans Jahn und Edo Fimmen auf wenig Verständnis.[42] Dies nicht zuletzt auch deshalb, da der IGB und Schliestedt einerseits und die ITF und einige andere IBS andererseits den Anspruch erhoben, die zentralen Koordinatoren für die gewerkschaftlichen Widerstandsgruppen im Deutschen Reich zu sein. Nach eigenen Angaben unterhielt Molt noch Anfang 1936 auch eine lockere Verbindung zur „Miles-Gruppe“/„Neu Beginnen“ um Walter Loewenheim und zu den „Revolutionären Sozialisten“;[43] er betonte jedoch, weder von „Prag“ – gemeint war die Sopade, der Prager Exilvorstand der SPD – noch von „irgendeiner anderen Richtung abhängig“[44] zu sein. Obwohl er sich den ITF-Richtlinien unterwarf, verteilte er dennoch weiterhin Materialien der Sopade.[45]

Molts erste Bemühungen, in Württemberg und Bayern Vertrauensleute und „Stützpunktleiter“ für die Widerstandsgruppe zu gewinnen, war – wie er am 30. April 1936 in einem Brief an Hans Jahn mitteilte – zunächst von wenig Erfolg gekrönt.[46] Zehn Monate später teilte er jedoch voller Stolz mit, dass er im Laufe einer zweiwöchigen „Deutschland-Reise“ zahlreiche neue Mitglieder für den Widerstand gewonnen habe. Als Ergebnis seiner Bemühungen gebe es jetzt „eine feste Verbindungslinie“ von ihm in der Schweiz „über Friedrichshafen, Aulendorf, Ravensburg, Ulm, Plochingen, Esslingen, Stuttgart, Kornwestheim, Heilbronn“. „Abzweigungen nach Aalen-Crailsheim u[nd] Tübingen bis in den Schwarzwald, wo

41 Zit. n.: ebenda, S. 415.

42 Vgl. ebenda.

43 Vgl. ebenda, S. 371.

44 Ebenda.

45 Vgl. AdsD, Bestand ITF, 5/ITFA, Mappe 17, Karl Molt, Rorschach/Schweiz, berichtet Hans Jahn über den Fortgang der illegalen Arbeit, 19. 8. 1937, abgedr. als Dok. 77 in: Mielke/Frese (Bearb.), Die Gewerkschaften im Widerstand und in der Emigration, S. 403–407 und Protokollnotizen über die Sitzungen und Besprechungen in Romanshorn, Arbon und Zürich, 27./28. 11. 1937, abgedr. als Dok. 80 in: Mielke/Frese (Bearb.), Die Gewerkschaften im Widerstand und in der Emigration, S. 413–415.

46 Vgl. Karl Molt, Rorschach/Schweiz, informiert Hans Jahn über seine Verbindungen ins Reich, 30. 4. 1936, abgedr. als Dok. 70 in: Mielke/Frese (Bearb.), Die Gewerkschaften im Widerstand und in der Emigration, S. 369–371; ferner Willy Buschak, Karl Molt (1891–1978), in: Gottwaldt, Eisenbahner gegen Hitler, S. 186–192, hier S. 189.

sich Stützpunkte befinden, werden von bestimmten Genossen weiter ausgebaut. An den erstgenannten Orten befinden sich feste Gruppen unter Leitung je eines bewährten Genossen. An den letztgenannten Orten noch keine Gruppen, aber ein bewährter Genosse als Stützpunktleiter, dessen Aufgabe der weitere Ausbau ist."[47] „Du wirst Deine Freude daran haben, wenn Du einmal die Namen dieser prächtigen Menschen erfährst. Auf eine Überraschung will ich Dich heute schon hinweisen. Wir waren früher immer der Auffassung, daß unsere Arbeiter die bewährten Kerle seien, auch ich als Beamtensekretär habe diese Meinung geteilt u[nd] den Beamten nie viel zugetraut. Jetzt muß ich diesen Standpunkt revidieren, denn zu meiner angenehmen Überraschung sind es unsere früheren Beamtenfunktionäre, die jetzt den Laden schmeißen, während unsere Arbeiterfunktionäre, natürlich mit Ausnahmen, sehr indifferent sind."[48] Zusammenfassend stellt Molt fest: „[...] Unsere Organisation im Bezirk Württemberg lebt" und kann „nie u[nd] nimmer getötet werden."[49] Molts Optimismus, sein Widerstandsnetz könne „nie und nimmer" zerschlagen werden, wurde bereits ein Jahr später widerlegt. Im Zusammenhang der Ermittlungen der Gestapo in Frankfurt am Main gegen die „Funken-Gruppe" und aufgrund der Beobachtungen der Aktivitäten von Karl Molt selbst, der zum Kopf dieser Widerstandsgruppe um Anton Döring in der Schweiz enge Kontakte pflegte,[50] nahm die Gestapo in Stuttgart und Karlsruhe zahlreiche Eisenbahner fest. Die Vielzahl der Kontakte und Verbindungen von Karl Molt stellen zweifellos einen Grund für die frühe Entdeckung und Zerschlagung des von ihm aufgebauten Widerstandsnetzes dar. Denn die Gestapo, die ihn wegen seiner Aktivitäten im Rahmen des „Reichsbanners Schwarz-Rot-Gold" seit 1933 per Steckbrief wegen „Hochverrats" suchte, ließ ihn von Anfang an beobachten. Die Widerstandsgruppe um Karl Molt konnte auch deshalb zerschlagen werden, weil es der Gestapo gelungen war, einen Spitzel – einen ehemaligen kommunistischen Stadtrat aus Friedrichshafen – in die Gruppe von Fridolin Endraß, den wichtigsten Mitarbeiter von Molt, einzuschleusen.[51] Am 21. Juli 1938 wurde mit Fridolin Endraß aus Friedrichshafen der wichtigste „Stützpunktleiter" von Karl Molt verhaftet. In rascher Abfolge nahm die Gestapo Friedrich Züfle und Friedrich Mößner aus Ulm fest, wenige Tage später Eugen Schweitzer aus Kemnat bei Stuttgart, Erwin Koch aus Stuttgart, Richard Neutz aus Heilbronn, Otto Dillenz aus Esslingen und Wilhelm Kraft aus Stuttgart. Wenig später erfolgte die Verhaftung von Friedrich Schlotterbeck aus Esslingen, Paul Hildebrandt aus Meinin-

47 AdsD, Bestand ITF, 5/ITFA, Mappe 17, Karl Molt, Rorschach/Schweiz, berichtet Hans Jahn über den Fortgang der illegalen Arbeit, 19. 8. 1937, abgedr. als Dok. 77 in: Mielke/Frese (Bearb.), Die Gewerkschaften im Widerstand und in der Emigration, S. 403–407, hier S. 404.

48 Ebenda.

49 Ebenda, S. 405.

50 Valentin Baur nennt in einem Schreiben an den IGB-Generalsekretär Walter Schevenels Karl Molt als Mitglied dieser Gruppe.

51 Vgl. Gerhard Raichle, Fridolin Endraß (1893–1940), in: Gottwaldt, Eisenbahner gegen Hitler, S. 193–200, hier S. 198.

Fridolin Endraß.
PA Gerhard Raichle, Friedrichshafen

gen, Jakob Müller aus Friedrichshafen, Reinhold Beck aus Aulendorf, Luise Züfle aus Ulm, Johanna Endraß aus Friedrichshafen und Otto Wißler aus Kemnat bei Stuttgart. Auch nach der Verhaftung seiner wichtigsten „Stützpunktleiter" und der „Kaltstellung" von Karl Molt seitens der ITF blieb dieser weiterhin in Kontakt mit Hans Jahn, der ihn in seiner „Organisationsskizze" von 1938 weiterhin als eine seiner „Reichsverbindungen" benennt.[52] Von einem flächendeckenden Widerstandsnetzwerk für Württemberg kann jedoch seit 1938 keine Rede mehr sein.

Jahns Angaben über den organisatorischen Umfang des Widerstandsnetzwerkes weichen in den einzelnen Phasen der organisatorischen Entwicklung des Widerstandsnetzwerkes zum Teil deutlich voneinander ab. Biografisch erfassen lassen sich lediglich die Bezirksleiter und die Gaugrafen – das heißt, die laut „Organisationsplan" (1936) leitenden Mitstreiter und zum großen Teil auch die im „Organisationsplan" namentlich erwähnten „Stützpunktleiter", unter denen sich übrigens nicht eine einzige Frau befand.[53] Dies bedeutete allerdings nicht, wie noch zu zeigen sein wird, dass Gewerkschafterinnen in dieser Widerstandsgruppe keine Rolle spielten. Die phasenweise mehr als 1000 Vertrauensleute der Stützpunktleiter

52 Vgl. zu Details Kap. 5.3.3.
53 Vgl. die Abbildung auf S. 745.

waren selbst Hans Jahn nicht bekannt. Denn die „Kaderorganisation von Jahn [war] so angelegt, daß er persönlich nur die Köpfe der einzelnen Standorte kannte" und ab Sommer 1935, das heißt nach seiner Flucht nach Holland, „auch nur zu diesen die Verbindung hielt".[54] Da die Aktivitäten dieser Vertrauensleute in den Betrieben auch von den Verfolgerinstitutionen in der Regel nicht aufgedeckt wurden und sie deshalb keine Haft erdulden mussten, liegen bis heute weder Erkenntnisse der Gestapo noch Wiedergutmachungsakten dieser Widerständler vor. Ihre Existenz belegen lediglich zahlreiche Berichte aus den Betrieben, die sich zum Beispiel in den ITF-Unterlagen und in dem Briefwechsel von Hans Jahn mit Edo Fimmen, Jacobus Oldenbroek, Willi Eichler, Werner Hansen und Walter Auerbach finden.[55] Aufgrund fehlender Quellen über das Gros der betrieblichen Vertrauensleute, die die Basis des Widerstandsnetzwerkes bildeten, können bis heute keine belastbaren Aussagen über das Gros der Mitglieder der Eisenbahnerwiderstandsgruppe getroffen werden. Das heißt, der organisatorische Unterbau des von Jahn initiierten Widerstandsnetzwerkes bleibt weiterhin zum großen Teil unerforscht. Es kann daher nicht überraschen, dass Hans Jahns „Organisationsplan"[56] aus dem Jahr 1936 hinsichtlich seines Realitätsgehaltes sowohl von der Gestapo als auch später in der wissenschaftlichen Literatur eher kritisch beurteilt wird. In ihrer zusammenfassenden Darstellung von August 1940 kommt die Gestapo Düsseldorf, nachdem fast alle im „Organisationsplan" genannten Gewerkschafter verhört worden waren, zu dem Ergebnis: Es sei „nicht ersichtlich, in wie weit [sic!] der Organisationsplan durchgeführt und in wie weit [sic!] er nur auf dem Papier bestanden hat."[57] Abgesehen vom Gau „Westliches Industriegebiet", in dem von den Bezirksleitern „sehr aktiv illegale Arbeit geleistet, zahlreiche Mitarbeiter geworben, Berichte geliefert" wurden und die Mitarbeiter „häufig untereinander in Verbindung traten", seien Zweifel an der Vermutung angebracht, es habe im übrigen Reichsgebiet eine ähnliche Organisation bestanden. Nach den örtlichen Ermittlungen und Vernehmungen seien „hier an der Richtigkeit des von Jahn aufgestellten Organisationsplanes starke Bedenken entstanden."[58] Zugleich wurde im selben Bericht die Auffassung vertreten, dass den Aussagen der vernommenen Eisenbahner, ihre Kontakte untereinander

54 Vgl. demnächst die Dissertation von Eberhard Podzuweit, Widerstand von Eisenbahngewerkschaftern gegen den Nationalsozialismus in Mittel- und Ostdeutschland, FU Berlin, unveröff. Manuskript.

55 Vgl. z. B. BArch, R 3017/29436 und 29437.

56 Vgl. AdsD, Bestand ITF, 5/ITFA, Mappe 46, „Organisations-Anlage" von Hans Jahn über den Stand der illegalen Organisation der Eisenbahner im Deutschen Reich, o. D. [1. 3. 1936], abgedr. als Dok. 69 in: Mielke/Frese (Bearb.), Die Gewerkschaften im Widerstand und in der Emigration, S. 359–368.

57 BArch, NJ 2229, Bd. 1, Bl. 33, Ermittlungsbericht der Gestapo Düsseldorf im Zusammenhang mit der Verfolgung illegaler EdED-Strukturen, August 1940; vgl. ferner BArch, R 3017/29429, Bl. 80 ff., Ermittlungsbericht/Schlussbericht II der Gestapo Düsseldorf, 14. August 1940.

58 BArch, NJ 2229, Bd. 1, Bl. 33, Ermittlungsbericht der Gestapo Düsseldorf im Zusammenhang mit der Verfolgung illegaler EdED-Strukturen, August 1940.

seien lediglich „freundschaftlicher Natur" gewesen, „kein Glaube beizumessen"[59] sei. Diese im Hinblick auf den Realitätsgehalt des „Organisationsplans" kritische Position vertritt in der Literatur auch Willy Buschak: Der Plan entsprach „eher dem Wunschdenken Jahns denn der Wirklichkeit". Weiter heißt es, „Personen, die er als Gaugrafen oder Stützpunktleiter vorgesehen hatte, waren teilweise nicht bereit, illegal zu arbeiten. Bei neun der 14 Gaugrafen auf Jahns Übersicht über den Stand der illegalen Arbeit aus dem Jahre 1936 lässt sich eine Beteiligung an illegalen Arbeiten nicht nachweisen."[60] Für diese Position lassen sich in den Aussagen der 1940 von der Gestapo verhörten Eisenbahner zahlreiche Belege beibringen. Diese Einschätzung des „Organisationsplanes" kann sich unter anderem auch auf eine Aussage von Wilhelm Bode aus dem Jahr 1942 stützen, der in seinem Prozess vor dem Volksgerichtshof aussagte, er habe bei der Erstellung eines späteren „Organisationsplanes" bzw. einer „Organisationsskizze" vom 1. Dezember 1938[61] gegenüber Hans Jahn bei der Nennung der „Stützpunkte im Bezirk Lausitz-Schlesien des Einheitsverbandes [...] bei seinen Angaben übertrieben" und „Jahn [habe] den Umfang der Organisation noch weiter aufgebauscht".[62] Die in der „Organisationsskizze" von 1938 „genannten Personen [seien] gar nicht illegale Mitglieder des Gewerkschaftsverbandes, sondern lediglich alte Gewerkschafter gewesen [...], die er als zuverlässig angesehen und von denen er gehofft habe, sie könnten im gegebenen Zeitpunkt zur Mitarbeit herangezogen werden".[63] Konfrontiert man diese Aussagen mit zeitgenössischen Dokumenten und späteren Angaben in den Entschädigungsverfahren der betroffenen Eisenbahner, dann spricht einiges dafür, die in den Verhören bestrittene Beteiligung an illegalen Aktivitäten als Schutzbehauptung zu charakterisieren, um möglichst bald aus der Haft entlassen zu werden. Die Gestapo war daher im Jahr 1940 gezwungen, die meisten der mehr als 90 verhafteten Gewerkschafter – vor allem Eisenbahner, deren Namen auf den „Organisationsplänen" von 1936 und 1938[64] verzeichnet waren – wieder frei zu lassen. Aufgrund der Auswertung von Verhörprotokollen und zeitgenössischen Dokumenten und des Vergleichs der Ergebnisse mit späteren eidesstattlichen Erklärungen von betroffenen Eisenbahnern vertreten die Autoren die These, dass der „Organisationsplan" aus dem Jahr 1936 von Hans Jahn trotz mancher Übertreibungen[65] viel näher an der Realität war, als dass er dem „Wunschden-

59 Ebenda; vgl. ferner ebenda, Bl. 60–63.

60 Buschak, „Arbeit im kleinsten Zirkel", 2., aktual. Aufl. 2015, S. 196 f.

61 Vgl. BArch, R 3017/29433, Bl. 4, „Organisationsskizze" von Hans Jahn, 1. 12. 1938.

62 Urteil des VGH 2H17/42-9J 237/40 gegen Wilhelm Bode u. a., 8. 4. 1942, Bl. 13, in: Nationalsozialismus, Holocaust, Widerstand und Exil 1933–1945, Online-Datenbank.

63 Ebenda.

64 Dieser „Plan" bzw. diese „Organisationsskizze" lag der Gestapo offensichtlich ebenfalls vor; vgl. die Abbildung auf S. 745.

65 Hans Jahns Angaben von angeblich circa 2000 Stützungsverbindungspersonen sind sicherlich übertrieben. Vgl. AdsD, Bestand ITF, 5/ITFA, Mappe 46, „Organisations-Anlage" von Hans Jahn über den Stand der illegalen Organisation der Eisenbahner im Deutschen Reich, o. D. [1. 3. 1936], abgedr. als Dok. 69

ken“ von Hans Jahn entsprach.[66] Auf jeden Fall lässt sich – wie im Folgenden zu zeigen sein wird – belegen, dass außer allen Bezirksleitern die Mehrheit[67] der im „Organisationsplan“ von 1936 genannten 14 Gaugrafen sich zumindest zeitweise im Widerstand gegen das NS-Regime engagierte. Quellen über die Aktivitäten der in der „Organisationsskizze“ von 1938 genannten Gewerkschafter liegen sehr viel seltener vor, finden jedoch – soweit vorhanden – bei der Darstellung und Analyse der Widerstandsaktivitäten der Gaugrafen Berücksichtigung.

Die bisherigen Veröffentlichungen zum Widerstand von Eisenbahngewerkschaftern wie auch die Unterlagen der Gestapo bestätigen übereinstimmend die umfangreichen Widerstandsaktivitäten der fünf in Hans Jahns „Organisationsplan“ (1936) genannten Bezirksleiter des westlichen Industriegebietes (Leopold Radtke, Paul Emmen, Hans Funger, Wilhelm Komorowski, Max Pester). Auch in der Anklageschrift des Reichsanwaltes und im Urteil des Volksgerichtshofes gegen die Genannten finden sich zahlreiche Belege für die illegalen Aktivitäten dieser führenden Akteure des Widerstandsnetzwerkes um Hans Jahn.[68] Da die bisherigen Veröffentlichungen und die NS-Verfolger übereinstimmend die Relevanz des Widerstandes der Bezirksleiter belegen, muss deren Widerstandsverhalten bei der Beantwortung der Frage, ob Hans Jahns Organisationsplan eher der Realität oder seinem Wunschdenken entsprach, nicht ein weiteres Mal analysiert werden. Berücksichtigt werden für die Beantwortung der Frage im Folgenden lediglich die Gaugrafen und in einer kurzen Zusammenfassung die „Stützpunktleiter“ aus Jahns Widerstandsnetzwerk. Während bei sechs Gaugrafen (Wilhelm Bode, Karl Pieper, Max Kellner, Heinrich Engel, Paul Haltenhof und Paul Hildebrandt) verschiedene voneinander unabhängige Quellen ihren Widerstand gegen das NS-Regime belegen, ist der Nachweis eines widerständigen Verhaltens bei fünf Gaugrafen sehr viel schwieriger zu führen. Die Namen dieser Gaugrafen (Wilhelm Burmester, Wilhelm Kraft, Franz Adlhoch, Hermann Fraatz, Carl Schnakenberg) fehlen bisher in der Regel in der entsprechenden Literatur zum Widerstand. Eine dritte Gruppe der Gaugrafen (Friedrich Gückel, Georg

in: Mielke/Frese (Bearb.), Die Gewerkschaften im Widerstand und in der Emigration, S. 359–368, hier S. 368.

66 In einem Schreiben vom 18. April 1946 an Jacobus Oldenbroek weist Hans Jahn darauf hin, dass „rund 400 meiner Jungs wegen Verbindung mit mir und der ITF von der Gestapo verhaftet“ wurden. MRC, ITF-Papers, 159/3/D/67, zit. n.: Ellen Babendreyer, Walter Auerbach. Sozialpolitik aus dem Exil, phil. Diss., Universität Duisburg, Duisburg 2007 (Manuskript), S. 101. Dies ist noch kein Beleg für Widerstand, jedoch ein Hinweis auf den Umfang des illegalen Netzwerkes um Hans Jahn, den es zu überprüfen galt.

67 Willy Buschak geht demgegenüber davon aus, dass lediglich fünf der 14 Gaugrafen Widerstand leisteten, ohne deren Namen zu nennen.

68 Vgl. Der Reichsanwalt beim VGH – Anklageschrift 9J315/37 gegen Hans Funger, Heinrich Tillier, Paul Emmen, Hugo Bachmann, Heinrich Malina u.a., 29. 9. 1937 und Urteil des VGH 9J315/37-2H50/37, 3. 12. 1937, in: Nationalsozialismus, Holocaust, Widerstand und Exil 1933–1945, Online-Datenbank.

Vogel und Oskar Vongerichten) stand nicht nur mit dem Widerstandsnetzwerk von Hans Jahn in Verbindung, sondern auch mit einer Widerstandsgruppe um Karl Blaß und Richard Hölzcker in der „Allgemeinen Krankengeldzuschuß- und Sterbekasse V. V. a. G. zu Berlin". Auch wenn zahlreiche Indizien für eine Widerstandstätigkeit dieser Gaugrafen sprechen, fehlen in den Quellen konkrete Hinweise auf entsprechende Aktivitäten.

Die aktiven Widerständler

Wilhelm Bode

Im Unterschied zum Gros der 1940 verhafteten mehr als 90 Eisenbahner sah Wilhelm Bode keine Möglichkeit, sein Engagement in der Widerstandsgruppe um Hans Jahn zu leugnen. Die Gestapo hatte in den von Jahn bei seiner Flucht in Luxemburg zurückgelassenen Unterlagen über seine Widerstandsaktivitäten auch illegale Berichte vorgefunden, die Bode nach 1934 für Jahn bzw. für die ITF verfasst hatte. Während Bode zum einen zugab, jahrelang mit Hans Jahn und Edo Fimmen in Kontakt gestanden und Berichte über die Entwicklung im Deutschen Reich geliefert zu haben, hob er zum anderen hervor, von Jahn und Fimmen wegen „mangelhafter Arbeit"[69] kritisiert worden zu sein.[70] Außerdem seien seine Bemühungen, ehemalige Kollegen wie Fritz Förster aus Görlitz, Otto Endorf in Leipzig,[71] Karl Jentsch und Paul Vogel[72] für die illegale Arbeit zu gewinnen, erfolglos geblieben. Die Angaben im „Organisationsplan" von Jahn aus dem Jahr 1938[73] seien außerordentlich übertrieben. Bodes Aussagen blieben, wie die folgende Formulierung im Urteil des Volksgerichtshofes erkennen lässt, nicht ohne Wirkung – nicht zuletzt auch deshalb, weil es Bode gelungen war, den Eindruck zu vermitteln, „restlos die Wahrheit zu sagen".[74] Die „Einlassung des Angeklagten, daß schon er bei seinen Angaben [hinsichtlich der gebildeten Stützpunkte und seiner

69 Urteil des VGH H17/42-9J237/40 gegen Wilhelm Bode u.a., 8. 4. 1942, Bl. 8, in: Nationalsozialismus, Holocaust, Widerstand und Exil 1933–1945, Online-Datenbank.

70 Zahlreiche Briefe von Jahn und Fimmen loben dagegen Bodes illegale Aktivitäten. In einem Brief vom 5. November 1940 an die Gestapo Düsseldorf behauptete Bodes Sohn Hans demgegenüber, sein Vater sei „niemals ein Gegner der jetzigen Regierung" gewesen. Vgl. BArch, R 3017/29431, Bl. 14. Wilhelm Bodes Ehefrau Paula verstieg sich sogar zu der Behauptung, ihr Mann habe seine „frühere Idee und Anschauung" abgelegt, „um ein überzeugter Nationalsozialist zu werden, was die hiesige Ortsgruppe der NSDAP gern bestätigen dürfte." Ebenda, Bl. 16, Schreiben von Paula Bode an das Amtsgericht Düsseldorf, 31. 12. 1940; vgl. ferner ebenda, Bl. 12, Schreiben von Paula Bode an die Gestapo Düsseldorf, 29. 10. 1940.

71 Vgl. Urteil des VGH H17/42-9J237/40 gegen Wilhelm Bode u.a., 8. 4. 1942, Bl. 9, in: Nationalsozialismus, Holocaust, Widerstand und Exil 1933–1945, Online-Datenbank.

72 Vgl. ebenda, Bl. 11, 14.

73 Vgl. BArch, R 3017/29433, Bl. 4, „Organisationsskizze" von Hans Jahn, 1. 12. 1938.

74 Urteil des VGH H17/42-9J237/40 gegen Wilhelm Bode u.a., 8. 4. 1942, Bl. 19, in: Nationalsozialismus, Holocaust, Widerstand und Exil 1933–1945, Online-Datenbank.

illegalen Mitstreiter] übertrieben [habe]; daß Jahn den Umfang der Organisation noch weiter aufgebauscht habe und daß die darin genannten Personen gar nicht illegale Mitglieder des Gewerkschaftsverbandes, sondern lediglich alte Gewerkschafter gewesen seien, die er als zuverlässig angesehen und von denen er gehofft habe, sie könnten im gegebenen Zeitpunkt als Mitarbeiter herangezogen werden, lässt sich nicht widerlegen."[75] Dieser Darstellung von Wilhelm Bode kam mit großer Wahrscheinlichkeit die Funktion einer Schutzbehauptung zu. Denn im September 1935 sprach Bode demgegenüber in einem Bericht an Edo Fimmen davon, allein in Schlesien circa 300 „Vertrauensleute" herangezogen zu haben. Als Stützpunkte der illegalen Organisation nannte er Cottbus, Forst, Guben, Spremberg, Lübbenau, Lübben, Senftenberg, Kahlau, Colditz, Peitz, Drebkau, Petershain, Görlitz und Linderode. „Die Grundlage ihrer Arbeit erblicken unsere Leute, die fast durchweg frühere Funktionäre sind, in der Wiederaufrichtung eines Vertrauensverhältnisses in der Belegschaft. Sie versuchen es zu erreichen durch Unterstützung und Erteilung von Rat in persönlichen, arbeitsrechtlichen und sozialpolitischen Fragen."[76] Noch im Frühjahr 1939 hob Hans Jahn in einem Brief an Edo Fimmen über den Stand seiner illegalen Arbeit neben Wilhelm Molitor[77] und Karl Molt[78] insbesondere seinen persönlichen Kontakt zu Wilhelm Bode hervor und verwies auf „indirekte Verbindungen" zu „15 weiteren Orten aus dem Gau von Willi B[ode]".[79]

Die ausführliche Darstellung und Analyse von Eberhard Podzuweit über die illegalen Aktivitäten der Eisenbahner im „Gau Schlesien. Vorort Cottbus" weist Wilhelm Bode als den zentralen Akteur in diesem Gau aus.[80] Belegt sind für Bode nicht nur sein Engagement in Cottbus und Umgebung, sondern auch „Verbindungen in andere Orte und Gaue".[81] Unterstützt wurde er in seinen Widerstandsaktivitäten von seinem „engsten Vertrauten" Willi Schrödter.[82] Hervorzuheben ist die umfangreiche mündliche und schriftliche Berichterstattung von Bode, die ihn unter anderem auch zu Treffen mit Hans Jahn und Edo Fimmen in

75 Ebenda, Bl. 13.

76 MRC, ITF-Papers, 195/3/CA25, Bericht Gebietsführer Südosten, September 1935, zit. n.: Buschak, Edo Fimmen, S. 212.

77 Zu Willi Molitor vgl. die biografischen Angaben im Anhang.

78 Zu Karl Molt vgl. die biografischen Angaben im Anhang.

79 Ein Jahr nach seiner Übersiedelung von Antwerpen nach Luxemburg, am 9. 3. 1939, berichtet Hans Jahn Edo Fimmen vom Stand seiner illegalen Arbeit, abgedr. als Dok. 87 in: Mielke/Frese (Bearb.), Die Gewerkschaften im Widerstand und in der Emigration, S. 432–433, hier S. 432; vgl. BArch, R 3017/29433, Bl. 1, Besprechung vom 18./19. 11. zu Luxemburg; vgl. zu den „Verbindungen" auch BArch, R 3017/29437, Bl. 1, Brief von Hans Jahn an Edo Fimmen, 25. 6. 1939.

80 Vgl. Podzuweit, Widerstand von Eisenbahngewerkschaftern gegen den Nationalsozialismus in Mittel- und Ostdeutschland, S. 27, 29.

81 Vgl. ebenda, S. 29.

82 Vgl. ebenda. Folgt man Eberhard Podzuweit, kam dem Cottbuser Volkschor als „Zentrum der örtlichen Widerstandsaktivitäten von Bode" und Willi Schrödter eine besondere Bedeutung zu. Vgl. ebenda, S. 30.

2

Aufgenommen am: 20. 7. 40

durch

Name: [illegible]

Amtsbezeichnung: Krim. [illegible]

Stichwortartige Darstellung des politischen Lebenslaufes:

(Der Raum darf nicht zur Absetzung von Verfügungen verwandt werden.)

B. gehörte vor 1933 dem Einheitsverband der Eisenbahner Deutschlands an und war im Vorstand des Ortsvereins Cottbus. Weiter war im Bezirksvorstand, war Mitglied des Verbandsbeirates und unbesoldetes Vorstandsmitglied. Aus diesen Stellungen heraus wurde er Arbeitsrichter und später Landesarbeitsrichter. Ausserdem war er Mitglied der SPD.

Er stand nach 1933 in laufender Verbindung mit dem Emigranten Hans J a h n, dem früheren Reichsorganisationsleiter des Eisenbahnerverbandes und lieferte diesem Berichte über deutsche Verhältnisse, die Jahn sowohl hochverräterich, als als im landesverräterischem Sinne auswertete. Er besuchte Jahn versciedentlich im Ausland und machte für diesen auch Kurierdienste im Reich.

B. war nach Abschluss der Ermittlungen dem Richter vorgeführt.

Unterlagen der Gestapo Düsseldorf im Zusammenhang mit der „Erkennungsdienstlichen Behandlung“ von Wilhelm Bode, Juli 1940.

LAV NRW R, RW 58, Nr. 2122

die Niederlande führte, seine Kontakte zu Eisenbahngewerkschaftern in Dänemark,[83] seine Verbindungen zu den Gaugrafen Karl Pieper, Max Kellner und zu Hans Jahns Verbindungsmann für Westdeutschland, Willi Molitor,[84] ferner zu Hugo Bachmann, der nach der Verhaftung von Willi Molitor die Rolle als „Hauptverbindungsmann" der illegalen ITF übernahm.[85] Alle diese Fakten belegen die umfangreiche Widerstandstätigkeit von Wilhelm Bode in der von Hans Jahn geleiteten Widerstandsgruppe bis zu seiner Festnahme am 11. Juni 1940 durch die Gestapo in Cottbus. Zu den wichtigsten Aktivitäten von Wilhelm Bode gegen das NS-Regime gehörten unter anderem der Aufbau eines Netzwerkes von Stützpunkten, wobei die von Hans Jahn 1939 genannte Zahl „15"[86] nicht unrealistisch erscheint. Eine besondere Bedeutung kam der mündlichen und schriftlichen Berichterstattung zu, auf die der Volksgerichtshof in der Beweisaufnahme im Prozess gegen ihn ausführlicher einging.

Zur Verbüßung der vom Oberlandesgericht verhängten Strafe von acht Jahren Zuchthaus wurde er drei Wochen nach der Verurteilung in das Zuchthaus Brandenburg a. d. Havel überstellt, aus dem er „durch die Sowjetarmee befreit und am 28. April 1945 letztmalig [...] gesehen"[87] wurde. Seit diesem Tag fehlt jede Spur von ihm.

Heinrich Engel

Der sozialdemokratische Gewerkschafter Heinrich Engel gehörte vor 1933 zu den aktiven Gewerkschaftsfunktionären in Darmstadt und Umgebung. Er war Mitglied des Bezirksbetriebsrates der Lokomotivwerkstatt Darmstadt und – auf regionaler Ebene – Mitglied des Betriebsrates der Reichsbahndirektion Kassel. Dem „Organisationsplan" von Hans Jahn aus dem Jahr 1936 zufolge leitete er als Gaugraf die illegale Gruppe der Eisenbahner von „Hessen-Nassau. Vorort Darmstadt". Im Verhör durch die Gestapo gab er zwar zu, „in den letzten Jahren von Jahn verschiedene Briefe und Karten bekommen zu haben", mit denen Jahn versucht habe, „ihn zur illegalen Arbeit [zu] bewegen", behauptete jedoch, die Briefe nicht beantwortet zu haben. Zugleich bestritt er „ganz entschieden" jede illegale Betätigung: Er habe „weder direkt noch indirekt mit Jahn in Verbindung gestanden", noch sei er „jemals in

83 Vgl. ebenda, S. 32.

84 Vgl. ebenda, S. 41; vgl. Bericht von Willi Molitor an Hans Jahn über seine Zeit nach der Entlassung aus dem Zuchthaus und über seine Flucht nach England, 4. 3. 1941, abgedr. als Dok. 89 in: Mielke/Frese (Bearb.), Die Gewerkschaften im Widerstand und in der Emigration, S. 437–439

85 Vgl. Podzuweit, Widerstand von Eisenbahngewerkschaftern gegen den Nationalsozialismus in Mittel- und Ostdeutschland, S. 40.

86 Vgl. Hans Jahn berichtet Edo Fimmen über den Stand seiner illegalen Arbeit nach einem Jahr seit der Übersiedelung von Antwerpen nach Luxemburg, 9. 3. 1939, abgedr. als Dok. 87 in: Mielke/Frese (Bearb.), Die Gewerkschaften im Widerstand und in der Emigration, S. 432 f., hier S. 432.

87 Podzuweit, Widerstand von Eisenbahngewerkschaftern gegen den Nationalsozialismus in Mittel- und Ostdeutschland, S. 44.

Holland gewesen"; ferner behauptete er, keine „Funktionäre namhaft gemacht"[88] zu haben, die für eine Mitarbeit in der Widerstandsgruppe angeworben hätten werden können. „Nach vertraulichen Meldungen", die der Gestapo zugegangen waren, stand Engel jedoch „weiter in Verdacht, mit dem bereits abgeurteilten Funktionär des EdED Funger in Verbindung gestanden zu haben"[89] – ein Vorwurf, den Engel jedoch entschieden zurückwies.[90] Da auch Philipp Gerhard[91] und Heinrich Seibert[92] – laut „Organisationsplan" die Ersatzleute von Engel – in ihren Verhören vor der Gestapo jede illegale Aktivität in Abrede stellten und keine juristisch belastbaren Aussagen zu Heinrich Engel machten, musste dieser, der am 23. Juli 1940 von der Gestapo Darmstadt verhaftet worden war, am 7. August 1940 wieder entlassen werden.

Entgegen seinen Beteuerungen, sich jeglicher illegalen Aktivität enthalten zu haben, lässt sich belegen, dass Heinrich Engel nach der Flucht von Hans Jahn von Hugo Bachmann[93] „mindestens einmal im Monat [...] auf einer Rundreise"[94] aufgesucht wurde. Bachmann war ein Vertrauter und gleichzeitig auch ein Kurier von Hans Jahn, der „die Verbindung zwischen Hans Jahn [nach seiner Flucht] und den Bezirksleitern" übernommen hatte. Hans Jahn berichtet in einem Schreiben vom 2. Dezember 1937 an Edo Fimmen, dass Heinrich Engel zu den Eisenbahngewerkschaftern des Widerstandsnetzwerkes von Jahn gehörte. Er hatte Fimmen vermutlich in Amsterdam bei illegalen Treffen getroffen. Weil Engel zu den Funktionären gehörte, die „über die Reichsleitung" bzw. die „Internationale [ITF] zu erreichen"[95] gewesen seien, kann man davon ausgehen, dass auch Engel zu den aktiven Mitgliedern der Eisenbahnwiderstandsgruppe zählte. Aufgrund von neuen Erkenntnissen, die die Gestapo im Zusammenhang mit dem Verhör von Hugo Bachmann gewonnen hatte, verhaftete sie Heinrich Engel am 20. Januar 1942. Sie warf Engel illegale Bestrebungen im Rahmen der ITF in den Jahren 1935/36 in Babenhausen in Hessen und den Versuch eines „Neuaufbaus" des EdED vor. Am 23. März 1942 kam Engel in das Untersuchungsgefängnis Düsseldorf. Am 8. August 1942 wurde Hugo Bachmann auf Antrag des Generalstaatsanwaltes in Kassel

88 BArch, NJ 2229, Bd. 2, Bl. 5, Verhör von Heinrich Engel durch die Gestapo, 25. 7. 1940.

89 Ebenda, Bl. 8 f.; vgl. ferner BArch, NJ 2229, Bd. 1, Ermittlungsbericht der Gestapo Düsseldorf im Zusammenhang mit der Verfolgung illegaler EdED-Strukturen, August 1940.

90 Zu Hans Funger vgl. die biografischen Angaben im Anhang.

91 Zu Philipp Gerhard vgl. die biografischen Angaben im Anhang.

92 Zu Heinrich Seibert vgl. die biografischen Angaben im Anhang.

93 Zu Hugo Bachmann vgl. die biografischen Angaben im Anhang.

94 Buschak, „Arbeit im kleinsten Zirkel", 1. Aufl. 1993, S. 84; und ebenda, 2., aktual. Aufl. 2015, S. 174. Dem Urteil gegen Heinrich Engel zufolge hatte Hugo Bachmann Engel u. a. im August und am 26. Dezember 1935 aufgesucht und Engel selbst war 1936 mit Bachmann in Duisburg zusammengetroffen.

95 „Hans Jahn diskutiert rückblickend die Möglichkeiten für den Wiederaufbau der Gewerkschaften und die künftige Organisationsform im Jahr 1936", abgedr. als Dok. 36 in: Mielke/Frese (Bearb.), Die Gewerkschaften im Widerstand und in der Emigration, S. 234–238, hier S. 238.

als Zeuge im Prozess gegen Heinrich Engel vorgeladen.[96] Bachmann hatte über Jahre in der Widerstandsgruppe eine wichtige Funktion als Verbindungsmann zwischen Jahn und der ITF einerseits und den Gaugrafen und den Bezirksleitern andererseits eingenommen. Engels frühere Aussagen im Verhör vor der Gestapo, er habe keinerlei Kontakt zu Hans Jahn gehabt, wurden ihm ebenso widerlegt wie seine Aussage, nie in den Niederlanden gewesen zu sein. Dem Urteil zufolge war er im Sommer 1936 zusammen mit Hugo Bachmann mit falschem Pass[97] nach Amsterdam zu Gesprächen mit Hans Jahn, Edo Fimmen und Jacobus Oldenbroek gekommen.[98] In Amsterdam sei er „in die illegale Arbeitsweise ein[geführt]" und zum Gaugrafen für Hessen-Nassau bestimmt worden.[99] Um seine illegalen Aktivitäten finanzieren zu können, händigte ihm Bachmann im Auftrag von Jahn und Fimmen 150 Reichsmark „Startkapital" aus. Engel behauptete, das Geld zwar angenommen zu haben, jedoch – entgegen seinem Versprechen – keine illegalen Aktivitäten geleistet zu haben. Das Oberlandesgericht sah dennoch den „Tatbestand zur Vorbereitung zum Hochverrat erfüllt, da er „etwa ein Jahr lang sich für die illegale Arbeit eingesetzt hat und dass er eine führende Stelle [Gaugraf], die ihm übertragen worden ist, angenommen" hatte, worin das Oberlandesgericht eine „erheblich staatsfeindliche Gesinnung"[100] erkannte. Nach Auffassung des Oberlandesgerichtes handelte es sich bei Engel jedoch „nicht um einen versessenen und hartnäckigen Staatsfeind".[101] Am 4. September 1942 verurteilte ihn das Oberlandesgericht Kassel – unter Anrechnung der sechsmonatigen Untersuchungshaftzeit – wegen „Vorbereitung zum Hochverrat" zu einer zweijährigen Zuchthausstrafe. Nach Verbüßung der Strafe am 4. März 1944 deportierte ihn die Gestapo in das Konzentrationslager Dachau, aus dem er erst am 29. April 1945 befreit wurde.

Karl Pieper

Zu den aktiven Widerständlern unter den Gaugrafen in Hans Jahns Widerstandsgruppe gehörte auch der ehemalige sozialdemokratische Gewerkschaftsangestellte Karl Pieper. Pieper fungierte zunächst von 1922 bis Anfang der 1930er-Jahre als Sekretär des DEV bzw. ab 1925 der EdED-Verwaltungsstelle in Schwerte, bevor er 1932 in die EdED-Ortsverwaltung

96 Vgl. Julana Bredtmann, Hugo Bachmann (1889–1949), in: Mielke/Heinz (Hrsg.) unter Mitarb. von Pietsch, Gewerkschafter in den Konzentrationslagern Oranienburg und Sachsenhausen, S. 89–101, hier S. 98.

97 Da die Behörden Heinrich Engel die Ausstellung eines Passes verweigerten, reiste er mit dem Pass von Paul Emmen, dem er äußerlich ähnlich sah, in die Niederlande.

98 Vgl. BArch, NJ 488, Bl. 11 f., Urteil des OLG Kassel gegen Heinrich Engel, 4. 9. 1942.

99 Zum Gaugebiet gehörten u. a. die Städte Mainz, Wiesbaden, Frankfurt am Main, Aschaffenburg, Mannheim, Ludwigshafen und Worms. Vgl. ebenda, Bl. 12.

100 Ebenda, Bl. 14.

101 Ebenda. Während der Verbüßung der Strafe schlug das Reichsministerium der Justiz am 6. April 1944 im Falle von Heinrich Engel eine „Strafunterbrechung" zwecks „Feindbewährung" vor. Dem Vorschlag wurde nicht gefolgt.

Berlin wechselte.[102] Obwohl er sich bereits frühzeitig gegen das NS-Regime engagierte, finden sich in der einschlägigen Literatur keine[103] oder nur sehr wenige Hinweise auf Piepers Aktivitäten im Widerstand. Erwähnt wird er lediglich im „Organisationsplan" von Hans Jahn als Gaugraf, auch seine Teilnahme an der Konferenz in Roskilde zu Ostern 1935 ist belegt.[104] Pieper wurde am 31. Juli 1935 mit anderen sozialdemokratischen Widerstandskämpfern der Gruppe um Alfred Markwitz verhaftet.[105] Bis zum Prozessbeginn war Karl Pieper in Untersuchungshaft in Berlin-Moabit, davor – vom 31. Juli 1936 bis 5. August 1936 – und danach – vom 28. August 1936 bis 29. September 1936 –im „Gestapo-Keller, Prinz-Albrecht-Straße".[106] Auch war er zwischenzeitlich wegen „Betätigung für illegale Gewerkschaften"[107] im Konzentrationslager Columbia in „Schutzhaft" genommen worden. Bis zum Zeitpunkt von Anklage und Urteil war den Verfolgerbehörden zwar die Teilnahme von Pieper an der „Roskilder Konferenz" zu Ostern 1935 bekannt, nicht jedoch seine Aktivitäten im Rahmen von Hans Jahns Widerstandsgruppe der Eisenbahner. Der Hauptgrund für seine Verurteilung zu einer Gefängnisstrafe von einem Jahr war die Teilnahme an der Konferenz in Roskilde.[108] Die Aktivitäten in der EdED-/ITF-Widerstandsgruppe blieben weiterhin unentdeckt. Die Teilnahme von Pieper an der „Roskilder Konferenz" interpretierte der Volksgerichtshof in seinem Urteil vom 26. September 1936 als einen Versuch, „den organisatorischen Zusammenhalt einer anderen politischen Partei als der NSDAP aufrechtzuerhalten oder herzustellen", da „die internationalen Gewerkschaften sozialistischer Richtung [...] nach ihrer historischen Entwicklung seit langem auf das engste mit den sozialistischen Parteien ihrer Länder

102 Vgl. zu Details die Angaben zu Karl Molt im biografischen Anhang.

103 Vgl. Gottwaldt, Eisenbahner gegen Hitler.

104 Vgl. Buschak, „Arbeit im kleinsten Zirkel", 1. Aufl. 1993, S. 71, 73 und ebenda, 2., aktual. Aufl. 2015, S. 161, 168.

105 Zur Gruppe um Alfred Markwitz vgl. Der Reichsanwalt beim VGH – Anklageschrift 17J336/35 gegen Alfred Markwitz u. a., 27. 5. 1936 und Urteil des VGH 2H28/36-17J336/35 gegen Alfred Markwitz u. a., 26. 9. 1936, in: Nationalsozialismus, Holocaust, Widerstand und Exil 1933–1945, Online-Datenbank; ferner Sandvoß, Die „andere" Reichshauptstadt, S. 90 ff.; Das „Hausgefängnis" der Gestapo-Zentrale in Berlin. Terror und Widerstand 1933–1945, hrsg. von der Stiftung Topographie des Terrors, Berlin 2005, S. 36.

106 Vgl. Institut für Stadtgeschichte Frankfurt a. M., Bestand NS-Verfolgte, Nr. 5086, OdF-Fragebogen von Karl Pieper, 2. 8. 1945. Im Hausgefängnis der Gestapo wurde Pieper „mehrere Male geschlagen", weil er „die Namen von drei Kumpels [die ebenfalls Teilnehmer der Konferenz von Roskilde waren] nicht angeben wollte". Ebenda und vgl. zudem ebenda, Entlassungsschein aus der Untersuchungshaft, 28. 9. 1936. In einer Bürgschaft vom 10. Dezember 1946 bestätigt Karl Oltersdorf Karl Piepers Teilnahme an der „Roskilder Konferenz" und schreibt: „Er [Pieper] hat ebenfalls illegal wie ich mit einem größeren Kreis von Funktionären u. a. für die ITF gearbeitet und auf dieser Konferenz, die Edo Fimmen leitete, über seine illegale Tätigkeit Bericht erstattet." Ebenda, Bürgschaft von Karl Oltersdorf, 10. 12. 1946.

107 Kurt Schilde/Johannes Tuchel, Columbia-Haus. Berliner Konzentrationslager 1933–1936, hrsg. vom Bezirksamt Tempelhof von Berlin, Berlin 1990, S. 182.

108 Die Teilnahme von Karl Pieper an der Konferenz in Roskilde war der Gestapo seit August 1935 bekannt.

verknüpft gewesen"[109] seien. Dass die Verbindungen von Karl Pieper zur Widerstandsgruppe von Alfred Markwitz und seine Aktivitäten im Rahmen der Eisenbahnerwiderstandsgruppe um Hans Jahn unentdeckt blieben, überrascht insofern, als im Urteil darauf hingewiesen wurde, dass Pieper „seit Anfang 1934 [...] als Untervertreter für den Kaufmann Johannes Jahn [für eine Versicherung] tätig"[110] war. Sowohl in der Anklageschrift als auch in der Urteilsbegründung wurde hervorgehoben, dass Hans Jahn selbst Karl Pieper für die Teilnahme an der „Roskilder Konferenz" gewonnen habe.[111]

Nach Angaben im Urteil des Volksgerichtshofes beauftragte Hans Jahn Wilhelm Bode im September 1935, Kontakt mit Karl Pieper aufzunehmen und ihn aufzufordern, „etwas von sich hören zu lassen".[112] Im Urteil des Volksgerichtshofes gegen Wilhelm Bode, Frieda Jahn und Arie Treurniet finden sich verschiedene Hinweise auf Kontakte zwischen Bode und Pieper in den Jahren 1935 bis Anfang 1939. So wird im Urteil Bodes Aussage zitiert, er habe sich im Herbst 1936 bei einem Besuch bei Pieper „über dessen illegale Tätigkeit"[113] unterhalten. Im gleichen Jahr übergab Wilhelm Bode Karl Pieper 300 Reichsmark, um die Kosten seiner illegalen Arbeit decken zu können. Auch der Hinweis im Urteil, Pieper habe Bode im Sommer 1938 aufgesucht, um die neue Anschrift bzw. Deckadresse von Hans Jahn in Luxemburg zu erhalten, ist ein weiteres wichtiges Indiz für das Engagement von Karl Pieper im Rahmen der Widerstandsgruppe um Hans Jahn. Mehrere Hinweise im Urteil, Jahn und Fimmen hätten Bode gebeten, Pieper mitzuteilen, sie hofften, „demnächst Nachrichten von ihm zu erhalten",[114] deuten darauf hin, dass Pieper bei der Lieferung von Berichten über die Entwicklung im Deutschen Reich allerdings nicht zu den Eifrigsten gehörte.[115] Nach der Entdeckung von Jahn in Luxemburg, dem Fund seines „Organisationsplans" wie auch dem „Plan" zum Stand der Organisation von 1938 wurde Pieper in seiner Eigenschaft als Gaugraf

109 Urteil des VGH 2H 28/36-17J336/35 gegen Alfred Markwitz u.a., Bl. 5, 26. 9. 1936, in: Nationalsozialismus, Holocaust, Widerstand und Exil 1933–1945, Online-Datenbank.

110 Der Reichsanwalt beim VGH – Anklageschrift 17J336/35 gegen Alfred Markwitz u.a., 27. 5. 1936, Bl. 10, in: Nationalsozialismus, Holocaust, Widerstand und Exil 1933–1945, Online-Datenbank.

111 Vgl. ebenda, Bl. 57; Urteil des VGH 2H 28/36-17J336/35 gegen Alfred Markwitz u.a., 26. 9. 1936, Bl. 37, in: Nationalsozialismus, Holocaust, Widerstand und Exil 1933–1945, Online-Datenbank.

112 Urteil des VGH 2H17/42-9J237/40 gegen Wilhelm Bode u.a., 8. 4. 1942, Bl. 9, in: Nationalsozialismus, Holocaust, Widerstand und Exil 1933–1945, Online-Datenbank.

113 Ebenda, Bl. 10.

114 Ebenda, Bl. 15.

115 Im Frühjahr 1939 scheint der Kontakt zu Pieper abgebrochen zu sein, denn in einem Bericht von Bode an Hans Jahn vom 2. März 1939 heißt es: „Und was ist mit Onkel Karl [Deckname von Karl Pieper] los? Oder bist Du ebenfalls von ihm abgemeldet? Ich werde zur Information über sein Verhalten ihm bald mal auf die Bude rücken, denn so lasse ich mich nicht abspeisen." Ebenda, Bl. 18. Nach Angaben des OdF-Prüfungsausschusses von Berlin Steglitz vom 28. Dezember 1947 konnte er glaubhaft machen, „daß er in den Jahren 1935 bis 1940 illegal gearbeitet hat". Institut für Stadtgeschichte Frankfurt a. M., Bestand NS-Verfolgte, Nr. 5086, Bl. 15, Erklärung des OdF-Prüfungsausschusses, 28. 12. 1947.

genau wie mehr als 90 weitere Eisenbahngewerkschafter wegen des Verdachts der „Vorbereitung zum Hochverrat" festgenommen und in der Strafanstalt Plötzensee vom 31. November 1940 bis zum 13. März 1942 inhaftiert.[116]

Wie Eberhard Podzuweit in seiner Dissertation belegt, gehörte Karl Pieper zweifellos zu den engsten Vertrauten von Hans Jahn, da er sowohl persönlich als auch geschäftlich als Untervertreter von Jahn für die – nach Darstellung der Nationalsozialisten „jüdische" – Versicherung „Zukunft" arbeitete und später als Vertreter für eine Seifenhandelsfirma.[117] Nach der Flucht von Hans Jahn half Pieper Frieda Jahn, ihre Wohnung aufzulösen. Er war offenbar deutlich aktiver in die Widerstandsarbeit eingebunden, als es die Prozessunterlagen erkennen lassen. Als Vertreter und Prozessbevollmächtigter für mehrere Eisenbahnerkollegen, die er bei ihren Klagen gegen die DAF vertrat, besaß Karl Pieper sehr gute Voraussetzungen, um mit ehemaligen Funktionären des EdED in Kontakt zu treten. So gelang es Pieper – zumindest für die Jahre 1933 bis 1935 – den im „Organisationsplan" (1936) genannten „Ersatzmann" Harry Scheel, der weiterhin als Lackierer im Reichsbahnausbesserungswerk Berlin-Tempelhof beschäftigt war, für die Berichterstattung über die „allgemeine und wirtschaftliche Lage bei der Reichsbahn sowie über die Stimmung der Belegschaft"[118] zu gewinnen. Nach Angaben von Scheels Sohn Heinz gehörte sein Vater ebenso wie Karl Pieper zu den Teilnehmern der „Roskilder Konferenz" 1935. Pieper, der offensichtlich als Vertreter für mehrere Firmen fungierte, besuchte die Familie Scheel regelmäßig „als Vertreter einer Nährmittelfirma". Er verkaufte „auch einiges aus seinem Rucksack", kam aber wohl vor allem – so die Darstellung von Heinz Scheel – um mit „seinem Vater unter vier Augen"[119] zu sprechen. Ob Harry Scheel nach der Verhaftung von Karl Pieper im Zuge der Ermittlungen gegen die sozialdemokratische Widerstandsgruppe um Alfred Markwitz seine Widerstandstätigkeit aufgab, wie Eberhard Podzuweit vermutet, lässt sich auf der Grundlage der bislang bekannten Quellen nicht beantworten. Demgegenüber lässt sich eindeutig belegen, dass Karl Piepers Vertreter als Gaugraf, Albert Schmidt, der auch nach 1933 weiterhin im Reichsbahnausbesserungswerk Berlin-Tempelhof einer Beschäftigung nachgehen konnte, auch nach 1935, wie Eberhard Podzuweit nachweist, weiterhin mit Pieper und – nach dessen Verhaftung – mit Jahns Kurier Hugo Bachmann in Kontakt stand und sich ebenfalls als Mitglied einer sozialdemokratischen Widerstandsgruppe engagierte.[120] Das heißt, für drei der vier für den Gau Brandenburg in Jahns „Organisationsplan" aus dem Jahr 1936 genannten Personen gibt es ausreichende Belege für ein zumindest zeitweiliges Engagement im Widerstand gegen das NS-Regime.

116 Zu Karl Pieper vgl. die biografischen Angaben im Anhang.

117 Vgl. Podzuweit, Widerstand von Eisenbahngewerkschaftern gegen den Nationalsozialismus in Mittel- und Ostdeutschland, S. 9.

118 Ebenda, S. 15.

119 Zit. n.: ebenda, S. 15.

120 Vgl. ebenda, S. 19.

Max Kellner

Max Kellner zählte – im Unterschied zu Wilhelm Bode, Friedrich Gückel, Oskar Vongerichten und Georg Vogel – vor 1933 zu den eher unbekannten, ehrenamtlichen Funktionären aus den Reihen des EdED.[121] Nach der Machtübernahme der Nationalsozialisten gehörte er bis zu seiner Festnahme im März 1937 zu den engagiertesten Widerständlern gegen das NS-Regime. Nach eigenen Angaben, die durch andere Dokumente weitgehend bestätigt werden, entwickelte Kellner in seiner Funktion als Gaugraf für Sachsen „aus kleinsten Anfängen heraus eine verhältnismäßig gute Kaderorganisation mit etwa 25–30 Stützpunkten und nahezu 200 Kämpfern."[122]

Beim Aufbau der Stützpunkte trat er bewusst an „vollkommen unbekannte Kollegen" heran. „Auf fast allen maßgebenden Stellen der einzelnen Dienstzweige wurden 1 oder 2 Kollegen gewonnen." Auch in den bedeutenden Unternehmen „der Metallindustrie und im graphischen Gewerbe waren diese Bemühungen von Erfolg gekrönt", so dass auf diese Weise ein „weitverzweigtes Netz"[123] aufgebaut werden konnte. Im gleichen Bericht nennt er neben Leipzig die Stützpunkte „Riesa, Döbeln, Dresden, Bautzen, Altenburg, Gößnitz, Reichenbach, Plauen, Chemnitz, Zwickau".[124] Diese Stützpunkte wurden von Max Kellner, Franz Poralla, Franz Wilde und einigen anderen Vertrauten von Leipzig aus betreut. „Wochentags und jeden Sonntag", schreibt Kellner, sei er unterwegs gewesen, habe „Berichte eingeholt, Material verteilt, Aufklärungen gegeben und Sitzungen in ganz kleinem Rahmen durchgeführt. Verhandelt wurde meistens nur mit dem Vertrauensmann des Stützpunktes oder mit noch 1–2 vertrauenswürdigen Kollegen, obwohl sehr oft das Verlangen nach einem größeren Kreis bestand. Diese Maßnahme hatte sich als zweckmäßig erwiesen, denn nicht ein Kollege ist während der ganzen Zeit in Gefahr gekommen. Um den engeren Leipziger Bezirk kümmerte sich fast ausschließlich Koll.[ege] [Franz] Poralla [...] mit Unterstützung der Koll.[egen] [Willy] Irmscher, [Albin] Fritzsche und [Franz] Wilde."[125] Die im Gau Sachsen im Wege der mündlichen Berichterstattung[126] aus den Betrieben gesammelten Informationen wurden bis zur Flucht von Hans Jahn nach Berlin weitergeleitet und später „abwechselnd über Duisburg, den Kollegen [Hugo] Bachmann oder Neuss, den Koll.[egen] [Hans] Funger" zu Jahn und der ITF nach Holland übermittelt. Zum Teil wurde das „Material der Wichtigkeit halber von Bachmann abgeholt oder bei Zusammenkünften in Westdeutschland per-

121 Vgl. zu Details die Angaben zu Max Kellner im biografischen Anhang.

122 AdsD, NL Max Kellner, 1/MKAE00022, Bl. 12, „Ausschnitt aus der Widerstandsbewegung der deutschen Eisenbahner, insbesondere im Lande Sachsen mit Schwerpunkt Leipzig", o. D. (handschriftliches Original umfasst 31 Seiten), gekürzte Fassung abgedr. in: Esters/Pelger/Schlingensiepen, Gewerkschafter im Widerstand, S. 140–150.

123 Ebenda, Bl. 7 f.

124 Ebenda, Bl. 11.

125 Ebenda, Bl. 11.

126 Vgl. ebenda, Bl. 6.

Aufgenommen am: 2.April 1937

durch

Name:

Amtsbezeichnung: Krim.Sekr.

Stichwortartige Darstellung des politischen Lebenslaufes:
(Der Raum darf nicht zur Absetzung von Verfügungen verwandt werden.)

Die gewerkschaftl.Tätigkeit des K e l l n e r begann im Jahre 1920 mit seinem Eintritt in den damaligen Sachsischen Eisenbahnerverband, der später in den Bund der Reichsgewerkschaft deutscher Eisenbahner aufging und seit 1925 sich Einheitsverband der Eisenbahner Deutschland nannte.Als damaliger Streckenarbeiter -zuletzt seit 1933 Reichsbahnsekretär-übernahm er 1920 den Posten eines Betriebsfunktionars und als er Beamter wurde,hatte er die Funktion eines Beamtenratmitgliedes bis zur Machterhebung 1933.

Der SPD.hat er von 1924 bis zur gesetzl.Auflösung im Jahre 1933 angehört.Noch nach der Machterhebung wurde er im Jahre 1933 Reichsbahnsekretar bei der Reichsbahndirektion in Leipzig.

K e l l n e r hat sich ~~sich~~ in den Jahren 1934 -bis zu seiner erfolgten Festnahme im März 1937~~-stch~~ illegal am Aufbau der von dem Hauptbeschuldigten Hans F u n g e r,Reichsbahnsekretär in Neuss,betriebenen Eisenbahnergewerkschaft Deutschlands beteiligt.Als solcher hatte er die Funktion eines Bezirksleiters für den Bezirk Leipzig übernommen.

Unterlagen der Gestapo Düsseldorf im Zusammenhang mit der „Erkennungsdienstlichen Behandlung" von Max Kellner, April 1937.

LAV NRW R, RW 58, Nr. 37287

sönlich überbracht."[127] Bis zur Flucht von Hans Jahn nahmen Max Kellner und Franz Poralla an verschiedenen Sitzungen in Berlin teil. Diese Treffen dienten dem „Gedankenaustausch" über die „Erfahrungen und Zweckmäßigkeit der [illegalen] Arbeit". Im Wesentlichen ging es aber „um die Berichterstattung über die Stimmung in den Betrieben, die Einstellung der Belegschaften zur NSDAP und deren Gliederungen, Maßnahmen der Reichsregierung, Auswirkungen der Materialknappheit, Winterhilfswerk u. a."[128] „Aus taktischen und Sicherheitsgründen" wurden die angeworbenen Vertrauensleute „nicht unterrichtet, daß es sich hier um illegale Arbeit handelt, sondern das reine kollegiale Zusammengehörigkeitsgefühl und die gemeinsamen Interessen wurden in den Vordergrund gestellt".[129] Dies führte dazu, dass außer Poralla und Kellner „niemand von einer direkten Verbindung zur ITF und zu Jahn"[130] wusste. Dies erlaubte es vielen der im „Organisationsplan" von Hans Jahn erwähnten Stützpunktleitern wie z. B. Albin Fritzsche und Paul Vogel, „jede illegale Betätigung"[131] zu bestreiten. Andere wie Arthur Mattick gaben lediglich zu, nach der Machtübernahme „noch häufig mit alten Genossen zusammengekommen zu sein" und unter anderem auch „über die politische Lage diskutiert" bzw. einen einzigen Bericht „über das Ergebnis der Vertrauensratswahlen"[132] geschrieben zu haben. Vergleicht man diese Behauptungen mit Aussagen im Gestapo-Verhör, die durch andere zeitgenössische und eidesstattliche Erklärungen gestützt werden, wird deutlich, dass von der Gestapo zahlreiche Aktivitäten der Verhörten nicht aufgedeckt werden konnten. Albin Fritzsche, der – wie erwähnt – im Verhör „jede illegale Betätigung" bestritt, gehörte nach Darstellung von Max Kellner viele Jahre zu den zuverlässigsten Mitgliedern der Gruppe und war bereits 1933 unter anderem mit Paul Vogel nach der Besetzung des Gewerkschaftshauses an der Sicherstellung von wichtigem Material[133] – wie den Adressenlisten von Mitgliedern und Funktionären – beteiligt. Er gehörte ab Ende 1933 zu den Funktionären, die bereit waren, den Aufbau eines illegalen Netzwerkes in Angriff zu nehmen. Fritzsche gehörte nach Darstellung von Kellner über viele Jahre hinweg im „engeren Leipziger Bezirk" zu den wichtigsten Unterstützern von Franz Poralla und Kellner selbst. Auch noch nach seiner Entlassung aus der Haft 1942 – als andere aktive Widerständler wie Franz Poralla verhaftet oder wie Willy Irmscher zum Militär eingezogen worden waren, gehörte Fritzsche – Max Kellner zufolge –weiterhin zu den zuverlässigen und vertrauensvollen Kollegen. Die Darstellung von Max Kellner belegt eindeutig, dass die vor

127 Ebenda, Bl. 11.

128 Ebenda, Bl. 5.

129 Ebenda, Bl. 6.

130 Ebenda, Bl. 11.

131 BArch, NJ 2229, Bd. 1, Bl. 37 f., Ermittlungsbericht der Gestapo Düsseldorf im Zusammenhang mit der Verfolgung illegaler EdED-Strukturen, August 1940.

132 Ebenda, Bl. 37.

133 Vgl. AdsD, NL Max Kellner, 1/MKAE00022, Bl. 2, „Ausschnitt aus der Widerstandsbewegung der deutschen Eisenbahner, insbesondere im Lande Sachsen mit Schwerpunkt Leipzig", o. D.

der Gestapo getätigten Aussagen von Albin Fritzsche und Paul Vogel, in keinerlei Hinsicht in Widerstandsaktivitäten involviert gewesen zu sein, reine „Schutzbehauptungen" waren, um einer Gefängnis- oder Zuchthausstrafe zu entgehen – was ihnen letztlich auch gelang. Auch Arthur Mattick, der Kontakte zu „alten" Gewerkschaftsmitgliedern und Parteigenossen eingestanden hatte, war deutlich aktiver als im Gestapo-Verhör zugegeben.

Im Prozess vor dem Volksgerichtshof gelang es Kellner, seine umfangreiche Widerstandsaktivität weitgehend zu leugnen. Demnach hatte er sich beim illegalen Neuaufbau des EdED erst ab November 1936 und nicht bereits im Jahr 1933 engagiert – das heißt, die „auf den Wiederaufbau der Gewerkschaften gerichteten Bestrebungen unterstützt und gefördert".[134] Er hatte aber lediglich Namen von ehemaligen Eisenbahnern ins Gespräch gebracht, die an der illegalen Arbeit nicht beteiligt waren. Deshalb kam das Gericht zu dem Schluss: „Ob und wie weit nun der Angeklagte bei dieser Tätigkeit Erfolg gehabt hat, konnte nicht festgestellt werden."[135] Das Fazit des Volksgerichtshofes: „Der Angeklagte war [...] nur kurze Zeit illegal tätig und hat dabei keinen nachweisbaren Erfolg gehabt, so daß ein Schaden für das Deutsche Reich nicht entstanden ist. Nur unter Berücksichtigung dieses Umstandes konnte es bei einer Zuchthausstrafe von 5 Jahren sein Bewenden haben."[136] Da „in der früheren Hauptverhandlung" Kellner „fast alles geleugnet" hatte, wurden ihm nur sechs Monate der Untersuchungshaft auf die gesamte Haftzeit angerechnet.[137]

Max Kellner war es gelungen, den Großteil seiner Widerstandsaktivitäten, seine langjährigen Verbindungen und Kontakte mit anderen Gaugrafen wie Wilhelm Bode und Hans Funger sowie dem Kurier Hugo Bachmann – der nach der Flucht von Hans Jahn eine wichtige Position im illegalen Netzwerk der Eisenbahner einnahm –, seine mehrfachen Treffen mit Hans Jahn und mit Vertretern der ITF (Edo Fimmen, Jacobus Oldenbroek und Nathan Nathans) sowie andere Aktivitäten vor den Verfolgerinstitutionen zu verbergen bzw. erfolgreich abzustreiten. Sowohl die von Kellner und seinen Mitstreitern organisierte umfangreiche Berichterstattung als auch die Verteilung „selbstgefertigte[r] oder bezogene[r] Flugblätter und -schriften"[138] blieben als Aktivitäten des illegalen Eisenbahnernetzwerkes[139] unerkannt und wurden nicht zum Gegenstand des Prozesses vor dem Volksgerichtshof. Gleiches gilt für die „an auffälliger Stelle" angebrachten kleinen „rote[n] Klebezettel" mit der Aufschrift „Es lebe die ITF!", die „an einem bestimmten Tage [...] auf den Bahnhöfen in Leipzig, Riesa

134 LAV NRW R, RW 58, Nr. 37287, Bl. 13, Urteil des VGH 2H61/37-9J315/37 gegen Max Kellner, 28. 2. 1938; auch in: Nationalsozialismus, Holocaust, Widerstand und Exil 1933–1945, Online-Datenbank.

135 Ebenda, Bl. 13.

136 Ebenda, Bl. 15.

137 Vgl. ebenda.

138 AdsD, NL Max Kellner, 1/MKAE00022, Bl. 13, „Ausschnitt aus der Widerstandsbewegung der deutschen Eisenbahner, insbesondere im Lande Sachsen mit Schwerpunkt Leipzig", o. D.

139 Vgl. AdsD, Bestand ITF, 5/ITFA, Mappe 17, Brief von Hans Jahn an Edo Fimmen, 14. 11. 1937.

und Dresden klebten und ein nicht unerhebliches Aufsehen erregte[n]".[140] Kellner, der beim Verhör vor der Gestapo behauptete, ein „umfassendes Geständnis abgelegt"[141] zu haben, verschwieg im Verhör auch die illegalen Aktivitäten von Theodor Kotzur, dem langjährigen Sekretär und zeitweise stellvertretenden Vorsitzenden des DEV, Mitglied des Reichstages und stellvertretenden Vorsitzenden des ADB. Zusammen mit Fritz Taschenberger, EdED-Angestellter in Leipzig und Mitglied des ADB-Landesausschusses in Sachsen, hatte Kotzur zunächst über den Vertrieb „einer Beamtenzeitung mit Versicherungen [...] eine lose Verbindung unter den Beamten aufrechtzuerhalten"[142] gesucht und sich nach Darstellung von Kellner im Sommer 1935 um eine führende Rolle in der Widerstandsbewegung bemüht. Diese Widerstandsgruppe arbeitete „in Berlin [...] illegal". Sie wurde von Nathan Nathans, stellvertretendem ITF-Generalsekretär, unterstützt, der „wenig" von der Widerstandsgruppe um Hans Jahn hielt, zumal nach dessen Flucht die „Leitung nun weit vom Schuss ins Ausland verlegt" worden war. Die Gruppe um Kotzur meldete sich nach Darstellung von Max Kellner ein letztes Mal nach seiner Verhaftung „mit einer Postkarte und durch einen Kurier"[143] und riet den Eisenbahnern um Kellner zu äußerster Vorsicht und vorläufiger Unterbrechung der illegalen Arbeit. Diese Gruppe, die in den folgenden Jahren keine Erwähnung mehr fand, verlor mit dem Tod von Nathan Nathans, der 1937 bei einem Flugzeugabsturz ums Leben kam, offensichtlich ihren zentralen Fürsprecher in den Reihen der ITF.

Unerwähnt blieben auch die Aktivitäten im Rahmen des „Süddeutschen Unterstützungsvereins", einer Vorläuferorganisation der „Allgemeinen Krankengeldzuschuß- und Sterbekasse V. V. a. G. zu Berlin", wobei es nach Darstellung von Kellner zwar gelungen war, „einige Hundert Kollegen in den Verein aufzunehmen", aber das ursprüngliche Ziel, über diesen Verein „den Zusammenhalt der alten aktiven Eisenbahner erhalten zu können, nicht erreicht"[144] wurde.

Paul Haltenhof

Paul Haltenhof, der in Jahns „Organisationsplan" (1936) als Gaugraf für „Nordwest. Vorort Wesermünde" vorgesehen war, gehörte vor der Machtübernahme durch die Nationalsozialisten zu den Multifunktionären der freigewerkschaftlichen Bewegung: Seit 1920 war er Angestellter des DEV bzw. ab 1925 des EdED in Wesermünde, wo er unter anderem auch als Vorsitzender des ADB-Ortskartells, der „Volksfürsorge" und der „Arbeiterwohlfahrt" fungierte.

140 AdsD, NL Max Kellner, 1/MKAE00022, Bl. 13, „Ausschnitt aus der Widerstandsbewegung der deutschen Eisenbahner, insbesondere im Lande Sachsen mit Schwerpunkt Leipzig", o. D.

141 LAV NRW R, RW 58, Nr. 37287, Bl. 24, StaPo-Leitstelle Leipzig an StaPo-Leitstelle Düsseldorf, Anfang September 1942.

142 AdsD, NL Max Kellner, 1/MKAE00022, Bl. 4, „Ausschnitt aus der Widerstandsbewegung der deutschen Eisenbahner, insbesondere im Lande Sachsen mit Schwerpunkt Leipzig", o. D.

143 Ebenda, Bl. 16.

144 Ebenda. Bl. 4.

Daneben leitete er die örtliche Eisenbahn-, Spar- und Baugenossenschaft und übte weitere „Ehrenposten“ in der SPD und deren Vorfeldorganisationen aus.[145]

Im Verhör durch die Gestapo gab Haltenhof zu, zunächst „von Jahn persönlich“[146] aufgesucht worden zu sein, mit diesem bis Ostern 1940 auch im brieflichen Kontakt gestanden zu haben und nach Jahns Flucht von einem „Beauftragten“ Jahns besucht worden zu sein. Jahn habe ihn aufgefordert, „Auskünfte über die Stimmung in den Betrieben pp. und Adressen von ehemaligen Verbandsfunktionären“ zu beschaffen. Bei den Gesprächen mit Jahn sei auch „stets die Fortsetzung der alten Gewerkschaften“ angesprochen worden. Jahns Aufforderung zur Mitarbeit in seiner Widerstandsgruppe habe er jedoch „stets ablehnend beschieden“.[147] Die Gestapo hegte starke Zweifel an dieser Aussage und verwies auf Haltenhofs „eifrigen Umgang mit zahlreichen alten Genossen“, der „zu diesem Zweck auch ausgedehnte Reisen unternahm“. Sie konnte ihm allerdings auch nach dem Verhör von elf weiteren EdED-Funktionären bzw. -Mitgliedern aus Wesermünde und Umgebung keine konkreten Widerstandsaktivitäten nachweisen. Alle elf ehemaligen EdED-Mitglieder betonten, dass sie nach 1933 – wenn überhaupt – nur „zufällig mit Haltenhof zusammengetroffen“ seien. In ihren Gesprächen wären „weder politische noch gewerkschaftliche Dinge“[148] besprochen worden. Nach Darstellung von Helmut Esters/Hans Pelger/Alexandra Schlingensiepen[149] gehörte Haltenhof zu den Vertrauensleuten von Hans Jahn, die mit Vertretern der ITF zu Gesprächen zusammengekommen waren. Folgt man den genannten Autoren, die noch die Möglichkeit besaßen, beteiligte Akteure aus Jahns Widerstandsgruppe zu interviewen, dann führten zumindest zeitweise die „wichtigsten Nachrichtenwege [...] aus Norddeutschland über Haltenhof in Wesermünde“.[150] Haltenhof, der bereits im Mai 1933 wegen des Verdachts „staats-

145 Vgl. zu Details die Angaben zu Paul Haltenhof im biografischen Anhang; vgl. BArch, NJ 2229, Bd. 1, Bl. 35, Ermittlungsbericht der Gestapo Düsseldorf im Zusammenhang mit der Verfolgung illegaler EdED-Strukturen, August 1940.

146 Ebenda.

147 Ebenda.

148 Ebenda, Bl. 36.

149 Vgl. Esters/Pelger/Schlingensiepen, Gewerkschafter im Widerstand, S. 68.

150 Ebenda, S. 68 f. Helmut Esters/Hans Pelger/Alexandra Schlingensiepen verweisen auf S. 75 (Anm. 47) auf eine Gestapo-Akte (Neue Signatur LAV NRW R, RW 58, Nr. 9364), aus der hervorgeht, dass Haltenhof 1940 – entgegen seiner Schutzbehauptung im Verhör durch die Gestapo – Jahns Ansinnen einer Mitarbeit nicht abgelehnt hat. Darauf verweisen keineswegs nur die bis 1940 bestehenden brieflichen Kontakte mit Jahn, sondern auch Aussagen von Wilhelm Bode. Nach Angaben im VGH-Urteil gegen Wilhelm Bode, Frieda Jahn und Arie Treurniet erhielt Bode bei seinem Treffen mit Jahn in Amsterdam den Auftrag, u. a. auch den „Lebensmittelhändler Paul Haltenhof [im Original irrtümlich Altenhof] in Wesermünde“ anzulaufen. Vgl. Urteil des VGH 2H17/42-9J237/40 gegen Wilhelm Bode u.a., 8. 4. 1942, Bl. 10, in: Nationalsozialismus, Holocaust, Widerstand und Exil 1933–1945, Online-Datenbank. Auch die Autoren des „Heimatgeschichtlichen Wegweisers zu Stätten des Widerstandes und der Verfolgung 1933–1945“ für Bremen, Bremen-Nord und Bremerhaven vertreten die These, dass es Paul Haltenhof

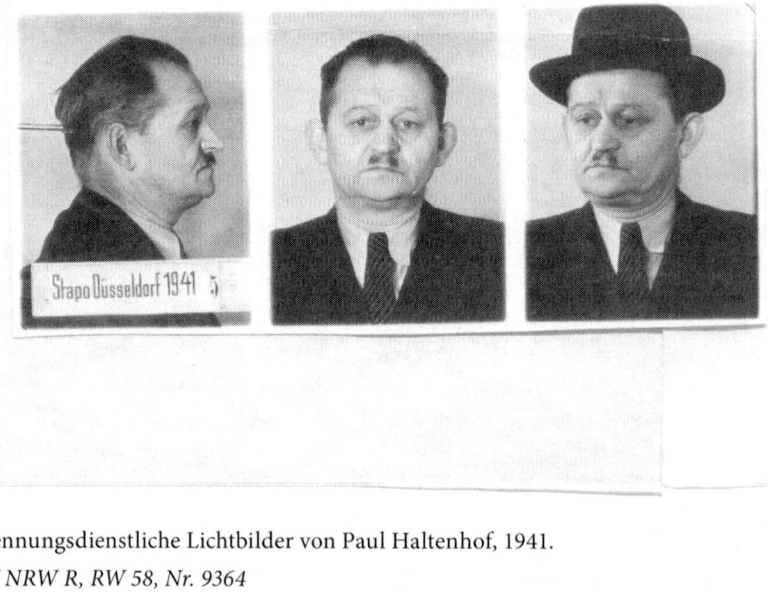

Erkennungsdienstliche Lichtbilder von Paul Haltenhof, 1941.
LAV NRW R, RW 58, Nr. 9364

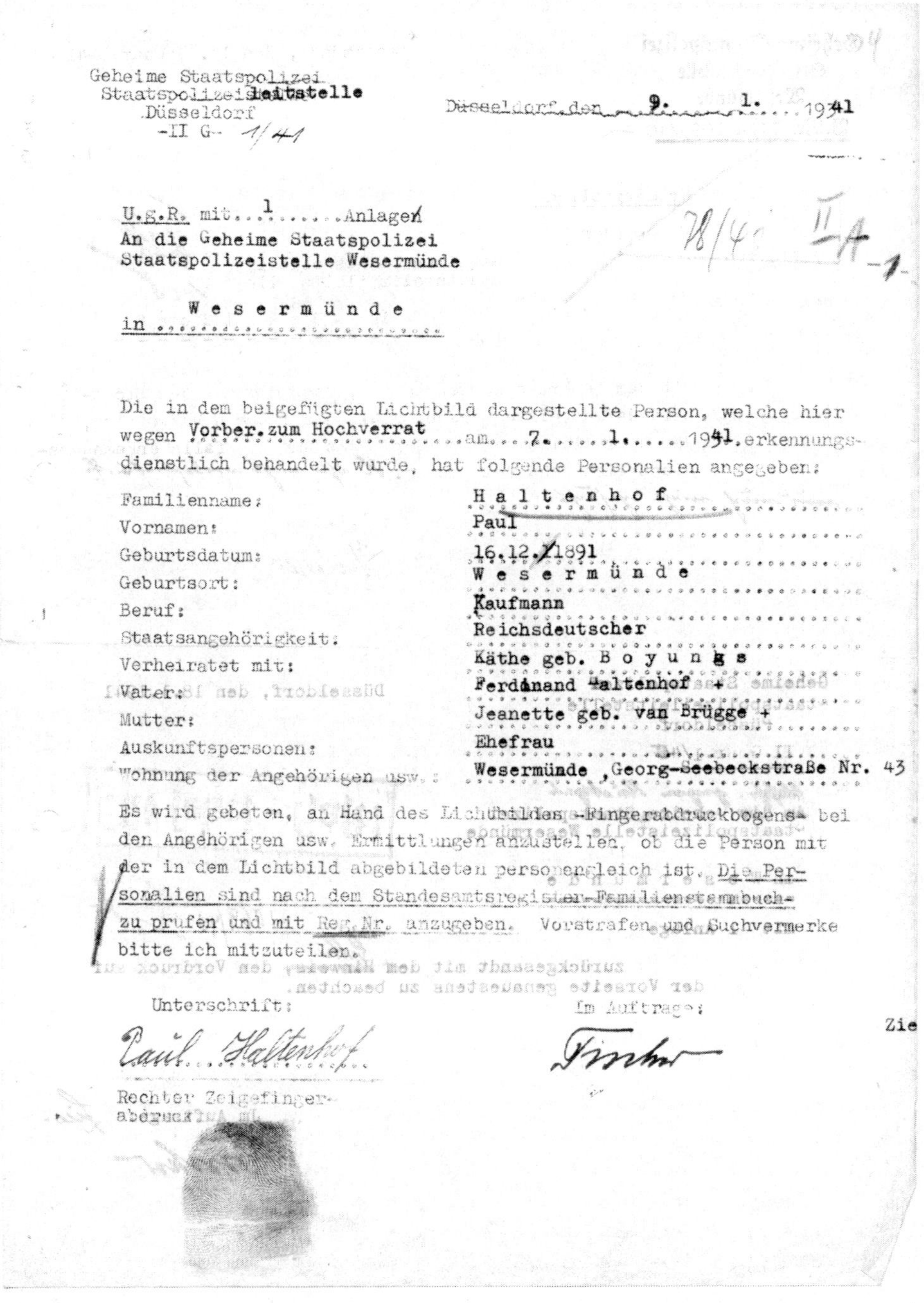

Geheime Staatspolizei
Staatspolizeileitstelle
Düsseldorf
-II G- 1/41

Düsseldorf, den 9. 1. 1941

U.g.R. mit 1 Anlage
An die Geheime Staatspolizei
Staatspolizeistelle Wesermünde

in W e s e r m ü n d e

78/41 II A -1-

Die in dem beigefügten Lichtbild dargestellte Person, welche hier wegen Vorber. zum Hochverrat am 7. 1. 1941 erkennungsdienstlich behandelt wurde, hat folgende Personalien angegeben:

Familienname:	H a l t e n h o f
Vornamen:	Paul
Geburtsdatum:	16.12.1891
Geburtsort:	W e s e r m ü n d e
Beruf:	Kaufmann
Staatsangehörigkeit:	Reichsdeutscher
Verheiratet mit:	Käthe geb. B o y u n g s
Vater:	Ferdinand Haltenhof +
Mutter:	Jeanette geb. van Brügge +
Auskunftspersonen:	Ehefrau
Wohnung der Angehörigen usw.:	Wesermünde, Georg-Seebeckstraße Nr. 43

Es wird gebeten, an Hand des Lichtbildes ~~-Fingerabdruckbogens-~~ bei den Angehörigen usw. Ermittlungen anzustellen, ob die Person mit der in dem Lichtbild abgebildeten personengleich ist. Die Personalien sind nach dem Standesamtsregister-~~Familienstammbuch~~ zu prüfen und mit Reg.Nr. anzugeben. Vorstrafen und Suchvermerke bitte ich mitzuteilen.

Unterschrift: Paul Haltenhof

Im Auftrage: Fischer

Rechter Zeigefingerabdruck

Erkennungsdienstliche Erfassung von Paul Haltenhof durch die Gestapo Düsseldorf, Januar 1941.
LAV NRW R, RW 58, Nr. 9364

feindlicher Bestrebungen" für mehrere Wochen in „Schutzhaft" genommen worden war, wurde – da die Gestapo seinen Angaben im Verhör (1940) keinen Glauben schenkte – am 24. Oktober 1941 erneut wegen „Vorbereitung zum Hochverrat" verhaftet und vom Oberlandesgericht Hamm zu drei Jahren Zuchthaus verurteilt.[151] Auch wenn das Oberlandesgericht Hamm keine stichhaltigen Belege für den Vorwurf fand, dass Paul Haltenhof die Funktion eines Gaugrafen „tatsächlich ausgeübt hat",[152] kamen die zuständigen Beamten aufgrund von Ermittlungen und Zeugenaussagen zu der Überzeugung, dass Haltenhof sich „von 1934 ab erheblich für den EdED [im Original: EVdED] betätigt hat".[153] Jahn habe bereits im Juli 1934, während des ersten Kontaktes in Bremen, Haltenhof seinen Plan erläutert, „Angestellte und Funktionäre" des EdED für eine Mitarbeit am „Wiederaufbau des Verbandes" zu gewinnen, wozu „der Angeklagte" Haltenhof „seine Mitarbeit zu[sagte]".[154] Beim nächsten Treffen drei Wochen später forderte Jahn Haltenhof auf, die Stimmung in Eisenbahnbetrieben festzustellen und Vertrauensleute zu werben, die Einzelheiten aus dem innerdienstlichen Betrieb der Reichsbahn berichten könnten. Diese Berichte sollte der Angeklagte sammeln und an Jahn weitergeben. Der Angeklagte erklärte sich hiermit einverstanden. Bei dieser Gelegenheit fragte Jahn auch nach Adressen ehemaliger Funktionäre des EdED, die er auch bekam. „In der Folgezeit hat ein reger Briefwechsel zwischen dem Angeklagten und Jahn stattgefunden. Jahn verlangte die Beantwortung verschiedener Fragen, die darauf hinausgingen, festzustellen, wieviel Neueinstellungen in den Reichsbahnbetrieben erfolgt seien; ob durch die Einstellung alter Kämpfer eine Zurücksetzung der älteren Bediensteten erfolgt sei, ob sich dies bei der Beförderung auswirke, wie die Beitragskassierungen erfolgten und wie die Überstunden bezahlt würden. Diese Fragen hat der Angeklagte auch beantwortet."[155] Während Haltenhof die Berichterstattung nicht leugnete, behauptete er, in seinem Gau keine Vertrauensleute für eine Mitarbeit gefunden zu haben. Wie auch andere angeklagte Eisenbahnerfunktionäre, die ihren Beitrag bei einzelnen Widerstandsaktivitäten so gering wie möglich darzustellen versuchten, wies Haltenhof in seiner Verteidigungsstrategie auf die Kritik von Hans Jahn hin,

„während des Naziregimes [gelang], Kontakt unter den Kollegen Eisenbahnern aufrechtzuerhalten. […] Der in seinen Strukturen trotz Verbotes weiterbestehende Verband setzte ihn als Leiter des Gau Nord-West der Eisenbahner ein." Vgl. Heimatgeschichtlicher Wegweiser zu Stätten des Widerstandes und der Verfolgung 1933–1945. Bd. 6: Bremen. Stadt Bremen, Bremen-Nord, Bremerhaven, hrsg. vom Studienkreis zur Erforschung und Vermittlung der Geschichte des Widerstandes 1933–1945, Redaktion: Ursula Krause-Schmitt u. a., Frankfurt a. M. 1992, S. 122. Vgl. zu Details der Ermittlungen der Gestapo gegen Paul Haltenhof BArch, NJ 2229, Bd. 1, Bl. 82, Unterlagen der Gestapo Düsseldorf, 1940.

151 Vgl. LAV NRW R, RW 58, Nr. 9364, Unterlagen der Gestapo Düsseldorf.

152 LAV NRW R, RW 58, Nr. 9364, Bl. 11, Urteil 50Js39/41 des OLG Hamm gegen Wilhelm Burmester u. a., 24. 10. 1941.

153 Ebenda.

154 Ebenda.

155 Ebenda.

„daß an anderen Orten die illegale Arbeit weit besser klappe".[156] Zu dieser Strategie gehörte auch die Behauptung, dass der Kurier Hugo Bachmann Jahn nach seiner Flucht im August 1935 nicht angetroffen habe und dass er das Ansinnen weiterer unbekannter Kuriere aus Hamburg und aus Dortmund, Geld für verurteilte Eisenbahner zu überreichen, nicht angenommen habe.[157]

Den Feststellungen des Oberlandesgerichtes zufolge wurde der Briefwechsel zwischen Jahn und Haltenhof, der nach Jahns Flucht zwischenzeitlich unterbrochen worden war, im Sommer 1937 wiederaufgenommen und bis Anfang 1940 fortgeführt. In seinen Briefen und Berichten machte Haltenhof Jahn „Mitteilung über das Markensystem in der Lebensmittelversorgung sowie darüber, daß der Arbeiter seinen Arbeitsplatz nur mit Zustimmung des Arbeitsamtes wechseln könne, daß Lohnerhöhungen nicht statthaft seien. Am Schluss sprach er Jahn gegenüber den Wunsch aus, ihn einmal in Luxemburg zu besuchen, um ihm alles zu erzählen."[158] Dieser Besuch kam nicht mehr zustande. Da Haltenhof dem Urteil zufolge „zum Schluss der Hauptverhandlung im wesentlichen geständig wurde", das heißt seine persönliche und briefliche Verbindung zu Jahn und die von ihm verfassten Berichte, die „entsprechend umgearbeitet und entstellt dann propagandistisch gegen die nationalsozialistische Führung des Deutschen Reiches verwendet werden sollten", zugab, sah das Oberlandesgericht den Vorwurf der „Vorbereitung zum Hochverrat" bestätigt. Bis zu seiner Verhaftung 1940 stand Paul Haltenhof in Kontakt mit Hans Jahn. Dies lässt sich unter anderem auch einem Brief Jahns vom 29. März 1940 an Edo Fimmen entnehmen: „Paul H. [Haltenhof] war auf meine Veranlassung in Bremen und hat alles in Ordnung gefunden. Es ist ein Zeichen von Opfermut, dass die Jungens bei ihrem Dienst noch Zeit zu solchen Fahrten und zur Aufrechterhaltung von Verbindungen finden."[159] Auch in seiner Skizze über den Stand der Organisation des Widerstandsnetzwerkes[160] aus dem Jahr 1938 nennt Jahn Haltenhof unter dem Stichwort „Reichsverbindungen" als einen seiner wichtigen Vertrauensleute. Unklar bleibt, ob Paul Haltenhof nach Verbüßung der Strafe als V-Mann der Gestapo Wesermünde zuarbeitete, wie später behauptet wurde. Belege dafür finden sich nicht in den zeitgenössischen Quellen.

156 Ebenda.

157 Vgl. zu Details LAV NRW R, RW 58, Nr. 9364, Bl. 10 ff., Anklageschrift 50.Js.39/41 gegen Wilhelm Burmester, Johann Brügmann, Karl Wittbold, Paul Haltenhof u. a., 12. 9. 1941.

158 LAV NRW R, RW 58, Nr. 9364, Bl. 12, Urteil 50Js39/41 des OLG Hamm gegen Wilhelm Burmester u. a., 24. 10. 1941.

159 BArch, R 3017/29435, Bl. 148, Brief von Hans Jahn an Edo Fimmen, 29. 3. 1939.

160 Vgl. die Abbildung auf S. 745.

RF Entsch./ 9.9.42

Vermögens-Verwaltung der Deutschen Arbeitsfront G. m. b. H.

Berlin-Wilmersdorf, den 9.9.1942.
Hohenzollerndamm 174-177
Fernsprecher: 86 73 51

Reichsfeststellungsbehörde beim Reichsministerium des Innern
10. SEP. 1942

An die
Reichsfeststellungsbehörde beim
Reichsministerium des Inneren,

Berlin NW 7
- - - - - - - - - -
Unter den Linden 72

Unsere Abteilung: Abw.d.eingew.Vbd.
Zeichen: Ne/Rü.

Betrifft: Entschädigungsgesetz vom 9.12.1937.-
Ehem. Einheitsverband der Eisenbahner.
Johann Brügmann, Hamburg.- Liste Nr. 22
- -

Der obengenannte Antragsteller, der als ehemaliger Hauskassierer des früheren Einheitsverbandes der Eisenbahner die Gewährung einer Entschädigung beantragt, verbüsst nach unseren Feststellungen zurzeit eine Zuchthausstrafe von 2 Jahren und 6 Monaten wegen hochverräterischen Unternehmens. Die Verurteilung erfolgte durch den 2. Strafsenat des Oberlandesgerichts Hamm/Westfalen.

Wir bitten in Rücksicht darauf, dass sich der Antragsteller schon seit längerer Zeit staatsfeindlich betätigte und daseine Bestrebungen sich namentlich gegen die Deutsche Arbeitsfront richteten, den Entschädigungs-
./.

Bankkonto: Nr. 21 430 Bank der Deutschen Arbeit A.-G., Berlin C 2, Wallstraße 62
Postscheckkonto: Berlin 1692 42 Drahtanschrift: Dafvermögen Berlin

antrag abzuweisen. Es kann der DAF nicht zugemutet werden, aus dem Vermögen der ehemaligen Arbeitnehmer-Vereinigungen, das allen Schaffenden zugute kommen soll, einem Feinde der Volksgemeinschaft eine Entschädigung zu gewähren. Den Entschädigungsantrag fügen wir bei.

Heil Hitler!

Vermögensverwaltung der
Deutschen Arbeitsfront G.m.b.H.

I.A.

Anlage.

Ablehnung einer Entschädigungsleistung der DAF-Vermögensverwaltung wegen der Entlassung von Johann Brügmann aus den Diensten des EdED (1933), September 1942.

BArch, R 1501/10253

Paul Hildebrandt

Paul Hildebrandt gehört zu den im „Organisationsplan" (1936) von Hans Jahn genannten Gaugrafen, zu denen in der Sekundärliteratur so gut wie keine Informationen vorliegen.[161] Von Beruf Schlosser, ab 1907 Mitglied des DMV, wechselte Paul Hildebrandt erst nach dem Ende des Ersten Weltkrieges zur Deutschen Reichsbahn, bei der er bis 1930 als Schlosser im Reichsbahnausbesserungswerk Meiningen beschäftigt war. Ab 1927 war er ehrenamtlicher Funktionär und ab 1930 hauptamtlicher Gewerkschaftssekretär und Erster Vorsitzender der EdED-Ortsgruppe Meiningen sowie Zweiter Vorsitzender des Meininger ADGB. Hildebrandt gehörte zur Führungsriege der lokalen freien Gewerkschaftsbewegung. Nach der Machtübernahme der Nationalsozialisten wurde der engagierte Gewerkschafter und Parteifunktionär, der von 1918 bis 1923 der USPD angehörte und zwischenzeitlich KPD-Mitglied war,[162] mehrfach „wegen staatsfeindlicher Äußerungen" in „Schutzhaft" genommen. Eine der Verhaftungen erfolgte am 27. Juli 1938 im Zusammenhang mit Recherchen der Gestapo zur Schweizer „Funken-Gruppe" um Anton Döring[163] und deren Kontakten zu Widerstandsgruppen im Deutschen Reich. In welcher Beziehung Paul Hildebrandt zur illegalen Eisen-

161 Vgl. z. B. Buschak, „Arbeit im kleinsten Zirkel", 2., aktual. Aufl. 2015, S. 162; Esters/Pelger/Schlingensiepen, Gewerkschafter im Widerstand, S. 42 (Der im Register auf S. 138 genannte Paul Hildebrandt ist nicht mit dem gleichnamigen Eisenbahner identisch); ferner Gottwaldt, Eisenbahner gegen Hitler, S. 163 mit Verweis auf Mielke/Frese (Bearb.), Die Gewerkschaften im Widerstand und in der Emigration, S. 405; vgl. auch die Angaben zu Paul Hildebrandt im biografischen Anhang.

162 Vgl. BArch, NJ 2229, Bd. 1, Bl. 41, Ermittlungsbericht der Gestapo Düsseldorf im Zusammenhang mit der Verfolgung illegaler EdED-Strukturen, August 1940. Dort wird irrtümlich die Mitgliedschaft in der USPD bis zum Jahr 1922 angegeben. Hildebrandt gehörte jedoch auch nach dem Vereinigungsparteitag von SPD und Teilen der USPD in Nürnberg im September 1922 bis mindestens April 1923 der „Rest-USPD" an. Vgl. [Protokoll] Parteitag der Unabhängigen Sozialdemokratischen Partei Deutschlands. 30. März bis 2. April 1923 im Bürgersaal des Rathauses zu Berlin, Berlin o. J., S. 29, aus dem hervorgeht, wie sich Hildebrandt zu verschiedenen Fragen der Gewerkschaftsbewegung, Betriebsrätegesetz, Abspaltungsabsichten der Kommunisten und Verhältnis zur „Amsterdamer Internationale" (IGB) äußerte.

163 Anton Döring (geb. 18. November 1892 in Büdingen, gest. 25. Januar 1960 in Offenbach), SPD-, USPD-, SPD-Mitglied, 1919 bis 1922 Geschäftsführer des Gärtnerverbandes in Frankfurt am Main, 1922 bis 1928 Geschäftsführer des Staats- und Gemeindearbeiterverbandes in Offenbach, 1928 bis 1933 Sekretär des ADGB in Frankfurt am Main, ab 1930 Mitglied im Generalrat und dem Exekutivkomitee der Internationalen Transportarbeiter-Föderation (ITF), März 1933 Vorbereitung für eine bewaffnete Aktion des „Reichsbanners", Flucht nach Kreuzlingen/Schweiz, später Sankt Gallen, Aufbau einer illegalen Organisation in Südwest-Deutschland mit Schwerpunkt in Frankfurt am Main, illegale Kontakte und Reisen nach Deutschland bis zur Zerschlagung der Organisation im März/April 1938, Herausgeber der Zeitschrift „Der Funken", enge Verbindungen zu Edo Fimmen und Hans Jahn, zu anderen Gewerkschaftsgruppen in Frankreich sowie zu „Neu Beginnen", während des Krieges in der Schweiz, 1950 Rückkehr nach Deutschland, 1950 bis 1952 Bezirkssekretär der Gewerkschaft ÖTV in Frankfurt am Main, 1952 bis 1957 DGB-Kreisvorsitzender in Offenbach, 1952 bis 1960 Stadtverordneter in Offenbach (SPD); vgl. Mielke/Frese (Bearb.), Die Gewerkschaften im Widerstand und in der Emigration, S. 378.

bahnergruppe um Fridolin Endraß und Karl Molt stand, konnte nicht geklärt werden.[164] Nach Aussage von Wilhelm Hemming und Alfred Rineck – vor 1933 Vorsitzender des Mühlen- und Brauereiarbeiterverbandes in Meiningen – stand Hildebrandt in Verbindung zu Jahn „in Holland" und war dort als „Vertrauensmann für Walldorf gemeldet".[165] Im Verhör durch die Gestapo – Paul Hildebrandt saß seit dem 30. Mai 1940 wegen „staatsfeindlicher Äußerungen" erneut in Untersuchungshaft – gab er zu, „Anfang 1934 von Jahn persönlich in seiner Wohnung aufgesucht worden zu sein". Der Zusammenfassung des Verhörprotokolls zufolge hatte Hans Jahn Paul Hildebrandt in „den Plan seiner illegalen Arbeit" eingeweiht und ihn „auch zur Mitarbeit aufgefordert". Dieser Aufforderung sei er jedoch nicht nachgekommen – auch dann nicht, als er nach Jahns Flucht von Hugo Bachmann in Jahns Auftrag erneut besucht worden war und zur illegalen Arbeit überredet werden sollte. Im Verhör gab Paul Hildebrandt lediglich zu, von Hans Jahn Postkarten erhalten und beantwortet zu haben und Jahn „zwei ehemalige Funktionäre als auch zur Mitarbeit bereit"[166] genannt zu haben. Bei den Mitarbeitern handelte es sich um Alfred Rineck und seinen Schwager Wilhelm Döller. Gegenüber der Gestapo behauptete er jedoch, die beiden von dieser Nennung als potenzielle Mitstreiter im Widerstand nie informiert zu haben und Jahn „weder schriftlich noch mündlich jemals Berichte übermittelt"[167] zu haben. Die Gestapo hielt Paul Hildebrandt dennoch für „hinreichend verdächtig", mit Jahn „gute Beziehungen" aufrechterhalten zu haben, konnte ihm jedoch eine Beteiligung an den Aktivitäten der Widerstandsgruppe um Hans Jahn nicht nachweisen. Dies war auch deshalb nicht möglich, weil Hildebrandt sehr intelligent und redegewandt war, so dass er es verstanden habe, „sich sehr geschickt zu verteidigen".[168] Nach kurzer Haft im Polizeigefängnis II in Stuttgart verurteilte ihn das Sondergericht des Oberlandesgerichts Jena „wegen staatsfeindlicher Äußerungen" zu sechs Monaten Gefängnis. Der Vorwurf „Vorbereitung zum Hochverrat" und eine Zusammenarbeit mit Hans Jahn konnte ihm jedoch nicht nachgewiesen werden. Die vom Sondergericht verhängte sechsmonatige Haft verbüßte er zunächst im Strafgefängnis Eisenach und später

164 Da in den beiden Prozessen vor dem Volksgerichtshof gegen Fridolin Endraß, den Hauptangeklagten, und fünf weitere Gewerkschafter sich der Name von Paul Hildebrandt nicht unter den Angeklagten befindet, konnten die NS-Verfolger Hildebrandt offensichtlich keine Verbindung zu Karl Molt und Fridolin Endraß nachweisen. Vgl. Urteil des VGH 6J374/38g-1H37-39 gegen Fridolin Endraß und Josef Riedlin, 25. 11. 1939, in: Nationalsozialismus, Holocaust, Widerstand und Exil 1933–1945, Online-Datenbank; ferner Der Oberreichsanwalt beim VGH – Anklageschrift 6J374/38g, 5. 7. 1939, und das VGH-Urteil 6J243/39-1H51/39 gegen Jakob Müller u. a., 24. 11. 1938, in: Nationalsozialismus, Holocaust, Widerstand und Exil 1933–1945, Online-Datenbank.

165 SAPMO-BArch, DY 55/V 278/4/119, Fragebogen des VVN-Landessekretariats, Erfurt, 21. 4. 1950.

166 BArch, NJ 2229, Bd. 1, Bl. 41, Ermittlungsbericht der Gestapo Düsseldorf im Zusammenhang mit der Verfolgung illegaler EdED-Strukturen, August 1940.

167 BArch, NJ 2229, Bd. 1, Bl. 109, Unterlagen der Gestapo Düsseldorf, 1940.

168 Ebenda, Bl. 108.

in Hamm, wo er nach Strafverbüßung weiterhin bis Januar 1943 in Haft blieb. Im Rahmen der „Aktion Gewitter"[169] wurde Hildebrandt erneut festgenommen und im Konzentrationslager Buchenwald inhaftiert, wo er zu den Unterzeichnern des bekannten „Buchenwalder Manifests" gehörte.[170] Zahlreiche Aussagen und Quellen wie beispielsweise die Einschätzung des letzten SPD-Vorsitzenden in Thüringen, Heinrich Hoffmann,[171] der Paul Hildebrandt zu den bedeutenden sozialdemokratischen Widerstandskämpfern zählte, die auf jeden Fall in einer Veröffentlichung zum thüringischen Widerstand gegen das NS-Regime zu erwähnen seien, belegen seine Relevanz für das Widerstandsnetz. Die Aussagen von Wilhelm Hemming und Alfred Rineck, Paul Hildebrandt sei Leiter einer Wandergruppe „Walldorf-Meiningen" gewesen, die „mündliche antifaschistische Propaganda" betrieben habe, die Hinweise auf Hildebrandts Kontakte zu verschiedenen Akteuren der Widerstandsgruppe unter Leitung von Hans Jahn und nicht zuletzt die gegen ihn erhobenen drei Anzeigen wegen „staatsfeindlicher Äußerungen"[172] lassen vermuten, dass Paul Hildebrandt weitaus intensiver in Widerstandstätigkeiten involviert war als heute nachweisbar ist.[173]

169 Nach dem gescheiterten Attentat auf Hitler am 20. Juli 1944 setzten nur wenige Tage später Verhaftungsmaßnahmen gegen tatsächliche oder vermeintliche Gegner des Nationalsozialismus ein. Die Festnahmewelle erfolgte anhand von Listen („A Kartei"), die die Gestapo bereits in der Vorkriegszeit zusammengestellt hatte. Reichsweit wurden Tausende Menschen in Haft genommen. Von den Maßnahmen im Rahmen dieser „Aktion Gewitter" waren zahlreiche Gewerkschaftsfunktionäre betroffen. Oft handelte es sich um ältere und teils auch kranke Menschen, die in der Weimarer Republik im Reichstag bzw. im Landtag oder auf regionaler Ebene politisch tätig gewesen waren. Da die Inhaftierung nicht nur zu Klagen von Angehörigen und Betrieben führte, sondern auch in Teilen der Bevölkerung auf Unverständnis stieß, wurden die meisten Häftlinge nach einer Überprüfung wenige Wochen später wieder entlassen. Vgl. zu Details Winfried Meyer, Aktion „Gewitter". Menschenopfer für Macht und Mythos der Gestapo, in: Dachauer Hefte 21 (2005), S. 3–20; Michael Kissener, Die Aktion „Gewitter", in: Manuel Becker/ Christoph Studt/Joachim Scholtyseck (Hrsg.), Der Umgang des Dritten Reiches mit den Feinden des Regimes. Tagungsband der XXII. Königswinterer Tagung im Februar 2009, Münster 2010, S. 185–197.

170 Vgl. zu Details den biografischen Anhang (Eintrag: Hildebrandt, Paul).

171 Vgl. dessen Brief an Dr. Hess, Archivdirektor von Weimar, 28. 12. 1966, in: SAPMO-BArch, SgY 301365/1, Erinnerungen Heinrich Hoffmann, Bl. 133 f.

172 Vgl. BArch, NJ 2229, Bd. 1, Bl. 41, Ermittlungsbericht der Gestapo Düsseldorf im Zusammenhang mit der Verfolgung illegaler EdED-Strukturen, August 1940.

173 Vgl. auch die Angaben von Otto Förster SAPMO-BArch, DY 55/V278/4/116, Fragebogen des VVN-Landessekretariats, Erfurt, 1. 4. 1950.

Die unbekannten Widerständler

Wilhelm Burmester

Am 24. Oktober 1941 verurteilte der Zweite Strafsenat des Oberlandesgerichts Hamm unter anderem Wilhelm Burmester, Paul Haltenhof und Paul Hildebrandt – alle drei Gaugrafen der von Hans Jahn bzw. der ITF geleiteten Eisenbahnerwiderstandsgruppe – zu zwei Jahren und sechs Monaten (Burmester), zu drei Jahren (Haltenhof) und zu zwei Jahren (Hildebrandt) Gefängnis.[174] Begründet wurden die Strafen mit den Bestrebungen der ehemaligen Eisenbahngewerkschafter, den „EdED [im Original: EVdED] und die ITF, sozialdemokratische Gewerkschaften, wiederaufzubauen". Den Angeklagten wurde zur Last gelegt, „diese Bestrebungen unterstützt und sich dadurch eines hochverräterischen Unternehmens schuldig gemacht zu haben."[175] Spätestens Ende 1933 hätte jeder „einigermaßen Einsichtige" erkennen müssen, dass die „NS-Staatsführung nur im Wege der Gewalt und des bewaffneten Aufstandes beseitigt"[176] hätte werden können, das heißt, jede Aktivität gegen die NS-Staatsführung sei verräterischen Charakters gewesen.

Wilhelm Burmester[177] wurde am 15. September 1893 in Hamburg geboren. Er gehörte zweifellos zu den Gewerkschaftern, die sich am Widerstand gegen das NS-Regime beteiligten. Nach seiner Lehre als Schlosser trat er zunächst dem DMV bei und wechselte nach seiner Anstellung bei der Reichsbahn 1919 zur GDL. Da er aus gesundheitlichen Gründen (Farbenblindheit) kein Lokomotivführer werden konnte, wechselte er zum EdED und fungierte vor 1933 viele Jahre als Betriebsratsmitglied.[178] Inwieweit Wilhelm Burmester die Funktion eines Gaugrafen auszuüben vermochte und von seinen Kollegen als solcher anerkannt wurde, lässt sich auf der Grundlage der vorliegenden Quellen nicht eindeutig feststellen. Belegen lässt

174 Burmester und Haltenhof wurden je 15 Monate, Hildebrandt neuneinhalb Monate Untersuchungshaft auf die Haftstrafe angerechnet. Vgl. LAV NRW R, RW 58, Nr. 9364, Bl. 1 f., Urteil des OLG Hamm 5OJS39/41, 24. 10. 1941. Im gleichen Prozess verurteilt wurden die ehemaligen Eisenbahngewerkschafter Johann Brügmann, Karl Widboldt, Arthur Mattick und Willi Schrödter. Vgl. ebenda.

175 Ebenda, Bl. 2.

176 Ebenda, Bl. 4.

177 Wilhelm Burmester wird in der in Literatur zum gewerkschaftlichen Widerstand oft mit dem gleichnamigen Funktionär des Gesamtverbandes der Arbeitnehmer der öffentlichen Betriebe und des Personen- und Warenverkehrs aus Stralsund verwechselt. Vgl. Buschak, „Arbeit im kleinsten Zirkel", 2., aktual. Aufl. 2015, S. 156, 161, 168, 188, wo Wilhelm Burmester aus Hamburg und dessen Namensvetter als eine Person angesehen werden. Alfred Gottwaldt erwähnt in seiner Veröffentlichung Burmester überhaupt nicht; Helmut Esters/Hans Pelger/Alexandra Schlingensiepen verweisen lediglich auf seinen Kontakt zur ITF und auf Aktivitäten nach 1945. Vgl. Esters/Pelger/Schlingensiepen, Gewerkschafter im Widerstand, S. 86 f.; vgl. zu Details die Angaben zu Wilhelm Burmester im biografischen Anhang.

178 Vgl. LAV NRW R, RW 58, Nr. 9364, Bl. 5, Anklageschrift gegen Wilhelm Burmester u. a., 12. 9. 1941; ferner LAV NRW R, RW 58, Nr. 9364, Urteil 50Js39/41 des OLG Hamm gegen Wilhelm Burmester u. a., 24. 10. 1941.

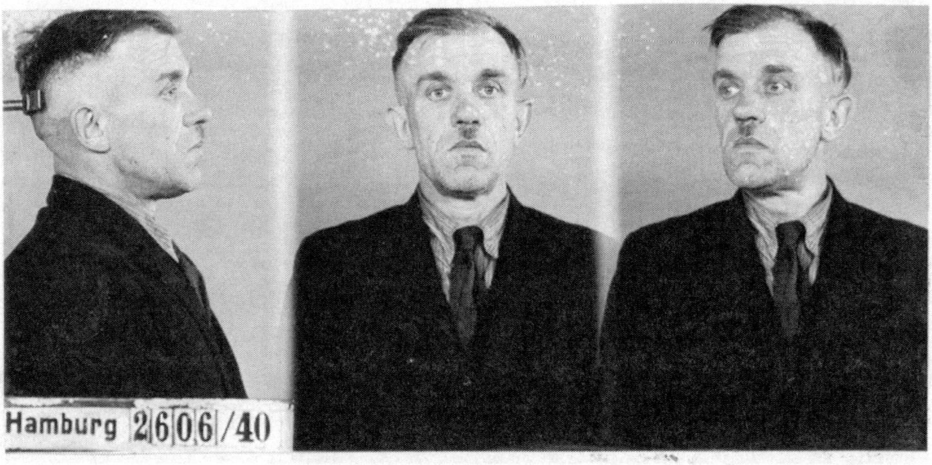

Erkennungsdienstliche Lichtbilder von Wilhelm Burmester, 1940.
LAV NRW R, RW 58, Nr. 53651

sich jedoch, dass er zumindest zeitweise in direktem Kontakt zu Hans Jahn stand, den er bereits aus seiner Gewerkschaftsarbeit während der Weimarer Republik kannte. Im Verhör durch die Gestapo gab er unter anderem zu, „in den Jahren [19]33 bis [19]35 verschiedentlich von Jahn aufgesucht" worden zu sein und diesem „verschiedene Treffs" mit anderen Gewerkschaftern vermittelt zu haben. Eine illegale Tätigkeit in der von Jahn „aufgezogenen illegalen Organisation" stellte Burmester jedoch „in Abrede".[179]

Für den „Ersatzmann" von Wilhelm Burmester, den gelernten Bäcker und später bei der Reichsbahn beschäftigten Gepäckträger Willi Schmidt, geboren am 2. August 1901 in Wandsbek, vor 1933 Betriebsrat im Bahnbetriebswerk in Hamburg, Mitglied des Hauptbetriebsrates der Deutschen Reichsbahn-Gesellschaft und unbesoldetes EdED-Vorstandsmitglied, lassen sich zwar keine Verbindungen zur Widerstandsgruppe des EdED belegen, jedoch illegale Aktivitäten im Rahmen einer sozialdemokratischen Widerstandsgruppe, weshalb ihn das Hanseatische Oberlandesgericht Hamburg am 12. Juni 1937 zu zwei Jahren und sechs Monaten Zuchthausstrafe verurteilte.

179 BArch, NJ 2229, Bd. 1, Bl. 34, Ermittlungsbericht der Gestapo Düsseldorf im Zusammenhang mit der Verfolgung illegaler EdED-Strukturen, August 1940.; vgl. auch Esters/Pelger/Schlingensiepen, Gewerkschafter im Widerstand, S. S. 68.

Wilhelm Kraft

Zu den Gaugrafen, über die bisher die Sekundärliteratur weitgehend schweigt, gehört Wilhelm Kraft, vor 1933 eines der unbesoldeten Mitglieder des EdED-Hauptvorstandes, Mitglied des Hauptbetriebsrates der Deutschen Reichsbahn-Gesellschaft und Betriebsrat im Bahnbetriebswerk Stuttgart-Rosenheim.[180] Sein Name findet lediglich als Gaugraf im „Organisationsplan" von Hans Jahn aus dem Jahr 1936 Erwähnung, allerdings ohne jeden konkreten Hinweis auf eventuelle Widerstandsaktivitäten.[181] Eine Auswertung des Briefwechsels zwischen Karl Molt und Hans Jahn lässt erkennen, dass Wilhelm Kraft zum Zeitpunkt der Abfassung des „Organisationsplanes" keineswegs bereits seine Zustimmung zur Mitarbeit als Gaugraf in der von Hans Jahn geleiteten EdED-/ITF-Widerstandsgruppe gegeben hatte.[182] Die Zurückhaltung von Wilhelm Kraft, sich einer Widerstandsgruppe anzuschließen, wird verständlich, wenn man berücksichtigt, dass Kraft – wie Erich H. Jacoby berichtet – im Frühjahr 1933 „von den Nazis, und besonders von der SA, wie ein Tier gejagt" wurde und wochenlang „keine Nacht mehr zuhause schlafen konnte".[183] Kraft sei, wie Molt am 30. April 1936 an Jahn schrieb, der „geeignete Mann", um den Widerstand in Württemberg zu leiten, da er noch immer „großen Einfluss auf die Kollegen ausübte".[184] „Daß es in Württemberg nicht weiter gekommen ist, daran ist er nicht unschuldig. Nur weil er nichts getan hat, das hat die anderen eben auch davon abgehalten."[185]

Gut ein Jahr später, am 19. August 1937, gelang es Karl Molt nach vielfältigen Versuchen, Wilhelm Kraft in die Widerstandsgruppe zu integrieren, weshalb er Hans Jahn die Erfolgsmeldung mitteilte: „Meinem persönlichen Einsatz ist es gelungen, ihn [Wilhelm Kraft] aus seiner Apathie, die viel auf seinen Krankheitszustand zurückzuführen ist, herauszuholen. Nachdem er überzeugt wurde, daß es Zweck hat u[nd] daß es viele brave u[nd] tapfere Kerle in unsere Reihen gibt, geht er jetzt mit seinem alten Elan an die Sache ran."[186] Diese Ein-

180 Vgl. zu Details die Angaben zu Wilhelm Kraft im biografischen Anhang.

181 Vgl. Buschak, „Arbeit im kleinsten Zirkel", 2., aktual. Aufl. 2015, S. 162; vgl. Esters/Pelger/Schlingensiepen, Gewerkschafter im Widerstand, S. 42. Alfred Gottwaldt verweist lediglich auf die Verbindung von Wilhelm Kraft mit Karl Molt in Süddeutschland. Vgl. Gottwaldt, Eisenbahner gegen Hitler, S. 70.

182 Vgl. den Briefwechsel von Hans Jahn und Karl Molt in: Mielke/Frese (Bearb.), Die Gewerkschaften im Widerstand und in der Emigration, S. 369 ff., 408 ff., 374 ff.

183 Ruth Jacoby/Felix Schikorski (Hrsg.), Mensch – Land – Gerechtigkeit. Die Erinnerungen Erich Hellmuth Jacobys (1903–1979) „Ein Leben im Spiegel der Zeit", Berlin 2013, S. 44.

184 Im Brief von Molt heißt es: „Willi [Kraft] wäre der geeignete Mann, um den Laden zu schmeißen." Vgl. Karl Molt, Rorschach/Schweiz, informiert Hans Jahn über seine Verbindungen ins Reich, 30. 4. 1936, abgedr. als Dok. 70 in: Mielke/Frese (Bearb.), Die Gewerkschaften im Widerstand und in der Emigration, S. 369 ff., hier S. 370.

185 Ebenda, S. 370.

186 AdsD, Bestand ITF, 5/ITFA, Mappe 17, Karl Molt, Rorschach/Schweiz, berichtet Hans Jahn über den Fortgang der illegalen Arbeit, 19. 8. 1937, abgedr. als Dok. 77 in: Mielke/Frese (Bearb.), Die Gewerkschaften im Widerstand und in der Emigration, S. 403–407, hier S. 404 f.

schätzung wurde offensichtlich von Hans Jahn geteilt, der ebenfalls Wilhelm Kraft „wieder in unsere Front eingegliedert“[187] sah.

Konkrete Angaben, inwieweit Wilhelm Kraft mit seinem „alten Elan“ die Aktivitäten der Widerstandsgruppe der Eisenbahner um Hans Jahn und Karl Molt unterstützte, konnten nicht eruiert werden. Auch die zahlreichen Angaben in der „Kartei zu Personen und Sachverhalten des antifaschistischen Widerstandskampfes“ erwähnen zwar die illegale Tätigkeit von Wilhelm Kraft für die ITF und seine Beteiligung am „Aufbau des Einheitsverbandes der Eisenbahn“,[188] sie enthalten jedoch keine weiteren Einzelheiten. Nach Angaben der Gestapo wurde Wilhelm Kraft zusammen mit 14 weiteren Gewerkschaftern wegen des Verdachts der „Vorbereitung zum Hochverrat“ am 21. Juli 1938 in Haft genommen und beim Geheimen Staatspolizeiamt in Berlin ein „Schutzhaftbefehl“ beantragt. Die festgenommenen Eisenbahner waren laut Gestapo im „illegalen Einheitsverband der Eisenbahner Deutschlands (Sektion des Internationalen Transportarbeiter-Verbandes) zum Teil seit Mai 1937 bis zu ihrer Festnahme als Funktionäre tätig. Geleitet wurde diese illegale Organisation von dem Emigranten (ehemaliger Gewerkschaftssekretär und Reichsbanner-Führer) Karl Molt.“[189] Nach dieser Darstellung wurde der Kontakt zu Wilhelm Kraft von Friedrich Züfle hergestellt. Von der Schweiz aus eingeführte illegale Druckschriften wurden von den Festgenommenen, darunter auch Wilhelm Kraft, weitergegeben.[190] In den Verhören bestritt Wilhelm Kraft, „jemals eine illegale Arbeit geleistet“ zu haben, und gab an, „nach der Machtübernahme nie [!] etwas von Jahn gehört zu haben“.[191]

Der zitierte Briefwechsel zwischen Molt und Jahn beweist das Gegenteil. Da ihm die Gestapo dies jedoch nicht nachzuweisen vermochte, wurde Wilhelm Kraft aus Mangel an Beweisen nach einigen Wochen aus der Haft entlassen. In der Anklageschrift und dem Urteil der seinerzeit verhafteten Gewerkschafter und im Urteil des Volksgerichtshofes gegen den Hauptangeklagten Fridolin Endraß finden sich daher keine Hinweise auf Wilhelm Kraft.[192]

187 Hans Jahn antwortet Karl Molt, Rorschach/Schweiz zur Organisation der illegalen Arbeit in Süddeutschland, 24. 8. 1937, abgedr. als Dok. 78 in: Mielke/Frese (Bearb.), Die Gewerkschaften im Widerstand und in der Emigration, S. 408–411, hier S. 408.

188 Vgl. SAPMO-BArch, Kartei zu Personen und Sachverhalten des antifaschistischen Widerstandskampfes (im Folgenden SAPMO-BArch, Widerstandskartei), Wilhelm Kraft.

189 BArch, R 58/3397, Bl. 189 ff., hier Bl. 190, Liste betr. ITF-Festnahmen wegen „Vorbereitung zum Hochverrat“ am 21. Juli 1938, o. D.

190 Vgl. ebenda, Bl. 191; vgl. auch die Angaben zu Franz Adlhoch im biografischen Anhang.

191 BArch, NJ 2229, Bd. 1, Bl. 36, Ermittlungsbericht der Gestapo Düsseldorf im Zusammenhang mit der Verfolgung illegaler EdED-Strukturen, August 1940.

192 Vgl. Urteil des VGH 6J374/38g-1H37-39 gegen Fridolin Endraß und Josef Riedlin, 25. 11. 1939, in: Nationalsozialismus, Holocaust, Widerstand und Exil 1933–1945, Online-Datenbank; ferner Der Oberreichsanwalt beim VGH – Anklageschrift 6J374/38G, 5. 7. 1938 und Urteil des VGH 6J374/39-1H51-39, 26. 11. 1939 gegen Jakob Müller, Friedrich Mößner, Reinhold Beck und Eugen Schweizer. Auch Krafts Ehefrau Agathe, geb. Altenburger, deren Name auf einer späteren Version des „Organisationsplanes“ von Hans

Franz Adlhoch

Auch Franz Adlhoch behauptete 1940 im Verhör der Gestapo, „jede illegale Arbeit unterlassen“[193] zu haben, obwohl zahlreiche Hinweise ihn aus Sicht der Gestapo als Widerständler erscheinen ließen. Auffällig sei, so kommentierte die Gestapo, dass er mit Jahn „eine Deckadresse vereinbart[e]“.[194] Als Deckadresse diente die Anschrift von Richard Leege, dessen „Tochter [...] als Angestellte auf dem Büro dieses Verbandes [EdED] in Augsburg tätig“[195] war. Ein anderes EdED-Mitglied, der sozialdemokratische Gewerkschafter Anton Müller, Betriebsrat der Bahnhofsstation in Augsburg, gab im Verhör an, „im Auftrage des Adlhoch [...] 34/35 verschiedentlich Jahn in Berlin aufgesucht“ zu haben. Die Gestapo bezweifelte die Darstellung von Müller, diese Kontakte hätten lediglich dazu gedient, Mitteilungen „über die bekannte Unterstützungsangelegenheit der Gewerkschaften“ zu überbringen. Auch Anton Müller behauptete, weder von Hans Jahn noch von Franz Adlhoch von einer illegalen Organisation etwas erfahren zu haben und stellte jede illegale Betätigung in Abrede.[196] Die Ehefrau von Franz Adlhoch, Josefa, geborene Radl, gab im Verhör zwar zu, „dass ihr Mann vor allem in den ersten Jahren nach der Machtübernahme recht häufig von alten Genossen aufgesucht wurde“[197] – darunter auch von Hans Jahn und Hugo Bachmann – und bestätigte, dass ihr Mann verschiedentlich Post aus Luxemburg erhalten hatte. Über den Inhalt der Gespräche mit den ehemaligen Gewerkschaftern und der Post aus Luxemburg machte sie jedoch keinerlei Angaben.

Zu den „alten Gewerkschaftern“, die Franz Adlhoch nach der Machtübernahme im Frühjahr 1933 aufsuchten, gehörte auch Josef Wittmann, Verbindungs- und Vertrauensmann des aus Augsburg stammenden ehemaligen DMV-Funktionärs Valentin Baur, der von der Schweiz aus versuchte, ein Widerstandsnetzwerk gegen das NS-Regime aufzubauen.[198] Franz Adlhoch lehnte jedoch wegen der „Arbeitsmethoden Baurs“ eine Zusammenarbeit mit diesem und Wittmann ab. Die persönlichen Besuche von Hans Jahn, die nach seiner Flucht in die Niederlande von Hugo Bachmann fortgeführt wurden, die Einrichtung einer Deckadresse und die von Adlhoch veranlassten Besuche von Müller bei Jahn in Berlin, lassen vermu-

Jahn erwähnt wurde, bestritt „jede politische Betätigung auch nach der Machtübernahme“. BArch, NJ 2229, Bd. 1, Bl. 36, Ermittlungsbericht der Gestapo Düsseldorf im Zusammenhang mit der Verfolgung illegaler EdED-Strukturen, August 1940.

193 Zu den biografischen Daten und zum Verhörprotokoll vgl. insbesondere BArch, NJ 2229, Bd. 1, Bl. 37 f., Ermittlungsbericht der Gestapo Düsseldorf im Zusammenhang mit der Verfolgung illegaler EdED-Strukturen, August 1940.

194 Ebenda.

195 Ebenda.

196 Vgl. ebenda.

197 Ebenda.

198 Zu Josef Wittmann und Valentin Baur vgl. Siegfried Mielke, Valentin Baur (1891–1971), in: Mielke/Heinz (Hrsg.) unter Mitarb. von Pietsch, Emigrierte Metallgewerkschafter im Kampf, S. 73–87.

ten, dass die Aufforderung von Hans Jahn „zur illegalen Mitarbeit und Berichterstattung" zu einem Engagement in Jahns Widerstandsgruppe führten.[199]

Hermann Fraatz

Eine parteipolitische Ausnahme unter den Gaugrafen im „Organisationsplan" von Hans Jahn bildete der ehemalige kommunistische Stadtverordnete, Betriebsrat und Gewerkschaftsfunktionär Hermann Fraatz.[200] Fraatz war 1930 aus der KPD ausgeschlossen worden, weil er nicht bereit war, den Linksschwenk in der Gewerkschaftspolitik der KPD, insbesondere die Bildung der RGO und der „Roten Verbände", mitzutragen.[201] Fraatz, der vor 1933 sowohl Vorsitzender des Betriebsrates des Reichsbahnausbesserungswerkes Göttingen war als auch die Funktion eines Zweiten Vorsitzenden der EdED-Ortsverwaltung innegehabt hatte,[202] gehörte zu den Gewerkschaftsfunktionären, die bereits „Ende 1933 von Jahn persönlich aufgesucht"[203] wurden. Nach Darstellung von Helmut Esters/Hans Pelger/Alexandra Schlingensiepen, die sich in ihrer Darstellung unter anderem auf ein schriftliches Interview mit Oskar Schmitt, der Ostern 1935 an der „Roskilder Konferenz" in Dänemark teilgenommen hatte, berufen,[204] traf Jahn auch 1934 in Göttingen mit Fraatz, Schmitt, Walter Fassauer und anderen zusammen.[205] Nach Jahns Flucht in die Niederlande übernahm Hugo Bachmann die Funktion des Verbindungsmannes zwischen Jahn und dem Göttinger Gaugrafen Hermann Fraatz. Hugo Bachmann übernahm „ähnlich wie Jahn es bis 1935 getan hatte, mindestens einmal im Monat eine Rundreise", auf der er in Göttingen und Kassel unter anderem Hermann Fraatz und Oskar Schmitt aufsuchte.[206]

199 Auch die ehemalige stellvertretende Vorsitzende des DGB-Bezirks Bayern, Heide Langguth, kommt zu dem Ergebnis, dass Franz Adlhoch, der als NS-Regimegegner bereits 1933 das erste Mal verhaftet wurde, „im Netz der Widerstandsgruppe um Hans Jahn" mitarbeitete. Vgl. PA Siegfried Mielke, Berlin, Heide Langguth, Gedenken an die Opfer des Nationalsozialismus, Rede in der Gedenkstätte Dachau, 8. 11. 2009; ferner LAV NRW R, RW 58, Nr. 68279, Unterlagen der Gestapo Düsseldorf.

200 Den Angaben der Gestapo zufolge war Fraatz ursprünglich 1919 der USPD beigetreten. Vgl. BArch, NJ 2229, Bd. 1, Bl. 44, Ermittlungsbericht der Gestapo Düsseldorf im Zusammenhang mit der Verfolgung illegaler EdED-Strukturen, August 1940; auch die Angaben zu Hermann Fraatz im biografischen Anhang.

201 Vgl. StA Göttingen, Die Einheitsfront – Organ der KPD-Göttingen (1931) 1, 30. 1. 1931, S. 5, „Weshalb hat die KPD das langjährige Mitglied Hermann Fraatz ausgeschlossen?".

202 Vgl. BArch, NJ 2229, Bd. 1, Bl. 44, Ermittlungsbericht der Gestapo Düsseldorf im Zusammenhang mit der Verfolgung illegaler EdED-Strukturen, August 1940.

203 Ebenda.

204 Vgl. genauer AdsD, Bestand ITF, 5/ITFA, Mappe 96, Interview mit Oskar Schmitt (geführt von Horst Meister), 25. 11. 1963.

205 Vgl. Esters/Pelger/Schlingensiepen, Gewerkschafter im Widerstand, S. 40.

206 Vgl. ebenda, S. 59; ferner Buschak, „Arbeit im kleinsten Zirkel", 2., aktual. Aufl. 2015, S. 155: „In Leipzig gewann Jahn Franz Poralla und Max Kellner für die ITF, in Göttingen den ehemaligen Betriebsratsvorsitzenden des Reichsbahnausbesserungswerkes, Hermann Fraatz."

Hinweise auf Verbindungen zwischen Jahn und Fraatz enthält auch das Urteil des Volksgerichtshofes gegen Wilhelm Bode, Frieda Jahn und Arie Treurniet vom April 1942. So erhielt Wilhelm Bode, der Jahn in Amsterdam nach der Verhaftung von Bachmann aufgesucht hatte, von diesem den Auftrag, verschiedene ehemalige EdED-Funktionäre, darunter Hermann Fraatz, „an[zu]laufen".[207] Wilhelm Bode bestritt zwar, dieser Aufforderung nachgekommen zu sein und gab lediglich zu, Hermann Fraatz zu Ostern Grüße übermittelt zu haben, um die „innere Verbundenheit mit den alten Anhängern der freien Gewerkschaften zu betonen."[208] Quellen über die konkreten Aktivitäten von Fraatz in Zusammenarbeit mit Jahn und der ITF liegen nicht vor.

Carl Schnakenberg

In Verdacht, Widerstand gegen das NS-Regime geleistet zu haben, geriet 1940 auch Carl Johann Schnakenberg, geboren am 1. Oktober 1887 in Grasberg, Kreis Osterholz. Schnakenberg, von Beruf Lokomotivführer, gehörte zunächst als Mitglied der Gewerkschaft Deutscher Lokomotivführer an, wechselte später jedoch zum EdED, für den er die Funktion eines Beamtenrates ausübte.[209] Parteipolitisch gehörte er am Ende der Weimarer Republik dem ISK an und stand nach 1933 offenbar mit dem nach Großbritannien emigrierten ISK-Vorsitzenden Willi Eichler in Verbindung.[210]

Im Frühjahr 1936 kommentierte Hans Jahn die Arbeit in den einzelnen Gauen der von ihm geleiteten Widerstandsgruppe und stellte im Hinblick auf den Gau Oldenburg, der von Schnakenberg angeführt wurde, fest, dass „zwar die laufende Verbindung zu Wünschen übrig" lasse, aber die Person des Gaugrafen sowie „die bereits vorhandenen Funktionäre [...] für Aufrechterhaltung des Kaders"[211] bürgten.

In einem Brief vom 2. Dezember 1937 teilte Hans Jahn dem ITF-Generalsekretär Edo Fimmen mit: „Mit Schnakenberg – Bremen habe ich über Willi E[ichler] Verbindung aufnehmen können, die – so hoffe ich – uns nach Norddeutschland wieder festen Anschluß schafft."[212] Ob diese Kontaktaufnahme zu einer erneuten Mitarbeit in der von Hans Jahn

207 Urteil des VGH 2H 17/42-9J 237/40 gegen Wilhelm Bode u. a., 8. 4. 1942, Bl. 10, in: Nationalsozialismus, Holocaust, Widerstand und Exil 1933–1945, Online-Datenbank.

208 Ebenda, Bl. 15.

209 Vgl. auch die Angaben zu Carl Schnakenberg im biografischen Anhang.

210 Vgl. die Angaben zu Willi Eichler im biografischen Anhang.

211 AdsD, Bestand ITF, 5/ITFA, Mappe 46, „Organisations-Anlage" von Hans Jahn über den Stand der illegalen Organisation der Eisenbahner im Deutschen Reich, o. D. [1. 3. 1936], abgedr. als Dok. 69 in: Mielke/Frese (Bearb.), Die Gewerkschaften im Widerstand und in der Emigration, S. 359–368, hier S. 367.

212 AdsD, Bestand ITF, 5/ITFA, Mappe 23, Hans Jahn berichtet Edo Fimmen über die Entwicklung seiner illegalen Arbeit im Reich und über seine Kontakte zu anderen freigewerkschaftlichen Gruppen in der Emigration, 2. 12. 1937, abgedr. als Dok. 81 in: Mielke/Frese (Bearb.), Die Gewerkschaften im Widerstand und in der Emigration, S. 416–419, hier S. 416.

geführten Widerstandsgruppe führte, konnte nicht geklärt werden. Im Gestapo-Verhör am 26. Juli 1940 gab Karl Köster, „Ersatzmann" von Schnakenberg in dessen Funktion als Gaugraf[213] an, nach seiner Entlassung im Juli 1933 Schnakenberg, den er bereits viele Jahre vor der Zeit der Machtübernahme der Nationalsozialisten kannte, „noch etwa drei- oder viermal" auf der Straße und in der „Wirtschaft von Gardelmann an der Plantage" getroffen zu haben, zuletzt im Jahre 1935. Er habe Schnakenberg auch einmal in dessen Wohnung aufgesucht, um der Tochter Schnakenbergs eine Versicherung zu vermitteln. Die Gespräche zwischen ihm und Schnakenberg bezogen sich jedoch angeblich ausschließlich auf „persönliche Angelegenheiten". Eine illegale Betätigung von Schnakenberg sei ihm nicht bekannt. Hätte er „davon gewusst", hätte er Schnakenberg „bestimmt davon abgeraten".[214] Er selbst habe sich an keinerlei illegalen Aktivitäten beteiligt. Nach seinen Angaben im Verhör betonte Köster, „keine Verbindungen mit Jahn, Schnakenberg, Haltenhof oder einer anderen Person zwecks illegaler Betätigung für die ITF"[215] gehabt zu haben. Wenn Hans Jahn ihn „als seinen Vertrauensmann bezeichnet und [...] als Ersatzmann für den Gau Oldenburg, Vorort Bremen eingesetzt" habe, könne er nicht erklären, „wie er dazu gekommen" sei. Er kann es „nur aus dem Grunde gemacht haben", weil er ihn (Karl Köster) „als früheren Bevollmächtigten des Eisenbahnerverbandes gekannt"[216] habe.

Nach Darstellung von Rüdiger Zimmermann hatte Karl Köster jedoch bereits im „August [1933] illegale Kontakte zur ITF in den Niederlanden"[217] aufgenommen und war im Frühjahr 1935 von Hans Jahn kontaktiert worden. Trotz seiner Beteuerung, illegal nicht aktiv gewesen zu sein, wurde Karl Köster am 24. Juli 1940 ein drittes Mal festgenommen, in einem Bremer Gefängnis inhaftiert und erst Ende des Jahres 1940 wieder freigelassen, vermutlich aus Mangel an Beweisen.[218] Danach arbeitete er als Dreher bei den Bremer „Borgward"-Werken.

Schnakenberg selbst, der 1940 als Lokomotivführer an der Front eingesetzt war, blieb von einer Verhaftung verschont. Sein weiterer Lebensweg bleibt ungeklärt.[219] Da nach Aussage des Staatsarchivs Bremen vom 10. August 2015 keine Entschädigungsakte existiert, ist zu vermuten, dass Schnakenberg auch in den folgenden Jahren nicht inhaftiert wurde. Eine

213 Vgl. die Angaben zu Karl Köster im biografischen Anhang und insbesondere Rüdiger Zimmermann, 100 Jahre ÖTV. Die Geschichte einer Gewerkschaft und ihrer Vorläuferorganisationen. Biographien, Frankfurt a. M. 1996, S. 119–121.

214 BArch, NJ 2229, Bd. 2, Bl. 117 f., Unterlagen der Gestapo zur Verfolgung.

215 Ebenda, Bl. 118.

216 Ebenda.

217 Rüdiger Zimmermann, 100 Jahre ÖTV, S. 119–121, hier S. 119.

218 Vgl. ebenda, S. 120.

219 Auch eine Publikation von Inge Marßolek und René Ott über Bremen im „Dritten Reich" enthält lediglich den Hinweis auf die Funktion Schnakenbergs als Gauleiter im „Organisationsplan" von Hans Jahn. Inge Marßolek/René Ott, Bremen im Dritten Reich. Anpassung, Widerstand und Verfolgung, Bremen 1986, S. 227, 485.

Kopie des Meldebogens, der im Rahmen der Entnazifizierung nach Kriegsende angefertigt wurde, belegt, dass Schnakenberg weiterhin bei der Deutschen Reichsbahn beschäftigt war und dass er nach 1945 keiner Partei angehörte.[220] Dem am 14. Juli 1947 von Schnakenberg ausgefüllten „Meldebogen aufgrund des Gesetzes zur Befreiung vom Nationalsozialismus und Militarismus vom 5. März 1946" lässt sich entnehmen, dass der Gewerkschafter weder der NSDAP noch einer ihrer Nebenorganisationen angehört hatte.[221]

Gaugrafen in der Widerstandsgruppe um Hans Jahn und Mitglieder des Widerstandsnetzwerkes im Rahmen der „Allgemeinen Krankengeldzuschuß- und Sterbekasse V. V. a. G.": Friedrich Gückel, Georg Vogel, Oskar Vongerichten

Da Friedrich Gückel, Georg Vogel und Oskar Vongerichten, die dem „Organisationsplan" von Hans Jahn aus dem Jahr 1936 zufolge als Gaugrafen für Hannover, Nordbayern bzw. die Pfalz fungierten, gleichzeitig wichtige Positionen in der „Allgemeinen Krankengeldzuschuß- und Sterbekasse V. V. a. G." innehatten, drängt sich die Frage auf, ob es einen Informationsaustausch zwischen der Widerstandsgruppe um Hans Jahn und dem Widerstandsnetzwerk der Kasse um Karl Blaß, Richard Hölzcker, Paul Pröh und anderen gab. Da auch Max Kellner, Gaugraf von Sachsen, in seinem Bericht über den Widerstand ehemaliger EdED-Funktionäre in Sachsen[222] auf die Bestrebungen ehemaliger Eisenbahngewerkschaftsfunktionäre in der „Allgemeinen Krankengeldzuschuß- und Sterbekasse V. V. a. G." bzw. deren Vorläuferorganisationen eingeht und Karl Pieper – als Bürge in einer eidesstattlichen Erklärung – Blaß bestätigt, dass dieser ihm als „echter Antifaschist" bekannt sei, liegt die Vermutung nahe, dass die personellen Überschneidungen beider Gruppen auch zu einem Gedankenaustausch geführt haben. Auf der Grundlage der bislang bekannten Quellen lässt sich diese Vermutung allerdings nicht hinreichend belegen. Da auf das Widerstandsnetzwerk in der „Allgemeinen Krankengeldzuschuß- und Sterbekasse V. V. a. G." im Kapitel dieser Studie über die Widerstandsaktivitäten der ehemaligen EdED-Hauptvorstandsmitglieder Karl Blaß und Richard Hölzcker eingegangen wird,[223] werden im Folgenden lediglich die Aktivitäten von Gückel, Vogel und Vongerichten in der Widerstandsgruppe um Hans Jahn genauer untersucht.

220 Auch über Nachkommen der am 10. Juni 1914 in Bremen geborenen Tochter Meta Anna Schnakenberg konnten keine weiteren Informationen eruiert werden.

221 Vgl. Staatsarchiv Bremen, Meldebogen im Rahmen der Entnazifizierung 4,66/II, Schnakenberg, Carl Johann, 14. 7. 1947.

222 Vgl. auch AdsD, NL Max Kellner, 1/MKAE00022, „Ausschnitt aus der Widerstandsbewegung der deutschen Eisenbahner, insbesondere im Lande Sachsen mit Schwerpunkt Leipzig", o. D.

223 Vgl. genauer das Kap. 5.4.4.

Friedrich Gückel

Friedrich Gückel, vor 1933 ehrenamtliches Hauptvorstandsmitglied des EdED und Mitglied des Haupt- und Bezirksbetriebsrates der Deutschen Reichsbahn, gehörte 1940 zu den ehemaligen EdED-Funktionären, die im Verhör durch die Gestapo strikt leugneten, nach 1933 in irgendeiner Form illegal tätig gewesen zu sein.[224] Zum Verhältnis zu Hans Jahn befragt, behauptete er, „nie wieder etwas von ihm gehört“[225] und nichts von der Existenz einer illegalen Eisenbahnerorganisation gewusst zu haben. Diese „Schutzbehauptung“ wurde bereits in der Veröffentlichung von Helmut Esters, Hans Pelger und Alexandra Schlingensiepen widerlegt.[226] Nach Angaben von Hans Jahn gehörte Gückel neben anderen zu den Mitgliedern der von ihm geleiteten Widerstandsgruppe, die über die „Illegale Reichsleitung“ der Gewerkschaften bzw. die ITF-Leitung zu erreichen waren.[227]

Nach Hans Jahns Emigration in die Niederlande hielt Hugo Bachmann im Auftrag von Jahn die Verbindung zu den Gaugrafen aufrecht und traf „nachweislich [auch] mit Friedrich Gückel (Hannover)“[228] zusammen. Später erhielt Wilhelm Bode bei einem Treffen mit Hans Jahn in Amsterdam den Auftrag, einige der Gaugrafen „an[zu]laufen“, darunter auch Friedrich Gückel.[229] Konkrete Hinweise auf Gückels Aktivitäten als Gaugraf im Gau Hannover, z. B. hinsichtlich der im „Organisationsplan“ (1936) von Hans Jahn genannten Stützpunkte in Münden (heute: Hannoversch Münden), Löhne, Stendal und Hannover selbst, ließen sich weder in den Protokollen der Gestapo-Verhöre noch in anderen zeitgenössischen Quellen finden. Im Frühjahr 1936 war Hans Jahn ganz offenkundig nicht mit der illegalen gewerkschaftlichen Arbeit von Friedrich Gückel zufrieden, wie sein Fazit verdeutlicht: „Der Gau Hannover macht Sorge. Deshalb nimmt der Bezirksleiter von Hamm [Leopold Radtke] Verbindungen bis in den Gau Hannover hinein auf. Des weiteren kann von Stendal aus durch W.[ilhelm] Ebeling der Gau neu bearbeitet werden.“[230]

224 Vgl. die Angaben zu Friedrich Gückel im biografischen Anhang; vgl. auch BArch, NJ 2229, Bd. 1, Bl. 37, Ermittlungsbericht der Gestapo Düsseldorf, Verhör Friedrich Gückel und Wilhelm Meyer (EdED-Sekretär und Betriebsratsmitglied), August 1940.

225 Ebenda.

226 Vgl. Esters/Pelger/Schlingensiepen, Gewerkschafter im Widerstand, S. 59; ferner Buschak, „Arbeit im kleinsten Zirkel“, 1. Aufl. 1993, S. 84.

227 Hans Jahn diskutiert rückblickend die Möglichkeiten für den Wiederaufbau der Gewerkschaften und die künftige Organisationsform im Jahr 1936, o. D., abgedr. als Dok. 36 in: Mielke/Frese (Bearb.), Die Gewerkschaften im Widerstand und in der Emigration, S. 234–238, hier S. 238.

228 Esters/Pelger/Schlingensiepen, Gewerkschafter im Widerstand, S. 59.

229 Urteil des VGH 2H17/42-9J237/40 gegen Wilhelm Bode u. a., 8. 4. 1942, Bl. 10, in: Nationalsozialismus, Holocaust, Widerstand und Exil 1933–1945, Online-Datenbank.

230 Vgl. AdsD, Bestand ITF, 5/ITFA, Mappe 46, „Organisations-Anlage“ von Hans Jahn über den Stand der illegalen Organisation der Eisenbahner im Deutschen Reich, o. D. [1. 3. 1936], abgedr. als Dok. 69 in: Mielke/Frese (Bearb.), Die Gewerkschaften im Widerstand und in der Emigration, S. 359–368, hier S. 367.

Da Karl Blaß in seinem „Antrag auf Anerkennung als Opfer des Faschismus" unter anderem auch Friedrich Gückel als Zeugen für seine Widerstandstätigkeit angibt, ist davon auszugehen, dass Gückel zumindest in Kontakt mit dem Widerstandsnetzwerk in der „Allgemeinen Krankengeldzuschuß- und Sterbekasse V. V. a. G." stand.[231]

Georg Vogel

Georg Vogel,[232] Gaugraf für Nordbayern, und sein „Ersatzmann" Johann Emmert[233] gehören zu den Funktionären des EdED, über die bisher – abgesehen von ihrer Erwähnung im „Organisationsplan" von Hans Jahn – keinerlei Hinweise in der Sekundärliteratur existieren. Jahn selbst nennt in der Anlage zu seinem Memorandum von 1936 über den „Wiederaufbau der freien Gewerkschaften" unter den für „die ITF infrage kommenden Personen" auch Georg Vogel und Johann Emmert. Er fügte ergänzend hinzu: „Die vorgenannten Funktionäre sind über die Reichsleitung bezw. Internationale [ITF] zu erreichen."[234] Unstrittig sind Kontakte zwischen Hans Jahn und Georg Vogel, der nach eigener Aussage in den Jahren 1933 und 1934 von Jahn „persönlich in seiner Wohnung aufgesucht"[235] wurde. Dabei wurde offensichtlich auch über Jahns Pläne für eine „Weiterführung der Gewerkschaften für die Zukunft" gesprochen. Nach Angaben der Gestapo hatte Vogel zugegeben, auch mit „verschiedenen seiner alten Bekannten" Jahns Pläne durchgesprochen zu haben, doch seien sie angeblich alle zu einem ablehnenden Standpunkt gelangt.[236] Einer dieser Bekannten war offenbar Leonhard Stellinger, NSDAP-Mitglied aus Augsburg, der von „Jahn und Vogel einmal aufgesucht" worden war. Nach Stellingers Angaben dienten die Besuche „nur der Erledigung von Versicherungsangelegenheiten". „Von einer illegalen Betätigung" sei ihm „nichts bekannt geworden."[237] Als weiteres Ergebnis des Verhörs von 1940 nennt das von der Gestapo angefertigte Protokoll zwei von Vogel erwähnte Besuche von Hugo Bachmann. Nach Vogels Angaben hatte Bachmann beim zweiten Versuch, ein Treffen mit ihm zu arrangieren, ihn jedoch nicht angetroffen.[238] Im Frühjahr 1936 kommentierte Hans Jahn seinen eigenen „Organisationsplan": „Die

231 Vgl. BLHA, Rep. 401, Rat des Bezirkes Potsdam, VdN-Akte Nr. 224, Antrag von Karl Blaß auf Anerkennung als OdF, Mai 1946.

232 Vgl. die Angaben zu Georg Vogel im biografischen Anhang.

233 Vgl. die Angaben zu Johann Emmert im biografischen Anhang.

234 Hans Jahn diskutiert rückblickend die Möglichkeiten für den Wiederaufbau der Gewerkschaften und die künftige Organisationsform im Jahr 1936, o. D., abgedr. als Dok. 36 in: Mielke/Frese (Bearb.), Die Gewerkschaften im Widerstand und in der Emigration, S. 234–238, hier S. 238.

235 Vgl. BArch, NJ 2229, Bd. 1, Bl. 42, Ermittlungsbericht der Gestapo Düsseldorf im Zusammenhang mit der Verfolgung illegaler EdED-Strukturen, August 1940.

236 Vgl. ebenda.

237 Ebenda, Bl. 38 f. Da für Augsburg Franz Adlhoch als Gaugraf zuständig war, könnte es sich beim Besuch von Georg Vogel auch um eine Anwerbung für die „Allgemeine Krankengeldzuschuß- und Sterbekasse V. V. a. G." gehandelt haben.

238 Vgl. ebenda, Bl. 42.

Gaue Thüringen, Nordbayern und Württemberg hängen zur Zeit in der Luft",[239] das heißt, dass Georg Vogel ab 1936 seine Mitarbeit als Gaugraf in der Widerstandsgruppe um Hans Jahn weitgehend eingestellt hatte. Darauf deuten auch Aussagen von Johann Emmert, dem „Ersatzmann" von Georg Vogel, hin, der im Gestapo-Verhör zugab, dass es „Unterhaltungen mit Vogel hauptsächlich in den Jahren unmittelbar nach der nationalen Erhebung" gegeben habe, die „nicht dazu beigetragen" hätten, ihm „den Nationalsozialismus näherzubringen"; sie hätten „vielmehr das Gegenteil bewirkt."[240] Spätere Aktivitäten im Rahmen einer Widerstandsgruppe leugnete Emmert.

Oskar Vongerichten

Im Unterschied zu der Arbeit von Georg Vogel und Friedrich Gückel als Gaugrafen in der illegalen Gruppe, die Hans Jahn im Frühjahr 1936 „in der Luft" hängen sah, bezeichnete Jahn unter anderem die Arbeit in „Südwestdeutschland" – gemeint ist der von Oskar Vongerichten geleitete Gau „Pfalz-Baden" – als „zufriedenstellend".[241] Ebenfalls im Jahr 1936 nannte Hans Jahn Oskar Vongerichten als einen der Funktionäre, die über die „Reichsleitung" bzw. „Internationale [ITF] zu erreichen" seien.[242] Wie Friedrich Gückel und Georg Vogel gehörte Oskar Vongerichten vor 1933 als Vorsitzender des Bezirksbetriebsrates bei der Eisenbahndirektion Ludwigshafen und als Mitglied des Hauptbetriebsrates der Deutschen Reichsbahn-Gesellschaft sowie als Mitglied des Zentralen EdED-Beirates zu den Gaugrafen, die vor 1933 über den lokalen Bereich hinaus über einen gewissen Einfluss in der Organisation des EdED verfügten.[243] Verglichen mit den hauptamtlichen Funktionären besaß Oskar Vongerichten jedoch vor 1933 nur einen geringen Bekanntheitsgrad. Im Verhör durch die Gestapo bestritt er, „sich seit 1933 illegal betätigt zu haben"; er habe zwar von Hans Jahn „jedes Jahr zum Jahreswechsel eine Karte bekommen" und einmal auch von Wilhelm Bode, die er jedoch nicht beantwortet habe. Außerdem sei er „einmal von einem Unbekannten angelaufen worden", der ihm Grüße von einem ehemaligen „emigrierten Funktionär Bögler [gemeint ist Franz

239 Vgl. AdsD, Bestand ITF, 5/ITFA, Mappe 46, „Organisations-Anlage" von Hans Jahn über den Stand der illegalen Organisation der Eisenbahner im Deutschen Reich, o. D. [1. 3. 1936], abgedr. als Dok. 69 in: Mielke/Frese (Bearb.), Die Gewerkschaften im Widerstand und in der Emigration, S. 359–368, hier S. 367.

240 BArch, NJ 2229, Bd. 2, Bl. 148, Unterlagen der Gestapo zur Verfolgung.

241 Vgl. AdsD, Bestand ITF, 5/ITFA, Mappe 46, „Organisations-Anlage" von Hans Jahn über den Stand der illegalen Organisation der Eisenbahner im Deutschen Reich, o. D. [1. 3. 1936], abgedr. als Dok. 69 in: Mielke/Frese (Bearb.), Die Gewerkschaften im Widerstand und in der Emigration, S. 359–368, hier S. 367.

242 Hans Jahn diskutiert rückblickend die Möglichkeiten für den Wiederaufbau der Gewerkschaften und die künftige Organisationsform im Jahr 1936, o. D., abgedr. als Dok. 36 in: Mielke/Frese (Bearb.), Die Gewerkschaften im Widerstand und in der Emigration, S. 234–238, hier S. 238.

243 Vgl. die Angaben zu Oskar Vongerichten im biografischen Anhang.

Bogler] und von Jahn überbracht habe, doch habe auch dieser Unbekannte [vermutlich Hugo Bachmann] nicht versucht, ihn für eine illegale Arbeit zu gewinnen."[244]

In seiner „Organisationsskizze" (Stand: 1. Dezember 1938)[245] bezeichnet Hans Jahn Oskar Vongerichten weiterhin als eine seiner aktiven „Reichsverbindungen". Auch der sozialdemokratische Eisenbahner Julius Kuhn – der „Ersatzmann" von Oskar Vongerichten in der Funktion des Gaugrafen – und August Baum, der von 1919 bis 1933 als EdED-Bezirksleiter in Ludwigshafen eine wichtige Funktion ausgeübt hatte, gehörten Ende der 1930er-Jahre noch zur Widerstandsgruppe der Eisenbahner. Im Verhör behaupteten jedoch beide „nichts von Jahn [...] gehört" (Julius Kuhn) oder lediglich mit ihm „zufällig zusammengekommen" (August Baum) zu sein und „nie politische Themen bei diesen Zusammenkünften besprochen [zu] haben".[246] Nach den Angaben von August Baum sei es auch „einige Male vorgekommen", dass er sich mit Oskar Vongerichten „aus familiären Gründen in der Wohnung"[247] getroffen habe. August Baum, dessen Name offensichtlich in den bei Hans Jahn beschlagnahmten Unterlagen verzeichnet war, und dem die Gestapo vorwarf, sich „in den Jahren 1933 bis in die jüngste Zeit [1940] illegal gewerkschaftlich betätigt" zu haben, erklärte, sein Name könne nur „zum Zwecke der Täuschung in einem Bericht erwähnt"[248] worden sein. In einem weiteren Verhör am 6. August 1940 schloss er jedoch nicht aus, in brieflichem Kontakt mit ehemaligen EdED-Funktionären gestanden zu haben und nannte in diesem Zusammenhang Leonhard Horlacher. Auf Vorhaltungen gab er zu, mit diesem einige Briefe gewechselt zu haben, die jedoch lediglich der Rückvergütung der eingezahlten Beiträge in die „Unterstützungsvereinigung der in der modernen Arbeiterbewegung tätigen Angestellten" betrafen.[249] Da die Gestapo August Baum keine illegalen Aktivitäten nachweisen konnte, musste sie ihn nach zwei Wochen aus seiner (dritten) „Schutzhaft" entlassen.[250]

Aus dem Antrag auf Haftentschädigung vom 8. August 1950 von Julius Kuhn – dem „Ersatzmann" von Oskar Vongerichten als Gaugraf – geht hervor, dass Kuhn während des „Dritten Reiches" insgesamt vier Mal in Haft war. Das erste Mal vom 16. März 1933 bis 1. Mai

244 BArch, NJ 2229, Bd. 1, Bl. 40, Ermittlungsbericht der Gestapo Düsseldorf im Zusammenhang mit der Verfolgung illegaler EdED-Strukturen, August 1940.

245 Vgl. die Abbildung auf S. 745; BArch, R 3017/29433, Bl. 4, „Organisationsskizze" von Hans Jahn, 1. 12. 1938.

246 Ebenda.

247 BArch, NJ 2229, Bd. 2, Bl. 90, Polizeiliche Beschuldigtenvernehmung, Aussage von August Baum vor der Gestapo, 26. 7. 1940.

248 Ebenda, Bl. 91.

249 Ebenda.

250 August Baum war erstmals vom 23. März 1933 bis 1. April 1933 im Ludwigshafener Gerichtsgefängnis in „Schutzhaft", das zweite Mal vom 2. Mai 1933 bis 29. Mai 1933 im „Alten Gefängnis" in Ludwigshafen. Vom 22. August 1944 bis 4. September 1944 wurde er ein viertes Mal im Gerichtsgefängnis in Landau in „Schutzhaft" genommen. Vgl. die Angaben im biografischen Anhang; Amt für Wiedergutmachung Rheinland-Pfalz, Saarburg, VA LEG 1042, Entschädigungsunterlagen von August Baum.

1933 im Polizeigefängnis Kaiserslautern, das zweite Mal vom 8. bis 22. Juni 1933 im Amtsgerichtsgefängnis von Kaiserslautern, das dritte Mal 13. August 1933 bis 26. Oktober 1933 in Untersuchungshaft im Polizeigefängnis Kaiserslautern und das vierte Mal im Zusammenhang mit den Ermittlungen der Gestapo zum „Organisationsplan" (1938) von Hans Jahn vom 25. Juli 1940 bis 6. August 1940 im Gestapogefängnis Neustadt a. d. Weinstraße.[251] Julius Kuhn war zweifellos von Anfang an ein Gegner des Nationalsozialismus. Dies belegt unter anderem das Entlassungsschreiben der Leitung des Reichsbahnausbesserungswerkes Kaiserslautern, in dem sich Kuhn viele Jahre vor 1933 als Betriebsratsvorsitzender engagiert hatte. In diesem Schreiben heißt es: „Die Belegschaften des RAW und des BW [Betriebswerkes] Kaiserslautern lehnen Sie als Mitarbeiter infolge politischer Gegensätze ab."[252] Einer „Personenüberprüfung des Vorhandwerkers Julius Kuhn" der Polizeiabteilung von Kaiserslautern vom 11. September 1945 zufolge stand der Gewerkschafter auch nach den mehrmaligen Entlassungen aus dem Gefängnis „unter Polizeiaufsicht und musste sich regelmäßig bei der damaligen Bayr. Politischen Polizei melden". Er durfte „den Stadtbezirk Kaiserslautern [...] auf die Dauer von zwei Jahren nicht verlassen. Bei späteren Reisen nach auswärts musste er jeweils die Genehmigung der Politischen Polizei einholen. Die ganzen Jahre hindurch wurde seine Post überwacht und eine Hausuntersuchung folgte der anderen."[253] Zusammenfassend stellt die Polizeiabteilung fest: „Man kann sagen, dass die ganzen Jahre von 1933 bis zum Einmarsch der alliierten Truppen für ihn [Kuhn] eine einzige Kette von Drangsalierungen und Schikanen war."[254] Aus der Vernehmung von Julius Kuhn vom Juni 1940 geht hervor, dass er Oskar Vongerichten mehrfach in Ludwigshafen aufgesucht hatte; das letzte Mal im Februar 1940. Ebenso wie August Baum stellte auch Julius Kuhn seine Kontakte zu Oskar Vongerichten und zu anderen ehemaligen Eisenbahnerkollegen als private und unpolitische Verbindungen dar.[255] Die zahlreichen Festnahmen und Inhaftierungen von August Baum und Julius Kuhn sind nach Ansicht der Autoren dieser Studie ein Beleg dafür, dass beide während des „Dritten Reiches" weiterhin Gegner der Nationalsozialisten geblieben sind. Die Einschätzung der Widerstandstätigkeit im Gau „Pfalz-Baden" bzw. „Südwestdeutschland" lässt darüber hinaus vermuten, dass Baum und Kuhn aktiv in der Widerstandsgruppe um Hans Jahn mitgearbeitet haben.

251 Vgl. die Angaben im biografischen Anhang; Amt für Wiedergutmachung Rheinland-Pfalz, Saarburg, VA LEG 4769, Entschädigungsunterlagen von Julius Kuhn.

252 Amt für Wiedergutmachung Rheinland-Pfalz, Saarburg, VA LEG 4769, Bl. 8 und 41, Entlassungsschreiben der Leitung des Reichsausbesserungswerkes Kaiserslautern, 18. 8. 1933 (Abschrift).

253 Amt für Wiedergutmachung Rheinland-Pfalz, Saarburg, VA LEG 4769, Bl. 10, Personenüberprüfung des Vorhandwerkers Julius Kuhn, 11. 9. 1945 (Abschrift).

254 Ebenda.

255 Vgl. BArch, NJ 2229, Bd. 2, Bl. 56 f., 75–84, 97 f., Ermittlungsunterlagen der Gestapo Düsseldorf, zusammengestellt im August 1940.

Weitere führende Widerständler im Widerstandsnetzwerk und Hans Jahn

Keine Berücksichtigung im „Organisationsplan" finden vier weitere führende Widerstandskämpfer, die Ende 1936 bereits wie Willi Molitor[256] wegen ihrer illegalen Aktivitäten inhaftiert waren oder sich wie Heinrich Malina[257] inzwischen aus der Widerstandsarbeit zurückgezogen hatten bzw. wie Hugo Bachmann[258] erst später wichtige Aufgaben im EdED-/ITF-Widerstandsnetzwerk übernommen hatten. Erwähnt sei in diesem Zusammenhang auch Gustav Kaiser,[259] der – wie an anderer Stelle ausführlich dargestellt – in Danzig vor und nach 1933 die Funktion eines Gaugrafen ausübte.

In der Frühphase des Aufbaus des EdED-/ITF-Widerstandsnetzwerkes fungierte Willi Molitor als Jahns Verbindungsmann für die Reichsbahnbezirke Köln und Essen.[260] Wie bereits ausführlich von Helmut Esters, Hans Pelger und Alexandra Schlingensiepen dargestellt und daher an dieser Stelle nicht wiederholt, war Willi Molitor wesentlich daran beteiligt, die späteren Bezirksleiter Paul Emmen, Wilhelm Komorowski, Max Pester und Leopold Radtke für die Mitarbeit in der Widerstandsgruppe zu gewinnen.

In seiner Funktion als Jahns Verbindungsmann war es Molitor in der Phase des Aufbaus des Widerstandsnetzwerkes „vorbehalten [...], die potentiellen Mitarbeiter in einem ausführlichen Gespräch umfassend zu informieren und in ihre Funktionen einzuführen".[261] In seiner Position als Verbindungsmann hielt Molitor regelmäßig Kontakt zu den Bezirksleitern im Inland einerseits und zu den Vertretern der ITF, insbesondere Hans Jahn, Edo Fimmen, Nathan Nathans andererseits. Zu diesem Zweck fuhr Willi Molitor „von Zeit zu Zeit selbst zur Berichterstattung nach Amsterdam".[262] Nach Molitors Verhaftung am 7. Juli 1935 übernahm Heinrich Malina diese Aufgabe. In seiner Funktion als Gebietsleiter im Westen wurde er als „Nachfolger von Molitor zur wichtigen Scharnierstelle zwischen Illegalität und Emigration".[263] Zu Malinas Aktivitäten gehörten „neben dem beständigen Ausbau der Verbindungen die regelmäßigen Treffen mit Hans Jahn und Edo Fimmen in Venlo und Amsterdam sowie mit anderen Gewerkschaftern an wechselnden Orten in der Illegalität, vor allem

256 Vgl. die Angaben zu Willi Molitor im biografischen Anhang.

257 Vgl. die Angaben zu Heinrich Malina im biografischen Anhang.

258 Vgl. die Angaben zu Hugo Bachmann im biografischen Anhang.

259 Vgl. die Angaben zu Gustav Kaiser im biografischen Anhang.

260 Esters/Pelger/Schlingensiepen zufolge hatte sich Willi Molitor bereits bevor er von Hans Jahn kontaktiert wurde im Widerstand gegen das NS-Regime engagiert. Vgl. Esters/Pelger/Schlingensiepen, Gewerkschafter im Widerstand, S. 47.

261 Ebenda, S. 52.

262 Ebenda, S. 64.

263 Matthias Frese, Malina, Heinrich (1887–1964), in: Mielke (Hrsg.), Gewerkschafter in den Konzentrationslagern Oranienburg und Sachsenhausen, Bd. 1, S. 85–97, hier S. 91.

Foto von Heinrich Malina aus der Gefangenenpersonalakte des Zuchthauses Remscheid-Lüttringhausen, Ende der 1930er-Jahre.
LAV NRW R, Rep. 163, Nr. 868

in Köln, Neuss, Düsseldorf und Krefeld."[264] Seine Tätigkeit als Vertreter für die „Provinzial-Lebensversicherungsanstalt" der Rheinprovinz[265] „kam Malina jetzt sehr gelegen, musste er doch häufig verreisen und immer auf der Hut vor unbequemen Nachfragen sein."[266] Malina übernahm auch die Aufgabe von Molitor, „die Berichte der Verbindungspersonen zur Stimmung und Lage der Bevölkerung, zur Entwicklung in den Betrieben, zur DAF und speziell zur Reichsbahn [zu] sammeln und an die ITF-Zentrale weiter[zu]reichen",[267] wo sie ausgewertet und für Beiträge in den ITF-Publikationen und illegalen Schriften verwertet wurden. Malina hat sich nach Einschätzung des Volksgerichtshofes „entsprechend seiner früheren intensiven gewerkschaftlichen Tätigkeit gleich von Anfang an bei dem illegalen Wiederaufbau der Gewerkschaften führend"[268] beteiligt.

264 Ebenda, S. 91.
265 Vgl. ebenda, S. 88.
266 Ebenda, S. 91.
267 Ebenda.
268 Weiter heißt es in dem späteren VGH-Urteil: „Seine erste eifrige Tätigkeit war so für den Erfolg der Bestrebungen außerordentlich wichtig: er hat neue Leute gewonnen, insbesondere den Angeklagten Funger, den er längere Zeit hindurch ‚bearbeitet' hat, hat die Verbindungsaufnahme zum Ausland durchgeführt und war der regelmäßige Wortführer. Malina hat nun mit der illegalen Arbeit Mitte 1936 freiwillig aufgehört, bis dahin hat er jedoch zielbewußt auf den Sturz des nationalsozialistischen Staates und die Erringung der Macht durch die SPD gearbeitet und hat mit seiner Arbeit auch nicht aufge-

Als sich Heinrich Malina aus persönlichen Gründen[269] und weil er nach eigener Beobachtung von der Gestapo überwacht wurde, aus der illegalen Arbeit zurückzog, übernahm Hugo Bachmann die Funktion des Verbindungsmannes zwischen den illegalen Vertrauensleuten im Deutschen Reich, der ITF und Hans Jahn. Bachmann beschrieb nach 1945 in einem „Bericht über illegale Tätigkeit" seine Funktion als „Reichsleiter der Transportarbeit in Verbindung mit der ITF, Amsterdam."[270] Auch wenn die Bezeichnung „Reichsleiter" irreführend ist, da Hans Jahn sich selbst als „Reichsleiter" des EdED-/ITF-Widerstandsnetzwerkes verstand, gehörte Hugo Bachmann als Kurier und „Verbindungsmann" zwischen den führenden illegalen Vertrauensleuten im Deutschen Reich, der ITF und Hans Jahn von Mitte 1935 bis Anfang 1937 zu den wichtigsten illegalen Mitstreitern bei der illegalen Arbeit. Erleichtert wurden seine Kuriertätigkeit und seine zahlreichen Treffen mit Hans Jahn, Edo Fimmen und anderen Mitgliedern der ITF-Zentrale durch seine Vertretertätigkeit für eine niederländische Firma für Metzgereibedarf; eine Tätigkeit, die ihn zu einem idealen „Verbindungsmann zwischen der ITF und den Vertrauensleuten" machte, da er „ohne größere Schwierigkeiten die deutsch-niederländische Grenze passieren konnte. [...] Als wichtiger Kurier übermittelte er Anordnungen von Jahn und der ITF, welche die Umorganisierung und Koordination der Widerstandsstruktur betrafen, an illegal tätige ehemalige Eisenbahngewerkschafter."[271] Im Urteil vom 3. Dezember 1937 gegen Hans Funger und andere[272] – darunter Hugo Bachmann, Leopold Radtke, Max Pester und Heinrich Malina – charakterisiert der Volksgerichtshof Bachmann als intelligenten und gewandten Gewerkschaftsfunktionär, der „zunächst organisatorisch weniger in Entscheidungen in Erscheinung getreten" war, dann aber „doch auf diesem Gebiete recht eifrig tätig gewesen" sei und „neue Anhänger zu gewinnen versucht"[273] habe. „Bei der Mehrzahl der Versammlungen im In- und Ausland war er zugegen und hat fast regelmäßig Wünsche und Anregungen Jahns den übrigen Angeklagten, insbesondere Malina und später Funger übermittelt; mit dem Kassierer der ITF Oldenbroek stand er in

hört, als er nach seiner eigenen Einlassung erkannt hatte, daß ihre Arbeit gegen den Staat gerichtet war." Urteil des VGH 9J315/37-2H50/37 gegen Hans Funger, Heinrich Tillier, Paul Emmen, Hugo Bachmann, Heinrich Malina u.a., 3. 12. 1937, Bl. 87, in: Nationalsozialismus, Holocaust, Widerstand und Exil 1933–1945, Online-Datenbank.

269 Seine Ehefrau war schwer erkrankt und starb wenig später.

270 LHA Schwerin, 7.11-1, Nr. 3130, „Bericht über illegale Tätigkeit", zit. n.: Julana Bredtmann, Hugo Bachmann (1889–1949), in: Mielke/Heinz (Hrsg.) unter Mitarb. von Pietsch, Gewerkschafter in den Konzentrationslagern Oranienburg und Sachsenhausen, Bd. 4, S. 89–101, hier S. 92. Auch die Gestapo beschrieb die Funktion Bachmanns im Widerstandsnetzwerk als die eines „Reichsleiters mit besonderen Aufgaben". Zit. n.: ebenda, S. 92.

271 Ebenda.

272 Vgl. Urteil des VGH 9J315/37-2H50/37 gegen Hans Funger, Heinrich Tillier, Paul Emmen, Hugo Bachmann u.a., 3. 12. 1937, in: Nationalsozialismus, Holocaust, Widerstand und Exil 1933–1945, Online-Datenbank.

273 Ebenda, Bl. 85.

sehr nahem persönlichen Verhältnis und ist auch immer von diesem, wenn er einmal einer Versammlung selbst nicht beigewohnt hat, über den Verlauf der Besprechung unterrichtet worden."[274]

Den Gaugrafen und Bezirksleitern kam als Führungskräften des EdED-/ITF-Widerstandsnetzwerkes um Edo Fimmen und Hans Jahn zwar eine große Bedeutung zu, doch ohne die zahlreichen „Stützpunktleiter" und Vertrauensleute auf Betriebs- und Ortsebene wäre auch diese illegale Gruppe zweifellos ein Torso geblieben. Eine These über den Realitätsgehalt von Hans Jahns „Organisationsplan" von 1936, die lediglich das Widerstandsverhalten der führenden Bezirksleiter und Gaugrafen untersucht, bleibt ohne Berücksichtigung des „Unterbaus" der Organisation nur begrenzt aussagekräftig. Soweit quellenmäßig möglich, wurde daher versucht, auch die „Stützpunktleiter" und die zahlreichen Vertrauensleute auf betrieblicher und lokaler Ebene zu erfassen und bei der Überprüfung der These vom angeblich geringen Realitätsgehalt des „Organisationsplans" von 1936 zu berücksichtigen. Die Auswertung der im biografischen Anhang der Studie erfassten Vertrauensleute und „Stützpunktleiter" ergab Hinweise, dass circa 70 von ihnen zumindest zeitweise in Verbindung mit dem EdED-/ITF-Widerstandsnetzwerk standen. Unter den 70 Mitstreitern befanden sich auch einige ISK-Mitglieder wie Werner Hansen, Willi Eichler und René Bertholet, die keine Eisenbahner waren, ferner einige wenige ehemalige Gewerkschaftsfunktionäre anderer freigewerkschaftlicher Organisationen wie Heinz Arhilger (DMV), Bernhard Garling (Verband der Schneider und Wäschereiarbeiter), Christian Derichs (BAV) und Alfred Rineck (Vorsitzender des Mühlen- und Brauereiarbeiterverbandes in Meiningen). Erst mit der Verhaftung der Bezirksleiter und führender „Stützpunktleiter" des westlichen Industriegebietes, der weitgehenden Zerschlagung des Vertrauensleutenetzwerkes von Karl Molt in Württemberg und von Max Kellner in Sachsen entsprach der „Organisationsplan" von 1936 nicht mehr der Realität. Dies verdeutlicht auch Jahns „Organisationsskizze" seines Widerstandsnetzwerkes vom 1. Dezember 1938. In der „Organisationsskizze" von 1938 nennt Jahn als „Reichsverbindungen" nur noch die Gaugrafen Karl Pieper, Heinrich Engel, Paul Haltenhof, Hermann Fraatz und Oskar Vongerichten sowie für das westliche Industriegebiet den inzwischen aus der Haft entlassenen Willi Molitor.

Anstelle der im „Organisationsplan" von 1936 genannten Gaugrafen Friedrich Gückel (Gau Hannover) taucht nun Wilhelm Ebeling auf, der 1936 noch als Gückels „Ersatzmann" fungierte, wie auch Wilhelm Burger, der noch Ende der 1930er-Jahre beim Reichsbahnbetriebswagenwerk Hannover beschäftigt war. Für den Gau Württemberg nennt die „Organisationsskizze" von Ende 1938 als zentrale Akteure Wilhelm Hahn und Karl Molt, der auch nach der Zerschlagung eines Großteils der von ihm geleiteten Widerstandsgruppe 1938 noch Verbindungen nach Ulm, Friedrichshafen, Esslingen und Tübingen besaß. Für Südbayern

274 Ebenda, Bl. 85 f.

nennt die „Organisationsskizze“ von 1938 anstelle von Franz Adlhoch Karl Weiß und für Sachsen anstelle von Max Kellner Willy Zauske als Jahns Verbindungsleute.[275]

An erster Stelle der „Organisationsskizze“ von 1938 nennt Hans Jahn für den Bezirk „Lausitz-Schlesien. Vorort Cottbus“ Wilhelm Bode als Leiter und Willi Schrödter und Louis Fleischer als Vertreter.[276] Daneben hielt Bode offensichtlich 1938 noch zu einer Reihe „Stützpunktleiter“ Kontakt, von denen 23 namentlich bekannt sind, darunter Paul Raack aus Senftenberg, Karl Jentsch in Drebkau, Alfred Förster in Görlitz sowie Paul Kreisel in Dessau. Biografische Hinweise konnten zudem zu Max Bertram, Ernst Hannemann und Richard Stenzel erfasst werden.[277]

5.2.2 Aktivitäten der EdED-/ITF-Widerstandsgruppe um Hans Jahn

Ein Thema, das durchgängig auf der Tagesordnung des Widerstandsnetzwerkes der Eisenbahngewerkschafter stand, war die Frage der Finanzierung ihrer Aktivitäten.[278] Begrenzt wurden die Aktivitäten der Widerstandsgruppe nicht nur vom Terror und der Verfolgung durch NS-Institutionen, die die Bereitschaft der meisten Eisenbahngewerkschafter, das NS-Regime zu bekämpfen, erheblich reduzierten, sondern auch hinsichtlich der Schwierigkeiten, Gelder für die Finanzierung der illegalen Aktivitäten zu beschaffen. Bereits im Jahr 1936 kritisierten – nach Darstellung von Helmut Esters, Hans Pelger und Alexandra Schlingensiepen – Max Pester und Wilhelm Komorowski „die unzureichende finanzielle Unterstützung durch die ITF“, die dazu führe, dass „notwendige Reisen häufig nicht durchgeführt werden könnten.“[279] Die Frage der Finanzierung der illegalen Aktivitäten sprach auch Hans Jahn in seinen Briefen an Edo Fimmen und Jacobus Oldenbroek immer wieder an: „Eines der wichtigsten Probleme ist nun einmal die Finanzierung unseres Kampfes. Von der Sicherung der Finanzierung hängt die Möglichkeit des Durchhaltens und die laufende Erneuerung der ill.[egalen] Bewegung ab.“[280] Die Finanzfrage spielte – wenn auch in der Regel unausgespro-

275 Ob mit „Oberstein: Endorf“ der frühere Geschäftsführer der DEV- bzw. EdED-Ortsgruppe Leipzig, Otto Endorf, gemeint ist, konnte nicht geklärt werden. Vgl. BArch, R 3017/29433, Bl. 4, „Organisationsskizze“ von Hans Jahn, 1. 12. 1938. Zu den Angaben aller Genannten vgl. im biografischen Anhang.

276 Zu den Genannten vgl. die Angaben im biografischen Anhang.

277 Zu den Genannten vgl. die Angaben im biografischen Anhang.

278 Vgl. die zahlreichen Briefwechsel, Abrechnungen und Belege in: BArch, R 3017/29435 und BArch, R 017/29436.

279 Esters/Pelger/Schlingensiepen, Gewerkschafter im Widerstand, S. 55.

280 BArch, R 3017/29434, Bl. 47, Brief von Hans Jahn an „Lieber Jaapi“ (Jacobus Oldenbroek), 11. 12. 1938. In seinem Brief an Oldenbroek zur Finanzfrage schreibt er außerdem: „Wir – d. h. die Illegalen – sind leider gezwungen, alle Probleme kompromisslos bis zu Ende zu denken. Eines der wichtigsten Probleme ist nun einmal die Finanzierung unseres Kampfes. Wer die letzten silbernen Kugeln hat, wird Sieger und

chen – auch im Verhältnis zum IGB, zur „Illegalen Reichsleitung“ und zur Auslandsvertretung der deutschen Gewerkschaften (ADG) eine nicht unwesentliche Rolle. Über eine Diskreditierung der Arbeit von „Illegaler Reichsleitung“ und ADG und der Herausstellung der eigenen Aktivitäten gegen das NS-Regime versuchten Hans Jahn und Willi Eichler mithilfe der ITF Einfluss auf die Verteilung der vom IGB für den Kampf gegen das NS-Regime gesammelten Gelder zu gewinnen.[281] Dies wird deutlich, wenn Willi Eichler Hans Jahn vorschlägt, man solle „die ADG etwas unter Beleuchtung [...] setzen, damit sie nicht so leicht alleinige Nutzniesserin der IGB-Kasse“[282] werde. Durch den Verlust der bedeutenden deutschen und österreichischen Mitgliedsorganisationen der ITF schrumpften nach 1933 die Einnahmen der ITF erheblich. Mit dem Ausbau der illegalen Strukturen in Deutschland und dem späteren Kampf gegen Franco in Spanien wuchsen demgegenüber die finanziellen Belastungen. Hinzu kam später die Unterstützung des österreichischen und italienischen Widerstandes.[283] Exakte Angaben über die Finanzierung der illegalen Arbeit in Deutschland liegen nicht vor. Willy Buschak erwähnt mit Verweis auf den Bericht des ITF-Sekretariats an den Exekutivausschuss vom 20./21. November 1934 Einnahmen an Spenden und Sonderbeiträgen von insgesamt 15 085 Gulden, von denen für die illegale Arbeit in Deutschland 1933 „nicht mehr als 1802,55 Gulden ausgegeben [wurden], ein Jahr später waren es 6838,06 Gulden.“[284] „Die Spenden für den deutschen Widerstand flossen bei weitem nicht so reichlich wie einige Jahre später die Spenden für die spanischen Gewerkschaften“[285] im Kampf gegen Franco. „Was sich in der Illegalität in Deutschland vollzog, war nicht sichtbar und musste gezwungenermaßen geheim bleiben, was die Mobilisierung von Spenden schon schwierig machte, hinzu

wir möchten nicht noch einmal unterliegen.“ Ebenda. Vgl. auch im Zusammenhang mit der Verschleierung der Finanzierung illegaler Aktivitäten BArch, R 3017/29434, Bl. 5, Brief von Vertaalbureau „Universum“ (Jacobus Oldenbroek) an Hans Jahn, 23. 5. 1938.

281 Zur „Finanzfrage“ und zum Verhältnis zur ADG vgl. die Korrespondenz von Hans Jahn BArch, R 3017/29436, Bl. 11, 36, 38, 50, 57, 67, 69, 71, 75, 77, 82, 88, 101 f. und BArch, R 3017/29437, Bl. 46, 84, 86, 95 und BArch, R 3017/29435, Bl. 47, 51, 54, 63, 68 f., 97, 100 f., 105 f., 134, 140, 142, 147, 152; ferner AdsD, Bestand ITF, 5/ITFA, Mappe 17, Brief von Edo Fimmen an Hans Jahn, 19. 10. 1937; vgl. auch AdsD, Bestand ITF, 5/ITFA, Mappe 47, „Zur gewerkschaftlichen Deutschland-Arbeit“, 17. 6. 1939.

282 BArch, R 3017/20436, Bl. 11, Brief von Willi Eichler an Hans Jahn, 8. 4. 1939.

283 Vgl. Buschak, „Arbeit im kleinsten Zirkel“, 2., aktual. Aufl. 2015, S. 164.

284 Ebenda. Sigrid Koch-Baumgarten nennt 100 000 Gulden, die Edo Fimmen für die illegale Arbeit zur Verfügung standen. Vgl. Koch-Baumgarten, Ein Linkssozialist und „Sturmvogel“ als internationaler Gewerkschaftssekretär, S. 24. Für die Aussage von Sigrid Koch-Baumgarten spricht u. a. ein Schreiben von Hans Jahn an Jacobus Oldenbroek vom 17. März 1939, in dem er vermutet, „dass das Haus [der ITF] mit Hypotheken aus bürgerlichen Händen bis unter die Dachziegel vollgepackt ist, damit der große Adolf, wenn er kommt, keine ergiebigen Pfründe, sondern beträchtliche Lasten vorfindet“. BArch, R 3017/29435, Bl. 140. Dieses Geld könnte zum Teil zur Unterstützung von Widerstandsaktivitäten genutzt worden sein.

285 Buschak, „Arbeit im kleinsten Zirkel“, 2., aktual. Aufl. 2015, S. 166.

kam, dass es sehr schwierig war, die Arbeiteröffentlichkeit zur Solidarität mit einer Gewerkschaftsbewegung aufzurufen, die widerstandslos untergegangen war."[286]

Die ITF übernahm nicht nur die Kosten für die Produktion und Verteilung der ITF-Materialien „Fahrt-frei" und „Schiffahrt" sowie der Zeitschrift „Faschismus", ferner übernahm sie auch die Kosten für die Treffen von Vertrauensleuten aus Deutschland mit Hans Jahn, Edo Fimmen und anderen ITF-Vertretern. In einigen Fällen überbrachten Kuriere auch finanzielle Unterstützungen für die Familien verhafteter Vertrauensleute wie die von Willi Molitor.[287] Finanzielle Unterstützung erhielten auch beispielsweise die Ehefrauen von Max Kellner (Deckname Max Mönch) und Hugo Bachmann.[288] Alle von der ITF unterstützten Aktivitäten standen spätestens 1939 unter dem Diktat – wie Edo Fimmen es formulierte – „nach allen Seiten sparen [zu müssen], da die Moneten zu Ende" gingen und er „keine Möglichkeit" sah, „vorläufig neue zu erhalten."[289] Während die finanzielle Absicherung von Hans Jahn und seiner Familie garantiert war, belegt die vergleichsweise umfangreiche Korrespondenz zwischen Jahn und Edo Fimmen, dass die ITF keineswegs in der Lage war, alle von Hans Jahn vorgetragenen Wünsche finanziell zu erfüllen. Wünsche von Hans Jahn, ihm für seine illegalen Aktivitäten ein Auto oder Motorrad zur Verfügung zu stellen oder sogar ein Funkgerät zu besorgen, um von Luxemburg aus auf diese Weise die Aufklärungsarbeit zu verbessern, konnten aus finanziellen Erwägungen nicht erfüllt werden.[290]

Um die finanzielle Situation zu verbessern, bemühte sich Hans Jahn seit 1938, einen Zugriff auf die „Schwedengelder"[291] zu bekommen. Nach Jahns Darstellung handelte es sich um 100 000 RM, die 1933 von Mitgliedern des geschäftsführenden Hauptvorstandes nach Schweden transportiert worden waren, um sie vor dem Zugriff der Nationalsozialisten zu retten.[292] In einer von Jahn initiierten Denkschrift wird er nach scharfer Kritik an seinen

286 Ebenda.

287 Vgl. BArch, R 3017/29437, Bl. 7, Brief von Hans Jahn an „Lieber Jaapi" (Jacobus Oldenbroek), 28. 6. 1939.

288 Vgl. ebenda, Bl. 6, Brief von Edo Fimmen an Hans Jahn, 27. 6. 1939.

289 Ebenda.

290 Zu den Aktivitäten der Widerstandsgruppe vgl. in den Briefwechseln und Unterlagen von Hans Jahn in: BArch, R 3017/29433, Bl. 5E, 6, 6a, 6e, 7 ff., 11, 16a, 19, 20a, 24, 35, 39, 44, 46a, 47 ff., 54 f., 59, 67 und BArch, R 3017/29436, Bl. 25, 28 f., 31 f., 43, 46, 51, 55, 89, 93 f. und BArch, R 3017/29437, Bl. 40 f., 47 f., 54, 65 f., 68 und BArch, R 3017/29435, Bl. 18, 24, 28, 39, 43, 62, 107 f., 119, 138, 141.

291 Ob diese „Schwedengelder" überhaupt existierten oder ob sie ebenso wie andere Gelder, die 1933 in die Niederlande transferiert worden waren, wieder nach Deutschland zurückgeholt wurden, ließ sich nicht klären. Vgl. BArch, R 3017/29435, Brief von Hans Jahn an „Lieber Jaapi" (Jacobus Oldenbroek), 1. 2. 1939.

292 Die Denkschrift ist einem Brief von Hans Jahn vom 6. 12. 1938 an „Lieber Jaapi" (Jacobus Oldenbroek) beigefügt. Vgl. BArch, R 3017/29434, Bl. 31–37, Denkschrift der illegalen Eisenbahner Deutschlands an den Generalrat der ITF, 1. 12. 1938. Gezeichnet ist diese Denkschrift von „W. B." (Wilhelm Bode), „K. P." (Karl Pieper), „P. V." (vermutlich handelt es sich um Paul Vogel). Zu den „Schwedengeldern" heißt es in der Denkschrift: „Es handelt sich um einen Vermögenswert von nominell 100 000 RMk. Aller Wahrscheinlichkeit nach sind es Reichsbahnvorzugsaktien im Nennwert von 100 000 RMk. Diese sind bör-

ehemaligen Kollegen des EdED-Hauptvorstandes als der einzige aktive Widerstandskämpfer herausgestellt, dem das alleinige Recht zustehe, diese Gelder für sein Widerstandsnetzwerk beanspruchen zu können. Die Autoren der Denkschrift erklären es für „unverantwortlich, wenn Gelder brach liegen, die uns im Kampfe gegen Hitler fehlen wie das liebe Brot."[293] Sie äußern deshalb den Wunsch, „dass die noch vorhandenen Werte unseres Verbandsvermögens durch Vermittlung des Generalrates gemeinsam zu treuen Händen unseres Obmannes Hans Jahn und des Generalsekretärs der ITF ausgehändigt werden. Verantwortlich für Verwaltung und Verwendung des Geldes ist uns gegenüber der Obmann."[294] Der Versuch von Hans Jahn, über den Generalrat der ITF Druck auf den schwedischen Eisenbahnerverband und seinen Präsidenten Albert Forslund[295] auszuüben, stieß bei Jacobus Oldenbroek

senfähig und mit 7% Zinsen ausgestattet. Oder es sind gleichfalls börsenfähige Charlottenburger mündelsichere Stadtanleihen in gleicher Höhe und mit 6 ½ % Zinsen ausgestattet. Schließlich besteht die Möglichkeit, dass es sich um 100 000 RMk. in barem Gelde handelt." Ebenda, Bl. 33. Abweichend dazu erklärte Wilhelm Bode in der Untersuchungshaft im Zusammenhang mit einer Aussage Willi Schröders zur Frage, inwieweit deutsches Gewerkschaftsgeld nach Dänemark bzw. Kopenhagen transferiert worden sei: „Aus eigener Wahrnehmung weiss ich hiervon nichts, sondern nur das, was mir Jahn erzählt hat. Nach seinen Angaben sollen Verbandsgelder 1933 dem Zugriff der DAF entzogen und nach Kopenhagen geschafft worden sein. Wer darüber verfügt bezw. wo dieses Gelde untergebracht ist, weiss ich nicht." BArch, R 3017/29430, Bl. 112, Aussagen im Strafverfahren gegen Wilhelm Bode, 2. 9. 1940. In einem anderen Verhör gestand Bode jedoch ein, von den Geldern gewusst zu haben: „Man sprach dann noch über [die] Flüssigmachung von Gewerkschaftsgeldern, die im Ausland untergebracht sein sollten und für die die Unterschrift zweier ehemaliger Vorstandsmitglieder erforderlich sein sollte. Ich habe mich bei dieser Gelegenheit zur Hingabe meiner Unterschrift bereiterklärt, da ich auch die Ansicht vertrat, dass diese Gelder, die von den alten Gewerkschaften stammen sollten, auch jetzt für die illegale Arbeit, die ja dem Neuaufbau der gleichen alten Gewerkschaften dienen sollten, verwandt werden konnten." BArch, R 3017/29429, Bl. 112, Aussagen im Strafverfahren gegen Wilhelm Bode, 19. 6. 1940.

293 BArch, R 3017/29434, Bl. 34, Denkschrift der illegalen Eisenbahner Deutschlands an den Generalrat der ITF, 1. 12. 1938.

294 Ebenda.

295 Albert Forslund (geb. 11. April 1881 in Ovansjö, gest. 4. Mai 1954 in Stockholm), schwedischer sozialdemokratischer Politiker; 1901–1936 Funktionär der schwedischen Eisenbahngewerkschaft („Svenska järnvägsmannaförbundet") und 1918–1936 deren Vorsitzender; von Februar bis September 1936 Präsident der Dachorganisation der schwedischen Gewerkschaften („Landsorganisationen i Sverige"); 1931–1951 Mitglied des schwedischen Parlaments (Erste Kammer) und 1936–1938 Minister für Transportwesen sowie 1938/39 Sozialminister; Forslund half Ende 1938 Verwandten von Erich H. Jacoby bei der Flucht nach Schweden. Vgl. zu Details Jacoby/Schikorski (Hrsg.), Mensch – Land – Gerechtigkeit; vgl. Protokoll. ITF-Kongress in Wien 1956 mit Berichten für die Jahre 1954 und 1955 hrsg. von der Internationalen Transportarbeiter-Föderation, London 1956, S. 5; Biografische Informationen, u.a. zusammengestellt aus der Online-Edition der schwedischen „Nationalencyklopedin", http://www.lo.se/start/om_oss/ledningen/ordforande_genom_tiderna (10. 8. 2016).

auf wenig Gegenliebe.[296] Da Oldenbroek nicht bereit war, Jahns Initiative zu unterstützen, wandte sich Hans Jahn an Richard Hölzcker, der nach seiner Einschätzung wesentlich an dem Transfer der Gelder nach Schweden beteiligt war: „Ich bin gezwungen, Dir in einer für mich sehr dringenden Angelegenheit zu schreiben und Dich zu ersuchen, gemeinsam mit H. J. [Hermann Jochade] und K. B. [Karl Blaß] (evtl. auch F. A. [Franz Apitzsch]) oder allein für beschleunigte Erledigung zu sorgen. Ich weiß, daß bei Forslund 100 000 Eier [RM] aus unserer alten Farm [EdED] liegen, die evtl. schlecht werden, während ich dieselben bei Einrichtung einer jungen Farm [gemeint ist die EdED-/ITF-Widerstandsgruppe] dringend benötige. Sorge umgehend dafür, daß sämtliche Exemplare [gemeint sind die Gelder] an mich überwiesen werden. Ich lege darüber später Rechnung. Meine Anschrift ist über A-dam [Amsterdam] zu erfahren. Ich erwarte bis spätestens 15. Mai 1939 prompte Erledigung!!“[297] In Jahns Briefwechsel findet sich weder eine Antwort von Richard Hölzcker – möglicherweise, weil dieser bereits im Oktober verstarb – noch vom Vorsitzenden der schwedischen Eisenbahngewerkschaft, Albert Forslund.

Auch die von Edo Fimmen initiierte Konferenz in Roskilde, die Ostern 1935 stattfand, diente neben dem Zweck, eine „Zwischenbilanz“ zu ziehen, auch dazu, dem „Generalrat der ITF“ und den Mitgliedsorganisationen „zu zeigen, wie weit ausgebaut das Widerstandsnetzwerk der ITF schon war und gleichzeitig seine Bereitschaft zur Finanzierung des deutschen Widerstandes zu erhöhen.“[298] Die „Roskilder Konferenz“ bildete zudem einen vorläufigen Höhepunkt der Aktivitäten in der ersten Phase des Organisationsaufbaus und zugleich eine „Wendemarke“ in der Entwicklung des EdED-/ITF-Widerstandsnetzwerkes.[299] Alle Autoren, die sich mit dem Widerstand der ITF gegen das NS-Regime und speziell dem der Eisen-

296 In einem Brief von Jacobus Oldenbroek an Hans Jahn heißt es: „Die Denkschrift habe ich sofort gelesen. Es sind verschiedene Stellen drin, die besser gestrichen oder umgeändert werden könnten. Ich komme darauf später noch zurück. Ferner halte ich es nicht für richtig, die Denkschrift dem Generalrat zu unterbreiten.“ BArch, R 3017/29434, Bl. 42, Brief von Jacobus Oldenbroek an Hans Jahn, 7. 12. 1938.

297 BArch, R 3017/29436, Bl. 34, Brief von Hans Jahn an Richard Hölzcker, 26. 4. 1939. Es konnte nicht geklärt werden, ob der im Bestand der von Hans Jahn beschlagnahmten Unterlagen befindliche Brief überhaupt abgeschickt wurde oder ob es sich um eine Kopie handelt, die sich Hans Jahn wegen der großen Bedeutung der „Schwedengelder“ angefertigt hatte. Nach eigener Aussage hatte sich Hans Jahn ein umfangreiches Archiv zu seinen illegalen Aktivitäten angelegt. Bereits am 29. März 1939 schrieb Hans Jahn an Edo Fimmen: „Da es scheinbar nicht möglich ist, auf Grund kameradschaftlicher und legaler Vereinbarung das Schwedengeld für die ill.[egale] Arbeit locker zu machen, muss ich wohl oder übel versuchen, die Festung von innen heraus zu nehmen. Wenn das ohne Verluste abgeht, dann umso besser. Wenn aber einige Leute dabei Schaden leiden sollten, geht das nicht zu meinen Lasten.“ BArch, R 3017/29435, Bl. 148, Brief von Hans Jahn an Edo Fimmen, 29. 3. 1939.

298 Buschak, „Arbeit im kleinsten Zirkel“, 2., aktual. Aufl. 2015, S. 167.

299 Angaben über die Zahl der deutschen Teilnehmer an der Konferenz schwanken zwischen 25 und 40 Personen. Eine genaue Teilnehmerliste konnte bislang nicht gefunden werden, allerdings konnten aus Ermittlungsakten, Anklageschriften, Urteilen und Erinnerungsberichten eine Reihe Teilnehmer iden-

bahngewerkschafter befassen, gehen deshalb auch mehr oder weniger ausführlich auf diese von der ITF organisierte und finanzierte Konferenz ein.[300] Da die „Roskilder Konferenz“ bereits vergleichsweise ausführlich beschrieben wurde, werden im Folgenden lediglich einige wenige neue Fakten referiert. An dieser Konferenz, die Hans Jahn die Möglichkeit bot, „die bisherigen Erfolge seiner Arbeit in Deutschland vorzuführen“,[301] nahmen insgesamt elf im Widerstand aktive Eisenbahngewerkschafter teil. Helmut Esters, Hans Pelger und Alexandra Schlingensiepen sowie Willy Buschak nennen namentlich neben Hans Jahn Alwin Bösch, Franz Poralla, Karl Pieper, Oskar Schmitt, Willi Schrödter und Hans Wiechmann.[302] Die übrigen vier ehemaligen EdED-Teilnehmer, die aus verschiedenen Quellen eruiert werden konnten, waren Paul Haltenhof, laut Jahns „Organisationsplan“ von 1936 Gaugraf für „Nordwest“, Gustav Kaiser, einer der führenden Eisenbahngewerkschafter in Danzig, und die Berliner Betriebsräte Harry Scheel und Gustav Schrammer.[303] Eingeladen waren ferner Wilhelm Bode, der von Willi Schrödter vertreten wurde, ferner Jahns „Verbindungsmann“ für die westlichen Industriegebiete Willi Molitor und die beiden späteren Gaugrafen Paul Emmen und Wilhelm Komorowski.[304] Da Willi Molitor Bedenken hatte, an „dieser illegalen Konferenz im Ausland teilzunehmen“, entschloss er sich, „ein solches Risiko nicht einzugehen. Er verbarg seine Absicht vor Emmen und Komorowski, verschob den Reisetermin um einen Tag mit dem Ergebnis, daß sie den Kurier“, der sie nach Roskilde begleiten sollte, „nicht trafen, womit ihre Fahrt in Flensburg ergebnislos endete“.[305] Edo Fimmen erklärte zum Hauptziel der Tagung, den Widerstandskämpfern aus den Reihen des Transportgewerbes zu zeigen, dass es in Deutschland illegale Gruppen der Eisenbahngewerkschaft und des Gesamtverbandes gab, die die ITF nicht vergessen habe und die es zu unterstützen galt. Die Berichte der anwesenden Vertreter des EdED und des Gesamtverbands über ihre illegale Arbeit im Deutschen Reich dienten nicht nur dem Gedankenaustausch, sondern – wie bereits erwähnt – auch dem Zweck, die anwesenden Vertreter der ITF-Mitgliedsorganisationen zu bewegen, Spenden für die illegale Arbeit zu leisten. Als weiteren Grund für die Bedeutung der „Roskilder Konferenz“ nennt Willy Buschak die Diskussion der ITF um die „Leitsätze für die

tifiziert werden. Detaillierte Angaben und weitere Quellen zur „Roskilder Konferenz“ finden sich in Mielke/Frese (Bearb.), Die Gewerkschaften im Widerstand und in der Emigration, S. 28, 347 ff.

300 Vgl. Buschak, „Arbeit im kleinsten Zirkel“, 2., aktual. Aufl. 2015, S. 167–170; Esters/Pelger/Schlingensiepen, Gewerkschafter im Widerstand, S. 43–46; Nelles, Widerstand und internationale Solidarität. Die Internationale Transportarbeiter-Föderation (ITF) im Widerstand, S. 151 f.; Mielke/Frese (Bearb.), Die Gewerkschaften im Widerstand und in der Emigration, S. 28 ff., 222, 229, 235, 337, 347, 360, 368.

301 Esters/Pelger/Schlingensiepen, Gewerkschafter im Widerstand, S. 43.

302 Vgl. ebenda; Buschak, „Arbeit im kleinsten Zirkel“, 2., aktual. Aufl. 2015, S. 168.

303 Vgl. die Angaben der Genannten im biografischen Anhang.

304 Vgl. die Angaben der Genannten im biografischen Anhang; die Erinnerungen bzw. den Bericht von Wilhelm Komorowski, o. D. [1960er-Jahre], in: AdsD, Bestand ITF, 5/ITFA, Mappe 88.

305 Esters/Pelger/Schlingensiepen, Gewerkschafter im Widerstand, S. 43.

illegale Arbeit in Deutschland", die in Roskilde ihre „endgültige Form erhielten".[306] Buschak stützt sich bei dieser These auf einen Brief von Oskar Schmitt – ISK-Mitglied und Teilnehmer der Konferenz – an Willi Eichler: „Alle waren wir uns [in Roskilde] einig, dass als Endziel unserer Arbeit in Deutschland weder die SPD noch die KP noch die alten verknöcherten Gewerkschaftsführer jemals wieder an die Macht kommen" dürften. Ziel sei es vielmehr, „etwas neues" zu schaffen.[307] Inwieweit die „Roskilder Konferenz", an der neben den insgesamt 31 Vertretern aus Deutschland Funktionäre der französischen, britischen, dänischen, schwedischen, norwegischen und niederländischen Gewerkschaften[308] teilnahmen, dazu beitrug, das Widerstandsnetzwerk verstärkt finanziell zu unterstützen, lässt sich anhand der vorliegenden Quellen nicht feststellen. Verhaftungen im Zusammenhang mit der Zerschlagung der sozialdemokratischen Widerstandsgruppe um Alfred Markwitz, zu der – wie an anderer Stelle bereits ausgeführt – auch Hans Jahn und Karl Pieper in Verbindung standen, führten die Gestapo letztlich auch auf die Spur der EdED-/ITF-Widerstandsgruppe, jedoch erst zu einem Zeitpunkt, als Jahn, der im Zusammenhang mit der Zerschlagung der „Gruppe Markwitz" verhaftet worden war, bereits wieder freigelassen und ins Ausland geflüchtet war.

Während der Gestapo nach der „Roskilder Konferenz" die Zerschlagung der Widerstandsgruppen aus den Reihen des Gesamtverbandes um Adolf Kummernuss, Wilhelm Voß und Karl Oltersdorf gelang, blieb das Widerstandsnetzwerk der Eisenbahngewerkschafter zunächst weitgehend intakt.[309]

Zur zentralen Tätigkeit der EdED-/ITF-Widerstandsgruppe um Hans Jahn gehörten die in der Widerstandsdefinition angesprochenen Bestrebungen, der Propagandatätigkeit der Nationalsozialisten politische Aufklärung im In- und Ausland entgegenzuhalten und unter anderem über den NS-Terror zu berichten und die Kriegsvorbereitungen des Regimes aufzudecken. Grundlage für diese Tätigkeit bildeten die zahlreichen Berichte der Vertrauensleute und Stützpunktleiter über die betriebliche, politische und gesellschaftliche Entwicklung Deutschlands.[310] Diese Berichte wurden in aufbereiteter Form in den ITF-Zeitschriften „Hakenkreuz über Deutschland",[311] „Faschismus" und ab 1936 in der Zeitschrift „Fahrt frei"

306 Buschak, „Arbeit im kleinsten Zirkel", 2., aktual. Aufl. 2015, S. 169.

307 Brief von Oskar Schmitt an Willi Eichler, April 1935, AdsD, Bestand ISK, 4/IJB-ISK, Mappe 28, zit. n.: ebenda.

308 Vgl. Esters/Pelger/Schlingensiepen, Gewerkschafter im Widerstand, S. 44.

309 Angeklagt und verurteilt wurde im VGH-Prozess gegen Alfred Markwitz von den Eisenbahngewerkschaftern lediglich Karl Pieper. Die Verbindungen zum Eisenbahnerwiderstand von Willi Molitor, der Mitte 1935 wegen seiner Kontakte zu führenden Mitgliedern der sozialdemokratischen Widerstandsgruppe „Brotfabrik Germania" verhaftet wurde, blieben der Gestapo zu diesem Zeitpunkt verborgen.

310 Vgl. u.a. die Berichte in: AdsD, Bestand ITF, 5/ITFA, Mappe 47.

311 Diese Publikation erschien auch in einer schwedischen („Tyskland under Hakkorset"), einer spanischen („Bajo la esvástica"), und einer französischen Ausgabe („Sous la croix gammée"). Zur inhaltlichen Aus-

INTERNATIONALE TRANSPORTARBEITER-FÖDERATION

FASCHISMUS

KEMPSTON BEDFORD ENGLAND

TATSACHEN ÜBER DIE DIKTATUREN

ERSCHEINT DEUTSCH, ENGLISCH, SCHWEDISCH, UND SPANISCH

MIT DER BITTE UM VERÖFFENTLICHUNG UNTER QUELLENANGABE (I.T.F.)

No. 24 15. Dezember 1943
11. Jahrgang

"Feind im eigenen Land" (ITF) Ein Artikel der Berliner "Deutschen Allgemeinen Zeitung" (vom 31.X.) laesst erkennen, dass deutsche Kreise fuerchten, dass die Millionen nach Deutschland deportierter Zwangsarbeiter der Nazidiktatur eines Tages gefaehrlich werden koennten: "Vom trojanischen Pferd, das sich Deutschland in sein Reich geholt habe, wurde neulich auf einer Tagung (in Deutschland) gesprochen, die den Problemen der Auslaender im deutschen Arbeitsprozess galt... Die Zahl der auslaendischen Arbeiter, die in deutschen Fabriken, Werken und Betrieben heute taetig sind, uebersteigt ebenso alle Wirklichkeiten von frueher wie alle Planungen am Beginn des Krieges. Ein Millionenheer europaeischer Menschen aller Sprachen hat den Weg ins Reich angetreten...

In dem Masse, in dem der Krieg schaerfere Formen annahm und immer mehr wehrfaehige Maenner aus der Heimat fuer die Front verlangte, wurde die Sicherung und Auffuellung der Arbeitsplaetze in den Ruestungs- und Ernaehrungsbasen wichtiger. Wie sehr die Konzentration auf die kriegswichtigen Industrien auch immer neue eigene (deutsche) Arbeitskraefte trotz des Bedarfs der Front freizumachen vermochte, ist bekannt. Aber im gleichen Verhaeltnis stroemten dann in die Hilfs- und Zwischenstellungen der deutschen Arbeitsorganisationen mehr und mehr Menschen aus den umliegenden Laendern und Staaten des Kontinents... Diese Entwicklung... schuf mitten im schwersten aller Kriege ein Problem, das die innere Stabilitaet des Reiches fast ebenso zur Bewaehrung forderte wie die Zerreissprobe auf den Schlachtfeldern".

Das Berliner Blatt verweist dann auf "psychologische Schwierigkeiten". "Die franzoesischen Zivilarbeiter, die aus Paris und Bordeaux kamen, traten nun an die deutschen Arbeitsplaetze, oft genug neben ihre kriegsgefangenen Landsleute... Wieder sehr anders begegneten sich in Deutschland die Millionen sowjetischer Kriegsgefangener mit den Hunderttausenden von Ostarbeitern..."

"Arbeiter fuer Betrieb, Handel, Landwirtschaft und Gewerbe, ein sozialer Stand aus fast allen europaeischen Laendern, war in das Herz Europas vorgestossen... Als nicht mehr nur kleine und sorgfaeltig ausgewaehlte Kontingente von Auslaendern an die Arbeitsplaetze traten, sondern der Strom der Fremden anschwoll, lag es nicht mehr in der Hand Deutschlands, etwa die politische Zuverlaessigkeit der einzelnen Arbeitergruppen zu untersuchen und zu ueberpruefen. Es war selbstverstaendlich, dass mit vielen Gutwilligen eine grosse Zahl Gleichgueltiger und gewiss auch ausgesprochener Gegner im Reich erschien... Die deutschen Stellen mussten sich damit abfinden, Menschen ins Reich zu holen, die der... Agitation nach wie vor offen standen. Man musste natuerlich auch wachsend mit einzelnen Elementen rechnen, die ihre Arbeit im Reich in voller Absicht zur Sabotage oder zur Beguenstigung des Feindes benutzen wollten... Dass die Gefahren der Auslaenderbeschaeftigung in dem Grade wuchsen, in dem militaerisch das Reich anhaltenden und schweren Belastungen ausgesetzt war.., war selbstverstaendlich."

"Die bedraengten und erschwerten Umstaende, unter denen die Auslaender heute in Deutschland zu arbeiten haben, bieten sicher keine Gewissheit, sie allesamt zu begeisterten Aposteln (des Hakenkreuzes) zu machen... Es muss beschleunigt und vervielfacht gearbeitet werden... Alle Einschraenkungen und alle Not und auch alle Gefahr, die das Reich auf sich nehmen muss, muss selbstverstaendlich vom Auslaender mitgetragen werden. Es kommt hinzu, dass die Zwangslage unserer luftbedrohten Staedte auch die Wohn- und Unterbringungsmoeglichkeiten beschraenkt".

"Man kann dem Auslaender nichts vormachen... Maengel und Unzulaenglichkeiten sind ihm ebenso offenbar wie dem deutschen Arbeiter... Die Auslaendermassen im Reich, das von allen Seiten bedroht wird, waren ein Wagnis. Doch", beruhigt die Berliner Zeitung die Besorgten in Deutschland, "bis jetzt sind nicht die geringsten Symptome dafuer vorhanden, dass aus ihnen sich... eine riesige politische oder gar militaerische Vorhut des Feindes entwickeln koennte". Bis jetzt..

Arbeiter und Studenten (ITF) Ein deutscher Metallarbeiter, der in einem Grossbetrieb einer haeufig bombardierten Grosstadt arbeitet, berichtet unter anderm: "Ihr wuerdet staunen, wenn Ihr die Auseinandersetzungen in einer illegalen Studentenzeitung lesen koenntet, die ich hier manchmal kriege und fuer die ich verschiedene Male... Marxzitate und Bebelzitate lieferte... Wir haben hier noch immer eine Menge wir-

-135-

ITF-Zeitschrift „Faschismus – Tatsachen über Diktaturen“ (Deutsche Ausgabe), Dezember 1943.
Bibliothek der FES

SOZIALISTISCHE WARTE

Blätter für kritisch-aktiven Sozialismus

I. Jahrgang 2. Heft JUNI 1934

Eine « Gegenrevolution » der Konservativen?

Was sollen Sozialisten dabei tun?

Von MARTIN HART.

Die deutschen Konservativen, also die höheren Führer der Reichswehr, der protestantischen Kirche, der Schwerindustrie und das Junkertum, von weniger wichtigen Gruppen abgesehen, sind mit der Auflösung ihrer Organisationen natürlich nicht überhaupt verschwunden. Sie sind aber auch nicht innerlich «gleichgeschaltet» was man sich sowieso denken kann, was aber besonders augenfällig wird durch einen Bericht, den der Berliner Korrespondent des «Manchester Guardian» von einer geheimen Versammlung prominenter Konservativer gibt, deren Namen (etwa dreissig) er zu besitzen behauptet. Wir drucken aus dem, am 2. Mai erschienenen, Bericht über eine Rede einige der wesentlichen Stellen ab:

«Deutschland wird von Abenteurern regiert (*Hitler* wird vom Redner ausdrücklich ausgenommen). Es ist völlig festgefahren. ... Die Stellung Frankreichs hat sich gefestigt. Frankreich ist entschlossen, eine bestimmte Lösung des Abrüstungsproblems zu erreichen. Es verlangt entweder eine Reichswehr von 300.000 Mann mit kurzer Dienstzeit und Auflösung der SA oder eine Reichswehr von 100.000 Mann und eine SA unter strengster fremder Kontrolle. Die Reichswehr selber ist für die erste Lösung, aber die SA-Führer, die fürchten, ihren Einfluss im Innern zu verlieren, sind für die zweite. Es wird notwendig sein, gewisse Zugeständnisse zu machen, um Zwangsmassnahmen fremder Mächte zu vermeiden.

Die Abenteurer (immer *Hitler* ausgenommen, der bereit ist, der Auflösung der SA zuzustimmen) sind kurzsichtig genug, alles zu riskieren, auch einen Krieg. Aber Deutschland ist gegenwärtig nicht im Stande, Krieg zu machen, es würde in einer Woche geschlagen sein. Die Reichswehr müsste solcher Politik die Unterstützung verweigern, in welchem Falle *Hitlers* autoritäre Regierung zu einem Ende gekommen sein würde. Sie würde durch eine Reichswehr-Diktatur abgelöst werden. *Hitler* würde wahrscheinlich Kanz-

„Sozialistische Warte" – Zeitschrift des ISK, Juni 1934.
Bibliothek der FES

veröffentlicht. Willi Eichler und Werner Hansen erhielten viele dieser Berichte zur Veröffentlichung auch in den ISK-Zeitschriften „Sozialistische Warte“ und „Reinhart-Briefe“.

Als erste ITF-Zeitschrift erschien „Hakenkreuz über Deutschland“. Im Geleitwort zur ersten Ausgabe, die ohne Datum (1933) erschien, schrieb Edo Fimmen im Auftrag des Exekutivkomitees der ITF, mit dieser Zeitschrift wolle die Organisation „nüchtern gehaltene und sachliche Berichte über die Vorgänge in Deutschland“ veröffentlichen, „vor allem soweit sie in ökonomisches und soziales Gebiet einschlagen“. Mit dieser Veröffentlichung strebte die ITF an, den „deutschen Kameraden und der Arbeiterbewegung außerhalb Deutschlands einen Dienst“ zu erweisen. Darüber hinaus gab Fimmen der Hoffnung Ausdruck, die Zeitschrift werde „ihren Weg zur Presse unserer Mitgliedsverbände sowie zu außerhalb derselben stehenden Kreise finden.“[312] Inhaltlich berichtete die erste Nummer der Zeitschrift auf sechs Seiten über Lohnabbau insbesondere bei Arbeitsbeschaffungsmaßnahmen, über die Tarifpolitik, die wesentlich von Unternehmersyndici „bestimmt“ werde, über den „Kanonenkönig“ Krupp, „den Scharfmacher Thyssen“ und unter anderem über „Entlassungen statt Arbeitsbeschaffung“. In der Nachfolge dieser Zeitschrift erschien ab 14. Juli 1934 die Publikation „Faschismus“, die bis zum 31. März 1945 von der ITF herausgegeben wurde. Die letzte Ausgabe der Zeitschrift „Faschismus. Tatsachen über die Diktaturen“ erschien als Nr. 7, 15. Jahrgang, 31. 3. 1945. Bei Kriegsbeginn erschien diese Zeitschrift in insgesamt sieben Sprachen: deutsch, englisch, französisch, holländisch, schwedisch, spanisch und Esperanto. Mit der Zeitschrift „Faschismus“ wurde die Publikation „Hakenkreuz über Deutschland“, die sich lediglich auf die „Vorkommnisse unter dem Naziregime in Deutschland“ beschränkt hatte, auf „breiterer Grundlage“ fortgesetzt.[313] Diese Zeitschrift, die unter anderem auch über die Entwicklung bei der deutschen Reichsbahn informierte, wurde „nach Deutschland geschmuggelt“.[314] Im Anhang 1 der ersten Ausgabe informierte die Zeitschrift zum

richtung der Zeitschriften „Faschismus“ und „Hakenkreuz über Deutschland“ vgl. Babendreyer, Walter Auerbach. Sozialpolitik aus dem Exil, S. 72 ff.

312 Hakenkreuz über Deutschland, Nr. 1, Amsterdam, o. D. [1933], S. 1. Vgl. auch Babendreyer, Walter Auerbach. Sozialpolitik aus dem Exil, S. 81 ff.

313 Zum Geleit, in: Faschismus, Nr. 1, 14. 7. 1934, S. 1: „Wenn ‚Hakenkreuz über Deutschland‘ mit der letzten, im Juni herausgegebenen Nummer, zu bestehen aufgehört hat, so nicht im geringsten etwa, weil es nicht einem Bedürfnis entsprochen hätte. Gerade das Gegenteil ist der Fall – leider! Denn seit seinem Erscheinen hat die Zahl der Länder, wo der Faschismus nach der Machtergreifung trachtete und schließlich die Macht auch tatsächlich an sich gerissen hat, um dann die Arbeiterschaft von Recht und Freiheit zu berauben, um drei zugenommen, in anderen Ländern hat er an Einfluss ganz bedeutend gewonnen. Diese Tatsachen veranlassten uns, unsere Veröffentlichung, die sich bisher auf die Vorkommnisse unter dem Nazi-Regime in Deutschland beschränkte, zu erweitern und künftig auch andere, faschistisch regierte Länder darin zu behandeln.“

314 Jürgen Stroech, Die illegale Presse. Eine Waffe im Kampf gegen den deutschen Faschismus. Ein Beitrag zur Geschichte und Bibliographie der illegalen antifaschistischen Presse 1933 bis 1939, Frankfurt a. M. 1979, S. 148.

AMZ-01358

Nr. 4/1937.

FAHRT-FREI

für den

Einheitsverband der Eisenbahner Deutschlands

Sektion der I.T.F.

Zum 1. M a i !

Kollegen! Zum vierten Mal werden wir gezwungen, ohne Gewerkschaft gegen Freiheit und Recht, für Unterdrückung und Terror zu feiern. Der 1. Mai im 3. Reich hat mit dem Weltfeiertag der internationalen Arbeiterklasse nichts gemein. Einst das Symbol des freien Entschlusses zum Kampfe für den Achtstundentag, ist er zur Zwangsparade unter dem Hungerhaken geworden. Noch sind wir gezwungen äusserlich an den Feiern teilzunehmen. Im Innern aber geloben wir: W e g mit dem b r a u n e n 1. Mai.

E s l e b e d e r r o t e 1. M a i !

-.-

Die Reichsleitung.

A l p d r ü c k e n

Das Reichskabinett hat die Wahlen zu den Vertrauensräten zum zweiten Mal ausgesetzt. Die Naziräte können 1 Jahr weiter amtieren. Ihnen ist ein Stein vom Herzen gefallen. Sie wussten sehr genau, dass sie bei den Kollegen keinerlei Vertrauen mehr hatten. Das wissen auch Hitler, Dorpmüller und Ley. Sie alle fürchten die Opposition der Arbeiterschaft. Nur keine Wahl, die Auswirkung auf das deutsche Volk könnte für die Herrschaften katastrophal werden. Ein wertvolleres Eingeständnis konnten uns die "Führer" des 3. Reiches nicht machen. Was wir schon immer wussten, haben sie uns wieder bestätigt: Die Arbeiter haben Hitler und seine Trabanten bis oben hin satt.

Wir fordern Gerechtigkeit

Wir Beamten der Besoldungsgruppen 9,12,13 und 15 der Reichsbahnbesoldungsordnung waren bis zum 9.12.1927 mit den gleichartigen Kollegen des Reiches in ein und derselben Besoldungsgruppe. Seit dieser Zeit sind wir durch die rigorose Politik des Dr. Dorpmüller niedriger eingestuft und um 17 bis 23.-Mk. pro Monat geschädigt. Wir sind darüber hinaus im Betriebs- und Verkehrsdienst beschäftigt, der durch seine Unregelmässigkeiten (Nachtdienst, Früh-und Spätdienst, Nichteinhalten der üblichen Mahlzeiten) beträchtliche Mehraufwendungen im Haushalt nach sich zieht. Die Nazis haben uns bei jeder Gelegenheit versprochen diese Ungerechtigkeit sofort zu beseitigen. Bis heute ist jedoch nichts geschehen. Im Gegenteil. Wir mussten wesentliche Verschlechterungen in der Dienstzeit und den sozialen Einrichtungen hinnehmen. Da jetzt angeblich die Reichsbahn von den Reparationen und Fremdherrschaft befreit sein soll, fordern wir Beseitigung der Reichsbahnbesoldungsordnung und Eingliederung in die Reichsbesoldungsordnung mit entsprechender Aufbesserung der Bezüge.

Ein Lokheizer.

Anmerkung d.R.- In den von dem Kollegen angeführten Besoldungsgruppen befinden sich folgende Beamte: Gruppe 9: Lokführer, Werkmeister, Wagenwerkmstr., Signalwerkmstr., Telegrafenwerkmstr., Werkmeister für Druckerei, Reichsbahnsekretär, Techn. Reichsbahnsekretär, Vermessungssekretär, Schiffskapitän,

„Fahrt-Frei“, illegale Zeitschrift des EdED, Nr. 4/1937.

Bibliothek der FES

Beispiel über die seit dem 1. Mai 1934 geltende Dienst- und Lohnordnung der Eisenbahner der Reichsbahn, informierte über die Entrechtung der Eisenbahner und über Beispiele einer Festsetzung der „Löhne nach Gutdünken" seitens der Dienststellenleiter, über Verschlechterungen der Kündigungsbestimmungen und der Urlaubsregelung. Erst im Oktober 1936 erschien mit der Zeitschrift „Fahrt frei" eine spezielle Publikation für die Eisenbahner in einer Auflage von monatlich 500 Stück.[315]

Als „Zweck von ‚Fahrt frei'" nennt die „Reichsleitung" (Hans Jahn), den Eisenbahnern „ein Sprachrohr zu schaffen". Die Zeitschrift werde „der Verbreitung der Wahrheit dienen durch Schilderung der Wirklichkeit im 3. Reich. [...] In engster Gemeinschaft mit der ITF wird sie den Gedanken der internationalen Solidarität pflegen und die geistigen und organisatorischen Bande mit der freien Arbeiterbewegung der Welt enger knüpfen. Ihre vornehmste Aufgabe wird sein: ‚Rücksichtsloser Kampf dem korrupten Naziregime!' Für Freiheit, Friede, Recht und Brot!"[316] Mit der Zeitschrift wollte die ITF „auch die Lauen aufrütteln und den Mut und die Entschlossenheit sowie den Siegeswillen der aktiven Kämpfer steigern" und, wie es im Geleitwort des Generalrats der ITF hieß, „eine neue gewerkschaftliche Kampforganisation ins Leben"[317] rufen. Die Berichte, die Hans Jahn von seinen Vertrauten erhielt, übermittelte er nicht nur an die ITF-Zeitschriften, sondern gab sie zum Teil auch an Willi Eichler oder Werner Hansen zur Veröffentlichung in Publikationen des ISK weiter. Am 1. Juli 1939 bestätigte Werner Hansen „alle [ihm zugesandten] Sendungen [...]" erhalten zu haben und bat ihn: „Alles was Du von diesen Sachen hast, kannst Du getrost hierher schicken, sie dienen dazu, den Bettelapparat von drüben gelegentlich ins richtige Licht zu rücken [...] Alles was nicht von sozialpolitischem Interesse ist, sondern mehr im Allgemeininteresse liegt, veröffentliche ich unter dem Titel ‚Stimmen aus dem 3. Reich' in der SW [Sozialistische Warte]."[318] „Mit der Veröffentlichung solcher Berichte", so Hansen in seinem Schreiben an Jahn, „will ich dazu beitragen, ein wahres Situationsbild über die innerdeutschen Verhältnisse zu geben und damit in weitgehendem Ausmaße [im Original: Ausmasse] bei den ausländischen Genossen aufklärend wirken. Gleichzeitig soll damit das Interesse der übrigen Welt am Ablauf der Entwicklung im 3. Reich geweckt werden. Ich nehme an, daß Du mit meiner Meinung konform gehst und daß wir deshalb in unserer Arbeit unbeirrt fortfahren

315 Vgl. BArch, R 58/3392, Bl. 178–210, Hans Jahn berichtet der ITF über seine Tätigkeit in der Illegalität und in der Emigration 1933–1936, 15. 12. 1936, abgedr. als Dok. 75 in: Mielke/Frese (Bearb.), Die Gewerkschaften im Widerstand und in der Emigration, S. 381–402, hier S. 393.

316 Ebenda. Dieses Geleitwort ist abgedruckt in einem Bericht von Hans Jahn an die ITF über seine Tätigkeit in der Illegalität und in der Emigration 1933 bis 1936, 15. 12. 1936, ebenda, S. 393.

317 Ebenda.

318 BArch, R 3017/29437, Bl. 13, Brief an „Lieber Freund". Der Absender ist mit großer Wahrscheinlichkeit Werner Hansen, da Willi Eichler in seinen Briefen an Jahn stets auch Grüße an Jahns Ehefrau „Friedel" und Tochter Marion übermittelte.

müssen."[319] In seinem Schreiben vom 5. Juli 1939 geht Jahn auf das Angebot von Hansen ein: „Mit den Reinhart-Briefen bin ich bis jetzt zufrieden. Was aber wohl wichtiger ist, ist die Tatsache, dass die Leute drinnen damit zufrieden sind. Ich werde von Deinem Angebot der Mitarbeit Gebrauch machen und wenn ich etwas habe, Dir dasselbe rechtzeitig zuleiten."[320] Neben eigenen Berichten leitete Jahn auch Berichte von Karl Molt an Willi Eichler und Werner Hansen weiter.[321] Das betraf unter anderem auch militärische Berichte. In seinem Schreiben vom 7. Juli 1939 an Karl Molt heißt es unter anderem: „Die mil[itärischen] Berichte gehen nach dem Westen – von hier aus gesehen. Damit bist Du wohl beruhigt."[322] In einem Schreiben vom 11. August 1939 an Hans Jahn begrüßt Edo Fimmen Jahns Zusammenarbeit mit Willi Eichler: „Ich sehe, daß Du in dieser Sache [Störmaßnahmen gegen den NS-Parteitag in Nürnberg] mit Willi Eichler zusammenarbeitest, was mich freut."[323] In seinem Schreiben vom 5. Juli 1939 an Edo Fimmen regte Hans Jahn an, in den Publikationen „eine neue Perspektive für das deutsche Volk aufzustellen, wenn es uns möglich wäre, die Arbeiterschaft dafür zu mobilisieren, dann wären wir ein bedeutend Stück weiter an den Sturz Hitlers herangekommen".[324] Nachdem er von Fimmen erfahren hatte, dass angeblich die letzte Nummer der Zeitschrift „Faschismus" gedruckt werden sollte, was er sehr bedauerte,[325] stellte er sich selbst die Frage „Was kommt nach Hitler? Mir will scheinen, dass erst dann, wenn diese Frage einigermaßen klar und eindeutig beantwortet werden kann, viele Kräfte zum Kampf gegen den Faschismus freigesetzt werden. Das trifft nicht nur auf Gesellschaftsschichten außerhalb des Proletariats zu, das trifft auch auf die besten Kämpfer innerhalb der Arbeiterbewegung zu."[326]

Ergänzt wurde die Aufklärungsarbeit der ITF durch die Verbreitung einiger Flugblätter. Das erste erschien Juli/August 1933 mit dem Titel „Deutschland erwache" und enthielt Anweisungen für die illegale Arbeit.[327] Das gilt auch für das Dokument „Willst Du gesund

319 Ebenda.

320 Ebenda, Bl. 17, Brief von Hans Jahn an „Lieber Freund" (Werner Hansen), 5. 7. 1939.

321 Vgl. auch BArch, R 3017/29437, Bl. 22, Brief von Hans Jahn an Willi Eichler, 7. 7. 1939, in dem Jahn Berichte von Molt für die Streiflichter aus dem Dritten Reich der „Sozialistischen Warte" ankündigt.

322 BArch, R 3017/29437, Bl. 21, Brief von Hans Jahn an Karl Molt, 7. 7. 1939.

323 Ebenda, Bl. 54, Brief von Edo Fimmen an Hans Jahn, 11. 8. 1939.

324 Ebenda, Bl. 18. Brief von Hans Jahn an Edo Fimmen, 5. 7. 1939.

325 Dazu schrieb Edo Fimmen an Hans Jahn am 7. Juli 1939, dass dieser Hinweis lediglich zur Tarnung lanciert worden sei: „Hast Du die Möglichkeit, die Schrift ins Land zu schicken, umso besser". Ebenda, Bl. 20.

326 Ebenda, Bl. 19, Brief von Hans Jahn an Edo Fimmen, 6. 7. 1939.

327 Das Flugblatt der IBS der Transportarbeiter (ITF), der Fabrikarbeiter und Privatangestellten von Juli/August 1933 ist abgedr. als Dok. 57 in: Mielke/Frese (Bearb.), Die Gewerkschaften im Widerstand und in der Emigration, S. 315 ff.

bleiben?"[328] und für die „Anweisungen für die illegale Arbeit" von Februar 1936.[329] Die Flugblätter riefen dazu auf, sich bei der illegalen Arbeit „unauffällig" zu verhalten und die konspirativen Regeln zu beachten, warnten vor Spitzeln und rieten, sich so zu verhalten, um „von vornherein die Gefahr von Haussuchungen" zu vermindern, gaben Ratschläge zum Aufbau kleiner Zirkel in den Betrieben, den Orten des „Wiederaufbau[s] einer sozialistischen Arbeit".[330] Die einzelnen Ratschläge zusammenfassend, heißt es im Flugblatt „Willst Du gesund bleiben?": „Bedenke: alle solche Vorsichtsmaßregeln dienen nicht nur der Erhaltung deiner Freiheit und deines Lebens, sogar nicht nur der Erhaltung deiner politischen Arbeitskraft. Sie sind die Voraussetzung auch für das Gelingen der Arbeit deiner Freunde. Durch jede Unachtsamkeit gefährdest du sie mit oder legst ihre Arbeit lahm."[331] Propagiert wird in dem Flugblatt „Deutschland erwache" von Juli/August 1933 unter anderem die „Sammlung der Arbeiterklasse unter den Fahnen des revolutionären Marxismus" und der Wiederaufbau der sozialistischen freien Gewerkschaftsbewegung in Deutschland, die Niederschlagung der „faschistischen Maulhelden", der „Kapitalistenknechte und Kriegshetzer", der Wiederaufbau eines „Kampfverbandes" und die „Einheit der internationalen Gewerkschaftsbewegung".[332] Die ITF forderte in ihren Flugblättern nicht nur die Einhaltung und Beachtung von Vorsichtsmaßnahmen und der wichtigsten konspirativen Regeln, sondern sprach sich darüber hinaus unter anderem auch entschieden gegen die von der KPD und einigen kleinen linkssozialistischen Parteien verfolgte Politik aus, in der DAF, den „Vertrauensräten" oder anderen Vorfeldorganisationen der NSDAP als „Trojanische Pferde" illegal zu arbeiten.[333]

Widerstand gegen das NS-Regime bedeutete, wie Helmut Esters, Hans Pelger und Alexandra Schlingensiepen zu Recht betonen, „eine Unmenge Kleinarbeit, Zeit und immer wieder neue, geschickt geführte Gespräche",[334] um die Stimmung unter den Kollegen gegenüber dem NS-Regime auszuloten und Mitstreiter für die illegale Arbeit zu finden und um die aus Sicherheitsgründen mündlich weitergegebenen Berichte der in den Reichsbahnbetrieben beschäftigten Vertrauensleute auszuwerten. Ab Mitte 1934 wurden die im Ausland hergestellten Zeitschriften und Flugblätter zunächst mithilfe „berufsmäßige[r] Schmuggler" nach Deutschland eingeführt, und als dies „zu unsicher" und „auch zu kostspielig wurde",[335] benutzte man für den illegalen Transport die zwischen den Niederlanden und dem Deut-

328 Das Flugblatt mit „Hinweisen zum Verhalten in der Illegalität" von Ende 1933 ist abgedruckt als Dok. 59, ebenda, S. 328–332.

329 Die Instruktionen für die illegale Arbeit wurden in der Zeitschrift „Die Schiffahrt", Nr. 4, Februar 1936 veröffentlicht, als Dok. 68 abgedr. in: ebenda, S. 357 f.

330 Ebenda, S. 330.

331 Dok. 59 mit „Hinweisen zum Verhalten in der Illegalität" in: ebenda, S. 330.

332 Ebenda, S. 316 f.

333 Zur Politik des „Trojanischen Pferdes" der KPD vgl. genauer Kap. 8.1.

334 Esters/Pelger/Schlingensiepen, Gewerkschafter im Widerstand, S. 62.

335 Ebenda.

schen Reich verkehrenden Personen- und zum Teil auch Güterzüge. „War ein Zug in Amsterdam oder Nymwegen [Nijmegen], der nach Deutschland fuhr, zusammengestellt, so füllten holländische Eisenbahner im Auftrage Fimmens bestimmte Fensterladen mit illegalen Schriften, aber so, dass die Fenster gut zu öffnen waren. Der Bezirksleiter, in dessen Bezirk dieser Zug endete, war vorher schon durch eine völlig unverfängliche Karte genau informiert, mit welchem Zug das Material ankam und wo er es finden konnte."[336] Aus „unverfänglichen Zahlenangaben" konnte der zuständige Bezirksleiter entnehmen, „mit welchem Zug, in welchem Wagen und in welchem Abteil das für ihn bestimmte Material versteckt war. Die erste Zahl bedeutete dabei immer die Zugnummer, die zweite Zahl gab die Wagennummer und die dritte die Abteilnummer an. Nun mußte er seinen Vertrauensmann bei der Wagenreinigungskolonne genau informieren. Dieser öffnete dann mit einem Vierkantschlüssel die Klappen unter den bezeichneten Abteilfenstern, entnahm das illegale Material"[337] und brachte es zum jeweiligen Bezirksleiter, der anschließend für die Weiterleitung an seine Stützpunktleiter und die übrigen Bezirksleiter zuständig war. Mit wachsender Anzahl der Stützpunkte des Widerstandsnetzes „reichten die auf diese Art risikolos eingeführten Schriften nicht mehr aus, den Bedarf der über ganz Westdeutschland verstreuten Vertrauensmänner zu decken."[338]

Im Oktober 1936 gelang es mithilfe des von Hans Funger angeworbenen Kaufmanns Heinrich Tillier „in erheblichem Umfang illegale Zeitungen über die Grenze" nach Deutschland zu schmuggeln. „Neben den zahlreichen Fahrten, die der Herstellung der Verbindung unter den alten Gewerkschaftsfunktionären im In- und Ausland dienten",[339] stellte – wie der Volksgerichtshof in seinem Urteil betonte – Heinrich Tillier auch die Wohnung seiner Eltern für illegale Zusammenkünfte zur Verfügung. Eine Unachtsamkeit beim Transport des illegalen Materials führte am 14. Februar 1937 zur Festnahme von Tillier und zur Verhaftung der Bezirksleiter des westlichen Industriegebietes und einiger wichtiger „Stützpunktleiter".

Kurz vor Kriegsbeginn trug Hans Jahn mit Unterstützung Luxemburger Gewerkschafter auch zur Verbreitung von 12 250 Flugblättern eines „Labour Manifestes" bei. In seinem Bericht vom 21. August 1939 heißt es dazu: „Der Friedensappell im L[abour] M[anifest] kam dem Friedensbedürfnis im deutschen Volke entgegen. Er kam gewissermaßen zur rechten Zeit. Ich hatte die Pflicht, schnellstens und in großer Zahl das Manifest unter das deutsche Volk zu bringen. [...] Wir müssen das Nazisystem zwingen, sich öffentlich mit uns zu beschäftigen. Solange es den Nazis gelingt, uns tot zu schweigen, gelten wir im Bewusstsein der Masse als gestorben. Nicht umsonst hat das Propagandaministerium Anweisung an die Presse erteilt, auch über unsere Aktion zu schweigen. Es ist daher erforderlich, sol-

336 Ebenda, S. 63.

337 Ebenda.

338 Ebenda, S. 64.

339 BArch, NJ 2328, Bl. 88, Urteil des OLG Hamm gegen Philipp Tillier u. a. 14./15. 12. 1937.

che Aktionen ständig zu steigern, bis wir den ‚Ring des Schweigens', die ‚geistige Einkreisung des Volkes durch die Nazis' gesprengt haben, bis das System uns verhöhnt, begeifert oder beschimpft, bis es aber gezwungen ist, uns öffentlich anzugreifen. Die dadurch auf uns aufmerksam gemachte Volksmasse wird instinktiv fühlen, dass sich hier die Macht bildet, die das verhasste System einst stürzen und ablösen wird. Im gleichen Maße [im Original: Masse] wird sich in der selben Masse des Volkes ein innerer Annäherungsprozess an unsere kämpferische Haltung und damit auch an unsere Bewegung vollziehen. Der stille und zähe Kampf unserer ill.[egalen] Funktionäre wird auf grössere innere Bereitschaft im Volke stoßen [im Original: stossen]. Mancher latente Widerstand wird dann aufbrechen und kann aktiv von den ill.[egalen] Kadern angesetzt werden. Im gleichen Ausmaß [im Original: Ausmass] und Tempo wird die moralische Basis des Nazisystems im Volke erschüttert, die innere Sicherheit des Staates gerät ins Wanken, seine Machtpositionen werden brüchig. Sind wir dann noch kühn genug, dem nach Freiheit dürstenden Volk ein großes Ziel zu zeigen, für das es sich sogar zu sterben lohnt, dann ist der Kampf um die Befreiung der Menschheit schon halb gewonnen. Ich sage ausdrücklich der Menschheit, denn erst der Sieg der deutschen Revolution kann die internationale Arbeiterbewegung aus ihrer derzeitigen Erstarrung lösen und damit den Weg zu neuem Aufstieg und neuer Macht ebnen. Die deutsche Revolution ist damit zur Voraussetzung jedes Wiederaufstiegs der internationalen Arbeiterbewegung, jedes erfolgreichen Kampfes um die Macht auch in den demokratischen Ländern geworden. Ihr zum Sieg zu verhelfen, liegt im eigenen Interesse der internationalen Arbeiterbewegung."[340] Jahns Überschätzung der eigenen Möglichkeiten im Kampf gegen das NS-Regime verdeutlichen auch die folgenden Zitate: „Es ist sehr schade, daß wir den Apparat [Sendegerät] [...] nicht mehr bekommen können. Wir hätten doch damit ganz nette Sachen anstellen können. Es kommt im Augenblick nicht so sehr darauf an, dem Personal Dienst nach Vorschrift anzuraten, als vielmehr zuerst den ganzen Transportapparat durcheinander zu bringen. So müssen zum Beispiel zuerst die Lokomotiven vom Güterwagenpark getrennt werden, die schweren Loks nach Nord-, die leichten nach Süddeutschl[and] dirigiert werden, die offenen G-Wagen nach Nord- und Süddeutschl[and] und die gedeckten G-Wagen nach Westdeutschl[and] usw. beordert werden. Dieses Durcheinander würde angeordnet im Namen der Obersten Heeresltg., da das Personal sowieso weiß, dass von dieser Stelle oft die verrücktesten Anordnungen erfolgen. Daran anschließend müsste dann die Parole ‚Dienst nach Vorschrift' durchgegeben werden. Dies alles müsste möglich sein und zwar von Frankreich aus, da die franz[ösisch]-engl[ische] Heeresltg. ein Interesse daran haben sollte, dass zumindest der Nachschub für die deutsche Westarmee gestört wird. Ich habe deshalb u. a. in London und Paris angeregt, dass uns im gegebenen Falle, sowohl der Saarbrückener als auch der Kaiserslauterner Sender zur Verfügung gestellt wird. Bis jetzt keine Antwort. Manchmal

340 BArch, R 3017/29433, Hans Jahn, 21. 8. 1939 [unvollständiger Text, Bl. 1 und 2 fehlen].

ist es zum Verzweifeln.“[341] Jahns übertriebene Erwartungen, mithilfe eines Funkgerätes das gesamte Transportsystem des „Dritten Reiches“ durcheinanderzubringen, belegt auch das folgende Zitat: „Es kommt jetzt darauf an, alles zu tun, um so oder so eine Niederlage Hitlers herbeizuführen. Wir werden nach meiner Meinung nie wieder eine solche gute Gelegenheit vorfinden als wie heute. Deshalb ist es absolut richtig, wenn Du schreibst, dass es möglich sein muss, einen Bruchteil der ungeheuren Rüstungsausgaben für die Finanzierung unserer friedlichen Rüstungsmaßnahmen aufzubringen. [...] Wenn es uns gelingt, den Apparat [ein Sendegerät] zu bekommen, dann würden wir evtl. selbst ein Auto beschaffen müssen, also auch die Bedienung des Apparates übernehmen müssen. [...] Du kannst Dich also darauf verlassen, dass Lisa[342] und ich die Interessen der ITF bis zum denkbar letzten Augenblick aktiv wahrnehmen.“ Und weiter heißt es: „Wir haben unsere Nerven noch beieinander, dies umso mehr, als wir trotz Post- und Grenzsperre Mitteilungen aus Mittel- und Westdeutschland erhielten, daß die Stimmung der deutschen Bevölkerung für Hitler äußerst kritisch ist, dass zumindest mit größeren Widersetzlichkeiten zu rechnen ist und dass für ihn die Gefahr des Gewehrumdrehens eines großen Teiles der Reservisten täglich stärker wird.“[343] Hans Jahns Fehleinschätzung betraf nicht nur die eigenen Möglichkeiten, sondern auch die Politik der Alliierten im Kampf gegen das NS-Regime. Dies offenbart sein Schreiben vom 3. Oktober 1939 an Jacobus Oldenbroek: „Nach wie vor hoffen wir, sofern die alliierten Streitkräfte nur einigermaßen die Oberhand gewinnen, direkt im Saargebiet und in der Pfalz organisatorisch einsetzen zu können.“[344]

341 BArch, R 3017/29433, Bl. 59, Brief von Hans Jahn an „Lieber Jaapi“ (Jacobus Oldenbroek), 17. 9. 1939.

342 Dass damit Jahns Ehefrau Frieda Jahn und nicht Lisa Kant gemeint ist, geht aus einem Schreiben von Hans Jahn an Jacobus Oldenbroek, hervor, in dem es u. a. heißt: „Die illegale Eisenbahnerbewegung Deutschlands ruht z. Zt. nur auf meinen zwei Augen. Leider. Wenn ich morgen so oder so verrecke, ist die zentrale Möglichkeit zur Fortführung der Bewegung im Reichsmaßstabe verschüttet. Die Möglichkeit in und zu einzelnen Bezirken, die Verbindung aufrecht zu erhalten bliebe bestehen – und das auch nur für eine gewisse Zeit – aber die für den Enderfolg notwendige Koordinierung und Ausrichtung aller leitender Funktionäre wäre dahin. Z. Zt. gibt es keinen Ersatzmann für mich. Meine Frau könnte als Ersatz fungieren.“ BArch, R 3017/29434, Bl. 47, Brief von Hans Jahn an „Lieber Jaapi“ (Jacobus Oldenbroek), 11. 12. 1938. Nach Angaben von Edo Fimmen hatte Hans Jahn vorgeschlagen, seine Frau Frieda mit der Leitung des Widerstandsnetzwerkes zu betrauen, da sie neben ihm als einzige in alle wichtigen organisatorischen Einzelheiten und Aktivitäten eingeweiht sei. Vgl. BArch, R 3017/29433, Bl. 61, Brief von Edo Fimmen an Hans Jahn, 29. 9. 1939.

343 BArch, R 3017/29433, Bl. 56, Brief von Hans Jahn an „Lieber Jaapi“ (Jacobus Oldenbroek), 31. 8. 1939. Zum Sendeapparat vgl. ferner ebenda, Bl. 55, Brief von Hans Jahn an Paul Tofahrn, 31. 8. 1939. „Es wird uns hoffentlich möglich sein, eine eigene transportierfähige Sendeapparatur zu bekommen, mit der ich den eventuellen Aufmarsch drüben empfindlich stören will. Nun hat Luxemburg seine strikte Neutralität erklärt. Was das für meine hiesige Arbeit bedeutet, brauche ich Dir nicht zu schildern.“

344 BArch, R 3017/29433, Bl. 62, Brief von Hans Jahn an „Lieber Jaapi“ (Jacobus Oldenbroek), 3. 10. 1939. Ferner zur organisatorischen Entwicklung: BArch, R 3017/29433, Bl. 61, Brief von Edo Fimmen an Hans

In Einzelfällen schritten Edo Fimmen und Hans Jahn auch zum Mittel der Passfälschung, um zum Beispiel einen ISK-Mann, der im Prozess gegen Julius Philippson zwar freigesprochen wurde, aber in Gefahr schwebte,[345] aus Deutschland herauszuholen. „Natürlich hat er [der ISK-Mann] keine Papiere. Wir wollen ihm das Papier von Julius [...] zurecht machen und nach drüben bringen lassen. Sobald er glücklich über die Grenzen nach draußen ist, erhalten wir das Papier zurück."[346] Edo Fimmen, der nach dem Tod von Julius dessen Pass an sich genommen hatte, kam der Bitte, diesen für die Rettung des ISK-Mannes zur Verfügung zu stellen, sofort nach.[347]

Nach der Besetzung Luxemburgs durch die deutsche Wehrmacht und Jahns Flucht nach Großbritannien konnte Jahn – nach eigener Darstellung – mithilfe von René Bertholet einige wenige Verbindungen ins Deutsche Reich aktivieren.[348] Noch im Jahr 1943 teilte Hans Jahn in einem Brief an Eva Lewinski und Otto Pfister mit, dass es René Bertholet gelungen sei, Verbindungen zu seinen illegalen Kadern aufzunehmen,[349] und zwar habe er „Verbindung über Karlsruhe–Mannheim–Köln bis Hamburg herstellen können".[350] Aufgrund unzureichender Quellenlage lassen sich jedoch nur „vage Aussagen" über Umfang und Intensität und die „aus diesen Kreisen begangenen Sabotageakte"[351] machen. Einem Schreiben des Chefs der Sicherheitspolizei und des Sicherheitsdienstes des Reichsführers SS (SD) an den Reichsminister des Auswärtigen vom 30. Januar 1942 lässt sich jedoch entnehmen, dass von 764 verzeichneten Sabotagefällen im Deutschen Reich im Jahr 1942 171 auf Eisenbahnanlagen entfielen.[352] Eine effektive Sabotageaktion der illegalen Eisenbahner stellte „das Vertauschen von Leitzetteln an Güterwaggons dar".[353] In einem Brief von Hans Jahn an Toni Sender,[354] den Dieter Nelles zitiert, schrieb Jahn über die Auswirkungen dieser Sabotagemaßnahmen: „Die Reichsbahn sah sich gezwungen, das ‚Leitzettelverfahren' im Güterfernverkehr durch die ‚telefonische Vormeldung' zu ersetzen. An jedem Güterwagen wurden ehedem Leitzettel

Jahn, 29. 9. 1939. Fimmen: „Ich nahm ferner davon Notiz, daß im Falle Du [Hans Jahn] verschwinden solltest, die Funktionen an Lisa [Frieda Jahn] übergehen."

345 Vgl. BArch, R 3017/29437, Bl. 28, Brief von Hans Jahn an Edo Fimmen, 21. 7. 1939.

346 Ebenda, Bl. 28.

347 Vgl. ebenda, Bl. 33, Brief von Edo Fimmen an Hans Jahn, 24. 7. 1939: „Beiliegend das von Dir verlangte Papier."

348 Vgl. Nelles, Widerstand und internationale Solidarität. Die Internationale Transportarbeiter-Föderation (ITF) im Widerstand, S. 327 ff.; Babendreyer, Walter Auerbach. Sozialpolitik aus dem Exil, S. 162.

349 Vgl. Brief von Hans Jahn an Eva Lewinski und Otto Pfister, 19. 3. 1943, zit. n.: ebenda, S. 354, 398.

350 Ebenda, S. 354.

351 Nelles, Widerstand und internationale Solidarität. Die Internationale Transportarbeiter-Föderation (ITF) im Widerstand, S. 398.

352 Vgl. ebenda, S. 354.

353 Ebenda, S. 355; vgl. auch Babendreyer, Walter Auerbach. Sozialpolitik aus dem Exil, S. 94.

354 Zu den biografischen Angaben von Toni Sender vgl. Röder/Strauss (Bearb.), Biographisches Handbuch, S. 689.

angebracht, die über den Abgangs- und Bestimmungsort Auskunft geben. Diese Leitzettel wurden umgetauscht oder ausgewechselt, so daß eine Schrottladung für Krupp nach Zeiss-Jena ging, während Krupp eine Ladung geschliffenes Glas erhielt. Jetzt werden die Waggons vom Abgangsort zum Bestimmungsort telefonisch vorgemeldet. Diese Vormeldung wird durch Militär besorgt. Bei 18 000 Dienststellen der Reichsbahn und Dreischichten-Wechsel: einschließlich Ablöseschicht, werden also 54 000 Militärpersonen gebunden."[355]

Von einem „Widerstandsnetzwerk" der Eisenbahngewerkschafter kann nach der Flucht von Hans Jahn nach Großbritannien nicht mehr gesprochen werden, auch wenn es über René Bertholet einige indirekte Kontakte zu einzelnen Eisenbahngewerkschaftern gab. Während der Emigration nahmen einige der emigrierten Gewerkschafter wie zum Beispiel der frühere EdED-Funktionär Walter Benninghaus auch Kontakt mit dem britischen Geheimdienst auf. Walter Benninghaus und Hans Eckardt spähten Schiffsladungen aus. Im Mai 1940 verübten sie im Auftrag des britischen Geheimdienstes einen Anschlag mit einem Brandsatz auf ein deutsches Schiff in Antwerpen, bei dem jedoch der Sachschaden gering blieb.[356]

Von der Kooperation mit dem Geheimdienst wussten innerhalb der ITF außer Edo Fimmen nur wenige. Andere wie Hans Jahn und Walter Auerbach arbeiteten in der Endphase des Zweiten Weltkrieges mit dem „Office of Strategic Services", dem Nachrichtendienst des Kriegsministeriums der USA, zusammen.[357] Bis heute liegen Details der Zusammenarbeit mit den Geheimdiensten im Dunkeln. Es kann davon ausgegangen werden, dass sich insbesondere der britische Geheimdienst die Zwangslage einiger Emigranten zunutze machte. In der Regel herrschte großes Misstrauen gegenüber den Emigranten. Die meisten wurden zeitweise interniert. Insofern ermöglichte die Kooperation durchaus offensivere Formen des Widerstandes. Ob diese Aktionen aber dem freien Willen der Akteure entsprangen oder ob sie nicht vielmehr aus einer Zwangslage der Emigranten resultierten, bleibt ungeklärt. Schwierigkeiten bereitet nach wie vor die Tatsache, dass in britischen Archiven lagernde Akten, die den Komplex der Zusammenarbeit mit Geheimdiensten berühren, bis heute nicht für die Forschung freigegeben sind. Festzuhalten bleibt jedoch, dass die ITF „eine der wenigen und zugleich die bedeutendste internationale Arbeiterorganisation" war, die sich „eindeutig als Bündnispartner der Alliierten"[358] verstand und deshalb von vornherein zu einer Zusammenarbeit mit westeuropäischen Geheimdiensten bereit war.

355 Brief von Hans Jahn an Toni Sender, 19. 3. 1942, zit. n.: Nelles, Widerstand und internationale Solidarität. Die Internationale Transportarbeiter-Föderation (ITF) im Widerstand, S. 355.

356 Vgl. die Angaben zu Walter Benninghaus im biografischen Anhang.

357 Vgl. die Angaben zu Hans Jahn im biografischen Anhang. Vgl. auch Babendreyer, Walter Auerbach, S. 147.

358 Nelles, Widerstand und internationale Solidarität. Die Internationale Transportarbeiter-Föderation (ITF) im Widerstand, S. 315.

Walter Benninghaus, ca. 1935 (Fahndungsbild der Gestapo). *AdsD*

Eine größere Bedeutung für die Entwicklung nach dem Ende des NS-Regimes kommt den Diskussionen über die Neuordnungsvorstellungen nach dem Kriegsende zu. Was die Eisenbahngewerkschafter betrifft, kommt in dieser Frage lediglich der „Landesgruppe deutscher Gewerkschafter" in Großbritannien eine gewisse Bedeutung zu. Hier sind es in erster Linie Hans Jahn, der sich erst nach dem Tod von Edo Fimmen der Landesgruppe anschloss, ferner Wilhelm Heidorn (Werner Hansen), der seit 1933 in Kontakt mit den illegalen Eisenbahngewerkschaftern stand, die ISK-Mitglieder Willi Eichler und Hellmuth von Rauschenplat (Fritz Eberhard) und nicht zuletzt auch der langjährige ITF-Mitarbeiter Walter Auerbach, die sich an dieser Debatte beteiligten.[359] Interessanterweise spielte der Eisenbahngewerkschafter Willi Molitor, der viele Jahre zu Jahns engsten Mitarbeitern zählte, und dem 1940 mithilfe der ITF die Flucht nach Großbritannien gelang, in den Diskussionen der Landesgruppe keine Rolle.

Hinsichtlich des gewerkschaftlichen Neuaufbaus bestand bei allen Gewerkschaftern das Bestreben, die Richtungsgewerkschaften der Weimarer Republik zu überwinden und eine richtungsübergreifende Einheitsgewerkschaft zu gründen. In der „Landesgruppe deutscher Gewerkschafter" in Großbritannien konzentrierte sich die Diskussion über den organisatorischen Neuaufbau insbesondere auf die Fragen Gewerkschaftsaufbau „von oben" oder „von

359 Zu den Genannten vgl. die Angaben im biografischen Anhang.

unten"; zentralistische Gewerkschaft mit untergeordneten Industriegruppen oder Gründung einer Dachorganisation mit autonomen Industrieverbänden (Industriegewerkschaftsprinzip oder getrennte Arbeiter- und Angestelltenverbände). „Diese Optionen weisen, pointiert ausgedrückt, entweder eine – unterschiedlich ausgeprägte – Nähe zur Organisationsstruktur der DAF auf, wenn beispielsweise der Gewerkschaftsaufbau ‚von oben' und eine zentralistische Einheitsorganisation angestrebt wurden, oder sie sind durch Distanz zum DAF-Modell gekennzeichnet, wenn Gründungsinitiativen ‚von unten' Geltung zugewiesen wurde und ein föderal strukturierter Gewerkschaftsbund Ziel des Aufbaus sein sollte. Betont sei, dass solche Nähe oder Distanz zur DAF nur auf die Organisationsstrukturen bezogen sind – nicht auf die politisch-ideologische Position und Funktion der DAF – und dass der Modellcharakter des Organisationsaufbaus der DAF Lösung für Probleme anzubieten schien, die in den Gewerkschaften in den 1920er- und frühen 1930er-Jahren breit diskutiert wurden, ohne jedoch – angesichts des Beharrungsvermögens der bestehenden Organisationen – eine realistische Chance der Umsetzung zu finden."[360] Die Übernahme der formalen Organisationsstruktur der DAF wurde auch in der Londoner Vertretung der Freien Arbeiter-, Angestellten- und Beamtengewerkschaften (ADGB-AFA-ADB) und „vorübergehend auch in der Nachfolgeorganisation, der Landesgruppe deutscher Gewerkschafter in Großbritannien, in den Jahren 1939 bis 1941 sowie in der Landesgruppe deutscher Gewerkschafter in Schweden, hier allerdings bis 1944"[361] diskutiert. Dies belegt zum Beispiel eine Stellungnahme der Londoner Vertretung im Januar 1940: „Das organisatorische Gerippe der Deutschen Arbeitsfront ist als Ausgangspunkt für den Aufbau einer einheitlichen Organisation aller Gruppen von Arbeit-

360 Mielke/Frese (Bearb.), Die Gewerkschaften im Widerstand und in der Emigration, S. 62. Zur Diskussion der „Übernahme" des „Organisationsgerippes" der DAF vgl. ferner Siegfried Mielke/Peter Rütters, Die Deutsche Arbeitsfront (DAF). Modell für den gewerkschaftlichen Wiederaufbau? Diskussion in der Emigration und in der Gründungsphase der Bundesrepublik Deutschland, in: Hans-Erich Volkmann (Hrsg.), Ende des Dritten Reiches – Ende des Zweiten Weltkriegs. Eine perspektivische Rückschau, München 1995, S. 675–708. Ausgangspunkt für die DAF-Diskussion war insbesondere in Schweden unter dem Einfluss von Fritz Tarnow die Annahme, dass das NS-System durch ein eher autoritäres Regime ersetzt würde. Da nach der Auffassung von Tarnow die Ablösung der NS-Diktatur zunächst zu eben diesem autoritären Regime führen werde, könnte auch die neue Gewerkschaftsbewegung „nicht sofort mit der inneren Demokratie" beginnen. „Allerdings müsste zunächst sowohl der indirekte Organisationszwang wie auch das ‚Führungsprinzip' nach der Umwandlung der DAF vorläufig beibehalten werden; die neuen Gewerkschaften würden in der ersten Zeit weder ‚frei' noch in sich demokratisch geordnet sein können. Aber wenn die neuen Gewerkschaften durch Umwandlung der Arbeitsfront zustande kommen, werden sie auf jeden Fall die Voraussetzungen für die innere Demokratie erst wieder herstellen müssen, bevor sie zur demokratischen Praxis übergehen können." Stockholmer Arbeitskreis deutscher Sozialdemokraten, Betrachtungen und Richtlinien zur Politik am Tage nach Hitler, Dezember 1941, abgedr. als Dok. 174 in: Mielke/Frese (Bearb.), Die Gewerkschaften im Widerstand und in der Emigration, S. 785–792, hier S. 785 ff.

361 Mielke/Frese (Bearb.), Die Gewerkschaften im Widerstand und in der Emigration, S. 64.

nehmern zu verwerten."[362] Als Vorteile der „Übernahme" einer „reformierten" DAF wurden die Überwindung der Richtungsgewerkschaften, eine Zusammenfassung der zahlreichen gewerkschaftlichen Organisationen, insbesondere im Angestelltenbereich, die Zwangsmitgliedschaft sowie die Nutzung des umfangreichen DAF-Vermögens für den Gewerkschaftsaufbau angesehen. Als ein besonders wichtiger Effekt wurde eine größere „Schlagkraft" der zu schaffenden Einheitsgewerkschaft erwartet.[363] Zu den Gegnern dieses Konzeptes gehörten in erster Linie Vertreter der sozialistischen Splittergruppen und hier insbesondere die ISK-Vertreter, die eng mit den Eisenbahngewerkschaftern im Widerstand und in der Emigration zusammengearbeitet hatten. Dass die Frage der „Übernahme" bereits 1941 in den Diskussionen der „Landesgruppe deutscher Gewerkschafter" in Großbritannien keine Rolle mehr spielte,[364] war in erster Linie ein Resultat des Drucks von Trades Union Congress (TUC) und Labour Party.[365] Die Mehrheitsposition, die sich Anfang der 1940er-Jahre in der Landesgruppe in Großbritannien herauskristallisierte, charakterisierte Wilhelm Heidorn (Werner

362 Zit. n.: Dietmar Ross, Gewerkschaften und soziale Demokratie. Von der Richtungs- zur Einheitsgewerkschaft, von Weimar zur Nachkriegszeit. Untersuchungen zur gewerkschaftlichen Programmatik für den Aufbau einer demokratischen Gesellschaft, phil. Diss., Bonn 1975 (Bonn), S. 133. Einer der führenden Vertreter der Landesgruppe, Willi Derkow, sah in der DAF „die rohe Form" einer Einheitsgewerkschaft und empfand es als „töricht, sie aus rein gefühlsmäßigen Erwägungen heraus völlig zu zerschlagen". Zudem erklärte Derkow: „Unsere Aufgabe muss es vielmehr sein, sie zu polieren und ihr den rechten Inhalt zu geben." Vgl. genauer Die Arbeit (August 1941) 6, S. 9.

363 Vgl. Mielke/Frese (Bearb.), Die Gewerkschaften im Widerstand und in der Emigration, S. 64.

364 In einem Diskussionsbeitrag vom 1. November 1942 tritt Hans Jahn in einer „Überleitungsperiode" für den Aufbau der Gewerkschaften „von unten", das heißt „aus den Betrieben" heraus, ein und geht davon aus, dass „in den entscheidenden Betrieben [...] sich das Prinzip des Industrieverbandes" durchsetzen werde. Daneben werde es jedoch „Ansätze zu Berufs- und Branchenverbänden" geben. Er billigt gewerkschaftlichen Generalversammlungen zu, „endgültig über Inhalt-, Form-, Ausbau- und Bezeichnungen der Organisation" zu entscheiden. Im Unterschied zu Hans Jahn plädierte Werner Hansen eindeutig dafür, dass „das Industrie- und nicht das Berufsprinzip für die organisatorische Gliederung im Vordergrund stehen soll, wobei im Rahmen der Industrie-Organisation den beruflichen Sonderinteressen genügender Spielraum gelassen werden muss." AdsD, DGB-Archiv, NL Hans Gottfurcht, Hans Jahn, Stichworte zum Gewerkschaftsproblem, 1. 11. 1942; AdsD, NL Werner Hansen, 1WHAB, Box 21, Werner Hansen „Zum Entwurf einer Prinzipien-Erklärung der Landesgruppe", 4. 4. 1943.

365 So schrieb der Gründer der „Landesgruppe deutscher Gewerkschafter" in Großbritannien, Hans Gottfurcht, zum Beispiel: „Einige vorsichtige Äußerungen, die ich hier zum Gewerkschaftsthema gemacht habe, etwa in der Richtung Einheitsgewerkschaft mit zwangsähnlichem Druck zum Organisiert-Sein, haben mir im Transport House bei einigen englischen Genossen den Ruf des undemokratischen, typischen Deutschen eingebracht. Das Bekanntwerden Deines Entwurfs [gemeint ist Fritz Tarnow] über Überwandlung der DAF in die neue Gewerkschaft würde einen Sturm auslösen. Wir brauchen für unsere Arbeit die aktive Hilfe der englischen Arbeiterbewegung." Zit. n.: Mielke/Frese (Bearb.), Die Gewerkschaften im Widerstand und in der Emigration, S. 65.

Hansen) in einem Brief an Hans Gottfurcht[366] vom 5. April 1943: „Die Landesgruppe lehnt jede Art von Zwangsgewerkschaft ab und tritt darum auch für die vollständige Liquidierung der Deutschen Arbeitsfront ein. Diese Organisation kann weder in ihrer Organisationsform noch in ihren Methoden als Grundlage für den gewerkschaftlichen Neuaufbau dienen. Dieser Neuaufbau muss von unten unter der lebendigen und freiwilligen Mitarbeit der Arbeiterschaft erfolgen. Es wird eine der wesentlichen Aufgaben einer neuen deutschen Gewerkschaftsbewegung sein, organisatorische und sonstige Sicherungen dafür zu schaffen, dass diese lebendige Mitarbeit ihrer Mitglieder nicht wieder von einem bürokratischen Apparat erstickt wird. Von der aktiven Teilnahme der Mitglieder am Leben und an den Aufgaben der Organisation wird es vor allem abhängen, ob die Gewerkschaftsbewegung zu einem wichtigen Faktor in einem neuen, freien und fortschrittlichen Deutschland [werden] wird."[367]

Die Frage nach dem Beitrag von Eisenbahngewerkschaftern hinsichtlich ihrer Vorstellungen für eine Neuordnung von Wirtschaft und Gesellschaft in einem postfaschistischen Deutschland lässt sich aufgrund fehlender Dokumente nur ansatzweise beantworten. Weitgehend übereinstimmend vertraten die Mitglieder der Landesgruppe in Großbritannien die Position, erst „der Wiederaufbau einer freien und unabhängigen Gewerkschaftsbewegung [bilde] die Voraussetzung einer fortschrittlichen politischen und wirtschaftlichen Neugestaltung Deutschlands."[368] Während Hans Gottfurcht in einem „Entwurf einer programmatischen Erklärung der Landesgruppe deutscher Gewerkschafter in Großbritannien" von Ende 1943 als Ziel einer Neugestaltung der deutschen Wirtschaft eine „s o z i a l i s t i s c h e Wirtschaft"[369] benannte, kritisierte Werner Hansen diese Formulierung als zu „weitgehend", „vor allem, wenn wir wirklich die Einheits-Gewerkschaft wollen".[370] Sein Vorschlag für die „Prinzipien-Erklärung" der Landesgruppe lautete: „Die Landesgruppe erstrebt die E i n h e i t der deutschen Gewerkschaftsbewegung. Religion oder Parteizugehörigkeit dürfen nicht wieder zur Zersplitterung der Gewerkschaftsbewegung führen. Religiöse und parteipo-

366 Vgl. zum gewerkschaftspolitischen Lebensweg von Gottfurcht Ursula Bitzegeio, Über Partei- und Landesgrenzen hinaus: Hans Gottfurcht (1896–1982) und die gewerkschaftliche Organisation der Angestellten, Bonn 2009.

367 AdsD, NL Werner Hansen, 1WHAB, Box 21, Brief von Wilhelm Heidorn (Werner Hansen) an Hans Gottfurcht vom 5. 4. 1943.

368 AdsD, NL Werner Hansen, 1WHAB, Box 21, Werner Hansen, „Zum Entwurf einer Prinzipien-Erklärung der Landesgruppe", 4. 4. 1943; vgl. ferner ebenda, Hans Gottfurcht, „Entwurf einer programmatischen Erklärung der Landesgruppe deutscher Gewerkschafter in Großbritannien", Ende 1943.

369 Ebenda; vgl. zu gewerkschaftspolitischen Überlegungen auch AdsD, AMO 47758, Die Gewerkschaften. Ein kurzer Abriß über die Entwicklung der Gewerkschaften in der liberalen Demokratie, über ihre Krise und Zerstörung durch die Diktatur, über die Periode ihrer Illegalität sowie ihre künftige Stellung und Aufgaben, Published by Trade Union Centre for German Workers in Great Britain, London 1942 (Manuskript).

370 AdsD, NL Werner Hansen, 1WHAB, Box 21, Werner Hansen „Zum Entwurf einer Prinzipien-Erklärung der Landesgruppe", 4. 4. 1943.

litische Neutralität sind darum die unabdingbaren Voraussetzungen einer neuen deutschen Gewerkschaftsbewegung. Auch eine neue Gewerkschaftsbewegung wird ihre Aufgabe darin zu sehen haben, als wirtschaftliche Interessenvertretung der Arbeiterbewegung zu wirken, also für eine Verbesserung der Lohn-, Arbeits- und Wirtschaftsbedingungen der Werktätigen zu kämpfen. Diese besondere Aufgabe der Gewerkschaften als selbstständige wirtschaftliche Interessenvertretungen der Arbeiterklasse wird unter jeder freiheitlichen Staatsform bestehen bleiben. Unter jedem ökonomischen System verlangen die materiellen und geistigen Interessen der Arbeitenden eine Vertretung, die nicht durch einen staatlichen Apparat wahrgenommen werden kann. Selbst in einem System, in dem die Klassenherrschaft aufgehoben ist und in dem sich sicher ein Wechsel gewerkschaftlicher Aufgaben und Kampfmethoden ergibt, erübrigt dieser Funktionswandel nicht das Bestehen von wirtschaftlichen Selbstverwaltungsorganisationen der Arbeiterschaft, die sowohl von dem Staat als auch politischen Parteien gegenüber ein weitgehendes Maß von Unabhängigkeit haben müssen. [...] Aus dem bloßen Interesse an s o z i a l e r S i c h e r h e i t für die Arbeiterklasse gibt die Landesgruppe ihrer Überzeugung Ausdruck, dass in Deutschland der Vernichtung des Nationalsozialismus eine vollständige Umwälzung der sozialen Struktur zu folgen hat, die die wirtschaftlichen und gesellschaftlichen Grundlagen der ökonomischen Krisen und des Imperialismus beseitigt."[371]

Vergleicht man die „Programmvorschläge für einen einheitlichen deutschen Gewerkschaftsbund", die die Landesgruppe im Mai 1945 veröffentlichte – zu den Autoren gehörten Hans Jahn und die ehemaligen ISK-Mitglieder Willi Eichler, Wilhelm Heidorn (Werner Hansen) und Hellmuth von Rauschenplat (Fritz Eberhard),[372] die eng mit dem Widerstandsnetzwerk um Hans Jahn zusammengearbeitet hatten – mit den Wirtschaftsdemokratie-Vorstellungen des ADGB der Weimarer Republik, wird deutlich, wie stark die „Landesgruppe deutscher Gewerkschafter" in Großbritannien den damaligen Vorstellungen des freigewerkschaftlichen Dachverbandes folgte. Dies zeigt beispielsweise die Trennung zwischen Betriebs- und Wirtschaftsdemokratie und die Zuordnung der Betriebsdemokratie im Konzept der Landesgruppe zu dem Kapitel „Sozialpolitik", während die Wirtschaftsdemokratie im Abschnitt über „Wirtschaftspolitik" behandelt wird.[373] „Hinter der Trennung von Betriebs- und Wirtschaftsdemokratie und der Zuordnung der Betriebsdemokratie zur Sozialpolitik stand eindeutig die ADGB-Konzeption, die die Betriebsräte lediglich auf soziale Fragen beschränkte und ihnen keinen Platz in der Wirtschaftsdemokratie-Konzeption zubilligte."[374] Da Hans

371 Ebenda.

372 Zu den Genannten und deren Aktivitäten vgl. die Angaben im biografischen Anhang.

373 Vgl. genauer Mielke/Frese (Bearb.), Die Gewerkschaften im Widerstand und in der Emigration, S. 71; ferner Die neue deutsche Gewerkschaftsbewegung. Programmvorschläge für einen einheitlichen deutschen Gewerkschaftsbund, abgedr. als Dok. 250 in: ebenda, S. 982–1008.

374 Mielke/Frese (Bearb.), Die Gewerkschaften im Widerstand und in der Emigration, S. 72.

Jahn, Willi Eichler, Wilhelm Heidorn (Werner Hansen), Hellmuth von Rauschenplat (Fritz Eberhard) als Autoren dieser Programmvorschläge genannt werden, ist zu vermuten, dass sie diese Trennung von Wirtschafts- und Betriebsdemokratie mittrugen. Dafür spricht, dass die Programmvorstellungen von 1945 im Unterschied zum Wirtschaftsdemokratiekonzept der Landesgruppe von 1943 als Ziel der neuen Wirtschaftsordnung den Aufbau „einer wirklich demokratischen Wirtschaft" anstrebten. Die Aufgabe des Ziels einer sozialistischen Wirtschafts- und Gesellschaftsordnung erfolgte zum einen aufgrund der Überlegung, wie sie von Wilhelm Heidorn (Werner Hansen) bereits angesprochen wurde, auch ehemals christliche und liberale Gewerkschafter für die erstrebte Einheitsgewerkschaft zu gewinnen. Der Wandel in der Zielsetzung der „Landesgruppe deutscher Gewerkschafter" in Großbritannien ist zum anderen auf den nachlassenden Einfluss der Vertreter sozialistischer Splittergruppen und auf die wachsende Bedeutung „traditioneller sozialdemokratischer Vorstellungen" in der Landesgruppe zurückzuführen.[375] Hinzu kommt, dass in der Landesgruppe die kommunistischen Gewerkschaftsvertreter die Position des Nationalkomitees Freies Deutschland (NKFD) übernahmen, das für die Schaffung demokratischer Strukturen in Wirtschaft und Gesellschaft eintrat, und „aus taktischen Gründen klassenkämpferische Positionen aufgegeben hatte".[376]

Stellungnahmen von Hans Jahn und den ehemaligen ISK-Aktivisten zu den in den Programmsätzen der Landesgruppe geforderten Strukturänderungen wie zum Beispiel eine tiefgreifende Agrarreform, die Sozialisierung der wichtigsten Schlüsselindustrien, den Aufbau einer staatlichen Wirtschaftsplanung mit weitgehender Investitionskontrolle und die Beteiligung der Gewerkschaften an den wirtschaftlichen Selbstverwaltungsorganen konnten nicht eruiert werden.

375 Vgl. Ross, Gewerkschaften und soziale Demokratie, S. 136.

376 Vgl. zu Details Mielke/Frese (Bearb.), Die Gewerkschaften im Widerstand und in der Emigration, S. 73; zur Entwicklung und Ausrichtung des NKFD vgl. die Beiträge in: Gerd R. Ueberschär (Hrsg.), Das Nationalkomitee „Freies Deutschland" und der Bund Deutscher Offiziere, Frankfurt a. M. 1996.

5.3 Faktoren und Grenzen einer relativ erfolgreichen Widerstandstätigkeit der illegalen EdED-/ITF-Gruppe um Hans Jahn

5.3.1 Die Unterstützung seitens der ITF und die Zusammenarbeit mit dem ISK

Die Unterstützung seitens der ITF und die Zusammenarbeit mit dem ISK finden in den „Organisationsplänen" von Hans Jahn (1936/1938) keine Erwähnung, dennoch gehören sie zu Jahns wichtigsten Verbündeten. Das gilt nachweisbar zumindest für Jahns Emigrationsjahre in Luxemburg und Großbritannien. Erwähnt seien Wilhelm Heidorn, der sich nach 1945 Werner Hansen nannte und in der Emigration unter den Decknamen „Hans Klein"[377] und „Heini"[378] mit Jahn in Verbindung stand und vor seiner Flucht nach Frankreich als „Schwarzer Willi" in dem von der ITF unterstützten Widerstandsnetzwerk von Eisenbahnern mitarbeitete. Zu nennen ist in diesem Zusammenhang ferner Willi Eichler, nach 1927, das heißt nach dem Tod von Leonard Nelson, Vorsitzender des ISK und in der Emigration Leiter der ISK-Auslandszentrale, der mit Unterstützung der ITF die „Reinhart-Briefe", das Organ der vom ISK geleiteten Unabhängigen Sozialistischen Gewerkschaften (USG) in Deutschland, und die „Sozialistische Warte" herausgab.

Zu Jahns und Eichlers Vertrauten gehörte ferner René Bertholet, ein Schweizer Staatsbürger, der seit seiner Ausbildung in der Bildungsstätte des ISK (Walkemühle) in engem Kontakt zu den beiden und zur ITF stand. Er fungierte nach 1933 als Kurier und Verbindungsperson zwischen Jahn, Eichler und verschiedenen illegalen Gruppen um Jahn im Deutschen Reich. Sowohl Hans Jahn als auch Willi Eichler standen – abgesehen von einer monatelangen Unterbrechung 1942/43[379] – bis nach Kriegsende mit René Bertholet in Verbindung. Die Kontakte von Hans Jahn und Willi Eichler zu Bertholet reichten bis in die 1920er-Jahre zurück. René Bertholet hatte in den 1920er-Jahren die ISK-Schule besucht und gehörte bereits im Herbst 1933 zu den Teilnehmern eines Treffens im „Café Josty", in dem sich am 5. Oktober 1933 ehemals führende Funktionäre der ADGB-Gewerkschaften trafen. Diese führte nach Darstellung von Hans Jahn mit großer Wahrscheinlichkeit zur Gründung der „Illegalen Reichsleitung". Zu diesem Kreis von Vertrauten gehörte auch Walter Auerbach. Er war zwar kein ISK-Mitglied, aber vor 1933 Sekretär des Vorsitzenden des „Gesamtverbandes der Arbeitnehmer der öffentlichen Betriebe und des Personen- und Warenverkehrs". Auerbach war bereits im Mai 1933 nach kurzer Haft in die Niederlande geflohen und gehörte zu

377 Vgl. Röder/Strauss (Bearb.), Biographisches Handbuch, S. 857.

378 Vgl. Ludwig Eiber, Die Sozialdemokratie in der Emigration. Die „Union deutscher sozialistischer Organisationen in Großbritannien" 1941–1946 und ihre Mitglieder. Protokolle, Erklärungen, Materialien Bonn 1998, S. XX.

379 Vgl. ebenda, S. 776.

Okt. 1936

Denk an Deine und Deiner Kollegen Sicherheit! — Kleb mich nicht an! — Wirf mich nicht achtlos auf die Strasse! — Versteck mich mit Sorgfalt! — Bewahr mich nicht lange auf! — Gib mich nur an zuverlässige Kämpfer! — Vergiss, woher ich kam und wohin ich gehe!

ZUM NOVEMBER 1936.

Ihr lasst die Schlösser aus den Türen brechen / Ihr schlagt die Scheiben ein, damit Ihr hört, / was hinter Türen sie und Scheiben sprechen, / ob hinter Türen etwas sich empört, / ob ihr das Wort nicht hört, das Euch verstört. // Ihr reisst in Hast den Plunder aus den Schränken, / ob nicht ein Flugblatt knisternd sich verrät, / Ihr nehmt die armen Leute ins Gebet. / Die Leute schweigen, doch ihr hört sie denken / das Wort, das klar und laut im Raume steht. // Ihr mögt nach ihm mit roten Händen schlagen, / das Wort ist unverwundbar wie die Luft. / Ihr könnt es nirgends aus dem Hause tragen. Und wenn ihr glaubt, ihr hättet's auf dem Wagen, / flucht es euch nach aus jeder Kellergruft. // Wenn Ihr die Plätze füllt mit Fackelhorden, / und euer Sieg aus tausend Trichtern dröhnt, / steht es, an dunklen Türen hingelehnt / das Wort, zum steinernen Gesicht geworden. / Ohnmächtig fühlt ihr, wie es euch verhöhnt. // Das illegale Wort ist nicht zu fassen; / es ist das Wort, das nicht gesprochen wird. / Ihr hört es nicht; ihr fühlt nur, wie es schwirrt, / ein Fledermausgespenst in dunklen Gassen, / die euch aus kalten Kellermäulern hassen. // Treibt sie hinein zum buntbehängten Saale, / die Ausgeplünderten, und paukt und brüllt! / Inmitten steht das Wort, das illegale, / die ungesungne Internationale, / die heimlich jedes Herz mit Feuer füllt! // Ihr könnt dem Wort den Eintritt nicht verwehren. / Es springt sogar in eure eignen Reih'n. / Das stumme Wort ist nicht zu überschrein. / Und nichts kann tiefer eure Blutlust stören / als dies: ich war, ich bin, ich werde sein! // Es wird und wächst. Ihr könnt ihm nicht entgehen. / An einem Tag, wo eure Brände kalt, / wird es lebendig auf den Strassen stehen, / zusammenströmen mächtig zu Armeen: / und eine neue Schöpfung wird geschehen! / Dann wird das Wort Verkündung und Gewalt! (*Erich Weinert.*)

DER SOZIALISMUS LEBT!

Der Sozialismus lebt, mögen viele grosse Organisationen auch durch den andrängenden Faschismus zerstört worden sein. Die ruhmlose Kapitulation der deutschen Arbeiterbewegung vor Hitler war der letzte grosse völlig widerstandslos geduldete Einbruch der faschistischen Gewalthaber in die sozialistische Bewegung. Oesterreichs und Spaniens Proletariat haben gezeigt, und das spanische Proletariat zeigt es gerade heute in wochenlangen Kämpfen wieder, wessen die Sozialisten fähig sind, wenn sie sich ernsthaft auf ihr eigentliches Ziel besinnen.

Die Ueberzeugung, dass den Faschisten und den imperialistischen Kapitalisten nur durch eine Revolution beizukommen ist, hat leider noch nicht allgemein die Köpfe und Herzen der Unterdrückten erobert. Sie wächst aber. Auch das internationale Solidaritätsgefühl hat gerade im gegenwärtigen spanischen Bürgerkrieg einen grossen Antrieb bekommen: Die Unterstützung der spanischen Genossen mit Geld, Lebensmitteln und Medikamenten ist von Anfang an reichlich gewesen; die Unterstützung durch Waffenlieferungen, die freilich am wichtigsten gewesen wären, ist leider Wochen und Wochen hintertrieben worden durch eine angebliche Neutralitätspolitik, die aber in Wirklichkeit nur den spanischen Faschisten und ihren Gesinnungsgenossen gedient hat. Der dauernde Appell der Antifaschisten aller Länder und Gruppen hat dazu geführt, dass die in Betracht kommenden Regierungen immer wieder genötigt wurden, ihre angebliche Neutralitätspolitik von neuem zu verteidigen, was ihnen angesichts der offenkundigen Verletzung dieser Neutralität durch die faschistischen Länder immer schwerer wurde. Soeben hat deshalb die Regierung der Sowjet-Union, die zuerst jenen Neutralitätsvertrag mit unterzeichnet hatte, dem Neutralitätskomitee, das die Ausführung jenes Vertrages zu überwachen hatte, erklärt, dass sie sich an die Verpflichtungen, die sie mit dem Neutralitätsabkommen übernommen habe, nur dann weiter gebunden halten würde, wenn die italienische und die deutsche Regierung sofort mit der Unterstützung der spanischen Rebellen durch Waffen aufhören würde. Dieser freilich noch immer nicht ausreichende Schritt der Sowjet-Regierung ist sicherlich eine Folge der unaufhörlichen Proteste aus allen Ländern gegen die verhängnisvolle Politik der «Neutralität». Wie stark die Anteilnahme der Genossen an den Kämpfen in Spanien ist, zeigt die Tatsache, dass sogar die unter den schwersten Bedingungen arbeitenden deutschen Kollegen eine Sammlung für die spanischen Genossen durchgeführt und das Geld herausgebracht haben.

Vor den gelungenen Aktionen und den vielen Beweisen von Mut und Solidarität verblassen die leider auch vorhandenen Zeichen von Schwäche, Feigheit und Entschlusslosigkeit, wie sie vor allem sich zeigten in den Regierungen, auf die Sozialisten mehr oder weniger grossen Einfluss haben, und in manchen linken Organisationen, die sich ebenfalls für jene «Neutralitäts-Politik» aussprachen.

„Reinhart-Briefe" – Zeitschrift des ISK, Oktober 1936.

Bibliothek der FES

den engsten Mitarbeitern von Edo Fimmen im Generalsekretariat der ITF. Auerbach arbeitete als Herausgeber der Zeitschrift „Faschismus“ eng mit Hans Jahn zusammen und erhielt von Jahn – ebenso wie Willi Eichler – zahlreiche wichtige Informationen aus den Berichten, die Jahn von seinen Vertrauensleuten aus dem Deutschen Reich bekam.[380] Jahn, Fimmen und Auerbach, Willi Eichler und Werner Hansen verband spätestens ab 1935 ihre Gegnerschaft zur Sopade und zum IGB, der die „Illegale Reichsleitung“ und die Auslandsvertretung der deutschen Gewerkschaften (ADG) unterstützte.[381] In der Auseinandersetzung um die Vorherrschaft auf der internationalen Gewerkschaftsebene unterstützten Jahn, Eichler und Hansen die ITF, da diese nach ihrer Auffassung die einzige effektive gewerkschaftliche Widerstandsarbeit in Deutschland leistete.

Zu den zentralen Grundsätzen des Widerstandes der ITF gegen das NS-Regimes gehörte es, die Vertrauensleute und „Stützpunktleiter“ ihres Widerstandsnetzwerkes darauf zu verpflichten, sowohl aus Sicherheitsgründen als auch aus machtpolitischen und konzeptionellen Erwägungen ausschließlich mit der ITF zusammenzuarbeiten. Insbesondere eine Zusammenarbeit mit sozialdemokratischen und kommunistischen Widerstandsgruppen lehnte Edo Fimmen strikt ab, da er die Sozialdemokraten und Kommunisten für die Niederlage der Arbeiterbewegung am Ende der Weimarer Republik verantwortlich machte.[382] Die strikte Ablehnung einer Zusammenarbeit mit parteipolitischen Widerstandsgruppen galt nicht für den ISK, „dessen organisatorische und politische Linie der illegalen Arbeit weitgehend mit der ITF übereinstimmte. Eingeschränkt galt dies auch für die linkssozialistischen Gruppen ‚Neu Beginnen‘ und die SAPD, mit denen Edo Fimmen punktuell zusammenarbeitete.“[383]

Die folgenden Ausführungen beschränken sich auf die enge Zusammenarbeit zwischen ITF, den im Widerstand aktiven Eisenbahngewerkschaftern und dem ISK, da die bisher bekannten Quellen keine neuen Erkenntnisse über die Kontakte zwischen ITF und den anderen politischen Splittergruppen und Splitterparteien wie SAPD, KPO, Gruppe „Neu Beginnen“ und FAUD erbringen.[384] Worin bestanden die Gemeinsamkeiten in der politischen Linie der illegalen Arbeit zwischen ITF und ISK? ITF und ISK machten die Führungsspitzen der großen Arbeiterparteien SPD und KPD und die Spitzen der freigewerkschaftlichen Bewe-

380 Zu Auerbachs Aktivitäten im Exil vgl. detailliert Babendreyer, Walter Auerbach. Sozialpolitik aus dem Exil, S. 77–227; die transkribierten Erinnerungen in: AdsD, Bestand ITF, 5/ITFA, Mappe 88, „Notiz von Dr. Walter Auerbach “, 29. 5. 1965.

381 Vgl. die Briefwechsel zwischen Hans Jahn, Walter Auerbach und Edo Fimmen u.a. in: BArch, R 3017/29434, Bl. 15 f., 63 und BArch, R 3017/29433, Bl. 5 f., 10, 40a, 43a.

382 Vgl. Nelles, Widerstand und internationale Solidarität. Die Internationale Transportarbeiter-Föderation (ITF), in: Coppi/Heinz (Hrsg.), Der vergessene Widerstand der Arbeiter, S. 74.

383 Ebenda, S. 75 f.

384 Zu den vereinzelten Kontakten zu „Neu Beginnen“ und zur KPO vgl. BArch, R 3017/29433, Bl. 17 f., 29; vgl. zu Überlegungen des ISK zur Gestaltung der Widerstandsarbeit in: AdsD, Bestand IJB/ISK, 4/IJB-ISK, Mappe 14 und Mappe 47.

gung für das kampflose Scheitern am Ende der Weimarer Republik verantwortlich. Beide Organisationen gehörten schon vor 1933 zu den entschiedensten Gegnern des Nationalsozialismus und traten bereits damals als Verfechter einer konstruktiven Zusammenarbeit zur Abwehr der NS-Bewegung auf. Zugleich lehnten sie den von der ADG und der Sopade proklamierten Führungsanspruch in der Illegalität ab. Darüber hinaus verstanden sich beide als die treibende Kraft bei der Schaffung von Organisationen, die sich einer tatsächlichen – und damit nicht nur taktisch motivierten „Einheitsfront" – verpflichtet fühlten. Die „streng hierarchisch" auf dem „Führerschaftsprinzip" beruhende Organisation des ISK entsprach zwar nicht den Organisationsprinzipien der ITF, stellte aber unter den Rahmenbedingungen der Illegalität beim Aufbau einer Kaderorganisation keinen Anlass für langwierige und kontroverse Diskussionen dar, da unter diesen Ausnahmebedingungen demokratische Wahlen und Entscheidungen keine Rolle spielten. Hinzu kam, dass die Entscheidungsstrukturen der ITF weitgehend auf Edo Fimmen als Generalsekretär zugeschnitten waren. Auch die ablehnende Haltung des ISK gegenüber der marxistischen Theorie und dessen kritische Position gegenüber einem parlamentarischen System führten zu keinen größeren Kontroversen zwischen beiden Organisationen. Da die Neuordnung einer postfaschistischen Wirtschafts- und Gesellschaftsordnung zum Zeitpunkt der Vereinbarung zwischen ITF und ISK noch nicht zu den drängendsten Problemen zählte, spielte die Differenz zwischen dem vom ISK vertretenen „liberal-ethischen Sozialismus" und den eher an der marxistischen Theorie orientierten Wirtschaftsvorstellungen der ITF offensichtlich noch keine große Rolle.[385]

Bereits im August 1933 verbreitete der ISK das bereits erwähnte erste illegale ITF-Flugblatt „Deutschland erwache".[386] In diesem Flugblatt wird das Scheitern der Arbeiterorganisationen in Deutschland auf eine Politik von „verbürgerlichten Führern" und auf die „radikale Zersplitterungspolitik" der Arbeiterbewegung zurückgeführt, weshalb eine entschiedene Abkehr von dieser Politik gefordert wird. Erste lose Kontakte zwischen Mitgliedern des ISK und Eisenbahngewerkschaftsfunktionären gehen auf das Jahr 1935 zurück.[387] Es dauerte jedoch noch mehrere Jahre, bis es zu einer offiziellen Vereinbarung zwischen ITF und ISK zur Zusammenarbeit beim Kampf gegen das NS-Regime kam, um die einzelnen Aktivitäten der beiden Organisationen besser koordinieren zu können.[388] Insbesondere die Gruppe um

385 Vgl. Röder/Strauss (Bearb.), Biographisches Handbuch, S. 148; ferner Werner Röder, Die deutschen sozialistischen Exilgruppen in Großbritannien 1940–1945, Bonn-Bad Godesberg 1973, S. 45 f.

386 Vgl. ebenda, S. 74.

387 Vgl. Esters/Pelger/Schlingensiepen, Gewerkschafter im Widerstand, S. 59.

388 Vgl. Willi Eichler informiert Hans Jahn über die vereinbarte Zusammenarbeit von ITF und ISK, 27. 1. 1938, abgedr. als Dok. 82 in: Mielke/Frese (Bearb.), Die Gewerkschaften im Widerstand und in der Emigration, S. 419 f.; Jan Foitzik, Zwischen den Fronten. Zur Politik, Organisation und Funktion linker politischer Kleinorganisationen im Widerstand 1933–1939/40 unter besonderer Berücksichtigung des Exils, Bonn 1986, S. 95 ff.

Hans Funger, o. J.
GDW, Bildarchiv

Hans Funger[389] hatte in der Zeit seit Ende 1936 den Kontakt zwischen ISK und ITF aufrechterhalten und die Richtlinien der ITF[390] beim Transport illegaler Schriften ins Reich akzeptiert.[391]

Dieser Kontakt wurde im Laufe der Zeit intensiviert und führte Anfang des Jahres 1937 zu einem von Edo Fimmen und Hans Jahn gebilligten Treffen zwischen Vertretern des ISK und der Widerstandsgruppe der Eisenbahner. An diesem Treffen am 8. Februar 1937 in der Wohnung von Hans Funger nahmen Wilhelm Komorowski, Paul Emmen und Hans Funger von den Eisenbahnern sowie Hans Dohrenbusch und der „Schwarze Willi" vonseiten des ISK teil.[392] Beim „Schwarzen Willi" handelte es sich um Wilhelm Heidorn, vor 1933 Bezirksleiter Köln-West des ISK, der später in der „Landesgruppe deutscher Gewerkschafter in Großbritannien" als ISK-Sprecher in Gewerkschaftsfragen fungierte und nach 1945 unter dem Namen Werner Hansen beim Gewerkschaftsneuaufbau in der Britischen Besatzungszone

389 Vgl. die Angaben zu Hans Funger im biografischen Anhang.

390 Zu den Richtlinien der ITF von November 1936, abgedr. als Dok. 74, vgl. Mielke/Frese (Bearb.), Die Gewerkschaften im Widerstand und in der Emigration, S. 380 f.

391 Vgl. Edo Fimmen berichtet Hans Jahn über den Stand und die Möglichkeiten der illegalen Arbeit, 5. 4. 1938, abgedr. als Dok. 84 in ebenda, S. 423 f.; ferner Esters/Pelger/Schlingensiepen, Gewerkschafter im Widerstand, S. 59 f., 70.

392 Vgl. Esters/Pelger/Schlingensiepen, Gewerkschafter im Widerstand, S. 60.

(BBZ) als Leiter des DGB-Zonensekretariats in Bielefeld, ab 1947 als Erster Vorsitzender des DGB-Landesbezirkes von Nordrhein-Westfalen und ab 1956 als Mitglied des DGB-Bundesvorstandes zu einem der einflussreichsten Gewerkschaftsfunktionäre in der Bundesrepublik Deutschland wurde.[393] Die enge Beziehung zwischen Wilhelm Heidorn/Werner Hansen („Schwarzer Willi") und der Widerstandsgruppe der Eisenbahner unter der Leitung von Edo Fimmen und Hans Jahn bestätigt auch Max Kellner in seinem Bericht über den EdED-Widerstand in Leipzig: „Ein besonders aktiver und wendiger Widerstandskämpfer in den westdeutschen Reihen mit dem Decknamen ‚Schwarzer Willi' wurde bei Zusammenkünften sehr häufig genannt. Auch in dem späteren Prozeß und der Voruntersuchung spielte er eine Rolle, konnte aber auch da nicht personifiziert, noch konnte die Gestapo seiner habhaft werden. Es handelte sich um den Kollegen Hansen."[394] Am 5. April 1938 schrieb Edo Fimmen an Hans Jahn: „Die Geschichte mit den ISK-Leuten ist nun auch in Ordnung; auch sie marschieren mit uns zusammen. Einer von ihnen wird wahrscheinlich innerhalb nicht allzu langer Zeit auf ein paar Wochen nach Amsterdam kommen, um sich hier bei mir einzuarbeiten."[395]

Hans Jahn, Werner Hansen („Schwarzer Willi"), Willi Eichler und René Bertholet bildeten in den folgenden Jahren ein enges Beziehungsnetzwerk, das selbst in den Kriegsjahren weiterhin bestand.[396]

Nicht nur in den fünf Bezirken des westlichen Industriegebietes, sondern auch in anderen Regionen des Deutschen Reiches gab es gemeinsame Aktivitäten von Eisenbahngewerkschaftern und ISK-Mitgliedern. Dem „Organisationsplan" (1936) von Hans Jahn zufolge fungierte das ISK-Mitglied Carl Schnakenberg als Gaugraf des Gaues „Oldenburg. Vorort Bremen".[397] Auch im Gau „Kassel. Vorort Göttingen" arbeitete als „Stützpunktleiter" das ISK-Mitglied Oskar Schmitt mit, der bereits seit 1934 mit Hans Jahn in Verbindung stand.[398] Oskar Schmitt gehörte Ostern 1935 zu den Teilnehmern der in Kapitel 5.2 dargestellten „Roskilder Konferenz" in Dänemark. Nach der erzwungenen Flucht von Hans Jahn hielt in dessen Auftrag Hugo Bachmann die Verbindung mit Schmitt aufrecht und besuchte ihn „mindes-

393 Vgl. die Angaben zu Werner Hansen (Wilhelm Heidorn) im biografischen Anhang.

394 AdsD, NL Max Kellner, 1/MKAE00022, Bl. 13, „Ausschnitt aus der Widerstandsbewegung der deutschen Eisenbahner, insbesondere im Lande Sachsen mit Schwerpunkt Leipzig", o. D.

395 Edo Fimmen berichtet Hans Jahn über den Stand und die Möglichkeiten der illegalen Arbeit, 5. 4. 1938, abgedr. als Dok. 84 in: Mielke/Frese (Bearb.), Die Gewerkschaften im Widerstand und in der Emigration, S. 423 f., hier S. 424.

396 Vgl. Eiber, Die Sozialdemokratie in der Emigration, S. CXXVII.

397 Vgl. AdsD, Bestand ITF, 5/ITFA, Mappe 46, „Organisations-Anlage" von Hans Jahn über den Stand der illegalen Organisation der Eisenbahner im Deutschen Reich, o. D. [1. 3. 1936], abgedr. als Dok. 69 in: Mielke/Frese (Bearb.), Die Gewerkschaften im Widerstand und in der Emigration, S. 359–368, hier S. 363.

398 Vgl. Esters/Pelger/Schlingensiepen, Gewerkschafter im Widerstand, S. 40.

tens einmal im Monat“ bei seinen Rundreisen. Oskar Schmitt gehörte zu den leitenden Funktionären, die sich in Venlo bzw. im ITF-Büro in Amsterdam mit ITF-Vertretern trafen.[399]

Für den Süden Deutschlands, wo es Hans Jahn nicht in gleicher Weise wie im westlichen Industriegebiet und im Norden des Reichsgebietes gelungen war, ein flächendeckendes Stützpunktnetz seiner Widerstandsgruppe aufzubauen, konnte er Mitte 1936 Karl Molt, der vor 1933 Bezirkssekretär des EdED in Württemberg gewesen war, zur Mitarbeit gewinnen. Molt erklärte sich zu einer Zusammenarbeit mit der ITF bereit. Die enge Verbindung zwischen dem Widerstandsnetzwerk von Molt in Süddeutschland und dem ISK verdeutlicht die Auflistung der illegalen Zeitschriften, die Molt per Kurier in das Deutsche Reich einschleuste. Versteckt in einem Fahrradschlauch, wurden Fridolin Endraß bei jeder Kurierfahrt 80 bis 120 illegale Zeitschriften überbracht.[400] Darunter befanden sich neben linkssozialistischen Zeitschriften wie den „Informationsblättern“[401] und „Deutscher Nachrichtendienst“[402] die von der Sopade, dem Exilvorstand der SPD, herausgegebene „Sozialistische Aktion“, und die „RS-Briefe“, Zeitschrift des Arbeitskreises der „Revolutionären Sozialisten“ um Siegfried Aufhäuser, Karl Böchel, Max Seydewitz und Fritz Sternberg, sowie die ITF-Publikation „Fahrt frei“, die sich gezielt an Eisenbahngewerkschafter richtete.[403] Daneben erhielt er auch die beiden wichtigsten illegalen Zeitschriften des ISK. Besonders häufig erhielt Endraß die „Sozialistische Warte“, die 1938 wöchentlich erschien.[404]

Herausgeber der „Sozialistischen Warte“ war Willi Eichler, der unter dem Pseudonym „Martin Hart“ und „Ernst Friesius“ einen „Großteil der Beiträge für die Zeitschrift verfasste“.[405] Abgefangen wurden von der Gestapo auch einige Exemplare der der Zeitschrift beigefügten Diskussionsbeilage „Freie Sozialistische Tribüne“. Bei der zweiten vom ISK veröffentlichten Zeitschrift handelte es sich um die „Reinhart-Briefe“, deren Redakteure Willi Eichler und Werner Hansen waren. Bei der „Verbreitung der ‚Reinhart-Briefe‘ arbeitete der ISK“ – so die Feststellung von Jürgen Stroech – „eng mit der von Edo Fimmen geleiteten Internationalen Transportarbeiter-Föderation zusammen. Inhaltlich nahmen die ‚Reinhart-Briefe‘ vorwiegend zu aktuellen innen- und außenpolitischen Ereignissen Stellung, popula-

399 Vgl. ebenda, S. 68.; zu Oskar Schmitt vgl. Buschak, „Arbeit im kleinsten Zirkel“, 2., aktual. Aufl. 2015, S. 168 f.

400 Vgl. Urteil des VGH 1H37/39-6J374/38g gegen Fridolin Endraß und Josef Riedlin, 25. 11. 1939, Bl. 19, in: Nationalsozialismus, Holocaust, Widerstand und Exil 1933–1945, Online-Datenbank.

401 Vgl. Stroech, Die illegale Presse, S. 175.

402 Der „Deutsche Nachrichtendienst“ veröffentlichte umfangreiche Berichte über die Stimmung und Lage der Arbeiterschaft in verschiedenen Betrieben Deutschlands. Vgl. ebenda, S. 213.

403 Vgl. ebenda, S. 234 f.

404 Vgl. Urteil des VGH 1H37/39-6J374/38g gegen Fridolin Endraß und Josef Riedlin, 25. 11. 1939, Bl. 19, in: Nationalsozialismus, Holocaust, Widerstand und Exil 1933–1945, Online-Datenbank. In den Jahren zuvor erschien diese Zeitschrift im Abstand von zwei Wochen.

405 Vgl. Stroech, Die illegale Presse, S. 282.

SOZIALISTISCHE WARTE

BLÄTTER FÜR KRITISCH-AKTIVEN SOZIALISMUS

Revue antihitlérienne

INHALT:

FREIE SOZIALISTISCHE TRIBÜNE

INHALT:

Herausgegeben vom ISK – Internationaler Sozialistischer Kampf-Bund

15. Jahr. Nr. 3. 2. Februar 1940.

„Sozialistische Warte“ – Zeitschrift des ISK, Februar 1940.

Bibliothek der FES

risierten Beispiele des Widerstandes gegen das faschistische System und setzten sich theoretisch mit faschistischen Phrasen und Maßnahmen auseinander. Die ‚Reinhart-Briefe' waren besonders für die vom ISK geleiteten gewerkschaftlichen Gruppen (USG) bestimmt."[406] Die „Reinhart-Briefe" gehörten – so das Urteil des Volksgerichtshofes gegen Fridolin Endraß[407] – zu den 1937/38 regelmäßig an Endraß gelieferten illegalen Zeitschriften. Um den Charakter der „Hetzschriften" – „Reinhart-Briefe" – hervorzuheben, zitierte der Volksgerichtshof in seinem Urteil gegen Endraß und Riedlin unter anderem einen Artikel, der unter der Überschrift „Gegen die Solidarität der Räuber" zur Sabotage aufforderte.[408] Die „Reinhart-Briefe" forderten zum Beispiel bei der Herstellung und Lieferung von Kriegsmaterial nach Japan zum einen zur Sabotage und zum anderen zur Solidarität der Sozialisten gegen die „faschistischen Räuber"[409] auf. Um die „besonders gehässige Hetze" der „Reinhart-Briefe" zu betonen, zitierte der Volksgerichtshof aus dem Artikel „Besinnt Euch auf Eure eigene Kraft": „Es kommt darauf an, daß wir selber zu einer wirksamen Kraft werden, die die inneren Schwierigkeiten des barbarischen deutschen Systems dazu benutzt, die Voraussetzung für seinen Sturz zu schaffen. Nichts fürchten die Nazis bei ihren Bemühungen um die totale Kriegsvorbereitung mehr, als daß in den wichtigsten deutschen Betrieben wieder wirkliche Vertrauensleute der Arbeiterschaft heranwachsen, denn sie wissen, wie da eine verhältnismäßig kleine Schar entschlossener Kämpfer in labilen Situationen dem Regime ungeheure Schwierigkeiten machen kann. Die Nazis denken zum Beispiel an den Munitionsarbeiterstreik im Jahre 1917. Auch damals war es nur eine kleine Schar von Betriebsobleuten, die die Kriegsmüdigkeit und den Hunger zu einer großzügigen und gefährlichen Widerstandsaktion benutzten."[410] Die enge Zusammenarbeit von ITF und ISK, eine Aussage von Fridolin Endraß und die Tatsache, dass Edo Fimmen die Aktivitäten des ISK auch finanziell unterstützte, trugen wesentlich zu der Fehleinschätzung des Volksgerichtshofes bei, Edo Fimmen sei der „Leiter des illegalen Internationalen sozialistischen Kampfbundes".[411] Nach der Auswertung der illegalen Druckschriften charakterisierte der Volksgerichtshof die illegalen EdED-Mitglieder nicht nur als eine „illegale Gewerkschaftsorganisation", sondern auch als „Kampforganisation" mit dem Ziel des „Sturzes" der „nationalsozialistischen Regierung".[412]

Die 1938 zwischen ITF und ISK getroffene Vereinbarung zur Zusammenarbeit wurde – wenn auch in erheblich reduziertem Umfang – während des Zweiten Weltkrieges fortgeführt.

406 Ebenda, S. 230.

407 Vgl. Urteil des VGH 1H37/39-6J374/38g gegen Fridolin Endraß und Josef Riedlin, 25. 11. 1939, Bl. 20, in: Nationalsozialismus, Holocaust, Widerstand und Exil 1933–1945, Online-Datenbank.

408 Vgl. ebenda, Bl. 39 f.

409 Ebenda, Bl. 41.

410 Ebenda, Bl. 41 f.

411 Ebenda, Bl. 47; vgl. ferner ebenda, Bl. 50, wo von den „Leiter[n] des ITF und des ISK" im Zusammenhang mit Edo Fimmen und Hans Jahn gesprochen wird.

412 Ebenda, Bl. 50.

Zu den wichtigsten Akteuren der Zusammenarbeit mit der ITF und Hans Jahn gehörten vonseiten des ISK – wie bereits vor 1938 – Wilhelm Heidorn (Werner Hansen), Willi Eichler und René Bertholet. Zu erwähnen sind ferner Hanna Bertholet, Eva Lewinski-Pfister, Hans Dohrenbusch und andere.[413] Auf Seiten der ITF waren dies neben Edo Fimmen insbesondere Walter Auerbach,[414] aber auch Jacobus Oldenbroek, der nach der Erkrankung von Edo Fimmen der Hauptansprechpartner von Jahn wurde, ferner Lisa Kant und Arie Treurniet, Mitarbeiter des Generalsekretariates der ITF. Nach seiner Flucht 1937 nach Frankreich nahm Wilhelm Heidorn (Werner Hansen) Kontakt mit Hans Jahn auf. In einem Schreiben vom 5. März 1939 begrüßt er, dass es Hans Jahn nach der Zerschlagung seines Widerstandsnetzwerks im westlichen Industriegebiet inzwischen wieder gelungen sei, „auch im Westen viele neue Fäden [zu] knüpfen“. Er äußerte die Hoffnung „dass wir da manches Stück gemeinsam gehen können und dass es uns überhaupt gelingt, unsere gemeinsamen Arbeiten ein ordentliches Stück voranzubringen“.[415] Hansens Brief vom 5. April 1939 an Hans Jahn lässt erkennen, dass er recht genau über Jahns Aktivitäten informiert war. So befürwortete er Jahns Aktionen, per Flaschenpost über die Mosel Aufrufe zum 1. Mai nach Deutschland zu schicken. In dem Schreiben diskutiert er ferner die Vor- und Nachteile, den Mai-Aufruf über den kommunistisch kontrollierten „Volkssender“ zu verbreiten und kommt zu dem Fazit, dies nicht zu tun, um nicht den „dummen Eindruck [zu] erwecken, als solidarisieren wir uns mit der Arbeit dieser Partei [KPD]. Ich nehme sogar an, daß die KP es entsprechend propagandistisch ausnutzen würde. Außerdem haben wir hier [in Paris] die Erfahrung gemacht, daß die Sendeleitung willkürlich Änderungen an den eingereichten Texten vornahm, so daß man gar keine Garantie dafür hat, was schließlich gesendet wird. Aus diesen Gründen würde ich von einer Radiobotschaft unabhängiger Gewerkschaftsgruppen nur über den Volkssender abraten.“[416] Werner Hansens kritische Haltung gegenüber den kommunistischen Kollegen wird auch in seinem Bericht über eine Versammlung der „Deutschen Sprachgruppe in der CGT“ deutlich: „Vorgestern war ich hier in einer Versammlung der deutschen Sprachgruppen der CGT. Eine tolle Sache. Weil die Kommunisten merken, wie ihnen die Felle wegschwimmen (in der Angestellten-Sprachengruppe wurde ihnen bereits die Mehrheit und damit der Vorstand aus der Hand genommen), versuchen sie jetzt mit allen Mitteln, den Rest ihrer Positionen zu hal-

413 Zu den biografischen Daten von Lewinski-Pfister vgl. Mielke/Frese (Bearb.), Die Gewerkschaften im Widerstand und in der Emigration, S. 1044. Zu René Bertholet vgl. ebenda, S. 172 und im biografischen Anhang. Zu Hans Dohrenbusch vgl. Röder/Strauss (Bearb.), Biographisches Handbuch, S. 134; vgl. zu Verbindungen zwischen ISK und illegalem EdED in Köln AdsD, Bestand IJB/ISK, 4/IJB-ISK, 47, Brief von Willi Eichler, Paris, an „Lieber Freund“ [Adressat unklar], 27. 8. 1934; vgl. zum Stand der illegalen Organisierung des ISK AdsD, Bestand IJB/ISK, 4/IJB-ISK, Mappe 47, Brief von Willi Eichler, Paris, an „Liebe Freunde“ [Adressaten unklar], 12. 12. 1934.

414 Zu den biografischen Daten vgl. Röder/Strauss, Biographisches Handbuch, S. 24.

415 BArch, R 3017/29435, Bl. 113.

416 Ebenda, Bl. 5, Brief von Hans Klein (Werner Hansen) an „Lieber Freund“ (Hans Jahn), 5. 4. 1939.

ten. In der Versammlung wurde z. B. über einen Geschäftsordnungsantrag zur Änderung der Tagesordnung überhaupt nicht abgestimmt, mit der eigenartigen Begründung, diese G e n e r a l versammlung – wie auf den Einladungen stand – habe nach den Statuten nicht das Recht, irgendwelche Abstimmungen vorzunehmen, über die Tagesordnung usw. habe ausschließlich das Büro zu entscheiden. Weil die Mehrheitsverhältnisse in der Versammlung nicht ganz eindeutig waren, entzog man sich so einer Abstimmung. – Diese Art und Weise, die Gewerkschaft für parteipolitische Kämpfe zu mißbrauchen, ist wirklich trostlos. Ich glaube nicht, daß auf die Dauer eine wirklich positive Arbeit dabei herauskommt."[417] Für Jahns Flaschenpostaktion lieferte W. Hansen offensichtlich „den Inhalt [Aufruf zum 1. Mai] der F[laschenpost], per Adresse an Jean Fohrmann", den Präsidenten der Luxemburgischen Gewerkschaftskommission.[418]

Involviert war Werner Hansen auch in die verschiedenen Bestrebungen, über eine Koordinierung der verschiedenen Emigrantenorganisationen die Aktivitäten der Gewerkschaften im Kampf gegen das NS-Regime effektiver zu gestalten. Am 12. Juni 1939 übermittelte er Hans Jahn die Kopie eines Schreibens von Gerhard Kreyssig,[419] der dieses Thema mit einem Beitrag in der Zeitschrift „Gewerkschafter im Exil" in die Diskussion eingeführt hatte. Hansen schlug vor, in einem Beitrag in der „Sozialistischen Warte" auf diese Frage positiv einzugehen, damit er sich anschließend in „zustimmendem Sinne" ebenfalls dazu äußern könne. Kurz nach seiner Ankunft in London (August 1939) nahm Hansen den Kontakt zu Hans Jahn in Luxemburg wieder auf. Am 11. August 1939 erkundigte er sich bei Jahn nach der „Ballonsache" und den „Plänen für das Nürnberger Theater", das heißt nach den Plänen zur Störung des Reichsparteitages der NSDAP in Nürnberg und bedankte sich für die „verschiedenen Berichte" aus Deutschland: „Du wirst inzwischen aus den R[einhart]-Briefen[420] und der ‚S[ozialistischen] W[arte]' gesehen haben, wie sie verarbeitet wurden".[421] Hinsichtlich der Bemühungen, die gewerkschaftlichen Aktivitäten in der Emigration und im Kampf gegen das NS-Regime mit dem IGB zu koordinieren, sah er „kaum eine Hoffnung, mit dem IGB in einen vernünftigen Kontakt zu kommen. Es wird jedenfalls noch einiger Arbeit bedürfen, diese Kollegen von ihrem hohen Roß herunterzubekommen. Dazu gehört eben, daß wir

417 Ebenda, Bl. 6.

418 Ebenda, Bl. 31, Brief von Hans Klein (Werner Hansen) an „Lieber Freund" (Hans Jahn), 20. 4. 1939. Am 25. April 1939 teilte Hans Jahn Edo Fimmen mit: „Die Flaschenposten sind abgegangen". Ebenda, Bl. 32. Zur „Flaschenpost"-Aktion vgl. auch BArch, R 3017/29433, Bl. 19, Brief von Edo Fimmen an Hans Jahn, 5. 6. 1939.

419 Vgl. zu den biografischen Angaben von Gerhard Kreyssig Mielke/Frese (Bearb.), Die Gewerkschaften im Widerstand und in der Emigration, S. 194 f.

420 Zu Details zu den „Reinhart-Briefen" vgl. Stroech, Die illegale Presse, S. 229.

421 BArch, R 3017/29437, Bl. 48, Brief von Hans Klein (Werner Hansen) an „Lieber Freund" (Hans Jahn), 11. 8. 1939.

ruhig und zielbewußt unsere Arbeit nach drinnen fortsetzen."[422] Als am 25. September 1939 die Londoner Vertretung der Freien Arbeiter-, Angestellten- und Beamtengewerkschaften (ADGB-AFA-ADB) gegründet wurde, schlossen sich Werner Hansen und Willi Eichler dieser Organisation an, während Walter Auerbach ihr zunächst fernblieb. In einem Gespräch am 30. Oktober 1939 mit Hans Gottfurcht, dem Initiator der Londoner Vertretung, der ihn zum Beitritt bewegen wollte, äußerte Auerbach seine „Bedenken [...] gegen [die] zu enge Bindung an [die] ADG" und betonte, die „Ansprüche der ADG auf Führung könnten [vonseiten der ITF] nicht anerkannt werden."[423] Einigkeit bestand zwischen Gottfurcht und Auerbach über das Erfordernis parteipolitischer Neutralität bei der Neugründung und darüber, die Londoner Vertretung „auf keinen Fall von Weisungen und Entschlüssen der ADG abhängig" zu machen.[424] „Über die ISK-Leute besteht Übereinstimmung" heißt es weiter in den Protokollnotizen von Gottfurcht, während über „Neu Beginnen" „keine volle Übereinstimmung" erreicht wurde, ebenso wenig wie über die Sopade.[425] Während sich Willi Eichler am 28. Februar 1941 an den Gesprächen mit Vertretern des IGB und des TUC als Mitglied der Londoner Vertretung beteiligte – Besprechungen, die zur Gründung der „Landesgruppe deutscher Gewerkschafter" in Großbritannien führten –, blieben Auerbach und Jahn –, der nach der Besetzung Luxemburgs auf Umwegen ebenfalls in London Zuflucht gefunden hatte – auch der neugegründeten Landesgruppe fern.

Die Nähe der Landesgruppe zum IGB[426] hielten die ITF-Mitarbeiter Auerbach und Jahn – die finanziell von der ITF, das heißt in erster Linie von Edo Fimmen, abhängig waren – zunächst davon ab, sich der Landesgruppe anzuschließen. Im Februar 1941 verhandelten Hans Jahn (unter seinem Decknamen „Kramer"), Walter Auerbach, Hellmuth von Rauschenplat, der sich später Fritz Eberhard[427] nannte, und Erwin Schoettle[428] mit der

422 Ebenda.

423 Zit. n.: Mielke/Frese (Bearb.), Die Gewerkschaften im Widerstand und in der Emigration, S. 877 f., Aktennotiz von Hans Gottfurcht über ein Gespräch mit Walter Auerbach, 30. 10. 1939.

424 Ebenda, S. 877.

425 Ebenda, S. 878.

426 In den mit dem IGB und der TUC abgestimmten Richtlinien der Landesgruppe heißt es eindeutig: „Die ‚Landesgruppe' ist dem IGB angeschlossen." Sie werde sich „bemühen, die Erreichung ihrer Ziele sicherzustellen in Zusammenarbeit mit dem IGB und – unter dessen Verantwortlichkeit – mit dem britischen TUC und seinen angeschlossenen Verbänden". Ebenda, S. 901, Dok. 219, Richtlinien der Landesgruppe deutscher Gewerkschafter in Großbritannien, 28. 2. 1941.

427 Vgl. zu den Angaben der Genannten im biografischen Anhang.

428 Erwin Schoettle (geb. 18. Oktober 1899 in Leonberg, gest. 25. Januar 1976 in Baden-Baden), Politiker und Verleger, ab 1931 SPD-Parteisekretär in Stuttgart, ab März 1933 steckbrieflich verfolgt; konnte ein Mandat für den Württembergischen Landtag im März 1933 aufgrund der Verfolgung nicht mehr antreten; im Mai 1933 Flucht in die Schweiz und Sopade-Grenzsekretär für den Bezirk Südwestdeutschland; wegen grundlegender Kritik an der Arbeit der Sopade Mitglied und später führender Funktionär der Gruppe „Neu Beginnen", deren Londoner Büro Schoettle leitete; an der Gründung der „Union deut-

Walter Auerbach bei einer SPD-Kundgebung in Osnabrück, 5. Oktober 1965.
AdsD

Londoner Vertretung über eine Abgrenzung der Arbeitsgebiete des von Auerbach initiierten „Gewerkschaftlichen Freiheitsbundes gegen das Hakenkreuz“ (GFB).[429] Während der GFB sich als Vertretung der illegal arbeitenden Gewerkschafter im Deutschen Reich verstand, sollte die Londoner Vertretung als die vom „IGB und TUC anerkannte Zusammenfassung der emigrierten Gewerkschaftsmitglieder“[430] fungieren. Auch der Versuch von Hans Vogel und Erich Ollenhauer, Jahn, Auerbach und Edo Fimmen in den Gründungsprozess

scher sozialistischer Organisationen in Großbritannien“ beteiligt, deren Vorstand er angehörte; ab 1941 Mitglied des Arbeitsausschusses der „Landesgruppe deutscher Gewerkschafter in Großbritannien“; 1947–1962 Landesvorsitzender der SPD in Württemberg-Baden bzw. ab 1952 in Baden-Württemberg; übernahm mehrere Funktionen im SPD-Bundesvorstand; 1946/47 Mitglied des Landtages von Württemberg-Baden; 1949–1972 Mitglied des Bundestages. Vgl. Röder/Strauss (Bearb.), Biographisches Handbuch, S. 664.

429 In einem Brief von Walter Auerbach und Hans Jahn an den IGB-Generalsekretär Walter Schevenels vom 21. April 1941 heißt es zu den am Freiheitsbund beteiligten Gruppen: „The representatives of the trade union cell organisations of German transport workers, miners, textile workers the U[nabhängigen] S[ozialistischen] G[ewerkschaften] and certain other groups, tightened their cooperation in 1940 and placed it on a more permanent basis by the formation of what is known as the Trade Union Freedom League against the Swastika“, zit. n.: ebenda, S. 897.

430 Ebenda, S. 897.

Werner Hansen bei einer DGB-Kundgebung anlässlich des 1. Mai 1953 in Düsseldorf. *AdsD*

der „Union deutscher sozialistischer Organisationen in Großbritannien" einzubinden, führten im Unterschied zu den Gesprächen mit den ISK-Mitgliedern Eichler und Werner Hansen zu keinem Erfolg.[431] In diesen Gesprächen firmierten Jahn und Auerbach als „ITF, Gewerkschaftsgruppe".[432] Das Fazit von Ludwig Eiber hinsichtlich dieser Kooperationsbemühungen lautet: „Die Gewerkschaftsgruppe um Walter Auerbach blieb auf Distanz."[433] Im Unterschied zu Jahn und Auerbach nahm Willi Eichler als ISK-Vertreter von Anfang an an den Besprechungen und Verhandlungen zur Gründung der Union[434] teil, auch wenn Eichler im Februar 1941 bei der ersten Vorbesprechung zur „Unions"-Gründung „die Zeit für die Vorbereitung einer organisatorischen Einigung der sozialistischen Gruppen und die Schaffung einer sozialistischen Einheitspartei noch nicht gekommen" sah. Dennoch: Die von Ludwig Eiber veröffentlichten Protokolle der Mitgliederversammlung und des Exekutivkomitees weisen auf eine regelmäßige Mitarbeit von Eichler und Heidorn/Hansen in den Gremien der Union hin.[435] Während Willi Eichler als Mitglied des Exekutivkomitees die Entwicklung

431 Vgl. Eiber, Die Sozialdemokratie in der Emigration, S. XXVI ff.; ferner ebenda, S. 8.

432 Vgl. ebenda, S. CXXVII ff.

433 Ebenda, S. XXXV.

434 Vgl. ebenda, S. 3 ff.

435 Vgl. ebenda, S. 154, 188, 192 ff., 210 ff., 233 u. a.

der „Union“ beeinflusste, engagierte sich Heidorn/Hansen als Vorsitzender – zusammen mit Erich Ollenhauer – in einer Kommission bei der Ausarbeitung des Aktionsprogrammes der „Union“. Sein Entwurf zum „Verhältnis zwischen Partei und Gewerkschaften“[436] stellt einen entschiedenen Appell dar, die Gewerkschaften im Verhältnis zu den „sozialistischen Parteien“ nicht zu „bloße[n] Parteifilialen“ degenerieren zu lassen. „Bloße ‚gewerkschaftliche‘ Hilfsorganisationen der kommunistischen Parteien aufzubauen“, lehnte er entschieden ab. In seinem Entwurf forderte Hansen den Aufbau parteipolitisch unabhängiger Gewerkschaften. Selbst in einem Staat, in dem „die Klassenherrschaft zerstört“ sei, forderte er trotz des zu erwartenden Wechsels gewerkschaftlicher Aufgaben und Kampfmethoden das weitere „Bestehen von wirtschaftlichen Selbstverwaltungsorganisationen der Arbeiterschaft, die sowohl dem Staatsapparat als auch der sozialistischen Partei gegenüber ein weitgehendes Maß an Unabhängigkeit haben“[437] müssten.

Die Zusammenarbeit zwischen den genannten Akteuren wurde dadurch erleichtert, dass sich nach Kriegsbeginn sowohl die ITF und die ISK-Führung als auch zahlreiche deutsche Gewerkschafter in Großbritannien hatten in Sicherheit bringen können. Eine wichtige Rolle bei der Flucht nach Großbritannien spielte für viele ISK-Mitglieder und Gewerkschafter der Schweizer René Bertholet, der bereits vor 1933 nicht nur in Kontakt mit Hans Jahn, sondern auch mit dem ITF-Generalsekretär Edo Fimmen stand. Wegen seiner illegalen Kontakte als Verbindungsmann und Kurier des IGB nach Deutschland und seiner engen Verbindungen zu Hans Jahn und zur ITF war Bertholet im November 1933 verhaftet worden und verbüßte bis Juni 1936 eine Zuchthausstrafe in Deutschland. Nach seiner Entlassung fungierte er in Paris und Brüssel als Kontaktperson des ISK. Ab 1940 half er als Mitarbeiter des Schweizerischen Arbeiterhilfswerkes in Südfrankreich (Vichy-Regime) zahlreichen deutschen Gewerkschaftern bei der Beschaffung von Visa. In den Jahren 1942/43 fungierte Bertholet auch als „Kontaktperson für den nach Großbritannien emigrierten Jahn in der Schweiz nach Deutschland.“[438] In seinem Bericht vom 15. Juni 1941 über seine illegalen Aktivitäten seit Kriegsbeginn bestätigt Hans Jahn seine Verbindung zu Bertholet. Jahn, der nach seiner Flucht aus Luxemburg nach Südfrankreich „als ITF-Funktionär besonders von einer Auslieferung gefährdet war, erhielt dank der Bemühungen des ISK-Mitglieds René Bertholet schon Mitte September [1940] ein Visum für die USA.“[439]

436 Vgl. ebenda, S. 210 ff., ferner S. 192 ff.

437 Ebenda, S. 211.

438 Hans Jahn schildert rückblickend die Versuche zur Bildung einer „Reichsleitung deutscher illegaler Gewerkschaften“, o. D., abgedr. als Dok. 22 in: Mielke/Frese (Bearb.), Die Gewerkschaften im Widerstand und in der Emigration, S. 171–178, hier S. 172.

439 Nelles, Widerstand und internationale Solidarität. Die Internationale Transportarbeiter-Föderation (ITF) im Widerstand, S. 331.

Hans Jahn entschied sich jedoch, über Spanien und Portugal nach Großbritannien zu flüchten. Die Verbindungen zwischen Hans Jahn, Werner Hansen und René Bertholet blieben auch nach Kriegsende bestehen. So besuchte René Bertholet bereits im April 1945 (!) Werner Hansen, der sich als einer der ersten Emigranten zu diesem Zeitpunkt in Köln bereits beim Gewerkschaftsaufbau engagierte.[440]

5.3.2 Differenzen zwischen ITF und IGB und ihre Auswirkungen auf die Widerstandsaktivitäten gegen das NS-Regime

Ein zentraler Streitpunkt zwischen IGB und ITF, der die Aktivitäten beider Organisationen in ihrem Kampf gegen das NS-Regime beeinträchtigte, war die Frage der Koordinierung dieses Kampfes. Sowohl IGB als auch ITF beanspruchten, in diesem Kampf die einzig legitimierte Vertreterin der deutschen illegalen Gewerkschafter zu sein: Die ITF war der Auffassung, sie führe die umfangreichste und effektivste gewerkschaftliche Widerstandsorganisation an; der IGB beanspruchte die Federführung hingegen, weil er in der „Illegalen Reichsleitung" der Gewerkschaften und in der ADG die legitimierten Repräsentanten der illegalen und emigrierten deutschen Gewerkschafter sah. Kritik am „Totalitätsanspruch"[441] des IGB durchzieht die überlieferte Korrespondenz von Hans Jahn, Walter Auerbach, Werner Hansen und Willi Eichler mit der ITF. Eine Einigung konnte nicht zuletzt auch deshalb nicht erreicht werden, weil Edo Fimmen und Walter Schevenels sich wenig schätzten und ihre gegenseitige Abneigung auf ihre Mitarbeiter übertrugen. In der Frage der Koordinierung bzw. Zentralisierung des gewerkschaftlichen Widerstandes in Deutschland vermochte auch das aus Mitgliedern des IGB (Walter Citrine, Walter Schevenels, Léon Jouhaux) und Mitgliedern ausgewählter IBS (Edo Fimmen (ITF), Klaas de Jong (IBS der Fabrikarbeiter), Wim Spiekman (IBS der Privatangestellten), Tonnis van der Heeg (IBS der Bekleidungsarbeiter) und Tom Shaw (IBS der Textilarbeiter) besetzte Koordinations-Komitee keine Entscheidungen zu treffen, an die sich alle Beteiligten gebunden fühlten.[442] Das Protokoll des IGB-IBS-Koordinationskomitees der Sitzung vom 15. März 1935 schreibt zu dessen Aufgaben und Befugnissen: „Es wird daran erinnert und bekräftigt, daß dem Komitee aufgrund des Beschlusses in Weymouth als erste Aufgabe die Koordinierung und Harmonisierung der Anstrengungen des IGB und der IBS

440 Vgl. Eiber, Die Sozialdemokratie in der Emigration, S. 798.

441 BArch, R 3017/29437, Bl. 66, Brief von Hans Jahn an „Lieber Freund", 23. 8. 1939. In diesem Schreiben kritisiert er Schevenels, der „für die ADG den Totalitätsanspruch geltend macht. Es wird sehr schwer sein, Sch[evenels] davon zu überzeugen, dass die ADG nur Bluff ist."

442 Léon Jouhaux nahm als einziger der Genannten nicht an dieser Sitzung teil. Vgl. die Diskussion des Koordinationskomitees über Fragen der Zentralisierung des gewerkschaftlichen Widerstandes in Deutschland, 27. 3. 1935, abgedr. als Dok. 25 in: Mielke/Frese (Bearb.), Die Gewerkschaften im Widerstand und in der Emigration, S. 186 f.

INFORMATIONSBLATT

DER AUSLANDSVERTRETUNG DER DEUTSCHEN GEWERKSCHAFTEN

BEILAGE DES BULLETINS DES INTERNATIONALEN GEWERKSCHAFTSBUNDES

PÉRIODIQUE BI-MENSUEL

ADRESSE FÜR DAS INFORMATIONSBLATT : 9, AVENUE D'ORSAY - PARIS-VII°

ADRESSE DER AUSLANDSVERTRETUNG DER DEUTSCHEN GEWERKSCHATFEN (A. D. G.) : LESSINGSTRASSE 23, KOMOTAU (TSCHECHOSLOWAKEI)

Nr. 1 (Dienstag, den 16. November 1937)
Sz.

ZUR EINFÜHRUNG

Die Auslandsvertretung der deutschen Gewerkschaften (A.D.G.) hat ihren Pressedienst jetzt vollständig reorganisiert und die Veröffentlichungen verschiedener Gruppen in diesem Informationsblatt zusammengelegt.

Da die hier veröffentlichten Nachrichten zweifellos die Presse und besonders die Arbeiterkreise aller Länder besonders interessieren, haben wir sie dem "Bulletin" des Internationalen Gewerkschaftsbundes als Beilage zugefügt. Wir bitten insbesondere die Arbeiterpresse, die Nachrichten weitgehendst aufnehmen zu wollen.

Die Redaktion.

-.-.-.-.-.-.-

Opposition in Deutschland.

(ADG) Trotz des Raubes der Gewerkschaften, trotz des fürchterlichen Terrors, trotz Konzentrationslager und Zuchthaus lebt die Opposition in Deutschland. Der Kern der früheren Gewerkschafter hält unerschütterlich an seiner alten Überzeugung fest! Die deutsche Arbeiterschaft hat noch Männer, die den Mut zum Kampf aufbringen, zum lebendigen Kampf gegen das System! Wir sind in der Lage, diese Tatsache durch ein treffendes Beispiel belegen zu können.

In Betrieben einer rheinischen Grossstadt wurden vor kurzem Briefe mit der Anschrift "An alle Mitglieder der DAF" verteilt, in denen gesagt wird: "Dr. Ley, der Leiter der DAF, hat in Nürnberg folgendes behauptet: Der deutsche Arbeiter habe seine Ehre wieder - die wahre Volksgemeinschaft sei wieder hergestellt - die Produktion sei gewaltig gestiegen und ein gesundes Volk sei im Werden".

Dieser Behauptung gegenüber wird in den Briefen u.a. folgendes festgestellt: "Die Antreiberei und Ausbeutung in den Betrieben hat zugenommen. Die Gewinne der Grosskapitalisten sind um Milliarden gestiegen. Selbst nach der Nazi-Statistik gibt es - seit Hitler in Deutschland "regiert" - 1.266 Millionäre mehr. Unsere Lebenshaltung ist um mehr als 25% gesunken. Die freiwilligen Zwangsabgaben haben ein unerträgliches Ausmass angenommen. Der betriebliche Schutz und die Gesundheitsmassnahmen sind ungenügend. Allein in der rheinischen Metallindustrie stiegen die Unfälle im Jahre 1936 um 16%. Die Zahl der Erkrankungen gegen früher ist ganz erheblich gestiegen. Die Krankenleistungen: Krankengeld, Behandlung und Heilmittel, sind ungenügend. Die Akkord-und Prämienverhältnisse in den Betrieben sind nach wie vor undurchsichtig und schlecht. Der Lebensmittelmangel steigert sich. Das Brot ist oft kaum geniessbar. Unsere Rechte in den Betrieben sind gegenüber früher ungeheuer geschmälert worden. Es kann von Recht überhaupt keine Rede mehr sein. Die Volksgemeinschaft ist Schwindel. Der Gegensatz zwischen dem Betriebsführer (Unternehmer) und der Belegschaft ist heute grösser als je. In der DAF bestimmen die Bonzen. Wir haben nur Beiträge zu zahlen. Es gibt aber keine Kontrolle darüber."

Unsere heldenhaften Kämpfer in Deutschland - das geht ganz eindeutig aus dem Inhalt der Briefe hervor - bereiten den Tag vor, an dem die deutsche Gewerkschaftsbewegung auf neuer Grundlage stärker und kampfesfreudiger denn je entstehen wird.

Erste Ausgabe des Informationsblattes der Auslandsvertretung der deutschen Gewerkschaften, 16. November 1936.
Bibliothek der FES

in Deutschland und Österreich übertragen wurde. Das Komitee kann demnach im Rahmen dieser Befugnisse alle ihm nötig erscheinenden Beschlüsse fassen, ohne zuvor die Instanzen zu konsultieren, von denen es sein Mandat hat."[443] Auf der Sitzung vom 27. März 1935 in London waren sich dem Protokoll zufolge zwar alle Anwesenden einig, „daß keine Entscheidung bezüglich der illegalen Aktion ohne das Einverständnis der deutschen Genossen selbst getroffen werden kann." Dies werfe, so das Protokoll, „eine ganze Reihe von Fragen" auf wie „Schaffung eines Netzes von Vertrauensleuten für jeden Berufszweig mit seiner zentralen Leitung; Schaffung von Bezirksausschüssen in jedem wichtigen Industriezentrum; Zentralleitung für das Reich; deutsches Gewerkschaftsbüro im Ausland, das zur Aufgabe hätte, einerseits alle Informationen zu sammeln, die von den illegalen Organisationen kommen, und andererseits an diese Organisationen die wirtschaftlichen und internationalen Informationen zu liefern, die sie brauchen."[444] Das Protokoll lässt nicht erkennen, dass insbesondere Edo Fimmen einer Zentralleitung für das Reich oder einem Gewerkschaftsbüro im Ausland zugestimmt hätte. Edo Fimmens ablehnende Haltung gegenüber der vom IGB anerkannten „Illegalen Reichsleitung" und der ADG, die den Anspruch erhoben, die Funktion einer Zentralleitung für das Deutsche Reich bzw. eines Gewerkschaftsbüros im Ausland zu erfüllen, behielt Fimmen bis zu seinem Tode (1942) bei. In zahlreichen Briefen und Stellungnahmen gegenüber seinen Vertrauten spricht er der „Illegalen Reichsleitung" und der ADG ab, eine effektive gewerkschaftliche Widerstandstätigkeit auszuüben. Die bis in die Kriegsjahre andauernden Differenzen zwischen IGB und ITF haben zweifellos dazu beigetragen, ihre bereits begrenzten Möglichkeiten im Kampf gegen das NS-Regime deutlich zu schwächen.

Nicht nur auf internationaler Ebene wurde der Kampf um eine Koordinierung der gegen das NS-Regime gerichteten gewerkschaftlichen Aktivitäten in aller Härte geführt. Der Briefwechsel zwischen Hans Jahn, Willi Eichler, Walter Auerbach und Werner Hansen enthält zahlreiche herabsetzende Einschätzungen zur Organisation und den Aktivitäten der „Illegalen Reichsleitung" und der ADG, deren Arbeit in der Regel als ineffektiv und als „Hochstapelei" charakterisiert wird. Heinrich Schliestedt, der Vorsitzende der ADG[445] seinerseits, vertrat in einem Gespräch mit Karl Molt den Standpunkt, „die Spitze für die Deutsche Gewerkschaftsbewegung" sei „in Komotau [dem Sitz der ADG], einschließlich der Eisenbahner".[446] „Das, was Edo [Fimmen] aufgebaut habe, sei nichts als Aufbauschung, hinter der nichts stehe."[447] Sein Vertreter Franz Apitzsch sei „derjenige, der den meisten Anhang hinter sich habe [...] Franz

443 Ebenda, S. 186.

444 Ebenda.

445 Zu den Aktivitäten vgl. Siegfried Mielke, Heinrich Schliestedt (1883–1938), in: Mielke/Heinz (Hrsg.) unter Mitarb. von Pietsch, Emigrierte Metallgewerkschafter im Kampf, S. 307–333, hier S. 325 ff.

446 AdsD, Bestand ITF, 5/ITFA, Mappe 16, Bericht von Karl Molt an Hans Jahn, 28. 10. 1936, abgedr. als Dok. 73 in: Mielke/Frese (Bearb.), Die Gewerkschaften im Widerstand und in der Emigration, S. 374–380, hier S. 375.

447 Ebenda.

Heinrich Schliestedt, o. D.
IG Metall Frankfurt a. M.

[Apitzsch] reise im Reiche herum u[nd] organisiere die Eisenbahner. Erst kürzlich [1936] habe in Mecklenburg, wo Franz [Apitzsch] ein Fuhrgeschäft habe, eine große Eisenbahnerzusammenkunft stattgefunden. Das seien Tatsachen, mit denen man eine Bewegung nachweisen könne, nicht aber das, was Edo [Fimmen] auf seiner Generalstabskarte habe. Franz [Apitzsch] komme auch des öfteren nach Komotau."[448] Vorausgesetzt, Karl Molt gibt das Gespräch zutreffend wieder, dann unterschätzte Heinrich Schliestedt eindeutig die Widerstandstätigkeit der von der ITF angeleiteten Widerstandsgruppe um Hans Jahn und bauschte seinerseits die zweifellos vorhandenen, aber nach heutigem Kenntnisstand deutlich weniger bedeutsamen Aktivitäten des Widerstandsnetzwerkes um Franz Apitzsch und Lorenz Breunig auf.

5.3.3 Zwei Führungsfiguren: Edo Fimmen und Hans Jahn

Zu den kontrovers diskutierten Fagen in der Sekundärliteratur gehört auch die nach dem tonangebenden Akteur im Widerstandsnetzwerk der Eisenbahngewerkschafter aus den Reihen des EdED. Während Willi Eichler und Dieter Nelles die führende Rolle von Edo Fimmen

448 Ebenda, S. 377. Unterlagen zu der in Mecklenburg abgehaltenen Eisenbahnerzusammenkunft wurden nicht gefunden.

betonen, unterstreichen zwar auch Helmut Esters, Hans Pelger und Alexandra Schlingensiepen die Bedeutung der ITF und insbesondere das Engagement von Edo Fimmen.[449] Zugleich heben sie in ihrer Studie in den Kapiteln über Aufbau und Tätigkeit des Widerstandsnetzwerkes und Jahns Aktivitäten in der Emigration besonders dessen Rolle als Initiator und Motor der illegalen Gruppe hervor.[450]

Im Nachruf (1942) auf seinen Freund Edo Fimmen schreibt Willi Eichler: „Wenn einst die Geschichte des Abwehrkampfes der Arbeiterschaft gegen den Faschismus geschrieben werden wird, dann wird Fimmens Name an der Spitze stehen."[451] Die Prognose war unzutreffend. Edo Fimmen ist heute, wie Dieter Nelles zu Recht hervorhebt, lediglich „noch Insidern bekannt";[452] dies, obwohl nach seiner Einschätzung Edo Fimmen „die unangefochtene Führungsfigur"[453] und nicht lediglich ein „Unterstützer" des EdED-/ITF-Widerstandes um Hans Jahn war. Die Feststellung von Dieter Nelles, Edo Fimmen sei die Führungsfigur der von ihm unterstützten Widerstandsgruppen gewesen, gilt zweifellos für die von Fimmen besonders geschätzten und unterstützten illegalen Seeleute und Hafenarbeiter unter der Leitung von Hermann Knüfken.[454] Aber gilt die These von Nelles auch für das Widerstandsnetzwerk der früheren Mitglieder und Funktionäre des EdED, in dem Helmut Esters, Hans Pelger und Alexandra Schlingensiepen zufolge Hans Jahn die zentrale Rolle spielte? Zwischen Edo Fimmen und Hans Jahn bestand nicht lediglich ein intensives Arbeits-, sondern auch ein ausgeprägtes freundschaftliches Vertrauensverhältnis, in dem sich die Frage „Unterstützer oder Leiter der Widerstandsgruppe?" in der Regel nicht stellte. Dennoch: Die ITF war der einzige „Brotgeber"[455] von Hans Jahn – ein Faktum, das bei Kontroversen zwischen Hans Jahn und Edo Fimmen nicht ohne Bedeutung blieb. Bei Differenzen zum Beispiel hinsichtlich der Bemühungen von Hans Jahn und Willi Eichler, mit Walter Schevenels eine Koordinierung der Widerstandsaktivitäten der internationalen Gewerkschaftsorganisationen zu verhandeln, lässt sich feststellen, wer letztlich die Politik der ITF – auch zum gewerkschaftlichen Widerstand im „Dritten Reich" – formulierte und durchsetzte: Edo Fimmen.

449 So heißt es u. a. in ihren Schlussbemerkungen: „Der Widerstand ehemaliger Mitglieder des Gesamt- und Einheitsverbandes in Deutschland war in dem Ausmaße, wie er dargestellt worden ist, nur möglich durch die Unterstützung vonseiten der ITF." Vgl. Esters/Pelger/Schlingensiepen, Gewerkschafter im Widerstand, S. 85 und S. 25–35.

450 Vgl. ebenda, S. 38, 47–73.

451 Willi Eichler, Edo Fimmen (1881–1942), in: Willi Eichler, Sozialisten. Biographische Aufsätze über Karl Marx, Leonard Nelson, Friedrich Ebert, Edo Fimmen, Minna Specht, Kurt Schumacher, Erich Ollenhauer, Bonn 1972, S. 109–113, hier S. 113; ferner Nelles, Der verdrängte Widerstand, S. 396.

452 Ebenda, S. 396.

453 Ebenda.

454 Zu den biografischen Angaben von Hermann Knüfken (geb. 9. Februar 1893 in Düsseldorf, gest. 8. Februar 1976 in Brighton) vgl. Mielke/Frese (Bearb.), Die Gewerkschaften im Widerstand und in der Emigration, S. 266.

455 BArch, R 3017/29437, Bl. 9, Brief von Hans Jahn an Edo Fimmen, 29. 6. 1939.

Edo Fimmen bei einem Kongress der ITF, 1935.
AdsD (Rechteinhaber nicht ermittelbar)

In einem Schreiben vom 27. Juni 1939 spricht sich Edo Fimmen entschieden gegen Verhandlungen mit dem IGB aus: Er sei „nach wie vor nicht gegen Koordinierung", aber „solange Sch[evenels] an der Spitze des IGB" stehe, erwarte er „nichts" von Gesprächen und Verhandlungen mit dem IGB.[456] Fimmen lehnte es entschieden ab, sich an derartigen Überlegungen zu beteiligen, solange er „etwas zu sagen habe". Deshalb werde er „keineswegs zustimmen", dass Hans Jahn einen entsprechenden „Appell zu Verhandlungen an den Kongress des IGB in der betreffenden Angelegenheit" richte, da er einen derartigen Appell als einen „Versuch der Anbiederung durch die ITF"[457] verstehe. Dazu bestehe nicht der geringste Grund, da nach Einschätzung von Fimmen die ITF das einzige Berufssekretariat sei, das etwas im Kampf gegen das NS-Regime leiste und zwar weil die ITF „selbständig und unabhängig sei und bleiben"[458] müsse. Sichtlich verärgert brachte Edo Fimmen seine Verwunderung darü-

456 BArch, R 3017/29437, Bl. 3 ff., Brief von Edo Fimmen an Hans Jahn, 27. 6. 1939.
457 Ebenda, Bl. 3.
458 Ebenda, Bl. 4.

Rückkehr von Hans Jahn und dessen Ehefrau von der ITF-Konferenz in Oslo. Hans Jahn wurde nach seiner Ankunft auf dem Bahnhof Frankfurt am Main interviewt, Ende Juli 1948.
DENA/dpa – Picture Alliance GmbH, Bild-Nr. 87171503

ber zum Ausdruck, erst durch Walter Auerbach von Jahns „derartigen selbständigen Aktionen" erfahren zu haben; Aktionen, in denen „eine andere Politik als die der ITF vertreten"[459] werde. Edo Fimmen forderte Hans Jahn deshalb auf, den von Jahn mit Willi Eichler abgesprochenen Appell an den IGB nicht wie geplant in der „Sozialistischen Warte" zu veröffentlichen.[460] Fimmen vertrat die Auffassung, dass bei allen Versuchen, eine Koordinierung herbeizuführen, bisher „nichts als Ärger und sonst nichts herausgekommen" sei. Außerdem vertrat er die Position, „Koordinierung heißt: andere Leute in unsere Sachen hineinblicken und mitbestimmen lassen, es bedeutet Mehrheitsbeschlüsse, die wir ausführen müssen in Angelegenheiten, von denen die anderen keinen blauen Dunst haben."[461]

Walter Schevenels, der Generalsekretär des IGB, gehörte nicht zuletzt auch deshalb zu den Gegenspielern von Edo Fimmen, weil er die „Illegale Reichsleitung" der Gewerkschaften[462] in

459 Ebenda.

460 In dem Schreiben heißt es ferner: „Nun habe ich Dir nichts zu verbieten, aber wohl kann ich Dir sagen, dass Dein Appell in der S[ozialistischen] W[arte] meinen Ansichten nicht entspricht und Oldenbroek evtl. dagegen wird Stellung nehmen müssen. Ich begreife, offen gesagt, Eure fortwährenden Anbiederungsversuche nicht. […] Raten möchte ich Dir aber, W[illi] E[ichler] sobald wie möglich wissen zu lassen, er soll Deinen Artikel nicht abdrucken." Ebenda, Bl. 3 f.

461 Ebenda, Bl. 4.

462 Zur „Illegalen Reichsleitung" der Gewerkschaften vgl. Kap. 5.4.1.

Deutschland und die ADG als die legitimen Sprecher der illegalen Gewerkschaftsgruppen in Deutschland und in der Emigration ansah. Demgegenüber vertrat Edo Fimmen den Standpunkt, die ITF, das von ihm geführte IBS, sei die „einzige“ internationale Gewerkschaftsorganisation, die im Kampf gegen den Nationalsozialismus wirklich „etwas leistet“.[463] Hans Jahn verzichtete auf die Veröffentlichung seines Appells zur Koordinierung der Arbeit der internationalen Gewerkschaftsorganisationen bei der Unterstützung der illegal arbeitenden Gewerkschafter im „Dritten Reich“, verteidigte jedoch seinen Vorschlag „zur Bildung einer Kommission zwecks Prüfung einer Koordination“[464] mit dem Argument, als „ITF-Mann und als einzig Überlebender von den Geburtshelfern einer sagenhaften Reichsleitung [habe er sich] verpflichtet [gefühlt], diese Aktion zu unterstützen.“ Und „da Qualität und Quantität“ der illegalen Arbeit der ITF „allseitig anerkannt“ seien, war er offensichtlich davon ausgegangen, eine Koordination im Sinne der ITF erreichen zu können, die, käme sie zustande, dann die „Gesichtszüge der ITF [würde] tragen müssen“.[465] Obwohl Edo Fimmen in seinem Brief vom 27. Juni 1939 Hans Jahn bat, ihn nicht als einen seiner „Brotherren [zu] betrachten“,[466] der ihm „seine Meinung aufzwingen möchte“, forderte er Jahn entschieden dazu auf, in dieser Angelegenheit, in der „man glauben könnte, die ITF stehe dahinter“, auf den geplanten Appell in der „Sozialistischen Warte“[467] zu verzichten.

Ein weiteres Beispiel, das die Machtverhältnisse zwischen Edo Fimmen und Hans Jahn illustriert, ist der Fall Karl Molt, den die ITF 1939 als Vertrauensmann fallen ließ. Zum Verhängnis wurde Karl Molt, dass sowohl die Mitarbeiter der Schweizer Flüchtlingshilfe als auch Jacobus Oldenbroek, der zu dieser Zeit den erkrankten Edo Fimmen vertrat, den von Molt geäußerten Verdacht, sein illegaler Vertrauensmann „Heinrich“ (Franz Bertel, von Molt auch häufig „Gertel“ genannt) sei ein Gestapo-Spitzel, nicht teilten. Hinzu kam, dass sich Karl Molt durch sein allzu forsches Auftreten gegenüber der Sekretärin von Hermann Leuenberger dessen Sympathien verscherzte.[468] Auch der Vorwurf, sich nicht ausreichend konspirativ verhalten zu haben und unter anderem seine Frau, die den Nationalsozialisten

463 BArch, R 3017/29437, Bl. 4, Brief von Edo Fimmen an Hans Jahn, 27. 6. 1939.

464 BArch, R 3017/29437, Bl. 9, Brief von Hans Jahn an Edo Fimmen, 29. 6. 1939.

465 Ebenda, Bl. 10, 9.

466 Dazu schrieb Hans Jahn in seinem Brief vom 29. 6. 1939 an Edo Fimmen, ebenda, Bl. 9: „Du bist nicht ‚einer meiner Brotgeber‘, sondern der Brotgeber.“ Die Auseinandersetzung über die Koordinierungsfrage innerhalb der internationalen Gewerkschaftsbewegung verweist auch auf die finanzielle Abhängigkeit der illegal arbeitenden Eisenbahner in Deutschland von der ITF. BArch, R 3017/29437, Bl. 9, Brief von Hans Jahn an Edo Fimmen, 29. 6. 1939.

467 BArch, R 3017/29437, Bl. 4, Brief von Edo Fimmen an Hans Jahn, 27. 6. 1939.

468 Zu den biografischen Daten von Hermann Leuenberger (geb. 15. Juli 1901 in Basel, gest. 30. Dezember 1975 in Basel) vgl. Mielke/Frese (Bearb.), Die Gewerkschaften im Widerstand und in der Emigration, S. 424; vgl. auch die Briefwechsel und Diskussionen in den Briefwechseln zwischen Edo Fimmen, Hans Jahn und Karl Molt in: BArch, R 3017/29434, Bl. 19 ff., 21 ff., 27, 52 ff., 66 ff., 71 ff. und BArch, R 3017/29437, Bl. 21, 29, 32, 35, 38, 40, 50 ff. und BArch, R 3017/29435, Bl. 2, 4, 7, 10, 12, 19 ff., 26 f., 29, 34,

nahestand, einmal und seinen Sohn, der Mitglied der „Hitler-Jugend" war, zweimal in der Schweiz getroffen zu haben, wurde gegen Molt erhoben.[469] Den Ausschlag, dass Molt von der ITF fallengelassen wurde, gaben wohl Äußerungen von Leuenberger, 90 bis 95 Prozent der Berichte von Molts Vertrauensleuten in Deutschland seien unzutreffend.[470] Den Äußerungen von Hermann Leuenberger kam erhebliche Bedeutung zu, da dieser sich ebenfalls wie Molt Ende November 1937 in einer Besprechung mit Edo Fimmen und Hans Jahn nicht nur für eine Zusammenarbeit mit der ITF entschieden, sondern auch deren führende Rolle im Kampf gegen das NS-Regime bestätigt hatte.[471] In den Protokollnotizen über diese Besprechung heißt es dazu: „Bezüglich der ill.[egalen] Arbeit ergibt sich in längerer Aussprache, daß L[euenberger] vollständig mit der Konzeption und Arbeitsmethode der ITF konform geht. Er anerkennt, daß die ITF die einzige Stelle ist, die diese wichtige Arbeit erfüllt hat, bittet um dauernde Verbindung mit der ITF bezügl[ich] der ill.[egalen] Arbeit [...]."[472] Die Anerkennung der führenden Rolle der ITF im Kampf gegen das NS-Regime stellte für Edo Fimmen ebenso wie Leuenbergers negative Einschätzung der illegalen Aktivitäten von Heinrich Schliestedt und der „IGB-Arbeit" in der Auseinandersetzung mit dem IGB um die führende Rolle im Kampf gegen das NS-Regime einen außerordentlichen Prestigegewinn dar. Vermittlungsversuche von Hans Jahn zugunsten von Karl Molt scheiterten. Jacobus Oldenbroek, der den erkrankten Fimmen vertrat, wollte vor einem klärenden Gespräch mit Molt erst mit Leuenberger Rücksprache halten.[473] Ob dieses Gespräch stattfand, lässt sich den Quellen nicht entnehmen. Auch Edo Fimmen, der aufgrund eines Schlaganfalls gesundheitlich erheblich in seinen Aktivitäten eingeschränkt war, schrieb am 21. Juli 1939 an Hans Jahn, „mit Wernli

37 f., 45 f., 50, 117, 136; ferner AdsD, Bestand ITF, 5/ITFA, Mappe 17, Brief von Edo Fimmen an Hans Jahn, 30. 3. 1938.

469 Dazu schrieb Karl Molt: „Die Verhältnisse mit meiner Frau und meinem Jungen haben weder ‚die Sache' noch ‚Personen' gefährdet." BArch, R 3017/29437, Bl. 52, Brief an „Lieber Freund", 11. 8. 1939.

470 Dazu Molt: „L.[euenberger] behauptet, dass die ‚Berichte' zu 90 bis 95 Prozent unrichtig seien. Dazu stelle ich, neben den bereits früher ausführlich gegebenen Aufklärungen fest, daß ich a) die Berichte von meinen Freunden bekam, für die ich mich verbürge, b) die Berichte zu einem Zeitpunkt an die ITF weitergab (Arbon), wo ich noch in keinem festen Verhältnis zur ITF stand und ich gar nicht wissen konnte, ob überhaupt Verwertung dafür vorhanden war, c) die Berichte niemand aufgedrängt und keine Bezahlung oder sonst einen Vorteil dafür gehabt habe [...]." Ebenda, Bl. 51. Auch die Gestapo zweifelte den Wahrheitsgehalt einiger Aussagen in Molts Berichten an. Vgl. BArch, R 3017/29429, Bl. 76 f., Schreiben der Gestapo, Grenzpolizeikommissariat Friedrichshafen an die Staatspolizeileitstelle Stuttgart, 5. 8. 1940.

471 Vgl. genauer die Protokollnotizen über die Sitzungen und Besprechungen in Romanshorn, Arbon und Zürich, 27./28. 11. 1937, abgedr. als Dok. 80 in: Mielke/Frese (Bearb.), Die Gewerkschaften im Widerstand und in der Emigration, S. 413 ff.

472 Ebenda, S. 415.

473 Vgl. BArch, R 3017/29437, Bl. 21, Brief von Hans Jahn an Karl Molt, 7. 7. 1939. Weiter heißt es: „Freund O.[ldenbroek] meinte, er wolle vorerst mit Leuenberger Rücksprache nehmen und das Ergebnis dieser Rücksprache würde bestimmend sein für die geplante Aussprache mit Dir." Ebenda.

[Karl Molt]" könne er sich „wirklich vorläufig nicht beschäftigen."[474] „Ich begreife seinen Wunsch, sich zu rechtfertigen, aber da der Streit hauptsächlich zwischen ihm [im Original: ‚ihn'] und zwischen Leuenberger geht, gibt es aus Prestigegründen wahrscheinlich keinen anderen als mich selber, der hinfahren könnte [in die Schweiz]. Das ist mir unmöglich. Ihr habt keine Ahnung, wie schwer mir das Arbeiten überhaupt fällt." Auf seine Frage, ob Jahn eine Möglichkeit sehe, diese Angelegenheit „auf anständige Weise"[475] zu klären, nahm Jahn erneut Kontakt mit Molt auf, der folgenden Vermittlungsvorschlag formulierte: „In Anbetracht des leidenden Zustandes von Edo [Fimmen], der auf lange Sicht weder reisen kann, noch sich aufregenden Auseinandersetzungen aussetzen darf, verzichte ich auf die von mir verlangte Rechtfertigung unter folgenden Bedingungen: 1. Wiederherstellung des alten Vertrauensverhältnisses zwischen mir und der ITF […]. 2. Wiedergewährung der alten finanziellen Zuschüsse […]. 3. Ausschaltung aller Dritten zwischen mir und der ITF. […] 4. Es müssten Vorkehrungen getroffen werden, daß ähnliche Zustände nicht wieder eintreten können […]. 5. Dafür würde ich mich verpflichten, die Sache als erledigt zu betrachten und in alter Treue meine Pflicht zu tun."[476] Dieser Vorschlag wurde von Hans Jahn unterstützt, da er davon ausging, dass Molt „wirklich arbeitet".[477] Edo Fimmen sah sich jedoch nicht in der Lage, auf Molts Forderungen „ohne weiteres ein[zu]gehen. Es sind Anschuldigungen gegen ihn erhoben, die etwa ganz oder teilweise wahr sind oder nicht wahr sind. Ich zweifle keinen Augenblick an Wernlis Ehrlichkeit und Anständigkeit. Es fragt sich aber, ob er im Sinne der Vorsicht in jeder Hinsicht zuverlässig ist. Das kann ich erst beurteilen, wenn ich die Möglichkeit habe, der ganzen Angelegenheit auf den Grund zu gehen. Da ich diese momentan nicht habe, kann ich unmöglich die Erklärungen abgeben, die Wernli verlangt, und damit das alte Verhältnis wiederherstellen."[478] Karl Molt, der weiterhin mit Hans Jahn zusammenarbeitete und ihm Berichte seiner Vertrauensleute aus Deutschland zukommen ließ, die zum Teil in den „Reinhart-Briefen" bzw. in der „Sozialistischen Warte" Verwendung fanden, fühlte sich nach dieser Mitteilung von Edo Fimmen verraten. Während seine Feststellung, ihm sei „in der verlogensten und brutalsten Weise Unrecht"[479] zugefügt worden, erheblich übertrieben war, lag er mit seiner Vermutung, dass es auch Edo Fimmen aus machtpolitischen Erwägungen mit den „stärkeren Bataillonen"[480] halte, zweifellos richtig. Vorausgesetzt, die zitierten Protokollnotizen über die Besprechung zwischen Edo Fimmen, Hans Jahn und Hermann Leuenberger geben die Ergebnisse zutreffend wieder, dann hat Edo Fimmen im Kampf mit

474 Ebenda, Bl. 29.

475 Ebenda.

476 Ebenda, Bl. 35, Karl Molt zit. n.: Brief von Hans Jahn an Edo Fimmen, 26. 7. 1939.

477 Ebenda.

478 Ebenda, Bl. 37, Brief von Edo Fimmen an Hans Jahn, 29. 7. 1939. Dazu die Anmerkung von Hans Jahn: „Damit ist die Sache nun doch eine Frage Wernli – Leuenberger geworden." Ebenda, Bl. 38.

479 BArch, R 3017/29437, Bl. 50, Brief von Karl Molt an Hans Jahn, 11. 8. 1939.

480 Ebenda.

Walter Schevenels, dem IGB-Generalsekretär, in Hermann Leuenberger einen wichtigen Mitstreiter gefunden, dem er eine weit größere Bedeutung zumaß als Karl Molt.[481] Insgesamt war die Zusammenarbeit von Edo Fimmen und Hans Jahn von großem Vertrauen und Freundschaft geprägt. Wie sehr Edo Fimmen sich Hans Jahn freundschaftlich verbunden fühlte, verdeutlicht sein Brief vom 3. Juli 1939. In diesem Schreiben versprach Edo Fimmen Hans Jahn, ihn weiterhin finanziell zu unterstützen: „Solange ich lebe und etwas in der ITF zu sagen habe, wird meine erste und letzte Sorge sein, daß Du [Hans Jahn] das, was Du bisher von uns [gemeint ist die ITF] erhalten hast [an finanzieller Unterstützung] auch weiter erhältst."[482]

Die Ausführungen zur organisatorischen Entwicklung und zu den Aktivitäten der Widerstandsgruppe geben auch Antwort auf die Frage nach den einflussreichsten Akteuren im Widerstandsnetzwerk der Eisenbahner: Kombiniert man die Kriterien „politische und ökonomische Rahmenbedingungen" mit dem Kriterium „bedeutende Akteure", da beide sowohl für die Aktivitäten als auch die organisatorische Entwicklung eine wesentliche Rolle spielten, liegt es nahe, von drei Entwicklungsphasen auszugehen:

1. Eine Vorbereitungs- und Aufbauphase, in der Hans Jahn bis zu seiner Flucht zwar bereits von der ITF unterstützt wurde, in der er aber noch ohne detaillierte Vorgaben der ITF den Aufbau der Widerstandsgruppe im Wesentlichen selbst zu gestalten vermochte. Diese Phase war ferner dadurch gekennzeichnet, dass Hans Jahn als Mitglied der „Illegalen Reichsleitung" der Gewerkschaften und als deren Verbindungsmann zu sozialdemokratischen Widerstandsgruppen und zum „Reichsbanner Schwarz-Rot-Gold" eine weitgehend eigenständige Politik zu betreiben vermochte.
2. Von seiner Flucht im Sommer 1935 in die Niederlande bis zu seiner Flucht von Luxemburg nach Großbritannien stand Hans Jahn – gleich ob in Amsterdam, Antwerpen oder Luxemburg – ganz in Diensten der ITF und hatte wie alle anderen von der ITF finanziell unterstützten Widerstandskämpfer deren Vorgaben zu akzeptieren, auch wenn er im Vergleich zu den anderen ITF-Mitarbeitern und Mitstreitern eine herausgehobene Stellung einnahm. In dieser Phase „rückte die Sammlung von Informationen aus dem Reich in den Vordergrund, die für die internationalen Organisationen und für die anderen Emigrantengruppen aufbereitet wurden. Umgekehrt mußten die Kontaktpersonen in Deutschland mit unverfälschten Berichten über die deutsche Politik sowie über die internationale Entwicklung versorgt werden."[483] Die Kriegsmonate von September 1939

481 Vgl. AdsD, Bestand ITF, 5/ITFA, Mappe 18, Brief von Edo Fimmen an „Lieber Freund" (Karl Molt), 30. 3. 1938.

482 BArch, R 3017/29437, Bl. 14, Brief von Edo Fimmen an Hans Jahn, 3. 7. 1939.

483 Mielke/Frese (Bearb.), Die Gewerkschaften im Widerstand und in der Emigration, S. 30 f.; vgl. auch AdsD, Bestand ITF, 5/ITFA, Mappe 46, 47 und die darin enthaltenen zahlreichen Berichte über die

bis zur Besetzung von Luxemburg und Jahns Flucht nach Großbritannien – Monate, in denen Jahn von Luxemburg aus noch Verbindungen zu einigen Vertrauensleuten im Deutschen Reich besaß – werden bewusst noch dieser zweiten Phase zugerechnet.

3. Während seiner Flucht und in der Zeit seiner Internierung in Großbritannien waren seine Handlungsmöglichkeiten außerordentlich begrenzt und stellten eine Art Zwischenphase dar. Nach dem Tod von Edo Fimmen (November 1942) und der Kriegswende schloss sich Hans Jahn der „Landesgruppe deutscher Gewerkschafter in Großbritannien" an und nahm als Mitglied des bedeutenden Arbeitsausschusses der Landesgruppe an den Neuordnungsdebatten teil und engagierte sich auch in der „Union deutscher sozialistischer Organisationen in Großbritannien".[484] Die Zusammenarbeit mit seinen langjährigen ISK-Freunden Willi Eichler und Werner Hansen, die in diesen Organisationen bereits von Anfang an mitarbeiteten, erhöhte mit großer Wahrscheinlichkeit seine Einflussmöglichkeiten erheblich.

5.4 Mitglieder des EdED-Hauptvorstandes im Widerstand

Die empirische Überprüfung des von Hans Jahn 1936 vorgelegten „Organisationsplans" seines umfangreichen Widerstandsnetzwerkes hat – so hoffen wir – gezeigt, dass dieser Plan entgegen verschiedener Aussagen seitens der Gestapo und der Sekundärliteratur eher der Realität und weniger dem „Wunschdenken" von Hans Jahn entsprach.[485]

Obwohl der Widerstand der Eisenbahngewerkschafter zu den bisher wissenschaftlich am besten untersuchten Bereichen des Gewerkschaftswiderstandes gegen das NS-Regime gehört, fehlt jedoch bis heute eine umfassende systematische Untersuchung, die über das Widerstandsnetzwerk um Hans Jahn hinausgeht; auch das Netzwerk selbst wurde erst zum

Entwicklung in Deutschland 1938/39; vgl. auch die Berichte in: AdsD, NL Walter Auerbach, 1/WAAB, Mappe 96.

484 Dafür, dass Edo Fimmen im Verhältnis zu Hans Jahn den Ton angab, spricht auch die Tatsache, dass sich Hans Jahn erst nach dem Tod von Edo Fimmen der Landesgruppe deutscher Gewerkschafter in Großbritannien anschloss und auch in der „Union deutscher sozialistischer Organisationen" mitarbeitete. Da die Landesgruppe deutscher Gewerkschafter dem IGB angeschlossen war, den Edo Fimmen als Gegenspieler hinsichtlich einer Neuordnung der internationalen Gewerkschaftsbewegung verstand, dürfte Edo Fimmen zu Lebzeiten Hans Jahn davon abgehalten haben, sich der Landesgruppe anzuschließen.

485 So z.B. Willy Buschak in der im Jahr 2015 erschienenen zweiten Aufl. seiner Publikation „Arbeit im kleinsten Zirkel", S. 196 f.: Der Plan habe „eher dem Wunschdenken Jahns denn der Wirklichkeit" entsprochen. „Personen, die er als Gaugrafen oder Stützpunktleiter vorgesehen hatte, waren teilweise nicht bereit, illegal zu arbeiten. Bei neun der 14 Gaugrafen auf Jahns Übersicht über den Stand der illegalen Arbeit aus dem Jahre 1936 lässt sich eine Beteiligung an illegalen Arbeiten nicht nachweisen."

Matthäus Herrmann in fortgeschrittenem Alter, 1950er-Jahre.
GDW, Bildarchiv

Teil dargestellt und analysiert. Zu den offenen Fragen gehört – wie bereits erwähnt – eine systematische Untersuchung, inwieweit und in welchen Widerstandsgruppen, Kaderorganisationen, Netzwerken und Zirkeln die leitenden Funktionäre des EdED Widerstand leisteten. Ein Ziel der vorliegenden Publikation ist es deshalb, alle Vorstandsmitglieder des EdED und alle EdED-Bezirksleiter biografisch zu erfassen und insbesondere nach ihrem Beitrag zum Widerstand gegen den Nationalsozialismus zu fragen.

Von den neun EdED-Hauptvorstandsmitgliedern wird in der Sekundärliteratur lediglich Hans Jahn und die von ihm gegründete und von der ITF unterstützte Widerstandsgruppe ehemaliger Funktionäre des EdED vergleichsweise ausführlich dargestellt und analysiert.[486] Auch diese Gruppe wird jedoch hinsichtlich ihres Umfangs und Engagements sowohl vonseiten der Gestapo als auch von zahlreichen Wissenschaftlern unterschätzt. Um Wiederholungen zu vermeiden, wird im vorliegenden Kapitel auf die von Hans Jahn geleitete Widerstandsgruppe, die in Kapitel 5.1 und 5.2 dargestellt und analysiert wird, nicht weiter eingegangen. Als Widerstandskämpfer werden in der Literatur zum gewerkschaftlichen Widerstand neben Hans Jahn die EdED-Vorstandsmitglieder Lorenz Breunig, Franz Apitzsch und Hermann Jochade mit wenigen Sätzen erwähnt, während die Vorstandsmit-

486 Vgl. die Studien von Esters/Pelger/Schlingensiepen, Gewerkschafter im Widerstand; Gottwaldt, Eisenbahner gegen Hitler; Buschak, „Arbeit im kleinsten Zirkel“, 2., aktual. Aufl. 2015, S. 150 ff.

glieder Richard Hölzcker (Hauptkassierer des EdED) und Karl Blaß keinerlei Erwähnung finden. Gleiches gilt zumeist für Matthäus Herrmann, der, wenn überhaupt, mit wenigen Worten in der Literatur Erwähnung findet.[487]

5.4.1 Mitarbeit von Mitgliedern des EdED-Hauptvorstandes in der „Illegalen Reichsleitung"

Hermann Jochade,[488] der bereits ab 1900 als junger Mann im „Zentralverein der deutschen Former und Berufsgenossen" Leitungsfunktionen ausübte, wurde ab 1904 Sekretär der ITF und gehörte deren Generalrat von 1919 bis 1932 an. Gleichzeitig vertrat er ab 1919 als Mitglied des Hauptvorstandes des DEV bzw. ab 1925 des EdED die Interessen der Eisenbahner und konnte 1933 gemeinsam mit dem EdED-Vorsitzenden Franz Scheffel auf die längste Karriere aller Vorstandsmitglieder in leitenden Gewerkschaftspositionen zurückblicken. Im „Organisationsplan" von Hans Jahn aus dem Jahr 1936 taucht der Name von Hermann Jochade ebenso wenig auf wie die Namen der übrigen Vorstandsmitglieder: Franz Apitzsch, Karl Blaß, Lorenz Breunig, Richard Hölzcker, Matthäus Herrmann. Für diese Gewerkschafter lassen sich in zeitgenössischen Quellen sowie Erinnerungsberichten und Entschädigungsakten Hinweise auf Widerstandsaktivitäten nachweisen. Für die These von Alfred Gottwaldt, Jochade habe „zum unmittelbaren Gewerkschaftswiderstand um den emigrierten Gewerkschafter Hans Jahn"[489] gehört, ließen sich keine Belege finden. Da Hermann Jochade (geb. 1876) in der freigewerkschaftlichen Bewegung auf eine deutlich längere Karriere als Hans Jahn (geb. 1885) zurückblicken konnte, ist zu vermuten, dass er im Widerstand nicht gewillt war, sich dem deutlich jüngeren Vorstandskollegen Jahn, der die Initiative zur Bildung der Widerstandsgruppe ergriffen hatte, unterzuordnen. Ein weiterer Grund für einen Verzicht von Hermann Jochade, in der von Hans Jahn geleiteten Widerstandsgruppe mitzuarbeiten, dürfte gegenseitige Antipathie gewesen sein. Jacobus Oldenbroek, der Leiter des ITF-Büros in Amsterdam, der im September 1933 auf seiner Deutschlandreise sowohl Hans Jahn als auch Hermann Jochade kontaktierte, sprach offen davon, dass die beiden „nie große Freunde

487 Vgl. Buschak, „Arbeit im kleinsten Zirkel", 2., aktual. Aufl. 2015, S. 373; Axel Ulrich, Wilhelm Leuschner. Ein deutscher Widerstandskämpfer. Für Freiheit und Recht, Einheit der Demokraten und eine soziale Republik, Wiesbaden 2012, S. 205 f. Axel Ulrich geht hier etwas ausführlicher auf die Kontakte von Matthäus Herrmann zu Wilhelm Leuschner und dessen Mitstreiter ein.

488 Da die gewerkschaftliche Entwicklung und die Widerstandsaktivitäten von Franz Apitzsch und Hans Jahn an anderer Stelle ausführlich dargestellt werden, wird im Folgenden in erster Linie auf die gewerkschaftliche Entwicklung von Hermann Jochade eingegangen.

489 Gottwaldt, Eisenbahner gegen Hitler, S. 53.

gewesen"[490] seien. Gleiches gilt vermutlich auch für Lorenz Breunig, dem Jahn vor seinem Aufstieg in den Hauptvorstand zunächst als Mitarbeiter der EdED-Betriebsräteabteilung hatte zuarbeiten müssen.[491]

Eine Zusammenarbeit zwischen Hans Jahn, Hermann Jochade und Franz Apitzsch, einem weiteren Vorstandskollegen, gab es von 1933 bis circa 1936 nachgewiesenermaßen jedoch in der „Illegalen Reichsleitung".[492] Die „Illegale Reichsleitung" der Gewerkschaften war im Herbst 1933 von führenden Gewerkschaftsfunktionären gegründet worden, die im Frühjahr 1933 noch mehrheitlich die Politik der „Anpassung" der Gewerkschaften an das NS-Regime unterstützt hatten.[493] Auch wenn es sich bei der „Illegalen Reichsleitung" lediglich um ein informelles Netzwerk ehemaliger Gewerkschaftsfunktionäre mit sehr begrenzter betrieblicher Verankerung handelte, kam dieser zentralen Organisation aufgrund ihrer zahlreichen Kontakte zum IGB, zu den IBS und zur ADG eine erhebliche Bedeutung zu.

Ausführungen von Hans Jahn aus dem Jahr 1936 über den „Wiederaufbau der freien Gewerkschaften" zufolge „bemühten sich ab Oktober 1933" führende Funktionäre des ADGB „um Fühlungnahme mit ehemaligen Gewerkschaftlern".[494] „Es bildete sich eine Reichsleitung der ehemals freien Gewerkschaften mit Arbeitsteilung", der vonseiten der Eisenbahner „Jahn, später [Franz] Apitzsch[495] und [Hermann] Jochade" angehörten. Nach Darstellung von Jahn wurde beim ersten Treffen im Oktober 1933 auch über die „Herstellung gewerkschaftlicher Verbindungen" gesprochen. Während Hans Jahn für eine Dezentralisierung „der ill.[egalen] Arbeit im Betriebe" eintrat und „aus Sicherheitsgründen" eine „Koordinierung der Einzelbewegungen vorerst für ausreichend" hielt, forderte die Mehrheit eine „Zentralisation und Führung durch eine Reichsleitung" und verstand sich nach eigenem Ermes-

490 AdsD, Bestand ITF, 5/ITFA, Mappe 45, Bericht von Jacobus Oldenbroek über seine Deutschlandreise 5. bis 7. September 1933, abgedr. als Dok. 58 in: Mielke/Frese (Bearb.), Die Gewerkschaften im Widerstand und in der Emigration, S. 318–328, hier S. 323.

491 Vgl. Stefan Müller, Sozialist, Gewerkschafter, Widerstandskämpfer. Zur Erinnerung an Lorenz Breunig (1882–1945), hrsg. von der Stiftung Brandenburgische Gedenkstätten mit Unterstützung des SPD-Parteivorstandes, der SPD-Bundestagsfraktion und der Gewerkschaft Transnet, Oranienburg 2007, S. 28.

492 Vgl. Siegfried Mielke, Einleitung, in: Mielke (Hrsg.) i. V. mit Morsch, Gewerkschafter in den Konzentrationslagern Oranienburg und Sachsenhausen, Bd. 3, S. 11–41, hier S. 29 f.

493 Vgl. zu Details die Ausführungen und Quellen in: Mielke/Frese (Bearb.), Die Gewerkschaften im Widerstand und in der Emigration, S. 21 ff., 155–178, 213 f., 234–247, 300–306.

494 Hans Jahn diskutiert rückblickend die Möglichkeiten für den Wiederaufbau der Gewerkschaften und die künftige Organisationsform im Jahr 1936, o. D., abgedr. als Dok. 36 in: Mielke/Frese (Bearb.), Die Gewerkschaften im Widerstand und in der Emigration, S. 234–238, hier S. 235.

495 Nach abweichender Darstellung war Apitzsch bereits am 5. Oktober 1933 beim ersten Treffen im „Café Josty am Potsdamer Platz" dabei. Vgl. Hans Jahn schildert rückblickend die Versuche zur Bildung einer „Reichsleitung deutscher illegaler Gewerkschaften", o. D., abgedr. als Dok. 22 in: Mielke/Frese (Bearb.), Die Gewerkschaften im Widerstand und in der Emigration, S. 171–178, hier S. 172.

Hermann Jochade mit seiner Ehefrau anlässlich des 25. Jubiläums des Beginns seiner Tätigkeit als Sekretär der ITF, 1929.
ver.di-Archiv, Berlin

sen als „vorläufige Reichsleitung für den Wiederaufbau der deutschen Gewerkschaften".[496] Nach Auffassung von Hans Jahn wurde die Frage des Aufbaus illegaler Verbindungen „im Laufe der Zeit stillschweigend in Richtung Dezentralisation entschieden, das heißt jeder arbeitete nach eigenen Methoden. Im Januar 1934 wurde eine Art Arbeitsteilung innerhalb der Reichsleitung eingeführt."[497] Von den Eisenbahnvertretern sollte Hans Jahn als „Verbindungsmann zur Partei und [zum] Reichsbanner fungieren" und war „beim Aufbau einer Bezirksleitung der SP[D] […], die gleichzeitig politische Reichsleitung sein sollte, beteiligt."[498] Franz Apitzsch und Erich Bührig wurden beauftragt, „den Entwurf eines Arbeitsrechtsgesetzes fertig[zu]stellen."[499] Hermann Jochade findet in diesem Zusammenhang keine Erwähnung. Dokumente über seine Aktivitäten im Rahmen der „Illegalen Reichsleitung" konnten

496 Ebenda, S. 172 f.
497 Ebenda, S. 173.
498 Ebenda, S. 173 f.
499 Ebenda, S. 174.

nicht gefunden werden. Da Jochade sich „in der Zeit der Weimarer Republik mit öffentlichen Stellungnahmen zu tagespolitischen Themen zurückgehalten hatte“[500] und im März 1933 als Vorstandsmitglied des EdED zurückgetreten war, stand er weniger im Fokus der Beobachtungen der Gestapo. Bekannt ist lediglich, dass Jochade zum Kriegsbeginn am 1. September 1939 – wie zahlreiche andere demokratische Politiker und Gewerkschafter – festgenommen und in das Konzentrationslager Sachsenhausen verschleppt wurde. Dort verstarb er bereits am 28. September 1939. Seinen Leidensweg beschreibt der Eisenbahnkollege Georg Mietz, der zur gleichen Zeit im Konzentrationslager Sachsenhausen inhaftiert war: Hermann Jochade, „schwer herzkrank, musste [...] aber mit allen neu eingelieferten politischen Häftlingen von früh sieben Uhr bis abends sieben Uhr das sogenannte ‚Exerzieren‘ mitmachen. Bei diesen ‚Übungen‘ ist J. jeden Tag zusammengebrochen. Außerdem waren seine Füße so stark wundgelaufen, daß dieselben vollständig unter Eiter waren. Obwohl er jeden Tag vom Blockältesten krankgemeldet wurde, lehnte man es ab, J. im Lazarett aufzunehmen. Die Folge davon war, daß unser Genosse nach einigen Tagen auf dem Platz umfiel und seine Augen für immer geschlossen hat.“[501]

5.4.2 Das Widerstandsnetzwerk Franz Apitzsch/Lorenz Breunig/Paul Beyerling

Im Unterschied zu Hermann Jochade lassen sich für Franz Apitzsch zusätzlich zu seiner Mitarbeit in der „Illegalen Reichsleitung“ zahlreiche weitere illegale Verbindungen und Aktivitäten gegen das NS-Regime nachweisen. Im Vergleich zu anderen Gewerkschaftern besaß Apitzsch gute Voraussetzungen, Widerstand zu leisten. Franz Apitzsch vertrat nach 1933 Dutzende seiner ehemaligen EdED-Kollegen legal in Arbeitsgerichtsprozessen gegen die DAF und später gegenüber der Reichsfeststellungsbehörde. Nach eigenen Aussagen rettete er 1933 zahlreiche Karteikarten von EdED-Mitgliedern vor den Nationalsozialisten – Karteikarten, die er nach 1933 für seine illegalen Kontaktaufnahmen nutzen konnte. Darüber hinaus betrieb er in den Jahren 1935 bis 1937 ein Fuhrgeschäft, das ihm die Möglichkeit der Tarnung für seine Widerstandstätigkeiten bot. Franz Apitzsch, der wie erwähnt im „Organisationsplan“ von 1936 der von Hans Jahn initiierten und geleiteten Widerstandsgruppe von Eisenbahngewerkschaftern nicht genannt wird, baute nach 1933 unabhängig von Jahn eine eigene Widerstandsgruppe aus Eisenbahnern auf, deren Existenz sowohl zeitgenössische Dokumente als auch verschiedene Erinnerungsberichte von beteiligten Mitgliedern

500 Arnd Groß, Jochade, Hermann (1876–1939), in: Mielke (Hrsg.), Gewerkschafter in den Konzentrationslagern Oranienburg und Sachsenhausen, Bd. 1, S. 206 ff., hier S. 207.

501 Georg Mietz, zit. n.: ebenda, S. 208. Vgl. die Angaben zu Georg Mietz im biografischen Anhang.

bestätigen.[502] Im Unterschied zu Hans Jahn arbeitete Franz Apitzsch mit Heinrich Schliestedt, dem Vorsitzenden der ADG, zusammen, der vor seiner Flucht ebenfalls der „Illegalen Reichsleitung“ angehört hatte. Da der Generalsekretär der ITF, Edo Fimmen, zu den schärfsten Kritikern von Heinrich Schliestedt gehörte, weil dieser für sich die Rolle des führenden Repräsentanten der ehemals freien Gewerkschaftsbewegung im Ausland beanspruchte, ist zu vermuten, dass – soweit Franz Apitzsch über Kontakte zur ITF verfügte – diese über Nathan Nathans,[503] der den Plänen von Hans Jahn eher skeptisch gegenüberstand, und – nach dem Tod von Edo Fimmen – auch über Paul Tofahrn[504] gelaufen sind. Da Heinrich Schliestedt davon ausging, „daß die Spitze für die deutsche Gewerkschaftsbewegung in Komotau sei einschließlich der Eisenbahner“,[505] unterstützte er Franz Apitzsch gegen Hans Jahn und Edo Fimmen. Karl Molt, der 1936 in einem Schreiben an Hans Jahn die Eisenbahnerverbindungen von Schliestedt als „Aufbauschung, ja Schwindel“ charakterisierte, stellte jedoch fest, dass es „leider doch da u[nd] dort welche aus unserer Branche geben muss, die die Treue zur ITF nicht einhalten, die mit Komotau [Heinrich Schliestedt] arbeiten. Wer das außer Franz [Apitzsch][506] noch ist, konnte ich leider nicht erfahren. Das aber konnte ich feststellen, dass alle Anstrengungen gemacht werden, um in unsere Front eine Bresche zu schlagen.“[507] Solche Versuche seien „unter den Stuttgarter Eisenbahnern gemacht worden“, angeblich aber „ohne den geringsten Erfolg“.[508] Nach einer eidesstattlichen Erklärung von Juli 1947 erklären

502 Die Feststellung von Alfred Gottwaldt „1939 wirkte Apitzsch illegal für die ITF in Berlin und Brandenburg“, schränkt den zeitlichen und regionalen Aktionsradius der Widerstandsaktivitäten ein. Vgl. Gottwaldt, Eisenbahner gegen Hitler, S. 300. Vgl. zu Apitzsch LA Baden-Württemberg, Staatsarchiv Freiburg, Entschädigungsvorgänge, F 196, Nr. 1512, Entschädigungsunterlagen; Frieda Jahn berichtet in einer Vernehmung davon, dass Apitzsch bereits Ende 1933 in Amsterdam gewesen sei. BArch, R 3017/29429, Bl. 38 ff., Vernehmung von Frieda Jahn, 19. 7. 1940

503 Nathan Nathans (geb. am 7. Dezember 1883, gest. am 28. Juli 1937) war neben Edo Fimmen Generalsekretär der ITF und leitete die Sektion „Eisenbahnen, Kraft-, Luftfahrt und Straßenbahnen. Nathans starb 1937 bei einem Flugzeugabsturz. Vgl. zu den biografischen Angaben Mielke/Frese (Bearb.), Die Gewerkschaften im Widerstand und in der Emigration, S. 429.

504 Zu den biografischen Daten von Paul Tofahrn (geb. 1901, gest. 1979), 1928–1931 Mitarbeiter im ITF-Sekretariat, 1931–1939 Bezirkssekretär der Belgischen Arbeiterpartei, 1943–1956 stellvertretender Generalsekretär der ITF, 1956–1968 Generalsekretär der Internationale der Öffentlichen Dienste, vgl. Koch-Baumgarten/Rütters (Hrsg.), Zwischen Integration und Autonomie, S. 513.

505 Brief von Karl Molt an Hans Jahn über die Entwicklung seiner Verbindungen ins Deutsche Reich zur Auslandsvertretung deutscher Gewerkschafter sowie über seine Stellung zur ITF, 28. 10. 1936, abgedr. als Dok. 73 in: Mielke/Frese (Bearb.), Die Gewerkschaften im Widerstand und in der Emigration, S. 374–380, hier S. 375.

506 Da Franz Apitzsch nach Angaben in seinem Lebenslauf vom 23. Oktober 1945 „1935–1937 [ein] Lohnfuhrunternehmen“ betrieb, handelt es sich bei dem von Karl Molt in seinem Brief an Hans Jahn genannten „Franz“ eindeutig um Franz Apitzsch. Vgl. auch ebenda, S. 377.

507 Ebenda.

508 Ebenda.

Franz Apitzsch, 1940er-Jahre.
LA Baden-Württemberg, Staatsarchiv Freiburg, F 196/1, Nr. 1512

die ehemaligen EdED-Angestellten Karl Neuendorf, Friedrich Haberland und Maximilian Bonatzy, die vor 1933 mit Franz Apitzsch im Hauptgebäude des EdED in Berlin, Rankestraße 4, arbeiteten, Apitzsch habe bereits nach seiner Entlassung 1933 eine „illegale Organisation der Eisenbahner im Kampf gegen den Faschismus" gebildet und diese Organisation „bis zum Tage seiner Verhaftung am 2. 9. 1939 geleitet. [...] Durch ihn gelangten wir in den Besitz illegaler Flugblätter und Zeitschriften, welche im Eisenbahnbetrieb verteilt wurden. Er [Apitzsch] unterhielt persönliche Verbindungen mit dem Ausland, insbesondere mit den skandinavischen Eisenbahner-Gewerkschaften und sozialistischen Parteien, worüber er uns regelmäßig berichtete. Besonders erwähnt sei neben seinen Verbindungen mit inländischen Organisationen seine Zusammenarbeit mit dem hingerichteten Kollegen [Otto] Scharfschwerdt[509] vom Bund deutscher Lokomotivführer [gemeint ist die GDL]."[510] Da Franz Apitzsch – wie bereits

509 Otto Scharfschwerdt starb am 4. oder 5. Mai 1943. Die Todesursache und die Umstände sind bis heute ungeklärt. Scharfschwerdt soll zu einem Opfer von Menschenversuchen der NS-Verfolger geworden sein, die an KZ-Häftlingen Flecktyphusinfektionen vornahmen. Vgl. die Angaben im biografischen Anhang.

510 LA Baden-Württemberg, Staatsarchiv Freiburg, Entschädigungsvorgänge, F 196, Nr. 1512, Entschädigungsakte von Franz Apitzsch, Eidesstattliche Erklärung von Friedrich Haberland, Karl Neuendorf und Maximilian Bonatzy, 10. 2. 1948.

Erkennungsdienstliche Lichtbilder von Paul Beyerling, 1936.
BArch, R 58/3258a, Bl. 19

erwähnt – mehrere Dutzend der ehemaligen Angestellten und Funktionäre des EdED in Klagen gegen die DAF vertrat, besaß er die Möglichkeit, ganz legal mit diesen Kollegen in Kontakt zu treten. Erleichtert wurde diese Kontaktaufnahme, da ihm nach eigener Aussage „bis 1943 […] ein umfangreiches Adressenmaterial zur Verfügung"[511] stand.

Folgt man Heinrich Schliestedt – so der Bericht von Karl Molt –, dann reiste Apitzsch „im Reich herum und organisiert[e] die Eisenbahner" und kam auch „des öfteren nach Komotau", das heißt zu Heinrich Schliestedt, dem Vorsitzenden der ADG. „Überall" solle Apitzsch – nach Aussage von Schliestedt – „Verbindungen zu Eisenbahnern haben. U. a. auch in Bayern u[nd] Baden. Nur in Württemberg noch nicht […]."[512] Auch wenn die Angaben von Heinrich Schliestedt – so die Einschätzung von Karl Molt – erheblich übertrieben waren, bestätigen sie die eidesstattlichen Erklärungen und Erinnerungsberichte der zitierten Eisenbahner. Dieses

511 MRC, ITF-Papers, MSS.238/IT/1/53, Brief von Franz Apitzsch an Paul Tofahrn, den stellvertretenden ITF-Generalsekretär, 4. 6. 1945. In dem Brief an Paul Tofahrn schreibt Apitzsch, er sei „bis 1938 verhältnismäßig in Ruhe gelassen" worden und habe „bis dahin Verbindungen mit den Kollegen im ganzen Reich gut aufrechterhalten". Ebenda; vgl. auch AdsD, Bestand ITF, 5/ITFA, Mappe 63.

512 Brief von Karl Molt an Hans Jahn über die Entwicklung seiner Verbindungen ins Deutsche Reich zur Auslandsvertretung deutscher Gewerkschafter sowie über seine Stellung zur ITF, 28. 10. 1936, abgedr. als Dok. 73 in: Mielke/Frese (Bearb.), Die Gewerkschaften im Widerstand und in der Emigration, S. 374–380, hier S. 377.

Widerstandsnetz wird in den Erinnerungsberichten beteiligter Gewerkschafter einerseits als „Widerstandsgruppe Franz Apitzsch", andererseits als „Widerstandsgruppe Lorenz Breunig" bezeichnet oder aber als „Widerstandsgruppe unter Führung von Franz Apitzsch, Lorenz Breunig und Paul Beyerling."[513]

Die unterschiedliche Bezeichnung als „Gruppe Apitzsch" oder „Gruppe Breunig" findet ihre Erklärung darin, dass das Gros der Mitglieder aus Sicherheitsgründen lediglich zu einigen wenigen der beteiligten Gewerkschafter einen persönlichen Kontakt besaß, um im Falle einer Verhaftung nicht die gesamte Gruppe zu gefährden. Die von Franz Apitzsch in einer eidesstattlichen Erklärung gewählte Bezeichnung der Gruppe als „Widerstandsbewegung gegen den Nationalsozialismus (Gruppe Eisenbahn)"[514] einerseits und die Zusammenarbeit von Apitzsch und Heinrich Schliestedt zunächst in der „Illegalen Reichsleitung" und später mit diesem als Leiter der ADG spricht für die Vermutung, dass dieses Widerstandsnetzwerk sich als „Gruppe Eisenbahn" innerhalb der „Illegalen Reichsleitung" verstand. Dafür spricht, dass nach Angaben von Hans Jahn in Berlin ehemalige Eisenbahngewerkschafter eine Untergliederung der „Illegalen Reichsleitung" bildeten.[515] Auch die Kontakte von Franz Apitzsch mit Otto Scharfschwerdt, der mit Hermann Schlimme, Richard Barth und Cäsar Thierfelder – alle drei Mitglieder der „Illegalen Reichsleitung" – zusammenarbeitete, verweisen auf die enge Verbindung zwischen „Illegaler Reichsleitung" und dieser illegalen Eisenbahnergruppe, die – das belegt zumindest die „Gruppe Breunig" – innerhalb der Gesamtgruppe Kontakte auch zu anderen Berufsgruppen besaß, z. B. zu Funktionären des ehemaligen Zentralverbandes der Angestellten.[516]

Richard Günther beschreibt den „illegalen Kampf [...] der Gruppe Breunig von Juni 1935 bis Oktober 1937" in den Berliner Bezirken Neukölln, Tempelhof und Kreuzberg: „Wir tarnten unsere Arbeit [...] durch Werbetätigkeit für den Volksfeuerbestattungsverein (unter Mitgliedern des aufgelösten Freidenkerverbandes) und ebenso für die gewerkschaftlich-genossenschaftliche Privatkrankenkasse ‚Volkswohl' (gestützt auf Lagerhalter und Verkaufsangestellte der aufgelösten Konsumgenossenschaft). Oktober 1936 schloss sich der Genosse Paul Loehrke, Biesdorf, der Gruppe Breunig (zu der auch der Schwager Breunigs und bis zum Oktober 1936 der verstorbene Ernst Oberüber gehörten) an und jetzt wurde

513 Vgl. zu Paul Beyerling die biografischen Angaben im Anhang.

514 LAB, C Rep. 118-01, Nr. 18229, Bl. 19, OdF-Akte Friedrich Haberland, Bescheinigung von Franz Apitzsch, 7. 6. 1947; vgl. dort auch die Bestätigung von Maximilian Bonatzy, 12. 6. 1947, Bl. 18, in der es heißt, Haberland habe in der „Widerstandsbewegung der Eisenbahner Deutschlands unter der Leitung von Lorenz Breunig und Franz Apitzsch illegal" mitgearbeitet.

515 Vgl. genauer Hans Jahn schildert rückblickend die Versuche zur Bildung einer „Reichsleitung deutscher illegaler Gewerkschaften", o. D., abgedr. als Dok. 22 in: Mielke/Frese (Bearb.), Die Gewerkschaften im Widerstand und in der Emigration, S. 171–178.

516 Vgl. z. B. LAB, C Rep. 118-01, Nr. 3709, Bl. 11, Eidesstattliche Versicherung von Richard Günther, 23. 4. 1951.

Lorenz Breunig
Stiftung Brandenburgische Gedenkstätten, Oranienburg

die illegale Arbeit getarnt durch Werbearbeit für die Victoria Versicherung."[517] Die von der Gestapo beobachtete „illegale Maifeier" von Mitgliedern dieser Widerstandsgruppe, an der Franz Apitzsch und Lorenz Breunig, ferner Wilhelm Butenschön,[518] Georg Mietz[519] und andere Eisenbahner teilnahmen, sowie die von führenden Mitgliedern gewählte Bezeichnung „Widerstandsgruppe unter Führung von Franz Apitzsch, Lorenz Breunig und Paul Beyerling" weisen darauf hin, dass in den Fällen, in denen von der „Gruppe Franz Apitzsch" bzw. „Gruppe Lorenz Breunig" gesprochen wird, stets die „Gruppe Franz Apitzsch, Lorenz Breunig und Paul Beyerling" gemeint ist. Friedrich Haberland, Gewerkschaftsangestellter im Hauptbüro des EdED, zwischenzeitlich unter anderem auch Mitglied des Bezirksbetriebsrates bei der Reichsbahndirektion Berlin, schrieb zu den Aktivitäten der illegalen Gruppe: „Wir kamen wöchentlich 1mal zusammen, berieten und trafen Maßnahmen zum Widerstand, bzw. befaßten uns mit der Einreichung einer Klage gegen die Deutsche Arbeitsfront bezüglich der uns vorenthaltenen Gehälter und Zurückzahlung der zur Pensionskasse geleis-

517 Ebenda. Diese Aussage bestätigt auch Paul Loehrke.
518 Zu Wilhelm Butenschön vgl. die biografischen Angaben im Anhang.
519 Zu Georg Mietz vgl. die biografischen Angaben im Anhang.

teten Beiträge. Flugblätter und Miniaturzeitungen wurden von uns an die Berliner Bevölkerung verteilt [...].“[520]

Kontakt zur „Widerstandsgruppe Apitzsch und Breunig“ hatte auch Breunigs Schwiegersohn Wilhelm Dressel. Im Fragebogen des Magistrats der Stadt Berlin, Abteilung für Sozialwesen, Hauptausschuss Opfer des Faschismus, von November 1946 schreibt er zur illegalen Arbeit: „Außer Zusammenkünften früherer Gewerkschaftler, Geldsammlungen, Verbreitung illegaler Flugschriften, mündlicher Propaganda, keiner festen Gruppe angeschlossen“.[521] In einer Erklärung von Willi Besener[522] – 1946 Generaldirektor der Hauptverwaltung der Deutschen Reichsbahn in der Deutschen Zentralverwaltung des Verkehrs – vom 11. Dezember 1946 heißt es: „Ich versichere an Eides statt, daß Herr Wilhelm Dressel nach dem Jahre 1933 unter dem Hitler-Regime in meinem Hause verkehrte, illegale Flugschriften gebracht, solche von mir in Empfang genommen und verbreitet hat. Bei Zusammenkünften ehemaliger Funktionäre des Eisenbahnerverbandes hat er sich an Geldsammlungen zur Unterstützung der Familien inhaftierter Kollegen des Verbandes beteiligt.“[523] Die Angaben von Wilhelm Dressel im Fragebogen der OdF-Akte werden auch am 25. Oktober 1946 in einer Erklärung des Ersten Vorsitzenden der Industriegewerkschaft BAU im Freien Deutschen Gewerkschaftsbund (FDGB) von Groß-Berlin, Nikolaus Bernhard, bestätigt; gleiches gilt für Otto Tost, nach 1945 Zweiter Vorsitzender der IG Metall von Groß-Berlin und vor 1933 Vorstandsmitglied des DMV.

Folgt man dem Urteil des Volksgerichtshofes gegen Walter Maschke u. a. vom 19. Januar 1945, dann spielte Franz Apitzsch in den Überlegungen von Wilhelm Leuschner und Walter Maschke, „wer von den früheren Gewerkschaftlern wohl noch infrage kommen könne“,[524] eine wichtige Rolle. Dafür spricht, dass Franz Apitzsch, „der früher schon in der Eisenbahngewerkschaft eine Rolle spielte“,[525] in Leuschners Plänen für die neu zu gründende „Deutsche Gewerkschaft“ als Vorsitzender der geplanten Eisenbahngewerkschaft vorgesehen war. Dafür, dass die Benennung von Apitzsch nicht ohne sein Wissen geschah, sprechen seine kritischen Anmerkungen, die er in einem Schreiben vom Dezember 1945 an der von Leuschner geplanten zentralistischen Organisationsform der „Deutschen Gewerkschaft“ formulierte.[526]

520 LAB, C Rep. 118-01, Nr. 18229, Bl. 4, Friedrich Haberland, Mein Lebenslauf, Juni 1947.

521 LAB, C Rep. 118-01, Nr. 10377, Bl. 2, OdF-Fragebogen von Wilhelm Dressel.

522 Vgl. die Angaben zu Willi Besener im biografischen Anhang.

523 LAB, C Rep. 118-01, Nr. 10377, Bl. 6, Erklärung von Willi Besener, 11. 12. 1946.

524 Hans-Adolf Jacobsen (Hrsg.), Opposition gegen Hitler und der Staatsstreich vom 20. Juli 1944. Geheime Dokumente aus dem ehemaligen Reichssicherheitshauptamt, Bd. 2, Stuttgart 1989, S. 759–779, hier S. 762.

525 Ebenda, S. 386.

526 Da im Frühsommer 1945 die gewerkschaftlichen Kommunikationsmöglichkeiten sich nahezu ausschließlich auf den lokalen Raum beschränkten und insbesondere die FBZ von den übrigen Besatzungszonen isoliert war, ist zu vermuten, dass die Kenntnisse von Franz Apitzsch über Wilhelm Leuschners

Im Unterschied zu Wilhelm Leuschner betonte Franz Apitzsch die Notwendigkeit eigenständiger Einzelgewerkschaften: „Soweit ich unterrichtet bin, war die Stimmung bei den maßgebenden Kollegen die, eine einheitliche zentrale, freie Gewerkschaft zu bilden, die alle Arbeitnehmer umfasst. Auch Leuschner sympathisierte mit diesem Gedanken. Ich weiß nicht, wie Ihr [gemeint ist die ITF] darüber denkt; trotzdem vertrete ich den Standpunkt, dass eine Gliederung nach Berufen, wie wir sie früher hier hatten, vorteilhafter ist."[527]

5.4.3 Kontakte von Matthäus Herrmann zur Widerstandsgruppe um Wilhelm Leuschner

Verbindungen zum gewerkschaftlichen Widerstand gegen das NS-Regime – allerdings erst für die Endphase des Zweiten Weltkrieges – lassen sich auch für Matthäus Herrmann, einen Protagonisten der freigewerkschaftlichen „Anpassungspolitik" im Frühjahr 1933, nachweisen. Nach dem Rücktritt des angeblich politisch belasteten Vorsitzenden Franz Scheffel und seiner Vorstandskollegen Hermann Jochade und Lorenz Breunig hatte Matthäus Herrmann am 29. März 1933 den Vorsitz der bedeutendsten Eisenbahngewerkschaft übernommen. Um als unpolitische Gewerkschaft das Überleben der Organisation zu sichern, führte er den „Anpassungskurs" gegenüber den Nationalsozialisten fort. In einem Rundschreiben erklärte er zum „freiwillige[n] Rücktritt seiner Vorstandskollegen: diese Kollegen bringen durch ihr Ausscheiden aus der Verbandsleitung zum Ausdruck, dass die unpolitische gewerkschaftliche Bewegung des Reichsbahnpersonals, dass der Einheitsverband durch ihre bisherige politische Arbeit [Scheffel und Breunig als Mitglieder des Reichstages] beziehungsweise ihre Tätigkeit im Internationalen Berufsverband [gemeint ist Jochades Tätigkeit in der ITF] keinen Schaden erleiden darf."[528] Auf der EdED-Beiratssitzung vom 29. März 1933, auf der der Rücktritt der genannten Vorstandsmitglieder erfolgte, wurden ferner neue Richtlinien beschlossen, die ein „Weiterbestehen der Gewerkschaftsarbeit im Rahmen des

Pläne aus direkten oder zumindest indirekten Kontakten mit Leuschner oder dessen Vertrauten stammten.

527 Brief von Franz Apitzsch an Paul Tofahrn, zit. n.: Mielke (Bearb.) unter Mitarb. von Rütters, Becker und Fichter, Organisatorischer Aufbau der Gewerkschaften, S. 999; vgl. auch die Stellungnahme vom 16. Juni 1945 von Robert Bratschi (geb. 6. Februar 1891 in Lengnau, gest. 24. Mai 1981 in Bern), ab 1921 Generalsekretär; 1946–1953 Präsident des Schweizerischen Eisenbahner-Verbandes; 1934–1953 Präsident des Schweizerischen Gewerkschaftsbundes; seit den 1930er-Jahren bis 1958 Mitglied des Generalrates und bis 1956 Mitglied des Exekutivkomitees und 1950–1953 Präsident der ITF; zu Robert Bratschi vgl. Koch-Baumgarten/Rütters (Hrsg.), Zwischen Integration und Autonomie, S. 504.

528 Rundschreiben des Einheitsverbandes der Eisenbahner Deutschlands, 30. 3. 1933 (Original befand sich im Besitz von Karl Molt), abgedr. in: Esters/Pelger/Schlingensiepen, Gewerkschafter im Widerstand, S. 115 f., hier S. 116.

Matthäus Herrmann im Kreise seiner Familie, o. J.
PA Berthold Schätz, Warmensteinach

Nationalsozialismus"[529] ermöglichen sollten. Wie weit der Anpassungsversuch ging, wird deutlich, wenn es in der Einleitung zu den Richtlinien weiter heißt, „dass auch im Einheitsverband der Eisenbahner Deutschlands viele Tausend Deutsche organisiert sind, die an den Fronten des Weltkrieges für ihr Vaterland gekämpft und geblutet haben. Die freie Gewerkschaft des Reichsbahnpersonals hat im Kampf gegen das Diktat von Versailles, gegen die Reparationen, gegen die Invasion an der Ruhr und gegen die separatistische Bewegung in wahrhaft vaterländischer Gesinnung in vorderster Linie gestanden."[530] Im Bericht über die Beiratssitzung in der „Gewerkschafts-Zeitung" des ADGB sieht der namentlich nicht genannte Autor im „Verschwinden des politischen Liberalismus über kurz oder lang auch Konsequenzen für die gewerkschaftliche Gliederung. [...] Für parteipolitische, aber auch für politisch-konfessionelle Richtungen wird in der Gewerkschaftsbewegung der Zukunft kaum noch Raum sein. Es scheint, so heißt es, als sei der Weg frei für große und entsprechend wirkungsvolle gewerkschaftliche Zentralverbände."[531]

529 Zit. n.: Müller, Sozialist, Gewerkschafter, Widerstandskämpfer. Zur Erinnerung an Lorenz Breunig, S. 36.

530 Zit. n.: ebenda.

531 Beiratstagung der Eisenbahner, in: Gewerkschafts-Zeitung 43 (1933) 14, 8. 4. 1933, S. 223.

Matthäus Herrmann, der bereits vom 2. bis 10. Mai 1933 von den Nationalsozialisten in der Strafanstalt Berlin-Plötzensee und vom 21. Juni bis 21. Dezember 1933 als „Schutzhäftling" im Konzentrationslager Dachau inhaftiert worden war, lebte in den folgenden Jahren zurückgezogen in seinem Geburtsort Warmensteinach. Nach Darstellung seines Biografen Rainer Mertens machte er „aus seiner Ablehnung des NS-Regimes auch weiterhin keinen Hehl. Zudem unterhielt er während des Krieges Kontakt zu oppositionellen Kreisen."[532] Im Frühjahr 1944 traf er sich unter anderem mit Ernst Schneppenhorst, einem engen Mitarbeiter von Wilhelm Leuschner,[533] ferner mit Franz Göhr[534] sowie mit Leuschner selbst. Als Ergebnis der Besprechungen nennt Matthäus Herrmann im Handbuch des Deutschen Bundestages von 1949 etwas lapidar: „Im Frühjahr 1944 von Dr. Goerdeler in seine Kabinettsliste [als Verkehrsminister] aufgenommen."[535] Am 7. November 1944 erteilte der Ermittlungsrichter beim Volksgerichtshof Haftbefehl gegen Matthäus Herrmann, da er „dringend verdächtig" sei, „von dem Vorhaben eines Hochverrats glaubhaft Kenntnis erhalten, es aber unterlassen zu haben, der Behörde hiervon zur rechten Zeit Anzeige zu machen. [...] Gegen Ende März 1944 erfuhr Herrmann bei einer von dem früheren hessischen Innenminister Leuschner herbeigeführten Zusammenkunft in Bayreuth, dass Kräfte am Werke waren, die in Erwartung eines Zusammenbruchs der Front auf eine Beseitigung der gegenwärtigen Regierung und die Bildung einer neuen Regierung ausgingen, in der Herrmann von Leuschner der Posten eines Verkehrsministers angeboten wurde. Wenn Herrmann auch die Uebernahme dieses Postens ablehnte und den Wunsch, sich nicht mehr politisch zu betätigen zum Ausdruck brachte, so hat er es doch unterlassen, die Umsturzpläne zur Kenntnis der Behörde zu bringen, obwohl er sich über die hochverräterische Natur der Bestrebungen nicht im Unklaren sein konnte."[536] Laut Angaben in seinem Antrag auf Ausstellung eines Ausweises für ehemalige KZ-Insassen wurde Herrmann zunächst im Gefängnis einer Kaserne in Nürnberg inhaftiert, von dort in das Gestapo-„Hausgefängnis" in der Berliner Prinz-Albrecht-Straße 8

532 Rainer Mertens, Matthäus Herrmann (1879–1959), in: Gottwaldt, Eisenbahner gegen Hitler, S. 319 f. Entgegen den Aussagen von Matthäus Herrmann, in Warmensteinach völlig zurückgezogen gelebt zu haben, findet sich zum Beispiel im Gestapo-Verhör von Johann Emmert der Hinweis, dass er Herrmann im „Sommer 1938 und 1939 [...] in Warmensteinach besucht" habe. Die Aussage enthält verständlicherweise keine Hinweise auf die Gründe des Besuchs und den Inhalt der mit Herrmann geführten Gespräche. Vgl. BArch, NJ 2229, Bd. 2, Bl. 151, Verhör von Johann Emmert, 1940.

533 Vgl. Henryk Skrzypczak, Funktionäre im Widerstand, in: Helga Grebing/Hans-Otto Hemmer/Gottfried Christmann (Hrsg.), Das HolzArbeiterBuch. Die Geschichte der Holzarbeiter und ihrer Gewerkschaften, Köln 1993, S. 186–189, hier S. 189.

534 Zu Franz Göhr (geb. 11. Februar 1884 in Elbing, gest. Frühjahr 1945 KZ Sachsenhausen) vgl. Andrea Wilfert, Franz Göhr, in: Winfried Meyer (Hrsg.), Verschwörer im KZ. Hans von Dohnanyi und die Häftlinge des 20. Juli 1944 im KZ Sachsenhausen, Berlin 1999, S. 249–252.

535 Fritz Sänger (Hrsg.), Die Volksvertretung. Handbuch des Deutschen Bundestages, Stuttgart 1949, S. 169; ferner Fritz Sänger (Hrsg.), Handbuch des Deutschen Bundestages, Stuttgart 1952, S. 266.

536 BayHStA, LEA 16450, Haftbefehl (Abschrift) gegen Matthäus Herrmann, 7. 11. 1944.

Wilhelm Leuschner mit Enkelin Hannelore, ca. 1941/42.
HStAD, Signatur R 4, Nr. 11186

überstellt und anschließend zur Vernehmung in die SS-Polizeischule Drögen gebracht, wo er von einem Kriminalkommissar auch körperlich misshandelt wurde.[537] In der Strafanstalt Berlin-Tegel war er anschließend bis zu seinem Freispruch durch den Volksgerichtshof „täglich 22 bis 23 Stunden gefesselt".[538]

Vor dem Volksgerichtshof im Januar 1945 gelang es Matthäus Herrmann, den Ahnungslosen, den Unbeholfenen und Schwerhörigen zu spielen, der die Umsturzpläne Leuschners nicht erkannt hatte, so dass er vom Vorwurf des „Hoch"- und „Landesverrats" freigesprochen wurde. In einem Schreiben vom 13. Januar 1945 an den Leiter der Parteizentrale der NSDAP charakterisierte der zuständige Referent Lorenzen den Angeklagten Matthäus Herrmann wie folgt: „Ein biederer, schwerhöriger Greis, dem politischen Leben fernstehend, gab ehrlich zu, aus seiner alten sozialdemokratischen Haut noch nicht ganz herauszukönnen, sagte aber ebenso ehrlich, er lerne unter dem Einfluss seiner Kinder allmählich begreifen, was Nationalsozialismus sei."[539] Bei den verschiedenen Kontakten von Matthäus Herrmann zu Mitgliedern der Widerstandsgruppe des 20. Juli 1944 „begriff [dieser] anscheinend nicht

537 Vgl. BayHStA, LEA 16450, Eidesstattliche Erklärung von Matthäus Herrmann, 18. 9. 1946; BayHStA, LEA 16450, Antrag auf Ausstellung eines Ausweises für ehemalige KZ-Insassen, 18. 9. 1946.
538 BayHStA, LEA 16450, Eidesstattliche Erklärung von Matthäus Herrmann, 18. 9. 1946.
539 Jacobsen (Hrsg.), Opposition gegen Hitler und der Staatsstreich vom 20. Juli 1944, S. 720.

[so die Darstellung von Lorenzen], worum es ging."[540] In den Verhören vor dem Volksgerichtshof war es Matthäus Herrmann offenbar gelungen, seine Gespräche Ende März 1944 mit Wilhelm Leuschner selbst und mit dessen Beauftragten Franz Göhr und Ernst Schneppenhorst so darzustellen, als habe er sie nicht durchschaut. Er scheint einen eher hilflosen Eindruck hinterlassen zu haben.[541] Wie Lorenzen kam auch der Volksgerichtshof zu dem Urteil: „Dass der ältliche und schwerhörige Matthäus Herrmann das, und überhaupt die Verratsgedanken Leuschners erfasst hätte, können wir aber nicht feststellen. Er wird deshalb von dem Vorwurf freigesprochen, mit den Verrätern gemeinsame Sache gemacht oder sie pflichtwidrig nicht gemeldet zu haben."[542] Weitergehende Widerstandsaktivitäten Matthäus Herrmanns, insbesondere Kontakte mit Hans Jahn, ließen sich nicht belegen. Für die von Alfred Gottwaldt formulierte These, neben Hermann Jochade und Lorenz Breunig gehörte auch Matthäus Herrmann zu den „Personen aus dem unmittelbaren Gewerkschaftswiderstand um den emigrierten Gewerkschafter Hans Jahn"[543] konnten keine Belege gefunden werden.

Die Nachkriegskarriere von Matthäus Herrmann in der Politik (Mitglied der Bayerischen Landesversammlung und des Bayerischen Landtages von 1946 bis 1950, Mitglied des Bundestages von 1949 bis 1953 und in der Gewerkschaftsbewegung, Dritter Vorsitzender im Hauptvorstand der Gewerkschaft der Eisenbahner Deutschlands von 1949 bis 1957) widerspricht eindeutig der Einschätzung des Volksgerichtshofes. Matthäus Herrmann war es offensichtlich gelungen, sich als unbedarften, ahnungslosen und „politikfernen" Zeitgenossen in den Verhören und beim Prozess vor dem Volksgerichtshof zu präsentieren – als Unschuldigen und Unwissenden, der von Mitgliedern der Widerstandsgruppe des 20. Juli 1944 für ihre Pläne missbraucht worden sei.

5.4.4 Karl Blaß und Richard Hölzcker: Widerstand im Rahmen der „Allgemeinen Krankengeldzuschuß- und Sterbekasse V. V. a. G. zu Berlin"?

Zu den EdED-Vorstandsmitgliedern, die in der Literatur zum Widerstand gegen das NS-Regime bislang keine Rolle spielen, gehören die Mitglieder des EdED-Hauptvorstandes Karl Blaß und Richard Hölzcker, vor 1933 Hauptkassierer des Verbandes. Beide Funktionäre standen seit 1933 unter Beobachtung der Gestapo, die sie 1938 der „illegalen" bzw. „staatsfeindli-

540 Ebenda.

541 Zu den Kontakten von Wilhelm Leuschner, Franz Göhr und Ernst Schneppenhorst mit Matthäus Herrmann vgl. Wilfert, Franz Göhr, in: Meyer (Hrsg.), Verschwörer im KZ, S. 250; Mertens, Matthäus Herrmann (1879–1959), in: Gottwaldt, Eisenbahner gegen Hitler, S. 316–322, hier S. 320.

542 Urteil des VGH 1L450/44-OJ52/44gRs gegen Walter Schwartz, Ludwig Schwamb und Matthäus Herrmann, 13. 1. 1945, Bl. 2, in: Nationalsozialismus, Holocaust, Widerstand und Exil 1933–1945, Online-Datenbank.

543 Gottwaldt, Eisenbahner gegen Hitler, S. 53.

chen Tätigkeit“[544] verdächtigte. In einer kurzen biografischen Notiz zu Karl Blaß verweist die Gestapo auf dessen Tätigkeit „bei der ‚Zukunft‘-Lebensversicherungs A. G.“, die als „Unterkunft ehemaliger Marxisten, insbesondere ehemaliger Eisenbahngewerkschafter“ von einem Gestapo-Spitzel – „einem ehemaligen Genossen“ – charakterisiert wurde.[545] Eine ähnliche Formulierung findet sich im gleichen Dokument zu Richard Hölzcker. Ein Grund, aus dem Richard Hölzcker und insbesondere auch Karl Blaß in der Widerstandsliteratur keine Rolle spielen, ist vermutlich ihr „Anpassungskurs“ gegenüber den Nationalsozialisten im Frühjahr 1933. Auf der Beiratssitzung des EdED am 29. März 1933 war es Karl Blaß, der in seinem Referat „zu den künftigen gewerkschaftlichen Aufgaben des Verbandes Stellung“ nahm und dafür plädierte, „vor allem aus der gründlich veränderten politischen Lage die entsprechenden Folgerungen zu ziehen.“[546] Diese Folgerungen schlugen sich in den vom Vorstand und Verbandsbeirat einstimmig beschlossenen Richtlinien für die Verbandsarbeit nieder. Diese Richtlinien betonten die „staatsbejahende“ Haltung der Gewerkschaften „auch gegenüber dem jetzigen Staat“, „eine unpolitische gewerkschaftliche Bewegung“ sowie Distanzierung von der SPD und den internationalen Gewerkschaftsorganisationen.[547]

Karl Blaß und Richard Hölzcker standen trotz ihrer „Anpassungspolitik“ von Anfang an unter Beobachtung der Gestapo, da sie weiterhin von einer unabhängigen, allerdings auf die wirtschaftlichen Interessen der Arbeiterschaft ausgerichteten Gewerkschaftsorganisation ausgingen; eine Position, die der Ideologie der NS-„Volksgemeinschaft“ widersprach. Dass Karl Blaß und die übrigen EdED-Vorstandsmitglieder keine Erwähnung im „Organisationsplan“ von 1936 der Widerstandsgruppe um Hans Jahn finden, lag vermutlich nicht nur an Jahns Widerstandskonzeption, sondern auch an Spannungen, die es bereits vor 1933 zwischen Blaß und Jahn gab. Nach Darstellung von Frieda Jahn[548] war Karl Blaß ein Gegner der von Hans Jahn am Ende der Weimarer Republik gefassten Generalstreikpläne zur Verhinderung einer nationalsozialistischen Machtübernahme. Frieda Jahn zufolge gab es auch erhebliche Differenzen hinsichtlich der Bestrebungen Jahns, einen Teil des Verbandsvermögens nach Kopenhagen zu transferieren.[549] Insbesondere für Karl Blaß lag es daher nahe, nach

544 Vgl. zu Details BArch, R 58/3388, Bl. 207 ff., Überwachungsberichte der Gestapo, 1938.

545 BArch, R 58/3388, Bl. 208, Überwachungsberichte der Gestapo, 1938. Die „Zukunft-Lebensversicherungs A. G.“ wurde bereits 1926 als „Herakles Lebensversicherungsbank A. G.“ gegründet und fungierte zeitweise auch unter dem Namen „Zukunft Lebensversicherungsbank A. G.“ Vgl. Handbuch der deutschen Aktiengesellschaften 40 (1935), Bd. 4, Teil 2, Berlin 1935, S. 5503 f.

546 Gewerkschafts-Zeitung 43 (1933) 14, 8. 4. 1933, S. 223, „Beiratssitzung der Eisenbahner“.

547 Vgl. ebenda.

548 Vgl. die Angaben zu Frieda Jahn im biografischen Anhang und Matthias Frese, Frieda Jahn (1904–1984), in: Siegfried Mielke (Hrsg.), Gewerkschafterinnen im NS-Staat: Verfolgung, Widerstand, Emigration, Essen 2008, S. 185–198.

549 Die Wiedergabe der Äußerungen von Frieda Jahn hinsichtlich des Verbandsvermögens ist widersprüchlich. Danach wurde ein Teil des Vermögens unter Beteiligung von Hermann Jochade und mit Wissen

1933 im Kampf gegen den Nationalsozialismus unabhängig von Hans Jahn ein Widerstandsnetzwerk zu organisieren. Dafür bot die „Allgemeine Krankengeldzuschuß- und Sterbekasse V. V. a. G. zu Berlin" eine gute Tarnmöglichkeit, da diese Kasse seit ihren Anfängen eng mit der freigewerkschaftlichen Bewegung verbunden war.

Von der „Krankenunterstützungskasse des Verbandes süddeutscher Eisenbahnarbeiter" in Nürnberg zur „Allgemeinen Krankengeldzuschuß- und Sterbekasse V. V. a. G. zu Berlin"

Am 20. Dezember 1905 und 26. Januar 1906 erhielt die „Krankenunterstützungskasse des Verbandes süddeutscher Eisenbahnarbeiter" in Nürnberg vom Kaiserlichen Aufsichtsamt für Privatversicherung die Zulassung „als kleinerer Verein im Sinne des § 53 des Gesetzes über die privaten Versicherungsunternehmungen vom 12. Mai 1901 (Reichs-Gesetzblatt, S. 139) [...] zum Geschäftsbetrieb in Bayern, Württemberg und Baden".[550] Die ersten Ansätze einer Krankenversicherungsunterstützungskasse freigewerkschaftlicher Organisationen reichen ganz offensichtlich bis ins Jahr 1901 zurück.[551] Dem Geschäftsbericht der „Allgemeinen Krankengeldzuschuß- und Sterbekasse V. V. a. G. zu Berlin"[552] von 1939 zufolge gehörte der 1939 verstorbene Vorsitzende des Aufsichtsrates, Wilhelm Pfeiffer, „und Gründer des Vereins [...] dem Aufsichtsrat seit 1901 an".[553] Gleiches galt für den langjährigen Leiter der

von Franz Apitzsch und Karl Blaß nach Kopenhagen gebracht. Richard Hölzcker habe jedoch Angst bekommen und „wollte das Geld zurückholen". „Die Dänen weigerten sich [jedoch], das Geld herauszurücken." AdsD, Bestand ITF, 5/ITFA, Mappe 88, Fragen zum Manuskriptplan, o. D.

550 LAB, B Rep. 042, Nr. 48856, II, Bl. 6 f., Beglaubigte Abschrift. Bescheinigung des Kaiserlichen Aufsichtsamtes für Privatversicherung, 5. 12. 1934. Die folgenden Ausführungen stützen sich im Wesentlichen auf die Bestände SAPMO-BArch, R 907/2192, Sammlung der Geschäftsberichte der „Allgemeinen Krankengeldzuschuß- und Sterbekasse V. V. a. G. zu Berlin" für die Geschäftsjahre 1937–1939, Berlin; LAB, B Rep. 025-01, Nr. 3325/50, Verfahren Hermann Hahn, Unna in Westfalen, Friedrich-Ebert-Straße 40, gegen die „Allgemeine Krankengeldzuschuß- und Sterbekasse V. V. a. G.", Berlin W 15, Knesebeckstraße 59/60; LAB, B Rep. 042, Nr. 48856 „Allgemeine Krankengeldzuschuß- und Sterbekasse V. V. a. G." (1934–1978); LAB, C Rep. 118-01, Nr. 10945, OdF-Akte Emma Wiersich und LABO, Reg.-Nr.: 602.415 und Reg.-Nr.: 23.133, Entschädigungsakten von Emma und Oswald Wiersich; ferner HHStAW, Abt. 518, Nr. 40934, Entschädigungsakte von Paul Pröh; BLHA, Rep. 401, Rat des Bezirkes Potsdam, VdN-224, VdN-Akte Karl Blaß; BayHStA, LEA 38162, Entschädigungsvorgänge, Georg Vogel, darin insbesondere die Erklärung von Paul Pröh, 16. 7. 1955 (Bl. 4).

551 Vgl. LAB, B Rep. 042, Nr. 48856, II, Bl. 218–230, hier Bl. 220, Vorläufiger Geschäftsbericht der „Allgemeinen Krankengeldzuschuß- und Sterbekasse V. V. a. G. zu Berlin" für das Geschäftsjahr 1939.

552 Den Hinweis auf die „Allgemeine Krankengeldzuschuß- und Sterbekasse V. V. a. G. zu Berlin" und die führende Position von Karl Blaß in dieser Vereinigung verdanken die Autoren Eberhard Podzuweit.

553 Vgl. LAB, B Rep. 042, Nr. 48856, II, Bl. 218–230, hier Bl. 220, Vorläufiger Geschäftsbericht der „Allgemeinen Krankengeldzuschuß- und Sterbekasse V. V. a. G. zu Berlin" für das Geschäftsjahr 1939. Die enge Verbindung der „Allgemeinen Krankengeldzuschuß- und Sterbekasse V. V. a. G." zur Gewerkschaftsbewegung betonte auch Johann Emmert, der 1938 auf Vorschlag des ehemaligen EdED-Bezirksleiters

Vereinskasse, den Eisenbahngewerkschaftsfunktionär Hans Herrmann, Nürnberg, der dem Vorstand von 1901 bis 1936 angehörte. Durch „Beschluß der außerordentlichen Generalversammlung vom 19. November 1933 – genehmigt durch Verfügung des Reichsaufsichtsamtes für Privatversicherungen vom 3. Januar 1934 [...] – verlegte die Krankenunterstützungs- und Sterbekasse des Deutschen Verkehrspersonals in Nürnberg ihren Sitz nach Berlin und fügte ihrer Firmenbezeichnung die Worte ‚Versicherungsverein auf Gegenseitigkeit' [V. V. a. G.] bei. Beides mit Wirksamkeit vom 1. März 1934."[554] Eine erneute Änderung des Vereinsnamens erfolgte auf der Vertreterversammlung am 6. Mai 1934. Die Vereinigung nannte sich seit dem 1. Juni 1934 „Allgemeine Krankengeldzuschuß- und Sterbekasse V. V. a. G. zu Berlin".[555] Aus einem Schreiben dieser Organisation geht hervor, dass auch nach der Gleichschaltung und der Sitzverlegung der Kasse von Nürnberg nach Berlin seit dem 19. November 1933 zwei ehemals leitende EdED-Funktionäre dem Vorstand angehörten: Hermann Hahn, vor 1933 ehrenamtliches Mitglied des EdED-Hauptvorstandes und Mitglied des Hauptbetriebsrates der Deutschen Reichsbahn-Gesellschaft, und Hans Herrmann, der langjährige EdED-Bezirkssekretär in Nordbayern und Vorsitzende der Vorläuferorganisation der Kasse.

Mitglieder waren zudem die sozialdemokratischen Gewerkschafter Heinrich Forstmeier aus Nürnberg und der Reichsbahnsekretär im Ruhestand, Johann Schramm, aus München. Außer Hermann Hahn, der nach seinem von den Nationalsozialisten erzwungenen Rücktritt am 15. Dezember 1935 die Arbeit der Kasse gegenüber der Gestapo als „nicht im Sinne des nationalsozialistischen Staates"[556] denunzierte, sind drei der fünf Vorstandsmitglieder eindeutig zum Kreis der NS-Gegner zu zählen. Mit der Bestellung von Richard Hölzcker, dem ehemaligen Hauptkassierer des EdED-Vorstandes, zum Prokuristen durch den Aufsichtsrat der Kasse am 11. März 1934, der zur „Vertretung des Vereins in Gemeinschaft mit einem

Georg Vogel zum Mitglied der Generalversammlungsvertreter gewählt worden war, in seiner Vernehmung durch die Gestapo: danach bestand die Kasse seit 1901 als Krankenkasse des süddeutschen Verkehrspersonals der Eisenbahn- und Postangehörigen für Süddeutschland und Sachsen. Diese Kasse, „der Emmert selbst als Mitglied beigetreten war", wurde „fast ausschließlich von Personen geführt, die im EdED ebenfalls führend tätig waren, und die Kasse so mehr oder weniger mit dem Verband verbanden". Bis 1933 wurde die Kasse als Krankenkasse des Süddeutschen Verkehrspersonals nach Angaben von Johann Emmert vom EdED-Bezirkssekretär für Nordbayern, Hans Herrmann, geführt. Vgl. zu Details BArch, NJ 2229, Bd. 2, Bl. 146. Zur Biografie von Hans Herrmann vgl. Handbuch des Vereins Arbeiterpresse, 2. Aufl. 1927, S. 501; ferner Staatsarchiv München, Gestapa 29, Bl. 152, Unterlagen zur Verfolgung.

554 LAB, B Rep. 042, Nr. 48856, II, Bl. 8, Bescheinigung des Reichsaufsichtsamtes für Privatversicherungen, 10. 8. 1934. Bereits vor 1933 hatte die ursprüngliche „Krankenunterstützungskasse des Verbandes süddeutscher Eisenbahnarbeiter" ihren Namen in „Krankenunterstützungs- und Sterbekasse des süddeutschen Verkehrspersonals" geändert.

555 Ebenda.

556 LAB, B Rep. 025-01, Nr. 3325-50, Bl. 68, Schreiben der Preußischen Geheimen Staatspolizeistelle für den Landespolizeibezirk Berlin an das Reichsaufsichtsamt für Privatversicherungen, 28. 8. 1936.

Vorstandsmitglied berechtigt“[557] war, besaßen die Gegner des NS-Regimes in den Anfangsjahren eine außerordentlich starke Stellung im Vorstand und konnten dabei auf die Unterstützung des Aufsichtsratsvorsitzenden Karl Blaß zählen,[558] der am 1. Oktober 1936 in den Vorstand berufen wurde.[559]

Ab 1. Oktober 1936 übernahm Karl Blaß dann den Posten eines Vorstandsvorsitzenden der „Allgemeinen Krankengeldzuschuß- und Sterbekasse V. V. a. G.“, einer „Selbsthilfeeinrichtung der Arbeiter, die von den freigewerkschaftlichen Eisenbahnern betrieben worden war“ und „1933 durch Namensänderung und Sitzverlegung von Nürnberg nach Berlin vor der Gleichschaltung bewahrt wurde.“[560] Nach der Namensänderung[561] zur „Allgemeinen Krankengeldzuschuß- und Sterbekasse V. V. a. G.“[562] fanden weiterhin zahlreiche Gewerkschafter in dieser Vereinigung einen Arbeitsplatz. Für Blaß, der nach seinem erzwungenen Ausscheiden 1937 selbstständiger Versicherungsvertreter und Generalagent der Versicherungsgesellschaft wurde, rückte Richard Hölzcker, der bereits vorher als Prokurist im Unternehmen tätig war, als geschäftsführendes Mitglied in den Vorstand auf, dem ferner auch der ehemalige EdED-Funktionär Ludwig Lammel[563] angehörte. Mit Karl Blaß als Generalagent der Versicherung, mit den ehemaligen EdED-Bezirksleitern Georg Vogel und Walter Oelkers, dem Mitglied des EdED-Verbandsbeirates, Johann Emmert, und dem Ersten Bevollmächtigten des EdED und Zweiten Vorsitzenden des ADGB-Ortsausschusses in Hamburg, Karl Klus, sowie weiteren ehemaligen freigewerkschaftlichen Funktionären waren insbesondere die Funktionäre des EdED in dem Versicherungsunternehmen prominent vertreten.[564]

557 LAB, B Rep. 042, Nr. 48856, I, Bl. 2 f., Schreiben der „Allgemeinen Krankengeldzuschuß- und Sterbekasse V. V. a. G. zu Berlin“ an das Amtsgericht Charlottenburg, 10. 6. 1934.

558 Vgl. ebenda; ferner LAB, B Rep. 042, Nr. 48856, II, Bl. 26, Protokoll über eine Vertreterversammlung „Krankenunterstützungs- und Sterbekasse des süddeutschen Verkehrspersonals zu Berlin“, 6. 5. 1934.

559 LAB, B Rep. 042, Nr. 48856, II, Bl. 107, Verzeichnis der Teilnehmer an der Vertreterversammlung der „Allgemeinen Krankengeldzuschuß- und Sterbekasse V. V. a. G. zu Berlin“ in Heidelberg, 30. 8. 1936; vgl. ferner Geschäftsbericht der „Allgemeinen Krankengeldzuschuß- und Sterbekasse V. V. a. G. zu Berlin“ für das Geschäftsjahr 1936, S. 4.

560 BLHA, Rep. 401, Rat des Bezirkes Potsdam, VdN-Akte Nr. 224, Antrag von Karl Blaß auf Anerkennung als OdF, Mai 1946.

561 Dabei handelte es sich um den „Süddeutschen Unterstützungsverein V. a. G.“. Zu dieser Vereinigung vgl. AdsD, NL Max Kellner, 1/MKAE00022, „Ausschnitt aus der Widerstandsbewegung der deutschen Eisenbahner, insbesondere im Lande Sachsen mit Schwerpunkt Leipzig“, o. D.

562 Vgl. SAPMO-BArch, R 907/2192, Geschäftsberichte der „Allgemeinen Krankengeldzuschuß- und Sterbekasse V. V. a. G. zu Berlin“ für die Geschäftsjahre 1937–1939, Berlin o. J.

563 Vgl. die Angaben zu Ludwig Lammel im biografischen Anhang. Auch unter den Mitgliedern der Vertreterversammlung gab es u. a. mit Johann Emmert, Karl Weisbrod und Friedrich Gückel ehemalige EdED-Funktionäre.

564 Darauf weist auch Max Kellner, Gaugraf in der Widerstandsgruppe um Hans Jahn, zu Recht hin, wenn er feststellt, dass es gelungen sei, „einige hundert Kollegen in den Verein aufzunehmen“. Vgl. AdsD, NL

Die enge Verbindung zwischen Versicherungskasse und ehemaligen Funktionären der freigewerkschaftlichen Bewegung nach 1933 war auch der Gestapo nicht verborgen geblieben. In einem Schreiben der Preußischen Geheimen Staatspolizeistelle für den Landespolizeibezirk Berlin vom 22. September 1936 teilte die Gestapo dem Reichsaufsichtsamt für Privatversicherungen mit, dass die von ihnen „angestellten Ermittlungen" ergeben hätten, dass die Vorstandsmitglieder der Versicherungskasse Karl Blaß, Johann Schramm, Ludwig Lammel, Heinrich Forstmeier und Hermann Schindler „bis zur nationalen Erhebung nicht nur Mitglieder der SPD, sondern als solche auch rührig tätig waren."[565] Bei „dieser Sachlage" ging die Gestapo davon aus, dass in der „Allgemeinen Krankengeldzuschuß- und Sterbekasse V. V. a. G." eine „Führung im nationalsozialistischen Sinne nicht gewährleistet" sei und forderte das Reichsaufsichtsamt für Privatversicherungen auf zu prüfen, ob die „Möglichkeit besteht, den Vorstand durch geeignete Nationalsozialisten oder politisch nicht vorbelastete Männer zu ersetzen."[566] Ohne im Einzelnen auf die verschiedenen Veränderungen im Vorstand und Aufsichtsrat des Versicherungsvereins einzugehen, lässt sich feststellen, dass bis zum Ende des NS-Regimes mit Johann Schramm, dem langjährigen Aufsichtsratsmitglied, der 1942 in den Vorstand aufrückte, mit Hermann Schindler, der 1942 auf der Vertreterversammlung wieder in den Aufsichtsrat gewählt wurde, sowie dem auf Vorschlag des ehemaligen EdED-Funktionärs Friedrich Gückel neu in den Aufsichtsrat gewählten ehemalige EdED-Funktionärs aus Karlsruhe, Karl Weisbrod sowie mit der Wahl von Oskar Vongerichten in den Wahlausschuss und der Wahl des ehemaligen Betriebsratsvorsitzenden im Reichsbahnausbesserungswerk Nürnberg und Mitglied des EdED-Verwaltungsbeirates, Johann Emmert, und anderen Mitgliedern der Vertreterversammlung der Versicherung weiterhin die ehemaligen EdED-Mitglieder und -Funktionäre an prominenter Stelle in den Gremien der Kasse vertreten waren.[567] Zu berücksichtigen ist bei dieser Einschätzung, dass zahlreiche ehemalige EdED-Funktionäre im Außendienst der Versicherung tätig waren. Neben den bereits erwähnten Mitgliedern der Vertreterversammlung Johann Emmert, Karl Weisbrod, Friedrich Gückel und anderen gehörten dazu unter anderem Karl Blaß, der nach seinem Ausscheiden als Vorstandsvorsitzender als Generalvertreter tätig war, ferner Paul Pröh, der als Vertreter für Schlesien und Georg Vogel, der als Bezirksleiter für Süddeutsch-

Max Kellner, 1/MKAE00022, Bl. 4, „Ausschnitt aus der Widerstandsbewegung der deutschen Eisenbahner, insbesondere im Lande Sachsen mit Schwerpunkt Leipzig", o. D.

565 LAB, B Rep. 025-01, Nr. 3325-50, Bl. 68, Schreiben der Preußischen Geheimen Staatspolizeistelle für den Landespolizeibezirk Berlin, 22. 9. 1936.

566 Ebenda.

567 Genannt seien hier Johann Häns, Erster Vorsitzender des Bezirksbetriebsrates in Augsburg und Mitglied des EdED-Verbandsbeirates und Hans Herget, ab 1931 hauptamtlicher Gewerkschaftssekretär und Erster Vorsitzender der EdED-Ortsgruppe in Regensburg. Vgl. LAB, B Rep. 042, Nr. 48856, Sonderband, Vorläufiger Geschäftsbericht für das Jahr 1944; ferner ebenda, Niederschrift der Vertreterversammlung in Regensburg, 19. 7. 1942.

land zuständig war. Hinzu kam Karl Klus, der als Vertreter der Versicherung für Sachsen fungierte.[568]

„Im Zuge einer Untersuchung durch die Geheime Staatspolizei, bedingt durch eine Anzeige, mussten einige Körperschaftsmitglieder ausscheiden. Es bestand nun die Gefahr, dass auch [Georg] Vogel als ehemaliger Sozialdemokrat und Bezirksleiter des Eisenbahnerverbandes nicht mehr zu halten war. Dies hätte aber große Auswirkungen und Umbesetzungen unserer Geschäftsstellen zur Folge gehabt, da auch diese fast ausschließlich aus Gewerkschaftskreisen bestanden."[569] Aus diesem Grund wurde Georg Vogel bei einer „Besprechung in Berlin im Jahre 1937 von den Köperschaftsmitgliedern nahegelegt", sich der NSDAP anzuschließen. Im zitierten Schreiben wird Vogel attestiert, dass er „überzeugter Gewerkschaftler und Sozialdemokrat" und „innerlich niemals Anhänger der NSDAP, sondern Antifaschist geblieben"[570] sei. Paul Beuche, Vertreter der Eisenbahnversicherungskassen, zufolge stand Karl Blaß über Oswald Wiersich in Verbindung mit Wilhelm Leuschner.[571] Dies bestätigt auch Paul Pröh.[572] Die Witwe von Oswald Wiersich, Emma Wiersich, bestätigte überdies in einer Erklärung vom 15. April 1952, dass ihr Ehemann und Paul Pröh „befreundet" waren und erklärte hinsichtlich der illegalen Kontakte zwischen ihrem Mann und Pröh: „Er [Pröh] gehörte dem engsten Kreis seiner vertrauten Mitwisser an."[573] Nach Angaben von Pröh unterhielt Blaß „im ganze Reich in den Jahren von 1933 bis 1945 ständige Verbindungen zu Gewerkschafts-Funktionären, insbesondere der Eisenbahner-Bewegung". Er selbst habe

568 Da auf der Mitgliederversammlung am 11. Juli 1948 weiterhin auch Georg Wittkopf und Christian Diller aus Bad Canstatt neben Johannes Schramm, Karl Weisbrod, Paul Pröh, Oskar Vongerichten und Heinrich Forstmeier wieder in den Aufsichtsrat der Versicherung gewählt wurden, ist zu vermuten, dass die Genannten während des Dritten Reiches nicht zu den Überläufern gehörten. Vgl. LAB, B Rep. 042, Nr. 48856, Sonderband, Bl. 80, Niederschrift über die Sitzung des Aufsichtsrates in Heidelberg, 11. 7. 1948.

569 BayHStA, LEA 38162, Bl. 3, Entschädigungsakte Georg Vogel, „Allgemeine Krankengeldzuschuß- und Sterbekasse", Bestätigung, 6. 10. 1945. Ob dies auch für das Vorstandsmitglied Ludwig Lammel gilt, konnte nicht festgestellt werden.

570 Ebenda.

571 Vgl. BLHA, Rep. 401, Rat des Bezirkes Potsdam, VdN-Akte Nr. 224, Erklärung von Paul Beuche, 25. 10. 1947.

572 In einer Erklärung von Paul Pröh heißt es: „Dieser Mitarbeiterkreis hatte über meine Person und den im Februar 1945 ermordeten früheren Bezirkssekretär des ADGB – Owald Wiersig [sic!] – Verbindung zur Widerstandsgruppe Leuschner." BayHStA, LEA 38162, Entschädigungsakte Georg Vogel, Bl. 4, Erklärung von Paul Pröh, 16. 7. 1955. „In regelmäßigen Zusammenkünften wurden die Bezirksleiter der Krankengeldzuschuß- und Sterbekasse über die internsten Fragen der Widerstandsgruppe Leuschner unterrichtet." Es sei der guten Tarnung zu verdanken gewesen, dass dieses Netzwerk nicht entdeckt wurde. Vgl. ebenda. In der Entschädigungsakte von Paul Pröh finden sich weitere Belege für die Kontakte, vgl. HHStAW, Abt. 518, Nr. 40934.

573 HHStAW, Abt. 518, Nr. 40934, Bl. 47, Entschädigungsakte von Paul Pröh, Erklärung von Emma Wiersich, 15. 4. 1952.

„mehrmals an solchen Besprechungen mit Herrn Klus, Leipzig, Vogel, Nürnberg, Mendelssohn, Frankfurt am Main und anderen teilgenommen.“[574]

Oswald Wiersich war nachweislich der schlesische Verbindungsmann der Widerstandsgruppe um Wilhelm Leuschner. Einem Bericht von Hermann Schlimme – vor 1933 als Sekretär Mitglied des ADGB-Bundesvorstandes, nach 1933 Mitglied der „Illegalen Reichsleitung“ und nach 1945 FDGB-Vorstandsmitglied – zufolge gehörte Oswald Wiersich zu den ehemaligen ADGB-Sekretären, die „die Verbindung mit uns aufrecht[erhielten]“, wobei die Formulierung „mit uns“ die „Illegale Reichsleitung“[575] meint. Nachweisen lassen sich ferner Kontakte von Oswald Wiersich zu weiteren führenden Funktionären, wie z. B. zum ehemaligen Vorsitzenden des Deutschen Baugewerksbundes (DBB) Nikolaus Bernhard.[576] Hermann Schlimme und Otto Brass weisen in einem Schreiben vom 11. November 1945 ferner auf Kontakte von Wiersich zum IGB hin, wenn sie erklären, Oswald Wiersich habe „in den verflossenen zwölf Jahren in Verbindung mit dem Beauftragten [Walter Schevenels] des Internationalen Gewerkschaftsbundes in Amsterdam die illegale Gewerkschaftsarbeit für das gesamte schlesische Gebiet geleitet.“[577] Eine ähnliche Formulierung gebraucht auch Emma Wiersich in ihrem für den Magistrat der Stadt Berlin, Abteilung für Sozialwesen – Hauptausschuss „Opfer des Faschismus“ ausgefüllten Fragebogen vom 12. November 1945.[578] Folgt man den Aussagen von Paul Pröh und Karl Blaß, dann standen beide in engem Kontakt mit Oswald Wiersich.[579] Der bereits zitierten Aussage von Emma Wiersich, Pröh habe dem „engsten Kreis seiner vertrauten Mitwisser“[580] angehört, kommt insofern besondere Bedeutung zu, da verschiedene Weggefährten und Mitstreiter von Oswald Wiersich zum Teil in eidesstattlichen Erklärungen bezeugen, dass Emma Wiersich nicht nur Mitwisserin war, sondern selbst als Kurierin aktiv in die Widerstandstätigkeit ihres Ehemanns eingebunden war. Dazu heißt es in der bereits zitierten Erklärung von Paul Pröh: „Mir ist bekannt, dass Frau Emma Wiersich von allen Mitteilungen, die Oswald Wiersich sich in der Regel in Berlin

574 BayHStA, LEA 38162, Entschädigungsakte Georg Vogel, Bl. 4, Erklärung von Paul Pröh, 16. 7. 1955; zu Kontakten zwischen Karl Blaß und Georg Vogel vgl. ferner BArch, NJ 2229, Bd. 1, Bl. 41, Ermittlungsbericht der Gestapo Düsseldorf, August 1940.

575 SAPMO-BArch, NY 4416, Nr. 71, Nachlass von Hermann Schlimme, Bericht von Hermann Schlimme, Berlin, über die illegale Gewerkschaftsarbeit, abgedr. als Dok. 52 in: Mielke/Frese (Bearb.), Die Gewerkschaften im Widerstand und in der Emigration, S. 300–303, hier S. 302.

576 Vgl. Michaela Bürks, Bernhard, Nikolaus (1881–1957), in: Mielke (Hrsg.), Gewerkschafter in den Konzentrationslagern Oranienburg und Sachsenhausen, Bd. 1, S. 34–43, hier S. 40.

577 LAB, C Rep. 118-01, Nr. 10945, OdF-Akte Emma Wiersich, „Ausweis“ von Hermann Schlimme und Otto Brass, 11. 11. 1945.

578 Vgl. LAB, C Rep. 118-01, Nr. 10945, OdF-Akte Emma Wiersich, OdF-Fragebogen, 12. 11. 1945.

579 Vgl. z. B. LABO, Reg.-Nr.: 602.415, Bl. 17, Erklärung von Paul Pröh betr. Emma Wiersich, 13. 3. 1950; LABO, Reg.-Nr.: 602.415, Bl. 18, Erklärung Nr. 2 von Paul Pröh, 13. 3. 1950.

580 HHStAW, Abt. 518, Nr. 40934, Bl. 47, Entschädigungsakte von Paul Pröh, Erklärung von Emma Wiersich, 15. 4. 1947.

holte, unterrichtet wurde. Frau Emma Wiersich hat an unzähligen, wichtigen Gesprächen in ihrer und meiner Wohnung teilgenommen und hat mir auch sehr oft wichtige Mitteilungen selbst überbracht. Das wurde besonders notwendig, als der öftere persönliche Besuch des Oswald Wiersich bei den in meinem Hause wohnenden Nazi[s] aufgefallen war."[581] Die enge Verbindung zu Oswald Wiersich konkretisierend, erwähnt Paul Pröh, dass er „von 1934–1944 [...] fast in jeder Woche einmal mit Oswald oder Emma Wiersich zusammen war"[582] und im Konzentrationslager Groß-Rosen mit Oswald Wiersich, da sie die „denkbar besten Freunde" waren, „eine Schlafdecke geteilt"[583] habe. Von Oswald Wiersich, dem „schlesischen Verbindungsmann zur Widerstandsgruppe Leuschner" habe er die Nachrichten für seine „schlesische Organisation [gemeint ist das Widerstandsnetzwerk in der „Allgemeinen Krankengeldzuschuß- und Sterbekasse V. V. a. G."], die Stützpunkte in allen maßgeblichen Orten in Nieder- und Oberschlesien hatte", erhalten. Diese Nachrichten „gingen außerdem zurück nach Berlin an Karl Blaß, Groß-Glienicke, bei Berlin-Kladow, Ahornallee 7, von dem sie nach Sachsen, Brandenburg, Bayern und Westdeutschland weitergegeben wurden."[584] In einer eidesstattlichen Erklärung des Eisenbahners Gotthard Grauer vom 18. April 1952 nennt auch dieser Oswald Wiersich einen „besondere[n] Freund von Pröh".[585] Im Gestapo-Verhör stritten die ehemaligen EdED-Mitglieder entschieden ab, die Kasse zur Tarnung für „illegale Machenschaften" verwendet zu haben.[586] In den Entschädigungsakten der beteiligten Eisenbahner finden sich demgegenüber zahlreiche Aussagen zum Widerstandsnetzwerk in dieser Kasse, so dass zu vermuten ist, dass die Aussagen vor der Gestapo als Schutzbehauptungen einzuschätzen sind.

Die Verbindung von Karl Blaß zu Oswald Wiersich bestätigt in einer „Erklärung" auch Bernhard Klein, vor 1933 Sekretär des Fabrikarbeiterverbandes.[587] Bernhard Klein zufolge, der nach 1936 mit Karl Blaß „in einem gemeinsamen Büro" der „Allgemeinen Krankengeldzuschuß- und Sterbekasse V. V. a. G." zusammenarbeitete, stand „Blaß über die Organisation [d. i. die Kasse] mit früheren Gewerkschafts- und Parteikreisen der SPD im ganzen Reichsgebiet in ständiger Fühlung" und unterhielt auch zu Oswald Wiersich „enge Beziehungen". Durch die Verbindung zu Wiersich war Bernhard Klein „über die Vorarbeiten der Gruppe Leuschner stets informiert".[588] Nach Darstellung von Klein gab Blaß seine Informationen

581 LABO, Reg.-Nr.: 602.415, Bl. 18, Erklärung Nr. 2 von Paul Pröh, 13. 3. 1950.

582 LABO, Reg.-Nr.: 602.415, Bl. 17, Erklärung von Paul Pröh betr. Emma Wiersich, 13. 3. 1950.

583 Ebenda.

584 LABO, Reg.-Nr.: 602.415, Bl. 18, Erklärung Nr. 2 von Paul Pröh, 13. 3. 1950.

585 HHStAW, Abt. 518, Nr. 40934, Bl. 48, Entschädigungsakte Paul Pröh, Eidesstattliche Erklärung von Gotthard Grauer, 18. 4. 1952.

586 Vgl. genauer BArch, NJ 2229, Bd. 2, Bl. 150 ff., Unterlagen der Gestapo, 1940.

587 Vgl. Handbuch des Vereins Arbeiterpresse, 2. Aufl. 1927, S. 171.

588 BLHA, Rep. 401, Rat des Bezirkes Potsdam, VdN-Akte Nr. 224, „Erklärung" von Bernhard Klein, o. D. (Eingangsstempel) 5. 11. 1947.

auch an ihn, den „Verbindungsmann für die Kollegen des ehemaligen Fabrikarbeiterverbandes“ weiter. Aus Sicht von Klein gehörte Blaß „[…] zu den aktiven Teilnehmern dieser Gruppe“,[589] das heißt dem Widerstandskreis um Oswald Wiersich.

5.5 Bezirksleiter des EdED im Widerstand gegen den NS-Staat

Wie bei den Mitgliedern des geschäftsführenden EdED-Hauptvorstandes zeigt sich auch bei den EdED-Bezirksleitern ein höchst unterschiedliches Verhalten während des NS-Regimes. Als Ergebnis der biografischen Analyse lässt sich für die Mehrheit der Bezirksleiter – das heißt die nach den Vorstandsmitgliedern wichtigste Funktionärsgruppe des EdED – ebenfalls feststellen, dass sie sich – zumindest zeitweise – am Widerstand beteiligten. Gefragt wird im Folgenden nach dem Widerstandsverhalten der 1932 bekannten 28 EdED-Bezirksleiter. Keine Berücksichtigung fand der Münsteraner EdED-Bezirksleiter Eugen Stein,[590] der bereits am 31. Januar 1933 während seines Wahlkampfes für ein Mandat zum Preußischen Abgeordnetenhaus verstarb. Ebenfalls unberücksichtigt blieb Carl Kamps, der im Laufe des Jahres 1932 in Pension ging und für den es Anfang 1933 keinen Nachfolger gab. Für Eugen Stein lässt sich jedoch feststellen, dass er mit Sicherheit zu den NS-Gegnern gehörte. Die von Stein im Wahlkampf veröffentlichten Flugblätter, in denen er die NSDAP als Partei der „lautesten nationalen Phrasen, die Partei der rücksichtslosesten Hetzer“[591] attackierte, weisen ihn eindeutig als NS-Gegner aus. Stein warf der NSDAP zudem vor, sich „von Großagrariern und Industriellen bezahlen“ zu lassen und dass ihre Führer „in Industrieklubs wiederholt erklärt [hätten], daß sie gegen 8-Stundentag, Tariflohn, Gewerkschaften, Arbeitslosenversicherung und Sozialgesetzgebung“ seien. Zugleich kritisierte er die NSDAP scharf, weil sie Sozialrentner als „Faulenzer und Spitzbuben“[592] denunzierte.

Für die drei ehemaligen EdED-Bezirksleiter Gustav Anstötz,[593] Wilhelm Behle[594] und Carl Kamps[595] lässt die Quellenlage keine fundierte Aussage über ihre Entwicklung nach 1933 und ihr Verhalten gegenüber den NS-Verfolgern zu. Gustav Anstötz soll – so die Darstellung in EVG-Publikationen, bei Hans-Joachim Buß, August Enderle und in der DGB-

589 Ebenda.

590 Vgl. die Angaben zu Eugen Stein im biografischen Anhang.

591 AdsD, Flugblattsammlung, „Die Faust fest am Steuer!“ SPD-Flugblatt zur Wahl zum 4. Landtag in Preußen am 24. April 1932.

592 Ebenda.

593 In der Literatur häufig irrtümlich als Gustav Anstöß/Anstöss genannt. Vgl. zu Details die Angaben zu Gustav Anstötz im biografischen Anhang.

594 Zu den Genannten vgl. die Angaben im biografischen Anhang.

595 Carl Kamps, der bereits 1932 als Bezirksleiter ausschied und über den keine belastbaren Informationen vorliegen, findet im biografischen Anhang keine Berücksichtigung.

Ehrentafel – von den NS-Verfolgern ermordet worden oder an den Folgen der NS-Verfolgung gestorben sein.[596] Für Wilhelm Behle, den EdED-Bezirksvertreter von Magdeburg,[597] und Carl Kamps, den Hamburger EdED-Bezirksleiter, konnten weder zeitgenössische Quellen noch Entschädigungsakten aus den Zeit nach 1945 gefunden werden, die Auskunft über ihre Entwicklung nach 1933 hätten geben können. Für fünf weitere Bezirksleiter Johann Esser (Wuppertal), Alex Möller (Halle), Christian Schneider (Karlsruhe), Heinrich Wegener (Hannover) und Otto Zauter (Breslau) liegen zwar Entschädigungsakten und andere Quellen vor, die belegen, dass alle fünf 1933 in „Schutzhaft" genommen wurden und Johann Esser und Christian Schneider auch im Zusammenhang mit der „Aktion Gewitter" 1944 inhaftiert wurden.[598] Hinweise auf eine Widerstandstätigkeit der Genannten finden sich jedoch in den bislang bekannten Quellen nicht. Heinrich Wegener, den EdED-Bezirksleiter von Hannover, für den keine Quellen für eine Mitarbeit in einer Widerstandsgruppe gefunden werden konnten, gehörte mit großer Wahrscheinlichkeit zu den NS-Gegnern. Denn Wegener wurde bereits am 7. April 1933 in „Schutzhaft" genommen und blieb bis zum 12. Juli 1933 im Gerichtsgefängnis von Hannover inhaftiert, das heißt deutlich länger als die meisten anderen im Frühjahr 1933 inhaftierten Gewerkschafter. Der gegen ihn erhobene Vorwurf lautete „Verdacht auf Vorbereitung zum Hochverrat". Das Verfahren wurde vom Oberlandesgericht Hamm aufgrund der fragwürdigen Beweislage eingestellt. Die bei der Besetzung des Gewerkschaftshauses in Hannover am 1. April 1933 im Büro von Wegener angeblich vorgefundenen Schriftstücke und eine Eierhandgranate hatten nach Darstellung von Wegener die Angehörigen der SA selbst mit in das Gebäude gebracht.[599]

Für die Bezirksleiter Friedrich Blättermann (Oppeln) und Wilhelm Wübbenhorst (Oldenburg) liegen lediglich Eigendarstellungen hinsichtlich ihres Widerstandes gegen das NS-Regime vor.[600] Während Blättermann in seinem Entschädigungsverfahren – ohne jede Konkretisierung – behauptet, er habe, obwohl ständig von der Gestapo beobachtet und schikaniert, „nach 1933 bis zum Zusammenbruch 1945 einer Widerstandsgruppe gegen die Nazis"[601] angehört, nennt Wilhelm Wübbenhorst als ein Beispiel seiner gegen das NS-

596 Vgl. z. B. AdsD, DGB-Archiv, Ehrentafel für während des Dritten Reichs ermordete Gewerkschaftsmitglieder, o. O. o. J., Nr. 449, wo es allerdings heißt, Anstötz sei während des NS-Regimes „umgekommen"; ferner August Enderle unter Mitarb. von Bernt Heise, Die Einheitsgewerkschaften, 4 Bde., Düsseldorf o. J. (unveröff. Manuskript), hier Bd. 1, S. S. 152. Enderle führt Anstötz unter der Rubrik „Ermordete Gewerkschafter". Vgl. auch Gottwaldt, Eisenbahner gegen Hitler, S. 43 und Buß, Dreimal Stunde Null, S. 158.

597 Zum Ende der Weimarer Republik bzw. im Jahr 1932 war hier die Funktion des Bezirksleiters unbesetzt.

598 Zu den Genannten vgl. die Angaben im biografischen Anhang.

599 Vgl. die Angaben im biografischen Anhang.

600 Zu den Genannten vgl. die Angaben im biografischen Anhang.

601 Staatsarchiv Hamburg, Bestand 351-11, Nr. 11559, „Angaben über Verfolgung", o. D.

Regime gerichteten Aktivitäten die Verbreitung des sogenannten „Mölders-Briefes".[602] Als Beleg für seine Gegnerschaft zum NS-Regime weist Wübbenhorst ferner darauf hin, dass er bereits vor der Zerschlagung der Gewerkschaften „bei jeder sich bietenden Gelegenheit [...] die Bestrebungen der NSDAP in Wort und Schrift" bekämpft und in zahlreichen öffentlichen Versammlungen „für die SPD in allerschärfster Form gegen die NSDAP Stellung"[603] genommen habe. Aus diesem Grunde sei er zum Beispiel am 26. Februar 1933 von Nationalsozialisten überfallen und niedergeschlagen worden.[604] Wie hunderte sozialdemokratische Mandatsträger – Wilhelm Wübbenhorst war Mitglied des Oldenburgischen Landtages – und führende Funktionäre der freigewerkschaftlichen Bewegung wurde auch Wübbenhorst im Mai 1933 in „Schutzhaft" genommen und während der „Aktion Gewitter" für einige Tage im Polizeigefängnis Oldenburg-Osternburg[605] inhaftiert. Da – wie erwähnt – für Friedrich Blättermann und Wilhelm Wübbenhorst lediglich eigene Aussagen zum Widerstand gegen das „Dritte Reich" vorliegen, werden sie nicht zur Gruppe derjenigen Bezirksleiter gezählt, die das NS-Regime bekämpften.

Sieben der auf ihre Widerstandsaktivitäten hin überprüften 26 EdED-Bezirksleiter standen – mehr oder weniger intensiv – in Verbindung mit dem Widerstandsnetzwerk um Hans Jahn. Zu den aktiven Akteuren dieser Gruppe sind insbesondere Gustav Kaiser und Konrad Roth zu nennen.[606] Mit großer Wahrscheinlichkeit gehörte auch Friedrich Schmidt dazu, der von Karl Molt angeworben worden war. Der Danziger EdED-Bezirksleiter Gustav Kaiser nutzte bis zur Eingliederung der Freien Stadt Danzig in das Deutsche Reich (1939) die noch vorhandenen legalen Möglichkeiten der Kontaktaufnahme zu internationalen Gewerkschaftsorganisationen, auch wenn diese Möglichkeiten aufgrund der Mehrheit der NSDAP im „Volkstag", dem Danziger Parlament, bereits seit 1933 erheblich eingeschränkt waren. Kaiser stand nach Aussage von Hans Jahn bereits seit 1933 mit ihm in Verbindung und gehörte zu den Teilnehmern der bereits erwähnten „Roskilder Konferenz" in Dänemark (April 1935). Über seinen Schwager Walter Schlifka besaß er für seine gegen die Nationalso-

602 Beim „Mölders-Brief" handelte es sich um eine Fälschung des britischen Geheimdienstes. Der „Brief", der an einen Stettiner katholischen Propst namens „Johst" gerichtet war, erschien kurz nach dem Unfalltod des renommierten Kampffliegers Werner Mölders im Januar 1942. In dem gefälschten Schreiben distanzierte sich Mölders vermeintlich aus christlichen Beweggründen vom Nationalsozialismus. Die Fälschung, die großes Aufsehen erregte, war Teil der psychologischen Kriegsführung. In vervielfältigter Form tauchte das Schriftstück im gesamten deutschen Reichsgebiet auf. Der Brief wurde von einem Teil der Christen als Zeichen des ungebrochenen konfessionellen Widerstandes gegen den NS-Staat interpretiert. Vgl. Helmut Witetschek, Der gefälschte und der echte Mölders-Brief, in: Vierteljahrshefte für Zeitgeschichte 16 (1968) 1, S. 60–65.

603 NLA – Standort Oldenburg, Sign. 351, Nr. 33484, Erklärung zur Widerstandstätigkeit, o. D.

604 Vgl. Schumacher (Hrsg.), M. d. L. Das Ende der Parlamente, S. 178.

605 Vgl. ebenda.

606 Vgl. die Angaben zu Gustav Kaiser und Konrad Roth im biografischen Anhang.

zialisten gerichteten Aktivitäten eine illegale „Briefanlaufstelle“ bzw. Deckadresse und stand nicht nur mit dem Generalsekretär der ITF, Edo Fimmen, in direkter Verbindung, sondern auch mit Funktionären der polnischen Arbeiterbewegung und dem dänischen Eisenbahngewerkschafter Robert Nielsen, der eine führende Rolle in der ITF spielte. Der zweite EdED-Bezirksleiter, der eindeutig dem Widerstandsnetzwerk der ITF und Hans Jahn zugerechnet werden muss, war Konrad Roth, der viele Jahre zunächst als Bezirksleiter des DEV und später des EdED in Mainz gearbeitet hatte, bevor er von 1930 bis 1933 in gleicher Funktion in Köln fungierte. Im „Organisationsplan“ von 1936 ist Roth zwar nicht erwähnt, er wurde jedoch nachweislich im Herbst 1936 bei einem Treffen mit mehreren Bezirksleitern des Widerstandsnetzwerkes um Hans Jahn als „Stützpunktleiter“ gewonnen.[607] Die „Kartei zu Personen und Sachverhalten des antifaschistischen Widerstandskampfes“ in der Stiftung Archiv der Parteien und Massenorganisationen der DDR im Bundesarchiv (SAPMO) beschreibt die Teilnahme von Konrad Roth „am antifaschistischen Widerstandskampf“ mit „Leiter der illeg[alen] Eisenbahnergewerkschaft des Bezirks Koblenz“, ferner als „Bezirksleiter der illeg[alen] Gewerkschaftsorganisation Koblenz“ bzw. „Leiter des illeg[alen] Wiederaufbau[s] des Eisenbahnerverbandes“ im „linksrhein[ischen] Teil Westdeutschl[ands]“[608] von Ende 1936 bis Anfang 1937. Auch Helmut Esters, Hans Pelger und Alexandra Schlingensiepen ordnen Roth als Mitglied „von Jahns weitverzweigter Kaderorganisation“[609] ein. In seiner Funktion als „Stützpunktleiter“ warb Roth zusammen mit Johann Simonis aus Güls „Vertrauensleute im Raum Mainz-Koblenz“[610] an, vermutlich auch Wilhelm Kenntner.[611] Folgt man den Angaben von Axel Ulrich,[612] dann gehörte der Mainzer Stützpunktleiter Konrad Roth zu den Aktivposten von Jahns Widerstandsgruppe: „Mainz beispielsweise, wo Konrad Roth Vertrauensleute angeworben hatte, wurde alle ein bis zwei Wochen konspirativ kontaktiert“, das heißt durch Hugo Bachmann im Zuge seiner „reichsweiten Kuriertätigkeit“.[613]

607 Vgl. BArch, NJ 2328, Bl. 16, Anklageschrift gegen Philipp Tillier u. a., 30. 9. 1937.

608 SAPMO-BArch, Widerstandskartei, Konrad Roth.

609 Vgl. Esters/Pelger/Schlingensiepen, Gewerkschafter im Widerstand, S. 87.

610 Vgl. Buschak, „Arbeit im kleinsten Zirkel“, 2., aktual. Aufl. 2015, S. 174.

611 Vgl. die Angaben zu Wilhelm Kenntner im biografischen Anhang und zu Details Siegfried Mielke, Wilhelm Kenntner (1898–1977), in: Angelika Arenz-Morch u. a. (Hrsg.), Gewerkschafter im Konzentrationslager Osthofen 1933/34, Berlin 2017 (im Erscheinen). Auch Alfred Gottwaldt nennt „an widerständigen und verfolgten Eisenbahngewerkschaftern aus dem hessischen Raum“ Wilhelm Kenntner. Vgl. zu Details Gottwaldt, Eisenbahner gegen Hitler, S. 74.

612 Vgl. Ulrich, Politischer Widerstand gegen das „Dritte Reich“, S. 92.

613 Ebenda. Der Anklageschrift gegen Philipp Tillier zufolge soll Konrad Roth „sich dem Pester gegenüber angeboten […] haben, Namen und Anschriften von Männern mitzuteilen, die seines Erachtens für eine illegale Arbeit in Frage kamen“, bestritt jedoch, entsprechend gehandelt zu haben und wurde aus Mangel an Beweisen vom Oberlandesgericht freigesprochen. Konrad Roth selbst nennt in seinem „Fragebogen für Opfer des Faschismus“ vom 12. Oktober 1946 als Grund für seine Verfolgung und Verhaftung „illegale Arbeit gegen das Nazi-Regime“. Vgl. Amt für Wiedergutmachung Rheinland-Pfalz, Saarburg, VA

Zum EdED-/ITF-Widerstandsnetzwerk ist auch Friedrich Schmidt zu zählen, der von Karl Molt für die Widerstandsgruppe angeworben worden war.[614] Schmidt hatte die letzten Monate vor der Machtübernahme der Nationalsozialisten als EdED-Bezirksleiter in Erfurt fungiert, war davor in gleicher Funktion einige Jahre sowohl in Stuttgart als auch in Frankfurt an der Oder. Mit großer Wahrscheinlichkeit kannte Molt ihn aus dessen Stuttgarter Zeit. Als die Widerstandsgruppe um Karl Molt, die zum Widerstandsnetzwerk um Hans Jahn gehörte, aufflog, wurde Friedrich Schmidt zusammen mit einigen anderen Vertrauensleuten von Molt vor dem Volksgerichtshof angeklagt. Friedrich Schmidt wurde letztlich aus Mangel an Beweisen vom Vorwurf der „Vorbereitung zum Hochverrat" freigesprochen, weil er – so die Urteilsbegründung – „einen guten persönlichen Eindruck in der Hauptverhandlung hinterlassen"[615] und sich außerordentlich geschickt verteidigt hatte. Der Volksgerichtshof gelangte zu dem Schluss: „Keine einzige Unwahrheit oder Unstimmigkeit ist ihm nachgewiesen worden."[616] Zudem wiesen der Hauptangeklagte Fridolin Endraß, den der Volksgerichtshof zum Tode verurteilte, und Schmidt die Behauptungen eines Belastungszeugen zurück, „wonach dieser eine kleine Rolle mit illegalen Druckschriften"[617] von Schmidt erhalten habe. So kam der Volksgerichtshof zu dem Urteil, dass Friedrich Schmidt lediglich „ein einziges Mal", eher zufällig, mit Karl Molt zusammengetroffen sei: „Mag der fast 60jährige Angeklagte [...] auch etwas leichtgläubig gewesen sein, so kann ihm doch nicht nachgewiesen werden, daß er die von Molt verfolgten Gewaltbestrebungen durchschaut oder auch nur mit entsprechender Möglichkeit gerechnet hat. Er war daher aus dem tatsächlichen Grunde des Mangels an Beweisen freizusprechen."[618]

Zum Umfeld des EdED-/ITF-Widerstandsnetzwerkes um Hans Jahn gehörten offensichtlich auch die die EdED-Bezirksleiter für die Pfalz und für Südbayern August Baum und Leonhard Horlacher.[619] Oskar Vongerichten[620] bestätigte in einer Eidesstattlichen Erklärung, August Baum habe „illegale Gewerkschaftsarbeit"[621] während der NS-Zeit geleistet. Trotz der Tatsache, dass Oskar Vongerichten, der im EdED-/ITF-Widerstandsnetzwerk als

BEG 1631, Bl. 17 f., Entschädigungsakte von Konrad Roth; vgl. BArch, NJ 2328, Bl. 16, Anklageschrift gegen Philipp Tillier u.a., 30. 9. 1937; Esters/Pelger/Schlingensiepen, Gewerkschafter im Widerstand, S. 163.

614 Vgl. die Angaben zu Friedrich Schmidt und Karl Molt im biografischen Anhang.

615 Urteil des VGH 1H52/39-6J244/39g gegen Friedrich Schmidt, 25. 11. 1939, Bl. 11 f., in: Nationalsozialismus, Holocaust, Widerstand und Exil 1933–1945, Online-Datenbank.

616 Ebenda, Bl. 10.

617 Ebenda, Bl. 9 f.

618 Ebenda, Bl. 11 f.

619 Vgl. die Angaben zu August Baum und Leonhard Horlacher im biografischen Anhang.

620 Vgl. die Angaben zu Oskar Vongerichten im biografischen Anhang.

621 Amt für Wiedergutmachung Rheinland-Pfalz, Saarburg, VA LEG 1042, Entschädigungsakte von August Baum, Eidesstattliche Versicherung, Urk.-Nr. 4513 des Notars Dr. Ackermann, 4. 12. 1950.

Gaugraf für den Gau „Pfalz-Baden. Vorort Ludwigshafen" fungierte und gleichzeitig durch seine Funktion als Aufsichtsratsmitglied der „Allgemeinen Krankengeldzuschuß- und Sterbekasse V. V. a. G. zu Berlin" mit Karl Blaß in Verbindung stand, ist davon auszugehen, dass Vongerichten in seiner Eidesstattlichen Erklärung August Baum eine illegale Gewerkschaftsarbeit im Rahmen des Widerstandsnetzwerkes um Hans Jahn attestierte. Dafür spricht unter anderem das Adressenverzeichnis zu Hans Jahns „Organisationsplan" von 1936, das neben Oskar Vongerichten auch August Baum aus Ludwigshafen nennt.[622]

Bei der Besetzung der Niederlande fand die Gestapo im Büro der ITF in Amsterdam auch Briefe von Leonhard Horlacher, dem ehemaligen EdED-Bezirksleiter für Südbayern, an Hans Jahn. Die NS-Verfolger nahmen Horlacher 1940 in „Schutzhaft". Außer mit Jahn stand Horlacher den Gestapo-Ermittlungen zufolge mit „zahlreichen alten Funktionären des Verbandes [EdED], die er aus seiner langjährigen Tätigkeit persönlich kannte, in Verbindung".[623] In einem Brief an Hans Jahn vom 22. März 1939 erwähnte Horlacher als einen seiner Kontaktleute „F. A. [Franz Apitzsch]", mit dem er „hin und wieder korrespondiere".[624] „Im Bezirk Bayern" sei „wenig Fühlungnahme", zu ihm kämen jedoch noch immer Kollegen „von auswärts".[625] In seinem Brief erwähnt Horlacher eine Verbindung zu „K. W. [Karl Weiß, Passau], der allerdings „nur selten hierher"[626] komme. Von manchen Angestellten sei allerdings unklar, „wohin sie gehören".[627] Seine Anmerkung „Vo. Nü [Georg Vogel, Nürnberg]" habe „überhaupt ganz umgesattelt" kommentierte Hans Jahn in seinem Brief an Edo Fimmen: „Die wichtigste Mitteilung ist, dass Vogel-Nürnberg ‚ganz umgesattelt' habe. V.[ogel] war immer in meinem Apparat für Bayern-Nord tätig. Bis jetzt ist niemand hochgegangen. Er muss also noch gut sein. Die Umsattlung ist ihm von Blass und Hölzcker (Jochade) empfohlen."[628] Das

622 Vgl. Mielke/Frese (Bearb.), Die Gewerkschaften im Widerstand und in der Emigration, S. 361.

623 BArch, NJ 2229, Bd. 1, Bl. 37, Ermittlungsbericht der Gestapo Düsseldorf im Zusammenhang mit der Verfolgung illegaler EdED-Strukturen, August 1940.

624 BArch, R 3017/29435, Bl. 144, Brief von Leonhard Horlacher an Hans Jahn, 22. 3. 1939 (Abschrift). In einem Brief an Edo Fimmen kommentiert Hans Jahn diese Mitteilung: „L. H. [Leonhard Horlacher] korrespondiert ab und zu mit Apitzsch, wohl in der Hoffnung, einen Teil seiner Beiträge an die UV [Unterstützungsvereinigung] als Abfindung zurückzuerhalten." BArch, R 3017/29435, Bl. 148, Brief von Hans Jahn an Edo Fimmen, 29. 3. 1939.

625 In diesem Zusammenhang erwähnt Leonhard Horlacher auch einen brieflichen Kontakt mit dem ehemaligen EdED-Angestellten Franz Ebner und mit „R. W." vermutlich Robert Wirth, einem langjährigen Bezirksleiter des EdED aus Dresden. Vgl. Handbuch des Vereins Arbeiterpresse, 2. Aufl. 1927, S. 152 bzw. 287.

626 BArch, R 3017/29435, Bl. 144, Brief von Leonhard Horlacher an Hans Jahn, 22. 3. 1939 (Abschrift). Diese Mitteilung kommentiert Hans Jahn in dem erwähnten Brief an Edo Fimmen: „K. W. [Karl Weiß] aus Passau ist mein Mann, der ab und zu bei L. H. [Leonhard Horlacher] nach dem Rechten sieht". Ebenda, Bl. 148.

627 BArch, R 3017/29435, Bl. 144, Brief von Leonhard Horlacher an Hans Jahn, 22. 3. 1939 (Abschrift).

628 Ebenda, Bl. 148, Brief von Hans Jahn an Edo Fimmen, 29. 3. 1939.

heißt, auch Hans Jahn ging davon aus, dass Georg Vogel, der Mitglied der NSDAP geworden war, kein „Überläufer“ war, sondern sich der NSDAP aus strategischen Erwägungen angeschlossen hatte und die Zusammenarbeit mit Karl Blaß und Richard Hölzcker in der „Allgemeinen Krankengeldzuschuß- und Sterbekasse V. V. a. G. zu Berlin“ der Verbindung zu Hans Jahn vorgezogen hatte. Darauf deutet auch Jahns Bemerkung hin, Vogel sei „als Angestellter der Sterbekasse von Blass und Hölzcker wirtschaftlich abhängig“.[629]

Zur Funktion von Leonhard Horlacher im Widerstandsnetzwerk von Hans Jahn schrieb dieser an Edo Fimmen: „Wie sein Brief beweist, ist er noch geistig gesund. Er besitzt in München ein Zigarrengeschäft. Ich benutze ihn als Anlaufstelle für die 2. Staffel, also für die Sympathisierenden. Hinter den illegalen Kadern muss im Eventualfall die 2. Staffel sofort zur Verbreiterung der Kampfbasis bereitstehen. (Das[s] ich die 3. Staffel, die Unzufriedenen aber Wankelmütigen dabei nicht vergesse, sei angedeutet) Wir können diese Schicht, die aus verschiedensten Gründen zur Zeit nicht ill.[egal] arbeiten können [sic!], nicht den mehr oder minder emsigen Gleichschaltern überlassen. Das[s] auch hier mein Einfluss unangefochten ist, beweist der Brief dieses ‚alten Bonzen‘.“[630] Leonhard Horlacher erhielt zudem auf illegalem Wege eine finanzielle Unterstützung vom Schweizer Eisenbahnerverband. Nach bisherigem Kenntnisstand gehörte der „alte“ Weggefährte Jahns zum EdED-/ITF-Widerstandsnetzwerk, auch wenn ihm die Gestapo keine konkreten gegen das NS-Regime gerichteten Aktivitäten nachzuweisen vermochte.

Zu den EdED-Funktionären, die mit Willi Molitor, Wilhelm Komorowski und möglicherweise anderen führenden Angehörigen des Widerstandsnetzwerkes um Hans Jahn in Verbindung standen, gehörte auch der ehemalige Essener EdED-Bezirksleiter Viktor Mühmel.[631] In der Sekundärliteratur findet sich bisher lediglich ein Hinweis auf einen Besuch von Molitor bei Mühmel[632] nach der Machtübernahme der Nationalsozialisten ohne jeden Hinweis darauf, ob es Molitor gelang, Mühmel in das EdED-Widerstandsnetzwerk einzubinden. Die Quellenlage zu Viktor Mühmel, der 1932 aus gesundheitlichen Gründen pensioniert worden war und am 8. Juli 1939 verstarb, ist außerordentlich schmal. Die Verhörprotokolle der Gestapo von Willi Molitor und Max Pester belegen jedoch einen engen freundschaftli-

629 Ebenda. Hans Jahn sah Georg Vogel eher als „Opfer“ von Karl Blaß und Richard Hölzcker, denen er unlautere Absichten unterstellte: „Steinberg brachte es gemeinsam mit Blass und Hölzcker fertig, die süddeutsche Sterbekasse unseren alten Freunden Hans Herrmann und Georg Vogel durch Vorspiegelung falscher Tatsachen aus den Händen zu winden. Sie gliederten die Breslauer Sterbekasse mit Hermann Hahn an und fusionierten sie zur jetzt gleichgeschalteten, einem Naziverwaltungsrat unterstehenden ‚Deutschen Sterbekasse‘“. Nach Angaben von Jahn in seinem Brief fahre Blaß „im Lande“ herum und beauftrage „Nazifunktionäre“, „unsere alten ehem. Funktionäre zu bespitzeln“. BArch, R 3017/29435, Bl. 16, Brief von Hans Jahn an „Lieber Freund“ (Karl Molt), 8. 1. 1939.

630 BArch, R 3017/29435, Bl. 148, Brief von Hans Jahn an Edo Fimmen, 29. 3. 1939.

631 Vgl. die Angaben zu Viktor Mühmel im biografischen Anhang.

632 Vgl. Esters/Pelger/Schlingensiepen, Gewerkschafter im Widerstand, S. 47.

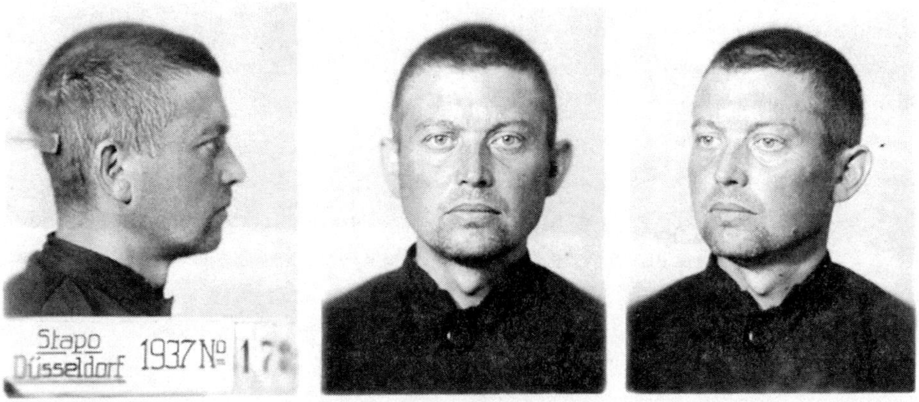

Erkennungsdienstliche Lichtbilder von Willi Molitor, 1937.
LAV NRW R, RW 58, Nr. 58896

chen Kontakt zwischen Molitor und Mühmel. Im Verhör gab Molitor zu Protokoll, dass er „jedesmal", wenn er sich in Köln mit Mitgliedern des Widerstandsnetzwerkes traf, auch Viktor Mühmel in Troisdorf besuchte.[633] Molitor gab ferner zu, im Spätsommer 1934 auf einer Fahrradtour nach Troisdorf zusammen mit dem Dortmunder EdED-Angestellten Budgereit Mühmel besucht und bei ihm übernachtet zu haben.[634] Staatsfeindliche Gespräche seien nicht geführt worden. Er gab zu, bei seinen Unterhaltungen mit Mühmel auch über Politik gesprochen zu haben.[635] Auch Max Pester bestätigte die häufigen Kontakte zwischen Molitor, ihm selbst und Mühmel. Pester ging im Verhör ganz offenkundig davon aus, dass Molitor Mühmel „in gewissen Abständen besuchte",[636] um diesen – wie ihn selbst – in die illegalen Strukturen des EdED-Widerstandsnetzwerkes einzubinden. Da Viktor Mühmel erhebliche gesundheitliche Probleme hatte, dienten Willi Molitors Besuche vermutlich dem Gedankenaustausch und dem Zweck, sich bei dem früheren EdED-Bezirksleiter Rat einzuholen. Belege für eine aktive Betätigung von Mühmel im Rahmen des Widerstandsnetzwerkes um Hans Jahn konnten jedoch nicht eruiert werden.

633 LAV NRW R, RW 58, Nr. 58896, Bl. 7, Unterlagen der Gestapo Düsseldorf (Verhör Willi Molitor), 11. 6. 1937.
634 Vgl. ebenda, Bl. 12.
635 Vgl. ebenda, Bl. 7.
636 LAV NRW R, RW 58, Nr. 12643, Bl. 236, Unterlagen der Gestapo Düsseldorf (Verhör Max Pester), 25. 3. 1937.

Eine besondere Stellung im Widerstand gegen das NS-Regime nahm der bereits erwähnte ehemalige EdED-Bezirksleiter für Nordbayern Georg Vogel[637] ein. Folgt man der Darstellung von Hans Jahn, fungierte Georg Vogel als Gaugraf für „Nordbayern. Vorort Nürnberg", der von Hans Jahn, bzw. später von Hugo Bachmann persönlich kontaktiert wurde. Gleichzeitig gehörte Vogel – wie bereits im Kapitel 5.4.4 über Widerstandsaktivitäten im Rahmen der „Allgemeinen Krankengeldzuschuß- und Sterbekasse V. V. a. G. zu Berlin" aufgezeigt wurde – zum Widerstandsnetzwerk um Karl Blaß. Verschiedene zeitgenössische Quellen belegen Georg Vogels Kontakte zu Hans Jahn und Karl Blaß. Diese Quellen beinhalten allerdings wenig Konkretes über Vogels Aktivitäten im Kampf gegen das NS-Regime.

Der zweite ehemalige EdED-Bezirksleiter, der dem Widerstandsnetzwerk von Karl Blaß zuzurechnen ist, ist Walter Oelkers.[638] Nach seiner Entlassung als Bezirksleiter für Dresden arbeitete er– wie auch zahlreiche andere Gewerkschaftsfunktionäre – als Versicherungsvertreter der „Allgemeinen Krankengeldzuschuß- und Sterbekasse V. V. a. G. zu Berlin" eng mit Karl Blaß zusammen. Blaß berief Oelkers als Bezirksleiter für Sachsen und band ihn auf diese Weise in das Widerstandsnetzwerk des Versicherungsunternehmens ein. In seinem Entschädigungsverfahren wurde Oelkers zumindest als „Gegner und Verfolgter des NS-Regimes" anerkannt. Inwieweit er seine Tätigkeit als Versicherungskaufmann als Deckmantel nutzte, um – wie er in seinem Entschädigungsantrag selbst angab – illegale Verbindungen zu früheren Kollegen aufrechtzuerhalten, kann aufgrund fehlender Quellen nicht überprüft werden.[639]

Neben Georg Vogel und Walter Oelkers gehörte auch Max Hanf[640] zum Widerstandsnetzwerk von Karl Blaß. Max Hanf will nach eigenen Angaben bereits 1933 im Automatenrestaurant „Quick" mit Franz Apitzsch[641] zusammengetroffen sein. Außerdem habe er in Königsberg in Kontakt mit den kommunistischen Eisenbahngewerkschaftern Friedrich (Fritz) Fischer, Walter Schulz und anderen[642] gestanden sowie mit dem früheren EdED-Bezirksleiter von Ostpreußen, Artur Lorenz.[643] Zu seinen weiteren Aktivitäten im Widerstand schreibt er: „Meine illegale Tätigkeit galt der Eisenbahn. Mit mehreren aktiven Eisenbahnern sowie von den Nazis entlassenen Kollegen habe ich in ständiger Fühlung gestanden. Durch die mir in Ostpreußen gestattet[e] Reisetätigkeit als Versicherungsagent bin ich öfters nach Berlin gefahren und habe mir von Kollegen, die zur Leuschner-Gruppe gehörten, neue Informa-

637 Vgl. die Angaben zu Georg Vogel im biografischen Anhang.

638 Vgl. die Angaben zu Walter Oelkers im biografischen Anhang.

639 Vgl. genauer in den Unterlagen in: GLAK, Bestand 480, Nr. 25564, Entschädigungsakte von Walter Oelkers.

640 Vgl. die Angaben zu Max Hanf im biografischen Anhang.

641 Vgl. die Angaben zu Franz Apitzsch im biografischen Anhang.

642 Vgl. die Angaben zu Fritz Fischer und Walter Schulz im biografischen Anhang.

643 Vgl. die Angaben zu Artur Lorenz im biografischen Anhang.

tion geholt, Berichte von uns gegeben und das Neuste erfahren.“[644] Erleichtert wurden seine illegalen Aktivitäten durch seine Funktion als Bezirksleiter der „Allgemeinen Krankengeldzuschuß- und Sterbekasse V. V. a. G. zu Berlin“, den er durch Karl Blaß erhalten hatte: „Mit dem Gen. Blass, der der Verbindungsmann für die Eisenbahner in der Leuschner-Gruppe war, stand ich in dauerndem Verkehr. Ich habe Flugblätter herbei geschafft, sie zum Teil dem Gen. [Walter] Schulz Königsberg Pr. Walschegasse (Zigarrengeschäft) übergeben, zum Teil mit meiner Frau selbst verteilt. Bei dem Gen. Brandt Königsberg Pr. Steindamm, der eine eigene Druckerei besaß, habe ich kleine Handzettel herstellen lassen und sie in Königsberg, Elbing, Tilsit, Allenstein und Dt. Eylau durch vertraute Eisenbahnerkollegen verteilen lassen und selbst verteilt. Meine Vertrauten habe ich mit Werbematerial einer Kleinlebensversicherung [gemeint ist die ‚Allgemeine Krankengeldzuschuß- und Sterbekasse V. V. a. G. zu Berlin‘] ausgestattet und in als Werbebesprechung getarnten Zusammenkünften von allem unterrichtet, was ich von Berlin und Erfurt und von Radioschwarzhören wusste.“[645] Die enge Verbindung zwischen Blaß und Hanf bestand auch nach 1945 fort. Blaß, ab August 1945 als Reichsbahnpräsident durch den Berliner Magistrat zum Sonderbeauftragten der Belange der Versicherten der „Deutschen Reichsbahn-Sterbekasse“ und des „Versicherungsvereins Deutscher Eisenbahnbediensteter“ ernannt, setzte in dieser Funktion unter anderem Hanf als Vorstandsmitglied ein und fungierte selbst als Aufsichtsratsvorsitzender.

Wie bereits erwähnt, standen in Königsberg der frühere EdED-Bezirksleiter von Ostpreußen Artur Lorenz[646] und Max Hanf in Kontakt. Nach heutigem Kenntnisstand ist Lorenz jedoch nicht zu den Vertrauensleuten von Karl Blaß oder von Hans Jahn zu zählen. Jahn erwähnt Lorenz zwar in einer Anlage zu einem Bericht von 1936 über die Entwicklung illegaler Strukturen im Deutschen Reich als potenzielles Mitglied einer von der „Illegalen Reichsleitung“ bzw. der ADG zu schaffenden Ortsorganisation in Königsberg.[647] Dieses Vorhaben konnte jedoch nie realisiert werden. Die „Illegale Reichsleitung“ der Gewerkschaften blieb eine „Dachorganisation“ ohne nennenswerte lokale Strukturen. Zeitgenössische Quellen belegen jedoch eine Verbindung von Artur Lorenz zur Widerstandsgruppe „Georg“ in Königs-

644 LAB, C Rep. 118-01, Nr. 14200, Lebenslauf, 20. 1. 1948; vgl. auch ebenda, OdF-Antrag, 20. 4. 1948 und ebenda, Brief von Max Hanf an den Magistrat von Groß-Berlin, Abt. Sozialwesen, Hauptamt „Opfer des Faschismus“.

645 Bezirksregierung Düsseldorf, LEA, ZK 82315, Entschädigungsantrag von Max Hanf, 6. 9. 1952. Die Verbindung von Karl Blaß zur Gruppe um Wilhelm Leuschner betont u. a. auch der Eisenbahngewerkschafter Paul Pröh. Vgl. genauer die Angaben zu Paul Pröh im biografischen Anhang.

646 Vgl. die Angaben zu Artur Lorenz im biografischen Anhang.

647 Vgl. „Hans Jahn diskutiert rückblickend die Möglichkeiten für den Wiederaufbau der Gewerkschaften und die künftige Organisationsform im Jahr 1936“, abgedr. als Dok. 36 in: Mielke/Frese (Bearb.), Die Gewerkschaften im Widerstand und in der Emigration, S. 234–238, hier S. 238. Zur „Illegalen Reichsleitung“ der Gewerkschaften vgl. Kap. 5.4.1 und Mielke/Frese (Bearb.), Die Gewerkschaften im Widerstand und in der Emigration, S. 21–25, 155–306.

berg. Diese Widerstandsgruppe, die über zahlreiche Verbindungen nach Berlin und in verschiedene Regionen des Deutschen Reiches verfügte, war von den ehemaligen Funktionären des DMV Anastasius Grunwald und Paul Köhler gegründet worden.[648] In ihrer Biografie über Grunwald bestätigen Julia Pietsch und Nina Roth die von Max Hanf behauptete Verbindung zwischen dem freigewerkschaftlichen Königsberger Widerstandskreis der Gruppe „Georg“ und den „Revolutionären Eisenbahnern“ um Fritz Fischer, Willi Neumann und Walter Schulz.[649] Dies legt die Vermutung nahe, dass Artur Lorenz genau wie auch Max Hanf in Kontakt mit den „Revolutionären Eisenbahnern“ stand. Die „Kartei zu Personen und Sachverhalten des antifaschistischen Widerstandskampfes“ in der Stiftung Archiv der Parteien und Massenorganisationen der DDR nennt unter der Rubrik „Teilnahme am antifaschistischen Widerstandskampf“ für Artur Lorenz: „Druck von Flugblättern und kommunistischem Propagandamaterial“, ferner „Waffenbesitz“.[650] Für die These, dass der langjährige sozialdemokratische Stadtverordnete in Königsberg Artur Lorenz[651] für die Zusammenarbeit mit den „Revolutionären Eisenbahngewerkschaftern“ kommunistisches Propagandamaterial drucken ließ und verteilte, wurden keine weiteren Quellen gefunden. Unstrittig ist jedoch, dass Lorenz in Königsberg in verschiedene Widerstandsgruppen eingebunden war.[652]

Zwei weitere ehemalige EdED-Bezirksleiter, Wilhelm Dressel[653] und Ernst Menne,[654] standen zumindest in Verbindung mit Widerstandsgruppen, die an anderer Stelle in dieser Studie Erwähnung finden.[655] Obwohl Wilhelm Dressel in seinem Entschädigungsverfahren selbst angab, nach 1933 keiner illegalen Organisation angehört zu haben, stand er nachgewiesenermaßen in Kontakt mit der Widerstandsgruppe um Franz Apitzsch und seinem Schwiegervater Lorenz Breunig. In einer Eidesstattlichen Erklärung bestätigte der erste Generaldirektor der Deutschen Reichsbahn nach 1945, Willi Besener, die Eigendarstellung Dressels, er habe nach 1933 illegale Flugschriften verbreitet.[656] Darauf deutet auch eine Denunziation eines ehemaligen Genossen gegenüber der Gestapo hin, die zur Festnahme von Dressel führte. Eine weitere Verhaftung, die 1934 wegen „abfälliger Aeusserung von Beamten der

648 Vgl. zu Details Julia Pietsch/Nina Roth, Anastasius Grunwald (1890–1958), in: Mielke/Heinz (Hrsg.) unter Mitarb. von Goers, Funktionäre des Deutschen Metallarbeiterverbandes im NS-Staat, S. 273–285.

649 Zu den Genannten vgl. die Angaben im biografischen Anhang.

650 SAPMO-BArch, Widerstandskartei, Artur Lorenz.

651 Vgl. Fritz Gause, Die Geschichte der Stadt Königsberg in Preußen, Bd. 3: Vom Ersten Weltkrieg bis zum Untergang Königsbergs, Köln u.a. 1971, S. 56 f.

652 Sein Name taucht jedoch weder in den Studien von Esters/Pelger/Schlingensiepen noch bei Alfred Gottwaldt und Willy Buschak auf.

653 Vgl. die Angaben zu Wilhelm Dressel im biografischen Anhang.

654 Vgl. die Angaben zu Ernst Menne im biografischen Anhang.

655 Vgl. zu Details Kap. 5.4.2.

656 Vgl. genauer Kap. 5.4.2 und LAB, C Rep. 118-01, Nr. 10377, Bl. 6, Erklärung von Willi Besener, 11. 12. 1946.

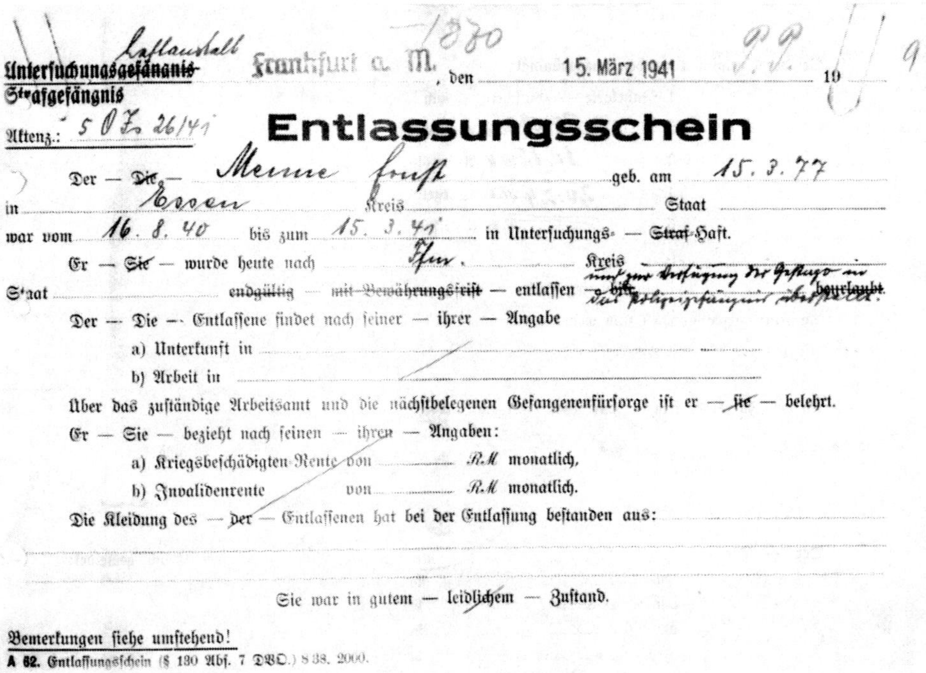
Haftanstalt
Untersuchungsgefängnis
Strafgefängnis
Frankfurt a. M., den 15. März 1941 19
Aktenz.: 5 OJs 26/41

Entlassungsschein

Der — Die — Menne Ernst geb. am 15. 3. 77
in Essen Kreis Staat
war vom 16. 8. 40 bis zum 15. 3. 41 in Untersuchungs- — Straf-Haft.
Er — Sie — wurde heute nach Kreis
Staat endgültig mit Bewährungsfrist — entlassen — bis beurlaubt.
Der — Die — Entlassene findet nach seiner — ihrer — Angabe
a) Unterkunft in
b) Arbeit in
Über das zuständige Arbeitsamt und die nächstbelegenen Gefangenenfürsorge ist er — sie — belehrt.
Er — Sie — bezieht nach seinen — ihren — Angaben:
a) Kriegsbeschädigten-Rente von RM monatlich,
b) Invalidenrente von RM monatlich.
Die Kleidung des — der — Entlassenen hat bei der Entlassung bestanden aus:

Sie war in gutem — leidlichem — Zustand.

Bemerkungen siehe umstehend!
A 62. Entlassungsschein (§ 180 Abs. 7 DVO.)

Entlassungsschein für Ernst Menne aus der Untersuchungshaftanstalt Frankfurt a. M., 15. März 1941.
Staatsarchiv Freiburg, F 196/1, Nr. 7651, Entschädigungsakte von Ernst Menne

Stapo-Leitstelle Berlin"[657] erfolgte, weist ebenfalls auf eine ausgeprägte Gegnerschaft gegenüber dem NS-System hin.

Alfred Gottwaldt zählt mit Verweis auf Axel Ulrich Ernst Menne und Joseph Hirthammer zu den „widerständigen und verfolgten Eisenbahn-Gewerkschaftern aus dem hessischen Raum".[658] Neben Mennes Verbindung zur Widerstandsgruppe um Josef Ludwig, Johann Wolf[659] und zu Joseph Hirthammer, den die Gestapo zum Umfeld des Widerstandsnetzwerkes um Hans Jahn zählte, kommt Mennes Kontakten zu dem ehemaligen Frankfurter ADGB-Sekretär Anton Döring besondere Bedeutung zu. Menne kannte Döring aus ihren

657 BArch, R 58/3388, Bl. 210, Gestapo-Bericht, 1938; vgl. auch genauer in den Angaben zu Willhelm Dressel im biografischen Anhang.

658 Gottwaldt, Eisenbahner gegen Hitler, S. 74.

659 Vgl. genauer Kap. 5.6 über „Eisenbahngewerkschafter in sozialdemokratischen/sozialistisch dominierten Widerstandsgruppen".

gemeinsamen gewerkschaftlichen Aktivitäten in Frankfurt am Main. Im Verhör durch die Gestapo bestätigte Menne lediglich einen brieflichen Kontakt mit Anton Döring, der bereits 1933 nach einer fehlgeschlagenen „Vorbereitung des bewaffneten Einsatzes des Frankfurter RB [‚Reichsbanner Schwarz-Rot-Gold'"[660] emigriert war. In der Schweiz baute Döring eine Widerstandsgruppe mit Verbindungen nach Süddeutschland auf; eine Widerstandsgruppe, die sich nach der Zeitschrift „Der Funke – Informationsorgan der Freigewerkschaftler Süddeutschlands" benannte. Die „Funken-Gruppe" stand unter anderem auch mit Edo Fimmen in Verbindung, den Döring aufgrund seiner ab 1930 beginnenden Mitgliedschaft im Generalrat und Exekutivkomitee der ITF kannte, ferner mit Hans Jahn und auch mit Karl Molt. Veröffentlichungen der „Funken-Gruppe" über Truppenkonzentrationen in Teilen des Deutschen Reiches führten die Gestapo Frankfurt am Main unter anderem auf die Spur zu Molts Gruppen und zu dessen Verbindung zu Anton Döring. Einzelheiten zu den Kontakten von Menne zu Döring konnten allerdings nicht eruiert werden.

Der einzige Bezirksleiter, der nachweislich in die Emigration ging und von Frankreich bzw. vorher vom Saargebiet aus das NS-Regime bekämpfte, war der EdED-Bezirksleiter des Saargebietes Paul Vaders.[661] Von dem Lokomotivführer Vaders ist bekannt, dass er sich für den Erhalt des „Status quo" des Saargebietes einsetzte und den Anschluss an das Deutsche Reich heftig bekämpfte.[662] Kurz vor der Saarabstimmung im Januar 1935 gehörte er zu den Unterzeichnern eines Aufrufes „An die Mitglieder der freien Gewerkschaften und die freiheitsliebende Arbeitnehmerschaft des Saargebietes!". In diesem Aufruf forderten führende Vertreter der freigewerkschaftlichen Bewegung die saarländische Arbeiterschaft auf, „gegen ein System [gemeint ist das NS-System] zu stimmen, in welchem Freiheit, Menschenrechte und Kultur mißachtet werden."[663] Lediglich bei Erhalt des „Status quo" könne das Saargebiet „vor Konzentrationslagern" geschützt und „den Deutschen im Saargebiet ihre in jahrhundertelangen Kämpfen errungenen Rechte und Freiheiten" bewahrt sowie „ihre gewerkschaftliche Organisation" erhalten werden. Die saarländische Arbeiterschaft wurde aufgerufen, sich eindeutig „gegen den nationalsozialistischen Parteienstaat"[664] auszusprechen, der im Deutschen Reich die „Gewerkschaftsbewegung zerschlagen" und die Arbeitnehmer ihrer Rechte beraubt habe.[665]

660 Biographisches Handbuch der deutschsprachigen Emigration nach 1933, Bd. 1: Politik, Wirtschaft, Öffentliches Leben, Leitung und Bearbeitung: Werner Röder und Herbert A. Strauss, München 1980, S. 134.

661 Vgl. die Angaben zu Paul Vaders im biografischen Anhang.

662 LA Saarland, LEA 11465, Regierung des Saarlandes, Feststellungsbescheid, 5. 5. 1948.

663 Aufruf führender Gewerkschafter des Saargebietes zur Saarabstimmung, 12. 1. 1935, in: Michael Ebenau, Freiheit für das Volk, Dokumente zur Arbeiterbewegung in Neunkirchen 1848–1961, Neunkirchen 1990, S. 314–316, hier S. 314 f.

664 Ebenda, S. 315.

665 Bereits am 4. Juni 1934 gehörte Paul Vaders zu den Gewerkschaftern, die der 18. Internationalen Arbeitskonferenz eine Denkschrift der Freien Gewerkschaften des Saargebietes über die wirtschaftlichen und

Nach dem Anschluss des Saargebietes am 1. März 1935 gehörte Vaders „zum engsten Mitarbeiterkreis“[666] von Max Braun. Helmut Esters, Hans Pelger und Alexandra Schlingensiepen, die Paul Vaders im Jahr 1965 noch befragen konnten, weisen auf seinen persönlichen Kontakt zu Edo Fimmen hin.[667] In Frankreich gehörte Vaders zur Section française de l'Internationale ouvrière (SFIO) und unterstützte die Résistance.[668] Inwieweit er als Mitglied dieser Organisationen am Kampf gegen das NS-Regime beteiligt war, konnte nicht geklärt werden. Hinweise in den Quellen, der ehemalige EdED-Bezirksleiter von Halle Alex Möller[669] sei emigriert, treffen nicht zu. Gleiches gilt für den ehemaligen Stadtverordnetenvorsteher in Kassel und Mitglied des Preußischen Abgeordnetenhauses Friedrich Hofacker.[670] Hofacker gehörte vor 1933 zu den entschiedenen Gegnern der NS-Bewegung. Er blieb nach 1933 im Deutschen Reich und emigrierte nicht – wie von Martin Schumacher dargestellt – nach Frankreich.[671] Schumacher verwechselt Hofacker mit dem DMV-Funktionär Friedrich Hofäcker, der ins französische Exil ging und „in den ersten Jahren seiner Emigration zweifellos zu den aktivsten Gegnern des NS-Regimes“[672] gehörte. Hofacker, der sich vor 1933 als Kasseler Stadtverordnetenvorsteher heftige Debatten mit Roland Freisler, dem späteren Präsidenten des Volksgerichtshofes lieferte, und der Freisler einmal sogar wegen ungebührlichen Verhaltens von der Polizei aus der Stadtverordnetenversammlung entfernen ließ, gehörte für die Nationalsozialisten und insbesondere Freisler zu den „meistgehassten“ Vertretern der Weimarer Republik. Nach verschiedenen Verhaftungen in den Jahren 1933 bis 1936 lebte Hofacker nach eigenen Angaben zwischen 1936 und 1945 „illegal“ in verschiedenen Städten und Regionen Deutschlands. Er selbst nennt die Städte Kiel, Köln, Wuppertal, Berlin, Lüdenscheid, Brandenburg und den Ort Gefrees im Fichtel-

politischen Verhältnisse in dieser Region überreicht und die Arbeitskonferenz aufgefordert hatten, „mit darauf hin[zu]wirken“, damit der Völkerbund „getreu seinen hohen Idealen und Zielen baldigst die notwendigen Maßnahmen ergreift, die dem Saarvolk volle Sicherheit und Freiheit der Meinungsäußerung nach den Grundsätzen der Menschlichkeit und Gerechtigkeit verbürgt“. Zit. n.: Fritz Dobisch, Ein Leben für die Arbeiterbewegung. Die „Saarländische Gewerkschafts-Zeitung“ 1933–1945. Eine scharfe Waffe gegen Hitler, Saarbrücken 1985, S. 14.

666 LA Saarland, LEA 11465, Paul Vaders an das Landratsamt des Landkreises Saarbrücken, 26. 11. 1947.

667 Einem Schreiben von Karl Molt an Hans Jahn, in dem Molt u. a. seine Flucht aus Deutschland beschreibt, lässt sich ein Kontakt „zum Gen. Vaders in Saarbrücken“ entnehmen. Vgl. Esters/Pelger/Schlingensiepen, Gewerkschafter im Widerstand, S. 176.

668 Vgl. LA Saarland, LEA 11465, Paul Vaders an das Landratsamt des Landkreises Saarbrücken, 26. 11. 1947.

669 Vgl. SAPMO-BArch, Widerstandskartei, Alex Möller; vgl. die Angaben zu Alex Möller im biografischen Anhang.

670 Vgl. die Angaben zu Friedrich Hofacker im biografischen Anhang.

671 Vgl. Schumacher (Hrsg.), M. d. L. Das Ende der Parlamente, S. 70.

672 Siegfried Mielke/Franz Maier, Friedrich Hofäcker (1888–1965), in: Mielke/Heinz (Hrsg.) unter Mitarb. von Pietsch, Emigrierte Metallgewerkschafter im Kampf, S. 579–588, hier S. 579.

gebirge, wenngleich ungeklärt bleibt, ob er in diesen Orten von den NS-Verfolgern gesucht wurde bzw. zur Fahndung ausgeschrieben war.[673]

Zu den aktiven Gegnern des NS-Regimes – zumindest als Mitglied des Widerstandsnetzwerkes um Wilhelm Leuschner – gehörte auch der ehemalige EdED-Bezirksleiter von Mainz Anton Calujek.[674] Willy Buschak zum Beispiel zählt ihn zu „Leuschners Leute[n]“.[675] Calujeks Kontakte zu Leuschner liefen über Emil Henk[676] und den ehemaligen Gewerkschaftsfunktionär und SPD-Parteisekretär für Rheinhessen Alfred Freitag. Axel Ulrich weist darauf hin, dass in Mainz, „einem der strategisch wichtigsten Verkehrsknotenpunkte Deutschlands, durch Anton Calujek und einige andere Eisenbahn-Gewerkschafter [z. B. Adolf Bößwetter] 1944 offenbar wirklich die erforderlichen Vorbereitungen zu einem Eisenbahnerstreik als Initialzündung für einen Generalstreik getroffen“[677] wurden: „Und so soll auch im Zusammenhang mit dem ‚20. Juli‘ zumindest im Reichsbahnausbesserungswerk Mainz ein spontaner Streik ausgebrochen sein. Ähnliche Überlegungen waren übrigens von Wilhelm Leuschner bereits Ende der 1930er-Jahre angestrengt worden, als erstmals durch antinazistische Kreise aus Bürgertum, Arbeiterbewegung und Militär gemeinsam ein Aufstand gegen Hitler erwogen wurde.“[678] Nach dem gescheiterten Attentat auf Hitler am 20. Juli 1944 gehörte Anton Calujek zu den zahlreichen Gewerkschafts- und Parteifunktionären, die in „Schutzhaft“ genommen und für mehrere Wochen im Konzentrationslager Dachau inhaftiert wurden.[679] Hinweise, dass Anton Calujek bereits vor 1944 in Widerstandsaktivitäten involviert

673 Vgl. StA Leverkusen, Sign. 50.6821, Antrag von Friedrich Hofacker bei der Wiedergutmachungs- und Betreuungsstelle Opladen, 21. 7. 1949; vgl. auch Landratswechsel im Rhein-Wupper-Kreis, in: Neue Rheinische Zeitung, 29. 12. 1945; Landratswechsel im Rhein-Wupper-Kreis, in: Westdeutsche Neue Presse, 7. 7. 1952.

674 Vgl. die Angaben zu Anton Calujek im biografischen Anhang.

675 Buschak, „Arbeit im kleinsten Zirkel“, 2., aktual. Aufl. 2015, S. 373.

676 Vgl. zu biografischen Informationen und Details Emil Henk, Die Tragödie des 20. Juli 1944. Ein Beitrag zur politischen Vorgeschichte, Heidelberg 1946; ferner Gottwaldt, Eisenbahner gegen Hitler, S. 296 ff.

677 Ulrich, Politischer Widerstand gegen das „Dritte Reich“, S. 94.

678 Ebenda; vgl. zu Details der Widerstandstätigkeit von Wilhelm Leuschner Axel Ulrich, Wilhelm Leuschner. Ein deutscher Widerstandskämpfer. Für Freiheit und Recht, Einheit der Demokraten und eine soziale Republik, Wiesbaden 2012; vgl. auch Axel Ulrich/Stephanie Zibell, Wilhelm Leuschner und sein antinazistisches Vertrauensleutenetzwerk, in: Wolfgang Form/Theo Schiller/Lothar Seitz (Hrsg.), NS-Justiz in Hessen. Verfolgung – Kontinuitäten – Erbe, Marburg 2015, S. 293–334.

679 Laut Feststellungsbescheid C des Ministeriums für Finanzen und Wiederaufbau Rheinland-Pfalz vom 13. August 1952 war Anton Calujek vom 29. August 1944 bis 11. November 1944 im Konzentrationslager Dachau inhaftiert und vorher vom 22. bis 28. August 1944 im Gestapo-Gefängnis in Mainz in „Schutzhaft“. Vgl. Amt für Wiedergutmachung Rheinland-Pfalz, Saarburg, VA LEG 783, Bl. 17, Feststellungsbescheid C, 13. 8. 1952. Einem Schreiben von Heinrich Reinefeld vom 11. April 1942 an Anton Calujek im Zusammenhang mit der „Abwicklung der Gehaltsansprüche gegen die DAF“ und dem Rundschreiben der Rechtsanwälte Heinrich Reinefeld, Gustav Dahnke vom 1. Dezember 1939 lässt sich entnehmen, dass Calujek nach 1933 auch in Kontakt sowohl mit Franz Apitzsch als auch Heinrich Reinefeld stand, die

war, gibt es für das Jahr 1940. Nach der Besetzung Luxemburgs durch die deutsche Wehrmacht stieß die Gestapo in den Unterlagen von Hans Jahn, der überstürzt hatte fliehen müssen, auch auf den Namen von Calujek und nahm ihn in „Schutzhaft". Im Verhör bestätigte Calujek zwar, Jahn aus der „legalen Zeit" zu kennen, bestritt jedoch gegenüber der Gestapo „von den illegalen Bestrebungen des Jahn [...] erfahren [zu] haben."[680] Ob Anton Calujek, der nach 1933 zunächst einer polizeilichen Meldepflicht unterlag, ab 1934 seine Vertretertätigkeit für die „Olympia-Maschinenwerke, Erfurt-Zweigniederlassung Frankfurt/Main" bzw. von 1940 bis 1942 als Versicherungsagent für die „SÜDVERSA-Krankenkasse"[681] im Stadt- und Landkreis Bingen für illegale Aktivitäten nutzte, ließ sich nicht feststellen.

Andreas Engwert zufolge beteiligte sich auch Johann Hatje – wenn auch nur kurz – an illegalen Aktivitäten: „Obwohl er das Verbreiten von illegalen Flugschriften als wenig effektiv einschätzte, übernahm er einen Stapel Flugblätter, als man ihn darum bat, und war froh, nachdem er sie verteilt hatte."[682] In den ersten Wochen des NS-Regimes nahm Hatje auch an Zusammenkünften mit „SPD-Genossen", unter anderem mit Erwin Schoettle, teil, „bei denen über illegale Arbeit gesprochen wurde".[683] Soweit heute bekannt, beteiligte sich Hatje später nicht mehr an illegalen Aktivitäten, weil er – im Unterschied zum Gros der ehemaligen Gewerkschaftsfunktionäre – nicht mit einer frühen Destabilisierung des NS-Regimes rechnete und weil er seine jüdische Ehefrau nicht zusätzlich gefährden wollte.

Zusammenfassend lässt sich feststellen, dass von den 26 (aktiven) Bezirksleitern, die am 1. Februar 1933 noch lebten, fast alle bald nach der Machtübernahme der Nationalsozialisten in „Schutzhaft" genommen oder 1944 im Zuge der „Aktion Gewitter" verhaftet wurden. Das gilt auch für die ehemaligen Bezirksleiter wie Christian Schneider, Johann Esser, Alex Möller, Otto Zauter und Heinrich Wegener, für die keine Verbindung zu einem Widerstandsnetzwerk nachgewiesen werden konnte. Sieben EdED-Bezirksleiter (Gustav Kaiser, Konrad Roth, Friedrich Schmidt, August Baum, Leonard Horlacher, Viktor Mühmel und Georg Vogel) stan-

die Interessen der ehemaligen Gewerkschaftsfunktionäre gegenüber der DAF für entgangene Gehaltsansprüche und Rückzahlung von Versicherungsbeiträgen vertraten, die sie in die „Unterstützungsvereinigung der in der modernen Arbeiterbewegung tätigen Personen" eingezahlt hatten. Vgl. ebenda, Bl. 25 und 20.

680 BArch, NJ 2229, Bd. 1, Bl. 39, Ermittlungsbericht der Gestapo Düsseldorf im Zusammenhang mit der Verfolgung illegaler EdED-Strukturen, August 1940.

681 Amt für Wiedergutmachung Rheinland-Pfalz, Saarburg, VA LEG 783, Bl. 44, Begründung zum Bewilligungsbescheid über eine Abschlagszahlung auf Schäden im beruflichen und wirtschaftlichen Fortkommen, Antrag Anton Calujek, 8. 7. 1955.

682 Andreas Engwert, Johann Hatje (1889–1977), in: Gottwaldt, Eisenbahner gegen Hitler, S. 124–133, hier S. 128.

683 Ebenda. Erwin Schoettle, einer der „führenden Köpfe" der Württembergischen SPD und späterer Vizepräsident des Deutschen Bundestages, der an den illegalen Zusammenkünften teilnahm, ermahnte die damals „zwölfjährige Tochter Elsa [von Hatje], kein Wort über die Treffen zu verlieren". Ebenda. Vgl. zu Erwin Schoettle Röder/Strauss (Bearb.), Biographisches Handbuch, S. 664.

den zumindest zeitweise in Verbindung mit dem Widerstandsnetzwerk um Hans Jahn, Georg Vogel zudem mit der Widerstandsgruppe um Karl Blaß und Richard Hölzcker im Rahmen der „Allgemeinen Krankengeldzuschuß- und Sterbekasse V. V. a. G.". Mit diesem Widerstandsnetzwerk standen auch Walter Oelkers und Max Hanf in Verbindung. Für drei der ehemaligen Bezirksleiter – Artur Lorenz, Ernst Menne und Johann Hatje – lassen sich zumindest Kontakte zu lokalen Widerstandsgruppen, für Anton Calujek und Max Hanf zudem Verbindungen zu Wilhelm Leuschner belegen, während Wilhelm Dressel zum Umfeld der Widerstandsgruppe um Franz Apitzsch und Lorenz Breunig gehörte. Paul Vaders schließlich bekämpfte das NS-Regime zunächst aus dem Saargebiet und später aus Frankreich.

Auch für eine Minderheit der 25 Mitglieder des 1929 gewählten letzten Hauptbetriebsrates der Deutschen Reichsbahn-Gesellschaft lässt sich eine Verbindung zu Widerstandsgruppen feststellen. Von den 25 Mitgliedern sind namentlich 19 bekannt, darunter Friedrich Gückel, Wilhelm Kraft, Max Pester und Willi Schmidt, auf deren Rolle im Widerstand bereits an anderer Stelle eingegangen wurde.[684] Wilhelm Matull zufolge gehörte auch Ludwig Bonkowski einer freigewerkschaftlichen Widerstandsgruppe an, während Georg Mietz eindeutig dem Widerstandsnetzwerk um Franz Apitzsch, Lorenz Breunig und Paul Beyerling zuzuordnen ist.[685] Friedrich Jendrosch, der einzige Vertreter der RGO im Hauptbetriebsrat, engagierte sich in illegalen KPD-Gruppen, während Hermann Hahn, der nach eigenen Angaben in Kontakt zu Wilhelm Leuschner und Jakob Kaiser stand, zumindest zwischenzeitlich eine eher unrühmliche Rolle spielte.

Eine Mehrheit der Mitglieder des geschäftsführenden Hauptvorstandes und der Bezirksleiter des EdED, ferner eine nicht geringe Minderheit des Hauptbetriebsrates der Deutschen Reichsbahn-Gesellschaft (acht von 19 bekannten Mitgliedern, also 40 Prozent) und biografische Hinweise auf weitere 17 vor 1929 gewählte Mitglieder des Hauptbetriebsrates und mehrere Dutzend Mitglieder – darunter zahlreiche Vorsitzende – der Bezirksbetriebsräte, die Widerstand leisteten, sind ein eindeutiger Beleg dafür, dass sich die führenden EdED-Funktionäre im Vergleich zur Gesamtmitgliedschaft der ehemaligen Organisationen der Arbeiterbewegung überproportional häufig im Kampf gegen das NS-Regime engagierten. Von einer Integration der leitenden Eisenbahnerfunktionäre in die NS-„Volksgemeinschaft", das gilt zumindest für den ehemaligen EdED, kann daher keine Rede sein.

684 Davon sind 18 EdED-Mitglieder (Hermann Pullig, Hermann Hage, Alfred Titze, Josef Reim, Friedrich Gückel, Josef Heck, Wilhelm Beckmann, Wilhelm Kraft, Georg Mietz, Ludwig Pakleppa, Wilhelm Burgemeister, A. Reinhardt, Willi Schmidt, Hermann Hahn, Hinrich Müller, Jean Pitschmann, Max Pester, Ludwig Bonkowski), einer ist Mitglied der RGO (Friedrich Jendrosch). Unbekannt sind die fünf GdE-Mitglieder und das eine AEV-Mitglied. Dem „Bayerischen Ausschuss" des Hauptbetriebsrates gehörten für den EdED Josef Reim, Hans Herget, Oskar Vongerichten und Nikolaus Rott an. Vgl. Jahrbuch 1930 des Einheitsverbandes der Eisenbahner Deutschlands, hrsg. vom Verbandsvorstand des EdED, Berlin 1931, S. 144.

685 Vgl. zu Details Wilhelm Matull, Ostpreußens Arbeiterbewegung. Geschichte und Leistung im Überblick, Würzburg 1970, S. 118, 126.

5.6 Eisenbahngewerkschafter in sozialdemokratisch/sozialistisch dominierten Widerstandsgruppen

Der biografische Ansatz einer Erfassung möglichst aller ehemaligen hauptamtlichen und zahlreicher ehrenamtlicher Funktionäre des EdED führte unter anderem – wie bereits dargestellt – zu einer deutlichen Ergänzung der Informationen über die Mitglieder des EdED-/ITF-Widerstandsnetzwerkes um Hans Jahn. Ergebnisse dieses Vorgehens waren unter anderem auch Hinweise auf die beiden bisher in der Sekundärliteratur unbekannten Widerstandsnetzwerke um Franz Apitzsch/Lorenz Breunig/Paul Beyerling einerseits und Karl Blaß/Richard Hölzcker andererseits. Ergebnis dieses Ansatzes waren ferner zahlreiche Hinweise auf mehrere Dutzend Eisenbahngewerkschafter, die sich insbesondere in sozialdemokratischen und kommunistischen Widerstandsgruppen engagierten – Eisenbahngewerkschafter, deren Namen man in der bisherigen Sekundärliteratur zum Widerstand vergeblich sucht. Das gleiche gilt für ehemalige Eisenbahngewerkschafter, die in Widerstandsgruppen früherer politischer Vorfeldorganisationen wie zum Beispiel den „Naturfreunden“ (Martin Albert) oder in Widerstandszirkeln der „Zeugen Jehovas“ (Karl Müller) mitarbeiteten.[686]

Die folgenden Ausführungen gehen jedoch lediglich auf einige wenige sozialdemokratische Widerstandsnetzwerke ein, in denen sich einzelne Eisenbahngewerkschafter engagierten. Einige wie Hans Jahn, Paul Beyerling und Karl Pieper, die in Kontakt mit der sozialdemokratischen Widerstandsgruppe um Alfred Markwitz standen, waren gleichzeitig auch in illegalen Netzwerken von Hans Jahn bzw. Franz Apitzsch/Lorenz Breunig aktiv. Weshalb sich das Gros dieser ehemaligen Funktionäre sozialdemokratischen Gruppen und in der Regel nicht einem Widerstandsnetz aus Eisenbahngewerkschaftern anschloss, konnte in den meisten Fällen aufgrund fehlender Quellen nicht geklärt werden. Wichtige Gründe waren zum einen, dass die große Mehrheit der EdED-Funktionäre vor 1933 auch in der SPD wichtige Funktionen ausgeübt hatte, zum anderen weil es in ihrem Heimatort bzw. in der Region keinen Stützpunkt des Widerstandsnetzwerkes um Hans Jahn oder der illegalen Gruppen um Karl Blaß und Franz Apitzsch gab. Das gilt unter anderem auch für München, wo der Eisenbahngewerkschafter Franz Faltner das Widerstandsnetzwerk der „Roten Rebellen“ aufbaute.

Zu den zahlreichen regional aktiven Widerstandsgruppen, denen Eisenbahngewerkschafter und Mitarbeiter der Deutschen Reichsbahn angehörten, die bis heute noch nicht systematisch dargestellt und analysiert wurden, zählen auch die „Roten Rebellen“. „Diese zahlenmäßig bedeutendste Widerstandsgruppe in München rekrutierte sich anfangs schwerpunktmäßig aus Mitgliedern des verbotenen Reichsbanners im Münchner Osten und Mitgliedern der Freien Turnerschaft Neuaubing im Westen von München.“[687] Meh-

686 Zu den Genannten vgl. die Angaben im biografischen Anhang.

687 Pilwousek (Hrsg.), Verfolgung und Widerstand, S. 146.

rere Mitglieder der Gruppe waren Arbeitnehmer der Deutschen Reichsbahn beziehungsweise der im Dienste der Deutschen Reichsbahn-Gesellschaft arbeitenden „Mitropa AG". Zu der Führungsgruppe gehörten Josef Lampersberger,[688] Franz Faltner[689] und Josef Feuerer.[690] Während Faltner, SPD-, „Reichsbanner"- und EdED-Mitglied, seit 1917 bei der Deutschen Reichsbahn beschäftigt war, waren Josef Lampersberger und Josef Feuerer als Kellner bei der „Mitropa AG" tätig, die im Dienste der Deutschen Reichsbahn-Gesellschaft stand. Obwohl die führenden Mitglieder dieses Widerstandsnetzwerkes der Sopade eher kritisch gegenüberstanden,[691] befanden sich unter den von der Gruppe verteilten „größere[n] Mengen illegaler Druckschriften, Flugblätter und Klebezettel" in erster Linie Produkte der Sopade wie zum Beispiel „Die Sozialistische Aktion" und der „Neue Vorwärts". Publikationen des „Arbeitskreises Revolutionärer Sozialisten Deutschlands" wie „Der Weg zum sozialistischen Deutschland. Eine Plattform für die Einheitsfront"[692] bildeten die Ausnahme. Von der „Sozialistischen Aktion" erhielt die Gruppe um Franz Faltner allein von Ende Juli bis September 1934 insgesamt 750 Exemplare, ferner „1000 Stück kleine ‚Wahlaufrufe'",[693] 200 Klebezettel, zahlreiche Tarnschriften und NS-kritische Publikationen wie die Broschüre von Gerhart Seger über das Konzentrationslager Oranienburg „Erster authentischer Bericht eines aus dem Konzentrationslager Geflüchteten" sowie zahlreiche andere Publikationen.

Dem Urteil des Volksgerichtshofes gegen die beiden führenden Mitglieder des Netzwerkes Franz Faltner und Josef Feuerer zufolge trafen sich die Mitglieder der Gruppe „zu regelrechten Sitzungen, die dem engeren Zusammenschluß der Beteiligten, ihrer politischen Beeinflussung

688 Vgl. Röder/Strauss (Bearb.), Biographisches Handbuch, S. 410 f.

689 Vgl. zum Lebensweg von Franz Faltner die Angaben im biografischen Anhang; vgl. zu Details auch Pilwousek (Hrsg.), Verfolgung und Widerstand, S. 145 f.; ferner das Urteil des VGH 1H1/37-8J415/35g gegen Franz Faltner und Josef Feuerer, 24. 3. 1937, in: Nationalsozialismus, Holocaust, Widerstand und Exil 1933–1945, Online-Datenbank.

690 Vgl. ebenda; ferner Pilwousek (Hrsg.), Verfolgung und Widerstand, S. 151 f.

691 Vgl. Urteil des VGH 1H1/37-8J415/35g gegen Franz Faltner und Josef Feuerer, 24. 3. 1937, Bl. 31, in: Nationalsozialismus, Holocaust, Widerstand und Exil 1933–1945, Online-Datenbank. Der Volksgerichtshof zitierte in seinem Urteil gegen führende Mitglieder der „Roten Rebellen" aus einem Brief von Franz Faltner an Josef Lampersberger, er habe „mit vielen Genossen gesprochen, lehnen alle den Namen Sozialdemokratische Partei ab, sagen alle, das Alte muß verschwinden, weil sie kampflos abgetreten sind, wollen mit dem alten Parteivorstand nichts mehr zu tun haben. […] Die Genossen horchen auf, wenn man von revolutionären Sozialisten oder von sozialistischen roten Stoßtrupps [im Original: Stroßtruppes] spricht". Ebenda. Ferner Brief von Franz Faltner an Josef Lampersberger, 10. 12. 1934, in dem es hieß, „[Wir] lassen uns aber vom alten P. V. [Parteivorstand] nichts dreinreden, wenn es mal soweit ist […]." Ebenda, Bl. 32. Zum „Roten Stoßtrupp" vgl. die demnächst erscheinende Dissertation Dennis Egginger-Gonzalez, Der Rote Stoßtrupp. Darstellung und Analyse einer linkssozialistischen Widerstandsgruppe gegen den Nationalsozialismus phil. Diss., FU Berlin 2016 (unveröffentlichtes Manuskript).

692 Urteil des VGH 1H1/37-8J415/35g gegen Franz Faltner und Josef Feuerer, 24. 3. 1937, Bl. 62, in: Nationalsozialismus, Holocaust, Widerstand und Exil 1933–1945, Online-Datenbank.

693 Ebenda, Bl. 15.

SOZIALISTISCHE AKTION

Ende Januar 1935

Zwei Jahre Hitler

Hitlers Weg ins Nichts

Das zweite Jahr der Hitlerherrschaft hat, äußerlich gesehen, zu einer Erstarkung der Diktatur und des totalen Staates geführt. Im Innern jedoch haben sich im Machtapparat der Diktatur selbst und in ihrer Massenbasis Wandlungen und Kräfteverlagerungen gezeigt, die auf eine Schwächung des nationalsozialistischen Regimes hinauslaufen.

Wer diesen Prozeß in seiner ganzen Tragweite begreifen will, darf nicht von der primitiven Vorstellung ausgehen, daß der Sieg des Nationalsozialismus eine Zufallserscheinung war und nur dank den Methoden der Gewalt und des Massenbetruges, die Hitler und seine Partei anwandten, möglich geworden ist. Gewiß haben diese Methoden, jahrelang in der demokratischen Republik geübt, viel dazu beigetragen, daß die Demokratie ausgehöhlt und zerschlagen wurde. Aber die wesentliche Stärke der nationalsozialistischen Bewegung bestand darin, daß sie mit Unterstützung der kapitalistischen und militaristischen Kreise es zuwege brachte, der Millionenmasse des, von der Wirtschaftskrise zermürbten Volkes vorzugaukeln, daß sie die Patentlösung für alle wirtschaftlichen, politischen, nationalen und sozialen Probleme in der Tasche habe, und daß nur die Alleinherrschaft der nationalsozialistischen Partei dahin führen könne, das deutsche Volk von allen Uebeln und Leiden der Gegenwart zu befreien.

Zwei Jahre dieser Alleinherrschaft haben genügt, um den Schleier von diesen Dingen zu reißen, und die Lügenhaftigkeit der nationalsozialistischen Verheißungen vor aller Welt zu offenbaren. Ein Blick auf den Stand der wichtigsten Probleme, deren Lösung der Nationalsozialismus versprach, zeigt, wie es in Wirklichkeit mit dem Dritten Reiche bestellt ist.

Das Staatsproblem

Der Nationalsozialismus versprach an Stelle des „verfaulten, korrupten Parlamentarismus" einen straff geführten, autoritären Staat, einen Staat der Sauberkeit und Ordnung, einen Staat, aufgebaut auf der „Volksgemeinschaft", die keinen Unterschied zwischen hoch und niedrig, zwischen arm und reich zulassen würde. Die Wirklichkeit ergab den Aufbau eines Sklavenstaates, wie er nur in asiatischen Despotien bestehen mag. An die Stelle eines demokratischen Volksstaates, der die Voraussetzungen für ein menschenwürdiges politisches Dasein und für eine weitere soziale Entwicklung in sich trug, ist ein Tyrannenstaat getreten, in dem die ganze Macht sich in den Händen des Alleinherrschers Hitler, seiner Unterführer und seiner Bürokraten konzentriert.

Hitler ist nach der Besitzergreifung der Präsidentenwürde alleiniger Inhaber der politischen, militärischen und richterlichen Gewalt. Er allein entscheidet über Krieg und Frieden, über Wohl und Wehe seiner 65 Millionen „Untertanen". Er allein trägt nach außen hin die Macht und die Verantwortung, es wäre aber töricht anzunehmen, daß er allein auch die Entscheidungen trifft. Trotz der auf die Spitze getriebenen Alleinherrschaft ist Hitler nur der Chef der regierenden Gangsterbande, die von den wirklichen Herren Deutschlands, von den Herren der Industrie, der Banken und der Großlandwirtschaft, mit der Führung der Geschäfte betraut worden ist. Diese Kreise achten sorgfältig darauf, daß vom nationalfaschistischen Programm nur die Punkte verwirklicht werden, die auf die Zertrümmerung der Rechte der Volksmassen, auf die Zurückdrängung der Arbeiterbewegung, auf die Steigerung der Macht der besitzenden Klassen und ihrer Bürokraten hinzielen. Im Rahmen dieses auf Unfreiheit und Gewalt gegründeten Staates gibt es weder Recht und Gerechtigkeit, noch Kontrolle und Mitverantwortung des Volkes. Es gibt keine Möglichkeit, gegen Mißstände und Korruption anzukämpfen, es gibt nur Knechtschaft, Liebedienerei und Cliquenkämpfe, die das gesamte politische Leben verpesten. Es gibt auch keine wirkliche „Führung" im nationalsozialistischen Sinne, denn längst sind schon alle prominenten Führer, die so etwas wie eine eigene Ideologie vertraten (Röhm, Strasser, Feder usw.), von Hitler entweder abgeschlachtet oder den Notwendigkeiten der kapitalistischen Staatsführung geopfert worden.

Das Wirtschaftsproblem

Der zugkräftigste Schlager der tibnalsozialistischen Propaganda: Die Ankurbelung der Wirtschaft und die Beseitigung der Arbeitslosigkeit, hat sich als Bluff erwiesen. Kein Mensch kann den amtlichen Meldungen über die Herabdrückung der Arbeitslosenzahl von sechs auf zweieinhalb Millionen Glauben schenken, wenn auch in den Kustungsindustrien eine Zunahme der Zahl der Beschäftigten verzeichnet werden kann. Der größte Teil der angeblich in Arbeit Gebrachten ist vielmehr nur aus der Statistik verschwunden, während die Uebrigen mit zum großen Teil zwecklosen Arbeiten beschäftigt werden, die dem Staat schon jetzt eine Schuldenlast von fünf bis sechs Milliarden aufgebürdet haben. Daneben läuft eine zunehmende Verteuerung der Lebenshaltung infolge der Entwertung der Mark und der einseitigen Begünstigung der Agrarwirtschaft, ein Rückgang der Exportindustrie, die für das Jahr 1934 eine Verschlechterung der deutschen Handelsbilanz um fast eine Milliarde gegenüber dem Vorjahr gebracht hat, eine Verschleuderung des Gold- und Devisenbestandes der Reichsbank, kommt schließlich die zunehmende Defizitwirtschaft in Staat, Ländern und Gemeinden, die durch den kostspieligen und korrupten Apparat der Diktatur verursacht worden ist. Wohin man blickt: nirgends auch nur der geringste Ansatz zu einer Lösung der drängenden wirtschaftlichen und finanziellen Probleme, vielmehr nur ein weiteres Hinabgleiten in den wirtschaftlichen und finanziellen Bankrott, für den das Volk die Zeche bezahlen muß.

Das soziale und nationale Problem

Die größte propagandistische Leistung des Nationalsozialismus bestand darin, daß er zwei so gegensätzliche Begriffe wie Nationalismus und Sozialismus zu einer Einheit verschmolz und in dem Begriff „Deutscher Sozialismus" eine Parole schuf, die sicherlich viele Tausende naiver, gläubiger Menschen an seine Fahnen fesselte. Zwei Jahre Hitlerdiktatur haben die ganze Hohlheit dieser Parole aufgezeigt. Der „Sozialismus" Hitlers reduziert sich auf das Gesetz zur Versklavung der deutschen Arbeit, das den Unternehmer zum Alleinherrscher im Betrieb gemacht hat, auf die Deutsche Arbeitsfront, die dem Unternehmer bei seinem Ausbeutungsgeschäft hilft, und auf die Winterhilfe, die Bettel- und Spendenwirtschaft an die Stelle staatlicher und gemeindlicher Fürsorge setzt. Das Bild wird ergänzt durch den fortschreitenden Abbau der Sozialpolitik und der Versicherungsleistungen, durch den das Wort Papens wahrgemacht wird, daß der Staat aufhören müsse, ein „Wohlfahrtsstaat" zu sein. Er ist es jetzt um so weniger, als auf der anderen Seite trotz allen Geredes vom „ständischen Aufbau" die Macht der Unternehmerorganisationen zunimmt, die mit Hilfe der ihr ergebenen Spitzen der nationalsozialistischen Partei und des bürokratischen Apparates den rein kapitalistischen Standpunkt der Wirtschaft und des Staates mehr und mehr zur Geltung bringen.

Während so auf der einen Seite die scheinsozialistischen Verheißungen des Nationalsozialismus in alle Winde zerflattern und durch die grausame Wirklichkeit widerlegt werden, sind die rein nationalistischen Parolen zur Grundlage der gesamten inneren und äußeren Politik gemacht worden. Alles schließt sich hier zu einem einheitlichen Ganzen zusammen: Die Wiedererweckung des Alldeutschtums, die aggressive auswärtige Politik, die Rassenideologie, die Judenhetze, die nationalistische und militaristische Propaganda, die militärische Aufrüstung, in deren Dienst die gesamte Wirtschaft und Politik gestellt wird. Dies alles zusammen bedeutet eine Wiederbelebung des alten preußischen Militarismus und des angriffslustigen Alldeutschtums der Kriegszeit in umfassenderen und gefährlicheren Formen als je zuvor. Dies ist wohl das einzige Gebiet, auf dem der Nationalsozialismus, speziell Hitler, seine Versprechungen wahrgemacht hat. Das bedeutet aber nur, daß die scheinsozialistische Kulisse von Hitler und seiner Partei nur dazu benutzt wurde, um auf dem Rücken der irregeleiteten und betrogenen Arbeiterklasse einen schrankenlosen Nationalismus und Militarismus aufzurichten, der letzten Endes die politische und wirtschaftliche Isolierung Deutschlands in der ganzen Welt heraufbeschworen und die Kriegsgefahr gesteigert hat.

Die Entzauberung des Regimes

Das zweite Jahr der Hitlerdiktatur hat viel dazu beigetragen, diesen Wesensinhalt des Dritten Reiches vor dem deutschen Volke und der ganzen Welt aufzuzeigen. Die Hervorkehrung des rein kapitalistischen Charakters der Hitlerpolitik und ihr Bündnis mit den „feinen Leuten" hat in ungeheurem Maße die Entzauberung des Nationalsozialismus und die Schwächung seiner Massengrundlage gefördert. Bestand bisher seine Stärke darin, daß er soziale Reaktion und soziale Demagogie zu einer Einheit verschmolz, die in den Massen verankert wurde, so entpuppt er sich jetzt, nachdem seine soziale Demagogie entlarvt ist und seine Massengrundlage schwindet, mehr und mehr als Reaktion schlechthin. Es hat jetzt bei uns eine Entwicklung eingesetzt, in der eine dünne Oberschicht mit nackter Gewalt ihre Diktatur aufrecht zu erhalten suchte. Damit ist das Zusammengehen der Hitlerdiktatur mit der scheinbar bekämpften „Reaktion", d. h. mit Großkapital, Junkertum und Reichswehr gegeben, zugleich aber auch ihre fortschreitende Isolierung gegenüber der Millionenmasse des arbeitenden Volkes. Zwei wichtige Voraussetzungen der faschistischen Diktatur entschwinden mehr und mehr den Händen Hitlers und seiner Getreuen: Der Glaube breiter Schichten des Volkes an den „sozialistischen" Charakter des Regimes und seine enge Verbundenheit mit den Massen selbst in Form verschiedener ziviler und bewaffneter Formationen, die nicht nur als Grundlage für den faschistischen Machtapparat dienten, sondern auch die Ideen des Regimes in die Massen hineintrugen. Jetzt kommen aus den Reihen der „alten Kämpfer" mehr und mehr Verbitterte und Enttäuschte. Und der Nimbus Hitlers als des Repräsentanten der nationalistischen Idee schwindet in dem Maße, wie diese Idee selbst sich als Lug und Trug entpuppt, und die wachsenden Schwierigkeiten — trotz der Morphiumspritze der Saarabstimmung — die Unlösbarkeit der wirtschaftlichen, politischen und sozialen Probleme unter dem Regime der Hitlerdiktatur aufzeigen.

Nicht warten, nachstoßen!

Es unterliegt keinem Zweifel: die fortschreitende Zersetzung und Aushöhlung des Regimes, seine Entzauberung vor den breiten Massen, die zunehmende Unzufriedenheit in fast allen Bevölkerungsschichten schaffen die objektiven Voraussetzungen für den Verfall der Diktatur und ihre Ablösung durch ein anderes Regime. **Von selbst wird aber die Diktatur nicht fallen, sie muß gestürzt werden.** Ihr Machtapparat ist noch immer stark genug, um sich auch gegen den Willen der Millionenmassen des Volkes zu behaupten. Erst wenn zu den Schwierigkeiten des Regimes die revolutionäre Gärung im Innern, der vorwärtsdrängende Freiheitswille des Volkes, der Widerstand der unterdrückten und ausgebeuteten Massen, die zielbewußte Aktion der sozialistischen Avantgarde hinzukommen, wird das Schicksal des Regimes besiegelt sein. Dann werden weder die Terrormethoden der Gestapo, noch die Waffen der Reichswehr, noch der Name Hitlers stark genug sein, um der aufflammenden Volksbewegung Herr zu werden.

Fememord bei Prag

Der gefährliche Kurzwellensender

In der Nacht zum 24. Januar wurde in einem kleinen Hotel in der Nähe von Prag ein deutscher Emigrant, der Ingenieur Rudolf Formis aus Stuttgart, durch drei Reichsdeutsche ermordet. Die Mörder sind deutsche Nationalsozialisten, die nach der Tat wieder nach Deutschland zurückkehrten.

Der Ermordete war bis kurz nach der Machtergreifung Hitlers der technische Leiter des süddeutschen Senders Mühlacker. Er galt als ein hervorragender Fachmann auf seinem Gebiet. Da Formis Mitglied der Nationalsozialistischen Arbeiterpartei war, genoß er dort zunächst großes Ansehen, und die Nazis bedienten sich gern der Hilfe dieses für sie überaus wertvollen Mannes. Bald nach Hitlers Machtantritt fiel er aber bei den Nazis in Ungnade. Er wurde für die Störung der Uebertragung einer Hitlerrede in Stuttgart im Frühjahr verantwortlich gemacht, seiner Funktion enthoben und ins Konzentrationslager gebracht. Von dort gelang es ihm zu entfliehen, aber die Entwicklung der Hitnerdiktatur brachte ihn in einen immer schärferen Gegensatz zu den Nazis. Vor etwa einem halben Jahr kam Formis als

„Sozialistische Aktion", Zeitschrift der Sopade, Januar 1935.

Bibliothek der FES

und der Durchführung illegaler Arbeiten dienten."[694] Dieser „Organisationsplan" stammte aus der Feder von Josef Lampersberger, der nach der Machtübernahme der Nationalsozialisten Kurierdienste für die Sopade durchgeführt hatte und deshalb im September 1933 in die ČSR fliehen musste. Diesem Plan zufolge hatte Lampersberger, so das Urteil des Volksgerichtshofes, für „Lieferungen illegaler Schriften ins Reich zu sorgen, Berichte über politische und wirtschaftliche Verhältnisse im Reich zu sammeln und den weiteren Auf- und Ausbau der Gruppe zu leiten."[695] Nach Darstellung des Volksgerichtshofes war Faltner der „Oberführer", der „unmittelbar dem Auslandsleiter unterstand und ihm für den Auf- und Ausbau der Gruppe, für die Verteilung der Schriften und eine entsprechende Propaganda verantwortlich war." Zudem hatte Faltner „auch Berichte über politische und wirtschaftliche Verhältnisse zu sammeln und an den Auslandsleiter weiterzugeben."[696] Faltner seinerseits unterstanden nach diesem „Organisationsplan" „Gebiets- (oder Unter-)führer und Unter- (oder Kader-)führer. Ein Gebiets- (oder Unter-)führer hatte einen bestimmten Bezirk zu bearbeiten; ihm standen wiederum eine entsprechende Anzahl von Unter-(oder Kader-)führer zur Verfügung."[697] Nach dem „Organisationsplan" hatte ein Gebiets- oder Unterführer sich „ausschließlich mit Beobachtungen und Berichterstattung, ein anderer Gebiets-(oder Unter-)führer mit Kassenangelegenheiten und ein weiterer Gebiets- (oder Unter-)führer ausschließlich mit Propaganda zu befassen. Die Unter- (oder Kader-)führergruppe war die letzte und kleinste Einheit, die mit dem Führer sechs bis zehn Mann stark sein sollte. […] Der Unter- (oder Kader-)führer hatte für entsprechende Arbeiten in Bezug auf Propaganda und Schriftenverbreitung zu sorgen. Der Gebiets- (oder Unter-)führer sollte lediglich mit dem Oberführer in Verbindung stehen; der Oberführer seinerseits sollte nicht einmal die Unter- (oder Kader-)führer und die sonstigen Mitarbeiter der Gruppe kennen, die ihrerseits gegenseitig überhaupt nicht in Verbindung treten sollten, um ein Sichkennenlernen zu vermeiden und dadurch ein etwaiges restloses Ausheben der Gruppe durch die Polizei zu verhindern."[698]

Nach Einschätzung des Volksgerichtshofes gelang es der Widerstandsgruppe „Rote Rebellen", den Plan „mit mehr oder weniger Erfolg in die Wirklichkeit umzusetzen."[699] Die in einem Schreiben von Faltner an Lampersberger vom 20. März 1935 genannten „ca. 100 in festen [Strukturen]" erfassten Mitglieder und „ca. nochmal so viel[e]", die „im Bilde"[700] seien, erscheint einigermaßen realistisch, wenn man diese Zahlen mit denen aus der ČSR regelmäßig eingeschleusten 200 bis 250 Exemplaren allein der „Sozialistischen Aktion" ver-

694 Ebenda, Bl. 16.

695 Ebenda, Bl. 17.

696 Ebenda.

697 Ebenda.

698 Ebenda, Bl. 17 f.

699 Ebenda, Bl. 18; vgl. ferner Urteil, Bl. 33: „Es mag dahingestellt bleiben, ob dieser Plan in vollem Umfang durchgeführt ist […]."

700 Ebenda, Bl. 20.

gleicht. Öffentliche Aufmerksamkeit erreichte die Gruppe, als einige Mitglieder nach „einem gut besuchten Fußballspiel im Stadion an der Grünwalder Straße Flugblätter“[701] auslegten.

Das Urteil des Volksgerichtshofes gegen Faltner und Feuerer, das aus mehreren Dutzend vermutlich abgefangenen Briefen von Faltner, Lampersberger und Feuerer zitiert und sich ferner auf Aussagen eines Mitglieds der Gruppe beruft, belegt eine rege Aktivität dieses Widerstandsnetzwerkes. Entsprechend dem zitierten „Organisationsplan“ gelang es der Gruppe, einen organisatorischen Zusammenhalt ehemaliger Mitglieder der freien Gewerkschaften und der SPD in München und Umgebung aufzubauen. Die Mitglieder dieses Netzwerkes sammelten Gelder „für die illegale SPD“[702] und um die Kuriere, die die illegalen Materialien aus der ČSR nach München brachten, bezahlen zu können. Mitglieder der Gruppe erstellten Berichte, die sich „am Nachrichtenschema A“, das auch den „Deutschland-Berichten“ der Sopade zugrunde lag, orientierten. Diese Berichte wurden von Lampersberger in erster Linie an die Sopade weitergereicht.[703] Insofern die Berichte militärische Informationen enthielten, gelangten sie auch zum Geheimdienst der ČSR. Auf Anregung eines Vertreters dieses Geheimdienstes, militärische Staatsgeheimnisse zu übermitteln, ging die Gruppe ebenso wenig ein wie auf die Anregung von Lampersberger, den Münchener Hauptbahnhof zu sprengen.[704] Die Gruppe forderte Lampersberger jedoch auf, eine „Leica“-Kamera zu besorgen „zur Aufnahme von Flughäfen, Aufmärschen, Kundgebungen, Kasernen und sonstigen öffentlichen wichtigen Gebäuden.“[705] Mitglieder der Gruppe lieferten neben zahlreichen Berichten[706] über NS-Verfehlungen, den Besuch von Veranstaltungen, Arbeitsbeschaffungsmaßnahmen für den Bau der Reichsautobahn, über die Lage von Flughäfen und Kasernen auch Bilder vom Konzentrationslager Dachau und verschiedener Flughäfen. Führende Mitglieder der Gruppe wie Franz Faltner, Josef Feuerer und Georg Huber, der im Prozess als Zeuge auftrat, trafen sich mehrmals mit Lampersberger in der ČSR – zumeist in Eger – um mit dem Auslandsleiter die Aktivitäten des Widerstandsnetzwerkes zu besprechen und zu koordinieren.

Im Frühjahr 1935 gelang es der Bayerischen Politischen Polizei (BPP) „einen Silberputzer“ bei der „Mitropa“ als Spitzel einzuschleusen, der wichtige Kurierdienste übernahm. „Die BPP ließ die Roten Rebellen zunächst unbehelligt weiteragieren, bis sie sich Klarheit über die personellen Strukturen der Gruppe verschafft hatte, um dann eine großangelegte Verhaftungsaktion zu starten.“[707] Während die „Gebietsführer“ und andere aktive Mitglie-

701 Pilwousek (Hrsg.), Verfolgung und Widerstand, S. 146.

702 Urteil des VGH 1H1/37-8J415/35g gegen Franz Faltner und Josef Feuerer, 24. 3. 1937, Bl. 42, in: Nationalsozialismus, Holocaust, Widerstand und Exil 1933–1945, Online-Datenbank.

703 Vgl. ebenda, Bl. 30.

704 Vgl. ebenda, Bl. 29.

705 Ebenda, Bl. 25.

706 In einem Brief vom 11. September 1934 bedankte sich Lampersberger für die „vielen Berichte“. „Werde sie in meinen ständigen Monatsbericht nach Prag [zur Sopade] schreiben.“ Ebenda, Bl. 22 f.

707 Pilwousek (Hrsg.), Verfolgung und Widerstand, S. 146.

der der Gruppe 1935 vom Oberlandesgericht München mit ein bis zwei Jahren Gefängnishaft bestraft und viele von ihnen anschließend in ein Konzentrationslager eingeliefert wurden, verurteilte der Volksgerichtshof nach mehrtätigen Verhandlungen am 24. März 1937 Franz Faltner zu zehn Jahren und Josef Feuerer zu drei Jahren Zuchthaus, wobei die Untersuchungshaft bei beiden Angeklagten zu je einem Jahr und zehn Monaten von der insgesamt zu verbüßenden Haftstrafe abgezogen wurde.[708] Nach dem Ende der Haftzeit, die Feuerer im Zuchthaus Amberg verbüßte, wurde er weiterhin vom 22. Juni 1938 bis zum 27. September 1939 im Konzentrationslager Dachau in „Schutzhaft" gehalten und anschließend in das Konzentrationslager Mauthausen überstellt, wo er am 14. Januar 1942 verstarb oder ermordet wurde.[709] Franz Faltner verbüßte seine Strafe bis November 1942 im Zuchthaus Amberg, anschließend im Gefängnis Kaisheim und ab April 1945 im Gefängnis am Lech, aus dem er am 3. Juni 1945 aus der Haft entlassen wurde.[710]

Im Unterschied zu München, wo es keinen Stützpunkt einer illegalen Gruppe bzw. Organisation von Eisenbahngewerkschaftern gab, engagierten sich in Berlin – zumindest von 1933 bis Anfang 1935 – Eisenbahngewerkschaftsfunktionäre in der Widerstandsgruppe um Hans Jahn und gleichzeitig in dem sozialdemokratischen Widerstandsnetzwerk um Alfred Markwitz. Dieses illegale Netzwerk stand nicht nur „im engen Kontakt mit dem Exilvorstand der SPD in Prag",[711] sondern auch mit der „Illegalen Reichsleitung" der Gewerkschaften und anderen führenden Widerstandskämpfern wie beispielsweise Max Urich.[712] Wie viele Sozialdemokraten, „Reichsbanner"-Leute und Gewerkschafter dieses Widerstandsnetzwerk mit illegalen Druckschriften belieferte, kann nur geschätzt werden. Da nach Angaben im Urteil des Volksgerichtshofes die Gruppe um Alfred Markwitz in unregelmäßigen Abständen mit „500 bis 800 Stück"[713] der „Sozialistischen Aktion" beliefert wurde, gehörte dieses illegale Netzwerk zweifellos zu den bedeutendsten Strukturen, die in den Jahren 1933 bis 1936 in Berlin das NS-Regime bekämpften. Diese Bedeutung wird auch durch Aussagen in der Anklageschrift des Reichsanwaltes beim Volksgerichtshof vom 27. Mai 1936 unterstrichen,

708 Urteil des VGH 1H1/37-8J415/35g gegen Franz Faltner und Josef Feuerer, 24. 3. 1937, Bl. 2, in: Nationalsozialismus, Holocaust, Widerstand und Exil 1933–1945, Online-Datenbank.

709 Vgl. Pilwousek (Hrsg.), Verfolgung und Widerstand, S. 152.

710 Vgl. ebenda, S. 146 f.

711 Annedore Leber (Hrsg.) in Zusammenarbeit mit Willy Brandt und Karl Dietrich Bracher, Das Gewissen entscheidet. Bereiche des deutschen Widerstandes von 1933–1945 in Lebensbildern, Berlin (West) und Frankfurt a. M. 1960, S. 282.

712 Zur Biografie von Max Urich (geb. 10. Februar 1890 in Suhl, gest. 21. Juni 1968 in West-Berlin), vor 1933 Erster Bevollmächtigter der Berliner DMV-Ortsverwaltung, nach 1933 Mitglied der „Illegalen Reichsleitung" vgl. Marion Goers/Siegfried Mielke/Matthias Oden, Max Urich (1890–1968), in: Mielke/Heinz (Hrsg.) unter Mitarb. von Goers, Funktionäre des Deutschen Metallarbeiterverbandes im NS-Staat, S. 121–142.

713 Urteil des VGH 2H28/36-17J336/35 gegen Alfred Markwitz u. a., 26. 9. 1936, Bl. 8, in: Nationalsozialismus, Holocaust, Widerstand und Exil 1933–1945, Online-Datenbank.

der den Mitgliedern der Widerstandsgruppe vorwarf, „das Ziel [verfolgt zu haben], die bestehende Verfassung zu ändern und an ihre Stelle eine parlamentarisch-demokratische Staatsform zu setzen. Es ist allgemein bekannt, dass für die SPD keine Möglichkeit besteht, dieses Ziel auf gesetzlichem Wege zu erreichen und dass sie es daher durch Gewalt zu verwirklichen trachtet. Soweit sie sich gleichwohl durch ihre Tätigkeit in den Dienst der ‚illegalen' SPD gestellt haben, haben sie die auf den gewaltsamen Umsturz gerichteten Bestrebungen der SPD mit Täterwillen unterstützt und sich somit eines erschwerten Verbrechens der Vorbereitung eines hochverräterischen Unternehmens schuldig gemacht."[714] Zu den Kontaktleuten von Markwitz gehörten unter anderem die Eisenbahngewerkschafter Hans Jahn und Paul Beyerling. Im Prozess gegen Alfred Markwitz wurde auch Karl Pieper am 27. Mai 1936 angeklagt, „es unternommen zu haben, den organisatorischen Zusammenhalt einer anderen politischen Partei als der NSDAP aufrecht[erhalten]"[715] zu haben.[716] Hans-Rainer Sandvoß nennt als zentrale Aktivitäten dieser Gruppe: „Verbreitung antinazistischer Druckschriften", gemeint ist insbesondere die illegale Zeitschrift „Sozialistische Aktion", „Sammlungen für die Familien Inhaftierter, Bewahrung des Zusammenhalts gesinnungstreuer Parteifreunde, Fluchthilfe für Bedrohte und Kontaktaufnahme zu Gleichgesinnten im In- und Ausland."[717]

Zu den sozialdemokratischen Widerstandsgruppen, in denen auch Eisenbahngewerkschafter mitarbeiteten, gehörte auch die Gruppe „Brotfabrik Germania", die in Kontakt mit dem sozialdemokratischen Grenzsekretär Gustav Ferl stand.[718] In dieser Widerstandsgruppe arbeitete unter anderem der Sozialdemokrat und ehrenamtliche EdED-Funktionär Adam Romboy[719] mit, den auch Hans Jahn in einem Bericht über seine illegalen Aktivitäten vom 1. Oktober 1935 als einen seiner Kontaktleute benennt, der jedoch in Jahns „Organisationsplan" aus dem Jahr 1936 keine Erwähnung findet. Von besonderem Interesse erscheint der Kontakt zwischen Sebastian Dani, einem der führenden Akteure der Gruppe „Brotfabrik

714 Der Reichsanwalt beim VGH – Anklageschrift 17J336/35 gegen Alfred Markwitz u. a., 27. 5. 1936, Bl. 61 f., in: Nationalsozialismus, Holocaust, Widerstand und Exil 1933–1945, Online-Datenbank.

715 Ebenda, Bl. 5; vgl. ferner ebenda, Bl. 8 f.; vgl. auch Urteil des VGH 2H 28/36-17J336/35 gegen Alfred Markwitz u. a., 26. 9. 1936, Bl. 2, 5, 35, 37 ff., 41, in: Nationalsozialismus, Holocaust, Widerstand und Exil 1933–1945, Online-Datenbank.

716 Ebenda, Bl. 1 ff. Da Hans Jahn inzwischen in die Niederlande geflohen war, war es für die Verfolger nicht möglich, ihn anzuklagen und im Prozess gegen Alfred Markwitz und andere vor Gericht zu stellen. Paul Beyerling, der dritte bekannte Widerständler aus den Reihen des illegalen EdED-Netzwerks, war bereits am 16. April 1935 vom Kammergericht Berlin zu drei Jahren Haft und anschließender Polizeiaufsicht verurteilt worden. Vgl. die Angaben zur Verfolgung im biografischen Anhang.

717 Sandvoß, Die „andere" Reichshauptstadt, S. 94; vgl. ferner die Angaben zu Paul Beyerling und Karl Pieper im biografischen Anhang.

718 Zur Widerstandsgruppe „Brotfabrik Germania" vgl. insbesondere Kuno Bludau, Gestapo – geheim! Widerstand und Verfolgung in Duisburg 1933–1945, Bonn-Bad Godesberg 1973, S. 26–42; vgl. die biografischen Angaben zu Gustav Ferl in: Röder/Strauss (Bearb.), Biographisches Handbuch, S. 171.

719 Zu Adam Romboy vgl. die biografischen Angaben im Anhang.

Germania“ mit Willi Molitor, der zu den aktivsten Mitstreitern des Widerstandsnetzwerkes um Hans Jahn gehörte. Molitor versorgte Dani und andere mit „Nachrichtenmaterial, das er über die Internationale Transportarbeiter-Föderation zugeleitet bekam. [...] Dani seinerseits unterstützte Molitor mit Sopade-Material aus dem Verteiler-Kreis der ‚Germania'.“[720] Diese sozialdemokratische Widerstandsgruppe, die in engem Kontakt mit der Sopade in Prag arbeitete, und deren Publikationen „Sozialistische Aktion“ und Tarnschriften wie „Die Kunst des Selbstrasierens“ und „Platons Gastmahl“ verbreitete, entwickelte sich von der „Brotfabrik Germania“ in Duisburg aus in kurzer Zeit „zur Zentrale der illegalen SPD am Niederrhein“[721] mit Kontakten ins Ruhrgebiet, nach Aachen und ins Bergische und Oberbergische Land.[722] Aufgrund der Abonnentenzahlen der Zeitschrift „Sozialistische Aktion“ geht Bludau davon aus, dass diese Widerstandsgruppe mehrere Hundert ehemalige Sozialdemokraten erreichte.[723]

In Verbindung mit dieser Gruppe stand auch Jakob Schiefer, vor 1933 unter anderem „Überwachungsbeamter“ bei der Reichsbahndirektion in Köln (1926 bis Herbst 1933), der nach der nationalsozialistischen Machtübernahme nach Amsterdam emigrierte, aus familiären Gründen aber bereits 1935 nach Deutschland zurückkehrte.[724]

In seiner Anklageschrift gegen Hermann Runge und 17 weitere Mitglieder der Widerstandsgruppe der „Brotfabrik Germania“ betonte der Oberreichsanwalt beim Volksgerichtshof „die besondere Rolle“ von Jakob Schiefer „in der illegalen Organisation“.[725] Auch eines der führenden Mitglieder der Gruppe, Sebastian Dani, nennt Schiefer nach Hermann Runge als einen der beiden „nächsthöhere[n] Funktionäre[n]“.[726] An anderer Stelle verweist der Oberreichsanwalt auf die „sehr umfangreiche illegale Betätigung“ von Jakob Schiefer.[727] Demnach habe sich Schiefer seit den „ersten Fühlungnahmen“ unter dem Decknamen „Neumüller“ bzw. „Niemöller“ bereits im Herbst 1933 und nicht erst „im Herbst 1934“ am Aufbau des Widerstandsnetzwerkes und der „Einfuhr illegaler Schriften“[728] beteiligt. Schiefer habe ferner „das rheinisch-westfälische Gebiet bereist“[729] und die Verbindung zwischen einzelnen Mitgliedern der Widerstandsgruppe und dem sozialdemokrati-

720 Bludau, Gestapo – geheim! Widerstand und Verfolgung in Duisburg 1933–1945, S. 27.

721 Ebenda, S. 26.

722 Vgl. ebenda, S. 29.

723 Vgl. ebenda.

724 Zu Jakob Schiefer vgl. die biografischen Angaben im Anhang.

725 Der Oberreichsanwalt beim VGH – Anklageschrift 9J479/35 gegen Hermann Runge u.a., 27. 3. 1936, Bl. 88, in: Nationalsozialismus, Holocaust, Widerstand und Exil 1933–1945, Online-Datenbank.

726 Ebenda, Bl. 86.

727 Vgl. ebenda, Bl. 37.

728 Ebenda, Bl. 35 f.

729 Ebenda, Bl. 79.

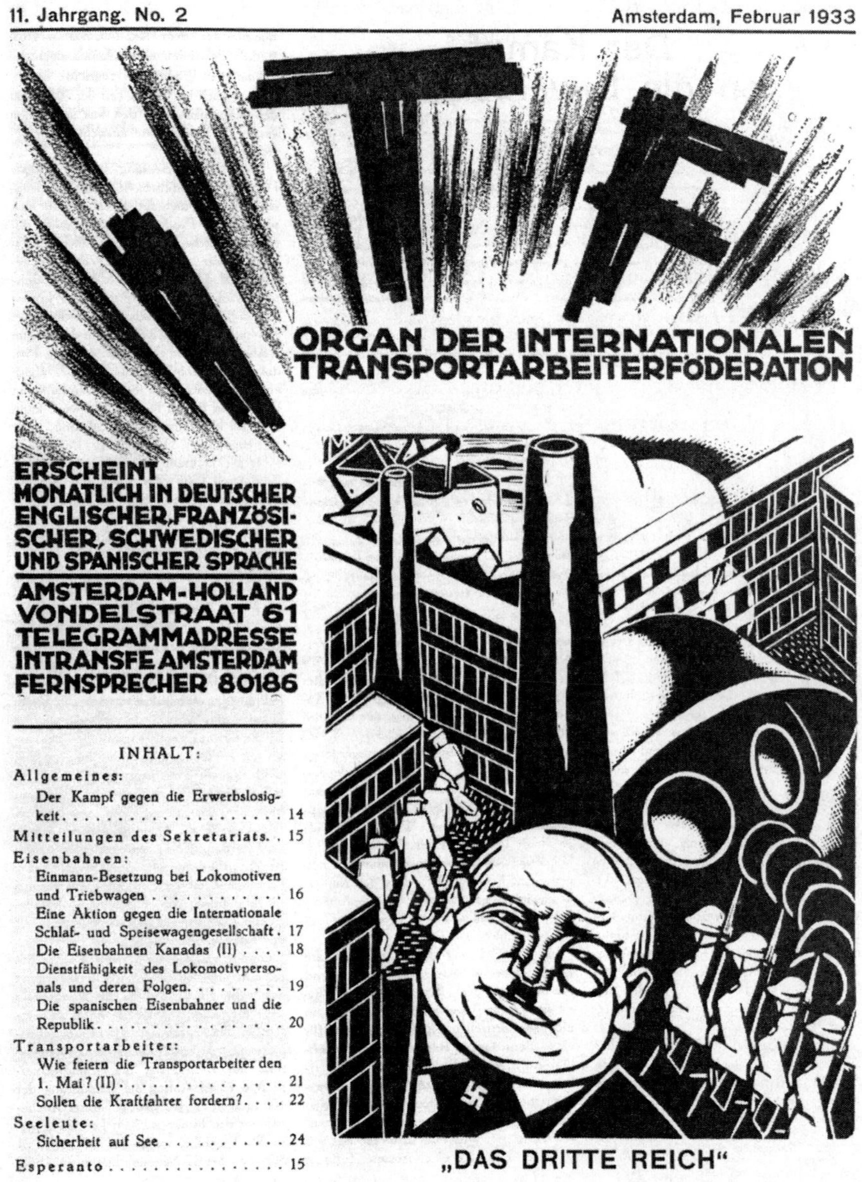

11. Jahrgang. No. 2 Amsterdam, Februar 1933

ITF

ORGAN DER INTERNATIONALEN TRANSPORTARBEITERFÖDERATION

ERSCHEINT MONATLICH IN DEUTSCHER ENGLISCHER, FRANZÖSISCHER, SCHWEDISCHER UND SPANISCHER SPRACHE

AMSTERDAM-HOLLAND
VONDELSTRAAT 61
TELEGRAMMADRESSE
INTRANSFE AMSTERDAM
FERNSPRECHER 80186

INHALT:

„DAS DRITTE REICH"

„ITF" – Organ der ITF (Deutsche Ausgabe), Februar 1933.

Bibliothek der FES

schen Grenzsekretär Ernst Schumacher[730] – 1932/33 Sekretär des SPD-Bezirks Niederrhein in Düsseldorf – hergestellt und an verschiedenen Zusammenkünften mit führenden Vertretern des sozialdemokratischen Exilvorstandes, darunter Otto Wels, teilgenommen. An einer Besprechung in Antwerpen mit führenden Vertretern der Sopade (November 1934) nahmen nicht nur Mitglieder der Gruppe „Brotfabrik Germania" und Vertreter sozialdemokratischer Widerstandsgruppen aus Norddeutschland, sondern mit Matthias Denzler, Karl Mayer und anderen auch Mitglieder einer illegalen sozialdemokratischen Gruppe aus Südwest-Deutschland teil.[731] Den Eisenbahngewerkschaftern Jakob Schiefer und Adam Romboy kam – nach Einschätzung des Oberreichsanwaltes ebenfalls „ein wichtiges Glied in der Kette der Schriftenverteilung"[732] – damit eine wichtige Rolle in der Widerstandsgruppe „Brotfabrik Germania" zu.[733]

Auch das Engagement von ehemaligen Eisenbahngewerkschaftern im sozialdemokratischen Widerstandsnetzwerk von Baden und Württemberg mit Zentrum in Mannheim wird in der Sekundärliteratur selten thematisiert. In diesem umfangreichen illegalen Netzwerk – zunächst unter der Leitung von Jakob Ott[734] und nach dessen Flucht unter Führung von Karl Mayer[735] – übten ehemalige EdED-Funktionäre wichtige Funktionen aus. In seiner Anklageschrift vom 1. Juli 1936 klagte der Generalstaatsanwalt beim Oberlandesgericht Karlsruhe unter anderem den ehemaligen EdED-Funktionär Matthias Denzler an, sich als führendes Mitglied einer sozialdemokratischen Widerstandsgruppe seit Sommer 1934 am Aufbau und Kampf dieser Gruppe gegen das NS-Regime beteiligt zu haben.[736] Denzler habe zum Beispiel

730 Vgl. die Angaben von Ernst Schumacher in: Röder/Strauss (Bearb.), Biographisches Handbuch, S. 674; vgl. auch zu Details AdsD, NL Ernst Schumacher.

731 Vgl. Der Oberreichsanwalt beim VGH – Anklageschrift 9J479/35 gegen Hermann Runge u. a., 27. 3. 1936, Bl. 79, in: Nationalsozialismus, Holocaust, Widerstand und Exil 1933–1945, Online-Datenbank.

732 Ebenda, Bl. 88.

733 In der Studie von Kuno Bludau „Gestapo – geheim!" wird Jakob Schiefer demgegenüber überhaupt nicht und Adam Romboy als Teilnehmer einer geheimen Konferenz mit Vertretern der Sopade im Mai 1934 in Brüssel lediglich einmal erwähnt. Vgl. Bludau, Gestapo – geheim! Widerstand und Verfolgung in Duisburg 1933–1945, S. 24.

734 Vor der Machtübernahme der Nationalsozialisten und nach Ende des Zweiten Weltkrieges war Jakob Ott lange Jahre in Mannheim als Parteisekretär des SPD-Orts- und Kreisvorstands tätig. Von 1948 bis zu seinem Tod 1966 gehörte er dem Mannheimer Gemeinderat an. Zu weiteren biografischen Angaben vgl. Röder/Strauss (Bearb.), Biographisches Handbuch, S. 545.

735 Der sozialdemokratische Widerständler Karl Mayer wurde im Zusammenhang mit seiner illegalen Tätigkeit 1935 verhaftet und zu sechs Jahren Zuchthaus verurteilt. Zu den biografischen Daten vgl. Erich Matthias/Hermann Weber (Hrsg.), Widerstand gegen den Nationalsozialismus in Mannheim, Mannheim 1984, S. 493; ferner das Urteil des VGH 2H38/35-8J227/35 gegen Karl Mayer und Camill Eisengrein, 26. 11. 1935, Bl. 2 ff.

736 Vgl. BArch, NJ 5420, Bd. 1, Bl. 16 ff., Der Generalstaatsanwalt Karlsruhe – Anklageschrift OJS20/36 gegen Karl Werner, Matthias Denzler u. a., 1. 6. 1936.

mit Albert Erny[737] als zuständiger Funktionär für das Gebiet „Mannheim-Land“[738] geholfen, ein weitläufiges illegales Netz für Baden und Württemberg aufzubauen und sei von „etwa Sommer 1934 bis Sommer 1935“ als führender Funktionär für die Druckschriftenverbreitung der Sopade-Zeitschrift „Sozialistische Aktion“ zuständig gewesen.[739] Denzler habe ferner an verschiedenen Versammlungen führender Funktionäre dieser Gruppe teilgenommen; nach Aussage verschiedener beteiligter Mitglieder unter anderem in der Wohnung eines Mitstreiters bzw. in einem Keglerheim der Region.[740] Für eine leitende Position in dieser sozialdemokratischen Widerstandsgruppe spreche auch Denzlers Teilnahme im Dezember 1934 an einer Konferenz in Antwerpen mit führenden Vertretern der Sopade, darunter Otto Wels, Erich Ollenhauer und Rudolf Hilferding. Um die Intensität der Aktivitäten dieser Widerstandsgruppe herauszustellen, zitierte der Generalstaatsanwalt die Aussage von Denzlers Mitstreiter Albert Erny, sie seien „fast täglich zusammengekommen“.[741]

Mitglieder der sozialdemokratischen Widerstandsgruppe waren ferner die Eisenbahngewerkschafter Ludwig Ruf und Valentin Hildenbrand. Ruf war vor 1933 Betriebsratsmitglied und Mitglied des EdED-Bezirksvorstandes für Baden. Er beteiligte sich in dieser Gruppe bei der Verteilung illegaler Schriften und nahm im Dezember 1934 zusammen mit Matthias Denzler an der erwähnten Konferenz in Antwerpen mit Sopade-Vertretern teil. Im März 1936 wurde er verhaftet und nach Aussagen von Denzler vermutlich im Mannheimer Gefängnis ermordet.[742] Valentin Hildenbrand, sozialdemokratischer Eisenbahngewerkschafter und vor 1933 als Rangierer bei der Deutschen Reichsbahn beschäftigt, war von Valentin Giegrich, SPD-Mitglied und Former aus Laudenbach, für den Aufbau des Widerstandsnetzwerkes im Bezirk Bergstraße als Mitarbeiter angeworben worden.[743] Hildenbrand

737 Zu den biografischen Angaben von Albert Erny vgl. Matthias/Weber (Hrsg.), Widerstand gegen den Nationalsozialismus in Mannheim, S. 476.

738 BArch, NJ 5420, Bd. 1, Bl. 26, Der Generalstaatsanwalt Karlsruhe – Anklageschrift OJS20/36 gegen Karl Werner, Matthias Denzler u.a., 1. 6. 1936.

739 Von je circa 1500 aus dem Saargebiet bzw. aus Frankreich angelieferten Druckschriften habe Denzler „100–120 Exemplare“ erhalten und verbreitet. Ebenda, Bl. 26.

740 Vgl. ebenda.

741 Ebenda, Bl. 25.

742 Vgl. die Angaben zu Ludwig Ruf im biografischen Anhang.

743 Valentin Giegrich, geb. 12. April 1906 in Mannheim, wohnhaft in Laudenbach, war nach Absolvierung seiner Lehre als Former u.a. als Arbeiter bei der Reichsbahn beschäftigt. Vgl. BArch, R 3018/9682, Der Generalstaatsanwalt OLG Karlsruhe – Anklageschrift, 6. 9. 1935; ferner BArch, R 3018/15278, Bl. 25, Unterlagen der Generalstaatsanwaltschaft Karlsruhe, 22. 9. 1936. Dort heißt es zur Widerstandstätigkeit Giegrichs: „Giegrich hat von Herbst 1934 – vermutlich August 1935 – bis Frühjahr 1935 in der Gegend von Mannheim und Weinheim die in dieser Zeit erschienenen Ausgaben der illegalen Druckschrift ‚Sozialistische Aktion‘ von dem Bezirksleiter der illegalen SPD in Mannheim, Karl Mayer, erhalten und sie an verschiedene Personen insbesondere an die Mitverurteilten Heinrich Ewald und Rudolf Schäfer zum Zwecke der Weiterverbreitung weitergegeben. Er hat für die Zeitungen auch Gelder empfangen und

beteiligte sich seit Oktober 1934 in der illegalen Widerstandsgruppe bei der Verteilung des illegalen Materials der Gruppe. Er wurde bereits 1935 verhaftet, musste jedoch im Prozess gegen Valentin Giegrich aus Mangel an Beweisen freigesprochen werden. Darüber hinaus finden sich in den Quellen Hinweise auf eine Verbindung zwischen Matthias Denzler und dem ehemaligen Betriebsrat und EdED-Vertrauensmann Wilhelm Kenntner, der nach seiner Verhaftung ebenso wie Denzler einen Teil der Haft im Strafgefangenenlager II Aschendorfermoor verbüßte. In den erhalten gebliebenen Briefen bestellt Kenntner Grüße „von Denzler, Mannheim" an „Konrad". Bei „Konrad", der immer wieder in Kenntners Briefen Erwähnung findet, handelt es sich mit großer Wahrscheinlichkeit um den EdED-Bezirksleiter von Mainz bzw. Köln Konrad Roth, den der lokale Gewerkschaftsfunktionär Wilhelm Kenntner mit ziemlicher Sicherheit gekannt hat. Es spricht einiges dafür, dass Wilhelm Kenntner vor seiner Verhaftung in Kontakt mit Matthias Denzler und Konrad Roth stand.[744]

Zu den zahlreichen sozialdemokratischen Widerstandsgruppen, in denen sich auch Eisenbahngewerkschafter engagierten, gehörte auch eine Limburger Widerstandsgruppe um zwei freigewerkschaftliche Funktionäre: den DMV-Geschäftsführer Johann Wolf und den EdED-Funktionär Josef Ludwig. Diese Gruppe findet nicht einmal in regionalen Studien zum gewerkschaftlichen Widerstand Erwähnung.[745] Im Urteil des Oberlandesgerichts

die erhaltenen Beiträge an Mayer abgeführt. Giegrich erhielt insgesamt etwa 7 bis 8 mal jeweils rund 40 Druckschriften." Valentin Giegrich wurde 1935 zu zwei Jahren und sechs Monaten Haft verurteilt. Vgl. ebenda; vgl. auch Matthias/Weber (Hrsg.), Widerstand gegen den Nationalsozialismus in Mannheim, S. 493.

744 Vgl. genauer Siegfried Mielke, Wilhelm Kenntner (1898–1977), in: Angelika Arenz-Morch u.a. (Hrsg.), Gewerkschafter im Konzentrationslager Osthofen 1933/34, Berlin 2017 (im Erscheinen). Auch der ehemalige EdED-Bezirksleiter für die Pfalz August Baum, der nach Angaben in einer eidesstattlichen Erklärung von Oskar Vongerichten während der NS-Zeit illegale Gewerkschaftsarbeit betrieb, hatte vermutlich Kontakte zu dieser Mannheimer Widerstandsgruppe. Zeitgenössische Quellen, die die Verbindung zur Widerstandsgruppe um Matthias Denzler und andere eindeutig belegen, konnten jedoch hierfür nicht gefunden werden.

745 Axel Ulrich, der in seiner Studie über den politischen Widerstand gegen das „Dritte Reich" im Rhein-Main-Gebiet auch auf die sozialdemokratische Widerstandsgruppe im Bezirk Hessen-Nassau eingeht, verweist zwar auf verschiedene Kontakte dieser Gruppe bis nach Mannheim/Worms/Heidelberg, jedoch auf keine Verbindungen nach Limburg. Vgl. Ulrich, Politischer Widerstand gegen das „Dritte Reich", S. 42 ff. Auch im Kapitel „Widerstand und Verfolgung im Dritten Reich" in einer von Frank Schmidt im Auftrag der IG Metall angefertigten Regionalstudie sucht man vergeblich nach Hinweisen auf diese Widerstandsgruppe. Gleiches gilt für die bereits mehrfach erwähnten Studien von Helmut Esters/Hans Pelger/Alexandra Schlingensiepen und Willy Buschak. Vgl. Frank Schmidt, „Trotz alledem ..." Wir gestalten gemeinsam die bessere Zukunft. Aus der Geschichte des DMV in Limburg anhand ausgewählter Quellen und Statistiken, hrsg. von der IG Metall Limburg, Limburg 1991. Biografische Hinweise auf Josef Ludwig finden sich lediglich bei Gottwaldt, Eisenbahner gegen Hitler, S. 302 f., doch auch hier fehlen Hinweise auf die Widerstandsgruppe Wolf-Ludwig. Eine kurze Erwähnung findet diese Widerstandsgruppe lediglich in einer Studie von Gerhard Beier. Gerhard Beier, Arbeiterbewegung in Hessen.

Kassel gegen Johann Wolf und Josef Ludwig[746] wurden die beiden beschuldigt, von 1933 bis 1939 an illegalen Treffen von SPD-Funktionären teilgenommen zu haben. Nach Einschätzung des Oberlandesgerichts ging es den Angeklagten „um die Aufrechterhaltung des organisatorischen Zusammenhangs“ der SPD und um die „Verwirklichung ihrer marxistischen Ideen und Ziele“. Ihr zentrales Ziel sei „die notfalls gewaltsame Beseitigung des nationalsozialistischen Regimes und das Wiederandiemachtbringen der SPD“[747] gewesen. Es ist zu vermuten, dass der Angeklagte Wolf in seinem angeblich „freimütigen Geständnis“[748] nur das berichtete, was die Gestapo ihm bereits nachweisen konnte. Die zahlreichen Kontakte der beiden Angeklagten zu anderen Sozialdemokraten und Gewerkschaftern der Region konnten daher bis heute nicht aufgeklärt werden. Das gilt unter anderem für die Verbindung von Josef Ludwig zu seinem Gießener EdED-Kollegen Karl Benner und zu dem ehemaligen EdED-Vorstandsmitglied und -Bezirksleiter Ernst Menne.[749] Im Urteil gegen Wolf und Ludwig heißt es, Josef Ludwig habe in Limburg den früheren Gewerkschaftsfunktionär Karl Benner aus Gießen getroffen. Das Gericht konnte ihm jedoch nicht nachweisen, dass die Gespräche zwischen Ludwig und Benner der Kontaktaufnahme zu dem früheren EdED-Funktionär Ernst Menne dienten und klären, ob diese erfolgreich waren.[750] Zu den Aktivitäten der Widerstandsgruppe heißt es im Urteil: „Bei den gemeinsamen Wanderungen und zahlreichen Zusammenkünften in den Wohnungen der Angeklagten kam es immer wieder zu politischen Gesprächen. Dies lag ja auch bei der früheren Aktivität der drei Angeklagten für die SPD sehr nahe. Man sprach über die Maßnahmen der nationalsozialistischen Regierung, und die Angeklagten waren, was bei ihrer politischen Einstellung nicht wunder nahm, mit zahlreichen Anordnungen der Regierung des Führers nicht einverstanden. Es blieb hierbei nicht aus, dass die Massnahmen des nationalsozialistischen Staates kritisiert, benörgelt und beanstandet wurden.“[751] Ungeklärt bleibt auch, ob Ludwig, der nach fünfmonatiger Erwerbslosigkeit „auf sein Gesuch hin wieder als Schlosser und Klempner im Reichsbahn-

Zur Geschichte der hessischen Arbeiterbewegung durch einhundertfünfzig Jahre (1834–1984), Frankfurt a. M. 1984, S. 489 f.

746 Dritter Angeklagter war der Schneider Heinrich Wallrabenstein aus Limburg; vgl. die Angaben zu Josef Ludwig im biografischen Anhang.

747 BArch, NJ 2544, Bl. 36, Urteil des OLG gegen Johann Wolf u. a., 9. 1. 1941.

748 Ebenda, Bl. 33.

749 Vgl. ebenda, Bl. 32. In der Studie Siegfried Krupke/Antje Tewes (Bearb.), „… und Einigkeit ist Macht“. Dokumente zur Geschichte der Arbeiterbewegung in Gießen 1867–1949, hrsg. von der Verwaltungsstelle der IG Metall Gießen, Gießen 1985 findet sich kein Hinweis auf den Gießener EdED-Bevollmächtigten Karl Benner.

750 Ungeklärt bleibt auch, ob Josef Ludwig über Ernst Menne einen indirekten Kontakt zum ehemaligen Gewerkschaftsfunktionär Anton Döring in der Schweiz besaß. Vgl. Mielke/Frese (Bearb.), Die Gewerkschaften im Widerstand und in der Emigration, S. 325 f.

751 BArch, NJ 2544, Bl. 30, Urteil des OLG gegen Johann Wolf u. a., 9. 1. 1941.

Betriebswerk Limburg eingestellt"[752] wurde, sich auch auf betrieblicher Ebene gegen das NS-Regime engagierte und Mitstreiter für die Widerstandsgruppe warb.

Auch in der von dem Sozialdemokraten Werner Blumenberg bereits im Herbst 1932 initiierten Widerstandsgruppe „Sozialistische Front", der zeitweise etwa 250 Personen angehörten, engagierten sich auch die Eisenbahngewerkschafter Gottfried Krückeberg und Friedrich Siemon.[753] Beide kamen in Untersuchungshaft. Das Oberlandesgericht Hamm verurteilte am 28. Oktober 1937 Friedrich Siemon zu einer Haftstrafe von einem Jahr und acht Monaten. Da die NS-Verfolger Gottfried Krückeberg keine Straftat nachweisen konnten, wurde er bereits vor Beginn des Prozesses aus der Untersuchungshaft entlassen. Die „Sozialistische Front" stand in Distanz zur Politik der SPD-Führung und propagierte eine „neue Bewegung, die die Arbeiterklasse zum letzten Kampf rufen wird". Sie „wird weder die SPD noch die KPD, noch die SAP"[754] sein. Herbert Obenaus zufolge war die „Sozialistische Front" jedoch „nicht parteiübergreifend angelegt". Das Konzept der „Einheitsfront des deutschen Proletariats"[755] wurde nach seinen Angaben von einer Widerstandsgruppe verfolgt, die im Wesentlichen aus Mitgliedern der SPD bestand. Auch für diese Widerstandsgruppe gilt, dass bis heute über das Gros der circa 250 Mitglieder nur sehr wenig bekannt ist.[756] Gleiches gilt für die Aktivitäten zahlreicher anderer sozialdemokratischer Eisenbahngewerkschafter, die wie Karl Dittmar „illegale Arbeit"[757] für die SPD leisteten. Ähnliches gilt für Fritz Dreßler, der in Glogau für die SPD illegal aktiv war und 1934 wegen „Heimtücke" und „Wehrkraftzersetzung" zu zwei Jahren Haft verurteilt wurde.[758] Lediglich rudimentäre Kenntnisse liegen auch für den EdED-Bevollmächtigten Ernst Grüttner vor, der sich in Dortmund an der illegalen Arbeit der SPD beteiligte, ferner für Willy Jentsch, SPD-Vorsitzender in Frankfurt an der Oder und zeitweise Parteisekretär des dortigen SPD-Unterbezirks, der gleichzeitig viele Jahre Betriebsrat und DEV- bzw. EdED-Funktionär war und nach 1933 für die SPD illegale Druckschriften verteilte.

752 Ebenda, Bl. 29.

753 Vgl. Herbert Obenaus, Die Sozialistische Front, in: Coppi/Heinz (Hrsg.), Der vergessene Widerstand der Arbeiter, S. 107–127, hier S. 111.

754 Werner Blumenberg, Was soll werden?, Flugschrift der „Sozialistischen Front", Mai/Juni 1933, zit. n.: ebenda, S. 113.

755 Aufruf der „Sozialistischen Front", in: Sozialistische Blätter, Nr. 2, Januar/Februar 1935, zit. n.: ebenda, S. 114.

756 Vgl. auch Bernd Rabe, Die Sozialistische Front. Sozialdemokraten gegen den Faschismus 1933–1936, Hannover 1984; Karin Theilen, Die Sozialistischen Blätter. Sprengstoff gegen das System. Ein Periodikum des hannoverschen Widerstands gegen den Nationalsozialismus, in: Marlis Buchholz/Claus Füllberg-Stolberg/Hans-Dieter Schmid (Hrsg.), Nationalsozialismus und Region. Festschrift für Herbert Obenaus zum 65. Geburtstag, Bielefeld 1996, S. 145–166.

757 Vgl. die Angaben zu Karl Dittmar im biografischen Anhang; ferner Rütters (Bearb.) unter Mitarb. von Goers, Der Freie Deutsche Gewerkschaftsbund, S. 947.

758 Vgl. die Angaben zu Fritz Dreßler im biografischen Anhang.

Nicht viel besser sind die Erkenntnisse über den Eisenbahngewerkschafter Oskar Jetzschmann, vor der Machtübernahme der Nationalsozialisten EdED-Sekretär in Hanau, der sich nach 1933 in der illegalen Arbeit der SPD engagierte. Jetzschmann wurde im Zuge des Ermittlungsverfahrens schwer misshandelt und „nahm sich am 1. Mai 1936 im Hanauer Untersuchungsgefängnis das Leben."[759] Der „Biografische Anhang" der vorliegenden Studie enthält zahlreiche weitere Hinweise auf ehemalige Funktionäre des EdED, auf die an dieser Stelle lediglich hingewiesen sei. Verwiesen sei abschließend auf das Widerstandsnetzwerk um das ehemalige ZdA-Mitglied Horst Patzig,[760] in dem – Recherchen von Eberhard Podzuweit zufolge – die EdED-Funktionäre Erich Nieter, Hermann Fischer und Ernst Leuschke und andere mitarbeiteten.[761]

Zusammenfassend lässt sich feststellen, dass die Mitarbeit von ehemaligen Funktionären der Eisenbahngewerkschaften, insbesondere des EdED, in sozialdemokratischen bzw. sozialistisch dominierten Widerstandsgruppen bis heute weitgehend unerforscht geblieben ist. Vergleicht man die knappen Ausführungen der im vorliegenden Kapitel skizzierten sozialdemokratischen bzw. sozialistischen Widerstandsgruppen, in denen sich auch ehemalige Funktionäre des EdED engagierten, zeigen sich hinsichtlich Umfang, Dauer und Intensität ihrer Widerstandsaktivitäten zum Teil erhebliche Unterschiede. Das gilt auch für ihr Verhältnis zur Sopade, der sozialdemokratischen Exilorganisation. So standen zum Beispiel die „Roten Rebellen" und die „Sozialistische Front" in deutlicher Distanz zur Sopade. Dennoch verteilten die „Roten Rebellen" in erster Linie die illegale Sopade-Zeitschrift „Sozialistische Aktion", während die „Sozialistische Front" – im Unterschied zur „Gruppe Markwitz" und den Akteuren der „Brotfabrik Germania" – eine eigene gleichnamige Zeitschrift als illegales Aufklärungsorgan herstellte. Nicht nur hinsichtlich der Kontakte zur Sopade, sondern auch in der Frage der Schaffung einer neuen Arbeiterbewegung unter den Stichworten „Einheitsfront" und „Einheitspartei" grenzten sich diese beiden Gruppen deutlich von der Sopade ab. Das Widerstandsnetzwerk der „Brotfabrik Germania", die „Zentrale der illegalen SPD am Niederrhein",[762] und die sozialdemokratische Widerstandsgruppe unter Leitung von Jakob Ott und Karl Maier standen der Sopade weniger kritisch gegenüber. Das

759 Vgl. Judith, Pákh, Das rote Hanau. Arbeit und Kapital 1830–1949, hrsg. von der IG Metall Hanau-Fulda, Hanau 2007, S. 708.

760 Horst Patzig (geb. 6. September 1912 in Limbach), SAJ- und später SAPD-Mitglied, seit 1932 SPD-Mitglied, seit 1930 ZdA-Mitglied und nach 1933 Vertreter eines Kaffeegeschäftes. Vgl. auch Siegfried Grundmann/Eugène Martres, Hugo Geissler. Vom Dresdner SA-Mann zum Kommandeur der Sicherheitspolizei und des SD in Vichy, Berlin 2012, S. 96 ff.

761 Vgl. die Angaben zu Erich Nieter, Hermann Fischer und Ernst Leuschke im biografischen Anhang. Zur genannten Widerstandsgruppe vgl. demnächst die an der FU Berlin entstehende Dissertation von Eberhard Podzuweit, Widerstand von Eisenbahngewerkschaftern gegen den Nationalsozialismus in Mittel- und Ostdeutschland.

762 Bludau, Gestapo – geheim! Widerstand und Verfolgung in Duisburg 1933–1945, S. 27.

gilt vermutlich auch für das eher lokale Widerstandsnetzwerk in Limburg um Johann Wolf und Josef Ludwig, denen es in erster Linie um die „Aufrechterhaltung des organisatorischen Zusammenhangs“[763] ging und über deren nach außen gerichtete Aktivitäten keine Quellen vorliegen. Im Vergleich zu den umfangreichen Aktivitäten der illegalen Berliner SPD[764] unter Leitung von Alfred Markwitz, die mit zahlreichen führenden Gewerkschaftern des EdED, des DMV und der „Illegalen Reichsleitung“, des „Reichsbanners Schwarz-Rot-Gold“ und der Sopade in Verbindung stand, kommt der Limburger Gruppe lediglich eine begrenzte lokale Bedeutung zu.

Abschließend sei jedoch betont, dass die Frage des Engagements von Eisenbahngewerkschaftern in sozialdemokratischen bzw. sozialistisch dominierten Widerstandsgruppen bis heute nur zu einem geringen Teil aufgearbeitet ist und dass der Beitrag in der vorliegenden Publikation sich in erster Linie als Anregung für weitere Forschungen versteht.

763 BArch, NJ 2544, Bl. 36, Urteil des OLG gegen Johann Wolf u. a., 9. 1. 1941.

764 Vgl. Sandvoß, Die „andere“ Reichshauptstadt, S. 91.

6. Gewerkschaft Deutscher Lokomotivführer: Die Widerstandsgruppe „Nordbahn" um Otto Scharfschwerdt

Soweit Lokomotivführer im Widerstand gegen das NS-Regime aktiv waren, betätigten sie sich in der Regel in illegalen Gruppen des EdED. Bislang konnten nur sehr wenige Hinweise gefunden werden, die auf eine illegale Betätigung von Einzelpersonen aus der GDL, der bedeutendsten Interessenvertretung der Lokomotivführer, schließen lassen. Eine der wenigen Ausnahmen ist Otto Scharfschwerdt (senior), der vor 1933 Mitglied des Vorstandes der GDL war.[1] Scharfschwerdts Bemühungen waren zunächst darauf gerichtet, die GDL nicht von den NS-Verbänden vereinnahmen zu lassen.[2] Ähnlich agierte auch der GDL-Vorsitzende Josef Warstein, der Ende des Jahres 1933 den Vorsitz niederlegte. Wie bereits dargestellt, hatte die GDL im Frühjahr 1933 unter Warsteins Führung ihre Organisationsform geändert und firmierte nicht mehr als Gewerkschaft, sondern als „Verein Deutscher Lokomotivführer". Der Verein war dem „Reichsbund Deutscher Technik" unterstellt, verlor nach 1933 immer mehr an Autonomie und löste sich schließlich 1936/37 schrittweise auf.[3] Josef Warsteins Vorstandskollege Otto Scharfschwerdt lebte in Hohen Neuendorf, einem Vorort nördlich von Berlin, im Kreis Niederbarnim. Scharfschwerdt traf sich mit seinen sozialdemokratischen Mitstreitern und beteiligte sich an der Herstellung von Druckschriften. Allerdings mussten die Widerstandszirkel früh etliche Verluste durch Verhaftungen hinnehmen. Scharfschwerdt wurde – gemeinsam mit seinem Sohn Otto Julius Emil, der in der Sozialistischen Arbeiter-Jugend (SAJ) aktiv gewesen war und nur einige Wochen nach der Machtübernahme Hitlers eine provokative Rede anlässlich einer Jugendweihefeier gehalten hatte – in

1 Vgl. zum Lebensweg von Otto Scharfschwerdt Arnd Groß, Scharfschwerdt, Otto (1887–1943), in: Gottwaldt, Eisenbahner gegen Hitler, S. 206–211 und im biografischen Anhang.

2 Vgl. Arnd Groß, Scharfschwerdt, Otto (1887–1943), in: Mielke (Hrsg.), Gewerkschafter in den Konzentrationslagern Oranienburg und Sachsenhausen, Bd. 1, S. 264 f., hier S. 264.

3 Vgl. 100 Jahre GDL. Geschichte der Gewerkschaft Deutscher Lokomotivbeamten und Anwärter 1867–1967, S. 219 ff.

„Schutzhaft“ genommen.[4] Die SA verschleppte Vater und Sohn in das „frühe“ Konzentrationslager Oranienburg.[5] Während für den Sohn Otto Julius die Haftzeit zwei Tage dauern sollte, musste der Vater, Otto Scharfschwerdt (senior), fünf Wochen die erniedrigenden Haftbedingungen des Konzentrationslagers ertragen, das durch die Oranienburger SA-Standarte in einer alten Brauerei errichtet worden war.

Otto Scharfschwerdt, der Mitglied der SPD war, hielt bereits seit Mitte 1933 Kontakt zu ehemaligen sozialdemokratischen Funktionären und Mitgliedern der Freien Gewerkschaften in Berlin. Darunter war unter anderem Theodor Haubach, der 1933/34 gemeinsam mit Karl Heinrich eine vor allem aus Mitgliedern des „Reichsbanners Schwarz-Rot-Gold“ bestehende sozialdemokratische Widerstandsgruppe in Berlin aufbaute.[6] Auch zu Hans Jahn muss es in dieser Zeit direkte Kontakte gegeben haben, wie aus einem Spitzelbericht für die Berliner Gestapo hervorgeht: „In der Wohnung des Dr. [Theodor] Haubach fand am 19. 6. 34 eine Besprechung zwischen Dr. Haubach (R[eichs]B[anner]), [Hans] Jahn (Gewerkschaften] und einer Person des Bezirksvorstandes der SPD statt. Jahn erklärte vorweg, daß vor 14 Tagen im Berliner ‚Clou‘ eine Tagung der deutschen Lokführer stattgefunden habe. Das frühere Vorstandsmitglied des Deutschen Eisenbahnerverbandes, [Otto] Scharfschwerdt, ist von sächsischen und Hamburger Delegierten in die Tagung eingeschmuggelt worden. Die Lokführer hatten eine Gleichschaltung abgelehnt. Aus den Unterhaltungen mit den Delegierten hat Scharfschwerdt gefolgert, daß die Lokführer im alten Gewerkschaftssinn ‚zuverlässig‘ sind. Außerdem ist auch Schwarfschwerdt von Arbeitgeberseite die Frage gestellt worden, wie die alten Gewerkschaftler zu einer Wiederaufnahme ihrer Gewerkschaftsarbeit stehen.“[7] Weiter heißt es in dem Bericht des Informanten der Gestapo, dass Scharfschwerdt sich veranlasst sah, „zu dem Gewerkschaftsführer [Hermann] Schlimme zu gehen und dort die Frage aufzuwerfen: ‚Wie verhalten wir uns bei einer Änderung der politischen Lage oder bei Eintritt der offenen Krise?‘ Zur Besprechung dieser Frage wurde Jahn hinzugezogen.“[8]

Nachdem die illegalen Berliner SPD-Leitungen um Alfred Markwitz (Berlin-Lichtenberg) 1935 und Alfred Lowack (Berlin-Kreuzberg) 1936 durch die NS-Verfolger zerschla-

4 Vgl. LAB, C Rep. 118-01, Nr. 10380, OdF-Fragebogen, Otto Emil Julius Scharfschwerdt (geb. 27. August 1909); vgl. auch Kathrin Zahn, Scharfschwerdt jun., Otto (1909–1990), in: Mielke (Hrsg.) i. V. mit Morsch, Gewerkschafter in den Konzentrationslagern Oranienburg, Bd. 3, S. 493 f., hier S. 493.

5 Vgl. Groß, Scharfschwerdt, Otto (1887–1943), in: Mielke (Hrsg.), Gewerkschafter in den Konzentrationslagern Oranienburg und Sachsenhausen, Bd. 1, S. 264.

6 Vgl. BArch, R 58/3315, Bl. 5–7, GO1 meldet am 20. Juni 1934: „Betrifft: Besprechung der illegalen SPD-Gewerkschafts- und Reichsbannerführer“, abgedr. als Dok. 19: Spitzelbericht über interne Strukturen der illegalen Gewerkschaften und über die Zusammenarbeit von Gewerkschaftern mit Vertretern anderer Organisationen, in: Mielke/Frese (Bearb.), Die Gewerkschaften im Widerstand und in der Emigration, S. 157–160.

7 Ebenda, S. 157 f.

8 Ebenda, S. 158.

Otto Scharfschwerdt, o. J.
BArch, Bild Y 10-8758

gen worden waren, „sammelten alte Gewerkschafter wie Otto Scharfschwerdt [...] und Hermann Schlimme (ADGB-Bundessekretär) jene gesinnungstreuen ehemaligen Gewerkschaftsfunktionäre, Parteisekretäre, SPD-Anhänger und Reichsbannermänner, die den bisherigen Verfolgungen entgangen waren und den Mut zur Fortsetzung der Untergrundarbeit aufbrachten."[9] Die Widerstandsgruppe „Nordbahn", angeführt durch Scharfschwerdt, entfaltete illegale Aktivitäten in Hohen Neuendorf, Hammer, Liebenwalde, Bergfelde, Birkenwerder und in Ladeburg bei Bernau. Da alle Orte an der Regionalbahnlinie „Nordbahn" lagen, erhielt die Gruppe ihren Namen. Sie soll zeitweise bis zu 120 Anhänger gehabt haben.[10] Wie viele Mitglieder zum engeren Kreis gehörten, ist nicht bekannt. Auf jeden Fall müssen es allein Dutzende gewesen sein, die den logistischen Aufwand zur Herstellung und Verteilung von Flugblättern leisteten. Besondere Bedeutung für die Gruppe, in der auch Erich Wienig (Berlin und Birkenwerder), Hermann Schlimme (Berlin), Erich Hahn[11] (Birkenwerder) sowie

9 Sandvoß, Die „andere" Reichshauptstadt, S. 106; vgl. zu Details auch BArch, NJ 1973, Prozessunterlagen Otto Scharfschwerdt.

10 Diese Zahl soll Erich Wienig nach 1945 genannt haben. Vgl. Hans-Rainer Sandvoß, Widerstand in Wedding und Gesundbrunnen, Berlin 2003, S. 61.

11 Vgl. zu Details Sylvia Rochow, Hahn, Erich (1890–1966), in: Mielke (Hrsg.) i. V. mit Morsch, Gewerkschafter in den Konzentrationslagern Oranienburg und Sachsenhausen, Bd. 2, Berlin 2003, S. 223 ff.

Kurt Noack (Hohen Neuendorf) wichtige Funktionen übernahmen, hatten die Kontakte nach Berlin.[12] Der Schwerpunkt der Gruppe lag zwar auf einer parteipolitischen Agitation im Sinne der SPD. Doch Hermann Schlimme, der bis zur Zerschlagung der Freien Gewerkschaften Sekretär des ADGB-Bundesvorstandes gewesen war und zeitweise in engem Austausch mit Scharfschwerdt stand, schrieb 1945: „Illegale Gewerkschaftsarbeit habe ich mit mehreren Kollegen der Verbandsvorstände zur Aufrechterhaltung der Fundamente der deutschen Gewerkschaften des ADGB betrieben, auch mit [Otto] Scharfschwerdt, dem Führer des Verbandes der Lokomotivführer, Walter Maschke, Cäsar Thierfelder, Erich Bührig, Otto Eichler, Martin Krebs, Wilhelm Leuschner waren im Bunde mit mir. In meinem Prozess [Scharfschwerdt und andere] [waren zahlreiche][13] Personen beteiligt, die restlos verurteilt wurden. Oswald Wiersich, [Wilhelm] Leuschner gingen [später] in den Tod, viele ins KZ."[14] In einem Dossier der Gestapo zur Entwicklung der „Illegalen Reichsleitung" der Gewerkschaften wird Otto Scharfschwerdt als eine von deren Leitungspersonen für den „Bereich Eisenbahn" erwähnt, wenngleich diese Zuordnung aus einer Überbewertung der Funktion von Scharfschwerdt im Netzwerk sozialdemokratischer Gewerkschafter resultierte.[15]

Intensive Verbindungen hielt die „Gruppe Nordbahn" nach Berlin-Wedding und Berlin-Spandau. Nach der Festnahme des Widerstandskreises um den Spandauer „Reichsbanner"-Führer Karl Heinrich, ein früherer Major der Preußischen Schutzpolizei, nahmen Ende 1935 die bislang nicht entdeckten Anhänger dieser Gruppe Kontakt zu Erich Wienig auf, dem ehemaligen Leiter des Arbeitsamtes Birkenwerder, der in Berlin-Wedding lebte.[16] Erich Wienig und der ebenfalls beim Arbeitsamt Birkenwerder entlassene Buchdrucker Erich Hahn nahmen mit anderen Berliner Widerständlern Kontakt zum engeren Kreis der Gruppe um Otto Scharfschwerdt auf und wurden so selbst zu einem aktiven Teil der „Gruppe Nordbahn". Hans-Rainer Sandvoß stellt in seiner Schrift über den Widerstand in Berlin-Wedding fest: „Ein Blick auf die in fünf Prozessen des Kammergerichtsverfahrens ‚Scharfschwerdt und Genossen' angeklagten Regime-Gegner zeigt, dass nach den [...] Ortschaften aus dem Brandenburgischen der Bezirk Wedding noch am stärksten vertreten war; es war das Werk Erich Wienigs, der vor und nach seiner Zeit als Arbeitsamtsleiter von Niederbarnim (1930–1933) in Wedding wohnte und viele politische Freunde besaß."[17]

12 Vgl. ebenda, S. 61 f.; vgl. zu Details ferner BArch, NJ 1973, Prozessunterlagen (Anklageschriften und Urteile) gegen Otto Scharfschwerdt u. a.

13 Schlimme nennt hier die Zahl 52, die jedoch zu hoch gegriffen ist.

14 Hermann Schlimme, zit. n.: Sandvoß, Die „andere" Reichshauptstadt, S. 106.

15 BArch, R 58/3400, Bl. 27 f., Überwachungsbericht: Die Gestapo beschreibt Stand und Entwicklung der „Illegalen Reichsleitung" der Gewerkschaften, 6. 2. 1935, abgedr. als Dok. 21 in: Mielke/Frese (Bearb.), Die Gewerkschaften im Widerstand und in der Emigration, S. 166–171.

16 Vgl. Sandvoß, Widerstand in Wedding uns Gesundbrunnen, S. 62 f.

17 Ebenda, S. 63.

Neuer Vorwärts

Sozialdemokratisches Wochenblatt

Nr. 33 SONNTAG, 28. Januar 1934

Verlag: Karlsbad, Haus „Graphia“ — Preise und Bezugsbedingungen siehe Beiblatt letzte Seite

Aus dem Inhalt:
Die programmatische Stellung der Deutschen Sozialdemokratie
Segers abenteuerliche Flucht aus der Hölle von Oranienburg
Neue Sensation um Lubbe: Der Hingerichtete war begnadigt
Hitlers Kosakenlegion gegen Rußland

Kampf und Ziel des revolutionären Sozialismus

Die Politik der Sozialdemokratischen Partei Deutschlands

Ein Jahr lang lastet die nationalsozialistische Diktatur über Deutschland, über der Welt. Grundstürzend hat der Sieg der deutschen Gegenrevolution das Wesen und die Aufgaben der deutschen Arbeiterbewegung geändert. Der Knechtschaft und Gesetzlosigkeit preisgegeben ist das Volk im totalen faschistischen Staat. Im revolutionären Kampf die Knechtschaft durch das Recht der Freiheit, die Gesetzlosigkeit durch die Ordnung des Sozialismus zu überwinden, ist die Aufgabe der deutschen Arbeiterbewegung.

I.

Die Bedingungen des revolutionären Kampfes.

Im Kampf gegen die nationalsozialistische Diktatur gibt es kein Kompromiß, ist für Reformismus und Legalität keine Stätte. Die sozialdemokratische Taktik ist allein bestimmt durch das Ziel der Eroberung der Staatsmacht, ihrer Festigung und Behauptung zur Verwirklichung der sozialistischen Gesellschaft. Die Taktik bedient sich zum Sturz der Diktatur aller diesem Zweck dienenden Mittel.

Der revolutionäre Kampf erfordert die revolutionäre Organisation. Die alte Form, der alte Apparat ist nicht mehr, und Versuche zu seiner Wiederbelebung entsprechen nicht den neuen Kampfbedingungen. Neue Organisationsformen mit opferbereiten Kämpfern müssen entstehen. In der Wahl dieser Formen sind wir nicht frei. Noch legt der Gegner durch die Uebermacht seiner Mittel, durch die Brutalität ihrer Anwendung, noch legt uns der Zustand der deutschen Gesellschaft selbst, die unter dem furchtbarsten Druck des ökonomischen, physischen und geistigen Terrors steht, das Gesetz des Handelns auf. Kleine Gruppen bilden sich, sie müssen in teuer erkauften Erfahrungen die Technik ihrer Arbeit erwerben — eine Elite von Revolutionären.

Wenn die Gegensätze im Innern des Faschismus, wenn die stets sich verschärfenden Klassengegensätze im Kapitalismus sich entfalten, wenn Unzufriedenheit und Enttäuschung die Massengrundlage der nationalsozialistischen Herrschaft erschüttern, wenn oppositionelle Strömungen entstehen, und spontane Massenbewegungen beginnen, dann wird es zur Aufgabe der revolutionären Elite, die Gegensätze im Bewußtsein der Massen zu vertiefen, ihre Entwicklung zu lenken, ihre Zielsetzung zu beeinflussen, die Verbindungen auszudehnen und die revolutionäre Organisation zur Massenorganisation zu erweitern.

In den Dienst der Förderung der revolutionären Organisation hat sich von Anfang an die Leitung der deutschen Sozialdemokratie im Ausland gestellt und für die Erfüllung dieser Aufgabe ihre Kräfte und Mittel eingesetzt. Der Druck des Terrors führt in Deutschland selbst zu weitgehender Dezentralisation der illegalen Arbeit. Die in Deutschland selbst unausweichliche Teilung der Arbeit kann nur in der Tätigkeit der Leitung ihre Zusammenfassung finden. Unterstützung und Förderung erhält jede Gruppe, deren revolutionärer Geist dafür bürgt, daß ihre Tätigkeit dem Sturz der nationalsozialistischen Diktatur im Rahmen der Einigkeit der Arbeiterklasse dient. Die Führung ist sich dabei bewußt, daß sie der ständigen Mitwirkung und Beratung der Leiter der illegalen Gruppen bedarf.

II.

Die Ziele der Massenbewegung.

Die Organisation ist das Werkzeug für den revolutionären Kampf. Welches sind seine Bedingungen, was ist sein Ziel?

Bedingungen und Ziele des Kampfes lassen sich nicht willkürlich bestimmen, sie erwachsen aus den sich zuspitzenden Gegensätzen der kapitalistischen Gesellschaft und aus den Tatsachen der nationalsozialistischen Gegenrevolution.

Wir fragen, wofür muß die Arbeiterklasse unter dem faschistischen System kämpfen, welche Kämpfe sind ihr aufgezwungen?

Der Nationalsozialismus leugnet in seiner Theorie die Klassenkämpfe, seine Praxis verschärft sie auf das Grausamste. Seine Herrschaft bedeutet eine unerhörte Steigerung der sozialen Gegensätze, ein neues Erhitzen des Kessels bei gewaltsamer Verschließung aller Ventile. Die Unterdrückung aller Organisationen der Arbeiter und Angestellten, ihre völlige Entmachtung, überliefert sie der Willkür des Großkapitals, in dessen Interessen die Diktatur die Staatsmacht gestellt hat. Diese einseitige Verschiebung der Machtverhältnisse bedroht die Arbeiterschaft mit fortschreitender Verschlechterung ihrer Lebenshaltung. Die Gefahr wird gesteigert durch eine Wirtschaftspolitik, die die Kosten aller Bedürfnisse der breiten Massen erhöht, die Beschäftigung in den Exportindustrien immer mehr drosselt; sie wird vermehrt durch eine Finanzpolitik, die die Massen belastet und immer größere Teile des ihnen abgepreßten Tributs einzelnen vom Regime begünstigten Schichten zuschanzt. Das zwingt die Massen zum Kampf für die Sicherung und Hebung ihrer materiellen Existenz. Aber jede Lohnbewegung ist verboten, jeder Streik wird zur politischen Rebellion!

Aus dieser Situation wird mit Notwendigkeit die Forderung nach Wiederherstellung der Koalitionsfreiheit und der Schaffung sozialer Kampforganisationen als Vertreter der Arbeiterinteressen erwachsen. Ihre Koalitionsfreiheit ist nicht möglich ohne ihre Versammlungs-, Vereins- und Pressefreiheit. Aus den unabweisbaren Bedürfnissen der Arbeiterschaft ergibt sich so die Forderung nach politischen Rechten, entspringt der Kampf um ihre demokratische Bewegungsfreiheit.

Im Heer der Arbeitslosen wächst mit der Dauer der Arbeitslosigkeit die Rebellion gegen eine Gesellschaft, die ihnen das Recht auf Arbeit versagt, verstärkt sich ihre Forderung nach Wiedereingliederung in den Produktionsprozeß, nach einer Ordnung der Wirtschaft, die Arbeitende und Arbeitslose nicht mehr auseinanderreißt, sondern die Arbeitsmöglichkeit gleichmäßig auf alle Arbeitsfähigen verteilt. Diese Bewegung der von der Diktatur betrogenen Arbeitslosen richtet sich unmittelbar gegen die Grundlagen der kapitalistischen Gesellschaft.

Die Kämpfe um die Sicherung der Lebenshaltung der Arbeitenden und um die Wiedereingliederung der Arbeitslosen in den Produktionsprozeß mit allen Kräften zu fördern, die Front der kämpfenden Arbeiter zu verbreitern, den notwendigen inneren Zusammenhang dieser Kämpfe mit dem Ziel des Sturzes der Diktatur den Kämpfenden zum Bewußtsein zu bringen, ist eine der ersten Aufgaben der revolutionären Arbeit.

Die Wiedereroberung demokratischer Rechte wird zur Notwendigkeit, um die Arbeiterbewegung als Massenbewegung wieder möglich zu machen und den sozialistischen Befreiungskampf wieder als bewußte Bewegung der Massen selbst zu führen. Jedes demokratische Recht wird aber zur Bedrohung des Fortbestandes der Diktatur. Der Kampf um die Demokratie erweitert sich so zum Kampf um die völlige Niederringung der nationalsozialistischen Staatsmacht.

Dieser Kampf ist nur revolutionäres Durchgangsstadium zur Eroberung der ganzen Staatsmacht. Der Sturz der Despotie wird sich, wenn nicht äußere Katastrophen ihn herbeiführen, nur in der gewaltsamen Niederringung, nur durch den Sieg im revolutionären Kampfe vollziehen. Er wird sich ergeben, wenn die Bedingungen einer objektiv revolutionären Situation ausgenützt werden von einer entschlossenen, von radikalem Kampfgeist durchseelten, von einer erfahrenen Elite geführten Partei des revolutionären Sozialismus. Er kann nur erwachsen aus der Tat der Massen selbst.

III.

Die Ausübung der Macht.

Diese Art der Eroberung der Macht bestimmt die Art ihrer Ausübung.

Im schweren, opferreichen, leidenschaftlichen Ringen um den Sturz der Diktatur erfüllt sich die Arbeiterbewegung mit radikalem, kompromißlosem Geist. Der politische Umschwung von 1918 vollzog sich am Abschluß einer konterrevolutionären Entwicklung, die durch den Krieg und die nationalistische Aufpeitschung der Volksmassen bedingt war. Nicht durch den organisierten, vorbereiteten, gewollten revolutionären Kampf der Arbeiterklasse, sondern durch die Niederlage auf den Schlachtfeldern wurde das kaiserliche Regime beseitigt. Die Sozialdemokratie als einzig intakt gebliebene organisierte Macht übernahm ohne Widerstand die Staatsführung, in die sie sich von vornherein mit den bürgerlichen Parteien, mit der alten Bürokratie, ja mit dem reorganisierten militärischen Apparat teilte. Daß sie den alten Staatsapparat fast unverändert übernahm, war der schwere historische Fehler, den die während des Krieges desorientierte deutsche Arbeiterbewegung beging.

Die neue Situation schließt jede Wiederholung aus. Die Niederwerfung des nationalsozialistischen Feindes durch die revolutionären Massen schafft eine starke revolutionäre Regierung, getragen von der revolutionären Massenpartei der Arbeiterschaft, die sie kontrolliert. Die erste und oberste Aufgabe dieser Regierung ist es, die Staatsmacht für die siegreiche Revolution zu sichern, die Wurzeln jeder Widerstandsmöglichkeit auszureißen, den Staatsapparat in ein Herrschaftsinstrument der Volksmassen zu verwandeln.

Der revolutionären Regierung obliegt deshalb die sofortige Durchführung einschneidender politischer und sozialer Maßnahmen zur dauernden völligen Entmachtung des besiegten Gegners. Das erfordert:

- Einsetzung eines Revolutionstribunals.
- Aburteilung der Staatsverbrecher, ihrer Mitschuldigen und Helfer in der Politik, der Bürokratie und Justiz wegen Verfassungsbruches, Mordes und Freiheitsberaubung unter Aberkennung der staatsbürgerlichen Rechte.
- Aufhebung der Unabsetzbarkeit der Richter.
- Besetzung aller entscheidenden Stellen der Justiz durch Vertrauensmänner der revolutionären Regierung.
- Grundlegende Umgestaltung der Justiz durch Verstärkung des Laienelementes.
- Reinigung der Bürokratie, sofortige Umbesetzung aller leitenden Stellen.
- Organisierung einer zuverlässigen Militär- und Polizeimacht.
- Völlige Erneuerung des Offizierkorps.
- Aufhebung aller die Freiheit der Arbeiterschaft beschränkenden Gesetze und Verordnungen der nationalsozialistischen Despotie.
- Volle staatsbürgerliche Gleichberechtigung ohne Unterschied der Rasse und Religion.
- Trennung der Kirche vom Staat.
- Unterbindung jeder konterrevolutionären Agitation.
- Sofortiger Erlaß der notwendigen sozialen, wirtschaftlichen und finanziellen Gesetze durch die revolutionäre Regierung.

Die Zerschlagung des alten politischen Apparates muß gesichert werden gegen seine bisherigen gesellschaftlichen Träger. Das erfordert:

- Sofortige entschädigungslose Enteignung des Großgrundbesitzes, Ueberführung der Forsten in Reichseigentum und Reichsverwaltung, Verwendung des Ackerlandes zur Schaffung lebensfähiger Bauern-Siedlungen und genossenschaftlicher Betriebe von Landarbeitern mit ausreichender Förderung durch Staatsmittel.
- Sofortige entschädigungslose Enteignung der Schwerindustrie.
- Uebernahme der Reichsbank in den Besitz und die Verwaltung des Reiches.
- Vergesellschaftung und Uebernahme der Großbanken durch die vom Reich bestimmten Leitungen.

Erst nach der Sicherung der revolutionären Macht und nach restloser Zerstörung der kapitalistisch-feudalen und politischen Machtpositionen der Gegenrevolution beginnt der Aufbau des freien Staatswesens mit der Einberufung einer Volksvertretung, gewählt nach allgemeinem, gleichem, direktem und geheimem Wahlrecht in Einzelwahlkreisen. Die erste Wahlkreiseinteilung erläßt die revolutionäre Regierung.

Die Volksvertretung wählt mit absolutem Mehr (falls notwendig unter Vornahme einer Stichwahl) den Chef der Reichsregierung, der die Reichsminister ernennt. Bis zum Zustandekommen der Wahl bleibt die Revolutionsregierung im Amt.

Das despotische System der zentralisierten Staatsallmacht wird durch die

„Neuer Vorwärts“ – Zeitschrift der Exil-SPD mit der Veröffentlichung des „Prager Manifestes“, 28. Januar 1934.

Bibliothek der FES

Otto Scharfschwerdt druckte gemeinsam mit Erich Hahn zwischen 1933 und 1935 mehrere Tausend Flugblätter, die der Kreis um Erich Wienig in Berlin und im nördlichen Randgebiet verteilte. Bereits Ende des Jahres 1934 wurde das Flugblatt „Aufruf an das deutsche Volk"[18] und „An Alle" mit einer hohen Auflage von mehreren Tausend Stück hergestellt. Ab 1935 folgten die „Zeitberichte", die im Namen der „Front der anständigen Deutschen" herausgegeben wurden und als Schulungsmaterial für die leitenden Funktionäre dienten.[19] Insbesondere die „Zeitberichte" soll Scharfschwerdt allein verfasst haben. Auch im Jahr 1935 folgten weitere Flugblattserien, zum Beispiel ein Flugblatt mit dem Titel „Offener Brief des Kämmerers von Danzig an Dr. Schacht", von dem 3000 Stück in Umlauf gekommen sein sollen. Ab Ende 1934 stellte die Gruppe die eigenständige Produktion von Flugblättern schrittweise ein und beschränkte sich auf die Verteilung von Materialien, die der emigrierte Exilvorstand Sopade im tschechischen Exil hergestellt hatte. Dabei handelt es sich vor allem um die „Sozialistische Aktion" und den „Neuen Vorwärts", die von Mitte 1934 bis Mitte 1935 durch Erich Wienig aus Berlin zu Otto Scharfschwerdt nach Hohen Neuendorf gebracht wurden.[20]

Da Otto Scharfschwerdt – wie viele ehemalige Gewerkschaftsfunktionäre nach ihrer Entlassung 1933 – einer Tätigkeit als Versicherungsvertreter nachging, konnte er sich vergleichsweise unverdächtig bewegen und den Vertrieb der Zeitschriften und Flugblätter an vertrauenswürdige Mitstreiter und Sympathisanten der Gruppe realisieren.[21] Mitglieder waren ausschließlich Sozialdemokraten. Otto Scharfschwerdt war das einzige führende GDL-Mitglied der Gruppe – vermutlich handelte er mehr als Sozialdemokrat und Freigewerkschafter denn als berufsständischer GDL-Funktionär. Für eine Beteiligung von Vertretern anderer

18 In einem Überwachungsbericht der Gestapo heißt es dazu: „Bei einer am 25. 9. 35 […] stattgefundenen Rücksprache wurde u. a. in Erfahrung gebracht, dass sich aus den Kreisen der alten Koalition eine illegale Gruppe gebildet hat, die sich ‚Front der anständigen Deutschen' bezeichnet und eine neue Hetzschrift ‚Aufruf an das deutsche Volk' herausgegeben hat. Das in Pressedruck gehaltene Flugblatt kritisiert die Massnahmen der nationalen Regierung und greift den Führer sowie die Organisation der NSDAP in gehässiger Weise an. […] Die bisherigen Feststellungen haben ergeben, dass sich die illegale Gruppe aus den marxistischen Parteien, den Deutschnationalen, dem Stahlhelm und dem Zentrum zusammensetzt. Die führende Rolle soll jedoch die SPD haben. Die Mitarbeit der Kommunisten wurde abgelehnt, da deren radikales Vorgehen nicht gewünscht ist." Vgl. genauer BArch, R 58/3419, Überwachungsbericht der Gestapo, 26. 9. 1935.

19 Vgl. Sandvoß, Widerstand in Wedding uns Gesundbrunnen, S. 63 ff.; vgl. zu Details BArch, NJ 1973, Prozessunterlagen (Anklageschriften und Urteile) gegen Otto Scharfschwerdt u. a.; vgl. auch zur Tätigkeit der „Front der anständigen Deutschen" BArch, R 58/3491 und zu Details demnächst in der veröffentlichten Dissertation von Eberhard Podzuweit, Widerstand von Eisenbahngewerkschaftern gegen den Nationalsozialismus in Ost- und Mitteldeutschland.

20 Vgl. Sandvoß, Die „andere" Reichshauptstadt, S. 107.

21 Vgl. Groß, Scharfschwerdt, Otto (1887–1943), in: Mielke (Hrsg.), Gewerkschafter in den Konzentrationslagern Oranienburg und Sachsenhausen, Bd. 1, S. 264.

politisch-ideologischer Richtungsgewerkschaften an den Aktivitäten der „Gruppe Nordbahn“ liegen bislang keinerlei Belege vor. Ebenso finden sich neben Otto Scharfschwerdt keine weiteren Eisenbahngewerkschafter im engeren Kreis der „Gruppe Nordbahn“ – auch die Beteiligung des Schlossers und Mitglied des DMV, Willi Krause, der in der Betriebswerkstatt der Niederbarnimer Eisenbahn in Basdorf arbeitete und mehrmals mit Druckschriften „beliefert“ worden war, belegt vor allem, dass die „Gruppe Nordbahn“ keine Gruppe eines spezifischen bzw. genuinen „Eisenbahnerwiderstandes“ gegen das NS-Regime war.[22] Mit Reinhold Weise ist zudem ein lokaler Gewerkschaftsfunktionär einer weiteren freigewerkschaftlichen Organisation vertreten: Weise, der in der Illegalität eng mit Otto Scharfschwerdt und Erich Hahn kooperierte, war bis zur Zerschlagung der Freien Gewerkschaften Ortsvorsitzender des „Verbandes der Deutschen Buchdrucker“ in Birkenwerder. Er brachte nach Ansicht des Berliner Kammergerichts den nötigen Sachverstand mit und besaß überdies die technischen Möglichkeiten, um Flugschriften in größerer Anzahl zu produzieren: „In der Druckerei von [Reinhold] Weise wurden […] 1934 bis Frühjahr 1935 etwa 2 bis 3mal die […] von [Otto] Scharfschwerdt in Auftrag gegebenen Flugblätter ‚Front der anständigen Deutschen‘ jeweils in mehreren hundert Stück und im Frühjahr 1935 einmal 1000 Stück des ‚Offenen Briefes an Dr. Schacht‘ gedruckt. Hahn setzte sie, während Weise sie druckte. Das Papier für das Flugblatt lieferte nach der Bekundung Hahns Weise.“[23]

Wie erwähnt, bewegte sich Otto Scharfschwerdt in der Illegalität ausschließlich in einem Umfeld aus Sozialdemokraten und ehemaligen freigewerkschaftlichen Funktionären. Auch zu Willy Vollnberg, ehemaliger Funktionär des Gesamtverbandes der Arbeitnehmer der öffentlichen Betriebe und des Personen- und Warenverkehrs (Gesamtverband), bestand eine enge Verbindung. Vollnberg war im Dezember 1935 von Berlin nach Hohen Neuendorf gezogen.[24] Bald darauf wurde auch er Mitstreiter der „Gruppe Nordbahn“. Zugleich war Vollnberg der Nachbar von Scharfschwerdt und ließ Besucher von illegalen Treffen bei Scharfschwerdt über sein Grundstück in dessen Wohnung, um den strenger beobachteten Scharfschwerdt besser zu schützen. Zugleich war er es, der aufgrund der wachsenden Größe der Gruppe die Weisung erteilte, dass im Falle eines „Hochgehens“ sämtliche Druckschriften schnellstens zu vernichten seien. Auch zur illegalen Gruppe der Eisenbahngewerkschafter um Franz Apitzsch bestand zumindest ein indirekter Kontakt Scharfschwerdts über Friedrich Haberland, der zum Kreis der illegalen Gewerkschafter des EdED in Berlin gehörte.[25] Trotz dieser

22 Vgl. BArch, NJ 11198, Bl. 10 ff., 14, NS-Justizunterlagen im Zusammenhang mit dem Strafverfahren gegen Wilhelm Kolwitz u. a.; vgl. auch zu anderen Details die biografischen Angaben zu Willi Krause im Anhang.

23 BArch, NJ 1973, Bl. 95 bzw. 14, Urteil gegen Otto Scharfschwerdt u. a., 15. 12. 1937.

24 Vgl. Siegfried Katzoreck, Aus dem Leben des Arbeiterfunktionärs Otto Scharfschwerdt, Oranienburg 1972, S. 7.

25 Vgl. zu Details die Informationen im Anhang bei der Person Friedrich Haberland. Diese Verbindung bestätigen auch eine Reihe detaillierter Quellen, die Eberhard Podzuweit in seiner Dissertation verwen-

explizit gewerkschaftlichen Kontakte handelte es sich bei der „Gruppe Nordbahn“ in erster Linie um eine sozialdemokratische Widerstandsgruppe, in der es aber – wie in einigen anderen illegalen Gruppen der damaligen Zeit – keine bewusste Trennung zwischen Partei- und Gewerkschaftspolitik gab. So ging man davon aus, dass ein illegaler Zusammenschluss von Arbeitern, die gleichzeitig der SPD und den Freien Gewerkschaften nahestanden, im NS-Staat eine Notwendigkeit darstelle, um über die Arbeitsverhältnisse und Maßnahmen des NS-Staates diskutieren zu können.[26]

Ein erheblicher Teil der leitenden Funktionäre der „Gruppe Nordbahn“, darunter Erich Wienig, wurde bereits im Januar 1937 festgenommen und kam in Haft. Weitere Verhaftungen erfolgten im März und April gleichen Jahres. Der aus Hermsdorf stammende Widerständler Bernhard Thurow erinnerte sich im Jahr 1952 an die Gründe, die dazu führten, dass die Gruppe zerschlagen wurde: „Diese [illegale] Betätigung ging glatt bis zur Verhaftung des deutschen Kuriers [gemeint ist Willy Vollnberg] an der tschechischen Grenze im Sommer 1936. Die illegitime Frau [d. h. Freundin] dieses Kuriers, die ebenfalls in Hohen Neuendorf wohnte, fiel dann einem Trick der Gestapo zum Opfer und stellte sich dann offensichtlich dieser ganz zur Verfügung, da sie in dem sich daraus später ergebenden Hochverratsprozess als Kronzeugin auftrat und nicht zur Aburteilung stand.“[27] Während der Abwesenheit von Willy Vollnberg, der sich Ende März 1936 in der ČSR aufhielt, hatte sich bei dessen Verlobten Wally Fischer ein Agent der Gestapo gemeldet, der sich als Bekannter Vollnbergs ausgab. Fischer, die politisch unerfahren war und offenbar vor allem aus diesem Grunde kooperierte, gab dem Vertreter der Gestapo Auskunft darüber, zu welchen Personen Willy Vollnberg Beziehungen unterhielt. Als Vollnberg auf dem Rückweg aus der ČSR war, wurde er verhaftet. In den Tagen nach der Aussage von Wally Fischer folgten Observationen und weitere Festnahmen, die auch durch weitere Aussagen von Mitgliedern der Gruppe möglich geworden sein sollen.[28]

Am 20. Januar 1937, als der ehemalige GDL-Funktionär Otto Scharfschwerdt in Belgard (Pommern) seinen 50. Geburtstag feierte, wurde er – wie mindestens 20 weitere Mitglieder der Gruppe, unter denen sich auch die Freigewerkschafter Hermann Schlimme und Cäsar Thierfelder befanden – verhaftet.[29] In fünf Prozessen, die von Mitte des Jahres 1937 bis Anfang 1938 vor dem Berliner Kammergericht stattfanden, klagte die Staatsanwaltschaft

det. Vgl. Podzuweit, Widerstand von Eisenbahngewerkschaftern gegen den Nationalsozialismus in Ost- und Mitteldeutschland.

26 Zu Details vgl. BArch, NJ 1973, Anklageschrift A gegen Otto Scharfschwerdt u. a., 7. 7. 1937 und BArch, NJ 1973, Anklageschrift D gegen Erich Hoffmann u. a., 17. 1. 1938; vgl. insbesondere BArch, NJ 1973, Bl. 90 ff. bzw. 3 ff., Urteil gegen Otto Scharfschwerdt u. a., 15. 12. 1937.

27 Bernhard Thurow, zit. n.: Sandvoß, Widerstand in Wedding uns Gesundbrunnen, S. 66.

28 Vgl. Sandvoß, Widerstand in Wedding uns Gesundbrunnen, S. 66.

29 Vgl. Katzoreck, Aus dem Leben des Arbeiterfunktionärs Otto Scharfschwerdt, S. 8.

45 Personen wegen „Vorbereitung zum Hochverrat" an.[30] Das Kammergericht verurteilte nahezu alle Angeklagten zu Haftstrafen zwischen einem Jahr Gefängnis und sechs Jahren Zuchthaus. Die Mitglieder der „engeren Leitung" der „Gruppe Nordbahn", die als Hauptangeklagte im „Prozess A" vor Gericht standen, erhielten am 15. Dezember 1937 eine mehrjährige Zuchthausstrafe: Otto Scharfschwerdt erhielt die höchste Strafe mit sechs Jahren Haft. Erich Hahn wurde zu viereinhalb Jahren, Erich Wienig zu vier Jahren und drei Monate, Fritz Ammon (Hohen Neuendorf) zu vier Jahren, Reinhold Weise (Berlin) zu drei Jahren, Hermann Schlimme (Berlin) zu drei Jahren, Rudolf Castan (Bergfelde) zu zwei Jahren und neun Monaten und Wilhelm Masuch (Bergfelde) zu zwei Jahren Zuchthausstrafe verurteilt.[31]

Das hohe Strafmaß begründete das Gericht damit, dass die Angeklagten in ihren Schriften nicht zuletzt die Schaffung eines „radikalen Kampfgeistes" zur „gewaltsamen Niederringung" der „Despotie" des Nationalsozialismus gefordert hatten.[32] Aus Sicht der Gruppe war damit ein radikaler Umsturz im Sinne des „revolutionären Sozialismus" gemeint. Schließlich hielt das Gericht in seiner Urteilsbegründung vom 17. Januar 1938 hinsichtlich der „hochverräterischen" Tätigkeiten der Gruppe Folgendes fest: „Im Jahre 1934/35 gingen ehemalige Mitglieder der verbotenen SPD unter Leitung des früheren Lokomotivführers Otto Scharfschwerdt dazu über, in Hohen Neuendorf und in anderen Orten des Kreises Niederbarnim Gesinnungsgenossen zu sammeln und die SPD illegal fortzuführen. Im Zuge dieser Bestrebungen nahm Scharfschwerdt auch Verhandlungen nach Berlin auf, und zwar u. a. zu dem früheren Arbeitsamtsangestellten Erich Wienig. Von Wienig bezog Scharfschwerdt vom Sommer 1934 bis Sommer 1935 laufend illegale Schriften wie ‚Sozialistische Aktion' und ‚Neuer Vorwärts', die Wienig seinerseits von anderen Funktionären der illegalen SPD geliefert erhielt. Daneben unterhielt Wienig in Berlin einen Kreis von Gesinnungsgenossen, den er mit den vorgenannten Schriften sowie von Scharfschwerdt herausgegebenen ‚Zeitberichten' versah und indem er Versammlungen veranstaltete."[33] Es seien zahlreiche „illegale Besprechungen" durchgeführt worden, die zur Anfertigung der „Hetzschriften" gedient hätten: „Diese verfasste der Angeschuldigte [Otto] Scharfschwerdt mithilfe des Angeschuldigten [Hermann] Schlimme, während die Angeschuldigten [Erich] Hahn und [Reinhold] Weise den Druck ausführten. Ausserdem bezog er die von der Leitung der illegalen SPD in Prag herausgegebene ‚Sozialistische Aktion' von dem als Verbindungsmann tätigen Angeschuldigten [Erich] Wienig. Dieser bezog die Schriften von dem Angeschuldigten [Erich] Hoffmann. Hoffmann stand wiederum in Beziehungen zu grösstenteils bereits abgeurteilten

30 Vgl. BArch, NJ 1973, Prozessunterlagen (Anklageschriften und Urteile) gegen Otto Scharfschwerdt u. a.

31 Vgl. Sandvoß, Die „andere" Reichshauptstadt, S. 108; zu Details vgl. BArch, NJ 1973, Bl. 89 bzw. 2 und 104 ff. bzw. 31 ff., Urteil gegen Otto Scharfschwerdt u. a., 15. 12. 1937.

32 Vgl. zu Details BArch, NJ 1973, Bl. 15 bzw. 3, Anklageschrift A gegen Otto Scharfschwerdt u. a., 7. 7. 1937.

33 BArch, NJ 1973, Bl. 4, Anklageschrift D gegen Erich Hoffmann u. a., 17. 1. 1938.

oder vom Reichsanwalt beim Volksgerichtshof verfolgten Berliner Funktionären und stellte so die Verbindung zu der illegalen SPD in Berlin her."[34]

Mit der Ausschaltung der „Gruppe Nordbahn" 1937/38 war der sozialdemokratische/sozialistische Widerstand in Berlin und Brandenburg, der parteipolitische Zielsetzungen mit gewerkschaftlichen „zum Zwecke des Hochverrats" im Sinne „der illegalen SPD" verband, erheblich geschwächt.[35] Otto Scharfschwerdt verbrachte seine Zuchthausstrafe in Brandenburg-Görden. Nach dem regulären Ablauf der Strafe am 20. Januar 1943 wurde er zunächst mit unbekanntem Ziel verschleppt. Anschließend war er im Konzentrationslager Sachsenhausen inhaftiert. Im KZ-Außenlager „Klinkerwerk" musste er schwerste Arbeiten unter inhumanen Bedingungen verrichten; Scharfschwerdt verstarb am 4./5. Mai 1943 im Konzentrationslager Sachsenhausen.[36]

34 BArch, NJ 1973, Bl. 15 bzw. 4, Anklageschrift A gegen Otto Scharfschwerdt u. a., 7. 7. 1937.

35 BArch, NJ 1973, Bl. 90 bzw. 15 und 104 bzw. 31, Urteil gegen Otto Scharfschwerdt u. a., 15. 12. 1937.

36 Die Todesursache und die Umstände des Todes sind bis heute ungeklärt. Scharfschwerdt soll Opfer von Menschenversuchen geworden sein, die an KZ-Häftlingen Flecktyphusimpfungen vornahmen. Vgl. auch die Angaben im biografischen Anhang; vgl. Groß, Scharfschwerdt, Otto (1887–1943), in: Mielke (Hrsg.), Gewerkschafter in den Konzentrationslagern Oranienburg und Sachsenhausen, Bd. 1, S. 265.

7. Verfolgung und Widerstand christlicher Eisenbahngewerkschafter im NS-Staat

1932 sah die GdE in der NSDAP noch keine Bedrohung für das politische System der Weimarer Republik, den Bestand und die Handlungsmöglichkeiten von Gewerkschaften, da „auf der national-sozialistischen Seite […] noch alles in nebelhaftem Dunst gehüllt“[1] sei. In der Verbandszeitung wurde sogar die Meinung vertreten, als parteipolitisch neutrale Gewerkschaft könne man „mit der nationalsozialistischen Bewegung insoweit ein Stück Weges gemeinsam gehen“, soweit sich „diese Bewegung gegen die Abhängigkeit der sogenannten ‚freien‘ Gewerkschaften von der politischen Sozialdemokratie und dem Kommunismus richtet“. „Solange der National-Sozialismus als solcher nicht in Konkurrenz- oder Kampfstellung gegen unsere parteipolitisch und konfessionell neutrale Gewerkschaftsrichtung tritt“, werde er von der GdE genauso „wie jede andere Partei“[2] behandelt. Trotz einer erkennbaren Partei- und Parlamentsverdrossenheit lehnte die GdE jedoch ein „Faschistenreich à la Mussolini in Reinkultur“ strikt ab, da es „den Arbeitern noch gefährlicher würde als der Murks nach rein marxistischem System.“[3] Es lässt sich erkennen, dass die GdE – wie auch das Gros der Freien Gewerkschaften – 1932 sowohl die Auflösungstendenzen der Weimarer Republik während der Präsidialkabinette als auch die Gefahr seitens des erstarkenden Nationalsozialismus deutlich unterschätzte. Noch Ende des Jahres 1932 sah die GdE die Handlungsvoraussetzungen und die eigene Organisationsexistenz durch die Weimarer Republik gewahrt und glaubte, ihre parteipolitische „Neutralität“ behaupten zu können. Ihre Position machte sie jedoch anfällig für eine rasche „Anpassung“ an die Nationalsozialisten nach den Wahlen im März 1933. Unter dem Druck der politischen und gesellschaftlichen Gleichschaltungsprozesse führte die GdE am 29. April 1933 einen außerordentlichen Gewerkschaftstag durch, auf dem formal beschlossen wurde, den Namen des Verbandes in „Gesamtverband deutscher Eisenbahner“ zu ändern und den bisherigen Ersten Vorsitzenden, Oskar Rümmele, entsprechend dem nationalsozialistischen Führerprinzip mit den Rechten und Vollmachten auszu-

1 Was wollen wir?, in: Deutsche Gewerkschaft 25 (1932) 9, 25. 4. 1932.

2 Ebenda.

3 Ebenda.

statten, die dem Gewerkschaftstag bzw. den anderen gewählten Gremien der Gewerkschaften vorbehalten waren.[4]

Der Gleichschaltungsprozess der GdE, der in der Verbandszeitung wenig kritisch begleitet wurde, bedeutete wenige Monate später für die führenden Funktionäre Entlassung und zum Teil auch Haft. Die weitere Entwicklung, das heißt Verfolgung und Widerstand von GdE-Gewerkschaftern, wird bisher in der Sekundärliteratur über Eisenbahngewerkschafter nicht thematisiert. Das gilt für die bereits in der Forschungsstandanalyse erwähnten Publikationen von Helmut Esters, Hans Pelger und Alexandra Schlingensiepen[5] ebenso wie für die Studie von Alfred Gottwaldt[6] und den von Siegfried Mielke und Matthias Frese bearbeiteten „Quellenband"[7] über Gewerkschafter im Widerstand und in der Emigration. Auch in der Gesamtdarstellung zum gewerkschaftlichen Widerstand von Willy Buschak[8] finden sich keinerlei Hinweise auf Verfolgung und Widerstand von christlichen Eisenbahngewerkschaftern. Auch über liberale Eisenbahngewerkschafter sind keine Informationen zu finden. Ebenso bleiben die vergleichsweise umfangreichen Recherchen der Autoren der vorliegenden Studie hinsichtlich des Widerstandes von liberalen Gewerkschaftern aus den Reihen des AEV weitgehend erfolglos. Die Auswertung der Sekundärliteratur und die Überprüfung einer Reihe Funktionäre führten lediglich zu dem Ergebnis, dass Funktionäre des AEV genauso wie ihre christlichen und freigewerkschaftlichen Kollegen von den Nationalsozialisten aus ihren hauptamtlichen Positionen entlassen wurden.[9]

4 Der außerordentliche Gewerkschaftstag, in: Deutsche Gewerkschaft 26 (1933) 10, 8. 5. 1933; Die Beschlüsse des außerordentlichen Gewerkschaftstages, in: ebenda.

5 Vgl. Esters/Pelger/Schlingensiepen, Gewerkschafter im Widerstand.

6 In der Studie von Gottwaldt findet sich lediglich eine Kurzbiografie des Eisenbahners Martin Hassemer, für den sich jedoch keine Funktion in der GdE nachweisen lässt. Vgl. Karolin Steinke, Martin Hassemer (1912–1985), in: Gottwaldt, Eisenbahner gegen Hitler, S. 134–140.

7 Vgl. Mielke/Frese (Bearb.), Die Gewerkschaften im Widerstand und in der Emigration.

8 Vgl. Buschak, „Arbeit im kleinsten Zirkel", 2., aktual. Aufl. 2015.

9 Überprüft wurden anhand der „Kartei zu Personen und Sachverhalten des antifaschistischen Widerstandskampfes" in der Stiftung Archiv der Parteien und Massenorganisationen der DDR im Bundesarchiv Funktionäre des liberalen AEV. Aufgrund der schlechten Quellensituation zum AEV konnten lediglich 28 Funktionäre überprüft werden: Leo Borowicz; Hermann Englert; Elis Erdmann; Robert Fricke; Hugo Gensel; Albert Hanemann; Edmund Heinrich; Willi Herrel; Otto Hoffmann; Otto Käseler; Wilhelm Klank; Fritz Knospe; Edmund Krüger; Ludwig Lange; Walter Pietz; ? Poppenberg; Josef Reichel; Hans Reinhard; Oswald Riedel; Fritz Rieder; ? Rüger; Hugo Scaruppe; ? Schneider; Albrecht Spanner; Friedrich Thamerus; Eberhard Törschen; Franz Wildgrube; Willi Winzig. Die Recherche verlief ohne jedes Ergebnis. Hinweise auf eine Widerstandstätigkeit ergaben sich lediglich bei den Namen Edmund Krüger und Josef Reichel. Bei beiden Personen handelte es sich jedoch um Funktionäre gleichen Namens einer anderen Gewerkschaft. Auch in den Unterlagen der „Reichsfeststellungsbehörde" fand sich kein Hinweis auf Widerstand der genannten Personen. Vgl. genauer BArch, R 1501/10116 und BArch, R 1501/10117. Ebenso blieb eine Anfrage an das Hessische Hauptstaatsarchiv, das eine umfangreiche Datenbank zum Widerstand und zur Verfolgung im NS-Staat in Hessen verwaltet, ohne Erfolg.

Oskar Rümmele, o. J.
EVG Geschichte

Etwas ergiebiger erwiesen sich letztlich die Recherchen zu den ehemaligen Funktionären der christlichen Kollegen. Doch auch hier sucht man selbst in den einschlägigen Publikationen zum Widerstand christlicher Gewerkschafter[10] neben den Hinweisen auf die Entlassung einiger Funktionäre vergeblich nach Informationen über ein Engagement im Widerstand. Entlassen wurde beispielsweise nicht nur der GdE-Vorsitzende und Reichstagsabgeordnete Oskar Rümmele,[11] der vor 1933 auch die Funktion des Vorsitzenden des Gesamtverbandes Deutscher Verkehrs- und Staatsbediensteter inne hatte, sondern auch die allermeisten führenden Funktionäre der GdE, insbesondere diejenigen, die sich vor 1933 als Mandatsträger des Reichstages bzw. der Landtage politisch engagiert hatten, gleichgültig ob sie der DNVP, der Bayerischen Volkspartei (BVP), der Zentrumspartei oder der Deutschen Staatspartei angehört hatten.

Auf weitere Recherchen zum Widerstand aus den Reihen des AEV wurde deshalb verzichtet. Vgl. Schreiben von Peter Haberkorn, Hessisches Hauptstaatsarchiv, Wiesbaden, an die Autoren der Publikation, 6. 6. 2016.

10 Vgl. z. B. Elfriede Nebgen, Jakob Kaiser. Der Widerstandskämpfer, Stuttgart 1967; ferner Jürgen Aretz, Katholische Arbeiterbewegung und Nationalsozialismus. Der Verband katholischer Arbeiter- und Knappenvereine Westdeutschlands 1923–1945, Mainz 1982.

11 Vgl. Lieber Kollege Rümmele, in: Der „Deutsche Eisenbahner-Verband“, 16. 5. 1956; ferner Amtliches Handbuch des Deutschen Bundestages, 2. Wahlperiode, Darmstadt 1953, S. 474; Archiv der sozialen Demokratie, Bestandsübersicht, Bonn-Bad Godesberg 2006, S. 355.

Erwähnt sei unter anderem der Reichstagsabgeordnete Johannes Groß (Zentrum), Vorsitzender des GdE-Landesverbandes Württemberg, der wegen angeblicher Unterschlagung von Verbandsgeldern – ein von den Nationalsozialisten häufig erhobener und wie im Falle von Johannes Groß sehr selten bewiesener Vorwurf – ab Anfang Mai 1933 für sieben Wochen in Haft genommen wurde und ein zweites Mal im Zuge der „Aktion Gewitter" im August 1944 inhaftiert wurde.[12] Nach seiner Haftentlassung 1933 war Groß „mit strenger Polizeiaufsicht belegt". So musste er sich täglich bei der „zuständigen Polizeibehörde" melden. Diese Polizeiaufsicht dauerte ungefähr drei Monate, „nämlich vom 17. 6. 1933 bis Ende September 1933".[13] Das gleiche Schicksal erlitt der ehemalige Reichstagsabgeordnete (Bayerische Volkspartei, BVP) Michael Helmerich, Vorsitzender des Bayerischen Eisenbahnerverbandes in München, der Mitte 1933 für zehn Tage in „Schutzhaft" genommen und im Gefängnis München-Stadelheim inhaftiert war. Im Zuge der „Aktion Gewitter" inhaftierten ihn die Nationalsozialisten für mehrere Wochen im Konzentrationslager Dachau.[14]

Auch andere christliche Gewerkschaftsfunktionäre wie Heinrich Koch, GdE-Funktionär in Wuppertal-Barmen, verließen ihre Position nur auf entsprechenden Druck durch die NS-Bewegung. Am 15. Juli 1933 hatte der neue Kreisleiter des „Deutschen Arbeiterverbandes der öffentlichen Betriebe im Gesamtverband der Deutschen Arbeiter" Heinrich Koch seine Entlassung mitgeteilt. Offensichtlich hatte sich Koch dagegen gewehrt, denn am 19. Juli 1933 schrieb der Verbands-Kreisleiter Koch erneut und drohte ihm, dass er „in den Räumen der G. d. E. nichts mehr zu suchen habe".[15] Weiter heißt es: „Sollten Sie doch nicht gutwillig darauf eingehen, so bin ich gezwungen, Sie durch die S. A. heraus holen zu lassen."[16]

Auch Arthur Adolph, von 1930 bis 1932 Reichstagsabgeordneter der Staatspartei, vor 1933 Bezirksleiter der GdE in Berlin und in den 1920er-Jahren zeitweise als Nachfolger von Wilhelm Herschel Leiter der Abteilung Arbeitsrecht und Betriebsrätewesen der GdE, eine Abteilung, der wegen der betriebsdemokratischen Vorstellungen seiner Gewerkschaft eine wesentliche Bedeutung zukam, verlor seine Gewerkschaftsfunktionen.[17] Verschont blieben auch nicht die

12 Vgl. Schumacher (Hrsg.), M. d. R. Die Reichstagsabgeordneten der Weimarer Republik, S. 160. Gross war am 31. 5. 1945 Mitbegründer des Württembergischen Gewerkschaftsbundes, vor 1933 zeitweise Mitglied des Geschäftsführenden Vorstandes der GdE und Vorstandsmitglied des Deutschen Beamtenbundes, ferner von 1912 bis 1924 Mitglied des Badischen Landtages sowie Mitglied des Reichstages. Vgl. zum Lebensweg von Johannes Groß im biografischen Anhang; Staatsarchiv Ludwigsburg, Sign. EL 350 I Bü 37438, Entschädigungsakte von Johannes Groß.

13 Staatsarchiv Ludwigsburg, EL 350 I Bü 37438, Bl. 8, Schreiben der Rechtsanwälte Dr. Grosse und andere an das Landesamt für Wiedergutmachung, 14. 3. 1947.

14 Vgl. Schumacher (Hrsg.), M. d. R. Die Reichstagsabgeordneten der Weimarer Republik, S. 183.

15 NLA – Standort Wolfenbüttel, 4 Nds Zg: 41/1992, Nr. 1283, Bl. 9, Brief der Deutschen Arbeitsfront/Verband der öffentlichen Betriebe (Wuppertal) an Heinrich Koch, 19. Juli 1933.

16 Ebenda.

17 Vgl. Michael Schneider, Die christlichen Gewerkschaften 1894–1933, Bonn 1982, S. 474, 562; ferner Schumacher (Hrsg.), M. d. R. Die Reichstagsabgeordneten der Weimarer Republik, S. 5.

Deutsche Arbeitsfront

Deutscher Arbeiterverband der öffentlichen Betriebe

im Gesamtverband der Deutschen Arbeiter

Fernsprecher: Wuppertal Nummer 55318/19 — Postscheck-Konto: Essen 13291

Verbandskreisleitung Wuppertal
T/R.

Wuppertal-Barmen, den 19. Juli 1933
Wittensteinstraße 2

Herrn

Hein. K o c h ,
Gewerkschaft Deutscher Eisenbahner

W.- E l b e r f e l d

Ich mache Sie darauf aufmerksam, dass Sie durch Pg. Bolender in meinem Auftrage zum 15. Juli 1933 entlassen worden sind, und dass Sie in den Räumen der G.D.E. nichts mehr zu suchen haben. Ich beauftrage den Pg. Stamm die Geschäfte in Vertretung des Pg. Bolender weiter zu führen. Sollten Sie doch nicht gutwillig darauf eingehen, so bin ich gezwungen, Sie durch die S.A. heraus holen zu lassen.

Heil Hitler!

Deutscher Arbeiterverband der öffentlichen Betriebe Verbands-Kreisleitung Wuppertal

Verbands-Kreisleiter.

Brief der Deutschen Arbeitsfront/Verband der öffentlichen Betriebe an Heinrich Koch, 19. Juli 1933.

NLA – Standort Wolfenbüttel, 4 Nds, Zg. 41/1992, Nr. 1283, Bl. 9

deutschnationalen Politiker wie z. B. der Reichstagsabgeordnete Wilhelm Koch und das Landtagsmitglied Emil Ebersbach: Koch war in den 1920er-Jahren zwischenzeitlich GdE-Funktionär.[18] Der Landtagsabgeordnete Emil Ebersbach[19] gehörte sowohl als Vorstandsmitglied der GdE als auch des Deutschen Beamtenbundes zu den führenden Verbandsfunktionären der GdE. Weitgehend unbehelligt blieben nach ihrer Entlassung nur diejenigen christlichen Gewerkschaftsfunktionäre, die sich wie Theodor Kiefer vor 1933 politisch nicht exponiert hatten und nach ihrer Entlassung ein Gewerbe oder einen Handelsbetrieb gründeten.[20]

Eine Auswertung der Delegiertenliste der Gewerkschaftstage der GdE in Breslau (1925), Trier (1928) und Stuttgart (1931) ergab 62 hauptamtliche GdE-Funktionäre.[21] Eine Überprüfung dieser führenden Funktionäre – Vorstandsmitglieder, Gauleiter und Gewerkschaftssekretäre der großen Ortsgruppen seit 1925 – anhand der „Kartei zu Personen und Sachverhalten des antifaschistischen Widerstandskampfes" und Unterlagen der „Reichsfeststellungsbehörde"[22] im Bundesarchiv und eine Auswertung der einschlägigen Sekundärliteratur ergab nur einige wenige Hinweise auf eine Beteiligung dieser Funktionäre an Widerstandsnetzwerken. Zu den wenigen Funktionären der GdE, die nicht nur verfolgt wurden, sondern auch Widerstand leisteten, gehörte Michael Rott,[23] der von 1921 bis

18 Vgl. Schneider, Die christlichen Gewerkschaften, S. 628; ferner Schumacher (Hrsg.), M. d. R. Die Reichstagsabgeordneten der Weimarer Republik, S. 257.

19 Vgl. Schneider, Die christlichen Gewerkschaften, S. 631.

20 Vgl. Schreiben von Jürgen Schuhladen-Krämer, StA Karlsruhe, an die Verfasser, 29. 9. 2015.

21 Bei Recherchen zu den Namen fanden sich Hinweise auf Widerstandsaktivitäten von Anton Kemp, Albert Schmidt und Josef Hermann. Bei diesen drei in der „Kartei zu Personen und Sachverhalten des antifaschistischen Widerstandskampfes" in der Stiftung Archiv der Parteien und Massenorganisationen der DDR im Bundesarchiv erfassten Personen handelte es sich jedoch nicht um die ehemals christlichen Gewerkschaftsfunktionäre, sondern um Widerstandskämpfer gleichen Namens. Überprüft wurden folgende Funktionäre: August Bohn; Erich Bräunert; Hans Brune; Franz Dauer; Alfred Deubler; Wilhelm Diercks; Claus Dreher; Alfons Elz; Martin Emerling; Gustav Garthen; Johannes Groß; Wilhelm Gutsche; Gustav Gutzke; Josef Händler; Gustav Hahnke; Karl Hartmann; Karl Haubrich; Michael Helmerich; Josef Hermann; Hubert Jipp; Wilhelm Jossten; Arno Kahle; Ernst Kaiser; Josef Kannenberg; Anton Kemp; Theodor Kiefer; Josef Klauke; Franz Klein; Georg Klein; Otto Knebel; Friedrich Koch; Heinrich Koch; Wilhelm Koch; Heinrich Krumeich; Kaspar Laub; Max Lehner; Georg Müller; Karl Müller; Fritz Otto; Karl Raabe; August Rosenfeldt; Eugen Roth; Michael Rott; Oskar Rümmele; Karl Schäfer; Friedrich Scheck; Andreas Schineller; Albert Schmidt; Georg Schmidt; Heinrich Schmitz; Peter Schönbach; August Schuppert; Karl Stöker; Josef Walter; Ferdinand Weinholz; Nikolaus Weißenberg; Heinrich Willinghöfer; Paul Winand; Josef Ziegler.

22 Vgl. genauer im Bestand BArch, R 1501, Unterlagen der „Reichsfeststellungsbehörde".

23 Zu Michael Rott vgl. den Nachlass im Archiv für Christlich-Demokratische Politik der Konrad-Adenauer-Stiftung, St. Augustin, der allerdings nur Dokumente für die Jahre nach Ende des Zweiten Weltkrieges enthält. Vgl. Hans-Holger Paul (Bearb.), Inventar zu den Nachlässen der deutschen Arbeiterbewegung. Für die zehn westdeutschen Länder und West-Berlin, hrsg. vom Archiv der sozialen Demokratie der Friedrich-Ebert-Stiftung, München 1993, S. 554 f.

1933 als Gewerkschaftssekretär der GdE an verschiedenen Orten – in Köln, Dresden, Leipzig, Zwickau, Chemnitz, Krefeld und Münster – fungierte und der nach 1937 in Kontakt zur Widerstandsgruppe um Jakob Kaiser und Wilhelm Leuschner stand.[24] Auch nach 1945 spielte Rott bis zu seinem frühen Tod (1947) eine wichtige Rolle beim Gewerkschaftsaufbau der Nordrhein-Provinz.[25] Zu den Gegnern der Nationalsozialisten gehörte nach 1933 auch das Mitglied des Zentrum Heinrich Tüsch[26] – vor 1933 Eisenbahnobersekretär und Mitglied des Katholischen Beamtenbundes – und Johann Tümmers[27] – gelernter Schreinergeselle, der vor 1933 als Schreiner bei der Deutschen Reichsbahn-Gesellschaft beschäftigt war und wegen des Verstoßes gegen das „Heimtücke-Gesetz" aufgrund von „staatsfeindlichen Äußerungen" verfolgt wurde. Weitere Belege für Widerstandsaktivitäten ehemaliger Funktionäre und Mitglieder der GdE konnten nicht eruiert werden. Das schließt nicht aus, dass es Widerstandsnetzwerke oder eine Mitarbeit von GdE-Funktionären in Widerstandsgruppen gegeben hat. Wurden diese Netzwerke nicht entdeckt, finden sich weder in den Gestapo- bzw. in Gerichtsakten noch in den nach 1945 angelegten Wiedergutmachungsakten entsprechende Belege. Von Interesse erscheint jedoch, dass eine Reihe von EdED-Mitgliedern, die sich nach 1933 insbesondere in der Widerstandsgruppe um Hans Jahn engagierten, am Anfang der Weimarer Republik noch Mitglieder der GdE bzw. des Hirsch-Dunckerschen AEV waren. Erwähnt sei unter anderem Paul Emmen, im „Organisationsplan" (1936) von Hans Jahn Leiter des Bezirks „Westliche Ruhr. Vorort Krefeld", und Heinrich Malina, der als Nachfolger des verhafteten Willi Molitor „zur wichtigsten Scharnierstelle zwischen Illegalität und Emigration" in den Jahren 1935 bis 1936 wurde. Zu nennen wären ferner Louis Fleischer, Wilhelm Sprengnetter und Lambert Horn, der sich später der KPD anschloss und nach 1933 in illegale Aktivitäten der KPD eingebunden war.[28]

24 Nach Darstellung von Elfriede Nebgen gehörte Michael Rott zu einem Widerstandskreis um Heinrich Körner, einem christlichen Gewerkschaftsfunktionär, mit dem sich Jakob Kaiser bei seinen Besuchen im Rheinland regelmäßig traf. Darüber hinaus stand Michael Rott in Kontakt mit dem Widerstandskreis um Carl Friedrich Goerdeler. Vgl ebenda, S. 554; vgl. Elfriede Nebgen, Jakob Kaiser. Der Widerstandskämpfer, Stuttgart 1967, S. 45: „Heinrich Körner gelang es, von 1934/35 an in Bonn einen recht soliden Widerstandskreis zu schaffen, der regelmäßig bei ihm zusammenkam. Neben mehreren ehemaligen Gewerkschaftsfunktionären – u. a. Michael Rott, Willi Elfes, Peter Busen – gehörten Dr. Paul Franken und später auch Andreas Hermes dazu. Wann immer Jakob Kaiser nach Köln kam, stattete er dem Hause Körner und seinem Kreis mehrere Besuche ab."

25 Vgl. Siegfried Mielke (Bearb.) unter Mitarb. von Peter Rütters, Michael Becker, Michael Fichter, Der organisatorische Aufbau der Gewerkschaften 1945–1949, Köln 1987, S. 105.

26 Vgl. die Angaben zu Heinrich Tüsch im biografischen Anhang.

27 Vgl. Aurel Billstein, Der eine fällt, die andern rücken nach. Dokumente des Widerstandes und der Verfolgung in Krefeld 1933–1945, Frankfurt a. M. 1973, S. 78 f.

28 Vgl. die Angaben zu Lambert Horn im biografischen Anhang und insbesondere Carmen Stange, Horn, Lambert (1889–1939), in: Mielke (Hrsg.), Gewerkschafter in den Konzentrationslagern Oranienburg und Sachsenhausen, Bd. 1, S. 197 f.

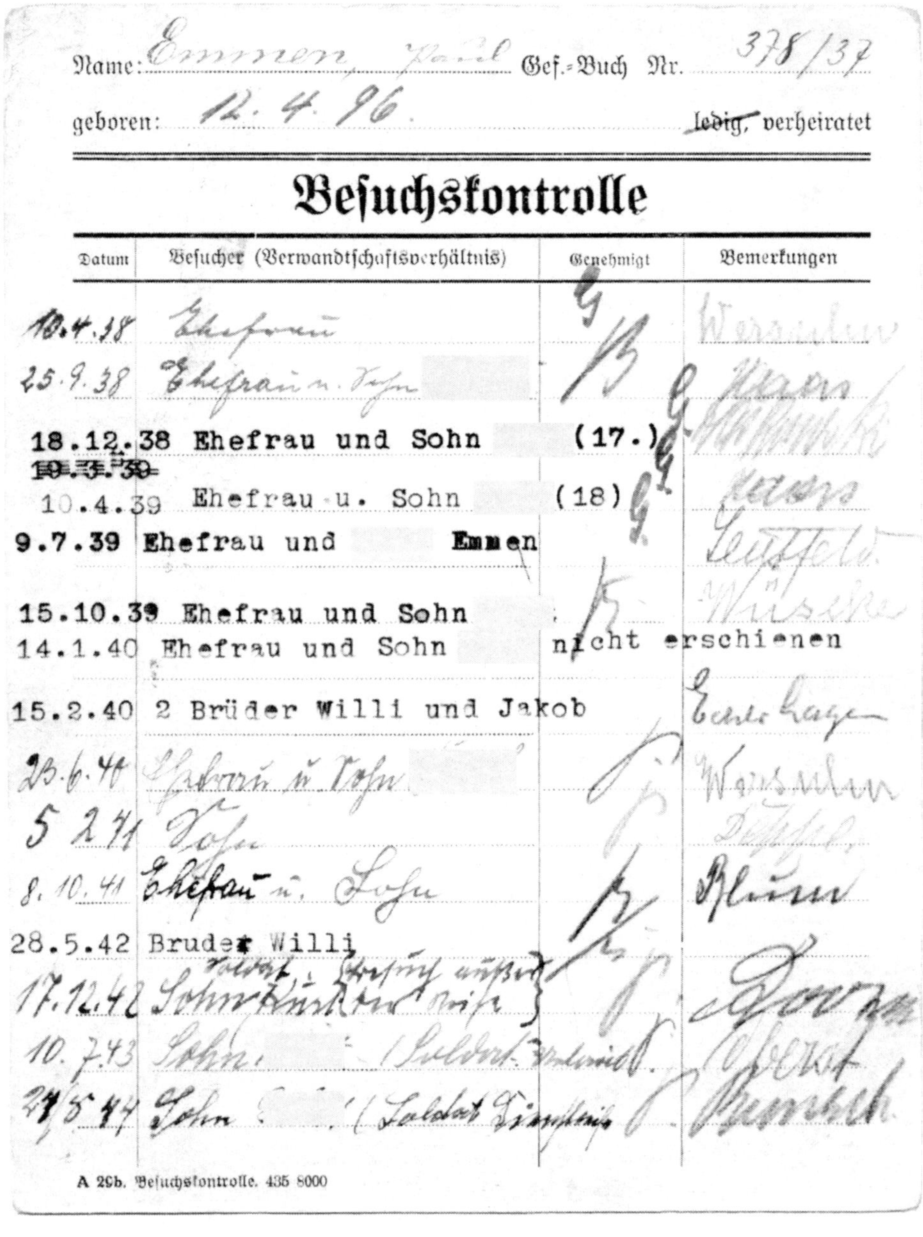

Name: Emmen, Paul Gef.-Buch Nr. 378/37

geboren: 12.4.96 ~~ledig~~, verheiratet

Besuchskontrolle

Datum	Besucher (Verwandtschaftsverhältnis)	Genehmigt	Bemerkungen
10.4.38	Ehefrau		
25.9.38	Ehefrau u. Sohn		
18.12.38	Ehefrau und Sohn (17.)		
~~19.3.39~~ 10.4.39	Ehefrau u. Sohn (18)		
9.7.39	Ehefrau und Emmen		
15.10.39	Ehefrau und Sohn		
14.1.40	Ehefrau und Sohn	nicht erschienen	
15.2.40	2 Brüder Willi und Jakob		
23.6.40	Ehefrau u. Sohn		
5.2.41	Sohn		
8.10.41	Ehefrau u. Sohn		
28.5.42	Bruder Willi		
17.12.42	Sohn		
10.7.43	Sohn (Soldat		
27.5.44	Sohn (Soldat		

A 26b. Besuchskontrolle. 435 8000

Besuchskontrollkarte für den Gefangenen Paul Emmen aus dem Zuchthaus Remscheid-Lüttringhausen.

LAV NRW R, Rep. 163, Nr. 303

8. Kommunistische Eisenbahngewerkschafter im Widerstand gegen den NS-Staat

8.1 Kommunistische Gewerkschaftsgruppen der Eisenbahner (Widerstandsgruppen um Ernst Wörpel in Berlin und Fritz Fischer in Königsberg)

Die Tätigkeit der RGO war bereits seit Mitte des Jahres 1931 verstärkt auf eine drohende Gefahr der Illegalität vorbereitet worden.[1] Dennoch traf die repressive Dynamik nach dem 30. Januar 1933 die kommunistische Gewerkschaft unvermittelt. Die Machtübernahme des Hitler-Hugenberg-Kabinetts wurde als Fortsetzung des „Brüning"-, „Papen"- und „Schleicherfaschismus" interpretiert und nicht als entscheidender Wendepunkt. Vergleiche mit bisherigen Maßnahmen der Sicherheitsbehörden zur Einschränkung kommunistischer Aktivitäten führten zur Unterschätzung der repressiven Dimension der NS-Diktatur. Dennoch riefen Funktionäre des RGO-Reichskomitees wie auch die KPD-Führung unmittelbar nach der Machtübernahme zum Widerstand auf. Die RGO steigerte diesbezüglich ihre Agitation.[2] Obwohl punktuell Streikaktivitäten einsetzten, an denen RGO-Mitglieder maßgeblich mitwirkten, konnte keine größere Streikbewegung entwickelt werden. Der unmittelbar nach dem Reichstagsbrand gesteigerte Terror, der das Verbot der gesamten RGO – also aller „Roten Verbände", Leitungsstrukturen und Industriegruppen wie der Gruppe Eisenbahn – bedeutete, verminderte Hoffnungen, die NS-Regierung schnell in die Knie zu zwingen.[3]

1 Die RGO rechnete bereits im August 1931 mit einem Verbot und verlangte, dass für die Illegalität „Abziehapparate" zu beschaffen seien. Vgl. GStAPK, I. HA Rep. 219, Nr. 162, Bl. 15, Überwachungsbericht der Berliner Polizei, 25. 8. 1931.

2 Vgl. BArch, R 58/3302, Bl. 144 f., Überwachungsbericht der Berliner Polizei, 1. 2. 1933.

3 Noch in der Nacht vom 27. zum 28. Februar 1933 wurden in Berlin circa 1700 und im ganzen Reich mehr als 10 000 Oppositionelle – vor allem Kommunisten, aber auch Sozialdemokraten, Gewerkschafter und kritische Intellektuelle – verhaftet. Nach dem Reichstagsbrand ließ die Hitler-Regierung von Reichspräsident Paul von Hindenburg eine „Notverordnung zum Schutze von Volk und Staat" unterzeichnen, die demokratische Grundrechte der Weimarer Reichsverfassung „bis auf weiteres" außer Kraft setzte und faktisch einen permanenten Ausnahmezustand bis zum Ende des Nationalsozialismus begründete. Hermann Göring ordnete als Reichskommissar im Preußischen Innenministerium die Schließung aller kommunistischen Parteibüros, RGO-Einrichtungen, der Verkehrslokale sowie das unbefristete Verbot

Anhänger der Berliner SA und Mitarbeiter der Politischen Polizei besetzten unmittelbar nach dem Reichstagsbrand am 28. Februar 1933 die Büroräume der RGO (Münzstraße 24).[4] Obwohl einige Unterlagen in Sicherheit gebracht oder vernichtet worden waren, fanden die Nationalsozialisten Materialien mit aufschlussreichen Informationen.[5] Auch aufgrund dieses Fundes wurden in den folgenden Tagen weitere Funktionäre inhaftiert. RGO-Funktionäre, die bisher nicht exponiert in Erscheinung getreten waren, konnten sich länger in der Legalität bewegen. Die Verluste des „RGO-Funktionärskörpers" – insbesondere in den RGO-Hochburgen Berlin, Ruhrgebiet und Hamburg – waren immens. In einem Bericht des Berliner RGO-Bezirksausschusses, der der reichsweit größten RGO-Struktur vorstand, heißt es: „Ungenügende Einstellung auf die Illegalität führte zur sofortigen Verhaftung des Polleiters und erschwerte die Fortführung der politischen Arbeit und des Organisationslebens [...]. Die meisten Industriegruppenleitungen und Unterbezirke verloren die Verbindungen, so dass meistens nur noch einzelne Funktionäre als Leiter übrig blieben. Dadurch riss auch die Verbindung zu einem großen Teil der Betriebsgruppen ab. Hinzu kam die Verhaftung eines großen Teils der leitenden Betriebsfunktionäre. In zahlreichen Industriegruppen sind fast sämtliche Betriebsfunktionäre verhaftet worden."[6]

Ernst Wörpel,[7] der Ende 1930 die Leitung der Industriegruppe Eisenbahn der RGO-Berlin-Brandenburg-Lausitz-Grenzmark übernommen hatte[8] und nicht zuletzt aufgrund dieser Funktion 1931 bei „Siemens" entlassen worden war, beteiligte sich in Berlin und Brandenburg aktiv am kommunistischen Eisenbahnerwiderstand im Rahmen der RGO. Unmittelbar nach dem Reichstagsbrand fanden erste Treffen des RGO-Bezirksausschusses statt. Ungefähr 30 als Wanderer getarnte Personen,[9] unter ihnen Wörpel, kamen in einem Wald bei Wer-

der kommunistischen Presse an. Obwohl die KPD bei der Reichstagswahl am 5. März 1933 noch einen erheblichen Stimmenanteil erhielt, waren die Partei und ihr nahestehende Organisationen wie die RGO mitsamt ihren Verbänden und Industriegruppen durch die Notverordnung de facto für illegal erklärt worden. Vgl. Martin Schuster, Die SA in der nationalsozialistischen „Machtergreifung" in Berlin und Brandenburg 1926–1934, phil. Diss., Berlin 2005, S. 230 ff.

4 Bereits am 3. Februar 1933 hatte in den Berliner RGO-Geschäftsräumen eine polizeiliche Durchsuchung stattgefunden, bei der Materialien beschlagnahmt wurden und eine Reihe RGO-Funktionäre polizeilich „überprüft" wurden. Vgl. BArch, R 58/3294a, Bl. 55 ff., Materialien der Berliner Polizei zur Durchsuchung der RGO-Geschäftsräume, 3. 2. 1933.

5 Vgl. SAPMO-BArch, RY 1/I4/6/37, Bl. 9 ff., Überwachungsbericht der Gestapo und Dossier zu Aufbau und Gliederung der Berliner RGO, zusammengestellt am 15. 6. 1933; ferner BArch, R 58/3294a, Bl. 63 ff., Überwachungsbericht der Gestapo, 27. 6. 1933.

6 SAPMO-BArch, RY 1/I4/6/14, Bl. 179, Provisorischer Bericht des Bezirksausschusses Berlin-Brandenburg, 28. 7. 1933.

7 Vgl. die Angaben zu Ernst Wörpel im biografischen Anhang.

8 Vgl. StA Brandenburg a. d. Havel, Nr. 22.1.17, Bl. 2, Kaderakte Ernst Wörpel, Politischer Fragebogen, 7. 6. 1947.

9 Neben Ernst Wörpel waren darunter andere führende Vertreter verschiedener Industriegruppen und „Roter Verbände" der RGO-Berlin-Brandenburg-Lausitz-Grenzmark: Paul Hegenbart, Gustav Kalinke,

neuchen zusammen, um die illegale Weiterführung der Berliner RGO zu beschließen. In den Widerstandsgruppen der RGO, die sich als Strukturen der „Roten Verbände" oder als Zellen einzelner RGO-Industriegruppen verstanden, wurde eine weitere „Verselbständigung" propagiert, die eine bessere Anpassung an die Illegalität gewährleisten sollte.[10] Mitte März 1933 traf sich der gleiche Kreis Berliner RGO-Funktionäre[11] erneut – diesmal mit Kollegen vom RGO-Reichskomitee.[12] Die kommunistischen Gewerkschafter, unter anderem Wörpel, fuhren in Gruppen von zwei bis vier Personen mit der Berliner S-Bahn nach Birkenwerder bei Berlin. Im Wald „auf dem halben Wege Richtung Summt"[13] fand das Treffen statt. Alle sammelten sich in einer Erdsenke. Die Gewerkschafter kamen zum Schluss, die Erhaltung der RGO-Industriegruppen – dies betraf die Situation in Berlin – und der „Roten Verbände" wie in Königsberg gewährleisten zu müssen.[14] Man wollte die mit der RGO sympathisierenden Arbeiter weiterhin an sich binden und nicht an die Nationalsozialisten verlieren – eine Aufgabe, die Ernst Wörpel als Leiter der illegalen RGO-Industriegruppe Eisenbahn in Berlin und Brandenburg gemeinsam mit Max Keeblatt, über den kaum biografische Details bekannt sind, bis Ende 1934 übernahm.[15] Mehrfach soll sich Wörpel durch Flucht der Ver-

Max Keeblatt, Fritz Neumann, Halla Nürnberger, Paul Schmidt, Walter A. Schmidt, Max Wachtel, Martin Weise, Hermann Wenzel u. a. Vgl. Schmidt, Damit Deutschland lebe, S. 413 f.

10 Vgl. BArch, R 58/3302, Bl. 179 f., Überwachungsbericht der Gestapo, 30. 6. 1933.

11 Folgende Vertreter der Berliner RGO-Leitung, der Industriegruppen und der „Roten Verbände" sollen anwesend gewesen sein: Rudolf Lentzsch, Konni Behrendt, Paul Hegenbart, Gustav Kalinke, Max Keeblatt, Fritz Neumann, Josef Pfaff, Karl Raab, Paul Schmidt, Walter A. Schmidt, Max Wachtel, Hermann Wenzel u. a. Vgl. Schmidt, Damit Deutschland lebe, S. 413.

12 Darunter war der hochrangige RGO-Eisenbahngewerkschaftsfunktionär Roman Chwalek, der eng mit Erich Niendorf zusammenarbeitete und die illegale Organisierung der Eisenbahner für die RGO auf Reichsebene koordinierte. Zeitweise übernahm Chwalek auch die illegale RGO-Reichsleitung. Zu deren Entwicklung: Fritz Schulte hatte von März bis Ende 1933 die Funktion des RGO-Reichsleiters übernommen, wobei er die Aufgaben des Pol.-Leiters und des Agitprop-Leiters in einer Person vereinigte. Im Mai 1933 übernahm Roman Chwalek das Amt des Reichsorganisationsleiters. Seine Frau Martha Chwalek arbeitete als Sekretärin für das RGO-Reichskomitee. In Berlin befand sich ein Büro der RGO-Reichsleitung, das zeitweise als „Zenith Foto- und Filmlampen"-Geschäft (Am Zirkus 7) getarnt war und im Januar 1934 von der Gestapo ausgehoben wurde. Vgl. zu Details im Urteil des VGH 2H2/34-17J 44/34 gegen Wilhelm Agatz u. a. wegen illegaler Betätigung für die RGO, 11. 2. 1935, BArch, ZC 3562, Bd. 17, Bl. 5 ff.; vgl. auch BArch, ZC 3562, Bd. 22, Bl. 2 ff., Der Oberreichsanwalt beim VGH – Anklageschrift 17J 574/33 gegen Roman Chwalek u. a., 18. 4. 1934; vgl. BArch, ZC 3562, Bd. 22, Bl. 1 ff., Urteil des VGH 1H10/34-17J 574/33 gegen Roman Chwalek u. a. wegen illegaler Betätigung für die RGO, 21. 8. 1934.

13 Schmidt, Damit Deutschland lebe, S. 413.

14 Vgl. ebenda; vgl. auch Lydia Dollmann, Chwalek, Roman (1898–1974), in: Mielke (Hrsg.), Gewerkschafter in den Konzentrationslagern Oranienburg und Sachsenhausen, Bd. 1, S. 44–54, hier S. 49.

15 Vgl. ebenda; StA Brandenburg a. d. Havel, Nr. 22.1.17, Bl. 3, Kaderakte Ernst Wörpel, Fragebogen und Lebenslauf, 18. 12. 1945; ferner Schmidt, Damit Deutschland lebe, S. 416.

haftung entzogen haben.[16] Die Gestapo konstatierte unterdessen: „Nach der nationalen Erhebung hat sich das [...] Bild insofern geändert, als die Hauptarbeit innerhalb der RGO den einzelnen Industrie-Gruppenleitungen zufällt [...] um durch selbständiges Arbeiten innerhalb ihrer Berufsgruppe in der gegenwärtigen politischen Situation größeren Erfolg erreichen zu können."[17] Aus anderen Gestapo-Berichten geht hervor, dass die Berliner RGO damit beschäftigt war, ihre Gliederungen zusammenzuhalten und vorläufig die Initiierung von Streikaktivitäten in den Hintergrund trat. Kleinere Proteststreiks gab es trotzdem noch: „Die Meldungen aus den einzelnen Betrieben und Industriegruppen lauten ziemlich gleichartig und bewegen sich in der Richtung, dass [...] in absehbarer Zeit mit Lohnkämpfen größeren Umfangs nicht zu rechnen ist. [...] Die von der R. G. O. beim Antritt der neuen Regierung unter den Belegschaften gezüchtete Stimmung für einen politischen Generalstreik ist inzwischen wirkungslos geworden, und zwar einmal, weil die freien Gewerkschaften ein solches Experiment ablehnen, zum anderen, weil auch die vernünftiger denkenden Elemente der R. G. O. eingesehen haben, dass ein Generalstreik nicht mehr so wirkungsvoll durchzuführen ist, wie beim Kapp-Putsch 1920 oder gegen die Cuno-Regierung 1923, und dass zur wirksamen Durchführung eines solchen unbedingt die Einbeziehung der lebenswichtigen Betriebe notwendig ist."[18] Unabhängig von diesen Schwierigkeiten für eine „revolutionäre" Organisation, als die sich die RGO nach wie vor verstand, wurden ab Mitte März 1933 Versuche unternommen, Verbindung zu ehemaligen Funktionären der RGO aufzunehmen. Kleinere Gruppen sollten durch Kontaktpflege zusammengehalten werden – eine Strategie, die auch bei der Industriegruppe Eisenbahn der RGO und den „Roten Eisenbahnerverbänden" angewandt wurde, wenngleich in dem gesamten Bereich Eisenbahn die Handlungsspielräume für die RGO aufgrund ihrer strukturellen Schwäche bereits vor der Machtübernahme Hitlers begrenzt waren.[19]

Bald nach der Zerschlagung der Freien Gewerkschaften ging die RGO-Führung davon aus, die Arbeiter würden nun begreifen, dass die RGO „die einzige Kraft in den Gewerkschaften" sei, die „die geschichtlichen Traditionen der Klassengewerkschaften"[20] verteidigte.

16 Vgl. StA Brandenburg a. d. Havel, Nr. 22.1.17, Bl. 2, Kaderakte Ernst Wörpel, Politischer Fragebogen, 7. 6. 1947.

17 SAPMO-BArch, RY 1/I4/6/37, Bl. 23, Überwachungsbericht der Gestapo zum Aufbau und zur Gliederung der RGO, zusammengestellt am 15. 6. 1933.

18 GStAPK, I. HA Rep. 219, Nr. 80, Bl. 265, Überwachungsbericht der Gestapo, 8. 3. 1933.

19 In internen Papieren der RGO wurde mit Stand vom August 1932 von 218 000 tatsächlichen RGO-Mitgliedern ausgegangen, von denen die „Roten Eisenbahnerverbände" zusammen lediglich 1650 Mitglieder und die Industriegruppe Eisenbahn 10 000 bis 12 000 Mitglieder für sich beanspruchten. Vgl. zu Details SAPMO-BArch, RY 1/I4/6/8, Bl. 42 ff., 143 ff., 164 ff., 304 ff., Mitteilungen des Landeskriminalamtes Berlin, 15. 10. 1932 und andere Materialien zur Mitgliederentwicklung.

20 SAPMO-BArch, RY 5/I6/3/244, Bl. 18, Vorschläge für die RGO zur Arbeit in den Gewerkschaften aufgrund der letzten Ereignisse, 7. 5. 1933.

Roman Chwalek
GDW, Bildarchiv

Die RGO-Führung, die inzwischen unter Leitung des Reichsorganisationsleiters Roman Chwalek[21] stand, hob am 9. Mai 1933 die Chancen hervor, die sich nun vermeintlich für die RGO eröffneten: „Es ist klar, dass dieser Gewaltstreich gegen die Gewerkschaften ungeheure Auswirkungen bei den Gewerkschaftsmitgliedern ausgelöst hat. Es sind teilweise starke Stimmungen für den Austritt aus den Gewerkschaften beziehungsweise für die Durchführung der Beitragssperre vorhanden. [...] Es gibt jetzt sogar bei unseren Mitgliedern vereinzelt Stimmungen, als ob jetzt unmittelbar der völlige Verfall der Gewerkschaften eintreten würde. Wir müssen solchen Auffassungen energisch entgegentreten. [...] Wir [die RGO] müssen erkennen, dass die Möglichkeiten, große Massen der Gewerkschaftsmitglieder für uns zu gewinnen, noch nie so günstig waren als wie gerade jetzt."[22] Dem RGO-Reichskomitee erschloss sich zunächst nicht, dass die Nationalsozialisten keineswegs die Absicht hatten, die Freien Gewerkschaften bestehen zu lassen. Verborgen blieb der RGO-Führung auch, dass eine Betätigung im angestrebten Sinne nicht mehr möglich war. Unabhängig davon und weil man davon ausging, die eigenen RGO-Strukturen würden in absehbarer Zeit an Bedeutung

21 Vgl. die Angaben zu Roman Chwalek im biografischen Anhang.

22 SAPMO-BArch, RY 1/I4/6/13, Bl. 453 f., An alle Leitungen!, Rundschreiben des RGO-Reichskomitees, 9. 5. 1933.

gewinnen, gab es Bemühungen, einen verzweigten Kurierdienst zwischen RGO-Leitungsgremien, Verbindungsleuten und Einzelpersonen in den Betrieben zu organisieren.[23]

Ab Mitte Mai 1933 suchten einzelne Funktionäre wie Erich Niendorf[24] mithilfe von alten Mitgliederlisten gezielt frühere Gewerkschaftskollegen auf. Die Treffen fanden im Wohnumfeld der Angesprochenen statt. Im Vordergrund standen der Austausch über veränderte Arbeitsverhältnisse, die Stimmung in den Betrieben und bei der Reichsbahn sowie Möglichkeiten zur Verteilung von Materialien. Während die RGO im Bereich der Metallindustrie auch im Frühjahr 1933 noch vergleichsweise gut verankert war – Mitte 1933 waren mehrere Hundert Kommunisten in illegalen Metallgewerkschaftsstrukturen aktiv – konnte beispielsweise der „Rote Eisenbahnerverband" in Ostpreußen, der im Januar 1933 noch 794 Mitglieder erfasst hatte, im Juni 1933 „offiziell" zunächst keine Mitglieder mehr beim RGO-Reichskomitee abrechnen, wenngleich auch dort RGO-Gruppen ihre Arbeit in der Illegalität fortsetzten.[25] Zu den „Roten Eisenbahnerverbänden" an der Saar und in Oberschlesien, die im Januar 1933 noch 336 bzw. 303 Mitglieder bei der RGO-Reichsleitung abrechnen konnten, fehlte zu diesem Zeitpunkt jeder Kontakt. Der „Rote Eisenbahnerverband" in Gotha und Umgebung, dem im Januar 1933 noch 118 Mitglieder angehörten, hatte sich inzwischen aufgelöst. Die Gestapo wusste dennoch zu berichten: „Es sorgt auch ein gut organisierter Nachrichtendienst dafür, dass alle Körperschaften der R. G. O. bis zum Reichskomitee über alle Betriebsvorkommnisse oder Ereignisse in den Industriegruppen und Bezirken schnellstens informiert werden und jederzeit über die Stimmung in der Arbeiterschaft unterrichtet sind."[26] In der Realität bereitete es aber in den Folgemonaten große Schwierigkeiten, die angeblich relativ gut zusammenarbeitenden Funktionen und Posten zu besetzen – insbesondere in den RGO-Industriegruppen, die auch vor der Machtübernahme nicht besonders stark besetzt waren. Dennoch gelang es, vom Frühsommer bis September 1933 eine bessere Verbindung zwischen dem RGO-Reichskomitee und den 27 RGO-Bezirken durch Kuriere aufrecht zu erhalten. Eisenbahner spielten bei den Neuorganisierungsbemühungen eine nebensächliche Rolle. Doch einzelne RGO-Funktionäre, die wie Niendorf Kontakt zur RGO-Reichsleitung um Roman Chwalek hielten, kommunizierten in dieser Zeit zum Teil über ein konspiratives „Chiffrier-System".[27]

Neben der Gruppe um Ernst Wörpel und Max Keeblatt im Berlin-Brandenburger Raum, die sich vor allem aus Gruppen der früheren RGO-Industriegruppe Eisenbahn rekru-

23 Vgl. BArch, R 58/3290, Bl. 238 ff., Überwachungsbericht der Berliner Polizei, 9. 3. 1933.

24 Vgl. die Angaben zu Erich Niendorf im biografischen Anhang.

25 Vgl. SAPMO-BArch, RY 1/I4/6/9, Bl. 151, 154, Mitgliederstand der RGO (vom RGO-Reichskomitee), Juni 1933.

26 SAPMO-BArch, RY 1/I4/6/37, Bl. 24, Überwachungsbericht der Gestapo zum Aufbau und zur Gliederung der RGO, zusammengestellt am 15. 6. 1933.

27 Vgl. BArch, R 58/3303, Bl. 72, Überwachungsbericht der Gestapo, 10. 5. 1933; BArch, R 58/3293, Bl. 141 ff., Überwachungsbericht der Gestapo, 24. 7. 1933.

tierte, existierte zu dieser Zeit in Königsberg eine illegale RGO-Eisenbahnergruppe um die Gewerkschafter Walter Schulz, den Maschinenschlosser Fritz Fischer sowie den Dreher und Lokomotivführer Willi Neumann.[28] Neumann und Fischer waren wie zahlreiche andere RGO-Funktionäre wegen ihrer „verschärften" innergewerkschaftlichen „Fraktionsarbeit" und aufgrund der Aufstellung konkurrierender kommunistischer Betriebsratslisten 1929 aus dem EdED ausgeschlossen und ihrer Funktionen enthoben worden. Sie bildeten gemeinsam mit anderen Eisenbahnern die kommunistische Gewerkschaftsgruppe der „revolutionären Eisenbahner"[29] in Königsberg und Umgebung. Damit war nichts anderes gemeint, als ein Versuch der Fortführung der Gewerkschaftsarbeit im Rahmen des illegalen „Roten Eisenbahnerverbandes", wenngleich die Organisierungsversuche unter den Bedingungen der Illegalität sehr bescheiden blieben. Neumanns Königsberger Lebensmittelgeschäft diente als Treffpunkt für Besprechungen mit früheren Kollegen,[30] und auch Schulz führte ein Zigarrengeschäft, in dem man sich traf;[31] Fischer verteilte illegale Flugblätter.[32]

Darüber hinaus existierten bei den Eisenbahnern in Ostpreußen überregionale Kontakte, so beispielsweise zu Kurt Lucas[33] – der sich in Berlin im Umfeld von Ernst Wörpel im Widerstand der illegalen RGO-Industriegruppe Eisenbahn betätigte und an der Herstellung der illegalen Zeitschrift „Das rote Signal" beteiligt war –, mit dem die Königsberger Gewerkschafter 1933 ebenso wie mit Ottomar Geschke im Konzentrationslager Sonnenburg zusammen trafen.[34] Nach ihrer „Schutzhaft" in Sonnenburg 1933 waren Neumann und Fischer

28 Franz Thies nennt sie „Illegale Gruppe ‚Eisenbahn'". Vgl. LHASA, VdN-Akte Magdeburg, Nr. 402, Erklärung Franz Thies. Mit der Gruppe stand demnach auch der Königsberger EdED-Bezirksleiter Artur Lorenz in Verbindung. Über Schulz konnten bisher leider keine weiterreichenden Informationen ermittelt werden. Er gilt jedoch nach Angaben des Königsberger Kommunisten Ernst General als einer der „Leiter" der Gruppe, vgl. LAB, C Rep. 118-01, Nr. 4034, Bürgschaftserklärung Ernst General; vgl. die Angaben zu Walter Schulz, Fritz Fischer und und Willi Neumann im biografischen Anhang.

29 Vgl. LAB, C Rep. 118-01. Nr. 3113, OdF-Akte Ernst und Maria General, Eidesstattliche Erklärung Fritz Fischer und Willi Neumann, 5. 5. 1953.

30 Vgl. LHASA, VdN-Akte Magdeburg, Nr. 402, eidesstattliche Erklärung von Hermann Mau sowie von Ottomar Geschke.

31 Vgl. SAPMO-BArch, DY 55/V 278/4/122 sowie LAB, C Rep. 118-01, Nr. 4034, Bürgschaftserklärung Paul Köhler.

32 Franz Thies, kommunistischer Funktionär und aktiv im Widerstand gegen den Nationalsozialismus, nannte außerdem eine Verbindung zur Gruppe „Borm", vgl. eidesstattliche Erklärung Franz Thies, LHASA, VdN-Akte Magdeburg, Nr. 402. Vgl. zu Angaben von Thies auch die Unterlagen in: Der Oberreichsanwalt beim VGH – Anklageschrift 6J159/38 gegen August Piaskowski, 1. 6. 1938, in: Nationalsozialismus, Holocaust, Widerstand und Exil 1933–1945, Online-Datenbank.

33 Vgl. die Angaben zu Kurt Lucas im biografischen Anhang.

34 Vgl. LHASA, VdN-Akte Magdeburg, Nr. 402., sowie LHASA, Rat des Bez. MD, VdN-Archiv Nr. M 117, Bürgschaften von Kurt Lucas für Willi Neumann und Fritz Fischer. Die Zeitschrift „Das Rote Signal" – nicht zu verwechseln mit der gleichnamigen Betriebszeitung der RGO bei der Berliner Verkehrsgesellschaft – war das Organ der illegalen RGO-Betriebsgruppe Berlin-Anhalter Bahnhof. Die illegale

weiterer polizeilicher Verfolgung ausgesetzt. Neumann wurde 1938 wegen des Vorwurfs der illegalen Leitung der „revolutionären Tätigkeit der Eisenbahner Ostpreußens“[35] in Untersuchungshaft genommen, jedoch aus Mangel an Beweisen nicht angeklagt; später kam er erneut in Haft. Auch Fischer, illegaler Leiter antifaschistischer Aktionen in Königsberg, stand unter Beobachtung der NS-Verfolger. Er wurde, nachdem ihn das Oberlandesgericht Königsberg 1935 zu einem Jahr Gefängnis verurteilt hatte, später erneut inhaftiert. Die RGO-Gruppe hatte ebenfalls Kontakt zu anderen Widerstandszirkeln in Königsberg, darunter auch zu den Metallgewerkschaftern Anastasius Grunwald und Paul Köhler, die in das Netz des illegalen DMV-Widerstandes eingebunden waren.[36]

Die Weiterführung der „ultralinken“ Vorgehensweise prägte die Grundposition kommunistischer Gewerkschaftspolitik bis Mitte 1934.[37] Typische Aktionsformen der gesamten RGO waren zunächst die Mobilisierung zu „Kurzdemonstrationen“ in und vor den Betrieben, die halböffentliche Flugblattverteilung sowie das Malen kommunistischer Parolen an Häuser- und Betriebswände. Über spezielle Aktionsformen der Industriegruppe Eisenbahn der RGO ist wenig bekannt. Insgesamt blieb die RGO-Industriegruppe Eisenbahn im Vergleich zu anderen RGO-Industriegruppen wie zum Beispiel in der Metallindustrie ziemlich schwach. In einem Bericht von Funktionären, der den Schwerpunkt der illegalen Arbeit in der Metallindustrie betonte, wo der illegale EVMB besonders aktiv war, heißt es: „In Berlin sind mit Hilfe des Bezirkskomitees zwei Gewerkschaftszeitungen, zwei RGO-Informationen, 3 Industriegruppenzeitungen Textil, eine Chemie, zwei Eisenbahner, zwei Graphiker, eine Angestelltenzeitung, ein Angestellteninformationsdienst, zwei Metallarbeiterzeitungen, eine Erwerbslosenzeitung, zwei Jugendmaterialien, zwei BVG-Zeitungen herausgebracht worden. Daneben sind eine Reihe von Flugblättern zu [den] Vertrauensleutewahlen, zum 1. Mai in die Betriebe gebracht worden.“[38] Die Berliner RGO-Funktionäre Ernst Wörpel und Max Keeblatt beteiligten sich an der RGO-Strategie „Unabhängiger Klassengewerkschaften“. Damit waren Organisationen gemeint, die unabhängig von der Sozialdemokratie aufgebaut werden sollten. Letztlich blieben die RGO-Mitglieder bei diesen Organisierungsbemühungen unter sich. Die Entwicklung, die Wörpel in Berlin in führender Position unterstützte, wurde nun unter Einfluss deutscher Exil-Kommunisten von der Roten Gewerkschafts-Internationale

Zeitschrift soll auf einem Rotaprint-Apparat in der Wohnung von Walter Kranich hergestellt worden sein. Mitarbeiter sollen neben Kurt Lucas und Walter Kranich Fritz Szczepecki und Wilhelm Borchert gewesen sein. Die Zeitschrift soll auch außerhalb Berlins verteilt worden sein. Vgl. Stroech, Die illegale Presse, S. 244.

35 Vgl. LHASA, VdN-Akte Magdeburg, Nr. 402, Lebenslauf Willi Neumann

36 Vgl. SAPMO-BArch, RY 1/I2/3/149, Bl. 59 ff., Brief von Anastasius Grunwald an die SED, 3. 8. 1948.

37 Vgl. zur Positionierung der RGI: SAPMO-BArch, RY 5/I6/3/244, Bl. 34 f., Ergänzung zu dem Beschluss des ZK der KPD und den Anweisungen über die Durchführung der Bildung unabhängiger Klassengewerkschaften, 23. 11. 1933.

38 SAPMO-BArch, RY 1/I4/6/11, Bl. 150, Bericht aus der RGO-Berlin, circa Anfang 1934.

(RGI) und der KI befördert. Während für den Organisationsbereich der Berliner RGO in der Metallindustrie eine Reihe Erkenntnisse[39] vorliegen, wie sich die illegale Arbeit 1934/35 konkret gestaltete, ist dies im Bereich der RGO-„Eisenbahn" bisher nicht der Fall. Auch Wörpel äußerte sich später dazu nicht.

Nach verschiedenen Verhaftungswellen im Jahr 1933 ging die Gestapo am 18. Januar 1934 gegen das Reichskomitee der RGO vor. Das Berliner Büro, das bis Herbst 1933 durch den Eisenbahner Roman Chwalek und dessen Ehefrau sowie danach durch Wilhelm Agatz betreut worden war, hob die Gestapo aus.[40] In einem Bericht aus den Reihen der RGO heißt es: „Die Verhaftung eines Teils des Reichskomitees, des Bezirkskomitees Berlin sowie einiger Industriegruppenleitungen [...] war zurückzuführen auf die völlige Außerachtlassung der konspirativen Regeln, obwohl die Genossen vom Reichskomitee gewarnt wurden, nicht in das Büro zu gehen, das insgesamt fünf Leute kannten, diese ein- und ausgingen, in dem Besprechungen abgehalten, Material ein- und ausgetragen wurde, haben die Genossen dieses Büro nicht aufgegeben. Das gesamte Adressenmaterial ist der Polizei in die Finger gefallen. Darüber hinaus alles Material, was in die Bezirke geschickt werden sollte."[41] Nachdem die Sicherheitsbehörden aus dem beschlagnahmten Material einen Einblick gewonnen hatten, kam es zu weiteren Festnahmen in fast allen Regionen des Reiches und in nahezu allen RGO-Industriegruppen. Die RGO sprach von 38 wichtigen Funktionären, die verhaftet worden seien. Allein in Hamburg sollen es 18 Personen gewesen sein.[42] Mehrere RGO-Bezirksleitungen wurden über Nacht ausgeschaltet. Ihre Tätigkeit konnte nie mehr ersetzt werden. Auch die Arbeit des RGO-Reichskomitees brach im Januar/Februar 1934 nahezu vollständig zusammen. Sämtliche Verbindungen zu den Bezirken waren abgerissen, weshalb ein direkter

39 Vgl. Heinz, Moskaus Söldner? Der „Einheitsverband der Metallarbeiter Berlins", S. 326–363.

40 Nach der Verhaftung des Eisenbahngewerkschafters Roman Chwalek am 1. September 1933 tauchte seine Frau Martha für kurze Zeit unter, nahm dann aber wieder ihre Tätigkeit für die RGO-Reichsleitung auf. Sie wurde nun Sekretärin von Fritz Schulte und Wilhelm Agatz. Dieser fungierte nun als Technischer Leiter und neuer kommissarischer Reichsorganisationsleiter. Agatz war es auch, der das Büro der RGO-Reichsleitung von der Cunostraße 64 nach Berlin-Mitte (Am Zirkus 7) verlegte. Ende 1933 wurde der Plan gefasst, das RGO-Reichskomitee ins Ausland zu verlegen. Fritz Schulte reiste deshalb Ende 1933 nach Prag. Wilhelm Agatz führte nun die Reichsleitung, bis er – gemeinsam mit einigen Mitarbeitern – am 18. Januar 1934 von der Gestapo verhaftet und das Büro (Am Zirkus 7) von den Verfolgern geschlossen wurde. Vgl. zu Details BArch, ZC 3562, Bd. 17, Bl. 5 ff., Urteil des VGH 2H2/34-17J 44/34 gegen Wilhelm Agatz u. a. wegen illegaler Betätigung für die RGO, 11. 2. 1935; vgl. BArch, ZC 3562, Bd. 22, Bl. 2 ff., Der Oberreichsanwalt beim VGH – Anklageschrift 17J 574/33 gegen Roman Chwalek u. a., 18. 4. 1934; BArch, ZC 3562, Bd. 22, Bl. 1 ff., Urteil des VGH 1H10/34-17J 574/33 gegen Roman Chwalek u. a. wegen illegaler Betätigung für die RGO, 21. 8. 1934.

41 SAPMO-BArch, RY 1/I4/6/11, Bl. 149, Bericht von Mitgliedern aus dem RGO-Reichskomitee, April/Mai 1934.

42 Vgl. ebenda.

Kurierdienst allenfalls zwischen manchen RGO-Bezirksleitungen und einzelnen Industriegruppen bestand.[43]

Unabhängig von diesen Schwierigkeiten kam es 1934 in verschiedenen Gruppen der RGO – insbesondere aus kleineren Zirkeln, die sich dem Konzept „Unabhängiger Klassengewerkschaften" verpflichtet sahen – zu einer Reaktivierung der Widerstandsarbeit „von unten". Sicher ist, dass zu diesem Zeitpunkt die RGO-Widerstandszirkel unter den Eisenbahnern nicht groß bzw. noch kleiner als im Jahr 1933 gewesen sein müssen. Aufgrund der negativen Entwicklung verbliebener RGO-Strukturen sah sich die KPD-Führung ab Sommer 1934 zu stärkeren Korrekturen ihres Kurses gezwungen. Zeitgleich forderte die RGI-Führung von den deutschen Kommunisten, ein entspannteres Verhältnis zur Sozialdemokratie aufzubauen: „In dieser Situation ist die Schaffung einer einheitlichen gewerkschaftlichen Organisation, die alle antifaschistischen Kräfte zusammenschließt, das dringendste Gebot. [...] Die KPD muss unter den gegebenen Verhältnissen durch ihre Initiative die Wiederherstellung der freien Gewerkschaften als Organe des Klassenkampfes und der Wiedervereinigung der ehemals in den freien Gewerkschaften organisierten Arbeiter und der besten Teile der Funktionäre in Angriff nehmen. [...] Die erfolgreiche Durchführung dieser wichtigen Aufgabe erfordert: a) dass die Taktik der Kommunisten bei dem Wiederaufbau der freien Gewerkschaften als Klassenorganisationen eine äußerst elastische ist, unter Ablehnung jedes Schematismus und in unerbittlichem Kampf gegen das vorhandene Sektierertum [...]."[44] Damit wurden auch die RGO und deren Strategie insgesamt infrage gestellt.

Die KPD-Führung erklärte daraufhin am 1. August 1934 in einer Resolution, es sei die Aufgabe aller Anhänger, mit sozialdemokratischen Gruppen Verbindungen aufzunehmen und Grundlagen für ein gemeinsames Handeln zu schaffen.[45] Die Herstellung einer Einheit wurde nun zur Bedingung für den Wiederaufbau explizit freier Gewerkschaften gemacht. Das ZK der KPD verwarf die Losung zur Bildung „Unabhängiger Klassengewerkschaften".[46] Neuere Quellen belegen die Dispute in der KPD-Führung[47] um die Frage der Durchsetzung

43 Vgl. SAPMO-BArch, RY 1/I4/6/11, Bl. 95, Bericht über die Tätigkeit der RGO seit Januar 1934, 29. 5. 1934.

44 SAPMO-BArch, RY 5/I 6/3/345, Bl. 11, Resolution zur deutschen Gewerkschaftsfrage, circa Anfang Juni 1934.

45 Vgl. Brief aus Anlass der Tagung des ZK mit den Bezirkskomitees und Betriebsfunktionären, in: Rundschau 3 (1934) 45, S. 1863 ff.

46 „Aktionseinheiten" mit sozialdemokratischen Arbeitern sollten den „Wiederaufbau der Gewerkschaften" vorbereiten. Die RGO-Mitglieder sollten sich dabei einbringen, damit sich die RGO und die „Roten Verbände" bald auflösen könnten. Vgl. ebenda.

47 Bereits seit Monaten fanden Streitigkeiten statt. Bis heute ist nicht genau geklärt, in welchem Umfang es dabei tatsächlich um inhaltliche Fragen ging und sich auf der einen Seite Verfechter der Fortsetzung einer „ultralinken" Politik (angeblich: Franz Dahlem, Wilhelm Florin, Fritz Schulte und Hermann Schubert) und auf der anderen Funktionäre wie Walter Ulbricht und Wilhelm Pieck zusammenfanden. Letztere hätten laut DDR-Geschichtsschreibung einer Bündnis-Orientierung zum Durchbruch verhel-

einer unbedingten Vorrangstellung der Partei gegenüber den Nebenorganisationen.[48] In den folgenden Monaten zeigten sich in der Führung und an der Basis Differenzen über die Gestaltung der „Einheitsfrontpolitik" und der konkreten Gewerkschaftsarbeit. Häufig resultierten Kontroversen aus Schwierigkeiten und Ängsten, nun ernsthaft in der Praxis neue und bisher unbekannte Wege beschreiten zu müssen. Andererseits standen sich durchaus verschiedene Positionen gegenüber.

Es war nur noch eine Frage der Zeit, bis das RGO-Reichskomitee in Übereinstimmung mit der KPD-Führung, der KI und RGI die Selbstauflösung der gesamten RGO proklamierte.[49] Als letzten Akt teilte die RGO-Spitze mit, das Gebot der Stunde sei die „Schaffung einer einheitlichen, breiten, gewerkschaftlichen Massenorganisation, die die ehemaligen freigewerkschaftlichen und christlichen Kollegen, die Mitglieder der RGO und roten Verbände gemeinsam mit den unzufriedenen NSBO- und SA-Leuten zur Aktion gegen den gemeinsamen Feind, den Kapitalismus und dessen faschistische Banden"[50] zusammenschließen werde. Nachdem das ZK der KPD 1934/35 die „ultralinke" Politik einer allgemeinen Revision unterzogen hatte und die Repression der NS-Sicherheitsbehörden kaum mehr zu kompensieren war, löste sich die Berliner RGO zögerlich auf. Unstimmigkeiten existierten in verschiedenen RGO-Gremien und an der Basis weiter zur Frage, inwieweit „organisierte RGO-Struk-

fen wollen. Fest steht allerdings, dass sich ab Herbst 1934 ein Kompetenzgerangel mit Detailfragen in der Positionierung zur SPD vermischte. Dabei wurden Vorhaltungen in instrumenteller Weise gegen die jeweils andere Führungsgruppe gerichtet. Sicher ist auch, dass Pieck und Ulbricht Mitte 1934 Versuche unternahmen, um zu Übereinkünften mit linken SPD-Vorstandsmitgliedern in Prag zu kommen, ohne dass sie die übrigen Politbüromitglieder darüber informiert hatten. Deshalb verschärfte sich wohl der Konflikt in den KPD-Leitungsgremien erheblich. Mit Blick auf die Verlautbarungen aus den KPD- bzw. RGO-Strukturen kann inzwischen ziemlich sicher davon ausgegangen werden, dass die Differenzen in der Führung auch auf unterschiedlichen Ansichten an der Basis resultierten. Dabei ging es um Fragen, wie und unter welchem Vorzeichen die künftige Widerstandsarbeit zu gestalten war. Eine Erklärung der Politbüro-Mehrheit, die sich gegen Ulbricht und Pieck wandte, veranlasste die Politische Kommission des Exekutivkomitees der Kommunistischen Internationale (EKKI) Ende Oktober 1934 zu einer Resolution, in der sie sich gegen „linkssektiererische" Abweichungen der Mehrheit aussprach. Noch immer fehlt eine Untersuchung, die die Auseinandersetzungen mithilfe des inzwischen zugänglichen Archivmaterials analysiert. Vgl. Beatrix Herlemann, Die Emigration als Kampfposten. Die Anleitung des kommunistischen Widerstandes in Deutschland aus Frankreich, Belgien und den Niederlanden, Königstein 1982, S. 40 ff.; vgl. zu Details der Auseinandersetzungen in der Gewerkschaftsfrage Heinz, Moskaus Söldner? Der „Einheitsverband der Metallarbeiter Berlins", S. 286–363.

48 Vgl. Andreas Herbst, Kommunistischer Widerstand, in: Peter Steinbach/Johannes Tuchel (Hrsg.), Widerstand gegen die nationalsozialistische Diktatur 1933–1945, Berlin 2004, S. 33–55, hier S. 40.

49 Im Dezember 1934 beschloss die KPD-Führung die Auflösung der RGO. Die Veröffentlichung der Entscheidung erfolgte sofort. Ein gleichlautender Beschluss des EKKI zur Unterstützung der „Parteiposition" folgte erst kurz darauf (19. Januar 1935). Vgl. GStAPK, I. HA Rep. 90 P, Bd. 2, Bl. 195, Meldung der Geheimen Staatspolizei über die Liquidierung der RGO, Dezember 1934.

50 Unabhängige Gewerkschafts-Zeitung, illegale Ausgabe, Ende 1934, Nr. 3.

turen" doch noch als „Hebel" zur Schaffung freier Gewerkschaften fungieren könnten oder ob nur die konsequente Auflösung der gesamten RGO der Weg zum Erfolg wäre. Ob sich Ernst Wörpel und Max Keeblatt an der ab diesem Zeitpunkt von der KPD propagierten Taktik des „Trojanischen Pferdes" im Rahmen der DAF beteiligten, konnte nicht rekonstruiert werden.[51] Es erscheint fraglich, da der Widerstand gerade in der illegalen Berliner KPD gegen diese Form kommunistischer Betätigung nicht unwesentlich war.

Nachdem das ZK der KPD im Januar 1935 bei einer Beratung die Neuausrichtung des Widerstandes bestätigt hatte,[52] wurde die „ultralinke" Politik auf dem VII. Weltkongress der KI im Juli/August 1935 und bei der „Brüsseler Konferenz"[53] der KPD (Oktober 1935) einer allgemeinen Revision unterzogen.[54] Über das Ausmaß der Kurskorrektur gab es auch an der kommunistischen Basis bzw. bei früheren RGO-Funktionären unterschiedliche Ansichten. Die Parteikonferenz, die in Moskau stattfand, erklärte das Festhalten an der „Sozialfaschismus"-These für falsch, verwarf höchst offiziell die Politik „Roter Verbände" und hielt stattdessen nur noch die Taktik des „Trojanischen Pferdes" in der DAF für erforderlich.[55] Zur Frage nach möglichen Erfolgen liegt zu wenig Material vor, um zu einer genauen Einschätzung zu gelangen. Offenbar konnten die Folgen verheerend sein, da sich auch manch Kommunist der ideologischen Integration der DAF nicht entziehen konnte.

Wegen seiner illegalen kommunistischen Aktivitäten nahm die Gestapo Ernst Wörpel im Januar 1937 fest. Ihm wurde „Vorbereitung zum Hochverrat" vorgeworfen. Das Berliner Kammergericht verurteilte Wörpel zu einer dreijährigen Zuchthausstrafe, die er bis Januar 1939 unter anderem im Zuchthaus Brandenburg an der Havel verbüßte. Vorzeitig entlassen, nahm ihn die Gestapo bald darauf in „Schutzhaft". Bei vielen kommunistischen Gewerkschaftern schloss sich an die reguläre Strafverbüßung eine „Schutzhaft" in einem Konzentrationslager an. Die NS-Verfolger überführten den kommunistischen Gewerkschafter im Juni 1942 in das Konzentrationslager Sachsenhausen, wo er bis 24. November 1942 – registriert

51 Wie die Belagerer Trojas, die der Sage nach die befestigte Stadt nur verborgen im hölzernen Pferd einnehmen konnten, sollten die Kommunisten innerhalb der NS-Massenorganisation DAF im Hintergrund wirken. Im Rahmen der Politik des „Trojanischen Pferdes" wurde die Aufdeckung des Missverhältnisses zwischen Versprechungen und ihrer mangelhaften Realisierung als Ansatzpunkt zur „Eroberung größerer Massen" angesehen. Festzustellen bleibt, dass sich dieser Ansatz seit Monaten angekündigt hatte, der jedoch bei vielen KPD-Mitgliedern – gerade in Berlin – auf wenig Gegenliebe stieß. Vgl. Hermann Weber, Kommunistischer Widerstand gegen die Hitler-Diktatur 1933–1939, Berlin (West) 1988, S. 15; SAPMO-BArch, RY 1/I2/3/385, Bl. 10 ff., Informationen über die Einheitsfrontpolitik der KPD und ihre Durchführung der Beschlüsse des VII. Weltkongresses, 20. 12. 1935.

52 Vgl. BArch, R 58/3293, Bl. 205 f., Überwachungsbericht der Gestapo, 21. 3. 1935.

53 Vgl. zu Details die Dokumentation Günter Fuchs/Erwin Lewin/Elke Reuter/Stefan Weber (Hrsg.), Brüsseler Konferenz der KPD von 1935, Dokumentation auf CD-ROM, Berlin 2000.

54 Vgl. Herbst, Kommunistischer Widerstand, S. 41.

55 Vgl. SAPMO-BArch, RY 1/I2/3/385, Bl. 10 ff., Informationen über die Einheitsfrontpolitik der KPD und ihre Durchführung der Beschlüsse des VII. Weltkongresses, 20. 12. 1935.

unter der Häftlingsnummer 43214 – inhaftiert war.[56] Nach mehrmonatiger Haftzeit nahm Wörpel eine Erwerbstätigkeit in der Berliner Maschinenfabrik „Ludwig Loewe & Co. AG“ (Berlin-Tiergarten) auf. Ob er sich in diesem Betrieb noch in Opposition zum Nationalsozialismus betätigte, konnte nicht rekonstruiert werden. Ähnlich kompliziert ist die Quellenlage hinsichtlich der Königsberger Gewerkschafter um Fritz Fischer, über die noch weniger als über den Berlin-Brandenburger Kreis der RGO-Eisenbahn bekannt ist.

Die RGO-Mitglieder – soweit sie weiterhin im Widerstand tätig waren – einte längere Zeit das Problem, sich selbst einzugestehen, dass sie eine Niederlage erlitten hatten. Die künftige Entwicklung verlangte ihnen die Bereitschaft ab, ihre Denk- und Arbeitsweise umzustellen.

8.2 Eisenbahngewerkschafter in kommunistisch dominierten und überparteilichen Gruppierungen

Mit verschiedenen Widerstandsformen reagierten kommunistische Eisenbahngewerkschafter auf den Beginn des NS-Regimes. Ihre Ideologie erwies sich als gewisser Schutz davor, nicht in Resignation zu verfallen und war insoweit sinnstiftend, als sie die „Machtergreifung in den Kategorien einer [antikommunistischen] (Schein)Kontinuität“[57] interpretierten: Schienen sich doch die jahrelangen Prophezeiungen eines schleichenden „Übergangs“ zum „Faschismus“ zu bewahrheiten. Zwischen dem in der Weimarer Republik geführten Kampf für eine revolutionäre Perspektive und den bald einsetzenden Widerstandsaktivitäten gab es einen spezifischen Zusammenhang, auf den Widerständler in den späteren Anträgen auf Entschädigungsleistungen oft unbewusst hinwiesen.[58]

56 Der genaue Zeitpunkt der Einlieferung in das Konzentrationslager Sachsenhausen lässt sich nicht mehr bestimmen. Vgl. AS, JSU 1/98, Bl. 322, Veränderungsmeldung wegen der Entlassung Ernst Wörpels aus dem KZ Sachsenhausen, 24. 11. 1942; vgl. Auskunft der Gedenkstätte und Museum Sachsenhausen (Monika Liebscher), 8. 1. 2013; vgl. zu Details Stefan Heinz, Ernst Wörpel (1893–1950), in: Mielke/Heinz (Hrsg.) unter Mitarb. von Pietsch, Gewerkschafter in den Konzentrationslagern Oranienburg und Sachsenhausen, Bd. 4, S. 782–787, hier S. 786 f.

57 Andreas Wirsching, Kommunistischer „Antifaschismus“ in Berlin und Paris zwischen den Weltkriegen, in: Detlef Schmiechen-Ackermann (Hrsg.), Anpassung, Verweigerung, Widerstand. Soziale Milieus, Politische Kultur und der Widerstand gegen den Nationalsozialismus in Deutschland im regionalen Vergleich, Berlin 1997, S. 201–219, hier S. 215.

58 Vgl. ebenda, S. 215. So gaben nicht wenige kommunistische Gewerkschaftsfunktionäre sinngemäß an, sie hätten nach dem 30. Januar 1933 trotz der zunehmenden politischen Repression und Gewalt seitens der NS-Bewegung „weiter“ politisch gearbeitet. Vor allem die repressive Dynamik der Jahre 1933/34 traf kommunistische Gewerkschafter recht unvermittelt. Die Regierungsübernahme des Hitler-Hugenberg-Kabinetts wurde im Sinne der „Sozialfaschismus“-These vorrangig als Fortsetzung des „Brüning-, Papen- und Schleicherfaschismus“ interpretiert und nicht als alles entscheidender Wendepunkt. Ver-

Sowohl Teile der KPD als auch ihrer größeren „Nebenorganisationen" wie die RGO und deren Industriegruppe Eisenbahn waren im ersten Halbjahr 1933 von einer „Schockstarre" betroffen. Dennoch gelang es insbesondere kommunistischen Gruppierungen vergleichsweise schnell, sich auf ein koordiniertes Vorgehen im Kampf gegen den NS-Staat zu verständigen. Kontakte von kommunistischen Gewerkschaftern zu den leitenden KPD-Strukturen brachen zwischenzeitlich ab. Vermutlich war dies nicht nur ein Resultat der Verfolgung oder eine Sicherheitsmaßnahme. Zumindest bei einem Teil derjenigen kommunistischen Gewerkschafter, die zum Widerstand bereit waren, sank offenkundig das Vertrauen in „ihre" Partei. Doch die Distanz zur eigenen Partei resultierte in gleichem Maß aus Orientierungen, mittels derer Kommunisten im Widerstand eigene Schwerpunkte ihres Handelns setzten. So finden sich Eisenbahngewerkschaftsfunktionäre in der Frühphase des NS-Regimes einerseits in gewerkschaftlichen und oftmals berufsspezifischen Widerstandsgruppen der RGO sowie andererseits in von der KPD parteipolitisch dominierten und in der Regel berufsübergreifenden Gruppen. In beiden „Gruppentypen" wurde verstärkt ab Mitte 1933 eine illegale kommunistische Gewerkschaftsarbeit mit einem ähnlichen grundlegenden Ziel im Hinblick auf die revolutionäre Überwindung des NS-Staates und den Aufbau des Kommunismus, aber mit verschiedenen Orientierungen, wie und mit wem dieses Ziel zu erreichen sei, praktiziert.[59]

In der Illegalität entschieden Kommunisten – mehr als in Zeiten der Legalität – in gewissem Maße selbst, in welcher Form sie sich für Ziele „ihrer" Partei engagierten. Ihre Praxis ging keineswegs in einer sturen Umsetzung von Direktiven auf.[60] Schließlich gab es durchaus Befürchtungen, eine Fixierung auf die Parteiarbeit könnte explizit gewerkschaftliche Zielsetzungen „hemmen". Während also bei einem Teil der in der Illegalität aktiven kommunistischen Gewerkschafter das Vertrauen in die KPD sank, weil deren Funktionäre sich lediglich dann für die RGO und deren „Rote Verbände" interessierten, wenn sie beabsichtigten, Funktionäre aus der illegalen Gewerkschaft herauszuziehen und in die für wichtiger befundene Parteiarbeit zu überführen, kam für andere ein Engagement für die mitunter selbst in den eigenen Reihen als „sektiererisch" deklarierte RGO keinesfalls infrage – erst recht nicht unter

gleiche mit bisherigen Maßnahmen zur Einschränkung der Betätigung führten zur Unterschätzung der bisher ungekannten repressiven Qualität der NS-Diktatur. Vgl. Herbst, Kommunistischer Widerstand, S. 33 ff.

59 Vgl. auch Kap. 8.1 und Heinz, Moskaus Söldner? Der „Einheitsverband der Metallarbeiter Berlins", S. 277–285, 286–483.

60 So die Annahme in zahlreichen Forschungsarbeiten zum kommunistischen Widerstand. Vgl. die instruktiven Ausführungen von Klaus-Michael Mallmann, Konsistenz oder Zusammenbruch? Profile des kommunistischen Widerstandes 1933–1945, in: Schmiechen-Ackermann (Hrsg.), Anpassung, Verweigerung, Widerstand. S. 221–237, hier S. 228 f.

Bedingungen der Illegalität.[61] Die Einbindung von kommunistischen Gewerkschaftern in ein lokales Umfeld sorgte in der Regel eher dafür, dass Beschlüsse der KPD zwar zur Kenntnis genommen wurden, aber durch Besonderheiten vor Ort und durch gewerkschaftspolitische sowie von politischen Fragen unabhängige Kriterien relativiert wurden. Freundschaften, die auf allen Ebenen der Partei und der illegalen „Bewegung" wirkten, hatten eine entscheidende Relevanz, in welchem Gruppentypus kommunistische Gewerkschafter agierten.[62]

Beim Versuch, die illegale Widerstandsarbeit mit gewerkschaftlichen Zielsetzungen zu beleben, unterschätzten viele Kommunisten den Terror der NS-Machthaber, der sie hart treffen sollte. Dies betraf sowohl die bereits vorgestellten illegalen RGO-Strukturen als auch die parteipolitisch dominierten Widerstandsgruppen. Überwachung durch die Gestapo, mehrfache Untersuchungs-, „Schutz"- und KZ-Haft, Berufsverbote oder eine Zuweisung an bestimmte Betriebe betrafen nahezu alle kommunistischen Eisenbahngewerkschafter, die in die Fänge der Sicherheitsbehörden gerieten.[63] Einige bezahlten ihr Engagement im Widerstand mit dem Leben. Die meisten jedoch, die bereits in der Frühphase des NS-Regimes inhaftiert wurden, standen nach ihrer Entlassung aus dem Zuchthaus oder Konzentrationslager vor der Entscheidung, ob sie weiter Widerstand gegen den NS-Staat leisten sollten. Viele kommunistische Eisenbahngewerkschafter versuchten weiterhin, mehr oder minder intensive Verbindungen zur Herstellung eines gewissen Grades an Organisierung aufrechtzuerhalten, die nach der Beschlusslage der KPD auf der „Brüsseler Konferenz"[64] (Oktober 1935) ohne die RGO-Strategie auskam. Insofern bestand ab Mitte der 1930er-Jahre nicht mehr die organisatorische Trennung zwischen illegalen RGO-Gruppen und parteipolitischen KPD-Widerstandsgruppen. Zugleich bestand unter den Kommunisten zumindest Einigkeit darin, die Aktivitäten konspirativ besser zu sichern. Die Hoffnung auf den Erhalt ganzer Organisationen wie der RGO und einzelner „Roter Verbände" unter den erschwerten Bedingungen der Illegalität wurde aufgegeben. Der Wille zum Widerstand speiste sich nicht mehr so intensiv wie in der Vergangenheit aus der Hoffnung des bevorstehenden Umsturzes, weshalb die darauf gerichtete gewerkschaftspolitische Agitation zurückgenommen wurde. Obwohl das Risiko hart bestraft zu werden gewachsen war, beteiligten sich die kommunistischen Gewerkschafter an Organisierungsbemühungen der von der KPD parteipolitisch dominierten Gruppierungen, die sich ab Ende der 1930er-Jahre oftmals weitgehend unabhängig von

61 Vgl. genauer SAPMO-BArch, RY 1/I4/6/5, Bl. 534 f., Protokoll der Sitzung des RGO-Reichskomitees, 24./25. 8. 1934.

62 Vgl. auch Heinz, Moskaus Söldner? Der „Einheitsverband der Metallarbeiter Berlins", S. 364–476.

63 Vgl. beispielsweise dazu genauer die Angaben zu Hermann Friedrich, Karl Goldenbaum, Lambert Horn, Friedrich Jendrosch, Emil Kamradt, Adam Löhr, Otto Janssen, John Sieg, Erich Niendorf, Otto Seeger, Bruno Siegel, Erich Steinfurth, Herbert Zobel, Ernst Sieber und Ludger Zollikofer im biografischen Anhang.

64 Vgl. genauer in Kap. 8.1.

Entscheidungen der illegalen KPD-Spitze konstituierten. Versuche einer zentralen Anleitung waren kaum noch möglich.[65]

Gerade nach dem Überfall auf die Sowjetunion im Juni 1941 wuchs der Widerstand in gewissem Maße und es gelang, den parteipolitischen Apparat mittels betrieblicher Gruppen zu reaktivieren. Zur gleichen Zeit gab es in Einzelfällen kommunistische Bestrebungen, in strömungsübergreifenden Widerstandsnetzwerken wie der „Roten Kapelle" aktiv zu werden, in deren Einzelgruppierungen auch einige frühere Eisenbahngewerkschafter aktiv waren. In allen diesen Gruppen, in denen Kommunisten mitarbeiteten, spielten neben der Agitation für ein rasches Kriegsende, für den Sturz Hitlers und die Verbesserung der sozialen Situation auch mittelbare gewerkschaftliche Forderungen wie die nach Verkürzung der Arbeitszeit und besseren Arbeitsbedingungen eine wichtige Rolle.[66]

An dieser Stelle sollen verschiedene Akteure und Gruppierungen des parteipolitischen Widerstandes der KPD vorgestellt werden, die für die verschiedenen Phasen des parteipolitisch dominierten kommunistischen Widerstandes, an dem sich Beschäftigte der Reichsbahn nur am Rande betätigten, exemplarisch stehen: Nach der Machtübernahme der Nationalsozialisten setzten beispielsweise Otto Seeger und Hermann Friedrich mit illegalen Flugblattaktionen ihre kommunistische und antifaschistische Arbeit im Umfeld der verdeckt agierenden KPD-Unterbezirksleitung in Brandenburg an der Havel fort. Friedrich hatte sich bis Beginn des Jahres 1933 als RGO-Funktionär betätigt.[67] Ein wichtiges Zentrum des Parteiunterbezirks Brandenburg an der Havel waren die Orte Plaue sowie Kirchmöser, wo im Reichsbahnausbesserungswerk das Hauptfeld illegaler Tätigkeiten lag und wo sowohl Otto Seeger als auch Hermann Friedrich beschäftigt waren. Als im Frühjahr 1933 in Brandenburg umfassende Aktionen der NS-Verfolger gegen die Einwohner begannen, die verdächtigt wurden, der KPD anzugehören, gelang es Hermann Friedrich, die Fahne der lokalen Gruppe des „Roten Frontkämpferbundes" vor der Beschlagnahmung zu retten. Otto Seeger geriet bereits in dieser Zeit in die Fänge der NS-Verfolger, so dass er bereits ab Mitte 1933 keine illegalen Tätigkeiten mehr ausüben konnte.[68] Selbst nach einer größeren Verhaftungswelle im September 1933, bei der 45 Kommunisten verhaftet wurden, konnte die illegale KPD-Struktur aufrechterhalten werden. Anfang 1934 begannen die Mitglieder mithilfe von Dreier- beziehungsweise Fünfergruppen sogar wieder mit der Kassierung monatlicher Beiträge, die an die

65 Vgl. auch Mallmann, Konsistenz oder Zusammenbruch? Profile des kommunistischen Widerstandes 1933–1945, S. 221 ff.

66 Vgl. exemplarisch SAPMO-BArch, Flugblattsammlung KPD, Arbeiter und Arbeiterinnen der Berliner Betriebe!, Flugblatt der „Saefkow-Jacob-Bästlein-Gruppe", das als „KPD Berlin" veröffentlicht wurde und sich an die Arbeiterschaft richtete, April/Mai 1944.

67 Vgl. Stefan Heinz, Friedrich, Hermann (1885–1944), in: Mielke (Hrsg.) i. V. mit Morsch, Gewerkschafter in den Konzentrationslagern Oranienburg und Sachsenhausen, Bd. 3, S. 329–331 und im biografischen Anhang.

68 Vgl. zu Details die Ausführungen zu Otto Seeger im biografischen Anhang.

Hermann Friedrich, ca. Mitte der 1930er-Jahre.
GDW

illegale Inlandsleitung der KPD in Berlin abgeführt wurden.[69] Zugleich gaben sie verschiedene illegale Schriften heraus. Die NS-Sicherheitsbehörden beobachteten diese Aktivitäten sehr genau und setzten alles daran, die verdeckt operierenden Zusammenschlüsse in Brandenburg zu zerschlagen.

In einem ausführlichen Bericht eines Informanten für die Staatspolizeistelle Potsdam vom November 1934 heißt es neben der Feststellung, es habe sich in den letzten Monaten eine „rege kommunistische Propagandatätigkeit" entfaltet: „Die Stadt war früher rot und ist es meiner Ansicht nach heute im Geheimen auch noch. Mit Heil Hitler, Hacken zusammenschlagen, und anderen Aeusserlichkeiten lässt sich mancher P. O. Mann täuschen. Ich glaube sogar, dass unter den städtischen Beamten und bei der SA eine Menge getarnter Marxisten sind. [...] Das beweist wieder, wie stark die KPD Zelle hier sein muss."[70] Durch den Einsatz eines Spitzels gelang es der Geheimen Staatspolizei, genauen Einblick in die konspirative Tätigkeit der kommunistischen Parteiorganisation zu bekommen. Am 11. November 1934 wurden bei einer großangelegten Aktion der Ortspolizeibehörde Brandenburg in Zusammenarbeit mit der Staatspolizeistelle Potsdam 53 Personen festgenommen, denen man eine

69 Vgl. Heinz, Friedrich, Hermann (1885–1944), S. 329 ff.

70 BArch, R 58/2072, Bl. 1935 f., Überwachungsbericht der Gestapo, November 1934.

Beteiligung am „Neuaufbau der KPD“ unterstellte.[71] 24 von ihnen kamen in Untersuchungshaft nach Potsdam. Unter ihnen war auch Hermann Friedrich. Infolge weiterer Ermittlungen und Aussagen von einigen Personen aus dem Kreis der zuvor Festgenommenen erfolgten zwischen dem 23. und 26. November 1934 in Brandenburg an der Havel und Umgebung nochmals rund 20 Festnahmen wegen „kommunistischer Umtriebe“.[72] Mit dieser Verhaftungswelle und der einhergehenden Repression gegen tatsächliche oder vermeintliche Sympathisanten der KPD legte die Gestapo die KPD-Aktivitäten in Brandenburg an der Havel und in der die Arbeiterstadt umgebenden Region in der Frühphase des NS-Regimes weitgehend lahm. Aufgrund eines Mangels an Beweisen entließ man Friedrich zwar nach drei Monaten aus der Untersuchungshaft. Gegen 25 andere Beschuldigte erhob die Staatsanwaltschaft in Berlin Anklage wegen „Hochverrats“ und verurteilte sie zu hohen Zuchthausstrafen.[73] Auch wenn Friedrich nach seiner Entlassung Schikanen ausgesetzt war und bald zum Arbeitsdienst beim Reichsautobahnbau verpflichtet wurde, konnte er ab dem Jahr 1937 wieder beim Reichsbahnausbesserungswerk eine Tätigkeit als Transportarbeiter aufnehmen, wo es in den folgenden Jahren zu kleineren Widerstandshandlungen aus kommunistischen Kreisen kam.[74] Im Zuge der „Aktion Gewitter“[75] nach dem gescheiterten Attentat auf Hitler vom 20. Juli 1944 wurde Hermann Friedrich Ende August gleichen Jahres in das Konzentrationslager Sachsenhausen verschleppt, wo der ehemalige Gewerkschafter gut zwei Monate später angeblich an den Folgen einer „Brustphlegmone“ verstarb.

Auch der Mecklenburger Kommunist Karl Goldenbaum, der sich wie Hermann Friedrich vor 1933 aktiv für die RGO betätigt hatte und aus dem EdED ausgeschlossen worden war, beteiligte sich gerade in der Frühphase des NS-Regimes an illegalen Flugblattverteilungen. Er wurde wegen seines kommunistischen Engagements im Rahmen illegaler KPD-Zellen in Parchim und Boizenburg von der Gestapo überwacht. Zudem war er Repressalien und Hausdurchsuchungen ausgesetzt, weshalb er 1933 und 1936 in Bremen gewisse Zeit in „Schutzhaft“ verbringen musste.[76]

Paul Schuster, Eisenbahner in Thüringen, betätigte sich ab Mitte des Jahres 1933 sowohl in illegalen gewerkschaftlichen RGO-Strukturen und später in parteipolitischen kommunistischen Strukturen, unter anderem in der Gruppe „Schindler-Rolle“ und in der Gruppe um Paul Hockarth und Karl Berchart.[77] Zeitweise war er Leiter des Unterbezirks Weimar der illegalen KPD. Nach einigen Monaten in „Schutzhaft“ wurde er Anfang September 1934

71 Vgl. BArch, R 58/2072, Bl. 132–165, Unterlagen zur Verfolgung, Ende 1934.

72 Vgl. ebenda, Bl. 145 f.

73 Vgl. ebenda, Bl. 161 ff.

74 Vgl. Heinz, Friedrich, Hermann (1885–1944), S. 331.

75 Vgl. ebenda; zur „Aktion Gewitter“ vgl. Kissener, Die Aktion „Gewitter“, S. 185–197.

76 Vgl. die Angaben zu Paul Schuster im biografischen Anhang.

77 Vgl. zu Details die Ausführungen über Karl Goldenbaum im biografischen Anhang.

Lambert Horn, o. J.
GDW, Bildarchiv

vom Oberlandesgericht Jena wegen seiner illegalen Aktivitäten zu vier Jahren Zuchthausstrafe verurteilt. Später war er noch mehrfach in Konzentrationslagern inhaftiert. Auch der ehemalige Eisenbahngewerkschafter und Kommunist Lambert Horn, der zusätzlich zu seinen parteipolitischen Funktionen ab 1930 Funktionen für die RGO auf regionaler Ebene am Niederrhein übernommen hatte, gehörte zu den Kommunisten im Widerstand, die bereits unmittelbar nach der Machtübernahme Hitlers aktiv wurden.[78] Schon im Februar 1933 ging er in die Illegalität und verwendete zur Tarnung die Decknamen „Erwin Klose" und „Hans". Horn engagierte sich nun nicht mehr in der RGO, stattdessen war er Teilnehmer der bekannten illegalen Funktionärskonferenz der KPD am 7. Februar 1933 in Ziegenhals. Im Mai 1933 wurde er Pol.-Leiter der illegalen KPD-Bezirksleitung für Berlin-Brandenburg-Lausitz-Grenzmark und hatte somit eine wichtige Funktion in einem für die KPD bedeutenden Parteibezirk inne. In diesem Bezirk gab es in den Jahren 1933/34 vergleichsweise viele kommunistische Widerstandsaktionen gegen das NS-Regime. Ende November 1933 verhaftete die Gestapo Horn. Die Verfolger misshandelten Horn und inhaftierten ihn im Konzentrationslager Columbia. Nach der baldigen Verurteilung wegen „Vorbereitung zum Hochverrat" zu drei Jahren Zuchthausstrafe wurde er in das Zuchthaus Remscheid-Lüttringhausen überführt. Wie viele andere wegen „Hochverrats" Verurteilte kam Horn nach der regulären

78 Vgl. zu Details im biografischen Anhang.

Verbüßung der Haftstrafe im November 1936 nicht auf freien Fuß. Die Verfolger verschleppten Lambert Horn am 15. Dezember 1936 in das Konzentrationslager Sachsenhausen. Dort war er aktiver Mitorganisator des Widerstandes im Zusammenhang mit der Bildung einer „Lagerleitung". Nicht zuletzt deshalb erfolgte seine Isolierung im Zellenbau des Konzentrationslagers. Er verstarb Anfang Juni 1939.[79]

Wie Horn kam ebenso der in der Weimarer Republik zunächst in Oberschlesien und später in Berlin aktive Eisenbahngewerkschafter und KPD-Funktionär Friedrich Jendrosch im Konzentrationslager Sachsenhausen ums Leben.[80] Auch Jendrosch hatte sich gerade in der Frühphase der NS-Diktatur für die illegale KPD in Berlin engagiert und sich danach weitgehend zurückgezogen. Er war Repressalien ausgesetzt und wechselte in Berlin mehrfach aus politischen Gründen den Wohnort. Obwohl er in den folgenden Jahren politisch nicht mehr in Erscheinung trat, wurde Jendrosch im Zuge der „Aktion Gewitter" ab Ende Juli 1944 erneut inhaftiert, wobei die Inhaftierung für den ehemaligen Gewerkschafter den Tod bedeutete.[81] Friedrich Jendrosch erging es wie zahlreichen anderen kommunistischen und sozialdemokratischen Gewerkschaftern, die sich in der Frühphase gegen das NS-Regime betätigt hatten, sich danach weitgehend unauffällig verhielten und trotzdem im Zuge der „Aktion Gewitter" erneut in die Fänge der Gestapo gerieten.[82] Auch dass eine Reihe der ehemaligen kommunistischen Gewerkschafter die Strapazen in den zum Kriegsende überfüllten Konzentrationslagern nicht überstanden oder ermordet wurden, war keine Seltenheit.

Repräsentativ für einen Typus des kommunistischen Funktionärs, der zunächst in der Illegalität im Rahmen von Strukturen der RGO wichtige Aufgaben übernahm und sich im Laufe der Zeit vor allem in parteipolitisch dominierten Widerstandsgruppen engagierte, ist Erich Niendorf.[83] Niendorf fungierte ab Anfang der 1930er-Jahre als Leiter der Bezirksleitung Berlin-Brandenburg der Industriegruppe Eisenbahn der RGO. Zugleich war er bis Mitte des Jahres 1932 stellvertretender Vorsitzender des Betriebsrates des Reichsbahnausbesserungswerkes Berlin-Schöneweide. Aufgrund der regen Betätigung für die RGO war Niendorf – wie zahlreiche andere Gewerkschafter, die sich in der RGO engagierten – noch vor Beginn der NS-Diktatur entlassen worden. In der Illegalität übernahm Niendorf zunächst die Funktion eines Instrukteurs der Bezirksleitung der RGO-Eisenbahn. Über die Verbindung zum KPD-Unterbezirk Berlin-Schöneberg näherte er sich immer mehr parteipolitisch orientierten Widerstandsgruppen an, für die er bereits zeitweise parallel tätig war. Er arbeitete mit illegalen KPD-Gruppen in den Eisenbahnbetrieben in Berlin-Schöneberg, Berlin-

79 Vgl. ebenda.

80 Vgl. zu Details die Ausführungen über Friedrich Jendrosch im biografischen Anhang.

81 Frank Wollin, Jendrosch, Friedrich (1890–1944), in: Mielke (Hrsg.) i. V. mit Morsch, Gewerkschafter in den Konzentrationslagern Oranienburg und Sachsenhausen, Bd. 3, Berlin 2005, S. 373–375, hier S. 375.

82 Zur „Aktion Gewitter" vgl. Kissener, Die Aktion „Gewitter", S. 185–197.

83 Vgl. zu Details die Ausführungen über Erich Niendorf im biografischen Anhang.

Tempelhof und Berlin-Zehlendorf zusammen. Anfangs in RGO-Gruppen, später in eher kleineren Parteizellen und konspirativ besser gesicherten Parteizellen der genannten Stadtteile verteilte Niendorf illegales Material und beteiligte sich an der Sammlung von Geldern für inhaftierte Kollegen. Zeitweise war er in einer illegalen Gruppe aktiv. Trotz gewisser Vorsichtsmaßnahmen erfolgte im Mai 1937 Niendorfs Festnahme und eine vierwöchige Inhaftierung. Bald darauf kam es zu einer weiteren Haftzeit. Ende September 1938 verurteilte der Erste Strafsenat des Kammergerichts Berlin Niendorf wegen „Vorbereitung zum Hochverrat" zu 15 Monaten Gefängnis. Die Haftstrafe verbüßte der kommunistische Widerständler in den Strafanstalten Berlin-Tegel und Frankfurt an der Oder. Anschließend stand er unter Polizeiaufsicht und war bis 1945 nochmals für kurze Zeit inhaftiert.[84]

Heinrich Wiatrek, der ab 1929 Org.-Leiter der KPD für Oberschlesien und Mitglied des Provinziallandtages Oberschlesien war, erlebte die Machtübernahme des NS-Regimes im Ausland.[85] Von November 1932 bis Oktober 1934 war er Kursant der Internationalen Lenin-Schule in Moskau. Im November 1934 reiste er nach Düsseldorf. Dort war er Pol.-Leiter und dann Org.-Leiter der regionalen illegalen KPD. Bald darauf stieg er sogar zum Kandidaten des illegalen ZK der KPD auf. Doch kurze Zeit später wurde Wiatrek als „Trotzkist" verdächtigt.[86] Daraufhin verlor er zunächst die Funktion(en) in der Partei. Er wurde jedoch rehabilitiert und konnte zum Leiter der KPD-„Auslandsleitung Nord" in Kopenhagen aufsteigen. Im Frühjahr 1940 sollte Wiatrek zur Verstärkung der illegalen Arbeit nach Hamburg gehen, doch er blieb aus Sicherheitsgründen in Kopenhagen. Aber auch dort blieb er von einer Verhaftung nicht verschont. Mitte Mai 1941 wurde er festgenommen und an die Gestapo in Hamburg überstellt. Am 17. Mai 1943 verurteilte der Erste Senat des VGH Wiatrek in Berlin zum Tode. Da die Vollstreckung des Todesurteils mehrmals aufgeschoben wurde, konnte Wiatrek unbeschadet im April 1945 aus der Haft befreit werden.[87]

Wie bereits erwähnt, wuchs im Zusammenhang mit dem Überfall auf die Sowjetunion der kommunistische Widerstand an und es gelang, den illegalen Apparat der KPD mit betrieblichen Gruppen auf bescheidenem Niveau zu reaktivieren. Die größte in dieser Zeit in Berlin bestehende Organisation mit zeitweise über 200 Mitgliedern wurde von dem Dreher Robert Uhrig geleitet.[88] Ihm war es gelungen, ein Kontaktnetz aufzubauen, das mehr als 20 Betriebsgruppen in strategisch wichtigen Betrieben bzw. Unternehmen umfasste und

84 Vgl. ebenda; vgl. genauer LAB C Rep. 118-01, Nr. 4987, OdF-Akte von Erich Niendorf; LAB C Rep. 902-02-02, Nr. 1525, Unterlagen der SED.

85 Vgl. zu Details die Ausführungen über Heinrich Wiatrek im biografischen Anhang.

86 Vgl. Weber/Herbst, Deutsche Kommunisten, 1. Aufl. 2004, S. 864 f.; Röder/Strauss (Bearb.), Biographisches Handbuch, S. 816 f.

87 Vgl. ebenda.

88 Bislang liegt noch keine umfassende Studie zur Widerstandsgruppe um Robert Uhrig vor. Vgl. Luise Kraushaar, Berliner Kommunisten im Kampf gegen den Faschismus 1936 bis 1942. Robert Uhrig und Genossen, Berlin (Ost) 1981, S. 45 ff.; Sandvoß, Die „andere" Reichshauptstadt, S. 455 ff.; Hendrik Wei-

überregionale Verbindungen reaktivierte. Die Hauptaufgabe sah der Zusammenschluss darin, innerbetriebliche Zellen aus Kadern aufzubauen. Daran beteiligte sich maßgeblich der Eisenbahner Herbert Zobel,[89] der im Rahmen der Uhrig-Gruppe für die Anleitung illegaler KPD-Betriebszellen in Berlin verantwortlich war. Im Jahr 1942 verhaftete die Gestapo Zobel. Er wurde in das „Arbeitserziehungslager" Berlin-Wuhlheide verschleppt, wo er verstarb. Ging man bislang davon aus, die Gruppe um Robert Uhrig habe ihr Zentrum in Berlin gehabt und lediglich über ein paar nicht genauer zu lokalisierende überregionale Verbindungen verfügt, konnten Kontakte gefunden werden, die bis nach Österreich reichten. Der Fahrdienstleiter Georg Gruber wurde Mitte Juni 1941 von Anton Rausch, den er bereits seit 1935 kannte, für die Gruppe „Robert Uhrig" angeworben.[90] Wie der ebenso aus Tirol stammende Reichsbahnschaffner Andreas Obernauer beteiligte sich auch Georg Gruber an illegalen Organisierungsbestrebungen, nahm an Treffen teil und sammelte Beiträge. Georg Gruber und Adi Horejs, die die illegale Kufsteiner Gruppe anführten, stellten im April 1942 ihre illegalen Tätigkeiten selbstständig ein – offenbar aus Angst, entdeckt zu werden. Am 25. Juni 1942 wurden sie gemeinsam mit vier weiteren Mitgliedern der kommunistischen Zelle aus Kufstein verhaftet. Zunächst im Konzentrationslager Dachau inhaftiert, kamen sie anschließend in Untersuchungshaft ins Gefängnis in München-Stadelheim. Mitte April des Jahres 1944 wurden sie wegen des illegalen Aufbaus kommunistischer Zellen in Kufstein, die sich an den Zielen der Berliner Uhrig-Gruppe orientiert haben sollen, vom Volksgerichtshof zum Tode verurteilt: „Nach diesem festgestellten Sachverhalt haben sich die Angeklagten Rausch, Adele Stürzl, Gruber, Horejs und [Andreas] Obernauer in führender Stellung und gefährlicher Weise für die kommunistische Partei und die ihnen eingestandenermaßen bekannten Ziele betätigt. Daran kann bei Gruber seine Verteidigung nichts ändern, daß er nur verhindern wollte, daß im Falle einer Niederlage des Reichs eine klerikale Regierung zur Macht käme. Diese Einlassung ist übrigens eine Ausflucht. Als Kommunist war Gruber sowohl gegen das nationalsozialistische Regime als auch gegen klerikale Bestrebungen eingestellt. Seine Betätigung galt der Bekämpfung beider."[91]

Auch in strömungsübergreifenden Gruppen wie beispielsweise der vergleichsweise bekannten „Roten Kapelle", die lange Zeit fälschlich als kommunistische „Kader"- und Spionageorganisation charakterisiert wurde, arbeiteten kommunistisch orientierte Eisenbahngewerkschafter sehr aktiv mit. Das Kontaktnetz soll an dieser Stelle keineswegs als von der KPD „parteipolitisch dominierte" Widerstandsgruppe verstanden werden, obgleich Kom-

pert, Die Widerstandsgruppierung um Robert Uhrig. Gruppenbiographische Forschungen, Staatsexamensarbeit, FU Berlin 2009.

89 Vgl. die Angaben zu Herbert Zobel im biografischen Anhang.

90 Zu den Genannten vgl. die Angaben im biografischen Anhang.

91 Urteil des VGH 6H28/44-10(9)J819/43g gegen Anton Rausch u.a., 13. 4. 1944, Bl. 3–17, in: Nationalsozialismus, Holocaust, Widerstand und Exil 1933–1945. Online-Datenbank.

Ernst Sieber und Hannelore Willbrandt unmittelbar nach der Befreiung im Hof des Zuchthauses St. Georgen in Bayreuth, Mitte April 1945.
PA Johnny Sieber, Berlin

munisten eine wichtige Rolle in einzelnen Strukturen des illegalen Netzwerkes spielten.[92] Der „Roten Kapelle" gehörten zeitweise über 150 Menschen unterschiedlicher politischer und weltanschaulicher Herkunft und Einstellung an. Die Eisenbahngewerkschafter John Sieg, Ernst Sieber, Karl Hellborn[93] und andere engagierten sich in einer der verschiedenen Gruppen des verzweigten Netzwerkes.[94] Der Name „Rote Kapelle" stammte von der deutschen militärischen Abwehr und der Gestapo. Die Bezeichnung wurde für verschiedene illegale Gruppen bzw. Strukturen verwendet, denen zu Beginn des Zweiten Weltkrieges unterstellt wurde, für den sowjetischen Nachrichtendienst zu arbeiten.[95] Ursprünglich handelte es sich bei der „Roten Kapelle" um freundschaftliche Gesprächskreise in Berlin. Diese hatten sich zum Teil schon seit 1933 in Opposition zum Nationalsozialismus formiert. Die Freundeskreise vernetzten sich zunächst eher lose über Querkontakte von Einzelpersonen.[96]

John Sieg, der seit 1937 bei der Deutschen Reichsbahn beschäftigt war, nutzte Dienstreisen und Freifahrten, um Verbindungen zum Widerstand herzustellen. Neben anderen lokalen Gruppen und freundschaftlichen Zusammenhängen im Rahmen der „Roten Kapelle" betraf dies auch Kontakte zur kommunistischen Hamburger Widerstandsgruppe um Bernhard Bästlein. Zugleich hielt Sieg Kontakt zu einer illegalen KPD-Zelle der Güterabfertigung am Stettiner Bahnhof und beteiligte sich an der Verteilung von Flugblättern und Schriften. Die Aktivitäten von John Sieg und seinem Umfeld waren vor 1939 noch von Erwartungen eines Massenwiderstandes geprägt, in den politisch „eingegriffen" werden sollte. Sein Ausbleiben, der Kriegsbeginn und die Absichten Hitlers, von taktischen Verständigungen mit der Sowjetunion zur Konfrontation zu wechseln, veranlasste die Gruppen der „Roten

92 Trotz aller Pluralität der Gruppe(n) der „Roten Kapelle", in der Christen neben Glaubenslosen und Künstler neben Arbeitern aktiv waren, kann von einer mehr oder weniger starken Bindung an Ideale linkssozialistischer Vorstellungen bzw. eines aufgeklärten Kommunismus ausgegangen werden. Der Anteil der Kommunisten soll bei circa 40 Prozent gelegen haben.

93 Zu den Genannten vgl. die Angaben im biografischen Anhang.

94 Vgl. genauer Hans Coppi, Rote Kapelle. Ein antifaschistisches Netzwerk, in: Klaus Kinner (Hrsg.) unter Mitarb. von Elke Reuter, Der Deutsche Kommunismus. Selbstverständnis und Realität, Bd. 3: Im Krieg (1939 bis 1945), Berlin 2009, S. 203–235; Anne Nelsen, Die Rote Kapelle. Die Geschichte der legendären Widerstandsgruppe, München 2010.

95 Vgl. zu Details Hans Coppi, Die „Rote Kapelle" im Spannungsfeld von Widerstand und nachrichtendienstlicher Tätigkeit. Der Trepper-Report vom Juni 1943, in: Vierteljahrshefte für Zeitgeschichte 44 (1996) 3, S. 431–458; Jürgen Danyel, Die Rote Kapelle innerhalb der deutschen Widerstandsbewegung, in: Hans Coppi/Jürgen Danyel/Johannes Tuchel (Hrsg.), Die Rote Kapelle im Widerstand gegen den Nationalsozialismus, Berlin 1994, S. 12–38; Peter Steinbach, Die Rote Kapelle. 50 Jahre danach, in: Hans Coppi/Jürgen Danyel/Johannes Tuchel (Hrsg.), Die Rote Kapelle im Widerstand gegen den Nationalsozialismus, Berlin 1994, S. 54–67.

96 Vgl. zu Details Coppi, Rote Kapelle. Ein antifaschistisches Netzwerk, S. 203 ff.

John Sieg, ca. 1925.
GDW, Bildarchiv

Kapelle" zu neuen Schwerpunkten in der Widerstandstätigkeit.[97] John Sieg verfasste mit Wilhelm Guddorf nach dem Überfall auf die UdSSR 1941 eine Analyse der politischen Situation. Mit Herbert Grasse und Otto Grabowski gab er die illegale Zeitung „Die innere Front" heraus. Ernst Sieber lernte John Sieg bei seiner Ausbildung zum Supernumerar bei der Deutschen Reichsbahn am „Stettiner Bahnhof" (heute Nordbahnhof) in Berlin kennen. Dieser führte ihn in die Widerstandsarbeit ein. Bereits ab Mitte 1939 stand Sieber mit Karl Hellborn und Wilhelm Guddorf in Kontakt und nahm mit diesen an illegalen Treffen teil. Im August 1939 zur Wehrmacht einberufen, stand Sieber weiter mit Sieg schriftlich in Verbindung. Er gab Informationen für „Die innere Front" weiter und kam bei einem Fronturlaub durch Sieg mit Willi Seeger und Otto Grabowski in Kontakt. Ab Oktober 1942 war er erneut bei der

97 Seit Ende der 1930er Jahre standen Harro Schulze-Boysen und Arvid Harnack, die führenden Figuren verschiedener Gruppen/Widerstandskreise der „Roten Kapelle" in Verbindung zur sowjetischen Botschaft. Doch ihre Warnungen vor Hitlers Kriegs- und Eroberungsplänen wurden – wie ähnliche Stimmen anderer Regimegegner – in Moskau nicht ernst genommen. Nach dem Überfall auf die Sowjetunion im Herbst 1941 rückten die beiden Widerstandskreise um Harnack auf der einen Seite und Schulze-Boysen auf der anderen enger aneinander. Die nun vermehrt gemeinsam illegal agierende Gruppe versuchte, sich durch Flugschriften und Klebezettel in Berlin bemerkbar zu machen. Vgl. ebenda; vgl. Coppi, Die „Rote Kapelle" im Spannungsfeld von Widerstand und nachrichtendienstlicher Tätigkeit, S. 431–458.

Reichsbahn tätig und stellte mit anderen illegale Klebezettel her, die sie im Berliner Stadtgebiet anbrachten.[98]

Nach der Verhaftung John Siegs im Oktober 1942 setzte Ernst Sieber mit anderen,[99] unter anderem dem Eisenbahngewerkschafter Karl Hellborn, die illegalen Tätigkeiten fort. „Die Innere Front“ und Flugblätter für Kriegsgefangene und Zwangsarbeiter wurden in Siebers Verantwortung in mehreren Sprachen veröffentlicht. Sieber stand im Zuge der Aktivitäten der „Roten Kapelle“[100] auch in Kontakt mit Bernhard Bästlein und Franz Jacob. Sieber beschaffte Bernhard Bästlein mit Unterstützung des Eisenbahners Heinz Schlichting einen Dienstausweis der Deutschen Reichsbahn sowie eine Pistole. Die „Saefkow-Jacob-Bästlein-Gruppe“ war eine der aktivsten kommunistisch dominierten Widerstandsgruppen, die ihr Zentrum in Berlin hatte.[101] Ein Ziel der illegalen Gruppe, an die Sieber im Laufe der Zeit immer näher heran-

98 Vgl. zu Details die Ausführungen über Ernst Sieber, John Sieg und Karl Hellborn im biografischen Anhang.

99 Unter anderem Max und Otto Grabowski, Erna und Heinz Plüschke, Franz Zabel, Willi Seeger, Ernst Hartwig, Kurt Hess, Walter Glass, Vera Wulff, Lucie Nix und Charlotte Bischoff.

100 Auf Drängen von Mitarbeitern der russischen Botschaft hatten sich führende Persönlichkeiten der „Roten Kapelle“ bereit erklärt, nachrichtendienstlich tätig zu werden. Diese Kontaktversuche müssen im Kontext von Überlegungen der Gruppe interpretiert werden, wonach die durch Hitler preisgegebene Souveränität Deutschlands zurückgewonnen werden sollte. Es gelang der „Roten Kapelle“ jedoch kaum, eine Kommunikation mit Moskau aufzubauen. Dafür vorgesehene Funkgeräte funktionierten nicht. Die Widerständler hatten somit wohl kaum Möglichkeiten, militärische Pläne an die Sowjetunion zu übermitteln. In welchem Umfang den Sowjets möglicherweise über andere Wege berichtet wurde, bleibt allerdings bis heute umstritten. Die Mehrzahl der (verschiedenen) Gruppenaktivitäten umfasste jedoch eher Aktionen, die mit Spionagetätigkeiten nichts zu tun hatten und wie sie im Netzwerk um John Sieg und Ernst Sieber anzutreffen sind. Dennoch wurde im Sommer 1942 der Versuch von sowjetischer Seite, ihrerseits über Fallschirmspringer eine engere Verbindung herzustellen, der „Roten Kapelle“ zum Verhängnis. Nachdem aus Moskau die Namen und Anschriften der Protagonisten der Gruppe nach Westeuropa gesendet worden waren und diese von der deutschen Abwehr entschlüsselt werden konnten, verhaftete die Gestapo zwischen Herbst 1942 und Frühjahr 1943 mindestens 126 Personen aus der Gruppe. Auch in den Wochen danach folgten Dutzende Verhaftungen im Umfeld der Betroffenen. Viele wurden wegen „Spionage“, „Vorbereitung zum Hochverrat“ oder „Feindbegünstigung“ vom Reichskriegsgericht oder dem Volksgerichtshof zu Todes- und Zuchthausstrafen verurteilt. Einige wurden ohne Verfahren ermordet. Vgl. genauer Coppi, Rote Kapelle. Ein antifaschistisches Netzwerk, S. 203–235; Steinbach, Die Rote Kapelle. 50 Jahre danach, S. 54–67.

101 Vgl. Ursel Hochmuth, Illegale KPD und Bewegung „Freies Deutschland“ in Berlin und Brandenburg 1942–1945. Biographien und Zeugnisse aus der Widerstandsorganisation um Saefkow, Jacob und Bästlein, Berlin 1998; Karen Holtmann, Die Saefkow-Jacob-Bästlein-Gruppe vor dem Volksgerichtshof. Die Hochverratsverfahren gegen die Frauen und Männer der Berliner Widerstandsorganisation 1944–1945, Paderborn 2010; Annette Neumann/Bärbel Schindler-Saefkow, Die Saefkow-Jacob-Bästlein-Organisation 1942–1945, in: Coppi/Heinz (Hrsg.), Der vergessene Widerstand der Arbeiter, S. 144–157; Hermann Weber/Andreas Herbst, Deutsche Kommunisten. Supplement zum Biographischen Handbuch 1918 bis 1945. Hermann Weber zum 85. Geburtstag, Berlin 2013, S. 214.

gerückt war, bestand darin, schrittweise die Zersplitterung des Widerstandes zu überwinden, um den Sturz Hitlers herbeizuführen. Der Name der Gruppe resultierte aus der Tatsache, dass die Kommunisten Anton Saefkow zusammen mit Bernhard Bästlein und Franz Jacob die Leitung der Gruppe bildeten. Die Gruppe hielt Verbindungen in andere deutsche Großstädte wie Leipzig, Dresden und Hamburg. Zu den mehr als 500 Personen, die sich an der illegalen Arbeit der „Saefkow-Jacob-Bästlein-Gruppe" beteiligten, gehörten neben Arbeitern auch Ärzte, Lehrer, Ingenieure und Künstler. Die Gruppe produzierte nicht nur Flugblätter und betrieb Agitation. Ein Schwerpunkt des Wirkens bestand im Aufbau illegaler Betriebszellen, vor allem in der Berliner Rüstungsindustrie, aber auch in infrastrukturell wichtigen Einrichtungen wie im Bereich Reichsbahn und Verkehr. Darüber hinaus half die Gruppe Zwangsarbeitern und Kriegsgefangenen, an die sich auch die Agitation des Kreises um Sieber richtete.[102] Im letzten Kriegsjahr entwendete Sieber Sprengstoff bei der Wehrmacht in Stahnsdorf und versteckte diesen in einer Laube im Randgebiet von Berlin. Wofür der Sprengstoff verwendet werden sollte, konnte nicht geklärt werden. Bald darauf wurde Sieber festgenommen. Zu diesem Zeitpunkt war das Netzwerk der „Roten Kapelle" bereits lange Zeit nahezu vollständig aufgeflogen. Eine Reihe ihrer Mitglieder war hingerichtet worden. Auch die kommunistisch dominierte „Saefkow-Jacob-Bästlein-Gruppe" konnte sich dem Verfolgungsdruck nicht entziehen. Allein im Jahr 1944 verhaftete die Gestapo mehr als 280 Mitglieder der Gruppe – mehr als 100 wurden hingerichtet oder starben in Konzentrationslagern.[103] Diejenigen, die nicht in die Hände der Gestapo fielen, sahen ihre Hauptaufgabe darin, berufsübergreifende Zellen aus Kadern in Betrieben und in strategisch wichtigen Unternehmen wie bei der Deutschen Reichsbahn aufzubauen und dort durch Sabotage das Kriegsende zu beschleunigen. In einem Flugblatt, das sich an die „Arbeiter und Arbeiterinnen der Berliner Betriebe" richtete und im April/Mai 1944 verbreitet wurde, heißt es: „Wenn Ihr geschlossen zusammensteht, seid Ihr auch heute eine Macht, vor der alle Eure Feinde zurückweichen müssen. Sammelt Euch um die tapfersten und besten, klardenkenden und revolutionären Arbeiter Eures Betriebes ohne Unterschied der früheren Parteizugehörigkeit und betrachtet sie als Eure Obleute. Schafft Euch in Euren gewerkschaftlichen Kampfgruppen die Waffe, die Eurem Widerstand volle Sicherheit und klare Führung gibt. Die Arbeiter beendeten den ersten Weltkrieg! Sie müssen auch den Schluß des zweiten erzwingen."[104] Weitere Festnahmewellen und Verurteilungen dünnten den Bestand der kommunistischen Zirkel der „Saefkow-Jacob-Bästlein-Gruppe" bis zur Befreiung vom NS-Regime Anfang Mai 1945 aus.

Mit der Vorstellung einiger Gruppen und Akteure konnte anhand einzelner Beispiele verdeutlicht werden, in welcher Form sich einzelne Eisenbahngewerkschafter während des

102 Vgl. ebenda, S. 148 ff.; vgl. auch die Angaben und Quellen zu Ernst Sieber im biografischen Anhang.

103 Vgl. ebenda, S. 146 ff.

104 SAPMO-BArch, Flugblattsammlung KPD, Arbeiter und Arbeiterinnen der Berliner Betriebe!, Flugblatt der „Saefkow-Jacob-Bästlein-Gruppe", das als KPD Berlin veröffentlicht wurde, April/Mai 1944.

NS-Regimes in parteipolitisch dominierte kommunistische Widerstandsgruppen einbrachten. Es lässt sich – auch im Vergleich mit den Eisenbahngewerkschaftern in genuin gewerkschaftlichen (RGO)-Gruppen – feststellen, dass kommunistische Gewerkschafter Teil einer Bewegung waren, die sich vor allem durch ihre Vielschichtigkeit auszeichnete.

8.3 Kommunistische Eisenbahngewerkschafter in der Emigration

Bekannt sind bisher lediglich zehn ehemalige kommunistische Eisenbahngewerkschafter, die nach 1933 in die Emigration gingen. Einer von ihnen, Friedrich Pfordt, während der Weimarer Republik „Bevollmächtigter verschiedener Ortsverwaltungen des Eisenbahnerverbandes“[105] und von 1926 bis 1928 Angehöriger des EdED-Bezirksvorstandes im Saargebiet, brach nach dem „Hitler-Stalin-Pakt“ mit der KPD. Bei den übrigen handelt es sich – soweit bislang bekannt – durchweg um KPD-Funktionäre, die die vorgegebene Politik der Führungsgremien weitgehend mittrugen. Unter den emigrierten kommunistischen Eisenbahngewerkschaftern befand sich jedoch keiner, der nach der Bildung der RGO weiterhin in den Freien Gewerkschaften, das heißt im EdED, mitarbeitete. Obwohl sie alle der Parteilinie folgten, fielen zwei der Emigranten, Maria Werner und Leopold Söllner, vermutlich den stalinistischen Säuberungen zum Opfer.[106] Maria Werner, die sowohl in Frankreich als auch in der Sowjetunion als Sekretärin der RGI für den Bereich Eisenbahn gearbeitet und das NS-Regime bekämpft hatte, traf der Vorwurf, einer trotzkistischen Gruppe angehört zu haben. Auch Leopold Söllner, viele Jahre Arbeiter im Reichsbahnausbesserungswerk München, dort bis zur Maßregelung 1931 Betriebsratsvorsitzender[107] und danach Organisationsleiter des RGO-Bezirks Bayern, teilte vermutlich das gleiche Schicksal. Die Gründe für seine Verhaftung und die zu vermutende Liquidierung sind nicht bekannt.

Nach seiner Rückkehr ins Saargebiet engagierte sich Pfordt für die Anschlussbewegung an Frankreich: „Mouvement pour le Rattachment de la Sarre à la France“. Auch sein Saarländischer Kollege Heinrich Sommer, vor 1933 Vorsitzender des „roten“ RGO-Verbandes der Eisenbahner im Saargebiet, der ebenfalls wie Pfordt über Frankreich nach Schweden emigrierte, engagierte sich nach 1945 nicht mehr in der Gewerkschaftsbewegung. In Schweden fungierte er noch von 1936 bis 1939 als „Leiter der illegalen See- und Hafenarbeiter“, die mit der ITF zusammenarbeiteten und Aufklärungsarbeit unter den deutschen Seeleuten leisteten.[108] In der „Landesgruppe deutscher Gewerkschafter in Schweden“, der er mit großer Wahrscheinlichkeit angehörte, findet sein Name jedoch keine Erwähnung. Als Lei-

105 Weber/Herbst, Deutsche Kommunisten, 1. Aufl. 2004, S. 564.

106 Vgl. ebenda, S. 861, 747.

107 Vgl. ebenda, S. 747.

108 Vgl. ebenda, S. 748.

Erwin Kramer als Interbrigadist im Spanischen Bürgerkrieg, Ende der 1930er-Jahre.
Uns gehören die Schienenwege, S. 198

ter der Abteilung Eisenbahnpolizei in der „Deutschen Zentralverwaltung des Innern“ hatte er nach 1945 kaum mehr Berührung mit der Gewerkschaftsbewegung. Das gleiche gilt für Heinrich Wiatrek, der vor 1933 fast zehn Jahre im Reichsbahnausbesserungswerk Gleiwitz gearbeitet und sich in Oberschlesien zwar auch gewerkschaftlich, aber überwiegend politisch in der KPD-Bezirksleitung von Oberschlesien engagiert hatte. Auch in der Emigration in Dänemark und Schweden war er in erster Linie für die Partei tätig und „leitete zeitweise die gesamte KPD-Arbeit in Skandinavien“.[109] Wiatrek wurde im Mai 1941 in Kopenhagen von der Gestapo verhaftet und vom Volksgerichtshof zum Tode verurteilt – ein Urteil, das jedoch nicht vollstreckt wurde. Einige Mitgenossen sollen deshalb „in ihm einen Verräter“[110] vermutet haben. Da Wiatrek bereits 1945 starb, hat er wie die bisher genannten Eisenbahngewerkschafter bei der Neugründung der Gewerkschaften nach Kriegsende keine Rolle mehr gespielt. Drei der emigrierten kommunistischen Gewerkschafter, die als Teilnehmer des Spanischen Bürgerkrieges (Otto Kühne, vor 1933 zeitweise Vorsitzender des Gesamtbetriebsrates der Reichsbahn-Gesellschaft in Berlin; Willi Kreikemeyer, nach 1923 Sekretär des kommunistischen „Freien Eisenbahnerverbandes“; Erwin Kramer, vor 1933 RGO-Funktionär) indirekt das NS-Regime bekämpft oder sich wie Otto Kühne darüber hinaus in den Reihen der französischen Résistance betätigt hatten, machten nach 1945 in der DDR bei der Deutschen Reichsbahn Karriere.

Kreikemeyer wurde im März 1947 Präsident der Reichsbahn-Direktion Berlin und war ab 1949 deren Generaldirektor. Er verstarb jedoch bereits 1950 unter bis heute nicht genau geklärten Umständen. Möglicherweise wurde er ermordet. Zuvor waren gegen ihn eine Reihe Repressalien wegen seiner Verbindungen zu Noel H. Field in Frankreich angewandt worden, der von der SED-Führung fälschlich der Spionage für die USA bezichtigt wurde.[111] Sein Nachfolger wurde Erwin Kramer, der 1950 zum Stellvertretenden Minister für Verkehrswesen berufen wurde und 1954 die Nachfolge von Roman Chwalek als Minister für Verkehrswesen antrat. Auch Otto Kühne übernahm als Leiter der Hauptverwaltung Verkehr in der „Deutschen Wirtschaftskommission“ eine Aufgabe, die unter anderem die Entwicklung der Reichsbahn betraf.[112] Diese Aufgabe berührte den Gewerkschaftsaufbau und die Entwicklung der FDGB-Gewerkschaft der Eisenbahner – wenn überhaupt – nur indirekt.

Einfluss in einer gewerkschaftlichen Emigrantenorganisation besaß von den kommunistischen Eisenbahngewerkschaftern lediglich Karl Mewis. Mewis, ein führender KPD-Funktionär, hatte in der Weimarer Republik einige Jahre als Schlosser und als gewerkschaftlicher

109 Helmut Müssener, Exil in Schweden. Politische und kulturelle Emigration nach 1933, München 1974, S. 442.

110 Ebenda, S. 865.

111 Vgl. ebenda, S. 409.

112 Vgl. ebenda, S. 423.

Vertrauensmann in den Eisenbahnwerkstätten von Kassel gearbeitet.[113] Als Emigrant, unter anderem in Schweden, gehörte Mewis ab 1943 der „Landesgruppe deutscher Gewerkschafter in Schweden" an und wurde auf der Ersten Landeskonferenz der deutschen Gewerkschafter in Schweden im Februar 1944 als Beisitzer in den „Engeren Vorstand" der Landesgruppe gewählt.[114] Karl Mewis nahm an der Konferenz als Delegierter von Uppsala teil.[115] In der Diskussion über den Neuaufbau der Gewerkschaften nach einem Sturz des NS-Regimes sprach sich Mewis für eine einheitliche Gewerkschaftsbewegung, das heißt die Überwindung der Richtungsgewerkschaften, aus und trat dafür ein, den Neuaufbau in erster Linie den illegalen Aktiven zu überlassen. Zugleich vertrat er die Auffassung, dass die „Emigranten [...] an und für sich keinen Anspruch darauf [hätten], wieder in leitende Stellungen zu kommen."[116] In der Frage des Aufbaus der Gewerkschaften „von oben" unter Übernahme des „organisatorischen Gerippes" der DAF, wie von Fritz Tarnow vertreten, sprach sich Karl Mewis gegen eine Position „überspitzte[r] Organisiertheit"[117] aus, da diese die Gefahr beinhalte, „dass der Einzelne auf Anweisungen von ‚Oben' wartet". Wichtiger sei es, „vielmehr Gewicht auf die Stärkung der persönlichen Initiative [zu] legen."[118] In diesem Zusammenhang kritisierte er den ADG-Vorsitzenden Fritz Tarnow, der den „Gedanken der zentralistischen Organisation noch zu sehr überspitzt" und plädierte dafür, „den Massen nicht immer eine fix und fertige Konzeption geben [zu] wollen"; vielmehr solle man versuchen, sie auf „Handlungen hinzulenken".[119] Im Gegensatz zu Fritz Rück[120] und Siegmund (Siggi) Neumann[121] sprach sich Karl Mewis dagegen aus, revolutionäre Positionen zu vertreten und sich so „von den Massen in Deutschland [zu] isolieren, die in ihrer Mehrheit noch nicht sozialistisch seien." Es sei zudem „nicht Aufgabe der Gewerkschaften, sondern der politischen Arbeiterbewegung

113 Vgl. die Angaben zu Karl Mewis im biografischen Anhang.

114 Vgl. [Protokoll] Erste Landeskonferenz der deutschen Gewerkschafter in Schweden, 26./27. Februar 1944, Stockholm 1944 (als Manuskript gedruckt), S. 32.

115 Vgl. ebenda, S. 5.

116 Ebenda, S. 18.

117 [Protokoll] Erste Landeskonferenz der deutschen Gewerkschafter in Schweden, S. 34. Weiter führte Mewis aus: „Ich sagte schon, daß der Gedanke der Übernahme der DAF nicht richtig ist. Was wir von der DAF übernehmen, sind die toten Dinge: Das Vermögen, die Häuser, die sachlichen Einrichtungen, nicht aber die lebendige Organisation. Die Mitglieder der DAF zwangsweise in die neuen Gewerkschaften zu überführen, das würde bedeuten, die neue deutsche Gewerkschaftsbewegung zwangsweise von oben zu ‚einen', anstatt sie in sachlich überzeugender Tätigkeit einheitlich neu aufzubauen. Es ist selbstverständlich, dass man sich gerade hier auf den Boden der Demokratie stellen muss." Ebenda, S. 35.

118 Ebenda.

119 Ebenda, S. 34.

120 Vgl. die biografischen Angaben von Fritz Rück in: Elisabeth Benz, Ein halbes Leben für die Revolution. Fritz Rück (1895–1959). Eine politische Biografie, Essen 2014.

121 Vgl. die biografischen Angaben von Siegmund (Siggi) Neumann in: Röder/Strauss (Bearb.), Biographisches Handbuch, S. 531.

Propaganda für den Sozialismus zu betreiben" und letzten Endes käme es „weniger darauf an, über Sozialismus zu reden als den Kampf für die Wahrnehmung und Verwirklichung der Arbeiterinteressen und Arbeiterrechte zu führen."[122] Mit diesen Aussagen nahm Mewis „eindeutig für eine parteipolitisch ungebundene Interessenvertretung Stellung."[123] Nach seiner Rückkehr nach Deutschland in die SBZ/DDR hat Karl Mewis als führender Parteifunktionär, als Mitglied des Zentralkomitees der SED (ab 1952), als Kandidat des Politbüros (ab 1958) und als Mitglied des Staatsrates der DDR (ab 1960) zwar wichtige Staats- und Parteiämter ausgeübt. Hinweise auf einen Einfluss auf die Gründung und Entwicklung des FDGB in Mecklenburg, wo er zunächst politisch aktiv war, ließen sich jedoch nicht finden.

Von allen kommunistischen Eisenbahngewerkschaftern, die in der Emigration gegen das NS-Regime gekämpft hatten, kommt lediglich dem Eisenbahnangestellten Josef Wiora, vor 1933 Leiter des RGO-Bezirkskomitees Oberschlesien, als persönlichem Sekretär seines schlesischen Landsmannes Roman Chwalek und später als Abteilungsleiter für internationale Verbindungen im Zentralvorstand der IG Eisenbahn der DDR Einfluss auf die Gewerkschaftsentwicklung in der SBZ bzw. DDR zu.

122 [Protokoll] Erste Landeskonferenz der deutschen Gewerkschafter in Schweden, S. 35.

123 Müssener, Exil in Schweden, S. 131.

9. Widerstand von Eisenbahngewerkschaftern in ausgewählten Reichsbahnausbesserungswerken (Eberswalde, Berlin-Grunewald, Cottbus, Mülheim-Speldorf und Hannover-Leinhausen)

Mehrere Dutzend der ehemaligen ehrenamtlichen und hauptamtlichen Funktionäre des EdED begannen ihre berufliche Laufbahn in einem Reichsbahnausbesserungswerk (RAW).[1] Eine Minderheit von ihnen blieb auch nach der Machtübernahme der Nationalsozialisten in einem der Reichsbahnausbesserungswerke beschäftigt. Da viele von ihnen bis 1933 als Betriebsräte, zum Teil als Betriebsratsvorsitzende oder als gewerkschaftliche Vertrauensleute fungiert hatten und aufgrund ihrer zum Teil langjährigen gewerkschaftlichen Tätigkeit zahlreiche Arbeitnehmer in den Reichsbahnausbesserungswerken persönlich kannten, ist zu vermuten, dass ein Großteil der Berichte aus den Betrieben, die die „Stützpunktleiter" und deren Vertrauensleute an Hans Jahn lieferten, aus den Kreisen der Beschäftigten der Reichsbahnausbesserungswerke kamen. Einige, darunter sogar ehemals aktive kommunistische Gewerkschafts- und Parteifunktionäre, wurden sogar in der zweiten Hälfte der 1930er- und zu Beginn der 1940er-Jahre in einem Reichsbahnausbesserungswerk wieder oder neu eingestellt (zum Beispiel John Sieg, Fritz Müllerstein, Emil Kamradt, Hermann Friedrich, Wilhelm Bode, Willi Schrödter, Ernst Sieber, Heinz Schlichting). Die im Anhang dieser Studie veröffentlichten biografischen Daten sind ein eindeutiger Beleg für diese Feststellung. Es lag daher für die Autoren die Vermutung nahe, zumindest einige dieser Funktionäre hätten auch nach der Machtübernahme Hitlers 1933 Verbindungen in einzelne Reichsbahnausbesserungswerke besessen und dass sich zumindest ein kleiner Teil der RAW-Beschäftigten im Wider-

1 Als Reichsbahnausbesserungswerke (RAWs) werden Einrichtungen bezeichnet, die im Besitz der Reichsbahn-Gesellschaft waren und die der Instandhaltung von sämtlichen Schienenfahrzeugen und deren Einzelteilen dienten. Während Bahnbetriebswerke eher kleinere Arbeiten ausführten, übernahmen die Reichsbahnausbesserungswerke die größeren Reparaturen und Hauptuntersuchungen. Zugleich fertigten die Mitarbeiter auch neue Einzelteile an und realisierten Umbauten an Lokomotiven und Waggons. Neben der Unterhaltung der Fahrzeuge übernahmen manche Reichsbahnausbesserungswerke auch die Anfertigung von Weichen, den Bau von Signalbrücken und Stahlbauten.

stand gegen das NS-Regime engagierte.[2] Belastbare Kenntnisse über Widerstandsnetzwerke in Reichsbahnausbesserungswerken liegen bis heute nicht vor. Die biografischen Angaben im Anhang dieser Studie verweisen jedoch auf zahlreiche (ehemalige) RAW-Beschäftigte, die sich zumindest zeitweise im Widerstand gegen das NS-Regime engagierten.

Wissenschaftliche Publikationen zu den Reichsbahnausbesserungswerken und speziell zum gewerkschaftlichen Widerstand in diesen Reichsbahnbetrieben fehlen vollständig. Die folgenden Ausführungen, die mehr Fragen aufwerfen als beantworten können, verstehen sich in erster Linie als Anregungen für weitere Recherchen. Die wenigen existierenden Festschriften[3] verlieren sich wie zum Beispiel die Festschrift über das Reichsbahnausbesserungswerk „Warschauer Straße" beim Thema Widerstand in sehr allgemeinen Formulierungen: „Wohl war es den Faschisten gelungen, allmählich einen Teil der Werksangehörigen zu fanatischen Nazis, Mitläufern oder Gleichgültigen zu machen, die besten unter unseren Kollegen aber blieben standhaft. Was sie schon vorher offen getan hatten, das taten sie jetzt im Geheimen. Mit allen Mitteln, so gering diese auch waren, kämpften sie gegen die faschistische Diktatur und für die Beendigung des Krieges. Sie klärten ihre Kollegen über die wahre Lage an der Front auf, verteilten illegale Flugblätter, verbanden sich mit den sowjetischen Zwangsarbeitern, leisteten Widerstand, wo das nur möglich war, und schürten die Kriegsmüdigkeit ihrer Kollegen mit allen Kräften. Sie taten es Tag für Tag unter Einsatz ihres Lebens."[4] Auch

2 Vgl. auch die Berichte aus RAW in: AdsD, Bestand ITF, 5/ITFA, Mappe 17, u.a. von Karl Molt.

3 Vgl. z.B. 100 Jahre Reichsbahn-Ausbesserungswerk Berlin Warschauer Straße, Berlin 1967 und Chronik RAW „8. Mai" Eberswalde. Geschichte von der Arbeiterklasse geschrieben, in: KrArch Barnim, R 5221; ferner „Und es soll kein Gras darüber wachsen". Die Geschichte des Außenkommandos des Konzentrationslagers Buchenwald im Reichsbahnausbesserungswerk Schwerte-Ost 6. 4. 1944–29. 1. 1945, Schwerte 1989; „100 Jahre Reichsbahnausbesserungswerk Potsdam", Festschrift, Potsdam 1938, Staatsarchiv Chemnitz, Bestand 31444, Nr. 498; Dietrich Schmidt, Wir Eisenbahner am Oderstrom. Aus der Geschichte des Bahnbetriebswerkes und des Dienstortes der Deutschen Reichsbahn Frankfurt an der Oder, Teil 1 (1842–1954), hrsg. von der Politischen Abteilung des Reichsbahnamtes, Frankfurt an der Oder 1982, LAB, C Rep. 309, Nr. 3678; Franz Fabian, Unser Werk. 125 Jahre RAW Potsdam, hrsg. von der Leitung des RAW Potsdam, Potsdam 1963, LAB, C Rep. 309, Nr. 1758; Festschrift zum neunzigjährigen Jubiläum des RAW Berlin Warschauer Straße, Berlin 1957, LAB, C Rep. 309, Nr. 3677; Geschichte des Reichsbahnausbesserungswerkes „Erwin Kramer" Potsdam 1838–1945, hrsg. von der Betriebsparteileitung der SED, Kommission zur Erforschung und Propagierung der Betriebsgeschichte, Potsdam 1988, LAB, C Rep. 309, Nr. 1758; Geschichtliche Entwicklung des Bahnbetriebswerkes Lichtenberg 1895–1979, Berlin 1979, LAB, C Rep. 309, Nr. 46. Weitere Angaben zu Veröffentlichungen zur Geschichte einzelner Reichsbahnausbesserungswerke finden sich in der Dissertation von Eberhard Podzuweit, dem die Autoren der vorliegenden Studie für den Hinweis auf einige dieser teilweise als Manuskript gedruckten Schriften vielfach danken. Vgl. Podzuweit, Widerstand von Eisenbahngewerkschaftern gegen den Nationalsozialismus in Ost- und Mitteldeutschland.

4 100 Jahre Reichsbahn-Ausbesserungswerk Berlin Warschauer Straße, Berlin 1967, S. 19.

die bisherige Sekundärliteratur zum Widerstand von Eisenbahnern gegen den NS-Staat bietet keinerlei Anknüpfungspunkte für weiterführende Recherchen.[5]

Weitgehend unerforscht ist bislang auch das im Zitat angesprochene Thema der Beschäftigung von Zwangsarbeitern in den Reichsbahnausbesserungswerken. Bekannt ist lediglich, dass viele der Reichsbahnausbesserungswerke und Reichsbahnbetriebswerkstätten in der Endphase des Zweiten Weltkrieges Tausende Zwangsarbeiter beschäftigten. Einige der Reichsbahnausbesserungswerke fungierten gleichzeitig als Außenkommandos der Konzentrationslager, so unter anderem das Reichsbahnausbesserungswerk Jena, das 800 bis 900 Häftlinge beschäftigte, die insbesondere beschädigte Eisenbahnwaggons reparierten.[6]

Das bisherige geringe wissenschaftliche Interesse an den Reichsbahnausbesserungswerken überrascht insofern, weil den im Jahr 1932 existierenden 74 Reichsbahnausbesserungswerken, in denen trotz zahlreicher Entlassungen während der Weltwirtschaftskrise knapp 72 000 Arbeitnehmer beschäftigt waren, für die Instandhaltung und Wartung der Lokomotiven, Güter- und Personenwaggons eine besondere Rolle zukam. Die Arbeitnehmer der Reichsbahnausbesserungswerke kamen vorzugsweise aus Metallberufen. Viele der bei der Deutschen Reichsbahn-Gesellschaft Beschäftigten kamen darüber hinaus aus zahlreichen anderen Berufen, darunter waren Glaser, Maler, Bergarbeiter, Buchdrucker, Brauer usw. Die meisten von ihnen waren vor ihrer Beschäftigung bei der Deutschen Reichsbahn-Gesellschaft bereits gewerkschaftlich organisiert und hatten zahlreiche gewerkschaftliche Funktionen ausgeübt. Über 50 der biografisch erfassten circa 350 Gewerkschaftsfunktionäre waren am Anfang ihres Berufslebens und ihrer gewerkschaftlichen Karriere Mitglied des DMV. Bei ihrer Vergangenheit im DMV und in anderen Gewerkschaften überrascht es daher nicht, dass nach 1933 einige Eisenbahngewerkschafter auch in Widerstandsgruppen, die von ehemaligen DMV-Funktionären dominiert wurden, mitarbeiteten[7] oder zumindest in Kontakt

5 Vgl. Esters/Pelger/Schlingensiepen, Gewerkschafter im Widerstand; Eichmann, Auch wenn andere die Weichen stellten; Gottwaldt, Eisenbahner gegen Hitler; Buschak, „Arbeit im kleinsten Zirkel", 2., aktual. Aufl. 2015, insbesondere S. 153–199; Mielke/Frese (Bearb.), Die Gewerkschaften im Widerstand und in der Emigration. Auch der „Heimatgeschichtliche Wegweiser" für Thüringen erwähnt ohne weitere Angaben eine Widerstandsgruppe „im Reichsbahnausbesserungswerk (RAW) in der [Jenaer] Lobstedter Straße 50". Vgl. Heimatgeschichtlicher Wegweiser zu Stätten des Widerstandes und der Verfolgung 1933–1945. Bd. 8: Thüringen, hrsg. vom Studienkreis zur Erforschung und Vermittlung der Geschichte des Widerstandes 1933–1945, Redaktion: Ursula Krause-Schmitt und andere, Frankfurt a. M. 2003, S. 153.

6 Vgl. ebenda, S. 158. Im Reichsbahnausbesserungswerk Hannover-Leinhausen sollen sogar „ab 1940 […] weit über 1000 ausländische Zwangsarbeiter eingesetzt" worden sein. Vgl. Heimatgeschichtlicher Wegweiser zu Stätten des Widerstandes und der Verfolgung 1933–1945. Niedersachsen. Bd. 2: Regierungsbezirke Hannover und Weser-Ems, hrsg. vom Studienkreis zur Erforschung und Vermittlung der Geschichte des Widerstandes 1933–1945, Redaktion: Ursula Krause-Schmitt und andere, Köln 1985, S. 52.

7 Vgl. z. B. die Angaben zu Georg Otten im biografischen Anhang.

mit ihnen standen; ein Aspekt, dem bei der Bildung von Widerstandszirkeln durchaus eine gewisse Bedeutung zukam.[8]

Die Beschäftigtenzahlen in den einzelnen Reichsbahnausbesserungswerken variierten erheblich. Während das Reichsbahnausbesserungswerk Aalen lediglich 245 Arbeitnehmer zählte, arbeiteten im Reichsbahnausbesserungswerk Hannover-Leinhausen, dem größten aller Werke, im Jahr 1932 2359 Beschäftigte. Neben den Reichsbahnausbesserungswerken unterhielt die Deutsche Reichsbahn-Gesellschaft mehrere Hundert Bahnbetriebswerke, Betriebswerkstätten, Bahnmeistereien und andere Werkstätten, in denen es, wie die Biografien von Oskar Pflaumer, Reinhold Beck, Wilhelm Düe und anderen belegen, auch Widerstandszirkel gab, auf die aber im Folgenden nicht eingegangen werden kann.

Bei einer Anzahl von reichsweit 74 Reichsbahnausbesserungswerken war eine flächendeckende Recherche nicht zu realisieren. Im Folgenden konnten daher lediglich punktuelle Recherchen zu einigen ausgewählten Reichsbahnausbesserungswerken vorgenommen werden. Gefragt wurde unter anderem nach Widerstandsaktivitäten im Reichsbahnausbesserungswerk Eberswalde, das 1932 mit 968 Beschäftigten zu den mittelgroßen Werkstätten der Deutschen Reichsbahn-Gesellschaft gehörte und der Reichsbahndirektion Berlin unterstellt war. In der Chronik „RAW ‚8. Mai' Eberswalde" findet sich ein Hinweis auf den Eisenbahngewerkschafter Hermann Eichhorst, der einer Gruppe von sowjetischen Zwangsarbeitern im Reichsbahnausbesserungswerk zur Flucht verhalf. 1967 soll sich einer dieser ehemaligen Zwangsarbeiter, Alexey Andrejewitsch Owtschinnikow, an die Botschaft der DDR gewandt haben, um die Adresse von Eichhorst zu erfahren, weil er sich bei ihm für die damalige Unterstützung bedanken wollte.[9] Nach Angaben der Publikation „Antifaschistischer Widerstandskampf in der Provinz Brandenburg. Biographisches/Bibliographisches"[10] handelte es sich bei Hermann Eichhorst um den Sozialdemokraten und Hauptkassierer des EdED in Eberswalde vor 1933. Nach der Machtübernahme der Nationalsozialisten war er weiterhin als Kolonnenführer im Reichsbahnausbesserungswerk beschäftigt. Unter der Überschrift „Die Nacht des Faschismus beginnt" werden in der Chronik zum Reichsbahnausbesserungswerk Eberswalde auch ein Vater und Sohn mit dem Namen „Treptow" als Widerständler erwähnt, die 1933 Flugblätter verteilt hatten, auf denen zu lesen stand: „Bei Papen noch Schmalz, bei Hitler Salz".[11] Bei Vater und Sohn „Treptow" handelte es sich mit großer Wahrscheinlichkeit um den Hilfsweichenwärter Max Treptow[12] und seinen Sohn, den im Jahr 1913 geborenen

8 Vgl. z. B. die Angaben zu Willi Neumann und Walter Schulz im biografischen Anhang.

9 Vgl. Auskunft des KrArch Barnim (Brigitta Heine), 17. 3. 2016.

10 Vgl. Heino Brandes (Bearb.), Antifaschistischer Widerstandskampf in der Provinz Brandenburg. Biographisches/Bibliographisches, Potsdam 1982, S. 37.

11 Vgl. Chronik RAW „8. Mai" Eberswalde. Geschichte von der Arbeiterklasse geschrieben, Bl. 9, KrArch Barnim, R 5221.

12 Max Treptow (geb. 1888, gest. 1962), Details zum Lebensweg konnten nicht rekonstruiert werden.

Max Berthold Treptow.[13] Beide wurden zu einer Gefängnisstrafe verurteilt. Da das Einwohneradressbuch von Eberswalde für 1936 Max Treptow als Hilfsweichenwärter in der Husarenbergstraße führte, ist zu vermuten, dass Max Treptow auch nach der Verbüßung seiner Haftstrafe weiterhin im Reichsbahnausbesserungswerk oder einer anderen Werkstätte der Deutschen Reichsbahn beschäftigt war.[14]

Im Unterschied zu Hermann Eichhorst und Max Treptow wurde der langjährige EdED-Funktionär und Betriebsratsvorsitzende des Reichsbahnausbesserungswerkes, Karl Becker,[15] von den Nationalsozialisten sofort entlassen.

Ob Becker, der bereits 1920 führend an der Niederschlagung des „Kapp-Lüttwitz-Putsches" in Eberswalde beteiligt war, und bis 1933 zu einem der schärfsten Gegner der Nationalsozialisten gehört hatte, nach 1933 seine Kontakte zu Beschäftigten des Reichsbahnausbesserungswerkes für seine Widerstandsaktivitäten nutzte, ist nicht bekannt. Belegt ist lediglich, dass Karl Becker in den Eberswalder Werken der Firma „Ardelt" im August 1935 Beschäftigung fand und hier auch Widerstand leistete. Wie Karl Becker wurde auch Otto Gohlke, ab 1928 stellvertretender Vorsitzender des Betriebsrates des Reichsbahnausbesserungswerkes in Eberswalde, nach der Machtübernahme der Nationalsozialisten entlassen. Als sozialdemokratischer Stadtverordneter von 1929 bis 1933 und als Bevollmächtigter des EdED in Eberswalde gehörte er zu den Gewerkschaftsfunktionären, die bereits im Mai 1933 verhaftet wurden. Die Vermutung, Otto Gohlke habe auch nach 1933 weiterhin Kontakte in das Reichsbahnausbesserungswerk besessen, lässt sich anhand der Unterlagen in seiner OdF-Akte nicht belegen.[16]

Widerstand gegen das NS-Regime gab es auch im Reichsbahnausbesserungswerk Cottbus. Die beiden führenden Akteure waren hier Wilhelm Bode und Willi Schrödter,[17] die beide zum Widerstandsnetzwerk um Hans Jahn gehörten. Wilhelm Bode[18] arbeitete bereits

13 Weitere Informationen zu Vater und Sohn „Treptow" konnten nicht eruiert werden. Auch in der Liste der amtlich anerkannten „Opfer des Faschismus" im Stadtkreis Eberswalde vom 23. Dezember 1949 sind die Namen von Vater und Sohn „Treptow" nicht erfasst. Vgl. KrArch Barnim, Bestand C2 1004 und Auskunft des KrArch Barnim (Brigitta Heine), 17. 3. 2016.

14 Als Gewerkschaftsfunktionär ist Max Treptow in der Gestapo-Liste „Ehemalige SPD-Gewerkschaftsfunktionäre" nicht verzeichnet. Vgl. BLHA, Rep. 2 A1 Pol., Nr. 1206.

15 Vgl. die Angaben zu Karl Becker im biografischen Anhang.

16 Vgl. BLHA, Rep. 601, Rat des Bezirkes Frankfurt a. d. Oder, VdN-1461, VdN-Akte von Otto Gohlke; vgl. auch die Angaben zu Otto Gohlke im biografischen Anhang.

17 In seinem Lebenslauf schreibt Schrödter, bereits 1932, als die „Nazis immer größere Erfolge zeitigten", sei er vom Vorstand der EdED-Ortsgruppe „beauftragt" worden, „illegal" weiterzuarbeiten. Vgl. BLHA Rep. 801, Rat des Bezirks Cottbus, VdN-1893, Lebenslauf von Willi Schrödter, 21. 11. 1945. Im Fragebogen zu seinem OdF-Antrag heißt es dagegen, Hans Jahn habe ihn und Wilhelm Bode im Mai 1933 „den Auftrag [erteilt], die Gewerkschaft illegal weiterzuführen". Ebenda.

18 Vgl. die Angaben zu Wilhelm Bode – insbesondere die Ausführungen der Anklageschrift – im biografischen Anhang.

Wilhelm Bode, o. J.
Uns gehören die Schienenwege, S. 190

von Dezember 1918 bis zu seiner Festnahme 1940 als Schlosser im Reichsbahnausbesserungswerk Cottbus. Da Bode als unbesoldetes Mitglied des EdED-Hauptvorstandes, als Mitglied des EdED-Bezirksvorstandes „Osten" und als Betriebsratsmitglied und Landesarbeitsrichter zu den bedeutenden regionalen Funktionären in Cottbus und Umgebung gehörte, überrascht seine Weiterbeschäftigung im Reichsbahnausbesserungswerk. Vermutlich ist seine Nichtentlassung darauf zurückzuführen, dass Bode im Reichsbahnausbesserungswerk selbst als Interessenvertreter der Beschäftigten in der Auseinandersetzung mit dem Nationalsozialismus nicht besonders hervorgetreten war. Die zahlreichen Berichte, die Wilhelm Bode Hans Jahn über die Verhältnisse bei der Deutschen Reichsbahn und im Reichsbahnausbesserungswerk zukommen ließ, legen nahe, dass Bode im Betrieb und in der Umgebung Vertrauensleute besaß, die ihn mit Informationen versorgten. Auch Willi Schrödter – wie Bode EdED-Funktionär und gleichzeitig bis 1933 Betriebsratsmitglied – arbeitete seit vielen Jahren als Vorschlosser im Reichsbahnausbesserungswerk Cottbus, wo er bis zu seiner Verhaftung 1940 beschäftigt blieb. Als Ziele seiner illegalen Arbeit nennt Schrödter vor allem „Aufklärung […] gegen die Goebbelsche Propaganda", „Sabotage in Form von Krankmachen und Vergeuden von ‚Sparmetallen'".[19] Die zuletzt genannten Ziele ließen sich nur im genannten Reichsbahnausbesserungswerk umsetzen. Es ist daher zu vermuten, dass die ehemaligen Betriebsratsmitglieder Wilhelm Bode und Willi Schrödter sich nicht lediglich am Aufbau illegaler EdED-Strukturen in Brandenburg und Schlesien beteiligten, sondern ihre frühere Stellung als Betriebsratsmitglieder dazu nutzten, ein Netz aus Vertrauensleuten im Betrieb aufzubauen.[20]

Auch für das Reichsbahnausbesserungswerk in Berlin-Grunewald gibt es verschiedene Hinweise auf Widerstandsaktivitäten. Zu den Beschäftigten des Reichsbahnausbesserungswerkes Grunewald gehörte Maximilian Bonatzy.[21] Er war vor 1933 Vorsitzender des Zweiten „Bezirkes", einer Untergliederung der EdED-Ortsverwaltung Berlin, und von 1921 bis 1933 Vorsitzender des RAW-Betriebsrates und Leiter der SPD-Betriebsgruppe. Bonatzy war der NSDAP insbesondere deshalb verhasst, weil er Anfang 1933 nach eigenen Angaben mit der Belegschaft die Entfernung einer Hakenkreuzfahne von einem Verwaltungsgebäude der Reichsbahn erzwang und nach Auffassung der NSDAP „Gegenrevolution" im Werk betrieb.

19 BLHA Rep. 801, Rat des Bezirks Cottbus, VdN-1893, Lebenslauf von Willi Schrödter.

20 Es ist zu vermuten, dass der in der Anklage u. a. genannte Vorschlosser Karl Jentsch dazu gehörte. Vgl. Anklageschrift J237/40 gegen Wilhelm Bode u. a., 8. 4. 1942, Bl. 18, in: Nationalsozialismus, Holocaust, Widerstand und Exil 1933–1945, Online-Datenbank. Hinweise finden sich nicht zuletzt auch für die Brandenburger Reichsbahnausbesserungswerke in Potsdam und Kirchmöser. Für Potsdam vgl. Klaus Keim, Widerstand in Berlin, Bd. 2, Berlin 2003, S. 41 (Biografische Angaben für Franz Damm); für Kirchmöser erwähnt die in der DDR verfasste Schrift Antifaschistischer Widerstandskampf in Brandenburg, a. a. O., S. 191 den Eisenbahner Widecke, der Kontakt zu polnischen Zwangsarbeitern hielt und zu zwei Jahren Gefängnis verurteilt wurde.

21 Vgl. die Angaben zu Maximilian Bonatzy im biografischen Anhang.

Die Entlassung von Bonatzy aus dem Dienstverhältnis mit der Reichsbahn-Gesellschaft erfolgte dennoch erst am 11. September 1933. Als Gründe für seine Entlassung wurden ihm die „Schädigung rechts eingestellter Mitarbeiter und die Verteilung marxistischer Flugblätter" vorgeworfen. Ferner machte ihm die Betriebsleitung nach seinen Angaben im Lebenslauf vom 7. August 1945 den Vorwurf, noch im März 1933 Verteilern nationalsozialistischer Flugblätter diese „aus der Hand gerissen und vernichtet zu haben."[22] Ob Bonatzy, der langjährige Vorsitzende des RAW-Betriebsrates, nach seiner Entlassung weiterhin mit ehemaligen EdED-Mitgliedern in Verbindung stand und an illegalen Aktivitäten im Reichsbahnausbesserungswerk beteiligt war, konnte nicht geklärt werden. Belegt sind jedoch regelmäßige Treffen von Bonatzy mit Eisenbahner-Kollegen und die Zusammenarbeit mit anderen ehemaligen Funktionären des Widerstandsnetzwerkes von Franz Apitzsch/Paul Beyerling/Lorenz Breunig.[23]

Erstaunlicherweise fand der kommunistische Eisenbahngewerkschafter und langjährige Danziger EdED-Funktionär Emil Kamradt[24] 1934 eine Beschäftigung im Reichsbahnausbesserungswerk Berlin-Grunewald. Anfang der 1940er-Jahre engagierte sich Emil Kamradt unter anderem als Flugblattverteiler in der Widerstandsgruppe „Freies Deutschland", deren Hauptorganisator sein Bruder Albert war. Während Emil Kamradt mit Eisenbahnern zusammenarbeitete, leistete sein Bruder Paul, der ab 1942 bei der Deutschen Reichsbahn arbeitete, bereits in den Jahren davor Widerstand im Rahmen der Roten Hilfe Deutschlands (RHD).[25] Es ist zu vermuten, dass Emil Kamradt sich auch im Reichsbahnausbesserungswerk Berlin-Grunewald illegal betätigte. Nach eigenen Angaben sei er mehrere Monate vor seiner Verhaftung 1934 von Vorgesetzten in dem Betrieb bespitzelt und verfolgt worden. Emil Kamradt wurde wegen „Vorbereitung zum Hochverrat" am 20. Januar 1944 vom Kammergericht Berlin zu zwei Jahren Zuchthaus und drei Jahren Ehrverlust verurteilt. Eine Strafe, die er bis zum 19./20. April 1945 im Zuchthaus Brandenburg-Görden verbüßte.[26]

22 LAB, C Rep. 118-01, Nr. 1028, Lebenslauf von Maximilian Bonatzy, 7. 8. 1945.

23 Vgl. zu Details Kap. 5.4.2.

24 Vgl. die Angaben zu Emil Kamradt im biografischen Anhang.

25 Zur Widerstandstätigkeit der illegalen RHD vgl. Nikolaus Brauns, Schafft Rote Hilfe! Geschichte und Aktivitäten der proletarischen Hilfsorganisation für politische Gefangene in Deutschland (1919–1938), Bonn 2003, S. 277–309.

26 Auch für andere Berliner Reichsbahnausbesserungswerke gibt es Hinweise auf Widerstandsaktivitäten. Im Reichsbahnausbesserungswerk Berlin-Schöneweide leitete Erich Niendorf, vor 1933 EdED-Mitglied und ab 1930 Betriebsratsfunktionär und Vorstandsmitglied der Industriegruppe Eisenbahn der RGO, eine Widerstandsgruppe, die mit Roman Chwalek und mit „Widerstandsgruppen in den Eisenbahnbetrieben" in Berlin-Schöneberg, Berlin-Tempelhof und Berlin-Zehlendorf zusammenarbeitete. Vgl. Hans-Joachim Fieber, Widerstand in Berlin, Bd. 5, Berlin 2004, S. 289; ferner LAB, C Rep 118-01, Nr. 4985, OdF-Akte.

Auch für das Reichsbahnausbesserungswerk Hannover-Leinhausen, der im Jahr 1932 mit 2359 Beschäftigten größte Betrieb der Deutschen-Reichsbahn-Gesellschaft, finden sich in den Quellen einige Hinweise auf Widerstandsaktivitäten. Zu den Beschäftigten gehörte bis 1933 das langjährige Betriebsratsmitglied Friedrich Gückel, der als unbesoldetes Mitglied des EdED-Hauptvorstandes und Mitglied des Hauptbetriebsrates der Deutschen-Reichsbahn-Gesellschaft sowohl im Reichsbahnausbesserungswerk als auch im EdED wichtige Funktionen innehatte. Vermutlich gehörte Gückel nicht zu den Gewerkschaftsfunktionären, die sich vor 1933 im Kampf gegen die Nationalsozialisten besonders exponiert hatten, denn im Unterschied zu zahlreiche anderen Betriebsräten verlor Gückel erst im November 1933 seinen Arbeitsplatz, angeblich weil er den Arbeitsfrieden gefährden würde.[27] Ob Friedrich Gückel in der Zeit bis November 1933 im Reichsbahnausbesserungswerk einen Widerstandszirkel aufbaute, konnte nicht festgestellt werden. Belegt ist jedoch, dass Hans Jahn Friedrich Gückel als Gaugrafen für den Gau Hannover gewann[28] und dass Karl Blaß, vor 1933 einer der Gegenspieler von Hans Jahn im EdED-Hauptvorstand, Gückel für die „Allgemeine Krankengeldzuschuß- und Sterbekasse V. V. a. G." anwarb. Gückel war viele Jahre Mitglied der Vertreterversammlung und sogar Vorstandsmitglied bzw. Mitglied des Aufsichtsrates dieses Versicherungsunternehmens und auch nach 1945 übernahm er bis in die 1960er-Jahre hinein hier Leitungsfunktionen. Konkrete Angaben über Gückels Aktivitäten als Mitglied beider Widerstandsnetzwerke liegen ebenso wenig vor wie zeitgenössische Belege hinsichtlich des Aufbaus eines Widerstandszirkels im Reichsbahnausbesserungswerk. Bekannt ist lediglich, dass zwei jüngere Schlosser, die bis 1936 im Reichsbahnausbesserungswerk beschäftigt waren, Gottfried Krückeberg[29] und Friedrich Siemon,[30] Mitglieder der „Sozialistischen Front" waren, für die Krückeberg Kurierdienste leistete. Es ist zu vermuten, dass beide ihre Kenntnisse über die Situation und Entwicklung des Betriebes in die Arbeit der illegalen Gruppe einbrachten. Ob sie gleichzeitig auf ein Widerstandsnetzwerk im Reichsbahnausbesserungswerk zurückgreifen konnten, ließ sich bisher nicht ermitteln. Auch der Schlosser Friedrich Michaelis,[31] der 1934 auf der Grundlage des „Gesetzes zur Wiederherstellung des Berufsbeamtentums" aus dem Reichsbahnausbesserungswerk entlassen wurde, gehörte zweifellos zu den engagierten Gegnern des NS-Regimes. Unter anderem wegen regimekritischer Äußerungen verurteilte ihn das Sondergericht Hannover wegen „Vergehens gegen das

27 Vgl. die Angaben zu Friedrich Gückel im biografischen Anhang.

28 Vgl. AdsD, Bestand ITF, 5/ITFA, Mappe 46, „Organisations-Anlage" von Hans Jahn über den Stand der illegalen Organisation der Eisenbahner im Deutschen Reich, o. D. [1. 3. 1936], abgedr. als Dok. 69 in: Mielke/Frese (Bearb.), Die Gewerkschaften im Widerstand und in der Emigration, S. 359–368.

29 Vgl. die Angaben zu Gottfried Krückeberg im biografischen Anhang.

30 Vgl. die Angaben zu Friedrich Siemon im biografischen Anhang.

31 Vgl. die Angaben zu Friedrich Michaelis im biografischen Anhang.

Heimtückegesetz“ zu einer Haftstrafe, nach deren Verbüßung ihn die NS-Verfolger bis Mai 1945 in den Konzentrationslagern Sachsenhausen und Dachau in Haft hielten.

Die meisten Hinweise auf Widerstandsaktivitäten gibt es für das Reichsbahnausbesserungswerk Mülheim-Speldorf. Diese Hinweise basieren in erster Linie auf Hinweisen der Verfolger und auf Erinnerungsberichten. Mit 883 Beschäftigten im Jahr 1932 gehörte das RAW, das in erster Linie die Instandsetzung von Dampflokomotiven betrieb, zu den mittelgroßen Werkstätten der Deutschen-Reichsbahn-Gesellschaft. Zu den Beschäftigten, die im Reichsbahnausbesserungswerk Widerstand gegen das NS-Regime leisteten, gehörte der kommunistische Eisenbahner Fritz Müllerstein, der erst im Jahr 1937 im Reichsbahnausbesserungswerk als Schweißer eingestellt wurde. Nach Darstellung einer VVN-Publikation[32] gelang es Müllerstein in den folgenden Jahren, eine „Betriebsgruppe auf gewerkschaftlicher Grundlage“ zu bilden, die „als Organisation [...] während der gesamten faschistischen Diktatur“[33] bestanden haben soll. Diese Gruppe sammelte Gelder für die Familien inhaftierter Kommunisten, stellte den Kontakt zu Zwangsarbeitern her, die – wie in vielen anderen Reichsbahnausbesserungswerken auch – während des Zweiten Weltkrieges in Mülheim-Speldorf beschäftigt waren, hörte Nachrichten ausländischer Sender und betrieb Aufklärungsarbeit unter den Beschäftigten. Nach Angaben von Helmut Hermann und Michael Doetsch in einer Internetpräsentation über „Widerstandsgruppen in Betrieb und Freizeit“ gab es daneben eine Widerstandsgruppe „Der Bund – Internationaler Sozialistischer Orden“ (ISO).[34]

Der „Bund“ war 1931 im rheinisch-westfälischen Industriegebiet gegründet worden.[35] Er verstand sich als ein politischer „Orden“, der ein „ordensmäßig streng gefügtes, alle Lebensbereiche umspannendes Gemeinschaftsleben“ der Mitglieder erstrebte und von diesen einen aktiven „Einsatz und Kampf für die Verwirklichung des Sozialismus“[36] forderte. Seine Aufgaben sah der „Bund“: „1. in der Bereitstellung eines Stosstrupps von absolut zuverlässigen, gegen Korruption und Cliquengeist gefeiten, der Sache unbedingt ergebenen, geschulten Kämpfern für die sozialistische Bewegung; 2. in der Aufrüttelung der Unpolitischen und der Wiedergewinnung der Indifferenten, von der Partei oder dem Leben Entmutigten oder Enttäuschten für die sozialistische Bewegung und für aktive Mitarbeit in den Organisationen der Arbeiterschaft; 3. in verpflichtender Mitarbeit in den Organisationen und Einrichtungen

32 Vgl. Doris Doetsch/Michael Doetsch/Helmut Hermann u. a. (Hrsg), 1933 bis 1945. Widerstand und Verfolgung in Mülheim an der Ruhr, hrsg. von der Vereinigung der Verfolgten des Naziregimes/Bund der Antifaschisten – Kreisvereinigung Mülheim a. d. Ruhr, Duisburg 1987, S. 132 ff., 216 ff.

33 Ebenda, S. 133, 217.

34 Vgl. Helmut Hermann/Michael Doetsch, Widerstandsgruppen in Betrieb und Freizeit, http://muelheim-ruhr-1933-45.de/1933/index.php?page=widerstandsgruppen-in-betrieb-und-freizeit (4. 7. 2016).

35 Vgl. BArch, R 58/543, Bl. 12 ff. Der Regierungspräsident Düsseldorf an den Oberpräsidenten in Koblenz, 22. 12. 1931.

36 BArch, R 58/543, Bl. 16, Satzung ISO „Bund“.

der Arbeiterschaft, in Aktivierung der Parteiarbeit durch Schulung, gemeinsame Vorbereitung, Austausch der Erfahrungen, gegenseitige Hilfe und Betreuung, Zuverlässigkeit und Treue im Kleinen."[37]

Dem „Bund" gehörten nach 1933 unter anderem das spätere Mitglied des IG Metall-Hauptvorstandes Fritz Strothmann und der kommunistische Gewerkschafter Fritz Terres an.[38] Dieser fest organisierte Kreis traf sich nach 1933 regelmäßig zu Wanderungen und politischen Diskussionen, um den Zusammenhalt und Austausch der Mitglieder zu gewährleisten. Da einige Mitglieder auch Juden waren, organisierten die ISO-Mitglieder unmittelbare Hilfsaktionen, angefangen bei der Verschickung von Hilfspaketen bis zum Verstecken von verfolgten Juden. Da die Mitglieder strenge Regeln der Konspiration einhielten, nicht an die Öffentlichkeit traten und zum Beispiel alles verdächtige Material und Fotos systematisch vernichteten, wurden sie nicht von der Gestapo entdeckt.[39] Gegen Ende des Krieges rief die ISO-Widerstandsgruppe des Reichsbahnausbesserungswerkes Speldorf unter anderem dazu auf, einem Aufruf der Werksleitung zur Verlagerung des Werkes nach Schwerte keine Folge zu leisten: „Der Krieg ist verloren! Wir wollen nicht die unvermeidliche Überrollung auf der Landstraße erleben, sondern zuhause bei der Familie! Nochmals: Keiner fährt! Alle bleiben hier!"[40]

Folgt man der Darstellung in der VVN-Publikation, existierte im Reichsbahnausbesserungswerk Mülheim-Speldorf ebenfalls „eine Gruppe christlicher Sozialisten, über deren Tätigkeit nur soviel bekannt ist, dass deren Mitglieder an Zusammenkünften mit der Gruppe um Fritz Müllerstein teilnahmen, um sich auf die Zeit nach der Niederlage des Nationalsozialismus vorzubereiten. Zu dieser Gruppe gehörten: Jan Doetsch, Heinrich Pütz, Peter Helbach, Jan Wolter, Willi Wieschermann, Bernhard Helbach, Peter Keller, Heinrich Oesterwind, Hermann Nieten".[41] Die Mitglieder Peter Helbach, Peter Keller und Heinrich Oesterwind gehörten – der VVN-Darstellung zufolge – offensichtlich auch zur kommunistischen Widerstandsgruppe im Reichsbahnausbesserungswerk um Fritz Müllerstein.[42]

37 Ebenda.

38 Vgl. zu biografischen Details Mielke (Hrsg.), Gewerkschafter in den Konzentrationslagern Oranienburg und Sachsenhausen. Biographisches Handbuch, Bd. 1, S. 279 f. (Fritz Strothmann) und S. 281 f. (Fritz Terres).

39 Vgl. Helmut Hermann/Michael Doetsch, Widerstandsgruppen in Betrieb und Freizeit, http://muelheim-ruhr-1933-45.de/1933/index.php?page=widerstandsgruppen-in-betrieb-und-freizeit (4. 7. 2016).

40 Zit. n.: ebenda.

41 Doetsch/Doetsch/Hermann u.a. (Hrsg), 1933 bis 1945. Widerstand und Verfolgung in Mülheim an der Ruhr, S. 216.

42 Vgl. ebenda, S. 216, 218, ferner S. 219, wo es in einem Bericht von Fritz Müllerstein heißt: „auch bei dem Genossen Gustav Zenker fanden Zusammenkünfte statt, an denen einige christliche Sozialisten wie Peter Helbach, Heinrich Pütz teilgenommen haben. Beide waren eingegliedert in unsere illegale Betriebsgruppe."

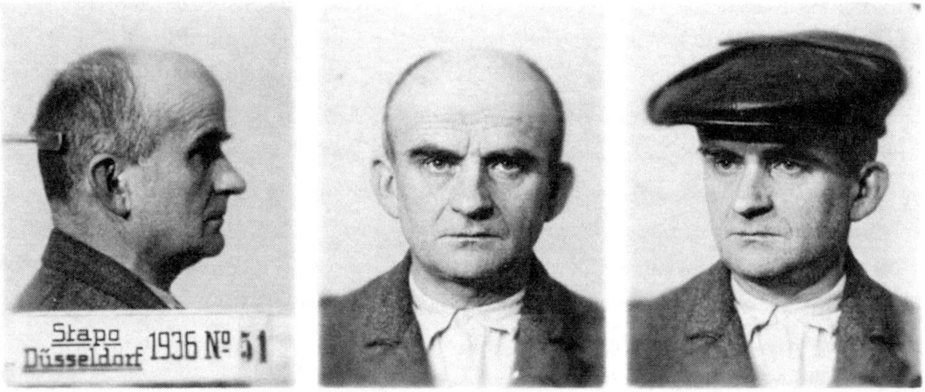

Erkennungsdienstliche Lichtbilder von Max Pester, 1936.
LAV NRW R, RW 58, Nr. 55095

Nicht geklärt werden konnte, ob Willi Molitor, einer der aktivsten Mitstreiter der Widerstandsgruppe um Hans Jahn, der ab 1921 als Schlosser im Reichsbahnausbesserungswerk Mülheim-Speldorf gearbeitet hatte, bevor er aus politischen Gründen im Juli 1933 entlassen worden war, weiterhin Kontakte zu Kollegen seines früheren Arbeitsplatzes unterhielt und Mitarbeiter dieses Betriebes mit illegalem Material versorgte. Belegt ist, dass Molitor nicht nur im Rahmen des Widerstandsnetzwerkes um Hans Jahn mitarbeitete, sondern auch in Verbindung mit Gewerkschaftern stand, die – wie zum Beispiel Sebastian Dani – zu den führenden Mitgliedern der Widerstandsgruppe „Brotfabrik Germania" gehörte.[43] Es liegt daher die Vermutung nahe, dass Molitor, der von 1928 bis 1933 Betriebsratsmitglied und zeitweise sogar Betriebsratsvorsitzender des Reichsbahnausbesserungswerkes Mülheim-Speldorf war, seine Kontakte und Kenntnisse aus dieser Zeit auch für die illegalen Aktivitäten nach der Machtübernahme der Nationalsozialisten nutzte. Denn Ansprechpartner suchte und fand Molitor unter anderem auch im Reichsbahnausbesserungswerk Schwerte bei dem langjährigen Betriebsratsvorsitzenden Anton Franke, den Molitor aus der gemeinsamen Gewerkschaftsarbeit kannte. In der Anklageschrift gegen Philipp Tillier heißt es dazu: „Im Sommer wurde er [Anton Franke] von [Willi] Molitor besucht", nachdem dieser seinen Besuch auf einer Postkarte angekündigt hatte. „Molitor klärte den Angeschuldigten darüber auf, dass er bestrebt sei, ‚einen losen Zusammenhalt' unter alten Gewerkschaftsfunktionären herzustellen."[44] Auch

43 Vgl zu Details Kap. 5.6.

44 BArch, NJ 2328, Bl. 19, Anklageschrift gegen Philipp Tillier u.a., 30. 9. 1937; vgl. ferner die Angaben zu Anton Franke im biografischen Anhang.

Max Pester nahm mit Franke Kontakt auf und berichtete ihm über „die Fortschritte der illegalen Arbeit“ und klärte „ihn über deren Zweck und Ziele sowie über die mit der I. T. F. in Amsterdam angeknüpften Beziehungen auf“.[45] Anton Franke lieferte nachweislich an Max Pester Berichte über die Stimmung, Lohn- und Arbeitsverhältnisse in Arnsberger Betrieben und im Reichsbahnausbesserungswerk Schwerte, die er unter anderem auch von Beschäftigten des Reichsbahnausbesserungswerkes erhielt. Die Namen seiner Informanten ließen sich jedoch anhand der bislang zugänglichen Quellen nicht feststellen.

Bereits die begrenzten Recherchen zum Widerstand in den Reichsbahnausbesserungswerken weisen auf ein außerordentlich breites Spektrum von Widerstandszirkeln und -netzwerken hin. Ehemalige Betriebsräte und Gewerkschaftsfunktionäre der Reichsbahnausbesserungswerke, insbesondere des EdED und der RGO, arbeiteten sogar in Widerstandsgruppen der „Zeugen Jehovas“ ebenso mit wie in Zirkeln der „Naturfreunde“ oder – wie im Reichsbahnausbesserungswerk Mülheim-Speldorf – in einer linkssozialistischen Gruppe wie dem „Bund – Internationaler Sozialistischer Orden“. Daneben gab es in Reichsbahnausbesserungswerken Widerstandszirkel, deren Mitglieder überwiegend aus sozialdemokratischen bzw. kommunistischen Eisenbahngewerkschaften kamen. Neben ehemaligen Betriebsräten und ehrenamtlichen Funktionären des EdED, die sich als Mitglieder des Widerstandsnetzwerkes um Hans Jahn am Widerstand gegen das NS-Regime beteiligten, gab es zahlreiche Eisenbahngewerkschafter, die unabhängig von Hans Jahn und seinen Vertrauensleuten im Rahmen kleiner Widerstandszirkel in Reichsbahnausbesserungswerken oder anderen Betrieben der Deutschen Reichsbahn illegal arbeiteten.

45 Ebenda.

10. Der Beitrag von Widerständlern und Emigranten aus den Reihen der Eisenbahner zum Neuaufbau der Gewerkschaften nach Ende des Zweiten Weltkrieges

Dieses Kapitel einer Studie über den Widerstand von Eisenbahnern stellt sich nicht die Aufgabe, die Neugründung von Eisenbahngewerkschaften nach dem Ende des Zweiten Weltkrieges im Schnittpunkt der zahlreichen divergierenden innerdeutschen und alliierten Interessen darzustellen und zu analysieren. Auf die allgemeinen innerdeutschen wirtschaftlichen, sozialen und politischen Rahmenbedingungen wie Wohnungsnot, Ernährungsfragen, Rohstoffmangel, zerstörte Verkehrswege, Demontagen, beginnender Kalter Krieg und andere, die die Neugründung der Gewerkschaften begleiteten, sei hier lediglich hingewiesen.[1] Die spezielle Situation, auf die die Eisenbahner, die die Neugründung von Eisenbahngewerkschaften anstrebten, nach dem Ende des Zweiten Weltkrieges bei ihrem Arbeitgeber, der Reichsbahn, stießen, beschreibt Hans-Joachim Buß: „Zerstörungen, Ausfälle und Verluste, durch einschneidenden Materialmangel verschärft, bestimmten die Situation der Reichsbahn, aber auch die Amputation ihres Netzes und dessen Zerschneidung durch Zonengrenzen, ein bereits lange Jahre währender Verschleiß, mittelbare Kriegsschäden durch unterbliebene Unterhaltung und Erneuerung. Unsinnige Verbote und Willkürmaßnahmen der Besatzungsmächte, die – charakteristisch für die Verworrenheit der Verhältnisse – an anderer Stelle dennoch unterstützend eingriffen."[2]

1 Vgl. zum Beispiel Eberhard Schmidt, Die verhinderte Neuordnung 1945–1952. Zur Auseinandersetzung um die Demokratisierung der Wirtschaft in den westlichen Besatzungszonen und in der Bundesrepublik Deutschland. Mit einem Vorwort von Wolfgang Abendroth, Frankfurt a. M. 1971; Ernst-Ulrich Huster/Gerhard Kraiker/Burkhard Scherer/Friedrich-Karl Schlotmann/Marianne Welteke, Determinanten der westdeutschen Restauration 1945–1949, Frankfurt a. M. 1973; ferner Mielke (Bearb.) unter Mitarb. von Rütters, Becker und Fichter, Organisatorischer Aufbau der Gewerkschaften, S. 16–32; für die FBZ vgl. Alain Lattard, Gewerkschaften und Arbeitgeber in Rheinland-Pfalz unter französischer Besatzung 1945–1949, Mainz 1988, S. 13 ff.; für die amerikanische Besatzungszone vgl. insbesondere Michael Fichter, Besatzungsmacht und Gewerkschaften. Entwicklung und Anwendung der US-Gewerkschaftspolitik in Deutschland 1944–1948, Opladen 1982; für die britische Besatzungszone Anja Ingenbleek, Die britische Gewerkschaftspolitik in der britischen Besatzungszone 1945–1949, Düsseldorf 2010.

2 Buß, Dreimal Stunde Null, S. 159.

Im Folgenden wird lediglich der Versuch unternommen, Antworten auf zwei zentrale Fragen zu geben. Gefragt wird a) inwieweit ehemalige Eisenbahngewerkschafter, die im Deutschen Reich bzw. aus der Emigration Widerstand gegen das NS-Regime leisteten, sich nach 1945 aktiv am Wiederaufbau der Gewerkschaften und speziell von Eisenbahngewerkschaften beteiligten. Wurde der berechtigte „Anspruch" derjenigen Gewerkschaften, die gegen das NS-Regime gekämpft und zum großen Teil hohe Haftstrafen erlitten hatten, „auf politische Mitwirkung im Deutschland der Nachkriegszeit"[3] von den Gewerkschaftskollegen und der Gesellschaft anerkannt und erhielten sie die Möglichkeit, bei der Neugründung der Gewerkschaften sich aktiv einzubringen und Führungspositionen zu übernehmen? Zudem wird (b) gefragt, welche Position sie in der Auseinandersetzung hinsichtlich der Organisationsform einnahmen. Waren sie eher Verfechter einer zentralistischen Einheitsgewerkschaft oder Befürworter von autonomen Industriegewerkschaften? Kann man in den Westzonen in der Auseinandersetzung zwischen Anhängern zentralistischer Einheitsgewerkschaften und denjenigen autonomer Gewerkschaften/Industriegewerkschaften von einem signifikanten Beitrag der Eisenbahner bei der Durchsetzung einer föderativen Gewerkschaftsstruktur mit autonomen Einzelgewerkschaften sprechen? Und wie verhielten sich in dieser Frage die führenden Funktionäre der Eisenbahngewerkschaften in Groß-Berlin und in der SBZ? Diese Fragen lassen sich nicht ohne eine knappe Darstellung und Analyse der Gewerkschaftspolitik der Besatzungsmächte beantworten.

Forschungsstand

Die Jahre 1945 bis 1949 – die Gründungsphase der Bundesrepublik Deutschland und der DDR – gehören zweifellos zu den am besten erforschten Phasen der bundesdeutschen Geschichte und der SBZ. Das gilt – betrachtet man lediglich die Entwicklung von DGB und FDGB – auch für den gewerkschaftlichen Neuaufbau in den vier Besatzungszonen. Zahlreiche Studien, insbesondere Dissertationen, beschäftigen sich mit der Gründung und Entwicklung der Dachorganisationen der Gewerkschaften – DGB und FDGB – und der Gewerkschaftspolitik der jeweiligen Besatzungsmächte in den einzelnen Regionen und Städten.[4] Das

3 Michael Schneider, Gewerkschafter unter nationalsozialistischer Diktatur: Verfolgung, Widerstand und Exil 1933–1945, in: DGB-Archiv, Erschlagen, hingerichtet, in den Tod getrieben, Bonn 1995, S. 9–36, hier S. 34.

4 Vgl. zum Beispiel die Dissertation von Jürgen Klein, Vereint sind sie alles? Untersuchungen zur Entstehung von Einheitsgewerkschaften in Deutschland. Von der Weimarer Republik bis 1946/47, Hamburg 1972; Ross, Gewerkschaften und soziale Demokratie; Franz Hartmann, Geschichte der Gewerkschaftsbewegung nach 1945 in Niedersachsen, Hannover 1972; Franz Hartmann, Entstehung und Entwicklung der Gewerkschaftsbewegung in Niedersachsen nach dem Zweiten Weltkrieg, phil. Diss., Göttingen 1977 (Manuskript); Peter Brandt, Antifaschismus und Arbeiterbewegung. Aufbau – Ausprägung – Politik in Bremen 1945/46, Hamburg 1976; Holger Christier, Sozialdemokratie und Kommunismus. Die

gilt jedoch nicht in gleicher Weise für den Neuaufbau der meisten DGB-Mitgliedsorganisationen und für die Einzelgewerkschaften des FDGB. Während zum Beispiel der Gründungs- und Entwicklungsprozess der IG Metall bisher in mehreren Dissertationen und Studien dargestellt und analysiert wurde, gibt es bis heute keine einzige wissenschaftliche Publikation, die systematisch die Anfänge der Eisenbahngewerkschaften in den westlichen Besatzungszonen bzw. in der SBZ untersucht und Antworten auf die beiden in diesem Kapitel gestellten Fragen gibt.[5] Das gilt auch für die Arbeiten von Helmut Esters, Hans Pelger und Alexandra Schlingensiepen sowie Hans-Joachim Buß und August Enderle.[6] Während Esters/Pelger/Schlingensiepen lediglich mit wenigen Sätzen darauf verweisen, dass einige der Mitglieder der Widerstandsgruppe um Hans Jahn sich auch nach 1945 intensiv am Gewerkschaftsaufbau beteiligten,[7] finden sich weder bei Buß noch bei Enderle Hinweise zur Beantwortung dieser Fragen.[8] Auch Anja Ingenbleek, die sich in ihrer Studie über die britische Gewerkschaftspolitik in der BBZ ausführlich mit der Praxis britischer Politik zur Organisierung öffentlicher Bediensteter innerhalb des DGB (BBZ) auseinandersetzt,[9] blendet die „Sonderentwicklung der Eisenbahner-Verbände“ in der BBZ aus.[10] Sie weist an anderer Stelle jedoch darauf hin, dass sich „vielerorts speziell die Eisenbahner-Verbände“ gegen die Gründung

Politik der SPD und der KPD in Hamburg 1945–49, Hamburg 1975 (mit einem umfangreichen Beitrag zur Gründung und dem Scheitern der Sozialistischen Freien Gewerkschaft in Hamburg); Anne Weiß-Hartmann, Der Freie Gewerkschaftsbund Hessen 1945–1949, Marburg 1977; Christfried Seifert, Entstehung und Entwicklung des Gewerkschaftsbundes Württemberg-Baden bis zur Gründung des DGB 1945 bis 1949, Marburg 1980; Gewerkschaft Transnet (Hrsg.), 175 Jahre Beschäftigte bei den Bahnen; Gewerkschaft Transnet (Hrsg.), Transnet. Gewerkschaft bei der Bahn 1945–2008; Gewerkschaft Transnet (Hrsg.), Zukunft hat Vergangenheit.

5 Zu den Arbeiten über die IG Metall vgl. u. a. Johannes Koll, Metallgewerkschaften in der Nachkriegszeit. Der Organisationsaufbau der Metallgewerkschaften in den drei westlichen Besatzungszonen Deutschlands, Frankfurt a. M. 1972; Angelika Jacobi-Bettien, Metallgewerkschaft Hessen 1945 bis 1948. Zur Herausbildung des Prinzips autonomer Industriegewerkschaften, Marburg 1982; ferner die Dissertation von Werner Dietrich, Sozialdemokraten und Kommunisten in den Metallgewerkschaften Nordbadens 1945–1949, Frankfurt a. M. 1990.

6 Vgl. Enderle unter Mitarb. von Heise, Die Einheitsgewerkschaften, Bd. 2, S. 430–435.

7 Vgl. Esters/Pelger/Schlingensiepen, Gewerkschafter im Widerstand, S. 87.

8 Mit seiner Feststellung, dass 1945 bei dem „unverzüglich begonnenen Neuaufbau der Gewerkschaften, sich die Funktionäre aus der Zeit vor 1933 zur Verfügung stellten“, widerspricht der Autor letztendlich seiner These von einer „Stunde Null“ „auch für die gewerkschaftliche Eisenbahnerbewegung“. Dass dennoch 1945 keine „Stunde Null“ existierte, wie von Hans-Joachim Buß behauptet, belegt unseres Erachtens die in diesem Kapitel folgende Analyse zum Neuaufbau der Eisenbahngewerkschaften nach 1945. Vgl. Buß, Dreimal Stunde Null, S. 159; Esters/Pelger/Schlingensiepen, Gewerkschafter im Widerstand; Enderle unter Mitarb. von Heise, Die Einheitsgewerkschaften, Bd. 2, S. 430–435.

9 Vgl. Ingenbleek, Die britische Gewerkschaftspolitik in der britischen Besatzungszone 1945–1949, S. 392–409.

10 Vgl. ebenda, S. 394.

einer umfassenden Gewerkschaft des Öffentlichen Dienstes aussprachen und „für die Gründung einer eigenen Verkehrsgewerkschaft eintraten".[11] Diskutiert wird jedoch in der wissenschaftlichen Literatur die Frage nach dem Einfluss der Besatzungsmächte auf die Durchsetzung autonomer Industriegewerkschaften. In dieser Diskussion wird besonders häufig der Einfluss der US-amerikanischen Militärregierung überschätzt, während die Rolle der deutschen Gewerkschafter, die dieses Organisationsprinzip befürworteten – zu dieser Gruppe gehörten besonders viele Mitglieder und Funktionäre der Eisenbahngewerkschaften – deutlich unterschätzt wird.[12]

Obwohl bundesdeutschen Forschern vor 1990 der Zugang zum Quellenmaterial zur Gründung und zum Aufbau des FDGB und der Industriegewerkschaften in der SBZ im FDGB-Archiv und in anderen Archiven in der DDR weitgehend versperrt blieb, entstanden bis 1990 einige Überblicksdarstellungen zur Gründung und zum Aufbau des FDGB auf zonaler Ebene, wobei die Entwicklung in Groß-Berlin weitgehend ausgespart blieb. Gleiches gilt für die Entwicklung des FDGB auf lokaler, provinzialer und Landesebene und der Industriegewerkschaften in der SBZ.[13] Publikationen, die in der DDR entstanden, besaßen eher apologetischen Charakter.[14] Als eine der wenigen Publikationen, die nach der deutsch-deut-

11 Ebenda, S. 392, 394.

12 Vgl. Siegfried Mielke, Wiederaufbau der Gewerkschaften: Legenden und Wirklichkeit, in: Heinrich August Winkler (Hrsg.), Politische Weichenstellungen im Nachkriegsdeutschland 1945–1953, Göttingen 1979, S. 74–87.

13 Zu den frühen Arbeiten vgl. u. a. Werner Müller, Freier Deutscher Gewerkschaftsbund (FDGB), in: Martin Broszat/Hermann Weber (Hrsg.), SBZ-Handbuch. Staatliche Verwaltungen, Parteien, gesellschaftliche Organisationen und ihre Führungskräfte in der Sowjetischen Besatzungszone Deutschlands 1945–1949, München 1990, S. 626–664; Hartmut Zimmermann, Freier Deutscher Gewerkschaftsbund, in: DDR-Handbuch, Bd. 1, Bonn 1985, S. 459–473; Ulrich Gill, Der Freie Deutsche Gewerkschaftsbund (FDGB). Theorie – Geschichte – Organisation – Funktion – Kritik, Opladen 1989; Ulrich Gill, FDGB. Die DDR-Gewerkschaft von 1945 bis zu ihrer Auflösung 1990, Köln 1991.

14 Vgl. Geschichte des Freien Deutschen Gewerkschaftsbundes, hrsg. vom Bundesvorstand des Freien Deutschen Gewerkschaftsbundes, Berlin 1982; Geschichte des FDGB. Chronik 1945–1982, hrsg. von der Gewerkschaftsschule „Fritz Heckert" beim Bundesvorstand des FDGB, Berlin (Ost) 1985; Gewerkschaftlicher Neubeginn. Dokumente zur Gründung des FDGB und zu seiner Entwicklung von Juni 1945 bis Februar 1946, hrsg. und eingeleitet von Horst Bednareck, Albert Behrendt und Dieter Lange, Berlin (Ost) 1974. Ähnliche Publikationen entstanden auch für die Entwicklung des FDGB auf Landesebene. Vgl. Chronik zur Geschichte der Gewerkschaftsbewegung im Lande Mecklenburg 1945–1952, hrsg. vom Bezirksvorstand des FDGB Schwerin, Schwerin 1979; Kurt Baller, Chronik der Gewerkschaftsbewegung in der Provinz und im Land Brandenburg 1945–1952, Potsdam 1986; Chronik zur Geschichte des FDGB im Land Sachsen 1945–1952, hrsg. vom Bezirksvorstand des FDGB Dresden, 3 Bde., Dresden 1987/1988; Chronik zur Geschichte der Gewerkschaftsbewegung im Bezirk Halle 1945–1952, hrsg. vom Bezirksvorstand Halle des FDGB, Halle o. J.; Chronik zur Geschichte der Bezirksgewerkschaftsorganisation Leipzig, Teil I und II, hrsg. vom Bezirksvorstand Leipzig des FDGB, o. O. 1988; Beiträge zur Geschichte des FDGB im Bezirk Halle. Die Entstehung und Entwicklung des FDGB in der Provinz Sachsen (1945/1946),

schen Vereinigung erschienen und die sich auf die inzwischen zugänglichen umfangreichen Quellenbestände zur Gewerkschaftsentwicklung in der SBZ stützen konnte, und die auch auf die Entwicklung der Industriegewerkschaften eingeht, sei auf die Arbeit von Detlev Brunner „Sozialdemokraten im FDGB" verwiesen.[15] Detlev Brunner zeigt nicht nur den Prozess der schrittweisen Verdrängung und Ausschaltung sozialdemokratischer Gewerkschafter aus den Führungsfunktionen im FDGB auf, sondern macht gleichzeitig den Wandel des FDGB von einer Interessenvertretung der Arbeiternehmer zu einer von der SED dominierten Massenorganisation deutlich. Mit der Ausschaltung der ehemaligen freigewerkschaftlichen und sozialdemokratischen Gewerkschaftsfunktionäre erfolgte gleichzeitig eine Diskreditierung und Verdrängung ihrer traditionellen gewerkschaftlichen Positionen aus der Programmatik und Politik des FDGB, indem Funktionäre, die in ihrer Organisation weiterhin eher traditionelle sozialdemokratische Auffassungen vertraten, des „Nur-Gewerkschaftertums" bezichtigt wurden.

Auch die Dissertation von Helke Stadtland[16] verweist auf die Interessendivergenzen zwischen dem FDGB als zentralistischer Einheitsorganisation und der „Fortexistenz der Eigeninteressen"[17] der Industriegewerkschaften. Gleiches gilt für die Dissertation von Stefan Paul Werum über „Gewerkschaftlichen Niedergang im sozialistischen Aufbau", die erkennen lässt, dass die Gründung des FDGB als zentralistischer Einheitsgewerkschaft „von oben" keineswegs sofort die Etablierung einer durchstrukturierten hierarchischen Organisation bedeutete.[18] Als wichtige Materialsammlung sei an dieser Stelle noch auf die von der Industriegewerkschaft Bauen-Agrar-Umwelt herausgegebene und von Lothar Lindner und Hermann Hunger redaktionell verantwortete fünfbändige Dokumentation „Im Rückblick" hinzuweisen, die vor allem für die Nachkriegsjahre Etappen der IG BAU bzw. der IG BAU-Holz in der SBZ und DDR, ferner der IG BAU in Groß-Berlin und der Gewerkschaft Land- und

hrsg. von der Geschichtskommission des Bezirksvorstandes Halle des FDGB, Halle 1988; Beiträge zur Geschichte des FDGB im Bezirk Halle. Der FDGB und die Weiterführung des antifaschistisch-demokratischen Neuaufbaus in Sachsen-Anhalt 1946–1948, hrsg. von der Geschichtskommission des Bezirksvorstandes Halle des FDGB, Halle 1989.

15 Vgl. Detlev Brunner, Sozialdemokraten im FDGB. Von der Gewerkschaft zur Massenorganisation, 1945 bis in die frühen 1950er Jahre, Essen 2000.

16 Vgl. Helke Stadtland, Herrschaft nach Plan und Macht der Gewohnheit. Sozialgeschichte der Gewerkschaften in der SBZ/DDR 1945–1953, Essen 2001.

17 Ebenda, S. 19.

18 Stefan Paul Werum, Gewerkschaftlicher Niedergang im sozialistischen Aufbau. Der Freie Deutsche Gewerkschaftsbund (FDGB) 1945 bis 1953, Göttingen 2005; Stefan Werum, „Wir sind die Illegalen!" Zum Wandel der Funktionen und Organisationsstrukturen des Freien Deutschen Gewerkschaftsbundes (FDGB) 1948–1952/53, in: Archiv für Sozialgeschichte, 39. Bd. 1999, S. 73–121; ferner die Beiträge von Helke Stadtland, Werner Müller und Ulrich Gill, in: Klaus Tenfelde (Hrsg.), Ein neues Band der Solidarität. Chemie – Bergbau – Leder. Industriearbeiter und Gewerkschaften in Deutschland seit dem Zweiten Weltkrieg, Hannover 1997.

Forstwirtschaft in der SBZ und DDR sowie für die Interzonenkonferenzen der Bau- und Landarbeitergewerkschaften knappe Beschreibungen und zahlreiche Dokumente anbietet.[19]

Außer Detlev Brunner diskutiert keine der genannten Veröffentlichungen die Entwicklung der IG Eisenbahn und ihr Verhältnis zum FDGB. Auf die Frage nach der Beteiligung der Widerständler aus den Reihen der Eisenbahngewerkschaften am Aufbau und bei der Entwicklung der Organisationen in Groß-Berlin und der SBZ, die im Zentrum der folgenden Ausführungen steht, geht jedoch keine der erwähnten vorliegenden Studien ein. Auch die Frage nach dem Verhältnis von FDGB und den Industriegewerkschaften Eisenbahn Groß-Berlins und der SBZ und nach ihren unterschiedlichen Interessen hinsichtlich einer Verteilung der Kompetenzen in Finanz- und Personalfragen wurde bislang in keiner Studie gestellt.

Gewerkschaftspolitik der Alliierten (1945/46)

Der Anti-Hitler-Koalition war es bis zur deutschen Kapitulation nicht gelungen, eine einheitliche Strategie für die Deutschlandpolitik der Nachkriegsphase zu entwickeln. Nach Auflösung des Alliierten Oberkommandos (14. Juli 1945) wurde die Gewerkschaftspolitik der Militärregierungen fast ausschließlich von den jeweiligen eigenen Interessen bestimmt. Auch die nur kurze Zeit später im „Potsdamer Abkommen" sehr allgemein formulierten Grundsätze, die einen verspäteten Versuch darstellten, die Voraussetzung für ein einheitliches Vorgehen der Alliierten in ihren Besatzungszonen zu schaffen, ließen den einzelnen Alliierten alle Freiheiten, die formulierten Grundsätze so auszulegen, wie es ihren politischen Zielsetzungen entsprach. Das gilt auch für die Gewerkschaftsfrage, zumal es zur Gründung von Gewerkschaften im „Potsdamer Abkommen" lediglich heißt: „Die Schaffung Freier

19 Vgl. Lothar Lindner/Hermann Hunger, Die Industriegewerkschaft Bau in der Sowjetischen Besatzungszone 1945 bis 1949, die Industriegewerkschaft Bau-Holz in der Deutschen Demokratischen Republik 1950 bis 1990, hrsg. vom Bundesvorstand der Industriegewerkschaft Bauen-Agrar-Umwelt, Frankfurt a. M. 1997 (Bd. I); dies., Die Industriegewerkschaft Bau in Groß-Berlin von 1945 bis 1950, hrsg. vom Bundesvorstand der Industriegewerkschaft Bauen-Agrar-Umwelt, Frankfurt a. M. 1997 (Bd. II); dies., Die Industriegewerkschaft Bau-Holz, Mitglied der Internationalen Vereinigung der Gewerkschaften der Beschäftigten der Bau-, Holz- und Baumaterialienindustrie im Weltgewerkschaftsbund von 1949 bis 1990, hrsg. vom Bundesvorstand der Industriegewerkschaft Bauen-Agrar-Umwelt, Frankfurt a. M. 1997 (Bd. III); dies., Die Interzonenkonferenzen der Baugewerkschaften und der Landarbeitergewerkschaften Deutschlands von 1947 bis 1948, hrsg. vom Bundesvorstand der Industriegewerkschaft Bauen-Agrar-Umwelt, Frankfurt a. M. 1998 (Bd. IV); dies., Die Industriegewerkschaft Land- und Forstwirtschaft in der Sowjetischen Besatzungszone 1945 bis 1949. Die Gewerkschaft Land und Forst – ab 1968 Gewerkschaft Land, Nahrungsgüter und Forst – in der Deutschen Demokratischen Republik bis 1990, hrsg. vom Bundesvorstand der Industriegewerkschaft Bauen-Agrar-Umwelt, Frankfurt a. M. 2000 (Bd. V).

Gewerkschaften […] unter Berücksichtigung der Notwendigkeit der Erhaltung militärischer Sicherheit wird gestattet werden."[20]

Ein gesamtdeutsches Gewerkschaftsgesetz scheiterte in den folgenden Jahren am Widerstand Frankreichs, das nicht bereit war, der Schaffung gesamtdeutscher Gewerkschaften zuzustimmen. Die im Juni 1946 beschlossene Direktive 31 des Alliierten Kontrollrates[21] erlaubte vorbehaltlich der Zustimmung der jeweiligen Militärregierung lediglich den Zusammenschluss von Industriegewerkschaften und Dachorganisationen auf Zonenebene. Insgesamt übte der Alliierte Kontrollrat einen geringen Einfluss auf den Aufbau und die Frage der Organisationsstruktur der Gewerkschaften aus. Denn auch die Direktive 31 engte den Handlungsspielraum der einzelnen Militärregierungen – wie die Gewerkschaftspolitik der französischen Militärregierung zeigt – nicht ein.

Der Gewerkschaftsaufbau in der Französischen Besatzungszone

Die Politik der französischen Militärregierung gegenüber den Gewerkschaften orientierte sich „an den Leitlinien ihrer allgemeinen Politik, die in erster Linie aus Sicherheitsgründen", weniger aus demokratietheoretischen Erwägungen, „einen extrem föderalistischen Aufbau Deutschlands erstrebte. Eine Politik der Dezentralisierung der Gewerkschaften mochte den französischen Militärbehörden umso selbstverständlicher erscheinen, als auch die französischen im Unterschied zu den deutschen Gewerkschaften von vor 1933 und nach 1945 sehr viel weniger zentralistisch aufgebaut waren."[22] Die wichtigsten Verordnungen und Verfügungen zum Aufbau von Gewerkschaften[23] und zur Organisationsform der Gewerkschaften bestätigen diese These. „Wurden die Bestimmungen der Verfügung Nr. 6 restriktiv interpretiert – was nicht selten vorkam –, erlaubten sie eigentlich nur Berufsgewerkschaften und bei weitgehender Interpretation Industriegewerkschaften, auf keinen Fall aber zentralistische Einheitsgewerkschaften."[24] Dennoch bestanden 1945/46 in einigen Städten, wie z. B. in Worms oder in Neustadt an der Haardt, die zunächst unter US-amerikanischer Besatzung standen, zentralistische Einheitsgewerkschaften. Zu den Mitbegründern des „Freien Gewerkschaftsbundes" für den Stadt- und Landkreis Worms gehörte der ehemalige KZ-Häftling und

20 Mitteilung über die Dreimächtekonferenz von Berlin „Potsdamer Abkommen", 2. 8. 1945, zit. n.: Wilhelm Cornides/Hermann Volle, Um den Frieden mit Deutschland. Dokumente zum Problem der deutschen Friedensordnung 1941–1948 mit einem Bericht über die Londoner Außenministerkonferenz vom 25. November bis 15. Dezember 1947, Oberursel (Taunus) 1948, S. 19.

21 Die Direktive ist als Dok. 23 abgedr. in: Mielke (Bearb.) unter Mitarb. von Rütters, Becker und Fichter, Organisatorischer Aufbau der Gewerkschaften, S. 159 f.

22 Ebenda, S. 21.

23 Vgl. Verordnung Nr. 6 und Verfügung Nr. 6, abgedr. in: ebenda (Dok. 52 und 53), S. 230–235.

24 Mielke (Bearb.) unter Mitarb. von Rütters, Becker und Fichter, Organisatorischer Aufbau der Gewerkschaften, S. 22.

Eisenbahner Johann Obenauer.[25] Dieser „Freie Gewerkschaftsbund" sollte aufgegliedert „in einzelne Fachgruppen" alle Arbeiter, Angestellten und Beamten erfassen. Im Allgemeinen erfolgte in der Französischen Besatzungszone (FBZ), das heißt in Südbaden, in Südwürttemberg-Hohenzollern und in dem späteren Land Rheinland-Pfalz eine ausgeprägt föderative Politik des Gewerkschaftsaufbaus.[26] Diese Politik vertraten insbesondere Mitglieder der französischen Militärregierung in Südwürttemberg-Hohenzollern, dem kleinsten Land der FBZ. Noch im Oktober 1946 forderten leitende Offiziere der französischen Militärregierung die Bildung von Berufsgewerkschaften der Arbeiter, so unter anderem auch für die Eisenbahner[27] und bestanden auf einer „Trennung zwischen Angestellten- und Arbeitergewerkschaften", während andere Mitglieder der Militärregierung „der Bildung von Industriegewerkschaften offener gegenüberstanden.[28] In Südbaden beantragten demgegenüber ehemalige Funktionäre der freien und christlichen Gewerkschaften die Gründung von 12 bis 16 Einzel-

25 Vgl. die Angaben im biografischen Anhang und insbesondere Siegfried Mielke, Johann Obenauer (1897–1957), in: Angelika Arenz-Morch u. a. (Hrsg.), Gewerkschafter im Konzentrationslager Osthofen 1933/34, Berlin 2017 (im Erscheinen).

26 Weshalb die Berufsgewerkschaft der Eisenbahner, die 1946/47 noch dem Gewerkschaftsbund Süd-Württemberg-Hohenzollern angehörte, 1948/49 auf der zweiten und dritten Bundes-Gewerkschaftsversammlung des Gewerkschaftsbundes Süd-Württemberg-Hohenzollern als „Einheitsgewerkschaft der Eisenbahner, Karlsruhe" teilnahm, als eine Organisation, die in „etwas loserer Form […] durch Ortsgruppen in die Kreiskartelle beziehungsweise den Bund eingegliedert war" (Protokoll über die 3. ordentliche Bundes-Generalversammlung des Gewerkschaftsbundes Süd-Württemberg und Hohenzollern am 23./24./25. September 1949 in Ravensburg, Tuttlingen o. J., S. 52) lässt sich den Protokollen und bekannten Quellen nicht eindeutig entnehmen. Vgl. Bericht über die Landeskonferenz der Gewerkschaften Südwürttembergs und Hohenzollerns in Tuttlingen am 5. Oktober 1946, Tuttlingen 1946; ferner Protokoll über die 1. ordentliche Bundes-Generalversammlung des Gewerkschaftsbundes Süd-Württemberg und Hohenzollern am 15./16. Februar 1947 in Tuttlingen, Tuttlingen o. J. In den Satzungsentwürfen, die der Ersten und Zweiten Bundes-Generalversammlung vorlagen, wird die Gewerkschaft der Eisenbahner noch als 11. Mitgliedsorganisation des Gewerkschaftsbundes aufgeführt. Anträge, die dem Protokoll der dritten ordentlichen Generalversammlung des Gewerkschaftsbundes von Süd-Württemberg und Hohenzollern beigefügt sind, weisen auf Differenzen in der Beitragsfrage hin. In Süd-Württemberg und Hohenzollern waren Ende Oktober 1946 in drei Ortsgruppen erst 1620 Mitglieder organisiert. Vgl. Protokoll über die 3. ordentliche Bundes-Generalversammlung des Gewerkschaftsbundes Süd-Württemberg und Hohenzollerns, Teilnehmerverzeichnis, II auf dem Bundestag zu behandelnde Anträge, S. 15; ferner Bericht über die Landeskonferenz der Gewerkschaften Süd-Württembergs und Hohenzollern in Tuttlingen am 5. Oktober 1946, S. 5.

27 Vgl. Der Aufbau der Gewerkschaften und die Auseinandersetzung über die Organisationsfrage in Süd-Württemberg-Hohenzollern, 5. 10. 1946, abgedr. als Dok. 249 in: Mielke (Bearb.) unter Mitarb. von Rütters, Becker und Fichter, Organisatorischer Aufbau der Gewerkschaften, S. 773–778, hier S. 774.

28 Vgl. Gewerkschaftsbund Süd-Württemberg und Hohenzollern, Bericht über die Landeskonferenz der Gewerkschaften Südwürttembergs und Hohenzollerns in Tuttlingen am 5. Oktober 1946, Tuttlingen 1946, S. 5–9, hier S. 9.

gewerkschaften, darunter eine Gewerkschaft der Eisenbahner.[29] Sie sollte laut Rundschreiben des Gewerkschaftszentralbüros von Baden-Baden und Umgebung „alle Arbeiter, Angestellten und Beamte in Sparten gegliedert“[30] umfassen. Wie die Zeitschrift des Badischen Gewerkschaftsbundes – der „Badische Gewerkschaftler“ – im November 1946 berichtete, war zu diesem Zeitpunkt bereits die Einheitsgewerkschaft der Eisenbahner als Landesorganisation von der Besatzungsbehörde genehmigt worden, und zwar als Industriegewerkschaft, die alle Arbeiter, Angestellten und Beamte umfasste.[31] Bedeutung kam in der FBZ lediglich dem „Landesverband der Industrie-Gewerkschaft Eisenbahner“ im Allgemeinen Gewerkschaftsbund Rheinland-Pfalz zu, der Mitte 1948 33 676 Mitglieder organisiert hatte. Der (Süd)Badische „Landesverband Post- und Fernmeldewesen und Eisenbahn- und Verkehrsarbeiter“ besaß inklusive der Postarbeiter lediglich 4500 Mitglieder; die kleine Berufsgewerkschaft der Eisenbahner von Süd-Württemberg-Hohenzollern hatte noch deutlich weniger Mitglieder.[32]

Drei der führenden Eisenbahngewerkschafter, die nach 1945 wesentlich den Neuaufbau der Eisenbahngewerkschaften beeinflussten, waren August Baum, Konrad Roth und Oskar Vongerichten, die während der NS-Zeit zum Widerstandsnetzwerk um Hans Jahn gehört hatten: Oskar Vongerichten war als Gaugraf für „Pfalz-Baden“ und Konrad Roth als „Stützpunktleiter“ der illegalen EdED-/ITF-Widerstandsgruppe in Mainz tätig gewesen. Einer eidesstattlichen Erklärung von Oskar Vongerichten zufolge hatte auch August Baum in seinem Umfeld illegale Gewerkschaftsarbeit betrieben. August Baum fungierte ab dem 1. Mai 1946 als Zonensekretär der Eisenbahngewerkschaft der FBZ und übernahm damit eine wichtige Koordinierungsfunktion. Während Vongerichten nach 1945 unter anderem Vorsitzender des Hauptbetriebsrates bei der Generaldirektion der Südwestdeutschen Eisenbahndirektion in Speyer und später Mitglied des Hauptvorstandes der GdED wurde, übernahm Konrad Roth, der vor 1933 unter anderem Bezirksleiter des EdED in Mainz und später in Köln gewesen ist, nach 1945 wieder diese Position für die GdED in Mainz. 1945 fungierte Roth zunächst als Gewerkschaftsbeauftragter für Mainz und Umgebung, ab Herbst

29 Vgl. Bericht von Eduard Spindler über den Wiederaufbau der Gewerkschaften in Südbaden, o. D. [1946], abgedr. als Dok. 227 in: Mielke (Bearb.) unter Mitarb. von Rütters, Becker und Fichter, Organisatorischer Aufbau der Gewerkschaften, S. 727 f., hier S. 728.

30 Rundschreiben des Gewerkschaftszentralbüros Baden-Baden und Umgebung, 23. 8. 1946, abgedr. als Dok. 228 in ebenda, S. 729 ff. hier S. 731.

31 Vgl. Der Badische Gewerkschaftler 1 (November 1946) 6, S. 46; ferner die Satzung des Badischen Gewerkschaftsbundes, 1./2. 3. 1947, abgedr. als Dok. 234 in: Mielke (Bearb.) unter Mitarb. von Rütters, Becker und Fichter, Organisatorischer Aufbau der Gewerkschaften, S. 741–745, hier besonders S. 743.

32 Vgl. Vorschläge und Material zum Neuaufbau der Gewerkschaften und des Gewerkschaftsbundes. Mitgliederzahlen der Gewerkschaften der Französischen Besatzungszone, 30. 6. 1948, abgedr. als Dok. 256 in: Mielke (Bearb.) unter Mitarb. von Rütters, Becker und Fichter, Organisatorischer Aufbau der Gewerkschaften, S. 796 ff.

1946 als Gewerkschaftssekretär der Einheitsgewerkschaft der Eisenbahner (Bezirk Mainz)[33] und ab 1947 als Vorsitzender der Landesvereinigung der Industriegewerkschaft Eisenbahn in Rheinland-Pfalz und als Mitglied des Beirates des Allgemeinen Gewerkschaftsbundes Rheinland-Pfalz.[34] Unter Roths Leitung als Vorsitzender der Landesvereinigung Industriegewerkschaft Eisenbahn erreichte seine Organisation 1948/49 den größten Mitgliederzuwachs von allen Einzelgewerkschaften. Als Einzelgewerkschaft rangierten die Eisenbahner zu diesem Zeitpunkt hinsichtlich der Mitgliederzahlen auf Platz 2 hinter der Landesvereinigung der Metallgewerkschaften und lag im Hinblick auf den Organisationsgrad mit 81,7 Prozent (1. April 1949) sogar auf Platz 1 noch vor der Gewerkschaft Bergbau, die traditionell einen sehr hohen Organisationsgrad erreichte.[35]

Der vierte Funktionär, der wesentlich die Neugründung der Eisenbahngewerkschaften in Rheinland-Pfalz beeinflusste, war Anton Calujek.[36] Calujek, nach 1945 Mitbegründer und Vorsitzender der Einheitsgewerkschaft der Eisenbahner des Bezirks Mainz (1945–1947), später Vorstandsmitglied des Allgemeinen Gewerkschaftsbundes Rheinland-Pfalz, gehörte zu den Eisenbahnern, die sich von Anfang an für autonome Industriegewerkschaften in einer föderativen Dachorganisation einsetzten und die sich zusammen mit Funktionären anderer Industriegewerkschaften mit Anhängern der zentralistischen Einheitsgewerkschaften heftige Auseinandersetzungen lieferten. Es waren insbesondere „die separaten Gründungsanträge der Eisenbahner unter der Leitung des ehemaligen Eisenbahngewerkschafters Anton Calujek“, die in den Hochburgen der Verfechter zentralistischer Einheitsgewerkschaften wie „Mainz, Worms und in anderen Orten der Pfalz auf heftigen Widerspruch bei den übrigen Gewerkschaftern der nördlichen französischen Zone stießen, die unter der Führung Adolf Ludwigs und seines Kollegen [des Eisenbahngewerkschafters] Johann Obenauer für die zentrale Einheitsgewerkschaft eintraten.“[37] Jürgen Klein lässt die Frage offen, ob die demokratie-

33 Vgl. Amt für Wiedergutmachung Rheinland-Pfalz, Saarburg, VA BEG 1631, Vorakte, Bl. 16, Schreiben der Einheitsgewerkschaft der Eisenbahner (Bezirk Mainz) an die OdF-Beratungsstelle in Bingen, 10. 9. 1946.

34 Vgl. Siegfried Mielke, Gewerkschaften, in: Heinrich Potthoff in Zusammenarbeit mit Rüdiger Wenzel (Hrsg.), Handbuch politischer Institutionen und Organisationen 1945–1949, Düsseldorf 1983, S. 408–425, hier S. 416. Auch das Gründungsprotokoll des DGB von Oktober 1949 verzeichnet Konrad Roth als Delegierten und Mitbegründer des Deutschen Gewerkschaftsbundes für die Bundesrepublik Deutschland. Vgl. Protokoll Gründungskongreß des Deutschen Gewerkschaftsbundes für das Gebiet der Bundesrepublik Deutschland. München, Kongreßsaal des Deutschen Museums 12., 13. und 14. Oktober 1949, Köln 1950, S. 256.

35 Vgl. Geschäftsbericht des Allgemeinen Gewerkschaftsbundes Rheinland-Pfalz 1948/49, Landau o. J., S. 18 f.

36 Anton Calujek stand vor dem Kriegsende 1945 in Verbindung mit dem Widerstandskämpfer Emil Henk und gehörte damit zum Widerstandsnetzwerk um Wilhelm Leuschner.

37 Klein, Vereint sind sie alles? Untersuchungen zur Entstehung von Einheitsgewerkschaften in Deutschland, S. 221.

theoretischen Erwägungen und Bestrebungen der Eisenbahngewerkschafter, die er als „separatistisch“ abwertet, wesentlich dazu beitrugen, dass die zentralistischen Einheitsgewerkschaften, die eindeutig den Verordnungen und Verfügungen der französischen Militärregierung für den Neuaufbau der Gewerkschaften widersprachen, in föderative Dachorganisationen mit autonomen Industriegewerkschaften umgebildet werden mussten.[38]

Die von Eisenbahngewerkschaftern in der FBZ parallel oder nach der Gründung von zentralistischen Organisationen eingereichten Anträge zur Gründung autonomer Einzelgewerkschaften belegen eine Tendenz, die sich auch für die US-amerikanische und Britische Besatzungszone nachweisen lässt.

Gewerkschaftsaufbau in der Bi-Zone

Ebenso wie für die französische spielten auch für die US-amerikanische und britische Militärregierung in den ersten Monaten nach Kriegende sicherheitspolitische Erwägungen eine wichtige Rolle. Solange es keine funktionierenden Verwaltungen der Besatzungsmächte gab, die Militärregierungen mit Aufruhr und Unruhen rechneten – eine Furcht, die aufgrund der positiven Einstellung von breiten Teilen der Bevölkerung gegenüber dem Nationalsozialismus nicht unrealistisch zu sein schien – beeinflussten sicherheitspolitische Überlegungen das Handeln der Militärregierungen. Dies belegen auch ihre frühen Anordnungen zum Gewerkschaftsaufbau. Die „Angst vor nazistischen Bestrebungen“ war ein wichtiger Grund für ihre „restriktive Haltung gegenüber der Bildung von Arbeiterorganisationen“.[39] „Neben dem Bemühen, faschistische Elemente vom Gewerkschaftsaufbau fernzuhalten, betonten die Anforderungen der amerikanischen und britischen Militärregierungen in erster Linie die Notwendigkeit eines demokratischen Aufbaus von Gewerkschaften von unten“, das heißt von der betrieblichen und lokalen Ebene, „und einer demokratischen Willensbildung innerhalb der Gewerkschaften.“[40] Vorstellungen deutscher Gewerkschafter, den Neuaufbau „von oben nach unten“ zu organisieren, wurden in der Regel abgelehnt. Der Gewerkschaftsaufbau in den Westzonen lässt jedoch erkennen, dass die westlichen Militärregierungen keineswegs einheitlich handelten. Die Anordnungen der Militärregierungen im Sinne eines Aufbaus „von unten“ und ihre Einflussnahmen zugunsten autonomer Industriegewerkschaften

38 Vgl. ebenda, S. 222.

39 Mielke (Bearb.) unter Mitarb. von Rütters, Becker und Fichter, Organisatorischer Aufbau der Gewerkschaften, S. 23; vgl. ferner zur Gründung von Gewerkschaften in der BBZ die „Direktive der britischen Militärregierung zur Bildung von Gewerkschaften“, 8. 8. 1945 (Dok. 37) und „Industrial Relations Directive Nr. 16 der Industrial Relations Branch, Lemgo, 12. 4. 1946 (Dok. 41), in: Mielke (Bearb.) unter Mitarb. von Rütters, Becker und Fichter, Organisatorischer Aufbau der Gewerkschaften, S. 194–196 und S. 200–208.

40 Mielke (Bearb.) unter Mitarb. von Rütters, Becker und Fichter, Organisatorischer Aufbau der Gewerkschaften, S. 24 ff.

Vereinigungstagung der Eisenbahngewerkschaften der Bizone zur Gewerkschaft der Eisenbahner Deutschlands in Bergen-Enkheim, 27. März 1948.

Leonhard Horlacher (Landesvorsitzender der Bayerischen Eisenbahner-Gewerkschaft) am Rednerpult, Links sitzend: Hermann Salomon (Vorsitzender der Eisenbahner-Gewerkschaft Hessen), rechts sitzend: Albert Winter (Landesvorsitzender der Eisenbahner-Gewerkschaft Niedersachsen) sowie rechts außen: Johann Hatje (Landesvorsitzender der Eisenbahner-Gewerkschaft Württemberg-Baden)

DENA/dpa – Picture Alliance GmbH, Bild-Nr. 87171504

begünstigten die Bestrebungen der Mehrheit von Eisenbahngewerkschaftern, die sich von Anfang an für den Aufbau selbstständiger Industriegewerkschaften einsetzten, in der unmittelbaren Nachkriegsphase jedoch zunächst im Hinblick auf die gesamte Gruppe der Gewerkschaftsfunktionäre eine Minderheitenposition einnahmen.

In der US-amerikanischen Besatzungszone beteiligte sich Heinrich Engel – in Hans Jahns „Organisationsplan" von 1936 als Gaugraf von „Hessen-Nassau" bezeichnet – in Darmstadt am Neuaufbau der Gewerkschaften. Ob Hermann Salomon, der führende Funktionär beim Aufbau der Eisenbahngewerkschaft in Hessen, der 1944 im Zuge der „Aktion Gewitter" in das Konzentrationslager Theresienstadt deportiert worden war, während des Nationalsozialismus Kontakte zum Widerstand besessen oder sich sogar selbst aktiv gegen das NS-Regime betätigt hat, konnte nicht eruiert werden. Belegt sind jedoch die Widerstandsaktivitäten von Wilhelm Kraft, Gaugraf von Württemberg und von Karl Molt, der aus der Emigration in der Schweiz ein Widerstandsnetzwerk von Eisenbahngewerkschaftern im Süden Deutschlands aufgebaut und betreut hat. Auch Johann Hatje, der Erste Vorsitzende der neugegründeten Landesgewerkschaft der Eisenbahner von Württemberg, hat sich zumindest zeitweise an der Verteilung von Flugblättern beteiligt, sich jedoch mit Rücksicht auf seine jüdische Ehefrau bei illegalen Aktivitäten zurückgehalten. Nach dem Aufstieg von Johann Hatje, dem ersten Vorsitzenden der Eisenbahngewerkschaft in Württemberg, in den GdED-Hauptvorstand übernahm Karl Molt, der bereits vor 1933 als Bezirkssekretär des EdED in Württemberg fungiert hatte, dessen bisherige Position. In Bayern waren Matthäus Herrmann, der während der NS-Zeit unter anderem in Kontakt mit Wilhelm Leuschner gestanden hat, und Leonhard Horlacher, den Helmut Esters, Hans Pelger und Alexandra Schlingensiepen „Jahns weitverzweigter Kaderorganisation"[41] zurechnen, führend am Gewerkschaftsneuaufbau beteiligt.

Auch für die Ortsebene finden sich zahlreiche Belege für ein Engagement von Eisenbahnern, die während des NS-Regimes verfolgt worden sind und Widerstand geleistet haben und die sich nach 1945 sofort wieder beim Neuaufbau der Gewerkschaften engagierten. Erwähnt seien unter anderem Jakob Graßer (Heilbronn) und der Eisenbahner Franz Böning, nach 1945 Mitbegründer und Zweiter Vorsitzender des Allgemeinen Freien Gewerkschafts-Bundes, Stadt- und Landkreis Heidelberg. Auch ohne umfangreiche Recherchen zu den lokalen Gründungsprozessen und der Entwicklung der Eisenbahngewerkschaften auf lokaler Ebene – eine Recherche, die im Rahmen dieser Studie nicht durchzuführen war – lässt sich feststellen, dass in der US-amerikanischen Besatzungszone die zentralen Positionen auf Landesebene in Bayern (Matthäus Herrmann, Leonhard Horlacher) und Württemberg (Johann Hatje, Karl Molt) von Eisenbahnerfunktionären besetzt waren, die sich in Widerstandsgruppen gegen das NS-Regime engagiert hatten. An der Spitze der Eisenbahngewerkschaft in Hessen stand mit Hermann Salomon ein ehemaliger KZ-Häftling.

41 Esters/Pelger/Schlingensiepen, Gewerkschafter im Widerstand, S. 87.

In Hessen betrieben ab 1946 „vor allem im Organisationsbereich Eisenbahner" ehemalige Funktionäre früherer Eisenbahngewerkschaften den Aufbau von Industriegewerkschaften – so das Ergebnis der Recherchen von Anne Weiß-Hartmann in ihrer Dissertation.[42] Diese Entwicklung führte dazu, dass die Eisenbahngewerkschaften in mehreren Orten aus den zentralen Gewerkschaftsorganisationen ausschieden, so unter anderem in Darmstadt, Hanau und Kassel.[43] Sobald für die lokalen Gewerkschaftsorganisationen die Möglichkeit bestand, sich auf Landesebene zusammenzuschließen, gründeten die Eisenbahner in Hessen als Erste die „Landesgewerkschaft Eisenbahn, Schiffahrt und Wasserwege".[44] 1947 nannte sich die gewerkschaftliche Organisation der Eisenbahner „Gewerkschaft Eisenbahn, Wasser und Landstraßen". Folgt man August Enderle,[45] dann erteilte die Militärregierung den Eisenbahnern bereits am 15. November 1945 die Genehmigung zur Bildung einer Landesorganisation. Bis zum Widerruf der ursprünglichen Genehmigung des Gewerkschaftsbundes von Württemberg seitens der Militärbehörde am 18. Dezember 1945 kann auch in Württemberg „nicht von selbständigen Industriegewerkschaften gesprochen werden".[46] Im Unterschied zu anderen zentralistischen Einheitsgewerkschaften verstand sich der Württembergische Gewerkschaftsbund unter den Bedingungen der Besatzung als ein „notwendiges Provisorium", das in der „nächsten Zukunft einer Organisationsform weichen sollte, die den Gruppen im Sinne der optimalen Vertretung industrie- oder branchenspezifischer Aufgaben ein Mehr an Selbständigkeit und Eigenleben garantierte".[47]

Nach Angaben von Christfried Seifert waren es neben der IG Metall insbesondere die Eisenbahner, die sich für die Wiederherstellung selbstständiger Einzelgewerkschaften „im Rahmen eines Bundes"[48] einsetzten. Zu diesem Zeitpunkt hatte die IG Metall als größte Einzelgewerkschaft 47 393 Mitglieder und die „Eisenbahngewerkschaft Reichsbahn" war mit über 15 000 Mitgliedern die drittgrößte Organisation in Württemberg. Der Widerstand, der aus den Reihen der Eisenbahngewerkschaften gegen eine Entwicklung in Richtung selbstständiger Industriegewerkschaften kam, war eher gering. Einer der Eisenbahngewerkschafter, der lange an der Konzeption zentralistischer Einheitsgewerkschaften festhielt, war Franz Böning, der sich nach 1945 aber vorwiegend in der Dachorganisation der Heidelberger Gewerkschaften, dem „Allgemeinen Gewerkschafts-Bund Stadt- und Landkreis Heidelberg" engagierte und als Zweiter Vorsitzender des AGB-Heidelberg ein Interesse an einer starken Dachorganisation besaß.

42 Weiß-Hartmann, Der Freie Gewerkschaftsbund Hessen 1945–1949, S. 94.

43 Vgl. ebenda, S. 355.

44 Vgl. ebenda, S. 95.

45 Vgl. zu Details Enderle unter Mitarb. von Heise, Die Einheitsgewerkschaften, Bd. 2, S. 433.

46 Seifert, Entstehung und Entwicklung des Gewerkschaftsbundes Württemberg-Baden, S. 143.

47 Ebenda, S. 144.

48 Ebenda, S. 145 und S. 154.

In der BBZ, insbesondere in Rheinland und Westfalen, aber auch in Hamburg und Niedersachsen, wurde die Neugründung der Eisenbahngewerkschaften ganz wesentlich von Hans Jahn und weiteren Mitgliedern seiner Widerstandsgruppe der Eisenbahner bestimmt. Außer Hans Jahn gehörten mit Leopold Radtke, Paul Emmen, Wilhelm Komorowski, Max Pester vier der fünf Bezirksleiter – der fünfte, Hans Funger, verstarb am 11. April 1945 im Zuchthaus Celle – des westlichen Industriegebietes der Widerstandsgruppe um Hans Jahn zu den Mitbegründern der Eisenbahngewerkschaften in Rheinland und Westfalen. Gleiches gilt für Willi Molitor und Heinrich Malina, zwei weitere der ehemals führenden Akteure des Widerstandes aus dem Rheinland. Für Hamburg und Niedersachsen sind insbesondere die Gaugrafen Wilhelm Burmester, in der Widerstandsgruppe zuständig für den „Gau Wasserkante", Friedrich Gückel „Gau Hannover" und Karl Köster, der Stellvertreter des Gaugrafen Carl Schnakenberg, zu nennen, die sich nach 1945 bei der Neugründung der Eisenbahngewerkschaften engagierten. Unter den Genannten befanden sich mit Heinrich Malina und Karl Köster auch zwei Mitglieder der Widerstandsgruppe der Eisenbahner, die nach 1945 eine Organisierung der Eisenbahner in einer speziellen Eisenbahngewerkschaft ablehnten und sich für eine breit aufgestellte Gewerkschaft der Öffentlichen Dienste unter Einschluss der Eisenbahner einsetzten. Dabei ging der Streit nicht lediglich um den Umfang des Organisationskataloges für eine breit angelegte Verkehrsgewerkschaft, sondern auch um das Verhältnis von Gewerkschaftsbund und Einzelgewerkschaften, das heißt um die Frage „zentralistische Einheitsgewerkschaft" oder „autonomes Industrieverbandsprinzip".

Bei der Frage „autonome Industrieverbände" oder „zentralistische Einheitsgewerkschaft" gehörten in der US-amerikanischen Besatzungszone die Eisenbahngewerkschafter zu den entschiedensten Kämpfern für autonome Einzelgewerkschaften. Bereits in der Frühphase der Gewerkschaftsgründungen, als aus pragmatischen, zum Teil aber auch programmatischen Erwägungen zahlreiche zentralistisch organisierte Einheitsgewerkschaften gegründet wurden, legten Eisenbahngewerkschafter großen Wert darauf, in Fragen der Kassen- und Geschäftsführung ihre Eigenständigkeit zu bewahren. So nahm zum Beispiel die bayerische „Landesgewerkschaft Eisenbahn und Post" – ab Februar 1947 „Landesgewerkschaft der Eisenbahner" – nicht an der „gemeinsamen Kassen- und Geschäftsführung"[49] des Bayerischen Gewerkschaftsbundes teil. Das gleiche gilt für die „Gewerkschaft Öffentliche Betriebe und Verwaltungen" und die kleine „Gewerkschaft geistig und kulturell Schaffende".[50]

Während sich in der US-amerikanischen und FBZ trotz zahlreicher Unterschiede in den lokalen Gründungsansätzen das Modell einer Eisenbahngewerkschaft auf der Grundlage des Industrieverbandsprinzips durchsetzte und in der SBZ eine Eisenbahngewerkschaft mit

49 Vgl. § 15 der am 23. bis 26. August 1948 auf dem Bundestag des Bayerischen Gewerkschaftsbundes beschlossenen Satzung. Die Satzung ist abgedr. in: Geschäftsbericht 1948, hrsg. vom Vorstand des Bayerischen Gewerkschaftsbundes, München 1949, S. 44–51, hier S. 49.

50 Vgl. ebenda, S. 25 ff.

beschränkten Kompetenzen innerhalb des FDGB gebildet wurde, blieb die Frage der Organisationsform und der Umfang des Organisationskataloges der Eisenbahngewerkschafter in der BBZ bis 1948/49 heftig umstritten. Das Modell von Berufsgruppen der Eisenbahner, das in der FBZ nicht zuletzt aufgrund der Richtlinien und Verordnungen der französischen Besatzungsmacht dominierte und zum Teil auch von ehemaligen Widerstandskämpfern wie Franz Apitzsch favorisiert wurde, spielte in der BBZ keine Rolle. Hier wurde der Streit über die richtige Organisationsform zwischen Vertretern einer zentralistischen Einheitsgewerkschaft – Verfechter dieses Prinzips waren unter anderem die ehemaligen Widerständler Heinrich Malina[51] und Karl Köster[52] – und den Verfechtern der Gründung autonomer Industrieorganisationen wie Hans Jahn und Rudolf Rath[53] ausgefochten.

Hans Jahn, der am 12. April 1946 die Arbeitsgemeinschaft der Verkehrsgewerkschaften der BBZ mitbegründet hatte und als Leiter des Zonensekretariats für den Sektor Verkehr gewählt worden war[54] und einen Monat später – im August 1946 – als Vertreter der Beamten in den Zonenvorstand der Gewerkschaften der BBZ und auf dem Gründungskongress in Bielefeld zum ehrenamtlichen Beisitzer des Vorstandes des DGB (BBZ) gewählt wurde, trat von Anfang an als Verfechter autonomer Einzelgewerkschaften auf.[55] Zunächst tat er dies jedoch – wie die Gründung der Arbeitsgemeinschaft der Verkehrsgewerkschaften belegt – auf der Basis eines sehr breit angelegten Organisationskataloges. Bis zu seiner Wahl als Beisitzer in den DGB-Bundesvorstand (BBZ) hat Hans Jahn offensichtlich am Modell einer breiten Erfassung aller Arbeitnehmer des Verkehrs und der öffentlichen Betriebe und Behörden innerhalb einer föderativ gestalteten Dachorganisation festgehalten – obwohl der

51 Vgl. die Angaben zu Heinrich Malina im biografischen Anhang und insbesondere Matthias Frese, Malina, Heinrich (1887–1964), in: Mielke (Hrsg.), Gewerkschafter in den Konzentrationslagern Oranienburg und Sachsenhausen, Bd. 1, S. 85–97.

52 Vgl. die Angaben zu Karl Köster im biografischen Anhang und insbesondere Rüdiger Zimmermann, 100 Jahre ÖTV, S. 119 f. Dort heißt es u. a., Köster bekämpfte „Versuche organisierter Eisenbahner aus Hamburg, Münster und Hannover, die auf einer Delegiertenkonferenz im November 1946 in Hamburg mehrheitlich für eine eigene Eisenbahngewerkschaft auf Zonenebene votierten. Köster lehnte die Gründung einer Industriegewerkschaft der Eisenbahner (englische Zone) auf einer Konferenz am 17. Juni 1947 in Hannover rundweg ab." Ebenda, S. 120.

53 Rudolf Rath (geb. 1. September 1886), Schlosser; ab 1. August 1915 Geschäftsführer des DEV in Harburg; Vorsitzender des ADB-Ortsausschusses; Vorstandsmitglied des ADGB-Ortsausschusses in Harburg; nach 1945 Mitbegründer der Freien Deutschen Eisenbahngewerkschaft in Hamburg; ab Juni 1949 Mitglied des Hauptvorstandes der GdED. Vgl. Mielke (Bearb.) unter Mitarb. von Rütters, Becker und Fichter, Organisatorischer Aufbau der Gewerkschaften, S. 1104.

54 Vgl. Gründungskonferenz der Arbeitsgemeinschaft der Verkehrsgewerkschaften in Bielefeld, 12. 4. 1946, abgedr. als Dok. 359 in: Mielke (Bearb.) unter Mitarb. von Rütters, Becker und Fichter, Organisatorischer Aufbau der Gewerkschaften, S. 1082 f.

55 Vgl. Protokoll Gründungs-Kongreß des DGB. 1. Bundeskongress des Deutschen Gewerkschaftsbundes für die Britische Zone vom 22. bis 25. April 1947 in Bielefeld, o. O. 1947, S. 96.

dem Gründungskongress des DGB in der BBZ vorgelegte Organisationskatalog vom „Kongreß selbst nicht formell zum Beschluß erhoben wurde".[56] Trotz des fehlenden formellen Beschlusses des DGB-Kongresses bildete dieser Organisationskatalog „in der Folgezeit im wesentlichen die Grundlage für den organisatorischen Aufbau der dem DGB angeschlossenen Gewerkschaften."[57]

Aufgrund der Entwicklung von „reinen" Eisenbahngewerkschaften in den übrigen Besatzungszonen beantragte Hans Jahn auf einer gemeinsamen Sitzung von Bundesvorstand und Beirat des DGB (BBZ) am 18./19. Februar 1948 in Hamburg „die Eisenbahngewerkschaft als Tatsache" anzusehen, die „Industriegewerkschaft der Eisenbahner anzuerkennen und die endgültige Abgrenzung des Organisationsgebietes erst nach der Errichtung eines überzonalen Gewerkschaftsbundes vorzunehmen."[58] Dieser Antrag stieß unter anderem auf die heftige Ablehnung von Heinrich Malina, der mit Hans Jahn im Widerstand zusammengearbeitet hatte und darauf verwies, dass „bei Annahme dieses Antrages gegen die Satzungen des Bundes verstoßen würde, wonach konkurrierende Verbände innerhalb des Bundes nicht gestattet"[59] seien. Die Mehrheit von Bundesvorstand und Beirat des DGB (BBZ) folgte den Argumenten von Heinrich Malina. Da die Eisenbahngewerkschafter in ihrer großen Mehrheit die Position von Hans Jahn unterstützten, führte dies 1948 zum Ausschluss der Eisenbahner aus dem DGB (BBZ).

Der Einfluss ehemaliger Widerständler im GdED-Hauptvorstand

Wie viel Einfluss besaßen nun die Gegner des NS-Regimes im wichtigsten Gremium, dem GdED-Hauptvorstand? Die Widerstandsaktivitäten von Hans Jahn, dem Ersten Vorsitzenden, und Matthäus Herrmann, dem Dritten Vorsitzenden des GdED-Hauptvorstandes, wurden bereits im Kapitel 5, insbesondere Kapitel 5.1 bis 5.3 und 5.4.3, vergleichsweise ausführlich dargestellt. Auch Johann Hatje, 1948 in Bergen-Enkheim zum Zweiten Vorsitzenden der GdED gewählt, hatte sich nach Darstellung seines Biografen Andreas Engwert[60] anfangs an der Verteilung illegaler Flugschriften beteiligt, obwohl er diese Form illegalen Engagements für wenig effektiv hielt. Da seine Ehefrau Jüdin war, hat er sich, um sie nicht zusätzlich zu gefährden, von weitergehenden Aktivitäten gegen das NS-Regime ferngehalten. Otto Gaebe,

56 Die Gewerkschaftsbewegung in der Britischen Besatzungszone. Geschäftsbericht des Deutschen Gewerkschafts-Bundes (Britische Besatzungszone) 1947–1949, hrsg. vom Bundesvorstand des Deutschen Gewerkschaftsbundes, Köln 1949, S. 700.

57 Ebenda.

58 Das Protokoll der Sitzung des Bundesvorstandes und Beirates am 18./19. Februar 1948 ist abgedr. als Dok. 368 in: Mielke (Bearb.) unter Mitarb. von Rütters, Becker und Fichter, Organisatorischer Aufbau der Gewerkschaften, S. 1130 ff., hier S. 1131.

59 Ebenda.

60 Vgl. Engwert, Johann Hatje (1889–1977), in: Gottwaldt, Eisenbahner gegen Hitler, S. 124–133.

Gründungsversammlung der GdED in Bergen-Enkheim vom 23. bis 26. März 1948.
EVG Geschichte

der 1949 zum Hauptkassierer der GdED gewählt wurde, ist vor 1933 hauptamtlicher EdED-Funktionär in Fulda gewesen. Bereits am 14. Juli 1933 ist er wegen „Verleumdung der Reichsregierung" in das Konzentrationslager Breitenau eingeliefert worden.[61] Ob er nach der Entlassung aus der Haft einer Widerstandsgruppe angehört hat, bleibt ungeklärt.

Neben den vier Genannten gehörten dem GdED-Hauptvorstand ferner neun Sekretäre an, von denen die meisten bereits vor 1933 ehrenamtliche oder hauptamtliche Funktionen, insbesondere im freigewerkschaftlichen EdED innegehabt hatten. Lediglich Adolf Leweke[62] – vor 1933 Funktionär der christlichen Eisenbahngewerkschaft GdE – kam nicht

61 Vgl. Rolf Schmidt, Der Gau Kurhessen und seine Gau- und Kreisleiter im 3. Reich, Norderstedt 2013, S. 147 f.

62 Vgl. zu biografischen Details Jochen Lengemann (Hrsg.), Das Hessen-Parlament 1946–1986. Biographisches Handbuch des Beratenden Landesausschusses, der Verfassungberatenden Landesversammlung und des Hessischen Landtags (1. bis 11. Wahlperiode), Frankfurt a. M. 1986, S. 321 f.

Matthäus Herrmann, Frieda Jahn, Hans Jahn, Johann Hatje und Hermann Salomon, 1950.
EVG Geschichte

aus den Reihen des EdED. Hinweise auf Widerstandsaktivitäten während des NS-Regimes von Leweke sind nicht bekannt und mit großer Wahrscheinlichkeit auch nicht zu erwarten, da sich Leweke nach der Machtübernahme der Nationalsozialisten relativ früh der NSDAP angeschlossen hat. Zu den Sekretären gehörte ferner Leonard Horlacher, den Helmut Esters, Hans Pelger und Alexandra Schlingensiepen zu den „Leute[n] aus Jahns weitverzweigter Kaderorganisation“[63] zählen, ferner Hermann Salomon, der wesentlich zum Aufbau der Eisenbahngewerkschaft in Hessen beitrug, und Karl Kamp – vor 1933 EdED-Bezirksleiter in Dresden und 1946/47 unter anderem Vorsitzender der IG Eisenbahn in Sachsen und Mitglied des FDGB-Vorstandes von Sachsen –, der als Gegner einer Unterordnung des FDGB unter die parteipolitischen Interessen der SED Ende 1947 nach Frankfurt am Main flüchtete.

Zu dieser Gruppe erfahrener ehemaliger EdED-Funktionäre sind auch die Sekretäre Karl Klus, Rudolf Rath und Albert Winter zu zählen. Für Rudolf Rath sind bislang keinerlei Hin-

63 Esters/Pelger/Schlingensiepen, Gewerkschafter im Widerstand, S. 87.

weise auf Kontakte oder eine Mitarbeit in einer Widerstandsgruppe bekannt. Gleiches gilt für Hermann Salomon, den die Nationalsozialisten 1944 in das Konzentrationslager Theresienstadt deportiert hatten. Karl Klus gehörte nach Aussage von Karl Blaß zu einem Widerstandsnetzwerk von ehemaligen Eisenbahngewerkschaftern, die als Angestellte bzw. Versicherungsvertreter für die „Allgemeine Krankengeldzuschuß- und Sterbekasse V. V. a. G. zu Berlin" gearbeitet haben. Konkrete Hinweise auf Widerstandsaktivitäten von Karl Klus, der in der Versicherung als Bezirksstellenleiter für Norddeutschland fungiert hat, konnten nicht eruiert werden. Vermutlich hat die Haupttätigkeit des Netzwerkes zum einen darin bestanden, den Zusammenhalt zwischen den ehemaligen Kollegen aufrechtzuerhalten und zum anderen in einer begrenzten Aufklärungsarbeit, möglicherweise auch gegenüber den Kunden der Versicherung. Ob die Kontakte von Karl Kamp, der 1933 mehrere Monate „Schutzhaft" im Konzentrationslager Stenz bei Königsbrück hatte erdulden musste, mit Alfred Förster,[64] der der Widerstandsgruppe um Hans Jahn zuzurechnen ist, illegalen Aktivitäten dienten, lässt sich nicht beantworten. Ungeklärt sind auch Umfang und Intensität der Widerstandsaktivitäten von Albert Winter, vor 1933 zuletzt EdED-Bezirkssekretär in Hannover und ADB-Vorsitzender des Provinzausschusses von Hannover. Die „Kartei zu Personen und Sachverhalten des antifaschistischen Widerstandskampfes" in der Stiftung Archiv der Parteien und Massenorganisationen der DDR im Bundesarchiv erwähnt seine Festnahme (1934) durch die Gestapo Hannover und nennt als Grund: „Politische Gespräche in der Wohnung d.[es] Winter."[65] Diese Feststellung bleibt ebenso unkonkret wie eine Notiz in der Zeitschrift der GdED, die von Aktivitäten in der Illegalität spricht. Etwas konkreter sind da die wenigen bekannten Hinweise auf eine Widerstandstätigkeit von Paul Schalmey, dem die Widerstandskartei antifaschistische Tätigkeiten und eine Teilnahme am „Befreiungskampf" in Spanien zuschreibt.[66]

Zusammenfassend lässt sich feststellen: Mit Hans Jahn, Matthäus Herrmann, Leonhard Horlacher, Otto Gaebe und Paul Schalmey gehörten mindestens fünf der 13 Mitglieder des GdED-Hauptvorstandes verschiedenen Widerstandsgruppen bzw. illegalen Netzwerken an, die aktiv Widerstand gegen das NS-Regime geleistet haben. Zumindest zeitweise besaßen darüber hinaus Johann Hatje, Albert Winter, Karl Klus und vermutlich auch Karl Kamp Kontakt zu Widerstandsgruppen. Von den 13 Mitgliedern haben nach 1933 mehr als die Hälfte Haftstrafen erdulden müssen, fünf von ihnen KZ-Haft: Hans Jahn (KZ Columbia), Matthäus Herrmann (KZ Dachau), Karl Kamp (KZ Stenz), Hermann Salomon (KZ Theresienstadt) und Otto Gaebe (KZ Breitenau). Die bisher bekannten biografischen Daten zu Adolf Leweke, Rudolf Rath und Hans Forner lassen bisher keine Aussagen zu Verfolgung und Widerstand zu, außer der Tatsache, dass sie – wie die übrigen Mitglieder des Hauptvorstandes – 1933 aus ihren gewerkschaftlichen und politischen Funktionen entlassen wurden.

64 Vgl. die Angaben zu Alfred Förster im biografischen Anhang.

65 Vgl. SAPMO-BArch, Widerstandskartei, Winter, Albert.

66 Vgl. SAPMO-BArch, Widerstandskartei, Schalmey, Paul.

Einigkeit bestand auch in der Sowjetischen Besatzungszone (SBZ) und in Groß-Berlin hinsichtlich der Überwindung der Richtungsgewerkschaften und – mit Einschränkung[67] – der Gründung von Industriegewerkschaften, die „nach den Erfahrungen der Vergangenheit" als die „zweckmäßigste Form der gewerkschaftlichen Organisation" galten.[68] Denn der Zusammenschluss aller Arbeiter und Angestellten in einer Gewerkschaft nach dem Prinzip „ein Betrieb – eine Gewerkschaft" erhöhe „die Kraft und Schlagfähigkeit des FDGB", als dessen „Glied" sich die Industriegewerkschaften verstanden, und stärke „das Solidaritäts- und Zugehörigkeitsgefühl der Werktätigen".[69] Weitgehende Einigkeit herrschte nach 1945 in der SBZ und in Groß-Berlin auch dahingehend, die Position des FDGB im Vergleich zu den Einzelgewerkschaften mit mehr Kompetenzen, als sie der ADGB der Weimarer Republik hatte, zu stärken. Über die Frage jedoch, wem in der Gewerkschaftsbewegung die Finanz- und Personalhoheit zustehen sollte, wurde zum Teil heftig gestritten, wobei jedoch auffällt, dass im Unterschied zu den Westzonen diese Frage in der Regel aus den öffentlichen Debatten auf den Delegiertenkonferenzen herausgehalten wurde.

Am 14. Juli 1945 meldete die „Deutsche Volkszeitung": „Der Vorbereitende Ausschuss für die Bildung Freier Gewerkschaften hat am 4. Juli die Leitung des Verbandes für Eisenbahn, Post und Fernmeldewesen bestätigt."[70] Der Verband Eisenbahn, Post und Fernmeldewesen war im Bereich der Eisenbahn in Übereinstimmung mit der Organisation der Deutschen Reichsbahn zentral aufgebaut worden, konnte jedoch „anfangs nicht für das gesamte Gebiet der Sowjetischen Besatzungszone tätig" werden. „Daher bestand in der Abteilung Eisenbahn eine Ortsgruppe Berlin und eine Bezirksverwaltungsstelle (für den Reichsbahn-Direktionsbezirk) Berlin, die ab August 1945 von Albert Schulze geleitet wurde."[71]

Der „Vorläufigen Leitung" (Vorstand) des Verbandes gehörten der Darstellung in der „Deutschen Volkszeitung" zufolge für die Sparte „Eisenbahn" Karl Blaß, Theodor Kotzur, Kurt Lucas, Willi Banaschak und Hubert Jipp an. Mit Karl Blaß, nach 1933 Leiter eines Widerstandsnetzes im Rahmen der „Allgemeinen Krankengeldzuschuß- und Sterbekasse V. V. a. G." im Kampf gegen das NS-Regime und ehemaliger Häftling des Konzentrationslagers Sachsenhausen, Kurt Lucas, vor 1933 zunächst langjähriger Funktionär des EdED und später einer der führenden Funktionäre der RGO bei der Deutschen Reichsbahn-Gesellschaft, KZ-Häftling in Sonnenburg und Mitglied der Widerstandsgruppe um Ernst Wörpel

67 Gemeint ist hier die Gründung von Angestelltengewerkschaften in Groß-Berlin und der SBZ.

68 Vgl. zu Details z. B. § 2 Satzungen der Industriegewerkschaft 15 Öffentliche Betriebe und Verwaltungen im FDGB vom 1. Oktober 1946.

69 Ebenda.

70 Aus den Freien Gewerkschaften, in: Deutsche Volkszeitung 1 (1945) 28, 14. 7. 1945.

71 Schreiben des FDGB (Karlheinz Kuba) an Siegfried Mielke, 30. 1. 1986.

in Berlin und Brandenburg, gehörten zwei der Vorstandsmitglieder – wie bereits an anderer Stelle dargestellt – eindeutig zu den während des NS-Regimes verfolgten Widerständlern. Gleiches gilt mit großer Wahrscheinlichkeit auch für Theodor Kotzur, dessen Widerstandsaktivitäten jedoch bis heute weitgehend ungeklärt sind. Kotzur selbst antwortete in seinem Personalfragebogen für den FDGB auf die Frage „Haben Sie in der Zeit von 1933 bis zum Zusammenbruch illegal gegen den Faschismus gearbeitet?" „Ja, im Allg[emeinen] Deutschen Beamtenbund [ADB]."[72] Eine Konkretisierung seiner Antwort erfolgte nicht. Eine Zusammenarbeit mit früheren ADB-Mitgliedern und -Funktionären im Widerstand lag für den langjährigen DEV-Funktionär Theodor Kotzur insofern nahe, da er seit Gründung des ADB als dessen Zweiter Vorsitzender und Mitglied der Hauptverwaltung mit großer Wahrscheinlichkeit zahlreiche Mitglieder insbesondere aus der ADB-Sparte „Eisenbahn" persönlich kannte. Folgt man Max Kellner, einem der aktiven Gaugrafen im Widerstandsnetzwerk um Hans Jahn,[73] dann betätigte sich Theodor Kotzur nach 1933 als Mitherausgeber einer „Beamtenzeitung mit Versicherung", um zum einen für einen ehemaligen Funktionär des EdED und des ADB eine Einnahmequelle zu erschließen und zum anderen „gleichzeitig in den ersten Monaten eine lose Verbindung unter den Beamten aufrecht zu erhalten".[74] Nach Angaben von Max Kellner gab es 1935 „in Berlin noch [neben dem Widerstandsnetzwerk um Hans Jahn] eine andere Gruppe um den Koll[egen] Kotzur [, die] illegal arbeitete und sich [...] eifrig um die Führung [des Eisenbahnerwiderstandes] in Deutschland bemühte."[75] Ein Angebot dieser Widerstandsgruppe zu einer Zusammenarbeit wurde jedoch von den Leipziger Eisenbahnern um Max Kellner, die die Widerstandsaktivitäten von Hans Jahn unterstützten, abgelehnt.

Während die Leipziger mit Hans Jahn und dem ITF-Generalsekretär Edo Fimmen zusammenarbeiteten, stand die Gruppe um Theodor Kotzur offenbar in Kontakt mit Nathan Nathans, der in Distanz zu Hans Jahn stand und der „Gruppe ‚Kotzur' mit dem Sitz in Berlin zugetan"[76] war. Die Existenz einer Widerstandsgruppe um Theodor Kotzur, der Ende Januar 1946 den Vorsitz der IG Eisenbahn der SBZ[77] übernahm, bestätigt unabhängig von Max Kellner auch August Kunze – nach 1945 Abteilungsleiter im FDGB von Thüringen und Sprecher der Thüringer Delegierten – auf der Konferenz am 17. und 18. Juni 1946 in Berlin:

72 SAPMO-BArch, DY 30, Bestand der ehemaligen Johannes-Sassenbach-Stiftung, Archiv der Gewerkschaftsbewegung, Nr. A 420, Personalfragebogen Theodor Kotzur, 21. 6. 1946.

73 Vgl. genauer Kap. 5.2 und im biografischen Anhang.

74 AdsD, NL Max Kellner, 1/MKAE00022, Bl. 4, „Ausschnitt aus der Widerstandsbewegung der deutschen Eisenbahner, insbesondere im Lande Sachsen mit Schwerpunkt Leipzig", o. D.

75 Ebenda, Bl. 8.

76 Ebenda, Bl. 9.

77 Nach dem Ausscheiden von Karl Blaß aus dem Vorstand des Verbandes Eisenbahn, Post und Fernmeldewesen war Kotzur für wenige Wochen Vorsitzender der Eisenbahnersparte im Verband Eisenbahn, Post und Fernmeldewesen Groß-Berlin.

„Kotzur ist Zeuge – er hat mit mir zusammen eine illegale Organisation weitergeführt –, dass, wenn diese illegale Organisation entdeckt worden wäre, nicht allein wir beide, sondern noch mehrere andere auf das Schafott geschleppt worden wären.“[78] Über die weiteren Vorstandsmitglieder von 1945, den Sekretär der Christlichen Gewerkschaft der Eisenbahner, Hubert Jipp, und Willi Banaschak, vermutlich der Vertreter des Hirsch-Dunckerschen Allgemeinen Eisenbahner-Verbandes, liegen weder persönliche Daten noch Hinweise auf Widerstandsaktivitäten vor. Ihr Einfluss auf die Entwicklung der Eisenbahngewerkschaft in Berlin blieb offenbar gering. Im Januar 1946 erfolgte in Berlin die Trennung der Sparte Post- und Fernmeldewesen vom gemeinsamen Verband, so dass ab diesem Zeitpunkt zwei selbstständige Gewerkschaften von Eisenbahn- sowie Post- und Fernmeldewesen existierten.

Da der von den Eisenbahnern verfolgte Ansatz, von Berlin aus die Eisenbahngewerkschaft in der SBZ aufzubauen, auf den Widerstand der Alliierten Kommandantur stieß, musste für die SBZ eine neue Eisenbahngewerkschaft gegründet werden. Ende Januar meldete die FDGB-Zeitschrift „Freie Gewerkschaft“ die Wahl eines geschäftsführenden Vorstandes der IG Eisenbahn der SBZ. Vorsitzender wurde Theodor Kotzur, zweiter Vorsitzender Kurt Lucas. Als Sekretäre nannte die „Freie Gewerkschaft“ Albert Schulze, Rudolf Hartmann, Karl Kahl und Erich Niendorf. Abgesehen von Karl Kahl, über den keinerlei biografische Daten und Hinweise auf Widerstandsaktivitäten gefunden werden konnten, lassen sich – wie bereits dargelegt – für alle genannten Mitglieder des geschäftsführenden Vorstandes Belege für Widerstandsaktivitäten finden. Gegen diesen eindeutig von Berliner Eisenbahngewerkschaftern dominierten geschäftsführenden Vorstand gab es offensichtlich in der Folge Einwände, denn auf der Delegiertenkonferenz am 17. und 18. Juni 1946 in Berlin wurde ein neuer Vorstand gewählt, dem Schulze, Kahl und Niendorf nicht wieder angehörten. An ihre Stelle traten neben den beiden Vorsitzenden Kotzur und Lucas, die in ihrer Funktion bestätigt wurden, fünf weitere hauptamtliche Vorstandsmitglieder, darunter Rudolf Hartmann, vor 1933 Betriebsrat und RGO-Funktionär und kommunistischer Widerständler. Quellen für eine Widerstandstätigkeit der vier übrigen Vorstandsmitglieder Willi Mathow (Berlin), der für die wirtschafts- und sozialpolitische Abteilung zuständig war, Otto Zierow (Chemnitz), Leitung der Abteilung Betriebsräte, Else Kaden und Manfred Eckensberger, die die Abteilungen Frauen bzw. Jugend leiteten, konnten nicht eruiert werden und sind für Eckensberger aufgrund seines Alters nicht zu erwarten.[79]

Nachfolger von Theodor Kotzur und Kurt Lucas im Vorstand der IG Eisenbahn Groß-Berlin wurde Albert Schulze, der nach 1933 zu den Kontaktpersonen von Hans Jahn gehört

78 Protokoll der Delegiertenkonferenz am 17./18. Juni 1946 im Palast-Theater, hrsg. von der Industriegewerkschaft Eisenbahn im Freien Deutschen Gewerkschaftsbund, Berlin, Berlin 1946, S. 103.

79 Vgl. Tätigkeitsbericht 1946/47 der IG Eisenbahn der Sowjetischen Besatzungszone, hrsg. vom Zentralvorstand der IG Eisenbahn, Berlin o. O. o. J., S. 6.

DER EISENBAHNER

Mitteilungsblatt für die Funktionäre der Industriegewerkschaft Eisenbahn im FDGB
Groß-Berlin

NUMMER 7/8 Berlin W 35, Kluckstraße 25, Fernruf: Basa 36 038, Amt 91 20 42-44 JULI / AUGUST 1947

Die vierte Interzonen-Konferenz deutscher Eisenbahner

Dr. Pitzner, Chefpräsident der Zentralverwaltung des Verkehrs

Kotzur, I. Vorsitzender der IG Eisenbahn

Ankunft der Delegierten in Marienborn und Berlin

In der Zeit vom 8. bis 10. Juli waren in Berlin Vertreter der Eisenbahner aller vier Besatzungszonen anwesend, um zu den aktuellen Organisationsproblemen Stellung zu nehmen. Der Vorstand der Industriegewerkschaft Eisenbahn der sowjetischen Besatzungszone hatte zur Begrüßung der Konferenzteilnehmer aus der amerikanischen, britischen und französischen Zone einen Sonderwagen an die Zonengrenze entsandt. Die Ankunft auf dem festlich geschmückten Bahnhof M a r i e n b o r n erforderte einen nur kurzen Aufenthalt. Kollege K o t z u r und die Direktionspräsidenten der Reichsbahn, N a b i t z, Magdeburg, und O e l k e r s, Halle, begrüßten die angekommenen Delegierten der westlichen Besatzungszonen auf das herzlichste. Die Kontrolle der Interzonen-Ausweise dauerte wenige Minuten, und nach einem Aufenthalt von einer Viertelstunde verließ der Sonderwagen die Zonengrenze, um planmäßig auf dem Bahnhof Berlin-Friedrichstraße einzutreffen. Hier hatten sich auf dem Bahnsteig zum Empfang der Gäste eingefunden: Der Generaldirektor der Reichsbahn, Kollege B e s e n e r, der Direktionspräsident der Reichsbahn von Berlin, Kollege K r e i k e m e y e r, und zahlreiche weitere Verwaltungsbeamte und Gewerkschaftskollegen.

Für die vorgesehenen Fahrten der Konferenzteilnehmer waren 16 Kraftwagen bereitgestellt worden. Nach kurzem Besuch des Verwaltungsgebäudes der Industriegewerkschaft Eisenbahn, das reichen Blumenschmuck trug, erfolgte die Fahrt zu dem von der Ortsverwaltung Berlin vorgesehenen Begrüßungsabend in der „Taberna Academica".

Begrüßungsfeier

Mit dem „Einzug der Gäste auf der Wartburg" und dem „Intermezzo sinfonico", vorgetragen von dem Orchester der IG Post und Fernmeldewesen, wurde die Feier eingeleitet. Darauf sang der Reichsbahn-Männerchor der Reichsbahndirektion Berlin „Empor zum Licht" und das „Weihelied".

Der Erste Vorsitzende der Industriegewerkschaft Eisenbahn im FDGB Groß-Berlin, Kollege Albert S c h u l z e, hieß die Delegierten der vier Zonen im Namen der Berliner Funktionäre und Mitglieder herzlich willkommen. Weiter begrüßte er die Vertreter der Besatzungsbehörden, der Deutschen Zentralverwaltung des Verkehrs, der Deutschen Verwaltung für Arbeit und Sozialfürsorge, die Vertreter des FDGB der sowjetischen Besatzungszone und die Vertreter der Presse und des Rundfunks. Kollege Schulze führte aus, daß das schwer zerstörte Berlin zu neuem Leben erwacht sei, daß auch bereits wieder eine Anzahl Kulturstätten aufgebaut und auf dem Gebiete der Presse und Literatur große Leistungen vollbracht werden konnten. In Berlin, so betonte er abschließend, ist der Wille vorhanden, zu leben. Berlin wird das starke Zentrum der Gewerkschaftsbewegung bleiben, es wird unaufhörlich daran arbeiten, den Weg zur Völkerverständigung und für den Völkerfrieden frei zu machen.

Den Festvortrag hielt der Kollege K o t z u r unter Zugrundelegung des Themas: „Grundsätze und Ziele der Industriegewerkschaft Eisenbahn." Einleitend führte er aus, daß der vierten Interzonenkonferenz in Berlin die Konferenzen in Frankfurt a. M., Bielefeld und Hammersbach vorausgegangen seien. Aus den Aussprachen über die Organisationsfrage habe sich eine einheitliche Auffassung ergeben. Der Boden für die einheitliche Gewerkschaftsbewegung der Eisenbahner in allen vier Zonen Deutschlands sei vorbereitet worden. Die Organisationsverhältnisse, wie sie sich in der sowjetischen Besatzungszone ent-

1

Der Eisenbahner. Mitteilungsblatt der IG Eisenbahn im FDGB Groß-Berlin, Juli/August 1947.
Universitätsbibliothek der HU Berlin – Jakob-und-Wilhelm-Grimm-Zentrum

hat.[80] Neben dem ehemaligen sozialdemokratischen EdED-Funktionär Albert Schulze wählten die Delegierten als Zweiten Vorsitzenden den Sozialdemokraten Willi Fabian, der 1948 zur Gewerkschaft der Eisenbahner der Unabhängigen Gewerkschaftsorganisation (UGO) wechselte. Während für Willi Fabian bislang kein Beleg für eine Widerstandstätigkeit vorliegt, lässt sich nachweisen, dass das dritte Vorstandsmitglied Erich Niendorf nach der Machtübernahme Hitlers in Verbindung zu verschiedenen kommunistischen Widerstandsgruppen gestanden hat, unter anderem zu einer illegalen Gruppe um Roman Chwalek, der nach 1945 Vorsitzender des FDGB von Groß-Berlin war.[81]

Im Protokoll der Delegiertenkonferenz der IG Eisenbahn der SBZ vom 17./18. Juni 1946 sucht man vergeblich nach den Namen der 45 Vorstandsmitglieder. Auf der wenige Wochen später stattfindenden Delegiertenkonferenz der IG Eisenbahn von Groß-Berlin am 7./8. August 1946 wurde ebenfalls ein 45-köpfiger Vorstand gewählt, der seinerseits den geschäftsführenden Vorstand Albert Schulze, inzwischen SED-Mitglied und Willi Fabian (SPD) als Ersten und Zweiten Vorsitzenden der IG Eisenbahn für Groß-Berlin bestätigte. Gleiches gilt für den ehemaligen RGO-Funktionär Erich Niendorf, der entgegen den Richtlinien der alliierten Militärregierungen weiterhin sowohl Mitglied im geschäftsführenden Vorstand der IG Eisenbahn von Groß-Berlin als auch der SBZ fungierte und offensichtlich der Vertrauensmann von Roman Chwalek war.[82] Als Abteilungsleiter nennt der Tätigkeitsbericht ferner Ottomar Kathe, Franz Weindorf, Käthe Thomalla und Erich Gerstmann, den Leiter der Abteilung Kasse der Eisenbahngewerkschaft.

Folgt man einer Darstellung des Bundesvorstandes der Unabhängigen Gewerkschaftsorganisation Groß-Berlin, dann wurde am 22. und 23. April 1948 auf der Verbandsdelegiertenkonferenz der IG Eisenbahn von Groß-Berlin mit der Mehrheit der im FDGB organisierten oppositionellen Kräfte ein Präsidium lediglich aus UGO-Anhängern gewählt.[83] Unter „aktiver Mitwirkung gewerkschaftsfremder Kräfte" erzwang die FDGB-Minderheit eine Vertagung der Delegiertenkonferenz. Dazu heißt es in dem UGO-Manuskript: „Die Vorstandswahl konnte nicht durchgeführt werden, weil die kommunistische Minderheit zwei Wählerlisten verschwinden ließ. Der damalige IG Eisenbahn-Vorsitzende [Albert Schulze] erklärte gesprächsweise, ‚Die Wahl könne ausfallen, wie sie wolle, er würde unter keinen

80 Vgl. Hans Jahn diskutiert rückblickend die Möglichkeiten für den Wiederaufbau der Gewerkschaften und die künftige Organisationsform im Jahr 1936, abgedr. als Dok. 36 in: Mielke/Frese (Bearb.), Die Gewerkschaften im Widerstand und in der Emigration, S. 234–238, hier S. 238.

81 Erich Niendorf, der gleichzeitig auch dem Vorstand der IG Eisenbahn in der SBZ angehörte, war vermutlich Vertrauensmann von Roman Chwalek in beiden Eisenbahngewerkschaften. Über das vierte Vorstandsmitglied Erich Gerstmann und die drei weiteren Abteilungsleiter, Ottomar Kathe, Franz Weindorf und Käthe Thomalla, liegen bisher keine biografischen Daten vor.

82 Vgl. Tätigkeitsbericht 1946/47 der IG Eisenbahn Groß-Berlin im FDGB, S. 4.

83 Vgl. Bundesvorstand der Unabhängigen Gewerkschaftsorganisation Groß-Berlin, Wir klagen an!, Berlin o. J. (als Manuskript gedruckt), S. 6 f.

Umständen zurücktreten. Die anwesenden uniformierten Vertreter der russischen Besatzungsmacht haben ihm gegenüber erklärt, dass sie einen oppositionellen Vorstand niemals anerkennen würden.'"[84] Mithilfe einer Vermittlungskommission konnte am 13. und 14. Mai 1948 die Fortsetzung des Verbandstages erfolgen. Die UGO-Mehrheit stimmte der Wahl eines paritätischen Präsidiums zu und die Wahlen zu den Vorstandskörperschaften konnten ordnungsgemäß und ohne wesentliche Behinderungen [...] durchgeführt werden" und „von 45 zu wählenden Vorstandsmitgliedern wurden 30 Kollegen der Unabhängigen Opposition und 15 Kollegen der SEDistischen Richtung gewählt."[85] Der alte Vorstand sollte die Geschäfte bis zum Zusammentritt des neuen, ordentlich gewählten Vorstandes weiterführen.

Auf der dritten Stadtdelegiertenkonferenz des FDGB Groß-Berlin, auf der die IG Eisenbahn mit insgesamt 30 Delegierten vertreten war, traten beide Fraktionen ein letztes Mal gemeinsam auf, darunter Albert Schulze, Erich Niendorf, Willi Fabian, Ottomar Kathe und Käthe Thomalla, d. h. drei der vier Mitglieder des alten geschäftsführenden Vorstandes und zwei Abteilungsleiter (Kathe, Thomalla) und mit Heinrich Bracht, Otto Meißner, Franz Waldheim und Christian Hanebuth die Eisenbahnerfunktionäre, die sich wenig später als Gewerkschaft der Eisenbahner Groß-Berlin konstituierten. Zu der konstituierenden Sitzung des neuen Vorstandes, zu der alle Mitglieder, auch die FDGB-Minderheit eingeladen waren, erschienen „nur 27 Personen, das heißt, die Minderheit blieb dieser Sitzung fern. Der Vorstand war dennoch beschlussfähig und wählte einen neuen Vorstand aus Mitgliedern, die die Politik der UGO mittrugen."[86] In Berlin war damit die Entwicklung in eine eindeutig von SED-Gewerkschaftern kontrollierte Organisation, die IG Eisenbahn Groß-Berlin, und in eine von sozialdemokratischen Eisenbahnern dominierte Eisenbahngewerkschaft abgeschlossen, während in der SBZ die Auseinandersetzungen in der IG Eisenbahn erst mit dem erzwungenen Rücktritt von Theodor Kotzur Anfang 1949 ihren Abschluss fanden. Begründet wurde die Ausschaltung des Gros der ehemals sozialdemokratischen Gewerkschafter, auch derjenigen, die sich der SED angeschlossen hatten, mit deren Haltung als „Nur-Gewerkschafter".[87] Unter der Überschrift „neue Gewerkschaftsbewegung und unvereinbar" wird die bisher in der Gewerkschaft Eisenbahn fehlende „ideologische Klarheit" bemängelt: „Ein stark entwickeltes Nur-Gewerkschaftertum war vorherrschend in unserer Industriegewerkschaft. Die Arbeit vollzog sich in völliger Verkennung der Bedingungen des verschärften Klassenkampfes, der Hebung des Klassenbewusstseins und analog dazu fehlte es an der nötigen Klassenwachsamkeit. Kritik und Selbstkritik, die die Organisation befähigt hätte[n], ihre Fehler und Schwächen zu überwinden, waren verpönt und wurden in reformistischer Manier

84 Ebenda, S. 6.

85 Ebenda.

86 Ebenda, S. 7.

87 Vgl. zu Details Geschäftsbericht 1948–1950, hrsg. vom Zentralvorstand der Industriegewerkschaft Eisenbahn, Berlin (Ost) o. J., S. 7 ff.

als Selbstbeschmutzung abgelehnt. Die Entlarvung einer organisierten Schuhmacher-Agenten-Gruppe des Ostbüros,[88] im Bezirksvorstand Magdeburg, vermochte nicht die gesamte Organisation aus dem Zustand kleinbürgerlicher Arglosigkeit aufzurütteln. Dazu bedurfte es erst der Tagung des FDGB in Bitterfeld.[89] Es ist das Verdienst des Kollegen Merker,[90] auf dieser Tagung in einer harten, sachlichen und kritischen Auseinandersetzung mit dem ehemaligen 1. Vorsitzenden der IG, Kollegen Kotzur, die Voraussetzungen zur ideologischen Klärung in unserer Industriegewerkschaft gegeben zu haben."[91] Die Kritik Merkers gipfelte in dem Vorwurf, Kotzur habe in einem Vortrag vor Schülern und Dozenten der Landesgewerkschaftsschule des FDGB in Beesenstedt „die Theorien Lassalles verherrlicht" und „den Marxismus als zeitlich überlebt abgelehnt".[92] Da Kotzur „trotz wiederholter Aufforderungen in einer programmatischen Erklärung seine Stellung zu Marx, Engels, Lenin, Stalin und Lassalle klarzulegen", die geforderte Erklärung schuldig blieb und auch der Zentralvorstand der IG Eisenbahn der SBZ auf seiner Sitzung am 13. und 14. Januar Theodor Kotzur nicht zum Rücktritt aufforderte, griff der Bundesvorstand des FDGB in einer Erklärung[93] die ideologischen Schwächen im Zentralverband der IG Eisenbahn an. Nachdem die SED und der FDGB-Bundesvorstand den Druck auf den Zentralvorstand der IG Eisenbahn erhöht hatten, erklärte Kotzur auf einer außerordentlichen Sitzung am 21. und 22. Februar seinen Rücktritt. Wie vom FDGB-Bundesvorstand gefordert, übte der Zentralvorstand in einer Entschließung die geforderte Selbstkritik und bekannte, unter anderem folgende „entscheidende Fehler" begangen zu haben: „Der Zentralvorstand der IG Eisenbahn erkennt an, dass im Personal-

88 Vgl. die Angaben zu Georg Otten im biografischen Anhang.

89 Zu den „Bitterfelder Beschlüssen" vgl. Rütters (Bearb.) unter Mitarb. von Goers, Der Freie Deutsche Gewerkschaftsbund, S. 35, 44, 56, 59 und insbesondere 815–820.

90 Gemeint ist der kommunistische Gewerkschafter Paul Merker (geb. 1. Februar 1894 in Oberlößnitz, heute: Radebeul, gest. 13. Mai 1969 in Eichwalde), 1919–1922 Gewerkschaftssekretär im Zentralverband der Hotel- und Restaurantangestellten; USPD- und ab Ende 1920 KPD-Mitglied; 1924–1932 Mitglied des Preußischen Abgeordnetenhauses; 1927–1945 Mitglied des ZK der KPD; zeitweise Leiter der Gewerkschaftsabteilung des ZK der KPD; von Dezember 1929 bis April/Mai 1930 RGO-Reichsleiter; März 1931 bis Mai 1933 RGI-Berater in den USA; ab März 1934 in führender Funktion für die illegale RGO im Deutschen Reich tätig; emigrierte nach Frankreich und war in führender Position für die KPD tätig; im Juni 1942 emigrierte er nach Mexiko; im Juli 1946 kehrte Merker zurück nach Deutschland und übte Funktionen in der SED-Parteiführung und im Staatsapparat der DDR aus; im August 1950 aus der SED ausgeschlossen (wegen Verbindungen zu Noel H. Field in der Emigration vor 1945); Ende 1952 verhaftet und im März 1955 zu acht Jahren Zuchthaus verurteilt (im Juli 1956 rehabilitiert); später als Lektor tätig und aufgrund der Repressalien physisch und psychisch gebrochen. Vgl. Weber/Herbst, Deutsche Kommunisten, 1. Aufl. 2004, S. 499 f.; Röder/Strauss (Bearb.), Biographisches Handbuch, S. 490 f.

91 Geschäftsbericht 1948–1950, hrsg. vom Zentralvorstand der Industriegewerkschaft Eisenbahn, Berlin (Ost) o. J., S. 7 f.

92 Ebenda, S. 8.

93 Vgl. Erklärung, in: Tribüne, Nr. 5, 29. 1. 1949.

körper der Deutschen Reichsbahn nach wie vor eine tief verwurzelte rückständige Beamtenideologie besteht. Er erkennt des weiteren selbstkritisch an, [es] verabsäumt zu haben, durch eine klare Stellungnahme auf die Überwindung dieser Auffassung Einfluss zu nehmen. Mit dieser Unterlassung werden Illusionen in Bezug auf die Wiederherstellung von privilegierten Beamtenrechten aufrecht erhalten, wenn nicht sogar gefördert."[94] „Die Industriegewerkschaft Eisenbahn hat seit ihrem Bestehen verabsäumt, eine klare Konsequenz aus der Zerschlagung des faschistischen Staates und dazugehörigen Beamtenapparates durch die sowjetischen Armeen zu ziehen, und hat damit verhängnisvollen Illusionen aktiv Vorschub geleistet."[95] Erst nach dem Ausscheiden des Kollegen Theodor Kotzur aus dem Zentralvorstand der IG „wurden diese Auffassungen überwunden".[96]

Mit der Gründung des FDGB von Groß-Berlin und der SBZ im Februar 1946 war die Frage „Aufbau selbständiger Industriegewerkschaften" oder „Gründung einer zentralistischen Einheitsgewerkschaft" keineswegs entschieden. Wie Roman Chwalek, Mitglied des „Vorbereitenden Gewerkschaftsausschusses von Groß-Berlin" und Vorsitzender des FDGB von Groß-Berlin, in einem Schreiben an Walter Ulbricht mitteilte, bestand in der Frage des „strukturellen Aufbau[s] [...] noch keine einheitliche Auffassung". Weiter heißt es in dem Schreiben: „Ich vertrete [hinsichtlich der FDGB-Satzung] den Standpunkt, dass den einzelnen Industriegewerkschaften eine gewisse Selbständigkeit eingeräumt werden muss. Dementsprechend habe ich auch einen zentralen Aufbau von Industriegewerkschaften vorgesehen. Damit zusammen hängt natürlich auch die Frage des selbständigen Finanzgebarens. Ich stehe auf dem Standpunkt, dass die Beiträge, [die] von den Mitgliedern in den einzelnen industriellen Betrieben kassiert werden, an die Kassen der Industriegewerkschaften abgerechnet werden müssen."[97] Im gleichen Schreiben erwähnt Chwalek, dass sein Plädoyer für eine Finanzhoheit der Industriegewerkschaften „von einem Teil der Genossen" abgelehnt werde, die „auf dem Standpunkt [ständen], dass alle von den Mitgliedern der Freien Gewerkschaften einkassierten Beiträge an die Kassen des FDGB fließen müssen."[98] Diese Position kommentierend, stellte Chwalek fest: „Soll Letzteres eintreten, so kann man nicht von [selbstständigen] Industriegewerkschaften, sondern nur von Industriegruppen, also Sparten des FDGB, sprechen."[99] Warum Roman Chwalek, der in einem Schreiben vom 7. Januar 1946 noch für eine baldige Entscheidung[100] eintrat, in den folgenden Tagen offensichtlich seine

94 Zit. n.: ebenda, S. 9.

95 Ebenda.

96 Ebenda.

97 SAPMO-BArch, NY 4182/1137, Bl. 36, Brief von Roman Chwalek an Walter Ulbricht, Zentralkomitee der SED, Betr.: Satzungsentwurf des FDGB, 7. 1. 1946, abgedr. in: Rütters (Bearb.) unter Mitarb. von Goers, Der Freie Deutsche Gewerkschaftsbund, S. 270 f.

98 Ebenda.

99 Ebenda.

100 „Man muss sich für irgendeine Form entscheiden", so Roman Chwalek. Ebenda.

Roman Chwalek bei einer Kundgebung Berliner Gewerkschaftsfunktionäre im Saal der Staatsoper in Berlin, 30. Januar 1948.
Louis Saillant, Über Probleme der Gewerkschaften, hrsg. vom FDGB Groß-Berlin, Berlin 1948, S. 6

Meinung änderte und „die Aufnahme der Abwicklung der Finanzgeschäfte durch die Industriegewerkschaften in die Satzung noch nicht für erforderlich"[101] hielt, und inwieweit die Änderung seiner Position auf Einflüsse der SED-Führung zurückzuführen ist, ließ sich nicht klären.[102] Detlev Brunner führt das „geringe Interesse der Kommunisten an der Satzungsarbeit" auf deren Strategie zurück, „zunächst ihre Stellung im entstehenden Gewerkschaftsapparat zu sichern und auszubauen, um dann mit dieser Vormachtstellung ihre Vorstellungen

101 Brief von Roman Chwalek an Walter Ulbricht und Franz Dahlem, 18. 1. 1946, zit. n.: ebenda.

102 In seinem Schreiben vom 18. Januar 1946 an Walter Ulbricht und Franz Dahlem hatte Roman Chwalek vorgeschlagen, eine Entscheidung zunächst auszusetzen: „Ich hielt die Aufnahme der Abwicklung der Finanzgeschäfte durch die Industriegewerkschaften in die Satzung noch nicht für erforderlich, vielmehr sollte durch einen besonderen Antrag zu der Satzung die Konferenz eine besondere Kommission einsetzen mit dem Auftrag, die Umstellung des jetzigen Finanzgebarens im Zuge der Liquidierung der einzelnen Industrieverbände mit vorzunehmen sowie gleichzeitig das ganze Finanzproblem mit seinen Verrechnungsverfahren zu prüfen und zu entscheiden." Ein entsprechendes Vorgehen wurde von der Delegiertenkonferenz beschlossen. Vgl. Brief von Roman Chwalek an Walter Ulbricht und Franz Dahlem, 18. 1. 1946, zit. n.: Rütters (Bearb.) unter Mitarb. von Goers, Der Freie Deutsche Gewerkschaftsbund, S. 271.

von Organisation und Gewerkschaftspolitik durchzusetzen."[103] Entsprechend dieser Strategie wurde bei der Beratung der „Vorläufigen Satzung" des FDGB auf der Delegiertenkonferenz vom 9. bis 11. Februar 1946 die Entscheidung über die Frage „autonome Industriegewerkschaften" oder „Aufbau einer zentralistischen Einheitsgewerkschaft mit weitgehender Personal- und Finanzhoheit" vertagt. Die Delegiertenkonferenz fasste den Beschluss, diese Frage erst nach der Konstituierung der Industriegewerkschaften auf Zonenebene zu entscheiden. Es sollten der Vorstand des FDGB „im Einvernehmen"[104] mit den neugegründeten Industriegewerkschaften insbesondere das neue Beitragsabrechnungsverfahren klären.

Die Entscheidung für den Aufbau einer zentralistischen Einheitsgewerkschaft oder die Gründung autonomer Industriegewerkschaften fiel nicht auf der Delegiertenkonferenz des FDGB, sondern auf einer Sitzung des FDGB-Bundesvorstandes unter Missachtung des Beschlusses der Delegiertenkonferenz, diese Entscheidung im Einvernehmen mit den Industriegewerkschaften zu treffen. Die Auswertung des Protokolls der Delegiertenkonferenz der IG Eisenbahn der SBZ von Juni 1946 in Berlin lässt erkennen, dass zahlreiche führende Funktionäre der Eisenbahngewerkschaften aus den verschiedenen Landesorganisationen die Entwicklung in Richtung einer zentralistischen Einheitsorganisation missbilligten. So beklagte zum Beispiel der Sprecher der Thüringer Delegierten und Vorsitzende der Thüringischen Landesorganisation der Eisenbahngewerkschaft, August Kunze, dass anfangs „nur eine einzige Organisation, der FDGB, zugelassen" worden sei, so dass man sich in Thüringen „bei diesem organisatorischen Aufbau nicht ganz wohl gefühlt"[105] habe; eine Kritik, der sich der Vertreter der Eisenbahner in Mecklenburg-Vorpommern anschloss: „Wir haben der von Kollege Kunze geübten Kritik nichts hinzuzufügen."[106] Auch der ehemalige EdED-Bezirksleiter und Vorsitzende der Landesorganisation der IG Eisenbahn in Sachsen, Karl Kamp, betonte, dass man in dieser Frage „sehr scharf die Klingen gekreuzt"[107] habe. Da keine Klarheit darüber existierte, „wie das neue Gebilde [Gewerkschaftsorganisation] geformt werden sollte",[108] habe er in Sachsen „einen schweren Stand um die Ausrichtung und Selbständigkeit der Industrieverbände"[109] gehabt. Anträge von Delegierten der Provinz Sachsen zugunsten der „Bildung einer selbständigen Industriegewerkschaft der Eisenbahner im FDGB"[110] oder – wie es in einem Antrag von Delegierten aus Potsdam gefordert wurde – „die selbständige Finanzhoheit der Industriegewerkschaften" zu beschließen, wurden als „überholt" bzw.

103 Brunner, Sozialdemokraten im FDGB, S. 91.

104 Protokoll der ersten allgemeinen Delegiertenkonferenz des Freien Deutschen Gewerkschaftsbundes für das sowjetisch besetzte deutsche Gebiet, 9. bis 11. Februar 1946 in Berlin, Berlin 1946, S. 203.

105 Protokoll der Delegiertenkonferenz am 17./18. Juni 1946 im Palast-Theater, S. 62.

106 Ebenda, S. 68.

107 Ebenda, S. 56.

108 Ebenda.

109 Ebenda.

110 Ebenda, S. 79.

für „erledigt“ erklärt. Der Begründung des Berichterstatters der Satzungskommission – Karl Vogel, Dresden – zufolge konnte die Delegiertenkonferenz der IG Eisenbahn zum einen „in dieser Frage keine Beschlüsse fassen, da hierfür der FDGB zuständig“[111] sei. Zum anderen erklärte er die Angelegenheit für die Satzungskommission als „nicht so brennend“.[112] Diese Begründung lässt erkennen, dass die Mitglieder der Satzungskommission der IG Eisenbahn der SBZ die vom FDGB-Bundesvorstand geschaffenen Fakten widerspruchslos akzeptiert hatten. Auffällig ist ferner, dass sich die Vorstandsmitglieder Kotzur und Lucas nicht an der Diskussion hinsichtlich der Verteilung der Kompetenzen zwischen FDGB und Einzelgewerkschaften beteiligten. Unklar bleibt, ob zum Beispiel Theodor Kotzur eher die Kritik aus den Landesorganisationen teilte oder die Position des Bundesvorstandes des FDGB vertrat.

In Groß-Berlin und in der SBZ vermochten Widerständler aus den Reihen der Eisenbahngewerkschaften nicht nur auf die Neugründung der Eisenbahngewerkschaften, sondern auch auf die zentralistisch ausgerichteten Dachorganisationen, das heißt den FDGB von Groß-Berlin und der SBZ, Einfluss auszuüben, wobei kommunistische Eisenbahngewerkschafter in der SBZ in der Regel von der sowjetischen Militärregierung eindeutig bevorzugt wurden. Zu den ehemaligen Funktionären des EdED, die nach 1945 bei der Neugründung von Gewerkschaften von Groß-Berlin eine wichtige Rolle spielten, gehörten Theodor Kotzur, Albert Schulze und Karl Blaß. Hans Jahn selbst nennt in einem Rückblick von 1936 über den „Wiederaufbau der freien Gewerkschaften“ in einer Anlage Albert Schulze – vor 1933 Betriebsratsmitglied bei der Deutschen Reichsbahn und Mitglied der EdED-Ortsverwaltung von Berlin – als einen seiner Verbindungsleute in der Widerstandsgruppe von Eisenbahnern in Berlin. Karl Blaß, als Erster Sekretär des EdED-Hauptvorstandes der prominenteste Eisenbahngewerkschafter in Groß-Berlin, wurde im Juli 1945 Vorsitzender der Abteilung Eisenbahn im „Verband für Eisenbahn, Post und Fernmeldewesen“ – eine Funktion, von der er bereits im November 1945 zurücktrat, um eine Leitungsfunktion in der Generaldirektion der Deutschen Reichsbahn zu übernehmen.[113] Auch die beiden kommunistischen Vorstandsmitglieder der Berliner Eisenbahngewerkschaft Erich Niendorf und Kurt Lucas konnten bereits vor 1933 auf eine langjährige Karriere in der Eisenbahngewerkschaft zurückblicken und engagierten sich im Widerstand. Erich Niendorf, seit 1926 KPD-Mitglied und vor 1933 stellvertretender Vorsitzender der RGO-Betriebsgruppe im Reichsbahnausbesserungswerk Berlin-Schöneweide sowie Mitglied der Berliner Bezirksleitung der RGO-Industriegruppe Eisenbahn, gehörte zu einer Widerstandsgruppe um Roman Chwalek und stand in Verbindung zur KPD-Unterbezirksleitung Berlin-Schöneberg. Wie bereits an anderer Stelle dargestellt, zählte auch Kurt Lucas,[114] der sich nach 1933 in der illegalen RGO-Gruppe Eisen-

111 Ebenda, S. 81.

112 Ebenda.

113 Vgl. Deutsche Volkszeitung, 14. 7. 1945, S. 2; vgl. die Angaben zu Karl Blaß im biografischen Anhang.

114 Vgl. die Angaben zu Kurt Lucas im biografischen Anhang.

bahn engagierte, die von Ernst Wörpel geleitet wurde, zu den Gewerkschaftsgründern in Groß-Berlin und der SBZ.

Wie bereits erwähnt, spielten Eisenbahngewerkschafter auch auf der Ebene der Dachorganisationen der Gewerkschaften eine wichtige Rolle. Erwähnt sei in diesem Zusammenhang an erster Stelle Roman Chwalek, der als führender kommunistischer Gewerkschafter bereits während der Weimarer Republik hochrangige Gewerkschaftsfunktionen innegehabt hatte. So war er unter anderem Vorsitzender des Betriebsrates des Reichsbahnausbesserungswerkes Oppeln, Vorsitzender des Bezirksbetriebsrates der Reichsbahndirektion in Oppeln und mehrere Jahre lang Mitglied des Hauptbetriebsrates der Deutschen Reichsbahn. Mit der Bildung der RGO und der „Roten Verbände" (1929/30) wurde er Reichsleiter der Industriegruppe Eisenbahn der RGO und ab 1932 Organisationsleiter des RGO-Reichskomitees. 1945/46 war er Mitglied des „Vorbereitenden Gewerkschaftsausschusses von Groß-Berlin" und ab 1946 bis Februar 1949 Vorsitzender des FDGB von Groß-Berlin, bevor er von 1949 bis 1951 die Funktion des Vorsitzenden der IG Eisenbahn der SBZ/DDR übernahm und gleichzeitig von 1946 bis 1955 Mitglied des Bundesvorstandes des FDGB der SBZ/DDR wurde.[115]

Zusammenfassung

Die während der NS-Zeit bewahrte persönliche und politische Integrität des Gros der ehemaligen Gewerkschaftsfunktionäre weist über die Phase 1933 bis 1945 hinaus. Hier ist eine der wichtigsten Ursachen für den raschen und erfolgreichen Gewerkschaftsaufbau nach dem Kriegsende zu sehen. Der Neuaufbau der Gewerkschaften konnte sich auf alte Gewerkschaftsfunktionäre stützen – und zwar auf allen Ebenen, da von ihnen ein Geflecht von Beziehungen bzw. Netzwerken über die Jahre der Diktatur aufrechterhalten worden war. Insbesondere ehemalige Funktionäre der Eisenbahngewerkschaften der Weimarer Republik, die sich aktiv als Widerstandskämpfer gegen das NS-Regime, sei es im Deutschen Reich oder in der Emigration, engagiert hatten, leisteten einen erheblichen Beitrag zum Neuaufbau. Das gilt sowohl für die West-Zonen als auch für Groß-Berlin und die SBZ, wo Eisenbahngewerkschaftern, die Widerstand gegen das NS-Regime geleistet hatten, beim Neuaufbau eine wichtige Rolle zukam. In der SBZ gilt dies für emigrierte Eisenbahngewerkschafter jedoch nicht in gleicher Weise wie in den Westzonen.

Der von den Besatzungsmächten vorgeschriebene schrittweise Aufbau der Gewerkschaften in den westlichen Besatzungszonen von der lokalen bis zur Zonenebene[116] führte bei den

115 Keinerlei Hinweise auf eine Widerstandstätigkeit fanden sich für Hubert Jipp, vor 1933 Gewerkschaftssekretär der Abteilung Nichtstaatliches Personal der christlichen Gewerkschaft der Eisenbahner.

116 Zum Einfluss der Besatzungsmächte auf den organisatorischen Aufbau der Gewerkschaften vgl. Mielke (Bearb.) unter Mitarb. von Rütters, Becker und Fichter, Organisatorischer Aufbau der Gewerkschaften, S. 16 ff., 131 ff., 181 ff., 443 ff., 661 ff.

Eisenbahnern zu einer Vielfalt unterschiedlicher organisatorischer Ansätze. Dies gilt zum einen für die Organisationsform und zum anderen für den Organisationskatalog der Eisenbahngewerkschaften. Hinsichtlich der Organisationsform reichte das Spektrum von Eisenbahngewerkschaften, die als Berufsgruppen für Arbeiter[117] gegründet wurden, über „reine" Eisenbahngewerkschaften auf der Basis des Industrieverbandsprinzips bis hin zu unselbstständigen Fach- oder Wirtschaftsgruppen von Eisenbahnern in einer zentralistischen Einheitsgewerkschaft wie in den Allgemeinen Gewerkschaften Niedersachsens oder in den zentralistischen Gewerkschaften der Nordhein-Provinz.[118] Beschränkte sich die Neugründung der Eisenbahngewerkschaft innerhalb der zentralistischen Allgemeinen Gewerkschaft Niedersachsens ebenso wie die autonome Gewerkschaft der Eisenbahner in Hamburg lediglich auf die Organisierung von Eisenbahnern, umfasste der Organisationskatalog der zentralistischen Einheitsgewerkschaft der Nordrhein-Provinz außer den Eisenbahnern auch alle Arbeitnehmer des Verkehrs, der Post und – in einer zweiten Säule – die Beschäftigten der öffentlichen Behörden und Betriebe. Andere Gründungsansätze in Bayern und in der SBZ organisierten anfangs Eisenbahner und die Arbeitnehmer der Post in einer gemeinsamen Organisation.

Der Einsatz von Eisenbahngewerkschaftern für die Etablierung autonomer Einzelgewerkschaften – eine Politik, die auch von der US-amerikanischen und britischen Militärregierung favorisiert wurde – wird in der Literatur durchaus unterschiedlich bewertet. Während Anne Weiß-Hartmann diese Bestrebungen als ein „weitgehend unkritisch[es]" Anknüpfen „an die Traditionen der Gewerkschaftsbewegung der Weimarer Republik" kritisiert, da diese Gewerkschaften die „politischen Lehren aus den Erfahrungen faschistischer Herrschaft kaum berücksichtigten",[119] wird diese Entwicklung von den Autoren dieser Studie aus demokratietheoretischen Gründen eher positiv eingeschätzt.

117 Vgl. die Angaben und die Dokumentation zum Gewerkschaftsaufbau in der FBZ in: ebenda, S. 661 ff.

118 Vgl. „Organisationsplan" für die Bildung der Einheitsgewerkschaft in der Nord-Rheinprovinz, August/September 1945, abgedr. als Dok. 54 in: ebenda, S. 235–242.

119 Weiß-Hartmann, Der Freie Gewerkschaftsbund Hessen 1945–1949, S. 97.

11. Elemente einer kollektiven Biografie

Differenzierung nach Richtungsgewerkschaften

Klassifiziert man die im Widerstand aktiven Eisenbahngewerkschafter nach den früheren Richtungsgewerkschaften, wird deutlich, dass die ehrenamtlichen und hauptamtlichen Funktionäre des freigewerkschaftlichen EdED eindeutig die große Mehrheit bildeten; das heißt, die mit Abstand stärkste Eisenbahngewerkschaft der Weimarer Republik, der EdED, stellte auch die weitaus größte Gruppe der Verfolgten und der im Widerstand aktiven Eisenbahner. Neben dem Widerstandsnetzwerk um Hans Jahn schlossen sich mehrere Dutzend Eisenbahngewerkschafter zwei weiteren Widerstandsnetzwerken um Franz Apitzsch, Lorenz Breunig und Paul Beyerling an, die ebenfalls in Kontakt mit Vertretern der ITF standen. Ein weiteres Widerstandsnetzwerk bildete sich um Karl Blaß in der „Allgemeinen Krankengeldzuschuß- und Sterbekasse V. V. a. G. zu Berlin". Darüber hinaus arbeiteten zahlreiche Eisenbahngewerkschafter in berufsübergreifenden Widerstandsgruppen wie zum Beispiel den „Roten Rebellen" mit. Auch die mehr als 30 in dieser Studie biografisch erfassten kommunistischen Eisenbahngewerkschafter gehörten bis zur Bildung der RGO und deren Industriegruppen in der Regel zu den EdED-Mitgliedern. Die Mitglieder der RGO und ihrer „roten" Einzelgewerkschaften, die am Ende der Weimarer Republik lediglich eine gewerkschaftliche Splitterorganisation darstellten, und Werner Müller zufolge im besten Falle „nie mehr als acht Prozent der niedrigsten Mitgliederzahl des ADGB nach 1928"[1] erreichten, sind unter den verfolgten und im Widerstand aktiven Eisenbahngewerkschaften mit circa 15 Prozent – gemessen an ihrer Mitgliederzahl – von vor 1933 überproportional im Widerstand vertreten. Der im Hinblick auf ihre Mitgliederzahl von vor 1933 prozentual überproportionale Anteil kommunistischer Eisenbahngewerkschafter im Widerstand gegen das NS-Regime liegt zum einen an den Verfolgerinstitutionen, die in den Kommunisten ihre entschiedensten Gegner erblickten, zum anderem aber auch an der Politik der RGO und ihrer Mitgliedsorganisationen, die noch 1933 zu offenen Widerstandsaktivitäten, Demonstrationen und Streiks aufriefen und die unter den Bedingungen der Illegalität ihre Organisationsstrukturen zu erhalten versuchten. Hinzu kommt, dass die Verfolgerinstitutionen auf Listen von RGO- und KPD-

1 Müller, Lohnkampf, Massenstreik, Sowjetmacht, S. 352.

Funktionären aus der Zeit vor der Machtübernahme der Nationalsozialisten zurückgreifen konnten.

Die christlichen und Hirsch-Dunckerschen Eisenbahngewerkschafter, die wie ihre freigewerkschaftlichen Kollegen 1933 entlassen wurden, blieben hingegen in der Folgezeit weitgehend von Verfolgung verschont. Gewerkschaftliche Widerstandsgruppen ehemals ehrenamtlicher oder hauptamtlicher Gewerkschaftsfunktionäre der Christlichen oder Hirsch-Dunckerschen Eisenbahngewerkschaften im Widerstand konnten nicht eruiert werden.

Wellen der Verfolgung: politisch und gewerkschaftlich aktive Eisenbahner

Soweit die Parteizugehörigkeit der Eisenbahngewerkschafter, die im Widerstand das NS-Regime bekämpften und von den Nationalsozialisten verfolgt worden sind, bekannt ist, gehörten sie in ihrer großen Mehrheit (über 70 Prozent) vor 1933 der SPD an. Das gilt insbesondere für die führenden Funktionäre der von Hans Jahn initiierten und geleiteten Widerstandsgruppe. Hans Jahn selbst, ferner alle Bezirksleiter des EdED und bis auf zwei Ausnahmen der im „Organisationsplan" von 1936 von Hans Jahn genannten Gaugrafen gehörten vor 1933 alle dem EdED und der SPD an. Die Ausnahme unter den Gaugrafen war Hermann Fraatz, der viele Jahre Mitglied der KPD war, aber 1930 ausgeschlossen wurde, da er als Vorsitzender des Betriebsrates des Reichsbahnausbesserungswerkes Göttingen die RGO-Politik seiner Partei ablehnte.[2] Bei dem zweiten Gaugrafen, der nicht der SPD angehörte, handelt es sich um das ISK-Mitglied Carl Schnakenberg.[3] Vergleicht man die Parteizugehörigkeit der Eisenbahngewerkschafter von vor 1933 mit der der Mitglieder aus den Reihen des DMV-Widerstandes, dann finden sich unter den biografisch erfassten Eisenbahngewerkschaftern, die Widerstand leisteten, im Unterschied zum DMV vergleichsweise wenige, die in der Anfangsphase der Weimarer Republik USPD-Mitglieder waren oder der KPD angehörten.[4] Von den mehr als 350 biografisch Erfassten gehörten nach 1917 circa 30 Eisenbahngewerkschafter der USPD an. Die eine Hälfte von ihnen ging 1920 zur KPD, die andere schloss sich 1920/22 wieder der SPD an.

Da Hans Jahn bei den Bezirksleitern und Gaugrafen seiner Widerstandsgruppe ganz bewusst aus Sicherheitserwägungen auf prominente Gewerkschafter, Parteifunktionäre und politische Mandatsträger verzichtet hat, findet sich unter den Genannten kein einziges ehe-

2 Zum Ausschluss von Hermann Fraatz vgl. Wir geben Antwort, in: Die Einheitsfront – Organ der KPD Göttingen, Nr. 1, Jahrgang 1931, 30. 1. 1931.

3 Vgl. die Angaben zu Carl Schnakenberg im biografischen Anhang.

4 Vgl. genauer Mielke/Heinz (Hrsg.) unter Mitarb. von Goers, Funktionäre des Deutschen Metallarbeiterverbandes im NS-Staat; Heinz/Mielke (Hrsg.), Funktionäre des Einheitsverbandes der Metallarbeiter Berlins im NS-Staat; Mielke/Heinz (Hrsg.) unter Mitarb. von Pietsch, Emigrierte Metallgewerkschafter im Kampf.

maliges Landtags- und Reichstagsmitglied. Das gilt jedoch nicht für die übrigen im Anhang der Studie erfassten Eisenbahngewerkschafter. Unter ihnen gab es zwei Dutzend Reichstags- bzw. Landtagsmitglieder, einige Mitglieder der Provinziallandtage, mehrere Dutzend Stadtverordnete und Gemeinderatsmitglieder sowie ebenso viele Gewerkschafter, die in der SPD bzw. der KPD wichtige Parteifunktionen innehatten. Darüber hinaus waren die meisten von ihnen in zahlreichen politischen Vorfeldorganisationen aktiv und übernahmen hier wichtige ehrenamtliche und hauptamtliche Funktionen. Zu den wichtigsten ehrenamtlichen Funktionen, die die biografisch erfassten Eisenbahngewerkschafter darüber hinaus übernahmen, gehörte ihre Mitgliedschaft in Arbeiter- und Betriebsräten; die meisten von ihnen gehörten lokalen Führungsgremien des EdED an. Besonders gefährdet waren diejenigen, die vor 1933 intensiv als Gewerkschafter, Parteifunktionär und Mitglieder des „Reichsbanners" und der „Eisernen Front" die Nationalsozialisten bekämpft hatten.

Von den politisch aktiven Eisenbahngewerkschaftern, die zum Teil mehrfach in Haft genommen worden sind, kamen deutlich mehr als 130 in vier verschiedenen Verhaftungswellen – ohne jeden Prozess und ohne Nachweis, Widerstand geleistet zu haben – in Haft. Die erste Verhaftungswelle erfolgte von Februar bis April 1933 im Vorfeld der Zerschlagung der Gewerkschaften und erfasste mindestens 40 Eisenbahngewerkschafter der untersuchten Gruppe. Unter den bereits im Frühjahr 1933 über 40 in „Schutzhaft" genommenen Eisenbahngewerkschaftern befanden sich unter anderem die EdED-Bezirksleiter August Baum, Carl Kamp, Artur Lorenz und Heinrich Wegener, ferner die kommunistischen Funktionäre und Gewerkschafter Paul Redlich – vor 1933 Mitglied des Reichstages und Mitglied der Reichsleitung der RGO-Industriegruppe der Land- und Forstarbeiter –, Erich Steinfurth – Betriebsratsmitglied im Reichsbahnausbesserungswerk Berlin-Grunewald und Landtagsabgeordneter von Preußen – und nicht zuletzt Otto Scharfschwerdt (senior), bis Anfang 1933 Vorstandsmitglied der GDL. Scharfschwerdt ist im März und April 1933 gleich zweimal für einige Tage im Konzentrationslager Oranienburg inhaftiert worden. Als führendes lokales Mitglied der Rätebewegung 1918/19, als Mitglied der Streikleitung, die im Kreis Barnim wesentlich zur Niederschlagung des „Kapp-Lüttwitz-Putsches" (1920) beitrug, als Mitglied des „Reichsbanners" sowie als SPD-Funktionär und sozialdemokratischer Mandatsträger (Kreistag) gehörte Scharfschwerdt ohne jeden Zweifel zu den von den Nationalsozialisten am meisten gehassten Vertretern des Weimarer Systems. Das Gros der bereits im Frühjahr noch vor der Zerschlagung der Freien Gewerkschaften Verhafteten waren jedoch lokale sozialdemokratische und kommunistische Gewerkschafter.[5]

Die zweite Verhaftungswelle begann mit der Zerschlagung der Freien und der Gleichschaltung der übrigen Gewerkschaften im Mai 1933 und dem Verbot der SPD am 22. Juni 1933. Hauptgrund für die Inhaftierung von mindestens 33 weiteren Gewerkschaftern bis Herbst 1933 war – abgesehen von der Zugehörigkeit zu einer kommunistischen Organisa-

5 Unter den 40 Verhafteten befanden sich insgesamt zwölf kommunistische Gewerkschafter.

Feier des Zentralrates der ITF anlässlich des 25-jährigen Jubiläums von Hermann Jochades Beginn der Tätigkeit als Sekretär für die ITF, darunter: Nathan Nathans, Mathilde Jochade, Concemore Thomas Cramp, Hermann Jochade und Edo Fimmen (erste Reihe von links nach rechts), 1929. *ver.di-Archiv, Berlin*

tion – die Furcht der neuen Machthaber vor potenziellen staatsfeindlichen Aktivitäten der früheren politischen Gegner. Mit Fritz Buchwald, Matthäus Herrmann, Karl Klus, Georg Mietz, Adam Romboy und den kommunistischen Gewerkschaftern Hermann Fraatz und Otto Seeger finden sich unter den Verhafteten der zweiten Welle zahlreiche spätere Widerstandskämpfer.[6]

Die nächste große Verhaftungsaktion folgte zu Beginn des Zweiten Weltkrieges auf der Grundlage der sogenannten „A-Kartei-Aktion".[7] Nach neueren Recherchen wurden im Zuge

6 Vgl. zu Details die Angaben der Genannten im biografischen Anhang.

7 Die „A-Kartei", die nicht erhalten geblieben ist, war für den „A-Fall", das heißt die Mobilisierung der Wehrmacht, angelegt worden. Sie umfasste 1937 insgesamt 46 000 Personen. Der Umfang der „A-Kartei" wurde 1938 jedoch aus politischen und pragmatischen Erwägungen erheblich reduziert. „Die Redu-

der „A-Kartei-Aktion“ circa 1000 bis 1100 – das heißt deutlich weniger als in der Vergangenheit in der wissenschaftlichen Literatur angenommen – ehemalige Repräsentanten der Weimarer Republik, die von den Nationalsozialisten zu den schärfsten Gegnern des NS-Regimes gerechnet wurden, inhaftiert und in die Konzentrationslager Sachsenhausen, Buchenwald und Ravensbrück eingeliefert. Nach heutigem Kenntnisstand befanden sich unter den insgesamt 14 inhaftierten Eisenbahngewerkschaftern drei ehemalige EdED-Hauptvorstandsmitglieder: Franz Apitzsch, Karl Blaß und Hermann Jochade, der die Haftzeit im Konzentrationslager Sachsenhausen nicht überlebt hat.

Hinzu kamen der EdED-Redakteur Paul Schulze und Wilhelm Pichtsmeyer, der Mitte der 1920er-Jahre als EdED-Vorstandssekretär fungiert hatte. Verhaftet wurden im Zuge dieser Aktion auch die kommunistischen Gewerkschafter Roman Chwalek – von 1929 bis November 1932 Reichsleiter der RGO-Industriegruppe Eisenbahn und danach Organisationsleiter des RGO-Reichskomitees –, ferner Theodor Kuczora – vor 1933 unter anderem Mitglied des Bezirksbetriebsrates der Reichsbahndirektion Breslau in Oppeln – und Bruno Siegel – vor 1933 Zweiter Vorsitzender des „Roten Eisenbahnerverbandes“ in Sachsen. Für alle 14 inhaftierten Eisenbahngewerkschafter lassen sich für die Zeit des NS-Regimes Aktivitäten im Widerstand nachweisen – Aktivitäten, die bei der Verhaftung auf der Grundlage der „A-Kartei“ keine Rolle spielten. Dutzende Eisenbahngewerkschafter erduldeten zahlreiche Haftzeiten in Gefängnissen, Zuchthäusern und Konzentrationslagern. Einige der über 120 KZ-Häftlinge wie Otto Becker, Richard Bätz, Bernhard Karselt, Friedrich Michaelis, Bruno Siegel und Ludger Zollikofer waren sogar in drei oder vier verschiedenen Konzentrationslagern inhaftiert. Mindestens 34 der hier erfassten verfolgten Eisenbahngewerkschafter überlebten die NS-Zeit nicht, 25 von ihnen starben in einem Konzentrationslager. Einige wie Fridolin Endraß oder Andreas Obernauer wurden nach Prozessen hingerichtet oder starben an den Folgen von Haft und Misshandlungen oder medizinischen Versuchen wie zum Beispiel Lorenz Breunig.[8]

Die vierte Verhaftungswelle gegen gewerkschaftliche und politische Funktionäre und Mandatsträger erfolgte im Rahmen der „Aktion Gewitter“.[9] In diesem Rahmen wurden mindestens 48 Eisenbahngewerkschafter verhaftet, darunter zahlreiche führende Gewerkschaftsfunktionäre wie Franz Apitzsch, Karl Blaß, Matthäus Herrmann, Leonhard Horlacher, ferner Gewerkschaftsfunktionäre, die gleichzeitig Stadtverordnete, Stadträte, Mitglie-

zierung der Zahlen erfolgte im Einvernehmen zwischen Militärs, Wirtschaftsführern, NSDAP und Gestapo, um neben der innenpolitischen Absicherung der nach außen gerichteten Aggression auch dem Arbeitskräftebedarf der Kriegswirtschaft, den logistischen Anforderungen der sonstigen Mobilmachung sowie der Stimmungslage der Bevölkerung Rechnung zu tragen.“ Vgl. Hans-Peter Klausch, Polizei, Wehrmacht und KZ-System: Die „A-Kartei-Aktion“ zu Beginn des Zweiten Weltkrieges, in: KZ-Gedenkstätte Neuengamme (Hrsg.), Polizei, Verfolgung und Gesellschaft im Nationalsozialismus, Bremen 2013, S. 105–118, hier: S. 105 ff., 114 (Zitat).

8 Vgl. zu Details die Angaben der Genannten im biografischen Anhang der vorliegenden Studie.

9 Zur Dimension der „Aktion Gewitter“ vgl. Kissener, Die Aktion „Gewitter“, S. 185–197.

der eines Landtages oder des Reichstages waren wie zum Beispiel Hermann Clausen, Fritz Endres, Johannes Groß (Zentrum), Michael Helmerich (BVP), Friedrich Jendrosch, Albert Roßhaupter und andere. Das Gros dieser Gewerkschafter wurde im August/September 1944 in ein Konzentrationslager eingewiesen – viele direkt, einige, nachdem sie zunächst vor Ort mehrere Wochen in Gefängnissen und an anderen Haftorten eingesperrt waren. Zwölf von ihnen, darunter die Landtagsabgeordneten Johannes Groß und Wilhelm Wübbenhorst, August Baum und Johann Esser sowie Anton Franke, blieb die Einweisung in ein Konzentrationslager erspart.

Neben den vier Verhaftungswellen gab es im gesamten Zeitraum von 1933 bis 1945 Einlieferungen einzelner Gewerkschafter oder kleinerer Gewerkschaftsgruppen im Zusammenhang mit Prozessen gegen Widerstandsgruppen. Als nach der Besetzung Luxemburgs durch die deutsche Wehrmacht der Schriftwechsel von Hans Jahn in die Hände der NS-Verfolger fiel, verhaftete die Gestapo allein aus diesem Grund mehr als 90 Eisenbahngewerkschafter, die sie verdächtigte, mit Jahn zusammengearbeitet zu haben. Zudem gab es regional begrenzte Verhaftungsaktionen wie zum Beispiel gegen das Widerstandsnetzwerk von Karl Molt und die Bezirksleiter des Widerstandsnetzwerkes um Hans Jahn und ihre „Stützpunktleiter" des westlichen Industriegebietes. Darüber hinaus zielten andere Verhaftungsaktionen, die regional begrenzt blieben, darauf ab, Regimegegner zu verunsichern und potenzielle Widerstandsaktivitäten im Keim zu ersticken. Von 64 biografisch erfassten Eisenbahngewerkschaftern liegen keine Sterbedaten vor. Von zwölf der 64 ist jedoch bekannt, dass sie das „Dritte Reich" überlebten. Von den übrigen 52 Gewerkschaftern, die das NS-Regime nicht überlebten, wurden mindestens 45 Opfer des NS-Regimes.

Widerspruch zur „Volksgemeinschaft"

Am Beispiel der überwältigenden Mehrzahl der im Anhang erfassten Biografien lässt sich belegen, dass die Verhaltensweisen führender Eisenbahngewerkschafter sozialdemokratischer und kommunistischer Orientierung im Widerspruch zur NS-Propaganda einer realisierten „Volksgemeinschaft"[10] stehen. Im Hinblick auf diesen Teil eines mittleren und höhe-

10 Ian Kershaw konstatiert, dass „das NS-Regime beim Aufbau einer soliden ‚Volksgemeinschaft' wenig erfolgreich war". Zugleich betont der britische Historiker, dass das „Volksgemeinschafts"-Konzept, das bei einer Reihe neuerer Forschungen zur NS-Geschichte eine zentrale Rolle spielt, zwar „zu einigen interessanten und wichtigen Einsichten" geführt habe. Diese würden allerdings „nicht den Kern des Regimes treffen". Angesichts aktueller Debatten, die laut Kershaw Auswirkungen auf die Wahrnehmung von Widerstands- und Oppositionshandlungen gegen das NS-Regime, aber auch hinsichtlich der Wahrnehmung und Bewertung der NS-Gesellschaft insgesamt hätten, sei darauf zu achten, dass der für die NS-Bewegung wichtige Propagandabegriff der „Volksgemeinschaft" keinesfalls „unkritisch akzeptiert und damit selbst zu einer Erklärung wird". Die Schranken im Zusammenhang mit der Verwendung des Begriffs seien hoch. Der Begriff sei zwar nützlich, um das verbrecherische Potenzial des NS-Staates

Hans Jahn und Max Brauer, Erster Bürgermeister von Hamburg, bei einer DGB-Kundgebung in Essen, 24. Juni 1955.
AdsD

ren Funktionärsapparates der organisierten Arbeiterschaft wird einmal mehr anhand des empirischen Materials deutlich, dass Götz Alys umstrittene Charakterisierung der NS-Herrschaft als „Gefälligkeitsdiktatur", in der durch soziale „Wohltaten" mit der großen Mehrheit der deutschen Gesellschaft – einschließlich der Arbeiterschaft – eine Art Konsens über die gewaltsame Verfolgung von Juden und Andersdenkenden hergestellt worden sei,[11] an der

zu erfassen, „doch als Analyseinstrument" sei er „mit signifikanten Mängeln behaftet", lautet das Fazit. Als Antwort auf Kershaw erklärte der Historiker Michael Wildt, die „Volksgemeinschaft" solle nicht als „materielle Realität" bzw. Feststellung eines „Ist-Zustandes" des NS-Regimes verstanden werden. Die „Kraft" der Verwendung des Begriffs „Volksgemeinschaft" habe in der Verheißung und Mobilisierung zu deren Herstellung mittels Vergemeinschaftung bestanden. Laut Wildt gelte es in der Forschung, „Volksgemeinschaft" als „soziale Praxis" zu untersuchen, weshalb er im „Volksgemeinschafts"-Konzept Chancen für die historische Wissenschaft sieht. Vgl. Ian Kershaw, „Volksgemeinschaft". Potenzial und Grenzen eines neuen Forschungskonzepts, in: Vierteljahrshefte für Zeitgeschichte 59 (2011) 1, S. 1–17, hier S. 17; Michael Wildt, „Volksgemeinschaft". Eine Antwort auf Ian Kershaw, in: Zeithistorische Forschungen/Studies in Contemporary History 8 (2011) 1, S. 102–109. Zur Zusammenfassung der Debatte vgl. Detlef Schmiechen-Ackermann, „Volksgemeinschaft": Mythos der NS-Propaganda, wirkungsmächtige soziale Verheißung oder soziale Realität im „Dritten Reich"?, in: ders. (Hrsg.), „Volksgemeinschaft": Mythos, wirkungsmächtige soziale Verheißung oder soziale Realität im „Dritten Reich"? Zwischenbilanz einer kontroversen Debatte, Paderborn 2011, S. 13–53.

11 Vgl. zu Details Götz Aly, Hitlers Volksstaat. Raub, Rassenkrieg und nationaler Sozialismus, Frankfurt a. M.

Realität des „Dritten Reiches" vorbeigeht. Der von der NS-Bewegung verwendete Begriff „Volksgemeinschaft" suggerierte durchaus „Verheißung" einer (scheinbaren) Überwindung von Klassenschranken, wirkte mobilisierend und trug dazu bei, in weiten Teilen der Bevölkerung die rassebiologische und antisemitische Inklusion und Exklusion des NS-Staates zu legitimieren. Die „politische Kraft" der Propaganda, die von der funktionalen Verwendung des Begriffs „Volksgemeinschaft" durch die Nationalsozialisten ausging, war jedoch nicht gleichbedeutend mit der „Feststellung eines sozialen Ist-Zustandes".[12]

Die soziale Situation im NS-Staat, mit der sich Widerständler aus den Reihen der Arbeiter- bzw. Gewerkschaftsbewegung aus ihrem Selbstverständnis heraus auseinandersetzten, stellte sich aus Sicht der Mehrheit der im Jahr 1933 entlassenen und Repressalien ausgesetzten Gewerkschafter keineswegs als „Volksgemeinschaft" oder gar als Verbesserung der materiellen Situation dar.[13] Das Gegenteil war der Fall, soweit die Arbeitsbedingungen bei der Deutschen Reichsbahn-Gesellschaft und die Lohn-Preis-Entwicklung einer Analyse unterzogen werden. Sicher gab es Gewerkschafter, die sich von „Verheißungen" des NS-Systems in den zwölf Jahren Diktatur mal mehr und mal weniger „angezogen" fühlten, „Erwartungen" hinsichtlich der Verbesserung der ökonomischen Situation hegten und durchaus von Elementen der politischen Kultur des NS-Staates geprägt wurden. Das in dieser Weise „wirkende" „Projekt" der „Volksgemeinschaft" bot dabei von Fall zu Fall „Aussichten zum Handeln, es eröffnete Möglichkeiten, die getestet werden konnten, und Chancen."[14] Die so interpretierte, in ihrer psychologischen Mobilisierung schwer zu erfassende „imaginierte Volksgemeinschaft", die sich laut Thomas Mergel gerade durch ihre „Unerfülltheit" auszeichnete und in „symbolischer Aktualisierung"[15] zutage getreten sei, bewegt sich jedoch im Hinblick auf die Überprüfung des Grades einer „Integration" in das NS-System an der Oberfläche.

Wie in dieser Studie bereits festgestellt wurde, bedingte die Nichtzustimmung zu einzelnen Maßnahmen des NS-Regimes oder die Ablehnung des NS-Systems in Gänze in der hier genauer untersuchten Gruppe der Eisenbahngewerkschafter keineswegs automatisch widerständiges Handeln. Dies lässt sich anhand mehrerer Biografien eindrücklich erkennen. Bei

12 Wildt, „Volksgemeinschaft", S. 103 f.; vgl. ferner Detlef Schmiechen-Ackermann, Utopie und Realität der nationalsozialistischen „Volksgemeinschaft". Das Verhalten der Bevölkerung zwischen Selbstmobilisierung, Anpassungsdruck und wirksamen Kontrollmechanismen, in: Manuel Becker/Christoph Studt/Joachim Scholtyseck (Hrsg.), Der Umgang des Dritten Reiches mit den Feinden des Regimes. Tagungsband der XXII. Königswinterer Tagung im Februar 2009, Münster 2010, S. 43–55.

13 Vgl. auch Bericht des Chefs der Sicherheitspolizei und des SD: Die deutsche marxistische Gewerkschaft und der Krieg, 12. 3. 1940, Bl. 8 ff., in: Nationalsozialismus, Holocaust, Widerstand und Exil 1933–1945, Online-Datenbank.

14 Kershaw, „Volksgemeinschaft". Potenzial und Grenzen eines neuen Forschungskonzepts, S. 7.

15 Thomas Mergel, Führer, Volksgemeinschaft und Maschine. Politische Erwartungsstrukturen in der Weimarer Republik und dem Nationalsozialismus 1918–1936, in: Wolfgang Hardtwig (Hrsg.), Politische Kulturgeschichte der Zwischenkriegszeit 1918–1939, Göttingen 2005, S. 91–127, hier S. 127.

der Betrachtung verschiedener zeitlicher Phasen während der NS-Zeit können unterschiedliche Verhaltensweisen bei Personen entdeckt werden, die hier ohne Frage als „Widerständler“ klassifiziert werden. Dennoch ist die Kontinuität von Widerstandshandlungen in der Gruppe der Eisenbahngewerkschafter – insbesondere im Vergleich mit anderen gesellschaftlichen Gruppen und deren Haltung zum NS-System – hoch. Wenngleich im Hinblick auf das Unternehmen Reichsbahn Widerstandshandeln ein Randphänomen blieb, so kann nach Auswertung zahlreicher Quellen doch festgestellt werden, dass die Zahl derer, die in organisierter Form Widerstand leisteten, erheblich größer war, als bislang angenommen wurde. Hinzu kommt die Weigerung von Teilen der Belegschaften in einzelnen Unternehmensbereichen, sich nicht an Vertrauensrätewahlen zu beteiligen, langsamer und qualitativ schlechter ihren Dienst zu verrichten.[16] Auch dieses Verhalten hatte Repressalien zur Folge.

Altersstruktur

Ein weiteres wichtiges Differenzierungsmerkmal der verfolgten und widerständigen Gewerkschafter bildet die Altersstruktur. Die folgende Darstellung geht von der Klassifikation von Ulrich Borsdorf aus, der in einer Untersuchung über gewerkschaftliche Führungsgruppen vor 1933 vier Generationen[17] gewerkschaftlicher Funktionäre unterscheidet.[18] Für circa 350 Eisenbahngewerkschafter konnte das Geburtsdatum ermittelt werden.[19] Danach ergibt sich folgendes Bild: Die Generation der „Gewerkschaftsgründer“, das heißt der zwischen 1860 und 1875 Geborenen, die 1933 zum Teil bereits ihre gewerkschaftlichen Funktionen niedergelegt hatten, ist unter den biografisch erfassten Eisenbahngewerkschaftern lediglich mit elf Mitgliedern vertreten. Von den Mitgliedern des EdED-Hauptvorstandes gehörte nur Franz Scheffel zur „ersten Generation“ der Gewerkschaftsfunktionäre, von den Mitgliedern der EdED-Bezirksleitungen lediglich Leonhard Horlacher.[20] Von den elf biografisch erfassten Gewerkschaftern dieser Generation zählten Leonhard Horlacher und Albin Fritzsche zum

16 Vgl. in diesem Zusammenhang die Ausführungen zur Frage der empirischen Evidenz des „Volksgemeinschafts“-Theorems von Michael Schneider, In der Kriegsgesellschaft. Arbeiter und Arbeiterbewegung 1939 bis 1945, Bonn 2014, S. 871–894.

17 Da nur bei wenigen Gewerkschaftern der insgesamt biografisch erfassten über 350 Eisenbahngewerkschafter Angaben über das Geburtsdatum fehlen, kommt die im Folgenden vorgenommene Einteilung in „vier Generationen“ der Realität sehr nahe.

18 Vgl. Ulrich Borsdorf, Deutsche Gewerkschaftsführer – biographische Muster, in: ders./Hans O. Hemmer/Gerhard Leminsky/Heinz Markmann (Hrsg.), Gewerkschaftliche Politik: Reform aus Solidarität. Zum 60. Geburtstag von Heinz O. Vetter, Köln 1977, S. 11–41.

19 Lediglich für zehn Eisenbahngewerkschafter liegt trotz intensiver Recherchen kein Geburtsdatum vor.

20 Zu den Mitgliedern der „ersten Generation“ gehörten zudem die Gewerkschafter Wilhelm Beckmann, Maximilian Bonatzy, Wilhelm Butenschön, Albin Fritzsche, Hermann Hahn, Oskar Jetzschmann, Franz Scheffel, Heinrich Tüsch und Karl Weiß (geb. in Dresden).

Umfeld des Widerstandsnetzes um Hans Jahn und Max Bonatzy und Wilhelm Butenschön zur Widerstandsgruppe um Franz Apitzsch/Lorenz Breunig/Paul Beyerling.

Unter den circa 350 Eisenbahngewerkschaftern dominieren eindeutig die Generation der zwischen 1876 und 1890 geborenen „Gewerkschaftsbeamten" und die Generation der „gelernten Funktionäre", das heißt jener Eisenbahngewerkschaftsfunktionäre, deren politische und gewerkschaftliche Sozialisation bereits im Kaiserreich erfolgte. Die „Gewerkschaftsbeamten" unter den Eisenbahngewerkschaftern, die mit 158 Personen die zweitgrößte Gruppe der verfolgten bzw. widerständigen Eisenbahngewerkschafter stellte, begannen ihre gewerkschaftliche Karriere bereits im Kaiserreich und setzten ihren Aufstieg in der Weimarer Republik fort. Viele von ihnen engagierten sich während der Novemberrevolution in Arbeiter- und Soldatenräten, erlebten als Akteure die Spaltung der Arbeiterbewegung mit und beteiligten sich im März 1920 an der Niederschlagung des „Kapp-Lüttwitz-Putsches". Dies gilt auch für viele Angehörige der dritten Generation, der zwischen 1891 und 1905 Geborenen, die bereits stark von der Tendenz der Professionalisierung der Gewerkschaftsbewegung geprägt waren. Sie stellten mit 165 Mitgliedern die stärkste Gruppe der biografisch erfassten Eisenbahngewerkschafter. Aus diesen Gruppen kamen nach 1945 auch besonders viele Mitglieder, die sich am Neuaufbau der Eisenbahngewerkschaften beteiligten; erwähnt seien unter anderem Hans Jahn, Carl Kamp, Theodor Kotzur, Heinrich Malina, Georg Otten, Karl Blaß, Wilhelm Burmester, Heinrich Engel, Karl Molt, Philipp Mees, Johann Pletz und andere mehr. Die „vierte Generation", die nach 1905 Geborenen, war altersbedingt mit lediglich 24 Mitgliedern ebenso wie die Gründergeneration nur schwach vertreten und hatte vor 1933 – wenn überhaupt – nur auf lokaler Ebene ehrenamtliche Funktionen im Betrieb oder im EdED bzw. in der RGO übernommen.

Eine Untersuchung der Altersstruktur getrennt nach sozialdemokratischen und kommunistischen Eisenbahngewerkschaftern belegt einige wichtige Unterschiede zwischen beiden Gruppen. In allen Altersgruppen dominieren mit großem Abstand sozialdemokratische Eisenbahngewerkschafter, wobei in der „Gründergeneration" kein einziger kommunistischer Gewerkschafter nachgewiesen werden kann. Im Hinblick auf die Anzahl dominieren bei den sozialdemokratischen Eisenbahngewerkschaftern die „Gewerkschaftsbeamten", während bei den kommunistischen Gewerkschaftern die „gelernten Funktionäre" die stärkste Gruppierung bilden. Die älteren unter ihnen, das heißt die vor 1900 Geborenen, gehörten jedoch auch zunächst der SPD an und gingen während des Ersten Weltkrieges zur USPD, von der sie zur KPD wechselten. Demgegenüber wurden die Jüngeren aus der Gruppe der Kommunisten in der Regel ohne Umwege sofort Mitglied der KPD.

Geschlecht

In den männerdominierten Eisenbahngewerkschaften spielten Gewerkschafterinnen, wenn überhaupt, lediglich eine randständige Rolle. Weder im geschäftsführenden Vorstand des EdED, unter den Bezirksleitern und Bezirkssekretären noch im Hauptbetriebsrat der Deutschen Reichsbahn-Gesellschaft findet sich eine einzige Gewerkschafterin. Im vorliegenden Band, der nach dem Widerstand insbesondere der hauptamtlichen, aber soweit bekannt auch der ehrenamtlichen Funktionäre der Eisenbahngewerkschaften fragt, wurden deshalb nur drei Gewerkschafterinnen erfasst, die im Eisenbahnerwiderstand aktiv gegen das NS-Regime gekämpft haben, davon mit Frieda Jahn und Martha Chwalek die Ehefrauen der beiden besonders aktiven Eisenbahnfunktionäre Hans Jahn und Roman Chwalek. Sowohl Frieda Jahn als auch Martha Chwalek arbeiteten viele Jahre als Angestellte des EdED bzw. der RGO. Bei der dritten Gewerkschafterin handelt es sich um die kommunistische Gewerkschafterin Maria Werner, die als Sekretärin der RGI das NS-Regime bekämpfte, später jedoch den stalinistischen Säuberungsprozessen zum Opfer fiel.

In den Angaben der biografisch erfassten Eisenbahngewerkschafter finden sich jedoch zahlreiche Belege, dass die Ehefrauen die Widerstandsaktivitäten ihrer Männer unterstützten.[21] Insofern geben die gewerkschaftlichen Biografien zumindest ansatzweise Auskunft über den „im Alltag bewiesene[n] Widerstand", der auf „die Hilfe für Verfolgte, Bedrohte und Entrechtete" zählte, der „in starkem Maße zur Sache der Frauen"[22] wurde. Einige der Ehefrauen, die häufig selbst keiner Gewerkschaft angehörten, leisteten Kurierdienste, boten ihre Läden/Geschäfte als Treffpunkt für illegale Zusammenkünfte an, warnten wie Emma Radtke nach der Verhaftung ihres Ehemannes seine Verbindungsleute oder fertigten Flugblätter an wie zum Beispiel Martha Chwalek und unterstützten in vielfältiger Weise ihre im Widerstand aktiven Ehemänner.[23] Nicht wenige der Ehefrauen, die die Gestapo verdächtigte, in die illegalen gewerkschaftlichen Strukturen ihrer Ehemänner eingebunden zu sein, wurden in der Regel verhört und auch für kurze Zeit in Haft genommen. Frieda Jahn, Martha Chwalek, Sophie Sieg, Anna Faltner und andere lieferte die Gestapo in Konzentrationslager ein, Martha Chwalek zum Beispiel in das Konzentrationslager Moringen und Lichtenburg, Sophie Sieg und Frieda Jahn ins KZ Ravensbrück, Anna Faltner in das Konzentrationslager Dachau. In Einzelfällen kam es jedoch nach Scheidungen oder erheblichen Streitfällen auch dazu, dass eine Ehefrau ihren Ehemann wegen Abhörens ausländischer Sender anzeigte.[24]

21 Erwähnt seien neben Frieda Jahn zum Beispiel Hedwig M. Bachmann, Lilly Nieter, Anna Breunig, Martha Rehschuh, Emma Radtke, Sophie Sieg, Margarethe Stupp, Johanna Endraß, Lina Hatje, Else Steinfurth, Klara Schrödter.

22 Steinbach, Frauenwiderstand – Widerstand von Frauen, S. 11–15, hier S. 12.

23 So z. B. Frieda Jahn, Anna Faltner, Hedwig M. Bachmann.

24 Vgl. z. B. die Angaben zu Otto Schmalfeldt im biografischen Anhang.

Berufsausbildung und berufliche Entwicklung

Fast die Hälfte der in dieser Studie biografisch erfassten Eisenbahngewerkschafter begann die berufliche Laufbahn nicht bei der Reichsbahn und ihren Vorläuferunternehmen, sondern erlernte in Handwerksbetrieben und Unternehmen höchst unterschiedliche Berufe. Zu den am häufigsten genannten Lehrberufen gehören die Metallberufe, das heißt Schlosser, Dreher, Werkzeugmacher, Schmiede und andere. Vertreten sind unter den späteren Eisenbahngewerkschaftern aber auch Schneider, Textilarbeiter, Maurer, Glaser, Schreiner und Drechsler, ferner finden sich gelernte Buchdrucker und Schriftsetzer, selbst Bergarbeiter und Gärtner unter den Eisenbahngewerkschaftern. Das Gros dieser Gewerkschafter schloss sich bereits vor dem Wechsel zur Deutschen Reichsbahn-Gesellschaft oder den Vorläuferunternehmen einer Freien oder Christlichen Gewerkschaft an. Die stärkste Gruppe bildete mit deutlich mehr als 50 Personen unter den in dieser Studie erfassten Eisenbahngewerkschaftern die ehemaligen DMV-Mitglieder bzw. Mitglieder von DMV-Vorläuferorganisationen. Zu dieser Gruppe gehörten besonders viele der später führenden Widerstandskämpfer. Erwähnt seien aus der Widerstandsgruppe um Hans Jahn Franz Adlhoch, Wilhelm Bode, Heinrich Engel, Paul Hildebrandt, Hans Jahn selbst, Gustav Kaiser, Max Pester und Wilhelm Schrödter. Zur Gruppe der ehemaligen DMV-Mitglieder und -Funktionäre gehörten ferner Franz Apitzsch, Lorenz Breunig, Hans Jahn und von den besonders aktiven kommunistischen Eisenbahngewerkschaftern Roman Chwalek, Kurt Lucas und Ernst Wörpel.[25]

Ein eher überraschendes Ergebnis erbrachte der vergleichsweise hohe Anteil von Beamtenvertretern unter den im Widerstand aktiven Eisenbahngewerkschaftern.[26] 1929/30 gehörten von den über 250 000 EdED-Mitgliedern circa 55 000 verschiedenen Beamtengruppen der Deutschen Reichsbahn an. Der prozentuale Anteil der Beamten an den 1931/32 noch circa 203 000 EdED-Mitgliedern konnte nicht eruiert werden. Da in den Jahren der Weltwirtschaftskrise Eisenbahnarbeiter sehr viel eher als Beamte arbeitslos wurden, ist zu vermuten, dass der prozentuale Anteil der Beamten 1931/32 vermutlich bei circa 25 Prozent der EdED-Mitglieder lag.

Auf die Frage nach dem Anteil der Eisenbahnbeamten am gewerkschaftlichen Widerstand gibt Karl Molt in einem Schreiben an Hans Jahn vom 19. August 1937 eine überraschende Antwort: „Wir waren früher immer der Auffassung, dass unsere Arbeiter die bewährten Kerle seien, auch ich als Beamtensekretär habe diese Meinung geteilt u[nd] den Beamten nie viel zugetraut. Jetzt muss ich diesen Standpunkt revidieren, denn zu meiner angenehmen Überraschung sind es unsere früheren Beamtenfunktionäre, die jetzt den

25 Zu den Genannten vgl. die Angaben im biografischen Anhang.

26 Vgl. auch die Überlegungen von Hans Jahn AdsD, NL Walter Auerbach, 1/WAAB, Mappe 11, „Denkschrift über die Reorganisation der deutschen Beamten. Nach dem Sturz Hitlers“, 6. 11. 1939 [unterzeichnet als „Kramer“].

Laden schmeißen, während unsere Arbeiterfunktionäre, natürlich mit Ausnahmen, sehr indifferent sind."[27] Bei den Beamtenfunktionären im Widerstand handelte es sich nach Molts Beobachtungen um ehemalige Arbeiter, die „durchweg aufgrund ihrer Leistungen Beamte geworden"[28] seien. Der Hinweis von Molt auf die Leistungsbereitschaft der ehemaligen Arbeiter und späteren Beamten greift jedoch zu kurz. Als weiterer Grund ist unseres Erachtens das geänderte gewerkschaftliche Selbstverständnis der dem ADB angeschlossenen Organisationen zu nennen. Diese Beamten, die zumeist über die Fusion der RGDE mit dem DEV 1925 EdED-Mitglieder geworden sind, entsprachen bereits vor 1933 nicht mehr dem Beamtentypus derjenigen Beamten, die sich einer Mitgliedsorganisation des konservativen Deutschen Beamtenbundes angeschlossen hatten. 1921 hatte der Vorstand der RGDE noch die Forderung aus dem Kreise ihrer Mitglieder „Heraus aus dem Deutschen Beamtenbund" zurückgewiesen, gleichzeitig jedoch erklärt, sich dafür einzusetzen, die Entwicklung des DBB bewusst in Richtung „einer gewerkschaftlichen Spitzenorganisation" voranzutreiben.[29] Der im Januar 1925 vom geschäftsführenden Vorstand der RGDE, die inzwischen Mitglied des ADB war, vorgelegte Geschäftsbericht für die Zeit von Oktober 1921 bis Dezember 1924 betont den „Gegensatz zwischen Kapital und Arbeit"[30] und stellt unter anderem fest: „In der freien Republik ist die freie Gewerkschaft die neue Kampffront zum Schutz der Freiheit und Existenz gegen die ständige Bedrohung durch den eigentlichen Volksfeind – das Kapital." Diese Entwicklung zu einer „kämpfenden Organisation"[31] wurde im Dezember 1921 mit der Wahl von Ernst Menne zum Ersten Vorsitzenden der RGDE eingeleitet, der auch gegen „Widerstände im eigenen Lager"[32] eine „zielklare politische Richtung verfolgt[e]", die die Reichsgewerkschaft ins Lager der freien Gewerkschaftsbewegung führte.[33] In ihrer Programmatik unterschied sich die RGDE zum Zeitpunkt ihrer Fusion mit dem DEV 1925 nicht mehr wesentlich von der Programmatik der Arbeiterorganisationen des ADGB. Die Beamten und ihre Funktionäre, die diese Entwicklung mitgetragen hatten, die 1920 noch den Grundsatz der parteipolitischen Neutralität der Beamtenorganisationen verfochten hatten, traten nun dafür ein, „reine Arbeiterparteien zu unterstützen und zu wählen"[34] bei gleichzeitiger „parteipolitische[r] Unabhängigkeit".

27 AdsD, Bestand ITF, 5/ITFA, Mappe 17, Karl Molt, Rorschach/Schweiz, berichtet Hans Jahn über den Fortgang der illegalen Arbeit, 19. 8. 1937, abgedr. als Dok. 77 in: Mielke/Frese (Bearb.), Die Gewerkschaften im Widerstand und in der Emigration, S. 403–407, hier S. 404.

28 Ebenda.

29 Geschäftsbericht der Reichsgewerkschaft Deutscher Eisenbahnbeamten und -Anwärter für die Zeit vom 10. Juni 1920 bis 30. September 1921, Berlin 1921, S. 168.

30 Ebenda, S. 7.

31 Ebenda, S. 4.

32 Ebenda, S. 6.

33 Vgl. ebenda.

34 Ebenda, S. 11.

12. Schlussbetrachtung

Widerstand von Eisenbahngewerkschaftern gegen das NS-Regime war deutlich umfangreicher als bislang in der Sekundärliteratur dargestellt und war – entgegen manchen Darstellungen – auch nicht auf die ersten Jahre der NS-Herrschaft beschränkt. Mithilfe der in dieser Studie verfolgten biografischen Methode konnten zahlreiche Eisenbahngewerkschafter, die bisher in der Sekundärliteratur keinerlei Erwähnung finden, als Widerständler identifiziert werden. Das Gros der ehemaligen Eisenbahngewerkschafter, die Widerstand gegen das NS-Regime leisteten, kam aus den Reihen des EdED und der IG Eisenbahn der RGO. Den Widerstandsnetzwerken um Hans Jahn und Franz Apitzsch/Lorenz Breunig/Paul Beyerling und zahlreichen kleinen Widerstandszirkeln, in denen Eisenbahngewerkschafter führend mitarbeiteten, gehörten nicht nur ehemalige Funktionäre der Gewerkschaften der Weimarer Republik, sondern zum Teil auch ehemalige Mitglieder und Funktionäre anderer ADGB-Gewerkschaften an. Erwähnt seien unter anderem Bernhard Garling (DBAV), Richard Günther (ZdA), Christian Derichs (BAV) sowie Heinz Arhilger (DMV) und nicht zuletzt auch einige Mitglieder des ISK. Mitglieder und Funktionäre der christlichen GdE und des liberalen AEV wurden zwar ebenso wie ihre freigewerkschaftlichen Kollegen von den Nationalsozialisten entlassen und ein erheblicher Teil von ihnen auch verfolgt. Nach heutigem Kenntnisstand spielten sie jedoch im Widerstand gegen das NS-Regime lediglich eine randständige Rolle.

Aus zeit- und arbeitsökonomischen Gründen konnte in der vorliegenden Studie lediglich nach dem Widerstandsverhalten der Funktionäre der ehemaligen Eisenbahngewerkschaften gefragt werden; das heißt, zahlreichen Hinweisen auf Widerstandsaktivitäten von „einfachen" Mitgliedern wurde nur in Einzelfällen nachgegangen. Selbst die Beschränkung auf die hauptamtlichen und zum Teil ehrenamtlichen Funktionäre bestätigt die These, dass sich der Widerstand gegen den NS-Staat von Eisenbahngewerkschaftern keineswegs auf das von der ITF unterstützte Widerstandsnetzwerk um Hans Jahn beschränkte, der sich zeitweise als „Reichsleiter"/„Reichsleitung" des illegalen Eisenbahnerwiderstandes verstand. Kapitel 5.1 und 5.2 sowie die biografischen Skizzen im Anhang dieser Studie belegen zudem, dass der „Organisationsplan" von Hans Jahn aus dem Jahr 1936 nicht – wie von einigen Autoren behauptet – dem „Wunschdenken" von Hans Jahn, sondern eher der Realität entsprach.

Diese Aussage soll jedoch nicht gleichbedeutend damit sein, dass sich alle im „Organisationsplan" von Jahn aufgeführten Gaugrafen, deren „Ersatzleute" und „Stützpunktleiter" über einen längeren Zeitraum aktiv am Kampf gegen das NS-Regime beteiligten. Die Ausführungen in Kapitel 5.2.1 belegen jedoch, dass eine deutliche Mehrheit der im „Organisationsplan" genannten Eisenbahngewerkschafter zumindest zeitweise im von Hans Jahn geleiteten Widerstandsnetzwerk mitarbeitete. Zahlreiche zeitgenössische Dokumente weisen zudem auf die intensive publizistische Unterstützung dieser Widerstandsgruppe seitens führender Funktionäre des ISK hin, von denen die meisten wie Werner Hansen, Willi Eichler und Hans Dohrenbusch und andere selbst keine Eisenbahngewerkschafter waren.

Unsere Studie unterstreicht auch die besondere Bedeutung der ITF, deren finanzielle und logistische Unterstützung für den Aufbau und insbesondere die Aufrechterhaltung der Aktivitäten des Widerstandsnetzwerkes um Hans Jahn von unschätzbarem Wert waren. Auch wenn kein anderes IBS in gleichem Umfang wie die ITF die Widerstandsgruppen aus den Reihen ihrer vor 1933 angeschlossenen deutschen Gewerkschaften unterstützte, bleibt die Bedeutung der internationalen Gewerkschaftsorganisationen und speziell der IBS für den gewerkschaftlichen Widerstand gegen das NS-Regime weiterhin ein Forschungsdesiderat. Insgesamt umfassten die Aktivitäten des Widerstandsnetzwerkes um Hans Jahn alle Aspekte der in der Einleitung zitierten Widerstandsdefinition.[1] Die Mitglieder dieses Netzwerkes hielten nicht nur den „persönlichen Zusammenhalt" aufrecht, sondern sammelten auch „Informationen über die Situation in den Betrieben", das Widerstandsnetzwerk um Hans Jahn leistete mit seinen verschiedenen Zeitschriften – „Faschismus" und „Fahrt frei" – politische Aufklärung in Auseinandersetzung mit den „Propaganda-Tiraden" des NS-Regimes. Zudem hielt es den Kontakt zwischen Widerstandsgruppen im Reich und im Exil aufrecht. Einige der Mitglieder, neben Hans Jahn zum Beispiel Werner Hansen und Willi Eichler, beteiligten sich an Konzepten einer demokratischen Neuordnung für die Zeit nach dem Ende des NS-Regimes.

Da die Nationalsozialisten die Gewerkschaften aller Möglichkeiten beraubt hatten, ihre wirtschaftlichen Interessen zu vertreten und ihre Gestaltungsfunktion auszuüben, verfolgten sie in erster Linie das Ziel, den Sturz bzw. die Schwächung des NS-Regimes herbeizuführen, um wieder zu einem politischen System zu gelangen, das ihnen die Wahrnehmung ihrer Interessen und die Ausübung ihrer Funktion ermöglichte. Dies gilt zumindest für das Widerstandsnetzwerk um Hans Jahn. Der Umfang der Aktivitäten anderer illegaler Netzwerke und Zirkel in Reichsbahnausbesserungswerken und anderen Werkstätten der Deutschen Reichsbahn galt in erster Linie dem Zusammenhalt der Mitglieder und der Aufklärung der Belegschaften in den Bahnbetrieben.

1 Vgl. die dieser Studie zugrunde liegende Widerstandsdefinition S. 15 f. (Schneider, Gewerkschaftlicher Widerstand, S. 80).

Nr. 2/38

AMZ-04358

FAHRT-FREI

für den

Einheitsverband der Eisenbahner Deutschlands

Sektion der I.T.F.

Was brachten 5 Jahre Naziherrschaft uns Eisenbahnern?

Der vorläufige Jahresrückblick der Deutschen Reichsbahn für 1937 liegt vor. Er bestätigt, dass die im Jahre 1933 begonnene Auspowerung von Mensch und Material ein Ausmass erreicht hat, welches die Betriebssicherheit aufs Ernstlichste gefährdet. Die Nazidiktatur hat die Reichsbahn zu ausserordentlichen finanziellen Leistungen für b e t r i e b s f r e m d e Zwecke gezwungen und es mussten deshalb an allen Ecken und Enden Kampf dem Verderb-Methoden angewandt werden. Trotzdem spricht der Bericht von dem günstigsten Betriebsergebnis seit 1929. Dabei betrugen 1929 die Betriebseinnahmen 5 353,8 Millionen Mark ausschl. Saargebiet, 1937 werden sie einschl. Saargebiet im höchsten Falle 4,3 Mill. Mark betragen.

Die Reichsbahn musste ausserordentliche Fahrtvergünstigungen für die Naziorganisationen einräumen. Die Kraft durch Freude-Züge und die Massentransporte zu den zahllosen Nazidemonstrationen müssen noch unter Militärtarif gefahren werden. Diese Subventionen für die Naziorganisationen betrugen 1937 mindestens 120 Mill. Reichsmark, d. sind 10% der Gesamteinnahmen aus dem Personenverkehr!

Im Güterverkehr mussten weitere Subventionstarife eingeführt werden, für Ersatzstoffwerke, Kriegsbetriebe und Naziparteibauten. Für die Baustoffe zum Ausbau des Reichsparteitagsgeländes Nürnberg, wurde eine Frachtermässigung von 30% gewährt. Die Einnahmen pro to/km lagen 1937 - trotzdem 1936 die Gütertarife für die zivile Wirtschaft um 5% erhöht worden waren- um 17,6% unter 1932, d.h. die Reichsbahn hat im Jahre 1937 für Kriegsvorbereitung und Naziparteibauten auf 630 Millionen Mark Frachteinnahmen verzichten müssen. Die gesamten Tarifsubventionen betrugen also 1937 mindestens eine 3/4 Milliarde Reichsmark.

Damit nicht genug! 1937 war die Reichsbahn mit feierlichen Reden noch einmal von den seit 1932 fortgefallenen Reparationsfesseln "befreit" worden. Aber die "befreite" Reichsbahn musste im gleichen Jahre 100 Millionen Mark mehr Reparationstribute zahlen. An Beförderungssteuer musste sie 257 Millionen Mk. zahlen. (Die Beförderungssteuer wurde 1924 als Reparationsbelastung eingeführt) Statt der bisherigen 70 Millionen Mark Reparationsablösung muss die Reichsbahn für das Jahr 1937 sogar 156 Millionen Mk. an die Reichskasse zahlen.

Die Reichsbahn zahlt also heute 750 Millionen Mark indirekte Reparationen in Gestalt von Subventionen an die Naziorganisationen und die Kriegswirtschaft und trotz "Befreiung" 413 Millionen Mark direkte Reparationssteuer an das Reich. 1 163 Millionen Mark müssen auf Befehl Hitlers heute aus Mensch und Material der Reichsbahn herausgeschunden werden. Dagegen war selbst der Dawesplan ein Waisenknabe. Er sah nur ein Höchstmass von 950 Millionen Mark pro Jahr an Reparationen vor.

Nehmen wir das sich in Jahrzehnten herausgebildete Verhältnis von rund 50% zu 50% bezüglich der persönlichen zu den gesachlichen Ausgaben der Reichsbahn an, dann könnten unter normalen und demokratischen Verhältnissen 580 Millionen Mark zur Aufbesserung unserer Löhne und Gehälter Verwendung finden. Das aber duldet die Diktatur nicht!

Hitler betrügt uns Eisenbahner um jährlich 580 Millionen Mark!

„Fahrt-Frei", illegale Zeitschrift des EdED, Nr. 2/1938.
Bibliothek der FES

Die Ausführungen zu den Aktivitäten der Widerstandsgruppe um Hans Jahn lassen jedoch auch erkennen, dass der Beginn des Zweiten Weltkriegs die Rahmenbedingungen für die Widerstandsaktivitäten deutlich einengte und dass nach Jahns Flucht von Luxemburg nach Großbritannien von einem Widerstandsnetzwerk wie vor Kriegsbeginn keine Rede mehr sein kann. Das schließt aber nicht aus, dass sich einzelne ehemalige Eisenbahngewerkschafter dieses Widerstandsnetzwerkes – wie auch die Gestapo feststellen musste – an Sabotageakten beteiligten.

Das Widerstandsnetzwerk um Hans Jahn, das bislang im Mittelpunkt des wissenschaftlichen Interesses stand, war jedoch nicht die einzige Gruppe, in der sich Eisenbahngewerkschafter im Kampf gegen das NS-Regime engagierten. Das im Quellenband „Die Gewerkschaften im Widerstand und in der Emigration 1933–1945" veröffentlichte Schreiben von Karl Molt an Hans Jahn vom 28. Oktober 1936,[2] in dem Karl Molt Heinrich Schliestedts Ausführungen zu einer Widerstandsgruppe und deren Aktivitäten um Franz Apitzsch wiedergibt, wurde bisher in den wissenschaftlichen Publikationen ignoriert.[3] Diese Widerstandsgruppe stand unter der Leitung von Jahns Vorstandskollegen Franz Apitzsch und Lorenz Breunig und dem EdED-Gewerkschafter Paul Beyerling.[4] Der personelle Umfang dieses Netzwerkes und dessen Aktivitäten übertrafen jedoch keineswegs – wie von Heinrich Schliestedt behauptet – die der Widerstandsgruppe um Jahn. Im Unterschied zum Widerstandsnetzwerk um Hans Jahn, der sich ab 1935 von der Sopade distanzierte, mit der er zunächst als Mitglied der „Illegalen Reichsleitung" der Gewerkschaften und als „Reichsleitung"/„Reichsleiter" der illegalen Eisenbahngewerkschafter noch in Verbindung gestanden hatte, arbeitete die Widerstandsgruppe um Apitzsch auch später mit der Sopade zusammen. Sie verteilte – nach Aussagen mehrerer Mitglieder der Gruppe – deren illegales Material, das heißt in erster Linie die „Sozialistische Aktion" und den „Neuen Vorwärts". Die Bedeutung der Gruppe um Franz Apitzsch, Lorenz Breunig und Paul Beyerling resultiert nicht nur aus ihrer Verbindung zur Sopade und einigen führenden Funktionären der ITF (Nathan Nathans und Paul Tofahrn), sondern auch aus ihrer Zusammenarbeit mit Heinrich Schliestedt, dem Leiter der ADG. Zeitgenössische Belege weisen zudem auf eine Zusammenarbeit mit Vertretern der „Illegalen Reichsleitung" der Gewerkschaften hin, was naheliegt, da sich das Widerstandsnetzwerk um Franz Apitzsch und anderen ganz offensichtlich als „Gruppe Eisenbahn" im Rahmen der „Illegalen Reichsleitung" verstand. Die Gruppe um Franz Apitzsch stand offen-

2 Vgl. AdsD, Bestand ITF, 5/ITFA, Mappe 16, Bericht von Karl Molt an Hans Jahn, 28. 10. 1936, abgedr. als Dok. 73 in: Mielke/Frese (Bearb.), Die Gewerkschaften im Widerstand und in der Emigration, S. 374–380, hier S. 375 ff.

3 Lediglich Eberhard Podzuweit hat – ausgehend von dieser Quelle – zahlreiche Hinweise zum Umfang und den Aktivitäten dieser Widerstandsgruppe recherchiert. Vgl. demnächst Eberhard Podzuweit, Widerstand von Eisenbahngewerkschaftern gegen den Nationalsozialismus in Mittel- und Ostdeutschland.

4 Vgl. zu Details Kap. 5.4.2.

Die Mitglieder der Kommission zur Gründung eines zonalen Gewerkschaftsbundes im Jahr 1946: Josef Brisch, Franz Deus, Hans Jahn, Michael Rott, Hans Böckler, Franz Rosenbruch, Albin Karl, Hans Böhm, Werner Hansen (von links nach rechts).
AdsD

sichtlich auch mit der von sozialdemokratischen Mitgliedern dominierten Widerstandsgruppe „Nordbahn"[5] in Verbindung.

Es ist das Verdienst von Eberhard Podzuweit, erstmalig Quellenmaterial zur Existenz und zu den Aktivitäten eines dritten überregionalen Widerstandsnetzwerkes um Karl Blaß und Richard Hölzcker eruiert zu haben. Dieses Netzwerk wurde insbesondere von Karl Blaß im Rahmen der „Allgemeinen Krankengeldzuschuß- und Sterbekasse V. V. a. G." aufgebaut. Im Unterschied zu den beiden erwähnten überregionalen Widerstandsnetzwerken um Jahn und Apitzsch, in denen sich am Rande auch Gewerkschafter anderer Berufe betätigten, gehörten der Gruppe um Blaß und Hölzcker nach heutigem Kenntnisstand ausschließlich Eisenbahngewerkschafter an. Über Oswald Wiersich, Karl Blaß und Paul Pröh[6] stand diese Gruppe überdies in Kontakt mit Wilhelm Leuschner. Hans Jahn rückte zwei der führenden Akteure – gemeint sind Franz Apitzsch und Karl Blaß – der beiden zuletzt genann-

5 Vgl. zu Details Kap. 6.

6 Zu den Genannten vgl. die Angaben im biografischen Anhang.

ten überregionalen Widerstandsnetzwerke zu Unrecht in die Nähe der Nationalsozialisten. Jahns Fehleinschätzung resultierte vermutlich aus Fehlinformationen seiner Vertrauensleute im „Dritten Reich" oder aus der Rivalität um die knappen Finanzen der ITF und die „Schwedengelder".[7] Insgesamt lässt sich feststellen, dass lediglich wenige ehemalige Funktionäre des EdED Mitglied der NSDAP wurden. Für einige wie zum Beispiel Wilhelm Komorowski, einer der Bezirksleiter für das westliche Industriegebiet im Widerstandsnetzwerk um Jahn, ferner für den Gaugrafen für Nordbayern, Georg Vogel, und für Johann Simonis und Josef Spring lässt sich trotz ihrer NSDAP-Mitgliedschaft nachweisen, dass sie das NS-Regime weiterhin aktiv bekämpften. Aus diesem Grund wurde beispielsweise Josef Spring aus der NSDAP ausgeschlossen.[8]

Eine Auswertung der biografischen Daten der führenden Akteure der dargestellten drei überregionalen Widerstandsnetzwerke und die Überprüfung des Widerstandsverhaltens der Mitglieder des EdED-Hauptvorstandes, von 26 EdED-Bezirksleitern und der Mitglieder des Hauptbetriebsrates der Deutschen Reichsbahn-Gesellschaft bestätigt die dominierende Rolle ehemals führender EdED-Funktionäre im Widerstand gegen das NS-Regime: Sieben der neun Mitglieder des EdED-Hauptvorstandes, die Mehrheit der EdED-Bezirksleiter, ferner eine beträchtliche Minderheit (circa 40 Prozent) der Mitglieder des Hauptbetriebsrates der Deutschen Reichsbahn-Gesellschaft und eine große Zahl (mehrere Dutzend) ehemaliger EdED-Funktionäre von Reichsbahnbezirksbetriebsräten engagierten sich im Widerstand. Diese Ergebnisse und die Tatsache, dass sich das Gros der von Hans Jahn im „Organisationsplan" von 1936 genannten Bezirksleiter, Gaugrafen und Stützpunktleiter im Widerstand engagierte, stützt die von den Autoren vertretene These, dass sich die führenden Funktionäre der Eisenbahngewerkschaften keineswegs in die NS-„Volksgemeinschaft" integriert haben. Das gilt zumindest für die leitenden EdED-Funktionäre.

Ohne an dieser Stelle nochmals auf Einzelheiten einzugehen, gab es neben den drei überregional angelegten Widerstandsnetzwerken zahlreiche Eisenbahngewerkschafter, die sich in illegalen kommunistischen Kadergruppen der Industriegruppe Eisenbahn der RGO, in sozialdemokratisch und kommunistisch dominierten Widerstandsgruppen, in strömungsübergreifenden Gruppen wie der „Roten Kapelle" und in kleinen Widerstandszirkeln der Reichsbahnausbesserungswerke, der Bahnmeistereien, der Betriebswerkstätten und anderen Unternehmen der Deutschen Reichsbahn engagierten. Die Widerstandsaktivitäten von einzelnen Eisenbahngewerkschaftern oder kleinen illegalen Zirkeln in den genannten Reichsbahnbetrieben sind bis heute nicht einmal im Ansatz untersucht. Forschungen in mehr als

7 Auch Arthur Zabel, ein weiterer ehemals leitender Eisenbahngewerkschafter wird von Hans Jahn in einem Brief an Karl Molt fälschlicherweise beschuldigt, zu den Nationalsozialisten übergelaufen zu sein. Vgl. Buschak, „Arbeit im kleinsten Zirkel", 2., aktual. Aufl. 2015, S. 136; vgl. demgegenüber die Angaben über Arthur Zabel im biografischen Anhang.

8 Vgl. die Angaben im biografischen Anhang.

10 000 Reichsbahnbetrieben würden einen Aufwand erfordern, der von den Autoren dieser Studie nicht zu leisten war. Das gilt selbst für die mehr als 70 Reichsbahnausbesserungswerke, da dazu so gut wie keine Vorarbeiten existieren. Die Ausführungen in Kapitel 9 verstehen sich daher eher als Hinweis auf eine bedeutende Forschungslücke bei der Beantwortung der Frage nach dem Widerstand von Eisenbahngewerkschaftern.

Neue Ergebnisse der Studie finden sich ferner in den beiden Kapiteln über den Beitrag von Widerständlern und Emigranten zum Neuaufbau der Eisenbahngewerkschaften nach dem Ende des Zweiten Weltkrieges (Kapitel 10) und im Kapitel „Elemente einer kollektiven Biografie" (Kapitel 11) sowie der im Anhang der Studie präsentierten Kurzbiografien der über 350 Eisenbahngewerkschafter bzw. einiger berufsfremder Widerständler, die in das illegale Netzwerk eingebunden waren.

Der Neuaufbau der Gewerkschaften nach Ende des Zweiten Weltkrieges kann keineswegs – wie beispielsweise von Hans-Joachim Buß behauptet – als „Stunde Null" charakterisiert werden.[9] Denn die Neugründung der Eisenbahngewerkschaften erfolgte ganz wesentlich unter dem Einfluss von ehemaligen Eisenbahngewerkschaftern der Weimarer Republik. Von den circa 300 Überlebenden der in dieser Studie biografisch erfassten Eisenbahner engagierte sich nach Ende des Zweiten Weltkrieges die Mehrheit beim Neuaufbau der Eisenbahngewerkschaften. Dieser ist nicht zuletzt wegen des Einflusses der Besatzungsmächte von einer Vielfalt an Gründungsansätzen gekennzeichnet, von denen insbesondere vier Relevanz zukam: Erstens „reine" Eisenbahngewerkschaften als autonome Industriegewerkschaften, zweitens Gewerkschaften der Eisenbahner als „Wirtschaftliche Fachgruppen" in zentralistischen Einheitsgewerkschaften, drittens Gewerkschaften, deren Organisationskatalog den Bereich von Transport und Verkehr umfasste, und viertens Gewerkschaften, die alle Arbeitnehmer des Öffentlichen Dienstes unter Einschluss der Eisenbahngewerkschaften zu organisieren beanspruchten.

Eine detaillierte Entscheidungsanalyse über den Einfluss der verfolgten Eisenbahngewerkschafter auf die Neugründung ihrer Organisationen nach dem Ende des NS-Regimes war im Rahmen der vorliegenden Studie nicht möglich. Die Tatsache jedoch, dass mehr als 20 (!) der in dieser Studie biografisch erfassten verfolgten Eisenbahngewerkschafter nach 1949 dem zentralen Leitungsgremium, dem GdED-Hauptvorstand, angehörten, ist zweifellos ein wichtiger Beleg für ihren Einfluss auf die Neugründung der GdED in den Westzonen und ihre Entwicklung in den 1950er- und 1960er-Jahren. Ähnliches gilt zumindest für die Gründungsphase der Eisenbahngewerkschaften in den Jahren 1945/46 in der SBZ. In der Organisationsdebatte über die Kompetenzverteilung zwischen den Einzelgewerkschaften und der Dachorganisation gehörte die Mehrheit der Eisenbahngewerkschafter zu den treibenden Kräften, die für die Etablierung einer föderativen Dachorganisation mit autonomen Einzelgewerkschaften eintraten. Eisenbahngewerkschafter, die sich für die Gründung zentralistischer Einheitsgewerkschaften

9 Vgl. Buß, Dreimal Stunde Null.

einsetzten, bildeten nach 1945 eindeutig die Minderheit. Dies gilt selbst für die SBZ, in der allerdings nach 1946 die Mitglieder und Funktionäre, die für eine autonome Eisenbahngewerkschaft innerhalb des FDGB eintraten, schrittweise ausgeschaltet wurden. Um einer Verhaftung zu entgehen, flohen viele von ihnen in die westlichen Besatzungszonen. Auch der Neuaufbau der Eisenbahngewerkschaften in Rheinland und Westfalen erfolgte keineswegs konfliktfrei. 1948 eskalierte der Streit zwischen den Befürwortern einer eigenständigen Eisenbahngewerkschaft und den Anhängern der Gründung einer den gesamten öffentlichen Dienst umfassenden Gewerkschaft bis zum Ausschluss der Eisenbahner aus dem DGB in der BBZ. Dieser Streit konnte erst in langwierigen Verhandlungen mit Unterstützung der Dachorganisationen der Westzonen auf trizonaler Ebene bereinigt werden.

Der typische Eisenbahngewerkschafter, der verfolgt wurde und Widerstand leistete, war männlich, war Sozialdemokrat und gehörte ganz überwiegend der Generation der „Gewerkschaftsbeamten“ und der „gelernten Funktionäre“ an.[10] Die Generation der „Gewerkschaftsgründer“ und der nach 1905 geborenen Eisenbahngewerkschafter spielten lediglich eine randständige Rolle. Zahlreiche der in dieser Studie erfassten Eisenbahner wurden jedoch im Widerstand von ihren Ehefrauen tatkräftig unterstützt – ein Aspekt, der in der Sekundärliteratur bisher höchst selten thematisiert wird. Der typische Eisenbahngewerkschafter, der Widerstand leistete, war darüber hinaus vor 1933 politischer Mandatsträger und übte in einer Partei – zumeist der SPD – und in politischen Vorfeldorganisationen – besonders häufig im „Reichsbanner Schwarz-Rot-Gold“ und der „Eisernen Front“ – weitere Funktionen aus. Ein typischer kommunistischer Eisenbahngewerkschafter war im Vergleich zu seinem sozialdemokratischen Kollegen in der Regel deutlich jünger. Er gehörte zum großen Teil der Generation der „gelernten Funktionäre“, seltener der „vierten Generation“, das heißt der nach 1905 Geborenen, an. War er Vertreter der Generation der „gelernten“ Gewerkschaftsfunktionäre, begann er seine Parteikarriere in der Regel in der SPD und kam über die USPD 1920 zur KPD. Gehörte er der Generation der nach 1905 Geborenen an, fiel der Umweg über die SPD und USPD weg. Lediglich eine Minderheit der kommunistischen Eisenbahngewerkschafter entsprach dem von Detlev J. Peukert beschriebenen „typischen“ KPD-Mitglied, das vergleichsweise jung, „seit Jahren erwerbslos“ und „zuvor keiner anderen Partei“ angehört und „erst vor kurzem der KPD beigetreten war“.[11] Typisch ist für die Mehrheit sowohl der sozialdemokratischen als auch der kommunistischen Eisenbahngewerkschafter das Engagement in der Rätebewegung (1918/19) und ihre Beteiligung an der Niederschlagung des „Kapp-Lüttwitz-Putsches“ (1920). Häufiger als der sozialdemokratische Kollege gehörte ein kommunistischer Eisenbahngewerkschafter während des „Dritten Reiches“ einer Widerstandsgruppe an.

10 Vgl. Kap. 11.

11 Detlev J. Peukert, Die KPD im Widerstand. Verfolgung und Untergrundarbeit an Rhein und Ruhr 1933 bis 1945, Wuppertal 1980, S. 56.

Nach Ende des Zweiten Weltkrieges engagierten sich die überlebenden Eisenbahngewerkschafter – unabhängig davon, ob sie Sozialdemokrat oder Kommunist waren – beim gewerkschaftlichen Neuaufbau und übernahmen wiederum zahlreiche Führungspositionen in ihren Parteien bzw. auf lokaler, regionaler, zonaler bzw. später auf Bundesebene bzw. in der DDR politische Mandate.

Die Eisenbahngewerkschaften haben allen Grund, die Erinnerung an die Widerstandsaktivitäten der Kollegen/innen ihrer Vorläuferorganisationen wachzuhalten und dafür Sorge zu tragen, dass diese in der bundesdeutschen Erinnerungskultur stärker als bisher gewürdigt werden.

Biografischer Anhang:

Funktionäre der Eisenbahngewerkschaften – Verfolgung und Widerstand im NS-Regime

verfasst von Stefan Heinz und Siegfried Mielke
unter Mitarbeit von Eberhard Podzuweit

Adlhoch, Franz*

Geburtsdatum: 22. April 1891
Geburtsort: München
Sterbedatum: 1. Mai 1966
Sterbeort: Augsburg
Beruf: Schmied; Lagerverwalter
Partei: ab 1919 USPD; ab 1921/22 SPD

Funktionen vor 1933: 1908–1910 Mitglied des DMV; ab 1910 Mitglied des Süddeutschen Eisenbahnerverbandes bzw. später des Verbandes des süddeutschen Eisenbahn- und Postpersonals; ab Juli 1916 Mitglied des DEV und Übernahme verschiedener Funktionen im DEV bzw. ab 1925 des EdED zunächst in Neuaubing, später bzw. ab 1927 in Augsburg; Mitglied des Bezirksbeirates des EdED in Südbayern; 1928 Teilnehmer der 2. und 1931 Delegierter der 3. ordentlichen Generalversammlung des EdED; nach Angaben von Franz Scheffel Mitglied des Hauptbetriebsrates (für die Werkstättenarbeiter) der Deutschen Reichsbahn-Gesellschaft; Übernahme von Funktionen für die SPD, u. a. Versammlungs- und Diskussionsredner; 1932 Kandidat der SPD für den Bayerischen Landtag (wurde nicht gewählt).

Verfolgung – Widerstand – Emigration: von Mitte März 1933 bis 15. April 1933 in „Schutzhaft"; am 2. Mai 1933 erneut festgenommen und für drei Wochen in „Schutzhaft"; im Anschluss an die Haft bis Juni 1935 erwerbslos (war zum 1. Juli 1933 entlassen worden); stand in Kontakt mit Hans Jahn; laut „Organisationsplan" von Jahn vom 1. März 1936 Gaugraf in der EdED-Widerstandsgruppe im „13. Gau Südbayern. Vorort Augsburg"; stand im Verdacht der „Vorbereitung zum Hochverrat", weil er sich am Wiederaufbau des illegalen EdED in Augsburg beteiligte; nutzte u. a. die Anschrift von Richard Leege (Augsburg), dessen Tochter EdED-Verwaltungsangestellte in Augsburg war, als Tarnadresse; im August 1940 von der Gestapo festgenommen und verhört: „A. gibt zu, 1934 persönlich von Jahn aufgesucht worden zu sein. Dieser hat damals versucht, ihn zur Mitarbeit zu gewinnen, angebl. will A. dies abgelehnt haben. Auffällig ist, dass trotzdem eine Deckadresse vereinbart wurde, um unauffällig Postsendungen in Empfang zu nehmen. Im Jahre 1935 sind auch tatsächlich verschiedene Sendungen an diese Adresse gelangt [...]. A. bestätigt, dass Jahn ihn in diesen Briefen zur illegalen Mitarbeit und Berichterstattung aufforderte und zu einer illegalen Besprechung in Dänemark einlud. Dass A. das strafbare seines Tuns einsah, ergibt sich schon daraus, dass er die empfangenen Briefe sofort verbrannte. Im Jahre 1936 wurde A. dann von einem Beauftragten des Jahn angelaufen, der ihn wieder zur illegalen Arbeit bewegen wollte. Vermutlich wird es sich hierbei um den bereits abgeurteilten [Hugo] Bachmann handeln." (BArch, NJ 2229, Bd. 1, Bl. 38, Ermittlungsbericht der Gestapo Düsseldorf im Zusammenhang mit der Verfolgung illegaler EdED-Strukturen, August 1940).

Funktionen nach 1945: Bezirksleiter des Bayerischen Gewerkschaftsbundes; später Mitglied des DGB-Landesvorstandes Bayern, Stadtrat in Augsburg bis 1960.

Weitere Hinweise: seit 15. September 1915 verheiratet mit Josefa Adlhoch, geborene Radl (geb. 27. September 1891); das Ehepaar zog 1927 von München nach Augsburg; dort wohnhaft Emilienstraße 16; Mitglied der DAF.

* AdsD, Bestand ITF, 5/ITFA, Mappe 46, „Organisations-Anlage" von Hans Jahn über den Stand der illegalen Organisation der Eisenbahner im Deutschen Reich, o. D. [1. 3. 1936]; LAV NRW R, RW 58, Nr. 68279, Unterlagen der Gestapo Düsseldorf; BArch, NJ 2229, Bd. 1, Bl. 33 ff., Unterlagen der Gestapo zur Verfolgung illegaler EdED-Strukturen; BArch, R 3017/29429, Unterlagen im Zusammenhang mit dem Strafverfahren gegen Wilhelm Bode und andere; StA München, EWK 65 A 9, Einwohnermeldekartei: Adlhoch, Franz; SAPMO-BArch, DY 40/1592, Franz Scheffel, Die Personalvertretung der Eisenbahner, o. D.; Protokoll über die Verhandlungen der 3. ordentlichen Generalversammlung des Einheitsverbandes der Eisenbahner Deutschlands vom 21. bis 27. Juni 1931 in Hamburg, o. O. o. J.; Auskunft des StA München (Matthias Röth), 11. 9. 2015; Auskunft des Archivs der Münchener Arbeiterbewegung (Wolfgang Kucera), 17. 9. 2015.

Albert, Martin*

Geburtsdatum: 5. Januar 1909
Geburtsort: Neumarkt (Oberpfalz)
Sterbedatum: 10. November 1991
Sterbeort: Kempten
Beruf: Schlosser; später Werkmeister
Partei: vor 1933 SPD; ab 1945 SPD
Funktionen vor 1933: EdED-Funktionär; Vorsitzender der SAJ Mittelfranken; Leiter des politischen Kabaretts „Rote Raketen".
Verfolgung – Widerstand – Emigration: illegale Tätigkeit im Rahmen der „Naturfreunde"-Bewegung; 1936 als „Schutzhäftling" inhaftiert im KZ Dachau; es gab Ermittlungen gegen ihn wegen „Vorbereitung zum Hochverrat", die jedoch fallengelassen wurden.
Funktionen nach 1945: 1946 Landessekretär der SPD in Bayern; 1. Dezember 1946 bis 23. November 1958 Abgeordneter im Bayerischen Landtag (zunächst Direktkandidat im Wahlkreis Oberfranken/Mittelfranken, später in Nürnberg); 1947 Fraktionssekretär der SPD-Landtagsfraktion und u. a. Mitglied in den Ausschüssen für den Staatshaushalt, für Länderratsfragen: für Bayern-Pfalz und im Ausschuss für Wirtschaft und Verkehr des Bayerischen Landtages; ab Juni 1948 Redakteur, später Werbeberater.
Weitere Hinweise: in der Weimarer Republik Werkmeister und technischer Vorstand in der Rundfunkindustrie; zeitweise Vorsitzender der SAJ Mittelfranken; nach der Entlassung aus dem KZ bei der „Nürnberger Schrauben- und Elektrofabrik" beschäftigt.

* Hartmut Mehringer, Die bayerische Sozialdemokratie bis zum Ende des NS-Regimes. Vorgeschichte, Verfolgung und Widerstand, in: Martin Broszat/Hartmut Mehringer (Hrsg.), Bayern in der NS-Zeit. Bd. V: Die Parteien KPD, SPD, BVP in Verfolgung und Widerstand, München und Wien 1983, 287–432, hier S. 429; Barbara

Fait/Alf Mintzel (Hrsg.), Die CSU 1945–1948. Protokolle und Materialien zur Frühgeschichte der Christlich-Sozialen Union, Bd. 3: Materialien, Biographien, Register, München 1993, S. 1841.

Ambros, Emerich*

Geburtsdatum: 22. Mai 1896
Geburtsort: Budapest
Sterbedatum: 26. September 1933
Sterbeort: KZ Hohnstein
Beruf: Klempner; zeitweise Konsumgeschäftsführer
Partei: vor 1933 SPD
Funktionen vor 1933: Betriebsrat im Reichsbahnausbesserungswerk in Dresden; vom 1. Februar 1923 bis 31. Mai 1925 Vorsitzender des Bezirksbetriebsrates der Reichsbahndirektion Dresden; ab 1. Juni 1925 als Sekretär für die SPD tätig und gewerkschaftspolitisch besonders im EdED engagiert; 1921–1924 Fraktionsführer der SPD.
Verfolgung – Widerstand – Emigration: im März 1933 festgenommen; 1933 im KZ Hohnstein inhaftiert; die Ehefrau nahm sich infolge der Ereignisse mit den beiden Kindern das Leben.
Weitere Hinweise: bislang nicht bekannt.

* SAPMO-BArch, Kartei zu Personen und Sachverhalten des antifaschistischen Widerstandskampfes (im Folgenden SAPMO-BArch, Widerstandskartei), Emerich Ambros; Handbuch des Vereins Arbeiterpresse, 2. Aufl. 1927, S. 450; Luise Kraushaar, Deutsche Widerstandskämpfer 1933–1945, Bd. 1, Berlin (Ost) 1970, S. 48 ff.; Gewerkschaft Transnet (Hrsg.), Zukunft hat Vergangenheit, S. 64.

Anstötz, Gustav*

Geburtsdatum: 15. April 1890
Geburtsort: Köln-Mülheim
Sterbedatum: 6. Juli 1941
Sterbeort: Stettin
Beruf: Schiffbauer
Partei: vor 1933 SPD
Funktionen vor 1933: seit 1906 gewerkschaftlich organisiert; 1918 Vorsitzender des Arbeiterrates der „Sachsenwerft"; 1. Mai 1921 bis 8. Januar 1927 Ortsbeamter der DEV- bzw. ab 1925 der EdED-Verwaltungsstelle in Duisburg; ab 9. Januar 1927 Bezirksleiter des Reichsbahndirektionsbezirks Stettin; zeitweise als Rechtsvertreter des EdED vor Gericht tätig; am 2. Mai 1933 vom Beauftragten der NSBO „beurlaubt"; 1928 Teilnehmer der 2. und 1931 der 3. ordentlichen Generalversammlung des EdED; Vorsitzender des „Reichsbanners Schwarz-Rot-Gold", Ortsverein Stettin; Leiter des Vereins „Jungbanner Schwarz-Rot-Gold" in Stettin.

Verfolgung – Widerstand – Emigration: soll sich illegal betätigt haben und wurde deshalb von der Gestapo zeitweise überwacht.
Funktionen nach 1945: –
Weitere Hinweise: wohnte in Stettin, Am Hufeisen 31 (1930er-Jahre); verheiratet mit Emma Anstötz; während der Ruhrbesetzung 1923 für vier Monate im Gefängnis inhaftiert, nach aufgehobener Haft im Januar 1924 wurde er für acht Monate ausgewiesen.

* SAPMO-BArch, Widerstandskartei, Gustav Anstötz; BArch, R 58/3258/b [Foto]; BArch, R 1501/10253, Reichsfeststellungsbehörde, Einheitsverband der Eisenbahner A-D, Akte Anstötz; BArch, R 58/9673, Karteikartensammlung der Gestapo; Protokoll über die Verhandlungen der 2. ordentlichen Generalversammlung des Einheitsverbandes der Eisenbahner Deutschlands vom 17. bis 23. Juni 1928 in Frankfurt a. M., o. O. o. J.; Handbuch des Vereins Arbeiterpresse, 2. Aufl. 1927, S. 288; Jahrbuch 1931 des Einheitsverbandes der Eisenbahner Deutschlands, hrsg. vom Verbandsvorstand des EdED, Berlin 1932, S. 173; Protokoll über die Verhandlungen der 3. ordentlichen Generalversammlung des EdED; Enderle unter Mitarb. von Heise, Die Einheitsgewerkschaften, S. 152 [dort irrtümlich Anstöss]; Gottwaldt, Eisenbahner gegen Hitler, S. 43; Buß, Dreimal Stunde Null, S. 158.

Apitzsch, Franz*

Geburtsdatum: 24. Januar 1890
Geburtsort: Eisdorf
Sterbedatum: 30. Dezember 1948
Sterbeort: Schweigmatt (Baden)
Beruf: Schmied; Schlosser
Partei: ab 1913 SPD
Funktionen vor 1933: ab Juli 1909 Mitglied des DMV; 1918/19 Mitglied des Arbeiterrates der Stadt Magdeburg und Arbeiterrat auf betrieblicher Ebene in der Eisenbahn-Hauptwerkstatt in Magdeburg; Februar 1919 bis September 1920 Vorsitzender des Bezirksbetriebsrates der Reichsbahndirektion Magdeburg; zeitweise Betriebsratsvorsitzender im Reichsbahnausbesserungswerk Magdeburg-Buckau; ab Mai 1919 unbesoldetes Vorstandsmitglied des DEV; ab 1. Oktober 1920 Vorstandssekretär des Zentralvorstandes des DEV (Leiter der Tarif- und Rechtsabteilung); auf dem Gründungstag des EdED 1925 als besoldeter Sekretär Mitglied der Wahlkommission für die Wahl zum Vorsitzenden; 1926–1933 Mitglied des Hauptvorstandes des EdED; 1927 im Gedingeausschuss des EdED; zeitweise Mitglied des „Lohnpolitischen Ausschusses" des ADGB; Hauptverhandlungsführer des EdED in Tariffragen; 1925 als Vorstandsmitglied Delegierter der 3. ordentlichen Generalversammlung des DEV; 1928 als Vorstandsmitglied und Referent über das Tarifvertragswesen Teilnehmer der 2. ordentlichen Generalversammlung des EdED; 1931 als Vorstandsmitglied Teilnehmer bzw. Delegierter der 3. ordentlichen Generalversammlung des EdED; 1928–1933 ehrenamtliches Mitglied des Reichsarbeitsgerichtes.

Verfolgung – Widerstand – Emigration: im Mai 1933 mit sofortiger Wirkung entlassen und bis Anfang 1935 erwerbslos; illegale Zusammenarbeit mit der ITF, reiste für Verhandlungen nach Amsterdam; 1933 auch Leiter einer eigenen Widerstandsgruppe aus Eisenbahnern und an den Plänen zum Transfer des EdED-Verbandsvermögens beteiligt; in einem Gestapo-Bericht heißt es: „Nach einer hier eingegangenen Mitteilung gehört er zur illegal arbeitenden ‚Fimmen-Gruppe' und bearbeitet den Bezirk Berlin. In dieser Beziehung steht er mit den Bezirken Kottbus [sic!], Frankfurt a./O., Leipzig, Lübeck, Stettin und auch vermutlich Hamburg in Verbindung." (BArch, R 58/3388, Bl. 207, Gestapo-Bericht, 1938); in einer eidesstattlichen Erklärung von Friedrich Haberland, Karl Neuendorf und Maximilian Bonatzy heißt es: „Wir Unterzeichneten versichern [...], daß der Kollege Franz Apitzsch, im August 1933, nachdem er von den damaligen Machthabern fristlos entlassen wurde, die illegale Organisation der Eisenbahner zum Kampf gegen den Faschismus bildete und sie bis zum Tage der Verhaftung am 2. 9. 1939 leitete. Er vertrat die ehemaligen Gewerkschafts-Angestellten in einer gemeinsamen Klage gegen die Deutsche Arbeitsfront vor dem Landesarbeitsgericht Berlin und ließ sich auch nicht durch Drohung mit seiner Verhaftung einschüchtern. Durch ihn gelangten wir in den Besitz illegaler Flugblätter und Zeitschriften, welche im Eisenbahnbetrieb verteilt wurden. Er unterhielt persönliche Verbindungen mit dem Ausland, insbesondere mit den skandinavischen Eisenbahner-Gewerkschaften und sozialistischen Parteien, worüber er uns regelmäßig berichtete. Besonders erwähnt sei neben seinen Verbindungen mit inländischen Organisationen seine Zusammenarbeit mit dem hingerichteten Kollegen [Otto] Scharfschwerdt vom Bund deutscher Lokomotivführer. Im Oktober 1939 wurde er wegen Verdacht auf Hochverrat aus dem K. Z. Sachsenhausen in das Untersuchungsgefängnis Berlin-Moabit überführt. Das Verfahren wurde im März 1940 eingestellt worauf er wieder in das K. Z. Sachsenhausen überführt wurde." (Eidesstattliche Erklärung von Friedrich Haberland, Karl Neuendorf und Maximilian Bonatzy, 10. 2. 1948, in: Entschädigungsakte von Franz Apitzsch); ab 1. Mai 1938 wegen „Vereinsbildung" kurzzeitig in Haft; auf Anweisung der Gestapo Berlin ab 5. September 1939 im KZ Sachsenhausen inhaftiert (Block 5); zwischenzeitlich Einleitung eines Verfahrens wegen „Verdachts auf Hochverrat" und deshalb zeitweise in Untersuchungshaft im Berliner Polizeigefängnis (vom 3. Oktober 1939 bis 14. Februar 1940), Verfahren wurde eingestellt; vom 14. Februar 1940 bzw. nach eigenen Angaben ab 12. März 1940 bis 18. Juni 1941 erneut im KZ Sachsenhausen; anschließend unter Polizeiaufsicht; vom 12. August 1944 bis 11. September 1944 im KZ Dachau (Block 15) inhaftiert.

Funktionen nach 1945: beteiligte sich am Neuaufbau der Gewerkschaften.

Weitere Hinweise: verheiratet mit Berta Apitzsch, geborene Pieper; eine Tochter; 1935–1937 Besitzer eines „Lohnfuhrunternehmens", ab 1938 Übernahme einer Revisorstelle in Berlin-Spandau; lebte in Buch im Kreis Waldshut in Baden (1945).

* SAPMO-BArch, RY/1/I4/6-29, Bl. 294, Unterlagen zur Verfolgung; BArch, R 58/3297, Bl. 276 f.; R 58/3297, Bl. 179; R 58/3297, Bl. 236–247; R 58/3700, Bl. 154, 157; R 58/3392, Bl. 168, Unterlagen zur Verfolgung; BArch, R 58/3388, Bl. 207, Gestapo-Bericht, 1938; BArch, R 58/9673, Karteikartensammlung der Gestapo; BArch, R 3017/29429, Bl. 38 ff., Vernehmung von Frieda Jahn, 19. 7. 1940; LAB, C Rep. 118-01, Nr. 14200, OdF-Akte von Max Hanf; LA Baden-Württemberg, Staatsarchiv Freiburg, Entschädigungsvorgänge, F 196, Nr. 1512, Entschädigungsakte von Franz Apitzsch; Handbuch des Vereins Arbeiterpresse, 2. Aufl. 1927, S. 142; Protokoll über die Verhandlungen der dritten ordentlichen General-Versammlung des Deutschen Eisenbahner-Verbandes vom 21. bis 26. Juni 1925 in Köln a. Rh. und Protokoll über die gemeinsame Tagung des Deutschen Eisenbahner-Verbandes und der Reichsgewerkschaft Deutscher Eisenbahnbeamten und -Anwärter am 27. Juni 1925 in Köln a. Rh., Berlin o. J.; Protokoll über die Verhandlungen der 2. ordentlichen Generalversammlung des EdED; Protokoll über die Verhandlungen der 3. ordentlichen Generalversammlung des EdED; Mielke (Bearb.) unter Mitarb. von Rütters, Becker und Fichter, Organisatorischer Aufbau der Gewerkschaften, S. 999; Achim Arndt, Apitzsch, Franz (1890–1948), in: Mielke (Hrsg.), Gewerkschafter in den Konzentrationslagern Oranienburg und Sachsenhausen, Bd. 1, S. 122 f.

Arhilger, Heinz*

Geburtsdatum: 12. August 1890
Geburtsort: Hannover
Sterbedatum: 12. August 1971
Sterbeort: Berlin (West)
Beruf: Dreher
Partei: ab 1909 SPD; ab 1945 SPD

Funktionen vor 1933: ab 1913 Vorsitzender des DMV in Singen; ab 1918 Gewerkschaftsvertrauensmann und 1920–1928 Vorsitzender des Betriebsrates bei der Firma „Orenstein & Koppel" in Berlin; 1922–1928 Mitglied der Ortsverwaltung des DMV in Berlin; Mitglied des erweiterten DMV-Hauptvorstandes.

Verfolgung – Widerstand – Emigration: 25. bis 28. Oktober 1933 inhaftiert; laut „Organisationsplan" von Hans Jahn vom 1. März 1936 einer der Vertrauensleute, die in den EdED-Widerstand einbezogen wurden und als „Stützpunktführer" fungierten (Berlin, Siemens-Werke); in der Anfangsphase des NS-Regimes u. a. in Spandau illegal aktiv; bis etwa 1935 Leiter der illegalen SPD in Berlin-Spandau; vermittelte illegale Kontakte; verbreitete illegale Materialien der Sopade aus Prag (über die Deckadresse Pichelsdorfer Straße 88).

Funktionen nach 1945: ab 1947 Vorsitzender des FDGB-Bezirksausschusses in Berlin-Spandau; ab Mai 1948 Mitglied des geschäftsführenden Ausschusses der UGO; 1948 Mitglied der „Vorläufigen Bundesleitung" der UGO; Zweiter Vorsitzender des Gesamtverbandes der öffentlichen Betriebe und Verwaltungen sowie des Transports Groß-Berlin (UGO-Gewerkschaft); später Gewerkschaftsfunktionär der ÖTV in Berlin (West).

Weitere Hinweise: bestattet auf dem Waldfriedhof in Berlin-Spandau.

* SAPMO-BArch, Widerstandskartei, Heinz Arhilger; BArch, R 58/4251 (6), Bl. 93, Unterlagen zur Verfolgung; AdsD, Bestand ITF, 5/ITFA, Mappe 46, „Organisations-Anlage" von Hans Jahn über den Stand der illegalen Organisation der Eisenbahner im Deutschen Reich, o. D. [1. 3. 1936]; Mielke/Frese (Bearb.), Die Gewerkschaften im Widerstand und in der Emigration, S. 938; Hans-Rainer Sandvoß, Widerstand in Spandau, Berlin (West) 1988, S. 11, 38, 185.

Asel, Emil*

Geburtsdatum: 26. November 1883
Geburtsort: Kaiserslautern
Sterbedatum: bislang nicht bekannt
Sterbeort: bislang nicht bekannt
Beruf: Glaser
Partei: ab 1909 SPD

Funktionen vor 1933: ab 1901 gewerkschaftlich organisiert im „Zentralverband der Glaser"; im März 1920 Einstellung im Reichsbahnausbesserungswerk Kaiserslautern als Glaser und damit zum DEV übergetreten; von 1911 bis August 1914 Vorstandsmitglied des Zentralverbandes der Glaser – Ortsgruppe Kaiserslautern; ab 1924 im DEV bzw. ab 1925 im EdED Vorstandsmitglied der Ortsgruppe Kaiserslautern; Betriebsratsmitglied im Reichsbahnausbesserungswerk Kaiserslautern.

Verfolgung – Widerstand – Emigration: stand 1940 im Verdacht, illegale EdED-Strukturen unterstützt zu haben, gab aber bei einem Verhör an, zwar zahlreiche ehemalige Gewerkschafter zu kennen, bestritt jedoch, mit einem dieser Gewerkschafter zur Vorbereitung illegaler Tätigkeiten in Verbindung getreten zu sein.

Funktionen nach 1945: bislang nicht bekannt.

Weitere Hinweise: wohnte in Kaiserslautern, Schlittweg 84 (Anfang der 1940er-Jahre); bis zur Invalidisierung am 1. September 1933 im Reichsbahnausbesserungswerk Kaiserslautern beschäftigt.

* BArch, NJ 2229, Bd. 1, Bl. 33 ff., 40, Unterlagen der Gestapo zur Verfolgung illegaler EdED-Strukturen.

Auerbach, Walter*

Geburtsdatum: 22. Juli 1905
Geburtsort: Hamburg
Sterbedatum: 23. März 1975
Sterbeort: Bonn
Beruf: promovierter Wissenschaftler; Gewerkschaftsangestellter
Partei: ab 1923 SPD; ab 1946 SPD

Funktionen vor 1933: 1930–1933 Mitarbeiter des Hauptvorstandes des Gesamtverbandes der Arbeitnehmer der öffentlichen Betriebe und des Personen- und Warenverkehrs, ab 1932 Sekretär des Vorsitzenden Anton Reissner.

Verfolgung – Widerstand – Emigration: im Zusammenhang mit der Zerschlagung der Freien Gewerkschaften wurde er am 2. Mai 1933 verhaftet, er konnte jedoch entkommen; aus Angst vor einer weiteren Verhaftung emigrierte er am 16. Mai 1933 nach Amsterdam; dort Mitarbeiter des Generalsekretariates der ITF, u. a. als Redakteur des ITF-Informationsdienstes „Faschismus" tätig; unterstützte den Widerstand im Deutschen Reich durch die Tätigkeit für die ITF (Verbindungsmann zwischen Edo Fimmen und linkssozialistischen Widerstandszirkeln); am 25. Mai 1939 ausgebürgert, da er sich „deutschenfeindlich" betätigt habe; sein Doktortitel wurde ihm aus gleichem Grund am 22. Juni 1939 entzogen; im Zusammenhang mit der Verlegung des Hauptsitzes des ITF-Büros nach Großbritannien zog er mit seiner Familie im Oktober 1939 dorthin; lebte hier u. a. in Kempston (Bedford) und ab 1943 in London, wo er als Redakteur der Zeitschrift „Faschismus" tätig war; er unterhielt zahlreiche politische und gewerkschaftspolitische Kontakte, u. a. zum ISK, zur Gruppe „Neu Beginnen", zu internationalen Gewerkschaftsorganisationen, zur Labour Party, zum TUC; stand dabei in Opposition zur Ausrichtung und Politik der ADG; Mitte der 1930er-Jahre Mitbegründer der ISK-nahen USG; im Mai 1940 Mitbegründer und einer der Initiatoren des „Gewerkschaftlichen Freiheitsbundes gegen das Hakenkreuz"; Anfang 1940 vom Reichssicherheitshauptamt auf die „Sonderfahndungsliste G. B." gesetzt – die Liste verzeichnete Personen, die im Fall einer erfolgreichen Besetzung der britischen Insel unverzüglich festzunehmen waren; 1943 Veröffentlichung der programmatischen Schrift „The Next Germany" (gemeinsam mit Hellmuth von Rauschenplat alias Fritz Eberhard, Otto Kahn-Freund und Kurt Mandelbaum); Mitglied der „Landesgruppe deutscher Gewerkschafter" in Großbritannien; arbeitete an den gewerkschaftspolitischen Überlegungen hinsichtlich einer Neuordnung Deutschlands mit („Die neue deutsche Gewerkschaftsbewegung", erschien Anfang 1945; bereits 1940–1942 arbeitete er in dem von ihm gegründeten Sender der europäischen Revolution, der eine rätesozialistische Neuordnung anstrebte); trat bei den gewerkschaftspolitischen Diskussionen für einen Gewerkschaftsneuaufbau „von unten" ein und kritisierte Fritz Tarnow im Zusammenhang mit der Debatte um eine „Übernahme" der DAF; Berater für deutschsprachige Sendungen der BBC.

Funktionen nach 1945: 1945/46 hielt Auerbach Vorträge über sozialpolitische und gewerkschaftspolitische Fragen, u. a. in Kriegsgefangenenlagern; 1945/46 mehrfach in Deutschland; kehrte im Oktober 1946 endgültig nach Deutschland zurück; kurz darauf Vizepräsident des „Zentralamtes für Arbeit" für die Britische Besatzungszone in Lemgo; ab Herbst 1948 Staatssekretär im niedersächsischen Arbeits- und Sozialministerium (bis 1969, nur von Juni 1955 bis November 1957 unterbrochen); nahm an wichtigen sozialpolitischen Entscheidungen auf Landesebene und als Ländervertreter auf Bundesebene teil; Oktober 1969 bis April 1972 Staatssekretär im Bundesarbeitsministerium; 1953–1967 Mitglied der Sozialen Studienkommission des DGB-Bundesvorstandes; 1968–1974 Mitglied des sozialpolitischen Beraterkreises des Wirtschaftswissenschaftlichen Instituts der Gewerkschaften; Mitglied zahlreicher Beratergremien auf Bundes- und Landesebene, Kommissionen und Vereinen, u. a. 1972–1975 Vorsitzender der Sachverständigenkommission des Bundesarbeitsministeriums für die Erstellung eines Sozialgesetzbuches; 1947–1972 Mitglied des „Sozialpolitischen Ausschusses" beim SPD-Parteivorstand; Auerbach beeinflusste die sozialpolitischen Vorstellungen in der SPD-Programmatik erheblich.

Weitere Hinweise: studierte in Hamburg, Freiburg und Köln Germanistik, Geschichte und Soziologie; wurde 1929 mit einer Studie über „Presse und Gruppenbewußtsein" zum Dr. phil. promoviert; wandte sich 1926 vom Judentum ab; legte zahlreiche Veröffentlichungen zur Sozialpolitik und zum Thema „soziale Sicherheit" vor; arbeitete im Widerstand u. a. mit dem Pseudonym „Walter Dirksen".

* zahlreiche in der Publikation verwendete Archivalien; vgl. ferner BArch, R 3017/29429, Bl. 80 ff., Ermittlungsbericht/Schlussbericht II der Gestapo Düsseldorf, 14. August 1940; AdsD, NL Walter Auerbach, 1/WAAB, (mit umfangreichem Quellenmaterial); AdsD, NL Walter Auerbach, 1/WAAB, Mappe 71, „Neuaufbau der deutschen Gewerkschaften", o. D.; Nelles, Widerstand und internationale Solidarität. Die Internationale Transportarbeiter-Föderation (ITF) im Widerstand, hier zahlreiche Belegstellen und biografische Angaben.

Bachmann, Hugo*

Geburtsdatum: 17. Januar 1889
Geburtsort: Göttingen
Sterbedatum: 9. Mai 1949
Sterbeort: Schwerin
Beruf: Schlosser
Partei vor 1933: ab 1903 SPD

Funktionen vor 1933: ab Mai 1906 gewerkschaftlich organisiert im DMV; 1919 Bevollmächtigter des DMV in Göttingen; 1919/1920–1922 Kassierer des DEV in Göttingen; 1922–1923 Kassierer des DEV in Duisburg; 1919–1922 Stadtverordneter in Göttingen.

Verfolgung – Widerstand – Emigration: Betätigung als Funktionär des illegalen EdED und der ITF (1937); seine Wohnung wurde ab Mitte der 1930er-Jahre zu einem Treffpunkt von im Rhein-Ruhr-Gebiet illegal organisierten Eisenbahnern und das Geschäft – die Ehefrau hatte einen Laden für Metzgereibedarf in der Düsseldorfer Koloniestraße 131 eröffnet – bot beiden einen guten Deckmantel, um unauffällig zu reisen; der Gestapo zufolge war Bachmann zunächst „Verbindungsmann" zwischen der Leitung der ITF in Amsterdam und illegalen Gruppen in Deutschland, bis ihm – nach Angaben der Gestapo im „Schutzhaftbefehl" – später die Funktion eines „Reichsleiters mit besonderen Aufgaben" übertragen wurde; am 8. März 1935 fand in der geräumigen Wohnung der Bachmanns eine von Hans Jahn einberufene Besprechung mit einigen der wichtigsten Vertrauensleute im Rhein-Ruhr-Gebiet statt; die Anwesenden Willi Molitor (früher Betriebsratsvorsitzender im Reichsbahnausbesserungswerk Mülheim-Speldorf), Max Pester (bis 1933 Vorstandsmitglied des EdED Köln), Wilhelm Komorowski (Bahnschutz der Reichsbahndirektion Wuppertal), Paul Emmen (bis 1933 Vorstandsmitglied des EdED in Krefeld, Schweißer im Reichsbahnausbesserungswerk Krefeld-Oppum), Heinrich Malina (zuvor Sekretär des EdED Krefeld) und Leo Radtke (zuvor Sekretär beim EdED Hamm) gehörten zum Kern der illegalen EdED-Gruppe im westlichen Industriegebiet; mit Unterstützung von Hans Jahn und Jacobus (Jaapi) Oldenbroek, Leiter des ITF-Büros und Stellvertreter von Edo Fimmen, bekam Bachmann bald die Vertretung einer niederländischen Firma für Metzgereibedarf, die ihren Sitz in Amsterdam hatte; nach Angaben von Julana Bredtmann wurde Bachmann zum „idealen Verbindungsmann" zwischen der ITF und den Vertrauensleuten, da er ohne größere Schwierigkeiten die deutsch-niederländische Grenze habe passieren können; Bachmann unternahm nun regelmäßig Rundreisen, die ihn nach Hamburg, Leipzig, Berlin, Nürnberg und regelmäßig nach Amsterdam führten; er soll Anordnungen von Jahn und der ITF, die die Umorganisierung und Koordination der Widerstandsstruktur betrafen, an illegal tätige ehemalige Eisenbahngewerkschafter weitergeleitet haben; die Anklageschrift des VGH vom 29. September 1937 warf Funger, Tillier, Emmen, Bachmann, Radtke, Komorowski, Pester, Kellner und Malina vor, den illegalen Wiederaufbau des EdED betrieben zu haben; Bachmann wurde angeklagt, im Zeitraum von Sommer 1935 bis Anfang 1937 an den illegalen Tätigkeiten beteiligt gewesen zu sein; es konnte jedoch nicht genau ermittelt werden, wann er sich der illegalen Gewerkschaftsarbeit anschloss; am 3. Dezember 1937 vom VGH im Prozess gegen Hans Funger und andere zu einer Zuchthausstrafe von sechs Jahren verurteilt: „Der Angeklagte Bachmann – ein intelligenter und gewandter Gewerkschaftsfunktionär –, der über die Bestrebungen der ITV. [gemeint ist die ITF] bei dem Aufbau der illegalen Gewerkschaften in Nordwestdeutschland von vornherein genau unterrichtet war, ist zunächst organisatorisch weniger in Erscheinung getreten, dann aber doch auf diesem Gebiete recht eifrig tätig gewesen und hat auch neue Anhänger zu gewinnen versucht. Bei der Mehrzahl der Versammlungen im In- und Ausland war er zugegen und hat fast regelmäßig Wünsche und Anregungen Jahns den übrigen Angeklagten, insbesondere Malina und später Funger übermittelt; mit dem Kassierer der ITF. Oldenbroek stand er in sehr nahem persönlichem Verhältnis und ist auch immer von diesem, wenn er einmal einer Versammlung selbst nicht beigewohnt hat, über den Verlauf der Besprechung unterrichtet worden. Gegen die Radikalisierung der illegalen Arbeit sowie die Einfuhr und Verbreitung von Hetzartikeln hat er keinen Einspruch erhoben. Zu bemerken ist bei ihm, daß er sich immer mit einer bestimmten Vorsicht bei der illegalen Arbeit betätigt hat." (Urteil, Bl. 85 f.); Inhaftierung im Zuchthaus Butzbach; zur Vernehmung Anfang Februar 1938 von dort in das Untersuchungsgefängnis Berlin-Moabit gebracht; zwischenzeitlich für Gegenüberstellungen nach Hamburg und Kassel überführt; nach Strafverbüßung ab März oder Mai 1943 „Inschutzhaftnahme" im KZ Sachsenhausen, Häftlings-Nr.: 67103, u. a. Arbeit als Schlosser in der Gerätekammer (inhaftiert bis April 1945).

Funktionen nach 1945: 1945/46 Gewerkschaftsfunktionär des FDGB im Raum Crivitz; ab Mai 1946 lebte Hugo Bachmann in Schwerin und nahm bei der Landesregierung Mecklenburg eine Sachbearbeiterstelle an; später Gewerkschaftsfunktionär des FDGB in Schwerin (bis 1949).
Weitere Hinweise: verheiratet seit 4. Mai 1919 mit Hedwig Maria Bachmann, geborene Bauer (geb. 21. April 1893); gemeinsame Adoptivtochter Elisabeth (geb. 9. Oktober 1922); seit 1925 in der Freien Schulbewegung aktiv; 1929/30 Vorsitzender der Ortsgruppe Duisburg der „Weltlichen Schulgesellschaft"; 1927–1930 Mitglied der Sozialistischen Arbeiterwohlfahrt; 1927/28 Teilnahme an Kursen der „Akademie der Arbeit" in Frankfurt a. M.; wohnte in Duisburg, Koloniestraße 131 (1930er-Jahre).

* LHA Schwerin, 6.11-11, PA 7916, Personalakte Hugo Bachmann; LHA Schwerin, 7.11-1, Nr. 3130, VdN-Akte von Hugo Bachmann; Anklageschrift des Reichsanwaltes beim VGH, 29. 9. 1937, und Urteil des VGH 9J315/37-2H50/37 gegen Hans Funger, Heinrich Tillier, Paul Emmen, Hugo Bachmann, Leo Radtke, Wilhelm Komorowski, Max Pester und Heinrich Malina, 3. 12. 1937, in: Nationalsozialismus, Holocaust, Widerstand und Exil 1933–1945, Online-Datenbank; LAV NRW R, Rep. 163, Nr. 34, Gefangenenpersonalakte (1937); LAV NRW R, RW 58, Nr. 21030 und 66627, Unterlagen der Gestapo Düsseldorf; Stefan Müller, Hugo Bachmann (1889–1949), in: Gottwaldt, Eisenbahner gegen Hitler, S. 181–186; Bredtmann, Hugo Bachmann (1889–1949), in: Mielke/Heinz (Hrsg.) unter Mitarb. von Pietsch, Gewerkschafter in den Konzentrationslagern Oranienburg und Sachsenhausen, Bd. 4, S. 89–101.

Bäcker, Otto*

Geburtsdatum: 27. November 1887
Geburtsort: Siegen
Sterbedatum: März 1945
Sterbeort: KZ Überlingen
Beruf: Schlosser
Partei: ab 1918 SPD
Funktionen vor 1933: ab 1920 Gewerkschaftsfunktionär des DEV in Siegen; 1923–1933 Geschäftsführer des DEV bzw. ab 1925 des EdED in Siegen; dort 1929–1933 Stadtverordneter.
Verfolgung – Widerstand – Emigration: am 2. Mai 1933 von einer SA-Abteilung brutal misshandelt und in „Schutzhaft" genommen; nach zwei Tagen entlassen, im Mai 1933 erneut für mehrere Wochen inhaftiert; im Rahmen der „Aktion Gewitter" im August 1944 festgenommen und in ein „Sammellager" in Köln verschleppt; zunächst im KZ Buchenwald 1944 inhaftiert und am 30. Dezember 1944 in das KZ Dachau eingeliefert; im Januar 1945 in das KZ-Außenlager Aufkirch (bei Überlingen) verlegt.
Funktionen nach 1945: –
Weitere Hinweise: Mitglied des „Reichsbanners Schwarz-Rot-Gold" und Vorsitzender der Ortsgruppe Siegen (1931/32); nach einjähriger Arbeitslosigkeit Aufnahme einer Tätigkeit als Bäcker, später als Handelsvertreter; 1936 zog er mit seiner Ehefrau nach Wuppertal; die Wohnung soll 1943 ausgebombt worden sein; das Ehepaar zog nach Dieringhausen im Bergi-

schen Land; im Zusammenhang mit der Inhaftierung 1944 soll ein letztes Lebenszeichen von Otto Bäcker ein Brief vom 5. Februar 1945 an seine Frau gewesen sein; er soll nach Auskunft der Gedenkstätte Dachau „vermutlich an den Folgen der Haft" verstorben sein; auch die Ehefrau Grete Bäcker, geborene Frentrup, war wie ihr Ehemann die meiste Zeit ihres Lebens politisch aktiv, u. a. war sie 1925 Mitbegründerin der „Arbeiterwohlfahrt" in Siegen.

* Handbuch des Vereins Arbeiterpresse, 2. Aufl. 1927, S. 552; AdsD, DGB-Archiv, Erschlagen, hingerichtet, in den Tod getrieben, Bonn 1995, S. 39; Wolfgang Röll, Sozialdemokraten im Konzentrationslager Buchenwald 1937–1945, Göttingen 2000, S. 270; Beier, Die Illegale Reichsleitung der Gewerkschaften 1933 bis 1945, S. 75, 109; Virtuelles Gedenkbuch für die Opfer des Nationalsozialismus aus dem Kreis Siegen-Wittgenstein, http://aktives-gedenkbuch.de/index.php/Detail/Object/Show/object_id/367 (2. 2. 2016); Auskunft der Gedenkstätte Dachau (Albert Knoll), 10. 11. 2015.

Bätz, Richard*

Geburtsdatum: 16. September 1891
Geburtsort: Forchheim
Sterbedatum: 1. Juni 1967
Sterbeort: Offenburg
Beruf: Straßenbaumeister
Partei vor 1933: SPD; USPD; KPD

Funktionen vor 1933: 1919–1925 Zweiter Vorsitzender Betriebsrat im Reichsbahnausbesserungswerk in Offenburg; zeitweise Vorsitzender der KPD in Offenburg; dort Stadtrat bis 1932.

Verfolgung – Widerstand – Emigration: am 4. März 1933 erstmals festgenommen; im Mai 1933 gemeinsam mit Otto Schneider im KZ Heuberg inhaftiert; 1944 im KZ Natzweiler; im Anschluss vom 4. September 1944 bis 29. September 1944 im KZ Dachau inhaftiert („Schutzhäftling", Häftlings-Nr.: 98617).

Funktionen nach 1945: Zweiter Vorsitzender Landesvereinigung der Gewerkschaften der öffentlichen und kommunalen Betriebe im Badischen Gewerkschaftsbund ab 1946; Vorsitzender ÖTV Offenburg; Zweiter Vorsitzender ÖTV Baden-Württemberg bis 1957; Mitglied des Hauptvorstandes der ÖTV; Stadtrat in Offenburg ab 1945.

* PA Siegfried Mielke, Berlin, Biografische Unterlagen; Auskunft der Gedenkstätte Dachau (Albert Knoll), 21. 7. 2015.

Bargmann, Heinz*

Geburtsdatum: bislang nicht bekannt
Geburtsort: bislang nicht bekannt
Sterbedatum: bislang nicht bekannt

Sterbeort: bislang nicht bekannt
Beruf: bislang nicht bekannt
Partei: vermutlich SPD
Funktionen vor 1933: vermutlich Übernahme von Funktionen im EdED.
Verfolgung – Widerstand – Emigration: laut „Organisationsplan“ von Hans Jahn vom 1. März 1936 „Ersatzmann“ für den EdED-Bezirksleiter Leo Radtke im „1. Bezirk Westfalen. Vorort: Hamm“.
Funktionen nach 1945: bislang nicht bekannt.
Weitere Hinweise: wohnte in Dortmund, Möllerstraße 11 (1930er-Jahre).

* SAPMO-BArch, Widerstandskartei, Heinz Bargmann; AdsD, Bestand ITF, 5/ITFA, Mappe 46, „Organisations-Anlage“ von Hans Jahn über den Stand der illegalen Organisation der Eisenbahner im Deutschen Reich, o. D. [1. 3. 1936].

Bartl, Johann [auch: Bartl, Hans]*

Geburtsdatum: 28. Juni 1908
Geburtsort: Schwaig (Erding)
Sterbedatum: bislang nicht bekannt
Sterbeort: bislang nicht bekannt
Beruf: ab 1932 Bahnbediensteter
Partei: bislang nicht bekannt
Funktionen vor 1933: bislang nicht bekannt
Verfolgung – Widerstand – Emigration: am 24. Dezember 1934 aufgrund einer Denunziation am Arbeitsplatz verhaftet; anschließend „Schutzhaft“ im Polizeigefängnis Ettstraße (München); Untersuchungshaft vom 4. Januar 1935 bis 26. März 1935 im Münchner Gefängnis Am Neudeck; Anklage beim Sondergericht München wegen der Verteilung kommunistischer Schriften am 27. Februar 1935; am 26. März 1935 aus Mangel an Beweisen freigesprochen; inhaftiert im KZ Dachau vom 26. März 1935 bis 5. Juni 1935; im Anschluss erwerbslos.
Funktionen nach 1945: bislang nicht bekannt.
Weitere Hinweise: bislang nicht bekannt.

* Pilwousek (Hrsg.), Verfolgung und Widerstand, S. 101.

Basse, Hermann*

Geburtsdatum: 24. August 1882
Geburtsort: Braunschweig
Sterbedatum: 1. Juli 1933

Sterbeort: Braunschweig
Beruf: Tischler
Partei: SPD, zwischenzeitlich USPD, ab 1922 SPD
Funktionen vor 1933: ab März 1919 hauptamtlicher Geschäftsführer des DEV bzw. ab 1925 des EdED und Vorstandsmitglied des ADB-Ortsausschusses in Braunschweig; Funktionär der „Eisernen Front" und des „Reichsbanners Schwarz-Rot-Gold"; Mitglied des Stadtrates in Braunschweig; 1924 Reichstagskandidat im Wahlkreis 16 für die „Rest"-USPD; 1926/27 Zweiter Vorsitzender des ADGB-Ortsausschusses in Braunschweig; 1920–1922 Mitglied des Landtages von Braunschweig (USPD).
Verfolgung – Widerstand – Emigration: am 1. Juli 1933 durch Mitglieder der SA aus dem Fenster des Volkshauses (Gewerkschaftshaus) in Braunschweig gestürzt; in anderen Darstellungen heißt es, er sei zum Selbstmord gezwungen worden bzw. Basse sei von SA-Leuten durch die Glasabdeckung des Lichtschachtes geworfen worden, man habe ihn nur noch tot bergen können; er soll aufgrund seiner kompromisslosen Haltung gegenüber den Nationalsozialisten bei diesen verhasst gewesen sein.
Funktionen nach 1945: –
Weitere Hinweise: war seit 1910 verheiratet.

* Handbuch des Vereins Arbeiterpresse, 2. Aufl. 1927, S. 226; Beatrix Herlemann, Biographisches Lexikon niedersächsischer Parlamentarier 1919–1945, Hannover 2004, S. 33; Schumacher (Hrsg.), M. d. L. Das Ende der Parlamente, S. 7; Mielke/Frese (Bearb.), Die Gewerkschaften im Widerstand und in der Emigration, S. 395; Buß, Dreimal Stunde Null, S. 158; Heimatgeschichtlicher Wegweiser zu Stätten des Widerstandes und der Verfolgung 1933–1945. Niedersachsen. Bd. 1: Regierungsbezirke Braunschweig und Lüneburg, hrsg. vom Studienkreis zur Erforschung und Vermittlung der Geschichte des Widerstandes 1933–1945, Redaktion: Ursula Krause-Schmitt und andere, Köln 1985, S. 7.

Baum, August*

Geburtsdatum: 28. Juni 1880
Geburtsort: Frankfurt a. M.
Sterbedatum: 21. August 1960
Sterbeort: Ludwigshafen
Beruf: Schmied; später Angestellter
Partei: ab 1904 SPD; ab 1945 SPD
Funktionen vor 1933: zunächst im DMV gewerkschaftlich organisiert; ab 1. April 1919 Bezirksleiter des DEV bzw. ab 1925 des EdED für die Pfalz in Ludwigshafen (bis 1933); Teilnehmer verschiedener regionaler EdED-Konferenzen; 1928 Teilnehmer der 2. und 1931 der 3. ordentlichen Generalversammlung des EdED; 1919–1933 Stadtrat in Ludwigshafen; 1912–1917 SPD-Bezirksvorstand.

Verfolgung – Widerstand – Emigration: 24. März 1933 bis 1. April 1933 und 2. Mai 1933 bis 29. Mai 1933 „Schutzhaft" im Gerichtsgefängnis Ludwigshafen; am 24. Juli 1940 verhaftet und im Polizeigefängnis Neustadt a. d. Weinstraße durch die Gestapo vernommen (gemeinsam mit Oskar Vongerichten und Julius Kuhn) und in Untersuchungshaft, am 6. August 1940 weitere Vernehmung, in der er damit konfrontiert wurde, mit Leonhard Horlacher in postalischer Verbindung zu stehen (gab daraufhin maximal dreimaliges Briefeschreiben zu, bei dem es angeblich lediglich um die Auszahlung von Versicherungsbeiträgen ging); Anfang August 1940 aus der Haft entlassen, da ihm keine illegalen Aktivitäten nachzuweisen waren; Oskar Vongerichten schrieb später in einer eidesstattlichen Erklärung, dass Baum illegale Gewerkschaftsarbeit betrieben habe; 22. August 1944 bis 4. September 1944 „Schutzhaft" im Zuge der „Aktion Gewitter" im Gerichtsgefängnis Landau.
Funktionen nach 1945: ab 1. Mai 1946 Zonensekretär der Eisenbahngewerkschaften in der Französischen Besatzungszone; in der Nachkriegszeit in Ludwigshafen in erster Linie mit dem Wiederaufbau der Konsumgenossenschaft als deren Vorsitzender beschäftigt.
Weitere Hinweise: ab 1907 Erster Vorsitzender des Aufsichtsrates des Konsumvereins; Mitglied des „Reichsbanners Schwarz-Rot-Gold"; wohnte in Ludwigshafen a. Rhein, Kaiserallee 147 (1930er-Jahre), später Heinigstraße 40 (1940er-Jahre), später Lannerstraße 2 (1950er-Jahre), danach Haardtstraße 32 (1960er-Jahre); ab 1936 Mitglied der DAF; verheiratet mit Elisabeth Baum, geborene Eschbach (geb. 19. August 1881, gest. 1. April 1951).

* Amt für Wiedergutmachung Rheinland-Pfalz, Saarburg, VA LEG 1042, Entschädigungsakte von August Baum; SAPMO-BArch, Widerstandskartei, August Baum; BArch, NJ 2229, Bde. 1 und 2, Bl. 85 ff., Unterlagen der Gestapo und kriminalpolizeiliche Vernehmung von August Baum als Beschuldigter durch die Gestapo Neustadt a. d. Weinstraße, 26. 7. 1940; Staatsarchiv München, Bestand Gestapa München, Nr. 29, Verzeichnis der im hiesigen Bezirk bekannten SPD-Funktionäre (Ludwigshafen a. Rhein), o. D.; August Baum im Ruhestand, in: Der deutsche Eisenbahner, Nr. 7/1950; Handbuch des Vereins Arbeiterpresse, 2. Aufl. 1927, S. 456; Geschäftsbericht für die Zeit vom 1. Januar 1928 bis zum 31. Dezember 1930. Einheitsverband der Eisenbahner Deutschlands – Bezirksleitung Pfalz, Ludwigshafen o. J., S. 1 ff.; Protokoll über die Verhandlungen der 2. ordentlichen Generalversammlung des EdED; Protokoll über die Verhandlungen der 3. ordentlichen Generalversammlung des EdED; Jahrbuch 1931 des Einheitsverbandes der Eisenbahner Deutschlands, S. 173; Auskunft des StA Ludwigshafen, 10. 9. 2015 (Klaus J. Becker).

Beck, Reinhold*

Geburtsdatum: 5. August 1893
Geburtsort: Reutlingen
Sterbedatum: 29. Oktober 1969
Sterbeort: Altshausen
Beruf: Mechaniker
Partei: ab Januar 1933 KPD

Funktionen vor 1933: ab 1922 Mitglied des EdED und Ausübung verschiedener Funktionen im Verband; 1927–1933 Vorsitzender des Betriebsrates im Reichsbahnbetriebswerk Aulendorf; ab Januar 1933 Leiter der aus vier Mitgliedern bestehenden KPD-Ortsgruppe in Aulendorf (für einige Wochen).

Verfolgung – Widerstand – Emigration: Beteiligung an Aktivitäten der EdED-Widerstandsgruppe unter Leitung von Karl Molt; zugleich Widerstand im Rahmen einer KPD-Gruppe in Aulendorf; am 24. November 1938 vom VGH wegen „Nichtanzeige eines hochverräterischen Vorhabens" zu einer Gefängnisstrafe von einem Jahr und drei Monaten verurteilt: „Er behauptet, bei der Zusammenkunft mit Molt im August 1937 auf dem Bahnhof in Ravensburg noch nicht erkannt zu haben, daß Molt wieder in der Gewerkschaftsbewegung tätig war. Zwar habe Molt die Unterhaltung auf die gegen früher veränderten Verhältnisse in den Betrieben gelenkt und eine vor der Machterhebung erfolgte Kündigung eines Familienvaters mit neun Kindern erwähnt, die damals auf seinen – des Angeklagten – eingelegten Einspruch als Betriebsratsvorsitzenden wieder rückgängig gemacht worden sei. Darauf will der Angeklagte erwidert haben, daß heute ein Betriebsführer solch' eine Kündigung gegen ein kinderreiches Gefolgschaftsmitglied gar nicht mehr auszusprechen wage und sich lobend über die gegenwärtige Betriebsverfassung ausgesprochen haben. Erst hinterher sei ihm zum Bewußtsein gekommen, daß durch seinen Eintritt in die NSV und DAF und die Zugehörigkeit seines Sohnes zur HJ. Molt verstimmt worden sei. Auch habe er den Eindruck gewonnen, daß er durch die Mitteilung der Höhe seines Lohnes Molts Neid erregt habe. [...] In seinem Schlußwort hat der Angeklagte Beck ausgeführt: ‚Ich sehe ein, daß ich im September 1937 den Molt und auch den Zeugen [Fridolin] Endraß hätte anzeigen müssen; insoweit habe ich mich vergangen.'" (Urteil, Bl. 20).

Funktionen nach 1945: bislang nicht bekannt.

Weitere Hinweise: seit 1922 verheiratet mit Josefine Beck, geborene Danner; das Ehepaar hatte einen Sohn; Beck wohnte zunächst in Reutlingen bei seinen Eltern in der Tübinger Straße 64/2; am 14. Oktober 1913 zur Marine in Wilhelmshaven eingezogen; im Anschluss lebte er 1918/19 wieder beim Vater in Reutlingen; danach verzog er nach Buchau und lebte zumindest 1926, als er sein Reutlinger Bürgerrecht verlor, in Schussenried; 1934 zog er von Aulendorf nach Reutlingen in die Lohmühlestraße 12; später lebte er wieder in Aulendorf; 1907–1912 als Handlanger bei der Reutlinger Maschinenfabrik „Ulrich Kohllöffel" beschäftigt (dort 1913 für einige Monate als Schlosser tätig); 1918/19 arbeitete er als Mechaniker bei der Firma „Heinrich Klass" in Reutlingen.

* SAPMO-BArch, Widerstandskartei, Reinhold Beck; Urteil 6J 243/39-1H51/39 des VGH gegen Jakob Müller, Friedrich Mößner, Reinhold Beck und Eugen Schweizer, 24. 11. 1938, in: Nationalsozialismus, Holocaust, Widerstand und Exil 1933–1945, Online-Datenbank; StA Reutlingen, Familienregister, Bd. 19, Bl. 233; Esters/Pelger/Schlingensiepen, Gewerkschafter im Widerstand, S. 84 [dort u. a. erwähnt: Eidesstattliche Erklärung von Reinhold Beck, 1. 2. 1950]; Mielke/Frese (Bearb.), Die Gewerkschaften im Widerstand und in der Emigration, S. 405; Auskunft des StA Reutlingen (Roland Brühl), 21. 8. 2015.

Becker, Karl*
Geburtsdatum: 10. September 1898
Geburtsort: Angermünde
Sterbedatum: 14. Juli 1957
Sterbeort: Eberswalde
Beruf: Eisenbahnarbeiter
Partei: ab 1917 USPD; ab 1921/22 SPD; 1945 KPD; ab 1946 SED
Funktionen vor 1933: ab 1918 gewerkschaftlich im DEV organisiert und bald darauf Übernahme von Funktionen wie Kassierer und Schriftführer im DEV in Eberswalde; 1920–1933 Betriebsrat im Reichsbahnausbesserungswerk in Eberswalde; ab 1919 Mitglied des Vorstandes des DEV bzw. ab 1925 des EdED Eberswalde; ab 1925 Vorsitzender des dortigen ADGB.
Verfolgung – Widerstand – Emigration: am 15. April 1933 festgenommen und zur Untersuchungshaft in das Amtsgerichtsgefängnis Eberswalde überführt (am 13. Juli 1933 entlassen); am 17. Juli 1933 erneut verhaftet, im Anschluss drei Wochen in „Schutzhaft", (wurde unter der Bedingung entlassen, sich täglich bei der Eberswalder Kripo zu melden und nach 21 Uhr nicht mehr das Haus zu verlassen); stand im März 1943 im Verdacht, ausländische Sender abgehört und kommunistische Betriebszellen gegründet zu haben (Strafverfahren wurde eingestellt); daraufhin am 16. April 1943 von der Gestapo „rückgeführt" und nach Potsdam überstellt; ab 21. August 1943 im KZ Sachsenhausen inhaftiert (Häftlings-Nr.: 70669); ab 21. April 1945 auf „Todesmarsch" in Richtung Norden gezwungen, wo er am 2. Mai 1945 in einem Wald bei Crivitz in der Nähe von Schwerin befreit wurde.
Funktionen nach 1945: bislang nicht bekannt.
Weitere Hinweise: verheiratet seit 1921 mit Ella Becker, geborene Seyer; aus der Ehe ging der Sohn Werner hervor (geb. 1923); arbeitete nach Kriegsende als Hauptwachtmeister bei der Volkspolizei in Eberswalde; aufgrund seines sich verschlechternden Gesundheitszustandes konnte er keine umfangreichen Aufgaben in Politik und Gewerkschaft mehr übernehmen.

* BArch, R 58/9674, Karteikartensammlung der Gestapo, Becker, Karl; Brandes (Bearb.), Antifaschistischer Widerstandskampf in der Provinz Brandenburg, S. 17; Danny Michelsen, Karl Becker (1898–1957), in: Mielke/Heinz (Hrsg.) unter Mitarb. von Pietsch, Gewerkschafter in den Konzentrationslagern Oranienburg und Sachsenhausen, Bd. 4, S. 346–350.

Beckmann, Wilhelm*
Geburtsdatum: 18. April 1868
Geburtsort: Holenwisch (am Elbdeich)
Sterbedatum: bislang nicht bekannt
Sterbeort: bislang nicht bekannt
Beruf: Arbeiter
Partei: vor 1933 SPD

Funktionen vor 1933: verschiedene Funktionen in der SPD, u. a. Kreistagsmitglied; zunächst lokaler Gewerkschaftsfunktionär und spätestens ab 1929 Mitglied des Hauptbetriebsrates der Deutschen Reichsbahn-Gesellschaft (für die Betriebsarbeiter).
Verfolgung – Widerstand – Emigration: 1936 von der Gestapo im Regierungs-Bezirk Stade als „prominentes" Mitglied der SPD registriert.
Funktionen nach 1945: bislang nicht bekannt.
Weitere Hinweise: Sohn von Diederich Beckmann und dessen Ehefrau Meta Beckmann, geborene Schmidt; am 5. Mai 1868 in der Kirche in Hamelwörden getauft; es ist zu vermuten, dass Beckmann in eine andere Region verzog.

* SAPMO-BArch, Widerstandskartei, Wilhelm Beckmann; BArch, R 58/3585, Bl. 12, Unterlagen der Gestapo; Jahrbuch 1929 des Einheitsverbandes der Eisenbahner Deutschlands, S. 84; Schreiben des NLA – Standort Stade (Thomas Bardelle), 27. 8. 2015.

Behle, Wilhelm*

Geburtsdatum: 14. April 1881
Geburtsort: Forbach/Waldeck
Sterbedatum: 4. November 1941
Sterbeort: Magdeburg
Beruf: Zugführer
Partei: vor 1933 SPD
Funktionen vor 1933: Bezirksvertreter Magdeburg, später Bezirksleiter des EdED; Mitglied des EdED-Verbandsbeirats (Magdeburg); im September 1930 Mitglied im Beamtenausschuss; 1928 Teilnehmer der 2. und 1931 der 3. ordentlichen Generalversammlung des EdED.
Verfolgung – Widerstand – Emigration: wurde im Zusammenhang mit der Zerschlagung der Freien Gewerkschaften bzw. des EdED entlassen.
Funktionen nach 1945: –
Weitere Hinweise: seit 1908 verheiratet mit Luise Behle, geborene Leidner.

* StA Magdeburg, Standesamt Magdeburg-Altstadt, Nr. 2481/1941 (Sign.: Rep. 55/3.587 Bd. 5), Sterberegister: Behle Wilhelm; Jahrbuch 1931 des Einheitsverbandes der Eisenbahner Deutschlands, S. 173; Protokoll über die Verhandlungen der 2. ordentlichen Generalversammlung des EdED; Protokoll über die Verhandlungen der 3. ordentlichen Generalversammlung des EdED; Auskunft des StA Magdeburg, 2. 3. 2015.

Benner, Karl*

Geburtsdatum: 15. Mai 1889
Geburtsort: Alten-Buseck

Sterbedatum: 6. Dezember 1955
Sterbeort: Gießen-Wieseck
Beruf: Güterbodenarbeiter
Partei: vor 1933 SPD; ab 1945 SPD

Funktionen vor 1933: ab 1. März 1922 Angestellter des DEV bzw. ab 1925 des EdED in Gießen, zeitweise Erster Bevollmächtigter des dortigen EdED; 1925 Delegierter der 3. ordentlichen Generalversammlung des DEV; in den 1920er-Jahren Mitglied des Gemeinderates und Fraktionsvorsitzender der SPD bzw. SPD-Vorsitzender in Wieseck; ab 1921 Mitglied des Kreistages und Kreisausschusses in Gießen und 1929–1933 Mitarbeiter des Kreisdirektoriums; Vorsitzender der Betriebsräte der vier Eisenbahnämter in Gießen; 1931 Delegierter der 3. ordentlichen Generalversammlung des EdED.

Verfolgung – Widerstand – Emigration: am 30. Juni 1933 aus seiner hauptamtlichen Gewerkschaftstätigkeit entlassen; im Rahmen der „Aktion Gewitter“ vom 29. August 1944 bis 13. September 1944 im KZ Dachau inhaftiert (Häftlings-Nr.: 93668).

Funktionen nach 1945: August 1945 bis Januar 1946 Leiter der Abteilung Wiederaufbau beim Landratsamt Gießen; Juni 1946 bis Juni 1948 Landrat der Gießener Kreisverwaltung; 1952–1952 ehrenamtlicher Stadtrat für den 1939 eingemeindeten Stadtteil Wieseck in Gießen; zeitweise Kreisvorsitzender der Deutschen Roten Kreuzes in Gießen.

Weitere Hinweise: bislang nicht bekannt.

* Handbuch des Vereins Arbeiterpresse, 2. Aufl. 1927, S. 334; Protokoll über die Verhandlungen der dritten ordentlichen General-Versammlung des Deutschen Eisenbahner-Verbandes vom 21. bis 26. Juni 1925 in Köln a. Rh.; Protokoll über die Verhandlungen der 3. ordentlichen Generalversammlung des EdED; Gießener Anzeiger, 7. 12. 1955, Stadtrat Karl Benner gestorben; Gießener Freie Presse, 30. 12. 1947, Was bringt das neue Jahr?; Auskunft des Archivs der Gedenkstätte Dachau (Albert Knoll), 9. 12. 2014.

Benninghaus, Walter*

Geburtsdatum: 25. Januar 1898
Geburtsort: Knirpse (bei Altona)
Sterbedatum: 19. April 1947
Sterbeort: Krefeld
Beruf: Werkzeug- und Maschinenschlosser
Partei: ab 1917 SPD; ab 1945 SPD

Funktionen vor 1933: 1931–1933 Sekretär des EdED in Düsseldorf; zugleich Mitglied des Verbandsbeirates des EdED beim Zentralausschuss in Berlin; 1924–1930 Mitglied der Stadtverordnetenversammlung in Gummersbach.

Verfolgung – Widerstand – Emigration: ging im März 1937 als Emigrant in die Niederlande, nur wenige Monate später ausgewiesen; ging nach Belgien; dort im April 1939 ausgebürgert; in Antwerpen arbeitete er aktiv in einer illegalen ITF-Gruppe mit (war vor allem damit beschäftigt, Flugschriften unter deutschen Seeleuten und Flussschiffern zu verteilen); sammelte auch Materialien für die Sopade bzw. die von ihr herausgegebenen „Deutschland-Berichte"; Anfang 1940 vom Reichssicherheitshauptamt auf die „Sonderfahndungsliste" für Großbritannien gesetzt, da die NS-Behörden ihn dort vermuteten (im Fall einer erfolgreichen Besatzung sollten die betreffenden Personen ausfindig gemacht und festgenommen werden); im Auftrag des britischen Geheimdienstes beteiligte sich Benninghaus in Antwerpen u. a. an Spionagetätigkeiten (in Zusammenarbeit mit Hans Eckardt); Benninghaus und Eckardt spähten Schiffsladungen aus; sie verübten im Mai 1940 im Auftrag der Briten einen Anschlag mit einem Brandsatz auf ein deutsches Schiff in Antwerpen, bei dem der Sachschaden gering blieb; im Frühsommer 1940 im Camp de Gurs interniert; seinem politischen Mitstreiter und Freund Fritz Heine gelang der Freikauf; kurz darauf an der spanischen Grenze erneut verhaftet (vermutlich auf dem Weg nach Portugal); im September 1943 entkam er der Haft in Spanien und ging nach Lissabon; im Oktober 1944 konnte Benninghaus nach Großbritannien emigrieren (dort bis November 1944 interniert); im Anschluss in der ITF-Zentrale in Kempston (Bedford) tätig.

Funktionen nach 1945: übernahm die Funktion eines Sekretärs der ÖTV in Krefeld.

Weitere Hinweise: verheiratet mit Hulda Benninghaus, geborene Clemens (geb. 1895); das Ehepaar hatte einen Sohn Karl (geb. 1920); neben seiner gewerkschaftlichen Arbeit journalistisch tätig; verstarb bei einem Verkehrsunfall.

* BArch, R 3017/29435, Unterlagen zur Verfolgung; BArch, R 3017/29434, Bl. 24–50, Briefwechsel zwischen Walter Benninghaus, Hans Jahn und Edo Fimmen, 1938; BArch, R 3017/29435, Bl. 83–86, Brief von Walter Benninghaus an Hans Jahn, 17. 2. 1939; Röder/Strauss (Bearb.), Biographisches Handbuch, S. 52; Nelles, Der Widerstand der Internationalen Transportarbeiter-Föderation gegen Nationalsozialismus und Faschismus in Deutschland und Spanien, S. 114–155, hier S. 146; Anne Klein, Flüchtlingspolitik und Flüchtlingshilfe 1940–1942. Varian Fry und die Komitees zur Rettung politisch Verfolgter in New York und Marseille, Berlin 2007 (Antisemitismusforschung der Technischen Universität Berlin: Reihe Dokumente, Texte, Materialien, Bd. 61), S. 95 f., 329; Stefan, Appelius, „Der Teufel hole Hitler". Briefe der sozialdemokratischen Emigration, Essen 2003, S. 199, 257 f.; Eiber, Die Sozialdemokratie in der Emigration, S. 307, 382, 387, 401 ff., 427, 433, 445, 466.

Bentlage, Hermann*

Geburtsdatum: 8. Dezember 1899

Geburtsort: Elberfeld

Sterbedatum: 31. Dezember 1945 (für tot erklärt)

Sterbeort: bislang nicht bekannt

Beruf: Eisenbahner

Partei: bislang nicht bekannt

Funktionen vor 1933: Übernahme von Funktionen im EdED.

Verfolgung – Widerstand – Emigration: laut „Organisationsplan“ von Hans Jahn vom 1. März 1936 „Ersatzmann“ für den Bezirksleiter Paul Emmen in der EdED-Widerstandsgruppe „2. Bezirk Westliche Ruhr. Vorort: Krefeld“; am 6. März 1937 vom OLG Hamm zu drei Jahren Zuchthausstrafe wegen „Vorbereitung zum Hochverrat“ verurteilt.
Funktionen nach 1945: bislang nicht bekannt.
Weitere Hinweise: wohnte in Krefeld, Westwall (1930er-Jahre); vom Amtsgericht Wuppertal am 8. September 1959 (AZ: 20II79/59) für tot erklärt „zum 31. Dezember 1945“.

* SAPMO-BArch, Widerstandskartei, Hermann Bentlage; BArch, NJ 72/3V, Unterlagen im Zusammenhang mit dem Verfahren vor dem OLG Hamm; AdsD, Bestand ITF, 5/ITFA, Mappe 46, „Organisations-Anlage“ von Hans Jahn über den Stand der illegalen Organisation der Eisenbahner im Deutschen Reich, o. D. [1. 3. 1936]; StA Wuppertal, Reg.-Nr. 4766/1899, Geburtsnachweis: Bentlage, Friedrich Hermann; Standesamt Berlin, Buch für Todeserklärungen, Nr. 21396/1960; Mielke/Frese (Bearb.), Die Gewerkschaften im Widerstand und in der Emigration, S. 362; Auskunft des StA Wuppertal (Markus Teubert), 22. 9. 2015; Auskunft des StA Krefeld (Burkhard Ostrowski), 6. 10. 2015.

Besener, Willi*

Geburtsdatum: 2. Februar 1894
Geburtsort: Berlin
Sterbedatum: 1960
Sterbeort: Berlin (West)
Beruf: Lokomotivführer
Partei: ab 1918 SPD; ab 1946 SED (Anfang 1949 Ausschluss)
Funktionen vor 1933: übernahm Funktionen in der Reichsgewerkschaft Deutscher Eisenbahnbeamten und -Anwärter und ab 1925 im EdED.
Verfolgung – Widerstand – Emigration: wurde nach dem 2. Mai 1933 entlassen und betätigte sich zeitweise in illegalen EdED-Strukturen in Berlin; beteiligte sich an Geldsammlungen für inhaftierte EdED-Kollegen und verbreitete illegale Flugschriften.
Funktionen nach 1945: 1945 Mitbegründer und Bezirksleiter des FDGB; Generaldirektor der Hauptverwaltung und ab 1948/49 Leiter der Generaldirektion der Deutschen Reichsbahn (am 19. Januar 1949 erfolgte die Amtsenthebung durch die SMAD, weil Besener angeblich zur schlechten finanziellen Lage der Deutschen Reichsbahn beigetragen habe; am 26. Januar 1949 fristlos entlassen; seine Position wurde ersetzt durch Willi Kreikemeyer).
Weitere Hinweise: zwischen 1933 und 1945 Inhaber eines Konstruktionsbüros in Berlin; lebte in den 1950er-Jahren in Berlin (West); dort soll er mit westdeutschen Geheimdiensten kooperiert haben.

* Alfred Gottwaldt, Besener, Willi, in: Wer war wer in der DDR? (5. Ausgabe), Berlin 2010, in: Online-Datenbank der Bundesstiftung Aufarbeitung, http://bundesstiftung-aufarbeitung.de/wer-war-wer-in-der-ddr-%2363%3B-

1424.html?ID=252 (21. 9. 2016); LAB, C Rep. 118-01, Nr. 10377, Erklärung von Willi Besener, 11. 12. 1946; Geschoß und Hülse fehlen, in: Der Spiegel, 18. 8. 1954.

Bertholet, René*
Geburtsdatum: 29. April 1907
Geburtsort: Genf
Sterbedatum: 1. Mai 1969
Sterbeort: Pindorama (Brasilien)
Beruf: Kaufmann und Journalist
Partei: ab Mitte der 1920er-Jahre ISK
Funktionen vor 1933: übernahm Funktionen im ISK, u. a. verantwortlich für „Gewerkschaftsfragen" und ab ca. 1932 Verantwortlicher des ISK für Kontakte zur ITF.
Verfolgung – Widerstand – Emigration: arbeitete als überzeugter Gegner des NS-Regimes in Berlin an Veröffentlichungen des ISK; wurde bereits 1933 verhaftet und wegen illegaler Betätigung für den ISK zu einer zweieinhalbjährigen Haftstrafe verurteilt; im Juni 1936 freigelassen, ging er nach Spanien und begleitete den Spanischen Bürgerkrieg als Journalist für die Tageszeitung der CGT „Le Peuple"; Ende 1936 war er die Kontaktperson des ISK in Paris und Brüssel, wo er sich auch für die französische Gewerkschaftsbewegung engagierte; in Paris ansässig, blieb er als Kurier zwischen Gewerkschaftern innerhalb des Deutschen Reiches und Emigrantengruppen in der Schweiz und Frankreich aktiv; zugleich „Verbindungsmann" und Kurier des IGB zu anderen internationalen Organisationen, woraus auch enge Kontakte zu Hans Jahn bzw. zur ITF resultierten; aufgrund der Besetzung Frankreichs ging er mit seiner Ehefrau Hanna 1940 nach Zürich; in dieser Zeit war er Delegierter des Schweizerischen Arbeiterhilfswerks und Agent des britischen Geheimdienstes; er reiste mehrfach in den unbesetzten Teil Frankreichs und überbrachte Gelder für Flüchtlinge; zugleich versuchte er, US-amerikanische Einreisevisa für politische Freunde zu erhalten, und bildete ein Netz der Gewerkschaftsgruppen innerhalb der Résistance; 1942/43 Kontaktperson für den nach Großbritannien emigrierten Hans Jahn in der Schweiz und für das Deutsche Reich.
Funktionen nach 1945: organisierte nach Ende des Krieges als Mitarbeiter des Schweizerischen Arbeiterhilfswerkes Lebensmittellieferungen nach Deutschland.
Weitere Hinweise: 1950 Auswanderung nach Brasilien, wo er landwirtschaftliche Genossenschaften und Selbsthilfeprojekte gründete; er verstand sich zeitlebens als Sozialist mit hohem Idealismus.

* Mielke/Frese (Bearb.), Die Gewerkschaften im Widerstand und in der Emigration, S. 172; Nelles, Der Widerstand der Internationalen Transportarbeiter-Föderation gegen Nationalsozialismus und Faschismus in Deutschland und Spanien, S. 114–155, hier S. 148 ff.; Philippe Adant, Widerstand und Wagemut. René Bertholet – eine Biographie, aus dem Franz. übers. von Susanne Miller, Frankfurt a. M. 1996.

Beyerling, Paul*
Geburtsdatum: 7. Juli 1877
Geburtsort: Köln
Sterbedatum: 17. April 1964
Sterbeort: Köln
Beruf: Buchdrucker; Schriftsetzer
Partei: ab 1905 SPD; ab 1945 SPD

Funktionen vor 1933: ab 1902 gewerkschaftlich organisiert im „Verband der deutschen Buchdrucker"; ab 1921 (hauptamtlicher) Gewerkschaftssekretär des DEV bzw. ab 1925 des EdED in Berlin.

Verfolgung – Widerstand – Emigration: betätigte sich in der illegalen SPD und im illegalen EdED; nach eigenen Angaben arbeitete er u. a. mit Alfred Markwitz, Walter Riedel, Max Urich, Hans Jahn, Walter Löffler zusammen; am 4. Dezember 1934 in seiner Wohnung festgenommen; zunächst in Polizeihaft, ab dem 19. Dezember 1934 im Untersuchungsgefängnis in Berlin-Moabit; in dieser Zeit erfolgten mehrere Wohnungsdurchsuchungen; beschlagnahmt wurden eine Schreibmaschine, eine Filmleinwand, eine Aktenledertasche sowie umfangreiche marxistische Literatur; die Gestapo warf ihm vor, zusammen mit Paul Hübsch und Kurt Flöther „Hetzschriften" verbreitet zu haben; Ende Februar 1935 Anklage wegen „Vorbereitung zum Hochverrat", da illegale Schriften bei Beyerling gefunden worden waren; am 16. April 1935 verurteilte ihn das Kammergericht Berlin zu drei Jahren Haft, anschließender Polizeiaufsicht und dem Verlust der bürgerlichen Ehrenrechte; im Anschluss verbüßte er die Haft im Zuchthaus Luckau und ab 24. September 1935 im Zuchthaus Brandenburg-Görden (bis 9. Dezember 1937); ab 11. Dezember 1937 laut Gestapo-Bericht „bis auf Weiteres" in „Schutzhaft" genommen; ab 22. Dezember 1937 „Schutzhaft" im KZ Sachsenhausen (Häftlings-Nr.: 13723); am 20. April 1939 bzw. nach anderen Angaben wurde er bei einer Begnadigung aus Anlass des Geburtstages von Hitler aus der Haft entlassen.

Funktionen nach 1945: nach 1945 Rentner; dennoch aktiv in der GdED und Funktionär in der „Gemeinschaft politisch verfolgter Sozialdemokraten" (Kreisverband Köln).

Weitere Hinweise: wohnte in Köln, Mainzer Straße 41 (1940er-Jahre); später Köln-Nippes, Schenkendorfstraße 23 (Ende der 1940er-Jahre); in Köln, Waisenhausgasse 66 (ab Mitte der 1950er-Jahre).

* StA Köln, Unterlagen zum Lebensweg und Sterberegister Nr. 673/1964 (Standesamt Köln): Beyerling, Paul; Auskunft des StA Köln (Thomas Deres), 4. 12. 2015; BArch, NJ 13630, Bd. 4, Bl. 19, 39, 44, 68, Unterlagen zur Verfolgung; BArch, R 1501/10256, Akte Bertha Schöne; BLHA, Rep. 801, Rat des Bezirks Cottbus, VdN-366, VdN-Akte von Wilhelm Dressel; Handbuch des Vereins Arbeiterpresse, 2. Aufl. 1927, S. 421; Jonas Posselt, Paul Beyerling (1877 – nach 1945), in: Mielke/Heinz (Hrsg.) unter Mitarb. von Pietsch, Gewerkschafter in den Konzentrationslagern Oranienburg und Sachsenhausen, Bd. 4, S. 373–378.

Beyß, Peter*

Geburtsdatum: 20. Juli 1885
Geburtsort: Eschweiler
Sterbedatum: 15. Januar 1964
Sterbeort: Eschweiler
Beruf: Dreher
Partei: bislang nicht bekannt

Funktionen vor 1933: ab 1919 Mitglied des DEV; ab 1920 Zweiter Vorsitzender des Betriebsrates im Reichsbahnausbesserungswerk in Jülich; ab 1922 Mitglied des regionalen Bezirksbetriebsrates.

Verfolgung – Widerstand – Emigration: soll in Verbindung mit EdED-Funktionären gestanden haben; bei einem Verhör durch die Gestapo im August 1940 bestritt er „jede illegale Tätigkeit"; Straftaten waren nicht nachweisbar, weshalb er auf freien Fuß gesetzt wurde.

Funktionen nach 1945: bislang nicht bekannt.

Weitere Hinweise: lebte später in Aachen und war dort als Dreher tätig, allerdings nicht mehr bei der Deutschen Bundesbahn; zuletzt wohnhaft in Eschweiler, Preyerstraße 29 (Mitte der 1960er-Jahre); verheiratet mit Maria Anna Beyß, geborene Kerres.

* BArch, NJ 2229, Bd. 1, Bl. 33 ff., Unterlagen der Gestapo und NS-Justiz zur Verfolgung illegaler EdED-Strukturen; BArch, R 3017/1000046, Bd. 2, Akten der Staatsanwaltschaft beim Landgericht Düsseldorf in der Strafsache gegen Wilhelm Bode und andere; Eschweiler Geschichtsverein e. V., GU-EW-1885-20396-396 (Standesamt Stadt Eschweller), Geburtenregister: Beyß, Peter und ebenda, Bestand SU-EW-1964-20028-40028 (Standesamt Stadt Eschweiler), Sterberegister Nr. 28/1964: Beyß, Peter; Auskunft des Eschweiler Geschichtsvereins (Claudia Niederhäuser), 2. 2. 2016; Auskunft des StA Eschweiler (Horst Schmidt), 2. 2. 2016.

Bittner, Franz*

Geburtsdatum: 21. Juni 1900
Geburtsort: Köln
Sterbedatum: bislang nicht geklärt
Sterbeort: bislang nicht geklärt
Beruf: Schmied
Partei: 1927–1930 KPD; ab 1945 KPD

Funktionen vor 1933: 1926–1930 Mitglied des EdED, vermutlich Übernahme von Funktionen.

Verfolgung – Widerstand – Emigration: März 1933 bis Mai 1934 wegen seiner früheren politischen Tätigkeit in „Schutzhaft" im KZ Börgermoor; der VGH gelangte in seinem Urteil zur Schlussfolgerung, Bittner habe im In- und Ausland „bis Mai/Juni 1935 fortgesetzt und teilweise gemeinschaftlich handelnd, das hochverräterische Unternehmen, mit Gewalt die Verfassung des Reiches zu ändern", verfolgt.

Funktionen nach 1945: Übernahme von Funktionen in der KPD.

Weitere Hinweise: wohnte in Essen, Kämpenstraße 19 (1917), später in der Leipziger Straße 42 (Anfang der 1920er-Jahre), später Seumannstraße 114 (Mitte der 1930er-Jahre); danach gibt es keine Hinweise auf einen weiteren Verbleib in Essen.

* Der Oberreichsanwalt beim VGH – Anklageschrift 9J486/35 gegen Max Grzeschik, Franz Bittner und andere, 9. 9. 1935, in: Nationalsozialismus, Holocaust, Widerstand und Exil 1933–1945, Online-Datenbank; Auskunft des StA Köln (Thomas Deres), 4. 12. 2015; Auskunft des StA Essen (Jutta Vonrüden-Ferner und Kevin Bätzel), 2. 3. 2016.

Blättermann, Friedrich*

Geburtsdatum: 17. Juni 1889
Geburtsort: Hettstedt (Südharz)
Sterbedatum: bislang nicht bekannt
Sterbeort: bislang nicht bekannt
Beruf: Schriftsetzer; Buchdrucker
Partei: vor 1933 SPD

Funktionen vor 1933: ab 1. September 1922 Bezirkssekretär des EdED in Breslau und Bezirksleiter des EdED für Oberschlesien (in Oppeln ansässig; bis 31. März 1932); 1928 Teilnehmer der 2. und 1931 Teilnehmer der 3. ordentlichen Generalversammlung des EdED; im April 1932 aus Oberschlesien (Oppeln) als Bezirkssekretär zur EdED-Bezirksleitung Hamburg „versetzt", um dort bald darauf eine Leitungsfunktion des EdED-Bezirks zu übernehmen; 1920er- und Anfang der 1930er-Jahre Mitglied des Hauptvorstandes des EdED.

Verfolgung – Widerstand – Emigration: sollte ursprünglich am 1. Juli 1933 die Stelle des EdED-Bezirksleiters Carl Kamps, der das 65. Lebensjahr erreicht hatte, übernehmen, wurde jedoch nach der Zerschlagung der Gewerkschaften Ende Juni 1933 entlassen; gab später in seinem Antrag auf Entschädigung an, sich illegal betätigt zu haben; von der Gestapo überwacht und Schikanen ausgesetzt.

Funktionen nach 1945: keine Funktionen, aber als Dozent für arbeitsrechtliche Fragen und zu Aufgaben und Pflichten von Betriebsräten für Gewerkschaften tätig.

Weitere Hinweise: 1921/22 Studium an der Akademie der Arbeit in Frankfurt a. M. (Besuch von Kursen der Rechtswissenschaft); 1922 Mitarbeiter für Sozialgesetzgebung und bürgerliches Recht beim „Korrespondent"; zeitweise Lehrer der EdED-Betriebsräteschule in Hammersbach; 1933 Versuch des Aufbaus einer „neuen Existenz" (Zigarrengeschäft); wohnte in Hamburg, Gählersplatz 1 (1930er-Jahre), später Sülldorfer Landstraße 152 (Ende der 1940er-Jahre); eine Tochter: Gerda Blättermann (geb. 23. Juni 1918); nach 1945 Sachbearbeiter beim Arbeitsamt Hamburg; später Dozent für Arbeitsrecht der Handwerkskammer Hamburg und für das Landesarbeitsamt.

* Staatsarchiv Hamburg, Bestand 351-11, Nr. 11559, Entschädigungsakte von Friedrich Blättermann; SAPMO-BArch, RY 1/I2/8/70, biografische Informationen; Handbuch des Vereins Arbeiterpresse, 2. Aufl. 1927, S. 513; Protokoll über die Verhandlungen der 2. ordentlichen Generalversammlung des EdED; Protokoll über die Verhandlungen der 3. ordentlichen Generalversammlung des EdED; Auskunft des StA Hettstedt (Ines Hornig), 30. 9. 2015.

Blank, Hermann*

Geburtsdatum: 23. April 1882
Geburtsort: Radeland (bei Baruth)
Sterbedatum: bislang nicht bekannt
Sterbeort: bislang nicht bekannt
Beruf: Lokomotivführer
Partei: bislang nicht bekannt
Funktionen vor 1933: bislang nicht bekannt
Verfolgung – Widerstand – Emigration: im Frühjahr 1933 im Gerichtsgefängnis Luckenwalde inhaftiert; vom 31. August 1933 bis 7. September 1933 im KZ Oranienburg wegen des Verstoßes gegen „Verordnung zum Schutz von Volk und Staat", konkret: „beschimpfende Äußerungen".
Funktionen nach 1945: bislang nicht bekannt
Weitere Hinweise: bislang nicht bekannt.

* BLHA, Rep. 35 G 3/3, Bl. 10 f.; Liste KZ Oranienburg, S. 10; Auskunft des Kreis- und Verwaltungsarchives Teltow-Fläming, Luckenwalde (Karin Grzegorzewski), 17. 3. 2016.

Blaß, Karl*

Geburtsdatum: 4. Februar 1892
Geburtsort: Essen
Sterbedatum: 29. Oktober 1953
Sterbeort: München
Beruf: Bildhauer; Gewerkschaftssekretär; Vertreter
Partei: ab 1913 SPD
Funktionen vor 1933: ab 1910 Gewerkschaftsmitglied; im November 1918 zum gewerkschaftlichen Vertrauensmann auf betrieblicher Ebene gewählt; zeitweise Vorsitzender der Personalvertretung der Reichsbahndirektion in Essen (Wahlamt); ab 1. März 1920 Funktionär des DEV bzw. ab 1925 des EdED – zunächst in Dortmund, danach in Essen; zuletzt Bevollmächtigter des EdED in Essen; während Besetzung durch Frankreich/Belgien 1923 DEV-Gauleitung für die besetzten Gebiete und Redakteur der dortigen Verbandszeitung; ab

1928 Mitglied des Hauptvorstandes des EdED in Berlin (Leiter der Abteilung Arbeitsrecht und Mitglied des Gedingeausschusses des Hauptvorstandes); 1926–1933 aktiv für die ITF; 1928 Teilnehmer der 2. und 1931 der 3. ordentlichen Generalversammlung des EdED.

Verfolgung – Widerstand – Emigration: umfangreiche illegale Tätigkeiten für den Wiederaufbau des EdED; in einem Gestapo-Bericht heißt es: „Ist bezw. war bei der ‚Zukunft'-Lebensversicherungs AG. als Vertreter tätig, die als Unterkunft ehemaliger Marxisten, insbesondere ehemaliger Eisenbahngewerkschafter geschildert wurde." (BArch, R 58/3388, Bl. 207, Gestapo-Bericht, 1938); wurde verdächtigt, einen Teil des Vermögens des EdED versteckt zu haben; ab Anfang der 1930er-Jahre Vorstandsmitglied der „Allgemeinen Krankengeldzuschuß- und Sterbekasse V. V. a. G.", wurde auf Veranlassung von Hermann Hahn durch die Gestapo so eingeschätzt, dass er gemeinsam mit Ludwig Lammel, Johannes Schramm, Heinrich Forstmeier und Hermann Schindler „die Kasse nicht im Sinne des nationalsozialistischen Staates" führe (LAB, B Rep. 025-01, Nr. 3325/50, Bl. 68, Schreiben der Preußischen Gestapo, 22. 9. 1936); nach einem Bericht von Jacobus Oldenbroek, der im Herbst 1933 von einer Deutschlandreise berichtet, soll Blaß durch die Entlassung 1933 in finanziellen Schwierigkeiten gewesen sein; in einer Anzeige eines seiner „ehemaligen Genossen" der illegalen Tätigkeit beschuldigt; soll ebenso in der Gruppe um Wilhelm Leuschner und Oswald Wiersich mitgearbeitet haben; am 1. September 1939 auf Grundlage der „A-Kartei" festgenommen; nach entsprechender Überprüfung am 5. September 1939 aus der „Schutzhaft" entlassen; wahrscheinlich ab 28. August 1944 im Rahmen der „Aktion Gewitter" erneut in „Schutzhaft" genommen und in das KZ Sachsenhausen überführt (Häftlings-Nr.: 093105, Häftlingskategorie: Schutzhäftling, Häftlingsblock: 44); am 25. September 1944 aus der Haft im KZ Sachsenhausen entlassen.

Funktionen nach 1945: ab 1945 Mitglied des Vorstandes bzw. ab Juli 1945 Vorsitzender des Verbandes für Eisenbahn, Post und Fernmeldewesen Groß-Berlin (bis 1. Januar 1946); Gewerkschaftsdelegierter bei der Generaldirektion der Deutschen Eisenbahn; ab August 1945 durch den Berliner Magistrat zum Sonderbeauftragten der Belange der Versicherten von „Deutscher Reichsbahnsterbekasse" und des „Versicherungsvereins Deutscher Eisenbahnbediensteter" ernannt; setzte in dieser Funktion bei der „Reichsbahnsterbekasse" einen neuen Vorstand unter dem Vorsitz von Hermann Hahn ein, der ihn 1933 bei der Gestapo denunziert hatte; beim „Versicherungsverein" setzte er Max Hanf, William Pearson und Otto Schuldt als Vorstand ein und fungierte selbst als Aufsichtsratsvorsitzender; blieb zugleich Vorstandsmitglied der „Allgemeinen Krankengeldzuschuß- und Sterbekasse V. V. a. G." (bis 1954); ab 1. Januar 1946 Präsident des Hauptprüfungsamtes bei der Deutschen Zentralverwaltung des Verkehrs; später selbstständiger Versicherungskaufmann.

Weitere Hinweise: 1928 auf der 2. ordentlichen Generalversammlung mit 144 von 154 Stimmen erstmals in den Hauptvorstand des EdED gewählt; davor Sekretär des Ersten Vorsitzenden des EdED; 1931 auf dem EdED-Verbandstag mit 171 von 171 Stimmen im Amt bestätigt; übernahm ab 29. März 1933 nach dem Rücktritt Franz Scheffels als Vorsitzender Teile von dessen Aufgaben; Absolvent der Akademie der Arbeit Frankfurt a. M.; wohnte in Berlin-Charlottenburg, Brombeerweg 10 (Anfang der 1930er-Jahre); bis 1. Oktober 1933 wohnhaft in Berlin-Ruhleben, Brombeerweg 7, später in Groß-Glienicke, Ahornallee 7 (1930er- und 1940er-Jahre).

* SAPMO-BArch, RY 1/I4/6, 29, Bl. 294, Unterlagen zur Verfolgung; BArch, R 58/3297, Bl. 179, Unterlagen zur Verfolgung; BArch, R 58/3388, Bl. 207, Gestapo-Bericht, 1938; BArch, NJ 2229, Bd. 1, Bl. 175, Unterlagen der Gestapo und der NS-Justiz zur Verfolgung illegaler EdED-Strukturen; BArch, R 58/9675, Karteikartensammlung der Gestapo, Blass, Karl; BLHA, Rep. 401, Rat des Bezirkes Potsdam, VdN-224, VdN-Akte von Karl Blaß; LAB, C-Rep. 118-01, Nr. 14200, OdF-Akte von Max Hanf; LAB, B Rep. 025-01, Nr. 3325/50, Verfahren Hermann Hahn, Unna in Westfalen, Friedrich-Ebert-Straße 40, gegen die „Allgemeine Krankengeldzuschuß- und Sterbekasse V. V. a. G.", Berlin W 15, Knesebeckstraße 59/60; LAB, B Rep. 042, Amtsgericht Charlottenburg, Nr. 48856 „Allgemeine Krankengeldzuschuß- und Sterbekasse V. V. a. G." (1934–1978); Gewerkschaftszeitung, 22. 4. 1933, S. 253 f.; AS, D 1 A/1044, Bl. 051, Anweisung der Politischen Abteilung des KZ Sachsenhausen, 23. 9. 1944; AS, JSU 1/100, Bl. 230, Veränderungsmeldung [der Schreibstube], 26. 9. 1944; Russisches Staatliches Militärarchiv, Moskau, 1367/1/44, Bl. 051, Anweisung der Politischen Abteilung des KZ Sachsenhausen, 23. 9. 1944 [Kopie in der Gedenkstätte und im Museum Sachsenhausen]; Handbuch des Vereins Arbeiterpresse, 2. Aufl. 1927, S. 307; Protokoll über die Verhandlungen der 2. ordentlichen Generalversammlung des EdED; Protokoll über die Verhandlungen der 3. ordentlichen Generalversammlung des EdED; Mielke/Frese (Bearb.), Die Gewerkschaften im Widerstand und in der Emigration, S. 325.

Block, Michael*

Geburtsdatum: 29. September 1892
Geburtsort: bislang nicht bekannt
Sterbedatum: bislang nicht bekannt
Sterbeort: bislang nicht bekannt
Beruf: Eisenbahnbeamter
Partei: ab 1919 SPD (bis 1936, Danzig)
Funktionen vor 1933: bislang nicht bekannt
Verfolgung – Widerstand – Emigration: Verlust des Arbeitsplatzes; 1936 zeitweise in Untersuchungshaft; Ausweisung aus Danzig.
Funktionen nach 1945: bislang nicht bekannt.
Weitere Hinweise: bislang nicht bekannt.

* SPD-Hamburg, Für Freiheit und Demokratie, S. 183.

Bode, Wilhelm*

Geburtsdatum: 23. April 1886
Geburtsort: Mühlhausen (Thüringen)
Sterbedatum: 28. April 1945

Sterbeort: bislang nicht bekannt (verschollen)
Beruf: Schlosser
Partei: vor 1933 SPD

Funktionen vor 1933: zunächst gewerkschaftlich organisiert im DMV; später Bezirksvorstandsmitglied des EdED; übernahm jahrelang verschiedene Funktionen im EdED (Kassierer, Schriftführer, Ortsgruppenvorstand), u. a. zeitweise unbesoldetes EdED-Vorstandsmitglied (Verbandsbeirat); zeitweise Betriebsratsmitglied im Reichsbahnausbesserungswerk Cottbus; mehrfach Delegierter auf ITF-Tagungen; Arbeitsrichter und ab 1930 Landesarbeitsrichter.

Verfolgung – Widerstand – Emigration: umfangreiche Widerstandsaktivitäten im illegalen Netzwerk um Hans Jahn; laut „Organisationsplan" von Hans Jahn vom 1. März 1936 Gaugraf in der EdED-Widerstandsgruppe im „15. Gau Schlesien. Vorort Cottbus"; wurde festgenommen und kam in „Schutzhaft"; nach Angaben in der „Organisationsskizze" von Ende 1938 Leiter des Bezirkes „Vorort Cottbus. Bezirk Lausitz-Schlesien" der illegalen „Organisation"; ab 11. Juni 1940 „Inschutzhaftnahme" durch die Stapo-Leitstelle Frankfurt a. d. Oder und Überführung in das Polizeigefängnis Düsseldorf; ab 20. August 1940 offizieller Haftbefehl des Amtsgerichtes Düsseldorf; erklärte bei einem Verhör am 20. August 1940: „Ich vertrete die Auffassung, dass es nicht richtig ist, dass Arbeitgeber und Arbeitnehmer sozusagen an einem Tisch sitzen bezw. in einer Organisation zusammengefasst sind. Ich halte es für besser, wenn Arbeitgeber und Arbeitnehmer in getrennten Organisationen ihre gegenseitigen Interessen wahrnehmen." (BArch, R 3017/29430, Verhörprotokoll, Amtsgerichtsrat Dr. Courth als Richter, 20. 8. 1940); gab zu, sich mehrmals mit Hans Jahn in Amsterdam getroffen und über den Stand der illegalen Organisation gesprochen zu haben; vom VGH am 8. April 1942 zu acht Jahren Zuchthausstrafe verurteilt; im Urteil heißt es: „Als Anfang Mai 1933 die Gewerkschaften von der Deutschen Arbeitsfront gleichgeschaltet wurden, fuhr Bode, der noch bis Juli weiterführen mußte, wieder nach Berlin, um mit den zuständigen Stellen der DAF über die Erhaltung des Verbandsvermögens zu sprechen. Bei dieser Gelegenheit suchte er auch Jahn auf. Sie kamen dabei wieder auf das Schicksal der Freien Gewerkschaften zu sprechen, und Jahn meinte, es müßte unter allen Umständen ein Weg gefunden werden, der die Gewerkschaftsorganisationen aufrecht erhalte. Bestimmte Vorschläge konnte er aber nicht machen. [...] Etwa im März 1935 wurde Bode von Jahn nach Berlin gerufen und hier aufgefordert, mit ihm zu Ostern an einer Konferenz in Dänemark teilzunehmen. Bode war damit einverstanden. Da ihm aber das Unternehmen nachträglich zu gefährlich erschien, ersuchte er den gleichfalls in den Reichsbahnausbesserungswerken in Cottbus beschäftigten Willi Schrödter, der vor dem Umbruch dem Einheitsverband sowie dem Betriebsrat des Reichsbahnausbesserungswerkes angehört hatte, an seiner Stelle an der Tagung teilzunehmen, weil er aus gesundheitlichen Gründen verhindert sei. Schrödter ging auf den Vorschlag ein und fuhr am Karfreitag mit Jahn nach dem in der Nähe von Kopenhagen gelegenen Roskilde. Dort fand am Ostersonntag [21. April 1935] die vorgesehene Tagung statt. [...]" (Urteil, Bl. 5 f.) Weiter erklärt das Urteil: „Die ITF. und der Einheitsverband waren marxistische Berufsverbände. Seitdem der Nationalsozialismus im Reich zur Macht gekommen war, war die Tätigkeit der ITF. im Rahmen der Gesamtziele des Marxismus ebenfalls darauf abgestellt, zum Sturz des Nationalsozialismus beizutragen. Ein solcher Umsturz konnte nur mit Gewalt durchgesetzt werden. Diesem Ziele dienten auch die Bestrebungen der illegalen Fortsetzung des Einheitsverbandes." (Urteil, Bl. 25) Zudem heißt es im Hinblick auf Bode: „Es kann dem Angeklagten vielleicht zugebilligt werden, daß er in den ersten Monaten nach der Machtergreifung noch nicht an eine gewaltsame Veränderung der politischen Verhältnisse gedacht hat. Durch die Maßnahmen, die schon im Jahre 1933 im Zuge der Neuordnung getroffen wurden, bestand aber für ihn [Bode] spätestens seit dem Herbst 1933 kein Zweifel, daß eine Änderung auf anderem Wege nicht durchgesetzt werden könne. Er hat auch gar nicht aufzuklären versucht, welcher andere Weg für die Freien Gewerkschaften bei ihrer politischen Unselbständigkeit im Rahmen des Marxismus möglich und gangbar gewesen wäre. Damit hat er aber zumindest seit diesem Zeitpunkt den inneren Tatbestand der Vorbereitung zum Hochverrat erfüllt [...]." (Urteil, Bl. 26); die Ehefrau stellte bereits Ende Dezember 1940 ein Gnadengesuch, dem jedoch nicht stattgegeben wurde; Bode soll nach Angaben von August Enderle 1945 in einem KZ inhaftiert gewesen sein; im Frühjahr 1945 soll er dem KZ „entkommen", aber nicht mehr bei seinen Angehörigen eingetroffen sein (für eine Inhaftierung im KZ Sachsenhausen gibt es keinerlei Belege).

Funktionen nach 1945: –

Weitere Hinweise: ab September 1918 im Reichsbahnausbesserungswerk in Cottbus beschäftigt (bis zur Verhaftung); wohnte in Cottbus, Dissenchener Straße 98 (Ende der 1930er-Jahre); ab 1930 Landesarbeitsrichter; seit 1910 verheiratet; Sohn Hans Bode, 1942 im Krieg gefallen; Tochter Margarete Stenzel, geborene Bode (geb. 17. Juli 1913); zum Todesdatum von Bode gibt es verschiedene Angaben, doch das oben genannte ist plausibel, da Bode 1945 noch gelebt haben soll.

* AdsD, Bestand ITF, 5/ITFA, Mappe 46, „Organisations-Anlage" von Hans Jahn über den Stand der illegalen Organisation der Eisenbahner im Deutschen Reich, o. D. [1. 3. 1936]; BLHA, Rep. 862 Reichsbahndirektion Cottbus, Akte 30650, „Beitrag zur Chronik des RAW Cottbus"; BArch, R 3017/29433, Bl. 4, „Organisationsskizze" von Hans Jahn, 1. 12. 1938; BArch, R 58/3399, Bl. 54, 57, 61 und R 58/3392, Bl. 170, Unterlagen zur Verfolgung; SAPMO-BArch, DY 55/V 278/2/93, Unterlagen der VVN; BArch, NJ 2229, Bde. 1 und 2, Unterlagen der Gestapo und NS-Justiz zur Verfolgung illegaler EdED-Strukturen; BArch, R 3017/29429 und BArch, R 3017/29430 und BArch, R 3017/29431, Unterlagen im Zusammenhang mit dem Strafverfahren gegen Wilhelm Bode und andere; BLHA, Rep. 801, Rat des Bezirks Cottbus, VdN-203, VdN-Akte der Hinterbliebenen; BLHA, Rep. 801, Rat des Bezirks Cottbus, VdN-1555, VdN-Akten von Paul und Hermann Raack; BLHA, Rep. 801, Rat des Bezirks Cottbus, VdN-1893, VdN-Akte von Willi Schrödter; LAV NRW R, RW 58, Nr. 2122, Unterlagen der Gestapo Düsseldorf; Urteil 2H17/42-9J237/40 des VGH (und Anklageschrift J237/40) gegen Wilhelm Bode und andere, 8. 4. 1942, in: Nationalsozialismus, Holocaust, Widerstand und Exil 1933–1945, Online-Datenbank; Mielke/Frese (Bearb.), Die Gewerkschaften im Widerstand und in der Emigration, S. 366, ferner 170, 238, 349, 359, 361, 416 f., 428, 432; Esters/Pelger/Schlingensiepen, Gewerkschafter im Widerstand, S. 15, 42, 68, 69 f., 72 ff., 144, 146 f., 149; Buß, Dreimal Stunde Null, S. 158; Gottwaldt, Eisenbahner gegen Hitler, S. 36; Uns gehören die Schienenwege. Eine Festschrift, S. 190.

Bödecker, August*
Geburtsdatum: 28. November 1880
Geburtsort: Otze (Burgdorf)
Sterbedatum: 10. März 1944
Sterbeort: KZ Neuengamme
Beruf: zeitweise tätig als Schaffner
Partei: SPD
Funktionen vor 1933: Fachgruppenleiter der Fahrbeamten im EdED.
Verfolgung – Widerstand – Emigration: im Zusammenhang mit der „Aktion Gewitter" im August 1944 festgenommen und bis 15. September 1944 im Gefängnis in Celle inhaftiert; als „Schutzhäftling" in das KZ Neuengamme verschleppt, wo er im Krankenrevier verstarb.
Funktionen nach 1945: –
Weitere Hinweise: zog als Kleinkind nach Lehrte (bei Hannover); wohnte dort anfangs in der Sehnder Straße 2; 1906 folgte der Umzug in die Königstraße 26; im Jahr 1927 bezog er eine Wohnung in der Hermann-Löns-Straße 12.

* StA Lehrte, Telefonische Auskunft, 7. 3. 2015; AdsD, DGB-Archiv, Ehrentafel für während des Dritten Reichs ermordete Gewerkschaftsmitglieder, o. O. o. J., S. 44, 69; AdsD, DGB-Archiv, Erschlagen, hingerichtet, in den Tod getrieben, Bonn 1995, S. 41; PA Siegfried Mielke, Berlin, Unterlagen, die im Zusammenhang mit dem Projekt zur Verfolgung und zum Widerstand von Eisenbahngewerkschaftern/innen gesammelt wurden.

Böning, Franz*
Geburtsdatum: 7. September 1896
Geburtsort: Heidelberg
Sterbedatum: 20. August 1972
Sterbeort: Heidelberg
Beruf: Schlosser
Partei: vor 1933 KPD; ab 1945 KPD
Funktionen vor 1933: gehörte vor 1933 dem Gemeinderat in Heidelberg an.
Verfolgung – Widerstand – Emigration: mit weiteren KPD-Funktionären am 4. März 1933 verhaftet und zeitweise in „Schutzhaft"; im Zusammenhang mit der „Aktion Gewitter" vom 28. August 1944 bis 11. September 1944 im KZ Dachau inhaftiert (Häftlings-Nr.: 93828).
Funktionen nach 1945: Zweiter Vorsitzender des Kartellvorstandes des Allgemeinen Freien Gewerkschaftsbundes Stadt- und Landkreis Heidelberg; 1946 Mitglied der Vorläufigen Volksvertretung Württemberg-Baden; 1946–1951 Stadtverordneter der KPD in Heidelberg; kandidierte bei den Bundestagswahlen 1949 und 1953 für die KPD im Wahlkreis Heidelberg, ohne diesen zu gewinnen; zeitweise hauptamtlicher Angestellter der GdED-Ortsverwaltung Heidelberg (Mitte der 1950er-Jahre ausgeschlossen).

Weitere Hinweise: Franz Böning war der jüngere Bruder des badischen KPD-Landtagsabgeordneten Hermann Böning (1894–1939); wohnte in Heidelberg, Gneisenaustraße 2 (Mitte der 1940er-Jahre).

* SAPMO-BArch, Widerstandskartei, Franz Böning; StA Heidelberg, AA 26/6, Ersatzzahlungen für Lohnausfall von Stadtverordneten (1930–1935); StA Heidelberg, AA 24a/1, Beschwerden der Stadträte (1946–1951); StA Heidelberg, AA 27/1 und AA 26/2, Unterlagen zur Stadtverordnetentätigkeit in der Weimarer Republik; Todesanzeige für Franz Böning, in: Heidelberger Tageblatt, 26./27. 8. 1972; Mielke (Bearb.) unter Mitarb. von Rütters, Becker und Fichter, Organisatorischer Aufbau der Gewerkschaften, S. 605; Auskunft des Archivs der Gedenkstätte Dachau (Albert Knoll), 9. 12. 2014; Auskunft des StA Heidelberg (Diana Weber), 20. 3. 2016.

Bösch, Alwin*

Geburtsdatum: 24. Juli 1883
Geburtsort: Hamburg
Sterbedatum: 6. Oktober 1962
Sterbeort: Hamburg
Beruf: Postfacharbeiter; Eisenbahner; Metallarbeiter
Partei: ab 1906 SPD
Funktionen vor 1933: ab 1906 gewerkschaftlich in verschiedenen Verbänden organisiert (u. a. DMV); ab 1. November 1920 Hauskassierer des DEV bzw. ab 1925 des EdED in Hamburg (bis Mai 1933).
Verfolgung – Widerstand – Emigration: wurde zum 30. Juni 1933 entlassen und war im Anschluss jahrelang erwerbslos (1933–1939); Mitglied der EdED-Widerstandsgruppe; Teilnehmer der Konferenz in Roskilde („Roskilder Konferenz“, Dänemark, April 1935); 1934/35: Verdacht der Beteiligung am Wiederaufbau des EdED bzw. anderer freier Gewerkschaften in Zusammenarbeit mit Hans Jahn; am 2./3. Juli 1935 wegen des Verdachts der illegalen „kommunistischen Betätigung“ festgenommen und im KZ Fuhlsbüttel inhaftiert; 1935 vom Landgericht Stettin wegen illegaler Gewerkschaftsarbeit und „Teilnahme an einer illegalen Auslandstagung“ am 3. September 1936 – unter Anrechnung der bisherigen Haftzeit – zu einer Haftstrafe von einem Jahr und zwei Monaten Gefängnis verurteilt (bis 4. September 1936 im KZ bzw. Polizeigefängnis Fuhlsbüttel); in der Haft schwer misshandelt; 1940 erneut Ermittlungen gegen Bösch: nach Angaben der Gestapo hatte er mehrere Treffen mit Hans Jahn und erhielt nachweislich 1937/38 Briefe von Jahn aus Luxemburg; außerdem in den Unterlagen von Jahn als Hamburger „Anlaufstelle“ genannt; am 23. Juli 1940 in „Schutzhaft“ genommen, u. a. vom 25. Juli 1940 bis 31. Juli 1940 im Polizeigefängnis Hamburg-Fuhlsbüttel (ehem. KZ Fuhlsbüttel) inhaftiert; Bösch bestritt, illegal tätig geworden zu sein; nach Verwarnung am 23./24. Januar 1941 aus der „Schutzhaft“ entlassen.
Funktionen nach 1945: bislang nicht bekannt.

Weitere Hinweise: verheiratet mit Hertha Bösch, geborene Wiese; wohnte in Hamburg, Amsinckstraße 59 (1930er-Jahre), später Wilhelmsburger Straße 2 (Ende der 1940er-Jahre).

* BArch, NJ 2229, Bd. 1, Bl. 43, Unterlagen zur Verfolgung der Gestapo und NS-Justiz zur Verfolgung illegaler EdED-Strukturen; BArch, R 3017/29430, Bl. 14 ff., Schreiben der Oberstaatsanwaltschaft Düsseldorf an den Oberreichsanwalt beim VGH in Berlin, 27. 8. 1940; LAV NRW R, RW 58, Nr. 3364, Unterlagen der Gestapo und „Schutzhaft"-Befehl; Staatsarchiv Hamburg, Bestand 351-11, Nr. 6748, Entschädigungsakte von Alwin Peter Bösch; Staatsarchiv Hamburg, Bestand 741-4, A 252, Untersuchungshaftkarteikarte: Bösch, Alwin; Staatsarchiv Hamburg, Bestand 213-8, Ablieferung 2, 451aE1, 1e und Bestand 331-1 II, Ablieferung 15, Bd. 1, Unterlagen zur „Schutzhaft" 1940; Handbuch des Vereins Arbeiterpresse, 2. Aufl. 1927, S. 357; Esters/Pelger/Schlingensiepen, Gewerkschafter im Widerstand, S. 35, 43, 45 f., 68; Mielke/Frese (Bearb.), Die Gewerkschaften im Widerstand und in der Emigration, S. 348; Auskunft des Bezirksamtes Harburg (Freie und Hansestadt Hamburg), Fachamt Einwohnerwesen, 17. 6. 2016.

Bößwetter, Adolf*

Geburtsdatum: 1. November 1880
Geburtsort: Gonsenheim
Sterbedatum: 8. Mai 1956
Sterbeort: Mainz
Beruf: Eisenbahnarbeiter
Partei: USPD, ab ca. 1922 SPD

Funktionen vor 1933: seit 1. Dezember 1913 DEV-Angestellter bzw. ab 1925 des EdED in Worms; 1925 Delegierter der 3. ordentlichen Generalversammlung des DEV; in den 1920er-Jahren zeitweise Stadtverordneter in Mainz.

Verfolgung – Widerstand – Emigration: Kontakt zu Anton Calujek und zur Widerstandsgruppe um Wilhelm Leuschner; 1933 kurzzeitig im KZ Osthofen inhaftiert.

Funktionen nach 1945: bislang nicht bekannt.

Weitere Hinweise: bislang nicht bekannt.

* Handbuch des Vereins Arbeiterpresse, 2. Aufl. 1927, S. 597; Protokoll über die Verhandlungen der dritten ordentlichen General-Versammlung des Deutschen Eisenbahner-Verbandes vom 21. bis 26. Juni 1925 in Köln a. Rh.; Henk, Die Tragödie des 20. Juli 1944, S. 49 f.; Ulrich, Politischer Widerstand gegen das „Dritte Reich", S. 90 ff.

Bonatzy, Maximilian*

Geburtsdatum: 12. Dezember 1875
Geburtsort: Katscher/Leobschütz
Sterbedatum: 15. Dezember 1955
Sterbeort: Berlin (West)

Beruf: Schlosser

Partei: vor 1933 SPD

Funktionen vor 1933: seit 1917 Mitglied des DEV; ab 1920 Betriebsrat im Reichsbahnausbesserungswerk Berlin-Grunewald und dort 1921–1933 auch Vorsitzender des Betriebsrates; Leiter der SPD-Betriebsgruppe im Reichsbahnausbesserungswerk und Mitglied des „Reichsbanners Schwarz-Rot-Gold" sowie der „Eisernen Front"; Mitglied des EdED-Verbandsbeirates Berlin; Vorsitzender des zweiten Kreises der EdED-Ortsverwaltung Berlin; 1925 Delegierter der 3. ordentlichen Generalversammlung des DEV; Kreisvorsitzender in der Ortsverwaltung des Berliner EdED bzw. zeitweise Mitglied des Ortsvorstandes des EdED Berlin.

Verfolgung – Widerstand – Emigration: war bereits zu Beginn der 1930er-Jahre in Auseinandersetzungen mit der NSDAP verwickelt; übermittelte nach eigener Aussage am 14. Juni 1932 einen Bericht über eine nationalsozialistische Eisenbahnerversammlung an den EdED; ließ die Hakenkreuzfahne vom Verwaltungsgebäude entfernen; am 11. September 1933 aus dem Eisenbahndienst fristlos entlassen, wegen „1. Schädigung rechts eingestellter Mitarbeiter, 2. Verteilung marxistischer Flugblätter, 3. [soll er] Nationalsozialistischen Flugblattverteilern noch im März 1933 die Flugblätter aus der Hand gerissen und vernichtet haben"; regelmäßige Treffen mit Eisenbahnerkollegen und Flugblattverteilung: „Die ständig stattfindenden Zusammenkünfte mit meinen Kollegen von der Reichsbahn bis zur Kriegszeit haben mich trotz Bestrafungen einiger Freunde nicht gehindert, das Material gegen die Nazis zur Verteilung zu bringen und aufklärend zu wirken." (OdF-Akte, Lebenslauf); 1939 Verhaftung nach „Liste" bzw. „A-Kartei" gemeinsam mit Wilhelm Butenschön; zunächst Inhaftierung im Polizeigefängnis Alexanderplatz und im Anschluss (1939) in das KZ Sachsenhausen verlegt; entzog sich einer weiteren Verhaftung im Rahmen der „Aktion Gewitter" durch „Flucht".

Weitere Hinweise: bislang nicht bekannt.

* LAB, C Rep. 118-01, Nr. 1028, VdN-Akte von Maximilian Bonatzy; LABO, Reg.-Nr. 600.298, Entschädigungsakte von Klara Bonatzy; LABO, Reg.-Nr. 369, Entschädigungsakte von Maximilian Bonatzy; Geschäftsbericht für das Jahr 1927 der Ortsgruppe Berlin des EdED; BArch, R 58/3297, Bl. 276 und R 58/3297, Bl. 15 (als Maximilian) sowie auf Bl. 24 (als Bonatzky, Max), Bl. 78 sowie R 58/3388, Unterlagen zur Verfolgung; BLHA, Rep. 35 H, Nr. 13, Bl. 229, Liste der im KZ Sachsenhausen Inhaftierten; Protokoll über die Verhandlungen der dritten ordentlichen General-Versammlung des Deutschen Eisenbahner-Verbandes vom 21. bis 26. Juni 1925 in Köln a. Rh.; Jahrbuch 1931 des Einheitsverbandes der Eisenbahner Deutschlands, S. 172; Siegfried Mielke, Bonatzy, Maximilian (1875–?), in: Mielke (Hrsg.) i. V. mit Morsch, Gewerkschafter in den Konzentrationslagern Oranienburg und Sachsenhausen, Bd. 3, S. 274 ff.

Bonkowski, Ludwig*

Geburtsdatum: bislang nicht bekannt

Geburtsort: bislang nicht bekannt

Sterbedatum: bislang nicht bekannt

Sterbeort: bislang nicht bekannt
Beruf: Stoffausgeber
Partei: vor 1933 SPD
Funktionen vor 1933: Funktionär des EdED in Osterode (Ostpreußen); Mitglied des Hauptbetriebsrates der Deutschen Reichsbahn-Gesellschaft; ab 1931 Mitglied der Revisions- und Beschwerdekommission für den Bezirk Königsberg; auf Vorschlagsliste des EdED zum Hauptbetriebsrat (undatiert); 1928 Delegierter der 2. ordentlichen Generalversammlung des EdED; zum Mitglied des Hauptbetriebsrats (für die Werkstättenarbeiter) 1929 gewählt; 1931 Delegierter der 3. ordentlichen Generalversammlung des EdED.
Verfolgung – Widerstand – Emigration: eigenen Angaben und Wilhelm Matull zufolge 1933 aktiv in illegalen Zirkeln des freigewerkschaftlichen EdED; musste Nachteile bzw. Repressalien erleiden; die Gestapo warf ihm „Staatsfeindlichkeit" vor; bis Ende der 1930er-Jahre aktiv an der Aufrechterhaltung von gewerkschaftlichen Widerstandszirkeln beteiligt.
Funktionen nach 1945: bislang nicht bekannt.
Weitere Hinweise: bislang nicht bekannt.

* SAPMO-BArch, Widerstandskartei, Ludwig Bonkowski; SAPMO-BArch, DY 55/5/23, VVN-Unterlagen zur Verfolgung; Jahrbuch 1929 des EdED, S. 84; Matull, Ostpreußens Arbeiterbewegung, S. 118, 126 f.; Jahrbuch 1930 des Einheitsverbandes der Eisenbahner Deutschlands, hrsg. vom Verbandsvorstand des EdED, Berlin 1931, S. 144; Protokoll über die Verhandlungen der 3. ordentlichen Generalversammlung des EdED.

Braye, Arend*

Geburtsdatum: 3. November 1890
Geburtsort: Guppenbühren (bei Oldenburg)
Sterbedatum: 23. August 1960
Sterbeort: Haltingen
Beruf: Schlosser; zeitweise tätig als Lokheizer
Partei: vor 1933 SPD
Funktionen vor 1933: ab 1. Oktober 1919 Ortsbeamter im EdED Weil-Leopoldshöhe; 1919–1933 Geschäftsführer bzw. Bevollmächtigter der DEV- bzw. EdED-Ortsgruppe Lörrach-Basel; 1919–1925 und 1927–1933 Bürgermeister und Mitglied des Gemeinderates von Haltingen.
Verfolgung – Widerstand – Emigration: am 19. August 1933 vom Dienst entbunden; im Anschluss erwerbslos; ging in den Folgejahren verschiedenen niedrig qualifizierten Tätigkeiten nach, u. a. als Lagerverwalter; im Zusammenhang mit der „Aktion Gewitter" vom 4. September 1944 bis 24. September 1944 im KZ Dachau in Haft, zuvor im KZ Natzweiler.
Funktionen nach 1945: wurde von der französischen Besatzungsmacht im Juli 1945 in Haltingen wieder als Bürgermeister eingesetzt (bis 1948 im Amt); am 5. Dezember 1948 als Bürgermeister von Lörrach gewählt und am 1. Dezember 1957 für weitere zwölf Jahre im Amt

bestätigt; ab 1947 Abgeordneter der SPD im ersten Badischen Landtag und bis 1960 Mitglied des Landtages von Baden-Württemberg.

Weitere Hinweise: zeitweise Mitglied des Vorstandes der Kantinengenossenschaft; seit 1920 verheiratet; in Lörrach ist eine Straße nach Braye benannt.

* Handbuch des Vereins Arbeiterpresse, 2. Aufl. 1927, S. 588; Archiv der Gedenkstätte Dachau, Unterlagen zur Haftzeit im KZ Dachau; Vor 50 Jahren starb Oberbürgermeister Arend Braye – Pressemitteilung der Stadt Lörrach, 20. 8. 2010; Auskunft des StA bzw. der Stadtverwaltung Lörrach, 2. 2. 2016.

Breuer, Eduard*

Geburtsdatum: 18. Februar 1915
Geburtsort: Aachen
Sterbedatum: bislang nicht bekannt
Sterbeort: bislang nicht bekannt
Beruf: Arbeiter; später Hausmeister
Partei: bislang nicht bekannt

Funktionen vor 1933: übernahm vermutlich Funktionen im EdED.

Verfolgung – Widerstand – Emigration: laut „Organisationsplan" von Hans Jahn vom 1. März 1936 einer der Vertrauensleute, die in den EdED-Widerstand einbezogen wurden und als „Stützpunktführer" fungierten (Düren, Glashütte); 1934/35 im Raum Aachen und Düren an illegalen Aktivitäten beteiligt; 1935 von der Gestapo Aachen festgenommen.

Funktionen nach 1945: bislang nicht bekannt.

Weitere Hinweise: zum 29. März 1939 verzog er von Aachen, Theaterplatz 2 nach Stolberg, Rathausstraße 57.

* SAPMO-BArch, Widerstandskartei, Eduard Breuer; BArch, R 58/3607, Bl. 146, Unterlagen der Gestapo zur Verfolgung, 1935; AdsD, Bestand ITF, 5/ITFA, Mappe 46, „Organisations-Anlage" von Hans Jahn über den Stand der illegalen Organisation der Eisenbahner im Deutschen Reich, o. D. [1. 3. 1936]; Auskunft des StA Stolberg (Wolfgang Machhof), 28. 9. 2015.

Breunig, Lorenz*

Geburtsdatum: 11. August 1882
Geburtsort: Weilbach (Unterfranken)
Sterbedatum: 15. Februar 1945
Sterbeort: KZ Sachsenhausen
Beruf: Eisendreher
Partei: SPD; zeitweise USPD; nach 1922 wieder SPD

Funktionen vor 1933: zunächst gewerkschaftlich organisiert im DMV; ab 1. Mai 1920 Gewerkschaftsfunktionär und Mitglied bzw. Sekretär des Hauptvorstandes des DEV bzw. ab 1925 des EdED (bis April 1933, trat im Zuge der Anpassungspolitik zurück); zeitweise Arbeiterrat der Reichsbahndirektion in Frankfurt a. M.; 1925 als Vorstandsmitglied Delegierter der 3. ordentlichen Generalversammlung des DEV und Gründungsmitglied des EdED (als besoldetes Mitglied des Vorstandes in der Wahlkommission für die Wahl des Vorsitzenden); 1928 bzw. 1931 als Vorstandsmitglied Teilnehmer/Delegierter der 2. und 3. ordentlichen Generalversammlung des EdED; 1920–1924 Mitglied des Reichstages.
Verfolgung – Widerstand – Emigration: illegale Arbeit in einer Widerstandsgruppe der Eisenbahner, die unabhängig von Hans Jahns Gruppe agierte; wurde u. a. von Angehörigen der SA überfallen; die Gestapo erklärte 1938: „Langjähriges Mitglied der SPD, Sekretär im Einheitsverband der Eisenbahner Deutschlands, jetzt Untervertreter bei der Hanseatischen Lebensversicherungsgesellschaft, Zweigstelle Berlin. Es wird vermutet, dass er seine Agententätigkeit für die gen. Gesellschaft für illegale Zwecke ausnutzt.“ (BArch, R 58/3388, Bl. 209, Gestapo-Bericht, 1938); seine Ehefrau war am Vertrieb illegaler Schriften beteiligt und half ihrem Mann, „seine illegalen Schriften und das ganze Material, das uns zugestellt wurde, weiterzureichen“ (LAB, C Rep. 118-01, Nr. 21858, Lebenslauf Anna Breunig, o. D.); unternahm im Zusammenhang mit illegalen Aktivitäten eine Auslandsreise nach Brüssel und Antwerpen; wegen des Verdacht der „Vorbereitung zum Hochverrat“ am 23. Mai 1939 festgenommen, im Anschluss im „Hausgefängnis“ der Gestapo in Berlin inhaftiert, am 27. Mai 1939 entlassen; zwischenzeitlich Ermittlungen wegen illegaler Betätigung; das Verfahren wurde zum 19. Juli 1940 eingestellt, da eine höhere Bestrafung von sechs Monaten nicht zu erwarten war; bereits am 1. September 1939 im Zusammenhang mit dem Ausbruch des Zweiten Weltkrieges festgenommen (Grund: „A-Kartei“) und in das Polizeigefängnis Berlin-Alexanderplatz überstellt; im Anschluss im KZ Sachsenhausen inhaftiert; aufgrund des o. g. Ermittlungsverfahrens zeitweise im Strafgefängnis Plötzensee in Untersuchungshaft (nach Angaben der Ehefrau auch in Berlin-Moabit); am 14. Februar 1940 vom Landgericht Berlin trotz des laufenden Ermittlungsverfahrens „rücküberstellt“ in das KZ Sachsenhausen (Grund: „A-Kartei“), wo er ermordet wurde.
Weitere Hinweise: Tochter Paula war mit Wilhelm Dressel verheiratet; Sohn Heribert war Mitglied der Widerstandsgruppe um Anton Saefkow (vermisst bei Küstrin); Breunig übte zeitweise eine Tätigkeit als Versicherungsvertreter aus; Ehefrau Anna Breunig, geborene Schmider, wurde mehrfach von der Gestapo vernommen, u. a. sollte sie preisgeben, wo sie illegale Schriften versteckt habe; Ehefrau half 1943 einem entlassenen Häftling mit Geld und Lebensmitteln, damit er nach Köln fahren konnte; sie musste anscheinend zeitweise untertauchen; Breunig soll bereits bei Einlieferung in das KZ Sachsenhausen erkrankt und geschwächt gewesen sein.

* BArch, R 58/3388, Bl. 207 ff., Gestapo-Bericht, 1938; Handbuch des Vereins Arbeiterpresse, 2. Aufl. 1927, S. 148; LAB, C Rep. 118-01, Nr. 21858, OdF-Akte von Lorenz und Anna Breunig; AdsD, DGB-Archiv, Ehrentafel für

während des Dritten Reichs ermordete Gewerkschaftsmitglieder, o. O. o. J., S. 69; Protokoll über die Verhandlungen der dritten ordentlichen General-Versammlung des Deutschen Eisenbahner-Verbandes vom 21. bis 26. Juni 1925 in Köln a. Rh.; Protokoll über die Verhandlungen der 2. ordentlichen Generalversammlung des EdED; Protokoll über die Verhandlungen der 3. ordentlichen Generalversammlung des EdED; Franz Osterroth, Biographisches Lexikon des Sozialismus, Bd. 1: Verstorbene Persönlichkeiten, Hannover 1960, S. 48; Beier, Arbeiterbewegung in Hessen, S. 383 f.; Schumacher (Hrsg.), M. d. R. Die Reichstagsabgeordneten der Weimarer Republik, S. 156; Schröder, Sozialdemokratische Parlamentarier, S. 398; Stefan Müller, Breunig, Lorenz (Laurentius) (1882–1945), in: Mielke (Hrsg.) i. V. mit Morsch, Gewerkschafter in den Konzentrationslagern Oranienburg und Sachsenhausen, Bd. 3, S. 50–62; Müller, Sozialist, Gewerkschafter, Widerstandskämpfer. Zur Erinnerung an Lorenz Breunig; Mielke/Frese (Bearb.), Die Gewerkschaften im Widerstand und in der Emigration, S. 307, 310, 322.

Brodalla, Paul*

Geburtsdatum: 8. Februar 1900
Geburtsort: Hermsdorf
Sterbedatum: Ende 1944/Anfang 1945 (verschollen)
Sterbeort: auf einem Transport nach Bayern
Beruf: Lokführer
Partei: vor 1933 KPD

Funktionen vor 1933: Übernahm Funktionen in der RGO und im EVMB; zeitweise Betriebsrat.

Verfolgung – Widerstand – Emigration: beteiligte sich an der Verteilung illegalen kommunistischen Materials in Briesen; wurde am 22. Dezember 1936 in Fürstenwalde festgenommen und am 23. Dezember 1936 dem Amtsgericht in Frankfurt a. d. Oder zugeführt; am 17. September 1937 vom Kammergericht Berlin wegen „Vorbereitung zum Hochverrat" zu zwei Jahren Zuchthausstrafe verurteilt; vom 17. September 1937 bis 17. Januar 1939 im Zuchthaus Brandenburg inhaftiert; nach der Haftentlassung musste er eine Arbeit in der Nähe von Krakau bzw. Auschwitz annehmen; am 25. August 1944 von der Gestapo im Rahmen der „Aktion Gewitter" festgenommen und in das KZ Groß-Rosen verschleppt, von wo aus er später auf einen Transport nach Bayern geschickt wurde.

Funktionen nach 1945: –

Weitere Hinweise: wohnte in Briesen (Mark); verheiratet mit Frieda Brodalla (geb. 28. Februar 1901 in Sorau, gest. 10. Mai 1964).

* SAPMO-BArch, Widerstandskartei, Paul Brodalla; SAPMO-BArch, DY 55/V 287/979, Bl. 8, Unterlagen zur Haftzeit von Paul Brodalla; NJ 4888, Merkblatt des Reichsanwaltes beim VGH und Mitteilung zur Untersuchungshaft; BArch, R 58/2021, Bl. 387; BLHA, Rep. 601, Rat des Bezirkes Frankfurt a. d. Oder, VdN-1391, VdN-Akte von Frieda Brodalla (für den verstorbenen Ehemann).

Brügmann, Johann [auch: Brügmann, Johnny]*

Geburtsdatum: 25. August 1884
Geburtsort: Hamburg

Sterbedatum: 18. März 1944
Sterbeort: KZ Dachau
Beruf: Schlosser; auch als Maurer tätig
Partei: ab 1905 SPD

Funktionen vor 1933: ab 1906 zunächst gewerkschaftlich organisiert im DMV, später Mitglied des DBB; ab 1. November 1920 Gewerkschaftsfunktionär (Kassierer) im DEV bzw. ab 1925 im EdED in Hamburg (bis 1933).

Verfolgung – Widerstand – Emigration: am 12. Mai 1933 gekündigt und zum 30. Juni 1933 entlassen; nahm „an Bestrebungen teil, die zum Ziele hatten, die Organisation des Einheitsverbandes deutscher Eisenbahner wieder ins Leben zu rufen"; Beteiligung am Wiederaufbau des illegalen EdED (1941); stand unter dem Verdacht der „Vorbereitung zum Hochverrat"; in Kiel durch die Gestapo vernommen, dabei Geständnis über die illegale Arbeit, gab u. a. zu, sich mehrmals mit Hans Jahn im Zusammenhang mit dem illegalen Wiederaufbau des EdED getroffen zu haben und sich mehrfach „staatsfeindlich" geäußert zu haben; am 9. Juli 1940 in Hamburg festgenommen und am 24. Oktober 1941 vom Zweiten Strafsenat des OLG Hamm wegen „Vorbereitung zum Hochverrat" zu einer Zuchthausstrafe von zwei Jahren und sechs Monaten verurteilt; nach der Strafverbüßung am 10. Januar 1943 „Inschutzhaftnahme"; am 15. Januar 1943 in das Polizeigefängnis Düsseldorf überführt; erneute Anordnung der „Schutzhaft" am 11. März 1943, u. a. inhaftiert im KZ Dachau bis 1944 (Häftlings-Nr.: 45004); verstarb dort (offiziell an einer „Hirnthrombose", nach anderen Berichten soll er ermordet worden sein).

Weitere Hinweise: ab 1923 Mitglied des „Reichsbanners Schwarz-Rot-Gold"; wohnte in Hamburg, Hammer Deich 25a (Anfang der 1940er-Jahre); war verwitwet.

* LAV NRW R, RW 58, Nr. 22102, Unterlagen der Gestapo Düsseldorf; LAV NRW R, RW 58, Nr. 9364, Anklageschrift und Urteil in der Strafsache gegen Brügmann (hier in den Unterlagen im Verfahren gegen Paul Haltenhof); BArch, R 1501/10253, Brief des Chefs der Sicherheitspolizei mit dem SD an die DAF, 28. 8. 1942; Handbuch des Vereins Arbeiterpresse, 2. Aufl. 1927, S. 357; Franz Spliedt, Die Gewerkschaften. Entwicklung und Erfolge, Hamburg o. J. (1948/49), S. 84; Buß, Dreimal Stunde Null, S. 158; Gottwaldt, Eisenbahner gegen Hitler, S. 44; SPD-Hamburg, Für Freiheit und Demokratie, S. 195.

Buchwald, Fritz*

Geburtsdatum: 27. März 1887
Geburtsort: Breslau
Sterbedatum: 22. Dezember 1957
Sterbeort: Auerswalde
Partei: seit 1912 SPD
Beruf: Schlosser

Funktionen vor 1933: 1905–1916 Mitglied des DMV; im Anschluss Funktionär im Sächsischen Eisenbahnerverband; 1918 Vorsitzender des Arbeiterrates im Reichsbahnausbesserungswerk

Chemnitz; 1920–1923 Vorsitzender des Bezirksbetriebsrates der Reichsbahndirektion in Dresden; ab 1923 Funktionär des DEV bzw. ab 1925 Geschäftsführer des EdED Chemnitz (EdED-Bezirk Dresden); zeitweise Angestellter des EdED; Teilnahme an allen wichtigen Verbandsversammlungen seit 1919, u. a. 1925 Delegierter der 3. ordentlichen Generalversammlung des DEV; 1931 Delegierter der 3. ordentlichen Generalversammlung des EdED.

Verfolgung – Widerstand – Emigration: Verhaftung nach der Zerschlagung der Gewerkschaften am 2. Mai 1933 am Chemnitzer Bahnhof; im Anschluss sechswöchige Haft im Polizeipräsidium Chemnitz, anschließend für drei Monate unter Polizeiaufsicht; 1937 und 1938 erneute Verhaftungen in Dresden; August 1944 bis 13. September 1944 im KZ Sachsenhausen inhaftiert (Häftlings-Nr.: 93717); umfangreiche Widerstandsaktivitäten in verschiedenen Orten und im Rahmen mehrerer Gruppen bekannt; u. a. 1942/43 Zusammenarbeit mit Otto Endorf und Otto Rehschuh.

Funktionen nach 1945: Übernahme von Funktionen in der IG Metall; 1945–1953 Erster Kreisvorsitzender des FDGB in Chemnitz; Mitglied des Landesvorstandes des FDGB Sachsen; Delegierter zum Ersten FDGB-Kongress im Februar 1946, dort mit 549 Stimmen in den Bundesvorstand gewählt; 1946–1950 Mitglied des Landtages in Sachsen; am 30. Mai 1947 als „Kämpfer gegen den Faschismus“ anerkannt; am 27. März 1957 Verleihung der „Fritz-Heckert-Medaille“.

Weitere Hinweise: flüchtete um 1906 aus Breslau, da ihn die Polizei infolge eines Streiks bei den „Linke-Hoffmann-Busch-Werken“ zur Fahndung ausgeschrieben hatte.

* Staatsarchiv Chemnitz, Bestand 32456, FDGB-Bezirksvorstand Karl-Marx-Stadt, Unterlagen des FDGB und zur Tätigkeit von Fritz Buchwald; StA Chemnitz, Sterberegister, Nr. V-1250/1957: Buchwald, Fritz; Staatsarchiv Chemnitz, Rat des Bezirks Karl-Marx-Stadt 30413, Nr. 52104, VdN-Akte von Fritz Buchwald und Nr. 52945, VdN-Akte von Otto Schulze und Nr. 52479, VdN-Akte von Guido Görner und Nr. 51755, VdN-Akte von Albert Jentzsch; Protokoll über die Verhandlungen der dritten ordentlichen General-Versammlung des Deutschen Eisenbahner-Verbandes vom 21. bis 26. Juni 1925 in Köln a. Rh.; Protokoll über die Verhandlungen der 3. ordentlichen Generalversammlung des EdED; Martin Broszat/Hermann Weber (Hrsg.), SBZ-Handbuch. Staatliche Verwaltungen, Parteien, gesellschaftliche Organisationen und ihre Führungskräfte in der Sowjetischen Besatzungszone Deutschlands 1945–1949, München 1990, S. 880; Martin Kröger, Buchwald, Fritz (1887–?), in: Mielke (Hrsg.) i. V. mit Morsch, Gewerkschafter in den Konzentrationslagern Oranienburg und Sachsenhausen, Bd. 3, S. 285–287; Auskunft des StA Chemnitz (Stephan Pfalzer), 23. 9. 2015.

Burmester, Wilhelm*

Geburtsdatum: 15. September 1893
Geburtsort: Moorburg (heute: Hamburg)
Sterbedatum: ca. 1969
Sterbeort: Hamburg
Beruf: Schlosser
Partei: ab 1912 SPD; ab 1945 SPD

Funktionen vor 1933: ab 1912 Mitglied des DMV (bis zur Zeit während des Ersten Weltkrieges); ab 1919 GDL; bald darauf Übertritt zum DEV und Übernahme verschiedener Funktionen; zeitweise Betriebsvertrauensmann; ab 1925 verschiedene Funktionen im EdED; in den letzten Jahren der Weimarer Republik Betriebsratsmitglied (von 1918 bis 1940 für die Reichsbahn als Schlosser tätig); 1930/31 Lehrgangsteilnehmer der ADGB-Bundesschule in Bernau und Besuch von Seminaren an der Akademie der Arbeit in Frankfurt a. M.
Verfolgung – Widerstand – Emigration: nachweisbare Betätigung für den illegalen EdED; 1933–1935 mehrere Treffen mit Hans Jahn; vermittelte Jahn Kontakte zu anderen Gewerkschaftern und war mit ihm laut Gestapo „besonders gut bekannt"; laut „Organisationsplan" von Jahn vom 1. März 1936 Gaugraf in der EdED-Widerstandsgruppe im „5. Gau Wasserkante. Vorort Hamburg"; wegen des Verdachts illegaler Tätigkeiten und direkter Kontakte zu Hans Jahn festgenommen und vom 18. November 1935 bis 21. Dezember 1935 im KZ Fuhlsbüttel inhaftiert; vom 26. Juni 1940 bis 31. Juli 1940 im Polizeigefängnis Hamburg-Fuhlsbüttel (ehem. KZ Fuhlsbüttel) inhaftiert; im Anschluss bzw. offiziell ab 24. Dezember 1940 in Untersuchungshaft im Gerichtsgefängnis Düsseldorf-Derendorf; am 24. Oktober 1941 vom OLG Hamm zusammen mit sechs anderen Gewerkschaftern wegen „Vorbereitung eines hochverräterischen Unternehmens" zu zwei Jahren und sechs Monaten Gefängnisstrafe verurteilt (bei drei Jahren Ehrverlust; anzurechnende Untersuchungshaft: 15 Monate); ab 3. November 1941 im Untersuchungsgefängnis in Hamm (Westf.) inhaftiert (bis 15. Dezember 1941); vom 17. Dezember 1941 bis 24. Januar 1943 im Männergefängnis Glasmoor (bei Glashütte).
Funktionen nach 1945: aktiv am Neuaufbau der Gewerkschaften in Hamburg beteiligt und Übernahme mehrerer Funktionen in der GdED und im DGB; aktiv im Landesbezirksvorstand der GdED und zeitweise Bezirksleiter der GdED in Hamburg; von Februar bis Oktober 1946 Mitglied der Hamburger Bürgerschaft für die „Gewerkschaftsfraktion"; vom 23. bis 26. März 1949 Teilnehmer am Vereinigungskongress der GdED.
Weitere Hinweise: wohnte in Hamburg, Süderstraße 60, Haus 3 (ab 1930er-Jahre und später); verheiratet mit Marie Burmester, geborene Dannemann; gehörte zeitweise der DAF an; Mitte Oktober 1949 Delegierter der GdED auf dem Gründungskongress des DGB.

* SAPMO-BArch, Widerstandskartei, Wilhelm Burmester; BArch, R 3017/29430, Bl. 16 f., Schreiben der Oberstaatsanwaltschaft Düsseldorf an den Oberreichsanwalt beim VGH in Berlin, 27. 8. 1940; AdsD, Bestand ITF, 5/ITFA, Mappe 46, „Organisations-Anlage" von Hans Jahn über den Stand der illegalen Organisation der Eisenbahner im Deutschen Reich, o. D. [1. 3. 1936]; LAV NRW R, RW 58, Nr. 53651, Unterlagen der Gestapo Düsseldorf; Staatsarchiv Hamburg, Bestand 351-11, Nr. 15289, Entschädigungsakte von Wilhelm Georg Burmester; Staatsarchiv Hamburg, Bestand 241-1 I, Nr. 2911 und Bestand 213-8, Ablieferung 2, 451aE 1, 1e, Unterlagen zur Inhaftierung im KZ Fuhlsbüttel/Polizeigefängnis Hamburg-Fuhlsbüttel („Schutzhaftkostenabrechnungen"); Staatsarchiv Hamburg, Bestand 242-1 II, Ablieferung 13, Haftkarteikarte Gefängnis Glasmoor; Protokoll Gründungskongreß des Deutschen Gewerkschaftsbundes für das Gebiet der Bundesrepublik Deutschland, S. 255; Mielke/Frese (Bearb.), Die Gewerkschaften im Widerstand und in der Emigration, S. 364 und ferner

S. 238, 348, 361, 417; Esters/Pelger/Schlingensiepen, Gewerkschafter im Widerstand, S. 68, 75, 86 f.; Buschak, „Arbeit im kleinsten Zirkel", 1. Aufl. 1993, S. 71 und ebenda, 2., aktual. Aufl. 2015, S. 156, 161, 168, 188; SPD-Hamburg, Für Freiheit und Demokratie, S. 199; Auskunft des Bezirksamtes Harburg (Freie und Hansestadt Hamburg), Fachamt Einwohnerwesen, 17. 6. 2016; Auskunft des Samtgemeindearchivs Tostedt (Katrin Kludas), 28. 6. 2016; Der in Tostedt 1977 verstorbene Wilhelm Burmester, der 1962 von Hamburg nach Todtglüsingen gezogen war, ist nicht identisch mit dem hier porträtierten Wilhelm Burmester. Vgl. Auskunft und Mitteilung über den Sterbefall Nr. 66/1977 an die Meldebehörde des Fachbereichs Bürger, Ordnung und Verkehr der Samtgemeinde Tostedt (Silvia Heitmann), 28. 6. 2016.

Butenschön, Wilhelm*

Geburtsdatum: 12. Dezember 1875
Geburtsort: Kiel
Sterbedatum: 3. September 1957
Sterbeort: Kiel
Beruf: Schiffskoch; später Büroangestellter
Partei: bislang nicht bekannt

Funktionen vor 1933: 1919 Mitglied in der Unterstützungsvereinigung der in der modernen Arbeiterbewegung tätigen Angestellten; ab 1919 Gewerkschaftsfunktionär des DEV bzw. ab 1925 des EdED, zuletzt Ortsbezirksleiter des EdED in Berlin (bis 1933); gab später an, bis 1933 Leiter der „Statistischen Abteilung" im Hauptbüro des EdED gewesen zu sein.

Verfolgung – Widerstand – Emigration: soll Mitte der 1930er-Jahre an Treffen zur Koordination illegaler Aktivitäten beteiligt gewesen sein, u. a. hatte er enge Verbindungen zu Franz Apitzsch und Georg Mietz; nach Angaben der Gestapo stand er „in dringendem Verdacht", sich im Rahmen illegaler EdED-Strukturen zu betätigen (BArch, R 58/3388, Bl. 210, Gestapo-Bericht, 1938); kurz nach Beginn des Zweiten Weltkrieges im September 1939 Inhaftierung im KZ Sachsenhausen (Häftlings-Nr.: 2077; inhaftiert im Block 24); am 14. Oktober 1939 Überführung in das Gestapo-„Hausgefängnis" in Berlin; im Anschluss am 12. November 1939 erneut im KZ Sachsenhausen inhaftiert (Häftlings-Nr.: 3716, später 11848; inhaftiert im Block 65); am 27. August 1940 aus der Haft im KZ Sachsenhausen entlassen.

Funktionen nach 1945: bislang nicht bekannt.

Weitere Hinweise: wohnte in Kiel, Flensburger Straße 17 (1950er-Jahre); ab 7. Juli 1900 verheiratet mit der Arbeiterin Dorothea Butenschön, geborene Ulrich (geb. 7. März 1877, gest. 9. Juni 1959); nach seiner Entlassung aus dem KZ von Wilhelm Pichtsmeyer bei der „Friedrich Echternkamp KG" in Berlin eingestellt, wo er zeitweise beschäftigt war.

* BArch, R 58/3388, Bl. 207 ff., Gestapo-Bericht, 1938; StA Kiel, Geburtenregister des Standesamtes I Kiel, Nr. 1385/1875: Butenschön, Wilhelm August Heinrich, 15. 12. 1875; StA Kiel, Sterberegister des Standesamtes III Kiel, Nr. 964/1957: Butenschön, Wilhelm August Heinrich, 5. 9. 1957; Correspondenzblatt der Generalkommission der Gewerkschaften Deutschlands, Nr. 45, 8. 11. 1919, S. 508; Handbuch des Vereins Arbeiterpresse, 2. Aufl. 1927, S. 149; Martin Kröger, Butenschön, Wilhelm (1875–1957), in: Mielke (Hrsg.) i. V. mit Morsch, Gewerk-

schafter in den Konzentrationslagern Oranienburg und Sachsenhausen, Bd. 3, S. 288–289; Auskunft des StA Kiel (Johannes Rosenplänter), 22. 9. 2015.

Calujek, Anton*

Geburtsdatum: 23. Oktober 1889
Geburtsort: Smolitz (Kreis Gostyn, Ostpreußen)
Sterbedatum: 15. Januar 1962
Sterbeort: Gelsenkirchen
Beruf: Maschinenschlosser; Reservelokführer
Partei: ab 1924 SPD

Funktionen vor 1933: ab 1. April 1924 Bezirksleiter des DEV bzw. ab 1925 des EdED im Verbandsbezirks Mainz sowie Zweiter Vorsitzender des ADB für den Volksstaat Hessen (bis 1933); 1930 Delegierter des 3. Bundeskongresses des ADB; 1931 Teilnehmer der 3. ordentlichen Generalversammlung des EdED; Übernahme mehrerer Funktionen für die SPD, u. a. 1930–1933 Vorsitzender der SPD in Mainz.

Verfolgung – Widerstand – Emigration: mehrfach verhaftet, u. a. 1940 kurzzeitig „Schutzhaft"; im August 1940 von der Gestapo verhört; Calujek gab bei dem Verhör an, dass er Hans Jahn noch aus der „legalen Zeit" kenne, doch nach 1933 nie wieder etwas von ihm gehört habe; Calujek war in der NS-Zeit u. a. Kontaktmann von Emil Henk und Wilhelm Leuschner; vom 29. August 1944 bis 11. November 1944 im Zusammenhang mit der „Aktion Gewitter" im KZ Dachau inhaftiert (Häftlings-Nr.: 94534).

Funktionen nach 1945: in britischer Kriegsgefangenschaft, im September 1945 entlassen; 1945–1947 Vorsitzender der Einheitsgewerkschaft der Eisenbahner im Bezirk Mainz; ab 1. August 1947 Ministerialdirektor in der Landesregierung Rheinland-Pfalz; 1947/48 Mitglied des Sozialausschusses im Allgemeinen Gewerkschaftsbund und Mitglied des Organisationsausschusses für den Landesteil Hessen; 2. Mai 1947 bis 3. Mai 1947 Kassierer des Bundesvorstandes des Allgemeinen Gewerkschaftsbundes Rheinland-Pfalz in Mainz; 5. September 1949 bis 1. November 1954 Vizepräsident der Südwestdeutschen Eisenbahn, später der Eisenbahndirektion Mainz der Deutschen Bundesbahn; ab 1946 Stadtrat in Mainz; Mitglied des Kreistages für den Landkreis Mainz; 22. November 1946 bis 25. April 1947 Mitglied der „Beratenden Landesversammlung" von Rheinland-Pfalz; 18. Mai 1947 bis 17. Mai 1951 Mitglied des Landtages von Rheinland-Pfalz.

Weitere Hinweise: nach der Lehre war Calujek zunächst als Maschinenschlosser tätig; 1912 trat er in den Dienst der Preußischen Staatseisenbahn, später Deutsche Reichsbahn-Gesellschaft (Reichsbahndirektion Mainz); wohnte in Mainz, Schlageterstraße 29 (1930er-Jahre).

* BArch, NJ 2229, Bd. 1, Bl. 33 ff., Unterlagen der Gestapo zur Verfolgung illegaler EdED-Strukturen; PA Siegfried Mielke, Berlin, Lebenslauf von Anton Calujek [Ende der 1940er-Jahre]; Schreiben der Reichsbahndirektion Frankfurt a. M., 20. 2. 1984; Handbuch des Vereins Arbeiterpresse, 2. Aufl. 1927, S. 465; Jahrbuch 1931 des Einheitsverbandes der Eisenbahner Deutschlands, S. 173; Beratende Landesversammlung Rheinland-Pfalz.

Mitgliederverzeichnis, Drucksache Nr. 4 (Nr. 25 Anton Calujek); Protokoll über die Verhandlungen der 3. ordentlichen Generalversammlung des EdED; Welt der Arbeit, Nr. 46; 12. 11. 1954, Anton Calujek im Ruhestand – Er kannte die Sprache der Arbeit; Schreiben des StA Mainz an Michael Becker, 14. 3. 1984; Henk, Die Tragödie des 20. Juli 1944, S. 49 f.; Auskunft der Gedenkstätte Dachau (Albert Knoll), 9. 12. 2014.

Chwalek, Roman*

Geburtsdatum: 24. Juli 1898
Geburtsort: Weihendorf (heute: Woinowitz, bei Ratibor)
Sterbedatum: 27. November 1974
Sterbeort: Berlin
Beruf: Schlosser (Lehre abgebrochen)
Partei: ab 1919 USPD; ab 1920 KP Oberschlesien; ab 1922 KPD

Funktionen vor 1933: ab 1919 Kassierer und ab 1926 Vorsitzender des DEV/EdED Oppeln; 1926–1930 Vorsitzender des Betriebsrates im Reichsbahnausbesserungswerk in Oppeln; 1927–1930 Vorsitzender des Bezirksbetriebsrates der Reichsbahndirektion Oppeln; 1927–1930 Mitglied des Hauptbetriebsrates der Deutschen Reichsbahn-Gesellschaft; 1928 Delegierter der 2. ordentlichen Generalversammlung des EdED; Mitglied Ortskartell ADGB Oppeln; ab 1929 bis November 1932 Reichsleiter der Industriegruppe Eisenbahn der RGO; im Anschluss Org.-Leiter des Reichskomitees der RGO; 15. Januar 1933 Delegierter des „Rhein-Ruhr-Kongresses der Eisenbahner Westdeutschlands" der RGO in Düsseldorf; 1924–1930 Stadtverordneter in Oppeln;1930–1933 Mitglied des Reichstages; Mitglied der Parteizellen-, Ortsgruppen- und Bezirksleitung der KPD Schlesien; zeitweise Mitarbeiter der Gewerkschaftsabteilung des ZK der KPD; Vorstandsmitglied der Betriebskrankenkasse der Reichsbahndirektion Oppeln (mehrere Jahre vor 1933).

Verfolgung – Widerstand – Emigration: Deckname „Reinhard Weigelt"; umfangreiche Widerstandstätigkeit für die illegale RGO; am 1. September 1933 Verhaftung in Berlin; im Anschluss Untersuchungshaft in Berlin-Moabit und -Plötzensee, Verhöre im „Hausgefängnis" der Gestapo in der Prinz-Albrecht-Straße, im Columbia-Haus und im Polizeipräsidium am Alexanderplatz; Urteil am 21. August 1934 wegen „Vorbereitung zum Hochverrat" zu drei Jahren Zuchthausstrafe (abzüglich vier Monate angerechnete Untersuchungshaftzeit); vom 21. August 1934 bis 21. April 1937 inhaftiert im Zuchthaus Luckau; 21. Mai 1937 bis Mai 1939 „Schutzhaft" im KZ Sachsenhausen (Häftlings-Nr.: 559, Block 12, später Block 11, Elektriker-Kommando, dort zeitweise Lagerältester); im September 1939 erneut achttägige Haft (gemeinsam mit Ehefrau Martha); ab 25. Januar 1945 kurzzeitige Untersuchungshaft; Anklage am 25. Februar 1945 (wegen des Kriegsendes fand keine Verhandlung mehr statt).

Funktionen nach 1945: Mai 1945 Mitunterzeichner des Aufrufs des „Vorbereitenden Gewerkschaftsausschusses Groß-Berlin" und 1945/46 Mitglied des Ausschusses; ab 1946 Übernahme von zahlreichen Funktionen in der SED; 1946–1955 Mitglied des FDGB-Bundesvorstandes (SBZ/DDR); 1946–1949 Vorsitzender des FDGB-Landesvorstandes Groß-Berlin und 1949–

1951 Vorsitzender der IG Eisenbahn (SBZ/DDR); 1946–1948 Mitglied der Stadtverordnetenversammlung von Groß-Berlin; 1949 Mitglied des Deutschen Volksrates; 1949–1954 Mitglied der (Provisorischen) Volkskammer; 1950–1953 Minister für Arbeit und 1953/54 Minister für Eisenbahnwesen; 1954–1968 Vorstandsmitglied und ab 1957 Erster Stellvertreter des Präsidenten des Verbandes Deutscher Konsumgenossenschaften.
Weitere Hinweise: erhielt zahlreiche Auszeichnungen in der DDR.

* SAPMO-BArch, NY 4405, NL Roman Chwalek; SAPMO-BArch, RY 1/I2/3/149, Bl. 340 und RY 1/I2/3/158, Bl. 72, Unterlagen zur KPD-Politik; Erwin Lehmann u. a., Aufbruch in unsere Zeit. Erinnerungen an die Tätigkeit der Gewerkschaften von 1945 bis zur Gründung der Deutschen Demokratischen Republik, Berlin (Ost) 1976, S. 228; Protokoll über die Verhandlungen der 2. ordentlichen Generalversammlung des EdED; Heinz Deutschland/Ernst Egon Lange (Hrsg.), Wegbereiter. 32 Portraitskizzen, Berlin (Ost) 1988, S. 441 f.; Roman Chwalek, Berliner Gewerkschaften. Ihre Rolle und Aufgaben, Berlin 1948; Aktuelle Berliner Gewerkschaftsfragen 1948. Referentenmaterial für die Gewerkschaftswahlen 1948, hrsg. vom Vorstand des FDGB Groß-Berlin, Berlin 1948; Gewerkschaften und Selbstverwaltungsorgane. Aufruf des FDGB Groß-Berlin zu den Stadtverordnetenwahlen. Rede des 1. Vorsitzenden des FDGB Groß-Berlin Roman Chwalek. Die Bedeutung der Stadtverordnetenwahlen in Berlin, hrsg. vom Vorstand des FDGB Groß-Berlin, Berlin 1946; Neue Freie Gewerkschaften. Drei Reden. Roman Chwalek, Bernhard Göring, Hermann Schlimme. Gehalten auf der Gewerkschafts-Delegierten-Konferenz des FDGB von Groß-Berlin am 2. und 3. Februar 1946, Berlin 1946; Roman Chwalek/Hermann Schlimme, Gewerkschaften und Marshall-Plan, hrsg. vom Vorstand des FDGB Groß-Berlin, Berlin 1948; Die Gewerkschaftseinheit muß erhalten bleiben! Rede des Kollegen Roman Chwalek, gehalten vor den neugewählten Mitgliedern der Bezirksausschüsse am 1. Juni 1948, hrsg. vom FDGB Groß-Berlin, Berlin 1948; Broszat/Weber (Hrsg.), SBZ-Handbuch, S. 882; Schumacher (Hrsg.), M. d. R. Die Reichstagsabgeordneten der Weimarer Republik, S. 78; Weber/Herbst, Deutsche Kommunisten, 1. Aufl. 2004, S. 137 f.; Dollmann, Chwalek, Roman (1898–1974), S. 44–55; Rütters (Bearb.) unter Mitarb. von Goers, Der Freie Deutsche Gewerkschaftsbund, S. 945.

Clausen, Hermann*

Geburtsdatum: 24. Juli 1885
Geburtsort: Eggebek (Kreis Flensburg)
Sterbedatum: 12. April 1962
Sterbeort: in Schleswig
Beruf: Reichsbahnsekretär; später Reichsbahnobersekretär
Partei: vor 1933 SPD; ab 1945/46 SPD; ab 1948 Südschleswigscher Wählerverband
Funktionen vor 1933: 1920–1929 Stadtverordneter in Schleswig, zeitweise Stadtrat und Mitglied des Magistrats.
Verfolgung – Widerstand – Emigration: im Zuge der „Aktion Gewitter“ verhaftet; zunächst in Kiel in der „Polizeibaracke am Drachensee“ inhaftiert; drei Tage später KZ Neuengamme.
Funktionen nach 1945: 1945–1948 Bürgermeister von Schleswig; ab 1945 zeitweise Mitglied des Kreistages Schleswig und ab 1948 des Schleswiger Stadtrates; versuchte, eine Sozialdemokratische Partei Südschleswig zu gründen, was misslang; trat 1948 dem Südschleswigschen

Wählerverband bei (Vorsitzender 1950–1955); Ende 1946 Mitglied des zweiten ernannten Landtags in Schleswig-Holstein; 1947–1950 Mitglied des Landtages von Schleswig-Holstein; 1949–1953 Mitglied des Bundestages (für den Südschleswigschen Wählerverband, zunächst fraktionslos, ab 1952 gehörte er der Fraktion der „Föderalistischen Union" an).

Weitere Hinweise: in Schleswig ist eine Straße nach Clausen benannt.

* Heimatgeschichtlicher Wegweiser zu Stätten des Widerstandes und der Verfolgung 1933–1945. Bd. 7: Schleswig-Holstein, Teil 1: Nördlicher Landesteil, hrsg. vom Studienkreis zur Erforschung und Vermittlung der Geschichte des Widerstandes 1933–1945, Redaktion: Ursula Krause-Schmitt und andere, Frankfurt a. M. 1993, S. 187 f.; Rudolf Vierhaus/Ludolf Herbst (Hrsg.), Biographisches Handbuch der Mitglieder des Deutschen Bundestages 1949–2002, Bd. 1: A bis M, München 2002, S. 123; Auskunft des Gemeinschaftsarchivs Kreis Schleswig-Flensburg, 28. 10. 2014;

Damm, Franz*

Geburtsdatum: 3. Oktober 1897

Geburtsort: Nowawes (heute Potsdam-Babelsberg)

Sterbedatum: bislang nicht bekannt

Sterbeort: bislang nicht bekannt

Beruf: Schlosser

Partei: vermutlich KPD

Funktionen vor 1933: Übernahme von Funktionen in der RGO; seit 1924 bei der Firma „Zeiss-Ikon AG" in Berlin-Zehlendorf beschäftigt (übernahm dort vermutlich für die RGO Funktionen im Betriebsrat).

Verfolgung – Widerstand – Emigration: nach der Machtübernahme Hitlers Mitarbeit in einer Widerstandsgruppe; am 11. Mai 1933 wegen Nichtanzeige des Vorhandenseins verbotener Druckschriften zu sechs Wochen Gefängnis verurteilt; am 6. Juli 1937 erneut verhaftet, im Anschluss ab 10. August 1937 in Untersuchungshaft im Gefängnis Berlin-Moabit; im Januar 1938 angeklagt; am 22. Juli 1938 im Verfahren gegen Albert Hintze u. a. wegen „Vorbereitung zum Hochverrat" zu dreieinhalb Jahren Zuchthausstrafe verurteilt.

Funktionen nach 1945: bislang nicht bekannt.

Weitere Hinweise: absolvierte im Reichsbahnausbesserungswerk Potsdam eine Lehre; wohnte in Berlin-Lankwitz, Kaiser-Wilhelm-Straße 118a (Ende der 1930er-Jahre); zeitweise Mitglied der DAF (1937).

* BArch, NJ 5872, Anklageschrift und Urteil im Strafverfahren gegen Albert Hintze und andere, 1938; StA Potsdam, Standesamt Nowawes, Reg.-Nr.: 294/1897, Personenstandsunterlagen von Max Wilhelm Franz Damm; Geschichtswerkstatt unter Leitung von Fieber (Hrsg.), Widerstand in Berlin gegen das NS-Regime 1933–1945, Bd. 2, S. 41; Auskunft des StA Potsdam (Anna Determann), 6. 4. 2016.

Denzler, Matthias*
Geburtsdatum: 4. Februar 1891
Geburtsort: Nürnberg
Sterbedatum: 20. September 1974
Sterbeort: Mannheim
Beruf: Maschinenbauer
Partei: vor 1933 SPD

Funktionen vor 1933: seit 1. Mai 1922 Angestellter des DEV bzw. ab 1925 des EdED, u. a. in Buchloe, zuletzt in Mannheim.

Verfolgung – Widerstand – Emigration: war u. a. als Kurier im Rahmen illegaler EdED- bzw. ITF-Strukturen aktiv; im Dezember 1934 nahm er mit Ludwig Ruf an einer Konferenz von Vertretern der Sopade (u. a. Otto Wels und Erich Ollenhauer) in einem Gewerkschaftshaus der ITF in Antwerpen teil; 1936 festgenommen und zwei Monate in Untersuchungshaft, Grund: Verbreitung illegaler Schriften („Vorbereitung zum Hochverrat" wegen des Lesens und Verbreitens verbotener Schriften); am 10. September 1936 zu vier Jahren Haft verurteilt (unter Anrechnung von zwei Monaten Untersuchungshaft; drei Jahre Ehrverlust); zunächst in Mannheim, ab 28. September 1936 in der Strafanstalt bzw. im Zuchthaus Ludwigsburg und zeitweise im Emslandlager Aschendorfermoor (Lager II) inhaftiert (bis 19. Februar 1940); bei einem Verhör durch die Gestapo im August 1940 bestritt Denzler, illegale Ziele verfolgt zu haben, und gab an, mit seinen früheren Kollegen nach der Machtübernahme nicht mehr zusammengetroffen zu sein und von einer illegalen Tätigkeit nichts zu wissen; vom 19. Februar 1940 bis 10. Juli 1940 im Strafgefangenenlager Walchum (Ems) inhaftiert (Strafhaft); vom 29. August 1944 bis 6. Oktober 1944 im Zusammenhang mit der „Aktion Gewitter" im KZ Dachau (Häftlings-Nr.: 93738).

Funktionen nach 1945: bislang nicht bekannt.

Weitere Hinweise: SPD-Widerstandsgruppe (Baumann); wohnte in Mannheim-Serkenheim, Lahrerstraße 35 (Anfang der 1940er-Jahre); verheiratet mit Ella Denzler; hatte sechs Geschwister und zwei Söhne.

* SAPMO-BArch, Widerstandskartei, Matthias Denzler; BArch, NJ 3078, Bl. 32 ff., Anklageschrift gegen Karl Werner, Matthias Denzler und andere; BArch, NJ 5420, Bd. 1, Bl. 11 ff., Oberstaatsanwalt Sondergericht Mannheim, Februar 1936; NLA – Standort Osnabrück, Rep. 492, Lin II, Akz. 2009/007, Nr. 103, Personalakte von Matthias Denzler im Zuchthaus bzw. Strafgefangenenlager IV Walchum; Handbuch des Vereins Arbeiterpresse, 2. Aufl. 1927, S. 467; StA Nürnberg, Sign. C 27/IV Nr. 382, Nr. 581, Denzler, Matthias; Josef Kaiser (Bearb.), Jetzt erst recht! Dokumente zur Geschichte der Arbeiterbewegung in Mannheim 1945–1990, hrsg. von der IG Metall Verwaltungsstelle Mannheim, Mannheim 1993, S. 73; Gottwaldt, Eisenbahner gegen Hitler, S. 167; Auskunft des Archivs der Gedenkstätte Dachau (Albert Knoll), 9. 12. 2014; Auskunft des StA Nürnberg (Gerhard Jochem), 4. 9. 2015.

Derichs, Christian*

Geburtsdatum: 17. August 1903
Geburtsort: Elberfeld (heute: Wuppertal)
Sterbedatum: 28. September 1961
Sterbeort: Merkstein (heute: Herzogenrath)
Beruf: Bergmann; zeitweise in der Landwirtschaft tätig
Partei: ab 1929 SPD; ab 1945 SPD

Funktionen vor 1933: keine bekannt – zunächst ab 1920 Mitglied des Christlichen Gewerkvereins; ab 1922 Mitglied des freigewerkschaftlichen BAV.

Verfolgung – Widerstand – Emigration: war in illegalen EdED-/ITF-Strukturen im Raum Aachen und Düsseldorf aktiv; am 24. Februar 1937 festgenommen und verhört; ab 13. Mai 1937 im Gerichtsgefängnis Düsseldorf-Derendorf in Untersuchungshaft; am 30. September 1937 angeklagt; in der Anklageschrift heißt es: „Im März 1936 wurde er von [Willi] Komorowsky, den er von seiner Tätigkeit im Arbeitersportverein her kannte, für die Teilnahme am Aufbau der illegalen Gewerkschaftsorganisation gewonnen. Zu der genannten Zeit besuchte Komorowsky den Angeschuldigten und klärte ihn über den Zweck und die Ziele der zu bildenden Organisation auf." (Anklageschrift, Bl. 8); am 15. Dezember 1937 zu einer Gefängnisstrafe wegen Mitwirkung an einem „hochverräterischen Unternehmen verurteilt: „Der Zeuge hat den Eindruck gewonnen, dass der Angeklagte tatsächlich nur aus Neugierde gehandelt hat und die ‚Gefährlichkeit' seiner Handlungen nicht erkannt hat. Es kann aber trotz dieser Feststellung nicht zweifelhaft sein, dass sich der Angeklagte fortgesetzt handelnd der Vorbereitung eines hochverräterischen Unternehmens schuldig gemacht hat." (Urteil, Bl. 14); am 15. Dezember 1937 vom Oberlandesgericht Hamm zu einer dreijährigen Haftstrafe verurteilt.

Funktionen nach 1945: ab Mai 1945 mit dem Neuaufbau der Gewerkschaften in der Gemeindeverwaltung Merkstein beauftragt; leitete zunächst die Ernährungs- und Wirtschaftsstelle; ab Januar 1946 vertretungsweise Bürgermeister in Merkstein; dort ab April 1946 Gemeindedirektor; zeitweise Mitglied des Gemeinderates.

Weitere Hinweise: verheiratet; wohnte in Merkstein (bei Aachen), Hindenburgstraße 7; hatte ein Kind; arbeitete nach der Haftentlassung ab 12. Dezember 1939 wieder in der Grube „Adolf"; am 19. April 1943 zum Militärdienst einberufen (in Russland verwundet; nach Genesung in Frankreich eingesetzt).

* BArch, NJ 2328, Anklageschrift gegen Philipp Tillier und andere, 30. 9. 1937; BArch, NJ 2328, Urteil gegen Philipp Tillier und andere, 14./15. 12. 1937; Ludwig Kahlen, Das kommunale Tagebuch, Merkstein 1965, S. 348 ff.; Ludwig Kahlen, Heimatklänge, Herzogenrath-Merkstein 1977, S. 181–195; Auskunft des StA Herzogenrath (Manfred Zankl), 15. 2. 2016.

Dittforth, Julius*

Geburtsdatum: 16. August 1890
Geburtsort: Nienburg a. d. Weser
Sterbedatum: 14. August 1947
Sterbeort: Schkauditz (Gemeinde Wetterzeube, Burgenlandkreis)
Beruf: Klempner; Studium zum Techniker; Oberbahnmeister
Partei: ab 1915 SPD

Funktionen vor 1933: ab 1905 gewerkschaftlich organisiert; Übernahme von Funktionen im DEV und EdED; Mitglied des Bezirksbeamtenrates Erfurt; ab ca. 1924 „Vorsitzender der Gesamtpersonalvertretung" der Reichsbahndirektion Erfurt; 1928 Teilnehmer der 2. und 1931 der 3. ordentlichen Generalversammlung des EdED.

Verfolgung – Widerstand – Emigration: Mitglied einer illegalen Gruppe „Eisenbahn" in Thüringen; betrieb im Frühjahr 1933 „antifaschistische Propaganda" im Raum Erfurt; 1933 zeitweise in „Schutzhaft"; Mitarbeit in der illegalen Gruppe „Alte Kumpane": Zusammentreffen mit früheren Kollegen und schriftlicher Austausch; mündliche Agitation in Eisenbahnbetrieben; hörte Auslandssender ab.

Funktionen nach 1945: ab April 1945 Präsident der Reichsbahndirektion Erfurt; Mitglied des „Bundes demokratischer Sozialismus" und der SPD; 1946 Wahl in den Erfurter Stadtrat.

Weitere Hinweise: absolvierte ab 1911 ein Studium für Hoch- und Tiefbau in Rostock.

* SAPMO-BArch, DY 55/V 278/4/116, VdN-Bogen Otto Förster; SAPMO-BArch, DY 55/V 278/4/115, VdN-Bogen Georg Eichelsdörfer; SAPMO-BArch, DY 55/V 278/4/116, Eintrag Otto Förster; Auskunft mit zahlreichen Kopien aus dem Personenstandsregister des Stadtarchivs Nienburg a. d. Weser (Nadine Langhorst), 9. 2. 2016.

Dittmar, Karl*

Geburtsdatum: 11. Dezember 1890
Geburtsort: Giebichenstein (heute: Halle a. d. Saale)
Sterbedatum: 25. November 1968
Sterbeort: Frankfurt a. M.
Beruf: Schlosser
Partei: ab 1917 SPD; 1945 SPD; ab 1946 SED

Funktionen vor 1933: Funktionen im DEV bzw. ab 1925 im EdED; 1918–1921 Mitglied des Hauptbetriebsrates der Preußisch-Hessischen Eisenbahn; 1921–1929 Vorsitzender des Bezirksbetriebsrates der Reichsbahndirektion Halle a. d. Saale; 1924/25 Besuch von Kursen an der Akademie der Arbeit in Frankfurt a. M.; 1929–1933 Bezirkssekretär des EdED in Halle a. d. Saale; 1928 Delegierter der 2. ordentlichen Generalversammlung des EdED.

Verfolgung – Widerstand – Emigration: am 2. Mai 1933 verhaftet; weitere Hintergründe zur Haftzeit bislang nicht bekannt; illegale Arbeit für die SPD und die Freien Gewerkschaften

in Halle und Bitterfeld bzw. im Saale-Kreis; arbeitete als Vertreter der „Viktoria"-Versicherungsgesellschaft, was ihm ein unauffälliges Reisen in der Region ermöglichte.
Funktionen nach 1945: ab 1945 Mitarbeit beim Aufbau des FDGB in Halle a. d. Saale; Mitglied des Provisorischen Vorstandes; 1945–1947 Bezirksvorsitzender der IG Eisenbahn in Halle a. d. Saale, zumindest 1946 Mitglied des Zentralvorstandes der IG Eisenbahn.
Weitere Hinweise: wohnte in Halle a. d. Saale, Turmstraße 45 (1930); weitere Wohnsitze: Halle a. d. Saale, Läuferweg 10 (1932), später Forsterstraße 24 (1933), Forsterstraße 22 (1936), später Merseburger Straße 123 (1930er- bis 1950er-Jahre); bereits im Juni 1945 beantragt die örtliche Dienststelle des FDGB kurz vor dem Besatzungswechsel bei den US-amerikanischen Militärbehörden Passierscheine, u. a. auch für Karl Dittmar, die ihm für den US-amerikanisch besetzten Teil des Regierungsbezirks Merseburg ausgestellt werden; verheiratet mit der am 7. Dezember 1894 in Leipzig geborenen Helene Dittmar, geborene Oschwald.

* SAPMO-BArch, Widerstandskartei, Karl Dittmar; SAPMO-BArch, RY 1/I2/3/149, Bl. 28, Unterlagen zur Verfolgung; StA Halle a. d. Saale, A 3.7 Besatzungsamt Nr. 61 Bl. 101, Passierschein der US-Militärbehörde für Karl Dittmar; StA Frankfurt a. M., Sterberegister Nr. 7548/1968: Dittmar, Karl; Rütters (Bearb.) unter Mitarb. von Goers, Der Freie Deutsche Gewerkschaftsbund, S. 947; Protokoll über die Verhandlungen der 2. ordentlichen Generalversammlung des EdED; Auskunft des Instituts für Stadtgeschichte Frankfurt a. M. (Annette Handrich), 17. 9. 2015.

Dix, Georg*

Geburtsdatum: 17. Januar 1897
Geburtsort: Drebkau (bei Cottbus)
Sterbedatum: 13. Dezember 1967
Sterbeort: Cottbus-Ströbitz
Beruf: Tischler
Partei vor 1933: USPD (1919–1923 Ortsgruppenkassierer USPD Cottbus); ab 1920 KPD (Mitglied der Unterbezirksleitung der KPD Cottbus; Mitglied des Kreistages und der Gemeindevertretung Ströbitz; arbeitete in den Kommunalvertretungen hauptsächlich in den Wohlfahrts- und Baukommissionen; Pol.-Leiter der KPD-Ortsgruppe Ströbitz)
Funktionen vor 1933: zunächst gewerkschaftlich organisiert im Holzarbeiterverband, später Übertritt zum DEV/EdED; 1918 Mitglied des Soldatenrates in Emden; ab 1920 Betriebsratsvorsitzender der Güterabfertigung und 1926–1930 Bezirksbetriebsrat der Reichsbahndirektion in Halle a. d. Saale; 1919–1931 Vorstandsmitglied der Ortsverwaltung des DEV bzw. ab 1925 des EdED Cottbus; ab 1928/29 „Spitzenfunktionär der RGO" (eigene Angabe); 1930–1933 Leitungsmitglied des RGO-Unterbezirks Lausitz.
Verfolgung – Widerstand – Emigration: bereits 1932 Teilnahme an halblegalen Treffen mit Kommunisten; 1933 inhaftiert im KZ Sonnenburg, dort zahlreiche Misshandlungen; nach Entlassung Teilnehmer illegaler Treffen; Verteilung von Flugschriften; illegale Arbeit im KZ und Zuchthaus; organisierte Widerstandsarbeit mit Josef Thomas, Alfred Förster, Bruno Dickhoff

und anderen; Verfahren wegen „Vorbereitung zum Hochverrat"; Verhandlung am 29./30. Juni 1936 vor dem Dritten Strafsenat des Kammergerichts Berlin-Moabit, Urteil: zwei Jahre Zuchthausstrafe wegen „Vorbereitung zum Hochverrat"; inhaftiert u. a. im Zuchthaus Brandenburg a. d. Havel; hielt auch nach zweiter Haft illegale Verbindungen aufrecht; durch die Ehefrau bei der illegalen Arbeit unterstützt; Anfang 1944 Musterung und am 1. Februar 1944 Einzug in die „Strafdivision 999" (Infanterie-Regiment, 2. Baubataillon); dort nach eigenen Angaben illegale Verbindungen zu und Unterstützung örtlicher Partisanen; begab sich ab 28. März 1945 freiwillig in sowjetische Kriegsgefangenschaft, im Juli 1945 entlassen; am 2. Oktober 1945 kehrte er zurück nach Cottbus.

Funktionen nach 1945: Mitglied des Kreistages Cottbus-Land und Mitglied der SED-Kreisleitung Cottbus-Stadt; Gemeindevertreter; Funktionär des FDGB und der DSF; ab 1949 Funktionär der VdN; Kreisrat in der ersten Verwaltung des Rates des Kreises Cottbus-Land; Angestellter beim Rat des Kreises, Abteilungsleiter Sozialfürsorge; stellvertretender Landrat; ab 1. Oktober 1957 andere Parteifunktionen und Mitarbeiter der Stadt Cottbus.

Weitere Hinweise: seit 1922/23 verheiratet mit Frieda Dix, geborene Herenz (geb. 30. Mai 1900, Stopferin); hatte zwei Kinder: Ingeborg (geb. 22. Oktober 1923) und Käthe (geb. 19. Januar 1929); erhielt mehrere Auszeichnungen in der DDR, u. a. wurde eine Straße nach Dix benannt.

* BLHA, SED-Bezirksleitung Cottbus, Nr. 4322 und SED-Bezirksleitung Cottbus Nr. 4447 sowie SED-Bezirksleitung Cottbus, Nr. 4674, Unterlagen der SED zum Lebensweg von Georg Dix; Brandes (Bearb.), Antifaschistischer Widerstandskampf in der Provinz Brandenburg, S. 33.

Döller, Wilhelm*

Geburtsdatum: 24. Mai 1892
Geburtsort: Meiningen
Sterbedatum: 30. Oktober 1957
Sterbeort: Meiningen
Beruf: bislang nicht bekannt
Partei: vor 1933 SPD

Funktionen vor 1933: vermutlich Übernahme von Funktionen im EdED bzw. im Reichsbahnausbesserungswerk Meiningen.

Verfolgung – Widerstand – Emigration: bei der Deutschen Reichsbahn gemaßregelt und 1933 aus dem Reichsbahnausbesserungswerk Meiningen entlassen; laut „Organisationsplan" von Hans Jahn vom 1. März 1936 „Ersatzmann" für den Gaugrafen Paul Hildebrandt in der EdED-Widerstandsgruppe im „11. Gau Thüringen. Vorort Meiningen"; hatte nachweislich illegale Kontakte mit Paul Hildebrandt und Alfred Rineck, mit dem er im selben Haus wohnte und mit dessen Schwester er verheiratet war; nach Einschätzung der Kriminalpolizei Meiningen genoss Döller 1940 einen „einwandfreien Ruf und eine einwandfreie Führung", in „politischer Hinsicht ist er so einzuschätzen, dass er rückhaltlos auf dem Boden der nat.soz. Regierung steht" (BArch, NJ 2229, Bd. 2, Bl. 106, Bericht der Gem. Kriminalpolizei Meiningen, 26. 7. 1940).

Funktionen nach 1945: bislang nicht bekannt.

Weitere Hinweise: wohnte in Meiningen, Elsa-Brandström-Straße 5 (Anfang der 1940er-Jahre); Mitglied des „Reichsbanners Schwarz-Rot-Gold"; wohnte in Meiningen, Elsa-Brandström-Straße 2 (1930er-Jahre).

* AdsD, Bestand ITF, 5/ITFA, Mappe 46, „Organisations-Anlage" von Hans Jahn über den Stand der illegalen Organisation der Eisenbahner im Deutschen Reich, o. D. [1. 3. 1936]; BArch, NJ 2229, Bd. 1, Bl. 100 ff., Unterlagen der Gestapo und NS-Justiz zur Verfolgung illegaler EdED-Strukturen, u. a. Bericht der Kriminalpolizei Meiningen, 26. 7. 1940.

Dohrenbusch, Hans*

Geburtsdatum: 9. August 1904
Geburtsort: Köln
Sterbedatum: 20. März 1991
Sterbeort: Köln
Beruf: Werkzeugdreher; Journalist
Partei: ab 1923 SPD; ab 1926 ISK; ab 1945 SPD

Funktionen vor 1933: Mitglied des DMV und 1928–1930 Übernahme von Funktionen in der Metallgewerkschaft; ab 1926 Übernahme von Funktionen im ISK; ab 1929 Vorsitzender des Arbeiter-Abstinenten-Bundes in Köln.

Verfolgung – Widerstand – Emigration: ab 1933 illegal tätig, u. a. in Kölner Betrieben; war zusammen mit Werner Hansen Bezirksleiter des illegalen ISK Köln/West; konzentrierte sich eigenen Angaben zufolge nach 1933 auf die illegale Arbeit im Rahmen der USG, die von Edo Fimmen bzw. der ITF unterstützt wurde; nach Angaben der Gestapo stand Dohrenbusch in enger Verbindung zu Franz Houben, an den er illegale Druckschriften weitergab; Dohrenbusch erfuhr 1936 von drohender Verhaftung, weshalb er versuchte, über Dänemark nach Schweden zu flüchten, was jedoch misslang; mithilfe eines gefälschten Passes, den Freunde besorgt hatten, gelang im April 1937 die Flucht in die Schweiz, wo er als politischer Flüchtling anerkannt wurde; wurde durch das SAH unterstützt, weil er keine berufliche Perspektive in der Schweiz fand; 1944 Mitbegründer und Vorstandsmitglied des Vereins „Das demokratische Deutschland" und Mitglied der „Kulturgemeinschaft der Emigranten"; hielt durch seine Tätigkeit engen Kontakt zu anderen Emigranten wie Arthur Crispien, Otto Braun, Wilhelm Hoegner u. a.

Funktionen nach 1945: ab September 1945 Beteiligung am gewerkschaftlichen Neuaufbau in Köln; 1946/47 Stadtverordneter in Köln; 1948–1950 Redakteur „Der Bund"; 1950–1954 Feuilletonredakteur „Welt der Arbeit"; 1954–1970 Chefredakteur der DGB-Jugendzeitschrift „aufwärts"; arbeitete zugleich für andere gewerkschaftliche Zeitschriften.

Weitere Hinweise: veröffentlichte Gedichte und erhielt den Joseph-E.-Drexel-Preis für hervorragende Arbeiten im Bereich des Pressewesens (1967).

* IfZ, ZS 2230-2, Interview mit Hans Dohrenbusch in Köln, 25. 11. 1971; IfZ, ZS 3006-2, Interview mit Marta Dohrenbusch in Zürich, 31. 3. 1973; LAV NRW R, RW 58, Nr. 12643, Unterlagen der Gestapo Düsseldorf; vgl. Röder/Strauss (Bearb.), Biographisches Handbuch, S. 134; Cordula Lissner, Den Fluchtweg zurückgehen. Remigration nach Nordrhein und Westfalen 1945–1955, Essen 2006 (Düsseldorfer Schriften zur Neueren Landesgeschichte und zur Geschichte Nordrhein-Westfalens, Bd. 73), S. 304; Wolfgang Uellenberg-van Dawen, 60 Jahre Einheitsgewerkschaft in Köln 1945–2005. Gründung und Aufbau, hrsg. vom Deutschen Gewerkschaftsbund. Region Köln-Leverkusen-Erft-Berg, Köln 2005, S. 38.

Draheim, Waldemar*

Geburtsdatum: 19. November 1885
Geburtsort: Graudenz (Provinz Westpreußen)
Sterbedatum: bislang nicht bekannt
Sterbeort: bislang nicht bekannt
Beruf: Arbeiter
Partei: bislang nicht bekannt
Funktionen vor 1933: verschiedene Funktionen im EdED in Braunschweig.
Verfolgung – Widerstand – Emigration: „Schutzhaft“ vom 10. Juli 1933 bis 9. August 1933; aus politischen Gründen Verlust seiner Arbeit im Güterbahnhof Braunschweig.
Funktionen nach 1945: bislang nicht bekannt.
Weitere Hinweise: bei der Deutschen-Reichsbahn-Gesellschaft in Braunschweig beschäftigt.

* NLA – Standort Wolfenbüttel, 4 Nds, Zg. 41/1992, Nr. 460, Entschädigungsunterlagen.

Dreher, E. ?*

Geburtsdatum: bislang nicht bekannt
Geburtsort: bislang nicht bekannt
Sterbedatum: bislang nicht bekannt
Sterbeort: bislang nicht bekannt
Beruf: bislang nicht bekannt
Partei: bislang nicht bekannt
Funktionen vor 1933: vermutlich Übernahme von Funktionen im EdED.
Verfolgung – Widerstand – Emigration: laut „Organisationsplan“ von Hans Jahn vom 1. März 1936 „Ersatzmann“ für den Bezirksleiter Wilhelm Komorowski in der EdED-Widerstandsgruppe im „4. Bezirk. Südliche Ruhr. Vorort: Opladen“.
Funktionen nach 1945: bislang nicht bekannt.

Weitere Hinweise: bislang nicht bekannt.

* SAPMO-BArch, Widerstandskartei, E. Dreher; AdsD, Bestand ITF, 5/ITFA, Mappe 46, „Organisations-Anlage" von Hans Jahn über den Stand der illegalen Organisation der Eisenbahner im Deutschen Reich, o. D. [1. 3. 1936].

Dressel, Wilhelm*

Geburtsdatum: 30. Dezember 1884
Geburtsort: Alt Warschow (Kreis Schlawe, Pommern)
Sterbedatum: 11. Juni 1960
Sterbeort: Hamburg
Beruf: Maschinenschlosser; Gewerkschaftsangestellter
Partei: vor 1933 SPD; zeitweise USPD

Funktionen vor 1933: ab April 1908 Mitglied des DMV; vom 1. Februar 1919 bis 30. April 1921 Gauleiter des DEV in Stettin; vom 1. Mai 1921 bis 2. Mai 1933 Gauleiter des DEV bzw. ab 1925 des EdED im Bezirk Berlin; 1928 Teilnehmer der 2. ordentlichen Generalversammlung des EdED; 1930 Delegierter des 3. Bundeskongresses des ADB; 1931 Teilnehmer der 3. ordentlichen Generalversammlung des EdED; zog 1916 als erster SPD-Vertreter in das Stadtparlament in Stargard ein, ab 1919 Fraktionsvorsitzender der SPD; 1919 Kandidatur für die SPD zur Nationalversammlung sowie Reichstag; 1920 Kandidat auf der USPD-Liste in Pommern.

Verfolgung – Widerstand – Emigration: zum 30. Juni 1933 entlassen; aktiv am Widerstand beteiligt (illegale Zusammenkünfte, Verteilung von Flugschriften, Geldsammlungen etc.); Mitarbeit in der Widerstandsgruppe von Lorenz Breunig (Schwiegervater von Dressel) und Franz Apitzsch; soll 1934–1939 illegale Arbeit für den EdED geleistet haben (antifaschistische Äußerungen und „staatsfeindliche Umtriebe") in Berlin; es gibt u. a. eine eidesstattliche Erklärung von Willi Besener, wonach Dressel illegale Flugschriften verbreitet haben soll; erste Festnahme wegen „staatsfeindlicher Umtriebe" nach einer Anzeige Ende August 1934; im Anschluss am Wohnort durch die Berliner Gestapo verhaftet und fünf Tage in Polizeihaft; 1938 erklärte die Gestapo: „Wurde im August 1934 wegen abfälliger Aeusserung von Beamten der Stapo.-Leitstelle Berlin festgenommen. In einer Anzeige eines ehemaligen Genossen des D. Vom 27. 9. 35 wird er der illegalen Arbeit beschuldigt." (BArch, R 58/3388, Bl. 210, Gestapo-Bericht, 1938); vom 1. September 1939 bis 12. April 1940 „Schutzhaft" im KZ Sachsenhausen (Häftlings-Nr.: 1653), zwischenzeitlich 11./12. Oktober 1939 zur Vernehmung in das Polizeipräsidium Berlin überstellt und zeitweise auch an anderen Orten inhaftiert, ab 8. November 1939 wieder im KZ Sachsenhausen (Häftlings-Nr.: 3587, Arbeit im Industriehof und in der Transportkolonne).

Funktionen nach 1945: trat nach dem Krieg in die DAG ein; vom 1. Januar 1946 bis 20. Oktober 1946 Zentralamt für Ernährung und Landwirtschaft Hamburg; ab 1. November 1946 leitender Posten (Reichsbahnoberrat) bei der Reichsbahn-Hauptverwaltung Berlin; seit Anfang 1947 Vizepräsident, später Präsident der Reichsbahndirektion Cottbus; am 11. Mai 1948 zum Mitglied im Ausschuss der Sozialversicherungskasse Berlin berufen.

Weitere Hinweise: zum Kriegsende in „Volkssturm" eingezogen; vor dem Verbot des EdED Anfang Mai 1933 lebte er in Berlin-Charlottenburg, Brombeerweg 14; lebte 1945 zunächst in Hamburg, ab Ende 1946 in Berlin-Pankow und ab Ende 1955 wieder in Hamburg, Rhiemsweg 21 (1950er-Jahre); Mitglied des „Reichsbanners Schwarz-Rot-Gold" – III. Abteilung Berlin-Charlottenburg; am 18. Mai 1949 Festnahme und Hausdurchsuchung von Vertretern der SMAD und einige Zeit später Aberkennung des Status als „Verfolgter des Naziregimes" (1950), weil ihm vorgeworfen wurde, dass sich „derselbe mit der UGO zur Schädigung der Deutschen Demokratischen Republik verbunden hat." (Schreiben der Landesdienststelle VdN); durch die sowjetische Besatzungsmacht 1950 in das Arbeitslager „Taischet" in Sibirien deportiert, von dort Anfang Oktober 1955 nach Friedland abgeschoben und von dort nach Hamburg übergesiedelt; in zweiter Ehe verheiratet mit Paula Dressel, geborene Breunig; hatte mehrere Kinder.

* BArch, R 58/3388, Bl. 207 ff., Gestapo-Bericht, 1938; BLHA Potsdam, ZB-930, Amtsblatt der Reichsbahndirektion Cottbus, Nr. 15 vom 8. Juli 1948, S. 71; LAB C Rep. 118-01, Nr. 10377, OdF-Akte von Wilhem Dressel; BLHA, Rep. 801, VdN-366, VdN-Akte von Wilhelm Dressel; Staatsarchiv Hamburg, Bestand 351-11, Nr. 7815, Entschädigungsakte von Wilhelm Dressel; Handbuch des Vereins Arbeiterpresse, 2. Aufl. 1927, S. 152; Protokoll über die Verhandlungen der 2. ordentlichen Generalversammlung des EdED; Protokoll über die Verhandlungen der 3. ordentlichen Generalversammlung des EdED; Jahrbuch 1931 des Einheitsverbandes der Eisenbahner Deutschlands, S. 172; Marc Erath, Dressel, Wilhelm (1884–1960), in: Mielke (Hrsg.) i. V. mit Morsch, Gewerkschafter in den Konzentrationslagern Oranienburg und Sachsenhausen, Bd. 2, S. 168–170.

Dreßler, Fritz*

Geburtsdatum: 27. Januar 1886
Geburtsort: Breslau
Sterbedatum: bislang nicht bekannt
Sterbeort: bislang nicht bekannt
Beruf: Schlosser; später Lokführer
Partei: vor 1933 SPD

Funktionen vor 1933: vermutlich Übernahme von Funktionen in der freigewerkschaftlichen Bewegung.

Verfolgung – Widerstand – Emigration: illegale Tätigkeiten für die SPD in Glogau und Umgebung; 1934 vom Strafgericht Glogau wegen eines Vergehens gegen das „Heimtückegesetz" und „Wehrkraftzersetzung" zu zwei Jahren Haft verurteilt; von Frühjahr 1934 bis Dezember 1934 im Gefängnis Glogau inhaftiert; 1937 drei Monate Haft im Gefängnis Salzburg; Juli 1944 für kurze Zeit im Gefängnis Glogau inhaftiert.

Funktionen nach 1945: bislang nicht bekannt.

Weitere Hinweise: bislang nicht bekannt.

* SAPMO-BArch, Widerstandskartei, Fritz Dreßler.

Düe, Wilhelm*

Geburtsdatum: 15. September 1882
Geburtsort: Lage
Sterbedatum: 8. April 1960
Sterbeort: Bielefeld
Beruf: Schlosser
Partei: ab 1904 SPD
Funktionen vor 1933: Betriebsratsvorsitzender des Bahnbetriebswerkes Bielefeld; Mitglied des Bezirksbetriebsrates der Direktion Hannover.
Verfolgung – Widerstand – Emigration: soll in Verbindung mit EdED-Funktionären gestanden haben; bei einem Verhör durch die Gestapo im August 1940 bestritt er, bei „Zusammenkünften“ illegale Ziele verfolgt zu haben; illegale Tätigkeiten waren ihm nicht nachweisbar, weshalb er auf freien Fuß gesetzt wurde.
Funktionen nach 1945: Übernahme von Funktionen in der GdED in Bielefeld.
Weitere Hinweise: zog 1903 aus Barmen im Zuge der Wanderschaft nach Bielefeld, wohnte dort Poststraße 41 (1930er-Jahre); verheiratet mit Karoline Düe, geborene Schröder (geb. 27. September 1885, gest. 6. Oktober 1981); Töchter: Elise Düe, verheiratete Purrucker (geb. 25. Mai 1907) und Frieda Düe, verheiratete Weichynik (Geburts- und Sterbedatum unterliegen der „Schutzfrist“ des Archivs).

* BArch, NJ 2229, Bd. 1, Bl. 33 ff., Unterlagen der Gestapo und NS-Justiz zur Verfolgung illegaler EdED-Strukturen; StA Bielefeld, Bestand 104,3/Einwohnermeldeamt, Nr. 18, 19, Eintrag: Düe, Wilhelm; Auskunft des StA Bielefeld (Dagmar Giesecke), 19. 2. 2016.

Ebeling, Wilhelm*

Geburtsdatum: 15. September 1891
Geburtsort: Schladen
Sterbedatum: bislang nicht bekannt
Sterbeort: bislang nicht bekannt
Beruf: Rohrmeister, später Angestellter
Partei: vor 1933 SPD
Funktionen vor 1933: 1926–1933 Abgeordneter des Hannoveraner Provinziallandtages; 1928 Teilnehmer der 2. und 1931 der 3. ordentlichen Generalversammlung des EdED.

Verfolgung – Widerstand – Emigration: laut „Organisationsplan" von Hans Jahn vom 1. März 1936 „Ersatzmann" für den Gaugrafen Fritz Gückel in der EdED-Widerstandsgruppe im „7. Gau Hannover. Vorort Hannover"; nach Angaben von Hans Jahn in der „Organisationsskizze" von Ende 1938 „Reichsverbindung" der illegalen „Organisation" in Stendal.
Funktionen nach 1945: bislang nicht bekannt.
Weitere Hinweise: wohnte in Warburg (bei Stendal), Eisenbahnsiedlung 1 (1930er-Jahre); es bleibt unklar, ob es sich dabei um den Wilhelm Ebeling handelt, der in Hans Jahns „Organisations-Anlage" erwähnt wird, da die vorliegenden Informationen sich zum Teil widersprechen.

* SAPMO-BArch, Widerstandskartei, Wilhelm Ebeling; BArch, R 58/3321, Bl. 42, 57, 58, Unterlagen zur Verfolgung, Erfassung der Gestapo; BArch, NJ 2229, Bde. 1 und 2, Unterlagen der Gestapo und NS-Justiz zur Verfolgung illegaler EdED-Strukturen; BArch, R 58/3399, Bl. 52, 54; BArch, R 58/3399, Bl. 22 R; BArch, R 58/2104, Unterlagen zur Verfolgung; AdsD, Bestand ITF, 5/ITFA, Mappe 46, „Organisations-Anlage" von Hans Jahn über den Stand der illegalen Organisation der Eisenbahner im Deutschen Reich, o. D. [1. 3. 1936]; BArch, R 3017/29433, Bl. 4, „Organisationsskizze" von Hans Jahn, 1. 12. 1938; Auskunft der Gemeinde Schladen-Werla, Standesamt Schladen-Werla, 11. 5. 2015.

Eberhard, Fritz [ursprünglich: Rauschenplat, Hellmuth von]*

Geburtsdatum: 2. Oktober 1896
Geburtsort: Dresden
Sterbedatum: 29. März 1982
Sterbeort: Berlin (West)
Beruf: Staatswissenschaftler; Angestellter; später Politiker und Hochschullehrer
Partei: ab 1921 IJB; 1922–1925 SPD; ab 1926 ISK; ab 1945 SPD
Funktionen vor 1933: 1923–1931 Lehrer für Volkswirtschaft und Öffentliches Recht des IJB-Landerziehungsheims Walkemühle in Hessen; ab 1926 Übernahme verschiedener Funktionen für den ISK, u. a. Ortsgruppenvorsitzender; 1926–1933 für das ISK-Mitteilungsblatt als freier Redakteur tätig; 1932/33 Redakteur des ISK-Organs „Der Funke".
Verfolgung – Widerstand – Emigration: von der Gestapo gesucht, tauchte unter dem Pseudonym „Fritz Eberhard" (ab 1947 offizieller Name) unter; ab 1934 Reichsleiter des illegalen ISK; baute das illegale Netz der ISK-Organisation USG maßgeblich mit auf; arbeitete in der Illegalität eng mit der ITF bzw. mit Hans Jahn und Willi Eichler zusammen; veröffentlichte unter Decknamen (u. a. „Fritz Kempf", „Fritz Werkmann", „Hans Schneider" und mit Abkürzungen „F. K." u. a.) Artikel, vor allem in der „Sozialistischen Warte"; im Zuge der Zerschlagung der ISK-Strukturen durch die Gestapo floh er Ende November 1937 über Zürich und Paris nach London; trennte sich vom Exil-ISK und Willi Eichler, da dieser seiner offensiven Orientierung auf direkte Aktionen im Reichsgebiet ablehnend gegenüberstand; Mitwirkung am politischen Programm der BBC; arbeitete eng mit Waldemar von Knoeringen, Richard Löwenthal und zeitweise Walter Auerbach zusammen; Journalist für verschiedene Zeitun-

gen; Mitarbeit in der britisch-deutschen pädagogischen Arbeitsgemeinschaft „German Educational Reconstruction“ und in der „Landesgruppe deutscher Gewerkschafter“ in Großbritannien, in deren Vorstand er ab 1944 tätig war; gemeinsam mit Walter Fliess erarbeitete er für die „Landesgruppe deutscher Gewerkschafter“ die wirtschaftspolitischen Richtlinien für eine Nachkriegsordnung in Deutschland.

Funktionen nach 1945: kehrte im April 1945 auf Vermittlung der „Landesgruppe deutscher Gewerkschafter“ in Großbritannien und mithilfe des OSS nach Deutschland zurück; 1946–1949 Mitglied des Landtages von Württemberg-Baden; 1947–1949 Staatssekretär im Kabinett von Reinhold Maier; 1947–1949 Leiter des „Deutschen Büros für Friedensfragen“ in der US-Zone; September 1948 bis Juni 1949 Mitglied des Parlamentarischen Rates; 1949–1958 Intendant des „Süddeutschen Rundfunks“.

Weitere Hinweise: Autor zahlreicher Veröffentlichungen; war Mitglied zahlreicher Fachverbände (u. a. Gründungs- u. Vorstandsmitglied der „Deutschen Gesellschaft für Publizistik und Zeitungswissenschaft“; Sektionsvorstand des „Bundes demokratischer Wissenschaftler“; Kuratoriumsmitglied der „Stiftervereinigung der Presse“); ab 1961 Honorarprofessor für Publizistik an der FU Berlin; erhielt u. a. die Carl-von-Ossietzky-Medaille der Liga für Menschenrechte (1979) und den Adolf-Grimme-Preis (1981).

* Röder/Strauss (Bearb.), Biographisches Handbuch, S. 143; Bernd Sösemann, Rauschenplat, Hellmuth Freiherr von, in: Neue Deutsche Biographie 21 (2003), S. 209–210, Onlinefassung, https://www.deutsche-biographie.de/gnd118528548.html#ndbcontent (10. 8. 2016); Bernd Sösemann, Fritz Eberhard. Rückblicke auf Biographie und Werk, Stuttgart 2001.

Ebertz, Robert*

Geburtsdatum: 20. Juli 1889
Geburtsort: Koblenz
Sterbedatum: 5. März 1976
Sterbeort: Koblenz
Beruf: Klempner; angelernter Bahnbetriebsschlosser
Partei: ab 1920 SPD

Funktionen vor 1933: Ausübung verschiedener Funktionen im DEV/EdED, u. a. Vorsitzender des Betriebsrates bei der Deutschen Reichsbahn-Gesellschaft in Koblenz (in einer Betriebswerkstatt).

Verfolgung – Widerstand – Emigration: stand im Verdacht, für den illegalen EdED tätig geworden zu sein; Festnahme im Sommer 1940; nach eigener Aussage habe er Kontakte mit ehemaligen Gesinnungsgenossen vermieden, wenngleich sich diese nicht hätten umgehen lassen; soll 1933 die lokale EdED-Kasse an NSBO übergeben haben, weshalb er keinen guten Ruf unter den ehemaligen EdED-Funktionären genossen habe; gab an, er habe sich nie illegal betätigt; da ihm keine illegalen Handlungen nachweisbar waren, entließ ihn die Gestapo auf freien Fuß.

Funktionen nach 1945: bislang nicht bekannt.

Weitere Hinweise: wohnte in Koblenz, Comeniusstraße 8 (Anfang der 1940er-Jahre); verheiratet seit 1913 mit Karoline Ebertz, geborene Lamberti; zeitweise Mitglied der DAF und der NSV.

* BArch, NJ 2229, Bde. 1 und 2, Unterlagen der Gestapo und NS-Justiz zur Verfolgung illegaler EdED-Strukturen, u. a. Verhör-Protokolle; Auskunft des StA Koblenz (Petra Weiß), 26. 8. 2015; StA Koblenz, Geburtenregister, Nr. 508/1889: Ebertz, Robert; StA Koblenz, Sterberegister Nr. 341/1976: Ebertz, Robert.

Eichhorst, Hermann*

Geburtsdatum: 5. Mai 1896
Geburtsort: Schönhagen (Kreis Bromberg)
Sterbedatum: 22. Juni 1978
Sterbeort: Eberswalde
Beruf: Ziegeleiarbeiter (angelernt); Rangierer (angelernt)
Partei: vor 1933 SPD; ab 1946 SED

Funktionen vor 1933: Übernahme von Funktionen in der freigewerkschaftlichen Bewegung bzw. im EdED.

Verfolgung – Widerstand – Emigration: half gemeinsam mit weiteren Arbeitern des Reichsbahnausbesserungswerkes Eberswalde einer Gruppe sowjetischer Zwangsarbeiter zur Flucht.

Funktionen nach 1945: beteiligt am Wiederaufbau; unentgeltlicher Einsatz als Straßenobmann; Übernahme von Basisfunktionen in der SED und im FDGB.

Weitere Hinweise: verheiratet seit 22. Februar 1919 mit Amalie Eichhorst, geborene Golling (geb. 2. Januar 1897, gest. 4. Juni 1977); hatte mehrere Kinder; wohnte in Eberswalde (Ende der 1920er-Jahre), Schleusenstraße 4, später Schleusenstraße 31 (Ende der 1930er-Jahre) und ab den 1950er-Jahren Straße der Jugend 71a; zeitweise Mitglied des „Reichsbanners Schwarz-Rot-Gold"; arbeitete 1918/19 als Arbeiter und Rangierer im Reichsbahnausbesserungswerk Bromberg; 1919–1926 als Rangierer und Hilfsschlosser im Reichsbahnausbesserungswerk Eberswalde; 1926–1932 als Rangierleiter und 1932–1945 als Anstreicher und Rangierer im Reichsbahnausbesserungswerk Eberswalde; 1945–1949 Justizangestellter beim Amtsgericht Eberswalde; 1950 Sachbearbeiter im Kreis Lebus und später Hausmeister und Bote im Kreis Seelow – im Reichsbahnausbesserungswerk Eberswalde sollen zudem ein „Vater und Sohn" mit dem Nachnamen „Treptow" Flugblätter verteilt haben, die sich gegen den NS-Staat richteten; vermutlich handelt es sich um Max Treptow (geb. 1888, gest. 1962) und Max Berthold Hermann Treptow (geb. 1913), die als Bahnarbeiter und Weichenwärter arbeiteten, oder es handelte sich um Erich Treptow (geb. 1898, gest. 1947) und dessen Sohn Artur Erich Paul Treptow (geb. 1924, gest. 1944), die in Adressbüchern erwähnt werden.

* KrArch Barnim, Standesamt Eberswalde, Nr. 451/77, Eintrag zum Sterbedatum; KrArch Barnim, D.I. 15467, Arbeitsbuch von Eichhorst, Hermann; Brandes (Bearb.), Antifaschistischer Widerstandskampf in der Provinz Brandenburg, S. 37; Kurt Iwen, Der antifaschistische Widerstandskampf in Eberswalde-Finow, Eberswalde 1977 (Manuskript), S. 16; Siegesbewusst, standhaft, unbezwingbar: Beiträge zur Geschichte des antifaschistischen Widerstandskampfes in Städten, Gemeinden und Betrieben des Bezirkes Frankfurt (Oder), hrsg. von der SED-Bezirksleitung Frankfurt (Oder), Frankfurt a. d. Oder 1978, S. 30; Auskunft des KrArch Barnim (Brigitta Heine), 17. 3. 2016.

Eichler, Willi*

Geburtsdatum: 7. Januar 1896
Geburtsort: Berlin
Sterbedatum: 17. Oktober 1971
Sterbeort: Bonn
Beruf: Kaufmännischer Angestellter; Journalist; Politiker
Partei: ab 1919 bzw. nach anderen Angaben ab 1923 SPD (1925 ausgeschlossen); ab 1946 SPD

Funktionen vor 1933: 1922/23–1927 Privatsekretär des Göttinger Philosophen Leonard Nelson, der den IJB begründet hatte; Vorstandsmitglied des IJB; nachdem eine Mitgliedschaft im IJB mit der in der SPD unvereinbar und Eichler 1925 aus der SPD ausgeschlossen worden war, Gründungsmitglied des ISK; ab 1927 nach dem Tod von Nelson Vorsitzender des ISK und ab 1929 Mitarbeiter bzw. Herausgeber von ISK-nahen Zeitschriften, u. a. ab Januar 1932 „Der Funke".

Verfolgung – Widerstand – Emigration: sollte bereits unmittelbar nach dem Reichstagsbrand Ende Februar 1933 verhaftet werden, weshalb Eichler bis Herbst 1933 zeitweise untertauchte; im Zuge einer Hausdurchsuchung am 28. Februar 1933 wurde ein Großteil seiner Bibliothek von der SA beschlagnahmt; im November 1933 über Saarbrücken Emigration nach Frankreich und Versuch des Aufbaus einer Auslandszentrale des ISK in Paris; unterstützte aus dem Exil die illegale Arbeit von ISK-Gruppen im Reichsgebiet; im August 1938 Vereinbarung mit Edo Fimmen über eine enge Zusammenarbeit zwischen ITF und ISK; ab Oktober 1933 Herausgeber der „Neuen politischen Briefe" bzw. später „Reinhart-Briefe" als Organ der USG, die dem ISK nahe stand; Mai 1934 bis ca. 1940 Herausgeber der Zeitschrift „Sozialistische Warte"; Beteiligung an Bestrebungen, im Exil Voraussetzungen für eine tatsächliche „Einheitsfrontpolitik" herzustellen, u. a. mit linkssozialistischen Gruppen und Teilen der KPD; 1935/36 Mitwirkung im Lutetia-Kreis; Mitarbeit auch im „Arbeitsausschuss deutscher Sozialisten und der Revolutionären Sozialisten Österreichs"; im April 1938 Ausweisung aus Frankreich; im Anschluss zunächst in Luxemburg ansässig; Anfang Januar 1939 Flucht nach Großbritannien; in London Leiter einer kleinen ISK-Gruppe und schrittweise Wiederannäherung an die SPD; 1941 Beitritt des ISK zur „Union deutscher sozialistischer Organisationen in Großbritannien", in deren Vorstand Eichler tätig war; führendes Mitglied der „Landesgruppe deutscher Gewerkschafter" in Großbritannien und im Februar

1945 Mitherausgeber des gewerkschaftlichen Deutschlandprogramms; gehörte als Vertreter der „Union deutscher sozialistischer Organisationen in Großbritannien" zum Kontaktkreis des „Office of Strategic Services" und arbeitete auch in Fragen des Widerstandes gegen das NS-Regime mit dem britischen Nachrichtendienst zusammen.
Funktionen nach 1945: nach seiner Rückkehr Ende Januar 1946 beteiligte er sich am Wiederaufbau der SPD, u. a. Vorsitzender des SPD-Bezirksverbandes Mittelrhein; 1946–1968 Mitglied des Parteivorstandes der SPD, zeitweise im „Engeren Vorstand"; später hauptamtliches Vorstandsmitglied der Friedrich-Ebert-Stiftung; 1947/48 Mitglied des Landtages in Nordrhein-Westfalen; 1947/48 Mitglied des Zonenbeirates; 1948/49 Mitglied des Frankfurter Wirtschaftsrates; 1949–1953 Mitglied des Bundestages und des Europarates.
Weitere Hinweise: nach Kriegsende Begründer der Zeitschrift „Geist und Tat" und zeitweise Chefredakteur der „Rheinischen Zeitung"; 1945–1949 Herausgeber der „Sozialistischen Presse-Korrespondenz"; verheiratet mit Susanne Strasser (Pseudonym: Susanne Miller; geb. 14. Mai 1915, gest. 1. Juli 2008); wohnte in Köln-Klettenberg, Petersbergstraße 73 (Ende der 1940er-Jahre), später in Bonn-Kessenich, Saarweg 6 (1960er-Jahre).

* zahlreiche in der vorliegenden Studie vewendete Publikationen; BArch, R 3017/29429 bis R 30172/29437, Briefwechsel zwischen Hans Jahn und Willi Eichler; Bezirksregierung Düsseldorf, LEA, ZK 16262, Entschädigungsakte von Willi Eichler; Röder/Strauss (Bearb.), Biographisches Handbuch, S. 148; Lemke-Müller, Ethischer Sozialismus und soziale Demokratie.

Emmen, Paul*

Geburtsdatum: 12. April 1896
Geburtsort: Krefeld
Sterbedatum: 15. Oktober 1984
Sterbeort: Krefeld
Beruf: Klempner; Schweißer
Partei: vor 1933 SPD; ab 1945 SPD
Funktionen vor 1933: zunächst Mitglied der GdE, später Übertritt zum DEV; Betriebsrat im Reichsbahnausbesserungswerk Krefeld-Oppum; 1931–1933 Vorstandsmitglied der EdED-Ortsverwaltung Krefeld.
Verfolgung – Widerstand – Emigration: am 8. September 1933 aufgrund des „Gesetzes zur Wiederherstellung des Berufsbeamtentums" entlassen; laut „Organisationsplan" von Hans Jahn vom 1. März 1936 Bezirksleiter der EdED-Widerstandsgruppe im „2. Bezirk Westliches Ruhrgebiet, Vorort: Krefeld"; zugleich einer der Vertrauensleute, die in den EdED-Widerstand einbezogen wurden und als „Stützpunktführer" fungierten (Uerdingen, Waggonfabrik); Teilnehmer zahlreicher konspirativer Besprechungen in Deutschland, Holland; am 17. Februar 1937 verhaftet und vom VGH im Prozess gegen Franz Funger und andere am

3. Dezember 1937 zu zehn Jahren Zuchthausstrafe verurteilt: „Er war zunächst neben [Heinrich] Malina und später neben Funger der führende Kopf. Er ist ein fanatischer Anhänger der marxistischen und gewerkschaftlichen Idee. Auch er war schon gleich bei Beginn des Aufbaues der Gewerkschaften bis zu seiner Festnahme im Februar 1937 eifrig bei der Werbung neuer Stützpunktleiter, bei dem Zusammenschluß mit dem ISK und bei den Besprechungen und der Berichterstattung in Holland beteiligt. Er hat ebenfalls für die Verbreitung von Hetzzeitschriften und die Gewinnung von Adressen von Abnehmern für diese gesorgt. Im Gegensatz zu Funger hat Emmen, der übrigens auf Grund des Berufsbeamtengesetzes im Jahre 1933 seine Stelle bei der Reichsbahn verloren hat, seine Tat in der Hauptverhandlung nicht zu beschönigen versucht." (Urteil, Bl. 85); verbrachte ab 3. Dezember 1937 die Haftzeit, die offiziell am 3. April 1947 enden sollte, im Zuchthaus Remscheid-Lüttringhausen.
Funktionen nach 1945: beteiligte sich aktiv am Wiederaufbau in Krefeld und am Neuaufbau der Gewerkschaften in der Britischen Besatzungszone.
Weitere Hinweise: hatte nach der Haftzeit schwere gesundheitliche Probleme, die ihn dazu zwangen, 1959 aus dem aktiven Berufsleben auszuscheiden; wohnte in Krefeld, Elisabethstraße 30 (1930er-Jahre).

* AdsD, Bestand ITF, 5/ITFA, Mappe 46, „Organisations-Anlage" von Hans Jahn über den Stand der illegalen Organisation der Eisenbahner im Deutschen Reich, o. D. [1. 3. 1936]; StA Krefeld, Bestand 26 – II Meldekartei: Emmen, Paul; Anklageschrift des Reichsanwaltes beim VGH, 29. 9. 1937, und Urteil 9J315/37-2H50/37 des VGH gegen Hans Funger, Heinrich Tillier, Paul Emmen, Hugo Bachmann, Leo Radtke, Wilhelm Komorowski, Max Pester und Heinrich Malina, 3. 12. 1937, in: Nationalsozialismus,

Emmert, Johann*

Geburtsdatum: 15. Juni 1889
Geburtsort: Nürnberg
Sterbedatum: 12. Dezember 1949
Sterbeort: Nürnberg
Beruf: Schlosser
Partei: ab 1909 SPD; zeitweise USPD; ab ca. 1922 SPD
Funktionen vor 1933: 1906–1920 Mitglied des DMV; ab 1920 Mitglied des DEV bzw. ab 1925 des EdED; 1925–1933 Mitglied des Verbandsbeirates der EdED; 1925–1927 Betriebsratsvorsitzender im Reichsbahnausbesserungswerk (Güterwagenabteilung) Nürnberg; 1929 bis 17. März 1933 Mitglied des Bezirksbetriebsrates der Reichsbahndirektion Nürnberg (bis 1931 Zweiter Vorsitzender, ab 1931 Erster Vorsitzender des Bezirksbetriebsrates); Übernahme verschiedener Funktionen in der SPD.
Verfolgung – Widerstand – Emigration: laut „Organisationsplan" von Hans Jahn vom 1. März 1936 „Ersatzmann" für den Gaugrafen Georg Vogel in der EdED-Widerstands-

gruppe im „12. Gau Nordbayern. Vorort Nürnberg“; ab 24. Juli 1940 in Haft in Nürnberg; bei Hausdurchsuchung vier Bücher und 13 Broschüren „marxistischer Tendenz“ sowie Mitgliedsbücher bzw. -karten der USPD, SPD, der Betriebsräteorganisation des ADGB und der „AfA“, der „Naturfreunde“ sowie eine Ansichtspostkarte von einem „Reichsbanner“-Aufmarsch 1927 beschlagnahmt; bei einem Verhör der Gestapo 1940 gab er zu, nach der Machtübernahme Hitlers mit Gewerkschaftern zusammengekommen zu sein, er bestritt jedoch jede Form einer illegalen Betätigung; Mitglied der Vertreterversammlung der „Allgemeinen Krankengeldzuschuß- und Sterbekasse V. V. a. G.“.

Funktionen nach 1945: bislang nicht bekannt.

Weitere Hinweise: Mitglied des „Reichsbanners Schwarz-Rot-Gold“ (ab Gründung 2. Februar 1924); Mitglied der „Eisernen Front“ und anderer marxistischer Organisationen; am 13. Januar 1920 von der Werkstätteninspektion IV in Nürnberg durch die Bayerische Staatsbahn eingestellt; seit Frühjahr 1933 im Reichsbahnausbesserungswerk Nürnberg beschäftigt; wohnte in Nürnberg, Rüberstraße 13 (1930er-Jahre).

* SAPMO-BArch, Widerstandskartei, Johann Emmert; BArch, NJ 2229, Bde. 1 und 2, Unterlagen der Gestapo und NS-Justiz zur Verfolgung illegaler EdED-Strukturen (mit Details zum Lebensweg von Johann Emmert); AdsD, Bestand ITF, 5/ITFA, Mappe 46, „Organisations-Anlage“ von Hans Jahn über den Stand der illegalen Organisation der Eisenbahner im Deutschen Reich, o. D. [1. 3. 1936]; LAB, B Rep. 042, Amtsgericht Charlottenburg, Nr. 48856 „Allgemeine Krankengeldzuschuß- und Sterbekasse V. V. a. G.“ (1934–1978); StA Nürnberg, Sterberegister, Sign. C 27/IV Nr. 330, Nr. 2300: Emmert, Johann; Auskunft des StA Nürnberg (Gerhard Jochem), 4. 9. 2015.

Endl, Alois*

Geburtsdatum: 23. Juli 1906
Geburtsort: Auerbach (Passau)
Sterbedatum: 14. Juni 1952
Sterbeort: München
Beruf: Schneider
Partei: bislang nicht bekannt

Funktionen vor 1933: Mitglied des Deutschen Textilarbeiter-Verbandes und vermutlich Übernahme von Funktionen.

Verfolgung – Widerstand – Emigration: Mitglied der illegalen Gruppe um Franz Faltner „Rote Rebellen“; gehörte zum engeren Freundeskreis von Franz Faltner und war Kassierer und Berichterstatter an die Sopade; beteiligte sich am Widerstand gegen das NS-Regime bei der Deutschen Reichsbahn (verteilte illegale Druckschriften aus der ČSR und besaß eine Deckadresse für die Gruppe); am 28. April 1935 festgenommen und ab 16. August 1936 Untersuchungshaft im Gefängnis München-Stadelheim; am 25. März 1935 wegen „Vorbe-

reitung zum Hochverrat" aufgrund der Verbreitung illegaler Schriften angeklagt; am 9. Juli 1936 durch das OLG München zu drei Jahren Gefängnis (unter Anrechnung von 14 Monaten Untersuchungshaft) verurteilt.
Funktionen nach 1945: bislang nicht bekannt.
Weitere Hinweise: wohnte in München, Walchenseeplatz 2 (1930er-Jahre).

* BArch, NJ 9445, Gerichtsverfahren der NS-Justiz; Pilwousek (Hrsg.), Verfolgung und Widerstand, S. 139 f.

Endorf, Otto*

Geburtsdatum: 2. November 1884
Geburtsort: Dehnitz (Kreis Grimma)
Sterbedatum: 22. November 1948
Sterbeort: Leipzig (im Krankenhaus St. Jakob)
Beruf: Müller (gelernt), Streckenarbeiter; Hilfsweichenwärter; Lebensmittelhändler
Partei: ab 1917 SPD
Funktionen vor 1933: ab 1916 Mitglied des DEV (bereits zuvor freigewerkschaftlich organisiert); Übernahme verschiedener Funktionen im DEV, u. a. Verbandsangestellter im Bezirk Halle; vom 1. Januar 1919 bis Anfang Mai 1933 Geschäftsführer der DEV- bzw. EdED-Ortsgruppe Leipzig; ab 1. Januar 1919 Mitglied der in der modernen Arbeiterbewegung tätigen Angestellten in Leipzig (bis 1933); ab Januar 1919 Erster Vorsitzender und Angestellter der EdED-Ortsverwaltung Leipzig; 1925 Delegierter der 3. ordentlichen Generalversammlung des DEV; 1928 Delegierter der 2. und 1931 Delegierter der 3. ordentlichen Generalversammlung des EdED.
Verfolgung – Widerstand – Emigration: gehörte zur Gruppe Leipziger Funktionäre, die Hans Jahn bereits vor 1933 um sich scharte, um bei Diskussionen offensiv und gezielt gegen die Nationalsozialisten vorzugehen; gehörte nach Angaben von Max Kellner außerdem zur Gruppe der Gewerkschafter, die am 2./3. Mai 1933 Material aus der Leipziger Verwaltung retteten; am 2. Mai 1933 im Zuge der Zerschlagung der Gewerkschaften festgenommen und bis 23. Mai 1933 im Polizeigefängnis Leipzig in „Schutzhaft" (aufgrund seiner früheren gewerkschaftlichen Tätigkeit); Endorf scheiterte in der Zeit von Franz Porallas Haftzeit daran, das illegale Netzwerk auszubauen, konnte aber von Poralla nach dessen Haftentlassung und einem Besuch in Endorfs Wohnung von der Mitarbeit in Hans Jahns Netzwerk überzeugt werden; machte sich mit einem Handel mit Kolonialwaren, Produkten, Flaschenbier und Wurst ab 28. Juli 1933 selbstständig und nutzte diese Tätigkeit auch zur Koordinierung illegaler Tätigkeiten; am 6. August 1940 durch Stapo-Leitstelle Leipzig vernommen, erfolglose Wohnungsdurchsuchung; bei dem Verhör erklärte er, er sei mehrfach von früheren Gesinnungsgenossen besucht worden, doch habe man in dem Kreis bewusst eine illegale Arbeit abgelehnt; er bestätigte der Gestapo, auch von Wilhelm Bode vor dessen Reise nach

Luxemburg aufgesucht worden zu sein – Details ließen sich nicht klären; da eine illegale Tätigkeit nicht nachweisbar war, wurde er anschließend entlassen.

Funktionen nach 1945: bislang nicht bekannt.

Weitere Hinweise: ab 1926 Mitglied des „Reichsbanners Schwarz-Rot-Gold“, vertrat dort die Eisenbahner Leipzigs; Mitglied des Aufsichtsrates im Konsumverein Leipzig-Plagwitz; Mitglied Fachschaft der Nahrungs- und Genussmittelhändler (nach 1933) und in anderen Arbeitervereinigungen, u. a. „Freidenker“; wohnte in Leipzig N 21, Dinterstraße 1b (Ende der 1940er-Jahre); seit 9. Oktober 1909 verheiratet mit Anna Endorf, geborene Mennig (geb. 5. Oktober 1884); hatte vier Kinder: Arthur Mennig (geb. 3. Mai 1904), Herbert Endorf (geb. 16. Februar 1910, gest. 1. September 1910), Werner Endorf (geb. 17. Oktober 1912), Erich Endorf (geb. 17. Juli 1916).

* SAPMO-BArch, Widerstandskartei, Otto Friedrich Endorf; Staatsarchiv Leipzig, 20031, PP-M, Sign. 201, Melderegister: Endorf, Friedrich Otto; BArch, NJ 2229, Bde. 1 und 2, Unterlagen der Gestapo und NS-Justiz zur Verfolgung illegaler EdED-Strukturen; Correspondenzblatt der Generalkommission der Gewerkschaften Deutschlands, Nr. 48, 29. 11. 1919, S. 556; Jahresbericht 1929 der EdED-Ortsverwaltung Leipzig, o. O. o. J., S. 5; Protokoll über die Verhandlungen der dritten ordentlichen General-Versammlung des Deutschen Eisenbahner-Verbandes vom 21. bis 26. Juni 1925 in Köln a. Rh.; Protokoll über die Verhandlungen der 2. ordentlichen Generalversammlung des EdED; Protokoll über die Verhandlungen der 3. ordentlichen Generalversammlung des EdED.

Endraß, Fridolin [auch: Endrass, Friedolin]*

Geburtsdatum: 5. März 1893
Geburtsort: Mariabrunn (bei Friedrichshafen)
Sterbedatum: 23. Februar 1940
Sterbeort: Berlin (Hinrichtungsstätte Plötzensee)
Beruf: Schlosser
Partei: stand der SPD vor 1933 nahe, parteilos

Funktionen vor 1933: ab 1919 Mitglied des DEV; 1925–1930 Unterkassierer, 1929–1931 Schriftführer und 1931–1933 Bevollmächtigter bzw. Erster Vorsitzender des EdED in Friedrichshafen.

Verfolgung – Widerstand – Emigration: zeitweise im KZ Welzheim inhaftiert; betätigte sich in der EdED-Widerstandsgruppe; stand zeitweise in enger Verbindung mit Karl Molt; am 21. Juli 1938 festgenommen, kam in Untersuchungshaft und am 25. November 1939 vom VGH wegen „Landesverrats in Tateinheit mit Vorbereitung zum Hochverrat“ zum Tode verurteilt: „Der Angeklagte Endraß hat bei seiner polizeilichen Vernehmung zunächst energisch bestritten, sich illegal betätigt zu haben. Erst nachdem er eingesehen hatte, daß die Polizei im Besitze von Abschriften seiner Berichte an Molt war und durch sonstige Überwachungsmaßnahmen bereits umfangreiches, zu seiner Überführung ausreichendes Beweismaterial gesammelt hatte, hat er den oben geschilderten Sachverhalt zugegeben und sein Geständnis in der Hauptverhandlung aufrechterhalten. Er hat auch eingeräumt, ‚von Anfang an selbstverständlich gewußt zu haben, daß die Weiterführung der illegalen Gewerkschaftsarbeit in Deutschland verboten und strafbar ist, die ihm von Molt übersandten Kleindruckschriften mit den darin enthaltenen hochverräterischen Ausführungen gelesen' zu haben, und sich auch darüber klar gewesen zu sein, daß ‚aus seinen Berichten auch etwas in die Druckschriften kommen sollte'. [...] Heute mache er sich ernstliche Vorwürfe darüber, daß er militärische Berichte aus Deutschland an Molt übersandt und insbesondere Spezialaufträge für ihn erledigt habe. [...] Es steht fest, daß die Auftraggeber des in die Schweiz geflüchteten ehemaligen Gewerkschaftssekretärs und Reichsbannerführers Karl Molt die Leiter der Internationalen Transportarbeiter-Föderation und des Internationalen sozialistischen Kampfbundes Edo Fimmen in Amsterdam und Hans Jahn in Luxemburg gewesen sind. Zur Organisierung des von ihnen und von Molt angestrebten illegalen Einheitsverbandes der Eisenbahner Deutschlands hat Molt den Angeklagten Endraß am 30. Mai 1937 in Friedrichshafen aufgesucht und ihm zunächst auseinandergesetzt, daß es notwendig sei, ehemalige Genossen des früheren Einheitsverbandes der Eisenbahner zu erfassen und sie mit illegalem Material zu beliefern. Molt hat in dem früheren Gewerkschaftsfunktionär Endraß auf Grund dessen nie aufgegebener marxistischer Gesinnung ein sofort zur Mitarbeit bereites, willfähriges und billiges Werkzeug gefunden. Am 13. Juni 1937 ist Endraß der Aufforderung des Molt, zu einer Besprechung in die Schweiz zu kommen, gefolgt. Dort hat Molt ihm Zweck und Ziel des illegalen Einheitsverbandes eingehend erläutert und dabei ausgeführt, daß es erforderlich sei, diese Organisation zu schaffen, die heranzuziehenden Genossen mit illegalem Material zu versorgen und für den Kampf gegen das nationalsozialistische Deutschland zu schulen, damit sie nach der gewaltsamen Beseitigung der verfassungsmäßigen nationalsozialistischen Regierung Führer der Arbeitermassen sein können. Nach der erfolgreichen Anwerbung des Angeklagten Endraß wurde sofort mit der Lieferung von illegalen Schriften begonnen. Der Inhalt der Druckschriften zeigt deutlich, daß der Einheitsverband der Eisenbahner Deutschlands nicht nur eine illegale Gewerkschaftsorganisation, sondern auch eine Kampforganisation mit dem Endziel des Sturzes der nationalsozialistischen Regierung ist. Die gesamte festgestellte Tätigkeit des Angeklagten Endraß diente dem Zweck, den hochverräterischen Bestrebungen des illegalen Einheitsverbandes den Weg zu bereiten und sie ihrem Ziel näherzubringen. [...] da Endraß deutscher Reichsangehöriger ist und keine Zweifel an seiner vollen Zurechnungsfähigkeit bestehen, konnte nur auf die Todesstrafe als die gesetzlich allein zulässige Strafe erkannt werden. [...] Trotz der nicht nachweisbaren Preisgabe echter deutscher Staatsgeheimnisse war die von dem Angeklagten Endraß mit starkem verbrecherischen Willen und in großem Umfange betriebene Ausspähungstätigkeit, die Molt in seinem Briefe ganz besonders lobend hervorhebt, durchaus geeignet, erhebliche Gefahren für das Wohl des Reiches herbeizuführen, zumal Endraß sich auch als Mobilisierungsagent betätigte. Im Gegensatz zu anderen Landesverrätern, die um des Geldes willen handeln und eine Gefährdung der deutschen militärischen Belange lediglich in Kauf nehmen, hat Endraß durch Lieferung militärischer Nachrichten absichtlich einen schweren Schaden für die deutsche Landesverteidigung herbeiführen wollen, weil er durch seine landesverräterische Betätigung um so schneller das erstrebte Endziel des Sturzes der nationalsozialistischen Regierung zu erreichen hoffte." (Urteil, Bl. 46–61); das Todesurteil wurde in der Hinrichtungsstätte Plötzensee vollstreckt.

Weitere Hinweise: verheiratet mit Johanna Endraß, geborene Randa(u); lebte in Friedrichshafen, Ernst-Lehmann-Straße 4; Deckname im Widerstand: „Andreas".

* Urteil des VGH 1H37/39-6J374/38g gegen Fridolin Endraß und Josef Riedlin, 25. 11. 1939, in: Nationalsozialismus, Holocaust, Widerstand und Exil 1933–1945, Online-Datenbank; AdsD, DGB-Archiv, Ehrentafel für während des Dritten Reichs ermordete Gewerkschaftsmitglieder, o. O. o. J., S. 59; AdsD, DGB-Archiv, Erschlagen, hingerichtet, in den Tod getrieben, Bonn 1995, S. 43; Gerhard Raichle, Fridolin Endrass (1893–1940), Möglichkeiten und Grenzen des Widerstands im Dritten Reich, in: Leben am See – Jahrbuch des Bodenseekreises, Bd. 16, Friedrichshafen 1999, S. 52–55; Raichle, Fridolin Endrass (1893–1940), in: Gottwaldt, Eisenbahner gegen Hitler, S. 193–200; Auskunft des StA Friedrichshafen (Hartmut Semmler), 11. 4. 2016.

Endres, Fritz*

Geburtsdatum: 15. Oktober 1877
Geburtsort: Ebenhausen (Unterfranken)
Sterbedatum: 2. Mai 1963
Sterbeort: München
Beruf: Kupferschmied
Partei: ab ca. 1895 SPD

Funktionen vor 1933: 1908–1927 Sekretär des SPD-Bezirks Franken; 1901–1911 Vorsitzender des Verbandes für die bayerischen Eisenbahnwerkstätten- und Betriebsarbeiter/Verband süddeutscher Eisenbahner in Würzburg; von Februar 1911 bis Oktober 1918 zudem Arbeitersekretär des Kartells der Freien Gewerkschaften in Würzburg; anschließend übernahm er 1918/19 die Stelle des Geschäftsführers der Verwaltungsstelle des DMV in Würzburg; seit 1911 außerdem Mitglied des Gemeindekollegiums und des Armenrates der Stadt Würzburg; Vorsitz des Arbeiter- und Soldatenrates von Würzburg; am 15. Dezember 1918 als Vertreter der provisorischen bayerischen Regierung zum Generalkommando des II. Armeekorps in Würzburg entsandt; im Anschluss von Januar 1919 bis Juni 1920 Abgeordneter für den Wahlkreis 26 (Franken) in der Weimarer Nationalversammlung; 1912–1918 und 1920–1933 Mitglied des Landtages und von März 1919 bis Mai 1919 Justizminister von Bayern; Mai 1919 bis März 1920 Innenminister von Bayern; mehrfach stellvertretendes Mitglied des Staatsgerichtshofes von Bayern; 1919/20 Mitglied des Reichstages; 1928 Delegierter der 2. und 1931 Delegierter der 3. ordentlichen Generalversammlung des EdED.

Verfolgung – Widerstand – Emigration: 30. Juni 1933 bis ca. August 1933 „Schutzhaft" im KZ Dachau; 23. August 1944 bis 2. September 1944 „Schutzhaft" im KZ Dachau im Rahmen der „Aktion Gewitter" (Häftlings-Nr.: 92994).
Funktionen nach 1945: bislang nicht bekannt.
Weitere Hinweise: Ende 1959 wurde ihm der „Bayerische Verdienstorden" verliehen.

* Handbuch des Vereins Arbeiterpresse, 1. Aufl. 1914, S. 547 f.; Protokoll über die Verhandlungen der 2. ordentlichen Generalversammlung des EdED; Protokoll über die Verhandlungen der 3. ordentlichen Generalversammlung des EdED; Schumacher (Hrsg.), M. d. R. Die Reichstagsabgeordneten der Weimarer Republik, S. 112–117; Schumacher (Hrsg.), M. d. L. Das Ende der Parlamente, S. 33; Schröder, Sozialdemokratische Parlamentarier, S. 427; Auskunft des Archivs der Gedenkstätte Dachau, 25. 8. 2014; Hans-Michael Körner (Hrsg.), Große Bayerische Biographische Enzyklopädie, Bd. 1, München 2005, S. 449.

Engel, Heinrich*

Geburtsdatum: 13. April 1894
Geburtsort: Worfelden (Kreis Groß-Gerau)
Sterbedatum: 4. August 1974
Sterbeort: Darmstadt
Beruf: Dreher
Partei vor 1933: ab 1919 SPD
Funktionen vor 1933: seit 1911 gewerkschaftlich organisiert; ab 1918 bei der Deutschen Reichsbahn-Gesellschaft bzw. deren Vorläuferunternehmen beschäftigt und von 1924–1933 Betriebsrat in der Lokomotivwerkstatt Darmstadt; 1927–1933 Betriebsrat bei der Reichsbahndirektion in Kassel; Ende der 1920er-Jahre und Anfang der 1930er-Jahre Mitglied des Gemeinderates Babenhausen.
Verfolgung – Widerstand – Emigration: aktiv im Widerstand im Rahmen des EdED bzw. der ITF; laut „Organisationsplan" von Hans Jahn vom 1. März 1936 Gaugraf in der EdED-Widerstandsgruppe im „2. Gau Hessen-Nassau. Vorort Darmstadt"; Teilnehmer illegaler Treffen mit Vertretern der ITF; nach Angaben von Hans Jahn in der „Organisationsskizze" von Ende 1938 „Reichsverbindung" der illegalen „Organisation" in Darmstadt; am 23. Juli 1940 von der Gestapo Darmstadt verhaftet, vernommen und am 7. August 1940 wieder entlassen, da ihm keine Straftat nachzuweisen war; er gab beim Verhör vor der Gestapo zu Protokoll: „E. gibt zu, in den letzten Jahren von [Hans] Jahn verschiedene Briefe und Karten bekommen zu haben und will auch der Ansicht gewesen sein, dass Jahn hiermit ihn zur illegalen Arbeit bewegen wollte, doch bestreitet er, diese Briefe je beantwortet zu haben. [...] [Heinrich] Engel steht nach vertraulichen Meldungen weiter in Verdacht, mit dem bereits abgeurteilten Funktionär des EdED [Hans] Funger in Verbindung gestanden zu haben. Er bestreitet dies und [es] ist eine Überführung kaum möglich." (BArch, NJ 2229, Bd. 1, Bl. 39, Ermittlungsergebnisse

der Gestapo Düsseldorf, August 1940); am 20. Januar 1942 erneut festgenommen, Vorwurf: illegale Bestrebungen im Rahmen der ITF in den Jahren 1935/36 in Babenhausen i. H. und in anderen Orten sowie Versuche eines Neuaufbaus des EdED in der Illegalität; ab 23. März 1942 „Schutzhaft" im Untersuchungsgefängnis Düsseldorf; am 4. September 1942 vom OLG Kassel wegen „Vorbereitung zum Hochverrat" zu einer zweijährigen Zuchthausstrafe verurteilt, die er bis 7. März 1944 im Zuchthaus Bruchsal verbüßte; im Anschluss in den Gefängnissen Darmstadt, Kassel und im Polizeigefängnis Frankfurt a. M.; am 2. Juni 1944 in das KZ Dachau eingeliefert (Häftlings-Nr.: 69811), am 29. April 1945 durch die US-Armee befreit.
Funktionen nach 1945: aktive Betätigung in der SPD, in der Gewerkschaft sowie als Beigeordneter in Babenhausen; ab 1955 Zweiter Vorsitzender der GdED und im Bezirksvorstand der GdED; ab 1956 Stadtverordneter der SPD in Darmstadt.
Weitere Hinweise: bevor er bei der Deutschen Reichsbahn-Gesellschaft beschäftigt war, u. a. tätig in der „Motorenfabrik Darmstadt", danach bei „Opel" und bei „Krupp" in Essen; 1929 Umzug von Worfelden nach Babenhausen, in zweiter Ehe verheiratet mit Maria Engel, geborene Eckert (geb. 1896, gest. 1943); wohnte in Darmstadt-Babenhausen, Fronhof 11 (1930er-Jahre).

* SAPMO-BArch, Widerstandskartei, Heinrich Engel; AdsD, Bestand ITF, 5/ITFA, Mappe 46, „Organisations-Anlage" von Hans Jahn über den Stand der illegalen Organisation der Eisenbahner im Deutschen Reich, o. D. [1. 3. 1936]; BArch, R 3017/29433, Bl. 4, „Organisationsskizze" von Hans Jahn, 1. 12. 1938; BArch, NJ 2229, Bd. 1, Bl. 33 ff., Unterlagen der Gestapo und NS-Justiz zur Verfolgung illegaler EdED-Strukturen; BArch, NJ 488 und NJ 2229, Unterlagen der Gestapo und NS-Justiz im Zusammenhang mit einem Strafverfahren gegen illegale EdED-Strukturen, in diesem Falle vor dem OLG Kassel, 1942; HHStAW, Datenbank „Widerstand und Verfolgung in Hessen", Ident-Nr.: 11266 (dort auch Details zu weiteren Archivangaben); Buschak, „Arbeit im kleinsten Zirkel", 1. Aufl. 1993, S. 70, 84 und ebenda, 2., aktual. Aufl. 2015, S. 161, 174; Esters/Pelger/Schlingensiepen, Gewerkschafter im Widerstand, S. 41, 59, 68, 86; Ulrich, Politischer Widerstand gegen das „Dritte Reich", S. 260; Auskunft des StA Babenhausen (Georg Wittenberger), 26. 11. 2014.

Engeln, Wilhelm*

Geburtsdatum: 26. März 1906
Geburtsort: Moers
Sterbedatum: 24. März 1957
Sterbeort: Moers
Beruf: Rangierer
Partei: vor 1933 KPD
Funktionen vor 1933: soll gewerkschaftliche Funktionen übernommen haben, vermutlich im EdED.
Verfolgung – Widerstand – Emigration: im April 1937 als „Schutzhäftling" von Düsseldorf in das KZ Sachsenhausen überführt.
Funktionen nach 1945: bislang nicht bekannt.

Weitere Hinweise: wohnte in Moers, Am Domacker 3 (1930er-Jahre), später Römerstraße 104 (1940er- und 1950er-Jahre); verheiratet mit Else Engeln, geborene Ebeling.

* AS, Bestand Lagerverwaltung, Schreiben der Geheimen Staatspolizei Düsseldorf an den Lagerkommandanten des KZ Sachsenhausen, 22. April 1937; StA Moers, Melderegister, Engeln, Wilhelm; StA Moers, Sterberegister: Engeln, Wilhelm; Auskunft des StA Moers (Carmen Hurtienne), 25. 8. 2015.

Esser, Johann*

Geburtsdatum: 17. November 1883
Geburtsort: Köln
Sterbedatum: 14. Januar 1960
Sterbeort: Köln
Beruf: Geldschrank- und Tresorbauer; Schlosser; Lokomotivführer
Partei: vor 1933 SPD; ab 1945 SPD
Funktionen vor 1933: ab 1. Oktober 1910 Mitglied des DMV; 1917 Mitbegründer des DEV in Köln; 1917/18 ehrenamtlicher und ab 1. Januar 1919 bis 1926 hauptamtlicher Bezirksleiter des DEV bzw. ab 1925 des EdED in Köln; Anfang der 1920er-Jahre Mitglied der „großen Tarifkommission" in Berlin (Manteltarifvertrag); 1926 bis 1. Januar 1933 hauptamtlicher Bezirksleiter des EdED in Wuppertal; von Januar 1933 bis 2. Mai 1933 hauptamtlicher Bezirksleiter des EdED in Köln (aufgrund der „Aufteilung des Reichsbahndirektionsbezirks Wuppertal" und der Neuzuordnung zu den Bezirken Köln und Essen); 1928 Teilnehmer der 2. und 1931 der 3. ordentlichen Generalversammlung des EdED; nahm u. a. vom 7. bis 13. August 1932 als Delegierter am ITF-Kongress in Prag teil.
Verfolgung – Widerstand – Emigration: am 2. Mai 1933 festgenommen und zum 30. Juni 1933 entlassen; 2. Mai 1933 bis Ende Juni 1933 im Zusammenhang mit der Zerschlagung der Gewerkschaften inhaftiert (in Köln); nach zeitweiser Erwerbslosigkeit ab Januar 1937 bei „Ford" in Köln tätig; im Zusammenhang mit der „Aktion Gewitter" Ende August 1944 festgenommen, verhört und inhaftiert (bis 27. September 1944 in Köln); später schrieb er: „Nach dem 2. 5. 1933 bezw. nach Beendigung meiner Haft im Juni 1933 war ich arbeitslos bis zum 16. Januar 1937. An diesem Tage wurde ich bei den Fordwerken AG, Köln als Handwerker eingestellt und bin am 2. 3. 1945 dort ausgeschieden, weil ich wiederum den Aufbau der Gewerkschaften übernommen hatte. Da ich einen grossen Teil meiner Bücher und Schriften vor dem Zugriff der Nationalsozialisten retten konnte – sie verbrannten im November 1944 bei einem Fliegerangriff – so konnte ich mein Wissen immer wieder auffrischen und so auch 1945 meine Tätigkeit als Bezirksleiter der Gewerkschaft der Eisenbahner Deutschlands wieder aufnehmen, aus der ich im Oktober 1951 aus Gesundheitsgründen und wegen Überschreitung der Altersgrenze dann ausgeschieden bin." Bezirksregierung Düsseldorf, LEA, ZK 16306, Lebenslauf Johann Esser, 5. 12. 1955).

Funktionen nach 1945: Beteiligung am Neuaufbau der Eisenbahngewerkschaft in Köln; ab 1. Oktober 1945 wieder hauptamtlich gewerkschaftlich tätig; ab 1946 Vorstandsmitglied der Gewerkschaft Transport und Verkehr Rheinprovinz; vom 23. bis 26. März 1949 Teilnehmer des Vereinigungskongresses der GdED; ab 1949 Bezirksleiter der GdED in Köln und Mitglied des DGB-Bezirksbeirates in Nordrhein-Westfalen (aus Altersgründen im Oktober 1951 aus der Gewerkschaftsarbeit ausgeschieden).
Weitere Hinweise: verheiratet mit Maria Juliane Esser, geborene Eberhardt; wohnhaft in Köln-Weidenpesch, Bergstraße 37/III (1950er-Jahre).

* SAPMO-BArch, Widerstandskartei, Johann Esser; StA Köln, Standesamt Köln-Nippes, Sterberegister Nr. 69/1960: Esser, Johann; Bezirksregierung Düsseldorf, LEA, ZK 16306, Entschädigungsakte von Johann Esser; Protokoll über die Verhandlungen der 2. ordentlichen Generalversammlung des EdED; Protokoll über die Verhandlungen der 3. ordentlichen Generalversammlung des EdED; BArch, R 58/3065, Bl. 26–30, Unterlagen der Gestapo zur Verfolgung; Mielke (Bearb.) unter Mitarb. von Rütters, Becker und Fichter, Organisatorischer Aufbau der Gewerkschaften, S. 1133; Auskunft des StA Wuppertal (Markus Teubert), 22. 9. 2015, Auskunft des StA Köln (Thomas Deres), 16. 8. 2016.

Ewerling, Martin*

Geburtsdatum: 29. November 1876
Geburtsort: Reinheim (Saarpfalz)
Sterbedatum: 1961
Beruf: Schlosser
Partei: vor 1933 SPD; nach 1945 SPD
Funktionen vor 1933: 1907–1933 Gewerkschaftsfunktionär des Bayerischen Eisenbahnerverbandes.
Verfolgung – Widerstand – Emigration: soll zeitweise im KZ inhaftiert gewesen sein.
Funktionen nach 1945: beteiligt am Neuaufbau der Gewerkschaften; ab 1947 Mitglied des Vorstandes der Landesgewerkschaft für das Eisenbahnpersonal Bayern; 1949/50 Mitglied des Hauptvorstandes der GdEdD.
Weitere Hinweise: bislang nicht bekannt.

* Der deutsche Eisenbahner, 16. 11. 1951.

Faltner, Franz*

Geburtsdatum: 17. Dezember 1901
Geburtsort: München
Sterbedatum: 6. September 1981
Sterbeort: München

Beruf: Eisenbahner
Partei: ab 1917 SPD

Funktionen vor 1933: Übernahme von Funktionen im EdED; Übernahme verschiedener Funktionen in der SPD, ferner auch „Zugführer" der „Eisernen Front".

Verfolgung – Widerstand – Emigration: aufgrund einer Denunziation am 20. April 1933 am Arbeitsplatz verhaftet und in das Münchner Polizeigefängnis Ettstraße eingeliefert; wurde misshandelt und am 24. April 1933 entlassen; Führungspersönlichkeit der „Roten Rebellen"; am 27. April 1935 an der deutsch-tschechischen Grenze verhaftet; im Anschluss Überstellung in das Gefängnis München-Stadelheim; am 18. Februar 1937 in das Gefängnis Berlin-Moabit verlegt; am 21. März 1937 ins Zuchthaus Berlin-Plötzensee überstellt; am 24. März 1937 vom VGH wegen „Vorbereitung zum Hochverrat" in Tateinheit mit „landesverräterischen Beziehungen" zu zehn Jahren Zuchthausstrafe verurteilt; das Gericht warf Faltner und Josef Feuerer – neben Versuchen, den organisatorischen Zusammenhalt zwischen Sozialdemokraten herzustellen – insbesondere vor, dass sie „die Ausführung eines Verbrechens, vorsätzlich durch Anwendung von Sprengstoffen" geplant und damit „Gefahr für das Eigentum oder das Leben" dargestellt hätten (vgl. Urteil, Bl. 12), und weiter hieß es: „Nach dem Organisationsplan sollte der Aufbau der Gruppe", welcher der Name „Rote Rebellen" gegeben wurde, sich folgendermaßen gestalten: „Auslandsleiter der Gruppe war Lampersberger, der als solcher für regelmäßige Lieferung illegaler Schriften ins Reich zu sorgen, Berichte über politische und wirtschaftliche Verhältnisse im Reich zu sammeln und den weiteren Auf- und Ausbau der Gruppe zu leiten hatte. Der Angeklagte Faltner war Oberführer, der unmittelbar dem Auslandsleiter unterstand und ihm für den Auf- und Ausbau der Gruppe, für die Verteilung der Schriften und eine entsprechende Propaganda verantwortlich war. Ferner hatte Faltner auch Berichte über politische und wirtschaftliche Verhältnisse zu sammeln und an den Auslandsleiter weiterzugeben. Der Oberführer erhielt von dem Auslandsleiter mittels eines Kuriers die illegalen Schriften." (Urteil, Bl. 17); ab 24. März 1937 im Zuchthaus Amberg inhaftiert; vom 11. November 1942 bis 23. April 1945 im Gefängnis Kaisheim und ab 23. April 1945 im Gefängnis Landsberg am Lech.

Funktionen nach 1945: bislang nicht bekannt.

Weitere Hinweise: die Deutsche Reichsbahn stellte Faltner wieder ein und beförderte ihn zum Chef der Bahnpolizei für Oberbayern; Ehefrau: Anna Faltner (geb. 1. August 1901, gest. 27. Juni 1974); die Ehefrau war mit ihrem Ehemann im Widerstand – u. a. bei den „Roten Rebellen" aktiv; weitere Funktionen in verschiedenen Organisationen der Arbeiterbewegung wie „Eiserne Front", „Reichsbanner Schwarz-Rot-Gold" und Arbeiter-Turn- und Sportbund.

* Urteil des VGH 1H1/37-8J415/35g gegen Franz Faltner und andere, 24. 3. 1937, in: Nationalsozialismus, Holocaust, Widerstand und Exil 1933–1945, Online-Datenbank; Pilwousek (Hrsg.), Verfolgung und Widerstand, S. 145 ff.

Fengler, Paul*
Geburtsdatum: 2. Dezember 1888
Geburtsort: Wesseling
Sterbedatum: 3. Mai 1945
Sterbeort: vermutlich Lübecker Bucht
Partei vor 1933: KPD
Funktionen vor 1933: Übernahme von gewerkschaftlichen Funktionen in Wesseling und Umgebung.
Verfolgung – Widerstand – Emigration: im Frühjahr 1933 bei der Köln-Bonner-Eisenbahn entlassen; war mehrfach Repressalien der Nationalsozialisten ausgesetzt; im August 1944 im Zusammenhang mit der „Aktion Gewitter" verhaftet und in das KZ Dachau verschleppt; später vermutlich im KZ Neuengamme inhaftiert.
Weitere Hinweise: wohnte in Wesseling, Horst-Wessel-Straße 43 (Anfang der 1940er-Jahre); vermutlich gestorben in der Lübecker Bucht vor Neustadt bei einem Transport auf der Ostsee; in Wesseling wurde eine der zentralen Straßen, heute Fußgängerzone, in „Flach-Fengler-Straße" umbenannt.

* AdsD, DGB-Archiv, Ehrentafel für während des Dritten Reichs ermordete Gewerkschaftsmitglieder, o. O. o. J., S. 62; Angaben zum Brunnen in der Fußgängerzone Wesseling und zum Straßennamen, http://www.wesseling.de/stadtinfos/sehenwuerdigkeiten/brunnen_fussgaengerzone.php?mode=print; www.spd-wesseling.de/db/docs/doc_20456_2008102817547.pdf (24. 8. 2015); Paul Fengler (1888–1945, „Erinnerungen von Rudolf Heister"), in: Wesselinger Heimat- und Geschichtsblätter, Nr. 62 (2014), S. 20; Auskunft des StA Wesseling (Martina Zech), 30. 9. 2015 und 9. 10. 2015.

Feuerer, Josef*
Geburtsdatum: 9. November 1911
Geburtsort: Regensburg
Sterbedatum: 14. Januar 1942
Sterbeort: Gusen (Perg)
Beruf: ab 1930 (in einer Hotelfachschule ausgebildeter) Wagenkellner der „Mitropa"
Partei: vor 1933 SPD
Funktionen vor 1933: bislang nicht bekannt.
Verfolgung – Widerstand – Emigration: Mitglied der „Faltner"-Gruppe „Rote Rebellen"; integriert in das Verteiler-Netz der Sopade; besorgte durch seine Reisetätigkeit ausländische Zeitungen für die Widerstandsarbeit; im Strafverfahren gegen Franz Faltner am 22. Dezember 1936 mitangeklagt und beschuldigt, ab Mai 1934 insbesondere in Basel und Eger „hochverräterische Unternehmungen" im Zusammenhang mit dem illegalen Zusammenhalt der SPD getätigt zu haben und die Massen damit beeinflussen zu wollen; weiterer Vorwurf: Vorbereitung eines

Sprengstoffanschlages; im März 1937 nach Berlin-Moabit überstellt und am 24. März 1937 durch den VGH zu einer Zuchthausstrafe von drei Jahren verurteilt; nach Verbüßung der Haft am 24. Mai 1938 weiterhin in „Schutzhaft" gehalten; vom 22. Juni 1938 bis zum 27. September 1939 im KZ Dachau inhaftiert; anschließend kam er in das KZ Mauthausen.

Funktionen nach 1945: –

Weitere Hinweise: verstarb offenbar an einer Lungenerkrankung im Krankenhaus Gusen; nach anderen Angaben wurde er im KZ Mauthausen ermordet, wobei dies durch eine veränderte Angabe bei der Todesursache verschleiert worden sein soll.

* Pilwousek (Hrsg.), Verfolgung und Widerstand, S. 151 f.

Fimmen, Eduard (Edo)*

Geburtsdatum: 18. Juni 1882
Geburtsort: Nieuwer-Amstel
Sterbedatum: 14. Dezember 1942
Sterbeort: Cuernavaca (Mexiko)
Beruf: Büroangestellter; Gewerkschaftsangestellter
Partei: Sociaal-Democratische Arbeiderspartij

Funktionen vor 1933: ab 1903 Vorsitzender der Amsterdamer Ortsgruppe der Gewerkschaft der Handels- und Büroangestellten; 1905 aktiv an der Gründung des „Algemeene Nederlandsche Bond van Handels- en Kantoorbedienden" beteiligt und für diesen von 1905 bis 1907 Kassenwart und danach der erste (freigestellte) Sekretär; 1910 wurde er Mitglied des IHS, aus dem später die FIET entstand; 1915–1919 Sekretär des holländischen Gewerkschaftsbundes NVV und gemeinsame Leitung mit Jan Oudegeest; ab 1917 im Zusammenhang mit der Lebensmittelkrise Mitarbeiter der holländischen Regierung, u. a. Berater des Landwirtschaftsministers Folkert Posthuma; Teilnehmer zahlreicher Gewerkschaftskongresse; 1919–1923 Sekretär des IGB; von April 1919 bis Dezember 1942 Generalsekretär der ITF.

Verfolgung – Widerstand – Emigration: in seiner Funktion als Generalsekretär der ITF unterstützt er bis zu seinem Tod den Widerstandskampf in Deutschland sehr aktiv; insbesondere die illegale EdED-Gruppe um Hans Jahn profitierte von Fimmens Bereitschaft, umfangreiche materielle Hilfen, zu leisten; er stand bis zu seinem Tode in Mexiko in engem Kontakt mit Hans Jahn; während des Spanischen Bürgerkrieges ab 1936 unterstützte er überdies linkssozialistische Verteidiger der Republik; nach Beginn des Zweiten Weltkrieges sorgte Fimmen für die Weitergabe von militärischen Informationen aus Deutschland an die Alliierten; im August 1939 verlegte er den Sitz des ITF-Büros von Amsterdam nach London.

Funktionen nach 1945: –

Weitere Hinweise: mit Lodewijk van Mierop, Menno Huizinga und Felix Ortt beteiligte er sich aktiv an der Organisierung einer christlich-sozialanarchistischen Jugendbewegung;

schrieb Artikel u. a. für die Zeitschrift „Vrede“ (Frieden); gehörte 1904 zu den Gründungsmitgliedern der Internationalen Anti-Militaristischen Vereinigung (IAMV) und verwendete in dieser Zeit das Pseudonym „Nel Jaccard“; veröffentlichte zahlreiche Schriften.

* Buschak, Edo Fimmen; Esters/Pelger/Schlingensiepen, Gewerkschafter im Widerstand; Buschak, „Arbeit im kleinsten Zirkel“, 1. Aufl. 1993 und ebenda, 2., aktual. Aufl. 2015, zahlreiche Belegstellen und biografische Angaben; Koch-Baumgarten, Ein Linkssozialist und „Sturmvogel“ als internationaler Gewerkschaftssekretär, S. 12–28; Nelles, Widerstand und internationale Solidarität. Die Internationale Transportarbeiter-Föderation (ITF) im Widerstand, hier zahlreiche Belegstellen und biografische Angaben.

Fischer, Friedrich (Fritz)*

Geburtsdatum: 3. September 1882
Geburtsort: Königsberg
Sterbedatum: 14. Mai 1955
Sterbeort: Magdeburg
Beruf: gelernter Maschinenschlosser; Eisenbahner und Leiter der Eisenbahnverwaltungsschule
Partei: ab 1903 SPD; zeitweise USPD; später KPD
Funktionen vor 1933: Mitglied des EdED und später Funktionen in der RGO-Industriegruppe Eisenbahn bzw. im „Roten Eisenbahnerverband“ (auf undatierter Liste der RGO Kandidat für den Hauptbetriebsrat der Deutschen Reichsbahn-Gesellschaft, Listen-Nr. 3); Übernahme diverser Funktionen in der KPD.
Verfolgung – Widerstand – Emigration: Anfang 1933 verhaftet, weil er Kandidat der KPD für den Reichstag war; beteiligte sich an verschiedenen „antifaschistischen Aktionen“; verteilte auch illegale Flugblätter; vom 3. März 1933 bis 12. Dezember 1933 im KZ Sonnenburg inhaftiert; Dezember 1933 bis April 1934 im Arbeitslager Tilsiter Niederung; nach Urteil des OLG Königsberg vom 5. Dezember 1935 bis 17. April 1936 inhaftiert; auch 1939, 1941 für zwei Monate und 1944 kurzzeitig in Haft.
Funktionen nach 1945: nach 1945 Rentner; Mitglied des FDGB und der SED.
Weitere Hinweise: lebte nach 1945 in Schönebeck-Salzelmen, später wohnhaft in Magdeburg, Ganghoferstraße 10 (1951).

* SAPMO-BArch, Widerstandskartei, Fritz Fischer; BArch, R 58/2195, Bl. 186–188 und BArch, R 58/2201 und BArch, R 58/3875, Bl. 52 f. und BArch, RY 1/I2/3/119, Bl. 32; BArch, RY 1/I2/3/149, Bl. 59–62; LAB, C Rep. 118-01, Nr. 3113, OdF-Akte von Maria und Ernst General; LHA Sachsen-Anhalt, VdN-Akten, Nr. 117 und 8258, VdN-Akten von Fritz Fischer sowie zahlreiche andere in der vorliegenden Publikation verwendete Quellen.

Fischer, Hermann*
Geburtsdatum: 8. Januar 1894
Geburtsort: Bautzen
Sterbedatum: 19. März 1975
Sterbeort: Radebeul
Beruf: Stepper; Zugschaffner
Partei: vor 1933 SPD; ab 1945 SPD; ab 1946 SED
Funktionen vor 1933: im November 1918 zum Soldatenrat gewählt; 1918/19 Vertrauensmann im Dresdener Hauptbahnhof; 1920 Vertrauensmann für das Zugbegleitpersonal des DEV; ab 1921 stellvertretender, ab 1925/26 Vorsitzender der Fachgruppe Zugbegleitpersonal des Betriebsamtes Dresden; zuständig für Streikorganisation auf dem Bahnhof Dresden-Friedrichstadt; Mitglied des Beamtenrates in Dresden-Friedrichstadt.
Verfolgung – Widerstand – Emigration: Widerstandstätigkeiten unabhängig von der Gruppe um Hans Jahn: illegale Widerstandsarbeit im Bereich Bahnhof Dresden-Neustadt, regelmäßige Auswertung der Nachrichten der Auslandssender und Informationsaustausch; Verbindung zu ehemaligen Kollegen; Kontakt mit tschechischen Gewerkschaftern in Bodenbach; illegale Betätigung als Kurier (Schmuggel des „Vorwärts“); brachte Emigranten über die „Grüne Grenze“; Zusammenarbeit mit den Genossen Otto Thiele und Erich Nieter; 1933–1935 illegale Arbeit für die SPD im Bereich Dresden, u. a. Abhören von Auslandssendern; mehrfache Hausdurchsuchungen; im Mai 1935 Verhaftung in Wohnung durch Gestapo Dresden; im Anschluss von Juni bis Mitte August 1935 in Polizeihaft in Dresden (Schießgasse), zwischenzeitlich Untersuchungshaft Landgericht Dresden; im Anschluss von Mitte August 1935 bis Mitte Januar 1936 KZ Sachsenburg (Mitglied der illegalen politischen Gruppe im KZ Sachsenburg; „Geheimnisverrat“ aus dem KZ Sachsenburg über den Tod von Max Sachs an schweizerische Journalisten); anschließend für ein Jahr unter Polizeiaufsicht; im Anschluss noch mehrfach kurzzeitig inhaftiert.
Funktionen nach 1945: Mitgründer der ersten Gewerkschaftsgruppe am Bahnhof Dresden-Friedrichstadt; ab Mai 1945 Mitglied des Antifa-Ausschusses Dresden-Pieschen, Mitbegründer der dortigen SPD; später Schulungsleiter SED; 1945 Berufung in den Hauptgewerkschaftsausschuss der Reichsbahndirektion Dresden; Mitbegründer der IG Eisenbahn; 1946 stellvertretender Vorsitzender der Denazifizierungskommission der Reichsbahndirektion Dresden und stellvertretender Vorsitzender des Aufsichtsrates der Eisenbahnerwohnungsbaugesellschaft; ab Ende 1946 Personal- später Kaderabteilung der Reichsbahndirektion Dresden (Reichsbahninspektor); Mitgründer der Gesellschaft zum Studium der Kultur der UdSSR im Bezirk Dresden (später DSF); 1954 Leitung des Direktionshauptlagers Reichsbahndirektion Dresden (Pensionierung im Mai 1959).
Weitere Hinweise: verteilte bereits vor Mitgliedschaft illegale Eisenbahnerzeitung „Weckruf“ und wurde als Sicherheitsposten bei illegalen Versammlungen eingesetzt; wohnhaft in Dresden N 23, Leipziger Straße 128 (1930er-/40er-Jahre); zum Kriegsende Flucht nach Radebeul.

* SAPMO-BArch, Widerstandskartei, Hermann Fischer; SAPMO-BArch, DY 55/V 278/2/96, Bl. 148, Unterlagen zur Verfolgung; HStA-D, 11430 Bezirkstag/Rat des Bezirkes Dresden, VdN 1525, VdN-Akte von Hermann Fischer; PA Eberhard Podzuweit, Berlin, Materialsammlung.

Flach, Johann*

Geburtsdatum: 12. August 1885
Geburtsort: Aachen
Sterbedatum: 19. Mai 1945 [nach anderen Angaben am 16. Mai 1945]
Sterbeort: KZ Dachau
Beruf: Eisenbahnarbeiter
Partei: vor 1933 SPD
Funktionen vor 1933: Vorsitzender des Betriebsrates der Köln-Bonner-Eisenbahnen-Gesellschaft (bis 1933); in den 1920er-Jahren Mitglied des Gemeinderats Wesseling; Mitglied des Kreistages (Wesseling).
Verfolgung – Widerstand – Emigration: im Frühjahr 1933 bei der Köln-Bonner-Eisenbahn entlassen; im Zusammenhang mit der „Aktion Gewitter" verhaftet und im KZ Dachau inhaftiert; dort einige Tage nach Kriegsende verstorben.
Funktionen nach 1945: –
Weitere Hinweise: kam 1914 nach Wesseling; in Wesseling wurde die zentrale Straße, heute Fußgängerzone, in „Flach-Fengler-Straße" umbenannt.

* Christoph Ehmann, Die Geschichte der Wesselinger Sozialdemokratie. Festschrift zum 75jährigen Bestehen der SPD Wesseling, Wesseling 1978, S. 59–66; Rede von Christoph Ehmann, gehalten am 31. Oktober 2003 im Wesselinger Rathaus anlässlich des Festaktes zu 100 Jahre SPD Wesseling, http://www.spd-wesseling.de/db/docs/doc_20456_2008102817547.pdf (5. 7. 2014); Polizei vertrieb die SPD-Gründer, in: Kölner Stadt-Anzeiger, 28. 6. 2013, S. 34; Auskunft des StA Wesseling (Martina Zech), 30. 9. 2015 und 9. 10. 2015.

Fleischer, Louis [auch: Fleischer, Luis]*

Geburtsdatum: 21. April 1883
Geburtsort: Sangerhausen (Provinz Sachsen)
Sterbedatum: 21. November 1970
Sterbeort: Weißwasser (Thüringen)
Beruf: Zugschaffner; später Versicherungsinspektor
Partei: ab 1919 SPD
Funktionen vor 1933: ab 1919 Mitglied der Gewerkschaft der Eisenbahner (GdE); ab 1925 Mitglied des EdED; ab 1919 Unterkassierer der GdE, Ortsgruppe Senftenberg; ab 1925 Bevollmächtigter der EdED-Ortsgruppe in Weißwasser und Vertrauensmann (bis 1933); kandidierte

1928 und 1932 für den Hauptbeamtenrat (nicht gewählt); 1931 Delegierter der Bezirksleitung Halle auf der 3. ordentlichen Generalversammlung in Hamburg; ab 1925 Ortsbeamtenrat Bahnhof Weißwasser; ab 1928 Zweiter lokaler Vorsitzender des Arbeitersportvereins.

Verfolgung – Widerstand – Emigration: am 1. Januar 1934 nach § 4 des Gesetzes zur Wiederherstellung des Berufsbeamtentums durch die Deutsche Reichsbahn in den Ruhestand versetzt; laut „Organisationsplan" von Hans Jahn vom 1. März 1936 „Ersatzmann" für den Gaugrafen Wilhelm Bode in der EdED-Widerstandsgruppe im „15. Gau Schlesien. Vorort Cottbus"; nach Angaben von Hans Jahn in der „Organisationsskizze" von Ende 1936 „Zweiter Vertreter" von Wilhelm Bode im „Vorort Cottbus. Bezirk Lausitz-Schlesien" der illegalen „Organisation"; von der Gestapo am 30. Juli 1940 festgenommen und anschließend verhört; er gab beim Verhör an, nach der Gleichschaltung der Gewerkschaften von „niemandem" zur Weiterarbeit in der Gewerkschaftsbewegung aufgefordert worden zu sein; ferner sagte er aus, Hans Jahn und Franz Scheffel persönlich nicht zu kennen und nichts von einer illegalen Organisation zu wissen; vor der Gestapo erklärte er zudem, Hans Jahn habe aufgrund seiner früheren Position im EdED Zugriff auf die Namen und Anschriften der Mitglieder gehabt, weshalb es ihm leicht gefallen sei, den „Organisationsplan" zu entwerfen; außerdem gestand er ein, dass er für zwei Versicherungen tätig gewesen sei (Deutsche Beamtenversicherung und Schlesische Feuerversicherung) in Görlitz, wenngleich dies keine Tarnorganisationen gewesen seien für „nach dem Berufsbeamtentum Entlassene"; Otto Niedhard, Angestellter des EdED in Cottbus habe ihn, Fleischer, für eine weitere Vertreter-Tätigkeit werben wollen, was er jedoch abgelehnt habe; Fleischer konnte eine illegale Tätigkeit nicht nachgewiesen werden; aufgrund seiner politischen Einstellung musste er dennoch eine Reihe Schikanen und beruflicher Nachteile erdulden; nach 1945 gab er u. a. in einer Bürgschaft für Paul Raack an, mit diesem zusammen in der Widerstandsgruppe um Wilhelm Bode gearbeitet zu haben.

Funktionen nach 1945: bislang nicht bekannt.

Weitere Hinweise: 1928–1933 Funktionär des Arbeitersportvereins; Deutsche Turnerschaft Turnwart; ab September 1939/40 Blockwalter/Mitglied der NSV; Ende der 1930er-Jahre bereits „pensioniert", arbeitete ab 1940 jedoch wieder als Zugschaffner; ab 1906 verheiratet mit Anna Fleischer, geborene Böttger; ab 12. September 1959 verheiratet mit Klara Fleischer, geborene Kipke; lebte bis 3. September 1924 in Senftenberg (mindestens 1922 dort wohnhaft in der Hauptstraße 10, jetzt August-Bebel-Straße), zog dann nach Weißwasser, dort wohnte er in der Güterstraße 1 (Mitte der 1930er-Jahre) und später in der Görlitzer Straße 13 (1937); hatte fünf Kinder, die 1940 zwischen 22 und 33 Jahren alt waren.

* SAPMO-BArch, Widerstandskartei, Louis Fleischer; BArch, NJ 2229, Bde. 1 und 2, Unterlagen der Gestapo und NS-Justiz im Zusammenhang mit der Verfolgung illegaler EdED-Strukturen; BArch, R 58/3399, Bl. 52, 55, Unterlagen zur Verfolgung; AdsD, Bestand ITF, 5/ITFA, Mappe 46, „Organisations-Anlage" von Hans Jahn über den Stand der illegalen Organisation der Eisenbahner im Deutschen Reich, o. D. [1. 3. 1936]; BArch, R 3017/29433, Bl. 4, „Organisationsskizze" von Hans Jahn, 1. 12. 1938; BLHA, Rep. 801, Rat des Bezirks Cott-

bus, VdN-1555, VdN-Akte von Paul Raack; StA Sangerhausen, Geburtenregister Nr. 97/1883: Fleischer, Louis; Auskunft des StA Sangerhausen (Antje Scheeren), 5. 10. 2015; Auskunft des StA Weißwasser (Silvia Schmidt), 7. 10. 2015; Telefonische Auskunft des StA Senftenberg (Ines Jahn), 21. 12. 2015.

Förster, Alfred*

Geburtsdatum: 5. Dezember 1888
Geburtsort: Zeulenroda (Thüringen)
Sterbedatum: bislang nicht bekannt
Sterbeort: bislang nicht bekannt
Beruf: Klempner; später Versicherungswerber
Partei: ab 1924 SPD

Funktionen vor 1933: 1925–1933 Betriebsrat bei der Deutschen Reichsbahn-Gesellschaft in Chemnitz; 1929–1933 Mitglied des ADGB-Ortsausschusses in Chemnitz (für die Eisenbahner); ab 1928 im Beirat des Hauptvorstandes des EdED (wahrscheinlich bis 1933) für den Bezirk Sachsen; 1928 Delegierter der 2. und 1931 Delegierter der 3. ordentlichen Generalversammlung des EdED; zeitweise zum Ende der Weimarer Republik Schriftführer der EdED-Ortsverwaltung Görlitz; Mitglied des „Reichsbanners Schwarz-Rot-Gold".

Verfolgung – Widerstand – Emigration: Anfang 1933 aus dem Dienstverhältnis bei der Deutschen Reichsbahn-Gesellschaft entlassen; nach Angaben von Hans Jahn in der „Organisationsskizze" von Ende 1938 „Stützpunktleiter" der illegalen „Organisation" in Görlitz; am 27. Juli 1940 von der Gestapo wegen des Verdachts auf illegale Betätigung im Rahmen des EdED festgenommen und verhört; er gab im Verhör an, sich von marxistischen Bestrebungen „fernzuhalten" und zum NS-Staat zu stehen; ferner gestand er ein, dass Hans Jahn ihm bekannt sei, da Jahn in der Weimarer Republik in seiner Funktion als Reichsorganisationsleiter die Schulung der EdED-Funktionäre durchgeführt habe; er gab während des Verhörs an, hin und wieder frühere EdED-Angestellte eher zufällig getroffen zu haben, aber keine engeren Kontakte gepflegt zu haben; bei einem Besuch von Hans Jahn habe dieser angeblich lediglich über „persönliche Dinge" mit Förster geredet; nach Aussage gegenüber der Gestapo habe Jahn auch nicht versucht, Förster für eine illegale Tätigkeit zu gewinnen; die Gestapo schenkte den Aussagen kaum Glauben, da Förster Kontakte zu Carl Kamp, Walter Oelkers und Kurt Koch unterhielt; allerdings konnte ihm eine illegale Tätigkeit nicht nachgewiesen werden; auch eine Hausdurchsuchung verlief ergebnislos; Förster hatte auch mehrfach Kontakt zu Richard Müller, der ebenfalls im Verdacht stand, für Hans Jahn aktiv gewesen zu sein.

Funktionen nach 1945: bislang nicht bekannt.

Weitere Hinweise: zeitweise ehrenamtlicher Arbeitsrichter beim Arbeitsgericht Chemnitz; hatte zwei Kinder; verheiratet mit Lydia Förster, geborene Irmscher; nach 1933 bis Auflösung Mitglied des „Stahlhelm"; Mitglied der DAF und des NSV; bis 1935 erwerbslos, ab 1935 Werber bei der „Volksfürsorge"-Versicherung; ab Oktober 1938 als Organisationsinspektor fester Versicherungsangestellter; wohnte in Chemnitz, Am Waldrand 75 (1940er-Jahre).

* BArch, NJ 2229, Bd. 1. Bl. 86 sowie Bd. 2, Bl. 24 ff., Unterlagen der Gestapo und NS-Justiz zur Verfolgung illegaler EdED-Strukturen; BArch, R 3017/29433, Bl. 4, „Organisationsskizze" von Hans Jahn, 1. 12. 1938; Jahrbuch 1929 des Einheitsverbandes der Eisenbahner Deutschlands, S. 99; Protokoll über die Verhandlungen der 2. ordentlichen Generalversammlung des EdED; Protokoll über die Verhandlungen der 3. ordentlichen Generalversammlung des EdED.

Förster, Fritz*

Geburtsdatum: 20. Januar 1891
Geburtsort: Lauban
Sterbedatum: bislang nicht bekannt
Sterbeort: bislang nicht bekannt
Beruf: Eisenbahnarbeiter
Partei: 1920–1930 SPD
Funktionen vor 1933: Übernahme von Funktionen im EdED, u. a. Schriftführer und Unterkassierer der EdED-Ortsgruppe Görlitz (vermutlich bis 1933).
Verfolgung – Widerstand – Emigration: Ende Juli 1933 entlassen; am 30. Juli 1940 von der Stapo-Außendienststelle Görlitz festgenommen, weil vermutet wurde, dass er sich illegal für die ITF betätigt hatte; hatte sich mit Wilhelm Bode in Görlitz getroffen und gab im Verhör an, er habe deutlich gemacht, dass er sich nicht für eine Widerstandstätigkeit gewinnen lassen würde; der Beweis einer illegalen Tätigkeit ließ sich nicht erbringen.
Funktionen nach 1945: bislang nicht bekannt.
Weitere Hinweise: arbeitete bei der Reichsbahndirektion Breslau, Station Schlauroth, Kreis Görlitz; verheiratet mit Elfriede Förster, geborene Hirte; wohnte in Görlitz, Jauernicker Straße 39 (Anfang der 1940er-Jahre); zeitweise Mitglied der DAF.

* BArch, R 58/9679, Karteisammlung der Gestapo; BArch, R 3017/29429, Unterlagen im Zusammenhang mit dem Strafverfahren gegen Wilhelm Bode und andere.

Forstmeier, Heinrich*

Geburtsdatum: 14. September 1896
Geburtsort: Nürnberg
Sterbedatum: 5. Juni 1956
Sterbeort: Garmisch
Beruf: Spengler; Bahnbeamter; Sekretär
Partei: ab 1919 SPD; ab 1945 SPD
Funktionen vor 1933: ab 1913 gewerkschaftlich organisiert.
Verfolgung – Widerstand – Emigration: Anfang bis Mitte der 1930er Jahre Mitglied des Vorstandes der „Allgemeinen Krankengeldzuschuß- und Sterbekasse V. V. a. G.".

Funktionen nach 1945: nach Kriegsende SPD-Distriktsobmann für die Gartenstadt Nürnberg und Vorsitzender der dortigen Baugenossenschaft; jeweils ab 30. Juli 1947 und 7. Dezember 1949 als „Nachrücker" im Stadtrat von Nürnberg vertreten; am 30. März 1952 sowie 18. März 1956 erneut ins Stadtparlament gewählt (bis zum Tod ehrenamtlicher Stadtrat, Nachfolger Willi Prölß).

Weitere Hinweise: bislang nicht bekannt.

* LAB, B Rep. 042, Amtsgericht Charlottenburg, Nr. 48856 „Allgemeine Krankengeldzuschuß- und Sterbekasse V. V. a. G." (1934–1978); StA Nürnberg, GSI 49 und GSI 99 Personenkarteien, Forstmeier, Heinrich; Auskunft des StA Nürnberg (Gerhard Jochem), 9. 9. 2015.

Fraatz, Hermann*

Geburtsdatum: 29. Juli 1883

Geburtsort: Göttingen

Sterbedatum: 23. Juni 1978

Sterbeort: Göttingen

Beruf: Drechsler; arbeitete als angelernter Dreher; Werkmeister

Partei: 1918–1920 USPD; ab 1920 KPD (am 1. Oktober 1930 ausgeschlossen); ab 1945 KPD; ab 1945 KPD

Funktionen vor 1933: ab 1. Oktober 1906 Gewerkschaftsmitglied; verschiedene Funktionen im DEV bzw. ab 1925 im EdED; zeitweise Zweiter Vorsitzender des EdED in Göttingen; wegen der Weigerung, die RGO-Strategie anzuwenden, aus der KPD ausgeschlossen (bis dahin Übernahme mehrerer Funktionen); zeitweise Betriebsratsvorsitzender des Reichsbahnausbesserungswerkes Göttingen; zeitweise Bezirksbetriebsrat der Reichsbahndirektion Kassel; 1928 Delegierter der 2. und 1931 Delegierter der 3. ordentlichen Generalversammlung des EdED; 1923–1930 Stadtverordneter für die KPD in Göttingen.

Verfolgung – Widerstand – Emigration: laut „Organisationsplan" von Hans Jahn vom 1. März 1936 Gaugraf in der EdED-Widerstandsgruppe im „8. Gau Kassel. Vorort Göttingen"; 3./4. Mai 1933 und 17./18. Juli 1933 in Haft in Opladen; nach Angaben von Hans Jahn in der „Organisationsskizze" von Ende 1938 „Reichsverbindung" der illegalen „Organisation" in Göttingen; am 30. Juli 1940 von der Gestapo Göttingen festgenommen und verhört, weil er im Verdacht stand, illegale Verbindungen zu ehemaligen Funktionären des EdED zu unterhalten (insbesondere zu Hans Jahn und Wilhelm Bode); im Anschluss in Untersuchungshaft wegen „illegaler Gewerkschaftsarbeit" und der Aufrechterhaltung einer „staatsfeindlichen Verbindung nach Luxemburg"; er machte die Einlassung, dass Hans Jahn ihn besucht habe und er mit ihm in schriftlichem Kontakt stand, erklärte aber, dass bei der Korrespondenz keine „illegalen Dinge" behandelt worden seien; da ihm eine illegale Tätigkeit nicht nachgewiesen werden konnte, wurde er am 17. August 1940 aus der Haft entlassen.

Funktionen nach 1945: 1950 zum Ratsherrn der Stadt Göttingen berufen.

Weitere Hinweise: wohnte in Göttingen, Breymannstraße 7 (1940er-Jahre); er hatte damals zwei Söhne und eine Tochter; später wohnhaft in Göttingen, Reinhäuser Landstraße 66 (1970er-Jahre).

* SAPMO-BArch, Widerstandskartei, Hermann Fraatz; BArch, NJ 2229, Bd. 1 und 2, Unterlagen der Gestapo und NS-Justiz zur Verfolgung illegaler EdED-Strukturen, in diesem Fall im Zusammenhang mit strafrechtlichen Ermittlungen gegen Hermann Fraatz; AdsD, Bestand ITF, 5/ITFA, Mappe 46, „Organisations-Anlage" von Hans Jahn über den Stand der illegalen Organisation der Eisenbahner im Deutschen Reich, o. D. [1. 3. 1936]; BArch, R 3017/29433, Bl. 4, „Organisationsskizze" von Hans Jahn, 1. 12. 1938; StA Göttingen, Pol.-Dir., Fach 31a, Nr. 2, Bd. 1, Bl. 147 und Fach 31a, Nr. 9, Bl. 030 (betr. Inschutzhaftnahme); NLA – Standort Hannover, Nds. 110 W, Acc. 91/92, Nr. 562/4, Informationen zum Lebensweg im Zusammenhang mit Entschädigungsverfahren, u. a. Lebenslauf, 12. 11. 1947; Bekanntmachung, in: Göttinger Tageblatt, Nr. 187, 15. 8. 1950; Die Einheitsfront – Organ der KPD Göttingen, 30. 1. 1931; Protokoll über die Verhandlungen der 2. ordentlichen Generalversammlung des EdED; Protokoll über die Verhandlungen der 3. ordentlichen Generalversammlung des EdED; Mielke/Frese (Bearb.), Die Gewerkschaften im Widerstand und in der Emigration, S. 364; Auskunft des StA Göttingen (Verena Schmidt), 30. 9. 2015.

Frank, Bonifazius*

Geburtsdatum: 6. Juni 1884
Geburtsort: Heuchlingen
Sterbedatum: bislang nicht bekannt
Sterbeort: bislang nicht bekannt
Beruf: Bürogehilfe; später Geschäftsführer
Partei: vor 1933 SPD; ab 1945 SPD

Funktionen vor 1933: seit 1. Oktober 1920 Ortsbeamter im DEV, ab 1925 im EdED in Würzburg.

Verfolgung – Widerstand – Emigration: vermutlich am 22. August 1944 – wie alle unterfränkischen Opfer der „Aktion Gewitter" – festgenommen und in der Dienststelle der Gestapo in Würzburg (Ludwigstraße 2) verhört; vermutlich danach im Gestapo-Notgefängnis in Würzburg, Friesstraße eingeliefert; vom 26. August 1944 bis 6. September 1944 im KZ Dachau inhaftiert (Häftlings-Nr.: 93468).

Funktionen nach 1945: nach Kriegsende Mitbegründer der Angestelltengewerkschaft in Würzburg; 1948 Gewerkschaftsangestellter in Bayern/US-amerikanische Besatzungszone; Teilnehmer des Gründungsgewerkschaftstages der GdED.

Weitere Hinweise: verheiratet mit Katharina Frank, geborene Eichelsdörfer (geb. 5. September 1880); hatte mehrere Kinder: Johanna (geb. 14. August 1909); eine weitere Tochter wurde am 22. Dezember 1912 geboren (Name unbekannt); Mathilde (geb. 5. Mai 1916); zog 1906 von Heidingsfeld (heute Stadtteil von Würzburg) kommend nach Würzburg; ab 1906 wohnte er in Würzburg, Vincentinumstraße 13/II b (heute Schiestlstraße) bei Spitzig, ab 1907 Vincentinumstraße 13 (heute Schiestlstraße) bei Heeß, ab 1911 Erthalstraße 12/II bei Weiler, ab

1911 Erthalstraße 16 bei Keller, ab 1914 Erthalstraße 3 bei Riedinger, ab 1924 Tröltschstraße 3/III, ab 1929 Brettreichstraße 5a.

* Handbuch des Vereins Arbeiterpresse, 2. Aufl. 1927, S. 598; Gedenkstätte Dachau, biografische Materialien; Jürgen Klein, Vereint sind sie alles? Untersuchungen zur Entstehung von Einheitsgewerkschaften in Deutschland. Von der Weimarer Republik bis 1946/47, Hamburg 1972, S. 186, 254; Auskunft der Gedenkstätte Dachau (Albert Knoll), 9. 12. 2014; Auskunft von Alexander Kraus, Würzburg, 1. 3. 2016.

Franke, Anton*

Geburtsdatum: 22. Januar 1886
Geburtsort: Rumbeck (Kreis Arnsberg)
Sterbedatum: 9. Februar 1952
Sterbeort: Arnsberg
Beruf: Papiermacher; Schlosser; zeitweise als Kesselschmied; später Handelsvertreter
Partei: ab 1910 SPD; ab 1917 USPD; ab 1922 SPD; ab 1945 SPD

Funktionen vor 1933: 1910–1925 Mitglied des Hirsch-Dunckerschen „Verbandes deutscher Eisenbahnhandwerker und -arbeiter“ bzw. des AEV; bis zur Schließung der Reichsbahnwerkstätten in Arnsberg (1924) dort Mitglied des Betriebsrates; ab 1925 Mitglied des EdED und Mitglied des Betriebsrates des Reichsbahnausbesserungswerkes Schwerte; dort ab 1926 Betriebsratsvorsitzender (die Reichsbahnwerkstätten wurden 1924/25 dorthin verlegt); 1926–1933 Mitglied der Ortsverwaltung des EdED und zeitweise stellvertretender Vorsitzender der EdED-Ortsverwaltung in Schwerte; zeitweise Mitglied des EdED-Verbandsbeirates in Elberfeld; 1927–1933 EdED-Vorstandsmitglied für den Bezirk Wuppertal-Elberfeld; 1930–1933 Delegierter im Ortskartell des ADGB in Arnsberg; 1925–1933 Ausschussmitglied der Reichsbahn-Betriebskrankenkasse in Elberfeld; Delegierter verschiedener Gewerkschaftskongresse, soll u. a. am „Krisenkongress“ des ADGB im April 1932 teilgenommen haben; 1928–1933 Stadtrat in Arnsberg und kandidierte im März 1933 für den Provinziallandtag.

Verfolgung – Widerstand – Emigration: im März 1933 unter Polizeiaufsicht gestellt und mehrfache Wohnungsdurchsuchungen; im Juli 1933 „Schutzhaft“ im Gefängnis des Amtsgerichts Arnsberg, im Anschluss erneut unter Polizeiaufsicht gestellt; Ende Juli 1933 wegen „politischer Unzuverlässigkeit“ aus dem Dienst der Deutschen Reichsbahn-Gesellschaft entlassen; zeitweise als Handelsreisender tätig und zeitweise mit Arbeitsverbot belegt, da befürchtet wurde, Franke könne seine Tätigkeit als Reisender zur Koordinierung illegaler Tätigkeiten nutzen; gab nachweislich Informationen über die Stimmung, Lohn- und Arbeitsverhältnisse in Arnsberger Betrieben und im Reichsbahnausbesserungswerk Schwerte, die er auch von anderen im Reichsbahnausbesserungswerk Tätigen bekam, u. a. an Max Pester weiter; ab ca. 1936 Mitglied der EdED-Widerstandsgruppe; am 19. Juli 1937 festgenommen; Anfang Juli 1937 von der Gestapo verhaftet und verhört; ab 18. August 1937 im Gerichtsgefängnis Düsseldorf-Derendorf in Untersuchungshaft; am 30. September 1937 wegen „Vorbereitung zum Hochverrat" angeklagt (Verfahren war abgetrennt worden und wurde vor dem OLG Hamm geführt); in der Anklageschrift heißt es: „Im Sommer wurde er von [Willi] Molitor besucht, nachdem zuvor dem Angeschuldigten auf einer Postkarte mitgeteilt worden war „Hans kommt zu Besuch". Molitor klärte den Angeschuldigten darüber auf, dass er bestrebt sei, ‚einen losen Zusammenhalt' unter alten Gewerkschaftsfunktionären herzustellen. Molitor gab zur Begründung an, dass die nationalsozialistische Regierung infolge aussenpolitischer Schwierigkeiten und infolge von Lebensmittelknappheit sich nicht konsolidieren würde. Deshalb sei es notwendig, schon jetzt einen illegalen Apparat aufzubauen, um demnächst die Macht übernehmen zu können. [...] Im Sommer 1935 ist der Angeschuldigte von Max Pester besucht worden. Pester teilte ihm die Fortschritte der illegalen Arbeit mit und klärte ihn über deren Zweck und Ziele sowie über die mit der I. T. F. in Amsterdam angeknüpften Beziehungen auf. Pester entwickelte gegenüber dem Angeschuldigten seine Auffassung dahingehend, dass der Nationalsozialismus in Deutschland abgewirtschaftet habe und die ‚Lage bald sturmreif' werden würde. Diese Ansicht würde von Edo Fimmen, dem Generalsekretär der I. T. F. in Amsterdam, so bemerkt Pester, geteilt. Mit der I. T. F. seien innige Beziehungen geknüpft. Er liess den Angeschuldigten weiter wissen, dass er z. Zt. das Ruhrgebiet bereise, um der im Aufbau begriffene[n] illegale[n] Organisation der ehemaligen Gewerkschaftsfunktionäre eine breitere Basis durch Gewinnung neuer Männer für die illegale Arbeit zu geben." (Anklageschrift, Bl. 19); am 15. Dezember 1937 aus Mangel an Beweisen vom OLG Hamm vom Vorwurf der „Vorbereitung zum Hochverrat" freigesprochen: „Danach steht fest, dass der Angeklagte [...] objektiv die hochverräterischen Bestrebungen Molitors und Pesters unterstützt hat. Es konnte aber nicht festgestellt werden, dass der Angeklagte sich dessen auch bewusst war. Es liess sich nicht ausreichend klarstellen, in welchem näheren Zusammenhang die Namen genannt und die Anschriften angegeben worden sind." (Urteil, Bl. 31 f.); später gaben Kollegen an, er sei von ihnen „gedeckt" (Willi Molitor) worden; nach der Entlassung aus der Untersuchungshaft wurde Franke eine Arbeit in einem Röhrenwerk zugewiesen; er stand weiterhin unter Polizeiaufsicht, bis Kriegsende folgten unangekündigte Wohnungsdurchsuchungen; August/September 1944 erneut für kurze Zeit im Zusammenhang mit der „Aktion Gewitter" inhaftiert.

Funktionen nach 1945: gestaltete den politischen Neuanfang in Arnsberg aktiv mit; von den Alliierten zum Mitglied des „Bürgerausschusses" ernannt; war verantwortlich für die Wohnungsvergabe in Arnsberg; übernahm verschiedene Funktionen in der SPD in Arnsberg, dort u. a. zeitweise Mitglied des Stadtrates.

Weitere Hinweise: verheiratet mit Elisabeth Franke, geborene Holzgreve; beide wohnten in Arnsberg, Ringstraße 3 (1950er-Jahre).

* BArch, NJ 2328, Anklageschrift gegen Philipp Tillier und andere, 30. 9. 1937; BArch, NJ 2328, Urteil gegen Philipp Tillier und andere, 14./15. 12. 1937; LAV NRW R, Q 211a, Nr. 10370, Justizunterlagen des OLG Hamm

(Westf.); LAV NRW R, Ger. Rep. 352, Gefangenenkarte des Untersuchungs-Gerichtsgefängnis Düsseldorf-Derendorf; StA Arnsberg, St-307, Sterberegister Nr. 40/1952: Franke, Anton, 11. 2. 1952; PA Ferdi Franke, Großneffe von Anton Franke, Materialien zum Lebensweg von Anton Franke; SPD-Ortsverein Arnsberg (Hrsg.), 70 Jahre SPD-Ortsverein Arnsberg 1918–1988, Arnsberg 1989, S. 43 ff.; Auskunft des StA Arnsberg (Inga Münstermann), 23. 9. 2015; Auskunft des StA Wuppertal (Markus Teubert), 22. 9. 2015; Telefongespräch mit Ferdi Franke, Arnsberg, Großneffe von Anton Franke, 30. 9. 2015.

Frühauf, Johann*

Geburtsdatum: 2. Juli 1888
Geburtsort: Wittlich
Sterbedatum: bislang nicht bekannt
Sterbeort: bislang nicht bekannt
Beruf: Schlosser
Partei: 1921–1925 und 1926/27 SPD (Mitgliedschaft mit Unterbrechung); ab 1939 NSDAP
Funktionen vor 1933: seit 1907 gewerkschaftlich organisiert; zunächst Mitglied des AEV; später Übertritt zum DEV/EdED und Übernahme von Funktionen, u. a. Vorstandsmitglied der Ortsverwaltung Trier und deren Zahlstellenleiter; Vorstandsmitglied der Betriebskrankenkasse für den Direktionsbezirk Trier und Ausschussmitglied der Eisenbahnpensionskasse in Trier.
Verfolgung – Widerstand – Emigration: stand im Verdacht, sich illegal für den EdED betätigt zu haben; Frühauf stellte dies jedoch bei einem Verhör im Juli 1940 entschieden in Abrede, obwohl er Post von Jahn aus Luxemburg erhalten hatte; distanzierte sich entschieden von marxistischer Ideologie und verurteilte die gewerkschaftspolitische Emigration; wurde deshalb und weil ihm nichts nachzuweisen war, auf freien Fuß entlassen.
Funktionen nach 1945: bislang nicht bekannt.
Weitere Hinweise: seit 1907 bei der Deutschen Reichsbahn-Gesellschaft bzw. deren Vorläuferunternehmen tätig; ab 1911 beim Reichsbahnausbesserungswerk in Trier beschäftigt; wohnhaft in Trier, Schweriner Straße 25 (1930er-Jahre); verheiratet seit 3. September 1919 mit Christine Frühauf, geborene Buchholz; war Mitglied der DAF.

* BArch, R 3017/29429, Unterlagen im Zusammenhang mit dem Strafverfahren gegen Wilhelm Bode und andere; BArch, R 9361, IX, F 0016, Personenbezogene Unterlagen der NSDAP; Esters/Pelger/Schlingensiepen, Gewerkschafter im Widerstand, S. 72.

Friedrich, Hermann*

Geburtsdatum: 22. Mai 1885
Geburtsort: Plaue a. d. Havel
Sterbedatum: 7. November 1944

Sterbeort: KZ Sachsenhausen
Beruf: Binnenschiffer; später Transportarbeiter
Partei vor 1933: ab 1919 USPD; ab 1920 KPD
Funktionen vor 1933: höchstwahrscheinlich zeitweise Leiter des Kreises 8 der Ortsverwaltung Berlin des EdED; 1930–1932 Betriebsrat im Reichsbahnausbesserungswerk Brandenburg-West in Kirchmöser; ab 1928/29 Funktionär der RGO; 1925–1933 Stadtverordneter in Plaue a. d. Havel.
Verfolgung – Widerstand – Emigration: illegale Tätigkeiten im KPD-Unterbezirk Brandenburg bzw. Stadt Brandenburg und Plaue; am 11. November 1934 wegen Beteiligung am illegalen Neuaufbau der KPD festgenommen; im Anschluss Untersuchungshaft in Potsdam, aus Mangel an Beweisen nach drei Monaten Haft entlassen; am 22. August 1944 im Rahmen der „Aktion Gewitter" festgenommen und in das KZ Sachsenhausen verschleppt (Häftlings-Nr. 93161); dort laut Totenschein an einer „Brustphlegmone" verstorben.
Funktionen nach 1945: –
Weitere Hinweise: –

* Heinz, Friedrich, Hermann (1885–1944), in: Mielke (Hrsg.) i. V. mit Morsch, Gewerkschafter in den Konzentrationslagern Oranienburg und Sachsenhausen, Bd. 3, S. 329–331.

Fritzsche, Albin*

Geburtsdatum: 10. Oktober 1888
Geburtsort: Lobstädt
Sterbedatum: 5. März 1947
Sterbeort: Leipzig
Beruf: Eisenbahnarbeiter; Werkführer
Partei: ab 1918 SPD
Funktionen vor 1933: verschiedene Funktionen im EdED (Verbandsbezirk Dresden), zeitweise Betriebsratsvorsitzender und ehrenamtliches Mitglied des Hauptvorstandes des EdED; 1931 Delegierter der 3. ordentlichen Generalversammlung des EdED.
Verfolgung – Widerstand – Emigration: mehrfacher (illegaler) Kontakt mit Max Kellner und Gespräche zu Gewerkschaftsfragen; soll zeitweise eine enge Zusammenarbeit mit Max Kellner und Franz Poralla gepflegt haben; gehörte laut Kellner zu den Gewerkschaftsfunktionären, die am 2. und 3. Mai 1933 Material aus der Leipziger Verwaltung des EdED retteten; im August 1940 von der Gestapo wegen des Verdachts illegaler Aktivitäten festgenommen und verhört; er gab zu, mehrfach von Max Kellner besucht worden zu sein, wobei dieser mit ihm über Gewerkschaftsfragen habe diskutieren wollen; er bestritt illegale Bestrebungen; diese waren ihm nicht nachweisbar; Fritzsche kam auf freien Fuß; auch von Franz Poralla als „ille-

galer Mitkämpfer in der Eisenbahngewerkschaft in Leipzig" bezeichnet; wurde als besonders aktiv im antifaschistischen Widerstand charakterisiert.
Funktionen nach 1945: bislang nicht bekannt.
Weitere Hinweise: bislang nicht bekannt.

* BArch, R 58/3399, Bl. 54, Unterlagen zur Verfolgung; BArch, NJ 2229, Bd. 2, Bl. 84, Unterlagen der Gestapo und NS-Justiz zur Verfolgung illegaler EdED-Strukturen; SAPMO-BArch, DY 55/V 241/7/37, Bericht Franz Poralla; Staatsarchiv Leipzig, 20031, PP-M, Sign. 239, Eintrag Melderegister: Fritzsche, Albin; Protokoll über die Verhandlungen der 3. ordentlichen Generalversammlung des EdED.

Fritzsche, Helmut*

Geburtsdatum: bislang nicht bekannt
Geburtsort: bislang nicht bekannt
Sterbedatum: bislang nicht bekannt
Sterbeort: bislang nicht bekannt
Beruf: Zugschaffner
Partei: bislang nicht bekannt
Funktionen vor 1933: Funktionär des EdED in Leipzig; zeitweise Beisitzer der EdED-Ortsverwaltung Leipzig (wird im Bericht der Ortsverwaltung aus dem Jahr 1929 mit dieser Funktion erwähnt).
Verfolgung – Widerstand – Emigration: half im Mai 1933, wichtige EdED-Unterlagen vor dem Zugriff durch die NSDAP zu retten; nach Angaben von Max Kellner Mitglied der EdED-Widerstandsgruppe in Sachsen (weitere Details zur Widerstandstätigkeit sind nicht bekannt).
Funktionen nach 1945: bislang nicht bekannt
Weitere Hinweise: bislang nicht bekannt

* AdsD, NL Max Kellner, 1/MKAE00022, „Ausschnitt aus der Widerstandsbewegung der deutschen Eisenbahner, insbesondere im Lande Sachsen mit Schwerpunkt Leipzig", zum Teil abgedruckt in: Esters/Pelger/Schlingensiepen, Gewerkschafter im Widerstand, S. 140–150, hier S. 142, 145, 149 f.; Jahresbericht 1929 der EdED-Ortsverwaltung Leipzig, S. 5.

Funger, Hans*

Geburtsdatum: 10. Dezember 1891
Geburtsort: Krefeld
Sterbedatum: 11. April 1945
Sterbeort: Zuchthaus Celle

Beruf: Eisenbahngehilfe; später Reichsbahnsekretär
Partei: ab 1926 SPD

Funktionen vor 1933: Funktionär im DEV, ab 1925 des EdED; Mitglied in Beamtenräten verschiedener Dienststellen in Neuss und Krefeld; 1932/33 Beamtenratsvorsitzender bei der Güterabfertigung in Neuss; ab 1928 stellvertretender Vorsitzender seiner Fachgruppe im EdED in der Region Krefeld und Neuss.

Verfolgung – Widerstand – Emigration: Mitglied der EdED-Widerstandsgruppe Hans Jahn unter Leitung der ITF; laut „Organisationsplan" von Hans Jahn vom 1. März 1936 Bezirksleiter des illegalen EdED im „3. Bezirk. Bahnlinie Köln–Aachen–Rhein–Holländische Grenze. Vorort: Neuss"; am 15. Februar 1937 durch die Gestapo festgenommen; am 3. Dezember 1937 vom VGH zu einer Zuchthausstrafe von 15 Jahren verurteilt: „Am schwersten gefehlt hat der Angeklagte Funger. Er ist von Frühjahr 1935 bis zu seiner Festnahme im Februar 1937 außerordentlich rege bei dem Auf- und Ausbau des organisatorischen Zusammenhalts unter den alten Gewerkschaftlern tätig gewesen und hat nach dem Ausscheiden [Heinrich] Malinas im Sommer 1936 die Führung der Funktionärsgruppe in Nordwestdeutschland übernommen. Sein Bestreben war es, den Auf- und Ausbau der illegalen Organisation zielbewußter, schneller und weit umfassender vorwärts zu treiben; der Angeklagte [Hugo] Bachmann hat ihn hierbei noch auf die größere Gefahr bei einer Radikalisierung dieser Bestrebungen hingewiesen. Funger war sehr oft zu Besprechungen im Ausland, hat die Verhandlungen über den Anschluss zum ‚Internationalen Sozialistischen Kampfbund' geführt, sich auf eigene Kosten Hetzzeitungen aus dem Ausland verschaffen lassen, diese weitergegeben und für die Verbreitung und Einfuhr illegaler Zeitungen und einer großen Anzahl Hetzschriften, die verbreitet und die auf seine Veranlassung durch den Angeklagten [Heinrich] Tillier über die Grenze gebracht werden sollten, gesorgt. Als besonders straferschwerend hat der Senat es dem Angeklagten Funger, der auch seine Tat abzuschwächen versucht und in der Hauptverhandlung einen wenig günstigen Eindruck gemacht hat, angerechnet, daß er als Beamter, der den Treueid [sic!] auf den Führer geleistet hat, in so gemeiner und gefährlicher Weise lange Zeit hindurch gegen den nationalsozialistischen Staat hochverräterisch tätig gewesen ist." (Urteil, Bl. 85); die Strafe verbüßte Funger zunächst im Zuchthaus Remscheid-Lüttringhausen; am 9. Oktober 1944 in das Zuchthaus Celle verlegt, wo er am 11. April 1945 zu Tode kam (Todesursache wurde nicht angegeben).

Funktionen nach 1945: –

Weitere Hinweise: Führendes Mitglied des „Reichsbanners Schwarz-Rot-Gold" im Kreis Krefeld-Neuss; Mitglied der „Eisernen Front"; anonym auf dem Waldfriedhof Celle beigesetzt.

* AdsD, Bestand ITF, 5/ITFA, Mappe 46, „Organisations-Anlage" von Hans Jahn über den Stand der illegalen Organisation der Eisenbahner im Deutschen Reich, o. D. [1. 3. 1936]; BArch, R 58/3297, Ermittlungsergebnisse im Zusammenhang mit Vernehmungen von Hans Funger, 5. 5. 1937; LAV NRW R, RW 58, Nr. 9000a und 12644, Unterlagen der Gestapo Düsseldorf, u. a. Schriften der ITF bzw. des EdED sowie Anklageschrift des Oberreichs-

anwaltes, 29. 9. 1937 (9J315/37) und Urteil des VGH (Zweiter Senat), 3. 12. 1937 (9J315/37); LAV NRW R, Rep. 114, Nr. 4129, Gerichtsunterlagen im Zusammenhang mit Strafverfahren 1936/37 (Nr. 16 Js 323/37); Anklageschrift des Reichsanwaltes beim VGH, 29. 9. 1937, und Urteil des VGH 9J315/37-2H50/37 gegen Hans Funger, Heinrich Tillier, Paul Emmen, Hugo Bachmann, Leo Radtke, Wilhelm Komorowski, Max Pester und Heinrich Malina, 3. 12. 1937, in: Nationalsozialismus, Holocaust, Widerstand und Exil 1933–1945, Online-Datenbank; Leber (Hrsg.) in Zusammenarb. mit Brandt und Bracher, Das Gewissen entscheidet, S. 86–88; Mielke/Frese (Bearb.), Die Gewerkschaften im Widerstand und in der Emigration, S. 362, ferner S. 359, 361, 365, 392, 416 f., 427, 432.

Gaebe, Otto [auch: Gebe, Otto]*

Geburtsdatum: 13. August 1881
Geburtsort: Köthen (Anhalt)
Sterbedatum: 1972
Sterbeort: Niederseelbach (Kreis Untertaunus)
Beruf: Textilkaufmann; Eisenbahnsekretär
Partei: vor 1933 SPD; ab 1945 SPD

Funktionen vor 1933: ab 1910–1914 Gewerkschaftsfunktionär bzw. Mitarbeiter des Vorstandes des Unterassistenten-Verbandes in Magdeburg und Mitglied in dessen Vorstand bzw. in den Bezirksleitungen Magdeburg, Münster und Frankfurt a. M.; 1920–1925 gehörte er dem Vorstand der Reichsgewerkschaft Deutscher Eisenbahnbeamten und -Anwärter an; ab 1924/25 Funktionär der Bezirksleitung des EdED Frankfurt a. M.; später Sekretär des EdED in Fulda und zugleich Sekretär des ADGB in Fulda (bis 1933).

Verfolgung – Widerstand – Emigration: verbreitete im März 1933 Druckschriften mit „irreführenden und aufhetzerischen Inhalten", die bei einer Hausdurchsuchung in seiner Wohnung in Fulda gefunden wurden; bereits am 25. März 1933 das erste Mal in Fulda in „polizeiliche Verwahrung" genommen (am 11. April 1933 unter der Bedingung entlassen, sich politisch zurückzuhalten); am 16. Mai 1933 erneut festgenommen, kam in „polizeiliche Verwahrung" („Schutzhaft"), zum 30. Mai 1933 offiziell entlassen; bald darauf – ab 14. Juli 1933 – im KZ Breitenau inhaftiert; im Mai 1939 erneute Hausdurchsuchung und polizeiliche Überwachung; soll sich weiterhin im Widerstand betätigt haben; wurde nach Angaben von Hans Jahn als politisch missliebige Person (exponierter „Staatsfeind") betrachtet, u. a. deshalb, weil Gaebe Kontakte zu Juden unterhielt.

Funktionen nach 1945: war aktiv beteiligt am Neuaufbau der Gewerkschaften im Bezirk Kassel, u. a. von November 1945 bis Mai 1946 Bezirksleiter der neu gegründeten Gewerkschaft Eisenbahn in Kassel; Juni 1946 bis März 1948 Vorstandsmitglied der Landesgewerkschaft Eisenbahn Hessen in Frankfurt a. M.; seit April 1948 Mitglied des Hauptvorstandes der GdED bzw. Hauptkassierer der GdED.

Weitere Hinweise: war Mitglied des „Reichsbanners Schwarz-Rot-Gold"; übernahm in der zweiten Hälfte des Jahres 1934 eine Tätigkeit als Vertreter für Textilien; Tochter: Frieda Gaebe; auf ihrer Meldekarte in Fulda ist vermerkt, dass ihre Eltern Otto und Anna Gaebe waren, die jedoch in den 1930er-Jahren verzogen sind; Otto Gaebe lebte nach seinem Wegzug aus Fulda in Bad Orb, Kassel und Frankfurt a. M., Launitzstraße 4 (Anfang der 1950er-Jahre), später Großer Hasenpfad 89; verheiratet seit 6. September 1948 mit Elisabeth Fischer (geb. 25. Januar 1888), geborene Wagner.

* StA Köthen, Geburtenregister Nr. 387/1881: Gaebe, Otto; HHStAW, Datenbank „Widerstand und Verfolgung in Hessen", Ident-Nr.: 33707; HHStAW, Abt. 518, Nr. 53753, Entschädigungsakte von Otto Gaebe; Regierungspräsidium Darmstadt, Nr. W02440, Unterlagen nach dem Bundesentschädigungsgesetz: Gaebe, Otto; Handbuch des Vereins Arbeiterpresse, 2. Aufl. 1927, S. 315; Beier, Arbeiterbewegung in Hessen, S. 425; Dietfrid Krause-Vilmar, Das Konzentrationslager Breitenau. Ein staatliches Schutzhaftlager 1933/34, Marburg 2000, S. 240; Rolf Schmidt, Der Gau Kurhessen und seine Gau- und Kreisleiter im 3. Reich, Norderstedt 2013, S. 147 f.; Auskunft des StA Fulda (Beate Kann), 26. 1. 2016; Auskunft des StA Köthen (Monika Knof), 4. 2. 2016.

Garling, Bernhard*

Geburtsdatum: 1. Oktober 1890
Geburtsort: Hamburg
Sterbedatum: 4. Januar 1959
Sterbeort: Hamburg
Beruf: Schneider
Partei: ab 1909 SPD

Funktionen vor 1933: im „Verband der Schneider und Wäschereiarbeiter" organisiert; Übernahme von Funktionen in der SPD, u. a. Kassierer.

Verfolgung – Widerstand – Emigration: beteiligte sich an illegalen Aktivitäten im Rahmen einer sozialdemokratischen Widerstandsgruppe; stand im Verdacht der Zusammenarbeit mit Hans Jahn „zwecks Wiederaufbaus der Gewerkschaften"; wurde von der Gestapo erkennungsdienstlich behandelt; stand im Verdacht der „Vorbereitung zum Hochverrat" (Ermittlungen der Gestapo Düsseldorf 1940/41); am 23. Juli 1940 festgenommen, ab 24. Juli 1940 offiziell in „Schutzhaft" im Polizeigefängnis in Hamburg-Fuhlsbüttel und anschließend ab 9. Dezember 1940 in Untersuchungshaft im Gerichtsgefängnis Düsseldorf-Derendorf; bei einem Verhör vor der Gestapo im August 1940 gab er zu, im Jahr 1934 Karl Wittbold seine Privatanschrift als Deckadresse zur Versendung illegaler Schriften zur Verfügung gestellt zu haben; laut Ermittlungen der Gestapo war Garling von Wittbold unterrichtet worden, dass es sich bei den Postsendungen „um Sendungen einer illegalen Organisation" handelte; in den von Hans Jahn angefertigten Unterlagen als „Anlaufstelle" zur Koordinierung illegaler Tätigkeiten genannt; am 27. März 1941 aus der Haft entlassen (das Verfahren wegen „Vorbereitung zum Hochverrat" wurde am gleichen Tag von der Generalstaatsanwaltschaft in Hamm (Westf.) aus Mangel an Beweisen eingestellt); blieb im Anschluss unter Beobachtung der NS-Verfolgerbehörden.

Funktionen nach 1945: beteiligte sich am Neuaufbau der SPD in Hamburg; Übernahme von Funktionen für die SPD, u. a. Distriktskassierer.

Weitere Hinweise: wohnte in Hamburg, Otto-Blöcker-Straße 56 (1930er-Jahre).

* LAV NRW R, RW 58, Nr. 59705, Unterlagen der Gestapo Düsseldorf und „Schutzhaft"-Befehl; BArch, NJ 2229, Bd. 1, Bl. 35, Unterlagen der Gestapo und NS-Justiz zur Verfolgung illegaler EdED-Strukturen; Staatsarchiv Hamburg, Bestand 351-11, Nr. 12490, Entschädigungsakte von Bernhard Garling; SPD-Hamburg, Für Freiheit und Demokratie, S. 61.

Gerhard, Philipp*

Geburtsdatum: 22. Juli 1899
Geburtsort: in Hähnlein (bei Bensheim)
Sterbedatum: 12. Mai 1974
Sterbeort: Darmstadt
Beruf: Schlosser
Partei: ab 1923 SPD; ab 1945 SPD
Funktionen vor 1933: zeitweise Zweiter Vorsitzender und Erster Vorsitzender des Betriebsrates des Reichsbahnausbesserungswerkes Darmstadt; in den 1920er-Jahren Vorsitzender der SPD-Ortsgruppe Hähnlein; 1923–1933 Mitglied der Gemeindevertretung Hähnlein.
Verfolgung – Widerstand – Emigration: laut „Organisationsplan" von Hans Jahn vom 1. März 1936 „Ersatzmann" für den Gaugrafen Heinrich Engel in der EdED-Widerstandsgruppe im „2. Gau Hessen-Nassau. Vorort Darmstadt"; im August 1940 von der Gestapo verhört; gab an, Hans Jahn aus der „legalen Zeit" zu kennen, aber nach 1933 nichts mehr von ihm gehört zu haben; soll nochmals kurze Zeit in Haft gewesen sein.
Funktionen nach 1945: beteiligt am politischen Neuanfang in Hähnlein; u. a. Übernahme von Funktionen in der SPD, der „Arbeiterwohlfahrt" und beim regionalen DGB.
Weitere Hinweise: hatte einen Sohn (Karl), der in Hähnlein lebt; war nach 1945 bei der Bundesbahndirektion in Frankfurt a. M. beschäftigt.

* AdsD, Bestand ITF, 5/ITFA, Mappe 46, „Organisations-Anlage" von Hans Jahn über den Stand der illegalen Organisation der Eisenbahner im Deutschen Reich, o. D. [1. 3. 1936]; BArch, NJ 2229, Bd. 1, Bl. 33 ff., Unterlagen der Gestapo und NS-Justiz zur Verfolgung illegaler EdED-Strukturen; Auskunft des StA Darmstadt (Sabine Lemke), 25. 9. 2015; Auskunft der Gemeindeverwaltung Alsbach-Hähnlein (Clemens Laub), 10. 11. 2015; Auskunft des Museumsvereins Alsbach-Hähnlein, 5. 11. 2015.

Gohlke, Otto*

Geburtsdatum: 23. Juli 1889
Geburtsort: Seefeld (Kreis Saatzig, Pommern)
Sterbedatum: 2. August 1958

Sterbeort: Berlin

Beruf: Tapezierer und Sattler

Partei: ab 1911 SPD; zeitweise USPD; später SPD; ab 1946 SED

Funktionen vor 1933: Übernahme von Funktionen im Betriebsrat des Reichsbahnausbesserungswerkes Stargard, u. a. zeitweise Zweiter Betriebsratsvorsitzender; ab 1928 Stellvertretender Vorsitzender Betriebsrat Reichsbahnausbesserungswerk in Eberswalde; Bevollmächtigter EdED Eberswalde (bis 1933); 1931 Delegierter der 3. ordentlichen Generalversammlung des EdED; Vorsitzender des ADGB Eberswalde (bis 1933); 1929–1933 Stadtverordneter in Eberswalde.

Verfolgung – Widerstand – Emigration: im Mai 1933 verhaftet und fristlos entlassen; ab dem 22. August 1944 im Rahmen der „Aktion Gewitter" im KZ Sachsenhausen inhaftiert, flüchtete auf dem „Todesmarsch" im April 1945 (genaues Datum nicht bekannt); nach eigener Aussage keine illegale Gruppenzugehörigkeit.

Funktionen nach 1945: Abteilungsleiter der Bezirksverwaltung, Abteilung II – Wirtschaft und Verkehr; Vorsitzender des Betriebsrates der Kreisverwaltung in Eberswalde; 1946–1949 Stadtverordneter Eberswalde; Ende der 1940er-Jahre zeitweise Mitglied des Landtages von Brandenburg; zeitweise bei der Staatsanwaltschaft in Eberswalde beschäftigt; Ende November 1949 festgenommen, ihm wurde „Begünstigung im Amt" vorgeworfen; im Dezember 1949 aus der SED ausgeschlossen und damit auch Verlust aller politischen Ämter; musste Repressalien erdulden, die konkreten Vorwürfe wurden jedoch fallengelassen.

Weitere Hinweise: ab 1912 im Reichsbahnausbesserungswerk Stargard beschäftigt, ab 1926 im Reichsbahnausbesserungswerk Eberswalde; Mitglied des „Reichsbanners Schwarz-Rot-Gold"; Tochter aus zweiter Ehe im Rahmen des NS-Euthanasie-„Programms" ermordet; wohnhaft in Eberswalde, Schöpfurter Straße 20 (1930-/1950er-Jahre).

* BLHA, Rep. 2A, pol. 1206, Bl. 287, Unterlagen zur Verfolgung; BLHA, Rep. 601, Rat des Bezirkes Frankfurt a. d. Oder, VdN-1461, VdN-Akte von Otto Gohlke; Markus Baumgarten, Otto Gohlke (1889–1958), in: Mielke/Heinz (Hrsg.) unter Mitarb. von Pietsch, Gewerkschafter in den Konzentrationslagern Oranienburg und Sachsenhausen, Bd. 4, S. 449–455; Protokoll über die Verhandlungen der 3. ordentlichen Generalversammlung des EdED.

Goldenbaum, Karl*

Geburtsdatum: 9. April 1897

Geburtsort: Parchim

Sterbedatum: 27. Oktober 1989

Sterbeort: Parchim

Beruf: angelernter Arbeiter in der Landwirtschaft, in der Lederindustrie und in einer Bahnmeisterei

Partei: ab 1918 USPD; ab 1920 KPD; ab 1945 KPD; ab 1946 SED

Funktionen vor 1933: zunächst 1919/20 im FAV organisiert; 1920–1924 im Lederarbeiter-Verband organisiert; ab 1924 im DEV bzw. ab 1925 im EdED organisiert; Funktionär und Betriebsrat des DEV bzw. ab 1925 des EdED in der Bahnmeisterei Parchim; Mitglied von Tarifkommissionen für den DEV/EdED; ab 1928 Funktionär der RGO; Ende 1928 aus dem EdED ausgeschlossen; Mitbegründer der KPD und zeitweise Ortsvorsitzender in Parchim; 1921–1924 KPD-Stadtverordneter in Parchim.
Verfolgung – Widerstand – Emigration: 1933 drei Tage in „Schutzhaft" in Bremen; 1936 vier Tage in „Schutzhaft" in Dreibergen; leistete offenbar illegale Flugblattverteilungen; von der Gestapo überwacht; war Repressalien und Hausdurchsuchungen ausgesetzt; später schrieb er: „[…] auch eingesperrt war ich in Dreibergen, mit anderen Genossen zusammen. Es handelte sich damals um die Flugblattverteilung im Plattenwerk in Boizenburg, die damals mit einem Schiff von Wismar nach Boizenburg geleitet wurden. Zufälligerweise habe ich damals in Wismar auch Quartier gehabt, bin aus Versehen dort hingekommen und wurde somit in Mitleidenschaft gezogen. Wir haben zum späteren Zeitpunkt unsere Tätigkeit immer vom Klassenstandpunkt aus betrachtet. Wir haben auch zu jeder Gelegenheit das getan, was im Interesse der Arbeiter notwendig war und haben immer das bekämpft und sabotiert, was der Faschismus durchzuführen gedachte." (LHA Schwerin, Bestand 10.34-3, Abt. V, Nr. 588, transkribierte Tonbandaufzeichnungen von Karl Goldenbaum, o. D.); in der Begründung zum Vorschlag für die Auszeichnung mit dem Vaterländischen Verdienstorden in Bronze 1987 heißt es: „Während der Nazizeit war Genosse Goldenbaum wiederholt Haussuchungen, Verhören und vorübergehend der Schutzhaft ausgesetzt (1933 in Bremen, 1936 in Dreibergen) […]" (Museum Parchim, Begründung VVO, 1987).
Funktionen nach 1945: Betriebsrat im Amt für Arbeit in Parchim; 1949–1952 hauptamtlicher Sekretär des FDGB in Parchim; 1950–1954 SED-Stadtverordneter in Parchim.
Weitere Hinweise: verheiratet mit Marta Goldenbaum, geborene Schröder; 1938 und 1939–1945 Wehrmachtssoldat; April 1945 bis Dezember 1945 US-amerikanische Kriegsgefangenschaft in Frankreich; lebte in Parchim, Alte Mauerstraße 33 (1936–1935), Alexenburgerstraße (1935–1938), Wiesenring 14 (1938–1947), Alte Mauerstraße 30 (ab 1947).

* Auskunft des Museums Parchim (Wolfgang Kaelcke), 31. 3. 2015; Museum Parchim, Materialsammlung Goldenbaum, Karl und dessen Akte der SED-Kreisleitung Parchim; LHA Schwerin, Bestand 10.34-3, Bezirksleitung der SED Schwerin, Abt. V, Nr. 588 und 5239, Kaderakten von Karl Goldenbaum.

Gramsch, Walter*

Geburtsdatum: 15. Januar 1897
Geburtsort: Breslau
Sterbedatum: bislang nicht bekannt
Sterbeort: bislang nicht bekannt

Beruf: Bahnbeamter; Reichsbahnoberrat
Partei: SPD
Funktionen vor 1933: vermutlich Übernahme gewerkschaftlicher Funktionen.
Verfolgung – Widerstand – Emigration: Festnahme im September 1944 wegen „staatsfeindlicher Äußerungen"; soll in den Widerstand im Zusammenhang mit dem 20. Juli 1944 involviert gewesen sein.
Funktionen nach 1945: ab 1947 Leiter der Verkehrs-Abteilung der Deutschen Verwaltung für Handel und Versorgung; danach Leiter der Planungsabteilung der Hauptverwaltung für Handel und Versorgung; danach Abteilungsleiter bei der Deutschen Schiffahrt- und Umschlags-Betriebszentrale; im Anschluss Abteilungsleiter für Befrachtung bei der Generaldirektion Schifffahrt; bald darauf Leiter der Abteilung „Flotteneinsatz und Häfen" im DDR-Staatssekretariat für Schifffahrt.
Weitere Hinweise: betätigte sich als Agent der „Organisation Gehlen" auf dem Territorium der DDR (Deckname: „Brutus"); wurde für die Agententätigkeit angeworben, da in der „Organisation Gehlen" bekannt war, dass Gramsch sich als überzeugter Nicht-Kommunist verstand; spionierte u. a. die Arbeit des Staatssekretärs Ernst Wollweber aus; 1954 Flucht – nach anderen Angaben „Abberufung" – in die Bundesrepublik Deutschland; danach verliert sich die Spur (wurde offenbar in ein spezielles Schutzprogramm aufgenommen und bekam vermutlich eine neue Identität).

* Der Spiegel, Nr. 17/1971, S. 156 ff.; Gabriele Baumgartner/Dieter Hebig (Hrsg.), Biographisches Handbuch der SBZ/DDR 1945–1990, Bd. 1, München 1996, S. 914.

Graßer, Jakob [auch: Grasser, Jakob]*

Geburtsdatum: 28. März 1888
Geburtsort: Michelbach (Kreis Erbach, Odenwald)
Sterbedatum: 3. September 1960
Sterbeort: Heilbronn
Beruf: Schlosser, Maschinenmeister
Partei: ab 1918 SPD; ab 1945 SPD
Funktionen vor 1933: seit 1905 Gewerkschaftsfunktionär; ab 1. Februar 1919 bis zur Anstellung Bevollmächtigter des DEV in Bingen; ab 1. Mai 1920 Angestellter des DEV bzw. ab 1925 des EdED in Heilbronn (Bezirk Württemberg); 1925 Delegierter der 3. ordentlichen Generalversammlung des DEV; Vorsitzender des ADB-Ortsausschusses in Heilbronn; 1928 Delegierter der 2. und 1931 Delegierter der 3. ordentlichen Generalversammlung des EdED.
Verfolgung – Widerstand – Emigration: soll bereits im Jahr 1933 für einige Wochen in „Schutzhaft" gewesen sein (gemeinsam mit Fritz Ulrich); vom 23. August 1944 bis 3. Oktober 1944 im KZ Dachau inhaftiert (Häftlings-Nr.: 93061).

Funktionen nach 1945: im Mai 1945 Mitbegründer der Heilbronner Gewerkschaften und bald darauf Erster Vorsitzender der neu gegründeten Eisenbahngewerkschaft Heilbronn; von der US-amerikanischen Besatzungsmacht in Aglasterhausen zunächst für einige Wochen als Bürgermeister eingesetzt; vom 26. Mai 1946 bis 7. Dezember 1947 Stadtrat in Heilbronn (nicht wieder gewählt); ab 1948 Gewerkschaftssekretär in Württemberg-Baden/US-amerikanische Besatzungszone, später Übernahme von Funktionen im DGB.
Weitere Hinweise: Aufsichtsrat der Wohnungsfürsorge Volkshaus; führte zivilrechtliche Klage gegen die DAF; mit dem Schreiben vom 26. März 1935 wurde eine Klage von Franz Apitzsch eingereicht, das Verfahren wurde zum 13. Juni 1935 ausgesetzt; verheiratet mit Rosine Graßer, geborene Ehemann; wohnte in Heilbronn, Haller Straße 38 (Mitte der 1940er-Jahre); später Haller Straße 44 und Goethestraße 59.

* SAPMO-BArch, Widerstandskartei, Jakob Grasser; BArch, R 1501/10254, Reichsfeststellungsbehörde, Akte/Vorgang Jakob Grasser; Heilbronn braucht einen größeren Konzertsaal, in: Neckar-Echo, 23. 11. 1928; Jakob Grasser zur letzten Ruhe geleitet, in: Neckar-Echo, 10./11. 9. 1960, S. 12; StA Heilbronn, Leichenschauregister-Nr. 69: Grasser, Adam Jakob, 3. 9. 1960; Protokoll über die Verhandlungen der dritten ordentlichen General-Versammlung des Deutschen Eisenbahner-Verbandes vom 21. bis 26. Juni 1925 in Köln a. Rh.; Protokoll über die Verhandlungen der 2. ordentlichen Generalversammlung des EdED; Protokoll über die Verhandlungen der 3. ordentlichen Generalversammlung des EdED; Materialsammlung aus der Gedenkstätte Dachau; Handbuch des Vereins Arbeiterpresse, 2. Aufl. 1927, S. 392; Susanne Stickel-Pieper (Bearb.), Trau! Schau! Wem? Dokumente zur Geschichte der Arbeiterbewegung im Raum Heilbronn/Neckarsulm 1844–1949, hrsg. von der IG Metall Verwaltungsstelle Heilbronn/Neckarsulm, Heilbronn 1994, S. 484, 486, 509 f.; Auskunft der Gedenkstätte Dachau (Albert Knoll), 9. 12. 2014; Auskunft des StA Heilbronn (Walter Hirschmann), 25. 2. 2016.

Groß, Johannes*

Geburtsdatum: 22. Dezember 1879
Geburtsort: Oberwolfach (Baden)
Sterbedatum: 11. März 1954
Sterbeort: Stuttgart
Beruf: Schneider; Gewerkschaftssekretär
Partei: vor 1933 Zentrum; ab 1945 CDU
Funktionen vor 1933: Vorsitzender und Geschäftsführer des Landesverbandes der GdE und Mitglied von deren geschäftsführendem Zentralvorstand; 1912–1924 Mitglied des Landtages in Baden; Mai 1924 bis Mai 1928 und November 1928 bis November 1933 Mitglied des Reichstages (Nachrücker; sein Mandat wurde im betreffenden Zeitraum viermal bestätigt).
Verfolgung – Widerstand – Emigration: im Mai 1933 wurde Groß auf Betreiben der Stuttgarter Kriminalpolizei wegen des Verdachts auf „Untreue“ und „Unterschlagung“ auf dem Anhalter Bahnhof in Berlin festgenommen; im Anschluss mehrere Wochen in Haft, u. a. in Berlin-Moabit (am 13. Juni 1933 entlassen); stand nach der Haftentlassung drei Monate unter

strenger Polizeiaufsicht und musste sich täglich bei der zuständigen Polizeibehörde melden (bis September 1933); im Zuge der „Aktion Gewitter“ nach dem 20. Juli 1944 Ende August 1944 erneut festgenommen und verbrachte ca. sieben Wochen in Haft (u. a. im Polizeigefängnis Stuttgart und im Schutzhaftlager Stuttgart-Zuffenhausen).

Funktionen nach 1945: Übernahme von Funktionen in der CDU in Baden-Württemberg.

Weitere Hinweise: verheiratet mit Anna Groß, geborene Kucher (geb. am 18. August 1880); hatte einen Sohn, Rudolf Groß (geb. 1. Oktober 1917); Groß stimmte im März 1933 dem Ermächtigungsgesetz zu; war zeitweise als selbstständiger Handelsvertreter tätig, da er keine andere Arbeitsstelle fand; von 1945–1952 bei der Bundesbahn beschäftigt; wohnte in Stuttgart, Jägerstraße 4 (1930er-Jahre), später Schickhardtstraße 22 (1950er-Jahre).

* Staatsarchiv Ludwigsburg, EL 350 I, Bü 37438, Entschädigungsakte von Johannes Groß; PA Siegfried Mielke, Berlin, Unterlagen und Aufzeichnungen zum Lebensweg von Johannes Groß; Schumacher (Hrsg.), M. d. R. Die Reichstagsabgeordneten der Weimarer Republik, S. 483.

Gruber, Georg*

Geburtsdatum: 16. Januar 1915
Geburtsort: Kufstein
Sterbedatum: 30. Juni 1944
Sterbeort: München Stadelheim
Beruf: Fahrdienstleiter; Schriftsetzer
Partei: vor 1933 SAJ

Funktionen vor 1933: bislang nicht bekannt.

Verfolgung – Widerstand – Emigration: Mitte Juni 1941 warb ihn Anton Rausch, mit dem er schon seit 1935 bekannt war, für die Gruppe „Robert Uhrig“ an; er beteiligte sich an illegalen Organisierungsbestrebungen, nahm an Treffen teil und sammelte auch Beiträge; Gruber und Adalbert Horejs, die organisatorisch die illegale Kufsteiner Gruppe führten, stellten im April 1942 ihre illegalen Tätigkeiten ein; am 25. Juni 1942 gemeinsam mit vier weiteren Mitgliedern der kommunistischen Zelle aus Kufstein verhaftet; vom 8. Januar bis 23. September 1943 im KZ Dachau inhaftiert; anschließend in Untersuchungshaft im Gefängnis in München-Stadelheim; am 13. April 1944 vom VGH wegen des illegalen Aufbaus „kommunistischer Zellen“ zum Tode verurteilt: „Nach diesem festgestellten Sachverhalt haben sich die Angeklagten Rausch, Adele Stürzl, Gruber, Horejs und [Andreas] Obernauer in führender Stellung und gefährlicher Weise für die kommunistische Partei und die ihnen eingestandenermaßen bekannten Ziele betätigt. Daran kann bei Gruber seine Verteidigung nichts ändern, daß er nur verhindern wollte, daß im Falle einer Niederlage des Reichs eine klerikale Regierung zur Macht käme. Diese Einlassung ist übrigens eine Ausflucht. Als Kommunist war Gruber sowohl gegen das nationalsozialistische Regime als auch gegen klerikale Bestrebungen eingestellt. Seine Betätigung galt der Bekämpfung beider." (VGH-Urteil, Bl. 3–17).

Funktionen nach 1945: –

Weitere Hinweise: bislang nicht bekannt.

* Urteil des VGH 6H28/44-10(9)J819/43g gegen Anton Rausch und andere, 13. 4. 1944, in: Nationalsozialismus, Holocaust, Widerstand und Exil 1933–1945, Online-Datenbank.

Grüttner, Ernst*

Geburtsdatum: 10. Februar 1883

Geburtsort: Hertwigswalde in Schlesien (heute Doboszowice)

Sterbedatum: bislang nicht bekannt

Sterbeort: bislang nicht bekannt

Beruf: Steinmetz

Partei: SPD

Funktionen vor 1933: zunächst Mitglied und vom 1. Oktober 1910 bis 1. Mai 1913 hauptamtlicher Funktionär des Bergarbeiter-Verbandes Neurode (Kohlenrevier); ab 15. Mai 1923 hauptamtlicher Gewerkschaftssekretär bzw. Bevollmächtigter des EdED in Dortmund; Aufsichtsratsmitglied des Flughafens Dortmund; Vorsitzender des ADGB-Ortsausschusses in Dortmund und Mitglied des ADGB-Bezirksausschusses; für die SPD Stadtverordneter und Mitglied in anderen parteipolitischen Nebenorganisationen zunächst in Neurode und Waldenburg, später in Dortmund.

Verfolgung – Widerstand – Emigration: soll bereits im Januar 1933 zeitweise in Haft gewesen sein; illegale Arbeit für die SPD im Raum Dortmund (ca. 1936); wurde politisch verfolgt und war zeitweise inhaftiert.

Funktionen nach 1945: bislang nicht bekannt.

Weitere Hinweise: bislang nicht bekannt.

* SAPMO-BArch, Widerstandskartei, Ernst Grüttner; BArch, R 58/3744, Unterlagen der Gestapo im Zusammenhang mit der Überwachung von Marxisten; Handbuch des Vereins Arbeiterpresse, 2. Aufl. 1927, S. 273; Esters/Pelger/Schlingensiepen, Gewerkschafter im Widerstand, S. 48.

Gückel, Friedrich (Fritz)*

Geburtsdatum: 30. Mai 1890

Geburtsort: Hannover

Sterbedatum: bislang nicht bekannt

Sterbeort: bislang nicht bekannt

Beruf: Schlosser; später Bundesbahnrat

Partei: vermutlich SPD

Funktionen vor 1933: unbesoldetes Mitglied des EdED-Hauptvorstandes; Mitglied des Hauptbetriebsrates der Deutschen Reichsbahn-Gesellschaft; Betriebsrat im Reichsbahnausbesserungswerk Hannover-Leinhausen; trat u. a. auf einer Liste der EdED Bezirksleitung Hamburg zur Bezirksbetriebsratswahl (Direktionsbezirk Altona) an; nahm an verschiedenen Funktionärskonferenzen des EdED teil und war als Delegierter bei den ITF-Kongressen vom 7. bis 12. August 1924 in Hamburg sowie vom 15. bis 21. September 1926 in Paris.

Verfolgung – Widerstand – Emigration: am 23. November 1933 nach fast 30jähriger Dienstzeit aus dem Reichsbahnausbesserungswerk Hannover-Leinhausen entlassen (Vorwurf: der frühere Gewerkschafter würde den „Arbeitsfrieden" gefährden); Mitglied der EdED-Widerstandsgruppe um Hans Jahn; zeitweise Mitglied der Vertreterversammlung, Vorstandsmitglied bzw. Aufsichtsrat der „Allgemeinen Krankengeldzuschuß- und Sterbekasse V. V. a. G."; laut „Organisationsplan" von Hans Jahn vom 1. März 1936 Gaugraf der EdED-Widerstandsgruppe im „7. Gau Hannover. Vorort Hannover"; von Karl Blaß als Mitarbeiter in seinem illegalen Netzwerk angegeben; Anfang August 1940 von der Gestapo wegen des Verdachts der „Vorbereitung des Hochverrats" festgenommen und in Untersuchungshaft genommen; nach acht Tagen Untersuchungshaft wurde er aus Mangel an Beweisen aus der Haft entlassen.

Funktionen nach 1945: Beteiligung am Neuaufbau der Gewerkschaften in Hannover; 1940er- bis 1960er-Jahre führender Funktionär, zeitweise Vorstandsmitglied bzw. Mitglied des Aufsichtsrates der „Allgemeinen Krankengeldzuschuß- und Sterbekasse V. V. a. G.".

Weitere Hinweise: verheiratet seit 3. März 1923 mit Margarete Gückel, geborene Willich; das Ehepaar hatte eine Tochter: Anna-Luise (geb. 27. Juli 1925); wohnte in Hannover, Eckerstraße 5 (1930er-Jahre); Familie zog am 9. August 1965 nach Salzderhelden (Rittieröderstraße 4a, heute zu Einbeck gehörend).

* SAPMO-BArch, Widerstandskartei, Friedrich Gückel; AdsD, Bestand ITF, 5/ITFA, Mappe 46, „Organisations-Anlage" von Hans Jahn über den Stand der illegalen Organisation der Eisenbahner im Deutschen Reich, o. D. [1. 3. 1936]; NLA – Standort Hannover, Nds. 110 W, Acc. 105/93, Nr. 1451, Entschädigungsunterlagen von Friedrich Gückel; LHA Schwerin, 9.2-17, Altaktenbestand der Reichsbahndirektion Schwerin, Nr. 10568; BLHA, Rep. 401, Rat des Bezirkes Potsdam, VdN-224, VdN-Akte von Karl Blaß; Jahrbuch 1930 des Einheitsverbandes der Eisenbahner Deutschlands, S. 144; Buschak, „Arbeit im kleinsten Zirkel", 1. Aufl. 1993, S. 71, 84 und ebenda, 2., aktual. Aufl. 2015, S. 161, 174; Hartmann, Entstehung und Entwicklung der Gewerkschaftsbewegung in Niedersachsen, S. 314; Esters/Pelger/Schlingensiepen, Gewerkschafter im Widerstand, S. 15, 41, 59, 87; Mielke/Frese (Bearb.), Die Gewerkschaften im Widerstand und in der Emigration, S. 238, 361, 364.

Günther, Richard*

Geburtsdatum: 26. Mai 1892

Geburtsort: Rixdorf

Sterbedatum: 30. September 1955
Sterbeort: Berlin (West)
Beruf: Schriftgießer; kaufmännischer Angestellter
Partei: vor 1933 SPD; ab 1945 SPD
Funktionen vor 1933: Mitglied des ZdA und Ausübung verschiedener Funktionen, u. a. Zweiter Kreisleiter in Berlin-Neukölln; ab Oktober 1928 Angestellter im Arbeitsamt Berlin-Südost, dort zeitweise Vorsitzender des Angestellten- und Betriebsrates.
Verfolgung – Widerstand – Emigration: am 22. April 1933 im Zusammenhang mit dem Gesetz zur Wiederherstellung des Berufsbeamtentums entlassen; am 1. Juni 1934 in einer Laube in Berlin-Britz verhaftet; im Anschluss angeklagt und am 28. Juli 1934 vom Sondergericht im Prozess gegen Emanuel Berger und andere aus Mangel an Beweisen freigesprochen; im Anschluss im KZ Lichtenburg inhaftiert (bis 31. August 1934); auch nach der Entlassung aus dem KZ mehrfach in Haft; später erklärte Richard Günther: „Ich erkläre hiermit an Eides statt, daß ich am illegalen Kampf in der Gruppe Lorenz Breunig vom Juni 1935 bis Oktober 1937 teilgenommen habe. Wir tarnten unsere Arbeit in Neukölln, Tempelhof und Kreuzberg durch Werbetätigkeit für den Volksfeuerbestattungsverein (unter Mitgliedern des aufgelösten Freidenkerverbandes) und ebenso für die gewerkschaftlich-genossenschaftliche Privatkrankenkasse ‚Volkswohl' (gestützt auf Lagerhalter und Verkaufsangestellte der aufgelösten Konsumgenossenschaft). Oktober 1936 schloss sich der Genosse Paul Loehrke, Biesdorf, der Gruppe Breunig (zu der auch der Schwager Breunigs und bis zum Oktober 1936 der verstorbene Ernst Oberüber gehörten) an und jetzt wurde die illegale Arbeit getarnt durch Werbearbeit für die Victoria Versicherung." (LAB, C Rep. 118-01, Nr. 3709, Bl. 11, Eidesstattliche Versicherung, 23. 4. 1951); stand in Verbindung mit Herbert Lazarus, der später ums Leben kam.
Funktionen nach 1945: ab Juni 1945 Vorsitzender des „Arbeitsausschusses der antifaschistischen und demokratischen Parteien" in Berlin-Neukölln; Leiter der SPD in Berlin-Neukölln.
Weitere Hinweise: lebte in Berlin-Neukölln, Reuterstraße 91 (1933) und in Berlin-Baumschulenweg, Neue Krugallee 64 (1945); später erneut wohnhaft in Berlin-Neukölln.

* LAB, C Rep. 118-01, Nr. 3709, OdF-Akte von Richard Günther; LAB, C Rep. 118-01, Nr. 6134, OdF-Akte von Herbert Lazarus; SAPMO-BArch, RY 1/I2/3/117, Bl. 91, Unterlagen der KPD.

Haberland, Friedrich*

Geburtsdatum: 7. September 1891
Geburtsort: Berlin
Sterbedatum: 29. Januar 1975
Sterbeort: Berlin (West)
Beruf: Eisenbahnarbeiter
Partei: ab Ende 1911 SPD; ab 1919 USPD; ab 1921 SPD; ab 1945 SPD

Funktionen vor 1933: seit 26. April 1910 Mitglied des Deutschen Transportarbeiter-Verbandes, u. a. Vertrauensmann der Gewerkschaft in der AEG in der Berliner Schlegelstraße; Übertritt zum DEV am 26. August 1917; im DEV Übernahme verschiedener Funktionen, u. a. im Juni 1918 Wahl zum Schriftführer, im Dezember 1918 zum ersten Vorsitzenden der Ortsgruppe Stettiner Bahnhof des DEV in Berlin; ab Dezember 1918 Arbeiterrat für das Berliner Betriebsamt 6; ab 1920/21 zum Bezirksbetriebsrat der Reichsbahndirektion Berlin und zum Betriebsrat des Stettiner Bahnhofes (zeitweise Vorsitzender) gewählt; seit 28. Februar 1922 als Hilfsarbeiter im DEV angestellt und bald darauf Angestellter im Hauptbüro, Abteilung Agitation und Organisation in der Rankestraße; Delegierter zu den örtlichen Generalversammlungen und Betriebsratsvorsitzender im Hauptbüro des EdED; arbeitete ab dem 8. Juli 1933 für die DAF im neuen Verbandsbüro in Berlin am Michaelkirchplatz; Ende Juli zum „Obmann der Branche Betriebsarbeiter der Fachschaft Reichsbahn" vorgeschlagen; die fristlose Entlassung erfolgte am 7. August 1933, weil er vormals Mitglied der SPD und aktiver Freigewerkschafter gewesen war.

Verfolgung – Widerstand – Emigration: 1933 wegen „staatsfeindlicher Einstellung" fristlos entlassen; am 8. August 1933 festgenommen und kurze Zeit in Haft; beteiligte sich vor allem am Widerstand der Berliner SPD und war zwischen 1933 und 1939 zusammen mit Maximilian Bonatzy in einer illegalen Eisenbahnergruppe, die unter Leitung von Franz Apitzsch und Lorenz Breunig stand; verteilte illegale Schriften und hörte den Auslandsrundfunk ab; soll auch direkte Kontakte ins Ausland gepflegt haben; entging mehrmals der Verhaftung; unterhielt über die Gruppe auch Verbindungen zu Hermann Schlimme und Otto Scharfschwerdt; Wilhelm Butenschön schrieb später: „Daß Haberland nicht mit dem K. Z. Bekanntschaft zu machen brauchte, ebenso den Schnapphähnen der Gestapo entging, die uns 1937 anläßlich unserer illegalen Maifeier im Grunewald verhaftete, hat er nur besonderen Glücksumständen u. der Verschwiegenheit seiner Mitgenossen zu verdanken." (LAB, C Rep. 118-01, Nr. 18229, Bl. 17, Erklärung von Wilhelm Butenschön, 29. 5. 1947); Otto Labsch schrieb 1951 in einer eidesstattlichen Erklärung: „Mir ist Haberland seit 1940 bekannt. Wir arbeiteten zusammen bei der Firma Mauser AG. Borsigwalde. Es bestand in unserem Betrieb eine Widerstandsgruppe, die nach dem Dreier-System aufgebaut war und ungefähr 80 bis 100 Personen umfasste. Die Widerstandsgruppe machte sich zur Aufgabe, Sabotageakte an Maschinen und Motoren durchzuführen, um die Produktion zu behindern. Darüber hinaus wurde durch Aufklärung dafür gesorgt, dass riesige Mengen Ausschuss produziert wurde[n]. [...] Die Aufgabe des Kollegen Haberland bestand u. a. darin, ausländische Sender abzuhören und zu Lageberichten zusammenzustellen, die den Kollegen täglich übermittelt wurden." (LAB, C Rep. 118-01, Nr. 18229, Erklärung von Otto Labsch, 9. 3. 1951).

Funktionen nach 1945: aktive Mitarbeit am Wiederaufbau der SPD-Ortsgruppe Berlin-Rosenthal, dort auch Übernahme zahlreicher Ämter; ab 1. November 1945 Angestellter bei der Hauptverwaltung der Deutschen Reichsbahn, Abteilungsleiter „Karteiwesen und Statistik"; ab 22. August 1947 Angestellter der IG Eisenbahn Groß-Berlin; Juni 1948 Loslösung

(Spaltung) und Firmierung als „Gewerkschaft der Eisenbahner Groß-Berlins“ (UGO); ab 1. Januar 1951 wurde diese Organisation als Sonderverband Berlin der GdED angeschlossen, bis zur Rente am 31. Dezember 1956 war Haberland dort tätig.

Weitere Hinweise: war ab Juni 1933 bis Anfang 1945 Mitglied in der DAF; ab 28. Januar 1945 Einsatz im Volkssturm; wohnte in Berlin-Wedding, Hochstädter Straße 17 (1933), später in Berlin-Prenzlauer Berg, Schönhauser Straße 22 (1945); im September/Oktober 1954 Umzug nach Berlin (West); verheiratet mit Frieda Haberland, geborene Freudenberg (geb. 18. Dezember 1894), hatte keine Kinder; wegen Geldmangels keine Ausbildung absolviert.

* LAB, C Rep. 118-01, Nr. 18229, OdF-Akte von Friedrich Haberland; LABO, Reg.-Nr. 212.648, Entschädigungsakte von Friedrich Haberland.

Häns, Johann*

Geburtsdatum: 2. April 1885
Geburtsort: Günzburg a. d. Donau
Sterbedatum: bislang nicht bekannt
Sterbeort: bislang nicht bekannt
Beruf: Schmied
Partei: ab 1919 SPD

Funktionen vor 1933: ab 1919 Mitglied des DEV; 1921–1924 und 1926–1933 Erster Vorsitzender des Bezirksbetriebsrates Augsburg; zugleich gehörte er zeitweise dem Verbandsbeirat des EdED-Hauptvorstandes an.

Verfolgung – Widerstand – Emigration: soll in Verbindung mit EdED-Funktionären gestanden haben; war Mitglied der Vertreterversammlung der „Allgemeinen Krankengeldzuschuß- und Sterbekasse V. V. a. G.“; bei einem Verhör durch die Gestapo im August 1940 bestritt er, illegale Ziele verfolgt zu haben; er gab an, von Hans Jahn nach 1933 nichts mehr gehört zu haben; illegale Tätigkeiten waren ihm nicht nachweisbar, weshalb er auf freien Fuß gesetzt wurde.

Funktionen nach 1945: bislang nicht bekannt.

Weitere Hinweise: auch Ende der 1930er-Jahre weiterhin beschäftigt im Bahnbetriebswagenwerk Augsburg.

* BArch, NJ 2229, Bd. 1, Bl. 33 ff., Unterlagen der Gestapo und NS-Justiz zur Verfolgung illegaler EdED-Strukturen; LAB, B Rep. 042, Amtsgericht Charlottenburg, Nr. 48856 „Allgemeine Krankengeldzuschuß- und Sterbekasse V. V. a. G.“ (1934–1978); BArch, R 3017/1000046, Bd. 2, Akten der Staatsanwaltschaft beim Landgericht Düsseldorf in der Strafsache gegen Wilhelm Bode und andere.

Hahn, Hermann*

Geburtsdatum: 6. März 1897

Geburtsort: Jüderei

Sterbedatum: 27. April 1975

Sterbeort: Dortmund

Beruf: Kaufmann

Partei: vor 1933 SPD; ab 1945 SPD

Funktionen vor 1933: ab 1928/29 unbesoldetes Vorstandsmitglied für den Bezirk Breslau (ersetzte den ausgeschiedenen „Kollegen Kinner“); 1928 Teilnehmer der 2. und 1931 der 3. ordentlichen Generalversammlung des EdED; auf der 3. ordentlichen Generalversammlung mit 165 Stimmen im Amt bestätigt; nahm als Delegierter am ITF-Kongress vom 7. bis 13. August 1932 in Prag teil; Betriebsrat in der Bahnmeisterei Raudten, Vorsitzender des Bezirksbetriebsrats Breslau und Mitglied des Hauptbetriebsrates der Deutschen Reichsbahn-Gesellschaft; ab 1930 Aufsichtsratsmitglied der „Allgemeinen Krankengeldzuschuß- und Sterbekasse V. V. a. G.“.

Verfolgung – Widerstand – Emigration: am 19. November 1933 in den Vorstand der „Allgemeinen Krankengeldzuschuß- und Sterbekasse V. V. a. G.“ berufen, für die er seit Anfang 1934 die Vorstandsgeschäfte unter Gewährung einer Aufwandsentschädigung ehrenamtlich führte; am 15. Dezember 1935 Rücktritt aus dem Vorstand, da das Reichsaufsichtsamt für Privatversicherung mitgeteilt hatte, dass ein weiteres Verbleiben von Hermann Hahn im Vorstand nicht geduldet werde; wurde anschließend entlassen, wogegen er Klage einreichte, die abgewiesen wurde; daraufhin denunzierte er Mitte 1936 die Vorstandsmitglieder der „Allgemeinen Krankengeldzuschuß- und Sterbekasse V. V. a. G.“, Karl Blaß, Johannes Schramm, Ludwig Lammel, Heinrich Forstmeier und Hermann Schindler, „die Kasse nicht im Sinne des nationalsozialistischen Staates“ zu führen (LAB, B Rep. 025-01, Nr. 3325/50, Bl. 68, Schreiben der Preußischen Gestapo, 22. 9. 1936); gab später selbst an, zum Widerstandskreis um Wilhelm Leuschner und Jakob Kaiser gehört zu haben, obgleich sich dafür keine stichhaltigen Belege finden ließen.

Funktionen nach 1945: 1948 Gewerkschaftssekretär der ÖTV, davor Generaldirektor der Deutschen Beamten-Versicherung, öffentlich-rechtliche Lebens- und Rentenversicherungsanstalt (in diese Funktion 1945 durch Karl Blaß gekommen, der als Zuständiger seitens der Deutschen Reichsbahn bei der Versicherung einen neuen Vorstand unter dem Vorsitz von Hermann Hahn einsetzte).

Weitere Hinweise: verheiratet seit 24. Mai 1924 mit Marta Hahn, geborene Gabriel; seit 1933 Mitglied der SA; zugleich seit 1. Januar 1934 Vorstandsmitglied der „Kranken-, Unterstützungs- und Sterbekasse des Deutschen Verkehrspersonals zu Berlin“; zunächst wohnte er in Berlin (bis April 1941); später nochmals in Berlin wohnhaft und 1947 Umzug nach Unna (Westfalen), Friedrich-Ebert-Straße 40 (Anfang der 1950er-Jahre); Ende November 1953 nach Mülheim a. d. Ruhr, Heißener Straße 44 verzogen; zuletzt wohnhaft in Dortmund, Evinger Straße 496 (1970er-Jahre).

* LAB, B Rep. 025-01, Nr. 3325/50, Verfahren Hermann Hahn, Unna in Westfalen, Friedrich-Ebert-Straße 40, gegen die „Allgemeine Krankengeldzuschuß- und Sterbekasse V. V. a. G.", Berlin W 15, Knesebeckstraße 59/60; LAB, B Rep. 042, Amtsgericht Charlottenburg, Nr. 48856 „Allgemeine Krankengeldzuschuß- und Sterbekasse V. V. a. G." (1934–1978); Jahrbuch 1930 des Einheitsverbandes der Eisenbahner Deutschlands, S. 144; Auskunft des StA Dortmund (Susanne Seeger), 5. 2. 2016.

Hahn, Wilhelm*
Geburtsdatum: 8. Februar 1883
Geburtsort: Dickesbach a. d. Nahe (Kreis: Birkenfeld)
Sterbedatum: 3. Dezember 1954
Sterbeort: Saarbrücken
Beruf: Schlosser und Schmied
Partei: vor 1933 SPD
Funktionen vor 1933: Mitglied des EdED; war mehrere Jahre Betriebsratsvorsitzender im Reichsbahnausbesserungswerk Saarbrücken; später tätig im Bahnbetriebswerk Kornwestheim.
Verfolgung – Widerstand – Emigration: stand in Verbindung mit EdED-Funktionären; beteiligte sich an der Kampagne gegen die Angliederung des Saargebietes an das Deutsche Reich; soll im Februar 1937 aus politischen Gründen aus dem Reichsbahnausbesserungswerk Saarbrücken-Burbach entlassen worden sein (die Wiedereinstellung erfolgte bereits Ende November 1937 und war an die Bedingung geknüpft, dass Hahn einer Versetzung ins Bahnbetriebswerk Kornwestheim zustimmt); nach Angaben von Hans Jahn in der „Organisationsskizze" von Ende 1938 „Reichsverbindung" der illegalen „Organisation" in Stuttgart; am 8. Juli 1940 festgenommen, kam ins Untersuchungsgefängnis in Stuttgart; beim Verhör durch die Gestapo gab er zu, „verschiedentlich Briefe und Postkarten von [Hans] Jahn aus Luxemburg" erhalten zu haben, er bestätigte ferner, auf die Schreiben Jahns geantwortet zu haben, er bestritt aber, illegale Ziele verfolgt zu haben; illegale Tätigkeiten waren ihm nicht nachweisbar, weshalb er am 13. Juli 1940 auf freien Fuß gesetzt wurde.
Funktionen nach 1945: bislang nicht bekannt.
Weitere Hinweise: verheiratet mit Anna Hahn, geborene Schneider (geb. 22. April 1889, gest. 3. November 1950); nach 1933 weiterhin bei der Deutschen Reichsbahn-Gesellschaft tätig; wohnte zeitweise in den 1930er-Jahren in Kornwestheim (bei Stuttgart), später in Saarbrücken, Lindenstraße 9 (1930er- bis Anfang der 1950er-Jahre); arbeitete im Reichsbahnausbesserungswerk Saarbrücken-Burbach.

* BArch, NJ 2229, Bd. 1, Bl. 33 ff., Unterlagen der Gestapo und NS-Justiz zur Verfolgung illegaler EdED-Strukturen; BArch, R 3017/1000046, Bd. 2, Akten der Staatsanwaltschaft beim Landgericht Düsseldorf in der Strafsache gegen Wilhelm Bode und andere; BArch, R 3017/29433, Bl. 4, „Organisationsskizze" von Hans Jahn, 1. 12. 1938; BArch, R 3017/29437, Bl. 85, Brief von Wilhelm Hahn an Hans Jahn, 3. 10. 1938; LA Saarland, LEA 539, Entschädigungsakte von Wilhelm Hahn; StA Saarbrücken, Sterbekurkunde Nr. 1445/1954: Hahn, Wilhelm; StA Saarbrücken, Meldeunterlagen von Wilhelm Hahn; Auskunft des LA Saarland (Peter Wettmann-Jungblut), 19. 4. 2016; Auskunft des StA Saarbrücken (Kathrin Schmidt), 17. 5. 2016.

Haltenhof, Paul*

Geburtsdatum: 16. Dezember 1891
Geburtsort: Wesermünde-Lehe (Bremerhaven)
Sterbedatum: 16. Juli 1954
Sterbeort: Bremerhaven
Beruf: Eisenbahner, später Lebensmittelhändler
Partei: ab 1919 SPD; ab 1945 SPD

Funktionen vor 1933: seit 1. Januar 1920 Angestellter des DEV bzw. ab 1925 des EdED als Ortsbevollmächtigter Wesermünde (Bezirk Hannover); Mitglied des ADB-Ortsausschusses in Bremerhaven (bis 1933); zeitweise Vorsitzender des ADB in Bremerhaven und Mitglied des Landes-, Provinz- und Bezirksausschusses des ADB; 1925 Delegierter der 3. ordentlichen Generalversammlung des DEV; 1928 Delegierter der 2. und 1931 Delegierter der 3. ordentlichen Generalversammlung des EdED.

Verfolgung – Widerstand – Emigration: kam im Mai 1933 in „Schutzhaft" wegen des Verdachts staatsfeindlicher Bestrebungen (nach mehreren Wochen entlassen); ab 1934 betätigte er sich im illegalen EdED und arbeitete mit Hans Jahn zusammen; zwischen 1933 und 1935 mehrmals von Hans Jahn persönlich aufgesucht; Teilnehmer der „Roskilder Konferenz" (Dänemark, April 1935); laut „Organisationsplan" von Hans Jahn vom 1. März 1936 Gaugraf der EdED-Widerstandsgruppe im „6. Gau Nordwest. Vorort Wesermünde"; er übermittelte Anschriften ehemaliger Gewerkschaftsfunktionäre und gab Stimmungsberichte weiter; regelmäßiger Briefwechsel mit Hans Jahn und später direkter Kontakt zu „Beauftragten" von Hans Jahn; nach Angaben von Hans Jahn in der „Organisationsskizze" von Ende 1938 „Reichsverbindung" der illegalen „Organisation" in Wesermünde; wurde festgenommen und kam in Untersuchungshaft; im August 1940 von der Gestapo verhört: „Er gibt auch zu, dass die Unterhaltungen mit diesen Leuten [gemeint sind die „Beauftragten von Hans Jahn] stets die Fortsetzung der alten Gewerkschaften betrafen. Nach der Emigration des Jahn stand H. mit diesem in Schriftwechsel, die letzten Briefe sollen in der Zeit um Ostern 1940 gewechselt worden sein. Es dürfte kein Zweifel daran bestehen, dass H. über die illegalen Bestrebungen des Jahn informiert war und diese auch zweifelsfrei als solche erkannte. [...] Anzuführen ist noch, dass H., wie aus seiner Vernehmung ersichtlich, eifrigen Umgang mit zahlreichen alten Genossen pflegte und zu diesen Zwecken auch ausgedehnte Reisen unternahm." (BArch, NJ 2229, Bd. 1, Bl. 35, Ermittlungsbericht der Gestapo Düsseldorf im Zusammenhang mit der Verfolgung illegaler EdED-Strukturen, August 1940); im Zuge weiterer Ermittlungen wegen „Vorbereitung zum Hochverrat" am 12. September 1941 angeklagt und am 24. Oktober 1941 durch das OLG Hamm – unter Anrechnung einer Untersuchungshaft von einem Jahr und drei Monaten – zu einer Haftstrafe von drei Jahren Zuchthaus verurteilt; für Hinweise, dass Haltenhof nach der Strafverbüßung als „Informant" mit der Gestapo zusammengearbeitet hat, gibt es keine Belege.

Funktionen nach 1945: gehörte zu den „Männern der ersten Stunde" in Bremerhaven; US-amerikanische Militärregierung setzte Haltenhof im Mai 1945 als Direktor des Arbeitsamtes ein; Haltenhof wurde zugleich zum ehrenamtlichen Stadtrat für Gesundheits- und Arbeitsfragen berufen; ab 1946 Leiter der städtischen Verkehrsbetriebe (bis 1951); anschließend im Ruhestand.

Weitere Hinweise: wohnte in Wesermüde, Georg-Seebeck-Straße 43 (1930er-Jahre); war verheiratet mit Käthe Haltenhof, geborene Boyungs; nach der Entlassung 1933 gründete er ein kleines Lebensmittelgeschäft, um sich und seine Familie ernähren zu können; nach Haltenhof ist seit 1991 in Bremerhaven-Lehe eine Straße benannt.

* SAPMO-BArch, Widerstandskartei, Paul Haltenhof; AdsD, Bestand ITF, 5/ITFA, Mappe 46, „Organisations-Anlage" von Hans Jahn über den Stand der illegalen Organisation der Eisenbahner im Deutschen Reich, o. D. [1. 3. 1936]; BArch, R 3017/29433, Bl. 4, „Organisationsskizze" von Hans Jahn, 1. 12. 1938; BArch, R 58/3392, Bl. 213, Unterlagen der Gestapo zur Verfolgung; BArch, NJ 2229, Bd. 1, Bl. 33 ff., Unterlagen der Gestapo und NS-Justiz zur Verfolgung illegaler EdED-Strukturen; BArch, R 3017/29436, Bl. 96, Schreiben von Hans Jahn an Edo Fimmen, 20. 6. 1939; LAV NRW R, RW 58, Nr. 934, Unterlagen der Gestapo; StA Bremerhaven, Meldekartei (nach 1945) I, Haltenhof, Paul; Buschak, „Arbeit im kleinsten Zirkel", 1. Aufl. 1993, S. 71, 87 und ebenda, 2., aktual. Aufl. 2015, S. 161 f., 180, 188; Protokoll über die Verhandlungen der dritten ordentlichen General-Versammlung des Deutschen Eisenbahner-Verbandes vom 21. bis 26. Juni 1925 in Köln a. Rh.; Protokoll über die Verhandlungen der 2. ordentlichen Generalversammlung des EdED; Protokoll über die Verhandlungen der 3. ordentlichen Generalversammlung des EdED; Esters/Pelger/Schlingensiepen, Gewerkschafter im Widerstand, S. 41, 68 f., 75; Heimatgeschichtlicher Wegweiser zu Stätten des Widerstandes und der Verfolgung 1933–1945. Bd. 6: Bremen. Stadt Bremen, Bremen-Nord, Bremerhaven, hrsg. vom Studienkreis zur Erforschung und Vermittlung der Geschichte des Widerstandes 1933–1945, Redaktion: Ursula Krause-Schmitt und andere, Frankfurt a. M. 1992, S. 122; Mielke/Frese (Bearb.), Die Gewerkschaften im Widerstand und in der Emigration, S. 361, 364, 416; Hartmut Bickelmann (Hrsg.), Bremerhavener Persönlichkeiten aus vier Jahrhunderten. Ein biographisches Lexikon, Bremerhaven 2003, S. 123 f.; Auskunft des Stadtarchivs Bremerhaven (Uwe Jürgensen), 16. 3. 2016.

Hanf, Max*

Geburtsdatum: 15. Februar 1886
Geburtsort: Eisenberg (Thüringen)
Sterbedatum: 11. Dezember 1969
Sterbeort: Vollmerhausen (bei Köln)

Beruf: Bauschlosser
Partei: ab 1904 SPD

Funktionen vor 1933: seit 1. Oktober 1902 Mitglied des DMV, u. a. Hauskassierer, Vertrauensmann, Schriftführer, Kartelldelegierter; rief 1918 zur Gründung des Arbeiter- und Soldatenrates in Opladen auf; dort Mitbegründer des DEV; Bevollmächtigter des DEV in Opladen; bald darauf DEV-Bezirksleiter und -Abteilungsleiter im Hauptbüro; zeitweise Ortsbeamter in Opladen; vom 1. Juli 1919 Bezirksleiter des DEV bzw. ab 1925 des EdED in Erfurt (bis 31. Januar 1933); im Anschluss – nach eigenen Angaben – aufgrund einer Kehlkopferkrankung in die „Expedienten-Abteilung" nach Berlin gewechselt; ab 1. Februar 1933 Abteilungsleiter beim EdED-Hauptvorstand; Mitglied des ADGB-Bezirksvorstandes in Jena; 1928 Teilnehmer der 2. und 1931 der 3. ordentlichen Generalversammlung des EdED; nahm als Delegierter am ITF-Kongress vom 7. bis 13. August 1932 in Prag teil.

Verfolgung – Widerstand – Emigration: laut einem Bericht von Hans Jahn vom 15. Dezember 1936 soll Max Hanf am 2. Mai 1933 bei der Besetzung des EdED-Gewerkschaftshauses „sofort verhaftet und abgeführt" worden sein (Bericht von Hans Jahn, 15. 12. 1936); Hanf gab später an, er sei am 2. Mai 1933 entlassen, „verhaftet und in Plötzensee eingesperrt" worden (Bezirksregierung Düsseldorf, LEA, ZK 82315, Entschädigungsantrag von Max Hanf, 6. 9. 1952); arbeitete in illegalen Zirkeln des EdED mit; soll „antifaschistische Propaganda" betrieben haben; im April 1934 zweite Verhaftung in Königsberg wegen „Landesverrats", nach Vernehmung Entlassung, aber regelmäßige „Haussuchungen, Vernehmungen und tägliche Meldungen"; später äußerte er sich folgendermaßen zu seiner Rolle im Widerstand: „Verbindungsmann der Eisenbahner", will Verbindung mit Karl Blaß gehalten haben: „Mit dem Gen. Blass, der der Verbindungsmann für die Eisenbahner in der Leuschner-Gruppe war, stand ich in dauerndem Verkehr. Ich habe Flugblätter herbei geschafft, sie zum Teil den Gen. Schulz Königsberg Pr. Walschegasse (Zigarrengeschäft) übergeben, zum Teil mit meiner Frau selbst verteilt. Bei dem Gen. Brandt Königsberg Pr. Steindamm, der eine eigene Druckerei besaß, habe ich kleine Handzettel herstellen lassen und sie in Königsberg, Elbing, Tilsit, Allenstein und Dt. Eylau durch vertraute Eisenbahnerkollegen verteilen lassen und selbst verteilt. Meine Vertrauten habe ich mit Werbematerial einer Kleinlebensversicherung ausgestattet und in, als Werbebesprechung, getarnten Zusammenkünften von allem unterrichtet, was ich von Berlin und Erfurt und von Radioschwarzhören wusste. Mit dem Gen. Hans Sailer Erfurt, der [19]44 mit erhängt worden ist, habe ich ebenfalls in dauernter [sic!] Verbindung gestanden. Im April [19]44 war ich noch bei ihm in Erfurt und habe mir auch von ihm Information geholt."; weiterhin führte er aus: „Dass ich trotz aller erdenklichen Drangsalierung in den Landesverratsverfahren, durch meine Standhaftigkeit 1934 die Gewerkschaftskollegen Karl Diblik und August Koch Erfurt vor dem Schlimmsten gerettet habe bleibt meiner Genugtuung vorbehalten."; zudem führt er aus: „Noch im Jahre 33 habe ich in Berlin an den illegalen Zusammenkünften in den Automatenrestaurant Quick in der Jo[a]chimstalerstr. unter Führung meines früheren Vorstandsmitglied Apitzsch […] teilgenommen.“; bekam von Blaß „die Bezirksleitung einer Kranken- und Lebensversicherung in Ostpreussen. Hier wurde er […] von der Gestapo. weiter verfolgt und des öfteren vernommen.“; in einem anderen Schreiben gibt er dazu an: „Als ich am 4. 1. 34 nach Königsberg ging bekam ich den Auftrag mit den dortigen Eisenbahnerkollegen Fühlung zu nehmen.“; weiterhin führt er aus: „Die engsten Vertrauten in Königsberg waren die ehemaligen Eisenbahner Fritz Fischer […], Walter Schulz […], August Meier […], Rich. Adler, Artur Lorenz […] und Fritz Klaws“; er hatte auch Kontakte mit Funktionären anderer Verbände: August Quallo, Emil Winkler, Fritz Pohlenz sowie Vertretern der Behörden und Polizei (u. a. Stadtobersekretär B. Lau, Kriminalsekretär Gust. Oeltze, Polizeihauptmann Gust. Herrmann), Kontakte in der ‚Provinz‘: Aug. Zech in Elbing, H. Dombrowsky in Tilsit, Emil Scherner; berichtete über Eisenbahnschutz an das Internationale Arbeitsamt in Genf; hatte offensichtlich Kontakt mit ‚Genossen‘ in Danzig, die wegen seiner Situation 1934/35 das internationale Arbeitsamt in Genf anschrieben; dazu aus seinem Lebenslauf: „Meine illegale Tätigkeit galt der Eisenbahn. Mit mehreren aktiven Eisenbahnern, sowie von den Nazis entlassenen Kollegen habe ich in ständiger Fühlung gestanden. Durch die mir in Ostpreußen gestattet [sic!] Reisetätigkeit als Versicherungsagent bin ich öfters nach Berlin gefahren und habe mir von Kollegen, die zur Leuschner-Gruppe gehörten, neue Information geholt, Berichte von uns gegeben und das Neuste erfahren.“; nach eigenen Angaben auch nach 1942 aktiv: „Nachdem ich 1942 nach Berlin zurück kehrte bin ich wiederholt in Ostpr. gewesen habe Informationen überbracht und Erkundigungen über die illegale Arbeit unter den Eisenbahnern eingezogen.“ (LAB, C Rep. 118-01, Nr. 14200, OdF-Antrag sowie Bezirksregierung Düsseldorf, LEA, ZK 82315, Antrag auf Entschädigung).

Funktionen nach 1945: 1948 Vorstandsmitglied (Direktor) des „Versicherungsvereins Deutscher Eisenbahnbediensteter“, Berlin Charlottenburg, Berliner Straße 153; in dieser Funktion 1945 durch Karl Blaß eingestellt: beim „Versicherungsverein Deutscher Eisenbahnbediensteter“ setzte Karl Blaß Max Hanf, William Pearson und Otto Schuldt als Vorstand ein und fungierte selbst als Aufsichtsratsvorsitzender.

Weitere Hinweise: 1918 Vorsitzender eines regionalen Arbeiter- und Soldatenrates; Mitglied des Arbeitergesangvereins, Arbeiterturnvereins und der Arbeiterwohlfahrt bis Ende 1932 in Erfurt; 1938–1945 Mitglied der DAF in Königsberg und Berlin; lebte nach Kriegsende in Berlin-Nikolassee (1950), später in Siegburg, Obere Seehofstraße 307 (1952), dort am 27. August 1954 abgemeldet nach Vollmerhausen (bei Köln), Bahnstraße 2; verheiratet seit 27. Mai 1920 mit Emilie Hanf, geborene Giesler (geb. 16. Februar 1893); einziges Kind Sohn Günter, der im Zweiten Weltkrieg gefallen ist.

* SAPMO-BArch, Widerstandskartei, Max Hanf; Bezirksregierung Düsseldorf, LEA, ZK 82315, Entschädigungsakte von Max Hanf; BArch, NY 4047/6, Biografische Unterlagen; StA Siegburg, Meldekarte Max und Emilie Hanf; LAB, C Rep. 118-01, Nr. 14200, OdF-Akte von Max Hanf; Protokoll über die Verhandlungen der 2. ordentlichen Generalversammlung des EdED; Protokoll über die Verhandlungen der 3. ordentlichen Gene-

ralversammlung des EdED; Correspondenzblatt der Generalkommission der Gewerkschaften Deutschlands, Nr. 13., 29. 3. 1919, S. 128; Handbuch des Vereins Arbeiterpresse, 2. Aufl. 1927, S. 303 f.; Jahrbuch 1931 des Einheitsverbandes der Eisenbahner Deutschlands, S. 173; Mielke/Frese (Bearb.), Die Gewerkschaften im Widerstand und in der Emigration, S. 384; Protokoll des ITF-Kongresses 1932; Auskunft des Archiv des Oberbergischen Kreises (Gerhard Pomykaj), 24. 2. 2016.

Hansen, Werner [gebürtiger Name: Heidorn, Wilhelm]

Geburtsdatum: 31. Juli 1905
Geburtsort: Rethem a. d. Aller
Sterbedatum: 15. Juni 1972
Sterbeort: Neuss
Beruf: Kaufmännischer Angestellter
Partei: ab Anfang/Mitte der 1920er-Jahre SPD; ab 1926 ISK; ab 1945 SPD

Funktionen vor 1933: 1931–1933 Vorstandsmitglied der Ortsverwaltung des ZdA in Bremen.

Verfolgung – Widerstand – Emigration: nach 1933 illegale Tätigkeit in Eisenbahner-Zirkeln in Köln und Zusammenarbeit mit der ITF, u. a. Leiter des ISK-„Stützpunktes" Köln; 1935/36 Mitbegründer der USG und zusammen mit Hans Dohrenbusch Leiter des Bezirkes West; zur Widerstandstätigkeit von Werner Hansen schreibt Max Kellner: „Ein besonders aktiver und mutiger Widerstandskämpfer in den westdeutschen Reihen mit dem Decknamen ‚Schwarzer Willi' wurde bei Zusammenkünften sehr häufig genannt. Auch in dem späteren Prozeß und der Voruntersuchung spielte er eine Rolle, konnte aber auch da nicht personifiziert, noch konnte die Gestapo seiner habhaft werden. Es handelte sich um den Kollegen Werner Hansen."; im Zusammenhang mit verstärkten Verfolgungsmaßnahmen emigrierte er 1937 nach Frankreich, 1939 nach Großbritannien (nach Kriegsausbruch war er bis 1941 in Australien interniert); durfte 1941 nach London zurückkehren, wo er in gewerkschaftlichen und politischen Exilstrukturen aktiv war; führendes Mitglied der „Landesgruppe deutscher Gewerkschafter" in Großbritannien; Hansen war Mitverfasser von „Die neue deutsche Gewerkschaftsbewegung. Programmvorschläge für einen einheitlichen deutschen Gewerkschaftsbund".

Funktionen nach 1945: ab Sommer 1945 Mitglied des „Siebener-Ausschusses" für die Nord-Rheinprovinz; 1946/47 Leiter des Zonensekretariats der Gewerkschaften der Britischen Besatzungszone; 1947–1956 Erster Vorsitzender des Landesbezirks Nordrhein-Westfalen des DGB; 1956–1969 Mitglied des geschäftsführenden Bundesvorstandes des DGB; 1953–1957 Mitglied des Bundestages und Mitglied des SPD-Parteipräsidiums.

Weitere Hinweise: Decknamen: „Schwarzer Willi", „H. Klein" und „Hans Klein"; publizierte in den ISK-Zeitungen „isk" und „Der Funke"; arbeitete im französischen Exil auch an den „Reinhart-Briefen" mit; auch nach 1945 Mitarbeit an zahlreichen gewerkschaftlichen Veröffentlichungen; mehrere öffentliche Ehrenämter; verheiratet mit Toni Kolleck (geb. 1914).

* AdsD, NL Max Kellner, 1/MKAE00022, „Ausschnitt aus der Widerstandsbewegung der deutschen Eisenbahner, insbesondere im Lande Sachsen mit Schwerpunkt Leipzig“, zum Teil abgedruckt in: Esters/Pelger/Schlingensiepen, Gewerkschafter im Widerstand, S. 140–150; Mielke/Frese (Bearb.), Die Gewerkschaften im Widerstand und in der Emigration, S. 65, 73, 532, 920, 924, 928, 951, 982; Mielke (Bearb.) unter Mitarb. von Rütters, Becker und Fichter, Organisatorischer Aufbau der Gewerkschaften, S. 381 ff., ferner S. 109, 378, 392 ff., 403 ff., 407, 410, 417, 435 ff., 801 ff., 808, 1037; Röder/Strauss (Bearb.), Biographisches Handbuch, S. 269.

Hartmann, Rudolf*

Geburtsdatum: 16. Oktober 1905
Geburtsort: Berlin
Sterbedatum: 4. März 1958
Sterbeort: Berlin (Ost)
Beruf: Elektromonteur
Partei: ab 1924 KPD; ab 1946 SED

Funktionen vor 1933: Gewerkschaftsmitglied seit 1922/23, zunächst gewerkschaftlich im DMV organisiert; 1923 Lehrlingsvertrauensmann und Streikführer; ab ca. 1928/29 Mitglied der RGO und Übernahme von Funktionen für die kommunistische Gewerkschaft; zum Ende der Weimarer Republik 1930/31 aus dem DMV ausgeschlossen; Funktion als Betriebsrat; ca. 1928–1933 Mitglied des Betriebsrates der Deutschen Reichsbahn-Gesellschaft in Berlin; bis 1933 Org.-Leiter und Instrukteur KPD für alle Betriebszellen bei der Reichsbahn in Berlin; ab 1929 erst Org.- dann Pol.-Leiter der KPD-Betriebszelle Anhalter Bahnhof in Berlin.

Verfolgung – Widerstand – Emigration: am 17. März 1933 in Berlin verhaftet und bis Mai 1933 „Schutzhaft“ in Berlin-Spandau; Anfang 1934 bis Anfang 1935 illegale Arbeit für die KPD im Berliner Unterbezirk (Parteibezirk) Südost, u. a. Sammlung von Beiträgen; am 14. September 1937 erneut in Berlin verhaftet; Urteil des Kammergerichts Berlin wegen „Vorbereitung zum Hochverrat“ zwei Jahre Zuchthausstrafe; bis 1939 im Zuchthaus Luckau inhaftiert; im Widerstand als Instrukteur für Betriebszellen der illegalen KPD bei der Deutschen Reichsbahn-Gesellschaft tätig; nachdem eine zentrale Anleitung durch die KPD-Führung nicht mehr möglich war, Verbindung und illegale Arbeit für eine Straßenzelle in Kreuzberg, der auch seine Ehefrau angehörte; Aussage im Rahmen der Anerkennung als „Opfer des Faschismus“ von Benecke, dass er mit diesem legal zusammengearbeitet habe bis zu seiner Verhaftung im März 1933; nach seiner Entlassung aus der Schutzhaft im Juli 1933, habe er mindestens ein Jahr illegal gearbeitet; nach der Verhaftung gemaßregelt; weitere Versuche illegaler Agitation.

Funktionen nach 1945: bald nach Kriegsende angestellt beim Magistrat Berlin-Kreuzberg, Abteilung Wohnungswesen; ab Juli 1945 Mitglied des Vorstandes des Verbandes für Eisenbahn, Post und Fernmeldewesen Groß-Berlin; ab 1946 Mitglied des Zentralvorstandes, später auch Mitglied des geschäftsführenden Zentralvorstandes der IG Eisenbahn, Leitung der

Abteilung Tarife, Löhne, Arbeitsrecht; Dezember 1949 schied er aus dem Dienst aus; ab ca. 1950 Abteilungsleiter der Generaldirektion Berlin der Deutschen Reichsbahn.

Weitere Hinweise: Mitglied des RFB, dort erst Org.-, später Pol.-Leiter des „Roten Jungsturms" (Bezirk IIa Berlin-Tiergarten), die Ehefrau soll noch bis 1937 regelmäßig Beiträge an die illegale KPD gezahlt haben; trat während seiner Haft der NSV bei, um „keinen Belästigungen ausgesetzt zu sein" (trat bald wieder aus); Wehrunfähigkeit mit Schreiben vom 24. November 1942 aufgehoben; wohnte in Berlin SW 29, Urbanstraße 68 II Hof I rechts (1933), später Berlin SW, Urbanstraße 70a v III Mitte (Ende der 1940er-Jahre), 1950 Umzug nach Johannisthal, Südostallee 183; seit 20. Juli 1929 verheiratet mit Martha Hartmann, geborene Harnisch (geb. 12. Februar 1911).

* SAPMO-BArch, Widerstandskartei, Rudolf Hartmann; BArch, NJ 13040, Bd. 3, Unterlagen zur Verfolgung im Nationalsozialismus; LAB C Rep. 118-01, Nr. 13929, OdF-Akte von Hans Benecke; LAB C Rep. 118-01, Nr. 398, OdF-Unterlagen, u. a. Lebensläufe von Rudolf und Martha Hartmann; Rütters (Bearb.) unter Mitarb. von Goers, Der Freie Deutsche Gewerkschaftsbund, S. 955.

Hatje, Johann*

Geburtsdatum: 23. Dezember 1889
Geburtsort: Eidelstedt (bei Hamburg)
Sterbedatum: 17. Januar 1977
Sterbeort: Stuttgart (Bad Cannstatt)
Beruf: Buchbinder; später Eisenbahner (Instandhalter von Gleisanlagen)
Partei: vor 1933 SPD; ab 1945 SPD

Funktionen vor 1933: 1919 Mitglied des Betriebsrates des Bahnhofs Altona; 1920–1928 Vorsitzender des Hauptbetriebsrates der Deutschen Reichsbahn-Gesellschaft bzw. von deren Vorläuferunternehmen; 1928–1930 Inspektor der Arbeiterpensionskasse der Deutschen Reichsbahn-Gesellschaft; ab 1930 Bezirksleiter des EdED in Württemberg; 1931 Teilnehmer der 3. ordentlichen Generalversammlung des EdED; nahm anscheinend auch am Verbandstag in Frankfurt a. M. 1928 teil (Scheffel gibt einen Redebeitrag von ihm wieder).

Verfolgung – Widerstand – Emigration: im Mai 1933 nahmen ihn die Nationalsozialisten für kurze Zeit in Haft (insgesamt 22 Tage); einige Zeit erwerbslos, bis er wieder in Arbeit kam; verweigerte im Rahmen der Zerschlagung der Gewerkschaften die Übergabe der EdED-Verbandskasse an die SA; im Gegensatz zu anderen SPD-Anhängern in seiner Region, die mit einer schnellen Niederlage des NS-Regimes rechneten, soll Hatje skeptisch gewesen sein und nach Angaben von Andreas Engwert mit einer Stabilisierung des NS-Regimes gerechnet haben; nach dessen Angaben soll er auch die Verteilung von Flugschriften als wenig effektiv eingeschätzt, sich aber an der Verbreitung beteiligt haben und danach erleichtert gewesen sein, als er die Flugschriften verteilt hatte; war mit einer Jüdin (Lina Hatje) verheiratet und

beteiligte sich später auch deshalb nicht an der illegalen Arbeit; Verhaftung und Ermordung seiner Frau Lina (Festnahme: 23. Dezember 1942, Ermordung im März 1943 in Auschwitz).
Funktionen nach 1945: beteiligt am Neuaufbau der Eisenbahngewerkschaft in Esslingen und im Gewerkschaftsbezirk Stuttgart; am 31. Mai 1945 zum Bezirksleiter des Einheitsverbandes der Eisenbahner Deutschlands im Württembergischen Gewerkschaftsbund gewählt; beim Gewerkschaftstag der GdED 1948 in Bergen-Enkheim zum Zweiten Vorsitzenden der GdED gewählt (Zweiter Vorsitzender der GdED in der Bizone); vom 23. bis 26. März 1949 Teilnehmer des Vereinigungskongresses der GdED; Mitte Oktober 1949 Delegierter der GdED auf dem Gründungskongress des DGB.
Weitere Hinweise: 1925–1929 Senatsmitglied des Reichsversicherungsamtes; lebte in Stuttgart-Vaihingen; vor der Wohnung von Lina Hatje in Stuttgart wurde im Jahr 2007 ein „Stolperstein" verlegt.

* Protokoll über die Verhandlungen der 3. ordentlichen Generalversammlung des EdED; Die Gewerkschaftsbewegung in der Britischen Besatzungszone, S. 642; Protokoll Gründungskongreß des Deutschen Gewerkschaftsbundes für das Gebiet der Bundesrepublik Deutschland, S. 255; Gewerkschaftszeitung Baden-Württemberg, 15. 10. 1946; Der deutsche Eisenbahner, Nr. 23/24/1949; Der deutsche Eisenbahner, Nr. 2/1977; Engwert, Johann Hatje (1889–1977), in: Gottwaldt, Eisenbahner gegen Hitler, S. 124–133; Mielke (Bearb.) unter Mitarb. von Rütters, Becker und Fichter, Organisatorischer Aufbau der Gewerkschaften, S. 567, 599, 612, 617 f., 645, 648 f.

Heck, Josef*

Geburtsdatum: bislang nicht bekannt
Geburtsort: Dillingen (Saar)
Sterbedatum: bislang nicht bekannt
Sterbeort: bislang nicht bekannt
Beruf: bislang nicht bekannt
Partei: bislang nicht bekannt
Funktionen vor 1933: gehörte zum Ende der Weimarer Republik dem Hauptbetriebsrat der Deutschen Reichsbahn-Gesellschaft (Betriebsarbeiter) an.
Verfolgung – Widerstand – Emigration: Teilnehmer der Sitzung des Komitees des Koordinationsausschusses der deutschen Gewerkschaften in Frankreich – es ging dabei um Fragen zur Bildung einer Einheitsgewerkschaft, 19. Dezember 1937.
Funktionen nach 1945: Beteiligung am Neuaufbau der Gewerkschaften.
Weitere Hinweise: lebte in Lauda (Baden).

* SAPMO-BArch, Widerstandskartei, Heck, ?; BArch, R 58/3392, Bl. 26, Unterlagen zur Verfolgung/Überwachung der Gestapo.

Heide, Paul*
Geburtsdatum: 3. Oktober 1879
Geburtsort: Hohenstein-Ernstthal
Sterbedatum: 1973
Sterbeort: Windeck
Beruf: Eisenbahnarbeiter
Partei: bislang nicht bekannt
Funktionen vor 1933: vermutlich Funktionär des EdED.
Verfolgung – Widerstand – Emigration: stand im Verdacht, illegale Druckschriften in einem Eisenbahnwagen ausgelegt zu haben; ging in die Emigration in die ČSR; im Dezember 1937 von der Gestapo „erfasst".
Funktionen nach 1945: bislang nicht bekannt.
Weitere Hinweise: wohnte in Heidenau bei Dresden (Mitte der 1930er-Jahre); später wohnhaft in Windeck (Anfang 1970er-Jahre).

* SAPMO-BArch, Widerstandskartei, Paul Heide; BArch, R 58/3758, Bl. 74, Unterlagen der Gestapo; StA Hohenstein-Ernstthal, Geburtenregister Nr. 196/1879: Heide, Paul.

Heigl, Jakob*
Geburtsdatum: 8. Juli 1886
Geburtsort: Luttenwang (bei München)
Sterbedatum: 6. Dezember 1963
Sterbeort: Kempten (Allgäu)
Beruf: Güterbodenarbeiter
Partei: ab 1926 SPD; nach 1933 NSDAP
Funktionen vor 1933: ab 1929 Mitglied des EdED und zeitweise Leiter der Ortsverwaltung des EdED in Kempten.
Verfolgung – Widerstand – Emigration: stand im Verdacht, in Verbindung mit EdED-Funktionären gestanden zu haben; bei einem Verhör durch die Gestapo im August 1940 bestritt er, illegale Ziele verfolgt zu haben; er gab an, mit seinen früheren Kollegen nach der Machtübernahme nicht mehr zusammengetroffen zu sein und von einer illegalen Tätigkeit nichts zu wissen.
Funktionen nach 1945: bislang nicht bekannt.
Weitere Hinweise: war auch Ende der 1930er-Jahre weiterhin bei der Deutschen Reichsbahn in Kempten (bei der Güterabfertigung) beschäftigt.

* BArch, NJ 2229, Bd. 1, Bl. 33 ff., Unterlagen der Gestapo und NS-Justiz zur Verfolgung illegaler EdED-Strukturen; BArch, R 9361, VIII, H 0029, Personenbezogene Unterlagen der NSDAP; Auskunft des StA Kempten (Franz-Rasso Böck), 15. 3. 2016.

Hellborn, Karl*
Geburtsdatum: 22. September 1893
Geburtsort: Münster (Westfalen)
Sterbedatum: 1. April 1959
Sterbeort: Berlin (Ost)
Beruf: Maler; Bahnunterhaltungsarbeiter; Reichsbahnassistent
Partei: 1932/33 Zentrum; ab 1945 KPD; ab 1946 SED
Funktionen vor 1933: Übernahme von Funktionen im DEV bzw. ab 1925 im EdED.
Verfolgung – Widerstand – Emigration: unterhielt Kontakte zu einem Kreis christlich orientierter Gegner des NS-Regimes; ab 1934 Zuwendung zur illegalen KPD und im Widerstand gemeinsam mit John Sieg; seit Mitte 1939 über John Sieg Kontakte zu Ernst Sieber; lernte über John Sieg auch andere Mitglieder der „Roten Kapelle" um Harro Schulze-Boysen und Arvid Harnack kennen; übermittelte Informationen, u. a. über Truppenverschiebungen; er verklebte auch von John Sieg erhaltene Klebezettel mit Losungen gegen die Kriegsgefahr (u. a. in den Bahnhöfen Berlin-Charlottenburg, Friedrichstraße, Zoologischer Garten); zudem legte er heimlich illegale Flugblätter in Zugabteilen aus; er soll zugleich John Sieg eine Anstellung bei der Deutschen Reichsbahn verschafft haben; Hellborn organisierte in seiner Wohnung illegale Zusammenkünfte mit John Sieg, Ernst Sieber, Werner Hendelsohn u. a.; ein Teil der von Hellborn gesammelten Informationen aus den Betrieben der Reichsbahn floss in die Berichterstattung der Zeitschrift „Die innere Front" ein, die maßgeblich von Sieg hergestellt und verbreitet wurde; er soll auch insbesondere jüdische Freunde materiell unterstützt haben; nach der Verhaftung von John und Sophie Sieg im Oktober 1942 stellte er seine Widerstandsarbeit aus Angst vor einer drohenden Inhaftnahme ein; Sandra Mette vermutet, dass diese Zurückhaltung eventuell damit zusammen hing, dass seine Mutter ursprünglich jüdischen Glaubens war und er selbst damit rechnen musste, als „Mischling" rassisch verfolgt zu werden.
Funktionen nach 1945: beteiligt am (politischen) Wiederaufbau in Berlin-Charlottenburg; u. a. als Personalwirtschaftskontrolleur der Deutschen Reichsbahn in Berlin dafür zuständig, den Personalstand von ehemaligen Nationalsozialisten zu bereinigen; ab 10. August 1945 Hauptreferent für Personalfragen in der neu gegründeten Zentralverwaltung für Verkehr der Deutschen Wirtschaftskommission (verantwortlich für Personalplanung der Generaldirektionen Reichsbahn, Schifffahrt, Kraftverkehr und Straßenwesen); von Oktober 1949 bis 30. April 1953 Leitung der Abteilung Reiseverkehr in der Generaldirektion der Deutschen Reichsbahn in Berlin (Ost).
Weitere Hinweise: wohnte in Berlin-Charlottenburg, Fredericiastraße 12 (Anfang der 1930er-Jahre), später in Berlin-Charlottenburg, Eichenallee 33 (Mitte der 1940er-Jahre), danach in Berlin-Lichterfelde, Geibelstraße 18; im Dezember 1949 Übersiedlung in den Ostteil Berlins, wohnhaft in Berlin-Köpenick, Niebergallstraße 3; verheiratet seit 1921 mit der knapp drei Jahre älteren Katharina Hellborn, geborene Berendes; aus der Ehe gingen drei Kinder hervor: Antoinette (geb. 1. November 1923), Mechthild (geb. 16. August 1925, gest. im

Mai 1940), Rudolf (geb. 25. April 1928); ab Juni 1951 als geheimer Informant vom MfS angeworben, um mittels beruflicher Kontakte die Deutsche Bundesbahn auszuspähen (er konnte jedoch diese Tätigkeit nicht sehr lange ausüben, da er erkrankte).

* GDW, Belegarchiv, Unterlagen zum Lebensweg von Karl Hellborn; Sandra Mette, Karl Hellborn (1893–1959), in: Gottwaldt, Eisenbahner gegen Hitler, S. 257–263 (mit zahlreichen Quellenangaben).

Helmerich, Michael*

Geburtsdatum: 6. April 1885
Geburtsort: Amberg
Sterbedatum: 8. Juni 1974
Sterbeort: München
Beruf: Buchdrucker (erlernt); tätig als Schriftsetzer; ab 1911 bei der Bahn tätig
Partei: vor 1933 BVP

Funktionen vor 1933: 1919/20 Sekretär beim Bayerischen Eisenbahnerverband; 1924–1930 Vorsitzender des Hauptbeamtenrates bei der Deutschen Reichsbahn-Gesellschaft (Gruppenverwaltung Bayern) und Mitglied des Hauptbeamtenrates bei der Hauptverwaltung der Deutschen Reichsbahn-Gesellschaft in Berlin; ab 1. März 1930 Erster Vorsitzender des Bayerischen Eisenbahnerverbandes; von September 1930 bis November 1933 Mitglied des Deutschen Reichstages (Wahlkreis: Niederbayern).

Verfolgung – Widerstand – Emigration: im Zusammenhang mit der Verfolgung der BVP vom 26. Juni 1933 bis 5. Juli 1933 in „Schutzhaft" im Gefängnis Stadelheim; im Anschluss disziplinarische Maßnahmen und Strafversetzung nach Ingolstadt; auf Veranlassung der Deutschen Reichsbahn-Gesellschaft nach Pasing strafversetzt; im Zusammenhang mit der „Aktion Gewitter" festgenommen und vom 26. August 1944 bis 17. September 1944 im KZ Dachau inhaftiert (Häftlings-Nr.: 93443).

Funktionen nach 1945: ab 1945 erster Personalvertreter der Eisenbahndirektion München; Übernahme von Funktionen in der CSU; von 9. Februar 1946 bis 16. Dezember 1946 Staatsminister für Verkehr in Bayern; u. a. Mitglied der Verfassunggebenden Versammlung; von 1947 bis zur Pension arbeitete er als Ministerialrat und Abteilungsleiter im Bayerischen Verkehrsministerium; 1950–1956 Abgeordneter des Bayerischen Landtages (Wahlkreis: Eggenfelden/Vilsbiburg).

Weitere Hinweise: erhielt 1959 den Bayerischen Verdienstorden und 1969 das Große Verdienstkreuz mit Stern der Bundesrepublik Deutschland.

* Schumacher (Hrsg.), M. d. R. Die Reichstagsabgeordneten der Weimarer Republik, S. 566; Übersicht und biografische Angaben zum Nachlass von Michael Helmerich, http://www.ifz-muenchen.de/archiv/ed_0191.pdf (10. 3. 2016).

Herget, Johann (Hans)*
Geburtsdatum: 30. August 1895
Geburtsort: Oberursel
Sterbedatum: bislang nicht bekannt
Sterbeort: bislang nicht bekannt
Beruf: Werkzeugdreher; ab 1919 Angestellter des Landrates in Regensburg
Partei: ab 1911 SPD; ab 1939 NSDAP; ab 1945 SPD
Funktionen vor 1933: ab 1931 hauptamtlicher Gewerkschaftssekretär und Erster Vorsitzender der EdED-Ortsgruppe in Regensburg; 1930 in den „Bayerischen Ausschuss“ des Hauptbetriebsrates der Deutschen Reichsbahn-Gesellschaft gewählt und zusammen mit Nikolaus Rott Vorsitzender und Geschäftsführer (im Ausschuss waren zudem Josef Reim, Oskar Vongerichten vertreten); Zweiter Vorsitzender der SPD-Ortsgruppe Regensburg; 1932 Kandidat für die Landtagswahlen in Bayern (nicht gewählt); Übernahme verschiedener Funktionen in der SPD.
Verfolgung – Widerstand – Emigration: 24. März bis 1. Mai 1933 und 24. Juni bis 28. Juli 1933 in „Schutzhaft“ im Landgerichtsgefängnis Regensburg; war vermutlich – wie Ludwig Lammel – mit Hans Jahn bekannt und stand im Verdacht, sich für den illegalen EdED betätigt zu haben, obwohl er 1939 Mitglied der NSDAP geworden war; am 1. August 1940 äußerte die Gestapo den Verdacht, dass Herget „illegale Arbeit“ für die ITF betrieben haben könne; bald darauf im August 1940 von der Gestapo festgenommen und verhört; beim Verhör gab er an, mit der politischen Vergangenheit „vollkommen Schluss“ gemacht zu haben.
Funktionen nach 1945: bislang nicht bekannt.
Weitere Hinweise: verzog im Herbst 1918 von Oberursel nach Albertshofen (Bezirksamt Kitzingen); später wohnhaft in Regensburg, Reinhausen, Kleinsiedlung 52 (1930er-Jahre); Regensburg, Gumpelshaimer Straße 13/II (1940er-Jahre); 1947 nach Barbing verzogen; verheiratet seit 1919; in den 1930er-Jahren als selbstständiger Kaufmann tätig; ab 1945 zeitweise tätig in der sogenannten Flüchtlingsverwaltung in Vilsiburg, ab 13. Dezember 1945 „Flüchtlingskommissar“ für den Landkreis Regensburg, am 20. Juni 1948 von Regensburg nach Nabburg versetzt.

* Staatsarchiv Amberg, Regierung der Oberpfalz, Abg. 1949 ff., Nr. 27346, Personalakte von Johann Herget; BArch, NJ 2229, Bd. 2, Bl. 128 ff., Unterlagen der Gestapo und NS-Justiz zur Verfolgung illegaler EdED-Strukturen; Staatsarchiv München, Gestapa 29, Verzeichnis der sozialdemokratischen Gewerkschaftsfunktionäre in Regensburg, o. D.; StA Oberursel, Geburtseintrag, Nr. 130/1895/Hausstandskarte: Herget, Johann; Jahrbuch 1930 des Einheitsverbandes der Eisenbahner Deutschlands, S. 144; Auskunft des StA Oberursel (Andrea Bott), 4. 3. 2016.

Herrmann, Matthäus*

Geburtsdatum: 8. Juni 1879

Geburtsort: Warmensteinach (Bayerischer Kreis, bei Bayreuth)

Sterbedatum: 29. September 1959

Sterbeort: Warmensteinach

Beruf: zeitweise Heizer; Lokführer

Partei: vor 1933 SPD; ab 1945 SPD

Funktionen vor 1933: 1903–1905 Mitglied des Vorstandes im Verband für die bayerischen Eisenbahnwerkstätten- und Betriebsarbeiter/Verband Süddeutscher Eisenbahner in Nürnberg; 1905–1933 Zweiter Vorsitzender des Hauptvorstandes des Süddeutschen Eisenbahnverbandes/Verband des süddeutschen Eisenbahn- und Postpersonals/Verband des deutschen Verkehrspersonals/Verband der Eisenbahner Deutschlands; November 1918 Mitglied eines Soldatenrates an der Westfront; ab 1919 Funktionär und Vorstandsmitglied des DEV bzw. ab 1925 des EdED; 1925 als Vorstandsmitglied Delegierter der 3. ordentlichen Generalversammlung des DEV; 1925 stimmberechtigter Vertreter des 1. Bundeskongresses des ADB; 1930 Delegierter des 3. Bundeskongresses des ADB; ab 1928 Mitglied des Verwaltungsrates der Deutschen Reichsbahn-Gesellschaft; 1919–1928 Mitglied des Landtages von Bayern; nahm als Delegierter am ITF-Kongress vom 7. bis 13. August 1932 in Prag teil; im Zuge der „Anpassungspolitik" der Freien Gewerkschaften am 29. März 1933 Nachfolger von Franz Scheffel in der Funktion des Vorsitzenden des EdED.

Verfolgung – Widerstand – Emigration: am 2. Mai 1933 festgenommen, anschließend bis 10. Mai 1933 in Haft im Gefängnis Berlin-Plötzensee; im Juni Inhaftierung im Gefängnis Nürnberg und von dort am 15. Juni 1933 Überführung ins KZ Dachau und dort bis 21. Dezember 1933 inhaftiert; am 6. November 1936 von der Gestapo München als potentieller Regimekritiker „erfasst"; betätigte sich im Umfeld der Verschwörer des 20. Juli 1944; gehörte zum „Goerdeler-Kreis" und wird von Wilhelm Leuschner für das Amt des Verkehrsministers in Betracht gezogen; nach dem gescheiterten Attentat auf Hitler 20. Juli 1944 erneut am 15. August 1944 festgenommen; Vernehmungen im Gestapo-Gefängnis Berlin und in der Polizeischule Drögen; im Anschluss von September 1944 bis Januar 1945 in Haft (u. a. im Strafgefängnis Nürnberg; im Polizeigefängnis Berlin und in den Strafgefängnissen Drögen, Berlin-Tegel und Berlin-Moabit); im Haftbefehl vom 7. November 1944 heißt es: „Gegen Ende März 1944 erfuhr Herrmann bei einer von dem früheren hessischen Innenminister Leuschner herbeigeführten Zusammenkunft in Bayreuth, dass Kräfte am Werke waren, die in Erwartung eines Zusammenbruchs der Front auf eine Beseitigung der gegenwärtigen Regierung und die Bildung einer neuen Regierung ausgingen, in der Herrmann von Leuschner der Posten eines Verkehrsministers angeboten wurde. Wenn Herrmann auch die Uebernahme dieses Postens ablehnte und den Wunsch, sich nicht mehr politisch zu betätigen zum Ausdruck brachte, so hat er es doch unterlassen, die Umsturzpläne zur Kenntnis der Behörde zu bringen, obwohl er sich über die hochverräterische Natur der Bestrebungen nicht im Unkla-

ren sein konnte.“ (BayHStA, LEA 16450, Haftbefehl gegen Matthäus Herrmann, 7. 11. 1944); eine Mitwisserschaft am Attentat vom 20. Juli 1944 konnte ihm nicht nachgewiesen werden, da er letztlich glaubhaft machen konnte, von den Planungen nichts gewusst zu haben; am 13. Januar 1945 vom VGH freigesprochen, mit „den Verrätern gemeinsame Sache gemacht oder sie pflichtwidrig nicht gemeldet zu haben“ (VGH-Urteil 1L450/44-OJ52/44g); dennoch blieb er im Anschluss in Haft im Strafgefängnis Tegel; am 25. April 1945 aus der Haft befreit.
Funktionen nach 1945: ab November 1946 Zweiter Vorsitzender der Gewerkschaft Bahn und Post in Bayern; 1947 Wahl zum Zweiten Vorsitzenden der Landesgewerkschaft für das Eisenbahnpersonal in Bayern; 1949–1957 Dritter Vorsitzender des Hauptvorstandes der GdED (bereits ab 25. März 1948 Dritter Vorsitzender der Bizonen-GdED); ab 1948 Abgeordneter des Kreistags in Bayreuth; 1946–1949 Mitglied des Landtages von Bayern; 1949–1953 Mitglied des Bundestages; 1947–1959 Vorsitzender des Aufsichtsrates der Glaswerke Warmensteinach, später auch des Verwaltungsrates der Deutschen Beamtenversicherung.
Weitere Hinweise: 1907–1933 Mitbegründer und Vorsitzender der Baugenossenschaft Nürnberg-Rangierbahnhof; 1928–1933 Ausschussmitglied des Internationalen Arbeitsamtes in Genf; 1928 Reichstagskandidat im Wahlkreis 26 (Franken); Ehefrau Babette, geborene Angerer; wohnte in Warmensteinach, Haus 162 (Mitte der 1940er-Jahre); hatte zwei Kinder: Liesl Herrmann, verheiratete Hartmann und Annamarie Herrmann; seit 1949 Ehrenbürger der Gemeinde Warmensteinach.

* SAPMO-BArch, Widerstandskartei, Matthäus Herrmann; BayHStA, LEA 16450, Entschädigungsakte von Matthäus Herrmann; BArch, R 58/3312, Bl. 177, Unterlagen der Gestapo München zur Registrierung/Erfassung von Herrmann, Matthäus; Protokoll über die Verhandlungen der dritten ordentlichen General-Versammlung des Deutschen Eisenbahner-Verbandes vom 21. bis 26. Juni 1925 in Köln a. Rh.; Der deutsche Eisenbahner, Nr. 1/1949; Sänger (Hrsg.), Die Volksvertretung. Handbuch des Deutschen Bundestages, S. 158; Sänger (Hrsg.), Handbuch des Deutschen Bundestages, 1952, S. 266; Mertens, Matthäus Herrmann (1879–1959), in: Gottwaldt, Eisenbahner gegen Hitler, S. 316–322; Buß, Dreimal Stunde Null, S. 157; Schumacher (Hrsg.), M. d. L. Das Ende der Parlamente, S. 64 f.; Schröder, Sozialdemokratische Parlamentarier, S. 504; Mielke/Frese (Bearb.), Die Gewerkschaften im Widerstand und in der Emigration, S. 299, 324 f.; Vorstand der Sozialdemokratischen Partei Deutschlands (Hrsg.), Der Freiheit verpflichtet. Gedenkbuch der deutschen Sozialdemokratie im 20. Jahrhundert. Konzeption und Redaktion: Christl Wickert, Marburg 2000, S. 142; Franz Maget/Karin Radermacher unter Mitarb. von Gudrun Rapke, Mit Leidenschaft für Demokratie. 110 Jahre SPD-Landtagsfraktion in Bayern, hrsg. im Auftrag der Bayern-SPD-Landtagsfraktion, München 2003, S. 69; Auskunft des Stadtarchivs Bayreuth (Walter Bartl), 4. 7. 2016.

Heyer, Gustav*

Geburtsdatum: 26. Januar 1900
Geburtsort: Lengede (Kreis Goslar)
Sterbedatum: bislang nicht bekannt
Sterbeort: bislang nicht bekannt

Beruf: Reichsbahn-Oberrottenmeister
Partei: vermutlich SPD
Funktionen vor 1933: verschiedene Funktionen im EdED in Braunschweig; Vorstandsmitglied des lokalen EdED.
Verfolgung – Widerstand – Emigration: am 27. März 1933 erstmals festgenommen und mehrere Tage in Haft; später nochmals festgenommen, u. a. wegen Waffenbesitzes; nach Verbot der SPD im Juni 1933 erneute Hausdurchsuchung; Überwachung durch die Gestapo.
Funktionen nach 1945: bislang nicht bekannt.
Weitere Hinweise: bislang nicht bekannt.

* NLA – Standort Wolfenbüttel, 4 Nds, Zg. 41/1992, Nr. 998, Entschädigungsunterlagen; Auskunft des Stadtarchivs Braunschweig (Enrico Kullrich), 21. 3. 2016. In den Meldekarteien des StA Braunschweig (DI12: 274 und E 99: 47 sowie E 101: 79, 221) konnten keine biografischen Daten zur Person Gustav Heyer ermittelt werden.

Hildebrandt, Paul*

Geburtsdatum: 1. August 1889
Geburtsort: Meiningen
Sterbedatum: 8. Januar 1948
Sterbeort: Meiningen
Beruf: Bau- und Kunstschlosser; zeitweise tätig als Ofenreiniger
Partei: ab 1909 SPD; ab 1918 USPD; ab 1922 SPD; ab 1945 SPD; ab 1946 SED
Funktionen vor 1933: ab Juni 1907 Mitglied des DMV; anschließend Mitglied des „Handwerkerbundes der Eisenbahner"; ab 1919 Mitglied des DEV (arbeitete bis 1930 als Schlosser im Reichsbahnausbesserungswerk Meiningen; zugleich war er an seinem Arbeitsplatz gewerkschaftlich tätig, u. a. seit 1919 Betriebsratsvorsitzender); ab 1925 stellvertretender bzw. ab 1927 ehrenamtlicher Vorsitzender der Ortsgruppe des EdED in Meiningen; ab 1. April 1930 war er als hauptamtlicher Gewerkschaftssekretär/Erster Vorsitzender des EdED Meiningen und Zweiter Vorsitzender des ADGB Meiningen tätig (bis 1933); 1928 Delegierter der 2. ordentlichen Generalversammlung des EdED; nahm 1927 an einer dreimonatigen Delegation des EdED nach Russland teil.
Verfolgung – Widerstand – Emigration: bereits 1931 zu dreimonatiger Gefängnisstrafe und 367 RM Geldstrafe wegen „Sprengung" zweier NS-Versammlungen verurteilt; nach der Machtübernahme der Nationalsozialisten mehrmals in „Schutzhaft"; am 1. Juli 1933 wegen „staatsfeindlicher Einstellung" entlassen; ca. 1935 Leiter der illegalen Wandergruppe in Walldorf/Meiningen (u. a. mit Wilhelm Hemming und Alfred Rineck; im VVN-Bogen von Hemming findet sich auch die Angabe, dass sie über Hildebrandt Verbindung zu Jahn in Holland hatten und er dort als Vertrauensmann für Walldorf gemeldet war); aus politischen Gründen bis 1936 erwerbslos; laut „Organisationsplan" von Hans Jahn vom 1. März 1936 Gaugraf in

der EdED-Widerstandsgruppe im „11. Gau Thüringen. Vorort Meiningen“; bis 1940 arbeitete er dann als selbstständiger Ofenreiniger und setzte dabei den Widerstand gegen das NS-System fort („illegale Propaganda-Arbeit“) in der Region Weimar und Meiningen; am 27. Juli 1938 Festnahme wegen des Verdachts der „Vorbereitung auf Hochverrat“ und kurze Inhaftierung im Polizeigefängnis II in Stuttgart; am 21. Mai 1940 wegen „staatsfeindlicher Äußerungen“ verhaftet; am 24. Juli 1940 von der Gestapo Weimar wegen des Verdachts einer illegalen Betätigung für die ITF erneut festgenommen; am 6. August 1940 vom Sondergericht des OLG Jena in Weimar zu sechs Monaten Gefängnisstrafe verurteilt; vom 13. August 1940 bis 21. November 1940 im Strafgefängnis Eisenach; vom 9. Januar 1941 bis 10. Januar 1943 im Gefängnis Hamm; im Rahmen der „Aktion Gewitter“ vom 22. August 1944 bis 7. Mai 1945 im KZ Buchenwald inhaftiert; (Häftlingsnummer 81941); gehörte zu den Unterzeichnern des „Buchenwalder Manifests“; nachweisbar ist, dass er „Verbindungsmann“ von Karl Molt und im Zusammenhang mit Aufrollen dieses Widerstandskreises von der Gestapo am 24. Juli 1938 wegen Vorbereitung zum Hochverrat verhaftet und an die Stapostelle Stuttgart überführt wurde; nach 1933 soll er dreimal wegen „staatsfeindlicher Äußerungen“ angezeigt worden sein; Anfang 1934 erhielt er zudem persönlich Besuch von Jahn; dabei sei er – laut Aussage vor der Gestapo 1940 – in dessen Plan der illegalen Gewerkschaftsarbeit eingeweiht und zur Mitarbeit aufgefordert worden (erklärte, dass er der illegalen Arbeit nicht ablehnend gegenüber stand, bestätigt jedoch lediglich die Behauptung, nichts unternommen zu haben); später sei er von Hugo Bachmann aufgesucht worden; er gab an, er habe von Jahn Postkarten erhalten und diese auch beantwortet; zugleich bestätigte er vor der Gestapo im August 1940, dass er Jahn zwei ehemalige EdED-Funktionäre als „zur Mitarbeit bereit“ angegeben habe; er gab schließlich vor Gericht den Besuch von Jahn 1933/34 zu; außerdem Bestätigung und Bericht von einem nochmaligen Besuch; gab auch zu, dass Jahn ihn (angeblich erst bei dem späteren Besuch) eingeweiht habe, was er plane; er deckte Alfred Rineck und Wilhelm Döller; 1936 sei er durch einen Kurier Jahns aufgesucht worden (Bachmann) und habe diesem gegenüber angeblich jegliche illegale Tätigkeit abgelehnt; hat bis mindestens 1938 mit Jahn per Postkarten Kontakt gehabt (gab zwar jährlich Kartengrüße zu, wollte aber lediglich ein einziges Mal geantwortet haben (an Deckadresse in Holland); er gab aber später an, ständige Verbindung durch Kuriere mit Luxemburg und der ITF in Amsterdam gehabt zu haben.

Funktionen nach 1945: beteiligt am Neuaufbau von SPD und FDGB im Kreis Meiningen; unterschrieb am 23. August 1945 für die SPD den Gründungsaufruf des „Antifaschistischen Blocks“ in Meiningen; ab 1. Juli 1945 Beigeordneter des Landrats; ab 11. Oktober 1945 Landrat des Kreises Meiningen; 1945/46 zugleich Vorsitzender des SPD-Orts- und Kreisverbandes; im Zuge der Vereinigung von KPD und SPD ab 1946 Mitglied der SED und Ortsvorsitzender der Partei in Meiningen sowie Mitglied des SED-Landesvorstandes; mehrfach wurde versucht, ihn aus dem Amt zu drängen.

Weitere Hinweise: war vor 1933 Vorsitzender des „Reichsbanners Schwarz-Rot-Gold“ in Meiningen; in Hans Jahns Notizen als Vertreter einer unter der GEADE/ADG neu einzurichtenden „Illegalen Reichsleitung“ für Jena vorgesehen; ab 1933 Mitglied der DAF; wohnte in Meiningen, Reinwaldstraße 43 (1930er-Jahre).

* SAPMO-BArch, Widerstandskartei, Paul Hildebrandt, Wilhelm Hemming und Alfred Rineck; BArch, R 58/9682 Karteikarten Hildebrandt, Paul; Staatsarchiv Leipzig, Nr. 20031 Polizeipräsidium Leipzig, Strafakte PP-S 1216/200 Paul Hildebrandt; ThHStAW, Personalakten der Landräte, Bürgermeister und deren Stellvertreter in Thüringen nach 1945, Nr. 62; Mailauskunft aus dem Archiv des KZ Buchenwald (Sabine Stein) 27. 11. 2015; AdsD, Bestand ITF, 5/ITFA, Mappe 46, „Organisations-Anlage“ von Hans Jahn über den Stand der illegalen Organisation der Eisenbahner im Deutschen Reich, o. D. [1. 3. 1936]; LHA Schwerin, 9.2-17, Altaktenbestand der Reichsbahndirektion Schwerin, Nr. 10568; BArch, R 58/3399, Bl. 51, 54 und BArch, R 58/2247, Bl. 123 und BArch, R 58/3392, Bl. 170, Unterlagen zur Verfolgung; BArch, NJ 2229, Bd. 1, Bl. 107–110 und Bd. 2, S. 41, Unterlagen der Gestapo und NS-Justiz zur Verfolgung illegaler EdED-Strukturen; SAPMO-BArch, DY 55/V 278/4/121; SAPMO-BArch, DY 55/V 278/4/119, Fragebogen des VVN-Landessekretariats, Erfurt, 21. 4. 1950; ThHStA Gotha, Strafgefängnis Eisenach, Nr. 171, Strafakte Paul Hildebrandt; Protokoll über die Verhandlungen der 2. ordentlichen Generalversammlung des EdED; Röll, Sozialdemokraten im Konzentrationslager Buchenwald, S. 291; Steffen Kachel: Ein rot-roter Sonderweg? Sozialdemokraten und Kommunisten in Thüringen 1919 bis 1949, Köln/Weimar 2011, S. 554.

Hirthammer, Joseph*

Geburtsdatum: 13. Januar 1882
Geburtsort: Grub (Niederbayern)
Sterbedatum: 17. Dezember 1944
Sterbeort: Gelnhausen
Beruf: Werkmeister
Partei: ab 1920 SPD

Funktionen vor 1933: Gewerkschaftsmitglied seit 1898; ab 1920 Mitglied des DEV; ab 1920 Mitglied des Beamtenausschusses (bis zur Auflösung 1933); Zweiter Bevollmächtigter des EdED und zeitweise Beamtenratsvorsitzender im Reichsbahnausbesserungswerk Frankfurt-Nied; in den 1920er-Jahren verschiedene Funktionen im EdED; trat 1924 auf der Liste „Einheitsorganisation (DEV)“ für den Hauptbeamtenrat an.

Verfolgung – Widerstand – Emigration: 1933 seiner gewerkschaftlichen Funktionen enthoben; am 23. Juli 1940 wegen des Verdachts auf illegale Tätigkeiten festgenommen (Haftbefehl vom 16. August 1940, Kammergericht Frankfurt a. M., Verfahrens-Nr.: 9.J.222.40); Ehefrau Katharina wurde ebenfalls durch die Polizei festgenommen und verhört, genauso wie seine Tochter Johanna; Ehefrau gab den Briefverkehr mit Jahn zu, nannte auch den Aufenthalt Luxemburg; auf Vorhalt gab sie auch einen Besuch 1935 zu, über Gesprächsinhalte wisse sie jedoch nichts mehr – nur noch, dass Jahn sich nach Georg Beissel, Büttner und [Hermann] Pullig – allesamt ehemalige Eisenbahner – erkundigt habe; außerdem habe sich Jahn wohl länger mit ihrem Schwiegersohn, der bei der Wehrmacht eingezogen war, über militärische Dinge unterhalten; außerdem geht aus den Unterlagen hervor, dass sie den Schwiegersohn beim Marsch durch Luxemburg zu beauftragen gedachten, Kontakt mit Jahn aufzunehmen; die Tochter Johanna gab zu, dass ihr Vater ihr gegenüber erwähnt habe, dass Jahn aus politischen Gründen aus Deutschland geflohen sei; aus den Aussagen ließ sich rekonstruieren, dass 1938 in Offenburg ein Treffen mit Ernst Menne stattgefunden hatte [zum Inhalt vgl. auch die Angaben bei Menne]; im Sommer 1939 fand – nach Aussage gegenüber der Gestapo – zudem ein weiteres Treffen mit Menne in Frankfurt a. M. statt, dabei führten sie u. a. eine Unterhaltung über Georg Beissel, anschließend erfolgte auch ein Besuch bei ihm (dort vermutlich auch politische Gespräche, allerdings nur „im positiven Sinne"); wurde u. a. nach einer Person namens „Kramer" (u. a. auch Deckname von Hans Jahn) befragt, der ehemaliges Mitglied des Hauptvorstandes in Berlin war; bei einer Hausdurchsuchung wurden neben einigen marxistischen Büchern/Schriften von vor 1933 zwei Briefe und drei Festtagskarten von Hans Jahn gefunden, u. a. bat Jahn darin, über die Lohn- und Gehaltsentwicklung sowie die Personal- und Verkehrsverhältnisse und etwaige Rohstoffknappheit zu berichten; auf Beschluss des Generalstaatsanwaltes in Hamm erfolgte die Einstellung des Verfahrens am 11. März 1941; Hirthammer gab an, dass Jahn seinen Namen „aus Listen des Eisenbahnerverbandes entnommen und mißbraucht haben könne, um damit einen Tätigkeitsbeleg gegenüber der ITF nachweisen zu können" (BArch, NJ 2229, Bd. 2, Bl. 192 f.); am 15. März 1941 erfolgte die Haftentlassung von Joseph Hirthammer.

Funktionen nach 1945: –

Weitere Hinweise: Tochter Johanna, adoptiert (geb. 17. März 1914); verheiratet mit Katharina Hirthammer, geborene Imhof; hatte drei Kinder: zwei eheliche und ein uneheliches; seit 1934/35 NSV; war seit 1908 als Schlosser bei der Deutschen Reichsbahn-Gesellschaft bzw. bei deren Vorläuferunternehmen beschäftigt; wohnte in Frankfurt a. M., Hufnagelstraße 16 (1930er-Jahre).

* Kartei zu Personen und Sachverhalten des antifaschistischen Widerstandskampfes (Widerstandskartei), Joseph Hirthammer; HHStAW, Datenbank „Verfolgung und Widerstand in Hessen", Ident-Nr.: 21710; Reichsverkehrsblatt Nr. 34 in: LHA Schwerin, 9.2-17, Altaktenbestand der Reichsbahndirektion Schwerin, Nr. 10568; BArch, NJ 2229, Bd. 2, Bl. 180 ff.; 226–243, Unterlagen der Gestapo und NS-Justiz zur Verfolgung illegaler EdED-Strukturen, u. a. Einlieferungs- und „Sistierungs-Anzeige", 23. 7. 1940; BArch, R 3017/29430, Bl. 14 ff., Schreiben der Oberstaatsanwaltschaft Düsseldorf an den Oberreichsanwalt beim VGH in Berlin, 27. 8. 1940;

Höbrink, Franz*

Geburtsdatum: 29. September 1892
Geburtsort: Werl
Sterbedatum: 15. Juli 1963
Sterbeort: Werl
Beruf: Bahnunterhaltungsarbeiter

Partei: vor 1933 SPD

Funktionen vor 1933: bislang nicht bekannt.

Verfolgung – Widerstand – Emigration: auf Grundlage des „Gesetzes zur Wiederherstellung des Berufsbeamtentums" vom 7. April 1933 wegen seiner sozialdemokratischen Einstellung und seiner Betätigung im EdED am 22. September 1933 aus dem Dienst der Deutschen Reichsbahn-Gesellschaft entlassen.

Funktionen nach 1945: bislang nicht bekannt.

Weitere Hinweise: verheiratet seit 21. Januar 1921 mit der Haushälterin Maria Theresia Höbrink, geborene Schemme (geb. 4. Oktober 1892, gest. 9. Oktober 1971); das Ehepaar hatte eine Tochter Marie-Therese Höbrink, später verheiratete Brodhun, die in Werl lebte; Bruder war der ehemalige Bundesbahnoberlademeister Karl Höbrink (geb. 22. September 1890, 22. November 1972), der vom 22. November 1945 bis zum 9. November 1969 ununterbrochen dem Rat der Stadt Werl angehörte; beide Brüder waren Verhören, Hausdurchsuchungen und mehrmaligen Verhaftungen sowie der Beschlagnahmung von Schriften ausgesetzt.

* LAV NRW R, RW 58, Nr. 25493, Unterlagen der Gestapo Düsseldorf; Michael Jolk, Beiträge zur Geschichte des SPD-Ortsvereins Werl 1906–2006, Werl 2006; Auskunft des StA Werl (Michael Jolk), 3. 3. 2016.

Höbrink, Karl*

Geburtsdatum: 22. September 1890

Geburtsort: Werl

Sterbedatum: 22. November 1972

Sterbeort: Werl

Beruf: Güterbodenarbeiter; später Bundesbahnoberlademeister

Partei: ab 1919 SPD; ab 1945 SPD

Funktionen vor 1933: seit 1905 gewerkschaftlich organisiert (vermutlich Übernahme von Funktionen); Mitglied der Stadtverordnetenversammlung von Werl.

Verfolgung – Widerstand – Emigration: auf Grundlage des „Gesetzes zur Wiederherstellung des Berufsbeamtentums" vom 7. April 1933 wegen seiner sozialdemokratischen Einstellung und seiner Betätigung im EdED am 22. September 1933 aus dem Dienst der Deutschen Reichsbahn-Gesellschaft entlassen; war Strafverfahren (u. a. im September 1933), Verhören, Hausdurchsuchungen und Verhaftungen ausgesetzt.

Funktionen nach 1945: erneut aktiver Kommunalpolitiker in Werl; am 22. November1945 von der Militärregierung in den kommissarisch eingerichteten Rat der Stadt berufen (am 15. September 1946 wurde das Mandat bestätigt), gehörte danach jahrelang dem Stadtparlament an und war in zahlreichen Ausschüssen tätig; am 24. November 1945 in den Kreistag des Landkreises Soest berufen (dem Kreistag gehörte er bis 12. Oktober 1945 und erneut vom 27. Oktober 1956 bis 18. März 1961 an).

Weitere Hinweise: erhielt 1966 das Bundesverdienstkreuz 1. Klasse; verheiratet mit Maria Höbrink, geborene Tillmann; aus der Ehe gingen sechs Kinder hervor, von denen ein Sohn im Zweiten Weltkrieg verstarb; wohnte in Werl, Panningstraße 7 (Mitte der 1940er-Jahre).

* LAV NRW R, RW 58, Nr. 25494, Unterlagen der Gestapo Düsseldorf; Jolk, Beiträge zur Geschichte des SPD-Ortsvereins Werl 1906–2006; Auskunft des StA Werl (Michael Jolk), 3. 3. 2016.

Hölzcker, Richard*

Geburtsdatum: 29. März 1878
Geburtsort: Uelzen
Sterbedatum: 20. Oktober 1939
Sterbeort: Berlin
Beruf: Schlosser; später Vertreter (Versicherungsgesellschaft „Zukunft")
Partei: vor 1933 SPD

Funktionen vor 1933: ab 1. Februar 1919 Funktionär/Angestellter des DEV bzw. ab 1925 des EdED in Berlin; 1927–1933 Hauptkassierer und damit automatisch Vorstandsmitglied des EdED; 1928 als Vorstandsmitglied Teilnehmer der 2. und 1931 als Vorstandsmitglied der 3. ordentlichen Generalversammlung des EdED; nahm als Delegierter am ITF-Kongress vom 22. bis 27. September 1930 in London teil.

Verfolgung – Widerstand – Emigration: im Mai 1933 entlassen; festgenommen und verhört; Jacobus Oldenbroek berichtete 1933: „[Richard] Hölzcker, Kassierer des Einheitsverbandes, wurde wiederholt streng verhört, es konnte ihm aber in Verbindung mit der Verwaltung der Kasse nichts zur Last gelegt werden. Die Beleidigungen aber, welche er sich von den Nazis gefallen lassen mußte, hatten eine solche Auswirkung auf ihn, dass er einige Tage an sich selber irre wurde und herumschweifte. Inzwischen erholt er sich wieder, er hat aber, wie alle anderen, mit großen finanziellen Schwierigkeiten zu kämpfen." (Jacobus Oldenbroek, Amsterdam, berichtet über seine Deutschlandreise und Besuche bei führenden Gewerkschaftern, 5. bis 7. 9. 1933); Hölzcker wurde „staatsfeindlicher Tätigkeiten" verdächtigt: „In einer Anzeige eines ehemaligen ‚Genossen' des Hölzker [sic!] wird er der staatsfeindlichen Tätigkeit beschuldigt." (BArch, NJ 3388, Bl. 212); 1938 fanden in Jena und 1939 in Dresden Treffen mit Johann Emmert statt; zu diesem Zeitpunkt bzw. ab 1934 war Hölzcker Prokurist (Vorstandsmitglied) der „Allgemeinen Krankengeldzuschuß- und Sterbekasse V. V. a. G."; in einem Gestapo-Bericht heißt es: „Vertreter bei der Versicherungsgesellschaft ‚Zukunft'", die als „Hort" von „Marxisten" fungiere (BArch, R 58/3388, Bl. 207, Gestapo-Bericht, 1938); Hölzcker taucht im Zusammenhang mit Karl Blaß, der ebenso Aufsichtsrats- bzw. Vorstandsmitglied der Kasse war, in dessen Widerstandskreis auf; gehörte zu den „engeren Freunden des Blass [Blaß] und wurde damals eben sein Grundstücksnachbar." (Gerichtsschrift aus der

OdF-Akte Blaß); Frieda Jahn erklärte später, dass er das bereits nach Kopenhagen in Sicherheit gebrachte Vermögen wieder zurückholen ließ, da er Angst bekommen habe.

Funktionen nach 1945: –

Weitere Hinweise: lebte in Berlin-Charlottenburg, Brombeerweg 13 (Ende 1932) und in Groß-Glienicke (1938/39); 1928 auf der 2. ordentlichen Generalversammlung mit allen 154 Stimmen im Amt bestätigt; 1931 bei der 3. EdED-Generalversammlung einstimmig im Amt bestätigt; verheiratet mit Helene Hölzcker, geborene Foth.

* BArch, R 58/3388, Bl. 207 ff., Gestapo-Bericht, 1938; BArch, NJ 2229, Bde. 1 und 2, Unterlagen der Gestapo und NS-Justiz zur Verfolgung illegaler EdED-Strukturen, u. a. Ermittlungsunterlagen in der Strafsache Bode und andere beim Landgericht Düsseldorf; BArch, R 58/3297, Bl. 179, Unterlagen zur Verfolgung; BArch, R 58/3388, Unterlagen zur Verfolgung; BLHA, Rep. 401, Rat des Bezirkes Potsdam, VdN-224, VdN-Akte von Karl Blaß; LAB, B Rep. 042, Amtsgericht Charlottenburg, Nr. 48856 „Allgemeine Krankengeldzuschuß- und Sterbekasse V. V. a. G." (1934–1978); Standesamt Berlin-Mitte, Sterberegister Nr. 4514/1939: Hölzcker, Richard; Jacobus Oldenbroek, Amsterdam, berichtet über seine Deutschlandreise und Besuche bei führenden Gewerkschaftern, 5. bis 7. 9. 1933 (Dokument 58), in: Mielke/Frese (Bearb.), Die Gewerkschaften im Widerstand und in der Emigration, S. 318–328, hier S. 325; Handbuch des Vereins Arbeiterpresse, 2. Aufl. 1927, S. 166; Protokoll über die Verhandlungen der 2. ordentlichen Generalversammlung des EdED; Protokoll über die Verhandlungen der 3. ordentlichen Generalversammlung des EdED.

Hofacker, Friedrich*

Geburtsdatum: 28. Februar 1881
Geburtsort: Elberfeld
Sterbedatum: 4. Juli 1952
Sterbeort: Köln
Beruf: Dreher
Partei: vor 1933 SPD; ab 1945 SPD

Funktionen vor 1933: 1916–1919 Stadtverordneter in Opladen (Rheinland); ca. 1914 bis ca. 1919 Vorsitzender der SPD in Opladen; 1920 Mitglied in der Unterstützungsvereinigung der in der modernen Arbeiterbewegung tätigen Angestellten; ab 1. September 1919 hauptamtlicher Bezirksleiter des DEV bzw. ab 1925 des EdED in Kassel (bis 1933); 1929–1933 Stadtverordnetenvorsteher in Kassel; zeitweise Vorsitzender der SPD in Kassel und Mitglied des SPD-Bezirksvorstandes Hessen-Nassau; 1932/33 Landtagsabgeordneter in Preußen (bis 7. Juli 1933); 1928 Teilnehmer der 2. und 1931 der 3. ordentlichen Generalversammlung des EdED.

Verfolgung – Widerstand – Emigration: am 2. Mai 1933 festgenommen und bis Mitte Januar 1936 mehrmals inhaftiert, u. a. in Hannover, Göttingen, Papenburg (Emslandlager) und Hameln; lebte nach 1936 zeitweise illegal in Wuppertal, Berlin, Brandenburg, Lüdenscheid und Gefrees.

Funktionen nach 1945: von August 1945 bis Dezember 1945 Vorsitzender des „Viererausschusses" als Mittler zwischen den Bürgern und der Stadtverwaltung Köln eingesetzt; Dezember 1945 bis Oktober 1946 Landrat des Rhein-Wupper-Kreises; Januar 1950 bis 1952 Vorsitzender der SPD in Opladen; zeitweise Organisationsleiter der ÖTV Köln.
Weitere Hinweise: war zeitweise im Opladener Reichsbahnausbesserungswerk beschäftigt; verheiratet mit Hedwig Hofacker, geborene Retthagen (geb. 20. Dezember 1884); Hofacker kandidierte in den 1920er-Jahren mehrmals erfolglos für den Reichstag (Wahlkreis Hessen-Nassau); zog im April 1920 von Opladen nach Kassel, im September 1933 zog er erneut nach Opladen, um 1934 nach Köln zu ziehen, im Jahr 1945 kam er aus Oberfranken zurück nach Opladen, wohnhaft Im Hederichsfeld 32 (1940er-Jahre); er geriet bereits 1930 in der Stadtverordnetenversammlung von Kassel mit Roland Freisler in einen Konflikt, woraufhin Hofacker ihn wegen seines Verhaltens maßregelte und durch Polizeibeamte abführen ließ, daraufhin soll Freisler Hofacker Rache geschworen haben.

* StA Leverkusen, Sign. 50.6821, Antrag von Friedrich Hofacker bei der Wiedergutmachungs- und Betreuungsstelle Opladen, 21. 7. 1949; StA Leverkusen, Unterlagen der Historischen Kommission der SPD Leverkusen, zusammengestellt von Reinhold Braun; Protokoll über die Verhandlungen der 2. ordentlichen Generalversammlung des EdED; Protokoll über die Verhandlungen der 3. ordentlichen Generalversammlung des EdED; Jahrbuch 1931 des Einheitsverbandes der Eisenbahner Deutschlands, S. 173; Landratswechsel im Rhein-Wupper-Kreis, in: Neue Rheinische Zeitung, 29. 12. 1945; Friedrich Hofacker gestorben, in: Westdeutsche Neue Presse, 7. 7. 1952; Handbuch des Vereins Arbeiterpresse, 2. Aufl. 1927, S. 248; Beier, Arbeiterbewegung in Hessen, S. 451; Schumacher (Hrsg.), M. d. L. Das Ende der Parlamente, S. 537; Auskunft des StA Leverkusen (Gabriele John), 22. 9. 2016.

Hoffmann, J.*

Geburtsdatum: bislang nicht bekannt
Geburtsort: bislang nicht bekannt
Sterbedatum: bislang nicht bekannt
Sterbeort: bislang nicht bekannt
Beruf: bislang nicht bekannt
Partei: bislang nicht bekannt
Funktionen vor 1933: vermutlich Mitglied des DMV, später des EdED und Übernahme von Funktionen.
Verfolgung – Widerstand – Emigration: Beteiligung an illegalen Tätigkeiten im Rahmen von Bestrebungen in Essen, den EdED wiederaufzubauen; laut „Organisationsplan" von Hans Jahn vom 1. März 1936 einer der Vertrauensleute, die in den EdED-Widerstand einbezogen wurden und als „Stützpunktführer" fungierten (Essen, „Krupp"-Werke).
Funktionen nach 1945: bislang nicht bekannt.
Weitere Hinweise: bislang nicht bekannt.

* SAPMO-BArch, Widerstandskartei, Hoffmann, ?; AdsD, Bestand ITF, 5/ITFA, Mappe 46, „Organisations-Anlage“ von Hans Jahn über den Stand der illegalen Organisation der Eisenbahner im Deutschen Reich, o. D. [1. 3. 1936].

Horlacher, Leonhard*

Geburtsdatum: 2. April 1875
Geburtsort: Reubach (heute: Rot am See, Württemberg)
Sterbedatum: 12. Juli 1955
Sterbeort: München
Beruf: Schmied; Schlosser; zeitweise Redakteur
Partei: ab 1896 SPD

Funktionen vor 1933: 1904 Mitbegründer des Süddeutschen Eisenbahnerverbandes; zeitweise organisiert im Verband für die bayerischen Eisenbahnwerkstätten- und Betriebsarbeiter; ab 1910 Bezirksleiter für Südbayern des Verbandes des Deutschen Verkehrspersonals bzw. ab 1920 des DEV bzw. 1925 des EdED (bis 1933); 1915–1920 Mitglied des Bayerischen Landtages; 1918/19 Mitglied des Provisorischen Nationalrates Bayern; 1932/33 Mitglied des Landtages Preußen; 5. März bis 31. März 1933 Mitglied des Reichstages (Wahlkreis 22 Düsseldorf-Ost); Übernahme zahlreicher Funktionen in der SPD, u. a. Vorstandsmitglied der SPD-München.

Verfolgung – Widerstand – Emigration: aus politischen Gründen ab 9. Juni 1933 erwerbslos (bis 1945); von der Gestapo am 6. November 1936 „erfasst“; wegen politischer Betätigung und illegaler Bestrebungen gegen das NS-Regime, die auf einen „Wiederaufbau der alten Gewerkschaften“ gerichtet waren, überwacht; die Gestapo fand im ITF-Büro in Amsterdam Briefe von Horlacher, der u. a. mit Hans Jahn in schriftlichem Kontakt stand; vom 25. Juli 1940 bis 12. November 1940 „Schutzhaft“ im Gefängnis Stadelheim; Verhör durch die Gestapo Mitte 1940: „H. erhielt in den Jahren auch verschiedene Briefe und Karten von [Hans] Jahn aus Luxemburg und will ihm auch hierauf geantwortet haben. Er bestreitet aber, in den Antwortbriefen gewerkschaftlich interessierende Berichte gegeben zu haben. Weiter stand H. mit zahlreichen alten Funktionären des Verbandes, die er aus seiner langjährigen Tätigkeit her persönlich kannte, in Verbindung und korrespondierte mit ihnen. Ende 1933 erhielt H. vom Schweizer Eisenbahnerverband eine Unterstützung von 50 Sch. Frs. auf illegalem Wege. In dieser Angelegenheit werden noch weitere Ermittlungen angestellt, um festzustellen, ob dieser Weg auch später noch für illegale Zwecke benutzt worden ist.“ (BArch, NJ 2229, Bd. 1, Bl. 37, Ermittlungsbericht der Gestapo Düsseldorf im Zusammenhang mit der Verfolgung illegaler EdED-Strukturen, August 1940); am 6. September 1940 war die „Schutzhaft“ verhängt worden, die jedoch am 12. November 1940 aufgehoben wurde, da Horlacher als nicht mehr haftfähig galt; erneute Verhaftung am 6. September 1944 im Rahmen der „Aktion Gewitter“.

Funktionen nach 1945: am Neuaufbau von SPD und Gewerkschaften in München beteiligt; gehörte dem „Bayerischen Beratenden Landesausschuss“ 1946 und 1947 bis 1955 dem „Bayerischen Senat“ als Vertreter der Gewerkschaften an; im Vorstand der Bizonen-GdED; Mitte Oktober 1949 Delegierter der GdED auf dem Gründungskongress des DGB; von 1946 bis 1955 Vorsitzender der GdED im Bezirk München; ab 1949 als Sekretär Mitglied des Hauptvorstandes der GdED.

Weitere Hinweise: Genossenschaftsrat; 1915–1919 Armenrat in München; wohnte in München, Fliegenstraße 7 (Anfang der 1940er-Jahre); ein Kind.

* PA Siegfried Mielke, Berlin, Materialsammlung Leonhard Horlacher; SAPMO-BArch, Widerstandskartei, Leonhard Horlacher; BArch, NJ 2229, Bd. 1, Bl. 33 ff., Unterlagen der Gestapo und NS-Justiz zur Verfolgung illegaler EdED-Strukturen; BArch, R 3017/29430, Bl. 14 ff., Schreiben der Oberstaatsanwaltschaft Düsseldorf an den Oberreichsanwalt beim VGH in Berlin, 27. 8. 1940; BArch, R 58/3312, Bl. 178, Unterlagen zur Erfassung politischer Gegner, 6. 11. 1936; Jahrbuch 1931 des Einheitsverbandes der Eisenbahner Deutschlands, S. 172; Protokoll Gründungskongreß des Deutschen Gewerkschaftsbundes für das Gebiet der Bundesrepublik Deutschland, S. 255; Handbuch des Vereins Arbeiterpresse, 2. Aufl. 1927, S. 483; Pilwousek (Hrsg.), Verfolgung und Widerstand, S. 205 f.; Schumacher (Hrsg.), M. d. L. Das Ende der Parlamente, S. 555.

Horn, Lambert*

Geburtsdatum: 27. Dezember 1899
Geburtsort: Düsseldorf
Sterbedatum: 2. Juni 1939
Sterbeort: KZ Sachsenhausen
Beruf: Schlosser (1913–1915 Lehre)
Partei: ab Ende 1920 KPD

Funktionen vor 1933: 1920 im Zusammenhang mit seiner Tätigkeit als Zugabfertiger zunächst Mitglied der GdE, später Mitglied des DEV/EdED; 1922–1924 Leiter der kommunistischen Fraktion der Ortsgruppe Düsseldorf des DEV; ab Mitte 1925 Berichterstatter, anschließend Redakteur der „Freiheit“ in Düsseldorf; ab Dezember 1931 Org.-Leiter der KPD, ab Mai 1932 Pol.-Leiter der Bezirksleitung der KPD-Niederrhein; ab ca. 1930 Übernahme von Funktionen für die RGO auf regionaler Ebene; im April 1932 Mitglied des Landtages von Preußen; im März 1933 für kurze Zeit „offiziell“ Mitglied des Reichstags, er konnte das Mandat aufgrund der einsetzenden Verfolgung jedoch nicht mehr annehmen.

Verfolgung – Widerstand – Emigration: Februar 1933 Illegalität unter dem Decknamen „Erwin Klose“ und „Hans“; Teilnehmer der illegalen Konferenz von Spitzenfunktionären der KPD am 7. Februar 1933 in Ziegenhals; ab Mai 1933 Pol.-Leiter der illegalen KPD-Bezirksleitung Berlin-Brandenburg-Lausitz-Grenzmark; am 23. November 1933 in Berlin verhaftet, in das Gestapo-„Hausgefängnis“ in der Prinz-Albrecht-Straße gebracht und misshandelt; Häftling des KZ Columbia (1933); am 29. November 1934 vom Ersten Senat des VGH wegen „Vorbereitung zum Hochverrat“ zu drei Jahren Zuchthausstrafe verurteilt (Tatbestand: schwere Urkundenfälschung); vom 19. Dezember 1934 bis 26./27. November 1936 im

Zuchthaus Remscheid-Lüttringhausen inhaftiert; im November 1936 in das Polizeigefängnis Düsseldorf überführt; am 15. Dezember 1936 in das KZ Sachsenhausen verschleppt; Mitorganisator des Widerstandes und Bildung einer illegalen Lagerleitung im KZ Sachsenhausen; Isolierung im Zellenbau des KZ; im Mai 1939 Einlieferung ins Krankenlager mit Leukämie; im KZ schwer misshandelt und verstorben.

Funktionen nach 1945: –

Weitere Hinweise: nach dem Kriegsdienst Zugabfertiger bei der Eisenbahn (bis 1925).

* Stange, Horn, Lambert (1899–1939), in: Mielke (Hrsg.), Gewerkschafter in den Konzentrationslagern Oranienburg und Sachsenhausen, Bd. 1, S. 197–198; Weber/Herbst, Deutsche Kommunisten, 1. Aufl. 2004, S. 328 f.; Schumacher (Hrsg.), M. d. R. Die Reichstagsabgeordneten der Weimarer Republik, S. 217; Kraushaar, Deutsche Widerstandskämpfer 1933–1945, Bd. 1, S. 419; Rudolf Diels, Lucifer ante Portas: Es spricht der erste Chef der Gestapo, Zürich 1950, S. 241.

Houben, Franz*

Geburtsdatum: 14. April 1897

Geburtsort: Sechtem

Sterbedatum: bislang nicht bekannt

Sterbeort: bislang nicht bekannt

Beruf: Hilfsrottenführer

Partei: ab ca. 1923/24 SPD (1925 für einige Monate KPD-Mitglied)

Funktionen vor 1933: ab 1922 gewerkschaftlich im DEV organisiert; 1924–1926 Betriebsratsmitglied bei der Reichsbahndirektion Köln.

Verfolgung – Widerstand – Emigration: war in illegalen EdED-Strukturen in Köln und Umgebung tätig; soll sich auch als „Stützpunktleiter" beim Kölner Bahnhof „Gereon" betätigt haben; stand dabei in Verbindung mit Willi Komorowski, Max Pester, Willi Molitor und Hans Dohrenbusch; von Hans Dohrenbusch soll er illegale Druckschriften erhalten haben, die er weiterverteilte; wurde am 19. Februar 1937 festgenommen, von der Gestapo Düsseldorf verhört und in Untersuchungshaft genommen.

Funktionen nach 1945: bislang nicht bekannt.

Weitere Hinweise: war als Rottenarbeiter bei der Reichsbahndirektion Köln beschäftigt (ab 1928 Hilfsrottenführer); Mitglied der DAF und der NSV; wohnte in Köln-Ehrenfeld, Takusstraße 40 (Ende der 1930er-Jahre).

* LAV NRW R, RW 58, Nr. 12643, Unterlagen der Gestapo Düsseldorf; Buschak, Edo Fimmen, S. 196; Esters/Pelger/Schlingensiepen, Gewerkschafter im Widerstand, S. 61; Buschak, „Arbeit im kleinsten Zirkel", 2., aktual. Aufl. 2015, S. 158.

Huber, Georg*

Geburtsdatum: 15. Februar 1886

Geburtsort: Pforzheim

Sterbedatum: 18. Juni 1972

Sterbeort: Stuttgart

Beruf: Emaillemaler

Partei: ab 1909 SPD; ab 1945 SPD

Funktionen vor 1933: ab 1904 Mitglied des „Verbandes der Porzellan- und verwandten Arbeiter beiderlei Geschlechts"; ab 1905 Mitglied des DMV, ehrenamtlich im DMV-Ortsausschuss tätig; ab 15. Oktober 1919 hauptamtlich als Geschäftsführer des DTV in Württemberg eingestellt; 1922 vom DTV-Hauptvorstand in Berlin als Bevollmächtigter der Ortsverwaltung des DTV in Stuttgart eingesetzt (seit 1923: „Deutscher Verkehrsbund"); ab 1. Juni 1925 Bezirksleiter des Deutschen Verkehrsbundes in Württemberg; auf Reichsebene vertrat Huber Interessen der Angehörigen der Verkehrsbetriebe; war Delegierter auf verschiedenen Reichskonferenzen.

Verfolgung – Widerstand – Emigration: im Mai 1933 für kurze Zeit inhaftiert; seine Gaststätte, die er von Mitte der 1930er-Jahre bis Mitte der 1940er-Jahre betrieb, diente als Treffpunkt von NS-Gegnern; soll in Verbindung mit EdED-Funktionären gestanden haben; Hans Jahn suchte ihn in seiner Schankwirtschaft auf; bei einem Verhör durch die Gestapo im August 1940 bestritt er, bei „Zusammenkünften" illegale Ziele verfolgt zu haben; illegale Tätigkeiten waren ihm nicht nachweisbar, weshalb er auf freien Fuß kam; anschließend nochmals mehrfach festgenommen und unter Verdacht der „Vorbereitung zum Hochverrat" kurze Haftaufenthalte.

Funktionen nach 1945: maßgeblich am Aufbau der Gewerkschaften in Stuttgart beteiligt; Mitunterzeichner des Gründungsprotokolls des „Württembergischen Gewerkschaftsbundes"; Bezirksleiter des Gesamtverbandes der Arbeitnehmer der öffentlichen Betriebe und des Personen- und Warenverkehrs in Stuttgart; Mitglied des Beirates des Landesarbeitsamtes; sprach sich Huber als Bezirksleiter des Gesamtverbandes entschieden gegen eine Berufsorganisation der Angestellten aus; auf dem konstituierenden Verbandstag vom 13. bis 14. Juli 1946 zum Vorsitzenden des „Gesamtverbandes des Personals des öffentlichen Dienstes und Verkehr" im „Gewerkschaftsbund Württemberg-Baden" gewählt; beim Gründungskongress des „Gewerkschaftsbundes Württemberg-Baden" vom 30. August bis 1. September 1946 in Stuttgart-Kornwestheim als Beisitzer in den Bundesvorstand gewählt; trat für einen bizonalen Zusammenschluss der angelsächsischen Zonen ein; am 11. und 12. November 1949 in den Bundesausschuss des DGB gewählt; 1952 auf dem II. ordentlichen Bundeskongress des DGB zum stellvertretenden Mitglied des Bundesvorstandes gewählt; gleichzeitig Mitglied des DGB-Bundesausschusses; ab 1949 Zweiter Vorsitzender der ÖTV.

Weitere Hinweise: bekleidete zahlreiche Funktionen in der Gewerkschaftsbewegung.

* BArch, NJ 2229, Bd. 1, Bl. 33 ff., Unterlagen der Gestapo und NS-Justiz zur Verfolgung illegaler EdED-Strukturen; PA Siegfried Mielke, Berlin, Biografische Sammlung, Tabellarische Biografie Georg Huber; Mielke (Bearb.) unter Mitarb. von Rütters, Becker und Fichter, Organisatorischer Aufbau der Gewerkschaften, S. 565, 567 ff., 573, 597 ff., 612, 830 ff., 949 f., 952, 970.

Hummel, Johann (Hans)*

Geburtsdatum: 4. September 1907
Geburtsort: München
Sterbedatum: 12. September 1998
Sterbeort: München
Beruf: Arbeiter
Partei: vor 1933 SPD
Funktionen vor 1933: bislang nicht bekannt.
Verfolgung – Widerstand – Emigration: Mitglied der Widerstandsgruppe Franz Faltner „Rote Rebellen"; am 24. Juli 1935 verhaftet und am gleichen Tage bei der Deutschen Reichsbahn-Gesellschaft fristlos entlassen; „Schutzhaft" im Polizeigefängnis München-Ettstraße ab 24. Juli 1935; vom 27. Juli 1935 bis 16. August 1935 im Gefängnis München-Stadelheim; Untersuchungshaft vom 16. August 1935 bis 28. Oktober 1935; mehrmals in „Schutzhaft"; vom 16. November 1935 bis 30. November 1937 inhaftiert im KZ Dachau (Häftlings-Nr.: 8634); Verfahren am 30. März 1936 aus Mangel an Beweisen eingestellt.
Funktionen nach 1945: bislang nicht bekannt.
Weitere Hinweise: nach der Entlassung aus dem KZ wieder bei der Deutschen Reichsbahn beschäftigt.

* Pilwousek (Hrsg.), Verfolgung und Widerstand, S. 206 f.

Ibkendanz, Hermann*

Geburtsdatum: 4. Februar 1890
Geburtsort: Rosenthal
Sterbedatum: 19. Juli 1961
Sterbeort: Worms
Beruf: Maschinenschlosser, später Werkmeister bei der Deutschen Reichsbahn
Partei: ab 1921 SPD
Funktionen vor 1933: gewerkschaftlich organisiert seit 1908 im Verband der Eisenbahner Deutschlands, seit 1922 Bezirksbetriebsratsvorsitzender in Worms; 1927–1933 Stadtrat in Worms).

Verfolgung – Widerstand – Emigration: am 3. Mai 1933 verhaftet, vom 9. Mai 1933 bis 8. Juni 1933 in „Schutzhaft" im KZ Osthofen; anschließend acht Monate unter Polizeiaufsicht und Entlassung aus den Diensten der Deutschen Reichsbahn (zwangsweiser Auszug aus der Dienstwohnung); bemühte sich erfolglos um Wiedereinstellung in sein altes Dienstverhältnis; 22. August 1944 im Zusammenhang mit der „Aktion Gewitter" verhaftet; vom 29. August 1944 bis 13. September 1944 im KZ Dachau inhaftiert (Häftlings-Nr.: 94539).
Funktionen nach 1945: beteiligt am Neuaufbau in Worms und in der SPD aktiv.
Weitere Hinweise: war verheiratet und hatte einen Sohn; 1936–1938 Arbeit in einer Zuckerfabrik; ab 1938 bei „Opel" in Rüsselsheim angestellt; wohnte in Worms, Thomasstraße 14 (Anfang der 1950er-Jahre).

* Amt für Wiedergutmachung Rheinland-Pfalz, Saarburg, VA LEG 010009, Entschädigungsakte von Hermann Ibkedanz; Biografie für das NS Dokumentationszentrum Rheinland-Pfalz (erarbeitet von Ulrich Feuerhelm); Datenbank der KZ-Gedenkstätte Dachau; ITS Bad Arolsen, Digitales Archiv und Korrespondenzakte Cl-15401; StA Peine, Geburtsurkunde Hermann Ibkedanz und Eintrag in der Meldekartei; Archiv des Studienkreises Deutscher Widerstand, Frankfurt a. M. Nr. CSS 1832; Dennis Egginger-Gonzalez, Hermann Ibkendanz (1880–1961), in: Angelika Arenz-Morch u. a. (Hrsg.), Gewerkschafter im Konzentrationslager Osthofen 1933/34, Berlin 2017 (im Erscheinen).

Irmscher, Willy*

Geburtsdatum: 16. April 1896
Geburtsort: Chemnitz
Sterbedatum: 7. April 1963
Sterbeort: Berlin (West)
Beruf: Schumacher; später Bahnangestellter
Partei: vermutlich SPD
Funktionen vor 1933: ab dem 1. März 1922 Angestellter (Kassenbote) des DEV bzw. seit 1925 des EdED in Leipzig (bis 1933); von 1919 bis Januar 1922 Betriebsrat bei der Bahn (gemaßregelt bzw. als Betriebsrat abgelöst nach dem Lokführerstreik 1922).
Verfolgung – Widerstand – Emigration: Zusammenarbeit mit Max Kellner in der EdED-Widerstandsgruppe um Hans Jahn (ITF); laut „Organisationsplan" von Hans Jahn vom 1. März 1936 „Ersatzmann" für den Gaugrafen Max Kellner in der EdED-Widerstandsgruppe im „9. Gau Sachsen. Vorort Leipzig"; Irmscher gehörte zu den EdED-Angestellten, die 1933 wichtige EdED-Unterlagen vor dem Zugriff der NSDAP retteten; in Leipzig war er Mitarbeiter von Max Kellner; von Poralla als „illegaler Mitkämpfer in der Eisenbahngewerkschaft in Leipzig" bezeichnet; laut Darstellung von Max Kellner zwischen 1934 und 1936 einer der Aktivsten im Widerstand; nach Kellners Angaben nach Kriegsausbruch zum Mili-

tär eingezogen; nach Porallas Angaben in der VdN-Akte gehörte Irmscher auch zu den später nochmals wegen illegaler Aktivitäten Verhafteten.

Funktionen nach 1945: 1946 Polizeiverwaltungsangestellter.

Weitere Hinweise: Maßregelung während des Lokführerstreiks 1922; verheiratet mit Johanna Irmscher, geborene Heidrich (geb. 10. Februar 1897, gest. 4. Mai 1943); zweite Eheschließung am 9. September 1944 in Kreibitz mit Herta Irmscher, geborene Mitterling (geb. 1. September 1902); wohnte in Leipzig, Schützenhausstraße 4 (1940er-Jahre), später in Berlin-Schöneberg, Eythstraße 46 (1960er-Jahre).

* AdsD, Bestand ITF, 5/ITFA, Mappe 46, „Organisations-Anlage" von Hans Jahn über den Stand der illegalen Organisation der Eisenbahner im Deutschen Reich, o. D. [1. 3. 1936]; BArch, R 58/3399, Bl. 51, 54, Unterlagen zur Verfolgung; StA Leipzig, Nr. I 1661, Antrag um Ausstellung eines Staatsangehörigkeitsausweises, 8. 2. 1919; Staatsarchiv Leipzig, 20031, PP-M, Sign. 492, Eintrag Melderegister: Irmscher, Emil Willy; StA Chemnitz, Geburtenregister Standesamt Chemnitz II, 871/1896: Irmscher, Willy; SAPMO-BArch, DY 55/V 241/7/37, Bericht Franz Poralla; Staatsarchiv Leipzig, 20237, Bezirkstag und Rat des Bezirks Leipzig, Nr. 14534, VdN-Akte von Franz Poralla; Standesamt Berlin-Tempelhof, Sterberegister Nr. 877/1963: Irmscher, Willy; Handbuch des Vereins Arbeiterpresse, 2. Aufl. 1927, S. 441; Esters/Pelger/Schlingensiepen, Gewerkschafter im Widerstand, S. 17, 42, 140 ff., 145, 148; Mielke/Frese (Bearb.), Die Gewerkschaften im Widerstand und in der Emigration, S. 365; Auskunft des StA Chemnitz (Stephan Pfalzer), 23. 9. 2015; Auskunft des Berliner Landesamtes für Bürger- und Ordnungsangelegenheiten, Abt. Personenstands- und Einwohnerwesen, 10. 10. 2016.

Jacoby, Erich*

Geburtsdatum: 5. Juli 1903
Geburtsort: Berlin
Sterbedatum: 10. Juli 1979
Sterbeort: Stockholm
Beruf: Jurist bzw. Rechtsanwalt
Partei: vor 1933 SPD

Funktionen vor 1933: Syndikus des EdED in Berlin (ca. 1929–1933); Vertretung von Freigewerkschaftern in arbeitsgerichtlichen Prozessen.

Verfolgung – Widerstand – Emigration: am 31. März 1933 als Lokführer getarnt per Bahn Flucht vor den Nazis nach Dänemark; Mitarbeit in Netzwerken zur Organisierung illegaler Tätigkeiten im Rahmen der ITF; gibt in seinen Lebenserinnerungen folgendes an: „Bereits während meiner ersten Jahre in Dänemark wurde ich das Verbindungsglied zwischen den deutschen Eisenbahnern und der International Transportworker's Federation, was mich oft nach Amsterdam führte, wo ich ein enger Freund und Mitarbeiter von Eduard Fimmen [...] wurde." und „Bei meinen Besuchen in Holland traf ich Eisenbahnerkollegen aus Deutschland, die unter irgendeinem Vorwand nach Amsterdam reisten, um die Verbindung mit Fimmen aufrechtzuerhalten. Unter ihnen war mein Freund Franz Apitzsch, der [...] aktiv in der

Widerstandsbewegung wirkte. Er besuchte mich auch einige Male in Kopenhagen mit den damals üblichen Wochenendfahrten."; Kopenhagen und Amsterdam sollen wichtige Zwischenstationen für die illegalen Begegnungen mit Freunden und Kollegen aus Deutschland gewesen sein; am 9. April 1940 floh er mit Lotte Friediger in einem Fischerboot nach Schweden; Ende 1940/Anfang 1941 erneute Flucht aus Angst vor deutschem Einmarsch in Schweden auf die Philippinen (über Leningrad, Moskau, Wladiwostok, Kobe nach Manila); Mai 1945 Emigration in die USA; 1946/47 Rückreise nach Europa.

Funktionen nach 1945: 1951–1967 leitender Mitarbeiter bei der Food and Agriculture Organization of the United Nations.

Weitere Hinweise: wohnte in Berlin, Budapester Straße 13 (Anfang der 1930er-Jahre); seit 1941 verheiratet mit Lotte Jacoby, geborene Friediger, in Manila; 1956 Erwerb der schwedischen Staatsbürgerschaft; ab 1967 Forschungsprofessur in Stockholm; diverse Veröffentlichungen, u. a. 1967 Lebenserinnerungen; am 3. Dezember 2006 verstarb die Ehefrau Lotte Jacoby.

* Jacoby/Schikorski (Hrsg.), Mensch – Land – Gerechtigkeit, S. 16 f.; BArch, R 3017/29436, Briefwechsel von Hans Jahn und anderen.

Jahn, Ernst*

Geburtsdatum: 18. April 1878
Geburtsort: Rheydt
Sterbedatum: 18. September 1953
Sterbeort: Mönchengladbach
Beruf: Eisendreher
Partei: ab 1918 SPD

Funktionen vor 1933: seit dem 15. April 1922 Angestellter des DEV, ab 1925 des EdED in Rheydt (gab die hauptberufliche Tätigkeit aus gesundheitlichen Gründen 1932 auf).

Verfolgung – Widerstand – Emigration: laut Gestapo bereits vor der Machtübernahme bei der „Bekämpfung und Verunglimpfung der nationalsozialistischen Bewegung und des Staates besonders hervorgetreten"; soll 1933 zu drei Monaten Haft verurteilt worden sein, wobei die Haftstrafe in eine Geldstrafe umgewandelt wurde; soll Leiter einer Untergruppe der illegalen SPD gewesen sein; beteiligte sich an der Herstellung und Verbreitung illegaler Schriften; vom 24. Juni 1933 bis 10. Juli 1933 in „Schutzhaft" im Polizeigefängnis Gladbach und vom 25. August 1944 bis 27. August 1944 im Rahmen der „Aktion Gewitter" inhaftiert (Gefängnis Gladbach, Am Spatzenberg und Landgericht).

Funktionen nach 1945: keine.

Weitere Hinweise: war verheiratet und hatte zwei Töchter und einen Sohn, der an einem Kriegsleiden verstarb.

* SAPMO-BArch, Widerstandskartei, Ernst Jahn; BArch, R 58/3764, Bl. 24, Unterlagen zur Verfolgung; StA Mönchengladbach, Personalakte und Unterlagen im Zusammenhang mit der Entschädigung nach 1945 (in Kopie); Handbuch des Vereins Arbeiterpresse, 2. Aufl. 1927, S. 532; Auskunft des StA Mönchengladbach (Marion Ewald), 16. 3. 2016.

Jahn, Frieda*

Geburtsdatum: 28. Februar 1904
Geburtsort: Dahlen (Sachsen)
Sterbedatum: 18. Januar 1984
Sterbeort: Frankfurt a. M.
Beruf: Kontoristin; Stenotypistin
Partei: vor 1933 SPD

Funktionen vor 1933: 1920–1932 Stenotypistin beim DEV bzw. EdED in Leipzig, zuletzt Sekretärin von Otto Endorf.

Verfolgung – Widerstand – Emigration: unterstützte ihren Ehemann Hans Jahn in erheblichem Maße bei der illegalen Arbeit; konnte bei Flucht aus Luxemburg nicht mitkommen, da die Reise zu anstrengend für die Tochter Marion gewesen wäre; in der Folge durch die Gestapo festgenommen und inhaftiert; sie schrieb später: „Wegen Verfolgung meines Mannes, der Ende Juni 1935 irrtümlich aus dem KZ Columbia-Haus entlassen wurde, musste ich, um meiner Verhaftung zu entgehen, ins Ausland flüchten."; war nach der Flucht noch mehrfach in Deutschland, u. a. 1939 zum Karneval in Köln (die Reise diente der Koordinierung illegaler Tätigkeiten, u. a. ein Besuch bei Willi Molitor); anschließend fertigte sie einen umfangreichen Bericht über die Stimmung in der deutschen Bevölkerung und die Lebens- und Arbeitsbedingungen im Reichsgebiet an; Festnahme am 14. Mai 1940; beim Verhör bestritt Frieda Jahn, wissentlich illegale Ziele verfolgt zu haben und davon gewusst zu haben, dass beispielsweise die Reise nach Deutschland von der ITF bezahlt worden sei (konnte aufgrund der schriftlichen Beweismittel bzw. der Briefe an die ITF widerlegt werden); Haftbefehl des Amtsgerichtes Düsseldorf am 20. August 1940; Anklage am 10. Dezember 1941, zu der betreffenden Zeit in Untersuchungshaft in Berlin-Moabit: Hochverratsprozess gegen Bode und andere wegen Beihilfe zur „Vorbereitung zum Hochverrat" durch den Zweiten Senat des VGH zu drei Jahren Zuchthausstrafe verurteilt (Einzelhaft in Luxemburg, Trier, Düsseldorf, Berlin Moabit); nach der Haftzeit ins KZ Ravensbrück verschleppt bis Befreiung, in Haft Einsatz im Instandsetzungswerk und Industriehof (Cottbus).

Funktionen nach 1945: bislang nicht bekannt.

Weitere Hinweise: „Am 23. April 1945 bin ich mit den Luxembourgern, Belgiern und Holländern durch eine Aktion des Internationalen Roten Kreuzes, ausgeführt durch das schwedische Rote Kreuz, nach Schweden gerettet worden." (LAB, C Rep. 118-01, 2730); wohnte in

Berlin-Marienfelde, Wagemannstraße 30 (1933), später in Luxemburg, Rue Wurth Parquet 20 (Anfang der 1940er-Jahre); war ab 3. Oktober 1932 mit Hans Jahn verheiratet.

* LAB, C Rep. 118-01, Nr. 2730, OdF-Akte von Frieda Jahn; BArch, R 3017/29430, Bl. 14 ff., Schreiben der Oberstaatsanwaltschaft Düsseldorf an den Oberreichsanwalt beim VGH in Berlin, 27. 8. 1940; StA Bielefeld, Bestand 109,3/Amt für Wiedergutmachung, Nr. A 113, Wiedergutmachungsakte von Hans und Frieda Jahn; BArch, R 3017/29429 und BArch, R 3017/29430, Unterlagen im Zusammenhang mit dem Strafverfahren gegen Wilhelm Bode und andere; BArch, R 3017/29429, Bl. 80–94, Ermittlungsbericht/Schlussbericht II der Gestapo Düsseldorf, 14. August 1940; Matthias Frese, Jahn, Frieda (1904–1984), in: Siegfried Mielke (Hrsg.), Gewerkschafterinnen im NS-Staat: Verfolgung, Widerstand, Emigration, Essen 2008, S. 185–198.

Jahn, Johannes (Hans)*
Geburtsdatum: 29. August 1885
Geburtsort: Hartha (Sachsen)
Sterbedatum: 10. Juli 1960
Sterbeort: Frankfurt a. M.
Beruf: Schmied (gelernt); Lokführer; Gewerkschaftssekretär; Vertreter
Partei: ab 1903 SPD
Funktionen vor 1933: ab 1903 Mitglied des Schmiedeverbandes; ab 1. April 1904 Bevollmächtigter des Zentralverbandes aller in der Schmiederei beschäftigten Personen Bremen sowie nach Ableistung seines Wehrdienstes von 1909 bis 1912 des DMV (da Verschmelzung des Schmiedeverbandes mit dem DMV); seit 1. Dezember 1919 Angestellter des DEV, für den er bereits vorher ehrenamtlich aktiv war, dort u. a. ab 1920 Sekretär der Betriebsräteabteilung des DEV (anfänglich unter Lorenz Breunig, der zu diesem Zeitpunkt zur tendenziell linken Strömung innerhalb des DEV gehörte); später Leiter der Abteilung Organisation des DEV; seit dem „Münchener Verbandstag" des DEV 1922 Übernahme verschiedener Funktionen im DEV; ab 1927 Sekretär der „Abteilung Organisation" des EdED-Hauptvorstandes (bis 1933); Oktober 1924 bis Juli 1925 Studium an der Akademie der Arbeit in Frankfurt a. M.; zeitweise Mitglied des Erweiterten Vorstandes des ADB und ab 1928 Mitglied des Vorläufigen Reichswirtschaftsrates und des Bundesvorstandes des ADB (bis 1933); 1925 als Vorstandsmitglied Delegierter der 3. ordentlichen Generalversammlung des DEV; 1931 als EdED-Vorstandmitglied bzw. Obmann der Kommission Teilnehmer der 3. ordentlichen Generalversammlung des EdED; nahm als Delegierter an den ITF-Kongressen vom 7. bis 12. August 1924 in Hamburg und vom 15. bis 21. September 1926 in Paris sowie vom 22. bis 27. September 1930 in London teil.
Verfolgung – Widerstand – Emigration: „Probe"-Generalstreik gegen einen faschistischen Putsch 1932 in Sachsen, von dem Jahn auch auf einer Sitzung der Kampfleitung der „Eisernen Front" im September 1932 berichtete; sicherte Karteikarten mit Mitgliedsdaten des Ein-

heitsverbandes (angeblich 17 000) sowie nach einem Treffen mit Gustav Kaiser und Hans Wiechmann die Akten der (noch legalen) Danziger Vertretung des Verbandes vor dem Zugriff der Nationalsozialisten; Führungsperson des Widerstands der Eisenbahner; 1933–1935 Mitglied der „Illegalen Reichsleitung" der Gewerkschaften; Kontakte zu zahlreichen anderen Gewerkschaftern mehrerer Verbände; illegale Treffen zwischen 1933 und 1935 sind belegt, u. a. im Restaurant „Zum Prälaten" am Berliner Alexanderplatz und in der „Zoo-Quelle"; Mitorganisator und zusammen mit mehr als 30 im Untergrund tätigen Transportgewerkschaftern Teilnahme an der „Roskilder Konferenz" (Dänemark, April 1935); im Zusammenhang der Ermittlungen gegen Markwitz und andere am 17. Mai 1935 festgenommen; Inhaftierung im KZ Columbia bis 18. Juni 1935; Emigration: zunächst lebte er in der ČSR, danach längere Zeit in Amsterdam und in Antwerpen (dort u. a. enge Verbindung zu Hermann Knüfken); Verbindungen zum ISK und zur Gruppe „Neu Beginnen", mit denen er sympathisierte; Verfasser von zahlreichen Artikeln (hauptsächlich unter dem Pseudonym „Fritz Kramer") und Veröffentlichung in illegalen Zeitschriften; von Antwerpen betrieb Jahn die Reorganisierung des illegalen Eisenbahner-Netzwerkes, das nach seinen Angaben 1937 1300 Kontakte umfasste; koordinierte die Einschleusung von illegaler Literatur ins Reichsgebiet; sammelte Informationen über die Arbeits- und Lebensbedingungen bei der Deutschen Reichsbahn; nach Kriegsbeginn 1939 auch Beteiligung an Sabotageakten, u. a. gegen Transportzüge; 1938 Umsiedelung nach Luxemburg; am 4. April 1940 in Luxemburg Versuch der Gestapo, ihn zu entführen; flüchtete 1940 über Frankreich, Spanien und Portugal nach London, wo er in gewerkschaftlichen Exilstrukturen wie dem „Gewerkschaftlichen Freiheitsbund gegen das Hakenkreuz" aktiv war (zwischenzeitlich mehrfach interniert, musste seine Familie in Luxemburg zurücklassen); für die ITF auch im Einsatz in Algier und Italien, wo er auf den Wiederaufbau der italienischen Gewerkschaften Einfluss nahm; in einem seiner zahlreichen Briefe und Berichte an die ITF bzw. Edo Fimmen schrieb Jahn am 30. August 1939: „Hieraus ist ersichtlich [aus der Ankündigung von Rationierungsmaßnahmen, u. a. für Brennstoffe und Benzin], wie wichtig es wäre, bei Kriegsausbruch den so wichtigen Verkehrsapparat der Reichsbahn durcheinander zu bringen. Ich werde den Eindruck nicht los, als wenn alle Massnahmen im 3. Reich einschl. der Ausgabe von Bezugsscheinen aller Art, auch jetzt noch nichts weiter sind als eine Zwangsmassnahme, die sie auf Grund der wirtschaftlichen und gesellschaftlichen Verhältnisse sowieso hätten durchführen müssen." (BArch, R 3017/29433, Schreiben von Hans Jahn an Edo Fimmen, 30. 8. 1939); Jahn hatte zahlreiche Kontakte und enge Beziehungen zu illegal arbeitenden Gewerkschaftern/innen; wichtige Kontaktpersonen bei der Widerstandsarbeit waren u. a.: Alfred Markwitz, Max Urich, Willi Molitor, Harry Scheel, Joseph Hirthammer, Hermann Salomon, Gustav Müller, Fritz Rödiger, Pierre Krier; Jacobus H. Oldenbroek, René Blum, Edo Fimmen, Jean Fohrmann, Willi Eichler, Hermann Schlimme, Franz Apitzsch, Walter Maschke, Heinrich Schliestedt, Erich Bührig, Zinau, Theodor Haubach, Albin Karl, Gustav Kaiser, Hans Wiechmann, Wilhelm Voß (Stettin), Albert Schmidt; 1944 versuchte Jahn mit Unterstützung des „Office of Strategic

Services“ illegale Aktionen im Deutschen Reich zu koordinieren und Kader nach Deutschland einzuschleusen; er kooperierte überdies mit dem „Office of Strategic Services“ bei Sabotageakten; er beteiligte sich im britischen Exil an den programmatischen Überlegungen für eine Nachkriegsordnung Deutschlands.

Funktionen nach 1945: maßgeblich am Wiederaufbau der Eisenbahngewerkschaft im DGB beteiligt, dort Übernahme verschiedenster Ämter; vom 23. bis 26. März 1949 Teilnehmer des Vereinigungskongresses der GdED; Mitglied des vorbereitenden Ausschusses zur Vorbereitung der Verschmelzung der Landeseisenbahngewerkschaften der Französischen Besatzungszone; 1948 Leiter des Bizonensekretariats der GdED; ab 25. März 1948 Erster Vorsitzender der Bizonen-GdED; 1949–1959 Vorsitzender der GdED; Mitte Oktober 1949 Delegierter der GdED auf dem Gründungskongress des DGB (meldete sich auch zu Wort); ab Ende 1949 zugleich Mitglied des Hauptvorstandes des DGB; ab 1948 Mitglied des Generalrats und der Exekutive der ITF; 1956–1958 Präsident der ITF; 1949–1960 Mitglied des Bundestages (direkt gewählter Abgeordneter, Wahlkreis Hannover-Land).

Weitere Hinweise: wohnte in Berlin-Marienfelde, Hagemannstraße 32 c (vor der Emigration); Turnwart in der Freien Turnerschaft Bremen, die er 1904 mitbegründet hat; u. a. organisiert im Freidenkerverband Berlin und zeitweise in der Kampfleitung der „Eisernen Front“; verheiratet: 1) Katharina Sophia Jahn, geborene Behrens (geb. 13. August 1881, gest. 30. September 1918); 2) Frieda Jahn, geborene Richter, siehe den separaten Eintrag in der biografischen Sammlung zu Frieda Jahn; mehrere Kinder: Käthe Jahn (geb. 4. Juli 1914); Hermann Hans-Joachim Jahn (geb. 1916); Marion Jahn (geb. 1934, gest. 8. Januar 1984); die Tochter Käthe Jahn (Kontoristin beim EdED von November 1928 bis August 1932, später Hausangestellte) wurde im Rahmen der Ermittlungen gegen ihren Vater am 30. Juli 1935 festgenommen und verhört.

* StA Bielefeld, Bestand 109,3/Amt für Wiedergutmachung, Nr. A 113, Wiedergutmachungsakte von Hans und Frieda Jahn; BArch, R 3017/29430 und BArch, R 3017/29433, Unterlagen im Zusammenhang mit dem Strafverfahren gegen Wilhelm Bode und andere; BArch, R 3017/29429, Bl. 80–94, Ermittlungsbericht/Schlussbericht II der Gestapo Düsseldorf, 14. August 1940; Protokoll über die Verhandlungen der dritten ordentlichen General-Versammlung des Deutschen Eisenbahner-Verbandes vom 21. bis 26. Juni 1925 in Köln a. Rh.; Protokoll über die Verhandlungen der 3. ordentlichen Generalversammlung des EdED; Protokoll Gründungskongreß des Deutschen Gewerkschaftsbundes für das Gebiet der Bundesrepublik Deutschland, S. 255; Handbuch des Vereins Arbeiterpresse, 2. Aufl. 1927, S. 167; Mielke (Bearb.) unter Mitarb. von Rütters, Becker und Fichter, Organisatorischer Aufbau der Gewerkschaften, zahlreiche Belegstellen; Röder/Strauss (Bearb.), Biographisches Handbuch, S. 328 f.; Schilde/Tuchel, Columbia-Haus, S. 167; Eberhard Podzuweit, Hans Jahn, in: Mielke und Morsch (Hrsg.), „Seid wachsam, dass über Deutschland nie wieder die Nacht hereinbricht.“, S. 100–107; Rütters (Bearb.) unter Mitarb. von Goers, Der Freie Deutsche Gewerkschaftsbund, S. 959; Michael Rudloff, Hans Jahn (1885–1960) Sozialdemokratischer Gewerkschafter in amerikanischer Uniform, in: Michael Rudloff/Mike Schmeitzner (Hrsg.), Solche Schädlinge gibt es auch in Leipzig. Sozialdemokraten und die SED, Frankfurt a. M. 1997, S. 174–185.

Janssen, Otto*
Geburtsdatum: 11. März 1898
Geburtsort: Gütergotz, Kreis Teltow
Sterbedatum: 24. August 1944
Sterbeort: KZ Buchenwald
Beruf: Bahnunterhaltungsarbeiter, Rangierarbeiter, Güterbodenarbeiter
Partei: vor 1933 KPD

Funktionen vor 1933: Mitglied des EdED; 1930–1933 Mitglied der RGO und vermutlich Übernahme von Funktionen in der kommunistischen Gewerkschaft.

Verfolgung – Widerstand – Emigration: erstmals im Juli 1932 von der Deutschen Reichsbahn-Gesellschaft aus politischen Gründen) entlassen und nach erfolgreichem Arbeitsgerichtsprozess wieder eingestellt; am 9. Juli 1933 endgültig gemaßregelt und entlassen; arbeitete illegal in einer Widerstandsgruppe der KPD: nach Gestapo-Ermittlungen (Tagesrapport Stapo-Leitstelle Berlin vom 14. Mai 1937) Mitglied der illegalen KPD-Berlin, Unterbezirk Schöneberg im Stadtteil „Mittleres Schöneberg" mit Verbindungen zu einem anderen Unterbezirk im Berliner Westen; laut Tagesrapport vom 31. Mai 1937 gehörte er bis Mitte 1935 der Zelle „Gütergotz" des KPD-Unterbezirks Schöneberg an; bald darauf wurde die Zelle „rausgelöst" und dem geografisch näherliegendem KPD-Unterbezirk Steglitz angeschlossen; auf dieser Grundlage wurde sein Verfahren aus dem Verfahren Schnee u. a. abgetrennt; Janssen bekam außerdem die Beiträge der Zelle Gütergotz von Albert Schönrock, um diese an einen Schirmeister abzuführen; eventuell nahm er auch an den von Schönrock in Gütergotz durchgeführten Schulungsabenden teil; am 21. Mai 1937 verhaftet, ab 12. August 1937 in Untersuchungshaft in Berlin-Moabit; laut Auszug aus dem Strafregister vom 8. August 1951: verurteilt am 21. September 1938 durch KG Berlin (7/0. Js. 279.37) wegen „Vorbereitung zum Hochverrat" zu fünf Jahren Zuchthaus und fünf Jahren Ehrverlust (unter Anrechnung von einem Jahr und vier Monaten Untersuchungshaft, bis zum 21. Mai 1942); inhaftiert von 21. September 1938 bis 21. Mai 1942 im Zuchthaus Brandenburg, anschließend „Schutzhaft" im Polizeipräsidium Berlin-Alexanderplatz, von dort am 30. Juli 1942 in das KZ Buchenwald als politischer Häftling (Häftlings-Nr.: 8132) überführt, zunächst im Block 48, später im Block 12 untergebracht; er war ab 5. August 1942 im „Baukommando II" des KZ beschäftigt und kam beim Bombenangriff auf die Rüstungswerke „Gustloff-Werk II" ums Leben.

Funktionen nach 1945: –

Weitere Hinweise: arbeitete zunächst in Jühnsdorf/Brandenburg (Landwirtschaft des Onkels); von 1916 bis 1932 bei der Deutschen Reichsbahn-Gesellschaft in Berlin-Zehlendorf beschäftigt; ab 1920 Mitglied des Arbeiter-Turn- und Sportbundes und ab 1930 von „Rote Sporteinheit"; hatte acht Geschwister; Hochzeit am 19. Mai 1923 in Kleinmachnow mit Gertrud Martha Janssen, geborene Stahlberg (geb. 30. März 1899); hatte keine Kinder.

* LABO, Reg.-Nr. 10.423, Entschädigungsakte von Otto Janssen; Freier Deutscher Gewerkschaftsbund (Hrsg.), Gewerkschaftsfeinde in Richterroben. Eine Dokumentation über die Verbrechen der heute noch in Westdeutschland amtierenden Nazi-Blutrichter und Staatsanwälte gegen antifaschistische Gewerkschafter. Teil 2, Berlin (Ost) 1962, S. 78; BArch, R 58/3699; Totenbuch des KZ Buchenwald, http://totenbuch.buchenwald.de/names/details/page/14/letter/j/person/16983/ref/names (19. 1. 2016); schriftliche Auskunft des Archivs der Gedenkstätte Buchenwald (Sabine Stein), 5. 10. 2015.

Jendrosch, Friedrich*

Geburtsdatum: 22. Mai 1890
Geburtsort: Lomnitz (Kreis Rosenberg)
Sterbedatum: 28. November 1944
Sterbeort: KZ Sachsenhausen
Beruf: abgebrochene Bäckerlehre; Schlosser
Partei: vor 1914 SPD; ab 1919 KPD

Funktionen vor 1933: 1920 Stadtverordneter in Hindenburg (Oberschlesien); zeitweise Abgeordneter des Provinziallandtages Schlesien; Mai 1924 in den Reichstag gewählt, aus dem er aber Ende Juni 1924 wegen Neuwahl in seinem Wahlkreis Oppeln ausschied; 1924–1932 Mitglied des Landtages von Preußen; 1925–1929 Polleiter des KPD-Bezirks Oberschlesien; anschließend nur niedrige Funktionen; 1932 Übersiedlung nach Berlin; Mitglied des DEV/EdED, besaß aber offenbar keine Funktionen im EdED; Delegierter auf der außerordentlichen Generalversammlung vom 12. bis 18. September 1920 in Dresden; auf (undatierter) Liste der RGO Kandidat für den Hauptbetriebsrat der Deutschen Reichsbahn-Gesellschaft, Listen-Nummer 2; spätestens 1930 Mitglied des Hauptbetriebsrats für die RGO; 1931 Referent für den Landtagswahlkampf der KPD in Hessen.

Verfolgung – Widerstand – Emigration: nach 1933 betätigte er sich für die illegale KPD (besaß auch gedruckte Schriften der illegalen KPD, die bei einer Hausdurchsuchung am 16. Juni 1933 entdeckt wurden; wechselte in Berlin mehrfach den Wohnort); im Zuge der „Aktion Gewitter“ am 24. August 1944 verhaftet und in das KZ Sachsenhausen (Häftlingsnummer 93363, Block 10) eingeliefert; die Lagerverwaltung teilte der Ehefrau Ende 1944 mit, ihr Mann sei am 28. November 1944 an einer eitrigen Hirnhautentzündung verstorben (er wurde jedoch vermutlich ermordet).

Funktionen nach 1945: –

Weitere Hinweise: arbeitete in jungen Jahren bei der Eisenbahn (Hindenburg); seit 1992 erinnert in Berlin in der Nähe des Reichstagsgebäudes eine der 96 in den Boden einzeln eingelassenen Gedenktafeln für von den Nationalsozialisten ermordete Reichstagsabgeordnete an Jendrosch; seit 24. Juli 1923 verheiratet mit Hedwig Theresie Jendrosch, verwitwete Mondry, geborene Kroll; hatte Stiefkinder: Gerhard und Gertrud Mondry sowie eine Tochter: Sonja Jendrosch.

* Weber/Herbst, Deutsche Kommunisten, 1. Aufl. 2004, S. 345; Schumacher (Hrsg.), M. d. L. Das Ende der Parlamente, S. 74; Schumacher (Hrsg.), M. d. R. Die Reichstagsabgeordneten der Weimarer Republik, S. 234; Wollin, Jendrosch, Friedrich (1890–1944), in: Mielke (Hrsg.) i. V. mit Morsch, Gewerkschafter in den Konzentrationslagern Oranienburg und Sachsenhausen, Bd. 3, S. 373–375.

Jentsch, Willy*

Geburtsdatum: 22. April 1892
Geburtsort: Barschdorf (Niederschlesien)
Sterbedatum: 26. Mai 1966
Sterbeort: Potsdam
Beruf: Fleischer; später Eisenbahner
Partei: SPD; ab 1945 KPD; ab 1946 SED

Funktionen vor 1933: seit 1. März 1924 SPD-Parteisekretär für den Unterbezirk Frankfurt a. d. Oder, Lebus, Weststernberg; Vorsitzender SPD-Ortsvorstand Frankfurt a. d. Oder, wo Jentsch seit 1924 lebte; Mitglied des Provinziallandtages; Ausübung verschiedener Funktionen im DEV bzw. ab 1925 im EdED; vom 1. Januar 1923 bis 31. Januar 1924 Bezirkssekretär des DEV für den Bezirk Osten in Schneidemühl; u. a. ab 1920 Zweiter Vorsitzender des Betriebsrates eines Reichsbahnausbesserungswerkes in Berlin.

Verfolgung – Widerstand – Emigration: am 21. März 1933 verhaftet und in das KZ Sonnenburg verschleppt (im Dezember 1933 entlassen); nach Entlassung führte er den Widerstand in der Illegalität weiter; Arbeit für die illegale SPD, u. a. Verteilung illegaler Schriften; Festnahme am 17. Dezember 1935 und erneute Inhaftierung, zunächst im Polizeigefängnis Frankfurt a. d. Oder, anschließend im Gerichtsgefängnis Frankfurt a. d. Oder und im Untersuchungsgefängnis in Berlin-Moabit inhaftiert; im August 1936 vom Kammergericht Berlin (10OJs9/36) wegen „Vorbereitung zum Hochverrat" zu einem Jahr und sechs Monaten Zuchthausstrafe verurteilt (unter Anrechnung von acht Monaten Untersuchungshaft); vom 27. Juli 1937 bis 26. Juni 1938 inhaftiert im Zuchthaus Luckau, anschließend am 30. August 1938 als „Schutzhäftling" in das KZ Buchenwald überführt (bis April 1945 inhaftiert).

Funktionen nach 1945: im Juli 1945 in Frankfurt a. d. Oder unter Ernst Ruge stellvertretender Oberbürgermeister; nach dem Rücktritt von Oskar Wegener als Oberbürgermeister wurde Jentsch 1949/50 dessen Nachfolger; im Juni 1950 zog er nach Potsdam-Babelsberg.

Weitere Hinweise: war 1934/1935 Versicherungsvertreter der „Karlsruher Lebensversicherungsbank AG"; „politische Arbeit im KPD-Parteiaktiv" im KZ Buchenwald, dort angeblich auch Beitritt zur KPD bzw. deren illegalem Lagerkomitee; Deckname „Max"; wohnte in Frankfurt a. d. Oder, Wiesenstraße 21 (1930er-Jahre).

* SAPMO-BArch, Widerstandskartei, Willy Jentsch; Staatsarchiv Chemnitz, Bestand 30071, Zuchthaus Zwickau, Sign. 6350, Gefangenenakte Willy Jentsch; Handbuch des Vereins Arbeiterpresse, 2. Aufl. 1927, S. 322;

Röll, Sozialdemokraten im Konzentrationslager Buchenwald, S. 291; Bezirksleitung der SED Potsdam, Kommission zur Erforschung der Geschichte der örtlichen Arbeiterbewegung (Hrsg.), Antifaschistischer Widerstandskampf in der Provinz Brandenburg 1933–1939 Teil I, Potsdam 1978, S. 11, 79.

Jetzschmann, Oskar*

Geburtsdatum: 13. September 1874
Geburtsort: Wendisch-Drehna
Sterbedatum: 1. Mai 1936
Sterbeort: Gefängnis (Hanau)
Beruf: Lokomotivführer
Partei: vor 1933 SPD

Funktionen vor 1933: Ortsbevollmächtigter des EdED in Hanau.

Verfolgung – Widerstand – Emigration: illegale Aktivitäten für die SPD; im April 1936 festgenommen und verstarb in der anschließenden Haftzeit.

Funktionen nach 1945: –

Weitere Hinweise: Jetzschmann wird erstmals im Hanauer Adressbuch von 1909 erwähnt; verheiratet seit 10. Dezember 1898 mit Luise Jetzschmann, geborene Ullrich; die Ehe wurde in Neukirchen geschlossen; hatte drei Kinder; in der Sterbeurkunde, die im Hanauer Stadtarchiv aufbewahrt wird, ist als Todesursache „Schlaganfall" angegeben.

* SAPMO-BArch, Widerstandskartei, Oskar Jetschmann [sic!]; StA Hanau, Sterberegister Nr. 238/1936: Jetzschmann, Oskar; Pákh, Das rote Hanau. Arbeit und Kapital 1830–1949, S. 708; Buß, Dreimal Stunde Null, S. 158; Gottwaldt, Eisenbahner gegen Hitler, S. 74; Auskunft des StA Hanau (Monika Rademacher), 10. 3. 2016.

Jochade, Hermann*

Geburtsdatum: 7. Juli 1876
Geburtsort: Neuhaus/Solling
Sterbedatum: 28. September 1939
Sterbeort: KZ Sachsenhausen
Beruf: Former
Partei: ab 1891 SPD

Funktionen vor 1933: bereits 1891 Beitritt zum Zentralverein der deutschen Former sowie aller in Eisen- und Metallgießereien beschäftigten Arbeiter, u. a. 1900/01 Mitglied des Ausschusses im Zentralverein der deutschen Former und Berufsgenossen Hamburg; 1900/01 Vertrauensmann des Internationalen Former-Sekretariates; 1902–1906 Vorsitzender des Verbandes der Eisenbahner Deutschlands; 1904–1916 Funktionär der ITF, u. a. kurzzeitig Übernahme der Leitung und Sekretär (ab Anfang 1907 hauptamtlich eingestellt); ab 1916

Funktionär des Vorstandes des DEV bzw. ab 1925 des EdED; 1925 als Vorstandsmitglied Delegierter der 3. ordentlichen Generalversammlung des DEV; Mitglied des Generalrates der ITF und im Rahmen dessen Übernahme zahlreicher Aufgaben (bis 1932).

Verfolgung – Widerstand – Emigration: Mitglied der „Illegalen Reichsleitung" der Gewerkschaften; einem Bericht von Jacobus Oldenbroek zufolge blieb Jochade bis Anfang September 1933 noch von Hausdurchsuchungen verschont; seine Ehefrau machte aber auch die Aussage: „Alle auch nur verdächtig erscheinenden Papiere hatten sie längst in Sicherheit gebracht." Oldenbroek gibt auch an, dass Jahn und Jochade „nie große Freunde gewesen" seien; aus den Äußerungen Oldenbroeks geht auch hervor, dass Jochade – wenn überhaupt – sehr vorsichtige Widerstandsarbeit betrieben habe; er muss aber auf jeden Fall von Jahns Aktivitäten gewusst haben, da er diese gegenüber Oldenbroek bestätigte; nach Aussagen von Frieda Jahn war Jochade an dem Transport des Verbandsvermögens nach Kopenhagen beteiligt; 1939 inhaftiert im KZ Sachsenhausen; Georg Mietz, der zur gleichen Zeit im KZ Sachsenhausen inhaftiert war, schrieb später, dass Jochade, obwohl „schwer herzkrank" mit „allen neu eingelieferten politischen Häftlingen von früh sieben Uhr bis abends sieben Uhr das sogenannte ‚Exerzieren' mitmachen" musste. „Bei diesen ‚Übungen' ist J. jeden Tag zusammengebrochen. Außerdem waren seine Füße so stark wundgelaufen, daß dieselben vollständig unter Eiter waren. Obwohl er jeden Tag vom Blockältesten krankgemeldet wurde, lehnte man es ab, J. im Lazarett aufzunehmen. Die Folge davon war, daß unser Genosse nach einigen Tagen auf dem Platz umfiel und seine Augen für immer geschlossen hat." (Bericht von Georg Mietz aus der Nachkriegszeit, zitiert nach: Groß, Jochade, Hermann (1876–1939), S. 208).

Weitere Hinweise: Mitglied des Vorstandes der Deutschen Eisenbahnfachschulen (bis 1933); soll im KZ schwer misshandelt worden sein; außerdem sollen Lothar Erdmann und Lorenz Breunig in der Zeit der Inhaftierung im KZ zu seinen „engeren Freunden" gehört haben; 2010 wurde ein Stolperstein vor seinem letzten Wohnort, Berlin, Grafenauer Weg 131 verlegt.

* SAPMO-BArch, Widerstandskartei, Hermann Jochade; PA Eberhard Podzuweit, Berlin, Aufstellung von Pichtsmeyer, 27. 9. 1957; Handbuch des Vereins Arbeiterpresse, 2. Aufl. 1927, S. 168; Protokoll über die Verhandlungen der dritten ordentlichen General-Versammlung des Deutschen Eisenbahner-Verbandes vom 21. bis 26. Juni 1925 in Köln a. Rh.; AdsD, DGB-Archiv, Ehrentafel für während des Dritten Reichs ermordete Gewerkschaftsmitglieder, o. O. o. J., S. 70; Zimmermann, 100 Jahre ÖTV, S. 98–102; Mielke/Frese (Bearb.), Die Gewerkschaften im Widerstand und in der Emigration, S. 310 u. a.; Groß, Jochade, Hermann (1876–1939), in: Mielke (Hrsg.), Gewerkschafter in den Konzentrationslagern Oranienburg und Sachsenhausen, Bd. 1, S. 206–208; Eberhard Podzuweit, Hermann Jochade, in: Mielke und Morsch (Hrsg.), „Seid wachsam, dass über Deutschland nie wieder die Nacht hereinbricht.", S. 112–119; Stefan Müller, Hermann Jochade (1876–1939), in: Gottwaldt, Eisenbahner gegen Hitler, S. 233–238.

Kaiser, Gustav*

Geburtsdatum: 30. Mai 1896

Geburtsort: Danzig

Sterbedatum: 22. März 1973
Sterbeort: Schwerin
Beruf: Posthelfer; Schlosser; Gewerkschaftsfunktionär; zeitweise selbstständiger Obst- und Gemüsehändler
Partei: ab 1919 USPD; später SPD (bis 1936, Danzig); ab 1945 SPD; ab 1946 SED

Funktionen vor 1933: ab 1915 Mitglied des DMV; 1919 Mitglied des Arbeiter- und Angestelltenausschusses der Oberpostdirektion Danzig; ab 6. November 1922 Angestellter des DTV und später beim Deutschen Verkehrsbund; ab 1. Januar 1929 beim EdED hauptamtlich beschäftigt und Bezirkssekretär des EdED für den Freistaat Danzig, zugleich Mitglied des Beirats für den Bezirk Danzig; 1931 Delegierter der 3. ordentlichen Generalversammlung des EdED; nach 1933 weiterhin Sekretär/Bezirksvertreter der Danziger Eisenbahnergewerkschaft bzw. des EdED (bis 14. Oktober 1936); Hans Jahn berichtete der ITF 1936: „Die Ortsgruppe Danzig entsandte ihre beiden führenden Funktionäre [Gustav] K[aiser] und [Hans] W[iechmann] nach Berlin, um mit dem Vorstand über die Situation zu beraten. Außer Jahn lehnten alle ab, mit den beiden Danziger Kollegen zu sprechen. Jahn traf sich mit K[aiser] und W[iechmann] im Restaurant Patzenhofer am Wilhelmplatz und sorgte nach getroffener Verabredung für die „Aufbewahrung" der noch im Verbandshaus befindlichen Danziger Akten. Soweit noch organisatorische Verbindungen mit Funktionären im Reich bestanden, wurden diese ausgenutzt, um den besten Leuten Notfallunterstützungen in Höhe von 30 bis 50 M[ark] zukommen zu lassen. Dies ist in ziemlich befriedigendem Maße geglückt und hat zur Linderung mancher Not der ca. 17.000 aus dem Eisenbahndienst entlassenen Funktionäre beigetragen." (Hans Jahn berichtet der ITF über seine Tätigkeit in der Illegalität und in der Emigration 1933–1936, 15. 12. 1936) bis zur Auflösung am 14. Oktober 1936 Erster Vorsitzender des Verbandes Danziger Eisenbahn- und Hafenbediensteter; Kassierer des Allgemeinen Arbeiterverbandes (AAV) und Sekretär der Sektion Eisenbahner des AAV (aufgelöst am 7. Dezember 1935); war Redakteur der Verbandszeitschrift „Signal".

Verfolgung – Widerstand – Emigration: siehe Details auch unter „Funktionen vor 1933"; am 12. Mai 1933 im Zusammenhang mit der Zerschlagung der Gewerkschaften wegen Auseinandersetzungen mit SA-Angehörigen verhaftet (mehrere Wochen „Schutzhaft" in Danzig, später nennt er den Zeitraum vom 12. Mai 1933 bis 3. Juni 1933); Oktober/November 1933 sechs Wochen Untersuchungshaft in Danzig; Juni 1934 bis Oktober 1934 Untersuchungshaft in Danzig; soll nach Aussagen zahlreicher Bürgen vielfach Widerstand geleistet haben – zum ersten Mal, als die Danziger Polizei das örtliche Gewerkschaftshaus besetzte; später schrieb Kaiser: „Bei der gewaltsamen Besetzung der Gewerkschaften im Mai 1933 wurde ich, da ich mich gegen die SA wehrte, verhaftet und in Schutzhaft genommen. Auf Grund des angestrengten Gewerkschaftsprozesses von den Vertretern der NSBO, Nieclaus und Kendzia, wurde ich vom Landgericht Danzig zu 9 Monaten Gefängnis verurteilt. In den darauf folgenden Jahren wurde ich mehrmals verhaftet, in Schutzhaft und Untersuchungshaft genommen. Nachdem ich aus meiner Stellung entfernt war, habe ich mit meiner Ehefrau zusammen einen Obst- und Gemüsehandel betrieben." (LHA Schwerin, Z 130/91, Nr. 762, Lebenslauf von Gustav Kaiser, ca. Anfang der 1950er-Jahre); empfing nachweislich illegale Druckschriften und unterhielt bei seinem Schwager Walter Schlifka eine illegale „Briefanlaufstelle" (Walter Schlifka gestand dies bei einem Verhör durch die Gestapo im August 1940); hatte Kontakte zu Hans Jahn bzw. illegalen Strukturen des EdED bzw. der ITF; soll laut Aussagen mehrerer Bürgen nach der Zerschlagung der Gewerkschaften im Reichsgebiet „sofort eine neue Gewerkschaft" gegründet haben; unterhielt auch intensive Kontakte zur polnischen Arbeiterbewegung; Teilnehmer zweier illegaler Konferenzen in Dänemark (u. a. „Roskilder Konferenz", Dänemark, April 1935); laut ITF (1937) am 23. Februar 1937 zu drei Monaten Gefängnis verurteilt; man warf ihm vor, in der letzten (legalen) Ausgabe der Zeitschrift „Signal" einen DAF-Funktionär diskreditiert zu haben; danach mehrmals in Haft; gehörte einer illegalen Gruppe „Wichmann" an; im Juni 1944 erneut verhaftet; von Juli 1944 bis November 1944 im KZ Stutthoff inhaftiert (Häftlings-Nr.: 92400); von November 1944 bis 12. April 1944 KZ Buchenwald (Häftlings-Nr.: 67823) und im Arbeitslager Berga a. d. Elster (Häftlings-Nr.: 67823 – das Lager gehörte zum Bereich des KZ Buchenwald); Kontakte zur ITF, insbesondere mit dem Zweiten Vorsitzenden Robert Nielsen (Zweiter Vorsitzender der dänischen Transportarbeitergewerkschaft und als solcher ehrenamtlich in der ITF tätig); besuchten sich gegenseitig (Kopenhagen-Danzig) und Kaiser war auch nach Auflösung „seiner" Gewerkschaften noch regelmäßig bei Nielsen.

Funktionen nach 1945: in führender Position am Neuaufbau der SPD in Danzig beteiligt (im Komitee der SPD der ehemaligen Freien Stadt Danzig); September 1945 bis November 1945 Mitglied der Landesleitung der SPD in Schwerin; später im Ministerium des Innern in Mecklenburg beschäftigt; später tätig als Landrat in Grimmen und im Kreis Waren a. d. Müritz; 1958–1965 SED-Sekretär der Grundorganisation der Industrie- und Handelskammer Schwerin.

Weitere Hinweise: wohnte in Danzig, Grenadierstraße 43 (1933), später in Danzig-Schidlitz, Karthäuserstraße 108 (1937); 1942–1944 Mitglied der DAF; verheiratet seit 20. März 1920 mit Frieda Kaiser, geborene Schlifka; hatte einen Sohn, der 1934 ums Leben kam; Kaiser wurde auf dem Schweriner OdF-Friedhof (Grab Nr. 176) bestattet.

* SAPMO-BArch, Widerstandskartei, Gustav Kaiser; BArch, R58/3297, Bl. 185, Bericht der Stapo Stettin, 25. 1. 1937; StA Schwerin, AB Nr. 257, Sammlung zur Geschichte der örtlichen Arbeiterbewegung; LHA Schwerin, Bestand VdN-Betreuungsstelle, Nr. 00016; LHA Schwerin, Bestand 10.34-3, Bezirksleitung der SED Schwerin, Nr. 5316, Kaderakte von Gustav Kaiser; LHA Schwerin, Bestand 6.11-11, Ministerium des Innern (1946–1952), Nr. 5487 und 7896 und 11118 und 11536 sowie 12414, Personalakten von Gustav Kaiser; Faschismus – Organ der ITF, 5 (1937) 6, 20. 3. 1937; „Genosse Gustav Kaiser" 75 Jahre, in: Schweriner Volkszeitung, Nr. 128, 1. 6. 1971; Protokoll über die Verhandlungen der 3. ordentlichen Generalversammlung des EdED; Handbuch des Vereins Arbeiterpresse, 2. Aufl. 1927, S. 264; Hans Jahn berichtet der ITF über seine Tätigkeit in der Illegalität und in der Emigration 1933–1936, 15. 12. 1936 (Dokument 75), in: Mielke/Frese (Bearb.), Die Gewerkschaften im Widerstand und in der Emigration, S. 381–402, hier S. 385.

Kamp, Carl [auch: Kamp, Karl/Camp, Karl]*

Geburtsdatum: 22. Mai 1889
Geburtsort: Krefeld
Sterbedatum: 27. Januar 1960
Sterbeort: Frankfurt a. M.
Partei: vor 1933 SPD; ab 1946 SED; später SPD
Beruf: Werkmeister, Vertreter (1934)

Funktionen vor 1933: zunächst ab ca. 1907 Übernahme von Funktionen im „Verband der in der Textilindustrie beschäftigten Arbeiter und Arbeiterinnen Deutschlands" bzw. später im DTAV; 1920 Mitglied in der Unterstützungsvereinigung der in der modernen Arbeiterbewegung tätigen Angestellten in Neuss;1920–1926 Erster Geschäftsführer des DEV bzw. ab 1925 des EdED im Bezirk Krefeld-Neuss; 1926–1932 Geschäftsführer des EdED-Bezirks Riesa-Meißen; 1932/33 Bezirksleiter des EdED in Dresden, zugleich Bezirkssekretär der Beamtenabteilung; Geschäftsführer des ADB in Krefeld und später in Riesa; 1925 Delegierter der 3. ordentlichen Generalversammlung des DEV; 1928 Delegierter der 2. ordentlichen Generalversammlung des EdED; Übernahme von zahlreichen Funktionen in der SPD, u. a. 1921–1926 Vorsitzender der SPD in Krefeld; 1931–1933 Vorsitzender der SPD in Riesa.

Verfolgung – Widerstand – Emigration: Anfang März/April 1933 „Schutzhaft" in Riesa, u. a. im Keller des Gewerkschaftshauses eingesperrt; mehrere Hausdurchsuchungen; im Anschluss an die „Schutzhaft" in Riesa von April bis Juni 1933 KZ Stenz bei Königsbrück (während dieser Haftzeit misshandelt); besuchte Alfred Förster im Laufe des Jahres 1934.

Funktionen nach 1945: 1946/47 Vorsitzender der IG Eisenbahn in Sachsen; im FDGB-Landesausschuss wandte er sich gegen einen zentralistischen Aufbau des FDGB und trat Ende 1945 für die „volle Selbständigkeit" der Industriegewerkschaften ein; 1946/47 Mitglied des FDGB-Vorstandes in Sachsen; vom 23. bis 26. März 1949 Teilnehmer des Vereinigungskongresses der GdED; ab 25. März 1948 zuständig für Beamte im Vorstand der Bizonen-GdED (Gewerkschaftssekretär des Bizonen-Sekretariats); Funktionär der GdED und 1948–1956 deren Zweiter Vorsitzender in Frankfurt a. M.; Mitte Oktober 1949 Delegierter der GdED auf dem Gründungskongress des DGB.

Weitere Hinweise: ab 1935 wohnhaft in Dresden; flüchtete im September 1947 aus der SBZ nach Frankfurt a. M.; wohnte in Frankfurt a. M., Unter den Buchen 7 (Mitte der 1950er-Jahre).

* HHStAW, Abt. 518, Nr. 2540/06, Entschädigungsakte von Carl Kamp; Protokoll über die Verhandlungen der dritten ordentlichen General-Versammlung des Deutschen Eisenbahner-Verbandes vom 21. bis 26. Juni 1925 in Köln a. Rh.; Carl Kamp 70 Jahre, in: Der deutsche Eisenbahner, Nr. 10/1959; Protokoll über die Verhandlungen der 2. ordentlichen Generalversammlung des EdED; Protokoll Gründungskongreß des Deutschen Gewerkschaftsbundes für das Gebiet der Bundesrepublik Deutschland, S. 255; Handbuch des Vereins Arbeiterpresse, 2. Aufl. 1927, S. 260; Broszat/Weber (Hrsg.), SBZ-Handbuch, S. 943; Brunner, Sozialdemokraten im FDGB, S. 103 f.

Kamradt, Emil*

Geburtsdatum: 30. März 1894

Geburtsort: Krockow (Westpreußen)

Sterbedatum: 28. Januar 1968

Sterbeort: Falkensee

Beruf: Schlosser

Partei: ab 1918/19 KPD; ab 1946 SED (1950 ausgeschlossen)

Funktionen vor 1933: Mitglied des DEV; ab 1925 Funktionär des EdED in Danzig.

Verfolgung – Widerstand – Emigration: aktiv für die Widerstandsgruppe „Freies Deutschland", deren Hauptorganisator sein Bruder Albert war; er nahm u. a. als Flugblattverteiler aktiv an der Widerstandsarbeit teil; später gab er an, er sei mehrere Monate vor der Verhaftung von seinen Vorgesetzten im Reichsbahnausbesserungswerk Grunewald bespitzelt und verfolgt worden; auch im Zuchthaus will er sich antifaschistisch engagiert haben; er beherbergte seinen Bruder mehrfach und vermittelte diesem auch ein neues Quartier bei Wilhelm Pauli; außerdem unterstützte er seinen Bruder bei dessen illegaler Tätigkeit; am 19. April 1943 mit seinem Bruder Paul in Berlin-Oberschöneweide auf der Straße verhaftet; ab 19. April 1943 Polizeihaft Berlin-Alexanderplatz; ab 25. November 1943 bis 20. Januar 1944 Untersuchungshaft in Berlin-Moabit und -Tegel; wegen „Vorbereitung zum Hochverrat" verurteilt durch Zweiten Strafsenat des Kammergerichts Berlin-Moabit Berlin am 20. Januar 1944 zu zwei Jahren Zuchthaus und drei Jahren Ehrverlust; vom 20. Februar 1944 bis 19./20. April 1945 im Zuchthaus Brandenburg-Görden; Bruder Albert Kamradt wurde am 27. Juli 1944 in Köln hingerichtet.

Funktionen nach 1945: 1947–1949 Erster Vorsitzender der VVN-Ortsgruppe Falkensee; Austritt aus der VVN am 24. Juni 1950; Übernahme von Funktionen im FDGB.

Weitere Hinweise: verheiratet mit Minna Kamradt, geborene Zwiebel; zwei Kinder; 1919–1933: Mitarbeit in der Reichsbahnverwaltung in Danzig; ab 1934 im Reichsbahnausbesserungswerk Berlin-Grunewald tätig, dort vermutlich auch nach 1945 zunächst tätig; ab 22. Mai 1947 Arbeit als Bürohilfe im Elektro-Werk in Falkensee, dort 1950 „beurlaubt", weil er sich in einer öffentlichen Versammlung gegen die „leitenden Personen des Staates und gegen die demokratischen Einrichtungen" ausgesprochen haben soll; Wohnorte: Danzig-Oliva, Lübecker Straße 11 (bis 1935), Falkensee-Spandau bei Berlin, Weimarer Straße 39 (1943); der Status als „Verfolgter des Naziregimes" sollte ihm offenbar 1952 aberkannt werden, da er aus der SED ausgeschlossen worden war und ihm „trotzkistische" Abweichungen unterstellt wurden; 1953 Verhaftung und durch den Sechsten Strafsenat des Bezirksgerichts Potsdam vom 6. Juni 1953 zu sechs Monaten Gefängnis wegen „Staatsverleumdung" verurteilt.

* BLHA, Rep. 333, VdN-1089, Unterlagen der SED; BLHA, Rep. 401, Rat des Bezirkes Potsdam, VdN-2497, VdN-Akte von Emil Kamradt; Geschichtswerkstatt unter Leitung von Fieber (Hrsg.), Widerstand in Berlin gegen das NS-Regime 1933–1945, Bd. 4, S. 24.

Karselt, Bernhard*

Geburtsdatum: 28. Juni 1893

Geburtsort: Grünberg (Schlesien)

Sterbedatum: 30. September 1954

Sterbeort: Wittenberge

Beruf: Schlosser

Partei: ab 1913 SPD; ab 1945 SPD; ab 1946 SED

Funktionen vor 1933: 1918 Arbeiter- und Soldatenrat in Frankfurt a. d. Oder (Mitglied); gründete 1917 in Frankfurt a. d. Oder die Ortsgruppe des DEV; ab 1. März 1919 Vorsitzender des DEV bzw. ab 1925 des EdED in Wittenberge (bis 1933); seit 1. September 1924 Vorsitzender des ADGB-Ortsausschusses in Wittenberge; 1922–1933 unbesoldeter Stadtrat in Wittenberge.

Verfolgung – Widerstand – Emigration: gab an, bereits ab Anfang März 1933 mehrfach verhaftet worden zu sein; 5. Mai 1933 bis 22. Dezember 1933 im KZ Perleberg inhaftiert; nach eigenen Angaben Weigerung, in die NSDAP einzutreten und den 1. Mai 1933 im Sinne der NSBO-Direktiven zu begehen; Aufrechterhaltung der Verbindungen zu Widerständlern in der Prignitz, Mecklenburg, Altmark im Rahmen seiner „Vertretertätigkeit" 28. Juni 1933 bis 14. Juli 1933 im KZ Oranienburg inhaftiert; im Anschluss im Gefängnis Plötzensee, Staatskrankenhaus Berlin, Zuchthaus Brandenburg; vom 22. August 1944 bis 16. September 1944 im KZ Sachsenhausen inhaftiert (Häftlingsnummer 93360).

Funktionen nach 1945: aktive Beteiligung am Aufbau des FDGB in Wittenberge und dessen Leiter bis Übernahme einer Tätigkeit als Dezernent der Finanzverwaltung (Stadtkämmerer); Vorsitzender der SPD-Ortsgruppe Wittenberge (ab November 1945).

Weitere Hinweise: Mitglied einer Genossenschaft; Vorsitzender des Krankenkassenausschusses, Mitglied des Verwaltungsrats des Arbeitsamtes Prignitz, Prozessvertreter beim Arbeitsgericht Wittenberge; Landesarbeitsrichter beim Landesarbeitsgericht Berlin; Mitglied der Arbeiterbildungsschule in Berlin (Schüler von Rosa Luxemburg); von Oktober 1944 bis 1. Mai 1945 Einsatz in der Wehrmacht, Landesschützenbataillon 316 (war zur Bewachung des Stalag III A in Luckenwalde eingesetzt).

* BLHA, Rep. 2A, Pol. 1206, Bl. 290, Unterlagen zur Verfolgung; Handbuch des Vereins Arbeiterpresse, 2. Aufl. 1927, S. 596; Ingo Ganz, Karselt, Bernhard (1893–1954), in: Mielke (Hrsg.) i. V. mit Morsch, Gewerkschafter in den Konzentrationslagern Oranienburg und Sachsenhausen, Bd. 2, S. 265–267; LHA Schwerin, Bestand 7.11-1, VdN-Betreuungsstelle (Z 130/91), VdN-Akte von Bernhard Karselt.

Kellner, Max*

Geburtsdatum: 28. März 1899

Geburtsort: Dölitz (heute: Leipzig)

Sterbedatum: 2. September 1978
Sterbeort: Düsseldorf
Beruf: Eisenbahnstreckenarbeiter (ungelernt); später Reichsbahnangestellter
Partei: ab 1920 SPD; ab 1945 SPD

Funktionen vor 1933: ab 1. Oktober 1920 Mitglied des „Bundes Sächsischer Eisenbahner", der später in der Reichsgewerkschaft Deutscher Eisenbahnbeamten und -Anwärter aufging; über diesen Weg ab 1925 Mitglied des EdED und Übernahme verschiedener Funktionen; 1925/26 Beamtenratsmitglied; Vertrauens-/Obmann auf seiner Dienststelle in Leipzig; 1931–1933 Kassierer und Lehrer für Deutsch, bürgerliches Rechnen und Eisenbahngeographie an der Eisenbahn-Fachschule.

Verfolgung – Widerstand – Emigration: aktiv im Widerstand der Eisenbahner gegen das NS-System; laut „Organisationsplan" von Hans Jahn vom 1. März 1936 Gaugraf in der EdED-Widerstandsgruppe im „9. Gau Sachsen. Vorort Leipzig"; hielt Verbindung zu Funktionären der ITF im Ausland (Holland); Festnahme am 5. März 1937 (Funger-Prozess) in Leipzig; von Leipzig kommend am 12./13. März 1937 im Polizeigefängnis Düsseldorf inhaftiert; im Anschluss in Berlin-Moabit in Untersuchungshaft genommen (dort eingeliefert am 23. Februar 1938 von Düsseldorf kommend unter Nummer 4958/37), Haus I; ; letztlich abgetrennter Prozess vor dem Zweiten Senats des VGH am 28. Februar 1938 (9 J 315/37): fünf Jahre Zuchthausstrafe wegen „Vorbereitung zum Hochverrat unter erschwerenden Umständen" und fünf Jahre Ehrverlust (unter Anrechnung von sechs Monaten Untersuchungshaft): „Der Angeklagte Kellner, dem die Anklage vorwirft, sich von Ende 1935 bis Anfang 1937 im In- und Ausland der Vorbereitung eines hochverräterischen Unternehmens schuldig gemacht zu haben, hat sich ebenfalls auf Veranlassung des Jahn, und zwar im November 1936 anläßlich einer Funktionärsbesprechung in Venlo zur Mitarbeit bei dem Aufbau einer illegalen Organisation in Leipzig bereiterklärt und ist von diesem Zeitpunkt ab dort auch illegal tätig geworden. [...] Der Angeklagte, der sich als langjähriger Gewerkschaftsfunktionär von seinen marxistischen Gedankengängen nicht freimachen konnte und deswegen einen baldigen Umschwung ersehnte, hat somit durch seine und seiner Genossen sich gegenseitig ergänzende Tätigkeit die marxistischen Umsturzpläne letzten Endes gefördert. Er hat sich durch seine ab November 1936 ausgeübte Tätigkeit der fortgesetzten Vorbereitung eines hochverräterischen Unternehmens schuldig gemacht. Dabei war seine Tat zum Teil im Ausland begangen, und es waren seine Versuche, in Leipzig eine illegale Organisation wiederaufzubauen, sowie die Verbindungsaufnahme mit Jahn auf die Herstellung eines organisatorischen Zusammenhalts gerichtet (§ 35 Abs. 3 Ziff. 1 und 4 StGB.) Ganz allgemein muss bei dem Strafausmaß berücksichtigt werden, daß die staatsfeindlichen Bestrebungen aller marxistischen Parteien und ihrer gewerkschaftlichen Organisation, die die Aufbaubestrebungen des nationalsozialistischen Staates zu zerstören trachten und sich gegen die Volksgemeinschaft richten, mit größter Strenge entgegengetreten werden muß. Bei dem Angeklagten kommt noch hinzu, daß er nicht nur – trotz der für ihn als Reichsbahnbeamten bestehenden Verpflichtung – die ihm seit Herbst 1935 bekannten illegalen und gegen das Deutsche Reich gerichteten Bestrebungen dritter zur behördlichen Kenntnis gebracht, sondern selbst trotz des Treueides, den er als Beamter dem Führer geleistet hat, später in gemeiner Weise dazu auch noch im Ausland zu einer gegen den Staat gerichteten und gefährlichen Tätigkeit sich bereitgefunden hat. Er hat auch seine illegale Arbeit erst zu einer Zeit aufgenommen, als jeder die ernsthaften Aufbaubestrebungen des Nationalsozialismus und seine erfolgreichen Bemühungen um die Hebung der wirtschaftlichen und kulturellen Lage gerade der werktätigen Volksgenossen kannte. Der Angeklagte war jedoch nur kurze Zeit illegal tätig und hat dabei keinen nachweisbaren Erfolg gehabt, so daß ein Schaden für das Deutsche Reich nicht entstanden ist. Unter Berücksichtigung dieses Umstandes konnte es bei einer Zuchthausstrafe von 5 Jahren sein Bewenden haben." (Urteil Bl. 4–15); vom 12. März 1938 bis 28. August 1942 im Zuchthaus Waldheim (Häftlings-Nr.: 452); dort Funktion als „Vorturner", zeitweise auch Lese-, Schreib- und Rauchverbot; am 16. März 1942 als Zeuge in einer „Hochverratssache" verhört – höchstwahrscheinlich Verfahren gegen Poralla – und im Anschluss vom 28. August 1942 bis 6. September 1942 im Polizeigefängnis in Leipzig in Haft; soll angeblich eine Verpflichtungserklärung als Informant der Gestapo gegeben haben.

Funktionen nach 1945: wohnte in Leipzig, Gustloffstraße 42 (1930er-Jahre); Beteiligung an der Neugründung der Gewerkschaften in Leipzig sowie der SPD in Großdeuben (1. Vors. der Ortsgruppe der SPD, später SED); Heizer bei der Deutschen Reichsbahn in Leipzig; ab 1. Juli 1945 Wiederaufnahme der Beschäftigung bei der Bahn, zunächst Reichsbahnamtmann, später Oberreichsbahnrat; ab 1. September 1946 beschäftigt bei der Reichsbahndirektion Halle a. d. Saale; ab 1949 Vizepräsident bei der Reichsbahndirektion Berlin und Übernahme von gewerkschaftlichen Funktionen; offensichtlich bald darauf Flucht in den Westteil Deutschlands, da später Mitglied GdED; 1956–1969 SPD-Stadtratsmitglied in Düsseldorf und aktiv im DGB-Landesvorstand Nordrhein Westfalen.

Weitere Hinweise: trotz Wehrunwürdigkeit und Ausschließungsschein ab 1. August 1944 in die „Strafdivision 999" in Baumholder eingezogen (Baupionier); ab 29. März 1945 in US-Kriegsgefangenschaft geraten, Entlassung am 28. Juni 1945; war seit 8. März 1924 mit Paula Gertrud Kellner, geborene Ponert (geb. 2. April 1899) verheiratet; Kellner wurde am 28. November 1968 der „Ehrenring" des Rates der Stadt Düsseldorf verliehen; wohnte in Düsseldorf, Hammer Straße 30 (ab 1952), später Himmelgeister Straße 236 (1970er-Jahre).

* SAPMO-BArch, Widerstandskartei, Max Kellner; SAPMO-BArch, R 58/3297, R 58/3392, Bl. 170 und R 58/3054 (mit gleichem Inhalt in: R 58/3246a, Bl. 110), Unterlagen zur Verfolgung; AdsD, NL Max Kellner, 1/MKAE; AdsD, Bestand ITF, 5/ITFA, Mappe 46, „Organisations-Anlage" von Hans Jahn über den Stand der illegalen Organisation der Eisenbahner im Deutschen Reich, o. D. [1. 3. 1936]; StA Düsseldorf, Sign. 0-1-32-193.0016, Entschädigungsakte von Max Kellner; Staatsarchiv Leipzig, 20031, PP-M, Sign. 542, Melderegister: Kellner, Otto Max; Esters/Pelger/Schlingensiepen, Gewerkschafter im Widerstand, S. 140–150; LAV NRW R, RW 58, Nr. 37287, Unterlagen der Gestapo Düsseldorf; LAV NRW R, NW 377, Nr. 4132, Unterlagen im Zusammenhang eines Ermittlungsverfahrens 1958/59; Urteil des VGH 2H61/37-9J315/37 gegen Max Kellner,

28. 2. 1938, in: Nationalsozialismus, Holocaust, Widerstand und Exil 1933–1945, Online-Datenbank (auch in BArch, NJ 5484); LAV NRW R, RW 58, Nr. 37287, Bl. 14–21, Urteil des VGH 9J315/37, 28. 2. 1938 (Abschrift in: SAPMO-BArch, DY 55/V 278/174); StA Düsseldorf, Standesamt Düsseldorf I, Sterberegister Nr. 5151/1978: Kellner, Max; Artikel aus Anlass des 75. Geburtstages, in: Neue Rheinische Zeitung, 23. 3. 1974; Aus Anlass des 75. Geburtstages, in: Düsseldorfer Nachrichten, 23. 3. 1974; Max Kellner starb, in: Rheinische Post, 6. 9. 1978; Mielke/Frese (Bearb.), Die Gewerkschaften im Widerstand und in der Emigration, S. 365, 238, 359, 361, 385–387, 416, 427 f.; Auskunft des StA Düsseldorf (Norbert Perkuhn), 6. 10. 2015.

Kemp, Anton*

Geburtsdatum: 19. August 1896
Geburtsort: Oberdollendorf (heute: Königswinter)
Sterbedatum: 8. Oktober 1966
Sterbeort: Beuel (heute: Bonn)
Beruf: ohne Berufsausbildung; seit 1940 tätig als Reichsbahnbetriebsassistent
Partei: vor 1933 SPD

Funktionen vor 1933: ab 1919 Mitglied des DEV; Übernahme mehrerer Funktionen im DEV/EdED, „zuletzt“ Funktion eines Bevollmächtigten des EdED in Oberdollendorf.

Verfolgung – Widerstand – Emigration: nach Angaben im Adressenverzeichnis zum „Organisationsplan“ von Hans Jahn (1936) Mitglied der EdED-Widerstandsgruppe; nach Angaben der Gestapo in Unterlagen von Hans Jahn als illegal arbeitender Funktionär verzeichnet; im Sommer 1940 festgenommen; die Gestapo verhörte ihn, woraufhin er die Aussage tätigte, dass Johann Esser im Mai 1933 sämtliche Unterlagen des EdED aus Oberdollendorf abgeholt habe, aber seitdem habe er von diesem nie wieder etwas gehört; er machte zugleich die Aussage (1940), er stünde fest auf dem Boden des NS-Staates.

Funktionen nach 1945: bislang nicht bekannt.

Weitere Hinweise: ab 1933 Mitglied der DAF; ab 1934 Mitglied der NSV; verheiratet mit Elisabeth Kemp, geborene Nolden; hatte zwei Kinder; wohnte in Oberdollendorf, Lindenstraße 13 (1930er-Jahre).

* SAPMO-BArch, Widerstandskartei, Anton Kemp; BArch, NJ 2072, Bd. 2, Bl. 34 ff., Gestapo Köln, Vernehmung von Anton Kemp, 29. 7. 1940; BArch, NJ 2229, Bd. 1, Bl. 33 ff., Unterlagen der Gestapo und NS-Justiz zur Verfolgung illegaler EdED-Strukturen; StA Königswinter, Geburtenregister: Kemp, Anton (zugl. Vermerk „Register-Nr.: 304/1966“ für Sterbedatum und -Ort; Mielke/Frese (Bearb.), Die Gewerkschaften im Widerstand und in der Emigration, S. 361.

Kenntner, Wilhelm*

Geburtsdatum: 7. Januar 1898
Geburtsort: Frankfurt a. M.
Sterbedatum: im Mai 1977

Sterbeort: Mainz
Beruf: Schlosser
Partei: ab 1923 bzw. nach anderen Angaben ab 1926 SPD; ab 1945 SPD
Funktionen vor 1933: verschiedene Funktionen im EdED, u. a. vermutlich ehrenamtliches Mitglied der EdED-Ortsverwaltung Mainz.
Verfolgung – Widerstand – Emigration: 1933 von der Deutschen Reichsbahn-Gesellschaft in Mainz entlassen; ab 1934 bei „Opel" in Rüsselsheim beschäftigt; dort soll er den „Heil Hitler"-Gruß verweigert haben; 1933 wenige Tage Häftling des KZ Osthofen; soll 1936 in Mainz „kommunistische Mundpropaganda" (kritische Äußerungen über die Wirtschaftsverhältnisse; „Agitation für den Sieg des Kommunismus") betrieben haben; er forderte u. a., dass die Arbeiterschaft den Internationalen Brigaden im Spanischen Bürgerkrieg zu Hilfe eilen müsste; auch war er der Meinung, dass das Deutsche Reich einen Krieg anstrebe; am 13. Januar 1937 festgenommen; ab 14. Januar 1937 Untersuchungshaft in Wiesbaden; ab 17. März 1937 im Gefängnis in Darmstadt; am 17. März 1937 von der Generalstaatsanwaltschaft in Kassel wegen „Vorbereitung zum Hochverrat" angeklagt; am 14. Mai 1937 vom Strafsenat des OLG Kassel zu einer Zuchthausstrafe von einem Jahr und sechs Monaten (u. a. wegen „kommunistische[r] Mundpropaganda" verurteilt worden); die bürgerlichen Ehrenrechte wurden für bis zu fünf Jahren aberkannt; blieb bis zum 4. Juli 1937 im Gerichtsgefängnis Wiesbaden, bevor er am 5. Juli 1937 zur weiteren Verbüßung seiner Haftstrafe in das Zuchthaus Butzbach verlegt wurde, in dem er bis zum 27. Oktober gleichen Jahres verblieb, um anschließend am 14. Mai 1937 in das Strafgefangenenlager II Aschendorfermoor überstellt zu werden, einem der 15 Emslandlager, in denen seit Juli 1937 alle politischen Gefangenen der Emslandlager zusammengezogen wurden; am 14. November 1938 aus dem Strafgefangenenlager II Aschendorfermoor entlassen.
Funktionen nach 1945: 1949–1952 und von 1956–1960 Stadtrat von Mainz.
Weitere Hinweise: von 1917 bis 1933 beim Reichsbahnbetrieb in Mainz beschäftigt.

* SAPMO-BArch, Widerstandskartei, Wilhelm Kenntner; HHStAW, Datenbank „Verfolgung und Widerstand in Hessen", Ident-Nr.: 37980; BArch, NJ 5987, Unterlagen der Staatsanwaltschaft im Zusammenhang mit dem Verfahren gegen Wilhelm Kenntner, 16. 1. 1937; BArch, R 30001/103587, Anklageschrift des Generalstaatsanwaltes Kassel, 17. 3. 1937 und Urteil des OLG Kassel gegen Wilhelm Kenntner, 14. 5. 1937; PA Irmgard Kenntner (Witwe von Wilhelm Kenntners Sohn Franz Joseph) und Thomas Kenntner (Enkel von Wilhelm Kenntner), Mainz; Freier Deutscher Gewerkschaftsbund (Hrsg.), Gewerkschaftsfeinde in Richterroben, Teil 2, S. 93.

Kiesel, Otto*

Geburtsdatum: 26. Januar 1911
Geburtsort: München
Sterbedatum: 7. Februar 1990

Sterbeort: München
Beruf: Heizungsmonteur
Partei: bislang nicht bekannt
Funktionen vor 1933: Mitglied des DMV.
Verfolgung – Widerstand – Emigration: arbeitete aktiv in der Widerstandsgruppe um Franz Faltner „Rote Rebellen" mit; verfasste für die Sopade Berichte über die soziale Situation in der Heizungsindustrie; war zugleich Empfänger illegaler Schriften; am 21. Mai 1935 verhaftet; kam vom 21. Mai 1935 bis 25. Mai 1935 in das Polizeigefängnis (München, Ettstraße); ab 25. Mai 1935 „Schutzhaft" im Gefängnis München-Stadelheim; ab 16. August 1935 dort in Untersuchungshaft ; am 9. Juli 1936 vom OLG München unter Anrechnung von 14 Monaten Untersuchungshaft zu zwei Jahren und sechs Monaten Haftstrafe verurteilt; soll anschließend zwei Jahre im KZ Dachau inhaftiert gewesen sein.
Funktionen nach 1945: bislang nicht bekannt.
Weitere Hinweise: wohnte in München, Voßstraße 14 (1935), später Pognerstraße 15 II (Ende der 1970er-Jahre); verheiratet mit Maria Franziska Antonia Kiesel, geborene Flemmer.

* BArch, NJ 9445, Anklageschrift und Urteil; StA München, EWK 78G/C/K 174, Einwohnermeldekartei: Otto Andreas Kiesel; Pilwousek (Hrsg.), Verfolgung und Widerstand, S. 220; Auskunft des StA München (Matthias Röth), 11. 9. 2015; Auskunft aus dem Melderegister der Landeshauptstadt München, Kreisverwaltungsreferat, 6. 10. 2015.

Kiesel, Wilhelm*

Geburtsdatum: 16. April 1893
Geburtsort: Seehausen (Kreis Wanzleben)
Sterbedatum: 27. August 1956
Sterbeort: Wolfsburg
Beruf: Telegrafen-Mechaniker
Partei: ab 1910 SPD
Funktionen vor 1933: ab 1910 Mitglied des DMV; ab ca. 1920 zeitweise geschäftsführendes Mitglied des Bezirksbetriebsrates bei der Reichsbahndirektion Magdeburg; 1926–1930 Vorstandsmitglied der Reichsbahn-Betriebskrankenkasse in Magdeburg; Mai 1927 bis Mai 1928 Vorsitzender des Bezirksbetriebsrates der Reichsbahndirektion Magdeburg; Mai 1928 bis März 1930 geschäftsführendes Mitglied des Hauptbetriebsrates der Deutschen Reichsbahn-Gesellschaft in Berlin; 1929/30 Vorstandsmitglied der Reichsbahn-Arbeiter-Pensionskasse der Deutschen Reichsbahn und Vorstandsmitglied des Hauptverbandes der Reichsbahn-Pensionskassen; April 1930 bis 2. Mai 1933 Geschäftsführer und Erster Bevollmächtigter des EdED in Magdeburg; 1931–1933 Arbeitsrichter beim Landesarbeitsgericht Magdeburg.
Verfolgung – Widerstand – Emigration: am 2. Mai 1933 Amtsenthebung als Geschäftsführer des EdED in Magdeburg; musste Repressalien der Nationalsozialisten erdulden.

Funktionen nach 1945: 10. April bis zum 12. Mai 1945 als Mitglied der „Siebener-Kommission" am Neuaufbau Wolfsburgs beteiligt; am 3. Mai 1945 setzte ihn die Militärregierung als Stadtrat der Stadt Wolfsburg ein; Anfang 1946 sollte er als Kreis- und Gemeindebeamter eingestellt werden, was allerdings Komplikationen hervorrief (der Landrat des Kreises Gifhorn stimmte der Einstellung nicht zu); 1946–1948 stellvertretender Bürgermeister und Ratsmitglied der Stadt Wolfsburg; ab 1948 Abteilungsleiter beim Hauptvorstand der GdED; 1953–1956 Mitglied des geschäftsführenden GdED-Vorstandes; 1952–1956 Mitglied des Verwaltungsrates der BfA.
Weitere Hinweise: wohnte in Wolfsburg, Stresemannstraße 3 (1950er-Jahre); war verheiratet, hatte keine Kinder; während der NS-Zeit Arbeit u. a. im „Volkswagen"-Werk.

* StA Wolfsburg, HS 7945, Einzelakten ehemaliger Führungskräfte der Stadt Wolfsburg: Kiesel, Wilhelm; NLA – Standort Hannover, Nds. 171, Lüneburg, 58002 und Nds. 171 Lüneburg H-VE/Gfn 397, Personalunterlagen: Kiesel, Wilhelm; Wilhelm Kiesel, in: Der deutsche Eisenbahner, 1. 9. 1956; Wilhelm Kiesel, in: Welt der Arbeit, 31. 8. 1956; DGB-Nachrichtendienst, Nr. 139/56, 27. 8. 1956, S. 246 f.; Hermann Hilterscheid, Industrie und Gemeinde. Die Beziehungen zwischen der Stadt Wolfsburg und dem Volkswagenwerk und ihre Auswirkungen auf die kommunale Selbstverwaltung. Berlin 1970, Berlin (West) 1977; Udo Riechert, Neubeginn im Schatten der NS-Tyrannei. Gewerkschaften und Betriebsräte in Braunschweig und Wolfsburg in den ersten Nachkriegsjahren. Braunschweig 1987, S. 180–214; Auskunft des StA Wolfsburg (Alexander Kraus), 18. 9. 2015.

Kier, Benno*

Geburtsdatum: 20. Januar 1900
Geburtsort: Kupferdreh
Sterbedatum: 10. Oktober 1936
Sterbeort: Essen
Beruf: Rottenarbeiter
Partei: vor 1933 KPD
Funktionen vor 1933: vermutlich Übernahme von Funktionen in der RGO.
Verfolgung – Widerstand – Emigration: Beteiligung am Aufbau der illegalen KPD; Verteilung von Flugblättern; wurde am 20. Oktober 1936 festgenommen; stand im Verdacht „hochverräterische" illegale Tätigkeiten ausgeübt zu haben; verstarb an den Folgen von Misshandlungen durch die Gestapo.
Funktionen nach 1945: –
Weitere Hinweise: in Essen wurde ein „Stolperstein" in Gedenken an Kier verlegt (Kupferdreher Straße 30).

* Informationen des Gestapa – Nr. 19 (22. 10. 1936), in: Nationalsozialismus, Holocaust, Widerstand und Exil 1933–1945, Online-Datenbank; BArch, R 58/3747, Bl. 13, Unterlagen zur Verfolgung; Gottwaldt, Eisenbahner gegen Hitler, S. 75; Ernst Schmidt, „Lichter in der Finsternis". Gegner und Verfolgte des Nationalsozialismus in Essen, Essen 2003, S. 120–125.

Klauke, Wilhelm [auch: Klaube, Wilhelm]*
Geburtsdatum: 24. September 1893
Geburtsort: Seelow (Kreis Lebus)
Sterbedatum: 21. Februar 1971
Sterbeort: Bad Gottleuba
Beruf: Maschinenschlosser
Partei: ab 1919 USPD; ab 1922 KPD; ab 1946 SED
Funktionen vor 1933: 1912–1918 Mitglied des DMV; ab 1919 Mitglied des DEV bzw. ab 1925 des EdED; ab 1931 in der RGO organisiert.
Verfolgung – Widerstand – Emigration: Propaganda in Betrieb und Straßenzelle; „4 mal von der SA aus der Wohnung geholt, jeweils 14 Tage bis 4 Wochen Haft 1933–1934"; nach Entlassung 1938 Einsatz in der „Winkler AG", Friedrichstraße 33 A; „Dienstverpflichtung" in Neutomischel (Polen, heute: Nowy Tomyśl); im Juli 1943; dort Abhören von Auslandssendern und „Mundpropaganda" im Betrieb; hat laut Urteil im April bis August 1933 von Köhler eine (!) illegale Zeitung erhalten (aus Zuchthausakte); Stellte ein Gnadengesuch, in dem er darauf hinweist, dass er für eine Tat verurteilt wurde, die sehr weit zurück liegt (Frühjahr 1933); vom 7. August 1937 bis 20. Februar 1938 wegen „Vorbereitung zum Hochverrat" im Strafgefängnis Tegel (auf Bewährung entlassen).
Funktionen nach 1945: Funktionär des FDGB in Groß-Berlin; beschäftigt beim Bezirksbürgermeisteramt Berlin-Friedrichshain im Wohnungswesen; DSF- und Kampfgruppen-Mitglied; 1947–1951 SED-Sekretär und Vorsitzender der Betriebsgewerkschaftsleitung; 1954–1956 BGL-Mitglied, Arbeitsschutz.
Weitere Hinweise: Ende 1933 Mitglied DAF und 1935 Mitglied des „Reichsluftschutzbundes".

* SAPMO-BArch, Widerstandskartei, Wilhelm Klauke; BArch, R 58/3688, Bl. 59, Unterlagen zum Prozess gegen Dames, Köhler u. a.; LAB C Rep. 118-01, Nr. 3462, OdF-Akte von Wilhelm Klauke; BLHA Rep. 29 pol. Nr. 818 Brandenburg-Görden (Paul Köhler)

Kleinknecht, Wilhelm*
Geburtsdatum: 16. Januar 1893
Geburtsort: Oberweissach (Kreis Backnang)
Sterbedatum: 13. April 1966
Sterbeort: Ludwigsburg
Beruf: Kaufmann bzw. kaufmännischer Angestellter
Partei: ab 1904 SPD; ab 1945 SPD
Funktionen vor 1933: ab 1910 Mitglied des ZdA; 1922–1929 ehrenamtlicher Bezirksleiter des ZdA für Niederbayern und Oberpfalz (Sitz in Regensburg); 1929–1933 Angestellter des

Gesamtverbandes der öffentlichen Betriebe und des Personen- und Warenverkehrs (Ortsverwaltung Stuttgart).
Verfolgung – Widerstand – Emigration: am 31. März 1933 verhaftet; im Anschluss bis 1935 im KZ Heuberg inhaftiert; soll in Verbindung mit EdED-Funktionären gestanden haben; bei einem Verhör durch die Gestapo im August 1940 bestritt er, bei „Zusammenkünften" illegale Ziele verfolgt zu haben; er gab jedoch zu, 1934 zufällig bei Georg Huber mit Hans Jahn, den er bis dahin nicht gekannt habe, zusammengetroffen zu sein; Jahn habe ihn auch gebeten, Berichte über „wichtige sozialpolitische Vorgänge" zu übersenden, was er nicht getan habe; illegale Tätigkeiten waren nicht nachweisbar, weshalb er auf freien Fuß gesetzt wurde.
Funktionen nach 1945: ab September 1945 Mitarbeit in der Fachgruppe I (Verkehr, öffentliche Betriebe und Verwaltungen) in Stuttgart; vom 1. September 1946 bis 1949 Erster Bundes-Sekretär im Bundesvorstand des Gewerkschaftsbundes Württemberg-Baden (in Kornwestheim gewählt); 1946–1952 Abgeordneter der SPD in der Verfassunggebenden Landesversammlung bzw. im Landtag von Württemberg-Baden; am 24. April 1950 zum Mitglied des geschäftsführenden Vorstandes des DGB-Landesbezirks Baden-Württemberg gewählt (in Stuttgart-Feuerbach); vom 21. Mai 1951 bis 23. Januar 1960 Landesvorsitzender des DGB-Bezirks Baden-Württemberg.
Weitere Hinweise: nach 1945 vor allem in der Sozialpolitik engagiert, u. a. 1950–1952 Vorsitzender des sozialpolitischen Ausschusses des Landtages Württemberg-Baden; wohnte in Stuttgart, Gneisenaustraße 25 (1930er-Jahre).

* BArch, NJ 2229, Bd. 1, Bl. 33 ff., Unterlagen der Gestapo und NS-Justiz zur Verfolgung illegaler EdED-Strukturen; PA Siegfried Mielke, Biografische Zusammenstellung, Wilhelm Kleinknecht; Materialien aus dem DGB-Archiv in Stuttgart.

Klingler, Fritz*

Geburtsdatum: 5. Mai 1887
Geburtsort: Kassel
Sterbedatum: 2. November 1952
Beruf: Schlosser
Partei: vor 1933 SPD; ab 1945 SPD
Funktionen vor 1933: Gewerkschaftsfunktionär DEV/EdED Kassel ab 1915, zuletzt EdED-Bezirkssekretär bis 1933; Stadtverordneter Kassel 1928 1933.
Verfolgung – Widerstand – Emigration: 1944 inhaftiert im KZ Sachsenhausen.
Funktionen nach 1945: Stadtverordneter Kassel.
Weitere Hinweise: wohnte in Kassel, Ysenburgstraße 54 (Mitte der 1940er-Jahre).

* Hessische Nachrichten, 5. 11. 1952; Handbuch des Vereins Arbeiterpresse, 2. Aufl. 1927, S. 249; Florian Till Patzer, Fritz Klingler (1887–1952), in: Mielke/Heinz (Hrsg.) unter Mitarb. von Pietsch, Gewerkschafter in den Konzentrationslagern Oranienburg und Sachsenhausen, Bd. 4, S. 504–510.

Klus, Karl*

Geburtsdatum: 24. Februar 1883
Geburtsort: Schwentnig (Kreis Nimptsch, Schlesien)
Sterbedatum: 13. November 1974
Sterbeort: Hamburg
Beruf: Gärtner; später Eisenbahner
Partei: ab 1904 SPD; ab 1945 SPD; 1946/47 SED; ab 1947 SPD

Funktionen vor 1933: seit 1902 freigewerkschaftlich organisiert, u. a. im Allgemeinen Deutschen Gärtnerverein; ab 29. November 1918 Angestellter des DEV bzw. ab 1925 des EdED in Hamburg (Bezirk Altona) und ab 29. November 1918 zugleich Erster Bevollmächtigter und Geschäftsführer der EdED-Ortsgruppe Groß-Hamburg (bis Mai 1933); im September 1922 Teilnehmer der 2. ordentlichen Generalversammlung des DEV in München; 1925 Delegierter der 3. ordentlichen Generalversammlung des DEV; 1928 Delegierter der 2. und 1931 Delegierter der 3. ordentlichen Generalversammlung des EdED; Zweiter Vorsitzender des ADGB-Ortsausschusses in Altona; Arbeiterratsvorsitzender ADGB-Heimstätte; Landes- und Reichseisenbahnrat; 1927–1933 Senator in Hamburg; als Bevollmächtigter des EdED in Hamburg zeitweise Hauptvorstandsmitglied des EdED.

Verfolgung – Widerstand – Emigration: am 16. März 1933 vom Senatorenposten „beurlaubt"; am 8. Mai 1933 in Gewahrsam genommen bzw. für kurze Zeit inhaftiert, u. a. ab 14. Mai 1933 im Untersuchungsgefängnis Hamburg-Holstenplatz (am 29. Mai 1933 entlassen); als besoldeter Gewerkschaftsangestellter offiziell zum 1. Juli 1933 entlassen; ab 26. Juni 1933 nach Anweisung des Polizeipräsidenten von Altona-Wandsbek vom 23. Juni 1933 unter Polizeiaufsicht gestellt (mit zweimaliger täglicher Meldepflicht; Aufhebung der Meldepflicht 1934); zeitweise Angestellter des „Süddeutschen Unterstützungsvereins AG" in Leipzig [ein Zweck des Vereins war, den „Zusammenhalt der alten aktiven Eisenbahner" erhalten zu können, aber die „Ausbeute für den beabsichtigten Zweck war gleich Null" (Max Kellner)]; von Karl Blaß als Mitarbeiter in seinem Netzwerk angegeben, wurde als Bezirksstellenleiter Norddeutschland eingesetzt; musste Misshandlungen erdulden und war mehreren Hausdurchsuchungen ausgesetzt; 1937–1945 Bezirksleiter der „Allgemeinen Krankengeldzuschuß- und Sterbekasse V. V. a. G." für Sachsen und Thüringen; nach dem 20. Juli 1944 lag nach eigenen Angaben ein Haftbefehl für Klus im Rahmen der „Aktion Gewitter" vor, doch er konnte sich der Haft entziehen.

Funktionen nach 1945: Mitbegründer der Eisenbahngewerkschaft in Leipzig; ab 1. Oktober 1946 Dezernatsleiter bzw. Reichsbahnrat der Eisenbahndirektion Cottbus; vom 13./14. Dezember 1946 bis 1. Februar 1947 aus politischen Gründen in Polizeihaft (SBZ) in Cottbus (Vorwurf: „Verdacht auf Sabotage“ und „politische Unzuverlässigkeit“); im Juni 1947 Flucht in die Britische Besatzungszone; 1. Januar 1948 bis 31. März 1948 Zonensekretär der GdED der Britischen und US-amerikanischen Besatzungszone; ab 1. April 1948 hauptamtliches und besoldetes Vorstandsmitglied der GdED; Mitte Oktober 1949 Delegierter der GdED auf dem Gründungskongress des DGB (meldete sich auch zu Wort); im Anschluss Leiter der Hauptabteilung Organisation der GdED; ab 1952 Zweiter Vorsitzender der GdED.

Weitere Hinweise: Träger des Bundesverdienstkreuzes; wohnte in Hamburg, Kegelhoffstraße 31 (Ende der 1940er-Jahre); wurde anlässlich seines 90. Geburtstages für seine Verdienste als Widerständler und Demokrat durch die ITF ausgezeichnet.

* Staatsarchiv Hamburg, Bestand 351-11, Nr. 6591, Entschädigungsakte von Karl Klus; Staatsarchiv Hamburg, Bestand 424-4, Nr. K 214, Personalakte von Karl Klus (vor 1933); Staatsarchiv Hamburg, Bestand 331-3, Nr. 18366, Überwachungsakte der Politischen Polizei betr. Karl Klus (aus dem Kaiserreich); SAPMO-BArch, DY 40/1600, „Scheffel-Manuskript“, Kapitel „Der Nazismus tritt stärker in Erscheinung“, Bl. 20; DY 40/1595, Manuskript, Kapitel „Die Arbeitsgemeinschaft für das Transportgewerbe“, Bl. 40; BLHA, Rep. 401, Rat des Bezirkes Potsdam, VdN-224, VdN-Akte von Karl Blaß; ITF-Newsletter, Nr. 12, Dezember 1974, S. 12; AdsD, NL Max Kellner, 1/MKAE00022, „Ausschnitt aus der Widerstandsbewegung der deutschen Eisenbahner, insbesondere im Lande Sachsen mit Schwerpunkt Leipzig“, zum Teil abgedruckt in: Esters/Pelger/Schlingensiepen, Gewerkschafter im Widerstand, S. 140–150; Protokoll über die Verhandlungen der dritten ordentlichen General-Versammlung des Deutschen Eisenbahner-Verbandes vom 21. bis 26. Juni 1925 in Köln a. Rh.; Protokoll über die Verhandlungen der 2. ordentlichen Generalversammlung des EdED; Protokoll über die Verhandlungen der 3. ordentlichen Generalversammlung des EdED; Protokoll Gründungskongreß des Deutschen Gewerkschaftsbundes für das Gebiet der Bundesrepublik Deutschland. München, S. 256; Mielke (Bearb.) unter Mitarb. von Rütters, Becker und Fichter, Organisatorischer Aufbau der Gewerkschaften, S. 974, 1133.

Knecht, Wilhelm*

Geburtsdatum: 1. Dezember 1906
Geburtsort: London
Sterbedatum: 31. August 1984
Sterbeort: München
Beruf: Kellner (ab 1925 bei der Mitropa)
Partei: bislang nicht bekannt

Funktionen vor 1933: war Mitglied des „Zentralverbandes der Hotel-, Restaurant- und Café-Angestellten“ (Funktionen sind bislang nicht bekannt).

Verfolgung – Widerstand – Emigration: gehörte der Widerstandsgruppe „Rote Rebellen“ um Franz Faltner an; am 29. April verhaftet und aus der „Mitropa“ entlassen; im Anschluss bis 9. Juli 1936 in Untersuchungshaft im Gefängnis München-Stadelheim; am 9. Juli 1936 durch das OLG München zu einem Jahr und zwei Monate Gefängnis verurteilt; unter Einbeziehung der Untersuchungshaft erklärte das Gericht die Strafe für verbüßt; kam dennoch in „Schutz-

haft“ im Gefängnis der Bayerischen Politischen Polizei (bis 21. Juli 1936); anschließend vom 21. Juli 1936 bis 2. Februar 1938 im KZ Dachau inhaftiert.
Funktionen nach 1945: bislang nicht bekannt.
Weitere Hinweise: bislang nicht bekannt.

* BArch, NJ 9445, Anklageschrift und Urteil; Pilwousek (Hrsg.), Verfolgung und Widerstand, S. 224.

Koch, Erwin*

Geburtsdatum: 25. Januar 1892
Geburtsort: Oßweil-Ludwigsburg
Sterbedatum: 23. Juni 1942
Sterbeort: Stuttgart (Bad Cannstatt)
Beruf: Schriftsetzer
Partei: vor 1933 SPD
Funktionen vor 1933: ab 1. Juli 1921 DEV, ab 1925 EdED-Angestellter in Stuttgart; Mitglied des Aufsichtsrates der Vereinsdruckerei; u. a. ab 1927 Zweiter Vorsitzender der SPD in Ludwigsburg.
Verfolgung – Widerstand – Emigration: Mitglied der EdED-Widerstandsgruppe um Karl Molt; in Haft vom 24. Juli 1938 bis 30. August 1938.
Funktionen nach 1945: –
Weitere Hinweise: verzog 1931 von Ludwigsburg (Vordere Schloßstraße 23) nach Stuttgart (Bad Cannstatt); verheiratet mit Julia Koch, geborene Kleppe (geb. 31. Juli 1888).

* SAPMO-BArch, Widerstandskartei, Erwin Koch; StA Ludwigsburg, FR LB Bd. 36, Bl. 239; StA Ludwigsburg, EMA, Koch, Erwin; StA Stuttgart, Sterberegister Stuttgart-Bad Cannstatt, Nr. 401/1942: Koch, Erwin; Handbuch des Vereins Arbeiterpresse, 2. Aufl. 1927, S. 527; Mielke/Frese (Bearb.), Die Gewerkschaften im Widerstand und in der Emigration, S. 405; Auskunft des StA Ludwigsburg (Regina Witzmann), 18. 3. 2016; Auskunft des StA Stuttgart (Ania Michaelis), 28. 4. 2016.

Koch, Heinrich*

Geburtsdatum: 7. Oktober 1880
Geburtsort: bislang nicht bekannt
Sterbedatum: bislang nicht bekannt
Sterbeort: bislang nicht bekannt
Beruf: Schreiner, Gewerkschaftsangestellter
Partei: Zentrum

Funktionen vor 1933: ab 1. Juni 1921 hauptamtlicher Funktionär der GdE in Elberfeld, zuletzt Leiter des Gaubüros in Elberfeld (am 31. August 1933 „offiziell" ausgeschieden).
Verfolgung – Widerstand – Emigration: 1933 entlassen; erhielt Hausverbot für das Gewerkschaftshaus, in dem die GdE ihre Geschäftsräume hatte und wurde von der SA bedroht.
Funktionen nach 1945: bislang nicht bekannt.
Weitere Hinweise: ab 1934 Inhaber eines Tabakwarengeschäfts in Elberfeld (Wupperstraße 7).

* NLA – Standort Wolfenbüttel, 4 Nds, Zg. 41/1992, Nr. 1283, Unterlagen der DAF bzw. des „Deutschen Arbeiterverbandes der öffentlichen Betriebe", 1933; Auskunft des StA Wuppertal (Markus Teubert), 22. 9. 2015.

Koch, Kurt*

Geburtsdatum: 27. Juli 1890
Geburtsort: Niederhermsdorf (Sachsen)
Sterbedatum: 29. September 1944
Sterbeort: KZ Sachsenhausen
Beruf: Streckenwärter; Weichenwärter; Stellwerksmeister; selbstständiger Seifenhändler
Partei: ab 1910 SPD; ab 1917 USPD; 1922–1928 KPD; ab 1928 SPD
Funktionen vor 1933: ab 1910 gewerkschaftlich organisiert; seit 1919 Betriebs-/Beamtenrat vermutlich im Raum Freital (Sachsen); Mitglied des Bezirksbetriebsrates und Hauptbeamtenrat der Deutschen Reichsbahn-Gesellschaft; verschiedene Funktionen im DEV bzw. ab 1925 im EdED; 1918–1921 Mitglied der Gemeindevertretung Potschappel (Sachsen); 1922–1928 Stadtverordneter Freital (Sachsen); 1928 Delegierter der 2. ordentlichen Generalversammlung des EdED.
Verfolgung – Widerstand – Emigration: nach der Machtübernahme der Nationalsozialisten entlassen; laut „Organisationsplan" von Hans Jahn vom 1. März 1936 wird ein gewisser „Koch" als „Ersatzmann" für den Gaugrafen Max Kellner in der EdED-Widerstandsgruppe im „9. Gau Sachsen. Vorort Leipzig" benannt (vermutlich handelt es sich um Kurt Koch); am 22. August 1944 verhaftete die Gestapo Koch im Rahmen der „Aktion Gewitter"; es soll auch ein Hinweis gefunden worden sein, dass sich Koch an einer Aktion beteiligte, die in Freital in der Folge des Attentats auf Hitler durchgeführt wurde; zunächst für kurze Zeit im Gefängnis von Döhlen inhaftiert; im Anschluss im KZ Sachsenhausen in Haft (Häftlingsnummer 102154, Häftlingsblock 59); weniger als einen Monat später verstarb Koch im KZ (die genaue Todesursache ist bislang nicht bekannt); war ins Widerstandsnetzwerk um Jahn involviert; zumindest gibt Max Kellner an, dass er Kontakte zu einem Eisenbahner, namens Kurt Koch, Dresden-Laubegast hatte; Alfred Förster gibt bei seiner Vernehmung ebenfalls an, sich an einen Kurt Koch, damals (vor 1933) in Leipzig wohnhaft, zu erinnern, der als Bezirksbeamtenrat bei der Reichsbahndirektion Dresden beschäftigt war; Bürgenaussage Max Urban: „Seit 1933 war Kam. Koch dauernder Verfolgungen und anderen Schikanen ausgesetzt. Es

erfolgte seine Entlassung aus dem Reichsbahndienst. [...] Kam. Koch blieb trotzdem der alte Kämpfer, wie er vordem gewesen war."; nach Aussage seiner Frau hielt er sich u. a. als Vertreter für Seifen über Wasser, was ein weiterer Indiz für die Mitarbeit im Jahn-Netzwerk ist, da Jahn 1934/35 ebenfalls einen Seifenhandel vertrat.

Funktionen nach 1945: –

Weitere Hinweise: trat 1928 als oppositioneller Kandidat bei der Urabstimmung für die Delegierten zum Verbandstag im Bezirk Sachsen an; 1933 aus dem Reichsbahndienst entlassen; Aufsichtsrat der AG Kraftwerke und Freitaler Kreditbank; Benennung eines Kurheims der Deutschen Reichsbahn und eines Volksheilbads des FDGB in Bad Elster nach ihm, außerdem geht aus einem Schreiben des Sozialamtes Freital vom 3. August 1949 hervor, dass nach Koch eine Straße benannt wurde und „auf dem Dresdner Hauptbahnhof eine Gedenktafel an den Tod des aufrichtigen Kämpfers erinnert [...]"; seit 16. Juni 1918 verheiratet mit Martha Ida Koch, geborene Hetz (geb. 29. Dezember 1893); hatte zwei Kinder: Gertrud (geb. 9. Oktober 1912) und Hildegard Martha (geb. 11. März 1921).

* AdsD, Bestand ITF, 5/ITFA, Mappe 46, „Organisations-Anlage" von Hans Jahn über den Stand der illegalen Organisation der Eisenbahner im Deutschen Reich, o. D. [1. 3. 1936]; SAPMO-BArch, RY 1/I2/8/70, Bl. 7, Unterlagen zum Widerstand; BArch, NJ 2229, Bd. 1, Bl. 28, Unterlagen der Gestapo und der NS-Justiz zur Verfolgung illegaler EdED-Strukturen; Protokoll über die Verhandlungen der dritten ordentlichen General-Versammlung des Deutschen Eisenbahner-Verbandes vom 21. bis 26. Juni 1925 in Köln a. Rh.; Protokoll über die Verhandlungen der 2. ordentlichen Generalversammlung des EdED; Gewerkschaft Transnet (Hrsg.), Zukunft hat Vergangenheit, S. 64; Benedikt Hotz, Kurt Koch (1890–1944), in: Mielke/Heinz (Hrsg.) unter Mitarb. von Pietsch, Gewerkschafter in den Konzentrationslagern Oranienburg und Sachsenhausen, Bd. 4, S. 515–117.

Koch, Ludwig*

Geburtsdatum: 3. Juni 1909
Geburtsort: München
Sterbedatum: 12. September 2002
Sterbeort: München
Beruf: Maschinenschlosser
Partei: ab 1927 SAJ; ab 1930/31 ISK; ab 1945/46 SPD

Funktionen vor 1933: 1923–1933 Übernahme von Funktionen im DEV bzw. ab 1925 im EdED.

Verfolgung – Widerstand – Emigration: verteilte illegale Flugblätter des ISK; Leiter der illegalen ISK-Gruppe in München; Festnahme am 25. Juli 1938; ab 28. Juli 1938 in „Schutzhaft" im Gefängnis München, Corneliusstraße und München-Stadelheim; am 24. Oktober 1938 mit anderen ISK-Mitgliedern aus Augsburg und München angeklagt; am 17. April 1939 vom VGH wegen „Vorbereitung zum Hochverrat" unter Anrechnung der Untersuchungshaft zu acht Jahren Zuchthausstrafe verurteilt; bis 14. April 1945 in Haft (in den Zuchthäusern Amberg, Zweibrücken, Creussen, Bayreuth); US-amerikanische Soldaten befreiten ihn aus der Haft.

Funktionen nach 1945: 1946–1949 DGB-Jugendsekretär Kreis München; 1953–1973 DGB-Kreisvorsitzender in München; 1960–1972 Stadtrat in München (SPD) und stellvertretender Kreisvorsitzender der Partei; ab 1955 Mitglied des DGB-Landesbezirksvorstandes.
Weitere Hinweise: bis 1932 im Reichsbahnausbesserungswerk München tätig; ab 1937 Beschäftigung in der elektrischen Versuchsanstalt der Deutschen Reichsbahn; in München ist nach Koch eine Straße benannt.

* Anklageschrift des VGH 10J291/38, 24. 10. 1938, in: Nationalsozialismus, Holocaust, Widerstand und Exil 1933–1945, Online-Datenbank; Nach Bildung und dem Schönen streben, in: Welt der Arbeit (Bayern), 10. 12. 1954; Ludwig Koch. Ehemaliger DGB-Vorsitzender [in München], in: Süddeutsche Zeitung, 18.7. 1989; Todesanzeige, in: SZ, 13. 10. 1983; Der neue Landesbezirksvorstand, in: Welt der Arbeit, 28. 1. 1955; Marion Detjen, Zum Staatsfeind ernannt. Widerstand, Resistenz und Verweigerung gegen das NS-Regime in München, München 1998, S. 112 ff.; Pilwousek (Hrsg.), Verfolgung und Widerstand, S. 225 f.

Köster, Karl*

Geburtsdatum: 12. November 1888
Geburtsort: Hemelingen (heute: Bremen)
Sterbedatum: 7. Januar 1965
Sterbeort: Bremen
Beruf: Dreher; seit 1913 in Eisenbahnwerkstatt beschäftigt
Partei: ab 1907 SPD; ab 1945 SPD
Funktionen vor 1933: 1907–1913 Mitglied des DMV; ab 1913 Mitglied des Deutschen Transportarbeiter-Verbandes; ab 1917 (ehrenamtlicher) Bevollmächtigter der DEV-Ortsgruppe Bremen und „Ersatzmann" im Vertrauensausschuss bei der Deutschen Reichsbahn-Gesellschaft; 1920 Mitglied in der Unterstützungsvereinigung der in der modernen Arbeiterbewegung tätigen Angestellten in Bremen; ab 1. Januar 1919 Angestellter im DEV, ab Juli 1919 hauptamtlicher Bevollmächtigter des DEV bzw. ab 1925 des EdED in Bremen (bis Mai 1933); 1925 Delegierter der 3. ordentlichen Generalversammlung des DEV; 1919–1924 Gemeinderat in Hemelingen.
Verfolgung – Widerstand – Emigration: 2. Mai 1933 bis 23. Mai 1933 inhaftiert; nahm im August 1933 illegale Kontakte zur ITF in den Niederlanden auf, u. a. zu Hans Jahn; am 5. November 1933 erneut verhaftet und bis 5. Dezember 1933 „Schutzhaft" wegen des Verdachts, einer illegalen SPD-Gruppe anzugehören; im Anschluss weiter im Widerstand tätig; laut „Organisationsplan" von Hans Jahn vom 1. März 1936 „Ersatzmann" für den Gaugrafen Carl Schnakenberg in der EdED-Widerstandsgruppe im „4. Gau Oldenburg. Vorort Bremen"; es sind konspirative Treffen mit Franz Apitzsch und Carl Schnakenberg sowie Franz Scheffel bekannt, wenngleich ihm eine illegale Tätigkeit nicht nachgewiesen werden konnte; am 24. Juli 1940 erneut wegen des Verdachts auf Widerstandstätigkeiten festgenommen;

Hausdurchsuchung am gleiche Tage, dabei wurde belastendes Material gefunden („eine größere Anzahl verbotener Bücher und Broschüren […] im verschlossenen Schreibtisch in der Wohnstube und in Kisten verpackt im Keller"; die Durchsuchung fand parallel zur Hausdurchsuchung bei Carl Schnakenberg statt (BArch, NJ 2229, Bd. 1, Bl. 147); Köster musste Verhöre über sich ergehen lassen und wurde im Bremer Gefängnis „Ostertor" inhaftiert; man entließ ihn jedoch am 5. August 1940 wieder aus der Haft, da keine Beweise für illegale Bestrebungen erbracht werden konnten.

Funktionen nach 1945: in führender Position am Gewerkschaftsneuaufbau in Bremen und der Britischen Besatzungszone beteiligt; Spartenleiter für den Bereich Transport, Verkehr und öffentliche Betriebe; später Vorsitzender des Verbandes für Transport, Verkehr und öffentliche Betriebe in Bremen; Anhänger der Idee einer zentralistischen Einheitsgewerkschaft; ab Oktober 1946 Mitglied der Bremer Bürgerschaft; mehrere Funktionen in der ÖTV und im DGB, u. a. zeitweise Mitglied des Hauptvorstandes der ÖTV.

Weitere Hinweise: zeitweise als Drucker tätig; arbeitete ab 1943 als Dreher bei den „Borgwardt"-Werken.

* SAPMO-BArch, Widerstandskartei, Karl Köster; BArch, NJ 2229, Bde. 1 und 2, Unterlagen der Getsapo und NS-Justiz zur Verfolgung illegaler EdED-Strukturen (mit Details zum Lebensweg von Karl Köster, u. a. Festnahmebericht, 26. 7. 1940); AdsD, Bestand ITF, 5/ITFA, Mappe 46, „Organisations-Anlage" von Hans Jahn über den Stand der illegalen Organisation der Eisenbahner im Deutschen Reich, o. D. [1. 3. 1936]; Protokoll über die Verhandlungen der dritten ordentlichen General-Versammlung des Deutschen Eisenbahner-Verbandes vom 21. bis 26. Juni 1925 in Köln a. Rh.; Handbuch des Vereins Arbeiterpresse, 2. Aufl. 1927, S. 231; Mielke/Frese (Bearb.), Die Gewerkschaften im Widerstand und in der Emigration, S. 363; Zimmermann, 100 Jahre ÖTV, S. 119 ff.; Mielke (Bearb.) unter Mitarb. von Rütters, Becker und Fichter, Organisatorischer Aufbau der Gewerkschaften, S. 831, 833, 1105 f.

Komorowski, Wilhelm [auch: Komorowsky, Willi]*

Geburtsdatum: 31. Dezember 1906

Geburtsort: Köln

Sterbedatum: 27. Februar 2000

Sterbeort: Siegburg

Beruf: Schlosser bzw. Maschinenschlosser

Partei: vor 1933 SPD; ab 1933 NSDAP; ab 1945 SPD

Funktionen vor 1933: ab Anfang der 1920er-Jahre Mitglied des EdED und Übernahme verschiedener Funktionen; Betriebsrat; Mitglied des EdED-Ortsvorstandes in Köln-Nippes; Übernahme von Funktionen in der SPD, u. a. zeitweise Jugendführer der SAJ in Köln.

Verfolgung – Widerstand – Emigration: Kontakte zu Hans Jahn und zur ITF (vgl. VGH-Urteil Funger, 3. 12. 1937); laut „Organisationsplan" von Hans Jahn vom 1. März 1936 Bezirksleiter der EdED-Widerstandsgruppe im „4. Bezirk. Südliche Ruhr. Vorort: Opladen";

galt als wichtiger Funktionär in der Illegalität nicht nur im gewerkschaftlichen Bereich, auch für ISK in Opladen; festgenommen und am 3. Dezember 1937 im Prozess gegen Hans Funger und andere wegen „Vorbereitung zum Hochverrat" zu zehn Jahren Zuchthaus verurteilt: „Der Angeklagte Komorowsky mag durch den Angeklagten Pester, der früher schon in seinem Beruf und in seiner gewerkschaftlichen Arbeit sein Lehrmeister war, in die illegale Tätigkeit im Sommer 1934 hereingekommen sein. Er hat jedoch bald und während der ganzen Zeit eine rege Betriebsamkeit bei den zahlreichen Besprechungen, seinen häufigen Fahrten ins Ausland und bei der Aufnahme der Verbindung mit dem radikal arbeitenden ISK. entfaltet. Seine gegen den nationalsozialistischen Staat gerichtete illegale Betätigung zeugt aber in besonders hohem Grade von Treue- und Charakterlosigkeit: er war als Bahnschutzmann ausgebildet und verpflichtet und gehörte seit dem Jahre 1933 der NSBO und der NSDAP an. Obwohl ihm gerade bei den Versammlungen der NSDAP die staatsfeindlichen Bestrebungen aller marxistischen Kreise und Richtungen, die Aufbaubestrebungen des nationalsozialistischen Staates und sein Kampf gegen die staatszersetzenden Elemente klar vor Augen geführt wurde, hat er sich nicht gescheut, gegen den nationalsozialistischen Staat jahrelang zu arbeiten." (Urteil, Bl. 86 f.); die Ehefrau reichte verschiedene Gnadengesuche ein (1938–1940).
Funktionen nach 1945: ab 1947 Gewerkschaftssekretär; ab 1948 Bezirksleiter der ÖTV, Fachgruppe Reichsbahn in Wuppertal; 1956–1971 Ortsbevollmächtigter der GdED in Siegburg.
Weitere Hinweise: arbeitete im Reichsbahnausbesserungswerk in Opladen; wohnte 1933 in Köln; verheiratet mit Gerda Komorowski; wohnte in Köln, Liebigstraße 241 (1930er-Jahre).

* AdsD, Bestand ITF, 5/ITFA, Mappe 46, „Organisations-Anlage" von Hans Jahn über den Stand der illegalen Organisation der Eisenbahner im Deutschen Reich, o. D. [1. 3. 1936]; BArch, R 58/3297, Zusammenfassung von Ergebnissen der Vernehmung von Willi Komorowsky, 5. 5. 1937; LAV NRW R, RW 58, Nr. 44275, Unterlagen der Gestapo Düsseldorf; LAV NRW R, Rep. 112, Nr. 7666, Gerichtsunterlagen (Aktenzeichen: 1b Js 625/37); Anklageschrift des Reichsanwaltes beim VGH, 29. 9. 1937, und Urteil des VGH 9J315/37-2H50/37 gegen Hans Funger, Heinrich Tillier, Paul Emmen, Hugo Bachmann, Leo Radtke, Wilhelm Komorowski, Max Pester und Heinrich Malina, 3. 12. 1937, in: Nationalsozialismus, Holocaust, Widerstand und Exil 1933–1945, Online-Datenbank; Mielke/Frese (Bearb.), Die Gewerkschaften im Widerstand und in der Emigration, S. 359, 361 f., 416, 427; Eichmann, Auch wenn andere die Weichen stellten, S. 163; Esters/Pelger/Schlingensiepen, Gewerkschafter im Widerstand, S. 11, 41 ff., 43, 48 ff., 62 ff., 68 ff., 87, 160 ff.; Auskunft des StA Köln (Thomas Deres), 4. 12. 2015.

Koslowski, Friedrich*

Geburtsdatum: 8. Oktober 1894
Geburtsort: Linkenau
Sterbedatum: 8. März 1969
Sterbeort: Remscheid
Beruf: Angestellter

Partei: vor 1933 SPD

Funktionen vor 1933: ab 1. Januar 1923 Angestellter des DEV bzw. ab 1925 des EdED in Essen; 1931 Delegierter der 3. ordentlichen Generalversammlung des EdED.

Verfolgung – Widerstand – Emigration: anlässlich der Zerschlagung der Gewerkschaften am 2. Mai 1933 – zusammen mit anderen Funktionären der ADGB-Gewerkschaften – in Essen verhaftet und in „Schutzhaft" genommen (zugleich erfolgte die Entlassung); später von der Gestapo als potentieller „Systemgegner" erfasst und nochmals für kurze Zeit in Haft; hielt sich nach eigenen Angaben nach 1933 von der politischen Arbeit fern.

Funktionen nach 1945: 1945 und in den folgenden Jahren am Neuaufbau und als Verwalter des städtischen Altenheims „Stockder-Stiftung" im Dienst der Stadt Remscheid tätig.

Weitere Hinweise: nach Angaben auf einer Meldekarte in Essen wohnte Koslowski 1920 in der Lenbachstraße 25 und zog 1927 in die De-Wolf-Straße 14 um; 1940 zog er mit seiner Ehefrau und mehreren Kindern nach Remscheid, dort wohnhaft Vieringhausen 64.

* SAPMO-BArch, Widerstandskartei, Friedrich Koslowski; StA Remscheid, D_50-0_1_14, Personalakte Friedrich Koslowski; Protokoll über die Verhandlungen der 3. ordentlichen Generalversammlung des EdED; Nationalzeitung, 3. 5. 1933; Handbuch des Vereins Arbeiterpresse, 2. Aufl. 1927, S. 308; Dietrich Scheibe/Margit Wiegold-Bovermann, „Morgen werden wir die Gewerkschaftshäuser besetzen". Die Zerschlagung der Gewerkschaften in Rheinland-Westfalen-Lippe am 2. Mai 1933, Essen 2003, S. 195; Auskunft des StA Essen (Jutta Vonrüden-Ferner und Kevin Bätzel), 2. 3. 2016; Auskunft des StA Remscheid (Viola Schwanicke), 10. 3. 2016.

Kotzur, Theodor*

Geburtsdatum: 20. Januar 1883

Geburtsort: Cottbus

Sterbedatum: 1953

Sterbeort: Berlin-Mahlsdorf

Beruf: Textilwerkmeister (gelernt); Eisenbahnarbeiter, Redakteur

Partei: ab 1903 SPD; ab 1946 SED

Funktionen vor 1933: 1909–1917 Gewerkschaftsangestellter (Geschäftsführer) des Textilarbeiterverbandes in Neumünster (dort bereits Mitglied seit 1900); ab 1916 Mitwirkung beim Aufbau des DEV; 1917–1919 verantwortlicher Redakteur des „Weckruf"; ab 1919 Mitglied des Vorstandes, 1920–1922 stellvertretender bzw. Dritter DEV-Vorsitzender (verantwortlich für Beamtenfragen); 1919–1922 gewählter Redakteur des DEV-Verbandsorgans; seit Gründung Mitglied, ab 1922 Vorsitzender der Beamtenzentrale des ADGB; seit Gründung am 18. Juni 1922 stellvertretender Vorsitzender (Zweiter Vorsitzender) und Mitglied des Hauptvorstandes des ADB (bis Auflösung) (als DEV-Vertreter); 1925 nicht stimmberechtigter Vertreter des Vorstandes des 1. Bundeskongresses des ADB; 1930 Delegierter (mit beratender Stimme) des 3. Bundeskongresses des ADB.

Verfolgung – Widerstand – Emigration: nach eigenen Angaben nicht entlassen, da sich der ADB zum Zeitpunkt der Gleichschaltung selbst aufgelöst hatte; illegale Tätigkeit 1933 bis 1945: „in einem getarnten Verlagsunternehmen, in dem ein Teil der gewerkschaftlichen Beamtenorganisation enthalten war. Denunziationen und Verfolgungen seitens der Naziorganisation zwangen zur Niederlegung des Postens als Verlagsleiter und Geschäftsführer. In den letzten Jahren vor dem Kriegsende Beschäftigung als einfacher Angestellter in der technischen Abteilung des Unternehmens."; ab 1933 Mitherausgeber und Vertrieb einer „Beamtenzeitung mit Versicherung", um „etwas zu verdienen und so gleichzeitig in den ersten Monaten eine lose Verbindung unter den Beamten aufrecht zu erhalten." (Max Kellner); im Jahr 1935 bei „weiteren Sitzungen in Berlin [...] wurde erkennbar, daß in Berlin noch eine andere Gruppe um den Kollegen Kotzur illegal arbeitete und sich jetzt eifrig um die Führung in Deutschland bemühte; die Leipziger Kollegen mit ihrem eingespielten Apparat lehnten aber zunächst eine Fusion ab"; von den führenden ITF-Funktionären sei jedoch Nathan Nathans „der Gruppe ‚Kotzur' mit dem Sitz Berlin zugetan" gewesen (Max Kellner, Bl. 9).
Funktionen nach 1945: 1945 Beteiligung am Aufbau des Verbandes für Eisenbahn, Post und Fernmeldewesen Groß-Berlin; Mitglied des Vorstandes und ab Ende 1945 Vorsitzender der Abteilung Eisenbahn des Verbandes (Vorgänger IG Eisenbahn); 1946 auf der 1. Delegiertenkonferenz des FDGB Groß-Berlin in den Vorstand gewählt; auf 1. Zentraldelegiertenkonferenz der IG Eisenbahn im FDGB am 17. und 18. Juni 1946 als Vorsitzender gewählt; im Februar 1949 von der SED erzwungener Rücktritt.
Weitere Hinweise: 1897–1900 Tuchmacherlehre in Cottbus, zugleich Ablegung der Werkmeisterprüfung an der Preußischen Höheren Fachschule für Textilindustrie in Cottbus 1898–1900 mit Auszeichnung; 1909–1916 Vorsitzender des Ortsvereins Neumünster der SPD; 1919–1921 Mitglied des Reichstages; danach Mitglied des Vorläufigen Reichswirtschaftsrates; Mitglied des erweiterten Bezirksvorstandes der SPD Berlin; Beamtenbeirat beim Vorstand der SPD; wohnte in Berlin-Mahlsdorf, Theodorstraße 44 (1930er- bis 1950er-Jahre); seit 1905 verheiratet mit Luise Kotzur, geborene Schuster; hatte drei Kinder: Paul, Luise und Max.

* SAPMO-BArch, Widerstandskartei, Theodor Kotzur; SAPMO-BArch, ZGA FDGB F 6049 [alte Signatur]; SAPMO-BArch, DY 34/26243, Personalakte Theodor Kotzur; AdsD, NL Max Kellner, 1/MKAE00022, „Ausschnitt aus der Widerstandsbewegung der deutschen Eisenbahner, insbesondere im Lande Sachsen mit Schwerpunkt Leipzig", zum Teil abgedruckt in: Esters/Pelger/Schlingensiepen, Gewerkschafter im Widerstand, S. 140–150; Rütters (Bearb.) unter Mitarb. von Goers, Der Freie Deutsche Gewerkschaftsbund, S. 72, 335, 453, 713 und zahlreiche andere Angaben.

Kraft, Wilhelm*

Geburtsdatum: 11. Juli 1889
Geburtsort: Bad Cannstatt

Sterbedatum: 9. August 1971
Sterbeort: Stuttgart-Untertürkheim
Beruf: Maschinenschlosser
Partei: ab 1920 SPD; nach 1945 SPD

Funktionen vor 1933: zunächst gewerkschaftlich organisiert im DMV; Übernahme verschiedener Funktionen im EdED, u. a. zum Ende der Weimarer Republik ehrenamtliches und unbesoldetes Mitglied des Hauptvorstandes des EdED; Betriebsrat im Bahnbetriebswerk Stuttgart-Rosenheim; zeitweise Bezirksbetriebsratsvorsitzender; Mitglied des Hauptbetriebsrates der Deutschen Reichsbahn-Gesellschaft; 1931 Delegierter der 3. ordentlichen Generalversammlung des EdED; nahm als Delegierter vom 7. bis 13. August 1932 am ITF-Kongress in Prag teil.

Verfolgung – Widerstand – Emigration: nach der Machtübernahme der Nationalsozialisten aus dem Bahnbetriebswerk Stuttgart-Rosenheim entlassen; mehrere Hausdurchsuchungen und Beschlagnahmung der Bibliothek; am 7./8. März 1933 am Arbeitsplatz verhaftet und auf Intervention des Arbeitgebers nach einem Tag auf freien Fuß gesetzt; am 1./2. April 1933 erneute Festnahme und Polizeihaft; vom 10. April 1933 bis 20. Mai 1933 im KZ Heuberg inhaftiert; anschließend erwerbslos und illegale Arbeit für den EdED; von Mai 1937 bis Juli 1938 im Raum Stuttgart bzw. Untertürkheim am Aufbau illegaler EdED-Strukturen beteiligt; laut „Organisationsplan" von Hans Jahn vom 1. März 1936 Gaugraf in der EdED-Widerstandsgruppe im „14. Gau Württemberg. Vorort Stuttgart"; hatte zeitweise Verbindung zu Karl Molt; am 24. Juli 1938 Festnahme durch die Gestapo Stuttgart und im Anschluss verhört worden; im Anschluss Inhaftierung im KZ Welzheim; am 30. August 1938 aus Mangel an Beweisen auf freien Fuß gesetzt; im August 1940 von der Gestapo verhört worden; Kraft bestritt bei dem Verhör, „jemals eine illegale Arbeit" geleistet zu haben; aus Mangel an Beweisen wurde er freigelassen.

Funktionen nach 1945: beteiligt am Neuaufbau der Gewerkschaftsbewegung in der Region Untertürkheim und Stuttgart; ab März 1946 Reichsbahnrat und zwischen Juni 1948 und Juli 1954 Oberreichsbahnrat; Funktionär der Einheitsgewerkschaft der Eisenbahner in Württemberg und für diese Anfang Oktober 1947 Delegierter des II. Bundestages des Gewerkschaftsbundes Württemberg-Baden in Kornwestheim; September 1949 Delegierter des III. Bundestages Württemberg-Baden in Stuttgart-Feuerbach; vom 23. bis 26. März 1949 Teilnehmer des Vereinigungskongresses der GdED; Mitte Oktober 1949 Delegierter der GdED auf dem Gründungskongress des DGB; Mitglied des Hauptvorstandes der GdED.

Weitere Hinweise: wird zusammen mit Franz Apitzsch und Walter Oelkers von Erich Jacoby als einer derjenigen aufgezählt, mit denen Jacoby eine enge Freundschaft knüpfte; verheiratet mit Agatha Kraft, geborene Altenburger; nach Erwerbslosigkeit (1933–1935) Monteur bei „Daimler Benz" (bis Kriegsende); wohnte in Stuttgart-Untertürkheim, Friedrichstraße 10, später Margaretenstraße 24a (Ende der 1960er-Jahre).

* SAPMO-BArch, Widerstandskartei, Wilhelm Kraft; AdsD, Bestand ITF, 5/ITFA, Mappe 46, „Organisations-Anlage“ von Hans Jahn über den Stand der illegalen Organisation der Eisenbahner im Deutschen Reich, o. D. [1. 3. 1936]; StA Stuttgart, Geburtenregister Stuttgart-Bad Cannstatt Nr. 320/1889: Kraft, Wilhelm; StA Stuttgart, Sterberegister Stuttgart-Untertürkheim Nr. 58/1971: Kraft, Wilhelm; Staatsarchiv Ludwigsburg, EL 350 I, Bü 28039, Entschädigungsakte von Wilhelm Kraft; Protokoll über die Verhandlungen der 3. ordentlichen Generalversammlung des EdED; BArch, R 58/3397, Bl. 189–191, „Liste betr. ITF – Festgenommen wurden wegen Vorbereitung zum Hochverrat am 21. Juli 1938“, o. D.; Protokoll der Verhandlungen des 2. Bundestages des Gewerkschaftsbundes Württemberg-Baden. 3. bis 5. Oktober 1947 in Kornwestheim, Stuttgart o. J., S. 4; Dritter Bundestag des Gewerkschaftsbundes Württemberg-Baden. 17. und 18. September 1949 in Stuttgart-Feuerbach. Schriftlicher Bericht des Vorstandes und Protokoll der Verhandlungen des Bundestages, hrsg. vom Bundesvorstand des Gewerkschaftsbundes Württemberg-Baden, Stuttgart o. J., S. 9; Jahrbuch 1930 des Einheitsverbandes der Eisenbahner Deutschlands, S. 144; Protokoll Gründungskongreß des Deutschen Gewerkschaftsbundes für das Gebiet der Bundesrepublik Deutschland, S. 256; Gottwaldt, Eisenbahner gegen Hitler, S. 70; Mielke/Frese (Bearb.), Die Gewerkschaften im Widerstand und in der Emigration, S. 366, 238, 361, 370 f., 379, 405, 408; Auskunft des StA Stuttgart (Ania Michaelis), 28. 4. 2016.

Kramer, Erwin*

Geburtsdatum: 22. August 1902
Geburtsort: Schneidemühl (Westpreußen/Piła, Polen)
Sterbedatum: 10. November 1979
Sterbeort: Berlin (Ost)
Beruf: Ingenieur (Elektrotechnik); später: Minister für Verkehrswesen; Generaldirektor der Deutschen Reichsbahn
Partei: ab 1929 KPD (bereits ab 1919 KJD/KJV bzw. ab 1925 KJVD; ab 1946 SED

Funktionen vor 1933: 1930–1932 Bauführer bei der Reichsbahndirektion Berlin; Übernahme von Funktionen in der RGO.

Verfolgung – Widerstand – Emigration: bereits 1932 in Haft in Berlin-Moabit; wegen drohenden Hochverratsprozesses Ende 1932 Emigration in die UdSSR (dort tätig als wissenschaftlicher Mitarbeiter des Zentralen Forschungsinstitutes für Verkehrswesen in Moskau); Teilnehmer des Spanischen Bürgerkrieges (Ing.-Offizier in der XI. Internat. Brigade, Instrukteur für das Pionierwesen); Februar 1939 bis April 1939 Internierung im Lager St. Cyprien in Frankreich; im Anschluss 1939 Rückkehr in die UdSSR; 1941 in der Sonderfahndungsliste „UdSSR“ durch die Gestapo erfasst; arbeitete zeitweise als Übersetzer u. Sprecher in der deutschen Redaktion des Moskauer Rundfunks und klärte dort über Verbrechen der Wehrmacht auf; Oktober 1941 Evakuierung nach Kuibyschew; Entlassung und Verwarnung durch die KPD-Führung; 1943 Ausschluss aus der KPD wegen angeblichen Verkaufs von Lebensmittelkarten auf dem Schwarzmarkt; 1945 Kursant einer politischen Schule in der Nähe von Moskau..

Funktionen nach 1945: Ende 1945 Rückkehr nach Deutschland; 1946 SED; ab 1946 Vizepräsident der Reichsbahndirektion Berlin; 1949/50 stellvertretender Generaldirektor der Deutschen Reichsbahn; 1950–1953 Generaldirektor der Deutschen Reichsbahn (Nachfolger von Willi

Kreikemeyer); 1953/54 Stellvertreter des Ministers für Verkehrswesen; 1954–1970 Minister für Verkehrswesen (Nachfolger von Roman Chwalek) u. Generaldirektor der Deutschen Reichsbahn; 1954–1970 Mitglied des ZK der SED; 1958–1979 Mitglied der Volkskammer.
Weitere Hinweise: das Reichsbahnausbesserungswerk Potsdam wurde nach Kramer benannt; war vor 1933 Angehöriger des M-Apparates der KPD.

* Erwin Kramer, in: Internationales Biographisches Archiv, Nr. 05/1980, 21. 1. 1980, im Munzinger-Archiv; Peter Erler/Helmut Müller-Enbergs, Kramer, Erwin, in: Helmut Müller-Enbergs/Jan Wielgohs/Dieter Hoffmann/Andreas Herbst/Ingrid Kirschey-Feix (Hrsg.), Wer war wer in der DDR?, 5. Ausgabe, Bd. 1, Berlin 2010, in: Online-Datenbank der Bundesstiftung Aufarbeitung, http://bundesstiftung-aufarbeitung.de/wer-war-wer-in-der-ddr-%2363%3B-1424.html?ID=1873 (14. 8. 2014).

Krause, Willi*

Geburtsdatum: 22. September 1893
Geburtsort: Berlin
Sterbedatum: bislang nicht bekannt
Sterbeort: bislang nicht bekannt
Beruf: Schlosser; Bahnarbeiter
Partei: ab 1912 SPD; ab 1918 USPD; ab 1923 SPD; ab 1946 SED (wurde ausgeschlossen)
Funktionen vor 1933: war Mitglied des DMV und übte vermutlich Funktionen an der Basis des Verbandes aus.
Verfolgung – Widerstand – Emigration: März bis Mai 1933 im KZ Oranienburg inhaftiert; ab 1933 illegal aktiv in sozialdemokratischen Widerstandszirkeln; ab ca. 1934 Mitglied der illegalen „Gruppe Nordbahn“ um Otto Scharfschwerdt (in dieser beteiligt an zahlreichen illegalen Aktivitäten); verhaftet am 22. Februar 1937; vom 16. April 1937 bis 17. Januar 1938 Untersuchungshaft in Potsdam und Plötzensee; vom Kammergericht Berlin am 20. Dezember 1937 wegen „Vorbereitung zum Hochverrat“ zu zwei Jahren Zuchthausstrafe verurteilt; im Anschluss in Haft im Zuchthaus Brandenburg-Görden (bis Februar 1939); vom 26. Juli 1944 bis 22. Dezember 1944 im KZ Sachsenhausen inhaftiert (Häftlings-Nr.: 83071).
Funktionen nach 1945: zeitweise Zweiter Bürgermeister in Liebenwalde.
Weitere Hinweise: arbeitete ab Ende 1935 in der Betriebswerkstatt der Niederbarnimer Eisenbahn in Basdorf (bei Berlin); verheiratet mit Hermine Krause, geborene Hollweg (geb. 18. August 1897); eine Tochter: Lieselotte Krause (geb. 17. Dezember 1923); wohnte in Liebenwalde, Angerstraße 38 (1930er-Jahre), später in Liebenwalde, Birkensteig 3 (1940er-Jahre); im Januar 1945 zum „Volkssturm“ eingezogen; geriet im April 1945 in russische Kriegsgefangenschaft (im September 1945 aus der Gefangenschaft entlassen); wurde aus der SED ausgeschlossen und verzog nach Berlin (West).

* BLHA, Rep. 401, Rat des Bezirks Potsdam, VdN-990, VdN-Akte von Willi Krause; BLHA, Rep. 333, SED-Landesvorstand Brandenburg, Nr. 1100; VVN-Aufnahmeantrag von Willi Krause; Auskunft des StA Liebenwalde (Uwe Schan), 24. 5. 2016.

Kreikemeyer, Wilhelm [auch: Kreikemeier, Willi]*

Geburtsdatum: 11. Januar 1894
Geburtsort: Magdeburg-Fermersleben
Sterbedatum: 31. August 1950 (nach Darstellung des MfS, der genaue Todestag ist unbekannt)
Sterbeort: Untersuchungshaftanstalt des MfS in Berlin-Mitte (laut Totenschein vom 9. Juli 1957 angeblich Suizid)
Beruf: Eisendreher; Generaldirektor der Deutschen Reichsbahn
Partei: ab 1913 SPD; ab 1918 USPD; ab 1919 „Spartakus"-Bund; ab 1920 KPD; ab 1946 SED
Funktionen vor 1933: zunächst gewerkschaftlich organisiert im DMV; zeitweise Sekretär des DEV in Magdeburg (bis wann ist unbekannt); ab Mai 1923 Sekretär des (kommunistischen) „Freien Eisenbahnerverbandes" (bis ca. Ende 1924); Übernahme von Funktionen in der KPD.
Verfolgung – Widerstand – Emigration: ab Februar 1933 Emigration in die Schweiz; dort verhaftet und ausgewiesen; lebte 1934/35 im Saargebiet; im Februar 1935 Emigration nach Frankreich (Paris); 1936 illegale Arbeit im Deutschen Reich; 1936 aufgrund des Spanischen Bürgerkrieges nach Spanien (Deckname „Viktor"); 1937 Kapitän und Politkommissar der XI. Brigade des Etkar-André-Bataillons; im Anschluss schwer verwundet; dann nach Albacete; dort 1937 Kaderchef der deutschen Abteilung, später Chefadjutant der Kaderabteilung aller Internationalen Brigaden; 1938 illegale Grenzarbeit in Luxemburg; Sept. 1939 bis Juni 1940 Internierung in Le Vernet (Frankreich); nach der Freilassung Fluchthelfer für KPD-Kader; ab Oktober 1941 Kontaktmann des Leiters des Unitarian Service Committee (USC) Noel H. Field; 1944 bis 1946 Leiter der Vereinigung deutscher Immigranten (UDIA) in Paris.
Funktionen nach 1945: 1946 Rückkehr nach Deutschland; ab März 1946 Referent des Stellvertretenden Generaldirektors der Deutschen Reichsbahn in der SBZ; Oberreichsbahnrat; mehrere Funktionen bei der Reichsbahndirektion; ab September 1947 Präsident der Reichsbahndirektion Berlin; Januar 1949 Generaldirektor der Deutschen Reichsbahn für die SBZ bzw. die DDR (Nachfolger von Willi Besener); am 24. August 1950 aus der SED ausgeschlossen (Noel-Field-Affäre); vom MfS inhaftiert.
Weitere Hinweise: ab 1918 bei der Deutschen Reichsbahn-Gesellschaft bzw. in deren Vorläuferunternehmen tätig; kein Eintrag im Sterberegister, keine Grabstelle; nach Zeugenaussagen (u. a. von Leo Bauer) 1951 noch am Leben; 29. März 1951 politisch motivierte Aberkennung des Status als „Opfer des Faschismus"; Juli 1957 interne Teilrehabilitierung durch die ZPKK; 1950–1957 versuchte die ab 1955 wieder in Frankreich lebende Ehefrau, das Schicksal ihres Ehemanns aufzuklären – ohne Erfolg.

* Röder/Strauss (Bearb.), Biographisches Handbuch, S. 393 f.; Weber/Herbst, Deutsche Kommunisten, 1. Aufl. 2004, S. 408–411; Bernd-Rainer Barth, Kreikemeyer, Willi, in: Helmut Müller-Enbergs/Jan Wielgohs/Dieter Hoffmann/Andreas Herbst/Ingrid Kirschey-Feix (Hrsg.), Wer war wer in der DDR?, 5. Ausgabe, Bd. 1, Berlin 2010, in: Online-Datenbank der Bundesstiftung Aufarbeitung, http://www.bundesstiftung-aufarbeitung.de/wer-war-wer-in-der-ddr-%2363%3B-1424.html?ID=1897 (14. 8. 2014) sowie zahlreiche andere Artikel und Publikationen.

Kreisel, Paul*

Geburtsdatum: 20. Juli 1894
Geburtsort: Coswig (Anhalt)
Sterbedatum: 19. Oktober 1979
Sterbeort: Berlin (Ost)
Beruf: Oberputzer
Partei: ab 1920 USPD; ab 1922 SPD; ab 1931 SAPD

Funktionen vor 1933: Mitglied des EdED-Bezirksvorstandes und Mitglied des EdED-Ortsvorstandes Dessau; Zweiter Vorsitzender des Bezirksbetriebsrates; 1928 Delegierter der 2. und 1931 Delegierter der 3. ordentlichen Generalversammlung des EdED.

Verfolgung – Widerstand – Emigration: wird im Adressenverzeichnis zum „Organisationsplan" von Hans Jahn (1936) als Angehöriger der EdED-Widerstandsgruppe erwähnt; nach Angaben von Hans Jahn in der „Organisationsskizze" von Ende 1938 „Stützpunktleiter" der illegalen „Organisation" in Coswig; im April 1933 als Betriebsrat abgesetzt; im September 1933 von der Reichsbahndirektion Halle entlassen; galt als „überzeugter Marxist" und soll „besonders stark gegen die nationalsozialistische Bewegung gearbeitet" haben (BArch, R 58/3399, Bl. 23, Unterlagen zur Verfolgung).

Funktionen nach 1945: Oberreichsbahnrat der Reichsbahndirektion Halle a. d. Saale.

Weitere Hinweise: vor 1933 mehrere Jahre aktiver Arbeitsrichter und Beisitzer beim Oberversicherungsamt; von September 1933 bis Oktober 1935 erwerbslos.

* BArch, R 58/3399, Bl. 23, 55, Unterlagen der Gestapo; SAPMO-BArch, RY 1/I2/3/149, Bl. 336 f.; AdsD, Bestand ITF, 5/ITFA, Mappe 46, Adressenverzeichnis zur „Organisations-Anlage" von Hans Jahn über den Stand der illegalen Organisation der Eisenbahner im Deutschen Reich, o. D. [1. 3. 1936]; Mielke/Frese (Bearb.), Die Gewerkschaften im Widerstand und in der Emigration, S. 361; BArch, R 3017/29433, Bl. 4, „Organisationsskizze" von Hans Jahn, 1. 12. 1938; StA Coswig (Anhalt), Geburtenbuch des Standesamtes, Reg.-Nr. 160/1894; Auskunft des Stadtarchivs Köthen (Monika Knof), 25. 1. 2016; Auskunft des Stadtarchivs Dessau-Roßlau, 25. 4. 2016; Auskunft des Stadtarchivs Coswig (Anhalt), 26. 4. 2016.

Krückeberg, Gottfried*

Geburtsdatum: 10. November 1888

Geburtsort: Marienrode (Kreis Hildesheim)

Sterbedatum: 22. März 1959

Sterbeort: Hannover

Beruf: Schlosser

Partei: vor 1933 SPD

Funktionen vor 1933: vermutlich Übernahme von Funktionen

Verfolgung – Widerstand – Emigration: Mitglied der „Sozialistischen Front"; am 27. September 1936 aus der Untersuchungshaft entlassen.

Funktionen nach 1945: bislang nicht bekannt

Weitere Hinweise: tätig u. a. im Reichsbahnausbesserungswerk Hannover-Leinhausen.

* PA Siegfried Mielke, Berlin, Unterlagen zum Lebensweg von Gottfried Krückeberg; StA Hildesheim, Best. 60 Marienrode, Geburtenregister Nr. 23/1888: Krückeberg, Gottfried; StA Hannover, Registernummer 259/1959 des Standesamt II Hannover, Sterberegister: Krückeberg, Gottfried; Auskunft des StA Hildesheim (Claudia Gaßmann), 17. 3. 2016.

Krüger, Edmund*

Geburtsdatum: 7. Januar 1889

Geburtsort: Rügenwalde

Sterbedatum: bislang nicht bekannt

Sterbeort: bislang nicht bekannt

Beruf: bislang nicht bekannt

Partei: bislang nicht bekannt

Funktionen vor 1933: ab spätestens 1922 Bezirkssekretär des liberalen AEV in Erfurt; später Gauleiter des EdED in Erfurt und Umgebung.

Verfolgung – Widerstand – Emigration: von Gestapo überwacht.

Funktionen nach 1945: bislang nicht bekannt.

Weitere Hinweise: 1937 Angestellter der Städtischen Werke Erfurt; später von Erfurt nach Köln-Lindenthal, Nidegger Straße 1 verzogen.

* SAPMO-BArch, Widerstandskartei, Edmund Krüger; BArch, R 58/3806, Bl. 3, Liste der Gestapo Berlin: Kommunisten und Marxisten, deren Tätigkeit über einen örtlich beschränkten Bezirk hinausging, b) Sozialdemokraten, 17. 6. 1937; Auskunft des StA Erfurt, 16. 9. 2015 (Sabine Jirschitzka-Löffler).

Kuczora, Theodor*
Geburtsdatum: 5. April 1889
Geburtsort: Gleiwitz
Sterbedatum: 18. November 1956
Sterbeort: Berlin (Ost)
Beruf: Schlosser
Partei: ab Ende 1918 USPD; später KPD
Funktionen vor 1933: 1910 während Wanderschaft Beitritt zum DMV; seit 1920 Mitglied und ab 1924 Betriebsratsvorsitzender im Reichsbahnausbesserungswerk Gleiwitz, Lokabteilung; 1924 vom DMV zum EdED übergetreten; ab 1929 Mitglied der EdED-Ortsverwaltung Gleiwitz; 1930 aus dem EdED ausgeschlossen; Funktionär der RGO; zeitweise Mitglied des Bezirksbetriebsrates der Reichsbahndirektion Breslau in Oppeln; 1926–1933 Stadtverordneter in Gleiwitz; Polleiter (KPD) der Zelle 3 im Lokwerk Gleiwitz.
Verfolgung – Widerstand – Emigration: vom 5. März 1933 bis Juni 1933 in „Schutzhaft"; weitere illegale Arbeit in Kooperation mit Roman Chwalek; am 7. August 1935 wurde er im Rahmen des „Hochnehmens" der illegalen Partei in Hindenburg, Beuthen, Gleiwitz und anderen Orten festgenommen, nach 18 Monaten Untersuchungshaft entließ man ihn am 6. Februar 1937 aus Mangel an Beweisen; am 21. Mai 1937 erfolgte eine erneute Verhaftung (Kuczora gab später an, er sei „verraten" worden); im August 1937 in Breslau zu einer zweijährigen Gefängnisstrafe verurteilt, die er im Strafgefängnis Berlin-Tegel verbüßte; am 21. Mai 1939 Überführung in das Polizeigefängnis am Alexanderplatz in Berlin; von dort am 16. September 1939 Überführung in das KZ Sachsenhausen; dort ab 17. September 1939 bis zur Befreiung des Lagers Ende April 1945 Häftling (Zugangsmeldung: „Schutzhäftling", Häftlings-Nr.: 333, Häftlingsblock 65, nach eigener Angabe in den Blöcken 1, 4, 9, 58 und 25 inhaftiert); beteiligte sich nach eigenen Angaben an illegalen Aktivitäten im KZ; wurde mehrfach misshandelt.
Funktionen nach 1945: Hausschlosser beim ZK der SED; später (ab 1. Juli 1952) für kurze Zeit beim Dietz-Verlag in Berlin (Ost) tätig; Funktionär der VVN.
Weitere Hinweise: seit 1919 im Reichsbahnausbesserungswerk Gleiwitz, Lokabteilung tätig; Mitglied des RFB, des Proletarischen Freidenkerbundes und der RHD; als Betriebsratsvorsitzender im Reichsbahnausbesserungswerk Gleiwitz zugleich Mitglied der lokalen Wohnungskommission der Deutschen Reichsbahn; als Stadtverordneter ab 1926 in folgenden Kommissionen: Krankenhaus, Schlachthof und Gefangenenbeirat; Geschworener und Schöffe bis 1933; 1932 bei der Deutschen Reichsbahn-Gesellschaft gemaßregelt; zeitweilig Mitarbeit im lokalen Erwerbslosenausschuss; stand im Widerstand in Verbindung mit Arthur Wyschka, der für Kuczora nach 1945 bürgte und aussagte, dass er mit ihm 1934/35 illegal im Sinne der KPD aktiv gewesen sei, außerdem waren beide gemeinsam im KZ; seine Frau ließ sich 1941 scheiden; wohnte in Gleiwitz, Wilzekstraße 27 (bis Mitte der 1930er-Jahre).

* LAB, C Rep. 118-01, Nr. 6990, OdF-Akte von Theodor Kuczora; AS, NL 38/1/348, Bl. 1–240, handschriftliche Kartei ehemaliger Häftlinge und VdN-Mitglieder; AS, D 30 A/10/1A, VVN-Sammlung KZ Sachsenhausen 1947–1953; AS, D 1 A/1024, Bl. 306, Veränderungsmeldung betr. Kuczura, Theodor, 17. 9. 1939.

Kühne, Otto*

Geburtsdatum: 12. Mai 1893
Geburtsort: Berlin
Sterbedatum: 8. Dezember 1955
Sterbeort: Brandenburg a. d. Havel
Beruf: Bohrer und Rundschleifer (bis 1914 Maschinenarbeiter)
Partei: 1919 USPD; ab 1920 KPD; ab 1945 KPD; ab 1946 SED

Funktionen vor 1933: seit 1912 gewerkschaftlich organisiert, kam Kühne laut Weber/Herbst „nach der Spaltung des Eisenbahnerverbandes" (DEV) in den „kommunistischen ‚Freien Eisenbahnerverband' und wurde 1922 hauptamtlicher Sekretär"; zeitweise Vorsitzender des Gesamtbetriebsrates der Deutschen Reichsbahn-Gesellschaft in Berlin und Mitglied des Hauptbetriebsrates im Reichsverkehrsministerium; Betriebsrat im Bahnbetriebswerk Pankow ab 1919; Übernahme mehrerer Funktionen, u. a. Spitzenfunktionen, in der KPD.

Verfolgung – Widerstand – Emigration: unmittelbar nach dem Reichstagsbrand verhaftet; am 13. März 1933 irrtümlich freigelassen; emigrierte im Juli 1933 unter dem Decknamen „Friedrich Kuhlmann" nach Dänemark, bald darauf nach Schweden und Norwegen; dort hatte er eine führende Rolle unter den Emigranten; weitere Emigrationsländer: UdSSR, Frankreich, Großbritannien – hier Zeuge im Gegenprozess zum Reichstagsbrandprozess – ließ sich im Oktober 1935 in Moskau nieder; 1937 Angehöriger der XI. Internationalen Brigade in Spanien, zuletzt Brigadekommissar; im Dezember 1938 Flucht nach Paris; bald darauf in La Rochelle interniert; bei Kriegsausbruch in das Lager Libourne überführt; 1940 Flucht nach Marseille; ab Ende 1942 bei der Résistance, Übernahme einer führenden Funktion; Juni 1943 zum Oberstleutnant befördert und ab Oktober 1944 in Marseille Leiter der deutschen KP-Organisation in der Provence.

Funktionen nach 1945: ab Mai 1945 wieder zurück in Deutschland; baute zusammen mit Richard Gladewitz im Gebiet von Trier und Koblenz die KPD neu auf; ab Juli 1945 in Berlin; bald darauf Vizepräsident der Deutschen Zentralverwaltung für Verkehr, nach Gründung der Deutschen Wirtschaftskommission Leiter der Hauptverwaltung Verkehr (im Dezember 1949 von dieser Funktion entbunden); ab 1950 Oberbürgermeister von Brandenburg a. d. Havel; erhielt im Zusammenhang mit dem Aufstand vom 17. Juni 1953 eine schwere Rüge wegen „kapitulantenhaften Verhaltens"; wurde als Bürgermeister und Mitglied der SED-Kreisleitung abgelöst.

Weitere Hinweise: arbeitete von 1919 bis 1925 im Bahnbetriebswerk Berlin-Pankow; wohnte in Berlin-Pankow, Crusemarkstraße 37 (Anfang der 1930er-Jahre).

* Röder/Strauss (Bearb.), Biographisches Handbuch, S. 401 f.; Weber/Herbst, Deutsche Kommunisten, 1. Aufl. 2004, S. 422 f.

Kuhn, Julius*

Geburtsdatum: 5. August 1883
Geburtsort: Kaiserslautern
Sterbedatum: 12. April 1956
Sterbeort: Kaiserslautern
Beruf: Schlosser
Partei: 1909–1930 SPD

Funktionen vor 1933: in jungen Jahren gewerkschaftlich organisiert; 1906–1920 Mitglied und zeitweise Funktionär des Süddeutschen Eisenbahn- und Postverbandes; ab 1921 Mitglied und Funktionär des DEV bzw. ab 1925 des EdED; 1920–1924 Mitglied des Stadtrates Kaiserslautern; 1924 bis März 1933 Betriebsratsvorsitzender im Reichsbahnausbesserungswerk Kaiserslautern.

Verfolgung – Widerstand – Emigration: laut „Organisationsplan" von Hans Jahn vom 1. März 1936 „Ersatzmann" für den Gaugrafen Oskar Vongerichten in der EdED-Widerstandsgruppe im „3. Gau Pfalz-Baden. Vorort Ludwigshafen"; 16. März 1933 bis 1. Mai 1933 in „Schutzhaft" im Polizeigefängnis Kaiserslautern wegen gewerkschaftlicher Tätigkeit für den EdED; vom 8. Juni 1933 bis 22. Juni 1933 „Schutzhaft" im Polizeigefängnis Kaiserslautern; 13. August 1933 bis 26. Oktober 1933 Untersuchungshaft im Gerichtsgefängnis Kaiserslautern (hatte in einem Brief an seine Tochter Klara zum Ausdruck gebracht, dass er zu Unrecht von der Eisenbahnwerkstätte in einen kleinen und anderen Bahnbetrieb versetzt werden sollte; das Schöffengericht Kaiserslautern hatte wegen Vergehens gegen das „Heimtückegesetz" eine Strafe von neun Wochen Gefängnis verfügt); erhielt während der Inhaftierung zum Ende des Monats August 1933 vom Reichsbahnausbesserungswerk Kaiserslautern die Kündigung; nach der Inhaftierung weiterhin Kontakt zu den ehemaligen Kollegen beim EdED; stand zeitweise unter Polizeiüberwachung und musste sich regelmäßig bei den Behörden melden; am 24. Juli 1940 mit Oskar Vongerichten und August Baum festgenommen und vom 25. Juli 1940 bis 6. August 1940 im Polizei- bzw. Gestapogefängnis Neustadt a. d. Weinstraße inhaftiert („Schutzhaft"); Hausdurchsuchung brachte einen Brief zutage, aus dem hervorgeht, dass seine Tochter Klara (geb. 14. November 1907) seit 1936 in Kontakt mit Hans Jahn und Franz Scheffel stand; seine Tochter hielt sich seit 1935 in Montlucon (Frankreich) auf; später gab Kuhn an, zwei seiner Kinder hätten aus politischen Gründen nach Frankreich flüchten müssen; in Kaiserslautern trafen sich die Gewerkschafter Lenz, Leonhardt und Kempf, die alle drei mit „Kurzwaren hausierten"; Versuche, Oskar Vongerichten zu treffen, nach eigener Aussage etwa dreimal angetroffen, zuletzt im Februar 1940; versuchte die Kontakte als apolitisch darzustellen, wobei die Gestapo ihm nur wenig Glauben schenkte.

Funktionen nach 1945: bislang nicht bekannt.

Weitere Hinweise: seit September 1934 Mitglied der DAF; verheiratet mit Paula Kuhn, geborene Weller; wohnte in Kaiserslautern, Bahnheim 8 (1940er-/1950er-Jahre); hatte fünf Kinder: Walter, Hermann, Julius; Tochter Klara war Kontoristin beim EdED Kaiserslautern; Sohn Robert war Mitglied des „Reichsbanners Schwarz-Rot-Gold" und des ZdA.

* SAPMO-BArch, Widerstandskartei, Julius Kuhn; AdsD, Bestand ITF, 5/ITFA, Mappe 46, „Organisations-Anlage" von Hans Jahn über den Stand der illegalen Organisation der Eisenbahner im Deutschen Reich, o. D. [1. 3. 1936]; StA Kaiserslautern, Meldekartei, Kuhn, Ludwig Julius; Amt für Wiedergutmachung Rheinland-Pfalz, Saarburg, VA LEG 4769, Entschädigungsakte von Julius Kuhn; BArch, NJ 2229, Bd. 2, Bl. 56 f., 75–84, 97 f., Unterlagen der Gestapo und NS-Justiz zur Verfolgung illegaler EdED-Strukturen, u. a. Berichte mit biografischen Details zu Julius Kuhn; Mielke/Frese (Bearb.), Die Gewerkschaften im Widerstand und in der Emigration, S. 361 ff.; Gottwaldt, Eisenbahner gegen Hitler, S. 166.

Kunze, August*

Geburtsdatum: 1. Oktober 1892
Geburtsort: Hannover
Sterbedatum: 21. Februar 1959
Sterbeort: Erfurt
Beruf: Maschinenbau-Ingenieur
Partei: ab 1919 SPD; ab 1945 SPD; ab 1946 SED

Funktionen vor 1933: Funktionär und zeitweise ehrenamtlicher Vorsitzender der Reichsgewerkschaft Deutscher Eisenbahnbeamten und -Anwärter in Hannover; stellvertretender Vorsitzender des Gesamtbetriebsrates der Eisenbahner für die Provinz Hannover; ab 1923 Übersiedlung nach Berlin und Mitglied des geschäftsführenden Vorstandes des ADB; 1921–1924 Übernahme von Funktionen im Vorstand der Reichsgewerkschaft Deutscher Eisenbahnbeamten und -Anwärter; 1925 nicht stimmberechtigter Vertreter des Vorstandes des 1. Bundeskongresses des ADB; 1930 Delegierter (mit beratender Stimme) des 3. Bundeskongresses des ADB; ab 1925 Mitglied des Hauptvorstandes des EdED.

Verfolgung – Widerstand – Emigration: im Frühjahr 1933 innerhalb des ADB ausgewählt, im Fall eines Verbots des ADB diesen illegal weiterzuführen; nach eigenen Angaben sei zur Tarnung ein „Beamten-Verlag" (Aku-Verlag) gegründet worden (er selbst arbeitete dort von Juli 1933 bis Dezember 1939), zudem habe man sich in einer „Sterbe- und Unfallhilfe mit Rückversicherung bei der Braunschweigischen Lebensversicherungsbank" organisiert; ein Treffpunkt in der Eichhornstraße sei unterdessen zum Treffpunkt für illegale Besprechungen geworden; gab an, u. a. in Kontakt mit Lorenz Breunig, Willi Besener, Hermann Brill, Heinrich Vierbücher, Albert Falkenberg und Julius Dittforth gestanden zu haben.

Funktionen nach 1945: beteiligte sich aktiv an der Neugründung der Gewerkschaften in Thüringen; September 1945 bis 1946 Landesvorsitzender der IG Eisenbahn in Thüringen; zugleich Delegierter des FDGB bei der Reichsbahndirektion Erfurt; ab 1. September 1946 bis

Anfang 1947 Leiter bzw. Landessekretär der „Sozialpolitischen Abteilung" des FDGB Thüringen und zeitweise im Vorstand des FDGB in der SBZ; 1947–1950 Mitglied des Landtages von Thüringen; Februar 1947 bis März 1949 Chefdirektor der Hauptverwaltung landeseigener Betriebe, die durch SMAD-Befehl in Volkseigentum umgewandelt wurden; April 1949 bis Anfang Juli 1949 Fraktionssekretär der SED in Thüringen; von Juli 1949 bis Juli 1952 Leiter der Hauptabteilung Wirtschaftsplanung beim Ministerpräsidenten von Thüringen; er entging nur knapp einem Parteiausschluss-Verfahren und wurde versetzt; August 1952 bis September 1953 Vorsitzender der Bezirkskommission und später Bezirksdirektor der Industrie- und Handelskammer, Bezirk Erfurt.
Weitere Hinweise: verheiratet mit Anita Kunze, geborene Schönebeck (geb. 7. Juli 1903); hatte zwei Kinder: Werner (geb. 7. März 1918) und Hildegard (geb. 29. Januar 1926).

* ThHstAW, Bezirkstag und Rat des Bezirks Erfurt, Personalakten August Kunze, Lebensläufe, Personalbögen; Geschäftsbericht der Reichsgewerkschaft Deutscher Eisenbahnbeamten und -Anwärter für die Zeit vom 1. Oktober 1921 bis 31. Dezember 1924, Berlin 1925, S. 176 f.; Kachel, Ein rot-roter Sonderweg?, S. 585.

Lammel, Ludwig*

Geburtsdatum: 16. August 1888
Geburtsort: Pentling (Kreis Regensburg)
Sterbedatum: 27. Dezember 1942
Sterbeort: Regensburg
Beruf: Schlosser
Partei: ab 1923 SPD; ab 1935 NSDAP
Funktionen vor 1933: ab 1919 im EdED organisiert und ab 1931 Zweiter Vorsitzender der EdED-Ortsgruppe in Regensburg.
Verfolgung – Widerstand – Emigration: 14. März 1933 bis 1. Mai 1933 im Landgerichtsgefängnis Regensburg in „Schutzhaft"; war mit Hans Jahn persönlich bekannt und stand im Verdacht, sich für den illegalen EdED betätigt zu haben, obwohl er 1935 NSDAP-Mitglied geworden war; war Anfang/Mitte der 1930er-Jahre Vorstandsmitglied der „Allgemeinen Krankengeldzuschuß- und Sterbekasse V. V. a. G."; auf Veranlassung von Hermann Hahn schätzte ihn die Gestapo so ein, dass er mit Karl Blaß, Johann Schramm, Heinrich Forstmeier und Hermann Schindler, „die Kasse nicht im Sinne des nationalsozialistischen Staates" führen würde (LAB, B Rep. 025-01, Nr. 3325/50, Bl. 68, Schreiben der Preußischen Gestapo, 22. 9. 1936); 1940 festgenommen und verhört; da ihm eine illegale Tätigkeit nicht nachgewiesen werden konnte, entließ man ihn auf freien Fuß.
Funktionen nach 1945: –

Weitere Hinweise: verheiratet mit Therese Lammel, geborene Körner; wohnte in Regensburg, Kumpfmühler Straße 24a (Anfang der 1940er-Jahre); arbeitete im Bahnbetriebswerk Regensburg.

* BArch, NJ 2229, Bde. 1 und 2, Unterlagen der Gestapo und NS-Justiz zur Verfolgung illegaler EdED-Strukturen; BArch, R 9361, IX, M 0070, Personenbezogene Unterlagen der NSDAP; LAB, B Rep. 025-01, Nr. 3325/50, Verfahren Hermann Hahn, Unna in Westfalen, Friedrich-Ebert-Straße 40, gegen die „Allgemeine Krankengeldzuschuß- und Sterbekasse V. V. a. G.", Berlin W 15, Knesebeckstraße 59/60; LAB, B Rep. 042, Amtsgericht Charlottenburg, Nr. 48856 „Allgemeine Krankengeldzuschuß- und Sterbekasse V. V. a. G." (1934–1978); StA Regensburg, Sterberegister Nr. 2000/1942/1228: Lammel, Ludwig.

Lebert, Georg*

Geburtstag: 21. Januar 1897
Geburtsort: Heidesheim
Sterbedatum: 4. Juni 1974
Sterbeort: Ingelheim
Beruf: Reichsbahnbeamter, Gewerkschaftssekretär, zeitweise Landwirt
Partei: ab 1920 SPD

Funktionen vor 1933: ab 1920 Angestellter des DEV und von 1920–1933 Bevollmächtigter des EdED für den Kreis Mainz-Bingen; Gemeinderats- und Kreisvorsitzender in Bingen, später in Heidesheim, 1928–1932 Landtagsabgeordneter in Hessen; Bezirksführer des „Reichsbanners Schwarz-Rot-Gold".

Verfolgung – Widerstand – Emigration: ab 2. Mai 1933 für 18 Tage in Köln in „Schutzhaft" (zunächst Polizeipräsidium, später Gefängnis „Bonner Wall"); im September 1933 erneut in „Schutzhaft" im KZ Osthofen (für ca. fünf Wochen); anschließend unter Beobachtung der Polizei und regelmäßige Meldepflicht; musste Hausdurchsuchungen und andere Repressalien über sich ergehen lassen.

Funktionen nach 1945: 1945 für ein Jahr erster Bürgermeister in Heidesheim; im Anschluss Personaldezernent der Eisenbahndirektion Mainz (ab 1948 Bundesbahnrat); ab 1949 Vorsitzender des Landesbezirks-Beamtenausschusses im DGB-Rheinland-Pfalz sowie Übernahme weiterer gewerkschaftlicher Funktionen; 1956–1962 Mitglied des Landtages von Rheinland-Pfalz.

Weitere Hinweise: war verheiratet; hatte keine Kinder; 1942–1945 Mitglied der DAF und des NSV; wohnte in Heidesheim, Taunusstraße 5 (Mitte der 1940er-Jahre).

* PA Willi Geisenhof, Heidesheim, Materialien zum Lebensweg von Georg Lebert; StA Ingelheim, Sterberegistereintrag Nr. 111/1974: Lebert, Georg; Amt für Wiedergutmachung Rheinland-Pfalz, Saarburg, VA LEG 1441, Entschädigungsakte von Georg Lebert; LHA Koblenz, Nr. 856/054477 und 134203, Entnazifizierungsverfahren von Georg Lebert; Handbuch des Vereins Arbeiterpresse, 2. Aufl. 1927, S. 218; Herrmann A. L. Degener/Wal-

ter Habel (Hrsg.), Wer ist wer? Das deutsche Who's who, Bd. 15, Berlin 1967, S. 1118; Dennis Egginger-Gonzalez, Georg Lebert (1897–1974), in: Angelika Arenz-Morch u. a. (Hrsg.), Gewerkschafter im Konzentrationslager Osthofen 1933/34, Berlin 2017 (im Erscheinen); Klaus Dieter Rack/Bernd Vielsmeier, Hessische Abgeordnete 1820–1933, Darmstadt 2008, S. 565.

Lenk, Max*

Geburtsdatum: 8. Mai 1884
Geburtsort: Henriettenthal (Pommern)
Sterbedatum: 19. März 1940
Sterbeort: KZ Sachsenhausen
Beruf: Korrespondent
Partei: ab 1906 SPD; zwischenzeitlich USPD; ab 1920 KPD

Funktionen vor 1933: Eisenbahner; vermutlich Übernahme von Basis-Funktionen im EdED; Übernahme von Parteifunktionen; 1928–1933 Mitglied des Gemeinderates in Röntgental; 1920 Mitorganisator eines Eisenbahnerstreiks; Mitbegründer proletarisch-revolutionärer Hundertschaften.

Verfolgung – Widerstand – Emigration: am 22. September 1934 festgenommen; am 16. Februar 1935 vom Kammergericht Berlin zu fünf Jahren Zuchthausstrafe verurteilt; inhaftiert im Zuchthaus Luckau; anschließend in das KZ Sachsenhausen verschleppt (Häftlings-Nr.: 3630), dort verstorben.

Weitere Hinweise: in Röntgental existiert eine Max-Lenk-Straße; arbeitete bis 1. Juni 1933 in der Handelsvertretung der UdSSR in Berlin; wohnte in Berlin-Tiergarten (1930er-Jahre).

Funktionen nach 1945: –

* SAPMO-BArch, Widerstandskartei, Max Lenk; Gewerkschaft Transnet (Hrsg.), Zukunft hat Vergangenheit, S. 64; Geschichtswerkstatt unter Leitung von Fieber (Hrsg.), Widerstand in Berlin gegen das NS-Regime 1933–1945, Bd. 5, S. 62.

Löhr, Adam*

Geburtsdatum: 12. September 1889
Geburtsort: Heiligenwald/Neunkirchen
Sterbedatum: 22. Januar 1938
Sterbeort: KZ Sachsenhausen
Beruf: Rottenarbeiter
Partei: USPD; ab ca. 1920 KPD

Funktionen vor 1933: Vertrauensmann des Verbandes der Eisenbahner Deutschlands Eisenbahndirektion im Raum Neunkirchen; 1931/32 Vertrauensmann des Verbandes der Eisenbahner für das Saarland/RGO im Raum Neunkirchen; Mitglied des Gemeinderates Heiligenwald/Neunkirchen bis 1935; Schöffe im Amtsgericht Ottweiler.

Verfolgung – Widerstand – Emigration: 1936–1938 im KZ Sachsenhausen inhaftiert; war zuvor „kommunistischer Umtriebe" verdächtigt worden.

Funktionen nach 1945: –

Weitere Hinweise: bislang nicht bekannt.

* Jan Christoph Lamontain, Löhr, Adam (1889–1938), in: Mielke (Hrsg.) i. V. mit Morsch, Gewerkschafter in den Konzentrationslagern Oranienburg und Sachsenhausen, Bd. 3, S. 429–430.

Lorenz, Artur*

Geburtsdatum: 1. März 1894

Geburtsort: Schnackheim (Kreis Preußisch Eylau)

Sterbedatum: bislang nicht bekannt

Sterbeort: bislang nicht bekannt

Beruf: Maschinenschlosser

Partei: vor 1933 SPD

Funktionen vor 1933: ab 1. Oktober 1919 Bezirksleiter des DEV bzw. ab 1925 des EdED in Königsberg (bis 1933); 1928 Delegierter der 2. und 1931 Delegierter der 3. ordentlichen Generalversammlung des EdED; nach Aussage Hans Jahns Mitglied des ADGB-Ortsausschusses in Königsberg; Stadtverordneter in Königsberg.

Verfolgung – Widerstand – Emigration: „Schutzhaft" ab 22. März 1933; „Schutzhaft" im Juni 1933; laut Hans Jahns Notizen als Vertreter einer unter der Leitung der GEADE/ADG neu einzurichtenden „Illegalen Reichsleitung" für Königsberg vorgesehen; Mitglied der Widerstandsgruppe „Georg" in Königsberg; nahm an einer Reihe illegaler Treffen teil und organisierte Widerstandsaktivitäten in Königsberg; soll sich am Druck von Flugblättern und kommunistischem Propagandamaterial aktiv beteiligt haben; Waffenbesitz in Königsberg im März 1933; soll Verbindung zu Anastasius Grunwald gehabt haben; Haft auch nach Kriegsende bzw. in der DDR; nach Angaben von Max Hanf mehrfach in Haft.

Funktionen nach 1945: zeitweise Präsident der Reichsbahndirektion Cottbus.

Weitere Hinweise: Vorstandsmitglied des „Reichsbanners Schwarz-Rot-Gold" in Königsberg, zeitweise Vorsitzender auf örtlicher Ebene; wohnte in Königsberg, Cranzer Allee 74d.

* PA Siegfried Mielke, Berlin, Biografische Materialsammlung.

Lucas, Kurt [auch: Lukas, Kurt]*

Geburtsdatum: 1. September 1905

Geburtsort: Berlin

Sterbedatum: 25. Dezember 1986
Sterbeort: Berlin-Weißensee (Krankenhaus)
Beruf: Schleifer; Bahnarbeiter; Heizer; zeitweise Abriss- und Tiefbauarbeiter
Partei: ab 1925 KPD; 1945/46 KPD; ab 1946 SED

Funktionen vor 1933: ab 1920 zunächst gewerkschaftlich organisiert im DMV; später Funktionär des EdED; verschiedene Funktionen in der RGO-Berlin-Brandenburg-Lausitz-Grenzmark; auf (undatierter) Liste der RGO für den Hauptbetriebsrat der Deutschen Reichsbahn, Listen-Nummer: 4 mit Bemerkung Berlin-Weißensee; Mitglied des 9. Kreises der Ortsverwaltung des EdED-Berlin, im Zuge der RGO-Politik aus dem EdED ausgeschlossen; 1931 Mitglied des Bezirksbetriebsrates der Reichsbahndirektion Berlin und Mitglied des Hauptbetriebsrates der Deutschen Reichsbahn-Gesellschaft (gewählt über die RGO-Liste).

Verfolgung – Widerstand – Emigration: 1933/34 Mitarbeit an der illegalen RGO-Zeitung „Das Rote Signal“; Mitglied der illegalen RGO-Gruppe Eisenbahn um Ernst Wörpel in Berlin-Brandenburg; hielt illegale Kontakte aufrecht und gab Informationen weiter (in Berlin 1933–1935, in Berlin-Tegel bei „Rheinmetall“ und „Borsig“); nach eigenen Angaben am 8. März 1933 „aus dem Betrieb heraus“ verhaftet, bis 23. September 1933 Inhaftierung im Polizeipräsidium Berlin Lehrter Straße, später in Berlin-Plötzensee, zwischenzeitlich im KZ Sonnenburg inhaftiert; dort nach eigenen Aussagen an illegalen Aktivitäten zur Nachrichtenübermittlung beteiligt; nach eigenen Angaben nach zweiter Verhaftung von 1944 bis Ende Januar 1945 im KZ Sachsenhausen inhaftiert.

Funktionen nach 1945: Mitarbeiter der Wirtschaftskommission; vom 18. Juni 1946 bis 1950 Zweiter Vorsitzender der IG Eisenbahn in der SBZ/DDR; ab 1950 Vorsitzender Zentralvorstand der IG Transport/DDR; 1950–1955 Mitglied des Bundesvorstandes des FDGB; Februar 1954 bis Mitte 1955 Vorsitzender des Zentralvorstandes der IG Eisenbahn; im Februar 1955 Funktionsenthebung „wegen Schädigung des Ansehens der Gewerkschaften“; 1954/55 Mitglied der Volkskammer (Mandatsniederlegung am 20. Mai 1955); 1950–1952 Hauptabteilungsleiter im Ministerium für Verkehr; 1955–1970 Verwaltung der Sozialversicherung und politischer Mitarbeiter beim FDGB-Zentralvorstand; Mitglied DSF und VVN.

Weitere Hinweise: wohnte in Berlin-Weißensee, Schönstraße 19 (Anfang der 1930er-Jahre)); 1921 Anklage wegen „Beihilfe zum Hochverrat“ in Berlin; ab 1927 bei der Deutschen Reichsbahn-Gesellschaft, Dienststelle Berlin-Schöneberg, beschäftigt; am 31. Januar 1945: Einberufung zur Ausbildungseinheit „Pioniere“ in Berlin; am 5. Mai 1945 nach eigenen Angaben zu den tschechischen Partisanen „übergegangen“; 1950–1952 Studium in der Bezirksparteischule „Friedrich Engels“ Berlin; 1920 aus der Kirche ausgetreten; erhielt zahlreiche Auszeichnungen.

* SAPMO-BArch, Widerstandskartei, Kurt Lucas; SAPMO-BArch, RY 1/I4/6/29 und RY 1/I2/3/149, Bl. 340, Unterlagen zur KPD; LHA Schwerin, 9.2-17, Altaktenbestand der Reichsbahndirektion Schwerin, Nr. 6866; LAB, C Rep. 118-01, Nr. 4135, OdF-Akte von Kurt Lucas; SAPMO-BArch, FDGB-Nachlässe; NL 98, Nr. 8, Per-

sonalakte Kurt Lucas; Rütters (Bearb.) unter Mitarb. von Goers, Der Freie Deutsche Gewerkschaftsbund, S. 969, ferner S. 397, 451, 837; Geschichtswerkstatt unter Leitung von Fieber (Hrsg.), Widerstand in Berlin gegen das NS-Regime 1933–1945, Bd. 5, S. 126; Baumgartner/Hebig (Hrsg.), Biographisches Handbuch der SBZ/DDR 1945–1990, S. 494; Andreas Herbst, Lucas, Kurt, in: Dieter Dowe/Karlheinz Kuba, Manfred Wilke (Hrsg.), FDGB-Lexikon. Funktion, Struktur, Kader und Entwicklung einer Massenorganisation der SED (1945–1990), Berlin 2009, http://library.fes.de/FDGB-Lexikon/rahmen/lexikon_frame.html; Auskunft des Archivs und der Gedenkstätte Sachsenhausen (Monika Liebscher), 29. 5. 2015.

Ludwig, Josef*

Geburtsdatum: 8. März 1889
Geburtsort: Limburg a. d. Lahn
Sterbedatum: 2. April 1945
Sterbeort: KZ Dachau
Beruf: Klempner; Schlosser
Partei: ab 1920 SPD

Funktionen vor 1933: ab 1920 Mitglied des DEV; bald darauf Übernahme der Funktion des Kassierers für den DEV in Limburg a. d. Lahn; Übernahme verschiedener Funktionen für den DEV bzw. ab 1925 den EdED im Raum Limburg a. d. Lahn; ab 1922 Mitglied des Betriebsrates und ab 1924 Betriebsratsvorsitzender; 1926–1933 Stadtverordneter in Limburg a. d. Lahn; Übernahme zahlreicher Funktionen in der SPD, u. a. von 1927 bis Anfang 1932 Erster Vorsitzender der SPD in Limburg a. d. Lahn.

Verfolgung – Widerstand – Emigration: wegen seiner „politischen Gesinnung" am 7. September 1933 durch die Deutsche Reichsbahn-Gesellschaft entlassen; am 28. August 1940 erfolgte die Festnahme und neun Tage später seine Einlieferung als Untersuchungshäftling in das Gerichtsgefängnis Frankfurt a. M.; Ludwig wurde beschuldigt, von 1933 bis 1939 an illegalen Treffen von SPD-Funktionären teilgenommen zu haben (u. a. in der Wohnung von Heinrich Wallrabenstein sowie in der Wirtschaft „Lahneck" in Limburg a. d. Lahn); OLG Kassel verurteilte ihn in einem Verfahren gegen Johann Wolf am 9. Januar 1941 wegen „Vorbereitung zum Hochverrat" zu einer Gefängnisstrafe von einem Jahr und sechs Monaten: „Auch die Angeklagten Wallrabenstein und Ludwig als erfahrene, geschulte und fanatische SPD-Funktionäre können die Gespräche und gemeinschaftlichen Zusammenkünfte nicht als harmlos angesehen haben. Auch sie wussten, dass es hier um die Aufrechterhaltung des organisatorischen Zusammenhangs ging und ihre Gemeinsamkeit der Verwirklichung ihrer marxistischen, politischen Ziele diente. Hinzu kommt endlich aber auch noch, dass jeder einzelne Angeklagte Zusammenkünfte mit alten führenden SPD-Leuten gehabt hat, die erkennen lassen, dass die drei Angeklagten noch Jahre nach der Machtübernahme die alten SPD-Männer geblieben waren und noch nach wie vor den marxistischen Ideen und Zielen nachhingen. Auf Grund der getroffenen Feststellungen haben sich die drei Angeklagten der Vorbereitung eines hochverräterischen Unternehmens schuldig gemacht. [...] Was die drei

Angeklagten wollten, ist eindeutig erwiesen. Ihr Ziel war die notfalls gewaltsame Beseitigung des nationalsozialistischen Regimes und das Wiederandiemachtbringen [sic!] der SPD."; Haftzeit in Frankfurt-Preungesheim; nach Verbüßung der Strafe an Gestapo übergeben; im Zusammenhang mit der „Aktion Gewitter" erneute Festnahme; zunächst Inhaftierung im Gefängnis Limburg a. d. Lahn; danach Überführung nach Frankfurt a. M.; vermutlich am 14. September 1944 ins KZ Dachau überführt, wo er bis zu seinem Tode blieb.
Weitere Hinweise: ab 1933 Mitglied der DAF und der NSV sowie anderer NS-Organisationen.

* HHStAW, Datenbank „Verfolgung und Widerstand in Hessen", Ident-Nr.: 25623 (dort sind eine Reihe weiterer Quellen erwähnt); BArch, NJ 2544, Urteil des OLG Kassel in der Strafsache gegen Johann Otto Andreas Wolf und andere, 9 1. 1941; Archiv der Gedenkstätte Dachau, verschiedene biografische Unterlagen; Dieter Buslau, Carl Vollmerhaus, Koblenz 1973, S. 155; AdsD, DGB-Archiv, Erschlagen, hingerichtet, in den Tod getrieben, Bonn 1995, S. 54; Vorstand der SPD (Hrsg.), Der Freiheit verpflichtet, S. 212 f.

Lücking, Heinrich*

Geburtsdatum: 22. April 1884
Geburtsort: Neuenbeken (Kreis Paderborn)
Sterbedatum: 3. Oktober 1968
Sterbeort: Paderborn
Beruf: Schlosser/Eisenbahnschlosser
Partei: vor 1933 SPD; nach 1945 SPD
Funktionen vor 1933: Übernahme von Funktionen für den EdED in Paderborn; ab 1922 Mitglied der Stadtverordnetenversammlung von Paderborn (bis Anfang Mai 1933).
Verfolgung – Widerstand – Emigration: wurde am 2. Mai 1933 durch Beschluss der Stadtverordnetenversammlung in Paderborn zum Niederlegen seines Mandates gezwungen und in „Schutzhaft" genommen; wurde tagelang verhört, wieder entlassen und stand im Anschluss unter Polizeiaufsicht; musste mehrere Hausdurchsuchungen erdulden; im Juli/August 1944 erfolgte eine erneute Verhaftung durch die Gestapo im Rahmen der „Aktion Gewitter"; anschließend stand er unter Aufsicht der Polizei bzw. Gestapo.
Funktionen nach 1945: am 15. Juli 1945 in den Bürgerausschuss der Stadt Paderborn berufen (bis Dezember 1945); September 1946 bis September 1964 Mitglied des Rates der Stadt bzw. der Stadtverordnetenversammlung von Paderborn; 1948–1964 Stellvertretender Bürgermeister von Paderborn; Mitglied des Bezirksvorstandes der SPD in Ostwestfalen-Lippe und jahrelang Vorsitzender des SPD-Ortsverbandes Paderborn; Übernahme von Funktionen in der GdED; 1946 Mitglied des Provinzialrates Westfalen; 1953–1961 Mitglied der Landschaftsversammlung Westfalen-Lippe; von Oktober 1946 bis April 1947 Mitglied des Landtages von Nordrhein-Westfalen.
Weitere Hinweise: ab 1930 bei der Reichsbahn-Gesellschaft beschäftigt (bis 1945); verheiratet seit 1910 mit Theresia Lücking, geborene Kleine (geb. 9. Juni 1889); wohnte in Paderborn,

Ulrichstraße 12 (1920er-Jahre) und Ketteler-Straße 82; in Paderborn wurde eine Straße nach Heinrich Lücking benannt.

* StA Paderborn, Meldeunterlagen: Lücking, Heinrich; StA Paderborn, Sterberegister Nr. 886/1968: Lücking, Heinrich; StA Paderborn, Eheurkunde Nr. 17/1910; Bericht über die „Inschutzhaftnahme", in: Lippspringer Anzeiger, 3. 5. 1933; Heinrich Lücking wird heute 75 Jahre, in: Freie Presse, 22. 4. 1959; Im Auftrag des Bundespräsidenten Prof. Heuß: Verdienstkreuz I. Klasse für Heinrich Lücking, in: Freie Presse, 23. 4. 1959; Heinrich Lücking feiert seinen 80. Geburtstag, in: Freie Presse, 22. 4. 1964; Heinrich Lücking verstorben, in: Neue Westfälische, 4. 10. 1968; Heinrich Lücking verstorben, in: Westfalen-Blatt, 4. 10. 1968; Online-Datenbank über ehemalige Abgeordnete des Landtages von Nordrhein-Westfalen, https://www.landtag.nrw.de/portal/WWW/Webmaster/GB_I/I.1/Abgeordnete/Ehemalige_Abgeordnete/details.jsp?k=00616 (29. 6. 2016); Scheibe/Wiegold-Bovermann, „Morgen werden wir die Gewerkschaftshäuser besetzen", S. 217; Marianne Vogel, Immer wieder aufstehen. Geschichte des DGB und der Gewerkschaften in der Region Paderborn, hrsg. von Manfred Kunkel für den DGB-Kreis Region Paderborn-Lippe-Höxter, Paderborn 1999, S. 71, 86, 105; Josef Häming (Bearb.), Die Abgeordneten des Westfalenparlaments 1826–1978, eingeleitet und hrsg. von Alfred Bruns, Münster 1978, S. 435; Auskunft des StA Paderborn (Jonas Eberhardt), 30. 6. 2016.

Malina, Heinrich*

Geburtsdatum: 4. Februar 1887
Geburtsort: Krefeld
Sterbedatum: 8. Juni 1964
Sterbeort: Krefeld
Beruf: Friseur; später Gewerkschaftssekretär
Partei: Fortschrittliche Volkspartei; DDP; ab 1924 SPD; ab 1945 SPD

Funktionen vor 1933: 1906–1908 Übernahme von Funktionen im Eisenbahnerverband (Elberfelder Richtung); 1908–1912 Vorsitzender des Christlichen Zentralverbandes Deutscher Eisenbahner in Krefeld; 1918–1925 Vorsitzender des Beamtenrates im Hauptbahnhof Krefeld; im Anschluss im Verband der Eisenbahnfahrbeamten Deutschlands organisiert; ab Anfang der 1920er-Jahre Vorsitzender der Reichsgewerkschaft Deutscher Eisenbahnbeamten und -Anwärter bzw. ab 1. April 1925 zugleich Ortsangestellter des EdED in Krefeld (bis 1933).

Verfolgung – Widerstand – Emigration: vom 27. Mai 1933 bis 17. Juli 1933 im Strafgefängnis Anrath inhaftiert; vom 15. September 1933 bis 11. November 1933 „Schutzhaft" im KZ Kemna; Verdacht der Betätigung für die illegale SPD (1936); stand unter Verdacht der „Vorbereitung zum Hochverrat" wegen der Betätigung als Funktionär des illegalen EdED und der ITF; am 19. Februar 1937 Festnahme durch die Gestapo Düsseldorf und im Anschluss Untersuchungshaft bis 15. Dezember 1937 im Untersuchungsgefängnis Düsseldorf; bereits am 3. Dezember 1937 zu einer Zuchthausstrafe von fünf Jahren vom VGH verurteilt: „Der Angeklagte Malina war entsprechend auch seiner früheren intensiven gewerkschaftlichen

Tätigkeit gleich von Anfang an bei dem illegalen Wiederaufbau der Gewerkschaften führend tätig. Seine erste eifrige Tätigkeit war so für den Erfolg der Bestrebungen außerordentlich wichtig: er hat neue Leute gewonnen, insbesondere den Angeklagten Funger, den er längere Zeit hindurch ‚bearbeitet' hat, hat die Verbindungsaufnahme zum Ausland durchgeführt und war der regelmäßige Wortführer. Malina hat nun mit der illegalen Arbeit Mitte 1936 freiwillig aufgehört; bis dahin hat er jedoch zielbewußt auf den Sturz des nationalsozialistischen Staates und die Erringung der Macht durch die SPD gearbeitet und hat mit seiner Arbeit auch nicht aufgehört, als er nach seiner eigenen Einlassung erkannt hatte, daß ihre Arbeit gegen den Staat gerichtet war. Er hat erst seine Tätigkeiten aufgegeben, als er angeblich eingesehen hat, daß ihre Arbeit zu keinem Erfolg führen könne." (Urteil, Bl. 87 f.); vom 16. Dezember 1937 bis 3. April 1942 im Zuchthaus Remscheid-Lüttringhausen inhaftiert; im Anschluss „Inschutzhaftnahme" nach Strafverbüßung und Überführung in das KZ Sachsenhausen (1942–1944); 1944/45 inhaftiert im KZ Mauthausen.

Funktionen nach 1945: 1945 Vorsitzender des Allgemeinen Gewerkschaftsbundes in Krefeld; 1946 Vorsitzender des Bezirkes Krefeld und Duisburg der Gewerkschaft Transport und Verkehr; ab 1946 Vorsitzender der ÖTV Nordrhein; 1947/48 Vorsitzender der ÖTV in der Britischen Besatzungszone; im Anschluss weiterhin Übernahme von Funktionen in der ÖTV (bis 1949).

Weitere Hinweise: Mitglied des „Reichsbanners Schwarz-Rot-Gold"; wohnte in Krefeld, Reichsstraße 24 (1930er-Jahre), später Forstwaldstraße 64 (1960er-Jahre).

* Anklageschrift des Reichsanwaltes beim VGH, 29. 9. 1937, und Urteil des VGH 9J315/37-2H50/37 gegen Hans Funger, Heinrich Tillier, Paul Emmen, Hugo Bachmann, Leo Radtke, Wilhelm Komorowski, Max Pester und Heinrich Malina, 3. 12. 1937, in: Nationalsozialismus, Holocaust, Widerstand und Exil 1933–1945, Online-Datenbank; LAV NRW R, RW 58, Nr. 53197 und 54 691, Unterlagen der Gestapo Düsseldorf; LAV NRW R, Rep. 163, Nr. 868, Gefangenenpersonalakte (1937); LAV NRW R, BR 2182, Nr. 16554, Entschädigungsunterlagen; Handbuch des Vereins Arbeiterpresse, 2. Aufl. 1927, S. 260; Frese, Malina, Heinrich (1887–1964), S. 85–97.

Mangold, Johann*

Geburtsdatum: 2. Dezember 1887

Geburtsort: Denklingen

Sterbedatum: 7. August 1970

Sterbeort: Kempten (Allgäu)

Beruf: Rangiermeister

Partei: vermutlich SPD

Funktionen vor 1933: ab 1915 im DEV organisiert; ab 1930 Leiter der Ortsverwaltung des EdED in Kempten.

Verfolgung – Widerstand – Emigration: stand im Verdacht, in Verbindung mit EdED-Funktionären gestanden zu haben; bei einem Verhör durch die Gestapo im August 1940 bestritt er, illegale Ziele verfolgt zu haben; er gab an, mit seinen früheren Kollegen nach der Machtübernahme nicht mehr zusammengetroffen zu sein und von illegaler Tätigkeit nichts zu wissen.
Funktionen nach 1945: bislang nicht bekannt.
Weitere Hinweise: war auch Ende der 1930er-Jahre weiterhin als Rangiermeister der Deutschen Reichsbahn am Bahnhof Kempten beschäftigt.

* BArch, NJ 2229, Bd. 1, Bl. 33 ff., Unterlagen der Gestapo und NS-Justiz zur Verfolgung illegaler EdED-Strukturen; Auskunft des StA Kempten (Franz-Rasso Böck), 15. 3. 2016.

Mann, Adolf*

Geburtsdatum: 1. Januar 1900
Sterbedatum: 22. September 1971
Sterbeort: Wuppertal
Beruf: Schlosser; Schaffner
Partei vor 1933: ab 1928 SPD
Funktionen vor 1933: ab 1926 Betriebsrat bei der Berg- und Straßenbahn in Barmen; ab 1928 Mitglied des Deutschen Verkehrsbundes.
Verfolgung – Widerstand – Emigration: am 3. Mai 1933 wegen seiner „politischen Einstellung“ fristlos entlassen; am 15. August 1933 von Angehörigen der SA und SS (unter der Führung eines Schutzpolizisten) in seiner Wohnung in der Wuppertaler Rankestraße verhaftet; ab 15. August 1933 im KZ Kemna inhaftiert; am 17. Oktober 1933 mit einem Gemeinschaftstransport von Häftlingen in das KZ Neusustrum überführt (musste dort schwere Entwässerungsarbeiten im Moor verrichten (am 23. Dezember entlassen); arbeitete nach der Entlassung weiterhin in illegalen Zirkeln, u. a. mit dem Kommunisten Karl Ibach und dem Sozialdemokraten Friedrich Senger, zu denen sich im KZ Kemna ein intensiver freundschaftlicher Kontakt entwickelt hatte; am 15. Juli 1937 erneut von der Gestapo verhaftet; im Keller des Polizeigefängnisses in der Von-der-Heydts-Gasse soll er mehrere Nächte lang misshandelt worden sein (er soll u. a. am 20. Juli 1936 einen Selbstmordversuch aus Verzweiflung begangen haben); das OLG Hamm verurteilte Mann zu drei Jahren Zuchthausstrafe; die er im Strafgefangenenlager Oberems in Gütersloh (bis zum 16. Juli 1939) verbüßte.
Funktionen nach 1945: bislang nicht bekannt.
Weitere Hinweise: übernahm nach der Entlassung 1933 eine Vertretertätigkeit (verkaufte Staubsauger und Hosenträger); ab 1939 arbeitete er als Maschinenmeister bei der Firma „August Schmidt“.

* Stracke, Die Wuppertaler Gewerkschaftsprozesse, S. 101–106, 116 f., 292 f., 349, 420, 480.

Mattick, Arthur [auch: Mattiek, Arthur]*
Geburtsdatum: 14. August 1893
Geburtsort: Leipzig-Paunsdorf
Sterbedatum: 14. Januar 1977
Sterbeort: Johnsdorf
Beruf: Markthelfer (ungelernt); Streckenarbeiter; Rangierer; Weichenwärter; Stellwerkmeister
Partei: ab 1911 SPD (bis 1932); ab 1945 SPD; ab 1946 SED
Funktionen vor 1933: ab 1908 Mitglied des Deutschen Transportarbeiterverbandes, danach DEV und EdED; ab 1925 Funktionär des EdED, u. a. Mitglied des engeren Ortsvorstandes und der Agitationskommission Leipzig des EdED; Vorsitzender des Betriebsrates der Bahnmeisterei Leipzig-Wahren und Mitglied des Bezirksbetriebsrates.
Verfolgung – Widerstand – Emigration: stand in Verbindung mit Hans Jahn; organisierte Geldsammlungen für entlassene Kollegen; gab 1934 Bericht über die Vertrauensrätewahlen ab, der höchstwahrscheinlich für Jahn bestimmt war; übermittelte u. a. einen Bericht über die Stimmungslage der Arbeiterschaft in den Betrieben 1941 (war ab 1938 Weichenwärter im Beamtenverhältnis bei der Deutschen Reichsbahn); am 26. Juli 1940 festgenommen und aus dem Dienstverhältnis bei der Deutschen Reichsbahn entlassen; bis dahin in der Leipziger ITF-Gruppe aktiv; Mattick wurde zunächst in „Schutzhaft" genommen; bald darauf wurde ihm „Vorbereitung zum Hochverrat" vorgeworfen; vom 26. Juli 1940 bis 20. Oktober 1941 in Untersuchungshaft in den beiden Polizeigefängnissen in Leipzig (26. Juli bis 15. Dezember 1940) und Düsseldorf (15. Dezember 1940 bis 10. Januar 1941); durch den Zweiten Strafsenat des OLG Hamm (5OJs39/41) mit weiteren Angeklagten aus „Hamburg, Bremen, Cottbus und Meiningen" zu zwei Jahren Gefängnis und 3 Jahren Ehrverlust verurteilt, die er in der Strafanstalt Düsseldorf (10. Januar bis 1. September 1941), Hamm (1. September bis 15. Dezember 1941) und im Zuchthaus Zwickau (15. Dezember 1941 bis 26. Juli 1942) verbüßte; im Juli 1942 freigelassen und anschließend als Hilfsarbeiter in der Industrie tätig.
Funktionen nach 1945: Beteiligung an der Neugründung der IG Eisenbahn in Leipzig; 1946 zum Hauptbetriebsrat bei der Deutschen Reichsbahn gewählt; ab 1. August 1945 Stellwerksmeister im Leipziger Bahnhof Wahren, später Vorsitzender der Betriebsverwaltung des Bahnhofes Leipzig-Wahren; 1950 Betriebsrat in der Bahnmeisterei Leipzig-Wahren und Mitglied des Ortsvorstandes der IG Eisenbahn; 1963–1965 Sekretär der Bezirksparteiorganisation; 1963–1965 während des Ruhestandes gewerkschaftliche Rentnerbetreuung im Bezirk Halle-Leipzig und Vorsitzender der „Nationalen Front"; Mitglied des „Aufbauwerkes" der Deutschen Reichsbahn.
Weitere Hinweise: anerkannter „Kämpfer gegen den Faschismus"; u. a. Träger der Verdienstmedaille der DDR; Ehrenpension ab 1965; Mitglied der VVN; 1933–1940 Mitglied der DAF; seit 3. März 1923 verheiratet mit Olga Mattick, geborene Schumann (geb. 25. August 1896); hatte zwei Kinder: Ingeborg und Hans Mattick; wohnte in Leipzig, Wörthstraße 23 (vor 1933

bis nach 1945), später Lützschenaer Straße 32 (1951), später Lindenthal, Weststraße 8 (1972), später Markgranstädt, Feierabendwohnheim.

* LAV NRW R, RW 58, Nr. 8742, Unterlagen der Gestapo Düsseldorf; LAV NRW R, RW 58, Nr. 9364, Anklageschrift und Urteil gegen Paul Haltenhof; LAV NRW R, RW 58, Nr. 67204, Unterlagen der Gestapo Düsseldorf; BArch, R 3017/29430, Bl. 16, Schreiben der Oberstaatsanwaltschaft Düsseldorf an den Oberreichsanwalt beim VGH in Berlin, 27. 8. 1940; BArch, NJ 2229, Bd. 1, Bl. 33 ff., Unterlagen der Gestapo und NS-Justiz zur Verfolgung illegaler EdED-Strukturen; (im BLHA, Bezirk Cottbus, Nr. 30656); Amtsblatt der Reichsbahndirektion Halle, Nr. 25 vom 17.8.46, S. 110; SAPMO-BArch, DY 55/V 241/7/37, Bericht Franz Poralla; Staatsarchiv Leipzig, 20237 Bezirkstag und Rat des Bezirks Leipzig, Nr. 14704, VdN-Akte von Arthur Mattick; Esters/Pelger/Schlingensiepen, Gewerkschafter im Widerstand, S. 141, 148 ff., 179; Mielke/Frese (Bearb.), Die Gewerkschaften im Widerstand und in der Emigration, S. 361.

Mees, Philipp*

Geburtsdatum: 5. April 1901
Geburtsort: Kaiserslautern
Sterbedatum: 1. August 1971
Sterbeort: Kaiserslautern
Beruf: Werkzeugschlosser; Eisenbahnarbeiter bis 1932
Partei: ab 1921 SPD; ab ca. 1931 SAPD; ab 1945 SPD

Funktionen vor 1933: ab 1918/19 Mitglied des DEV; aktiver Gewerkschaftsfunktionär im DEV bzw. ab 1925 im EdED; Stadtrat in Kaiserslautern; ab 1923 Vertrauensmann des DEV/EdED im Reichsbahnausbesserungswerk Kaiserslautern (zeitweise „Obmann der Vertrauensleute und nach eigenen Angaben stellvertretender Betriebsratsvorsitzender); Übernahme verschiedener Funktionen in der SPD.

Verfolgung – Widerstand – Emigration: war nach der Zerschlagung der Gewerkschaften erwerbslos; wurde zum Studienabbruch an der Akademie der Arbeit in Frankfurt a. M. gezwungen (bis 1937 erwerbslos); als Kurier und „Verbindungsmann" in illegalen gewerkschaftlichen und SAPD-Zirkeln aktiv, u. a. gemeinsam mit Jonathan Volk; Mees galt als zentrale Führungsfigur der SAPD im Raum Baden; mehrfach wurden an ihn illegale Schriften wie „Das Banner", „Neue Front" und „Sozialistische Warte" geschickt, die er verbreitete; am 28. Oktober 1938 wegen des Verdachts illegaler Bestrebungen (u. a. Teilnahme an einer illegalen Konferenz in Basel; Aktivitäten im Rahmen illegaler SAPD-Strukturen) festgenommen; am 8. November 1938 wurde Haftbefehl des Amtsgerichts Mannheim erlassen (galt als „Hauptfunktionär" der illegalen SAPD in Kaiserslautern und Umgebung und empfing eine Reihe illegaler Schriften); Herbst 1938 Anklage wegen des Verdachts der „Vorbereitung zum Hochverrat" (Mitangeklagte: Jonathan Volk und Georg Steiner); am 21./22. Juni 1939 wegen „Vorbereitung eines hochverräterischen Unternehmens" zu einer Zuchthausstrafe von drei Jahren und vier Monaten verurteilt, die er im Zuchthaus Ludwigsburg verbüßte (bis Ende

März 1942); ab 1. April 1942 bis 11. November 1944 im KZ Dachau inhaftiert; kam anschließend in die „Strafdivision 999"; lief an der Front in Ungarn über und geriet ab 1. Mai 1945 in sowjetische Kriegsgefangenschaft.

Funktionen nach 1945: aktiv beteiligt am Neuaufbau der Gewerkschaften in Kaiserslautern; ab 1. Dezember 1945 Erster Vorsitzender des Ortskartells Kaiserslautern; 1947–1966 hauptamtlicher Vorsitzender des „Allgemeinen Gewerkschaftsbundes" im Kreis Kaiserslautern (innerhalb des „Allgemeinen Gewerkschaftsbundes" Rheinland-Pfalz); Mitglied des Bundesvorstandes und des Arbeitsrechtsausschusses des „Allgemeinen Gewerkschaftsbundes" Rheinland-Pfalz; 1950–1960 Kreisausschuss-Vorsitzender, später Kreisvorsitzender des DGB; ab 1946 bis in die 1960er-Jahre Stadtverordneter in Kaiserslautern.

Weitere Hinweise: 1932/33 Besuch der Akademie der Arbeit in Frankfurt a. M.; wirkte ab den 1950er-Jahren im Verwaltungsausschuss des Landesarbeitsamtes mit, war im Vorstand der AOK und arbeitete zeitweise als Oberarbeitsrichter; heute ist der Platz vor dem Polizeipräsidium in Kaiserslautern nach Mees benannt.

* StA Kaiserslautern, Meldekartei, Mees, Philipp; Mielke (Bearb.) unter Mitarb. von Rütters, Becker und Fichter, Organisatorischer Aufbau der Gewerkschaften, S. 786, 788 f.; Besuch bei Philipp Mees, in: Welt der Arbeit, 6. 7. 1987; Platz nach Philipp Mees benennen, in: Die Rheinpfalz, 4. 5. 1995; Philipp Mees 70 Jahre alt, in: Die Rheinpfalz, 5. 4. 1971; Freier Deutscher Gewerkschaftsbund (Hrsg.), Gewerkschaftsfeinde in Richterroben, Teil 2, S. 119 (OLG-Urteil u. a. Details); Wolfgang Müller, Philipp Mees (1901–1971). Eine biographische Skizze, in: Jahrbuch zur Geschichte von Stadt und Landkreis Kaiserslautern, Bd. 34/35 (1996/97): Die Zeit der Weimarer Republik und des Nationalsozialismus, hrsg. von der Bezirksgruppe Kaiserslautern im Historischen Verein der Pfalz, Kaiserslautern 1998, S. 305–313; Schadt, Jörg (Bearb.), Verfolgung und Widerstand unter dem Nationalsozialismus in Baden. Die Lageberichte der Gestapo und des Generalstaatsanwalts Karlsruhe 1933–1940, Stuttgart 1976, S. 211.

Mendel, Fritz*

Geburtsdatum: 16. April 1897
Geburtsort: Niederbieber/Neuwied
Sterbedatum: 4. April 1957
Sterbeort: Frankfurt a. M.
Beruf: Kaufmann; später Schaffner
Partei: vor 1933 SPD; nach Kriegsende vermutlich SPD

Funktionen vor 1933: seit Anfang der 1920er-Jahre Gewerkschaftsfunktionär im Hauptvorstand Reichsgewerkschaft Deutscher Eisenbahnbeamten und -Anwärter (bis 1924); ab 1. Juni 1924 Ortsbeamter des DEV bzw. ab 1925 des EdED in Hamburg.

Verfolgung – Widerstand – Emigration: 1933 zeitweise im KZ Fuhlsbüttel inhaftiert; mehrere Festnahmeersuchen und Festnahme; unternahm 1935 von Brüssel aus Fahrten ins Reichsgebiet bzw. nach Köln, um illegale Tätigkeiten zu verrichten.

Funktionen nach 1945: Funktionär der GdED in Bonn (übernahm das Sekretariat, bis ca. 1953); ab 1953 Funktionär der Beamtenabteilung des GdED-Hauptvorstandes; ab 1956 Leiter der Beamtenabteilung und Mitglied des geschäftsführenden Vorstandes der GdED.
Weitere Hinweise: war zum Ende des Zweiten Weltkrieges in französischer Kriegsgefangenschaft, aus der man ihn 1946 entließ.

* SAPMO-BArch, Widerstandskartei, Fritz Mendel; Welt der Arbeit, 12. 4. 1957; Der deutsche Eisenbahner, 16. 4. 1957; Handbuch des Vereins Arbeiterpresse, 2. Aufl. 1927, S. 367; Geschäftsbericht der Reichsgewerkschaft Deutscher Eisenbahnbeamten und -Anwärter für die Zeit vom 1. Oktober 1921 bis 31. Dezember 1924, S. 177; SPD-Hamburg, Für Freiheit und Demokratie, S. 328.

Menges, Friedrich*

Geburtsdatum: 9. August 1880
Geburtsort: Ebersbach
Sterbedatum: bislang nicht bekannt
Sterbeort: bislang nicht bekannt
Beruf: Kesselschmied
Partei: vor 1933 SPD
Funktionen vor 1933: Schriftführer der SPD in Karlsruhe; ab 1. Juli 1919 Angestellter des DEV bzw. ab 1925 des EdED in Karlsruhe.
Verfolgung – Widerstand – Emigration: vom 29. August bis 11. September 1944 im Rahmen der „Aktion Gewitter“ im KZ Dachau inhaftiert (Häftlings-Nr.: 93711).
Funktionen nach 1945: bislang nicht bekannt.
Weitere Hinweise: bislang nicht bekannt.

* Handbuch des Vereins Arbeiterpresse, 2. Aufl. 1927, S. 410; Auskunft des Archivs der Gedenkstätte Dachau (Albert Knoll), 28. 10. 2014 und vom 9. 12. 2014.

Menne, Ernst*

Geburtsdatum: 15. März 1877
Geburtsort: Essen
Sterbedatum: 31. Oktober 1960
Sterbeort: Offenburg
Beruf: Reichsbahninspektor
Partei: vor 1933 SPD
Funktionen vor 1933: Vorstandsmitglied der Reichsgewerkschaft Deutscher Eisenbahnbeamten und -Anwärter und ab 1921 deren Erster Vorsitzender; auf dem Gründungstag der

EdED 1925 zum stellvertretenden Vorsitzenden des Verbandes gewählt (nach Angaben von Franz Scheffel); ab 1925 Mitglied des Vorstandes des EdED; 1925 stimmberechtigter Vertreter des 1. Bundeskongresses des ADB; 1928 Delegierter der 2. ordentlichen Generalversammlung des EdED; 1927 Delegierter des 2. Bundeskongresses des ADB; 1931 Delegierter der 3. ordentlichen Generalversammlung des EdED; vor 1928 EdED-Vorstandsmitglied; 1928 EdED-Bezirksleiter für Bayern-Nord und 1929 in Frankfurt a. M.

Verfolgung – Widerstand – Emigration: im Mai 1933 „zum nächstmöglichen Termin" entlassen und danach erwerbslos; traf 1938 „gelegentlich" mit Joseph Hirthammer zusammen, äußerte diesem gegenüber bei einem Treffen in Offenburg „Soviel ich gehört habe ist er [gemeint ist Jahn] bei der ITF. In Amsterdam"; außerdem erwähnte er, dass er vom ehemaligen Kartellsekretär Anton Döring einen Brief aus der Schweiz erhalten habe; am 4. August 1940 von der Gestapo unter dem Verdacht der „Vorbereitung zum Hochverrat" festgenommen; zunächst im Polizeigefängnis Offenburg inhaftiert und danach in das Polizeigefängnis Frankfurt a. M. überführt; am 16. August 1940 erstmalig richterlich vernommen und in Untersuchungshaft gekommen; vom 16. August 1940 bis 15. März 1941 in der Untersuchungshaftanstalt Frankfurt a. M. inhaftiert; anschließend der Frankfurter Gestapo überstellt, die ihn am 18. März 1941 auf freien Fuß setzte; betrieb illegale Gewerkschaftsarbeit u. a. mit der Aktion um Anton Döring (Schweiz); man verdächtigte ihn, die illegale Gewerkschaftsarbeit maßgeblich vorangetrieben zu haben; im Urteil gegen Johann Wolf und Josef Ludwig (1941) heißt es: „Der Angeklagte Ludwig traf in den Jahren 1934 oder 1935 eines Tages in Limburg den früheren Eisenbahn-Gewerkschafts-Funktionär Karl Benner aus Giessen, mit dem er zusammen die Gastwirtschaft ‚Bahnecke' aufsuchte, wo sie sich vor allem über den ehemaligen Bezirksleiter Ernst Menne unterhielten. Ob sich die Angeklagten bei den geschilderten Zusammenkünften mit früheren SPD-Funktionären illegal betätigt haben, was im einzelnen besprochen und verabredet wurde, hat sich nicht ermitteln lassen." (Urteil gegen Johann Wolf und andere, 9. 1. 1941); sollte im Zuge der „Aktion Gewitter" nochmals verhaftet werden, wobei er der Verhaftung zuvor kam, da Menne seinen Wohnort Offenburg verließ und zunächst nicht auffindbar war.

Funktionen nach 1945: bislang nicht bekannt.

Weitere Hinweise: in den Adressbüchern von Essen ist der Name von 1922 bis 1928 erwähnt; wohnte in der Nieberdingstraße 64; später in Offenburg, Klosterstraße 2 (1940er-Jahre).

* BArch, NJ 2229, Bd. 2, Bl. 234 f., Unterlagen der Gestapo und NS-Justiz zur Verfolgung illegaler EdED-Strukturen; HHStAW, Datenbank „Widerstand und Verfolgung in Hessen", Ident-Nr.: 30288, biografische Angaben; LA Baden-Württemberg, Staatsarchiv Freiburg, Entschädigungsvorgänge, F 196, Nr. 7651, Entschädigungsakte von Ernst Menne; BArch, NJ 2544, Urteil gegen Johann Wolf (DMV-Geschäftsführer in Limburg a. d. Lahn) und andere, 9. 1. 1941; Protokoll über die Verhandlungen der 2. ordentlichen Generalversammlung des EdED; Protokoll über die Verhandlungen der 3. ordentlichen Generalversammlung des EdED; Gottwaldt, Eisenbahner gegen Hitler, S. 74, 214; Auskunft des StA Essen (Jutta Vonrüden-Ferner und Kevin Bätzel), 2. 3. 2016.

Mewis, Karl*

Geburtsdatum: 22. November 1907

Geburtsort: Hannoversch-Münden

Sterbedatum: 16. Juni 1987

Sterbeort: Berlin (Ost)

Beruf: Eisenbahnschlosser

Partei: ab 1922 SAJ; ab 1924 KPD; ab 1945 KPD; ab 1946 SED

Funktionen vor 1933: 1926–1929 Vorsitzender des KJVD im Bezirk Hessen-Waldeck; 1929 Agitprop.-Leiter der KPD-Bezirksleitung Hessen-Kassel, Oktober 1929 bis Herbst 1932 Org.-Leiter der KPD-Bezirksleitung Magdeburg-Anhalt.

Verfolgung – Widerstand – Emigration: Herbst 1932 bis 1934 unter dem Decknamen „Meinhard" Kursant an der Internationalen Lenin-Schule (Moskau); ab Sommer 1934 illegaler Pol.-Leiter der KPD im Bezirk Mittelrhein; 1935 Teilnehmer des VII. Weltkongresses der Komintern; auf der bald darauf folgenden „Brüsseler Konferenz" der KPD (Moskau) wählten ihn die Delegierten zum Kandidaten des ZK (Deckname: „Karl Arndt"); 1935–1936 Pol.-Leiter des KPD-Bezirks Wasserkante; 1936 erfolgte die Emigration nach Dänemark; dort leitete er die Abschnittsleitung Nord der illegalen KPD; Ende 1936 ging er nach Paris; war im Anschluss als Angehöriger der Internationalen Brigaden im Spanischen Bürgerkrieg; ab Mitte 1938 wurde er Leiter der illegalen KPD-Abschnittsleitung Mitte bzw. Zentrum in Prag; nach der Besetzung der ČSR flüchtete er über Kopenhagen und Malmö nach Stockholm; er übernahm dort die Leitung der neu eingerichteten KPD-Abschnittsleitung Zentrum; im Januar 1939 war er Teilnehmer der „Berner Konferenz", die unweit von Paris stattfand; auf der Konferenz zum Mitglied des ZK gewählt (blieb in dieser Funktion bis 1945); im Herbst 1939 wurde er zur Berichterstattung nach Moskau beordert (u. a. Diskussion um den „Hitler-Stalin-Pakt" und die weitere Strategie der KPD); er erhielt den Auftrag, zusammen mit Herbert Wehner und Heinrich Wiatrek eine neue Landesleitung der KPD in Stockholm zu bilden, die ihre Aktivitäten später nach Deutschland verlagern sollte; es kam zu erheblichen personalpolitischen und ideologischen Differenzen mit Wehner; ein halbes Jahr nach der Verhaftung Wiatreks und Wehners erfolgte die Verhaftung von Mewis am 19. August 1942; kam in das Internierungslager Smedsbo, wo er bis Sommer 1943 blieb; danach leitete er bis Kriegsende die KPD-Gruppe in Schweden (KPD-Landesleitung); er revidierte orthodoxe kommunistische Auffassungen und entwickelte sich zu einem Vertreter der Zusammenarbeit mit bürgerlichen und sozialdemokratischen Exilgruppen; ab Herbst 1943 war er Leitungsmitglied der „Landesgruppe deutscher Gewerkschafter" in Schweden; er unterzeichnete den „Aufruf zur Sammlung der Deutschen in Schweden" vom 28. Oktober 1943; von Oktober 1944 bis Dezember 1945 Mitbegründer und Sekretär des „Arbeitsausschusses deutscher antinazistischer Organisationen in Schweden".

Funktionen nach 1945: kehrte im Dezember 1945 nach Deutschland zurück (über Polen); war zunächst in Mecklenburg Sekretär der KPD-Bezirksleitung; von März 1946 bis Mai 1949

war er Sekretär der KPD bzw. der SED-Landesleitung von Groß-Berlin; bald darauf zum Stadtverordneten von Groß-Berlin gewählt; 1949/50 Mitglied der Provisorischen Volkskammer und 1950–1963 Mitglied der Volkskammer; 1951/52 Erster Sekretär der SED-Landesleitung Mecklenburg und 1952–1961 Erster Sekretär der SED-Bezirksleitung Rostock; 1950–1952 Kandidat und ab 1952 Mitglied des ZK der SED; 1958–1963 Kandidat des Politbüros des ZK der SED; 1960–1963 Mitglied des Staatsrates der DDR; Juli 1961 bis Januar 1963 Minister und Vorsitzender der Staatlichen Plankommission und Mitglied des Präsidiums des Ministerrats; 1963 im Zuge der Versorgungskrise (1962/63) entlassen; 1963–1968 war er Botschafter in Polen; danach arbeitete er beim Institut für Marxismus-Leninismus.
Weitere Hinweise: erlernte 1921–1924 bei der Reichsbahn in Kassel das Schlosserhandwerk; erhielt 1967 den Karl-Marx-Orden und zahlreiche andere Auszeichnungen der DDR; 1972 publizierte er seine „Erinnerungen" mit dem Titel „Im Auftrag der Partei", die eine Reihe Verleumdungen gegen Herbert Wehner enthielten.

* Röder/Strauss (Bearb.), Biographisches Handbuch, S. 495 f.; Michael F. Scholz, Mewis, Karl, in: Helmut Müller-Enbergs/Jan Wielgohs/Dieter Hoffmann/Andreas Herbst/Ingrid Kirschey-Feix (Hrsg.), Wer war wer in der DDR?, 5. Ausgabe, Bd. 1, Berlin 2010, in: Online-Datenbank der Bundesstiftung Aufarbeitung, http://www.bundesstiftung-aufarbeitung.de/wer-war-wer-in-der-ddr-%2363%3B-1424.html?ID=2307 (10. 2. 2016); Weber/Herbst, Deutsche Kommunisten, 1. Aufl. 2004, S. 501.

Michaelis, Friedrich*

Geburtsdatum: 27. April 1887
Geburtsort: Gretesch (bei Osnabrück)
Sterbedatum: 29. Juni 1969
Sterbeort: Hannover
Beruf: Schlosser
Partei: ab 1924 SPD
Funktionen vor 1933: Übernahme von Funktionen in der SPD, u. a. Leiter der Abteilung Hannover-Mecklenheide; ob Michaelis eine Funktion in der freigewerkschaftlichen Bewegung innehatte, konnte nicht geklärt werden, es ist allerdings wahrscheinlich.
Verfolgung – Widerstand – Emigration: auf Grundlage des „Gesetzes zur Wiederherstellung des Berufsbeamtentums" 1934 aus dem Reichsbahnausbesserungswerk Hannover-Leinhausen entlassen; war Repressalien der Gestapo und einem Ermittlungsverfahren aufgrund politischer Äußerungen ausgesetzt; vom 27. September 1939 bis 22. Dezember 1940 in Haft in Hannover (man warf ihm regierungskritische Äußerungen vor – zunächst Untersuchungshaft; am 22. Dezember 1939 wurde er vom Sondergericht Hannover wegen Vergehens gegen das „Heimtückegesetz" zu einer Haftstrafe von einem Jahr verurteilt); nach der Verbüßung der Haftstrafe überstellte man ihn in das KZ Sachsenhausen (im Häftlingsblock

44 untergebracht); am 8. Oktober 1942 nach Dachau und am 25. September 1944 in das KZ Buchenwald verschleppt, später in das KZ Bergen-Belsen überführt (dort bis 2. Mai 1945 in Haft).

Funktionen nach 1945: bislang nicht bekannt.

Weitere Hinweise: arbeitete zunächst in der Eisenbahnwerkstätte Osnabrück, später als Werkmeister im Reichsbahnausbesserungswerk Hannover-Leinhausen; nach der Entlassung im Jahr 1934 bis 1937 erwerbslos; Mitglied der DAF; nach 1945 als Oberwerkmeister im Reichsbahnausbesserungswerk Hannover-Leinhausen tätig; verheiratet seit 1914 mit Adele Michaelis, geborene Steinmeyer; hatte zwei Töchter: Elisabeth und Hildegard; wohnte in Hannover, Spannriede 16 (1930er-Jahre).

* StA Hannover, Nr. 09/1988, Unterlagen zum Lebensweg von Friedrich Michaelis; AS, JSU 1/97, Bl. 49, Veränderungsmeldung, 19. 2. 1941; Archiv der Gedenkstätte Dachau, NARA-Zugangbuch, Nr. 112/037381; Julana Bredtmann, Friedrich Michaelis (1887–1969), FU Berlin 2012 (unveröffentlichtes Manuskript); Antje Wingender, Friedrich Michaelis (1887–1969), in: Gottwaldt, Eisenbahner gegen Hitler, S. 201–206.

Middendorf, Heinrich*

Geburtsdatum: 14. Juni 1886
Geburtsort: Dortmund
Sterbedatum: 3. Juli 1967
Sterbeort: Wittenberge
Beruf: Schlosser
Partei: ab 1906 SPD; USPD; ab 1946 SED

Funktionen vor 1933: zunächst ab 1905 gewerkschaftlich organisiert im DMV und ab 1909 ehrenamtlicher Funktionär des Verbandes (u. a. Schriftführer; Funktionen im Jugendausschuss, Vorstandsmitglied auf lokaler Ebene, Delegierter, Mitglied des Bildungsausschusses) in Kiel und Rendsburg; 1918 Funktionär im Arbeiter- und Soldatenrat in Wittenberge; August 1917 Mitbegründer der Ortsgruppe des DEV in Wittenberge; in den 1920er-Jahren Betriebsrat im Reichsbahnausbesserungswerk Wittenberge; Übernahme von Funktionen in der SPD, u. a. Stadtverordneter in Wittenberge, für die USPD dort auch Kreistagsabgeordneter .

Verfolgung – Widerstand – Emigration: „wegen politischer Unzuverlässigkeit" im Frühjahr 1933 aus dem Dienst der Deutschen Reichsbahn-Gesellschaft entlassen; Strafverfahren wegen angeblicher Unterschlagung von Geldern, das jedoch bald darauf eingestellt wurde; später schrieb er: „Ich wurde ständig überwacht, denn die Nazis wußten über mein Tun genau Bescheid. Während meiner Arbeitslosigkeit mußte ich ¼ Jahr bei der Elbregulierung arbeiten. [...] Es haben immer Engel über meinem Haupt geschwebt, denn im allgemeinen bin ich noch gut durch die Nazizeit gekommen." (LHA Schwerin, Bestand 10.34-3, Abt. V, Nr. 602, Lebenslauf „Aus meinem Leben", Januar 1961).

Funktionen nach 1945: Mitglied der Ortsgewerkschaftsleitung der IG Metall im FDGB; Mitarbeit und Übernahme verschiedener Funktionen in Gremien des FDGB, u. a. im „Arbeitskreis verdienter Gewerkschaftsveteranen".
Weitere Hinweise: heiratete 1936 Hertha Alma Friederike Gerloff.

* StA Wittenberge, Sterberegister Nr. 349/1967: Middendorf, Heinrich; Standesamt Wittenberge, Reg.-Nr. 89/1936, Unterlagen zur Eheschließung mit Hertha Alma Friederike Gerloff (1936); LHA Schwerin, Bestand 10.34-3, Bezirksleitung der SED Schwerin, Abt. V, Nr. 602 und Nr. 5457, Kaderakten von Heinrich Middendorf.

Mietz, Georg*

Geburtsdatum: 27. September 1886
Geburtsort: Berlin
Sterbedatum: 10. Februar 1947
Sterbeort: Oranienburg (Sowjetisches Speziallager Nr. 7/Nr. 1)
Beruf: Werkhelfer; Eisenbahner bzw. Fahrkartenausleger
Partei: ab 1907 SPD
Funktionen vor 1933: DMV ab 1907; Soldatenrat beim Divisionsstab; Arbeiterrat der Eisenbahner; ab 1920 Vorsitzender des Bezirksbetriebsrates der Reichsbahndirektion Berlin, zeitweise Betriebsratsvorsitzender (bis 1933; gewaltsam aus dieser Funktion entfernt); Übernahme verschiedener Funktionen für den DEV bzw. ab 1925 für den EdED; Mitglied der Bezirks- und der Ortsverwaltung Berlin des EdED; 1925 Delegierter der 3. ordentlichen Generalversammlung des DEV; 1931 Delegierter der 3. ordentlichen Generalversammlung des EdED; bei der Generalversammlung der EdED-Ortsgruppe Berlin am 22. Februar 1927 als Bezirksbetriebsrat in die EdED-Ortsverwaltung gewählt; Leiter des Kreises 10 der EdED-Ortsverwaltung Berlin; Mitglied des Hauptbetriebsrates der Deutschen Reichsbahn-Gesellschaft (gewählt durch die Betriebsarbeiter) und zeitweise als geschäftsführendes Mitglied tätig.
Verfolgung – Widerstand – Emigration: am 1. September 1933 aus dem Reichsbahndienst entlassen (danach fast fünf Jahre erwerbslos, erreichte Wiedereinstellung bei der Deutschen Reichsbahn); führte mit Kollegen illegale Treffen im Berliner Umland durch; Bezug und Verteilung illegaler Druckschriften; Teilnahme an einer illegalen Maifeier 1938, anschließend eintägige Verhaftung; Bezug illegaler Schriften über Paul Beyerling: „unterhält Verbindungen mit Angehörigen des ehemaligen EdED"; am 28. März 1933 erste Verhaftung durch die SA in der Wohnung, erste Misshandlungen; 1. Mai 1938 zweite Verhaftung durch die Gestapo in einem Lokal; 1. September 1939 dritte Verhaftung durch die Gestapo auf der Arbeitsstelle, ins Polizeigefängnis Alexanderplatz gebracht; kein Gerichtsurteil; 5. September 1939 bis 15. September 1939 Inhaftierung im KZ Sachsenhausen (Häftlingsnummer 1100, Block 37); eingesetzt im Barackenbau; gab in seinem Lebenslauf selbst an, dass er seine spätere Tätigkeit im Reichsbahnausländerlager „zugunsten der fremdländischen Arbeiter ausgeführt" habe.

Funktionen nach 1945: Arbeit im Reichsbahn-Zentralamt Berlin, Potsdamer Straße 192.
Weitere Hinweise: ab September 1919 bei der Reichsbahndirektion beschäftigt; Funktionär des „Reichsbanners Schwarz-Rot-Gold“; 1925–1933 Arbeitsrichter in Berlin; Mitglied der „Eisernen Front“; nach KZ-Haft Einstellung als Pförtner im Reichsbahnausländerlager Berlin-Tegel, später Büroangestellter und Geräteverwalter; am 20. Mai 1946 Verhaftung durch sowjetische Militärpolizei im Auftrag der SMAD; war zweimal verheiratet: 1907 mit Röschen Anna Hulda Mietz, geborene Klemm, zweites Datum unbekannt mit Amanda Katharina Mietz, geborene Pätzer; Sohn: Georg Alfons Hermann Mietz.

* BArch, R 58/3301 und BArch, R 58/3297, Bl. 276 f. und BArch, R 58/3388, Bl. 213, Unterlagen zur Verfolgung; BLHA, Rep 35 H, 8/2, Bl. 407 f.; BLHA, Rep. 35 H, Nr. 13, Bl. 232; LAB C Rep. 118-01, Nr. 5863, OdF-Akte von Georg Mietz; Protokoll über die Verhandlungen der dritten ordentlichen General-Versammlung des Deutschen Eisenbahner-Verbandes vom 21. bis 26. Juni 1925 in Köln a. Rh.; Protokoll über die Verhandlungen der 3. ordentlichen Generalversammlung des EdED; Jahresbericht des Einheitsverbandes der Eisenbahner Deutschlands 1927, hrsg. von der Ortsverwaltung des EdED Berlin, Berlin o. J.; Jahrbuch 1930 des Einheitsverbandes der Eisenbahner Deutschlands, S. 144; Ingo Ganz, Mietz, Georg (1886–1947), in: Mielke (Hrsg.) i. V. mit Morsch, Gewerkschafter in den Konzentrationslagern Oranienburg und Sachsenhausen, Bd. 2, S. 319–322.

Möller, Alexander*

Geburtsdatum: 26. April 1903 (nach anderen Angaben 1897)**
Geburtsort: Dortmund
Sterbedatum: 2. Oktober 1985
Sterbeort: Karlsruhe
Beruf: Eisenbahn-Supernumerar; später Journalist
Partei: ab 1922 SPD
Funktionen vor 1933: ab 1. Januar 1923 Bezirksleiter des DEV in Halle a. d. Saale; ab 1923 Sekretär in der Bundesleitung der Reichsgewerkschaft Deutscher Eisenbahnbeamten und -Anwärter bzw. ab 1925 Sekretär des EdED in Halle a. d. Saale (bis 1933); 1927 Delegierter des 2. Bundeskongresses des ADB; 1928 Teilnehmer der 2. ordentlichen Generalversammlung des EdED; 1930 Delegierter des 3. Bundeskongresses des ADB; 1931 Teilnehmer der 3. ordentlichen Generalversammlung des EdED; 1928–1933 jüngstes Mitglied des Landtages von Preußen (Wahlkreis Halle-Merseburg; am 19. Mai 1933 aus der Fraktion ausgeschieden).
Verfolgung – Widerstand – Emigration: Anfang 1933 soll Möller vergeblich zu einem Generalstreik gegen Hitlers Machtübernahme aufgerufen haben; 3. Mai 1933 bis 22. Mai 1933 in „Schutzhaft“ in Halle a. d. Saale; stand unter Polizeibeobachtung; musste sich monatlich bei der Polizei melden (bei der Gestapo in Dortmund-Hörde); soll sich am 30. Juni 1933 für eine Reise polizeilich „abgemeldet“ haben; übernahm eine Außendiensttätigkeit für die österreichische Lebensversicherungs-Gesellschaft „Phönix“, 1936 für die „Karlsruher Lebensversicherung AG“; als leitendem Mitarbeiter der Versicherungsgesellschaft wurde ihm 1944

die Berufung zum stellvertretenden Vorstandsmitglied verwehrt (das Reichsaufsichtsamtes hatte Einspruch gegen die Berufung eingelegt).

Funktionen nach 1945: 1946 Mitglied der Verfassunggebenden Landesversammlung zur Bildung des Südweststaates (Württemberg-Baden); 1946–1961 Mitglied des Landtages von Württemberg-Baden bzw. ab 1952 von Baden-Württemberg; 1946–1961 Vorsitzender der SPD-Fraktion des Landtages von Baden-Württemberg, Vorsitzender des Finanz- und Haushaltsausschusses und Mitglied (1962–1966 Vorsitzender); seit Mai 1958 Vorstand der SPD und zeitweise im Präsidium der SPD (bis 1973); 1961–1976 war er Mitglied des Deutschen Bundestages (1964 stellvertretender Vorsitzender der SPD-Fraktion, war Vorsitzender des Arbeitskreises „Öffentliche Finanzwirtschaft" und des Vermittlungsausschusses); Oktober 1969 Bundesfinanzminister im Kabinett Brandt (trat aber aufgrund von Meinungsverschiedenheiten bereits am 13. Mai 1971 von diesem Amt zurück).

Weitere Hinweise: Vorsitzender des Friedenskartells in Halle a. d. Saale (vor 1933); verheiratet mit Lieselotte Möller, geborene Klemenz.

* SAPMO-BArch, Widerstandskartei, Alex Möller; BArch, R 58/3340, Bl. 50 ff., 85, 140; BArch, NL-Splitter; BArch, R 58/2296, Unterlagen zur Verfolgung; Protokoll über die Verhandlungen der 2. ordentlichen Generalversammlung des EdED; Protokoll über die Verhandlungen der 3. ordentlichen Generalversammlung des EdED; Jahrbuch 1931 des Einheitsverbandes der Eisenbahner Deutschlands, S. 173; Handbuch des Vereins Arbeiterpresse, 2. Aufl. 1927, S. 352; Schumacher (Hrsg.), M. d. L. Das Ende der Parlamente, S. 107; Peter Koch, Möller, Alex, in: Neue Deutsche Biographie 17 (1994), S. 636 f., http://www.deutsche-biographie.de/pnd118583026.html (4. 2. 2016).

** In der Ausgabe des „Spiegel" vom 6. Juni 1966 hieß es dazu: „Eugen Gerstenmaier, 59, Bundestagspräsident (CDU), wurde von Berliner Parteifreunden gebeten, im Bundestagshandbuch das Geburtsjahr des SPD-MdB Dr. Alex Möller von 1903 auf 1897 abzuändern. Begründung: In Handbüchern des Preußischen Landtags sei Möllers Geburtsjahr mit 1897 angegeben. Gerstenmaier beschied die Bittsteller abschlägig und erklärte, der Sozialdemokrat hätte ihm glaubhaft versichert, daß die Zahl 1897 ein Druckfehler wäre. Die Berliner wollen jetzt mit Hilfe von Unterlagen der Bundesversicherungsanstalt nachweisen, daß Möller doch schon (am 26. April) 1897 geboren wurde." Auch danach wurden weiterhin beide Geburtsdaten bzw. andere zum Ende des 19. Jahrhunderts angegeben.

Mößner, Friedrich*

Geburtsdatum: 2. September 1888

Geburtsort: Auernheim (heute: Treuchtlingen, bei Gunzenhausen)

Sterbedatum: 13. September 1944

Sterbeort: Ulm

Beruf: Schmied; Wagenmeister

Partei: 1925–1930 SPD

Funktionen vor 1933: 1926–1933 Schriftführer des EdED in Plochingen; zeitweise Schriftführer der SPD-Ortgruppe Plochingen.

Verfolgung – Widerstand – Emigration: 1937–1939 Mitglied der EdED-Widerstandsgruppe um Karl Molt; am 24. November 1938 festgenommen und vom VGH wegen „Nichtanzeige eines hochverräterischen Vorhabens“ zu einer Gefängnisstrafe von einem Jahr und drei Monaten verurteilt: „Der Angeklagte Mößner hat den vorstehend dargestellten Tathergang zugegeben und ausdrücklich zugestanden, von Anfang an erkannt zu haben, ‚daß es sich bei der von Molt ins Leben gerufenen Organisation um eine gegen die Regierung gerichtete strafbare Sache handele‘. Daher habe er auch die Druckschriften nicht weitergegeben. Er will bei dem einmaligen Zusammentreffen mit Molt im Juli 1937 in Züfles Wohnung die Materialannahme sofort verweigert und dem Molt erwidert haben: ‚Deine Bestrebungen sind undurchführbar und falsch. In Deutschland ist die Arbeitslosigkeit beseitigt. Was die Rohstoffe anbetrifft, so ersetzen wir diese Mängel durch den Erfindergeist unserer Chemiker und Techniker. Die Regierung ist heute so stark und hat auch zuverlässige Männer, daß wir und unsere Kinder es wohl nicht erleben werden, daß die Regierung untergraben wird.‘ [...] Mößner hat noch erklärt, er sehe ein, daß er ‚gesündigt‘ habe; denn er habe gewußt, daß ‚der Einheitsverband verboten und das Versenden von Druckschriften strafbar ist‘.“ (Urteil, Bl. 16 f.).
Funktionen nach 1945: –
Weitere Hinweise: ab 1935 Mitglied des NSV; wohnte in Plochingen, Ulmer Straße 21 (Anfang der 1930er-Jahre); lebte ab ca. 1935 bzw. zuletzt in Ulm (Ortsteil Söflingen), In der Wanne 19 (dort gemeldet Ende der 1930er- und Anfang der 1940er-Jahre).

* Urteil des VGH 6J243/39-1H51/39 gegen Jakob Müller, Friedrich Mößner, Reinhold Beck und Eugen Schweizer, 24. 11. 1938, in: Nationalsozialismus, Holocaust, Widerstand und Exil 1933–1945, Online-Datenbank; StA Ulm, Bestand: Standesamt Ulm, Familienregister, Bd. 93, Bl. 356; Mielke/Frese (Bearb.), Die Gewerkschaften im Widerstand und in der Emigration, S. 405; Auskunft des Standesamtes Treuchtlingen (Gabriele Dreger), 18. 3. 2016; Auskunft des KrArch Esslingen a. Neckar (Jochen Fuchs), 18. 3. 2016; Auskunft des Stadtarchivs Ulm (Matthias Grotz), 21. 3. 2016.

Mohren, Josef*

Geburtsdatum: 1887
Geburtsort: bislang nicht bekannt
Sterbedatum: April 1945
Sterbeort: KZ Sachsenhausen
Beruf: Schlosser
Partei: KPD (1927 ausgeschlossen)
Funktionen vor 1933: verschiedene Funktionen im EdED in Eschweiler; ab 1924 Mitglied des Eschweiler Stadtrates (bis 1929).
Verfolgung – Widerstand – Emigration: vermutlich von Nachbarn denunziert; die Nachbarn sollen behauptet haben, Mohren habe „Feindsender“ gehört; 1944 wurde er nachts von

der Gestapo abgeholt und in das KZ Sachsenhausen verschleppt; im Zusammenhang mit der Auflösung des Lagers und den „Todesmärschen“ soll Mohren im April 1945 ermordet worden sein.

Funktionen nach 1945: –

Weitere Hinweise: verheiratet und Vater von acht Kindern; wird in den Eschweiler Adressbüchern von 1925, 1929 und 1935 erwähnt; wohnte in Eschweiler, Patternhof 18, später Patternhof 20 (1930er-Jahre); im Juni 2015 wurde ein Stolperstein durch den Kölner Künstler Gunther Demnig vor dem Haus Patternhof 13 (früher Patternhof 18) verlegt.

* AdsD, DGB-Archiv, Ehrentafel für während des Dritten Reichs ermordete Gewerkschaftsmitglieder, o. O. o. J., S. 6, S. 37; Projekt zur Erinnerung an jüdische Menschen aus Eschweiler und Stolperstein-Initiative Eschweiler, im Internet: http://eschweiler-juden.de/pages/stolpersteine/josef-mohren.php, (12. 12. 2014); Auskunft des StA Eschweiler (Horst Schmidt), 17. 3. 2016; Auskunft von Friedhelm Ebbecke-Bückendorf, Eschweiler, 31. 3. 2016; Eschweiler Nachrichten, 26. 5. 2015.

Molitor, Wilhelm [auch: Molitor, Willi]*

Geburtsdatum: 25. Mai 1902

Geburtsort: Essen

Sterbedatum: 20. Januar 1953

Sterbeort: Heidelberg

Beruf: Schlosser

Partei: ab 1921 SPD

Funktionen vor 1933: seit 1917 in der Gewerkschaftsjugend engagiert und ab 1920 Mitglied des DMV; ab 1921 Mitglied des DEV; ab 1922 Übernahme von Funktionen für die SPD (Schriftführer) und den DEV (u. a. Kassierer im Reichsbahnausbesserungswerk Mülheim-Speldorf); 1926–1933 Betriebsrat im Reichsbahnausbesserungswerk Mülheim-Speldorf und zeitweise Betriebsratsvorsitzender; 1932/33 Schriftführer und Beisitzer im Bezirksvorstand des EdED für den Reichsbahnbezirk Essen.

Verfolgung – Widerstand – Emigration: im Juni 1933 aus dem Reichsbahnausbesserungswerk Mülheim-Speldorf entlassen; ab Ende 1933/Anfang 1934 illegale Arbeit für die ITF; „Verbindungsmann“ zu Hans Jahn bzw. zu anderen Strukturen der EdED-Widerstandsgruppe; über die Mitgliedschaft in der illegalen ITF-Gruppe Kontakte zur Sopade; ab 1934 Vertrauensmann von Hans Jahn; beteiligte sich insbesondere an der Einfuhr illegaler Druckschriften der ITF und Sopade; hielt über Sebastian Dani Kontakt zur Duisburger Widerstandsgruppe „Brotfabrik Germania“; Molitor war ein wichtiger „Verbindungsmann“ der illegalen Gruppe „Brotfabrik Germania“ in Mülheim; Sebastian Dani erhielt von Molitor Nachrichtenmaterial/Flugschriften, die er über die ITF erhalten hatte; wurde am 7. Juni 1935 verhaftet und kam in „Schutz“-, später in Untersuchungshaft in Duisburg; am 9. Juli

1936 im Prozess gegen die Duisburger SPD-Widerstandsgruppe „Brotfabrik Germania" vom OLG Hamm zu drei Jahren Zuchthaus verurteilt, die er vom 25. Juni 1935 bis 7. Juni 1938 im Zuchthaus Remscheid-Lüttringhausen verbüßte; im Anschluss im Strafgefangenenlager Börgermoor inhaftiert; bis 7. Juni 1938 in Haft; Wiederaufnahme der Kontakte zu Hans Jahn und andere illegale Tätigkeiten für die ITF; nach Angaben von Hans Jahn in der „Organisationsskizze" von Ende 1938 „Verbindungsmann" der illegalen „Organisation" in Duisburg; wurde von der Gestapo als Agent angeworben und reiste in deren Auftrag in die Niederlande; er offenbarte sich gegenüber der ITF und berichtete über seinen Auftrag durch die Gestapo; lebte im Anschluss in Rotterdam im Untergrund; wurde im Frühjahr 1940 vom Reichssicherheitshauptamt als „Staatsfeind" eingestuft und auf die „Sonderfahndungsliste G. B." gesetzt; Anfang Mai 1940 gelang ihm mit Unterstützung der ITF die Flucht mit dem Flugzeug nach Großbritannien.

Funktionen nach 1945: 1946 Rückkehr aus Großbritannien nach Bielefeld; wohnte ab 1950 in Frankfurt a. M.

Weitere Hinweise: wohnte in Mülheim-Broich, Reichstraße 50; war ab 1921 für die Reichsbahn-Gesellschaft tätig.

* LAV NRW R, RW 58, Nr. 58896, Unterlagen der Gestapo Düsseldorf; Bezirksregierung Düsseldorf, LEA, ZK 60081, Entschädigungsakte von Willi Molitor; BArch, R 3017/29433, Bl. 4, „Organisationsskizze" von Hans Jahn, 1. 12. 1938; BArch, R 3017/29429, Bl. 80–94, Ermittlungsbericht/Schlussbericht II der Gestapo Düsseldorf, 14. August 1940; Röder/Strauss (Bearb.), Biographisches Handbuch, S. 505; Buschak, „Arbeit im kleinsten Zirkel", 1. Aufl. 1993, S. 70, 73, 76 ff., 80 f., 261 und ebenda, 2., aktual. Aufl. 2015, S. 155–159, 164, 168, 171, 177; Mielke/Frese (Bearb.), Die Gewerkschaften im Widerstand und in der Emigration, S. 169 f., 349, 416, 432, 437, 441; Bludau, Gestapo – geheim! Widerstand und Verfolgung in Duisburg 1933–1945, S. 27.

Molt, Karl*

Geburtsdatum: 8. April 1891
Geburtsort: Stuttgart
Sterbedatum: 8. November 1978
Sterbeort: Stuttgart
Beruf: Feinmechaniker
Partei: ab 1909 SPD

Funktionen vor 1933: Mitglied der Ortsverwaltung des DEV in Stuttgart; Vorsitzender des Betriebs- und Beamtenrates (Eisenbahn-, Telegraphen-Inspektion der Deutschen Reichsbahn-Gesellschaft in Bad Cannstatt); 1. Dezember 1927 bis 5. März 1933 Bezirkssekretär des EdED (Bezirk Württemberg); 1930 Delegierter des 3. Bundeskongresses des ADB.

Verfolgung – Widerstand – Emigration: illegale Arbeit; Herbst 1933: Flucht in die Schweiz; Zusammenarbeit mit der ITF (Hans Jahn); Leiter einer Struktur der EdED-Widerstandsgruppe in Südwestdeutschland; fertigte u. a. Berichte für die ITF an, in denen über die

Lebens- und Arbeitsbedingungen der Eisenbahnarbeiter in Stuttgart, Schwenningen, Friedrichshafen und Esslingen berichtet wurde; nach Angaben von Hans Jahn in der „Organisationsskizze" von Ende 1938 „Reichsverbindung" der illegalen „Organisation" in Ulm, Friedrichshafen, Esslingen und Tübingen; hielt auch Verbindung zur „Funken"-Widerstandsgruppe um Anton Döring (Schweiz).
Funktionen nach 1945: 1945 Gewerkschaftssekretär im Württembergischen Gewerkschaftsbund (Fachgruppe Reichsbahn); Juli 1946 bis 1948 gleichberechtigter Vorsitzender in der Landesorganisation der Einheitsgewerkschaft zusammen mit Johann Hatje im Gewerkschaftsbund Württemberg-Baden; Ende Mai 1948 bis 1949 Vorsitzender der Gewerkschaft der Eisenbahner im Gewerkschaftsbund Württemberg-Baden, zugleich Mitglied in dessen Bundesvorstand; September 1949 Delegierter des III. Bundestages Württemberg-Baden in Stuttgart-Feuerbach; Mitte Oktober 1949 Delegierter der GdED auf dem Gründungskongress des DGB; Januar 1950 bis Dezember 1953 Bezirksleiter der GdED für den Bezirk Baden-Württemberg, zugleich Mitglied des DGB-Landesvorstandes Baden-Württemberg und Mitglied im Bezirksbeirat des Stadtbezirks Stuttgart-Nord; 1946–1961 ehrenamtliches Vorstandsmitglied des Gemeinnützigen Bau- und Heimstättenvereins Stuttgart.
Weitere Hinweise: bislang nicht bekannt.

* BArch, R 3017/29433, Unterlagen im Zusammenhang mit dem Strafverfahren gegen Wilhelm Bode und andere; BArch, R 3017/29433, Bl. 4, „Organisationsskizze" von Hans Jahn, 1. 12. 1938; Röder/Strauss (Bearb.), Biographisches Handbuch, S. 506; Dritter Bundestag des Gewerkschaftsbundes Württemberg-Baden, S. 9; Protokoll Gründungskongreß des Deutschen Gewerkschaftsbundes für das Gebiet der Bundesrepublik Deutschland, S. 256; Esters/Pelger/Schlingensiepen, Gewerkschafter im Widerstand; PA Siegfried Mielke, Berlin, Schriftliche Befragung der Ehefrau Hedwig Molt, Stuttgart, 22. 12. 1982; Buschak, Karl Molt (1891–1978), in: Gottwaldt, Eisenbahner gegen Hitler, S. 186–192; Buschak, „Arbeit im kleinsten Zirkel", 1. Aufl. 1993, S. 43, 49 f., 196, 290 f. und ebenda, 2., aktual. Aufl. 2015, S. 108 f., 115 f., 134, 163, 181–188, 196 f., 320 ff.; Mielke/Frese (Bearb.), Die Gewerkschaften im Widerstand und in der Emigration, S. 28 f., 31 ff., 57 f., 365 f., 368–371, 374–380, 408–415, 417, 423 f., 433, 669 ff.

Müffler, Arnold*

Geburtsdatum: 18. September 1884
Geburtsort: Stommelerbusch (heute: Pulheim)
Sterbedatum: 2. Februar 1973
Sterbeort: Köln
Beruf: Reichsbahnlademeister
Partei: ab 1927 SPD (bis Ende 1932); ab 1940 NSDAP
Funktionen vor 1933: zunächst ab 1910 gewerkschaftlich organisiert im Eisenbahnerverband (Berliner Richtung, später Elberfelder Richtung); nach eigenen Angaben zwischen 1924 und 1933 keine Funktion im DEV/EdED.

Verfolgung – Widerstand – Emigration: am 29. Juli 1940 durch die Gestapo Köln festgenommen und vernommen wegen vermeintlicher Mitgliedschaft in der EdED-Widerstandsgruppe um Hans Jahn.
Funktionen nach 1945: bislang nicht bekannt.
Weitere Hinweise: wohnte in Köln, Sinnersdorfer Straße 231 (Anfang der 1940er-Jahre); später in Köln, Tucholskystraße 12; verheiratet mit Luise Müffler, geborene Wittling; gab später an, er sei nur deshalb NSDAP-Mitglied geworden, um sich zu schützen; soll in Unterlagen von Hans Jahn als „illegal tätiger Funktionär" verzeichnet gewesen sein.

* BArch, NJ 2229, Bde. 1 und 2, Unterlagen der Gestapo und NS-Justiz zur Verfolgung illegaler EdED-Strukturen; StA Köln, Sterberegister Nr. 477/1973: Müffler, Arnold, 8. 2. 1973; Auskunft des StA Köln (Thomas Deres), 4. 12. 2015.

Mühmel, Viktor*

Geburtsdatum: 13. Dezember 1881
Geburtsort: Beuthen (bei Liegnitz)
Sterbedatum: 8. Juli 1939
Sterbeort: Bonn
Beruf: Eisenbahnbeamter
Partei: vermutlich SPD
Funktionen vor 1933: zunächst ab 1. April 1919 Verbandsangestellter in Breslau (wie lange, ist ungeklärt); in dieser Funktion auch in Kattowitz und Oppeln beschäftigt; ab spätestens 1928 Bezirksleiter des EdED im Bezirk Essen; 1928 Teilnehmer der 2. und 1931 der 3. ordentlichen Generalversammlung des EdED.
Verfolgung – Widerstand – Emigration: Kontakte zur illegalen Gruppe des EdED.
Funktionen nach 1945: –
Weitere Hinweise: wohnte in Troisdorf, Kronenstraße 29 (1930er-Jahre); verheiratet mit Martha Mühmel, geborene Walther (geb. 16. Juni 1883, gest. 21. August 1940).

* BArch, R 1501/10255, Unterlagen zur Verfolgung; Handbuch des Vereins Arbeiterpresse, 2. Aufl. 1927, S. 240; StA Troisdorf, Meldekarte Mühmel, Viktor; Protokoll über die Verhandlungen der 2. ordentlichen Generalversammlung des EdED; Protokoll über die Verhandlungen der 3. ordentlichen Generalversammlung des EdED; Buschak, „Arbeit im kleinsten Zirkel", 1. Aufl. 1993, S. 76; Esters/Pelger/Schlingensiepen, Gewerkschafter im Widerstand, S. 47; Auskunft des StA Troisdorf (Antje Winter), 14. 3. 2016.

Müller, Anton*
Geburtsdatum: 1. Juni 1895
Geburtsort: Königsbrunn
Sterbedatum: 20. September 1959
Sterbeort: Augsburg
Beruf: Zugschaffner
Partei: ab 1926 SPD
Funktionen vor 1933: Übernahme verschiedener Funktionen im EdED; Betriebsrat bei der Bahnstation Augsburg.
Verfolgung – Widerstand – Emigration: laut „Organisationsplan“ von Hans Jahn vom 1. März 1936 „Ersatzmann“ für den Gaugrafen Franz Adlhoch in der EdED-Widerstandsgruppe im „13. Gau Südbayern. Vorort Augsburg“; im Auftrag von Adlhoch soll er 1934/35 Hans Jahn mehrmals in Berlin aufgesucht haben; im August 1940 festgenommen und von der Gestapo verhört; gab an, er habe nur über die „bekannte Unterstützungsangelegenheit“ gesprochen; eine illegale Betätigung stellte er in Abrede; im Anschluss entließ man ihn aus der Untersuchungshaft.
Funktionen nach 1945: bislang nicht bekannt.
Weitere Hinweise: Details zum Lebensweg bislang nicht bekannt; war in den 1930er-Jahren weiterhin bei der Deutschen Reichsbahn beschäftigt.

* AdsD, Bestand ITF, 5/ITFA, Mappe 46, „Organisations-Anlage“ von Hans Jahn über den Stand der illegalen Organisation der Eisenbahner im Deutschen Reich, o. D. [1. 3. 1936]; StA Augsburg, Bestand Standesamt Augsburg: Sterberegister Nr. 2103/1959: Müller, Anton; BArch, NJ 2229, Bd. 1, Bl. 33 ff., Unterlagen der Gestapo und NS-Justiz zur Verfolgung illegaler EdED-Strukturen; Auskunft des StA Königsbrunn (Susanne Lorenz), 14. 3. 2016.

Müller, Gustav*
Geburtsdatum: 22. August 1896
Geburtsort: Magdeburg
Sterbedatum: bislang nicht bekannt
Sterbeort: bislang nicht bekannt
Beruf: bislang nicht bekannt
Partei: vermutlich SPD
Funktionen vor 1933: ab 1929 Gewerkschaftssekretär des EdED in Soest, anschließend in Frankfurt a. M.
Verfolgung – Widerstand – Emigration: Festnahme durch die Gestapo am 23. Juli 1940; stand im Verdacht, für den illegalen EdED tätig geworden zu sein, bestritt dies jedoch; da ihm keine illegale Tätigkeit nachgewiesen werden konnte, ließ man ihn nach der Befragung auf freien Fuß.

Funktionen nach 1945: bislang nicht bekannt.

Weitere Hinweise: wohnte in Frankfurt a. M., Neu-Guinea-Weg 48 (Anfang der 1940er-Jahre); Mitglied der DAF; Mai 1933 bis Mai 1935 erwerbslos; verheiratet mit Therese Müller, geborene Ohrmann; die Ehefrau stand ebenso im Verdacht, sich in illegalen gewerkschaftlichen Strukturen zu betätigen bzw. illegale Bestrebungen ihres Mannes zu unterstützen; auch Therese Müller verhörte die Gestapo im Jahr 1940; bestätigte zahlreiche Kontakte ihres Mannes zu anderen Gewerkschaftsfunktionären, u. a. Franz Metz und Franz Apitzsch, und berichtete von Treffen in Frankfurt a. M. und in Offenbach.

* BArch, NJ 2229, Bd. 1, Bl. 33 ff., Unterlagen der Gestapo und NS-Justiz zur Verfolgung illegaler EdED-Strukturen.

Müller, Hans*

Geburtsdatum: 1887

Geburtsort: Bayern

Sterbedatum: 10. August 1963

Sterbeort: bislang nicht bekannt

Beruf: bislang nicht bekannt

Partei: vermutlich SPD

Funktionen vor 1933: Gewerkschaftsfunktionär seit 1910 in München bzw. Bayern.

Verfolgung – Widerstand – Emigration: Hans Müller gehörte zu denen, die „nach besten Kräften versuchten, ein besseres Deutschland vorzubereiten".

Funktionen nach 1945: 1950–1956 Hauptkassierer der GdED in Frankfurt a. M.

Weitere Hinweise: bislang nicht bekannt.

* AdsD, Bestand ITF, 5/ITFA, Mappe 46, „Organisations-Anlage" von Hans Jahn über den Stand der illegalen Organisation der Eisenbahner im Deutschen Reich, o. D. [1. 3. 1936]; Der deutsche Eisenbahner, Nr. 17/1963.

Müller, Jakob*

Geburtsdatum: 2. Februar 1890

Geburtsort: Botenheim (Bezirk Brackenheim)

Sterbedatum: 12. Oktober 1972

Sterbeort: Friedrichshafen

Beruf: Schmied

Partei: vor 1933 SPD; ab 1945 SPD

Funktionen vor 1933: zunächst ab 1907 gewerkschaftlich organisiert im „Zentralverband der Schmiede", später im DMV; 1921–1923 Vorsitzender der DEV-Ortsverwaltung Friedrichshafen und 1925–1930 Vorsitzender der EdED-Ortsverwaltung Friedrichshafen; 1931 einfaches

Ausschussmitglied der EdED-Ortsverwaltung Friedrichshafen; Ende 1931 bis Anfang 1932 für kurze Zeit Zweiter Vorsitzender der EdED-Ortsverwaltung Friedrichshafen; 1925–1931 Vorsitzender des Betriebsrates im Reichsbahnausbesserungswerk Friedrichshafen; 1928 für kurze Zeit Zweiter Vorsitzender der SPD-Ortsgruppe Friedrichshafen.

Verfolgung – Widerstand – Emigration: gehörte zum Kreis der EdED-Widerstandsgruppe; betätigte sich ab Ende Mai 1937 im Widerstandsnetzwerk von Karl Molt; wurde festgenommen und am 24. November 1938 vom VGH wegen „Vorbereitung zum Hochverrat" zu einer vierjährigen Zuchthausstrafe verurteilt: „Auch dieses Strafverfahren zeigt wieder, daß die Hauptangriffe gegen den nationalsozialistischen Staat von politischen Emigranten ausgehen. Der frühere Gewerkschaftssekretär Molt hat am 30. Mai 1937 den Angeklagten Müller in dessen Wohnung in Friedrichshafen aufgesucht und ihn nach völliger Offenbarung der revolutionären Bestrebungen der in Deutschland wiederaufzubauenden Eisenbahnergewerkschaft zur Mitarbeit aufgefordert. Da dem Angeklagten Müller, der bereits seit 1907 Mitglied der Gewerkschaft und nach dem Weltkriege in Funktionärsstellungen der Gewerkschaft und der SPD tätig gewesen war, bekannt war, daß nach der Machterhebung jede Betätigung für die Gewerkschaften als staatsfeindlich und hochverräterisch nicht mehr geduldet, sondern schwer bestraft werde, sträubte er sich zunächst gegen die Anwerbungsversuche des Molt und äußerte sein Bedenken, ‚die Sache sei zu gefährlich'. Nach Erläuterung der konspirativen Methoden (Deckanschriften, Geheimtinte, Materialkurier) verstanden es Molt und [Fridolin] Endraß, den Angeklagten Müller zur Mitarbeit zu überreden. Er hat sich bewußt in die illegale Organisation eingegliedert. In jeder der in der Folgezeit erhaltenen Druckschriften wird unverhüllt und mit aller Entschiedenheit der gewaltsame Sturz der nationalsozialistischen Regierung gefordert. Der Angeklagte Müller hat diese Schriften eifrig gelesen, um sich in seiner marxistischen Gesinnung zu stärken. [...] Die einzelnen Handlungen des Angeklagten Müller entsprangen einem einheitlichen, von vornherein gefaßten Vorsatze, sich fortlaufend für den illegalen Einheitsverband der Eisenbahner" zu betätigen. Sie sind in ihrer Begehungsart gleich, stehen im zeitlichen Zusammenhange miteinander und richten sich gegen dasselbe Rechtsgut, die Verfassung des neuen Deutschen Reiches. Da die Tat, wie der Angeklagte Müller wußte und wollte, auf die Herstellung und Aufrechterhaltung eines organisatorischen Zusammenhaltes gerichtet war und teilweise auch im Auslande begangen worden ist, liegen auch die Erschwerungsformen des § 83 Abs. III Ziff. 1 und 4 StGB. vor." (Urteil, Bl. 10 f.); Müller verbüßte die Haftstrafe im Zuchthaus Ludwigsburg.

Funktionen nach 1945: ab August 1945 aktiv am Neuaufbau der Gewerkschaften in Friedrichshafen beteiligt; ab Januar 1946 Kassierer der Eisenbahngewerkschaft in Friedrichshafen und Delegierter des Kreis-Gewerkschaftskartells Friedrichshafen; ab Februar 1948 Beisitzer des Kreis-Gewerkschaftskartells Friedrichshafen; vom 23. bis 26. März 1949 Teilnahme am Vereinigungskongress der GdED.

Weitere Hinweise: arbeitete ab 1917 als Schmied im Reichsbahnausbesserungswerk Friedrichshafen; ab 1933 Mitglied der DAF; nach 1945 als Schmied im Eisenbahnbetriebswerk Friedrichshafen tätig; Deckname im Widerstand: „Ferdinand".

* BArch, R 58/2247, Bl. 124, Unterlagen zur Verfolgung; Urteil des VGH 6J243/39-1H51/39 gegen Jakob Müller, Friedrich Mößner, Reinhold Beck und Eugen Schweizer, 24. 11. 1938, in: Nationalsozialismus, Holocaust, Widerstand und Exil 1933–1945, Online-Datenbank; StA Friedrichshafen, Friedrichshafener Bibliographie, Manuskript, Ordner Personen, Buchstabe M, Eintrag: Müller, Jakob; Auskunft des StA Friedrichshafen (Hartmut Semmler), 11. 4. 2016.

Müller, Karl*

Geburtsdatum: 8. November 1897
Geburtsort: Bündheim (heute: Bad Harzburg)
Sterbedatum: 25. Januar 1958
Sterbeort: Magdeburg
Beruf: Eisenbahnbediensteter; Reichsbahnbetriebsassistent
Partei: vor 1933 parteilos; ab 1949 SED
Funktionen vor 1933: übernahm (Basis-)Funktionen im EdED.
Verfolgung – Widerstand – Emigration: illegale Arbeit für die „Internationale der Bibelforscher"; 1934–1938 im Raum Magdeburg illegal aktiv; soll sich auch in illegalen EdED-Strukturen betätigt haben; wurde mehrfach festgenommen und verhört: 14. November 1934, 28. Februar 1935, 24. Juli 1936, 29. September 1936, 11. Mai 1938 jeweils in Magdeburg; mehrfach Untersuchungs- und Gefängnishaft, u. a. vom 13. Juli 1935 bis 13. Oktober 1935 im Gefängnis Magdeburg-Neustadt, von März 1935 bis 24. April 1935 im Zuchthaus Halle a. d. Saale (in Kellerarrestzelle) und vom 1. Februar 1935 bis 10. Juli 1935 im KZ Lichtenburg (während der Haftzeit entzog man ihm die Kinder).
Funktionen nach 1945: war im Vorstand der Hauptkasse der Reichsbahndirektion Magdeburg tätig; übernahm vermutlich auch Funktionen in der SED.
Weitere Hinweise: wohnte in Magdeburg, Dorpmüller-Privatstraße 3a, später umbenannt in Niemöller-Privatweg 3a (Mitte der 1940er-Jahre), später in Magdeburg-Neustadt, Bachstraße 2 (1950er-Jahre); verheiratet mit Elsbeth Müller, geborene Kühn; hatte zwei Söhne (Siegfried und Georg), Siegfried (geb. 8. Oktober 1923) fiel im Zweiten Weltkrieg, Georg (geb. 17. November 1929) war nach Kriegsende bei der Deutschen Reichsbahn in Magdeburg tätig.

* SAPMO-BArch, Widerstandskartei, Karl Müller; NLA – Standort Wolfenbüttel, Standesamtsregister Bündheim, Kb, Zg. 2010/505, Nr. 92, lfd. Nr. 84, Geburtseintrag Nr. 197: Müller, Karl Heinrich Ferdinand; LHA Sachsen-Anhalt, VdN-Bestand, Nr. 11172, VdN-Akte von Karl Müller; StA Magdeburg, Registratur-Nr. 1209/1930, Beurkundung der Eheschließung; Auskunft des StA Magdeburg (Irene Hebecker), 8. 6. 2016.

Müller, Rudolph*

Geburtsdatum: 10. August 1894
Geburtsort: Kamenz
Sterbedatum: 8. Mai 1945
Sterbeort: Hindsgavl (Middelfart, Dänemark)
Beruf: Tuchweber (gelernt), zeitweise Versicherungs-Oberinspektor
Partei: ab 1912 SPD

Funktionen vor 1933: seit 1912 gewerkschaftlich im DTV organisiert; ab 1919 Geschäftsführer des DTV in Pulsnitz; ab 1923 Leiter der Betreuungsstelle des DTV in Berlin; ab 1927 Geschäftsführer des DTV in Chemnitz; ab Oktober 1928 Vorsitzender des ADGB-Ortsausschusses in Chemnitz.

Verfolgung – Widerstand – Emigration: die Gestapo nahm ihn 1933 in „Schutzhaft"; hatte illegale Kontakte, u. a. zu Funktionären des EdED; wurde am 27. Juli 1940 von der Gestapo in Chemnitz festgenommen; gab Kontakte gegenüber der Gestapo zu, bestritt jedoch eine politische Absicht, die dahinter gestanden hätte; gab an, von „niemandem" zur illegalen Arbeit angeregt worden zu sein, auch Hans Jahn sei ihm unbekannt; er gab an, er kenne „alte" EdED-Funktionäre aus Chemnitz, u. a. Franz Sorgenfrei; er betonte im Juli 1940 bei einem Gestapo-Verhör, er habe sich politisch „nichts zu schulden kommen lassen"; die Gestapo akzeptierte diese Aussage, da auch die Hausdurchsuchung am 27. Juli 1940 keine Befunde erbracht hatte und „Nachteiliges" über ihn nicht bekannt sei.

Funktionen nach 1945: –

Weitere Hinweise: bis 1933 Mitglied des „Reichsbanners Schwarz-Rot-Gold" und Gewerkschaftsvertreter im Gauvorstand; wohnte in Pulsnitz, Wörthstraße 27 (Ende der 1930er-Jahre); verheiratet mit Elsa Müller, geborene Hoheisel; Mitglied der DAF, des NSV und des „Reichsluftschutzbundes"; Otto Wieduwilt gab später an, dass Müller unter seiner Leitung als Vertreter für die „Victoria-Versicherung" in Berlin gearbeitet habe.

* BArch, NJ 2229, Bde. 1 und 2, Unterlagen der Gestapo und NS-Justiz zur Verfolgung illegaler EdED-Strukturen; StA Kamenz, Geburteneintrag: Müller, Rudolph Richard; Auskunft des StA Kamenz (Thomas Binder), 5. 4. 2016.

Müllerstein, Friedrich*

Geburtsdatum: 22. Oktober 1905
Geburtsort: Mülheim a. d. Ruhr
Sterbedatum: 12. Oktober 1984
Sterbeort: Mürlenbach (heute: Verbandsgemeinde Gerolstein)
Beruf: Schlosser
Partei: ab 1929 KPD; nach 1945 KPD

Funktionen vor 1933: 1931/32 Vorsitzender des Erwerbslosenausschusses der KPD in Delmenhorst; Pol.-Leiter der KPD-Betriebszelle bei „Thyssen" in Mülheim a. d. Ruhr.
Verfolgung – Widerstand – Emigration: betätigte sich im Widerstand gegen das NS-Regime in einer Widerstandsgruppe in Mülheim a. d. Ruhr im Umfeld von „Der Bund – Internationaler Sozialistischer Orden", u. a. mit Fritz Strothmann und Fritz Terres; beteiligte sich an der Herstellung und Verbreitung illegaler Schriften und an Bemühungen, eine illegale Gruppe im Reichsbahnausbesserungswerk Mülheim-Speldorf aufzubauen; hörte regelmäßig den ausländischen Rundfunk ab und beteiligte sich an Solidaritätsaktionen für inhaftierte Kommunisten.
Funktionen nach 1945: engagierte sich beim gewerkschaftlichen Neuaufbau in Mülheim a. d. Ruhr; übernahm Funktionen in der KPD.
Weitere Hinweise: arbeitete nach längerer Erwerbslosigkeit ab 1937 im Reichsbahnausbesserungswerk Mülheim-Speldorf als Schweißer; wohnte in Mülheim a. d. Ruhr, Industriestraße 26 (bis 1927), danach in Bremen und Delmenhorst, ab 1932 wieder in Mülheim a. d. Ruhr, Industriestraße 21 (1930er-/1940er-Jahre), zwischenzeitlich nochmals in Delmenhorst, danach wieder in Mülheim, Düsseldorfer Straße 105 (1950er-Jahre); wohnte im Anschluss für kurze Zeit in Berlin und kehrte in den 1970er-Jahren zurück nach Mülheim a. d. Ruhr, Herwarthstraße 21.

* StA Mülheim a. d. Ruhr, Meldekartei: Müllerstein, Friedrich; Doetsch/Doetsch/Hermann u. a. (Hrsg), 1933 bis 1945. Widerstand und Verfolgung in Mülheim an der Ruhr, S. 132 ff., 216 ff.; Auskunft des StA Mülheim a. d. Ruhr (Jens Roepstorff), 29. 6. 2016.

Neumann, Karl*

Geburtsdatum: 18. Juli 1891
Geburtsort: bislang nicht bekannt
Sterbedatum: bislang nicht bekannt
Sterbeort: bislang nicht bekannt
Beruf: Reichsbahnbediensteter
Partei: vor 1933 SPD
Funktionen vor 1933: verschiedene Funktionen im EdED; Übernahme von Funktionen in der SPD, u. a. Kreisvorsitzender in Neiße, Oberschlesien.
Verfolgung – Widerstand – Emigration: fristlose Entlassung; engagierte sich gegen den Nationalsozialismus (laut verschiedenen Zeugenaussagen); vom 2. April 1933 bis 6. Juli 1933 in „Schutzhaft".
Funktionen nach 1945: bislang nicht bekannt.
Weitere Hinweise: bislang nicht bekannt.

* NLA – Standort Wolfenbüttel, 4 Nds, Zg. 41/1992, Nr. 460, Entschädigungsunterlagen.

Neumann, Willi*
Geburtsdatum: 27. September 1885
Geburtsort: Königsberg
Sterbedatum: 9. Dezember 1964
Sterbeort: Magdeburg
Beruf: Dreher, Lokführer
Partei vor 1933: USPD; KPD (1921); ab 1946 SED
Funktionen vor 1933: zunächst gewerkschaftlich organisiert im DMV; Übernahme verschiedener Funktionen im DEV bzw. ab 1925 im EdED; 1925 Delegierter der 3. ordentlichen Generalversammlung des DEV; zeitweise Vorsitzender der kommunistischen Fraktion im EdED; ab 1929 Funktionär der RGO bzw. im „Roten Eisenbahnerverband" (bis 1933), u. a. zeitweise Vorsitzender der RGO und Zweiter Vorsitzender des „Roten Eisenbahnerverbandes" in Königsberg und Umgebung; Übernahme von führenden Funktionen in der KPD in Königsberg; Mitglied der KPD-Bezirksleitung Ostpreußen; ab 1929 Stadtverordneter in Königsberg.
Verfolgung – Widerstand – Emigration: Mitglied der RGO-Widerstandsgruppe „Revolutionärer/Oppositioneller Eisenbahnerverband", dort anscheinend Leitungsfunktion; Leitung illegaler Versammlungen; Kontakte zur DMV-Widerstandsgruppe um Anastasius Grunwald in Königsberg, laut dessen Aussage im VdN-Antrag von Ernst General arbeitete Willi Neumann mit ihm (Grunwald), Ernst General, Fritz Fischer, Walter Schulz und anderen im „Widerstandskreis der oppositionellen Gewerkschaftler der KPD"; laut Bericht von Anastasius Grunwald gehörte Neumann neben Walter Schulz und Fritz Fischer zur Leitung „der starken Gruppe der oppositionellen Eisenbahner", die ihrerseits zu den kommunistischen Gruppen gehörte; Neumann gab später selbst an, er sei beschuldigt worden, illegale Tätigkeiten unter den Eisenbahnern in Ostpreußen angeführt zu haben; April 1933 bis Oktober 1933 inhaftiert im KZ Sonnenburg; weitere (kurze) Haftzeiten 1936, 1938, 1944; Neumann erklärte später, er habe „auch weiter illegal gearbeitet".
Funktionen nach 1945: bislang nicht bekannt.
Weitere Hinweise: 1923 und 1924 kurze Haftstrafen wg. Partei- und Gewerkschaftsarbeit; 1932 Teilnahme an Maifeier in Moskau; zwei Jahre unter Polizeiaufsicht; nach der Entlassung aus dem KZ in eigenem Lebensmittelgeschäft tätig; wohnte in Magdeburg, Ganghoferstraße 10 II (1950er-Jahre).

* PA Siegfried Mielke, Berlin, Unterlagen zum Lebensweg von Willi Neumann; LHA Sachsen-Anhalt, VdN-Bestand, Nr. 402, VdN-Akte von Willi Neumann; LAB C Rep. 118-01, Nr. 3113, OdF-Akte von Maria und Ernst General; SAPMO-BArch, RY 1/I2/3/119, Bl. 32; RY 1/I2/3/149, Bl. 60, Unterlagen der KPD; Protokoll über die Verhandlungen der dritten ordentlichen General-Versammlung des Deutschen Eisenbahner-Verbandes vom 21. bis 26. Juni 1925 in Köln a. Rh.

Neutz, Richard*

Geburtsdatum: 2. Januar 1897

Geburtsort: Frankenbach

Sterbedatum: 27. Oktober 1979

Sterbeort: Wiesbaden

Beruf: Lagerist; zeitweise Reichsbahnbetriebsassistent

Partei: vor 1933 SPD

Funktionen vor 1933: verschiedene Funktionen im DEV bzw. ab 1925 im EdED; bezeichnete sich selbst als „führenden Funktionär" der Ortsgruppe Heilbronn des EdED.

Verfolgung – Widerstand – Emigration: Mitglied der EdED-Widerstandsgruppe um Karl Molt; sollte aus dem Dienstverhältnis bei der Deutschen Reichsbahn-Gesellschaft „wegen Verächtlichmachung des NS-Staates und anderer Delikte" entlassen werden, doch der Generaldirektor soll diesem Anliegen nicht stattgegeben haben, da die Beschuldigungen nicht ausgereicht hätten (Staatsarchiv Ludwigsburg, EL 350 I, Bü 37771, Begründung als Anlage zum Bescheid, 9. 6. 1958); im Anschluss nach Ulm versetzt und am 1. Juli 1936 durch Verletzung des Briefgeheimnisses und des Vorwurfs dienstlicher Vergehen entlassen; 1938 im Verdacht, illegale Arbeit für den EdED (Sektion ITF) im Gebiet Heilbronn zu betreiben; Festnahme erfolgte am 24. Juli 1938, aus Mangel an Beweisen setzte man ihn jedoch bald wieder auf freien Fuß.

Funktionen nach 1945: September 1949 Delegierter des III. Bundestages Württemberg-Baden in Stuttgart-Feuerbach; 1945 als Reichsbahninspektor bei der Reichsbahndirektion Stuttgart erneut eingestellt und am 1. August 1947 zum Oberinspektor der Bahn ernannt.

Weitere Hinweise: wohnte in Heilbronn, Achtungstraße 22 (im Juni 1937 aus Ulm nach Heilbronn zugezogen), später wohnhaft in Heilbronn, Hauffstraße 32 (1941), danach wohnte er in Stuttgart, Nordbahnhofstraße 183 (1950er-Jahre); die erste Heirat fand am 28. Oktober 1922 in Öhringen statt; Ehefrau: Ida Neutz, geborene Knobloch (geb. 20. November 1898); Tochter: Dora (geb. 27. Mai 1923); später getrennt (die Ehefrau und Tochter kamen bei einem Luftangriff am 10. September 1944 ums Leben).

* BArch, R 58/2247, Bl. 123, Unterlagen zur Verfolgung; StA Heilbronn, Bestand B 12, Lohnsteuerkartei, Neutz, Richard; StA Heilbronn, Bestand C 0038, Geburten- und Sterberegister: Neutz, Richard; Staatsarchiv Ludwigsburg, EL 350 I, Bü 37771, Entschädigungsakte von Richard Neutz; StA Wiesbaden, Sterberegister Nr. 279/1979: Neutz, Richard; Dritter Bundestag des Gewerkschaftsbundes Württemberg-Baden, S. 9; Mielke/Frese (Bearb.), Die Gewerkschaften im Widerstand und in der Emigration, S. 405.

Niechciol, Max [auch: Nicchiol, Max]*

Geburtsdatum: 23. Oktober 1876

Geburtsort: Beschine (ab 1937 Hartfelde, später Baszyn, Kreis Wohlau)

Sterbedatum: vermutlich in den 1940er-Jahren verstorben
Sterbeort: bislang nicht bekannt
Beruf: Oberzollsekretär i. R.
Partei: ab 1928 SPD

Funktionen vor 1933: 1918–1920 Zweiter Vorsitzender des Ortskartells des Deutschen Beamtenbundes in Krefeld (Mitgliedschaft endete 1924); Mitglied im regionalen Beamtenausschuss.

Verfolgung – Widerstand – Emigration: laut „Organisationsplan" von Hans Jahn vom 1. März 1936 „Ersatzmann" für den Bezirksleiter Hans Funger in der EdED-Widerstandsgruppe im „3. Bezirk. Bahnlinie Köln–Aachen–Rhein–Holländische Grenze. Vorort: Neuss"; stand auch in enger Beziehung zu Paul Emmen und besorgte sich eine Reihe illegaler Schriften; am 27. Februar 1937 festgenommen; war ab 14. Mai 1937 im Gerichtsgefängnis Düsseldorf-Derendorf in Haft; am 30. September 1937 angeklagt; in der Anklageschrift heißt es: „Aus grundsätzlichen Erwägungen ist der Angeschuldigte nach der Machtübernahme keinen NS.-Organisationen beigetreten. Der Angeschuldigte hat durch Vermittlung von Malina, den er von der früheren Gewerkschaftsarbeit her kannte und dem er seit 1933 geschäftlich behilflich gewesen war, Funger, Emmen und Pester kennen gelernt. Nach seinem Geständnis hat der Angeschuldigte im Frühjahr 1936 von dem Bestehen der illegalen Gewerkschaftsorganisation Kenntnis erlangt und erfahren, dass Emmen, Funger, Malina und Pester in dieser Organisation tätig waren. In der Folgezeit war ihm auch bekannt [...], dass sich diese Organisation bereits über Westdeutschland bis nach Mainz erstreckt. Durch Funger und Emmen liess er sich laufend über den Stand sowie über Zweck und Ziel der illegalen Arbeit unterrichten." (Anklageschrift, Bl. 18); wegen „Vorbereitung eines hochverräterischen Unternehmens" am 15. Dezember 1937 vom OLG Hamm zu einer Gefängnisstrafe von zwei Jahren verurteilt: „Der Senat hat aber in seiner Tat einen minder schweren Fall [...] gesehen, da die Tätigkeit des Angeklagten nicht umfangreich war und keine schwerwiegenden Folgen gehabt hat" (Urteil, Bl. 29); in der Haft in den Strafgefängnissen Wuppertal und Anrath verschlechterte sich sein Gesundheitszustand; kam im Anschluss an die verkürzte Haftzeit (bis 27. Februar 1939) mit „Bewährungsfrist" auf freien Fuß; war nochmals für kurze Zeit in „Schutzhaft".

Funktionen nach 1945: –

Weitere Hinweise: wohnte in Krefeld, Freiheitsstraße 24 (1940er-Jahre); über das Schicksal ist nichts Genaueres bekannt; er wurde in den Krefelder Adressbüchern bis 1942 aufgeführt – im nächsten, nach dem Zweiten Weltkrieg erschienenen Adressbuch von 1950 ist lediglich seine Ehefrau Karoline Maria Niechciol, geborene Dörr, als Witwe eingetragen; in Krefeld ist er jedoch nicht verstorben, da Niechciol in den entsprechenden Sterbebüchern nicht auftaucht.

* AdsD, Bestand ITF, 5/ITFA, Mappe 46, „Organisations-Anlage" von Hans Jahn über den Stand der illegalen Organisation der Eisenbahner im Deutschen Reich, o. D. [1. 3. 1936]; StA Krefeld, Bestand 26 – II Meldekartei: Niechciol, Max; LAV NRW R, RW 58, Nr. 22393 und Nr. 41309; BArch, NJ 2328, Anklageschrift gegen Philipp Tillier und andere, 30. 9. 1937; BArch, NJ 2328, Urteil gegen Philipp Tillier und andere, 14./15. 12. 1937; LAV

NRW R, Rep. 133, Nr. 705, Strafgefangenenakte; Mielke/Frese (Bearb.), Die Gewerkschaften im Widerstand und in der Emigration, S. 361 f.; Buschak, „Arbeit im kleinsten Zirkel", 1. Aufl. 1993, S. 84 und ebenda, 2., aktual. Aufl. 2015, S. 160, 174; Esters/Pelger/Schlingensiepen, Gewerkschafter im Widerstand, S. 40, 59, 61, 163 f.

Niendorf, Erich*

Geburtsdatum: 3. Juli 1900
Geburtsort: Berlin-Schöneberg
Sterbedatum: 11. September 1982
Sterbeort: Berlin-Pankow (Ost)
Beruf: gelernter Maschinenschlosser; Elektroschlosser; Hilfsarbeiter (1935) und Hausmeister
Partei: ab 1919 SPD (kurze Mitgliedschaft); ab 1926 KPD; ab 1945 KPD; später SED

Funktionen vor 1933: seit 1917 Mitglied des DEV bzw. ab 1925 des EdED bis Ausschluss 1930; Vertrauensmann in Tempelhof; 1930/31 stellvertretender Vorsitzender der RGO-Betriebsgruppe im Reichsbahnausbesserungswerk Berlin-Schöneweide; Übernahme weiterer Funktionen für die RGO; ab 1930 bzw. nach anderen Angaben ab 1932 Leiter der Bezirksleitung Berlin-Brandenburg der Industriegruppe Eisenbahn der RGO; stellvertretender Vorsitzender des Betriebsrates des Reichsbahnausbesserungswerkes Berlin-Schöneweide.

Verfolgung – Widerstand – Emigration: am 24. Mai 1932 gemaßregelt und fristlos entlassen; 1932–1935 erwerbslos; danach als Hausmeister beim Reichstuberkulose-Ausschuß in Berlin beschäftigt; ab 1933 Mitglied der RGO-Widerstandsgruppe um Roman Chwalek; Funktion: Instrukteur der Bezirksleitung der RGO-Eisenbahn; zugleich Verbindung zum Unterbezirk Berlin-Schöneberg der KPD; arbeitete mit Widerstandsgruppen in den Eisenbahnbetrieben in Berlin-Schöneberg, Berlin-Tempelhof und Berlin-Zehlendorf zusammen; Material- und Informationsübermittlung, Geldsammlungen – aus seinem Lebenslauf: „es gelang mir, bis 1937 Zellen und Gruppen in verschiedenen Stadtteilen, wo hauptsächlich Eisenbahner erfasst waren, zu erhalten und zu bearbeiten"; zugleich Mitarbeit in der Gruppe um Otto Janssen sowie bis 1935 illegale Zusammenarbeit mit Hans Benecke; hatte zahlreiche Kontakte zu anderen illegal aktiven RGO-Eisenbahnern; ab Februar 1935 Hilfsarbeiter im Reichsausschuss für Volksgesundheitsdienst in Berlin; am 5. Mai 1937 Festnahme und vierwöchige Inhaftierung im Polizeipräsidium Berlin-Alexanderplatz; am 21. März 1938 erneute Festnahme; Untersuchungshaft in Berlin-Moabit; am 21. September 1938 vom Ersten Strafsenat des Kammergerichts Berlin (Az 7.O.Js 279.37 D) wegen „Vorbereitung zum Hochverrat" zu 15 Monaten Gefängnis verurteilt; verbüßt die Haftstrafen in den Haftanstalten Berlin-Tegel (Personalakten des Gefängnis Tegel belegen, dass er dort vom 23. September 1938 bis 21. Juni 1939 inhaftiert war) sowie in Frankfurt a. d. Oder; anschließend unter Polizeiaufsicht; bis 1945 mehrmals kurz inhaftiert.

Funktionen nach 1945: im Mai 1945 führende Beteiligung am Neuaufbau der KPD in Berlin-Schöneberg; 1945 Bezirksbürgermeister in Berlin-Schöneberg; Mitbegründer des Verbandes für Eisenbahn-, Post- und Fernmeldewesen in Berlin; war für die IG Eisenbahn Versichertenvertreter im Ausschuss der Sozialversicherungskasse Eisenbahn Berlin (gewählt am 11. Mai 1948); Mai bis August 1945 Sachbearbeiter für Wohnungsfragen im Bezirksamt Berlin-Schöneberg; 7./8. August 1946 Wahl in den Bezirksvorstand IG Eisenbahn Groß-Berlin, Berufung zum geschäftsführenden Vorstandsmitglied; Februar 1949 Wahl zum Zweiten Vorsitzenden der IG Eisenbahn; 9. Juli 1949 bis 31. Oktober 1950 Vorsitzender der IG Eisenbahn von Groß-Berlin; 1950–1956 Mitarbeiter Zentralvorstand der IG Eisenbahn, dort u. a. ab 1. November 1950 Leiter des Büros für gesamtdeutsche Gewerkschaftseinheit; am 1. März 1953 Kooptierung in den Vorstand der IG Eisenbahn; Wahl zum Mitglied des Sekretariats des Zentralvorstandes; ab 1956 Mitarbeiter des Bundesvorstandes des FDGB; Mitglied der DSF, Volkssolidarität, Konsumgenossenschaft; 8 Jahre Mitglied der Kommission der Gewerkschaftsveteranen des Bundesvorstandes des FDGB; 1955 in Österreich Teilnahme an der WGB-Tagung der Berufsinternationale der Transportarbeiter in Wien.

Weitere Hinweise: sieben Geschwister; verheiratet seit 24. April 1930 mit Hildegard Niendorf, geborene Laube (geb. 12. Dezember 1906, gest. 15. September 1989); Tochter Erika Niendorf (geb. 12. Februar 1931); Arbeitsorte: 1914–1928 Reichsbahnausbesserungswerk Berlin-Tempelhof, 1928–1932 Reichsbahnausbesserungswerk Berlin-Schöneweide, 1935–1945 Reichstuberkuloseausschuss; Weiterbildung in der Marxistischen Abendschule (MASCH); seine Frau unterstützte die Widerstandstätigkeit und übernahm Schreibarbeiten; stand 1951 in Berlin (West) unter polizeilicher Beobachtung; verzog 1951 in den „Osten" da die Polizei „über die politische Arbeit meines Mannes, insbesondere bei der Eisenbahn, informiert war, und ich täglichen Hausdurchsuchungen und ständigen Bewachungen ausgesetzt war", so die Ehefrau später.

* SAPMO-BArch, Widerstandskartei, Erich Niendorf; SAPMO-BArch, Archiv d. BVVdN, Nr. 746d, Kartei; SAPMO-BArch, RY 1/I2/3/117; RY 1/I2/3/149, Bl. 340; BArch, NJ 5872, Anklageschrift und Urteil; LAB C Rep. 118-01, Nr. 4987, OdF-Akte von Erich Niendorf; LAB C Rep. 902-02-02, Nr. 1525, Unterlagen der SED; BLHA, ZB-930, Amtsblatt der Reichsbahndirektion Cottbus, Nr. 15 vom 8. Juli 1948, S. 72; Geschichtswerkstatt unter Leitung von Fieber (Hrsg.), Widerstand in Berlin gegen das NS-Regime 1933–1945, Bd. 5, S. 289.

Niemeyer, Fritz*

Geburtsdatum: 23. September 1877
Geburtsort: Osnabrück
Sterbedatum: 16. August 1958
Sterbeort: Ahlen
Beruf: Werkmeister
Partei: ab 1895 SPD; ab 1945 SPD

Funktionen vor 1933: ab 1895 gewerkschaftlich organisiert; ab 1. April 1918 DEV bzw. ab 1925 EdED-Angestellter in Münster; 1925 Delegierter der 3. ordentlichen Generalversammlung des DEV; Vorsitzender der SPD-Ortsgruppe in Münster; 1924–1933 Stadtverordneter in Münster (bis 10. Mai 1933).

Verfolgung – Widerstand – Emigration: musste am 10. Mai 1933 sein Mandat für die SPD in der Stadtverordnetenversammlung in Münster niederlegen; mindestens dreimal in Haft; 1936 fand die Gestapo in seiner früheren Wohnung in Münster, die inzwischen von seinem Sohn bewohnt wurde, „marxistische Literatur"; daraufhin erfolgte ein Verhör vor der Essener Gestapo, die Bücher wurden beschlagnahmt.

Funktionen nach 1945: beteiligt am gesellschaftspolitischen Neuaufbau in Ahlen, u. a. bei der Neugründung der SPD; ab Februar 1945/46 Bürgermeister von Ahlen; 1946–1958 Mitglied des Kreistages und Kreisausschusses Ahlen (1946–1957 zugleich Vorsitzender der SPD-Kreistagsfraktion; zuletzt Alterspräsident des Kreistages).

Weitere Hinweise: zeitweise Angestellter bzw. Gesellschafter der Zeitung „Volkswille"; arbeitete zu Beginn der NS-Zeit zeitweise als Versicherungsvertreter; zog 1934/35 von Münster nach Ahlen; dort betrieb er ein Schreibwarengeschäft mit einem Büromaschinenhandel; wohnte in Ahlen, Hebbelstraße 10 (Anfang der 1950er-Jahre); verheiratet mit Elisabeth Niemeyer, geborene Hußmann.

* KrArch Warendorf, Personenstandsregister, Nr. 246: Niemeyer, Georg Heinrich Friedrich; Handbuch des Vereins Arbeiterpresse, 2. Aufl. 1927, S. 490; Protokoll über die Verhandlungen der dritten ordentlichen General-Versammlung des Deutschen Eisenbahner-Verbandes vom 21. bis 26. Juni 1925 in Köln a. Rh.; Fritz Niemeyers Wirken zum Wohle der Menschen war beispielhaft, in: Die Glocke, 23. 9. 1987; Peter Froese, Streifzüge durch die Geschichte der Metallarbeiter in Münster und Umgebung, Münster 1991, S. 28; Auskunft des StA Münster (Anja Gussek); Auskunft des KrArch Warendorf (Jannik Schröder), 15. 4. 2016.

Niepott, Karl*

Geburtsdatum: 7. Juli 1893
Geburtsort: Remscheid
Sterbedatum: 17. Juni 1959
Sterbeort: Dortmund
Beruf: Maschinenputzer
Partei: vermutlich SPD

Funktionen vor 1933: ab 1. Januar 1920 Angestellter des DEV bzw. ab 1925 des EdED in Düsseldorf; 1920 Mitglied in der Unterstützungsvereinigung der in der modernen Arbeiterbewegung tätigen Angestellten in Düsseldorf; Vorsitzender des ADB-Bezirksausschusses für Rheinland-Westfalen; 1927 Delegierter des 2. Bundeskongresses des ADB; 1930 Delegierter des 3. Bundeskongresses des ADB.

Verfolgung – Widerstand – Emigration: vom 21. Juni 1933 bis 21. Juli 1933 in „Schutzhaft" im KZ Schönhausen (Bergkamen); stand später im Verdacht „landesverräterische und separatistische" Bestrebungen verfolgt zu haben (1941/42).

Funktionen nach 1945: bislang nicht bekannt.

Weitere Hinweise: verheiratet seit 25. Januar 1921 mit Agnes Niepott, geborene Stroms (geb. 15. September 1897); hatte einen Sohn: Hans Niepott (vormals Stroms, bei der Heirat anerkannt, geb. 7. September 1918); zog mit der Familie im Mai 1931 von Düsseldorf, Bredelaerstraße 69, nach Hagen (Westfalen); wohnte später in Dortmund-Berghofen, Maulwurfsweg 4a (1950er-Jahre).

* LAV NRW R, RW 58, Nr. 8674, Unterlagen der Gestapo Düsseldorf; LAV NRW R, Rep. 65, Nr. 6180; LAV NRW R, BR 2182, Nr. 17228, 17229, Entschädigungsunterlagen; LAV NRW R, Rep. 6180, Unterlagen zur Zwangsversteigerung 1935; StA Düsseldorf, Nr. 7-4-3-222.0000, Familienmeldekarte Niepott; StA Dortmund, Standesamt Dortmund-Dorstfeld, Sterbeurkunde Nr. 128/1959: Niepott, Karl; Handbuch des Vereins Arbeiterpresse, 2. Aufl. 1927, S. 294; Auskunft des StA Düsseldorf (Norbert Perkuhn), 15. 3. 2016.

Nieter, Erich*

Geburtsdatum: 7. Juni 1900
Geburtsort: Etgersleben (Kreis Wansleben)
Sterbedatum: 13. März 1974
Sterbeort: Dresden
Beruf: Rangierarbeiter
Partei: ab 1920 SPD; ab 1945 SPD; ab 1946 SED

Funktionen vor 1933: zunächst Mitglied des freigewerkschaftlichen BAV, später des DEV/EdED; Vertrauensmann und Betriebsrat.

Verfolgung – Widerstand – Emigration: Austausch illegaler Literatur in verschiedenen Widerstandskreisen, u. a. mit Hermann Fischer; stand in Kontakt mit der Sopade bzw. deren Grenzsekretär Otto Thiel; für diesen Nachrichtenbeschaffung u. a. durch Anfertigung (mindestens) einer Skizze von Bahnanlagen sowie Beschaffung eines Fotos eines SA-Mannes; Verbreitung illegalen Druckmaterials unterschiedlichster Art; Letzteres unter Beteiligung seiner Ehefrau; gab mit deren Hilfe Nachrichten aus dem Gefängnis an Otto Thiele weiter; kurzzeitige Verhaftungen ab Anfang 1933; Festnahme am 8. März 1935, anschließend Haft und offizielle Untersuchungshaft ab 31. Mai 1935 in Dresden, in der Nacht vom 4. auf den 5. Februar 1936 nach Berlin-Moabit überführt; am 10. Oktober 1936 vom VGH wegen „Hochverrats" zu zwölf Jahren Zuchthausstrafe und 10 Jahre Ehrverlust verurteilt (unter Anrechnung einer 19-monatigen Untersuchungshaft); im Anschluss vom 13. Oktober 1936 bis 26. Oktober 1936 im Zuchthaus Plötzensee inhaftiert; danach in die Strafanstalt Waldheim überführt (eingeliefert am 28. Oktober 1936); am 26. November 1943 von Waldheim per Sondertransport über Leipzig in das KZ Sachsenhausen verlegt; dort offiziell vom 30. November 1943 bis Ende April 1945 (Häftlings-Nr.: 073463); während der Haftzeit u. a. im Außenlager der „Heinkel"-Werke und im Klinkerwerk als Vorarbeiter tätig; die Ehefrau Lilly Nieter wurde am 3. Juni 1935 ebenfalls verhaftet (bis 22. Oktober 1935 „Schutzhaft“ wegen „Beihilfe zum Hochverrat“); anschließend regelmäßig Besuche von der Gestapo und Versuche, sie als Spitzel zu gewinnen.

Funktionen nach 1945: beim Bahnpolizeiamt in Dresden als Polizeimeister tätig und Ausübung verschiedener Funktionen; Mitglied des FDGB und Funktionär der VVN, Kassierer der SED in seiner Wohngruppe.

Weitere Hinweise: wohnte in Dresden A. 29, Mörickestraße 1 (1930er-Jahre); arbeitete von Oktober 1921 bis August 1933 im Bahnhof Dresden-Friedrichstadt; verheiratet seit Oktober 1921 mit Lilly Nieter, geborene Pilz (geb. 9. Oktober 1899, gest. 20. Juni 1978); hatte drei Kinder: Gerhard, Fritz und Ursula.

* PA Eberhard Podzuweit, Berlin, biografische Materialsammlung; SAPMO-BArch, Widerstandskartei, Erich und Lilly Nieter; BArch, R 58/2417, Bl. 333, Unterlagen zur Verfolgung; SAPMO-BArch, RY 1/I2/3/149, Bl. 190 f., Unterlagen zur Verfolgung; Staatsarchiv Leipzig, 20036 ZH Waldheim, Nr. 10959, Gefangenenakte Erich Nieter; AS, D 1 A/1025, Bl. 11 und D 1 A/1232, Bl. 76 und Zentrale Häftlingskartei D 2 C sowie D 40 A/1739, Bl. 227; HstA-D, 11430, Rat des Bezirks Dresden, VdN-Nr. 5623, VdN-Akte von Lilly Nieter; HStA-D, 11430, Rat des Bezirks Dresden, VdN-Nr. 5622, VdN-Akte von Erich Nieter.

Nitzsche, Paul*

Geburtsdatum: 29. Mai 1879
Geburtsort: Sankt Petersburg
Sterbedatum: bislang nicht bekannt
Sterbeort: bislang nicht bekannt
Beruf: bislang nicht bekannt
Partei: vor 1933 SPD

Funktionen vor 1933: seit 1. Januar 1921 Ortsbevollmächtigter des DEV bzw. ab 1925 des EdED in Freital-Döhlen und Vorsitzender des dortigen ADB-Ortsausschusses; verschiedene Funktionen im EdED; 1923/24 Vorsitzender des 6. sächsischen SPD-Unterbezirks; 1931 Delegierter der 3. ordentlichen Generalversammlung des EdED.

Verfolgung – Widerstand – Emigration: 28. Dezember 1944 bis 12. April 1945 in Polizeihaft.

Funktionen nach 1945: bislang nicht bekannt.

Weitere Hinweise: bislang nicht bekannt.

* SAPMO-BArch, Widerstandskartei, Paul Nitzsche; Protokoll über die Verhandlungen der 3. ordentlichen Generalversammlung des EdED; Handbuch des Vereins Arbeiterpresse, 2. Aufl. 1927, S. 325 f.

Nocker, Lorenz*

Geburtsdatum: 1. Oktober 1898
Geburtsort: Villmar a. d. Lahn
Sterbedatum: 15. Februar 1963
Sterbeort: Köppern (im Taunus, heute: Friedrichsdorf)
Beruf: Eisenbahnarbeiter
Partei: bislang nicht bekannt
Funktionen vor 1933: bislang nicht bekannt.
Verfolgung – Widerstand – Emigration: Kontaktmann von Anton Döring (Schweiz); aktiv in der „Funken"-Widerstandsgruppe; Berichte aus den Reichsbahn-Betriebswerkstätten Frankfurt a. M.; illegale Arbeit für den EdED; am 16. August 1938 vom VGH wegen „Vorbereitung zum Hochverrat" zu einer Zuchthausstrafe von drei Jahren und sechs Monaten verurteilt worden; ab Februar 1942 bis 5. Mai 1945 Inhaftierung im KZ Buchenwald bzw. im Außenlager „Laura" (nahe Schmiedebach, im Schiefergebirge); gehörte nach Angaben von Dieter Nelles höchstwahrscheinlich nicht zum Widerstandsnetzwerk um Hans Jahn.
Funktionen nach 1945: bislang nicht bekannt.
Weitere Hinweise: bislang nicht bekannt.

* Urteil des VGH 2H65/38-8J251/38 gegen Hans Lutz und andere, 16. 8. 1938, in: Nationalsozialismus, Holocaust, Widerstand und Exil 1933–1945, Online-Datenbank; StA Wiesbaden, Bestand NL 75, Nr. 515 und NL 75, Nr. 1089, Materialsammlung Axel Ulrich; Ulrich, Politischer Widerstand gegen das „Dritte Reich", S. 260; Buschak, „Arbeit im kleinsten Zirkel", 1. Aufl. 1993, S. 166; Gottwaldt, Eisenbahner gegen Hitler, S. 74, 163; Nelles, Widerstand und internationale Solidarität. Die Internationale Transportarbeiter-Föderation (ITF) im Widerstand, S. 277; Auskunft des Standesamtes Friedrichsdorf (Hessen), 16. 3. 2016; Auskunft des Einwohnermeldeamtes Marktflecken/Villmar (Dominik Jung), 16. 3. 2016.

Nöll, Josef*

Geburtsdatum: bislang nicht bekannt
Geburtsort: bislang nicht bekannt
Sterbedatum: bislang nicht bekannt
Sterbeort: bislang nicht bekannt
Beruf: bislang nicht bekannt
Partei: bislang nicht bekannt
Funktionen vor 1933: bislang nicht bekannt
Verfolgung – Widerstand – Emigration: laut „Organisationsplan" von Hans Jahn vom 1. März 1936 „Ersatzmann" für den Bezirksleiter Max Pester in der EdED-Widerstandsgruppe im „5. Bezirk Bahnlinie Köln–Koblenz–Trier–Gerolstein–Köln. Vorort Köln"; in einem späteren Bericht von Paul Emmen als Mitarbeiter im Widerstand erwähnt.
Funktionen nach 1945: bislang nicht bekannt.

Weitere Hinweise: bislang nicht bekannt.

* SAPMO-BArch, Widerstandskartei, J[osef] Nöll; AdsD, Bestand ITF, 5/ITFA, Mappe 46, „Organisations-Anlage“ von Hans Jahn über den Stand der illegalen Organisation der Eisenbahner im Deutschen Reich, o. D. [1. 3. 1936]; AdsD, Bestand ITF, 5/ITFA, Mappe 88, Bericht von Paul Emmen, o. D.

Obenauer, Johann*

Geburtsdatum: 24. Oktober 1897
Geburtsort: Gundersheim (Rheinhessen)
Sterbedatum: 13. Februar 1957
Sterbeort: Worms
Beruf: Bahnunterhaltungsarbeiter
Partei: vor 1933 SPD; ab 1945 SPD
Funktionen vor 1933: ehrenamtlicher Funktionär des EdED in Worms.
Verfolgung – Widerstand – Emigration: vom 25. August 1933 bis 5. Oktober 1933 im KZ Osthofen inhaftiert; Hinweise auf Kontakte von Johann Obenauer zur Widerstandsgruppe der Eisenbahner unter Leitung von Hans Jahn und der ITF oder zu einer politischen Widerstandsgruppe liegen nicht vor.
Funktionen nach 1945: Mai 1945 bis Juni 1950: Vorsitzender der Gewerkschaft der Eisenbahner im „Freien Gewerkschaftsbund für Stadt- und Landkreis Worms“; 1945–1950: Vorsitzender des Personalrates des Bahnhofs Worms; 1946–1947 Vorsitzender des „Freien Gewerkschaftsbundes für Stadt- und Landkreis Worms“; Mai 1948 Wahl in den Bundesvorstand des Allgemeinen Gewerkschaftsbundes Rheinland Pfalz; 1950–1954: Sekretär der Bezirksleitung der GdED in Frankfurt a. M.; 1945–1957 Stadtrat in Worms.
Weitere Hinweise: seit dem 11. März 1921 verheiratet mit Anna Obenauer (geb. 12. Dezember 1897, gest. 29. März 1972); aus der Ehe gingen drei Kinder hervor: Hermann (geb. 18. Juni 1921, gest. 4. Oktober 1940), Friedrich (geb. 26. Januar 1924) und Ruth Obenauer (geb. 11. Februar 1933); die Familie, die von Gundersheim nach Worms zugezogen war, lebte ab Januar 1939 in Worms, Leininger Straße 14 und ab Dezember 1959 in der Petersstraße 26.

* PA Siegfried Mielke, Berlin, Schreiben des DGB-Kreisverbandes Worms-Alzey, 6. 10. 1980 und Schreiben des Sohnes Hans Obenauer, 26. 3. 1984 sowie Flugblatt „Aufruf!“ zur „Neubildung der Gewerkschaften“, 1. 7. 1945; Siegfried Mielke, Johann Obenauer (1897–1957), in: Angelika Arenz-Morch u. a. (Hrsg.), Gewerkschafter im Konzentrationslager Osthofen 1933/34, Berlin 2017 (im Erscheinen).

Obernauer, Andreas [auch: Obernauer, Andrä]*
Geburtsdatum: 1. Januar 1901, nach anderen Angaben: 8. April 1909
Geburtsort: Kitzbühel (bei Innsbruck)
Sterbedatum: 17. August 1944 (hingerichtet)
Sterbeort: München-Stadelheim
Beruf: Schaffner
Partei: zeitweise „völkischen" Organisationen nahestehend und ab 1940 Mitglied der NSDAP; später Sympathisant der KPD
Funktionen vor 1933: keine.
Verfolgung – Widerstand – Emigration: zeitweise Mitarbeit im Umfeld der Organisation um Robert Uhrig ab Ende der 1930er-Jahre; soll nach Angaben der NS-Verfolger bis zum Jahr 1942 in Tirol „kommunistische Zellen aufgebaut oder kommunistische Bestrebungen gefördert" haben; Obernauer war u. a. daran beteiligt, eine illegale RHD-„Organisation" für verhaftete Kollegen der Deutschen Reichsbahn aufzubauen; vom VGH wegen „Vorbereitung zum Hochverrat" und „Feindbegünstigung" am 13. April 1944 zum Tode bei „dauerndem Ehrverlust" verurteilt: „Nach dem Ergebnis der Hauptverhandlung hat der Kommunist Robert Uhrig aus Berlin seinen Aufenthalt in Tirol im Jahre 1941 dazu mißbraucht, eine kommunistische Organisation, der er anscheinend in führender Stellung angehörte, auf Tirol auszudehnen. Er kam im Jahre 1941 zweimal nach Kitzbühel, das erste Mal am 31. Mai, das zweite Mal am 16. Oktober. [...] Der Angeklagte Andreas Obernauer ist seinem Berufe nach Reichsbahnschaffner in Innsbruck. Er ist politisch nicht vorbelastet. Während der Kampfzeit im ehemaligen Österreich war er sogar Mitglied der völkischen Gewerkschaft, verkehrte in völkischen Kreisen und betätigte sich durch Verteilung von Flugschriften für die NSDAP. Als Mitglied eines Radfahrvereins, dem nach dem nationalen Umbruch in den Alpen- und Donau Reichsgauen zahlreiche Marxisten und insbesondere auch Kommunisten beitraten, geriet er unter marxistischen Einfluß und lernte auch den bereits erwähnten Malermeister Josef Werndl kennen, der den Verein leitete und sich offen als Kommunist bekannte. [...] Nach diesem festgestellten Sachverhalt haben sich die Angeklagten Rausch, Adele Stürzl, Gruber, Horejs und Obernauer in führender Stellung und gefährlicher Weise für die kommunistische Partei und die ihnen eingestandenermaßen bekannten Ziele betätigt. Daran kann bei Gruber seine Verteidigung nichts ändern, daß er nur verhindern wollte, daß im Falle einer Niederlage des Reichs eine klerikale Regierung zur Macht käme. Diese Einlassung ist übrigens eine Ausflucht. Als Kommunist war Gruber sowohl gegen das nationalsozialistische Regime als auch gegen klerikale Bestrebungen eingestellt. Seine Betätigung galt der Bekämpfung beider." (Urteil, Bl. 3–17); war danach in München-Stadelheim inhaftiert und wurde wenige Monate später hingerichtet.
Funktionen nach 1945: –
Weitere Hinweise: –

* BArch, R 9361, IX, Q 0014, Personenbezogene Unterlagen der NSDAP; PA Siegfried Mielke, Berlin, Unterlagen im Zusammenhang mit der Verfolgung von Andreas Obernauer; Urteil des VGH 6H28/44-10(9)J 819/43g gegen Anton Rausch und andere, 13. 4. 1944, in: Nationalsozialismus, Holocaust, Widerstand und Exil 1933–1945, Online-Datenbank; Auskunft des Dokumentationsarchivs des österreichischen Widerstandes (Ursula Schwarz), 14. 3. 2016; Auskunft des StA Kitzbühel (Sylvia Nothegger), 15. 3. 2016.

Oelkers, Walter*

Geburtsdatum: 17. August 1894
Geburtsort: Leipzig
Sterbedatum: 9. Mai 1967
Sterbeort: Essen
Beruf: Telegraphist; Eisenbahnassistent/Eisenbahnbetriebsbeamter
Partei: ab 1918/19 SPD; ab 1945 SPD; ab 1946 SED (bis Anfang der 1950er-Jahre)

Funktionen vor 1933: ab 1. Dezember 1920 hauptamtlicher Bezirkssekretär des DEV bzw. ab 1925 des EdED in Dresden (bis 1930); 1930–1933 Bezirksleiter des EdED in Dresden; ab 1. April 1933 Sekretär des EdED-Hauptvorstandes in Berlin (als Leiter der Betriebsräteabteilung des EdED, Nachfolger von Lorenz Breunig); 1925 Delegierter der 3. ordentlichen Generalversammlung des DEV; 1925 stimmberechtigter Vertreter des 1. Bundeskongresses des ADB; 1927 Delegierter des 2. Bundeskongresses des ADB; 1928 Teilnehmer der 2. ordentlichen Generalversammlung des EdED; 1930 Delegierter des 3. Bundeskongresses des ADB; 1931 Teilnehmer der 3. ordentlichen Generalversammlung des EdED; nach eigenen Angaben zwischen 1925 und 1928 im Rahmen seiner Tätigkeit für den EdED für die Organisation von Eisenbahnerstreiks zuständig.

Verfolgung – Widerstand – Emigration: zum 30. Juni 1933 offiziell aus der hauptamtlichen Tätigkeit für den EdED entlassen; war laut Entschädigungsakte „Gegner des Nationalsozialismus“ und „Verfolgter des NS-Regimes“; im Zusammenhang mit der Zerschlagung der Freien Gewerkschaften am 2. Mai 1933 zunächst nicht verfolgt; arbeitete als selbstständiger Versicherungskaufmann weiter; besuchte im August 1933 Alfred Förster in Chemnitz; wurde zusammen mit Franz Apitzsch und Wilhelm Kraft von Erich Jacoby als einer derjenigen aufgezählt, mit denen Jacoby eine enge Freundschaft knüpfte; von Karl Blaß als Bezirksleiter Sachsen in dessen Netzwerk integriert; gab nach 1945 selbst an, unter dem „Deckmantel“ als Versicherungskaufmann illegale Verbindungen zu seinen Kollegen aufrechterhalten und illegale Zusammenkünfte durchgeführt zu haben.

Funktionen nach 1945: mit der „Wiederingangsetzung des Eisenbahnwesens im Zwickauer Bezirk“ beauftragt; nach Übergabe des Gebietes an die Rote Armee wurde er im August 1945 als Reichsbahndirektionspräsident in Halle a. d. Saale eingesetzt; Mitglied der SED-Landesleitung Sachsen; Ende 1945 bis Anfang 1951 Präsident der Reichsbahndirektion Halle a. d.

Saale; ab 15. Juli 1956 bei der „Karlsruher Versicherungs AG“ als Leiter einer Verwaltungsstelle im Außendienst angestellt.

Weitere Hinweise: erhielt eine Abfindung in Höhe von 1150 RM am 27. April 1942, führt in einem Schreiben vom 5. Juli 1937 auch die Zahlen der Werte an, die damals vom EdED an die DAF übergeben wurden; war Mitglied der DAF; wohnte in Dresden, Eisenstuckstraße 22 (1930er-Jahre); lebte nach 1945 zunächst in Blankenburg und Wernigerode; am 15. Januar 1951 auf Befehl der SMAD verhaftet; im Anschluss in Untersuchungshaft; am 17. April 1952 durch die Erste Strafkammer des Landgerichts Halle a. d. Saale zu zehn Jahren Zuchthausstrafe verurteilt „wegen angeblicher Verbindungen zur westdeutschen Eisenbahnergewerkschaft“ bzw. „Sabotage“ und einer „eigenmächtigen“ Verfügung zur Umstrukturierung der lokalen Reichsbahndirektion Halle (gem. „Verbrechen gegen Befehl 160, Abs. 1 der SMAD verurteilt); nach fünf Jahren und drei Monaten in Haft im Zuchthaus Brandenburg-Görden am 28. April 1956 „amnestiert“; floh am 22. Juni 1956 nach Berlin (West); lebte danach zeitweise in einem Flüchtlingslager, anschließend in Dortmund (Hansastraße 59); danach verliert sich die Spur.

* GLAK, Bestand 480, Nr. 25564, Entschädigungsakte von Walter Oelkers; Protokoll über die Verhandlungen der dritten ordentlichen General-Versammlung des Deutschen Eisenbahner-Verbandes vom 21. bis 26. Juni 1925 in Köln a. Rh.; Protokoll über die Verhandlungen der 2. ordentlichen Generalversammlung des EdED; Jahrbuch 1931 des Einheitsverbandes der Eisenbahner Deutschlands, S. 173; Handbuch des Vereins Arbeiterpresse, 2. Aufl. 1927, S. 283; Frank Hirschinger, „Gestapoagenten, Trotzkisten, Verräter“. Kommunistische Parteisäuberungen in Sachsen-Anhalt 1918–1953, Göttingen 2005, S. 305 ff.; Jacoby/Schikorski (Hrsg.), Mensch – Land – Gerechtigkeit, S. 40, 329; Esters/Pelger/Schlingensiepen, Gewerkschafter im Widerstand, S. 116; Gottwaldt, Eisenbahner gegen Hitler, S. 70.

Otten, Georg*

Geburtsdatum: 26. Juli 1889

Geburtsort: Lehe (Regierungsbezirk Stade, heute Stadtteil Bremerhavens)

Sterbedatum: 4. Juli 1949

Sterbeort: Oranienburg (Sowjetisches Speziallager Nr. 7/Nr. 1)

Beruf: Lokomotivführer; später tätig als Vertreter und Schlosser

Partei: ab 1919 SPD; ab 1945 SPD

Funktionen vor 1933: ab 1. April 1921 Angestellter des DEV bzw. ab 1925 des EdED; 1919 bis 31. März 1921 Bürgervorsteher in Stendal; Stadtverordneter in Stendal (mindestens bis 1930/31).

Verfolgung – Widerstand – Emigration: eventuell handelt es sich bei der im „Organisationsplan“ von Hans Jahn vom 1. März 1936 „J[ohann] Otten“ benannten Person um Georg Otten, den „Ersatzmann“ für den Gaugrafen Paul Haltenhof in der EdED-Widerstandsgruppe im „6. Gau Nordwest. Vorort Wesermünde“; nach anderen Quellen stand er in Verbindung zum ehemaligen Dresdener DMV-Bezirksleiter Richard Teichgräber und soll in Stendal eine vierköpfige Widerstandsgruppe von ehemaligen DMV-Angestellten aufgebaut haben; nach längerer Bespitzelung erfolgte Anfang 1936 die Festnahme; aktenkundig ist ein Verhör vom 7. Februar 1936 im Polizeipräsidium Chemnitz (er wohnte zu diesem Zeitpunkt in Halle a. d. Saale, Pestalozzistraße 147); laut Julia Pietsch hielt man den 47-Jährigen zusammen mit anderen ehemaligen Gewerkschafts- und Parteimitgliedern aus Sachsen in einer Haftanstalt in Chemnitz fest; die Staatsanwaltschaft leitete ein Verfahren wegen Unterstützung der illegalen SPD ein; das Verfahren wurde jedoch aus Mangel an Beweisen eingestellt und Otten am 19. Dezember 1936 aus der Haft entlassen; offenbar verließ Georg Otten nach seiner Freilassung zunächst Halle a. d. Saale; ob er sich weiter illegal engagierte, ließ sich nicht eruieren; im Bericht von Kurt Brenner wird erwähnt, dass er sich dem Seifenhandel unter Georg Otten anschloss, um „in den parteigenössischen Kreisen den Zusammenhang zu pflegen und einen guten Nachrichtendienst aufzubauen“ (SAPMO-BArch, RY 1/I2/3/149, Bl. 28).

Funktionen nach 1945: 1945 Mitglied des provisorischen Orts- und Bezirksausschusses des FDGB in Halle a. d. Saale und Vorstand der vorläufigen Regionalleitung; Sommer 1945 bis 1947 Vorsitzender des FDGB-Landesvorstandes der Provinz Sachsen; Sekretär in der IG Eisenbahn; später Oberreichsbahnrat.

Weitere Hinweise: am 22. November 1931 wegen Landfriedensbruchs zu vier Monaten Gefängnis verurteilt (am 9. Dezember 1932 amnestiert, weshalb kein Haftantritt erfolgte); am 11. April 1947 wurde Otten durch die sowjetische Geheimpolizei verhaftet (wegen seiner Aktivität und fortdauernden Überzeugung als SPD-Anhänger sowie Kontakten zur SPD in der Bundesrepublik Deutschland); offiziell als Mitglied einer Terrorgruppe geführt und im Sowjetischen Speziallager Nr. 7/Nr. 1 inhaftiert; wohnte in Wesermünde, Nonnenstraße 43a.

* SAPMO-BArch, Widerstandskartei, Georg Otten; AdsD, Bestand ITF, 5/ITFA, Mappe 46, „Organisations-Anlage“ von Hans Jahn über den Stand der illegalen Organisation der Eisenbahner im Deutschen Reich, o. D. [1. 3. 1936]; SAPMO-BArch, RY 1/I2/3/149, Bl. 28, Bericht Kurt Brenner; Handbuch des Vereins Arbeiterpresse, 2. Aufl. 1927, S. 560; Julia Pietsch, Georg Otten (1889–1949), in: Mielke/Heinz (Hrsg.) unter Mitarb. von Goers, Funktionäre des Deutschen Metallarbeiterverbandes im NS-Staat, S. 455–460; Buschak, „Arbeit im kleinsten Zirkel“, 2., aktual. Aufl. 2015, S. 107.

Pargmann, Heinrich*

Geburtsdatum: bislang nicht bekannt
Geburtsort: bislang nicht bekannt
Sterbedatum: bislang nicht bekannt
Sterbeort: bislang nicht bekannt
Beruf: bislang nicht bekannt
Partei: vor 1933 SPD

Funktionen vor 1933: seit 1912 gewerkschaftlich organisiert; Übernahme verschiedener Funktionen im EdED; zeitweise Vorstandsmitglied des EdED in Dortmund; zeitweise Betriebsratsmitglied.
Verfolgung – Widerstand – Emigration: soll in Verbindung mit EdED-Funktionären gestanden und dabei illegale Ziele verfolgt haben, u. a. gemeinsam mit Leopold Radtke; in Hans Jahns „Organisationsplan" (1936) als „Ersatzmann" für Leo Radtke im EdED-Bezirk Westfalen geführt; bei einem Verhör durch die Gestapo im August 1940 gab er lediglich zu, dass Hans Jahn ihm über Leopold Radtke Grüße bestellt habe; die Gestapo schenkte seinen Aussagen keinen Glauben, wonach er mit Radtke keineswegs über illegale Tätigkeiten gesprochen und diese auch ausgeübt habe; als Beleg für diese These sah die Gestapo u. a. den Umstand, dass Emma Radtke nach der Festnahme ihres Ehemannes Leopold Radtke an Pargmann eine Postkarte mit einem Bahnhof gesandt habe (nach den allgemeinen Richtlinien zur illegalen Arbeit, die die Gestapo bei Jahn sichergestellt hatte, bedeutete der Empfang einer solchen Karte die Warnung vor einer drohenden Festnahme).
Funktionen nach 1945: bislang nicht bekannt.
Weitere Hinweise: bislang nicht bekannt.

* BArch, NJ 2229, Bd. 1, Bl. 33 ff., Unterlagen der Gestapo und NS-Justiz zur Verfolgung illegaler EdED-Strukturen.

Pester, Max*

Geburtsdatum: 1. September 1896
Geburtsort: Oberfrohna (bei Chemnitz)
Sterbedatum: 12. März 1963
Sterbeort: unbekannt
Beruf: Schlosser, später Textilwarenhändler
Partei: ab 1904 SPD; ab 1945 SPD
Funktionen vor 1933: zunächst 1904–1919 Mitglied des DMV, vermutlich auch Übernahme von Basisfunktionen für den Verband; ab 1919 Mitglied des DEV und bald Übernahme verschiedener Funktionen; Vorstandsmitglied der DEV- bzw. EdED-Ortsgruppe Köln; ab 1919 Übernahme von Funktionen im Betriebsrat, 1926–1930 Betriebsratsvorsitzender des Reichsbahnausbesserungswerkes Köln-Nippes, 1930–1933 Zweiter Vorsitzender des Bezirksbetriebsrates bei der Reichsbahndirektion Köln; Mitglied des Hauptbetriebsrates der Deutschen Reichsbahn-Gesellschaft; 1928 Delegierter der 2. ordentlichen Generalversammlung des EdED.
Verfolgung – Widerstand – Emigration: laut „Organisationsplan" von Hans Jahn vom 1. März 1936 Bezirksleiter der EdED-Widerstandsgruppe im „5. Bezirk. Bahnlinie Köln–Koblenz–Trier–Gerolstein–Köln. Vorort Köln"; enge Zusammenarbeit mit Hans Jahn und

Willi Molitor im Rahmen der illegalen Tätigkeit für die ITF; Verhandlungen mit ISK zur Zusammenarbeit; am 17. Februar 1937 festgenommen;; anschließend in Untersuchungshaft in Düsseldorf und vom VGH im Prozess gegen Hans Funger und andere am 3. Dezember 1937 zu sechs Jahren Zuchthaus verurteilt: „Der Angeklagte Pester begann nun, sich in seinem früheren Bekanntenkreise nach geeigneten Mitarbeitern umzusehen. Es gelang ihm auch, im Jahre 1934 mehrere frühere Gewerkschaftsfunktionäre zu gewinnen und entsprechend den von Molitor entwickelten Aufbauplänen die Grundlage für die illegale Gewerkschaftsarbeit in Nordwestdeutschland zu schaffen. [...] Der Angeklagte Pester, der vor der Machtübernahme lange Jahre Gewerkschaftsfunktionär war, hat auf Betreiben Molitors neben diesem schon im Frühjahr 1934 die illegalen gewerkschaftlichen Bestrebungen in Nordwestdeutschland ins Rollen gebracht und dabei neben mehreren anderen früheren Funktionären den Angeklagten Komorowsky gewonnen und zur Mitarbeit verführt. Pester war, wenn er auch weniger führend in Erscheinung getreten ist, immer dabei und eifrig tätig. Er hat hartnäckig das sich gesteckte Ziel des Wiederaufbaus der illegalen Gewerkschaften verfolgt. Unter weitgehender Berücksichtigung seiner aktiven Teilnahme am Ruhrkampf und seiner freiwilligen Mitwirkung an der Rückschaffung deutschen Reichsbahngutes aus Belgien im Jahre 1919 hat der Senat auf eine Zuchthausstrafe von 6 Jahren erkannt [sic!]." (Urteil, Bl. 34–87).

Funktionen nach 1945: Mitbegründer der SPD in Köln nach Kriegsende; zeitweise in den 1950er-Jahren Mitarbeiter der GdED-Tarifabteilung.

Weitere Hinweise: wohnte in Köln-Mauenheim, Guntherstraße 86 (1930er-Jahre); in Köln-Höhenberg ist seit 1971 eine Straße nach Max Pester benannt.

* SAPMO-BArch, Widerstandskartei, Max Pester; StA Bielefeld, Bestand 109,3/Amt für Wiedergutmachung, Nr. A 113, Wiedergutmachungsakte von Hans und Frieda Jahn, Bl. 94, Eidesstattliche Erklärung von Max Pester für Hans Jahn, 2. 10. 1949; AdsD, Bestand ITF, 5/ITFA, Mappe 46, „Organisations-Anlage" von Hans Jahn über den Stand der illegalen Organisation der Eisenbahner im Deutschen Reich, o. D. [1. 3. 1936]; LAV NRW R, Rep. 173, Nr. 384, Gerichtsunterlagen; LAV NRW R, Rep. 112, Nr. 2006, Gerichtsunterlagen (Aktenzeichen: 1 a Js 1208/35); LAV NRW R, BR 336, Entschädigungsakte (Aktenzeichen: 30/2614/20072) von Max Pester; LAV NRW R, RW 58, Nr. 55095, Unterlagen der Gestapo Düsseldorf; LAV NRW R, BR 336, Nr. 30/2614/20072, Unterlagen im Zusammenhang mit einem Gerichtsverfahren wegen Rückerstattung/Entschädigung für beschlagnahmte Bücher, Anfang der 1950er-Jahre; Anklageschrift des Reichsanwaltes beim VGH, 29. 9. 1937, und Urteil des VGH 9J315/37-2H50/37 gegen Hans Funger, Heinrich Tillier, Paul Emmen, Hugo Bachmann, Leo Radtke, Wilhelm Komorowski, Max Pester und Heinrich Malina, 3. 12. 1937, in: Nationalsozialismus, Holocaust, Widerstand und Exil 1933–1945, Online-Datenbank; Protokoll über die Verhandlungen der 2. ordentlichen Generalversammlung des EdED; Jahrbuch 1930 des Einheitsverbandes der Eisenbahner Deutschlands, S. 144; Mielke/Frese (Bearb.), Die Gewerkschaften im Widerstand und in der Emigration, S. 238, 359, 363, 416; Gottwaldt, Eisenbahner gegen Hitler, S. 153, 155, 157 f., 179, 182, 184; Auskunft des StA Köln (Thomas Deres), 4. 12. 2015.

Pflaumer, Oskar*

Geburtsdatum: 27. Juni 1904

Geburtsort: Weißenburg

Sterbedatum: 16./17. August 1933 (an den Folgen einer Misshandlung verstorben)

Sterbeort: Nürnberg

Beruf: Telegrafen-Mechaniker

Partei: vor 1933 SPD

Funktionen vor 1933: (angeblich) Betriebsratsvorsitzender der Sicherungswerkstätte der Deutschen Reichsbahn-Gesellschaft in Nürnberg.

Verfolgung – Widerstand – Emigration: half einer kommunistischen Gruppe dabei, eine illegale Druckerei zunächst in einem Gartenhäuschen, später in einem Höhlenversteck im fränkischen Jura zu betreiben; am 16. August 1933 wurde die Gruppe aufgespürt, Pflaumer misshandelt; aufgrund seiner politischen Betätigung wurde er ermordet bzw. es heißt, Pflaumer sei schwer misshandelt worden; er sei am Morgen danach in der von der SA beschlagnahmten Wache des Arbeitersamariterbundes hinter dem heutigen Zeughaus in Nürnberg verstorben; ein damals erstellter Untersuchungsbericht kam zu dem Schluss: „In der Nacht vom 16./17. 8. 33. wurden Ludwig Göhring (der die Höhlendruckerei betrieb) und der verstorbene Oskar Pflaumer von der Polizeihauptwache Nürnberg mittels Kraftwagen in die ehemalige Arbeitersamariterwache am Kornmarkt zum Zwecke der Vernehmung verbracht. [...] Göhring wurde zur Erzwingung von Angaben mit Stricken auf eine Tragbahre gebunden und mit einer Ochsensehne und einem Gummiknüppel so misshandelt, dass er nicht mehr laufen konnte, sondern getragen werden musste. Nach Göhring wurde Pflaumer vernommen und ebenfalls misshandelt. Er starb noch in der gleichen Nacht, kurz nachdem er in die Polizeihauptwache Nürnberg zurückverbracht worden war, an den Folgen der Misshandlung. [...] Die am 18. August 1933 vorgenommene gerichtliche Leichenöffnung hat ergeben, dass an der Leiche die Haut des Gesäßes und der Oberschenkel in Form des Reithoseneinsatzes tief blaurot verfärbt war. [...] Es ist zu vermuten, dass Pflaumer übergelegt und im Sinne der orientalischen ‚Bastonade' misshandelt worden ist. Der Landgerichtsarzt hat noch berichtet, dass nach seinem Befund Pflaumer in grausamster, qualvoller Weise mit stumpfen Gegenständen zu Tode geprügelt worden sei." (BayHStA, MInn, Nr. 71719, Sonderakte Oskar Pflaumer, zitiert nach Helmut Beer, S. 122).

Funktionen nach 1945: –

Weitere Hinweise: hatte zwei Kinder.

* BayHStA, MInn, Nr. 71719 Sonderakte Oskar Pflaumer; Buß, Dreimal Stunde Null, S. 66; Helmut Beer, Widerstand gegen den Nationalsozialismus in Nürnberg, Nürnberg 1976, S. 121 f.

Pfordt, Friedrich*

Geburtsdatum: 18. Februar 1900
Geburtsort: Landweiler (Saar)
Sterbedatum: 12. Oktober 1957
Sterbeort: Saarbrücken
Beruf: Schlosser (Neunkirchner Eisenbahnwerkstätten)
Partei: vor 1933 KPD

Funktionen vor 1933: Bevollmächtigter des EdED für verschiedene Ortsverwaltungen (laut Weber/Herbst); 1928 Ausschluss aus dem EdED und anschließend RGO-Mitglied (vermutlich Übernahme von Funktionen); Abgeordneter des Landesrates Saar; Übernahme mehrerer Funktionen in der KPD, u. a. ab 1930 Org.-Leiter des KPD-Bezirks Saar.

Verfolgung – Widerstand – Emigration: Kampf gegen Anschluss des Saargebietes an das Deutsche Reich; ab 1934 Pol.-Leiter des KPD-Bezirks Saar; später Emigration nach Schweden.

Funktionen nach 1945: 1946–1949 Vorsitzender der „Mouvement pour la Libération de la Sarre“, die für die Loslösung der Saar vom Deutschen Reich eintrat; Mitherausgeber der Zeitschrift „Die neue Saar“.

Weitere Hinweise: Herausgeber und Redakteur der „Arbeiterzeitung“; aktiv in der Einheitsfrontbewegung; Teilnahme am VII. Weltkongress der Komintern; Kritiker des Hitler-Stalin-Paktes.

* Weber/Herbst, Deutsche Kommunisten, 1. Aufl. 2004, S. 564; Röder/Strauss (Bearb.), Biographisches Handbuch, S. 556 f.

Pichtsmeyer, Wilhelm*

Geburtsdatum: 28. September 1891
Geburtsort: Bünde (Kreis Herford)
Sterbedatum: 23. August 1977
Sterbeort: Kassel
Beruf: Maler, Gewerkschaftsangestellter
Partei: ab 1910 SPD

Funktionen vor 1933: ab 1918/19 Arbeiterrats- bzw. Betriebsratsvorsitzender; 1918–1925 Gemeinderatsvorsitzender in Oppurg; 1918–1926 Kreistagsabgeordneter Neustadt a. d. Orla und Saalfeld; 1918–1933 Referent für die SPD (deutschlandweit); ab 1919 Mitglied, 1920–1926 Vorsitzender des Bezirksbetriebsrats der Reichsbahndirektion Erfurt; 1922–1926 Mitglied des Hauptbetriebsrates der Deutschen Reichsbahn-Gesellschaft; Vorsitzender der DEV-Ortsgruppe Pößneck; ab 15. November 1926 Vorstandssekretär des EdED, zunächst Betriebsräte-, später Tarifabteilung später Mitglied des Hauptvorstandes und dort zeitweise Leiter der Rechtsabteilung; Übernahme mehrerer Funktionen in der SPD.

Verfolgung – Widerstand – Emigration: illegale Arbeit für Partei und Gewerkschaft in der Gruppe um Lorenz Breunig und Franz Apitzsch; nach 1933 Beteiligung an Zusammenkünften von früheren Gewerkschafts- und Parteiangestellten in Berlin sowie an Geldsammlungen für verhaftete Kameraden; die Gestapo erklärte 1938: „Im Oktober 1933 machte er abfällige Aeusserungen über Dr. Ley. Im September 1935 wurde er von einem ehemaligen Genossen aus der Eisenbahnerbewegung der illegalen Tätigkeit beschuldigt." (BArch, R 58/3388, Bl. 214, Gestapo-Bericht, 1938); mehrere kurzfristige Verhaftungen 1933; am 1. September 1939 nach eigenen Aussagen im Rahmen der „Sonderaktion Berlin" verhaftet; zunächst im Hausgefängnis der Gestapo in Berlin inhaftiert, danach überführt in das KZ Sachsenhausen (laut Abgangsmeldung: „Schutzhäftling", Häftlings-Nr.: 1594, Häftlingsblock 23; nach eigenen Angaben Häftlingsnummer 1594, Blöcke 21, 48, 2); am 8. Januar 1940 aus dem KZ in das „Hausgefängnis" der Gestapo rücküberführt, von dort am 13. Januar 1940 entlassen.
Funktionen nach 1945: ab 1. Juli 1945 in der Reichsbahndirektion Erfurt angestellt, dort zunächst Dezernent 2, später Vizepräsident; nach 1950 Vorsitzender der Arbeiterwohlfahrt und der Johanna-Kirchner-Stiftung in Frankfurt a. M. und Angestellter der GdED (Mitarbeiter der Hauptabteilung Arbeiter und Angestellte).
Weitere Hinweise: verschiedenste Funktionen in Wohlfahrtseinrichtungen der Verwaltung; längere Zeit Mitglied der Schlichtungsausschüsse; 1927–1933 Arbeits- und anschließend Landesarbeitsrichter; wohnte in Berlin-Ruhleben, Brombeerweg 15 (Anfang der 1930er-Jahre); später in Berlin, Alt-Moabit 40 (Ende der 1930er-Jahre); am 25. November 1952 von Erfurt, Preßburger Straße 90 in den Westteil Deutschlands geflohen; 1957 in Frankfurt a. M., später wohnte er in Kassel (Anfang der 1970er-Jahre).

* SAPMO-BArch, Widerstandskartei, Pichtsmeyer, Willy und Pichtsmeier, Wilhelm; AS, JSU 1/96, Bl. 8, Veränderungsmeldung betr. Pichtsmeyer, Wilhelm, 8. 1. 1940; StA Bünde, Geburtenregister Nr. 475/1891: Pichtsmeyer, Heinrich Wilhelm Ernst; Auskunft des StA Erfurt (Sabine Jirschitzka-Löffler), 22. 9. 2015; BArch, R 58/3388, Bl. 214, Unterlagen zur Verfolgung; BArch, R 58/4251, Bl. 142 f., Unterlagen zur Verfolgung; ThHStAW, Bezirkstag und Rat des Bezirks Erfurt, VdN 5254, VdN-Akte von Wilhelm Pichtsmeyer; Auskunft des Instituts für Stadtgeschichte Frankfurt a. M. (Silvia Stenger), 17.12.2015; Auskunft des StA Bünde (Petra Seidel), 14. 3. 2016.

Pieper, Karl*

Geburtsdatum: 21. Oktober 1893
Geburtsort: Elberfeld
Sterbedatum: 5. Mai 1962
Sterbeort: Frankfurt a. M.
Beruf: Kaufmann; Bahnmeisterschreiber; Eisenbahnbeamter; Verwaltungsangestellter; Gewerkschaftssekretär; Vertreter
Partei: ab 1919 SPD; ab 1945 SPD

Funktionen vor 1933: zunächst ab 1919 Mitglied des „Bahnmeisterschreiber-Verbandes"; ab 1. Mai 1922 hauptamtlicher Sekretär des DEV bzw. ab 1925 des EdED in Schwerte, zeitweise Bezirkssekretär im Direktionsbezirk Elberfeld; 1932 Versetzung zur EdED-Ortsverwaltung Berlin.

Verfolgung – Widerstand – Emigration: zum 1. Juli 1933 aus dem Angestelltenverhältnis beim EdED offiziell entlassen; illegale Verbindungen mit SPD-Mitgliedern zwecks Sammlung von Informationen; laut „Organisationsplan" von Hans Jahn vom 1. März 1936 Gaugraf der EdED-Widerstandsgruppe im „10. Gau Brandenburg. Vorort Berlin"; zugleich illegal aktiv in Berlin; Teilnehmer der „Roskilder Konferenz" mit der ITF (Dänemark, April 1935); Festnahme in seiner Wohnung am 31. Juli 1935; im Anschluss bis zum 5. August 1935 im Gestapo-„Hausgefängnis" in Berlin inhaftiert; zeitweise ab 31. Juli 1935 „Schutzhaft" im KZ Columbia wegen „Betätigung für illegale Gewerkschaften"; vom 6. August 1935 bis 28. September 1936 Untersuchungshaft in Berlin-Moabit (Gefangenenbuch-Nr.: 2058); bereits am 27. Mai 1936 vom Reichsanwalt vor dem VGH angeklagt; im Verfahren gegen Alfred Markwitz und andere (Az.: 17.J.336.35; 2.H.28.36) wegen Vergehens gegen das „Gesetz zur Neubildung von Parteien" durch den Zweiten Senat des VGH am 26. September 1936 nach mündlicher Verhandlung zu einem Jahr Gefängnisstrafe – bei voller Anerkennung der Untersuchungshaft – verurteilt; im Urteil heißt es: „Seit Anfang 1934 war er als Untervertreter für den Kaufmann Johannes Jahn tätig, der aus Anlass des vorliegenden Verfahrens flüchtig geworden ist."; wird in Hans Jahns „Organisations-Anlage" (1936) und im zugehörigen Adressenverzeichnis erwähnt; außerdem wird in anderen Berichten erwähnt, dass er mit Hans Jahn in Verbindung gestanden haben soll; nachweisbar ist, dass Pieper gemeinsam mit Otto Elchner, Erich Cichocki, Heinz Wobschall und Karl Oltersdorf „eine ausländische Gewerkschaftstagung besucht[e]" („Roskilder Konferenz", Dänemark, April 1935), „in der die Wiederaufrichtung sozialdemokratischer Gewerkschaften in Deutschland erörtert worden ist"; im Anschluss am 28./29. September 1936 erneut im Gestapo-„Hausgefängnis" verhört (durch die lange Untersuchungshaft galt die Strafe offiziell als abgegolten); nach Angaben von Hans Jahn in der „Organisationsskizze" von Ende 1938 „Reichsverbindung" der illegalen „Organisation" in Berlin; am 5. September 1940 wegen des Verdachts der „Vorbereitung auf Hochverrat" erneut festgenommen und bis 25. September 1940 im Polizeigefängnis Berlin-Alexanderplatz verhört bzw. in Untersuchungshaft; vom 25. September 1940 bis 29. Oktober 1940 im Untersuchungsgefängnis Berlin-Charlottenburg inhaftiert; vom 29. Oktober 1940 bis 12./13. März 1941 im Untersuchungsgefängnis Berlin-Plötzensee inhaftiert (laut VVN-Häftlingskartei des Zuchthauses Plötzensee: U-Haft wegen des Verdachts der „Vorbereitung zum Hochverrat"; dort angegebene Haftzeit vom 31. November 1940 bis 13. März 1941); im Anschluss erneut im Polizeigefängnis Alexanderplatz verhört und für kurze Zeit inhaftiert; das Verfahren gegen ihn wurde zum 10. März 1941 bereits eingestellt (Hinweise auf dieses Verfahren, in dessen Verlauf auf jeden Fall auch Albert Schmidt vernommen wurde, finden sich auch in BArch, NJ 17443).

Funktionen nach 1945: ab 1. Juli 1945 Gewerkschaftssekretär im Verband für Eisenbahn, Post und Fernmeldewesen; ab 25. Oktober 1945 Direktor der Personalabteilung der Deutschen Reichsbahn in der SBZ und damit zugleich Vorstandsmitglied der Deutschen Reichsbahn; im Februar 1947 Flucht nach Frankfurt a. M.; im Oktober 1947 zum Vorsitzenden des DGB-Kreisausschusses Frankfurt a. M. gewählt (schied 1960 aus dieser Funktion aus); weitere sozialpolitische Tätigkeiten: 1948–1953 Vorstandsmitglied der Landesversicherungsanstalt Hessen; zeitweise ab 1953 Vorstandsvorsitzender der AOK Frankfurt a. M. und Vorsitzender des Landesverbandes der hessischen Ortskrankenkassen; seit 1952 Mitglied der „Wirtschaftsdeputation" der Stadt Frankfurt/Main.

Weitere Hinweise: seit 23. November 1920 verheiratet mit Emmy Pieper, geborene Schmidt (geb. 14. Mai 1893); Kinder: Hilde (geb. 24. September 1927), Günther (geb. 3. Februar 1932), Rolf (geb. 3. Juli 1933); ein Sohn (geb. 1923, in Italien gefallen); wohnte in Berlin-Lichterfelde (West), Paulinenstraße 9 (1940er-Jahre); im Februar 1947 nach Limburg a. d. Lahn verzogen; am 17. Oktober 1947 von Limburg a. d. Lahn nach Frankfurt a. M., dort zuletzt Unter den Kastanien 3 wohnhaft; die Stadt Frankfurt a. M. verlieh 1960 an den Kreisausschussvorsitzenden des DGB, Karl Pieper, eine Ehrenplakette.

* AdsD, Bestand ITF, 5/ITFA, Mappe 46, „Organisations-Anlage" von Hans Jahn über den Stand der illegalen Organisation der Eisenbahner im Deutschen Reich, o. D. [1. 3. 1936]; SAPMO-BArch, Widerstandskartei, Karl Pieper; Institut für Stadtgeschichte Frankfurt a. M., Bestand NS-Verfolgte, Nr. 5086, Entschädigungsakte von Karl Pieper; LAB C Rep. 118-01, Nr. 12228, OdF-Akte von Karl Pieper; Anklageschrift 17J336/35 gegen Alfred Markwitz und andere, 27. 5. 1936, in: Nationalsozialismus, Holocaust, Widerstand und Exil 1933–1945, Online-Datenbank; BArch, NJ-V 288, NJ 2205, Bd. 2, Bl. 23–25 und NJ 16467 sowie NJ 16635, Anklageschrift und Urteil, 27. 5. 1936 bzw. 26. 9. 1936; BArch, R 58/3399, Bl. 51, 55, 61; BArch, R 3017/29433, Bl. 4, „Organisationsskizze" von Hans Jahn, 1. 12. 1938; SAPMO-BArch, DY 55/V 278/5/46 (4); SAPMO-BArch, SgY 30/0695/2, Erinnerungen von Karl Oltersdorf (hier auch komplette Anklageschrift und Urteil); NJ 1318; NJ 13630; Handbuch des Vereins Arbeiterpresse, 2. Aufl. 1927, S. 550; Mielke/Frese (Bearb.), Die Gewerkschaften im Widerstand und in der Emigration, S. 235, 347 f., 360 f., 365, 416; Esters/Pelger/Schlingensiepen, Gewerkschafter im Widerstand, S. 42 ff., 68, 72; Stiftung Topographie des Terrors (Hrsg.), Das „Hausgefängnis" der Gestapo-Zentrale in Berlin. Terror und Widerstand 1933–1945, Berlin 2005, S. 34; Heinrich Scheel, Vor den Schranken des Reichskriegsgerichts. Mein Weg in den Widerstand, Berlin 1993, S. 122 f.; Wolfgang Klötzer (Hrsg.), Frankfurter Biographie, 2. Bd.: M–Z, Frankfurt a. M. 1996, S. 139.

Pietsch, Gustav*

Geburtsdatum: 22. August 1891
Geburtsort: Berlin
Sterbedatum: 9. Februar 1956
Sterbeort: Berlin (West)
Beruf: Schlosser, Lokomotivführer
Partei: ab 1909 SPD; ab 1945 SPD

Funktionen vor 1933: ab 1907 Mitglied des DMV; ab 1919 Mitglied der Unterstützungsvereinigung der in der modernen Arbeiterbewegung tätigen Angestellten in Berlin; vom 1. Januar 1919 bis 1. August 1920 Kassierer der DEV-Ortsgruppe Berlin, dann Leiter der DEV- bzw. ab 1925 der EdED-Jugendabteilung des Hauptvorstandes (bis „Anfang der dreißiger Jahre"); Redakteur der Zeitschrift „Der deutsche Eisenbahner"; laut Franz Scheffel Mitarbeiter im Bereich von Franz Apitzsch.
Verfolgung – Widerstand – Emigration: „verfolgt" (Angabe aus „Der deutsche Eisenbahner").
Funktionen nach 1945: ab 1945 Betriebsrat bei der Sozialversicherungskasse Deutsche Reichsbahn, Berlin; ab Mai 1948 Mitglied des geschäftsführenden Ausschusses des Aktionsausschusses (später UGO) und später (hauptamtlich) der Bundesleitung der UGO Groß-Berlin; ab 24. Juli 1948 Vorstandsmitglied der Gewerkschaft der Eisenbahner Groß-Berlin (UGO); 1949 Mitglied der deutschen Delegation beim Gründungskongress des IBFG in London; 1950 bis Februar 1956 Zweiter Vorsitzender des DGB Berlin, Leiter der Abteilung Bildungswesen; 1948–1950 Stadtverordneter Berlin; 1952–1954 MdA in Berlin (West).
Weitere Hinweise: 1933–1936 erwerbslos; 1936–1946 Technischer Angestellter.

* Correspondenzblatt der Generalkommission der Gewerkschaften Deutschlands, Nr. 52, 27. 12. 1919, S. 595; Wieder ging einer der Besten, in: Der deutsche Eisenbahner, 16. 2. 1956, Gustav Pietsch gestorben, in: Welt der Arbeit (Berlin), 17. 2. 1956; Ein Sohn des Volkes, in: Welt der Arbeit (Berlin), 24. 2. 1956; Zum Tode von Gustav Pietsch, in: Nachrichtendienst des DGB, 21/56, 10. 2. 1956; Handbuch des Vereins Arbeiterpresse, 2. Aufl. 1927, S. 187; Rütters (Bearb.) unter Mitarb. von Goers, Der Freie Deutsche Gewerkschaftsbund, S. 976; Mielke, Gewerkschaften, in: Potthoff in Zusammenarb. mit Wenzel (Hrsg.), Handbuch politischer Institutionen und Organisationen, S. 408–425, hier S. 420 f.; Dowe/Kuba, Wilke (Hrsg.), FDGB-Lexikon.

Pletz, Johann*

Geburtsdatum: 19. Oktober 1892
Geburtsort: Oberrohr (Niederbayern)
Sterbedatum: 14. Februar 1954
Sterbeort: Minden
Beruf: Landarbeiter
Partei: vor 1933 SPD
Funktionen vor 1933: seit 1911 Gewerkschaftsmitglied; seit 1919 Betriebsratsvorsitzender des Bahnhofs München-Laim; ab 1920 Mitglied der Bezirkspersonalvertretung der Eisenbahndirektion München, 1923–1930 deren Vorsitzender; ab 1925 unbesoldetes Mitglied des DEV bzw. EdED-Hauptvorstandes; 1925 Delegierter der 3. ordentlichen Generalversammlung des DEV; 1930–1933 hauptamtlicher Gewerkschaftsangestellter bzw. Verbandssekretär des EdED in München.
Verfolgung – Widerstand – Emigration: am 5. Mai 1933 wegen „Staats- und Wirtschaftsfeindlichkeit" aus dem EdED fristlos entlassen; arbeitete danach als Versicherungsvertreter

der Witwen- und Waisenkasse; auch sein „Vertretervertrag" wurde aufgrund des Drucks der Nationalsozialisten am 10. November 1934 aufgelöst.
Funktionen nach 1945: Juni 1946 bis März 1947 Beisitzer im Vorläufigen Ausschuss des Bayerischen Gewerkschaftsbundes; im Anschluss bis 1954 Mitglied des Landesbezirksvorstandes des DGB Bayern; Mitglied des Gewerkschaftsbeirates der GdED; 1946–1954 Bezirkssekretär der GdED.
Weitere Hinweise: bislang nicht bekannt.

* Protokoll über die Verhandlungen der dritten ordentlichen General-Versammlung des Deutschen Eisenbahner-Verbandes vom 21. bis 26. Juni 1925 in Köln a. Rh.; Johann Pletz verstorben, in: Der deutsche Eisenbahner, 1. 3. 1954; Johann Pletz 60 Jahre alt, in: Welt der Arbeit, 24. 10. 1952, Johann Pletz gestorben, in: Welt der Arbeit, 19. 2. 1954; Mielke, Gewerkschaften, in: Potthoff in Zusammenarb. mit Wenzel (Hrsg.), Handbuch politischer Institutionen und Organisationen, S. 408–425, hier S. 409; Pilwousek (Hrsg.), Verfolgung und Widerstand, S. 283 f.

Pölder, Bernhard*

Geburtsdatum: 19. Juli 1889
Geburtsort: Gelsenkirchen
Sterbedatum: 18. März 1959
Sterbeort: Hannover
Beruf: Bürogehilfe, Lohnbuchhalter, ab 1919 Eisenbahner
Partei: vor 1933 SPD; nach 1945 SPD
Funktionen vor 1933: April 1920 bis April 1921 Mitglied des Bezirks- und Hauptbetriebsrates der Eisenbahnwerkstätten in Osnabrück; ab 1. April 1921 Gewerkschaftsfunktionär des DEV bzw. ab 1925 des EdED in Kirchweyhe/Bremen; ab September 1932 Gewerkschaftsfunktionär des EdED in Stendal; 1924–1931/32 Mitglied der Gemeindevertretung in Kirchweyhe; 1925/26–1932 Mitglied des Kreisausschusses des Kreises Syke; 1928–1932 Mitglied des Landtages von Preußen; Übernahme mehrerer Funktionen für die SPD, u. a. Zweiter Vorsitzender im Kreis Syke; 1933 SPD-Vorsitzender in Stendal.
Verfolgung – Widerstand – Emigration: Mai/Juni 1933 „Schutzhaft" in Stendal; Oktober 1933 von der SA „schwer misshandelt"; war in mehreren illegalen Organisationen aktiv; leistete Kurierdienste in ganz Deutschland; geriet nach Angaben von Beatrix Herlemann im Juni 1934 in Breslau und im August 1937 in Berlin in Haft.
Funktionen nach 1945: Bürgermeister Syke 1945–1946.
Weitere Hinweise: bislang nicht bekannt.

* Handbuch des Vereins Arbeiterpresse, 2. Aufl. 1927, S. 418; Heimatgeschichtlicher Wegweiser zu Stätten des Widerstandes und der Verfolgung 1933–1945. Niedersachsen, Bd. 2: Regierungsbezirke Hannover und Weser-

Ems, hrsg. vom Studienkreis zur Erforschung und Vermittlung der Geschichte des Widerstandes 1933–1945, Redaktion: Ursula Krause-Schmitt und andere, Köln 1985, S. 13; Schumacher (Hrsg.), M. d. L. Das Ende der Parlamente, S. 120; Schröder, Sozialdemokratische Parlamentarier, S. 656; Herlemann, Biographisches Lexikon niedersächsischer Parlamentarier 1919–1945, S. 277 f.

Poick, Andreas*

Geburtsdatum: 4. September 1893
Geburtsort: Eschweiler (Kreis Aachen)
Sterbedatum: 4. Juni 1966
Sterbeort: Jülich
Beruf: Kesselschmied
Partei: ab 1912 SPD

Funktionen vor 1933: ab 1912 gewerkschaftlich organisiert; ab 1919 im DEV organisiert; ab 1924 Betriebsrat in Jülich; ab 1929 Vorsitzender der SPD-Ortsgruppe Jülich.

Verfolgung – Widerstand – Emigration: 1933 von der Deutschen Reichsbahn-Gesellschaft entlassen; soll in Verbindung mit EdED-Funktionären gestanden haben; bei einem Verhör durch die Gestapo im August 1940 bestritt er „jede illegale Arbeit"; er gab aber zu, von Hans Jahn zum Neujahrsfest 1938/39 eine Postkarte erhalten zu haben; illegale Tätigkeiten waren ihm nicht nachweisbar, weshalb man ihn auf freien Fuß setzte; im Herbst 1944 im Rahmen der „Aktion Gewitter" für kurze Zeit inhaftiert.

Funktionen nach 1945: Wiederbegründer des Jülicher Ortsvereins der SPD (ab Dezember 1945 provisorischer, später gewählter Vorsitzender); 1948–1964 Mitglied des Stadtrates in Jülich und 1946–1964 Mitglied des Kreistages.

Weitere Hinweise: im Jahr 1928 nach Jülich gezogen, wohnte dort Hindenburgstraße 29; war zum Ende der Weimarer Republik Vorsitzender der „Eisernen Front" in Jülich; nominiert auf dem Reichstags-Wahlvorschlag der SPD im Wahlkreis Köln-Aachen im Oktober 1932 (letzter Platz von 20 Kandidaten; auch Kandidat für den Provinziallandtag auf Platz 4; errang kein Mandat); die Andreas-Poick-Straße gibt es seit 1995, als ein neues Baugebiet erschlossen wurde (bereits 1985 war der Beschluss zur Straßenbenennung gefasst worden, das Bauprojekt war damals aber gescheitert).

* StA Jülich, Meldeunterlagen Andreas Poick; BArch, NJ 2229, Bd. 1, Bl. 33 ff., Unterlagen der Gestapo und NS-Justiz zur Verfolgung illegaler EdED-Strukturen; BArch, R 3017/1000046, Bd. 2, Akten der Staatsanwaltschaft beim Landgericht Düsseldorf in der Strafsache gegen Wilhelm Bode und andere; Günter Bers, Eine Anti-Hitler-Demonstration in Jülich im Februar 1933, in: Beiträge zur Jülicher Geschichte 52 (1984), S. 61–66, hier: S. 64 f.; Horst Dinstühler, Die Straßen der Stadt Jülich und ihrer Ortsteile. Geschichte und Bestandsaufnahme, Jülich 2004, S. 91; Auskunft des StA Jülich (Horst Dinstühler), 22. 6. 2015.

Poralla, Franz*

Geburtsdatum: 17. Oktober 1898

Geburtsort: Schwientochlowitz (heute Świętochłowice, bei Beuthen, Schlesien)

Sterbedatum: 17. Juli 1955

Sterbeort: Berlin (Ost)

Beruf: Technischer Angestellter; Reichsbahn-Amtmann

Partei: ab 1925 SPD; ab 1945 SPD; ab 1946 SED

Funktionen vor 1933: Vorsitzender des Betriebsrates der Bahnmeisterei Leipzig-Engelsdorf; nach eigener Angabe seit 1926 bis Ende Mai 1933 Funktionär der EdED-Ortsgruppe Leipzig, u. a. Mitglied des Ortsvorstandes; nach Aussage Hans Jahns Mitglied des ADGB-Ortsausschusses in Leipzig.

Verfolgung – Widerstand – Emigration: 1932 Teilnehmer eines „Protestalarms" in Sachsen als Vorbereitungsmaßnahme gegen eine befürchtete NS-Machtübernahme; gehörte zu der Gruppe Leipziger Funktionäre, die Jahn schon vor 1933 um sich scharte, und die laut Willy Buschak in nationalsozialistische Versammlungen gingen und versuchten, „dort als Diskussionsredner zu Wort zu kommen"; erste Festnahme am 18. April 1933 auf der Arbeitsstelle im Rahmen von Verhaftungen der Betriebsräte in Sachsen; im Anschluss zwei bis drei Tage Haft; nach der Entlassung blieb er aber bei der Bahn beschäftigt; half dabei, im Mai 1933 wichtige EdED-Unterlagen vor dem Zugriff der NSDAP in Sicherheit zu bringen; 4. Juni 1933 Kontaktaufnahme mit Hans Jahn, fuhr dafür nach Berlin, dort Berichterstattung und Mitnahme von Aufträgen; am 6. Juli 1933 von der SA auf seiner Arbeitsstelle verhaftet; Einlieferung in das Polizeigefängnis Leipzig, anschließend Überführung in das KZ Colditz und danach KZ Sachsenburg (nach Angaben seiner Frau wurde er am 14./15. Juli 1933 nach Sachsenburg verlegt und blieb dort bis 15. Dezember 1933); Grund für die Inhaftierung soll die Denunziation durch einen Arbeitskollegen wegen antifaschistischer Äußerungen gewesen sein; bei einer deshalb durchgeführten Hausdurchsuchung fanden die Ermittler marxistische Bücher, angeblich die komplette Bibliothek des SPD-Ortsverbandes Leipzig-Stünz, die Poralla in Sicherheit bringen und retten wollte; nach Angaben von Max Kellner, auf den sich Willy Buschak bezieht, zugleich der zweite Hauptansprechpartner Jahns in Leipzig; Zusammentreffen mit Hans Jahn Anfang 1934 in Leipzig zwecks Aufbau einer illegalen Eisenbahngewerkschaft (Esters/Pelger/Schlingensiepen, Gewerkschafter im Widerstand, S. 40); wird von Jahn auch bei den Leuten erwähnt, die Edo Fimmen persönlich kennengelernt hat; enger Mitarbeiter von Max Kellner in der EdED-Widerstandsgruppe; vom 30. März 1934 bis 9. Juni 1934 Untersuchungshaft in Leipzig; am 26. April 1934 Verurteilung zu einem Monat und zwei Wochen Gefängnis; nach Berufung des Angeklagten am 9. Juni 1934 schließlich entlassen (nach eigenen Angaben wurden ihm die genauen Gründe nicht erläutert); in der Berufungsverhandlung am 6. Juli 1934 durch das Landgericht Leipzig freigesprochen; nach Entlassung weiter im Widerstand aktiv; anschließend unbehelligt; für ihn sei es nach übereinstimmenden Angaben eine Selbstverständlichkeit gewesen, im Widerstand tätig zu werden; Teilnehmer der „Roskilder Konferenz“ (Dänemark, April 1935); laut „Organisationsplan“ von Hans Jahn vom 1. März 1936 „Ersatzmann“ für den Gaugrafen Max Kellner in der EdED-Widerstandsgruppe im „9. Gau Sachsen. Vorort Leipzig“; 1937 stand er im direkten Kontakt mit ITF-Vertretern; blieb bei Max Kellners Verhaftung – wie auch die anderen Vertrauensleute – zunächst unbehelligt; Poralla übernahm danach eine leitende Funktion im regionalen Eisenbahnerwiderstand; am 24. August 1942 in Polen festgenommen und in Untersuchungshaft genommen; zwei Tage im Keller des SD eingesperrt, dann Gefängnis Radom in Polen, danach Transport über die Gefängnisse Warschau, Posen, Berlin Alexanderplatz, Hannover nach Hamm; bis November 1942 Untersuchungshaft in den Gefängnissen Hamm, Bochum, Paderborn (Landgerichtsgefängnis); am 16. Dezember 1942 vom OLG Hamm (Az. 5 O Js. 7/42) wegen „Vorbereitung zum Hochverrat“ zu einer Gefängnisstrafe von 18 Monaten verurteilt; vorzeitige Entlassung aus dem Landgerichtsgefängnis Paderborn (vorher wohl auch in Hamm und Bochum) und Rückkehr nach Leipzig-Schönefeld am 15. November 1943, die Reststrafe wurde durch „Erlass des Herrn Reichsministers der Justiz vom 25. Oktober 1943“ bis 30. November 1946 auf Bewährung ausgesetzt.

Funktionen nach 1945: Mitgründer der Leipziger Eisenbahngewerkschaft; Zweiter Vorsitzender der örtlichen IG Eisenbahn; ab 1. Juli 1945 Reichsbahn-Amtmann; ab 6. November 1945 Dienstvorstand in der Bahnmeisterei Leipzig-Engelsdorf; zunächst wieder SPD-, dann SED-Mitglied; 1948 Versetzung nach Berlin; Mitglied der VVN.

Weitere Hinweise: vom 6. Juli 1933 bis 1. Mai 1935 erwerbslos; am 19. Februar 1946 als „Kämpfer gegen den Faschismus“ anerkannt; dieser Status wurde nach Mitteilung vom 13. September 1949 aufgehoben, und er wurde fortan „nur“ noch als „Verfolgter des Naziregimes“ angesehen; der Grund waren offiziell Streitigkeiten zur „Falschangabe“ von Haftdaten, die jedoch den Eindruck erwecken, dass die „Umerkennung“ politisch motiviert war; wohnte in Leipzig, Thielemannstraße 5 (1930er-Jahre).

* SAPMO-BArch, Widerstandskartei, Franz Poralla; BArch, R 58/3399, Bl. 51, 54 und BArch, R 58/3392, Bl. 170, Unterlagen zur Verfolgung; Staatsarchiv Leipzig, 20031 Polizeipräsidium Leipzig, Nr. PP-S 2738, Strafakte Franz Poralla; Staatsarchiv Leipzig, 20237, Bezirkstag und Rat des Bezirks Leipzig, Nr. 14534, VdN-Akte von Franz Poralla; AdsD, Bestand ITF, 5/ITFA, Mappe 46, „Organisations-Anlage“ von Hans Jahn über den Stand der illegalen Organisation der Eisenbahner im Deutschen Reich, o. D. [1. 3. 1936]; AdsD, NL Max Kellner, 1/MKAE00022, „Ausschnitt aus der Widerstandsbewegung der deutschen Eisenbahner, insbesondere im Lande Sachsen mit Schwerpunkt Leipzig“, zum Teil abgedruckt in: Esters/Pelger/Schlingensiepen, Gewerkschafter im Widerstand, S. 140–150 (im Manuskript insbesondere S. 4, 11); Esters/Pelger/Schlingensiepen, Gewerkschafter im Widerstand, S. 38, 40, 42 f., 68, 140 ff., 145; Buschak, „Arbeit im kleinsten Zirkel“, 2., aktual. Aufl. 2015, S. 102, 105, 178 f.

Priefer, Karl*

Geburtsdatum: 18. Januar 1885

Geburtsort: Wurzen

Sterbedatum: 19. Mai 1967

Sterbeort: Köln

Beruf: Schlosser; später Inhaber einer kleinen Wäscherei

Partei: ab 1918 SPD

Funktionen vor 1933: am 1. November 1918 Beitritt zum DEV; seit Beginn der Mitgliedschaft Ortskassierer des DEV; ab 1. Oktober 1919 Angestellter des DEV bzw. ab 1925 des EdED in Köln (bis 30. Juni 1933).

Verfolgung – Widerstand – Emigration: am 29. Juli 1940 in Zusammenhang mit den Ermittlungen gegen Hans Jahn/Karl Molt und die illegale Arbeit für den EdED/die ITF festgenommen und durch die Gestapo verhört; er sagte aus, dass er 1933 eine Postkarte von Hans Jahn erhalten habe mit der Aufforderung, sich zu treffen, es sei jedoch kein Treffen zustande gekommen; nach eigenen Angaben vor der Gestapo habe ihn Jahn etwas später zu Hause besucht, wobei es Diskussionen um die frühere Gewerkschaftsarbeit gegeben habe; später habe es keinen Kontakt mehr zu Jahn gegeben, und auch andere Personen aus dem früheren EdED seien nicht mehr an ihn herangetreten, so Priefer 1940 vor der Gestapo; da ihm eine illegale Betätigung nicht nachgewiesen werden konnte, kam er auf freien Fuß.

Funktionen nach 1945: bislang nicht bekannt.

Weitere Hinweise: Mitglied des „Reichsbanners Schwarz-Rot-Gold"; wohnte in Köln-Zollstock, Stotzheimer Straße 7 (Anfang der 1940er-Jahre); später wohnhaft in Leipzig, Magdalenenstraße 5; früher evangelisch, verheiratet seit 1908 mit Gertrud Priefer, geborene Löder; hatte zwei Kinder.

* BArch, NJ 2229, Bd. 1, Bl. 37–39, Unterlagen der Gestapo und NS-Justiz zur Verfolgung illegaler EdED-Strukturen; SAPMO-BArch, Widerstandskartei, Karl Priefer; StA Köln, Sterberegister Nr. 1567/1967: Priefer, Wilhelm Karl, 19. 5. 1967; Der Oberreichsanwalt beim VGH – Anklageschrift gegen Wilhelm Bode und andere, 9J237/40, in: Nationalsozialismus, Holocaust, Widerstand und Exil 1933–1945, Online-Datenbank; Handbuch des Vereins Arbeiterpresse, 2. Aufl. 1927, S. 427; Mielke/Frese (Bearb.), Die Gewerkschaften im Widerstand und in der Emigration, S. 238, 361; Auskunft des StA Köln (Thomas Deres), 4. 12. 2015.

Pröh, Paul*

Geburtsdatum: 5. Oktober 1892

Geburtsort: Loppow (Kreis Landsberg an der Warthe)

Sterbedatum: 6. Januar 1972

Sterbeort: Bad Homburg

Beruf: Ladeschaffner

Partei: vor 1933 SPD

Funktionen vor 1933: ab 1. Oktober 1921 Angestellter des DEV bzw. ab 1925 des EdED in Oels; ab 1932 Bezirkssekretär/Mitglied des Gauvorstandes des EdED in Breslau.

Verfolgung – Widerstand – Emigration: nach der Zerschlagung des EdED bzw. zum 30. Juni 1933 offiziell entlassen; von Karl Blaß als Mitarbeiter in seinem Netzwerk angegeben; Aufsichtsratsmitglied der „Allgemeinen Krankengeldzuschuß- und Sterbekasse V. V. a. G."; Ende 1933/Anfang 1934 als Bezirksdirektor der Versicherung für Schlesien eingesetzt; laut Bericht von Franz Schubert, ehemals ADGB-Sekretär in Schlesien, wurde er in unregelmäßigen Abständen von Paul Pröh aufgesucht, der fortan als „Verbindungsmann" fungierte; soll sich u. a. im weiteren Umfeld des 20. Juli 1944 illegal betätigt haben, u. a. hatte er nach Angaben der Witwe von Oswald Wiersich über diesen Kontakt zum Kreis um Wilhelm Leuschner; im Zusammenhang mit der „Aktion Gewitter" am 22. August 1944 in das KZ Groß-Rosen verschleppt (am 4. November 1944 entlassen); im Entschädigungsbescheid heißt es: „Der Antragstellende ist wegen seiner gegen den Nationalsozialismus gerichteten politischen Überzeugung bei Übernahme der Gewerkschaften durch die DAF fristlos entlassen worden. Seine Gegnerschaft als Gewerkschaftsfunktionär zum NS-System ist unzweifelhaft." (Bescheid des Regierungspräsidenten, 15. 4. 1955, Bl. 71).

Funktionen nach 1945: zunächst Gewerkschaftsfunktionär in Thüringen; ab 1948 Gewerkschaftsangestellter in Hessen und zeitweise im GdED-Hauptvorstand tätig, u. a. 1953–1959 Mitglied des geschäftsführenden GdED-Hauptvorstandes; 1940er- bis 1960er-Jahre führender Funktionär bzw. Mitglied des Aufsichtsrates der „Allgemeinen Krankengeldzuschuß- und Sterbekasse V. V. a. G.".

Weitere Hinweise: scheint 1933 nach Görlitz geflüchtet zu sein; kam Ende 1945 von Breslau nach Berlin; zog Anfang 1946 von Berlin nach Erfurt, von wo er Ende Juli 1947 über Berlin (Ost) nach Frankfurt a. M. übersiedelte; offenkundig floh Pröh vor politischer Verfolgung in der SBZ; verheiratet mit Charlotte Pröh, geborene Peiser (geb. 11. April 1907); hatte mehrere Kinder, u. a. den Sohn Werner (geb. 5. Januar 1948); wohnte in Frankfurt a. M., Halmstraße 10 (Anfang der 1950er-Jahre), später Unter den Linden 2 (Mitte der 1950er-Jahre); ab 1957 wohnhaft in Bad Homburg, Moselstraße 32.

* SAPMO-BArch, Widerstandskartei, Paul Pröh; SAPMO-BArch, RY 1/I2/3/149, Bl. 223 f., Unterlagen zur Widerstandstätigkeit; LAB, B Rep. 042, Amtsgericht Charlottenburg, Nr. 48856 „Allgemeine Krankengeldzuschuß- und Sterbekasse V. V. a. G." (1934–1978); HHStAW, Abt. 518, Nr. 40934, Entschädigungsakte von Paul Pröh; Bezirksregierung Düsseldorf, LEA, ZK 75258, Entschädigungsakte von Otto Zauter, Zeugenvernehmung Paul Pröh vor dem Amtsgericht Frankfurt a. M., 29. 4. 1954; StA Bad Homburg, Sterberegister Nr. 14/1972: Pröh, Paul; StA Bad Homburg, Melderegister: Pröh, Paul Hugo Emil; Handbuch des Vereins Arbeiterpresse, 2. Aufl. 1927, S. 508; Protokoll der Delegiertenkonferenz am 17./18. Juni 1946 im Palast-Theater, S. 74 f., 112; Auskunft des StA Erfurt (Sabine Jirschitzka-Löffler), 22. 9. 2015; Auskunft des Instituts für Stadtgeschichte Frankfurt a. M. (Volker Harms-Ziegler); Auskunft des Bürgeramtes Frankfurt a. M. (Amt 12 Melderegister), 18. 4. 2016; Auskunft des StA Bad Homburg (Jennifer Bloch), 14. 6. 2016.

Raack, Paul*
Geburtsdatum: 25. November 1895
Geburtsort: Senftenberg
Sterbedatum: 3. Januar 1968
Sterbeort: Senftenberg
Beruf: Schlosser; Reichsbahnoberinspektor
Partei: vor 1933 parteilos; ab 1945 KPD, ab 1946 SED
Funktionen vor 1933: seit 1915 Gewerkschaftsmitglied; Zweiter Vorsitzender des Ortsvorstandes des DEV bzw. ab 1925 des EdED in Senftenberg; Mitglied, später auch Vorsitzender des Betriebsrates im Bahnbetriebswerk Senftenberg.
Verfolgung – Widerstand – Emigration: wollte 1933 die Liquidierung des „Konsums" in Senftenberg verhindern, trat dort auch gegen die Nazis auf (vgl. eigenhändiger Lebenslauf); am 19. Mai 1933 festgenommen und ca. acht Tage in Haft; laut „Organisationsplan" von Hans Jahn vom 1. März 1936 „Ersatzmann" für den Gaugrafen Wilhelm Bode in der EdED-Widerstandsgruppe im „15. Gau Schlesien. Vorort Cottbus"; nach Angaben von Hans Jahn in der „Organisationsskizze" von Ende 1938 „Stützpunktleiter" der illegalen „Organisation" in Senftenberg; ab 8. August 1940 zehn Tage in Haft, körperlich misshandelt und anschließend nach eigenen Angaben „lebensgefährlich erkrankt"; gab im Verhör vor der Gestapo an, dass er sich mit Wilhelm Bode getroffen bzw. dieser ihn besucht habe, er sich jedoch zur Mitwirkung am Wiederaufbau der Gewerkschaften nur für den Fall bereiterklärt hätte, soweit dies mit Einverständnis der NS-Regierung erfolge; bald darauf wieder aus der Haft entlassen (gab sich auch gegenüber konkreten Vorhaltungen unwissend und bestritt Kontakte zu Hans Jahn); nach eigener Aussage sei er „für ein hohes Amt" vorgesehen gewesen; nach Bestätigung von Fleischer arbeitete Raack in der Gruppe um Wilhelm Bode mit; Unterstützung von Fremdarbeitern, gab an, dass die Gruppe um Bode aus bis zu 14 Personen bestand.
Funktionen nach 1945: von der Stadtkommandantur mit dem Wiederaufbau des Bahnbetriebswerkes betraut (Leiter); war als FDGB-Vertreter Mitglied der ersten Stadtverordnetenversammlung; kandidierte zusammen mit seiner Ehefrau auf Parteiliste; übernahm auch zahlreiche Parteiämter in der SED; zählte nach eigenen Angaben zu „den Spitzenaktivisten der Reichsbahn und bin dem Minister zur besonderen Betreuung gemeldet"; technischer Reichsbahnoberinspektor im Bahnbetriebswerk Senftenberg; bereits 1945 Ernennung zum technischen Reichsbahnobersekretär, ein Jahr später Beförderung; im Dezember 1946 für drei Monate Untersuchungshaft durch den NKWD; ab 1947 Mitglied der VVN; Ende September 1950 wegen des Vorwurfs der Veruntreuung und Fluchtverdacht verhaftet und am 9. Oktober 1950 verurteilt; am 27. September 1950 erfolgte die Mitteilung der fristlosen Entlassung durch die Reichsbahndirektion Cottbus zum 25. September 1950.
Weitere Hinweise: arbeitete im Bahnbetriebswerk Senftenberg (ab März 1920); Bruder Hermann Raack war ebenfalls ins Netzwerk eingebunden; hatte 11 Geschwister; unbesoldetes Vorstandsmitglied Konsumgenossenschaft Senftenberg; ab 1913 in Hoyerswerda Turnwart

und damit Leiter des Arbeiterturnvereins und Mitglied des Arbeiterradfahrerbundes, dort sehr aktiv (s. Lebenslauf), u. a. Mitgründer des Arbeiterkeglerbundes, Teilnehmer der Arbeiterolympiade in Wien und letzter Bundesmeister im Asphaltkegeln; erhielt nach 1945 zahlreiche Auszeichnungen; wohnte in Senftenberg, Siedlung (1930er-Jahre), später Damaschkestraße 14/I (bis 1960er-Jahre); verheiratet seit 4. August 1966 mit Amanda Raack, geborene Lawrenz (geb. 30. Januar 1901); aus der Ehe gingen keine Kinder hervor.

* SAPMO-BArch, Widerstandskartei, Paul Raack; AdsD, Bestand ITF, 5/ITFA, Mappe 46, „Organisations-Anlage" von Hans Jahn über den Stand der illegalen Organisation der Eisenbahner im Deutschen Reich, o. D. [1. 3. 1936]; BArch, R 3017/29430, Unterlagen im Zusammenhang mit dem Strafverfahren gegen Wilhelm Bode und andere; BLHA, Rep. 801, Rat des Bezirks Cottbus, VdN-1555, VdN-Akte und BLHA, Rep. 333, Nr. 1136, Unterlagen zur dienstlichen Tätigkeit und Verfolgung von Paul Raack; Auskunft des StA Senftenberg (Ines Jahn), 21. 10. 2015.

Rademacher, Arnold*

Geburtsdatum: 24. Juli 1890

Geburtsort: Feldmark Holten (heute: Oberhausen)

Sterbedatum: 22. März 1970

Sterbeort: Oberhausen

Beruf: Gewerkschaftsangestellter; Stadtinspektor

Partei: ab 1909 SPD

Funktionen vor 1933: zeitweise in anarchistischen Vereinigungen organisiert; ab 1. Oktober 1922 DEV, ab 1925 EdED-Angestellter in Oberhausen; 1925 Delegierter der 3. ordentlichen Generalversammlung des DEV; Mitglied des ADGB-Ortsvorstandes in Oberhausen; 1928 Delegierter der 2. und 1931 Delegierter der 3. ordentlichen Generalversammlung des EdED.

Verfolgung – Widerstand – Emigration: von Gestapo als potentieller Gegner des NS-Systems erfasst.

Funktionen nach 1945: bislang nicht bekannt.

Weitere Hinweise: verheiratet mit Anna Rademacher, geborene Viertel; wohnte in Oberhausen, Brüderstraße 15 (Anfang der 1960er-Jahre).

* SAPMO-BArch, Widerstandskartei, Arnold Rademacher; LAV NRW R, RWK, Nr. 4768-69, Unterlagen im Zusammenhang mit der Gleichschaltung des EdED und zum Bund deutscher Reichsbahnbeamten 1933; StA Oberhausen, Geburtenregister (Holten) Nr. 56/1890: Rademacher, Arnold; StA Oberhausen, Sterberegister Nr. 829/1970: Rademacher, Arnold; Protokoll über die Verhandlungen der dritten ordentlichen General-Versammlung des Deutschen Eisenbahner-Verbandes vom 21. bis 26. Juni 1925 in Köln a. Rh., Berlin o. J.; Protokoll über die Verhandlungen der 2. ordentlichen Generalversammlung des EdED; Protokoll über die Verhandlungen der 3. ordentlichen Generalversammlung des EdED; Handbuch des Vereins Arbeiterpresse, 2. Aufl. 1927, S. 506; Auskunft des StA Oberhausen (Magnus Dellwig), 30. 5. 2016.

Radtke, Josef*

Geburtsdatum: 16. Dezember 1888
Geburtsort: Rudziniec (Kreis Konitz, Westpreußen)
Sterbedatum: bislang nicht bekannt
Sterbeort: bislang nicht bekannt
Beruf: Händler
Partei: ab 1922 SPD

Funktionen vor 1933: 1913–1922 Mitglied im „Roten Arbeiterverband"; später Funktionär des DEV bzw. ab 1925 des EdED; zeitweise örtlicher Betriebsratsvorsitzender in Hamm; 1932/33 Betriebsrat der Bahnmeisterei 113 in Hamm.

Verfolgung – Widerstand – Emigration: laut „Organisationsplan" von Hans Jahn vom 1. März 1936 „Ersatzmann" für den EdED-Bezirksleiter Leo Radtke im „1. Bezirk Westfalen. Vorort: Hamm"; am 1. August 1940 von der Gestapo Dortmund festgenommen und anschließend in Haft im Polizeigefängnis Dortmund; bei einem Verhör vor der Gestapo bestritt er illegale Tätigkeiten.

Funktionen nach 1945: bislang nicht bekannt.

Weitere Hinweise: wohnte in Wiescherhöfen (heute: Stadtteil von Hamm), Bismarckstraße 200a (1930er-Jahre).

* SAPMO-BArch, Widerstandskartei, Josef Radtke; AdsD, Bestand ITF, 5/ITFA, Mappe 46, „Organisations-Anlage" von Hans Jahn über den Stand der illegalen Organisation der Eisenbahner im Deutschen Reich, o. D. [1. 3. 1936]; BArch, NJ 2229, Bd. 1, Bl. 61–64, Unterlagen der Gestapo und NS-Justiz zur Verfolgung illegaler EdED-Strukturen (mit Angaben zum Lebensweg von Josef Radtke).

Radtke, Leopold [auch: Radtke, Leo]*

Geburtsdatum: 26. März 1897
Geburtsort: Rudziniec (Westpreußen)
Sterbedatum: 1. Mai 1969
Sterbeort: Dortmund
Beruf: Friseur; Gewerkschaftsangestellter
Partei: vor 1933 SPD

Funktionen vor 1933: 1927–1929 Vorsitzender des Betriebsrates der Bahnmeisterei in Hamm, zugleich Mitglied des Bezirks- und Hauptbetriebsrates der Deutschen Reichsbahn-Gesellschaft; 1925 Delegierter der 3. ordentlichen Generalversammlung des DEV; ab 1930 Gewerkschaftsfunktionär des EdED Hamm bzw. Dortmund (bis 1933).

Verfolgung – Widerstand – Emigration: laut „Organisationsplan" von Hans Jahn vom 1. März 1936 Bezirksleiter des illegalen EdED im „1. Bezirk Westfalen. Vorort: Hamm"; im Auftrag der ITF-Führung in Amsterdam; am 4. März 1937 in Hamm festgenommen und am 3. Dezember 1937 vom VGH im Prozess gegen Hans Funger und andere zu einer Zuchthausstrafe von vier Jahren verurteilt: „Der Angeklagte Radtke, der von Herbst 1934 bis Ende 1936 tätig war, war kein Mitläufer, wie die Verteidigung es hinstellen möchte, wenn er auch unter den Angeklagten wohl am wenigsten in Erscheinung getreten ist. Er war im Anfang sehr rege dabei, hat Gewerkschaftler zum Anschluß an die illegale Arbeit zu werben versucht, hat an zahlreichen Besprechungen im In- und Ausland teilgenommen und bei seinen zwar nicht häufigen Besuchen im Ausland doch recht eingehende und umfangreiche Ausführungen über die politische Lage in Deutschland und insbesondere in der Arbeiterschaft gemacht." (Urteil, Bl. 86); am 15. August 1944 in Hamm erneut verhaftet und in das Zuchthaus Hamm verschleppt; im Anschluss bis Ende April 1945 inhaftiert im KZ Sachsenhausen.

Funktionen nach 1945: am 10. April 1948 in Weimar in das „Sachsenhausen-Komitee" gewählt; leitete seit Januar 1946 das Sonderdezernat für die NS-Verfolgten beim Regierungspräsidenten in Arnsberg; nach einer Verfügung des Innenministeriums 1948 offizieller Leiter des Wiedergutmachungsamtes bei der Bezirksregierung Arnsberg, zeitweise betreute er auch die Regierungsbezirke Münster und Minden mit, bei der Pensionierung Oberregierungsrat; übte mehrere Funktionen innerhalb des Dortmunder parteipolitischen und kommunalpolitischen Bereichs aus.

Weitere Hinweise: wohnte in Hamm; Ehefrau Emma Radtke war vor 1933 Angestellte des EdED in Hamm; die Gestapo ging 1940 davon aus, Emma Radtke „zweifelsfrei" von der illegalen Tätigkeit ihres Ehemannes gewusst habe und mit „verabredeten" konspirativen Regeln vertraut gewesen sei.

* SAPMO-BArch, Widerstandskartei, Leo Radtke; AdsD, Bestand ITF, 5/ITFA, Mappe 46, „Organisations-Anlage" von Hans Jahn über den Stand der illegalen Organisation der Eisenbahner im Deutschen Reich, o. D. [1. 3. 1936]; Anklageschrift des Reichsanwaltes beim VGH, 29. 9. 1937, und Urteil des VGH 9J315/37-2H50/37 gegen Hans Funger, Heinrich Tillier, Paul Emmen, Hugo Bachmann, Leo Radtke, Wilhelm Komorowski, Max Pester und Heinrich Malina, 3. 12. 1937, in: Nationalsozialismus, Holocaust, Widerstand und Exil 1933–1945, Online-Datenbank; BArch, NJ 1265, Anklageschrift und Urteil des VGH gegen Hans Funger und andere, 3. 12. 1937; LAV NRW R, RW 58, Nr. 604, Unterlagen der Gestapo Düsseldorf; LAV NRW R, NW 110, Nr. 691, Ermittlungsakte im Verfahren wegen passiver Bestechung im Zusammenhang mit Wiedergutmachungsvorgängen 1948–1962; LAV NRW R, NW 110, Nr. 690, Wiedergutmachungsvorgänge und Unterlagen zur Verfolgung, Unterlagen zur Pensionierung 1948–1962; LAV NRW R, NW 110, Nr. 1219, Wiedergutmachungsvorgänge; Protokoll über die Verhandlungen der dritten ordentlichen General-Versammlung des Deutschen Eisenbahner-Verbandes vom 21. bis 26. Juni 1925 in Köln a. Rh.; Mielke/Frese (Bearb.), Die Gewerkschaften im Widerstand und in der Emigration, S. 238, 361 f., 417, 427; Matthias Frese, Radtke, Leo (1897–1969), in: Mielke (Hrsg.) i. V. mit Morsch, Gewerkschafter in den Konzentrationslagern Oranienburg und Sachsenhausen, Bd. 3, S. 127–138; Archiv der sozialen Demokratie (Hrsg.), Bestandsübersicht, Bonn 2006, S. 330.

Redlich, Paul*

Geburtsdatum: 17. Januar 1893
Geburtsort: Braunschweig
Sterbedatum: 3. März 1944
Sterbeort: Brandenburg
Beruf: gelernter Maler (Berufsaufgabe wegen Krankheit)
Partei vor 1933: ab 1920 KPD (Übernahme zahlreicher Funktionen)

Funktionen vor 1933: Betriebsrat am Hauptbahnhof in Brandenburg a. d. Havel; ab 1931 Gauleiter des EVLF („Roter Verband" der RGO) für den Bezirk Brandenburg; ab 1931 zeitweise auch Mitglied der Reichsleitung der RGO-Industriegruppe der Land- und Forstarbeiter; 1924–1932 Stadtverordneter in Brandenburg a. d. Havel; 1927–1929 unbesoldeter Stadtrat in Brandenburg a. d. Havel; 1925–1929 Mitglied des Provinziallandtages in Brandenburg; 1930–1933 Mitglied des Reichstages.

Verfolgung – Widerstand – Emigration: ab März 1933 „Schutzhaft"; 1933/34 zeitweise im KZ Sonnenburg inhaftiert; nach Haftentlassung Gestapo-Überwachung; 22. Februar 1937 Aufnahme/Erfassung in der Gestapo-Kartei (Brandenburg a. d. Havel); starb an den Folgen der Haft (Tuberkulose und Magenleiden) im Krankenhaus.

Funktionen nach 1945: –

Weitere Hinweise: bislang nicht bekannt, ab wann und wie lange er bei der Deutschen Reichsbahn-Gesellschaft beschäftigt war.

* Schumacher (Hrsg.), M. d. R. Die Reichstagsabgeordneten der Weimarer Republik, S. 382; Weber/Herbst, Deutsche Kommunisten, 1. Aufl. 2004, S. 591 f.

Rehschuh, Otto*

Geburtsdatum: 13. März 1891
Geburtsort: Borna (bei Dresden)
Sterbedatum: 1945 (amtlich 30. April 1945 festgelegt)
Sterbeort: Lübecker Bucht
Beruf: Rangieraufseher; Geschäftsführer; Inseraten-Werber (bei der Dresdener Tageszeitung „Der Volksstaat")
Partei: ab 1910 SPD

Funktionen vor 1933: ab 1907 gewerkschaftlich organisiert; 1920 Mitglied in der Unterstützungsvereinigung der in der modernen Arbeiterbewegung tätigen Angestellten in Dresden; vom 14. Januar 1923 bis ca. 1933 Geschäftsführer der DEV- bzw. ab 1925 der EdED-Ortsgruppe Dresden; davor bereits ab 1920 im DEV angestellt; 1928 Delegierter der 2. ordentlichen Generalversammlung des EdED; Vorsitzender des ADB in Dresden; bei letzter Wahl Ende 1932 zum Stadtverordneten in Dresden gewählt, vom 1. Januar 1933 bis zum 3. April

1933 (Gleichschaltungsgesetz vom 31. März 1933) Mitglied des Stadtverordnetenkollegiums (SPD) und im Finanzausschuss tätig.

Verfolgung – Widerstand – Emigration: Kontakt mit Gleichgesinnten in Berlin, illegale Treffen; Kontakt mit Antifaschisten in der ČSR; aus diesem Grunde am 16. November 1933 Verhaftung wegen „staatsfeindlicher Umtriebe"; in Untersuchungshaft im Gefängnis Dresden (bis 10. Dezember 1933); vom 13. Januar 1934 bis 29. Januar 1934 erneute Inhaftierung im Gefängnis in Dresden; am 26. Juli 1944 Verhaftung und Überführung in das Dresdener Polizeigefängnis; im Anschluss im Zusammenhang mit der „Aktion Gewitter" 1944/45 im KZ Sachsenhausen inhaftiert; Anfang 1945 in das KZ Neuengamme überführt.

Funktionen nach 1945: –

Weitere Hinweise: Mitglied des Gauvorstandes des „Reichsbanners Schwarz-Rot-Gold"; seit 16. Mai 1914 verheiratet mit der Buchbinderhelferin Martha Rehschuh, geborene Dobritz (geb. 5. Januar 1891, gest. 25. Juli 1972); hatte vier Kinder (Martha Frieda Rehschuh, verheiratete Homann, geb. 14. Juli 1910; Woldemar Rehschuh, geb. 11. Juni 1913; Ilse Rehschuh, geschiedene Seifert, geb. 16. Dezember 1915; der Name des vierten Kindes ist unbekannt); am 16. November 1933 erfolgte die Verhaftung zusammen mit seiner Ehefrau, Sohn Woldemar und Tochter Ilse; Kinder wurden mit Ehemann aus der Haft entlassen, während die Ehefrau vom VGH verurteilt wurde und bis zum Ende der Strafe „einsaß"; die „aktive antifaschistische Arbeit" der Ehefrau Martha Rehschuh ist mehrfach verbürgt; Otto Rehschuh starb bei einem Luftangriff an Bord eines Transportdampfers in der Lübecker Bucht bzw. nach anderen Angaben „bei einem Minenräumkommando".

* HStA-D, 11430 BT/Rat des Bezirks Dresden, VdN 7165, VdN-Akte von Otto Rehschuh; Protokoll über die Verhandlungen der 2. ordentlichen Generalversammlung des EdED; Handbuch des Vereins Arbeiterpresse, 2. Aufl. 1927, S. 284; Ingo Ganz, Rehschuh, Otto (1891–1945), in: Mielke (Hrsg.) i. V. mit Morsch, Gewerkschafter in den Konzentrationslagern Oranienburg und Sachsenhausen, Bd. 2, S. 373–374; Auskunft des Standesamtes der Stadt Bad Gottleuba-Berggießhübel, 13. 5. 2015; Auskunft des StA Dresden (Johannes Wendt), 16. 12. 2015.

Reiter, Josef*

Geburtsdatum: 7. März 1886
Geburtsort: Hauzenberg/Wegscheid
Sterbedatum: 2. September 1965
Sterbeort: München
Beruf: Schlosser
Partei: SPD; zeitweise USPD; ab ca. 1922 wieder SPD

Funktionen vor 1933: 1905–1920 Mitglied des DMV und ab 1920 Mitglied bzw. ggf. auch Funktionär des DEV bzw. ab 1925 des EdED.

Verfolgung – Widerstand – Emigration: soll sich abschätzig über Hitler geäußert haben; im Mai 1939 denunziert und angezeigt; am 24. Mai 1939 von der Deutschen Reichsbahn-Gesellschaft fristlos entlassen; vom Sondergericht beim Landgericht München am 2. Oktober 1939 wegen eines fortgesetzten Vergehens gegen das „Heimtückegesetz" zu einer Gefängnisstrafe von fünf Monaten verurteilt; vom 2. Januar 1940 bis 6. Mai 1940 im Gefängnis Landsberg inhaftiert (Reiter wurde ein Monat Strafe erlassen, da sein Sohn bei einer Übung der Hitler-Jugend ums Leben kam, woraufhin die Ehefrau Reiters schwer erkrankte).
Funktionen nach 1945: bislang nicht bekannt.
Weitere Hinweise: bislang nicht bekannt.

* BayHstA, LEA K 793/BEG 3960, Entschädigungsunterlagen mit Details zur Verfolgung; Pilwousek (Hrsg.), Verfolgung und Widerstand, S. 292 f.

Rineck, Alfred [auch: Rieneck, Alfred]*

Geburtsdatum: 10. August 1887
Geburtsort: Simmershausen
Sterbedatum: bislang nicht bekannt
Sterbeort: bislang nicht bekannt
Beruf: Brauer
Partei: ab 1920 SPD
Funktionen vor 1933: 1914–1933 Vorsitzender des Mühlen- und Brauereiarbeiterverbandes; Vertrauensmann in den „Vereinigten Brauereien"; 1929–1931 Mitglied der Stadtverordnetenversammlung Meiningen und 1930 als Gemeinderatsmitglied Meiningen gewählt.
Verfolgung – Widerstand – Emigration: Mitglied der Wandergruppe „Walldorf-Meiningen", die antifaschistische Aktivitäten entfaltete; soll „mündliche antifaschistische Propaganda" betrieben haben, u. a. mit Wilhelm Hemming (vor 1935); laut „Organisationsplan" von Hans Jahn vom 1. März 1936 „Ersatzmann" für den Gaugrafen Paul Hildebrandt in der EdED-Widerstandsgruppe im „11. Gau Thüringen. Vorort Meiningen"; hatte häufiger Kontakt mit Hildebrandt und kannte diesen seit 1929 aus gewerkschaftlichen Zusammenhängen, beide waren seit 1933 arbeitslos und näher bekannt geworden; mittlerweile Freundschaft, mit regelmäßigen Besuchen; mit Döller länger bekannt, da dieser mit seiner Schwester verheiratet war, beide Familien wohnten auch unter derselben Adresse; Rineck soll stets den „Hitlergruß" verweigert haben; mehrere Hausdurchsuchungen; Festnahme am 24. Juli 1940 auf der Arbeitsstelle, Vernehmung in Weimar am 25. Juli 1940.
Funktionen nach 1945: bislang nicht bekannt.
Weitere Hinweise: 1928–1933 Gruppenführer des „Reichsbanners Schwarz-Rot-Gold"; 1940 ging er nach Gestapo-Angaben (BArch, NJ 2229, Bd. 1, Bl. 133) seit 2 Jahren wieder einer gere-

gelten Beschäftigung nach; außerdem Hinweis, „dass er sich Mühe gibt, [sich] in die Volksgemeinschaft einzureihen"; wohnte in Meiningen, Elsa-Brandström-Straße 2 (1930er-Jahre).

* SAPMO-BArch, Widerstandskartei, Alfred Rineck; BArch, R 58/3399, Bl. 51, 54 und BArch, R 58/3392, Bl. 213, Unterlagen zur Verfolgung; BArch, NJ 2229, Bd. 2, Bl. 88, 89 und NJ 2229, Bd. 1, Bl. 126–138, Unterlagen der Gestapo und NS-Justiz zur Verfolgung illegaler EdED-Strukturen; AdsD, Bestand ITF, 5/ITFA, Mappe 46, „Organisations-Anlage" von Hans Jahn über den Stand der illegalen Organisation der Eisenbahner im Deutschen Reich, o. D. [1. 3. 1936].

Riotte, Josef*

Geburtsdatum: 12. Dezember 1895
Geburtsort: St. Wendel (Saar)
Sterbedatum: 27. Mai 1978
Sterbeort: St. Wendel (Saarland)
Beruf: Schlosser
Partei: vor 1933 SPD; ab 1945 SPD

Funktionen vor 1933: 1926–1935 Stadtverordneter in St. Wendel; ab Ende der 1920er-Jahre bis 1935 Vorsitzender des dortigen SPD-Ortsvereins, u. a. zeitweise Mitglied des SPD-Landesvorstandes (Saar); übernahm Funktionen im EdED in St. Wendel.

Verfolgung – Widerstand – Emigration: 1935 nach dem Anschluss des Saargebietes an das Deutsche Reich erkannte man ihm das Mandat im Stadtparlament von St. Wendel ab; das Büro des EdED in St. Wendel wurde von Anhängern der SA gestürmt und verwüstet; Riotte musste Schikanen und Repressalien der NS-Bewegung erdulden; bald darauf im Jahr 1935 Emigration/Flucht nach Frankreich; im Dezember 1942 von der Gestapo in Frankreich verhaftet; anschließend nach Deutschland überstellt und durch das OLG Stuttgart zu 14 Monaten Haft verurteilt.

Funktionen nach 1945: im Juli 1945 Rückkehr nach St. Wendel und Beteiligung am gewerkschaftlichen Neuaufbau in St. Wendel; war jahrelang Vorsitzender des SPD-Unterbezirks St. Wendel; gehörte dem von der französischen Militärregierung gebildeten Beirat in St. Wendel an; im August 1945 für die SPD zum Beigeordneten gewählt; 1946–1949 Mitglied des Stadtrates St. Wendel (musste ausscheiden, weil er Bediensteter der Stadt wurde); 1946–1956 Mitglied des Kreistages im Landkreis St. Wendel; zeitweise Vertreter des Stadtbürgermeisters von St. Wendel; Ende der 1940er-Jahre bis 1957 Leiter des Wohnungsamtes in St. Wendel und Übernahme ehrenamtlicher Funktionen.

Weitere Hinweise: wohnte in St. Wendel, St. Annenstraße 56b (1970er-Jahre); war seit 13. Oktober 1945 verheiratet mit Mathilde Riotte, geborene Igel.

* StA St. Wendel, Geburtenregister Nr. 140/1895: Riotte, Josef; StA St. Wendel, Sterberegister Nr. 172/1978: Riotte, Josef; Röder/Strauss (Bearb.), Biographisches Handbuch, S. 605; Detlef Wittmann, Vorwärts und nicht vergessen. Die Geschichte der Sozialdemokratie in St. Wendel, hrsg. vom SPD-Ortsverein St. Wendel, St. Wendel 1989, S. 72 ff.; Auskunft des StA St. Wendel (Magdalene Grothusmann), 24. 3. 2016.

Romboy, Adam*

Geburtsdatum: 29. November 1893
Geburtsort: Niederembt (Kreis Bergheim)
Sterbedatum: 25. Januar 1972
Sterbeort: Rheydt-Geneicken (heute: Mönchengladbach)
Beruf: Schmied; zeitweise tätig als Schlosser
Partei: ab 1919 SPD; ab 1945 SPD

Funktionen vor 1933: verschiedene Funktionen im EdED; 1928 Delegierter der 2. ordentlichen Generalversammlung des EdED; war Bürgerschaftsvertreter und ab 1929 Ratsherr in Gladbach-Rheydt.

Verfolgung – Widerstand – Emigration: 23. Juni 1933 „Schutzhaft"; entlassen wegen „politischer Unzuverlässigkeit"; aktiv in der SPD-Widerstandsgruppe „Brotfabrik Germania"; laut „Organisationsplan" von Hans Jahn vom 1. März 1936 Mitglied der EdED-Widerstandsgruppe; vom 26. Juni 1933 bis 4. Juli 1933 in „Schutzhaft" im Polizeigefängnis Gladbach; vom 28. Mai 1935 bis 11. Dezember 1936 Untersuchungshaft in Gladbach, Duisburg und Düsseldorf; vom 12. Dezember 1936 bis 11. Mai 1940 im Zuchthaus Remscheid-Lüttringhausen inhaftiert (Verurteilung durch den VGH in Berlin erfolgte am 10. Dezember 1936 wegen „Vorbereitung zum Hochverrat" und illegaler Aktivitäten für die SPD zu fünf Jahren Haftstrafe).

Funktionen nach 1945: unmittelbar nach Kriegsende zum Bürgermeister von Rheindahlen (heute: Stadtteil von Mönchengladbach) berufen; bis zu seiner Pensionierung 1958 blieb er städtischer Beamter und leitete die Bäderbetriebe; ab 1961 Stadtrat in Mönchengladbach; Vorstandsmitglied der „Arbeiterwohlfahrt" in Mönchengladbach; Zweiter Vorsitzender der SPD in Mönchengladbach.

Weitere Hinweise: u. a. zeitweise in der Betriebswerkstätte der Deutschen Reichsbahn-Gesellschaft in Rheydt beschäftigt; Mitglied des „Reichsbanners Schwarz-Rot-Gold" und lokaler Initiator der „Eisernen Front"; nach der Haft arbeitete er als Betriebsschlosser in der Eisengießerei „Pungs" in Rheydt; war zweimal verheiratet (die erste Frau Emma starb 1961); er hatte aus dieser Ehe zwei Söhne: Karl und Hans-Willi Romboy; verstarb in einem Seniorenheim der „Arbeiterwohlfahrt" in Mönchengladbach, das seit 1975 seinen Namen trägt.

* StA Mönchengladbach, Personalakte und Unterlagen im Zusammenhang mit der Entschädigung nach 1945; Protokoll über die Verhandlungen der 2. ordentlichen Generalversammlung des EdED; Der Reichsanwalt beim VGH – Anklageschrift 9J479/35, in: Nationalsozialismus, Holocaust, Widerstand und Exil 1933–1945, Online-

Datenbank.; Bludau, Gestapo – geheim! Widerstand und Verfolgung in Duisburg 1933–1945, S. 24; Mielke/Frese (Bearb.), Die Gewerkschaften im Widerstand und in der Emigration, S. 361; Auskunft des StA Mönchengladbach (Marion Ewald), 16. 3. 2016.

Roßhaupter, Albert*

Geburtsdatum: 8. April 1878

Geburtsort: Pillnach (heute: Kirchroth)

Sterbedatum: 14. Dezember 1949

Sterbeort: Nannhofen bzw. nach anderen Angaben: Olching

Beruf: Lackierer (u. a. in den Eisenbahnhauptwerkstätten in München tätig)

Partei: ab 1897 SPD

Funktionen vor 1933: 1900–1909 Bezirksleiter des Süddeutschen Eisenbahnerverbandes in München; 1907–1918 Abgeordneter im Bayerischen Landtag; 1913/14 im Augsburger SPD-Vorstand; 1918/19 Provisorischer Nationalrat Bayern; auf Grundlage der Bamberger Verfassung bekleidete er vom 8. November 1918 bis 21. Februar 1919 das Amt des Staatsministers für militärische Angelegenheiten im Kabinett von Kurt Eisner; bis zur Nichtwiedereinberufung der Landesparlamente 1933 blieb Roßhaupter SPD-Abgeordneter im Landtag und Vorsitzender der SPD-Landtagsfraktion.

Verfolgung – Widerstand – Emigration: entschiedener Gegner der Nationalsozialisten; als Fraktionsvorsitzender begründete er am 29. April 1933 die Ablehnung des bayerischen Ermächtigungsgesetzes durch die SPD-Landtagsfraktion; von Juni 1933 bis September 1933 im Gefängnis Fürstenfeldbruck inhaftiert; von September 1933 bis März 1934 im KZ Dachau inhaftiert; nach Entlassung 1934 mehrmals verhaftet; von August 1944 bis Dezember 1944 erneut mehrere Monate im KZ Dachau.

Funktionen nach 1945: Juni 1945 bis September 1947 Bayerischer Arbeits- und Sozialminister und stellvertretender Ministerpräsident; 1946 Mitglied der Verfassunggebenden Landesversammlung, darin von Juni 1946 bis November 1946 Vorsitzender der SPD-Fraktion; Oktober 1948 bis Mai 1949 Mitglied des Parlamentarischen Rates in Bonn.

Weitere Hinweise: vertrat ein betont föderalistisches Grundkonzept; wich durch sein Eintreten für die Konfessionsschule von der allgemeinen SPD-Parteilinie ab; in München trägt eine Straße seinen Namen.

* Maget/Radermacher unter Mitarb. von Rapke, Mit Leidenschaft für Demokratie. 110 Jahre SPD-Landtagsfraktion in Bayern, mit zahlreichen Angaben; Schröder, Sozialdemokratische Parlamentarier, S. 685; Pilwousek (Hrsg.), Verfolgung und Widerstand, S. 300 f.; Online-Datenbank des Hauses der Bayerischen Geschichte, http://www.hdbg.de/parlament/content/persDetail.php?id=1825 (10. 5. 2016).

Roth, Konrad*

Geburtsdatum: 25. März 1887
Geburtsort: Hochheim (heute: Worms)
Sterbedatum: 23. November 1965
Sterbeort: Gau-Algesheim
Beruf: Schlosser und Elektriker
Partei: ab 1905 SPD

Funktionen vor 1933: 1905–1919 Mitglied des DMV, zeitweise Kassierer und Betriebsratsobmann; 1918/19 Mitbegründer des DEV im Betriebswagenwerk Mannheim-Waddorf; ab 1920 Bezirksleiter des DEV bzw. ab 1925 des EdED im Reichsbahndirektionsbezirk Mainz (bis 1930); ab 1925 hauptamtlicher Angestellter des EdED in Mainz; 1930–1933 Bezirksleiter des EdED in Köln; zugleich Bezirksbeirat des Hauptvorstandes des EdED; Mitglied des Landeseisenbahnrates.

Verfolgung – Widerstand – Emigration: Mitglied der EdED-Widerstandsgruppe; war als „Stützpunktleiter" des illegalen EdED in Mainz vorgesehen; soll dort „Vertrauensleute angeworben" haben und gab im Verhör zu, dass er sich am Aufbau illegaler Strukturen des EdED beteiligt habe (besonders intensiv von November 1936 bis Anfang 1937); soll mit anderen wie Hans Funger, Heinrich Tillier und Johann Schorn unter Ausnutzung von Beziehungen zur ITF versucht haben, „einen organisatorischen Zusammenhalt vornehmlich im linksrheinischen Teil Westdeutschlands" herzustellen; im März 1937 festgenommen und ab dem 13. Mai 1937 im Gerichtsgefängnis Düsseldorf-Derendorf inhaftiert; am 30. September 1937 angeklagt; in der Anklageschrift heißt es: „Oktober oder November 1936 ist der Angeschuldigte von [Max] Pester, [Willi] Komorowsky und [Paul] Emmen, die zuvor den Mitangeschuldigten Simonis aufgesucht hatten, ‚angelaufen' worden. Er wurde von ihnen genau über Zweck und Ziele der illegalen Gewerkschaft und über die mit der I. T. F. in Amsterdam angeknüpften Beziehungen unterrichtet. Er ist geständig, sich dem Pester gegenüber erboten zu haben, Namen und Anschriften von Männern mitzuteilen, die seines Erachtens für eine illegale Arbeit in Frage kamen." (Anklageschrift, Bl. 16); am 15. Dezember 1937 vom OLG Hamm aus Mangel an Beweisen freigesprochen: „Als er [...] gebeten worden sei, geeignete Namen und Anschriften schriftlich an Pester mitzuteilen, habe er geantwortet ‚Ja, ja, ich will mal zusehen'. Tatsächlich habe er aber nichts unternommen. Diese Einlassung liess sich dem Angeklagten nicht widerlegen. Sie wird vielmehr durch die unabhängig voneinander gemachten Aussagen der Zeugen Pester und Emmen unterstützt. Aber selbst wenn der Angeklagte Pester und die anderen hat warnen wollen, bleibt es doch zweifelhaft, ob er sich bewusst war, damit deren hochverräterisches Streben zu unterstützen, denn die Einzelheiten des Gesprächs, in dem die Namen gefallen sind und von dem Besuch abgeraten worden ist, liessen sich nicht klar genug feststellen." (Urteil, Bl. 23).

Funktionen nach 1945: Bezirksleiter der GdED in Mainz; Mitte Oktober 1949 Delegierter der GdED auf dem Gründungskongress des DGB.

Weitere Hinweise: verheiratet seit 24. Juli 1909 mit Barbara Roth, geborene Bassemie; 1913 in Worms abgemeldet und nach Mannheim verzogen; wohnte in Mainz, Goethestraße 3 (1930er-Jahre); später wohnhaft in Gau-Algesheim, Eleonorenstraße 11 (1949).

* Kartei zu Personen und Sachverhalten des antifaschistischen Widerstandskampfes (Widerstandskartei), Konrad Roth; Amt für Wiedergutmachung Rheinland-Pfalz, Saarburg, VA BEG 1631, Entschädigungsakte von Konrad Roth; BArch, NJ 2328, Anklageschrift gegen Philipp Tillier und andere, 30. 9. 1937; BArch, NJ 2328, Urteil gegen Philipp Tillier und andere, 14./15. 12. 1937; BArch, R 58/3297, Ermittlungsergebnisse im Zusammenhang mit Vernehmungen, 5. 5. 1937, Bl. 215 f.; BArch, R 58/3397 und BArch, R 58/3297, Unterlagen zur illegalen Eisenbahnerbewegung; StA Worms, Abt. 11/1, Meldekarte: Roth, Konrad; Konrad Roth 65 Jahre, in: Der deutsche Eisenbahner, 1. 4. 1952; Zum verdienten 70-Jährigen, in: Der deutsche Eisenbahner, 16. 3. 1957; Verdiente Ehrung für Konrad Roth, in: Der deutsche Eisenbahner, Nr. 8/1962; Erfülltes Leben. Dasein im Dienste der Gewerkschaften, in: Welt der Arbeit (Rheinland-Pfalz), 28. 3. 1952; Jahrbuch 1931 des Einheitsverbandes der Eisenbahner Deutschlands, S. 173; Protokoll Gründungskongreß des Deutschen Gewerkschaftsbundes für das Gebiet der Bundesrepublik Deutschland, S. 256; Handbuch des Vereins Arbeiterpresse, 2. Aufl. 1927, S. 466; Ulrich, Politischer Widerstand gegen das „Dritte Reich", S. 92; Esters/Pelger/Schlingensiepen, Gewerkschafter im Widerstand, S. 163 f.; Auskunft des StA Worms (Martin Geyer), 7. 4. 2016; Auskunft des Standesamtes Gau-Algesheim (Eva-Maria Hemmkeppler), 12. 5. 2016.

Rott, Michael*

Geburtsdatum: 14. März 1898
Geburtsort: Bonn
Sterbedatum: 19. April 1947
Sterbeort: Bonn
Beruf: Bäcker; Gewerkschaftssekretär
Partei: ab 1918 Zentrum; ab 1945 CDU

Funktionen vor 1933: ab 1919 im „Verband der Nahrungs- und Genußmittel industrieller Arbeiter" organisiert und ab 1920 hauptamtlicher Gewerkschaftssekretär; 1921–1933 Sekretär der GdE an verschiedenen Orten; als Beamtensekretär Mitglied im Vorstand des Rheinischen und im Vorstand des Westfälischen Beamtenbundes.

Verfolgung – Widerstand – Emigration: wurde entlassen; unterhielt Verbindungen zu Jakob Kaiser und zum Leuschner-Kreis; er selbst nennt u. a. Johannes Albers und Andreas Hermes als Personen, mit denen er hauptsächlich zusammengearbeitet habe.

Funktionen nach 1945: beteiligt sich am gewerkschaftlichen und politischen Neuaufbau in Bonn; Gründungsmitglied der CDU; August 1945 bis Juni 1946 Zweiter Vorsitzender des Demokratischen Gewerkschaftsbundes für Bonn (Stadt und Land); 1945 Mitglied des „Siebener Ausschusses" für die Nordrhein-Provinz; ab März 1946 Mitglied des Zonenausschusses der Gewerkschaften der Britischen Besatzungszone; Juli 1946 bis April 1947 Zweiter Vorsitzender der Bezirke I und II (Nordrhein-Provinz) der ÖTV; Vorstandsmitglied der CDU des

Rheinlandes; ab 19. Dezember 1946 Mitglied des ernannten Landtages Nordrhein-Westfalen (bis zum Tod).

Weitere Hinweise: verstarb an den Folgen eines Verkehrsunfalls – zusammen mit zwei weiteren Vorstandskollegen, Franz Sinzig und Walter Benninghaus; nach Angaben von Manfred Scharrer soll er vor die Alternative gestellt worden sein, einer NS-Organisation beizutreten oder seinen Arbeitsplatz zu verlieren; daraufhin entschied er sich, in die SA einzutreten; er weigerte sich jedoch, in die NSDAP einzutreten, weshalb er entlassen wurde; daraufhin trat er auch wieder aus der SA aus.

* Archiv für Christlich-Demokratische Politik der Konrad-Adenauer-Stiftung, NL Michael Rott, St. Augustin (vgl. dazu Paul (Bearb.), Inventar zu den Nachlässen der deutschen Arbeiterbewegung, S. 554 f.); Mielke (Bearb.) unter Mitarb. von Rütters, Becker und Fichter, Organisatorischer Aufbau der Gewerkschaften, S. 105; Geschichte der Michael-Rott-Schule. Geschichtlicher Abriss von Manfred Scharrer, http://www.bst-mosbach.verdi.de/page.php?k1=main&k2=haus&k3=geschichte&k4=rott (10. 3. 2016); Auskunft des Archivs der Verwaltung des Landtages von Nordrhein-Westfalen, 10. 3. 2016.

Rouette, Ludwig*

Geburtsdatum: 17. März 1907
Geburtsort: Neuss
Sterbedatum: 18. November 1976
Sterbeort: Neuss
Beruf: Reichsbahnarbeiter; später Verwaltungsangestellter
Partei: 1925–1930 SPD

Funktionen vor 1933: 1926–1933 Kassierer des EdED in Neuss; 1928/29 Beiratsmitglied des EdED-Vorstandes in Neuss; 1929–1933 Betriebsratsvorsitzender bei der Güterabfertigung in Neuss; 1930–1933 Mitglied des ADGB-Ortskartells in Neuss.

Verfolgung – Widerstand – Emigration: illegale Tätigkeit in den Jahren 1935 bis 1937 für den EdED in Neuss; laut „Organisationsplan“ von Hans Jahn vom 1. März 1936 „Ersatzmann“ für den Bezirksleiter Hans Funger in der EdED-Widerstandsgruppe im „3. Bezirk. Bahnlinie Köln–Aachen–Rhein–Holländische Grenze. Vorort: Neuss“; besuchte regelmäßig Hans Funger, um illegale Tätigkeiten zu koordinieren; erstattete Bericht über die Lohn- und Arbeitsbedingungen bei der Deutschen Reichsbahn; verhaftet am 16. Februar 1937; im Gerichtsgefängnis Düsseldorf-Derendorf in Untersuchungshaft ab dem 14. Mai 1937; am 30. September 1937 wegen „Vorbereitung zum Hochverrat“ angeklagt; in der Anklageschrift heißt es: „Von Ende 1934 bis Februar 1937 hat der Angeschuldigte den Hauptfunktionär der illegalen Gewerkschaftsorganisation Hans Funger regelmäßig in Abständen von 14 Tagen bis 4 Wochen besucht. Bei diesen Besuchen hat sich der Angeschuldigte über den jeweiligen Stand der illegalen Arbeit unterrichten lassen. Über Zweck und Ziel der illegalen Organisation sowie über die Verbindung zur I. T. F. in Amsterdam ist der Angeschuldigte genau aufgeklärt worden.

Auf Befragen des Funger hat er diesem genau Bericht erstattet über: 1.) die Stimmung im Betriebe und wie sich die Massnahmen der Reichsregierung auf die Arbeiterschaft auswirkten, 2.) Arbeiter- und Lohnfragen, 3.) Abgaben an das Winterhilfswerk und 4.) Arbeitslosigkeit in Neuss und Entlassungen in den Betrieben. Die Berichte will er nur in mündlicher Form gegeben haben. Im Frühjahr 1935 hat er durch Vermittlung des Funger einen ‚Treff' mit [Heinrich] Malina und [Paul] Emmen in Krefeld gehabt. Bei diesem ‚Treff' ist der Angeschuldigte über den Aufbau der illegalen Gewerkschaftsorganisation, die Art der Werbetätigkeit und über die Beziehungen zur I. T. F. im einzelnen unterrichtet worden. [...] Ende 1935 ist der Angeschuldigte in der Wohnung des Funger abermals mit Malina zusammengetroffen. Wie stets bei den Besuchen des Funger sind dringende Fragen der illegalen Arbeit besprochen worden. Im Herbst 1936 hat der Angeschuldigte von Funger die illegalen Zeitungen ‚Der neue Weg' und ‚Der neue Vorwärts' [sic!] erhalten und gelesen. Der Angeschuldigte hat nach anfänglichem hartnäckigem Leugnen eine Geständnis abgelegt. (Anklageschrift, Bl. 17); wegen „Vorbereitung eines hochverräterischen Unternehmens" am 15. Dezember 1937 vom OLG Hamm zu einer Zuchthausstrafe von zwei Jahren verurteilt: „Dass die Tat auf die Herstellung eines organisatorischen Zusammenhalts gerichtet war, ist trotz der häufigen Berichterstattung nicht angenommen worden, da der Angeklagte nicht regelmässig, sondern gelegentlich Bericht erstattet hat, wenn Funger ihn nach diesen Dingen befragte. Es mag ihm deshalb nicht ganz bewusst geworden sein, dass er sich durch seine häufige Berichterstattung in die Organisation einschaltete." (Urteil, Bl. 26 f.); die Haftstrafe verbüßte er ab 18. Januar 1938 im Zuchthaus Remscheid-Lüttringhausen; erneute Vorwürfe Anfang der 1940er-Jahre und Verdacht des Vergehens gegen das „Heimtückegesetz" durch staatsfeindliche Äußerungen gegen die NS-Regierung (1941).

Funktionen nach 1945: bislang nicht bekannt.

Weitere Hinweise: nach Angaben des Staatsarchivs Eupen ist dem Eintrag des Geburtenregisters zum Vater, der ebenso Ludwig Rouette hieß, zu entnehmen, dass dessen Eltern Johann Ludwig Rouette und Anna Barbara Dohmen waren; die Eltern des Vaters wurden am 8. Juni 1878 in Eupen vermählt; verheiratet mit Florentine Rouette, geborene Kirsch; wohnte in Neuss, Hermannstraße 40 (1930er-Jahre), später Weingartstraße 1 (1970er-Jahre).

* AdsD, Bestand ITF, 5/ITFA, Mappe 46, „Organisations-Anlage" von Hans Jahn über den Stand der illegalen Organisation der Eisenbahner im Deutschen Reich, o. D. [1. 3. 1936]; BArch, NJ 2328, Anklageschrift gegen Philipp Tillier und andere, 30. 9. 1937; BArch, NJ 2328, Urteil gegen Philipp Tillier und andere, 14./15. 12. 1937; LAV NRW R, Rep. 114, Nr. 3896, Gerichtsunterlagen; StA Neuss, B.02.04.302, Ordnungsamt, Meldekartei: Rouette, Ludwig Carl Johann; LAV NRW R, Rep. 163, Nr. 1189, Gefangenenpersonalakte (1937); LAV NRW R, RW 58, Nr. 57542, Unterlagen der Gestapo Düsseldorf; Esters/Pelger/Schlingensiepen, Gewerkschafter im Widerstand, S. 40, 59, 61, 163 f.; Mielke/Frese (Bearb.), Die Gewerkschaften im Widerstand und in der Emigration, S. 362; Gottwaldt, Eisenbahner gegen Hitler, S. 160; Buschak, Edo Fimmen, S. 208; Auskunft des Staatsarchivs Eupen (Els Herrebout), 30. 9. 2015; Auskunft des StA Neuss (Romina Maccioni), 12. 10. 2015.

Rümmele, Oskar*

Geburtsdatum: 6. Mai 1890
Geburtsort: Hausen (im Wiesental)
Sterbedatum: 29. Juni 1975
Sterbeort: Waldkirch
Beruf: Sekretär; Kaufmann
Partei: ab 1945 CDU

Funktionen vor 1933: ab 1912 Verbandssekretär bei den Evangelischen Arbeiter- und Volksvereinen Badens; 1919/20 Geschäftsführer der Christlichen Gewerkschaft in Ulm; im Anschluss Redakteur des Badischen Eisenbahner-Verbandes; 1920–1924 Vorsitzender des Badischen Eisenbahner-Verbandes; 1924–1933 Vorsitzender der christlichen GdE sowie des Gesamtverbandes Deutscher Verkehrs- und Staatsbediensteter in Berlin.

Verfolgung – Widerstand – Emigration: 1935 aus politischen Gründen entlassen; war Repressalien durch die Nationalsozialisten ausgesetzt.

Funktionen nach 1945: Gründungsmitglied der CDU in Baden; 1948–1951 Bürgermeister der Gemeinde Hinterzarten; 1949–1957 Mitglied des Bundestages (direkt gewählter Abgeordneter des Wahlkreises Offenburg, 1953–1957 Vorsitzender des Verkehrsausschusses); zeitweise Kreisrat und Mitglied des Landesvorstandes der CDU in Baden-Württemberg; ab 1948 GdED-Bezirksleiter in Karlsruhe.

Weitere Hinweise: ab 1935 als selbstständiger Kaufmann tätig, Betätigung u. a. im Beherbergungsgewerbe.

* Sänger (Hrsg.), Handbuch des Deutschen Bundestages, 1952, S. 474; Rudolf Vierhaus/Ludolf Herbst (Hrsg.), Biographisches Handbuch der Mitglieder des Deutschen Bundestages. 1949–2002, Bd. 2: N bis Z, München 2002, S. 709; AdsD, NL Oskar Rümmele.

Ruf, Ludwig*

Geburtsdatum: 12. Februar 1889
Geburtsort: Seckenheim
Sterbedatum: 19. Mai 1936 (im Zuge von Misshandlungen verstorben)
Sterbeort: Mannheim
Beruf: Bahnarbeiter bzw. Rangierarbeiter (ohne Berufsausbildung)
Partei: USPD; ab ca. 1922 SPD

Funktionen vor 1933: Betriebsratsmitglied am Hauptbahnhof Mannheim; 1925 Delegierter der 3. ordentlichen Generalversammlung des DEV; Mitglied des Bezirksvorstandes des EdED für Baden in Karlsruhe.

Verfolgung – Widerstand – Emigration: verteilte illegale Schriften und beteiligte sich am Aufbau einer Widerstandszelle, die Verbindungen nach Straßburg und Paris hatte; im

Dezember 1934 nahm er mit Matthias Denzler an einer Konferenz von Vertretern der Sopade (u. a. Otto Wels und Erich Ollenhauer) in einem Gewerkschaftshaus der ITF in Antwerpen teil; die Gestapo überwachte und verhaftete ihn im März 1936.

Funktionen nach 1945: –

Weitere Hinweise: wuchs in ärmlichen Verhältnissen auf; hatte elf Kinder; soll angeblich erschlagen bzw. erhängt aufgefunden worden sein; ein Mitgefangener, der Gewerkschaftssekretär Matthias Denzler, schrieb über die Ereignisse am 19. Mai 1936 im Mannheimer Gefängnis: „Abends gegen 17 Uhr hörte ich über mir Laute einer harten Auseinandersetzung, verbunden mit Hilferufen. Dann folgte ein dumpfer Aufschlag mit weit hallenden Schmerzensschreien." (zitiert nach Unterlagen der SPD-Mannheim); als Todesursache wurde offiziell „Selbstmord durch Erhängen" angegeben, doch die Ehefrau wollte bei der Begutachtung der Leiche keine Strangulierungsmerkmale gesehen haben.

* SAPMO-BArch, NY 4091/79, Bl. 123, Unterlagen zur Verfolgung; BArch, R 58/3392, Unterlagen zur Verfolgung, Bl. 195; Protokoll über die Verhandlungen der dritten ordentlichen General-Versammlung des Deutschen Eisenbahner-Verbandes vom 21. bis 26. Juni 1925 in Köln a. Rh.; Matthias/Weber (Hrsg.), Widerstand gegen den Nationalsozialismus in Mannheim, S. 196; Mielke/Frese (Bearb.), Die Gewerkschaften im Widerstand und in der Emigration, S. 395; Gottwaldt, Eisenbahner gegen Hitler, S. 40, 46, 167 f.; Leber (Hrsg.) in Zusammenarb. mit Brandt und Bracher, Das Gewissen entscheidet, S. 54 ff., 86 ff.; Buß, Dreimal Stunde Null, S. 158; Auskunft der SPD Mannheim, 26. 3. 2015.

Rust, Ernst*

Geburtsdatum: 18. April 1885
Geburtsort: Lehrte (Kreis Burgdorf)
Sterbedatum: 2. Juni 1947
Sterbeort: Osnabrück
Beruf: Schlosser
Partei: vermutlich SPD

Funktionen vor 1933: ab 27. August 1921 Erster Bevollmächtigter des DEV bzw. ab 1925 des EdED in Osnabrück; 1925 Delegierter der 3. ordentlichen Generalversammlung des DEV.

Verfolgung – Widerstand – Emigration: am 2. Mai 1933 Hausdurchsuchung und Beschlagnahmung von Unterlagen, die als Gewerkschaftseigentum deklariert wurden (Kassenbücher, Schriften, Stempel; Beitragsmarken; Unterstützungstabellen; Büromaterial; Papier usw.); im Anschluss kurzzeitige Inhaftierung in Osnabrück; am 24. Juni 1933 erneut festgenommen und am gleichen Tage wieder entlassen; zum 30. Juni 1933 offiziell entlassen; musste weitere Repressalien erdulden, u. a. Hausdurchsuchungen und tägliche Meldung bei der Polizei; im Juli 1940 von der Gestapo als „Systemgegner" erfasst, u. a. wurde Rust beschuldigt, „bis in die letzte Zeit [sich] nicht so verhalten zu haben, wie es sich für [...] jeden Deutschen gehört" (NLA – Standort Osnabrück, Rep. 439, Nr. 19, Eintrag der Gestapo, 19. 7. 1940); Rust soll auch den Hitler-Gruß verweigert haben, ferner soll er enge Kontakte zu früheren Kollegen aus der freigewerkschaftlichen Bewegung unterhalten haben.

Funktionen nach 1945: bislang nicht bekannt.

Weitere Hinweise: war seit 28. Februar 1923 verheiratet mit Katharina Rust, geborene Landwehr (geb. 11. Juni 1895); wohnte in Osnabrück, Brinkstraße 94 (1940er-Jahre); war nach 1933 einige Zeit erwerbslos; war dann Vertreter für Schuhe und besaß einen Wandergewerbeschein; die Ausstellung eines neuen Wandergewerbescheins im Jahr 1936 wurde zunächst abgelehnt, da der Verdacht bestand, Rust würde seine Reisetätigkeit für „staatsfeindliche Tätigkeiten" missbrauchen (erst im April 1937 erhielt Rust einen neuen Gewerbeschein, der eine Reisetätigkeit ermöglichte); war zeitweise dienstverpflichtet in einer Einrichtung der DAF; zum Kriegsende eingezogen, kam in US-amerikanische Gefangenschaft, aus der er im September 1945 entlassen wurde.

* NLA – Standort Osnabrück, Rep. 439, Nr. 19, Unterlagen der Gestapo (Karteikarte zur Erfassung); NLA – Standort Osnabrück, Rep. 430, Dez. 304, Akz. 2003/036, Nr. 695, Entschädigungsunterlagen von Katharina Rust; Handbuch des Vereins Arbeiterpresse, 2. Aufl. 1927, S. 514; Protokoll über die Verhandlungen der dritten ordentlichen General-Versammlung des Deutschen Eisenbahner-Verbandes vom 21. bis 26. Juni 1925 in Köln a. Rh.; Heimatgeschichtlicher Wegweiser zu Stätten des Widerstandes und der Verfolgung 1933–1945. Bd. 2: Niedersachsen: Regierungsbezirke Hannover und Weser-Ems, hrsg. vom Studienkreis zur Erforschung und Vermittlung der Geschichte des Widerstandes 1933–1945, Redaktion: Ursula Krause-Schmitt und andere, Köln 1984, S. 164 f., Auskunft des StA Lehrte (Jens Mastnak), 24. 3. 2016.

Salomon, Hermann*

Geburtsdatum: 9. März 1877
Geburtsort: Kiel
Sterbedatum: 30. Januar 1960
Sterbeort: Frankfurt a. M.
Beruf: Buchdrucker
Partei: vor 1933 SPD; ab 1945 SPD

Funktionen vor 1933: 1904–1910 Vorsitzender des Gewerkschaftskartells Hanau; 1906–1909 Vorsitzender des Verbandes der deutschen Buchdrucker in Hanau; danach Angestellter des Eisenbahnerverbandes bzw. später des DEV bzw. EdED in Hanau; 1919/20 Gewerkschaftsfunktionär beim Hauptvorstand des DEV; 1920–1924 Bezirksleiter des DEV in Gleiwitz und Kattowitz; 1924–1932 Bevollmächtigter des DEV bzw. ab 1925 des EdED in Frankfurt a. M.; 1925 Delegierter der 3. ordentlichen Generalversammlung des DEV; 1932/33 Bezirksleiter des EdED für die Reichsbahndirektion Frankfurt a. d. Oder; 1905–1911 Stadtverordneter in Hanau; 1918/19 SPD-Sekretär und Zweiter Vorsitzender der SPD in Hanau, später weitere Funktionen in der SPD.

Verfolgung – Widerstand – Emigration: war von Oktober 1932 bis zur Verhaftung im Mai 1933 zeitweise in Frankfurt a. d. Oder tätig; am 2. Mai 1933 vorübergehende Festnahme; anschließend schwer misshandelt und acht Wochen im Krankenhaus in Frankfurt a. d. Oder; stand in Verbindung mit Hans Jahn und beteiligte sich an der Organisierung illegaler Aktivitäten; am 12. Februar 1945 erfolgte erneute Festnahme (vermutlich in Frankfurt a. M.); im Anschluss erneute Inhaftierung im KZ Theresienstadt, wo er bis Kriegsende inhaftiert blieb.
Funktionen nach 1945: aktiv beteiligt am Neuaufbau der Eisenbahngewerkschaft in Hessen (stand in dieser Zeit in engem Kontakt mit Willi Richter); ab 1946 Mitglied des Bundesvorstandes des Freien Gewerkschaftsbundes Hessen; 1946–1948 Vorsitzender der Gewerkschaft der Eisenbahnen, Schiffahrt und Wasserwege bzw. später Gewerkschaft der Eisenbahner im Freien Gewerkschaftsbund Hessen; 1948–1951 Bezirksleiter der Eisenbahngewerkschaft in Hessen bzw. der GdED in Frankfurt a. M.; ab 1948 Mitglied des geschäftsführenden Vorstandes der GdED für die Bizone; später Übernahme von verschiedenen Funktionen in der GdED in Frankfurt a. M.
Weitere Hinweise: soll 1932 seines Amtes als Ortsbevollmächtigter enthoben und nach Frankfurt a. d. Oder versetzt worden sein.

* HHStAW, Datenbank „Widerstand und Verfolgung in Hessen“, Ident-Nr.: 33797; StA Bielefeld, Bestand 109,3/ Amt für Wiedergutmachung, Nr. A 113, Wiedergutmachungsakte von Hans und Frieda Jahn, Bl. 85, Eidesstattliche Erklärung von Hermann Salomon und Max Bock zu den Widerstandsaktivitäten von Hans und Frieda Jahn, 20. 4. 1948; Handbuch des Vereins Arbeiterpresse, 2. Aufl. 1927, S. 319; Welt der Arbeit (Hessen), 7. 4. 1955 und 8. 3. 1957; Der deutsche Eisenbahner, 1. 3. 1957; Protokoll über die Verhandlungen der dritten ordentlichen General-Versammlung des Deutschen Eisenbahner-Verbandes vom 21. bis 26. Juni 1925 in Köln a. Rh.; Mielke (Bearb.) unter Mitarb. von Rütters, Becker und Fichter, Organisatorischer Aufbau der Gewerkschaften, S. 553 f., 818 f.; Gottwaldt, Eisenbahner gegen Hitler, S. 339.

Sasse, Hans*

Geburtsdatum: bislang nicht bekannt
Geburtsort: Barmbeck
Sterbedatum: 1. Februar 1933
Sterbeort: Wilhelmsburg-Nord (Bahnmeisterei)
Beruf: Reichsbahnbeamter, Hilfsbetriebsassistent
Partei: vor 1933 SPD
Funktionen vor 1933: Vorsitzender des Beamtenrates in der Bahnmeisterei Wilhelmsburg-Nord; trat 1926 von der GdE zum EdED über; Mitglied der EdED-Ortsgruppe Groß-Hamburg.
Verfolgung – Widerstand – Emigration: am 1. Februar 1933 von dem Hilfsbetriebsassistenten und NSDAP-Mitglied Alex Ast, der auf derselben Dienststelle in der Bahnmeisterei Wilhelmsburg arbeitete, erschossen; sein Kollege, der Harburger Personaldezernent Hermann

Frank, ebenfalls SPD-Funktionär, wurde von Ast schwer verletzt; die auf der Dienststelle verbreitete Nachricht, dass auch er verstorben sei, entsprach nach Angaben Scheffels nicht den Tatsachen: „Frank wurde als tot weggetragen und auf der Dienststelle verbreitete sich die Nachricht, dass er seinen Verletzungen erlegen sei. Glücklicherweise lebte er noch und konnte nach schwerem Krankenlager wiederhergestellt werden."

Funktionen nach 1945: –

Weitere Hinweise: Zum Mordzeitpunkt seit 14 Jahren in der Dienststelle beschäftigt, hinterließ eine Frau und ein schulpflichtiges Kind; die Beerdigung fand unter zahlreicher Beteiligung am 4. Februar 1933 statt; die Witwe lebte nach dem Tod ihres Mannes in bescheidenen Verhältnissen; nach 1945 bewilligte man Maria Sasse als Opfer des NS-Regimes zunächst eine Rente von 110 RM; das Niedersächsische Entschädigungsamt stellte die Zahlung jedoch bald wieder ein, da es für nicht erwiesen ansah, dass der Mord an Sasse einen politischen Hintergrund hatte; 1954 musste das Lüneburger Landgericht über die Rechtmäßigkeit einer NS-Opferrente entscheiden; das Gericht kam zwar zu der Überzeugung, dass Sasse und seine Angehörigen Verfolgte des NS-Regimes seien, der Mörder Alex Ast jedoch zur Zeit der Tat geisteskrank gewesen sei, weshalb auch kein geplanter politischer Mord vorliegen würde; Alex Ast verbrachte in der Tat einige Zeit in Nervenheilanstalten und lebte nach Kriegsende in der SBZ/DDR.

* SAPMO-BArch, NY 4091/79, Bl. 96, Erinnerungen an die Verfolgung; SAPMO-BArch, DY 40/1600, „Scheffel-Manuskript", Kapitel „Der Nazismus tritt stärker in Erscheinung", Bl. 18 ff., Hamburger Abendblatt, 28 8. 1954.

Schacher, August*

Geburtsdatum: 11. Juli 1880
Geburtsort: Halle a. d. Saale
Sterbedatum: 2. Mai 1947
Sterbeort: Erfurt
Beruf: Schlosser
Partei: vor 1933 SPD

Funktionen vor 1933: seit 1898 Mitglied des DMV, 1908 Wechsel zum „Eisenbahnerverband"; bereits während des Ersten Weltkrieges DEV-Funktionär in Jena; mit Gleichgesinnten Gründung einer Ortsgruppe des freigewerkschaftlichen Eisenbahnerverbandes in Jena; von 1920 bis 1929 unbesoldetes Mitglied des Hauptvorstandes für den Bezirk Erfurt (Vorgänger von Wilhelm Bode); ab 1916 Vorsitzender des Arbeiterausschusses im Reichsbahnausbesserungswerk Jena und Mitglied des Bezirksarbeiterausschusses der Reichsbahndirektion Erfurt; ab 1920 Betriebsratsvorsitzender im Reichsbahnausbesserungswerk Jena; ab 1923 Vorsitzender der Bezirks-Personalvertretung der Reichsbahndirektion Erfurt; 1925 als Vorstandsmitglied Delegierter der 3. ordentlichen Generalversammlung des DEV und 1928 bei der 2. ordentlichen Generalversammlung des EdED; ab 1926 Mitglied des regionalen EdED-Vorstandes; ab 1928 Vorsitzender der EdED-Ortsgruppe Jena; am 15. Juni 1929 freiwillig bei der Bahn ausgeschieden und Beginn als Geschäftsführer (Erster Bevollmächtigter) der EdED-Ortsgruppe Erfurt; Vorsitzender der Revisions- und Beschwerdekommission; zahlreiche Teilnahmen an Betriebsversammlungen und dort Auftritt als Redner etc.; nahm als Delegierter am ITF-Kongress vom 15. bis 21. September 1926 in Paris teil.

Verfolgung – Widerstand – Emigration: Mitglied der regionalen illegalen Gruppe „Eisenbahn"; Festnahme in Erfurt im Mai 1933 und acht Wochen „Schutzhaft" in Erfurt (bis 30. Juni 1933); Anklage wegen „politischer Umtriebe"; anschließend nach eigener Aussage fünf Jahre Polizeiaufsicht; nach Haftentlassung illegale Arbeit mit ehemaligen Angestellten der Gewerkschaften; Zusammenkunft mit ehemaligen Gewerkschaftsangestellten in Gera; anschließend erneute Verhaftung; später mehrfache Festnahme und Hausdurchsuchungen, u. a. mit Beschlagnahmung von Büchern und Schriften.

Funktionen nach 1945: im Juli 1945 vom Antifaschistischen Ausschuss mit dem Aufbau der IG „Reichsbahn" beauftragt; Industriegruppenleiter Eisenbahn des FDGB Erfurt; Reichsbahnamtmann im Wohlfahrtswesen der Reichsbahndirektion Erfurt.

Weitere Hinweise: im Rahmen von Überprüfungen 1950/51 wurde die Anerkennung seiner Ehefrau als „VdN-Hinterbliebene" zurückgenommen.

* StA Erfurt, Standesamt Erfurt, Sterberegister Nr. 2077/1947: Schacher, August; ThHStAW, Bezirkstag und Rat des Bezirks Erfurt, VdN, Nr. 5278, VdN-Akte von Helene Schacher; ThHStAW, Land Thüringen – Ministerium für Wirtschaft und Arbeit, Nr. 4083; Protokoll über die Verhandlungen der dritten ordentlichen General-Versammlung des Deutschen Eisenbahner-Verbandes vom 21. bis 26. Juni 1925 in Köln a. Rh.; August Schacher, in: Der Eisenbahner (SBZ), 1 (1947) 6, S. 8; Auskunft des StA Erfurt (Sabine Jirschitzka-Löffler), 22. 9. 2015.

Scharfschwerdt, Otto (senior)*

Geburtsdatum: 20. Januar 1887
Geburtsort: Belgard (Pommern)
Sterbedatum: 4. oder 5. Mai 1943
Sterbeort: KZ Sachsenhausen
Beruf: gelernter Kesselschmied; später Lokführer; Vertreter
Partei: ab 1909 SPD

Funktionen vor 1933: seit 1912 engagiert im „Verein deutscher Lokomotivführer", ab 1920 weitergeführt als GDL und zwischenzeitlich als Fachgruppe in der Reichsgewerkschaft Deutscher Eisenbahnbeamten und -Anwärter; zeitweise Zweiter Vorsitzender der Reichsgewerkschaft Deutscher Eisenbahnbeamten und -Anwärter (bis 1924); 1918/19 Mitglied eines Arbeiter- und Soldatenrates; nahm als dessen Delegierter an der „Reichskonferenz der Räte" im Dezember 1918 in Berlin teil; ab 1920 Vorstandsmitglied der GDL, bald darauf Angestellter und weiterhin Vorstandsmitglied der GDL, zeitweise auch Schriftführer (bis 1933); ab 1929 Mitglied des Kreistages Niederbarnim.

Verfolgung – Widerstand – Emigration: erstmals bereits im März 1933 anlässlich einer Rede seines Sohnes auf einer Jugendweihefeier festgenommen und kurzzeitig im KZ Oranienburg inhaftiert (23. bis 26. März 1933); 29. April 1933 bis 2. Mai 1933 weitere kurze Inhaftierung im KZ Oranienburg; aktive Bemühungen, die GDL nicht von den NS-Verbänden vereinnahmen zu lassen (Änderung der Organisationsform der GDL, firmierte fortan als Verein, der dem „Bund technischer Beamter" unterstellt war); organisierte Widerstand auf unterschiedlichen Ebenen; unterhielt Kontakte zu ehemaligen führenden sozialdemokratischen Gewerkschaftern in Berlin, darunter u. a. Kontakte zur Widerstandsgruppe um Franz Apitzsch und Lorenz Breunig; er traf sich mit Lokomotivführern und organisierte die Herstellung und den Vertrieb von Druckschriften (in Berlin-Brandenburg; die Gruppe war besonders aktiv in Berlin-Wedding und -Spandau); verfasste auch mehrere eigene Flugschriften als „Front der anständigen Deutschen", die nach Berlin, Liebenwalde und Bergfelde weitergegeben wurden; war aktives Mitglied der Widerstandsgruppe „Nordbahn" (benannt nach der regionalen Eisenbahnlinie); die Gruppe organisierte ehemalige Gewerkschafter, Sozialdemokraten und ehemalige „Reichsbanner"-Mitglieder (aktive Mitglieder u. a. Theodor Haubach und der ehemalige Major der Preußischen Schutzpolizei Karl Heinrich sowie Erich Hahn); Scharfschwerdt druckte mit Hahn mehrere Tausend Flugblätter; Scharfschwerdts Tätigkeit als Vertreter begünstigte die Tarnung solcher Aktionen; laut einem späteren Bericht von Paul Judrian besaß die Widerstandsgruppe „Scharfschwerdt-Hohenneuendorf", in der er auch Mitglied war, über Emil Dams Verbindung zur Polizei sowie später zum „Reitersturm"-Kreis Angermünde, Prenzlau, Oberbarnim, Niederbarnim; ab Anfang 1936 bestand außerdem ein Kontakt zu Willy Vollnberg, dessen Verhaftung ihm zum Verhängnis wurde; 1936 wurden Scharfschwerdt und Personen aus seinem politischen Umfeld mehrmals festgenommen und wieder freigelassen; am 20. Januar 1937 Versuch der Festnahme durch die Gestapo, doch Scharfschwerdt hielt sich gerade in Belgard – dem Wohnort seiner Mutter – auf (die Gestapo nahm deshalb zunächst seinen Sohn und dessen Ehefrau fest); am 22. Januar 1937 erfolgte die Festnahme von Otto Scharfschwerdt (weitere Festnahmen in der Gruppe, darunter Hermann Schlimme und Cäsar Thierfelder); Anklage wegen „Vorbereitung zum Hochverrat" gegen verschiedene (Teil-)Gruppen; das Berliner Kammergericht verurteilte Scharfschwerdt als Hauptangeklagten im Dezember 1937 zu einer Freiheitsstrafe von sechs Jahren Zuchthaus; im Zuchthaus Brandenburg-Görden inhaftiert (bis Februar 1943); nach Ablauf der Haftzeit in das KZ Sachsenhausen verschleppt; im KZ-Außenlager Klinkerwerk musste Scharfschwerdt Schwerstarbeiten verrichten; die Todesursache und die Umstände des Todes sind bis heute ungeklärt; Scharfschwerdt soll Opfer von Menschenversuchen geworden sein, bei denen an KZ-Häftlingen Flecktyphusimpfungen vorgenommen wurden.

Funktionen nach 1945: –

Weitere Hinweise: Funktionär des „Reichsbanners Schwarz-Rot-Gold"; Kassierer der SPD; Vorsitzender des Ortsvorstandes der SPD-Hohen Neuendorf; aktive Teilnahme an Aktionen gegen den „Kapp-Lüttwitz-Putsch", u. a. Mitglied der Streikleitung; Scharfschwerdt nahm im Januar 1929 an einer Besprechung zwischen ITF (Fimmen und Nathans), EdED (Jochade und Scheffel) und GDL (Warstein und Neumann) in den Räumen der ITF in Amsterdam teil; die Ehefrau von Scharfschwerdt verstarb in der Zeit der Untersuchungshaft ihres Ehemannes, der auch an der Beisetzung in Birkenwerder nicht teilnehmen durfte; wohnte in Hohen Neuendorf, Horst-Wessel-Straße 8 (Mitte der 1930er-Jahre).

* LAB, C Rep. 118-01, Nr. 10380, OdF-Unterlagen der Angehörigen bzw. von Otto Scharfschwerdt jun.; AS, R 67/18, Unterlagen zur Inhaftierung im KZ Sachsenhausen; BLHA, Rep. 35 G, KZ Oranienburg, Unterlagen zur Inhaftierung; Sandvoß, Die „andere" Reichshauptstadt, S. 106 ff.; Mielke/Frese (Bearb.), Die Gewerkschaften im Widerstand und in der Emigration, S. 157 f.; Siegfried Katzorek, Aus dem Leben des Arbeiterfunktionärs Otto Scharfschwerdt. Veröffentlichungen aus der Geschichte der örtlichen Arbeiterbewegung des Kreises Nr. 1, Oranienburg 1972; Groß, Scharfschwerdt, Otto (1887–1943), in: Mielke (Hrsg.), Gewerkschafter in den Konzentrationslagern Oranienburg und Sachsenhausen, Bd. 1, S. 264 f.

Scheel, Harry*

Geburtsdatum: 7. Dezember 1882
Geburtsort: Lübeck
Sterbedatum: 24. August 1957
Sterbeort: Berlin
Beruf: Maler und Lackierer
Partei: ab 1905 SPD

Funktionen vor 1933: ab 1901 Mitglied des „Verbandes der Maler, Lackierer, Tüncher und Weißbinder"; ab ca. 1918/19 Mitglied des DEV bzw. ab 1925 des EdED; Übernahme von Funktionen im EdED; nach Aussage von Hans Jahn auch Übernahme von Funktionen im ADGB.

Verfolgung – Widerstand – Emigration: war Mitglied des illegalen Netzwerkes um Hans Jahn, u. a. übernahm er die Funktion eines „Ersatzmannes", der bei der Verhaftung des Gaugrafen für die Provinz Brandenburg einspringen sollte; soll von Hans Jahn besucht worden sein, woraus eine „ständige Verbindung" zwischen Harry Scheel und Karl Pieper resultierte; soll Teilnehmer der von der ITF organisierten „Roskilder Konferenz" (Dänemark, April 1935) gewesen sein; nach Aussage des Sohnes Heinrich Scheel endete die illegale Tätigkeit seines Vaters mit der Zerschlagung der Gruppe um Hans Jahn; Scheel wird auch im Adressenverzeichnis von Hans Jahn erwähnt, das der „Organisations-Anlage" beigefügt war; nach Angaben von Hans Jahn gehörte Scheel zu den Personen, die Edo Fimmen persönlich kennengelernt haben; stand in Verbindung mit Paul Thate von der illegalen KPD, hatte aber nach Angaben seines Sohnes keinen illegalen Kontakt mit diesem; wurde von den Nationalsozialisten verfolgt, konnte aber härteren Repressalien entgehen.

Funktionen nach 1945: bislang nicht bekannt.
Weitere Hinweise: arbeitete ab 1918 im Reichsbahnausbesserungswerk in Berlin (Warschauer Straße) und später im Reichsbahnausbesserungswerk Berlin-Schöneweide (dort bis zum Rentenalter tätig); seit 1914 verheiratet mit Grete Scheel, geborene Mollenhauer; wohnhaft in Lübeck, Hamburg und Berlin-Kreuzberg, Böckhstraße 43, später Admiralstr. 23 (1940er-Jahre).

* SAPMO-BArch, SgY 30/1572, Erinnerungen von Harry Scheel an die Jahre 1882–1914; BArch, R 58/3399, Bl. 51, 54 und BArch, R 58/3392, Bl. 170, Unterlagen zur Verfolgung; Harry Scheel, Zugvögel. Kindheits-, Lehr- und Wanderjahre eines Lübecker Armenkindes und Handwerksgesellen vor dem Ersten Weltkrieg. Aufzeichnungen des Malers Harry Scheel, redigiert von seinem Sohne Heinrich Scheel, Berlin (Ost) 1989; Scheel, Vor den Schranken des Reichskriegsgerichts; Buschak, „Arbeit im kleinsten Zirkel“, 1. Aufl. 1993, S. 71, 84 und ebenda, 2., aktual. Aufl. 2015, S. 161.

Scheffel, Franz*

Geburtsdatum: 10. September 1873
Geburtsort: Niederböhmersdorf (Gera)
Sterbedatum: 15. März 1967
Sterbeort: Berlin (Ost)
Beruf: Schlosser bzw. Maschinenschlosser
Partei: ab 1895 SPD; ab 1945 SPD; ab 1946 SED
Funktionen vor 1933: ab 1894 Mitglied des „Zentralverbandes der Maschinisten und Heizer“; unbesoldeter Bezirksleiter; April 1906 bis November 1918 Vorsitzender und Hauptvorstandsmitglied des Zentralverbandes der Maschinisten und Heizer; November 1918 bis Mai 1919 Zweiter Vorsitzender und Juni 1919 bis September 1920 einer der beiden Vorsitzenden sowie ab September 1920 Erster Vorsitzender des DEV bzw. ab 1925 des EdED; 1925 als Vorstandmitglied Delegierter der 3. ordentlichen Generalversammlung des DEV; 1925 stimmberechtigter Vertreter des 1. Bundeskongresses des ADB; 1921–1928 Mitglied des Vorläufigen Reichswirtschaftsrates; 1928 bzw. 1931 als Vorstandsmitglied bzw. Verbandsvorsitzender Delegierter der 2. und 3. ordentlichen Generalversammlung des EdED; nahm als Delegierter an den ITF-Kongressen vom 7. bis 12. August 1924 in Hamburg, vom 15. bis 21. September 1926 in Paris und vom 22.bis 27. September 1930 in London teil; 1899–1906 Kassierer bzw. Vorsitzender des SPD-Vereins in Leipzig-Gohlis; ab 1918 Stadtverordneter Berlin-Lichtenberg; von Mai 1928 bis 7. Juli 1933 Mitglied des Reichstages (Reichswahlvorschlag).
Verfolgung – Widerstand – Emigration: trat im Zuge der Anpassungspolitik der Freien Gewerkschaften am 29. März 1933 von seiner Funktion als Vorsitzender des EdED zurück (Nachfolger: Matthäus Herrmann); 5. bis 16. Mai 1933 in „Schutzhaft“; 1934 und 1937 jeweils eine weitere kurze Inhaftierung, insgesamt drei Wochen in Haft; Anmerkung im SD-Verzeichnis der SPD-Reichstagsmitglieder: „hat sich der heutigen Staatsform angepasst, ist

Mitglied und Blockwart der NSV“; Anmerkung in der Widerstandskartei, dass er „illegales Druckmaterial“ vertrieben habe; beteiligte sich an illegalen Aktivitäten; in einem Spitzelbericht heißt es 1934: „Die Freien Gewerkschaften wollen ihr Übergewicht von früher wahren und im ersten Anstoß ihre alten Gebäude besetzen, um dann vom ersten Moment an ihre vorherrschende Position bei der neuen ‚Einheitsorganisation‘ zum Vorschein zu bringen. Deshalb solle Oberleutnant Kanitz die Ausbildung dieser Besatzungskommandos aus den Reihen des Reichsbanners in die Hand nehmen. Die alten Gewerkschaftler [Franz] Scheffel, [Theodor] Leipart etc. sind für friedliche Verhandlungen und für Übernahme eines Teils der Verantwortung nach der ‚Umstellung‘.“ (Spitzelbericht über interne Strukturen der illegalen Gewerkschaften, 20. 6. 1934); Scheffel schrieb am 14. Juli 1933 an Edo Fimmen „Leipart hätte viel retten können, Stolz und Überheblichkeit ließen es nicht zu.“ (Beier, S. 63); die Tochter von Julius Kuhn erwähnt in einem Brief vom 23. November 1936, dass sich Franz Scheffel in Kopenhagen befinde, was jedoch nicht abschließend geklärt werden konnte; Jacobus Oldenbroek berichtet nach seiner Deutschlandreise, dass er über Scheffel von Jahn und Jochade die Auskunft bekommen habe, dass dieser „infolge der Ereignisse vollkommen gebrochen sei und daß man kein verständiges Wort mehr mit ihm reden könne“; deswegen erfolge auch kein persönlicher Besuch bei ihm, aber Angabe, dass (mind. eine) Hausdurchsuchung stattgefunden habe und dass er finanziell besonders stark getroffen sei (Sperrung des Bankkontos); nach Angaben der Gestapo im Februar 1935 als Mitglied der illegalen „Gewerkschaftsorganisation“ verdächtigt, die Funktionen seien „noch nicht bekannt“; soll 1944 auch in die Pläne des Kreises um Wilhelm Leuschner für den Aufbau der „Deutschen Gewerkschaft“ nach dem Sturz des NS-Regimes involviert gewesen sein, schied jedoch aus Altersgründen für den Vorsitz der Industriegruppe Eisenbahn aus.

Funktionen nach 1945: bis 1961 Vorsitzender des Arbeitskreises Verdienter Gewerkschaftsveteranen beim Zentralvorstand der IG Eisenbahn und Mitglied des zentralen Arbeitskreises beim FDGB-Bundesvorstand, dessen Ehrenmitglied er ebenso war.

Weitere Hinweise: der von Scheffel verfasste Manuskriptteil „Die Neuordnung des Einheitsverbandes“ und die Beschreibungen über die Zustände im Gestapo-Gefängnis im Kapitel „Der 1. und der 2. Mai 1933“ enthalten kurze Bericht zur allgemeinen Widerstandsarbeit, die darauf schließen lassen, dass sich Scheffel auch an illegalen Zusammenkünften beteiligte; hatte 1932 bei den Diskussionen um einen geplanten Generalstreik gegen den Staatsstreich in Preußen gegen den Ausstand plädiert; Urne in der Gedenkstätte der Sozialisten auf dem Zentralfriedhof Berlin-Friedrichsfelde beigesetzt.

* SAPMO-BArch, Widerstandskartei, Franz Scheffel; SAPMO-BArch, DY 40/1401-1403 und SAPMO-BArch, DY 40/1590-1602, „Die Geschichte der deutschen Eisenbahnerbewegung“; SAPMO-BArch, NY 4420, Manuskript „Geschichte der Gewerkschaftsbewegung der Eisenbahner“ Bde. 1–8; Handbuch des Vereins Arbeiterpresse, 2. Aufl. 1927, S. 194; Protokoll über die Verhandlungen der dritten ordentlichen General-Versammlung des Deutschen Eisenbahner-Verbandes vom 21. bis 26. Juni 1925 in Köln a. Rh.; Protokoll über die Verhandlungen der

2. ordentlichen Generalversammlung des EdED; Protokoll über die Verhandlungen der 3. ordentlichen Generalversammlung des EdED; Schröder, Sozialdemokratische Parlamentarier, S. 716; Schumacher (Hrsg.), M. d. R. Die Reichstagsabgeordneten der Weimarer Republik, S. 413; Mielke/Frese (Bearb.), Die Gewerkschaften im Widerstand und in der Emigration, S. 160, 170, 299, 307, 310, 322 ff., 384; Gottwaldt, Eisenbahner gegen Hitler, S. 62 f.

Schiefer, Jakob [auch: Schiefer, Jack]*

Geburtsdatum: 16. April 1898
Geburtsort: Sinnersdorf (bei Köln)
Sterbedatum: 29. Januar 1980
Sterbeort: Erkelenz
Beruf: Landwirt, Schmied; Überwachungsbeamter bei der Reichsbahn
Partei: vor 1933 SPD; ab 1945 SPD

Funktionen vor 1933: ab 1920 Mitglied des DEV; 1928–1933 ADGB-Sekretär in Mönchen-Gladbach (Arbeitersekretär).

Verfolgung – Widerstand – Emigration: 1933 Emigration in die Niederlande; 1935 Rückkehr ins Deutsche Reich; in den Niederlanden Mitglied des Kreises um Erich Kuttner und Franz Vogt; unternahm Kurier-Fahrten ins Deutsche Reich; aktiv in der Widerstandsgruppe „Brotfabrik Germania"; 1935 verhaftet; ein Jahr und sechs Monate in Untersuchungshaft; vom VGH zu zwei Jahren und sechs Monaten Zuchthausstrafe verurteilt; im Anschluss Einberufungsbefehl in die „Strafdivision 999"; von Januar 1945 bis Kriegsende im Untergrund.

Funktionen nach 1945: März 1945 bis Januar 1946 Landrat des Kreises Erkelenz; anschließend Oberkreisdirektor; ab 1951 Leiter des Ressorts für Arbeit und Soziales bei der Europäischen Gemeinschaft für Kohle und Stahl in Luxemburg.

Weitere Hinweise: 1916–1918 Kriegsfreiwilliger; 1926–1933 „Überwachungsbeamter" bei der Deutschen Reichsbahn-Gesellschaft in Köln; zugleich 1926–1928 Besuch der Fachschule für Wirtschaft und Verwaltung in Düsseldorf; im Anschluss Studium der Ökonomie/Volkswirtschaft in Köln; 1933 Promotion; 1938–1945 als Geschäftsführer in der Industrie tätig.

* SD-Monatsbericht über Linksbewegung im Januar 1936, in: Nationalsozialismus, Holocaust, Widerstand und Exil 1933–1945, Online-Datenbank; Röder/Strauss (Bearb.), Biographisches Handbuch, S. 645, 406 (Erich Kuttner).

Schlifka, Walter*

Geburtsdatum: 16. November 1907
Geburtsort: Danzig
Sterbedatum: bislang nicht bekannt
Sterbeort: bislang nicht bekannt

Beruf: Arbeiter
Partei: parteilos
Funktionen vor 1933: bislang nicht bekannt.
Verfolgung – Widerstand – Emigration: in Hans Jahns „Organisationsplan" vom 1. März 1936 erwähnt; unterhielt für seinen Schwager Gustav Kaiser eine Briefanlaufstelle und wusste auch von der illeg. Betätigung seines Schwagers; die Gestapo erklärte: „Sch. wurde von der Stapostelle Danzig am 29. 7. 1940 über seine politische Betätigung vernommen. Er gab 1935 seinem Schwager Gustav Kaiser seine Anschrift als Deckadresse. Eine illegale Betätigung konnte ihm nicht nachgewiesen werden." (BArch, R 58/9694, Karteikartensammlung der Gestapo, 30. 11. 1940).
Funktionen nach 1945: bislang nicht bekannt.
Weitere Hinweise: wohnte in Danzig-Schidlitz, Karthäuserstraße 108, bei Gustav Kaiser (Mitte der 1930er-Jahre), später Langgarterwall 12.

* BArch, R 58/9694, Karteikartensammlung der Gestapo.

Schlott, Johann*

Geburtsdatum: 26. August 1886
Geburtsort: Essen
Sterbedatum: 2. Oktober 1969
Sterbeort: Essen
Beruf: Anstreicher
Partei: ab 1928 SPD
Funktionen vor 1933: ab 1919 Mitglied des DMV, nach Angaben der Gestapo bereits seit 1903 gewerkschaftlich organisiert; ab 1921 Übernahme verschiedener Funktionen im DEV bzw. ab 1925 im EdED in Essen, u. a. ab 1928 Kassenprüfer des EdED-Bezirks Essen und Vorstandsmitglied des EdED-Bezirks Essen; 1921–1933 Mitglied des Betriebsrates bei der Deutschen Reichsbahn-Gesellschaft Essen (Dienststelle Bahnbetriebswagenwerk Essen-Hauptbahnhof); 1927–1933 Bezirksbetriebsratsmitglied des Reichsbahndirektionsbezirks Essen; 1928 Delegierter der 2. ordentlichen Generalversammlung des EdED.
Verfolgung – Widerstand – Emigration: Mitglied der EdED-/ITF-Widerstandsgruppe um Hans Jahn; zuständig für Essen und Gelsenkirchen; verhaftet am 24. Februar 1937 und am 28. März 1937 nach Düsseldorf überführt; die Gestapo erklärte Anfang April 1937: „Sch. wurde am 2. oder 3. 3. 37 von der Stapo Düsseldorf wegen Vorbereitung zum Hochverrat festgenommen. Er gehörte dem illegal bestehenden Eisenbahnerverband und zwar als Stützpunktleiter für Essen an." (BArch, R 58/9694, Karteikartensammlung der Gestapo, 8. 4. 1937); am 30. September 1937 angeklagt; in der Anklageschrift heißt es: „Im Juli 1936 wurde der Angeschuldigte von Leo Radtke und [Paul] Emmen aufgesucht. Beide waren ihm von der

legalen Gewerkschaftsarbeit her bekannt. Emmen und Radtke klärten den Angeschuldigten über Zweck und Ziele der im Aufbau begriffenen Gewerkschaftsorganisation und über die Verbindungen mit der I. T. F. in Holland auf. Der Angeschuldigte wurde aufgefordert, an einem Treff in Holland teilzunehmen. Er erhielt zur Beschaffung eines Passes von Emmen 2,– RM. [...] Bei allen Zusammenkünften mit Emmen hat der Angeschuldigte Berichte über die Stimmung im Betriebe erstattet. Er wusste, dass Emmen diese Berichte für die I.T.F. auswertete. Im Dezember 1936 und Januar 1937 ist der Angeschuldigte von Emmen zu ,Treffs' schriftlich eingeladen worden. Er will jedoch diesen Einladungen ebensowenig nachgekommen sein, wie der Aufforderung von Radtke und Emmen, an einem Treffen mit Fimmen und Jahn in Holland teilzunehmen. Im übrigen ist der Angeschuldigte geständig. (Anklageschrift, Bl. 13); wegen der Betätigung für den illegalen EdED am 15. Dezember 1937 vom OLG Hamm zu einer Gefängnisstrafe von sechs Monaten verurteilt: „Danach reichten die getroffenen Feststellungen nicht zur Verurteilung wegen Vorbereitung eines hochverräterischen Unternehmens aus. Dagegen hat sich der Angeklagte eines Vergehens nach § 21 der Verordnung des Reichspräsidenten zum Schutze des deutschen Volkes vom 4. Februar 1933 schuldig gemacht, da er die von Emmen übergebenen Druckschriften hochverräterischen Inhalts nicht der Polizei abgeliefert hat. Diese Unterlassung wiegt besonders schwer, da ihm die gefährliche Tätigkeit des Emmen bekannt war und er sich deshalb umso eher zu einer Anzeige hätte verpflichtet fühlen müssen. Deshalb war, obgleich der Angeklagte bisher nicht vorbestraft ist, eine Gefängnisstrafe von sechs Monaten zur Sühne erforderlich. Diese ist durch die Untersuchungshaft verbüsst." (Urteil, Bl. 19); Entlassung aus dem Dienstverhältnis bei der Deutschen Reichsbahn-Gesellschaft erfolgte bereits am 12. April 1937; Schlott selbst erklärte im Jahr 1950 im Zusammenhang mit dem Entschädigungsverfahren, er habe den „Essener Kreis" des Widerstandes im Rahmen der illegalen EdED-Gruppe organisiert; er selbst sei nicht zu einer höheren Strafe verurteilt worden, da er durch andere nicht so stark belastet worden sei und selbst alle Vorwürfe hinsichtlich der Weiterverbreitung des illegalen Materials bestritten habe.

Funktionen nach 1945: bislang nicht bekannt.

Weitere Hinweise: stellte bei der NSDAP in Essen 1938 einen Antrag auf Wiedereinstellung in den Dienst der Deutschen Reichsbahn und wurde Ende 1940 erneut eingestellt; war Mitglied der DAF; auch nach 1945 für die Reichsbahn tätig, u. a. ab 1946 als Reichsbahnsekretär; wohnte in Essen, Rubensstraße 13 (1940er-Jahre und später); verheiratet mit Antonie Schlott, geborene Bauhof.

* BArch, NJ 2328, Anklageschrift gegen Philipp Tillier und andere, 30. 9. 1937; BArch, R 58/9694, Karteikartensammlung der Gestapo; BArch, NJ 2328, Urteil gegen Philipp Tillier und andere, 14./15. 12. 1937; LAV NRW R, RW 58, Nr. 19102, Unterlagen der Gestapo Düsseldorf; StA Essen, 158-SCH 113, Entschädigungsunterlagen von Johann Schlott; Protokoll über die Verhandlungen der 2. ordentlichen Generalversammlung des EdED; Buschak, „Arbeit im kleinsten Zirkel", 1. Aufl. 1993, S. 84 und ebenda, 2., aktual. Aufl. 2015, S. 174; Gottwaldt, Eisenbahner gegen Hitler, S. 155, 160; Esters/Pelger/Schlingensiepen, Gewerkschafter im Widerstand, S. 59, 61, 87, 163 f.; Auskunft des StA Essen (Jutta Vonrüden-Ferner und Kevin Bätzel), 2. 3. 2016.

Schlotterbeck, Friedrich*
Geburtsdatum: 25. Februar 1889
Geburtsort: Bempflingen (Kreis Urach)
Sterbedatum: 20. Juli 1950
Sterbeort: Esslingen a. Neckar
Beruf: Schlosser
Partei: vermutlich SPD
Funktionen vor 1933: bislang nicht bekannt.
Verfolgung – Widerstand – Emigration: Mitglied der EdED-Widerstandsgruppe um Karl Molt und Fridolin Endraß, am 24. Juli 1938 wegen Kontakten zu Endraß und der ITF festgenommen; war für kurze Zeit in Haft.
Funktionen nach 1945: bislang nicht bekannt.
Weitere Hinweise: war verheiratet seit 1920; wohnte in Esslingen, Dammstraße 4 (Ende der 1930er-Jahre); hatte einen Sohn: Fritz Schlotterbeck (geb. 14. September 1922).

* StA Esslingen, FR-84-7, Familienregister Esslingen: Schlotterbeck, Friedrich; BArch, R 58/2247, Bl. 123, Unterlagen zur Verfolgung, Gestapo Stuttgart, Lageberichterstattung für den Monat Juli 1938; Mielke/Frese (Bearb.), Die Gewerkschaften im Widerstand und in der Emigration, S. 371, 405; Auskunft des StA Esslingen (Karla Rommel), 23. 2. 2016.

Schlüter, Willi*
Geburtsdatum: 11. Mai 1900
Geburtsort: Braunschweig
Sterbedatum: 26. Januar 1976
Sterbeort: Braunschweig
Beruf: Metall- und Maschinenarbeiter
Partei: vor 1933 SPD; ab 1945 SPD
Funktionen vor 1933: Übernahme gewerkschaftlicher Funktionen; Übernahme von zahlreichen Funktionen für die SPD.
Verfolgung – Widerstand – Emigration: 1933 von der Deutschen Reichsbahn-Gesellschaft entlassen; Inhaftierung wegen gewerkschaftlicher und politischer Betätigung, insbesondere in der sozialdemokratischen Jugendbewegung.
Funktionen nach 1945: als Arbeitsamtsangestellter ÖTV-Funktionär; zeitweise Betriebsratsvorsitzender; ab Juni 1947 Bürgermeister der Gemeinde Klein Stöckheim; Landrat des Kreises Braunschweig; 1955–1967 Mitglied des Landtages in Niedersachsen.
Weitere Hinweise: 1934–1945 Maschinenarbeiter bei der Mühlenbau und Industrie AG Braunschweig.

* Welt der Arbeit, 25. 3. 1955; Barbara Simon, Abgeordnete in Niedersachsen 1946–1994. Biographisches Handbuch, Hannover 1996, S. 331.

Schmalfeldt, Otto*

Geburtsdatum: 16. Juli 1893
Geburtsort: Hamburg
Sterbedatum: 26. März 1956
Sterbeort: Hamburg
Beruf: Schriftsetzer (gelernt); Drucker; Aushilfsarbeiter Gepäckabfertigung; Gewerkschaftssekretär; später Vertreter und im Handel tätig
Partei: ab 1911 SPD; ab 1919 USPD; ab 1922 SPD

Funktionen vor 1933: seit 1911 Mitglied des „Verbandes der deutschen Buchdrucker"; organisierte nach eigenen Angaben 1913/14 die Mitarbeiter der Druckerei, in der er arbeitete, gewerkschaftlich; im Januar 1913 zum Transportarbeiterverband übergetreten; ab 1916 Mitglied des DEV; während des „Kapp-Lüttwitz-Putsches" Mitglied der örtlichen und obersten Streikleitung Direktionsbezirk Hamburg-Altona; Vorsitzender des Betriebsarbeiterrates Groß-Hamburg der Reichsbahn; November 1918 bis 31. März 1919 Mitglied eines Arbeiterrates in Altona; 1920 Mitglied in der Unterstützungsvereinigung der in der modernen Arbeiterbewegung tätigen Angestellten in Hamburg; ab 1. April 1920 Gewerkschaftssekretär des DEV bzw. ab 1925 EdED (bis 1923 in Hamburg, im Anschluss bis 1928 in Stolp, Pommern, im Anschluss bis 2. Mai 1933 in Stettin); 1925 Delegierter der 3. ordentlichen Generalversammlung des DEV; vor 1933 Gaugraf des EdED in Pommern; Mitglied des Provinziallandtages; 1928 Delegierter der 2. ordentlichen Generalversammlung des EdED; 1923–1928 Vorsitzender der SPD-Ortsgruppe Stolp; zeitweise Stadtverordneter und Stadtrat; Mitglied des Provinziallandtages von Pommern; Mitglied des Bezirksausschusses bei der Regierung in Köslin.

Verfolgung – Widerstand – Emigration: aus dem Angestelltenverhältnis beim EdED entlassen und zunächst erwerbslos; war bis ca. 1938 zahlreichen Überwachungsmaßnahmen ausgesetzt und musste mehrere Wohnungsdurchsuchungen erdulden; bei einer der Hausdurchsuchungen wurden sieben „marxistische" Publikationen beschlagnahmt; aus Bemerkungen seiner Frau Hilla geht hervor, dass er sich seine „staatsfeindliche Einstellung" bewahrte und diese wohl auch öfters kund tat; mehrere Jahre (bis 1938) wegen angeblicher staatsfeindlicher Betätigung ohne Ergebnis durch Schweriner Gestapo beobachtet worden; verschiedentliche NS-feindliche Äußerungen, u. a. Hören ausländischer Sender; stand im Verdacht, Mitglied der EdED- bzw. ITF-Widerstandsgruppe gewesen zu sein; etwa zehn Hausdurchsuchungen und Vernehmungen zwischen 1933 und 1939; 31. Juli 1940 Inhaftierung infolge des „Hochgehens" von Hans Jahn in Luxemburg; im Anschluss zehn Tage in Polizeihaft; Verhör am 31. Juli 1940 in Stettin: gibt zu, Hans Jahn gut gekannt zu haben und von diesem

„bestellt“ worden zu sein, sich allerdings nicht für die illegale Arbeit bereit erklärt zu haben; kam in Untersuchungshaft in Schwerin; da ihm trotz intensiver Observation seiner Person illegale Bestrebungen nicht nachzuweisen waren, entließ man ihn auf freien Fuß; 1944 von seiner Ehefrau wegen Abhörens ausländischer Sender angezeigt, das Verfahren wurde jedoch eingestellt; am 22. August 1944 im Rahmen der „Aktion Gewitter“ erneut verhaftet; sollte ins KZ Pölitz verschleppt werden, stattdessen erhielt er eine tägliche Meldeauflage bei der Gestapo in Stettin, da „marschunfähig“ (Verletzungen aus dem Einsatz im Ersten Weltkrieg); widersetzte sich Anfang 1945 seinem „Gestellungsbefehl zum Volkssturm“; organisierte stattdessen „mit einigen Parteigenossen in Stettin den Widerstand gegen das vor dem Zusammenbruch stehende Nazisystem“ und übergab im April 1945 die Stadt Stettin an die Rote Armee; nach Angaben von Ernst Witter Transport von Propagandaschriften und Propaganda in den Betrieben; „Kampfgruppe Zietlow“; Jahn erwähnt in einem Schreiben an Fimmen, dass Schmalfeldt zu den Leuten gehört, die Jan Köllner, ein Vertrauter Fimmens, „sah und sprach“.

Funktionen nach 1945: Mai 1945 bis Juli 1945 Stadtrat und Leitung der inneren Verwaltung Stettins (danach erfolgte die Abtretung Stettins an Polen); ab Juli 1945 Leitung der IG Eisenbahn im Bezirk Schwerin und Pasewalk; 1. Dezember 1945 bis 31. März 1947 Personaldezernent (Reichsbahndirektor) der Reichsbahndirektion Schwerin; zugleich Stadtverordneter; Vorsitzender der Sozialversicherungskasse Eisenbahn; Vorstandsmitglied der Sozialversicherungsanstalt Mecklenburg; ab Mai 1953 Übernahme von Funktionen in der GdED.

Weitere Hinweise: vor 1933 Mitgliedschaften und ehrenamtliche Funktionen in zahlreichen Organisationen der Arbeiterbewegung (weitere biografische Hinweise in den Angaben bei der Gestapo-Vernehmung 1940 vgl. BArch, NJ 2229, Bde. 1 und 2), u. a. Mitglied des „Reichsbanners Schwarz-Rot-Gold“ und Beisitzer diverser Arbeits- und Sozialgerichte; wohnte in Stettin, Fontaneweg 11 (ab 1929 bis Anfang der 1940er Jahre), später in Hamburg, Lachnerstraße 1c (1950er-Jahre, hatte den Wohnsitz 1953 in die Bundesrepublik Deutschland verlegt); arbeitete in den 1930er-Jahren als freiberuflicher Warenvertreter auf Provisionsbasis; Mitglied der DAF (1940), des NSV und des „Reichsluftschutzbundes“; verheiratet mit Ingeborg Schmalfeldt (geb. 23. November 1921); hatte zwei Kinder: Hans-Jürgen Schmalfeldt (geb. 13. September 1924) und Peter Schmalfeldt (geb. 14. Mai 1947).

* SAPMO-BArch, Widerstandskartei, Otto Schmalfeldt; BArch, R 58/3877, Bl. 20 f., Unterlagen zur Verfolgung; BArch, R 58/9694, Karteikartensammlung der Gestapo; SAPMO-BArch, DY 55/V 278/5/30, VVN-Karteikarte Ernst Witter; DY 55/V 278/4/74, VVN-Landesverband Brandenburg, Fragebogen Ernst Witter; BArch, NJ 2229, Bd. 1, Bl. 1–16, Unterlagen der Gestapo und NS-Justiz zur Verfolgung illegaler EdED-Strukturen; LHA Schwerin, BPA IV L 2/15/717 VVN, Unterlagen der regionalen VVN; Staatsarchiv Hamburg, Bestand 351-11, Nr. 15282, Entschädigungsakte von Otto Schmalfeldt; LHA Schwerin, Bestand 7.11-1, VdN-Betreuungsstelle (Z 130/91), Nr. 1540, VdN-Akte von Otto Schmalfeldt; Handbuch des Vereins Arbeiterpresse, 2. Aufl. 1927, S. 566; Protokoll über die Verhandlungen der dritten ordentlichen General-Versammlung des Deutschen Eisenbahner-

Verbandes vom 21. bis 26. Juni 1925 in Köln a. Rh.; Protokoll über die Verhandlungen der 2. ordentlichen Generalversammlung des EdED; Esters/Pelger/Schlingensiepen, Gewerkschafter im Widerstand, S. 68.

Schmidt, Albert*

Geburtsdatum: 2. April 1886

Geburtsort: Schmelzdorf (Kreis Regenwalde; heute: Siwkowice)

Sterbedatum: bislang nicht bekannt

Sterbeort: bislang nicht bekannt

Beruf: Eisenbahnarbeiter

Partei: vor 1933 SPD

Funktionen vor 1933: verschiedene (Basis-)Funktionen im EdED, u. a. vermutlich Betriebsrat.

Verfolgung – Widerstand – Emigration: Mitglied der EdED-Widerstandsgruppe um Hans Jahn (ITF); laut „Organisationsplan" von Hans Jahn vom 1. März 1936 „Ersatzmann" des Gaugrafen Karl Pieper in der EdED-Widerstandsgruppe im „10. Gau Brandenburg. Vorort Berlin"; außerdem von Hans Jahn als Vertreter einer unter der ADG/GEADE neu einzurichtenden „Illegalen Reichsleitung" für Berlin vorgesehen; Verbindung zu ehemaligen Mitgliedern der SPD und des „Reichsbanners Schwarz-Rot-Gold"; Kontakt zu Hugo Bachmann, Franz Apitzsch u. a.; die Gestapo stellte Ende Januar 1938 fest, dass er eine Laube im Schöneberger Südgelände; Parzelle 957, Nr. 123 besaß und dort Zusammenkünfte mit anderen Laubenbewohnern, die früher SPD und Reichsbanner waren, stattfanden; außerdem unterhielt er nach Angaben der Gestapo direkte Verbindungen mit Franz Apitzsch sowie mit Edo Fimmen und Hans Jahn; wird von Hans Jahn zu den Leuten gezählt, die Edo Fimmen persönlich kennengelernt haben; soll nach Gestapo-Angaben nach der Festnahme von Karl Pieper von Hugo Bachmann in Berlin aufgesucht und aufgefordert worden sein, Piepers Aufgabe, in Berlin die illegale ITF-Organisation aufzubauen, fortzuführen; Schmidt muss mindestens noch zweimal in Haft gewesen sein: „Der Beschuldigte Schmidt nimmt in seiner Vernehmung am 13.7.1942 auf eine frühere Vernehmung am 13. September 1940 Bezug"; auf jeden Fall wurde zu dem Zeitpunkt (August 1942) gegen Schmidt ermittelt und anscheinend sogar ein eigenes Verfahren angestrengt; in Unterlagen der Gestapo heißt es: „Wurde am 1. 9. 1939 auf Grund seiner Notierung in der A 1 Kartei in Schutzhaft genommen. Nach eingehender Vernehmung am 29. 1. 1940 aus der Schutzhaft entlassen. Seit Übernahme der Gewerkschaften Mitglied der DAF." (BArch, R 58/9694, Karteikartensammlung der Gestapo, 29. 1. 1940); Schmidt war zwischenzeitlich auch im KZ Sachsenhausen inhaftiert („Schutzhäftling"; Häftlings-Nr.: 1662, Block 23), von wo er am 17. November 1939 zur Vernehmung ins „Hausgefängnis" der Gestapo überstellt wurde, wo er noch bis Ende Januar 1940 in Haft blieb.

Funktionen nach 1945: bislang nicht bekannt.

Weitere Hinweise: 1937 als „Anstreicher bei dem Reichsbahnausbesserungswerk in Berlin-Tempelhof, Sachsendamm, tätig"; „Bestrafung wegen Körperverletzung vor sehr langer Zeit"; verheiratet mit Frida Schmidt, geborene Fuhrmann; hatte mindestens ein Kind, das laut Stapo-Angaben 1938 in Amsterdam gelebt haben soll; wohnte in Berlin, Bülowstraße 101 (Ende der 1930er-/Anfang der 1940er-Jahre).

* SAPMO-BArch, Widerstandskartei, Albert Schmidt; BArch, R 58/9694, Karteikartensammlung der Gestapo; AdsD, Bestand ITF, 5/ITFA, Mappe 46, „Organisations-Anlage" von Hans Jahn über den Stand der illegalen Organisation der Eisenbahner im Deutschen Reich, o. D. [1. 3. 1936]; BArch, R 58/3327, Bl. 21 ff., Unterlagen zur Verfolgung durch die Gestapo (u. a. Überwachungsbericht); BArch, R 58/3388, Bl. 214 und BArch, R 58/3399, Bl. 51, 54 und BArch, R 58/3392, Bl. 170, Unterlagen zur Verfolgung bzw. Gestapo-Berichte; BArch, NJ 17443, NS-Justizunterlagen; BArch, R 58/4251, Bl. 142 f.; BArch, R 58/2310, Bl. 229 f., Akten zur „Überwachung der Tätigkeit von Gesang- und Musikvereinen"; AS, D 1 A/1022, Bl. 63 und D 1 A/1024, Bl. 422, Unterlagen zur Inhaftierung im KZ Sachsenhausen.

Schmidt, Albert*

Geburtsdatum: 31. Oktober 1886
Geburtsort: Rostock
Sterbedatum: 29. August 1944
Sterbeort: Haftanstalt im Güstrower Schloss
Beruf: Schlosser
Partei: vor 1933 SPD

Funktionen vor 1933: ab 1. Juli 1922 DEV- bzw. ab 1925 EdED-Angestellter im Bezirk Altona, Arbeitsort Rostock; Stadtverordneter in Rostock; ab 1927 Vorsitzender des Ortsausschusses der Landeskommission der Gewerkschaften; 1931 Delegierter der 3. ordentlichen Generalversammlung des EdED.

Verfolgung – Widerstand – Emigration: ab 22. August 1944 Inhaftierung im Rahmen der „Aktion Gewitter" mit anderen SPDlern und KPDlern.

Funktionen nach 1945: –

Weitere Hinweise: Ehefrau Martha; ein Sohn; Haft zusammen mit SPD-Funktionär Alfred Starosson (SPD-Bezirksfunktionär, Bericht über Schmidts Tod); wohnte in Rostock, Patriotischer Weg 33 (Anfang der 1940er-Jahre); war schwer herzkrank und verstarb, da er die dringend benötigten Medikamente und medizinische Versorgung nicht erhielt.

* Protokoll über die Verhandlungen der 3. ordentlichen Generalversammlung des EdED; Handbuch des Vereins Arbeiterpresse, 2. Aufl. 1927, S. 536; Karl Heinz Jahnke, Widerstand gegen die NS-Diktatur in Mecklenburg. Zur Erinnerung an die Frauen und Männer, die zwischen 1933 und 1945 ermordet wurden, Rostock 2006, S. 174.

Schmidt, Friedrich*

Geburtsdatum: 18. März 1880

Geburtsort: Heven (Kreis Hattingen)

Sterbedatum: 11. Januar 1950

Sterbeort: Landau

Beruf: Bergmann, Gewerkschaftssekretär, später Versicherungsinspektor

Partei: ab 1898 SPD; ab 1945 SPD

Funktionen vor 1933: 1912–1914 Bezirksleiter der freigewerkschaftlichen Bergarbeiterverbandes BAV für das Saargebiet und Elsaß-Lothringen; 1906–1911 Gemeinderatsmitglied in Laer (bei Bochum); Juli 1918 bis Dezember 1918 Sekretär des BAV für Elsaß-Lothringen und das Saargebiet; 1919 Mitglied der Unterstützungsvereinigung der in der modernen Arbeiterbewegung tätigen Angestellten in Essen; ab 1. Januar bzw. – nach anderen Angaben – Anfang Juni1919 Bezirksleiter des DEV für den Bezirk Essen-Ruhr (bis Oktober 1921); November 1921 bis Juni 1930 Bezirksleiter des DEV bzw. ab 1925 des EdED in Stuttgart (bis Juni 1930); Juli 1930 bis Januar 1933 Bezirksleiter des EdED in Frankfurt a. d. Oder; Januar 1933 bis Mai 1933 Bezirksleiter des EdED in Erfurt.

Verfolgung – Widerstand – Emigration: nach der Machtübernahme der Nationalsozialisten entlassen; Mitglied der EdED-Widerstandsgruppe um Karl Molt und Fridolin Endraß; festgenommen, angeklagt und vom VGH am 25. November 1939 freigesprochen: „Es war ursprünglich der Verdacht entstanden, daß der Angeklagte sich selbst illegal für die ITF. betätigt hat. Denn der Eisenbahnschaffner Züfle hat angegeben, daß der Angeklagte bei seinem Besuch in Endrass Wohnung am 1. Juni 1938 von Endrass eine kleine Rolle mit illegalen Druckschriften empfangen habe. Der Angeklagte und ebenso Endrass haben diese Bezichtigung des Züfle als ein Fantasiegebilde bezeichnet. Überzeugender Beweiswert kann der Bekundung des Züfle nicht beigemessen werden. Nach den einwandfreien Aussagen der als Zeugen in der Hauptverhandlung gehörten Vernehmungsbeamten hat der Angeklagte von Anfang an den oben dargestellten Sachverhalt aus freien Stücken geschildert und sich mit aller Offenheit verteidigt. Keine einzige Unwahrheit oder Unstimmigkeit ist ihm nachgewiesen worden. Im Gegensatz dazu hat Züfle zuerst hartnäckig geleugnet und wiederholt zu Lügen seine Zuflucht gesucht, um seine Schuld abzuschwächen und die Verantwortung auf andere abzuschieben. Er hat sich im Laufe des Vorverfahrens durch Erhängen seiner Bestrafung entzogen. Er stand vor 1933 im KPD-Lager, hatte in Versammlungen den Angeklagten und andere Gewerkschaftssekretäre wiederholt heftig angegriffen. [...] Die angestellten Ermittlungen haben aber nicht ergeben, daß der Angeklagte sich nach der Machtübernahme auch nur im geringsten für die illegale SPD oder Gewerkschaftsbewegung oder sonstwie illegal betätigt hat. [...] Die Art und Weise, wie der Angeklagte in die Angelegenheit verwickelt worden ist, liegt auf dem Gebiete der Zufälligkeiten. Er ist nur ein einziges Mal mit Molt zusammengetroffen und zwar gelegentlich seines Erholungsurlaubes am Bodensee [sic!] und hat sich bei dem kurzen Besuch in einer unerwarteten Situation befunden. Mag der fast

60jährige Angeklagte, der einen guten persönlichen Eindruck in der Hauptverhandlung hinterlassen hat, auch etwas leichtgläubig gewesen sein, so kann ihm doch nicht nachgewiesen werden, daß er die von Molt verfolgten Gewaltbestrebungen durchschaut oder auch nur mit entsprechender Möglichkeit gerechnet hat. Er war daher aus dem tatsächlichen Grunde des Mangels an Beweisen freizusprechen." (Urteil, Bl. 9–12).

Funktionen nach 1945: 1946/47 Mitglied der Beratenden Landesversammlung des Landes Rheinland-Pfalz; im Anschluss bis zum Tod Mitglied des Landtages von Rheinland-Pfalz.

Weitere Hinweise: ab 1924 Mitglied des „Reichsbanners Schwarz-Rot-Gold"; ab Anfang 1934 NSV- und DAF-Mitglied; arbeitete zeitweise als Versicherungsinspektor und Bezirksvertreter der Allianz- und Stuttgarter Lebensversicherungs-Aktiengesellschaft; hatte mehrere Kinder.

* SAPMO-BArch, Widerstandskartei, Friedrich Schmidt; Der Oberreichsanwalt beim VGH – Anklageschrift 6J244/39g gegen Friedrich Schmidt, 8. 7. 1939 und Urteil des VGH 1H52/39-6J244/39g gegen Friedrich Schmidt, 25. 11. 1939, in: Nationalsozialismus, Holocaust, Widerstand und Exil 1933–1945, Online-Datenbank; Correspondenzblatt der Generalkommission der Gewerkschaften Deutschlands, Nr. 52, 27. 12. 1919, S. 596.

Schmidt, Heinrich*

Geburtsdatum: 4. Februar 1889
Geburtsort: Weigelsdorf
Sterbedatum: bislang nicht bekannt
Sterbeort: bislang nicht bekannt
Beruf: Bahnunterhaltungsarbeiter
Partei: vor 1933 SPD

Funktionen vor 1933: EdED-Funktionär; Betriebsratsvorsitzender bei der Reichsbahndirektion Frankfurt a. M.; Übernahme von Funktionen in der SPD.

Verfolgung – Widerstand – Emigration: aufgrund des „Gesetzes zur Wiederherstellung des Berufsbeamtentums" am 19. September 1933 von der Reichsbahndirektion Frankfurt a. M. entlassen.

Funktionen nach 1945: vom 23. bis 26. März 1949 Teilnehmer des Vereinigungskongresses der GdED.

Weitere Hinweise: lebte nach 1945 weiterhin in Oberursel-Bommersheim; im Juni 1949 zeitweise wohnhaft in Frankfurt a. M., Schleusenstraße 20 (1930er-/1940er-Jahre).

* HHStAW, Datenbank „Widerstand und Verfolgung in Hessen", Ident-Nr.: 17269; Auskunft des Bürgeramtes Frankfurt a. M. (Amt 12 Melderegister), 18. 4. 2016.

Schmidt, Karl*

Geburtsdatum: bislang nicht bekannt

Geburtsort: bislang nicht bekannt

Sterbedatum: bislang nicht bekannt

Sterbeort: bislang nicht bekannt

Beruf: Schlosser

Partei: vor 1933 SPD

Funktionen vor 1933: zunächst gewerkschaftlich organisiert im DMV, später Funktionär des EdED; jahrelang in den 1920er-Jahren bis 1933 Kassierer der EdED-Ortsgruppe Pommern; 1928 Delegierter der 2. ordentlichen Generalversammlung des EdED.

Verfolgung – Widerstand – Emigration: 1933 in „Schutzhaft"; inhaftiert u. a. im Zentralgefängnis Gollnow; nach der Verhaftung nicht mehr bei der Reichsbahn bzw. im Reichsbahnausbesserungswerk Stargard beschäftigt.

Funktionen nach 1945: bislang nicht bekannt.

Weitere Hinweise: später auf dem Weg zur Arbeit tödlich verunglückt; Ehefrau: Martha Schmidt.

* NLA – Standort Wolfenbüttel, 4 Nds, Zg. 41/1992, Nr. 2361, Unterlagen bzw. Eidesstattliche Erklärungen im Zusammenhang mit der Verfolgung im NS-Staat; Protokoll über die Verhandlungen der 2. ordentlichen Generalversammlung des EdED.

Schmidt, Willi [auch: Schmidt, Willy]*

Geburtsdatum: 2. August 1901

Geburtsort: Wandsbek

Sterbedatum: bislang nicht bekannt

Sterbeort: bislang nicht bekannt

Beruf: Bäcker; u. a. tätig als Gepäckträger und im Gleisbau

Partei: ab 1918 SPD

Funktionen vor 1933: Übernahme verschiedener Funktionen für den EdED; Betriebsrat im Bahnbetriebswerk in Hamburg und zeitweise im Hauptbetriebsrat (für die Betriebsarbeiter, 1929); zum Ende der Weimarer Republik ehrenamtliches unbesoldetes EdED-Vorstandsmitglied; zum Ende der Weimarer Republik Vorsitzender des Bezirksbetriebsrates Altona; zugleich in der Endphase der Weimarer Republik Mitglied des Hauptbetriebsrates der Deutschen Reichsbahn-Gesellschaft.

Verfolgung – Widerstand – Emigration: laut „Organisationsplan" von Hans Jahn vom 1. März 1936 „Ersatzmann" für den Gaugrafen Wilhelm Burmester in der EdED-Widerstandsgruppe im „5. Gau Wasserkante. Vorort Hamburg"; 1933–1935 vertrieb er in Hamburg illegale Druckschriften der SPD (war zwischen 1933 und 1935 erwerbslos); 1933–1935 kassierte er für die illegale SPD in Hamburg Beiträge; am 26. Mai 1936 festgenommen und bis zum 23. November 1936 in „Schutz"- bzw. später Untersuchungshaft im Polizeigefängnis Fuhlsbüttel (ehem. KZ Fuhlsbüttel); am 12. Juni 1937 vom Hanseatischen OLG Hamburg wegen „Vorbereitung zum Hochverrat" zu zwei Jahren und sechs Monaten Zuchthausstrafe verurteilt (drei Jahre Ehrverlust; Anrechnung der Untersuchungshaft: ein Jahr und zwei Wochen); am 28. November 1938 aus dem Strafgefängnis Hamburg entlassen und zur Staatspolizeistelle Hamburg überstellt, anschließend erfolgte die Entlassung; stand 1940 im Verdacht, illegale EdED-Strukturen zu unterstützen; bald darauf festgenommen und vom 27. Juli 1940 bis 30. Juli 1940 im Polizeigefängnis Fuhlsbüttel inhaftiert; bei einem Verhör vor der Gestapo im August 1940 bestritt er „jede illegale Betätigung"; die Staatspolizeistelle Hamburg hielt seine Angaben für glaubwürdig und ließ ihn frei.

Funktionen nach 1945: vom 23. bis 26. März 1949 Teilnehmer des Vereinigungskongresses der GdED.

Weitere Hinweise: bis September 1931 als Gepäckträger bei der Deutschen Reichsbahn-Gesellschaft beschäftigt; bis 1935/36 erwerbslos bzw. Gelegenheitsarbeiter; zum Kriegsende auf dem Balkan eingesetzt und in Gefangenschaft geraten (1946 aus Kriegsgefangenschaft entlassen); wohnte in Hamburg, Gut Grün, Parzelle 189 (1950er-Jahre).

* SAPMO-BArch, Widerstandskartei, Willi Schmidt; Bestand AdsD, ITF, Mappe 46, „Organisations-Anlage" von Hans Jahn über den Stand der illegalen Organisation der Eisenbahner im Deutschen Reich, o. D. [1. 3. 1936]; BArch, NJ 5500 und NJ 5442, Justizunterlagen zur Verfolgung; BArch, NJ 2229, Bd. 2, Bl. 34, Unterlagen zur Verfolgung der Gestapo und NS-Justiz zur Verfolgung illegaler EdED-Strukturen; Staatsarchiv Hamburg, Bestand 351-11, Nr. 24046, Entschädigungsakte von Willi Friedrich Ernst Schmidt; Staatsarchiv Hamburg, Bestand 741-4, Nr. 24046, Untersuchungshaftkarteikarte: Schmidt, Willi; Staatsarchiv Hamburg, Bestand 242-1 II, Ablieferung 13, Haftkarteikarte: Schmidt, Willi Friedrich Ernst; Staatsarchiv Hamburg, Bestand 241-1 I, Nr. 2911 und Bestand 213-8, Ablieferung 2, 451aE1, 1e, Unterlagen des Polizeigefängnis Fuhlsbüttel (ehem. KZ Fuhlsbüttel) betr. Schmidt, Willi; Jahrbuch 1930 des Einheitsverbandes der Eisenbahner Deutschlands, S. 144; Mielke/Frese (Bearb.), Die Gewerkschaften im Widerstand und in der Emigration, S. 361, 364.

Schmitt, Oskar*

Geburtsdatum: 26. August 1911

Geburtsort: Hamburg

Sterbedatum: 4. November 1972

Sterbeort: Göttingen

Beruf: Bahnbeschäftigter; Radiomonteur

Partei: SPD; später ISK

Funktionen vor 1933: bislang nicht bekannt.

Verfolgung – Widerstand – Emigration: Teilnehmer der von der ITF organisierten Konferenz in Roskilde („Roskilder Konferenz", Dänemark, April 1935); Widerstand gegen das NS-

Regime in Göttingen im Rahmen von illegalen ISK- und Eisenbahnerstrukturen; war Kontaktmann von Hans Jahn im illegalen EdED-Widerstandsnetz.
Funktionen nach 1945: aktive Mitarbeit am Wiederaufbau der Gewerkschaften in Göttingen.
Weitere Hinweise: bislang nicht bekannt.

* Esters/Pelger/Schlingensiepen, Gewerkschafter im Widerstand, S. 11, 40, 43 f., 59, 68, 87; Mielke/Frese (Bearb.), Die Gewerkschaften im Widerstand und in der Emigration, S. 348, 396 f.; Gottwaldt, Eisenbahner gegen Hitler, S. 80; Auskunft des StA Göttingen (Verena Schmidt), 30. 9. 2015.

Schnakenberg, Carl [auch: Schnackenberg, Karl]*

Geburtsdatum: 1. Oktober 1887
Geburtsort: Grasberg (Kreis Osterholz)
Sterbedatum: 22. Juli 1962
Sterbeort: Bremen
Beruf: Bauschlosser; Lokomotivheizer (angelernt); Lokomotivführer
Partei: ab 1920 SPD (bis 1933); später ISK
Funktionen vor 1933: zunächst in der GDL organisiert; ab 1918 Mitglied des DEV bzw. ab 1925 des EdED und Übernahme von Funktionen, u. a. Mitglied des Beamtenrates.
Verfolgung – Widerstand – Emigration: laut „Organisationsplan" von Hans Jahn vom 1. März 1936 Gaugraf in der EdED-Widerstandsgruppe im „4. Gau Oldenburg. Vorort Bremen"; am 24. Juli 1940 erfolgte eine Hausdurchsuchung durch die Gestapo (zu diesem Zeitpunkt hielt sich Schnakenberg „zur Dienstleistung" in Warschau auf – zum 3. August 1940 wurde er zurück erwartet); die Durchsuchung fand parallel zur Hausdurchsuchung bei Karl Köster statt; illegale Unterlagen konnten nicht gefunden werden; die Gestapo war auch nicht in der Lage, eine illegale Tätigkeit nachzuweisen, obgleich Schnakenberg gestand, dass er vor 1933 zeitweise sehr gut mit Jahn „bekannt" gewesen sei.
Funktionen nach 1945: bislang nicht bekannt.
Weitere Hinweise: wohnte in Bremen, Borgfelder Straße 8 (1920er- und 1930er-Jahre); wohnte später in Bremen, Grünbergstraße 16 (Anfang der 1940er-Jahre); verheiratet mit Meta Adele Schnakenberg, geborene Schwarmann (geb. 14. Oktober 1893); ein Kind: Meta Anna (geb. 10. Juni 1914).

* AdsD, Bestand ITF, 5/ITFA, Mappe 46, „Organisations-Anlage" von Hans Jahn über den Stand der illegalen Organisation der Eisenbahner im Deutschen Reich, o. D. [1. 3. 1936]; BArch, NJ 2229, Bd. 1, Bl. 145, Unterlagen der Gestapo und NS-Justiz zur Verfolgung illegaler EdED-Strukturen, u. a. Festnahmebericht, 26. 7. 1940; BArch, R 3017/29430, Unterlagen im Zusammenhang mit dem Strafverfahren gegen Wilhelm Bode und andere; Staatsarchiv Bremen, Meldekarte, 4,82/1, Schnakenberg, Carl Johann; Staatsarchiv Bremen, Meldebogen im Rahmen der Entnazifizierung 4,66/II, Schnakenberg, Carl Johann; Buschak, „Arbeit im kleinsten Zirkel",

1. Aufl. 1993, S. 71 und ebenda, 2., aktual. Aufl. 2015, S. 161; Marßolek/Ott, Bremen im Dritten Reich, S. 227; Auskunft des Staatsarchivs Bremen, 10. 8. 2015.

Schneider, Christian*

Geburtsdatum: 7. Mai 1879
Geburtsort: Spielberg (heute: Altensteig, Kreis Calw)
Sterbedatum: 20. Januar 1965
Sterbeort: Karlsruhe
Beruf: Schmied
Partei: ab 1906 SPD; ab 1945 SPD

Funktionen vor 1933: 1897 Eintritt in den „Verband der Maschinen- und Werkstättenarbeiter“; ab 1902 organisiert und ab 1905 Gewerkschaftsfunktionär im Süddeutschen Eisenbahnerverband bzw. im Verband des süddeutschen Eisenbahn- und Postpersonals; 1905–1912 Schriftführer des Süddeutschen Eisenbahnerverbandes; 1912–1918 ehrenamtlicher Vorsitzender des Süddeutschen Eisenbahnerverbandes (für Bayern, Württemberg und Baden); ab 1. November 1918 Bezirksleiter des DEV bzw. ab 1925 des EdED in Karlsruhe (bis 1933); übernahm auch Funktionen im Reichsbahnrat auf Landesebene; war Mitglied des Aufsichtsrates des regionalen Mieter- und Bauvereins; 1928 Teilnehmer der 2. und 1931 der 3. ordentlichen Generalversammlung des EdED; nahm als Delegierter am ITF-Kongress vom 22. bis 27. September 1930 in London teil.

Verfolgung – Widerstand – Emigration: im Zuge der Zerschlagung der Gewerkschaften seines Amtes enthoben und erwerbslos (bis Ende Oktober 1933, danach Einzelhändler für Lebensmittel und Schreibwaren); stand unter Beobachtung der Gestapo, die auch die Bibliothek von Schneider beschlagnahmte; mehrere Hausdurchsuchungen fanden statt; am 22. August 1944 durch die Gestapo Karlsruhe festgenommen und zunächst im Gefängnis III in Karlsruhe inhaftiert, anschließend vom 26. August 1944 bis 11. September 1944 „Schutzhäftling“ im KZ Dachau (im Rahmen der „Aktion Gewitter“; Häftlings-Nr.: 93720); musste nach eigenen Angaben verschiedene Repressalien erleiden.

Funktionen nach 1945: 1945–1947 Bezirksvorsteher für Knielingen bei Karlsruhe; im Oktober 1948 zum Beisitzer in den Bundesvorstand des Badischen Gewerkschaftsbundes in Freiburg im Breisgau gewählt; Bezirksleiter Einheitsgewerkschaft der Eisenbahner im Badischen Gewerkschaftsbund (bis 1949, dann aus gewerkschaftlichen Funktionen ausgeschieden); Mitte Oktober 1949 Delegierter der GdED auf dem Gründungskongress des DGB.

Weitere Hinweise: war mehrmals bzw. mindestens zweimal verheiratet; zweite Ehefrau: Paula Schneider, geborene Nagel; hatte mehrere Kinder; aus erster Ehe stammt die Tochter Rosa (geb. 14. August 1902); war zeitweise Mitglied der DAF; wohnte in Karlsruhe-Knielingen, Schulstraße 1 (1949); am 3. September 1945 erfolgte die Betriebsanmeldung von Christian Schneider für Kleinhandel in der Schulstraße 1 [Wohnhaus der Familie], es handelte sich um ein Geschäft für Lebensmittel und Schreibwaren; zum wirtschaftlichen Bedürfnis zur Führung des Betriebs: „Der Verkauf von Schreibwaren ist deshalb dringend erforderlich, weil das Geschäft sich direkt bei der neuen Schule befindet. auch aus Gründen der Wiedergutmachung ist die Fortführung meines Geschäftes sehr angebracht, weil ich unter dem Naziboykott sehr gelitten habe. Im Jahr 1944 wurde ich verhört und beschuldigt ins KZ-Lager Dachau verbracht." (Christian Schneider, 3. 9. 1945); „Von den Nazis wurde ich im September 1933 [sic!] als Gewerkschaftsangestellter entlassen, habe im November 1933 o. g. Geschäft erworben. Es gelang mir den Umsatz wesentlich zu steigern. Der Naziterror und Boykott hatte mir jedoch im Laufe der Jahre schweren Schaden zugefügt. Im August 1944 wurde ich in das KZ Dachau gebracht, etwa 50 % der noch vorhandenen Kundschaft blieben weg. Jetzt steigert sich die Kundschaft gewaltig. Das Geschäft ist nur 10 Meter von der Schule entfernt, die Schulartikel sind sehr begehrt. Politisch gehöre ich seit 1906 der S. P. D. an, bin heute wieder an führender Stelle. Bitte um Genehmigung." (Christian Schneider an das Wirtschaftsamt, 8. 10. 1945); am 8. Mai 1946 wurde mitgeteilt, dass Schneiders „Colonial- und Schreibwarengeschäft", Schulstraße 1, von einer gewissen Elsa Westermann übernommen wird; das Geschäft ging später an einen anderen Besitzer über.

* GLAK, Bestand 480, Nr. 4065, Entschädigungsunterlagen Schneider, Christian; GLAK, Bestand 520, Nr. 18075, Unterlagen zur Verfolgung und zur Haftzeit im Gefängnis Karlsruhe; PA Siegfried Mielke, Berlin, Unterlagen zum Lebensweg (Kopien aus verschiedenen Zeitschriften); Der Badische Gewerkschaftler, Nr. 11/1949; Der deutsche Eisenbahner, Nr. 1/1949; Handbuch des Vereins Arbeiterpresse, 2. Aufl. 1927, S. 411; Protokoll über die Verhandlungen der 2. ordentlichen Generalversammlung des EdED; Protokoll über die Verhandlungen der 3. ordentlichen Generalversammlung des EdED; Protokoll Gründungskongreß des Deutschen Gewerkschaftsbundes für das Gebiet der Bundesrepublik Deutschland, S. 256; Auskunft der Gedenkstätte Dachau (Albert Knoll), 3. 12. 2014; StA Karlsruhe 1/Wi-Ko-Amt Nr. 3899 [Wirtschaftskontroll-Amt], Eintrag Christian Schneider; Auskunft des StA Karlsruhe (Jürgen Schuhladen-Krämer), 2. 3. 2015.

Schrammer, Gustav*

Geburtsdatum: 17. Dezember 1888
Geburtsort: Rixdorf
Sterbedatum: bislang nicht bekannt
Sterbeort: bislang nicht bekannt
Beruf: Schlosser
Partei: vor 1933 SPD

Funktionen vor 1933: seit 1918 Mitglied des DEV; später Übernahme verschiedener Funktionen im DEV bzw. ab 1925 EdED, u. a. führendes Mitglied des Betriebsrates und Vertrauensmann im Reichsbahnausbesserungswerk Berlin-Tempelhof.

Verfolgung – Widerstand – Emigration: laut „Organisationsplan" von Hans Jahn vom 1. März 1936 „Ersatzmann" für den Gaugrafen Karl Pieper in der EdED-Widerstandsgruppe im „10. Gau Brandenburg. Vorort Berlin"; 1937 festgenommen und sechs Monate in Untersuchungshaft wegen des „Verdachts auf Hochverrat“; soll illegale Aktivitäten im Rahmen des EdED-/ITF-Widerstandes organisiert haben; nahm an der illegalen Konferenz in Roskilde („Roskilder Konferenz“, Dänemark, April 1935) teil.

Funktionen nach 1945: arbeitete auch nach 1945 im Reichsbahnausbesserungswerk Berlin-Tempelhof und übernahm dort gewerkschaftliche Funktionen, u. a. Betriebsratsvorsitzender (1947/48); 1947 bei der Betriebsratswahl für die Reichsbahndirektion Berlin in den Hauptbetriebsrat und zu dessen Zweitem Vorsitzenden gewählt; ab 30. März 1947 Mitglied des Organisationskomitees des FDGB von Groß-Berlin und zugleich Mitglied des Erweiterten Vorstandes der IG Eisenbahn im FDGB von Groß-Berlin; u. a. Wahrnehmung anderer gewerkschaftlicher Funktionen, so z. B. Delegierter der IG Eisenbahn für die Groß-Berliner Delegiertenkonferenz des FDGB; 1948 war Schrammer auf der Vorschlagsliste für die Betriebsrätewahl der UGO genannt als Hauptbetriebsrat und Werkmeister; zeitweise Mitglied des Bezirksbetriebsrates.

Weitere Hinweise: lebte in Neukölln, Niemetzstraße 35 (Ende der 1940er-Jahre).

* AdsD, Bestand ITF, 5/ITFA, Mappe 46, „Organisations-Anlage“ von Hans Jahn über den Stand der illegalen Organisation der Eisenbahner im Deutschen Reich, o. D. [1. 3. 1936]; LAB, OMGBS, Nr. 4/27-1/4, Nr. 775038, Unterlagen der US-amerikanischen Besatzungsmacht, Schrammer, Gustav; LAB, C Rep. 910, Nr. 512 und 4192 und 462, Unterlagen zur Tätigkeit im FDGB Berlin bzw. zur Betriebsrätearbeit; LAB, C Rep. 303, Nr. 3914, Unterlagen der Reichsbahndirektion Berlin; LAB, C Rep. 910 Nr. 3914, UGO-Vorschlageliste; BLHA, 862 Reichsbahndirektion Cottbus, Nr. 30673, Amtsblatt der Reichsbahndirektion Cottbus Nr. 13 vom 25. 9. 1947, S. 60; Klassengegner sind nicht tot, in: Neues Deutschland, 1. 4. 1947, S. 2.

Schröder, Karl*

Geburtsdatum: 25. Juni 1892
Geburtsort: Battenhausen
Sterbedatum: bislang nicht bekannt
Sterbeort: bislang nicht bekannt
Beruf: Schmied
Partei: vor 1933 SPD

Funktionen vor 1933: verschiedene Funktionen im EdED (Verbandsbezirk Kassel); 1931 Delegierter der 3. ordentlichen Generalversammlung des EdED.

Verfolgung – Widerstand – Emigration: wegen „staatsfeindlicher Gesinnung“ am 1. April 1933 aus dem Dienst bei der Deutschen Reichsbahn-Gesellschaft entlassen; vom 1. bis 12. August 1933 aus gleichem Grund im Polizeigefängnis Kassel in Haft.

Funktionen nach 1945: bislang nicht bekannt.

Weitere Hinweise: lebte nach 1946 in Bad Wildungen; später zog er nach Emdenau.

* HHStAW, Datenbank „Widerstand und Verfolgung in Hessen“, Ident-Nr.: 7377; Protokoll über die Verhandlungen der 3. ordentlichen Generalversammlung des EdED.

Schröder, Willi*

Geburtsdatum: 9. Februar 1897

Geburtsort: Schorrentin-Malchin

Sterbedatum: 27. Oktober 1944

Sterbeort: KZ Sachsenhausen

Beruf: Hilfsarbeiter, u. a. Fensterputzer, Bote

Partei vor 1933: ab ca. 1917/18 USPD; ab 1920 KPD

Funktionen vor 1933: seit 1919 Vertrauensmann und später auch Betriebsrat in der Güterabfertigung des Bahnhofs Rostock; 1922/23 Bezirksbetriebsrat Reichsbahndirektion Schwerin; 1922/23 Mitglied des Vorstandes des DEV in Rostock; 1922/23 und später zeitweise Stadtverordneter Rostock; 1927–1933 Mitglied des Landtages von Mecklenburg-Schwerin; ab Juli 1929 Zweiter stellvertretender Landtagspräsident in Mecklenburg; Übernahme zahlreicher parteipolitischer Funktionen, u. a. Mitglied der erweiterten Bezirksleitung der KPD.

Verfolgung – Widerstand – Emigration: am 9. September 1933 verhaftet, im Anschluss Untersuchungshaft bis zum Beginn des Prozesses am 2. April 1935; Urteil: drei Jahre Zuchthausstrafe; 1935–1937 im Gefängnis bzw. Zuchthaus Dreibergen-Bützow inhaftiert, anschließend im Juni 1937 in das KZ Sachsenhausen überführt (Häftlingsnummern: 325, 10780; u. a. Blockältester in Block 24); angeblich im Krankenbau des KZ Sachsenhausen am 15. Oktober 1944 seinen Verletzungen erlegen; nach Angaben in anderer Quelle am 27. Oktober 1944 im KZ Sachsenhausen ermordet.

Funktionen nach 1945: –

Weitere Hinweise: am 16. Oktober 1923 wegen „Vorbereitung zum Hochverrat“ verhaftet, nach neun Monaten Untersuchungshaft 1924 zu vier Jahren Zuchthausstrafe verurteilt, im Anschluss Inhaftierung im Zuchthaus Brandenburg a. d. Havel (1924–1927); durch die Haft ab 1923/24 Ausscheiden aus den Dienstverhältnis bei der Deutschen Reichsbahn-Gesellschaft; 1927–1929 Gauleiter des RFB in Mecklenburg bis zu dessen Verbot, im Anschluss Weiterarbeit im illegalen RFB.

* SAPMO-BArch, Widerstandskartei, Schröder, Willi; LHA Schwerin Altaktenbestand der Reichsbahndirektion Schwerin 9.2-17, Nr. 1101 (1922); Kraushaar, Deutsche Widerstandskämpfer 1933–1945, Bd. 2, S. 208 ff.; Betriebsschule des VEB Seehafen Rostock (Hrsg.), Willi Schröder. Leben und Wirken eines Kommunisten, Rostock 1979; Schumacher (Hrsg.), M. d. L. Das Ende der Parlamente, S. 146; Andreas Krejci, Schröder, Willi (1897–1944), in: Mielke (Hrsg.), Gewerkschafter in den Konzentrationslagern Oranienburg und Sachsenhausen, Bd. 1, S. 272–273; Weber/Herbst, Deutsche Kommunisten, 1. Aufl. 2004, S. 704.

Schrödter, Willi*

Geburtsdatum: 4. Januar 1889

Geburtsort: Cottbus

Sterbedatum: 24. Februar 1958

Sterbeort: Cottbus
Beruf: Maschinenschlosser
Partei: ab 1928 SPD
Funktionen vor 1933: ab 1907 Mitglied des DMV, 1919 Übertritt zum DEV; 1922 Übertritt zum AEV; 1925 Übertritt zum EdED; mehrere Jahre Mitglied des Betriebsrates im Reichsbahnausbesserungswerk Cottbus; Mitglied des Vorstandes der EdED-Ortsgruppe Cottbus.
Verfolgung – Widerstand – Emigration: Teilnehmer der Konferenz in Roskilde („Roskilder Konferenz“, Dänemark, April 1935), erhielt das Geld dafür wohl von Bode; aus dem Lebenslauf: Cottbuser EdED-Ortsgruppe habe frühzeitig registriert, dass sie bei einer Machtübernahme der Nationalsozialisten verfolgt würden und richtete sich auf illegale Arbeit ein: „Die Ereignisse überschlugen sich ja dann und durch die sogenannte Gleichschaltung wurden uns ja sämtliche Grundlagen genommen. Trotz alledem versuchten wir, Wilhelm Bode, [...] Hans Jahn, ich u. a. eine neue Organisation aufzuziehen. Was uns auch z. T. gelang“; die illegale Arbeit wurde auch fortgeführt, nachdem die Aktiven im Westen Deutschlands verhaftet wurden; nachdem Jahn aus Deutschland geflüchtet war, wurde die Verbindung durch Mittelsmänner aufrecht gehalten; berichtet von der „Roskilder Konferenz“ im April 1935 in Dänemark, dass insgesamt etwa 100 Vertreter aus Deutschland, England, Frankreich, Belgien, Holland und anderen Ländern teilnahmen; eine Weiterarbeit der illegalen Gruppe während des Krieges konnte nicht nachgewiesen werden und so – Zitat – „kamen wir mit Gefängnis- und Zuchthausstrafen davon“; betrieb auch illegale Arbeit für SPD; gibt an, dass er und Bode nach Beschlagnahmung der Gewerkschaften von Jahn den Auftrag erhielten, die Gewerkschaft illegal fortzuführen. „Wir gingen sofort dazu über in den einzelnen Orten der Prov. Brandenburg u. Schlesien Stützpunkte aufzustellen [...].“; und weiter führt er aus: „Schon Weihnachten 1933 waren wir soweit, daß Bode u. ich, sowie 17 Vertreter aus dem übrigen Deutschland, an einer Tagung, der Internationalen Transportarbeiter-Föderation [...] in Amsterdam teilnehmen konnten.“ [damit könnte eine in BArch, R 58/3400 Bl. 28 erwähnte Tagung der illegalen Gewerkschaften Deutschlands gemeint sein, die allerdings am 22. Dezember 1934 stattfand]; es folgten weitere Sitzungen in Antwerpen und Kopenhagen; der Fund von Adressen und Material beim Einmarsch deutscher Truppen im Westen 1940 wird von ihm erwähnt; daran schlossen sich dann angeblich 500 (!) Verhaftungen von „Mitgliedern unserer Organisation“ an; er erläutert auch die Ziele, die die Gruppe mit ihrer Arbeit verfolgt habe: u. a. Erhalt des internationalen Gedankens, Sabotage in Form von Krankmachen und Vergeudung von „Sparmetallen“; Überwachung des Güterverkehrs, „vor allem aber Aufklärung unter die Bevölkerung gegen die Göbbels’sche Propaganda“; nach Angaben von Hans Jahn in der „Organisationsskizze“ von Ende 1938 „Erster Vertreter“ von Wilhelm Bode im Bezirk „Vorort: Cottbus. Bezirk Lausitz-Schlesien“ der illegalen „Organisation“; Verhaftung am 7./8. August 1940 in Cottbus durch die Gestapo; vom 8. August 1940 bis Dezember 1940 im Polizeigefängnis Cottbus; anschließend von Dezember 1940 bis September 1941 im Polizeigefängnis Düsseldorf inhaftiert (am 10. September 1940 wurde durch die Gestapo

Düsseldorf bis auf Weiteres „Schutzhaft“ angeordnet; ab 14. Januar 1941 gab es einen offiziellen Haftbefehl); am 24. Oktober 1941 durch den Zweiten Strafsenat des OLG Hamm (Westf.) wegen „Vorbereitung zum Hochverrat“ – unter Anrechnung von 14 Monaten Untersuchungshaft – zu eineinhalbjähriger Gefängnisstrafe, 3 Jahre Ehrverlust und anschließender Polizeiaufsicht verurteilt; von Dezember 1941 bis Februar 1942 im Strafgefängnis Berlin-Tegel inhaftiert; am 10. Februar 1942 Überstellung in das Polizeigefängnis Düsseldorf; Gestapo nahm von weiterer „Inschutzhaftnahme“ Abstand; unterzeichnete am 12. Februar 1942 Erklärung, mit der er sich verpflichtete, jeden Kontakt mit Anhängern „staatsfeindlicher Organisationen“ zu vermeiden; ab 15. April 1945 bis Kriegsende im „Volkssturm“.

Funktionen nach 1945: machte sich nach der Befreiung als Schlosser selbstständig mit einem kleinen Handwerksbetrieb; 1947 Rückkehr als Werkmeister in das Reichsbahnausbesserungswerk Cottbus, dort nach kurzer Zeit zum Mitglied der Betriebsgewerkschaftsleitung gewählt; ab 1950 zum Abteilungsleiter der Z-Abteilung im Reichsbahnausbesserungswerk befördert.

Weitere Hinweise: Mitglied des „Arbeitergesangvereins“; Vorsitzender des Volkschors in Cottbus und Vertreter der Konsumverkaufsstelle; zeitweise im „Stahlhelmbund“ (1923); später Mitglied der „Eisernen Front“; seit 23. März 1915 mit Klara Schrödter, geborene Broll (geb. 27. Mai 1888, gest. 28. September 1979) verheiratet; hatten eine Tochter, die am 15. Februar 1945 beim Bombenangriff auf Cottbus im Alter von 23 Jahren ums Leben kam; durch Ehefrau Klara Schrödter bei illegaler Arbeit unterstützt; wohnte in Cottbus, Striesowerweg 25 (Anfang der 1940er-Jahre).

* LAV NRW R, RW 58, Nr. 9364, Anklageschrift und Urteil des OLG Hamm in der Strafsache gegen Willi Schrödter, 24. 10. 1941 (in den Gerichtsunterlagen von Paul Haltenhof); BArch, R 3017/29433, Bl. 4, „Organisationsskizze“ von Hans Jahn, 1. 12. 1938; LAV NRW R, RW 58, Nr. 35249, Unterlagen der Gestapo Düsseldorf; BArch, R 58/3399, Bl. 55, Unterlagen zur Verfolgung und SAPMO-BArch, DY 55/V 278/2/109, Generalsekretariat VVN (Hochschulgruppen), Fragebogen Willi Schrödter; BArch, R 3017/29429, Unterlagen im Zusammenhang mit dem Strafverfahren gegen Wilhelm Bode und andere; BLHA Rep. 801, Rat des Bezirks Cottbus, VdN-1893, VdN-Akte von Willi Schrödter; Esters/Pelger/Schlingensiepen, Gewerkschafter im Widerstand, S. 43; Auskunft des StA Cottbus (Udo Bauer), 29. 5. 2015.

Schüler, Karl*

Geburtsdatum: 19. Januar 1884
Geburtsort: Bossdorf (bei Belzig)
Sterbedatum: bislang nicht bekannt
Sterbeort: bislang nicht bekannt
Beruf: Bauarbeiter; Werkhelfer
Partei: vor 1933 SPD; ab 1945 SPD

Funktionen vor 1933: März bis Mai 1933 Stadtverordneter in Berlin; Mitglied des EdED-Ortsvorstandes Berlin (auf der Generalkonferenz der Ortsgruppe Berlin am 22. Februar 1927 in den Ortsvorstand gewählt; zu diesem Zeitpunkt Rangierer in der Bahnstation Berlin-Köpenick); außerdem Fachgruppenleiter V (Rangierpersonal) der EdED-Ortsverwaltung Berlin; arbeitete im Reichsbahnausbesserungswerk Berlin-Grunewald und auf dem Bahnhof Köpenick und übernahm dort ebenso gewerkschaftliche Funktionen.

Verfolgung – Widerstand – Emigration: verlor wegen „Verdachts einer staatsfeindlichen Einstellung" seinen Arbeitsplatz als Werkhelfer bei der Deutschen Reichsbahn-Gesellschaft (war bis Oktober 1934 erwerbslos); am 21. August 1944 im Zusammenhang mit der „Aktion Gewitter" verhaftet und in das KZ Sachsenhausen verschleppt (Häftlingsblock 44); aus dem KZ am 19. September 1944 entlassen.

Funktionen nach 1945: bislang nicht bekannt.

Weitere Hinweise: 1954 teilte der Vorstand der Deutschen Bundesbahn mit, dass er entschädigt werde, da die Entlassung im Jahr 1933 rechtswidrig gewesen sei; war nach 1945 als Heizer und Maurer im Gebäude der Zeitschrift „Telegraf" in Berlin (West) beschäftigt.

* AS, D1A/1044, Bl. 32; AS, JSU 1/100, Bl. 225; AS, JSU 1/99, Bl. 202; KrArch Potsdam-Mittelmark, Standesamt Niemegk, Geburtenregister Nr. A-9/1884: Schüler, Karl; LABO, Reg.-Nr. 27152, Entschädigungsakte von Karl Schüler, Wiedergutmachungsbescheid der Deutschen Bundesbahn, 28. 4. 1954; Verein Aktives Museum e. V. (Hrsg.), Vor die Tür gesetzt. Im Nationalsozialismus verfolgte Stadtverordnete und Magistratsmitglieder 1933–1945, Berlin 2006, S. 343; Gottwaldt, Eisenbahner gegen Hitler, S. 299; Auskunft des KrArch Potsdam-Mittelmark (Anja Heber), 29. 3. 2016.

Schulz, Hermann*

Geburtsdatum: 6. Dezember 1879
Geburtsort: Rotenburg a. d. Oder (Kreis Grünberg; heute: Czerwieńsk)
Sterbedatum: 11. März 1935
Sterbeort: Cottbus
Beruf: Werkhelfer; später Wäschevertreter
Partei: vor 1933 SPD

Funktionen vor 1933: ab 1. März 1921 Angestellter des DEV bzw. ab 1925 des EdED in Cottbus; zeitweise Stadtverordneter; 1905–1907 Kassierer für die SPD in Grünberg bzw. Freystadt.

Verfolgung – Widerstand – Emigration: Mitte 1933 aus der hauptamtlichen gewerkschaftlichen Tätigkeit entlassen; Schulz soll nach Angaben der Gestapo seine Freifahrten der Bahn genutzt haben, um für Albert Schmidt Kurierdienste durchzuführen – für diese Behauptung gibt es allerdings keinerlei Belege.

Funktionen nach 1945: –

Weitere Hinweise: verheiratet seit 1904 mit Anna Schulz, geborene Heine (Eheschließung erfolgte in Grünberg, Schlesien); zuletzt wohnhaft in Cottbus, Kaiser-Friedrich-Straße 125 (Anfang der 1930er-Jahre); 1934 im Cottbuser Adressbuch als „Vertreter" eingetragen.

* SAPMO-BArch, Widerstandskartei, Hermann Schulz; BArch, R 58/3327, Bl. 28, Unterlagen zur Verfolgung; StA Cottbus, Reg.-Nr.: 213/1935, Angaben zum Sterbefall Schulz, Hermann; Handbuch des Vereins Arbeiterpresse, 2. Aufl. 1927, S. 259; Auskunft des StA Cottbus (Evelyn Hentschel), 29. 3. 2016.

Schulz, Karl*

Geburtsdatum: 10. Mai 1900
Geburtsort: Münchowshof (später Thurow, Kreis Neustettin, Provinz Pommern)
Sterbedatum: 18. Dezember 1981
Sterbeort: Manderscheid (Landkreis Bernkastel-Wittlich)
Beruf: Eisenbahnbetriebsassistent; Gewerkschaftssekretär
Partei: vor 1933 SPD
Funktionen vor 1933: 1919 Bevollmächtigter des DEV und Vorsitzender des ADGB-Ortsausschusses in Ratzebuhr (Pommern); 1923–1925 DEV-Vorsitzender und ADB-Vorsitzender in Glogau; ab 1. Mai 1925 Sekretär des EdED und Vorsitzender des ADB-Ausschusses in Trier; Übernahme mehrerer Funktionen für die SPD, u. a. 1930 Reichstags- und Stadtratskandidat.
Verfolgung – Widerstand – Emigration: 1933 aus politischen Gründen erwerbslos; weitere Hinweise auf Verfolgung und Widerstand sind bislang nicht gegeben.
Funktionen nach 1945: ab 1948 Leiter des Arbeiterdezernates der Eisenbahndirektion Trier; seit 1960 bei der Reichsbahndirektion beschäftigt.
Weitere Hinweise: 1929 Vorsitzender des „Reichsbanners Schwarz-Rot-Gold" in Trier; war während des NS-Regimes zeitweise als Baustoffvertreter tätig und Besitzer einer Leihbücherei in Trier-Ehrang; war bis 1947 in Kriegsgefangenschaft.

* Handbuch des Vereins Arbeiterpresse, 2. Aufl. 1927, S. 579; Edgar Christoffel, Der Weg durch die Nacht. Verfolgung und Widerstand im Trierer Land während der Zeit des Nationalsozialismus, Trier 1983; Eberhard Klopp, Geschichte der Trierer Arbeiterbewegung: ein deutsches Beispiel, Bd. 3: Kurzbiographien 1836–1933, Trier 1979, S. 114.

Schulz, Walter*

Geburtsdatum: bislang nicht bekannt
Geburtsort: bislang nicht bekannt
Sterbedatum: vermutlich November/Dezember 1944
Sterbeort: Königsberg

Beruf: Eisenbahnarbeiter

Partei: vor 1933 KPD

Funktionen vor 1933: Funktionär des „Revolutionären Eisenbahnerverbandes" („Roter Verband" der RGO) in Königsberg und Umgebung; zeitweise Mitglied des Hauptbetriebsrates (Betriebsarbeiter) der Deutschen Reichsbahn-Gesellschaft.

Verfolgung – Widerstand – Emigration: Mitglied der Widerstandsgruppe „Revolutionärer Eisenbahnerverband" (RGO); Kontakte zur DMV-Widerstandsgruppe um Anastasius Grunwald in Königsberg (in einem Tabakladen sollen illegale Aktivitäten vorbereitet worden sein); besaß selbst einen Tabakladen, der für politische Arbeit (Informationsaustausch etc.) genutzt wurde, dort u. a. Zusammenarbeit mit Max Jeremias (Meiningen); er gab Jeremias wohl die „politischen Losungen"/Informationen weiter, die dieser in seiner damaligen Arbeitsstelle (Holzfaserfabrik „Krages und Kriete") für Propagandaarbeit nutzte; wird auch von Max Hanf als Kontaktmann in Königsberg angegeben.

Funktionen nach 1945: –

Weitere Hinweise: nach Angabe von Max Jeremias „ist [Gen. Walter Schulz] in den Trümmern begraben"; an anderer Stelle (Bericht über seine sechsmonatige „Schutzhaft" im Gefängnis Königsberg) jedoch Angabe, „der Gen. Walter Schulz wurde totgeschlagen"; nach Angaben von Max Hanf aus dem Jahr 1948 hat auch dieser mit ihm zusammengearbeitet.

* SAPMO-BArch, DY 55/V 278/4/122, VVN-Bogen Max Jeremias; LAB C Rep. 118-01, Nr. 3113, OdF-Akte von Maria und Ernst General; SAPMO-BArch, RY 1/I2/3/149, Bl. 59 ff. (hier Bl. 60), Brief von Anastasius Grunwald an die SED, 3. 8. 1948; Protokoll der Verhandlungen des Ersten Reichskongresses der Betriebsräte Deutschlands: abgehalten vom 5. bis 7. Oktober 1920 zu Berlin; Erster Reichsbetriebsräte-Kongress für die Metallindustrie: abgehalten vom 5. bis 7. Dezember 1921 in Leipzig, Bonn 1981, S. 11; Julia Pietsch/Nina Roth, Anastasius Grunwald (1890–1958), in: Mielke/Heinz (Hrsg.) unter Mitarb. von Goers, Funktionäre des Deutschen Metallarbeiterverbandes im NS-Staat, S. 273–285, hier S. 279.

Schulze, Albert*

Geburtsdatum: 18. Juli 1891

Geburtsort: Klosterdorf (heute: Gemeinde Oberbarnim im Amt Märkische Schweiz)

Sterbedatum: bislang nicht bekannt

Sterbeort: bislang nicht bekannt

Beruf: Auswäscher; tätig u. a. als (angelernter) Betriebsarbeiter

Partei: vor 1933 SPD; 1945 SPD; ab 1946 SED

Funktionen vor 1933: seit 1912 Mitglied des DEV; soll zeitweise Betriebsrat bei der Deutschen Reichsbahn-Gesellschaft gewesen sein; spätestens ab 1927 Mitglied des Ortsvorstandes des EdED in Berlin (bei der Generalversammlung der Ortsgruppe Berlin des EdED am 22. Februar 1927 gewählt) war zugleich Leiter des Kreises 5 in der EdED-Ortsverwaltung Berlin; nach Aussage von Hans Jahn Mitglied des ADGB-Ortsausschusses in Berlin; 1927 Delegierter des 2. Bundeskongresses des ADB; 1928 Teilnehmer der 2. und 1931 der 3. ordentlichen Generalversammlung des EdED.

Verfolgung – Widerstand – Emigration: im Rahmen der EdED-Widerstandsgruppe „Verbindungsmann" von Hans Jahn in Berlin.

Funktionen nach 1945: ab August 1945 Vorsitzender der Ortsgruppe Berlin der Abteilung Eisenbahn im Verband für Eisenbahn, Post und Fernmeldewesen; ab Dezember 1945 zugleich Mitglied der Leitung der Abteilung Eisenbahn des Vorstandes des Verbandes für Eisenbahn, Post- und Fernmeldewesen; 1945 Wahl zum Ersten Vorsitzenden der IG Eisenbahn Groß-Berlin (1948 in gleicher Funktion wiedergewählt); im Juli 1949 Rücktritt aus gesundheitlichen Gründen); 1947 bei der II. Stadtdelegiertenkonferenz des FDGB Groß-Berlin in dessen Vorstand als Vertreter der IG Eisenbahn gewählt.

Weitere Hinweise: lebte 1948 in Berlin-Johannisthal, Ostmarkstraße 23.

* PA Siegfried Mielke, Berlin, Schreiben des FDGB an Siegfried Mielke, 30. 1. 1986; LAB OMGBS 4/27-1/4, Unterlagen zur Verfolgung; BArch, R 58/3392, Bl. 170, Unterlagen zur Verfolgung; Der Eisenbahner (SBZ), 2 (1948) 6, S. 23; Der Eisenbahner, 3 (1949) 7, S. 23; Geschäftsbericht 1927 der Ortsgruppe Berlin des EdED, Berlin o. J.; Protokoll über die Verhandlungen der 2. ordentlichen Generalversammlung des EdED; Protokoll über die Verhandlungen der 3. ordentlichen Generalversammlung des EdED; Mielke/Frese (Bearb.), Die Gewerkschaften im Widerstand und in der Emigration, S. 238; Tätigkeitsbericht der IG Eisenbahn Groß-Berlin 1946/47, Berlin o. J.; Auskunft der Stadtverwaltung Strausberg (FB Zentrale Dienste, von Petra Ruschig), 29. 3. 2016.

Schulze, Paul*

Geburtsdatum: 30. Januar 1896

Geburtsort: Klotzsche (bei Dresden)

Sterbedatum: 15. Mai 1943

Sterbeort: Berlin

Beruf: Eisenbahner

Partei: vermutlich SPD

Funktionen vor 1933: Gewerkschaftsfunktionär der Sächsischen Staatseisenbahnverwaltung, bis er hauptamtlich für den DEV tätig wurde; vom 1. Januar 1920 bis 31. Januar 1925 Bezirkssekretär und Vorstandsmitglied des EdED, Landesstelle Sachsen, anschließend Verbandssekretär beim Hauptvorstand des EdED in Berlin, Redakteur des Verbandsorgans „Der Eisenbahner"; später (auch) Schriftleiter der Beamtenzeitschrift des EdED; 1928 Teilnehmer der 2. und 1931 der 3. ordentlichen Generalversammlung des EdED.

Verfolgung – Widerstand – Emigration: am 7. August 1933 fristlos entlassen; Inhaftierung im KZ Sachsenhausen („Schutzhäftling"; Häftlings-Nr.: 1762); am 30. September 1939 „Überführungs-Anweisung" der „Politischen Abteilung" und am 2. Oktober 1939 Entlassung (aus Block 37); wohin man Schulze „überführte", ist nicht bekannt.

Funktionen nach 1945: –

Weitere Hinweise: soll in seiner Wohnung durch Angehörige der SA ermordet worden sein.

* AS, D 1 A/1022, Bl. 129 und D 1 A/1024, Bl. 329, Unterlagen zur Inhaftierung im KZ Sachsenhausen; Protokoll über die Verhandlungen der 2. ordentlichen Generalversammlung des EdED; Protokoll über die Verhandlungen der 3. ordentlichen Generalversammlung des EdED; Gottwaldt, Eisenbahner gegen Hitler, S. 46.

Schuster, Paul*

Geburtsdatum: 9. September 1894
Geburtsort: Tunzenhausen (Kreis Weißensee)
Sterbedatum: 1. März 1967
Sterbeort: Weimar
Beruf: Eisenbahner
Partei: USPD; ab 1920 KPD; ab 1945 KPD; ab 1946 SED
Funktionen vor 1933: zunächst gewerkschaftlich organisiert im DMV; ab 1925 Übernahme von Funktionen im EdED.
Verfolgung – Widerstand – Emigration: betätigte sich in illegalen gewerkschaftlichen, aber auch parteipolitischen kommunistischen Strukturen (u. a. Gruppe Schindler-Rolle, 1933; Gruppe um Paul Hockarth und Karl Berchart); zeitweise Leiter des Unterbezirks Weimar der illegalen KPD; am 2. Mai 1933 im Zusammenhang mit der Zerschlagung der Freien Gewerkschaften festgenommen; ab 8. Mai 1933 „Schutzhaft" im KZ Bad Sulza; am 7. September 1934 vom OLG Jena zu vier Jahren Zuchthausstrafe verurteilt; ab 16. September 1938 in Haft, zeitweise in den Strafanstalten Gräfentonna, Amberg und Halle; anschließend im Emslandlager und im KZ Buchenwald (Häftlings-Nr.: 2223) inhaftiert (bis Ende September 1943).
Funktionen nach 1945: amtierte als Stadtrat für Wohnungsbau in Weimar.
Weitere Hinweise: ab 1958 ehrenamtlicher Besucherführer in der Nationalen Mahn- und Gedenkstätte Buchenwald.

* SAPMO-BArch, Widerstandskartei, Paul Schuster; SAPMO-BArch, DY 55/V 278/5/33-4, Unterlagen zur Verfolgung; BArch, NJ 5917, Unterlagen der NS-Justiz; SAPMO-BArch, DY 55/V 287/481, Unterlagen zur Verfolgung; THStA Weimar, Rat des Bezirks Erfurt, Abt. Gesundheitswesen, VdN-Akte von Paul Schuster; THStA Weimar, Thüringisches Justizministerium Nr. 1306, Bl. 15–56; Heimatgeschichtlicher Wegweiser zu Stätten des Widerstandes und der Verfolgung 1933–1945. Bd. 8: Thüringen, hrsg. vom Studienkreis zur Erforschung und Vermittlung der Geschichte des Widerstandes 1933–1945, Redaktion: Ursula Krause-Schmitt und andere, Frankfurt a. M. 2003, S. 275.

Schweizer, Eugen*

Geburtsdatum: 8. Januar 1902
Geburtsort: Kemnat

Sterbedatum: 25. Mai 1991
Sterbeort: Ostfildern-Kemnat
Beruf: Steindruckerhandwerk
Partei: vor 1933 SPD
Funktionen vor 1933: gehörte dem Steindruckerverband an; war aber offenbar kein Funktionär.
Verfolgung – Widerstand – Emigration: betätigte sich in illegalen Strukturen der EdED-Widerstandsgruppe um Karl Molt; im Juli 1938 festgenommen und am 24. November 1939 vom VGH wegen „Nichtanzeige eines hochverräterischen Vorhabens" – insbesondere im Zusammenhang mit den Aktivitäten von Jakob Müller aus Friedrichshafen – zu einer Gefängnisstrafe von einem Jahr und drei Monaten verurteilt: „Da von jedem Volksgenossen erwartet wird, daß er ein zu seiner Kenntnis gelangtes Vorhaben des Hochverrats bei der zuständigen Behörde zur Anzeige bringt, um so die Abwendung der der Volksgemeinschaft drohenden Gefahren zu ermöglichen, war es doppelte Pflicht der drei Angeklagten [Friedrich] Mößner, [Reinhold] Beck und Schweizer, den Emigranten Molt und seinen inländischen Hauptfunktionär [Fridolin] Endraß, die sich ihnen in so staatsgefährlicher Weise genähert hatten, unverzüglich der Polizei zu melden. Eine erfolgreiche Abwehr hochverräterischer Umtriebe setzt ein energisches Vorgehen gegen Verletzungen dieser Anzeigepflicht voraus. Ein besonders schwerer Fall im Sinne des § 139 Abs. II StGB. liegt jedoch nicht vor. [...] In Würdigung aller dieser Strafmessungsgründe erschien eine Gefängnisstrafe von 1 Jahr und 3 Monaten für jeden der drei Angeklagten als gerechte und dem Schutzbedürfnis der deutschen Volksgemeinschaft entsprechende Sühne." (Urteil, Bl. 25 f.); durch die lange Untersuchungshaft galt die Strafe als bereits verbüßt.
Funktionen nach 1945: bislang nicht bekannt.
Weitere Hinweise: seit 1933 Mitglied der DAF; war verheiratet.

* Urteil des VGH 6J243/39-1H51/39 gegen Jakob Müller, Friedrich Mößner, Reinhold Beck und Eugen Schweizer, 24. 11. 1938, in: Nationalsozialismus, Holocaust, Widerstand und Exil 1933–1945, Online-Datenbank; Mielke/Frese (Bearb.), Die Gewerkschaften im Widerstand und in der Emigration, S. 405; Gottwaldt, Eisenbahner gegen Hitler, S. 163; Rolf Bidlingmaier, Kemnat in der Zeit des Nationalsozialismus. Ostfildern 2000, S. 29; Auskunft des StA Ostfildern (Jochen Bender), 5. 4. 2016.

Seeger, Otto*

Geburtsdatum: 18. Juli 1900
Geburtsort: Woltersdorf
Sterbedatum: 24. Dezember 1976
Sterbeort: Plaue
Beruf: Installateur

Partei: ab 1919 USPD; ab 1920 KPD; ab 1945 KPD; ab 1946 SED

Funktionen vor 1933: 1922–1930 Mitglied der Ortsverwaltung des DEV bzw. des EdED in Kirchmöser; Betriebsrat im Reichsbahnausbesserungswerk Brandenburg-West in Kirchmöser (bis 1933), dort Leiter der Betriebszelle der KPD; ab 1928/29 Funktionär der RGO; ab 1922 Leiter der Ortsgruppe Plaue der KPD (vorher Kassierer); 1929–1933 Stadtverordneter in Plaue; zeitweise Abgeordneter des Kreistags in Westhavelland; Mitglied des Provinziallandtages Brandenburg; 1932/33 Pol.-Leiter des Unterbezirks Brandenburg der KPD.

Verfolgung – Widerstand – Emigration: entzog sich einer Verhaftung Anfang März 1933 durch Untertauchen; Mitglied der ersten illegalen Unterbezirksleitung der KPD in Brandenburg; Mitglied der kommunistischen Gruppe im Lager VI Oberlangen bei Papenburg; 1936–1945 antifaschistische Gruppe bei der „Adam Opel AG" (Werk Brandenburg), Austausch von Informationen vor allem auch mithilfe der ausländischen Zwangsarbeiter (im Gegenzug Hilfe mit Lebensmitteln und Kleidung); erstmalig am 9. Mai 1933 verhaftet, Urteil durch Kammergericht Berlin wegen „Vorbereitung zum Hochverrat" zu einem Jahr und neun Monaten Zuchthaus; Strafverbüßung/Inhaftierung: 20. Juni bis 9./13. August 1933 im KZ Oranienburg, von Ende August 1933 bis Mai 1935 in Haft im Gerichtsgefängnis Oranienburg, danach Untersuchungshaftanstalt Berlin-Moabit, im Zuchthaus Tegel und im Strafgefangenenlager Oberlangen a. d. Ems; weitere Verhaftung am 22. August 1944 im Rahmen der „Aktion Gewitter"; Inhaftierung im Außenlager Berlin-Haselhorst (Siemens Kabelwerk) des KZ Sachsenhausen, am 7. Dezember 1944 nach einer „Anforderung" der „Adam Opel AG" entlassen.

Funktionen nach 1945: Mitarbeit am Wiederaufbau der KPD in seiner Heimatstadt; Mai bis September 1945 Stadtrat in Plaue; anschließend Erster Sekretär der KPD-Kreisleitung Westhavelland in Rathenow, später in gleicher Funktion für die SED; ab Mai 1947 Instrukteur beim SED-Landesverband Brandenburg; ab 1948 Mitglied des Vorstandes des FDGB Brandenburg; 1949–1951 Vorsitzender der IG Eisenbahn Brandenburg; 1951–1953 Vorsitzender des Zentralvorstandes der IG Eisenbahn; zugleich Mitglied im Administrationskomitee der Internationalen Vereinigung der Transportarbeiter im Weltgewerkschaftsbund (1955–1959 Stellvertretender Vorsitzender); 1959–1963 Stellvertretender Vorsitzender Zentrale Revisionskommission des FDGB (bis 1968 Mitglied);.

Weitere Hinweise: Sportwart im Plauer Arbeitersportverein; ab 1924 Mitglied des Verbandes proletarischer Freidenker; saß zusammen mit Max Trauselt im Zuchthaus Brandenburg; 1932 gemaßregelt und entlassen.

* Brandenburger Kulturspiegel, Nr. 9/1987; Sebastian Pfotenhauer, Seeger, Otto (1900–1976), in: Mielke (Hrsg.) i. V. mit Morsch, Gewerkschafter in den Konzentrationslagern Oranienburg und Sachsenhausen, Bd. 2, S. 392–394; http://library.fes.de/FDGB-Lexikon/rahmen/lexikonframe.html, Arbeitsversion 2005.

Seibert, Heinrich*

Geburtsdatum: 30. Mai 1899
Geburtsort: Arheilgen (heute: Darmstadt)
Sterbedatum: 20. Juni 1968
Sterbeort: Darmstadt
Beruf: Schlosser
Partei: vor 1933 SPD

Funktionen vor 1933: Übernahme verschiedener Funktionen im EdED, u. a. in den 1920er-Jahren zeitweise als Gewerkschaftssekretär des EdED tätig (in Essen und Mainz); zeitweise Vorsitzender der SPD in Mainz.

Verfolgung – Widerstand – Emigration: laut „Organisationsplan" von Hans Jahn vom 1. März 1936 „Ersatzmann" für den Gaugrafen Heinrich Engel in der EdED-Widerstandsgruppe im „2. Gau Hessen-Nassau. Vorort Darmstadt; im Juli 1940 von der Gestapo Darmstadt festgenommen, vernommen und anschließend zwei Wochen in Haft wegen des Verdachts auf illegale Tätigkeit; kam wieder auf freien Fuß, da ihm eine illegale Tätigkeit nicht nachzuweisen war.

Funktionen nach 1945: bislang nicht bekannt.

Weitere Hinweise: verheiratet ab 5. August 1924 in Arheilgen mit Maria Seibert, geborene Schmitt (geb. 1. Februar 1897); hatte zwei Kinder; die Familie lebte bis 1948 in Darmstadt-Arheilgen, im Jahr 1948 zogen die Eheleute nach Darmstadt, Haardtring.

* SAPMO-BArch, Widerstandskartei, Heinrich Seibert; BArch, NJ 2229, Bd. 1 und 2, Unterlagen der Gestapo und NS-Justiz zur Verfolgung illegaler EdED-Strukturen (mit biografischen Angaben zu Heinrich Seibert); AdsD, Bestand ITF, 5/ITFA, Mappe 46, „Organisations-Anlage" von Hans Jahn über den Stand der illegalen Organisation der Eisenbahner im Deutschen Reich, o. D. [1. 3. 1936]; Ulrich, Politischer Widerstand gegen das „Dritte Reich", S. 93, 260; Auskunft des StA Darmstadt (Sabine Lemke), 25. 9. 2015.

Seitner, Josef*

Geburtsdatum: 22. Januar 1904
Geburtsort: Tegernsee
Sterbedatum: 14. September 1994
Sterbeort: München
Beruf: Oberkellner (bei der „Mitropa")
Partei: bislang nicht bekannt

Funktionen vor 1933: bislang nicht bekannt.

Verfolgung – Widerstand – Emigration: Mitglied der Widerstandsgruppe um Franz Faltner „Rote Rebellen"; Verhaftung am Arbeitsplatz im Mitropa-Wagen am 29. April 1935; ab 29. April 1935 „Schutzhaft" im Gefängnis München-Stadelheim; vom 16. August 1935 bis

16. Juli 1936 Untersuchungshaft im Gefängnis-Stadelheim; anschließend weitere Haftaufenthalte; am 25. März 1936 Anklage wegen „Verdachts auf Hochverrat"; soll illegale Druckschriften erhalten und versteckt haben, wo sie die Polizei im April 1935 fand; am 9. Juli 1936 vom OLG München zu einem Jahr und drei Monate Gefängnis verurteilt; unter Anrechnung der Untersuchungshaft wurde die Strafe für abgegolten erklärt; trotz Aufhebung des Haftbefehls in „Schutzhaft" im Polizeigefängnis München-Ettstraße genommen (vom 9. Juli bis 15. Juli 1936); im Anschluss bis 21. Juli 1936 in Haft im Gefängnis der Bayerischen Politischen Polizei (München, Brienner Straße); anschließend vom 22. Juli 1936 bis 6. Januar 1938 inhaftiert im KZ Dachau (Häftlings-Nr.: 10232); Verlust des Arbeitsplatzes; vom 3. Februar 1943 bis 8. Oktober 1944 in der „Strafdivision 999".

Funktionen nach 1945: bislang nicht bekannt.

Weitere Hinweise: verheiratet mit Katharina Ernst; wohnte in München, Ehrenpreisstraße 1 (Ende der 1970er-Jahre).

* StA München, EWK 78 S41, Einwohnermeldekartei: Seitner, Joseph Benedikt; Pilwousek (Hrsg.), Verfolgung und Widerstand, S. 329; Auskunft des StA München (Matthias Röth), 11. 9. 2015; Auskunft aus dem Melderegister der Landeshauptstadt München, Kreisverwaltungsreferat, 6. 10. 2015; Auskunft des Archivs der Gedenkstätte Dachau (Albert Knoll), 15. 9. 2015.

Sieber, Ernst*

Geburtsdatum: 20. Mai 1916
Geburtsort: Berlin
Sterbedatum: 14. September 1994
Sterbeort: Berlin
Beruf: Reichsbahninspektor
Partei: ab 1945 KPD; ab 1946 SED (bis 1952, ausgeschlossen)

Funktionen vor 1933: bislang nicht bekannt.

Verfolgung – Widerstand – Emigration: lernte bei seiner Ausbildung zum Supernumerar [Reichsbahninspektoranwärter] am „Stettiner Bahnhof" in Berlin (heute Nordbahnhof) John Sieg kennen; dieser führte ihn in die Widerstandsarbeit ein; ab Mitte 1939 mit Karl Hellborn und Wilhelm Guddorf in engem Kontakt; nahm mit diesen an illegalen Treffen teil; am 26. August 1939 zur Wehrmacht einberufen und in Polen, ab April 1940 in Jugoslawien, ab September 1941 in Afrika eingesetzt, im Lazarett in Griechenland; Sieber stand weiterhin mit John Sieg schriftlich in Kontakt; gab Informationen für die Zeitschrift „Die innere Front" weiter; er kam bei einem Fronturlaub durch John Sieg mit Willi Seeger und Otto Grabowski in Kontakt; ab Oktober 1942 wieder bei der Deutschen Reichsbahn tätig; stellte mit anderen illegale Klebezettel her und verklebte diese im Stadtgebiet; nach der Verhaftung John Siegs setzte er mit anderen (Max und Otto Grabowski, Erna und Heinz Plüschke, Franz Zabel, Willi Seeger, Ernst Hartwig, Kurt Hess, Karl Hellborn, Walter Glass, Vera Wulff, Lucie Nix und Charlotte Bischoff) illegale Tätigkeiten fort; „Die Innere Front" und Flugblätter für Kriegsgefangene und Zwangsarbeiter wurden in seiner Verantwortung und wesentlichen Autorenschaft in mehreren Sprachen veröffentlicht; stand auch in Kontakt mit Bernhard Bästlein und Franz Jacob; beschaffte Bernhard Bästlein mit Unterstützung von Heinz Schlichting einen Dienstausweis der Deutschen Reichsbahn sowie eine Pistole; im März 1943 erneut nach Berlin-Stahnsdorf einberufen und war seit April 1944 beim Wehrmachtsfahndungsdienst eingesetzt; in Stahnsdorf entwendete er Sprengstoff und versteckte diesen in der Laube vom Erna und Heinz Plüschke in Oranienburg; am 18. Juli 1944 in Küstrin vorläufig festgenommen; kam in das Wehrmachtsgefängnis Potsdam und danach in das „Hausgefängnis" der Gestapo (Prinz-Albrecht-Straße 8) zum Verhör; später kam er in das Untersuchungsgefängnis Berlin-Moabit; am 23. Januar 1945 vor dem VGH wegen „Vorbereitung zum Hochverrat", der „Feindbegünstigung" und des „Kriegsverrats" angeklagt und im Februar 1945 auf dem Weg ins Zuchthaus Bayreuth geflüchtet, wurde jedoch ergriffen und in das Zuchthaus Bayreuth überstellt; dort wurde Sieber mit zahlreichen anderen Häftlingen am 14. April 1945 durch Truppen der US-Armee befreit (nach Überprüfung wurde er einige Wochen später entlassen).

Funktionen nach 1945: führende Positionen in der Verkehrsverwaltung der SBZ/DDR; 1952 im Zuge einer „Parteireinigung" wegen vorgeschobener Gründe – wahrscheinlich im Zusammenhang mit der „Field-Affäre" – von seinen Funktionen entbunden und aus der SED ausgeschlossen; danach im Großhandel tätig und später Produktions- und Absatzleiter beim Präsidium der „Urania-Gesellschaft" in Berlin.

Weitere Hinweise: wohnte in Berlin-Tiergarten, Invalidenstraße 50 (Anfang der 1930er-Jahre), anschließend in Berlin-Moabit, Döberitzer Straße 1 (Anfang der 1940er-Jahre); seit 18. August 1945 verheiratet mit Hannelore Sieber, geborene Willbrandt (war Angehörige des Widerstandes im Rahmen der „Weißen Rose" Hamburg; Sieber hatte Willbrandt in Bayreuth nach der Befreiung des Zuchthauses kennengelernt (geb. 21. September 1923); beide hatten einen Sohn (die Ehe wurde am 24. September 1951 geschieden); Sieber war in seiner Jugend ab 1929 Pfadfinder („Bündische Jugend") und ab 1933 im „Jungvolk" (1934 ausgeschlossen).

* LAB, C Rep. 118-01, Nr. 8006, OdF-Akte von Ernst Sieber; GDW, RK 41798 u. 39/87 u. 41/97; Hochmuth, Illegale KPD und Bewegung „Freies Deutschland" in Berlin und Brandenburg 1942–1945, S. 238 f.; Coppi/Danyel/Tuchel (Hrsg.), Die Rote Kapelle im Widerstand gegen den Nationalsozialismus.

Sieg, Johann [auch: Sieg, John]*

Geburtsdatum: 3. Februar 1903
Geburtsort: Detroit (USA)
Sterbedatum: 15. Oktober 1942 (Suizid)
Sterbeort: Gestapo-Zentrale (Berlin, Prinz-Albrecht-Straße)

Beruf: freier Autor; Redakteur; Aushilfsarbeiter bzw. Reichsbahngehilfe

Partei: ab 1929 KPD

Funktionen vor 1933: laut den Entlassungspapieren von „Ford“ dort als gewerkschaftlicher „Agitator“ aktiv; Feuilletonredakteur der „Roten Fahne“.

Verfolgung – Widerstand – Emigration: März 1933 bis Juni 1933 Haft im SA-Gefängnis Hedemannstraße in Berlin-Kreuzberg und -Plötzensee; im Anschluss Umzug von Berlin-Reinickendorf nach -Neukölln; ab diesem Zeitpunkt im Widerstand gegen das NS-Regime; ab 1936 im Kontakt mit dem ZK-Instrukteur Heinrich Schmeer; ab 1937 bei der Deutschen Reichsbahn beschäftigt; Sieg nutzte Dienstreisen und Freifahrten, um Verbindungen zum Widerstand herzustellen, u. a. zur Hamburger Gruppe um Bernhard Bästlein; Kontakt zur illegalen KPD-Zelle (der Güterabfertigung) am Stettiner Bahnhof, dann Organisation eigener kleiner Widerstandsgruppen der Eisenbahner und über diese auch Verteilung seiner Flugblätter und Schriften; mit Wilhelm Guddorf verfasste er nach dem Überfall auf die UdSSR 1941 eine Analyse zur politischen Situation; er war Mitglied eines Freundeskreises, welcher der „Roten Kapelle“ zugerechnet wird; gab mit Herbert Grasse und Otto Grabowski die illegale Zeitung „Die innere Front“ heraus; am 11. Oktober 1942 festgenommen und misshandelt; um keine Aussagen machen zu müssen, beging John Sieg Selbstmord.

Funktionen nach 1945: –

Weitere Hinweise: kam 1912 nach Deutschland; 1920 deutsche Einbürgerung; Großvater in Westpreußen; 1923 Rückkehr in die USA; 1928 wieder nach Deutschland; bis etwa 1935 arbeitslos, dann Baubetrieb am Kaiserdamm; ab 22. März 1937 bei der Güterabfertigung im „Stettiner Bahnhof“ (Berlin) beschäftigt, vermittelt von Karl Hellborn, der John Sieg bereits aus der Zeit vor 1933 kannte und ihn damals in seiner Eigenschaft als Funktionär der Eisenbahngewerkschaft aufgesucht hatte; auch später unterstützte Hellborn John Sieg bei der illegalen Arbeit; 20. Juni 1940 bis 9. Januar 1941 im Bahnhof Berlin-Lichtenberg tätig und ggf. illegal aktiv; ab 10. Januar 1941 Einsatz auf den Bahnhöfen Berlin-Tempelhof und Papestraße als Fahrdienstleiter; im Juni 1972 benannte man im Neubaugebiet Frankfurter Allee-Süd in Berlin-Lichtenberg eine Straße nach Sieg; vor dem Haus in der Jonasstraße 5a in Berlin-Neukölln wurde ein Stolperstein verlegt; Gedenktafel an der Ringmauer der Gedenkstätte der Sozialisten in Berlin-Friedrichsfelde; John Sieg war ursprünglich auf dem Neuköllner Gemeindefriedhof bestattet; die Bestattungskosten wurden damals durch die Deutsche Reichsbahn getragen; angeblich hatte er sich in seiner Zelle, nach ständigen Folterungen, mithilfe seines Schlafanzuges erhängt; angeblich hatte er auch einen Abschiedsbrief an seine Frau geschrieben, der ihr allerdings nie ausgehändigt wurde; nach dem Tod ihres Ehemannes wurde Sophie Sieg kaum noch zu Vernehmungen geholt und wenig später ins KZ Ravensbrück verschleppt, wo sie bis zur Befreiung inhaftiert war.

* Alfred Gottwaldt, Innere Front. Erinnerungen an John Sieg, Reichsbahngehilfe und Widerstandskämpfer, in: Eisenbahn Geschichte. Nr. 26 (Februar/März 2008), S. 57–59; Weber/Herbst, Deutsche Kommunisten,

1. Aufl. 2004, S. 735; Geschichtswerkstatt unter Leitung von Fieber (Hrsg.), Widerstand in Berlin gegen das NS-Regime 1933–1945, Bd. 7, S. 238 f.; Sandvoß, Die „andere" Reichshauptstadt, S. 478 ff.; Alfred Gottwaldt, John Sieg (1903–1942), in: Gottwaldt, Eisenbahner gegen Hitler, S. 263–273; Coppi/Danyel/Tuchel (Hrsg.), Die Rote Kapelle im Widerstand gegen den Nationalsozialismus; Autorenkollektiv unter Leitung von Emil Ackermann und Wolfgang Szepansky (Hrsg.), Arbeiterbewegung und antifaschistischer Widerstand in Tempelhof, Berlin (West) 1981, S. 61 ff.; Nicht alle machten mit. Reichsbahn im Nationalsozialismus, in: EVG, imtakt. Magazin der Eisenbahn- und Verkehrsgewerkschaft EVG, Ausgabe 4/Mai/2013, S. 8–11.

Siegel, Bruno*

Geburtsdatum: 10. September 1890
Geburtsort: Hilbersdorf (Freiburg)
Sterbedatum: 12. August 1949
Sterbeort: Coswig (bei Dresden)
Beruf: Inspektor
Partei: ab 1909 SPD; ab 1919 USPD; ab 1920 KPD

Funktionen vor 1933: Vorsitzender Betriebsrat Reichsbahnausbesserungswerk Dresden-Friedrichsstadt; ab 1924 Mitglied des Dresdener Bezirksbetriebsrates der Deutschen Reichsbahn-Gesellschaft; Funktionär des DEV bzw. ab 1925 des EdED in der Leipziger Ortsverwaltung; 1931–1933 Zweiter Vorsitzender des „Roten Eisenbahnerverbandes" der RGO in Sachsen; 1926–1933 Mitglied des Landtages von Sachsen; 1924 Mitglied der Bezirksleitung der KPD Ostsachsen, 1927 Mitglied der regionalen KPD-Gewerkschaftskommission, 1928 Delegierter des Weltkongresses der Komintern für die deutsche KI-Sektion KPD.

Verfolgung – Widerstand – Emigration: u. a. Bildung illegaler Widerstandsgruppe in Dresden; durch Bürgschaft von Otto Wirth vom 25. Oktober 1947 belegt, dass Bruno Siegel gemeinsam mit ihm bei der Firma „Zeiss-Ikon" beschäftigt war und dort die „Organisierung der Betriebszellenbewegung" übernahm sowie „gegen den Krieg gearbeitet" hat; ab 5. April 1933 „Schutzhaft" im Dresdener Polizeipräsidium, in der „Mathilde", sowie 1933/34 in den Konzentrationslagern Colditz, Sachsenburg und Augustusburg (Nebenlager des KZ Sachsenburg); am 1. September 1939 erneut verhaftet und in das KZ Buchenwald verschleppt (bis 1940); am 1. Juli 1941 letztmalig verhaftet und am 21. Mai 1942 durch das Oberlandesgericht Dresden (5OJs18/42) wegen „gemeinschaftlicher Vorbereitung zum Hochverrat und Abhören ausländischer Sender" zu fünf Jahren Zuchthaus und Ehrverlust im Prozess gegen Alfred Alexander Thiele u. a. verurteilt; die Untersuchungshaft verbrachte er ab 1. Juli 1941 in Dresden; nach Verurteilung (spätestens) ab 12. Juni 1942 bis zur Befreiung im Zuchthaus Waldheim inhaftiert.

Funktionen nach 1945: zeitweise in Dresden Bezirks-Personalvertreter der Deutschen Reichsbahn, ab Juli 1945 Staatssekretär für Verkehrswesen der sächsischen Landesregierung; seit 1946 schwer erkrankt.

Weitere Hinweise: entstammt einer armen Familie, zehn Geschwister; Botenarbeit als Schulkind, lernte Klempner; durchwanderte Deutschland; Verwundung, 1917 Rückkehr nach Wilhelmshaven, dort Heirat; arbeitete ab Ende 1918 im Reichsbahnausbesserungswerk Dresden-Friedrichstadt als Klempner; tätig im illegalen AM-Apparat der KPD; 1933 schwerkrank der Polizei gestellt; zeitweise Seifenhändler, ab 1935 Klempner; sollte für Gestapo geworben werden, wies den Anwerbeversuch zurück.

* HStA-D, 11430 BT/Rat des Bezirks Dresden, VdN 7788, VdN-Akte von Bruno Siegel; Jahresbericht 1929 der EdED-Ortsverwaltung Leipzig, S. 5; Schumacher (Hrsg.), M. d. L. Das Ende der Parlamente, S. 152; Weber/Herbst, Deutsche Kommunisten, 1. Aufl. 2004, S. 736; Dowe/Kuba, Wilke (Hrsg.), FDGB-Lexikon.

Siemon, Friedrich*

Geburtsdatum: 4. August 1916
Geburtsort: Veltheim (heute: Porta Westfalica, Kreis Minden)
Sterbedatum: 14. Oktober 1990
Sterbeort: Bonn-Bad Godesberg
Beruf: Schlosser
Partei: vermutlich SPD

Funktionen vor 1933: Betriebsrat und vermutlich Übernahme von Funktionen für den EdED.

Verfolgung – Widerstand – Emigration: Kurierdienste für die Widerstandsgruppe „Sozialistische Front"; Festnahme am 24. August 1936 und am 28. Oktober 1937 vom OLG Hamm zu einer Haftstrafe von einem Jahr und acht Monaten verurteilt.

Funktionen nach 1945: nicht bekannt.

Weitere Hinweise: absolvierte die Lehre im Reichsbahnausbesserungswerk Hannover-Leinhausen.

* Anklageschrift und Urteil des VGH 15J1/37-1H28/37 gegen Franz Nause und andere, 23. 9. 1937, in: Nationalsozialismus, Holocaust, Widerstand und Exil 1933–1945, Online-Datenbank; Gottwaldt, Eisenbahner gegen Hitler, S. 88; Aukunftsschreiben des Standesamtes Porta Westfalica, 7. 6. 2016.

Simonis, Johann*

Geburtsdatum: 16. Januar 1895
Geburtsort: Güls a. d. Mosel
Sterbedatum: bislang nicht bekannt
Sterbeort: bislang nicht bekannt
Beruf: Schlosser; Heizungsmonteur
Partei: ab 1919 SPD; 1939–1945 NSDAP; ab 1946 SPD

Funktionen vor 1933: ab 1920 Mitglied und bald darauf Funktionär des DEV bzw. ab 1925 des EdED; Betriebsratsmitglied und zeitweise auch Betriebsratsvorsitzender im Bahnbetriebswerk Koblenz; zeitweise Arbeitsrichter beim Arbeitsgericht Koblenz; zeitweise Beisitzer im Vorstand der EdED-Ortsverwaltung Koblenz; 1920–1933 1929–1933 Gemeinderatsmitglied in Güls und Mitglied der Amtsvertretung Winningen; 1927–1933 Vorsitzender des SPD-Ortsvereins Güls.

Verfolgung – Widerstand – Emigration: mehrere Hausdurchsuchungen; Mitglied der Widerstandsgruppe des EdED, u. a. als „Stützpunktleiter" des illegalen EdED für Koblenz vorgesehen; illegale Zusammenarbeit mit Max Pester, Wilhelm Komorowski und Paul Emmen; am 11. März 1937 festgenommen und seit dem 13. Mai 1937 in Untersuchungshaft im Gerichtsgefängnis Düsseldorf-Derendorf; am 30. September 1937 angeklagt; in der Anklageschrift heißt es: „Im Oktober oder November 1936 ist der Angeschuldigte von Pester, Komorowsky und Emmen aufgesucht und in die Pläne der illegalen Gewerkschaftsorganisation eingeweiht worden. Man teilte ihm mit, dass die alten Gewerkschaftsfunktionäre zu einem Kreis illegal arbeitender Männer zusammengefasst werden sollen und dass die Verbindung zur I. T. F. hergestellt werden soll. Da der Angeschuldigte als Dorfeinwohner für eine aktive Mitarbeit nicht in Frage kam, wurde er gebeten, Namen und Anschriften von ehemaligen Gewerkschaftsfunktionären, die ‚angelaufen' werden könnten, anzugeben." (Anklageschrift, Bl. 14); am 15. Dezember 1937 vom Dritten Strafsenat des OLG Hamm aus Mangel an Beweisen freigesprochen: „Der Angeklagte wird beschuldigt, das Verbrechen der Vorbereitung zum Hochverrat begangen zu haben. Objektiv ist der Tatbestand dieses Verbrechens auch gegeben, denn der Angeklagte hat Pester, obwohl er dessen hochverräterische Absichten erkennen musste, die Anschrift des Weiss angegeben, er hat die Verbindung mit Weiss aufgenommen, Berichte über die Betriebsverhältnisse erstattet und Pester von dem Besuch bei Friedrichs zurückgehalten. Dadurch hat er – mit Ausnahme des Falles Friedrichs – die hochverräterischen Bestrebungen Pesters und seiner Gesinnungsgenossen objektiv unterstützt. Der Senat konnte aber nicht feststellen, dass dies dem Angeklagten auch zum Bewusstsein gekommen ist. Der Umstand, dass der Angeklagte, als er später wegen seines Verhaltens Bedenken bekam Weiss vor Pester gewarnt hat, spricht dafür, dass er bei dem Gespräch mit Pester und seinen Begleitern solche Bedenken nicht gehabt hat, also sich nicht bewusst war, hochverräterische Ziele zu unterstützen." (Urteil, Bl. 21); später schrieb er selbst: „Ich hatte mit der ITF [...] Verbindung aufgenommen. Es war eine illegale Organisation und es schwebte deshalb wegen Vorbereitung zum Hochverrat gegen mich ein Gerichtsverfahren. Ich wurde im März 1937 verhaftet und nach 9 ½ Monaten Haft wieder freigelassen. Wegen Mangel an Beweisen wurde ich freigesprochen. Ich hatte keinen anderen Ausweg als in die Partei [NSDAP] einzutreten. Ich habe während meiner Mitgliedschaft die frühere Tätigkeit nicht mehr betrieben, weil ich ja immer stark überwacht wurde. Ich war aber genauso ein Gegner wie vorher. Ich wußte ja genau, wenn die Nazis mich nochmals holen, dann ist mein Kopf fällig, deshalb durfte ich mich nicht mehr aktiv betätigen." (LHA Koblenz, Bestand 856, Nr. 110883, Protokoll der nichtöffentlichen Sitzung des Untersuchungsausschusses der Rechtsmittelabteilung der Spruchkammer I, 20. 1. 1950).

Funktionen nach 1945: zeitweise Zweiter Vorsitzender der SPD in Güls; Mitglied des Gemeinderates in Güls; zeitweise Bürgermeister der Gemeinde Güls.

Weitere Hinweise: war Mitglied der DAF; die Spruchkammer Rheinland-Pfalz stellte in einem „Säuberungsspruch" am 17. April 1947 fest: „Als er nun aus dem Gefängnis aus der Untersuchungshaft entlassen worden sei, hätten seine sozialdemokratischen Kameraden, insbesondere der Widerstandskämpfer Johann Dötsch aus Metternich, der nach dem Zusammenbruch Präsidialrat wurde und der damals [gemeint ist vorher] Parteisekretär der SPD war, ihm geraten, der NSDAP beizutreten, da andernfalls die Verfolgungen gegen ihn nicht aufhören würden. Diesem Rate sei er gefolgt, ohne aber seinen Hass und seinen Widerstand gegen den Nazismus aufzugeben. Das wäre auch von der SPD anerkannt worden. Man habe ihn sofort nach dem Zusammenbruch mit offenen Armen als Mitglied der SPD aufgenommen, er sei heute zweiter Vorsitzender der SPD in Güls und Bürgermeister der Gemeinde Güls. [...] Die Spruchkammer war der einstimmigen Meinung, dass der Betroffene aktiven Widerstand im Sinne des § 10 LVO geleistet hat und stufte ihn demgemäß in die Gruppe 5 als Nichtschuldigen ein mit Kostenfolge nach § 55 der LVO." (LHA Koblenz, Bestand 856, Nr. 110883, Säuberungsspruch, 17. 4. 1947); wohnte in Güls, Kastorstraße 43 (Anfang der 1950er-Jahre).

* BArch, NJ 2328, Anklageschrift gegen Philipp Tillier und andere, 30. 9. 1937; BArch, R 9361, IX, V 0059, Personenbezogene Unterlagen der NSDAP; LHA Koblenz, Bestand 856, Nr. 110883, Akten des Öffentlichen Klägers bei dem Untersuchungsausschuss Spruchkammer in Koblenz gegen Johann Simonis; BArch, R 58/9694, Karteikartensammlung der Gestapo; BArch, NJ 2328, Urteil gegen Philipp Tillier und andere, 14./15. 12. 1937; StA Koblenz, S 10, Nr. 3, „Meldungen und Berichte aus dem Geheimen Staatspolizeiamt, dem SD-Hauptamt der SS und dem Reichssicherheitshauptamt 1933–1944. Reichsgebiet, Bd. 7, 1937, Januar bis März", Bericht über die Festnahme von Gewerkschaftern; StA Koblenz, Auskunft (Petra Weiß), 26. 8. 2015.

Sommer, Heinrich*

Geburtsdatum: 18. August 1895
Geburtsort: Heiligenwald (Saar)
Sterbedatum: 1. Mai 1967
Sterbeort: Berlin (Ost)
Beruf: Eisenbahnschlosser
Partei: ab 1920 KPD; nach Kriegsende KPD/SED

Funktionen vor 1933: ab 1912 gewerkschaftlich organisiert im DMV; später Mitglied des Bezirksvorstandes des „Saarländischen Eisenbahnerverbandes"; 1930 Vorsitzender des „roten Eisenbahnerverbandes" der RGO im Saargebiet; 1932–1935 Mitglied des Landesrates (Parlament der Saar).

Verfolgung – Widerstand – Emigration: 1934/35 als Instrukteur der KPD-Führung für den Bezirk Saar eingesetzt; Anfang 1935 Flucht nach Frankreich; Mitarbeit in der KP-Emigrationsleitung (von den französischen Behörden ausgewiesen); September 1935 Emigration nach Schweden; 1936–1939 Leiter der illegalen See- und Hafenarbeiter-Sektion in der ITF in Schweden; die Gestapo erklärte im Juli 1940: „S. war Mitgl. des Landesrates im Saargebietes [sic!] nahm am Abstimmungskampf führend teil, ging nach der Abstimmung nach Paris, von dort nach Schweden zu politischer Arbeit. Er war fanatischer Kommunist. Seine Ausbürgerung wurde vorgeschlagen." (R 58/9694, Karteikartensammlung der Gestapo, 16. 7. 1940); 22. August 1940: Beantragung der Ausbürgerung; konnte am 29. April 1941 offiziell in die UdSSR ausreisen; lebte als Schlosser in Charabali bei Stalingrad und später in Kasachstan; ab September 1943 war er Instrukteur der Politischen Hauptverwaltung der Roten Armee und bis 1946 aufgrund seines politischen Hintergrundes in Kriegsgefangenenlagern eingesetzt.
Funktionen nach 1945: kehrte im August 1946 nach Deutschland zurück; übernahm leitende Funktionen in der Deutschen Zentralverwaltung des Innern; ab Ende 1948 Leiter der Abteilung Eisenbahnpolizei; ab 1949 Hauptreferent im Außenministerium der DDR.
Weitere Hinweise: bislang nicht bekannt.

* BArch, R 58/9694, Karteikartensammlung der Gestapo; Weber/Herbst, Deutsche Kommunisten, 1. Aufl. 2004, S. 747 f.; Röder/Strauss (Bearb.), Biographisches Handbuch, S. 711.

Söllner, Leopold*

Geburtsdatum: 10. April 1905
Geburtsort: Dietdorf (Bayern)
Sterbedatum: vermutlich 1938/39 ermordet
Sterbeort: UdSSR (genauer Ort nicht ermittelbar)
Beruf: Schneider; später Reichsbahnarbeiter
Partei: ab 1926 KPD (zuvor KJVD)
Funktionen vor 1933: Betriebsratsvorsitzender bis 1931 im Reichsbahnausbesserungswerk München; im Anschluss bis 1933 Org.-Leiter des RGO-Bezirkskomitees in München; 1932/33 Mitglied des Landtages von Bayern.
Verfolgung – Widerstand – Emigration: im April 1933 als Mitglied des Landtages von Bayern abgesetzt, untergetaucht; setzte als Agitpropfunktionär im illegalen Bezirkskomitee seine politische Arbeit fort; emigrierte im Juli 1933 in die ČSR; war bis Mitte Dezember Org.-Leiter der Politemigrantengruppen; Ende 1933 Emigration in die UdSSR, dort unter dem Parteinamen Max Otto Kursant an der Internationalen Lenin-Schule (Moskau), übernahm im Auftrag des ZK der illegalen KPD geheime Einsätze im Ausland (laut Weber/Herbst „illegale Einsätze im Ausland"); 1938 vom NKWD verhaftet; laut Weber/Herbst deutet alles darauf hin, „daß Leopold Söllner Opfer der Stalinschen Säuberungen wurde".

Funktionen nach 1945: –
Weitere Hinweise: bislang nicht bekannt.

* Weber/Herbst, Deutsche Kommunisten, 1. Aufl. 2004, S. 747; Schumacher (Hrsg.), M. d. L. Das Ende der Parlamente, S. 154.

Steffensen, Ernst*

Geburtsdatum: 18. August 1879
Geburtsort: Hamburg
Sterbedatum: 3. August 1945
Sterbeort: Hamburg
Beruf: Reichsbahnbeamter
Partei: ab 1901 SPD
Funktionen vor 1933: übernahm vermutlich Funktionen im EdED.
Verfolgung – Widerstand – Emigration: verbrachte ein Jahr und sechs Monate in Untersuchungshaft in den Gefängnissen Neumünster und Altona (1933–1935); wegen eines Vergehens gegen das „Heimtückegesetz" Verlust des Arbeitsplatzes.
Funktionen nach 1945: –
Weitere Hinweise: bislang nicht bekannt.

* SPD-Hamburg, Für Freiheit und Demokratie, S. 413.

Sprengnetter, Wilhelm*

Geburtsdatum: 3. Juli 1893
Geburtsort: Oberhausen
Sterbedatum: 1. September 1957
Sterbeort: verstarb bei einem Verkehrsunfall
Beruf: Schlosser
Partei: bislang nicht bekannt
Funktionen vor 1933: Vorsitzender der Ortsverwaltung der GdE in Oberhausen; ab 1925 Mitglied des Bezirks- und Hauptvorstandes der Fachgruppe Handwerker und Arbeiter seiner Gewerkschaft; 1927 Mitglied des Gauvorstandes in Essen.
Verfolgung – Widerstand – Emigration: „Ungebrochen" soll er „im Rahmen der Möglichkeiten das demokratische Gedankengut" weiterhin vertreten haben.
Funktionen nach 1945: 1945 Betriebsratsmitglied im Reichsbahnausbesserungswerk Wedau; 1949 Mitarbeiter der GdED-Hauptverwaltung in Frankfurt a. M.; 1956 Mitglied des geschäftsführenden Vorstandes der GdED; Leiter der Hauptabteilung Sozialpolitik.

Weitere Hinweise: bislang nicht bekannt.

* Wilhelm Sprengnetter gestorben, in: Der deutsche Eisenbahner, 16. 9. 1957; Wilhelm Sprengnetter verunglückt, in: Welt der Arbeit, 6. 9. 1957; DGB-Nachrichten-Dienst, Nr. 250/57, 4. 9. 1957.

Spring, Josef*

Geburtsdatum: 20. März 1899
Geburtsort: Geisenheim
Sterbedatum: 9. Oktober 1955
Sterbeort: Geisenheim
Beruf: Beamter; Eisenbahnassistent; Bahninspektor
Partei: vor 1933 SPD; 1940–1944 NSDAP; ab 1945 SPD

Funktionen vor 1933: ehrenamtlicher Stadtverordneter (SPD) und Magistratsmitglied in Geisenheim.

Verfolgung – Widerstand – Emigration: am 12. März 1933 überfielen Angehörige der SS das Haus von Spring; am 13. März 1933 erfolgte seine Verhaftung; vom 14. März 1933 bis 19. Juli 1933 befand er sich im Gefängnis; aus dem Dienstverhältnis bei der Deutschen Reichsbahn-Gesellschaft am 4. Oktober 1933 entlassen („Gesetz zur Wiederherstellung des Berufsbeamtentums"); vom 22. August 1944 bis 24. August 1944 im Rahmen der „Aktion Gewitter" in Haft; gemeinsam mit Bruder Peter Spring Mitglied der Widerstandsgruppe „Nie wieder Krieg!".

Funktionen nach 1945: nach Kriegsende für wenige Wochen von der US-amerikanischen Militärregierung als Bürgermeister von Geisenheim eingesetzt; engagierte sich jahrelang als Vorsitzender der Ortsgruppe des „Reichsbundes für Kriegsbeschädigte".

Weitere Hinweise: um seine Wiederaufnahme in den Beamtendienst zu erreichen, trat Spring zum 1. Januar 1940 der NSDAP bei, aus der er im Zuge der „Aktion Gewitter" am 22. August 1944 wegen „Bekämpfung" des NS-Regimes ausgeschlossen wurde; nach 1945 lebte er in Geisenheim und war als Vorsteher bei der Güterabfertigung in Wiesbaden tätig; verheiratet mit Maria Spring, geborene Haselau; wohnte in Geisenheim, Große Feldstraße 14 (1930er-Jahre), später Peter-Spring-Straße 14 (1950er-Jahre).

* StA Geisenheim, Geburtenregister Nr. 30/1899: Spring, Josef Wilhelm; StA Geisenheim, Sterberegister Nr. 88/1955: Spring, Josef Wilhelm; BArch, R 9361, IX, W 002; Personenbezogene Unterlagen der NSDAP; HHStAW, Datenbank „Widerstand und Verfolgung in Hessen", Ident-Nr.: 3469 (mit weiteren Quellenangaben); Geisenheimer Lindenblatt, 14. 10. 1955; Gottwaldt, Eisenbahner gegen Hitler, S. 74; Wolf-Heino Struck, Geschichte der Stadt Geisenheim, Frankfurt a. M. 1972, S. 297; Auskunft des StA Geisenheim (Oliver Mathias), 30. 5. 2016.

Stein, Eugen*
Geburtsdatum: 29. November 1886
Geburtsort: Berlin
Sterbedatum: 31. Januar 1933
Sterbeort: Münster
Beruf: Mechaniker
Partei: vor 1933 SPD
Funktionen vor 1933: ab 1. September 1916 Bezirksleiter des DEV bzw. ab 1925 des EdED in Münster; Vorsitzender des ADGB-Ortsausschusses in Münster; Vorsitzender der Pressekommission; 1928 Teilnehmer der 2. und 1931 der 3. ordentlichen Generalversammlung des EdED; Übernahme von Funktionen für die SPD, u. a. kandidierte er zur Wahl zum 4. Landtag in Preußen am 24. April 1932 (nicht gewählt).
Verfolgung – Widerstand – Emigration: Unterzeichner eines Aufrufes bzw. Wahlflugblattes zur Wahl zum 4. Landtag in Preußen am 24. April 1932: „[…] Die Nationalsozialistische Arbeiterpartei Deutschlands, die Partei der lautesten nationalen Phrasen, die Partei der rücksichtslosesten Hetze gegen alle deutschen Politiker, die ehrlich dem deutschen Volke dienen, diese Nationalsozialistische Arbeiterpartei ist die entlarvte und geständige Partei des offenen Landesverrats. […] Hitler als Nutznießer […] Dieser krankhafte Ehrgeiz führt ein üppiges Leben. Jährlich hat er einige hunderttausend Mark Einkommen. Er ließ sich zum Parteibuchbeamten schieben, ohne sich als ‚Regierungsrat' zu betätigen. Er läßt sich von Führern feiern, von denen er weiß, daß sie ekelhafte Verbrechen begangen haben. Wahnwitzig wie er ist, schreckt er nicht davor zurück, sich als Messias preisen zu lassen! Deshalb wohnt er auch in den teuersten Hotels und er fährt im Luxusauto und im Flugzeug. […] Die Partei läßt sich von Großagrariern und Industriellen bezahlen, ihre Führer haben in Industrieklubs wiederholt erklärt, daß sie gegen 8-Stundentag, Tariflohn, Gewerkschaften, Arbeitslosenversicherung und Sozialgesetzgebung sind. […] Die Nazis sagen: ‚Die Sozialrentner sind Faulenzer und Spitzbuben.' […] So toben die Nazis und Ihre Sippen. […]" (AdsD, 6/FLBL006309, Aufruf zur Wahl zum 4. Landtag in Preußen am 24. April 1932, 24. 4. 1932); Weiteres entfällt durch Tod Anfang 1933.
Funktionen nach 1945: –
Weitere Hinweise: Die Sterbeurkunde Nr. 162/1933 (StA Münster) enthält folgende Angaben: „Die Verwaltungsinspektion der Universitätskliniken, hier, zeigt an, daß der Gewerkschaftsangestellte Johann Friedrich Eugen Stein – 46 Jahre alt, wohnhaft in Münster, Dammstraße 21, geboren zu Berlin, am 29. November 1886, verheiratet mit Klara Else [Stein], geborene Oberlies, wohnhaft hierselbst zu Münster, in der Universitätsklinik am 31. Januar 1933 nachmittags um sechs Uhr verstorben sei." (eine Todesursache wird nicht genannt); im Einwohnerbuch der Stadt Münster taucht Eugen Stein ab 1926 auf (vermutlich ist er zwischen 1920 und 1925 nach Münster gekommen; bis zu seinem Tod lautet seine Anschrift Dammstraße 21 (dort war das Gewerkschaftshaus und der Firmensitz des Verla-

ges und der Tageszeitung „Volkswille"; am 31. März 1933 war das Gewerkschaftshaus durch die SA durchsucht und verwüstet worden).

* StA Münster, Sterberegister Nr. 162/1933: Stein, Eugen; Gewerkschafts-Zeitung, 11. 2. 1933; AdsD, Sammlung Flugblätter und Flugschriften, Signatur: 6/FLBL006309, Aufruf zur Wahl zum 4. Landtag in Preußen am 24. April 1932, 24. 4. 1932, „Die Faust fest am Steuer!"; Auskunft des StA Münster (Anja Gussek), 23. 3. 2015; Handbuch des Vereins Arbeiterpresse, 2. Aufl. 1927, S. 490; Protokoll über die Verhandlungen der 2. ordentlichen Generalversammlung des EdED; Protokoll über die Verhandlungen der 3. ordentlichen Generalversammlung des EdED; Esters/Pelger/Schlingensiepen, Gewerkschafter im Widerstand, S. 20.

Steinberg, Ludwig

Geburtsdatum: 10. Januar 1884
Geburtsort: Dortmund
Sterbedatum: 1. Oktober 1939
Sterbeort: Frankfurt a. M.
Beruf: Gewerkschaftssekretär; Polizeipräsident; Versicherungsvertreter
Partei: vor 1933 SPD

Funktionen vor 1933: Gauleiter im „Verband der Gemeinde- und Staatsarbeiter"; ab 1. November 1918 Angestellter im DEV bzw. ab 1925 im EdED in Berlin, zeitweise Mitglied des Hauptvorstandes; 1925 Delegierter der 3. ordentlichen Generalversammlung des DEV; zuletzt vom 11. November 1929 bis 13. Februar 1933 Polizeipräsident in Frankfurt a. M.; nahm als Delegierter am ITF-Kongress vom 2. bis 6. Oktober 1922 in Wien teil.

Verfolgung – Widerstand – Emigration: 1933 Absetzung vom Amt des Polizeipräsidenten und kurzzeitige Inhaftierung; nach Haftentlassung Versicherungsvertreter (leitete die Kollektivabteilung der jüdischen Versicherungsgesellschaft „Zukunft"); Kontakte zu Hans Jahn und zum Leuschner-Kreis; nach Angaben von Joseph Hirthammer an einem Herzschlag verstorben; soll mehrfach von Hans Jahn besucht worden sein, wenn dieser in Frankfurt weilte; vermittelte u. a. Jahn und Karl Blaß ihre Anstellung in der „Zukunft" (weiterer bisher bekannter Mitarbeiter dort: Albin Karl).

Funktionen nach 1945: –

Weitere Hinweise: Hans Jahn und Ludwig Steinberg waren auch Vertreter einer österreichischen Versicherungsgesellschaft.

* StA Frankfurt a. M., Sterberegister Nr. 1216/I: Steinberg, Louis; Auskunft des Bürgeramtes Frankfurt a. M. (Amt 12 Melderegister), 18. 4. 2016; SAPMO-BArch, R 58/3301, Unterlagen zur Verfolgung; BArch, NJ 2229, Bd. 2, Bl. 239, Unterlagen der Gestapo und NS-Justiz zur Verfolgung illegaler EdED-Strukturen; BArch, R 58/3400, Bl. 18 f. und 27 f., Unterlagen zur Verfolgung; Protokoll über die Verhandlungen der dritten ordentlichen General-Versammlung des Deutschen Eisenbahner-Verbandes vom 21. bis 26. Juni 1925 in Köln a. Rh.; Handbuch des Vereins Arbeiterpresse, 2. Aufl. 1927, S. 202; Mielke/Frese (Bearb.), Die Gewerkschaften im Widerstand und in der Emigration, S. 170, ferner S. 146, 167, 323; Auskunft des StA Frankfurt a. M. (Sandra Jahnke), 27. 4. 2016.

Steinfurth, Erich*

Geburtsdatum: 10. August 1896

Geburtsort: Mittenwalde

Sterbedatum: 1. Februar 1934 [von der SS erschossen]

Sterbeort: am Kilometerstein 23,7 in Berlin-Wannsee

Beruf: Schlosser

Partei: ab 1918 USPD; ab 1920 KPD

Funktionen vor 1933: seit Ende des Ersten Weltkrieges im Berliner Reichsbahnausbesserungswerk in der Nähe des ehemaligen Güterbahnhofs Berlin-Grunewald beschäftigt; dort zum Mitglied des Betriebsrats und auch in den Bezirksbetriebsrat gewählt; 1923 gemaßregelt; organisierte im Herbst 1923 Aktionen der Münchner Eisenbahner, deshalb festgenommen und 1924 zu zwei Jahren Zuchthaus verurteilt; danach hauptamtlicher Mitarbeiter der RHD; er übernahm im November 1925 den Vorsitz der RHD im KPD-Bezirk Berlin-Brandenburg; ab 1927 im Zentralvorstand der RHD; im Oktober 1929 zog er als „Nachrücker" in den Preußischen Landtag ein; 1932/33 Mitglied des Landtages von Preußen (gehörte dem Landtag bis zur Verhaftung am 25. März 1933 an).

Verfolgung – Widerstand – Emigration: am 25. März 1933 verhaftet und in das Gefängnis in Berlin-Plötzensee verschleppt; erlitt schwere Misshandlungen; anschließend in das KZ Sonnenburg verlegt, von wo ihm die Übermittlung von Informationen über die Zustände in dem Lager an die KPD gelang (der Kontakt zwischen dem KZ und der illegalen KPD-Führung soll über seine Frau hergestellt worden sein, die später für ihren Mann in Geiselhaft genommen wurde und letztendlich nach Frankreich und Moskau emigrierte).

Funktionen nach 1945: –

Weitere Hinweise: verheiratet mit Else Steinfurth, als Vergeltungsmaßnahme für die Erschießung des Spitzels Alfred Kattner wurde Erich Steinfurth am 1. Februar 1934 gemeinsam mit John Schehr, Eugen Schönhaar und Rudolf Schwarz von der SS „auf der Flucht" erschossen; für die Ausführung des Mordes war der Polizeikommissar Bruno Sattler verantwortlich; am Berliner Ostbahnhof ist bis heute eine Straße nach Steinfurth benannt; nach 1945 wurden seine sterblichen Überreste umgebettet und in der Gedenkstätte der Sozialisten beigesetzt; seine Grabstelle befindet sich an der Ringmauer der 1951 eingeweihten Gedenkstätte.

* Tribüne, Nr. 150, 3. 8. 1987, S. 6; Weber/Herbst, Deutsche Kommunisten, 1. Aufl. 2004, S. 760 und zahlreiche andere Quellen und Artikel (u. a. in der SAPMO-BArch); Schumacher (Hrsg.), M. d. L. Das Ende der Parlamente, S. 157; Ursula Bartelsheim, Erich Steinfurth (1896–1934), in: Gottwaldt, Eisenbahner gegen Hitler, S. 104–110.

Stenzer, Franz*

Geburtsdatum: 9. Juni 1900

Geburtsort: Planegg (Bayern)

Sterbedatum: 22. August 1933

Sterbeort: KZ Dachau

Beruf: Streckenarbeiter bei der Bayerischen Staatseisenbahn

Partei: ab 1920 KPD

Funktionen vor 1933: Betriebsrat bei der Deutschen Reichsbahn-Gesellschaft in München; ab 1922 Zweiter Vorsitzender des Betriebsrates im Bahnbetriebswerk I, später Vorsitzender; vermutlich Funktionär des DEV/EdED, da auch Mitglied des Bezirksbetriebsrats München; Stadtrat Pasing ab 1929; ab 1924 Mitglied der Bezirksleitung der KPD-Südbayern, ab Herbst 1928 bis Frühjahr 1929 Kursant an der Internationalen „Lenin-Schule" in Moskau, anschließend Sekretär für Gewerkschaftsfragen der KPD-Bezirksleitung Südbayern; ab 1929 Kandidat des ZK der KPD; 1932/33 Mitglied des Reichstages; ab 1932 zugleich (Voll-)Mitglied des ZK der KPD; ab 1924 Mitglied der Bezirksleitung der KPD-Südbayern; Ende 1930 Chefredakteur der „Neuen Zeitung" in München, rückte 1932 zum Vollmitglied des ZK auf und wurde im November im Wahlkreis Franken als Abgeordneter in den Reichstag gewählt, zugleich ZK-Instrukteur für Süddeutschland; zeitweise Leiter für Agitation und Propaganda der RGI/RGO in Bayern.

Verfolgung – Widerstand – Emigration: illegale Arbeit als KPD-Instrukteur für Nord-Süd-Bayern; ab 30. Mai 1933 Haft im KZ Dachau; am 19. April 1933 nahm die Gestapo die Ehefrau Emma Stenzer, geborene Bausch (geb. 3. November 1897) als Geisel; Stenzer selbst war bei einer Zusammenkunft von KPD-Funktionären am 30. Mai 1933 der Politischen Polizei in die Hände gefallen; es gibt Belege, dass Stenzer im KZ Dachau schweren Folterungen ausgesetzt war; am 10.August 1933 kam er in den sogenannten Kommandantur-Arrest; Stenzer wurde im sogenannten Todeskeller ermordet (vom SS-Scharführer Dirnagel angeblich „auf der Flucht erschossen").

Funktionen nach 1945: –

Weitere Hinweise: im Frühjahr 1919 Mitglied der „Roten Armee" in München; das Reichsbahnausbesserungswerk in Berlin-Friedrichshain (Warschauer Straße) wurde nach Franz Stenzer benannt; Stenzers Ehefrau kam am Tag seiner Beisetzung frei und zog mit ihren drei Töchtern, den Zwillingen Emma und Elise (geb. 2. September 1923) und Lilly (geb. 1. Juli 1927) in ihr Heimatdorf Anspach im Taunus (Ende November 1933 Flucht aus Deutschland; lebte zunächst im Saarland, danach in Paris; konnte Ende August 1934 in die UdSSR reisen; im Sommer 1937 vom NKWD verhaftet, aus der KPD ausgeschlossen; 1946 Rückkehr nach Deutschland zurück, Emma Stenzer starb am 22. März 1998 in Berlin).

* Kraushaar, Deutsche Widerstandskämpfer 1933–1945, Bd. 2, S. 309 ff.; Schumacher (Hrsg.), M. d. R. Die Reichstagsabgeordneten der Weimarer Republik, S. 500; Weber/Herbst, Deutsche Kommunisten, 1. Aufl. 2004, S. 761; Andreas Heusler, Franz Stenzer (1900–1933), in: Gottwaldt, Eisenbahner gegen Hitler, S. 96–103.

Strixner, Ludwig*
Geburtsdatum: 29. August 1907
Geburtsort: München
Sterbedatum: 17. Juni 1984
Sterbeort: München
Beruf: Schreiner; später Bahngehilfe (u. a. bei der „Mitropa")
Partei: bislang nicht bekannt
Funktionen vor 1933: bislang nicht bekannt.
Verfolgung – Widerstand – Emigration: Mitarbeit in der Gruppe um Franz Faltner „Rote Rebellen"; Verteilung illegaler Flugschriften der Sopade; aufgrund der Denunziation eines Kollegen am 27. Juni 1935 am Arbeitsplatz Bahnhof München-Laim verhaftet; sofort aus dem Dienst der Deutschen Reichsbahn-Gesellschaft entlassen; anschließend „Schutzhaft" im Münchner Gefängnis Brienner Straße, im Gefängnis Ettstraße und in München-Stadelheim (vom 27. Juni 1935 bis 16. August 1935); Untersuchungshaft im Gefängnis München-Stadelheim ab 16. August 1935; Anklage wegen „Vorbereitung zum Hochverrat" am 25. März 1936; am 9. Juli 1936 vom OLG München zu einer Gefängnisstrafe von einem Jahr und sechs Monaten verurteilt; vom 9. Juli 1936 bis 9. Januar 1937 im Gefängnis München-Stadelheim; danach erneut „Schutzhaft"; anschließend vom 20. Januar 1937 bis 24. Dezember 1938 im KZ Dachau (Häftlings-Nr.: 11331); 1939 Flucht in die Schweiz und Frankreich; lebte lange Zeit im besetzten Frankreich im Untergrund.
Funktionen nach 1945: bislang nicht bekannt.
Weitere Hinweise: nach 1945 Rückkehr nach München.

* Pilwousek (Hrsg.), Verfolgung und Widerstand, S. 343 f.

Stupp, Anton*
Geburtsdatum: 21. August 1886
Geburtsort: Altstädten (bei Köln)
Sterbedatum: 29. September 1944
Sterbeort: Dortmund
Beruf: Arbeiter
Partei: bislang nicht bekannt
Funktionen vor 1933: übernahm Funktionen im EdED in Duisburg und war zeitweise Betriebsrat im Reichsbahnausbesserungswerk Duisburg-Wedau.
Verfolgung – Widerstand – Emigration: beteiligte sich am illegalen Wiederaufbau der KPD; 1935 wegen „Vorbereitung zum Hochverrat" zu vier Jahren Zuchthaus verurteilt; am 29. Januar 1944 festgenommen und in Untersuchungshaft im Gerichtsgefängnis Duisburg inhaftiert; hielt illegale Treffen ab und nahm „kommunistische Hetzschriften" an; lieferte

über Kontaktleute Stimmungsberichte aus dem Reichsbahnausbesserungswerk Duisburg-Wedau; wurde am 27. Mai 1944 zum Tode verurteilt und hingerichtet.
Funktionen nach 1945: –
Weitere Hinweise: war geschieden; die (frühere) Ehefrau Margarethe (geb. 14. Juli 1888) und die Tochter Anna Damm, geborene Stupp (geb. 23. April 1919), wurden zu zehnjährigen Zuchthausstrafen verurteilt; wohnhaft in Duisburg, Koloniestraße 218 (Anfang der 1940er-Jahre); seit Ende Mai 2006 wird Anton Stupp durch einen „Stolperstein" in Duisburg-Neudorf gewürdigt.

* Der Oberreichsanwalt beim VGH – Anklageschrift 9J126/44 gegen Anton Stupp u. a., 27. 5. 1944, in: Nationalsozialismus, Holocaust, Widerstand und Exil 1933–1945, Online-Datenbank; Gottwaldt, Eisenbahner gegen Hitler, S. 46; Bludau, Gestapo – geheim! Widerstand und Verfolgung in Duisburg 1933–1945, S. 93; Thomas Gebauer, Das KPD-Dezernat der Gestapo Düsseldorf, Hamburg 2011, S. 511–517.

Sturm, Georg*

Geburtsdatum: 14. April 1892
Geburtsort: München
Sterbedatum: bislang nicht bekannt
Sterbeort: bislang nicht bekannt
Beruf: Reichsbahnwerkmeister
Partei: ab 1926 SPD
Funktionen vor 1933: zeitweise Kassierer des EdED in Nördlingen; Betriebsrat bei der Deutschen Reichsbahn-Gesellschaft; zeitweise Zweiter Vorsitzender des Bezirksbetriebsrates.
Verfolgung – Widerstand – Emigration: soll in Verbindung mit EdED-Funktionären gestanden haben; bei einem Verhör durch die Gestapo im August 1940 bestritt er, illegale Ziele verfolgt zu haben; er gab an, „nur rein zufällig" mit „alten Genossen" gelegentlich zusammengetroffen zu sein und von Hans Jahn nach 1933 nichts mehr gehört zu haben; illegale Tätigkeiten waren ihm nicht nachweisbar, weshalb er auf freien Fuß gesetzt wurde.
Funktionen nach 1945: bislang nicht bekannt.
Weitere Hinweise: Details zum Lebensweg bislang nicht bekannt; auch Ende der 1930er-Jahre weiterhin beim Betriebswerk Nördlingen der Deutschen Reichsbahn beschäftigt.

* BArch, NJ 2229, Bd. 1, Bl. 33 ff., Unterlagen der Gestapo und NS-Justiz zur Verfolgung illegaler EdED-Strukturen; BArch, R 3017/1000046, Bd. 2, Akten der Staatsanwaltschaft beim Landgericht Düsseldorf in der Strafsache gegen Wilhelm Bode und andere.

Sturm, Kurt*

Geburtsdatum: 20. April 1897
Geburtsort: Eisenberg (Thüringen)
Sterbedatum: 8. April 1945
Sterbeort: Römhild (Kreis Hildburghausen; starb im Lazarett)
Beruf: bislang nicht bekannt
Partei: vermutlich SPD

Funktionen vor 1933: ab 1. November 1924 Büroangestellter des EdED in Erfurt.

Verfolgung – Widerstand – Emigration: von Anfang 1933 bis Mai 1933 aktiv in einer illegalen Gruppe „Eisenbahn"; u. a. beteiligt an „mündl. antifasch.[istischer] Propaganda" (Widerstandskartei); im Mai 1933 kurzzeitig festgenommen.

Funktionen nach 1945: –

Weitere Hinweise: verzog am 28. Februar 1921 von Gotha nach Erfurt; seit 1928 verheiratet mit Gertrud Sturm, geborene Gebauer (geb. 16. September 1899); zu seiner Tätigkeit in Erfurt liegen keine detaillierten Informationen vor; verstarb im Lazarett.

* SAPMO-BArch, Widerstandskartei, Kurt Sturm; SAPMO-BArch, DY 55/V 278/5/48, Unterlagen zur Verfolgung; SAPMO-BArch, DY 55/V 278/4/115, Unterlagen zur Verfolgung; Handbuch des Vereins Arbeiterpresse, 2. Aufl. 1927, S. 305; Auskunft des StA Erfurt (Sabine Jirschitzka-Löffler), 2. 3. 2015 und 22. 9. 2015.

Szelinsky, Alfred*

Geburtsdatum: 15. März 1882
Geburtsort: Klein Tarpen
Sterbedatum: bislang nicht bekannt
Sterbeort: bislang nicht bekannt
Beruf: Schmied
Partei: vor 1933 SPD

Funktionen vor 1933: Übernahme verschiedener Funktionen im EdED, u. a. Mitglied der Revisions- und Beschwerdekommission und Betriebsrat; zeitweise Mitte der 1920er-Jahre stellvertretender Abteilungsleiter der Abteilung Werkstättenarbeiter der Ortsverwaltung des EdED Berlin; zugleich Vorsitzender einer lokalen SPD-Gruppe.

Verfolgung – Widerstand – Emigration: „Am 5. 3. 33 festgenommen, soll geäussert haben, dass es nach 6 Uhr knallt und dass Hitler gehängt wird." (BArch, R 58/9694, Karteikartensammlung der Gestapo, 8. 11. 1934); war Überwachungsmaßnahmen der Gestapo ausgesetzt.

Funktionen nach 1945: bislang nicht bekannt.

Weitere Hinweise: wohnte in Berlin-Steglitz, Sedanstraße 51 (1930er-Jahre).

* BArch, R 58/9694, Karteikartensammlung der Gestapo.

Taschenberger, Fritz*

Geburtsdatum: 30. Dezember 1892

Geburtsort: Leipzig-Neuschönefeld

Sterbedatum: bislang nicht bekannt

Sterbeort: bislang nicht bekannt

Beruf: Former; Handlungsgehilfe; Betriebsassistent bei der Reichsbahn; Vertreter (nach 1933)

Partei: ab 1918 SPD; ab 1921 USPD; ab 1922 SPD

Funktionen vor 1933: ab April 1909 Mitglied des DMV; seit 1912 Funktionär des DMV in Leipzig; später Angestellter des DEV bzw. ab 1925 des EdED in Leipzig (als Bevollmächtigter hauptamtlicher Leiter der Beamtenabteilung der Ortsverwaltung Leipzig); Mitglied Landesausschuss ADB in Sachsen; seit August 1922 Vorsitzender des ADB-Ortsausschusses in Leipzig; nach eigenen Angaben zeitweise „Mitglied des Zentralvorstandes des DEV" gewesen.

Verfolgung – Widerstand – Emigration: half am 2. und 3. Mai 1933, wichtige Unterlagen des EdED vor dem Zugriff der NSDAP in Sicherheit zu bringen; am 30. Juli 1933 fristlos durch die DAF entlassen; beteiligte sich nach eigenen Aussagen an „allgemeinen Zirkeln" mit „Endorf, Fritzsche, Matik, Poralla" sowie „Kotzur, Händeler [...] (Berlin)"; trat u. a. als Vertreter einer Beamtenzeitschrift auf, die in Berlin herausgegeben wurde; im Mai 1933 sechs Tage in „Schutzhaft" in Leipzig und Zwickau.

Funktionen nach 1945: seit Mai 1945 wieder bei der Deutschen Reichsbahn (Reichsbahnamt Leipzig), dort Vorsitzender der Betriebsgewerkschaftsleitung und (mindestens) seit 1946 Reichsbahnoberinspektor beim Reichsbahnamt Leipzig; Mitglied des Zonenvorstandes der IG Eisenbahn; Personalsachbearbeiter des Reichsbahnamtes; Teilnehmer der Delegiertenkonferenz der IG Eisenbahn im FDGB am 17./18. Juni 1946 in Berlin.

Weitere Hinweise: Kassierer der SPD-Ortsgruppe Leipzig; Mitglied des „Reichsbanners Schwarz-Rot-Gold"; war zeitweise Schöffe; Mitglied der „Naturfreunde"; Aufsichtsrat der „Arbeiterbank"; zeitweise Mitglied der DAF und der NSV; zeitweise in den 1930er-Jahren Vertreter in der Lebensmittelbranche und für die Zeitschrift „Beamte und Familie"; Anfang 1935 Entziehung des Gewerbescheins (bis September 1936 erwerbslos), danach beschäftigt bei der „Hugo und Alfred Schneider AG".

* StA Leipzig, Nr. T 2200, Gesuch um Ausstellung eines Heimatscheins; Staatsarchiv Leipzig, 20031, PP-M, Sign. 1317, Eintrag Melderegister: Taschenberger, Johannes Fritz; Staatsarchiv Leipzig, SED-Leipzig, Kaderakten, Nr. 221, Kaderakte Fritz Taschenberger; Protokoll der Delegiertenkonferenz am 17./18. Juni 1946 im Palast-Theater, Berlin, S. 74; Handbuch des Vereins Arbeiterpresse, 2. Aufl. 1927, S. 446; Jahresbericht 1929 der EdED-Ortsverwaltung Leipzig, S. 5.; Esters/Pelger/Schlingensiepen, Gewerkschafter im Widerstand, S. 140.

Tillier, Heinrich*

Geburtsdatum: 8. März 1914

Geburtsort: Neuss

Sterbedatum: bislang nicht bekannt
Sterbeort: bislang nicht bekannt
Beruf: Kaufmann
Partei: parteilos
Funktionen vor 1933: keine Funktionen.
Verfolgung – Widerstand – Emigration: Beteiligung an illegalen Aktivitäten im Zusammenhang mit dem Neuaufbau des EdED; schmuggelte regelmäßig illegales Material der ITF ins Deutsche Reich; Hans Jahn zufolge befand sich eine „Empfangs- und Abgangsstelle für Schriftwechsel und Materialien der ITF und Reichsleitung für den innerdeutschen Verkehr" in Tilliers Wohnung in Bleyell bei Kaldenkirchen; in der Anklageschrift heißt es: „Am 27. 1. 1937 hat der Angeschuldigte Philipp Tillier durch Vermittlung seines Sohnes Heinrich seine Wohnung dem Hauptfunktionär [Hans] Funger zur Verfügung gestellt. An diesem Tage hielt Funger von 20 bis 22 Uhr mit 5 Personen, u. a. mit [Paul] Emmen und [Heinrich] Malina, in der Wohnung des Angeschuldigten eine Besprechung ab, in der wichtige und dringende Organisationsfragen der im Aufbau begriffenen illegalen Gewerkschaft und die Grundsätze über eine Zusammenarbeit mit dem Internationalen Sozialistischen Kampfbund erörtert wurden." (Anklageschrift, Bl. 7); am 3. Dezember 1937 vom VGH wegen Beihilfe zur „Vorbereitung eines hochverräterischen Unternehmens" zu einer Zuchthausstrafe von zwei Jahren und sechs Monaten verurteilt: „Auch dem Angeklagten Tillier kam ein minder schwerer Fall im Sinne des § 84 StGB. angesichts der Gefährlichkeit seines Tuns nicht in Frage. Er hat, wenn er auch nur kurze Zeit tätig war, in erheblichem Umfang illegale Zeitungen über die Grenze gebracht und eine besonders große Anzahl zur Verbreitung bestimmter Hetzblätter einzuführen versucht. Neben den zahlreichen Fahrten, die der Herstellung der Verbindung unter den alten Gewerkschaftsfunktionären im In- und Ausland dienten, hat er auch die Wohnung seiner Eltern zu einer illegalen Besprechung zur Verfügung gestellt. Triebfeder für sein Tun war schnöde Geldsucht." (Urteil, Bl. 88).
Funktionen nach 1945: bislang nicht bekannt.
Weitere Hinweise: bislang nicht bekannt.

* StA Neuss, B.02.04.302, Ordnungsamt, Meldekartei: Tillier, Heinrich; Anklageschrift des Reichsanwaltes beim VGH, 29. 9. 1937, und Urteil des VGH 9J315/37-2H50/37 gegen Hans Funger, Heinrich Tillier, Paul Emmen, Hugo Bachmann, Leo Radtke, Wilhelm Komorowski, Max Pester und Heinrich Malina, 3. 12. 1937, in: Nationalsozialismus, Holocaust, Widerstand und Exil 1933–1945, Online-Datenbank; BArch, R 58/3246a, Bl. 96 ff., Lagebericht über die illegale marxistische und kommunistische Bewegung für das Jahr 1937, 6. 1. 1938; BArch, NJ 2328, Urteil gegen Philipp Tillier und andere, 14./15. 12. 1937; Auskunft des StA Neuss (Romina Maccioni), 12. 10. 2015.

Tillier, Philipp*
Geburtsdatum: 27. März 1881
Geburtsort: Kempen

Sterbedatum: bislang nicht bekannt
Sterbeort: bislang nicht bekannt
Beruf: Bäcker
Partei: nach eigenen Angaben dem „Zentrum" nahestehend
Funktionen vor 1933: [war weder politisch noch gewerkschaftlich organisiert].
Verfolgung – Widerstand – Emigration: soll illegale (sozialdemokratische) Zeitschriften aus Holland eingeführt haben; ab Anfang 1937 stellte er durch Vermittlung seines Sohnes Heinrich Tillier dem EdED-Funktionär Hans Funger seine Wohnung zur Verfügung; am 18. Februar 1937 festgenommen; ab 12. Mai 1937 in Untersuchungshaft in Düsseldorf-Derendorf; angeklagt am 30. September 1937; wegen „Vorbereitung eines hochverräterischen Unternehmens" am 15. Dezember 1937 vom OLG Hamm zu einer Zuchthausstrafe von zwei Jahren verurteilt: „Zu Hause will er lediglich ein- oder zweimal verbotene Zeitungen wie ‚Die Deutsche Volkszeitung' und ‚Der neue Vorwärts', die sein Sohn mitgebracht hatte, in einem Zimmer vorgefunden haben und gelesen haben. [...] Den Zweck der von Funger in seiner Wohnung abgehaltenen Besprechung will der Angeklagte nicht gekannt haben, er will angenommen haben, Funger habe dort als Ermittlungsbeamter der Reichsbahn eine dienstliche Besprechung abgehalten. [...] Da seine Handlungen auf einem einheitlichen Vorsatz beruhen, hat er sich von Anfang 1936 bis zum Januar 1937 fortgesetzt handelnd des Verbrechens der Vorbereitung zum Hochverrat [...] schuldig gemacht." (Urteil, Bl. 7–10).
Funktionen nach 1945: bislang nicht bekannt.
Weitere Hinweise: war verheiratet; hatte zwei Kinder, u. a. den Sohn Heinrich Tillier, der ab 1936 sein Bäckereigeschäft fortführte.

* BArch, NJ 2328, Anklageschrift gegen Philipp Tillier und andere, 30. 9. 1937; BArch, NJ 2328, Urteil gegen Philipp Tillier und andere, 14./15. 12. 1937.

Torgau, Wilhelm*

Geburtsdatum: 15. Juni 1911
Geburtsort: Luxemburg
Sterbedatum: 14. April 1999
Sterbeort: Trier
Beruf: Arbeiter
Partei: vor 1933 KPD (zuvor KJVD); ab 1945 KPD; ab 1968 DKP
Funktionen vor 1933: zeitweise Leiter des KJVD in Trier; Übernahme von Funktionen für die KPD; vermutlich Übernahme von Funktionen im EdED und in der RGO.
Verfolgung – Widerstand – Emigration: mehrfach in „Schutzhaft" genommen und im Oktober 1933 in das KZ Sonnenburg verschleppt; im Februar 1934 in das KZ Esterwegen verlegt; nach der Entlassung im März 1934 schloss er sich in Trier der kommunistischen Wider-

standsgruppe um Anton Faldey und Hans Eiden an; im April 1936 erneut verhaftet und im Dezember 1936 wegen „Vorbereitung zum Hochverrat" zu einer siebenjährigen Zuchthausstrafe verurteilt; die Haftstrafe verbüßte er im Zuchthaus Siegburg.

Funktionen nach 1945: Erster Sekretär des KPD-Kreisvorstandes Trier; 1948–1956 Stadtrat für die KPD; war als öffentlicher Ankläger der Entnazifizierungskammer Trier tätig und hatte nach dem Ausscheiden von Hans Eiden dessen Position als Parteivorsitzender der KPD in Trier übernommen; 1968 zählte er zu den Gründungsmitgliedern der DKP in Trier.

Weitere Hinweise: absolvierte im Reichsbahnausbesserungswerk Trier bis 1926 eine Lehre und arbeitete danach weiterhin dort (wurde zum Ende der Weimarer Republik wegen politischer Betätigung – vermutlich für die RGO – gemeinsam mit seinem Vater entlassen); beteiligte sich nach 1945 aktiv daran, über die Verbrechen des NS-Regimes aufzuklären.

* Christoffel, Der Weg durch die Nacht, S. 121–128 und S. 177–184; Heinz Monz (Hrsg.), Trierer Biographisches Lexikon, Trier 2000; Rheinland-Pfälzische Personendatenbank, GND-Nr. 1051214564, http://www.rlb.de/cgi-bin/wwwalleg/goorppd.pl?s1=-pta1338 (27. 10. 2015).

Trocha, August*

Geburtsdatum: 7. Februar 1904
Geburtsort: Bresinke (Schlesien)
Sterbedatum: bislang nicht bekannt
Sterbeort: bislang nicht bekannt
Beruf: Schlosser
Partei: ab 1926 SPD

Funktionen vor 1933: seit 1922/23 Gewerkschaftsmitglied und -funktionär (u. a. Kassierer); 1927–1933 Sekretär des EdED in Duisburg.

Verfolgung – Widerstand – Emigration: Leiter des „Stützpunktes" Duisburg der EdED-Widerstandsgruppe; aktiv im westlichen Ruhrgebiet um den Leiter Paul Emmen; bereits 1934 im Verdacht illegaler Betätigung; stand u. a. in enger Verbindung mit Hugo Bachmann und hatte auch Kontakt zu Hans Jahn; Festnahme am 25. Februar 1937 oder – nach anderen Angaben – am 2. März 1937 im Zusammenhang mit dem illegalen Wiederaufbau des EdED; ab 13. Mai 1937 in Untersuchungshaft im Gerichtsgefängnis Düsseldorf-Derendorf; am 30. September 1937 angeklagt; in der Anklageschrift heißt es: „Im Winter 1935 ist der Angeschuldigte Trocha von dem vom Reichsanwalt beim VGH verfolgten Hugo Bachmann, der ihm als früherer Gewerkschaftssekretär bekannt war, in die umstürzlerischen Pläne der I. T. F. eingeweiht worden. Bachmann machte dem Angeschuldigten klar, dass infolge zunehmender wirtschaftlicher Not die jetzige Regierung in Deutschland abdanken müsse. Für diesen Fall müssten die Gewerkschaften gerüstet sein. Deshalb gelte es schon jetzt, einen ‚lose verbundenen Funktionärsapparat aufzubauen'. Der Angeschuldigte hielt die von Bachmann entwickelten

Gedanken für richtig und sagte zu, an dem Aufbau der illegalen Organisation mitzuwirken. [...] Im Frühjahr 1936 besuchte – auf Aufforderung des Bachmann – der Angeschuldigte den vom Reichsanwalt beim Volksgerichtshof verfolgten Paul Emmen, den der Angeschuldigte von der legalen Gewerkschaftsarbeit her kannte. Emmen klärte den Angeschuldigten über die Einzelheiten des Plans der I. T. F. auf und ermunterte den Angeschuldigten, in der Werbung für die illegalen Ziele nicht locker zu lassen. Gleichzeitig wurde der Angeschuldigte über die bei der Werbung zu beobachtende Taktik informiert. In der Folgezeit bis Februar 1937 hatte der Angeschuldigte wiederholt ‚Treffs' mit Emmen, bei denen die jeweiligen Organisationsfragen besprochen wurden. Der Angeschuldigte hat dem Emmen auf dessen Wunsch laufend eingehende Berichte über die wirtschaftliche und politische Lage, insbesondere die Betriebe seines Bezirks betreffend, erstattet." (Anklageschrift, Bl. 11); am 15. Dezember 1937 vom OLG Hamm wegen „Vorbereitung zum Hochverrat" zu drei Jahren Zuchthausstrafe verurteilt: „In der Folgezeit bis Februar 1937 trafen sich der Angeklagte und Emmen wiederholt und besprachen dabei Organisationsfragen. [...] Ende 1936 erstattete er einen [...] Bericht schriftlich. Hierin führte er aus, die Unzufriedenheit unter den Arbeitern in den Betrieben nehme immer mehr zu. Sie würde besonders durch weltanschauliche Gegensätze, Abzüge und Sammlungen hervorgerufen. [...] Der Angeklagte hat sich somit fortgesetzt handelnd des Verbrechens der Vorbereitung eines hochverräterischen Unternehmens nach §§ 80 II, 83 III Ziff. 1 StGB. schuldig gemacht. Dadurch, dass er sich zur ständigen Berichterstattung für eine ausländische Zentralstelle der illegalen Organisation bereit erklärt und auch entsprechend gehandelt hat, hat er sich in den illegalen Apparat als dessen Organ eingeschaltet und so einen organisatorischen Zusammenhalt hergestellt. Da seine Tätigkeit sehr umfangreich und besonders gefährlich war, war eine empfindliche Strafe angebracht. Zu seinen Gunsten wurde berücksichtigt, dass er bisher unbestraft war und ein offenes Geständnis abgelegt hat. Eine Zuchthausstrafe von drei Jahren erschien danach zur Sühne ausreichend." (Urteil, Bl. 16 f.); zeitweise im KZ Fullen (Emsland) und im Zuchthaus Vechta inhaftiert; 1942 in die „Strafdivision 999" verpflichtet.
Funktionen nach 1945: Funktionär der GdED in Duisburg; Vorsitzender des örtlichen Personalrates Duisburg; Geschäftsführer im Bezirkspersonalrat.
Weitere Hinweise: Mitglied des „Reichsbanners Schwarz-Rot-Gold"; stellte 1943 Antrag auf Wiederverleihung der Wehrwürdigkeit; war kinderlos verheiratet mit Helene Trocha, geborene Turek; wohnte in Duisburg, Waldlehne 21 (1930er-Jahre); war Mitglied der DAF und der NSV.

* BArch, NJ 2328, Anklageschrift gegen Philipp Tillier und andere, 30. 9. 1937; BArch, NJ 2328, Urteil gegen Philipp Tillier und andere, 14./15. 12. 1937; LAV NRW R, RW 58, Nr. 39447 und 7833, Unterlagen der Gestapo Düsseldorf; Esters/Pelger/Schlingensiepen, Gewerkschafter im Widerstand, S. 59, 61, 163 f.; Gottwaldt, Eisenbahner gegen Hitler, S. 155, 159 f.; Eichmann, Auch wenn andere die Weichen stellten, S. 163; Bludau, Gestapo – geheim! Widerstand und Verfolgung in Duisburg 1933–1945, S. 42; Rudolf Tappe/Manfred Tietz (Hrsg.), Tatort Duisburg 1933–1945. Widerstand und Verfolgung im Nationalsozialismus, Essen 1996, S. 55; Scheibe/Wiegold-Bovermann, „Morgen werden wir die Gewerkschaftshäuser besetzen", S. 288.

Tüsch, Heinrich*

Geburtsdatum: 19. Februar 1869
Geburtsort: Nievenheim (heute: Dormagen)
Sterbedatum: 27. September 1942
Sterbeort: Krefeld
Beruf: Eisenbahnassistent; Reichsbahnobersekretär
Partei: vor 1933 Zentrum

Funktionen vor 1933: Katholischer Beamtenbund.

Verfolgung – Widerstand – Emigration: Verdacht eines Vergehens gegen das „Heimtückegesetz" („staatsfeindliche Äußerungen)".

Funktionen nach 1945: bislang nicht bekannt.

Weitere Hinweise: verheiratet mit Elisabeth Tüsch, geborene Ramachers; hatte keine Kinder.

* Archiv im Rhein-Kreis Neuss, Nievenheim Geburten 1869 Nr. 14: Tüsch, Heinrich; StA Krefeld, Auskunft der NS-Dokumentationsstelle, 16. 2. 2012; Aurel Billstein, Der eine fällt, die andern rücken nach. Dokumente des Widerstandes und der Verfolgung in Krefeld 1933–1945, Frankfurt a. M. 1973, S. 78; Auskunft des Archives im Rhein-Kreis Neuss, Dormagen (Stephen Schröder), 9. 11. 2016.

Utrott, Ernst*

Geburtsdatum: 20. August 1895
Geburtsort: Leipzig-Anger-Crottendorf
Sterbedatum: 29. November 1961
Sterbeort: Bensheim (Hessen)
Beruf: Schriftsetzer
Partei: ab 1914 SPD; ab 1945 SPD; ab 1946 SED

Funktionen vor 1933: übernahm Funktionen im EdED in Leipzig und Umgebung.

Verfolgung – Widerstand – Emigration: illegal tätig in einer Gruppe von Sozialdemokraten; ab August 1934 in Haft im Polizeigefängnis Leipzig; am 29. Juni 1935 vom OLG Dresden wegen „Vorbereitung zum Hochverrat" zu vier Jahren Zuchthausstrafe verurteilt (unter Anrechnung der zehnmonatigen Untersuchungshaft); 1935–1938 im Zuchthaus Waldheim inhaftiert; anschließend in „Schutzhaft" genommen; September 1938 bis Oktober 1942 „Schutzhaft" im KZ Buchenwald (Häftlings-Nr. 121).

Funktionen nach 1945: 1945–1948 Bezirksbürgermeister in Leipzig; nach der Flucht in den 1950er-Jahren Mitglied des Hauptvorstandes der GdED; 1951–1960 Geschäftsführer der Verlagsgesellschaft der GdED.

Weitere Hinweise: verheiratet mit Anna Klara Utrott, später mit Elisabeth Hedwig Gertrud Utrott, geborene Heinrich; wohnte in Leipzig, Kommandant-Prendel-Allee 94 (Ende der 1970er-Jahre); im Juli 1949 teilinvalidisiert; im April 1950 Flucht nach Berlin (West); zwischenzeitlich im Aufnahmelager Gießen und später wohnhaft in Offenbach a. M. und Frankfurt a. M.; lebte nach der Pensionierung in Beckenried (Schweiz).

* StA Leipzig, Nr. U 157, Antrag auf Ausstellung eines Staatsangehörigkeitsausweises, 17. 5. 1920; StA Leipzig, StVuR 1945–1990/PA Nr. 2430, Personalakte, Utrott, Ernst; Staatsarchiv Leipzig, 20031, PP-M, Sign. 1373, Eintrag Melderegister: Utrott, Franz Ernst; Standesamt Leipzig II, Nr.: 2653/1895, Geburtseintrag: Utrott Franz Ernst; Röll, Sozialdemokraten im Konzentrationslager Buchenwald, S. 312; Auskunft des StA Leipzig (Olaf Hillert), 25. 8. 2015; Auskunft des StA Bensheim (Veronika Finn), 11. 09. 2015.

Vaders, Paul*

Geburtsdatum: 4. Dezember 1889
Geburtsort: Hellenthal (Bezirk Aachen)
Sterbedatum: 9. März 1969
Sterbeort: Saarbrücken
Beruf: Schlosser; Lokomotivführer; später Oberrat
Partei: vor 1933 SPD; ab 1945 SPD

Funktionen vor 1933: ab 1. Oktober 1921 Sekretär des DEV bzw. ab 1923/24 hauptamtlicher Sekretär des EdED in Köln und Trier; ab 1924 Bezirksleiter des EdED für das Saargebiet in Saarbrücken; Mitglied des Bezirksausschusses des ADGB (wirkte in zahlreichen Kommissionen auf regionaler Ebene mit); 1928 Delegierter der 2. und 1931 Delegierter der 3. ordentlichen Generalversammlung des EdED.

Verfolgung – Widerstand – Emigration: Kampf für den Erhalt des „Status quo" des Saargebietes; Unterzeichner des Aufrufes „An die Mitglieder der Freien Gewerkschaften und die freiheitsliebende Arbeitnehmerschaft des Saargebietes!" vom 12. Januar 1935; gehörte nach eigenen Angaben „zum engsten Mitarbeiterkreis" von Max Braun; Ende Januar 1935 Emigration mit Frau und Sohn Karl Heinz nach Frankreich (Vaders und seine Ehefrau kehrten am 2. November 1945 zurück nach Güdingen); hatte Kontakte zur ITF, u. a. zu Edo Fimmen; war zeitweise Mitglied der Section française de l'Internationale ouvrière und der Résistance.

Funktionen nach 1945: Dezernent in der Eisenbahndirektion Saarbrücken.

Weitere Hinweise: verheiratet seit 19. Oktober 1918 mit Maria Vaders, geborene Pütz (geb. 25. Januar 1890); ein Sohn, Karl Heinz (auch Charles Henry) Vaders (geb. 19. Mai 1920) – auch er gehörte 1943/44 der Résistance, an und beteiligte sich an illegalen „Radio-Sendegruppen"; zudem ist ein außereheliches Kind Gottfried Bex (geb. 14. August 1914) vermerkt, der später auch in Saarbrücken lebte; Vaders wird in der Meldekartei des Stadtarchivs Saarbrücken zunächst unter preußischer Staatsangehörigkeit geführt, ab 1935 unter französischer Staatsangehörigkeit; Vaders befand sich seit 1924 im Saargebiet, am 5. November 1927 kam er von Rilchingen nach Güdingen (Saarbrücken), Unna 8; verzog am 15. Januar 1935 ohne Abmeldung, teilte aber am 8. Juli 1935 schriftlich seine Adresse mit: Straßburg, 9, Rue de la Brague; am 23. August 1945 kam das Ehepaar von Montmeyran (Frankreich) nach Güdingen, Unner 32 zurück; am 2. November 1945 ist in den Meldeunterlagen in Saarbrücken wieder ein Zuzug von Frankreich nach Güdingen, Unner A 8 bzw. später nach Unner I 9 vermerkt.

* SAPMO-BArch, Widerstandskartei, Paul Vaders; LA Saarland, LEA 11465, Entschädigungsakte von Paul Vaders; LA Saarland, LEA 5195, Entschädigungsakte von Charles Henri Vaders; LA Saarland, LEA 13007, Entschädigungsakte von Maria Vaders; LA Saarland, Bestand Staatskanzlei, StK 5929, Vaders, Paul; Handbuch des Vereins Arbeiterpresse, 2. Aufl. 1927, S. 541; Protokoll über die Verhandlungen der 3. ordentlichen Generalversammlung des EdED; Jahrbuch 1931 des Einheitsverbandes der Eisenbahner Deutschlands, S. 173; Protokoll über die Verhandlungen der 2. ordentlichen Generalversammlung des EdED; DGB-Landesbezirk Saar (Hrsg.), Fritz Dobisch. Ein Leben für die Arbeiterbewegung. Die „Saarländische Gewerkschafts-Zeitung" (1933–1935). Eine scharfe Waffe gegen Hitler, Saarbrücken, 1985, S. 14; Esters/Pelger/Schlingensiepen, Gewerkschafter im Widerstand, S. 11, 32, 39, 176; Ebenau, Freiheit für das Volk, S. 314 ff.; Auskunft des StA Saarbrücken (Kathrin Schmidt), 27. 2. 2015.

Vogel, Georg*

Geburtsdatum: 5. Dezember 1884
Geburtsort: Weißenohe (Landkreis Forchheim/Oberfranken)
Sterbedatum: 3. Juni 1960
Sterbeort: Nürnberg
Beruf: Schlosser; Lokomotivführer; zeitweise Versicherungsvertreter
Partei: ab 1910 SPD; 1937–1945 NSDAP

Funktionen vor 1933: seit 1903 gewerkschaftlich organisiert; Übernahme verschiedener Funktionen im DEV bzw. ab 1925 im EdED; ab 1. November 1928 Bezirksleiter des EdED in Nürnberg/Nordbayern (bis 1933); zum Ende der Weimarer Republik war er zugleich Reichsobmann der Fachgruppe Lokomotivführer des EdED; 1930 Delegierter des 3. Bundeskongresses des ADB; 1931 Teilnehmer der 3. ordentlichen Generalversammlung des EdED.

Verfolgung – Widerstand – Emigration: ab August 1933 „aus politischen Gründen" erwerbslos (von der NSBO zum 31. Mai 1933 entlassen, wurde aber verpflichtet, die mit der Auflösung des EdED verbundenen „Abwicklungsarbeiten" für die DAF zu erledigen); „Verbindungsmann" der EdED-Widerstandsgruppe; laut „Organisationsplan" von Hans Jahn vom 1. März 1936 Gaugraf in der EdED-Widerstandsgruppe im „12. Gau Nordbayern. Vorort Nürnberg" (Ersatzmann: Johann Emmert); 1933–1937 unter Polizeiaufsicht; er soll auch nach Angaben von Hans Jahn über die „Reichsleitung" bzw. „Internationale" erreichbar gewesen sein; 1933–1937 nach eigenen Angaben politischen Repressalien ausgesetzt; vom 15. Juni 1940 bis 30. Juli 1940 in Polizeihaft/Haft in Nürnberg; trotz seiner (strategisch motivierten) NSDAP-Mitgliedschaft betätigte sich Vogel im Widerstand; Paul Pröh bestätigte später, dass Vogel über ihn Verbindung zur Widerstandsgruppe um Wilhelm Leuschner gehalten habe (u. a. mit Karl Blaß und

Karl Klus, die mit ihm in der „Allgemeinen Krankengeldzuschuß- und Sterbekasse V. V. a. G.“ arbeiteten); im Bericht der Gestapo über ein Verhör heißt es: „Etwa im August 34 will Vogel dann von dem bereits früher benannten Bachmann noch einmal aufgesucht worden sein. Hier ist zu bemerken, dass dieser Besuch wahrscheinlich in späteren Jahren stattgefunden hat, denn Bachmann soll angebl. schon von der Emigration des Jahn gesprochen haben. Auch habe sich dieser im Auftrage von Jahn nach der Bereitschaft des Vogel zu einer illegalen Fortsetzung der alten Gewerkschaften erkundigt, sei jedoch auch von ihm ablehnend beschieden worden.“ (BArch, NJ 2229, Bd. 1, Bl. 41, Bericht der Gestapo Düsseldorf, August 1940).

Funktionen nach 1945: bislang nicht bekannt.

Weitere Hinweise: lebte in den 1930er-Jahren in Nürnberg, Baumgartnerstraße 28; verheiratet mit Ehefrau Maria Vogel seit Anfang 1909 (sie verstarb während des Zweiten Weltkrieges); Sohn starb an der Ostfront; ab Oktober 1945 erneut verheiratet mit Therese Vogel, geborene Schmittlein; später bestätigte ihm die „Allgemeine Krankengeldzuschuß- und Sterbekasse V. V. a. G.“, dass sein Eintritt in die NSDAP aus strategischen Gründen erfolgt sei, da bei dem Unternehmen nahezu ausschließlich Sozialdemokraten und frühere Gewerkschafter gearbeitet hätten und er sich habe tarnen müssen; wohnte in Nürnberg, Dagobertstraße 17 (1940er-/1950er-Jahre).

* AdsD, Bestand ITF, 5/ITFA, Mappe 46, „Organisations-Anlage“ von Hans Jahn über den Stand der illegalen Organisation der Eisenbahner im Deutschen Reich, o. D. [1. 3. 1936]; BArch, R 9361, VIII, S 0103 und R 9361, IX, X 0071, Personenbezogene Unterlagen der NSDAP; BayHStA, LEA 38162, Entschädigungsvorgänge, Vogel, Georg; StA Nürnberg, Signatur C 21/IX Nr. 954, Einwohnermeldekartei: Vogel, Georg; NJ 2229, Bd. 1, Bl. 33 ff., Unterlagen der Gestapo und NS-Justiz zur Verfolgung illegaler EdED-Strukturen; Staatsarchiv München, Gestapa 29, Verzeichnis der sozialdemokratischen Gewerkschaftsfunktionäre im Stadt- und Landbezirk Rothenburg o. d. Tauber, o. D.; Protokoll über die Verhandlungen der 3. ordentlichen Generalversammlung des EdED; Mielke/Frese (Bearb.), Die Gewerkschaften im Widerstand und in der Emigration, S. 234–238, hier S. 238 und 359–371, hier S. 361 und 366.

Vogel, Paul*

Geburtsdatum: 18. Mai 1880
Geburtsort: Gohla (Kreis Meißen)
Sterbedatum: bislang nicht bekannt
Sterbeort: bislang nicht bekannt
Beruf: Güterboden-Arbeiter, nach 1933: Zeitungshändler
Partei: ab 1902 SPD (bis 1932)

Funktionen vor 1933: ab 1925 (zeitweise) Beisitzer der EdED-Ortsverwaltung Leipzig (mit dieser Funktion im Bericht der EdED-Ortsverwaltung über das Jahr 1929 erwähnt); ab 1925 Betriebsratsmitglied; 1928 Delegierter der 2. ordentlichen Generalversammlung des EdED.

Verfolgung – Widerstand – Emigration: half im Mai 1933, EdED-Unterlagen vor dem Zugriff der NSDAP zu retten; Paul Vogel war als „bekannte[r] EdED-Funktionär von dienstliche[n] Maßregelungen" betroffen (Max Kellner, zitiert nach: Esters/Pelger/Schlingensiepen, Gewerkschafter im Widerstand, S. 141); Mitglied der EdED-Widerstandsgruppe in Sachsen; Kontakt mit Willi Bode im November 1938; dieser besuchte Vogel in seinem Zeitungs-Verkaufsstand auf dem Bahnhof Möckern; kaufte eine Ansichtskarte von Leipzig, auf der auch Vogel unterschrieb, die dann an Jahn geschickt wurde; am 27. Juli 1940 festgenommen und nach einer Vernehmung vor der Gestapo am 6. August 1940 aus der Haft entlassen und verwarnt; Mitglied der EdED-Widerstandsgruppe in Sachsen, nachdem er von Poralla nach dessen Haftentlassung in seiner Wohnung aufgesucht und von der Mitarbeit überzeugt wurde.
Funktionen nach 1945: unmittelbar nach Kriegsende Mitbegründer der Eisenbahner-Gewerkschaft in Leipzig.
Weitere Hinweise: arbeitete zum Ende der Weimarer Republik als Güterbahnhof-Arbeiter am Dresdner Bahnhof; seit 7. März 1925 verheiratet mit Eveline Minna Vogel, später verheiratet mit einer gewissen Frau Tympel, geborene Frosch (geb. 15. Februar 1884, gest. 10. März 1928); hatte zwei Stiefkinder (Eveline Tympel, verheiratete Zimmermann, geb. 13. März 1911) und Otto Tympel (geb. 29. September 1912); wohnte in Leipzig, Ploßstraße 34 (1930er-Jahre).

* BArch, R 58/3399, Bl. 54, Unterlagen zur Verfolgung; NJ 2229, Bd. 1, Unterlagen der Gestapo und NS-Justiz zur Verfolgung illegaler EdED-Strukturen; AdsD, NL Max Kellner, 1/MKAE00022, „Ausschnitt aus der Widerstandsbewegung der deutschen Eisenbahner, insbesondere im Lande Sachsen mit Schwerpunkt Leipzig", zum Teil abgedruckt in: Esters/Pelger/Schlingensiepen, Gewerkschafter im Widerstand, S. 140–150, hier S. 140 f., 150; Protokoll über die Verhandlungen der 2. ordentlichen Generalversammlung des EdED; Jahresbericht 1929 der EdED-Ortsverwaltung Leipzig, S. 5.

Voigt, Paul*

Geburtsdatum: 11. November 1877
Geburtsort: Buchholz
Sterbedatum: bislang nicht bekannt
Sterbeort: bislang nicht bekannt
Partei: ab 1904 SPD; ab 1918 USPD; ab 1920 KPD
Funktionen vor 1933: Gewerkschaftsmitglied seit 1904; ehrenamtlicher Gewerkschaftsfunktionär des DEV, vermutlich ab 1925 auch des EdED; ab 1928/29 aktiv in der RGO und wegen kommunistischer Aktivitäten aus dem EdED ausgeschlossen; Betriebsratsmitglied; Bezirksverordneter für die KPD im Berliner Bezirk Friedrichshain.
Verfolgung – Widerstand – Emigration: Entlassung von der Deutschen Reichsbahn-Gesellschaft wegen RGO-Betriebsratstätigkeit; am 17. März 1933 als Betriebsrat der Güterabfertigung Berlin Hamburg-Lehrter-Bahnhof verhaftet, acht Wochen in „Schutzhaft" im

Polizeipräsidium; fünfeinhalb Jahre erwerbslos; im Zusammenhang mit dem Antrag auf Anerkennung als „Opfer des Faschismus" wurde die illegale Arbeit angezweifelt.

Funktionen nach 1945: beschäftigt bei der Reichsbahn-Bahnmeisterei, Schöneberger Straße 22 und dort vermutlich auch gewerkschaftlich aktiv.

Weitere Hinweise: Mitglied des RFB und der RHD (Kassierer); übernahm mehrere (parteipolitische) Aufgaben, u. a. als Landagitator, in der Jugendleitung und als Hauskassierer; während des Weltkriegs Opposition und demzufolge danach USPD, Aufbau der Ortsgruppe Stralau; als Pol.-Leiter der KPD Aufbau der Ortsgruppe; warum der Antrag der Anerkennung als „Opfer des Faschismus" abgelehnt wurde, ließ sich nicht rekonstruieren.

* LAB, C Rep. 118-01, Nr. 21422, OdF-Akte von Paul Voigt.

Vongerichten, Oskar*

Geburtsdatum: 12. September 1895
Geburtsort: Offenbach (bei Landau, Pfalz)
Sterbedatum: 12. März 1959
Sterbeort: Ludwigshafen
Beruf: Schlosser; Gewerkschaftssekretär
Partei: ab 1913 SPD; ab 1945 SPD

Funktionen vor 1933: ab 1913 Mitglied des DEV und bald darauf Funktionär; später Übernahme mehrerer Funktionen im EdED; 1919–1933 Vorsitzender des Bezirksbetriebsrates bei der Eisenbahndirektion Ludwigshafen und zeitweise Bezirksvertreter des EdED im Bezirk Pfalz (Mitglied des Bezirksbeirates); 1924–1933 Mitglied des Hauptbetriebsrates der Deutschen Reichsbahn und der Gruppenverwaltung Bayern in München (u. a. Mitglied im „Bayerischen Ausschuss" des Hauptbetriebsrates (im Ausschuss waren zudem Josef Reim, Johann Herget und Nikolaus Rott vertreten); Mitglied des Zentralgewerkschaftsbeirates des EdED.

Verfolgung – Widerstand – Emigration: laut „Organisationsplan" von Hans Jahn vom 1. März 1936 Gaugraf in der EdED-Widerstandsgruppe im „3. Gau Pfalz-Baden. Vorort Ludwigshafen"; war nach Angaben von Hans Jahn (1936) über die „Reichsleitung" bzw. die ITF im Rahmen der illegalen Arbeit zu erreichen; nach Angaben von Hans Jahn in der „Organisationsskizze" von Ende 1938 „Reichsverbindung" der illegalen „Organisation" in Ludwigshafen; wurde im August 1940 von der Gestapo festgenommen und verhört; gab an, von Hans Jahn und von Wilhelm Bode Postkarten erhalten zu haben; über den Inhalt machte er keine Angaben; Aufsichtsratsmitglied der „Allgemeinen Krankengeldzuschuß- und Sterbekasse V. V. a. G.".

Funktionen nach 1945: 1945–1952 Vorsitzender des Hauptbetriebsrates bei der Generaldirektion der Südwestdeutschen Eisenbahnen in Speyer und Mitglied des Eisenbahnverkehrsrates – Oberste Eisenbahnbehörde der Südwestdeutschen Eisenbahnen (Karlsruhe); 1945–1947

Mitglied des „Vorläufigen Landrates“ in Ludwigshafen; 1946/47 Mitglied des Organisationskomitees zur Ausarbeitung von Abkommen und Satzungen für die Eisenbahnverwaltung in der Französischen Besatzungszone; Mitte Oktober 1949 Delegierter der GdED auf dem Gründungskongress des DGB; 1952/53 Zweiter Vorsitzender der Hauptpersonalvertretung der Deutschen Bundesbahn auf Bundesebene; 1952–1957 Mitglied des Verwaltungsrates der Deutschen Bundesbahn; ab 1949 Hauptvorstandsmitglied der GdED und Übernahme von mehreren Funktionen im GdED-Bezirk Mainz.

Weitere Hinweise: arbeitete zumeist als Vorhandwerker im Reichsbahnausbesserungswerk Ludwigshafen; wohnte in Ludwigshafen, Forsterstraße 10 (1930er-Jahre), später Lindengang 5 (1940er-Jahre).

* AdsD, Bestand ITF, 5/ITFA, Mappe 46, „Organisations-Anlage“ von Hans Jahn über den Stand der illegalen Organisation der Eisenbahner im Deutschen Reich, o. D. [1. 3. 1936]; BArch, R 3017/29433, Bl. 4, „Organisationsskizze“ von Hans Jahn, 1. 12. 1938; BArch, NJ 2229, Bd. 1, Bl. 33 ff., Unterlagen der Gestapo zur Verfolgung illegaler EdED-Strukturen; StA Ludwigshafen, Materialsammlung zum Lebensweg von Oskar Vongerichten; LAB, B Rep. 042, Amtsgericht Charlottenburg, Nr. 48856 „Allgemeine Krankengeldzuschuß- und Sterbekasse V. V. a. G.“ (1934–1978); Geschäftsbericht für die Zeit vom 1. Januar 1928 bis zum 31. Dezember 1930. Einheitsverband der Eisenbahner Deutschlands – Bezirksleitung Pfalz, Ludwigshafen, S. 1 ff.; Oskar Vongerichten im Alter von 63 Jahren verstorben, in: Der deutsche Eisenbahner, Nr. 7/1959; Oskar Vongerichten wurde 60, in: Der deutsche Eisenbahner, 16. 9. 1955; Jahrbuch 1930 des Einheitsverbandes der Eisenbahner Deutschlands, S. 144; Protokoll Gründungskongreß des Deutschen Gewerkschaftsbundes für das Gebiet der Bundesrepublik Deutschland, S. 256; Klaus J. Becker, Der Ludwigshafener Beirat vom 27. April 1945 (Biografische Zusammenstellung), Ludwigshafen o. J. (Manuskript); Jahrbuch 1931 des Einheitsverbandes der Eisenbahner Deutschlands, S. 173; Mielke/Frese (Bearb.), Die Gewerkschaften im Widerstand und in der Emigration, S. 363, ferner S. 238, 361; Esters/Pelger/Schlingensiepen, Gewerkschafter im Widerstand, S. 41, 86.

Voß, Paul [auch: Voss, Paul]*

Geburtsdatum: 8. April 1885

Geburtsort: bislang nicht bekannt

Sterbedatum: bislang nicht bekannt

Sterbeort: bislang nicht bekannt

Beruf: Lademeister

Partei: ab 1918 SPD

Funktionen vor 1933: Betriebsvertrauensmann des EdED in Hamburg; trat dort 1924 auf der Liste „Einheitsorganisation (DEV)“ für den Hauptbeamtenrat der Deutschen Reichsbahn-Gesellschaft an.

Verfolgung – Widerstand – Emigration: 1933 fünf Wochen im KZ Fuhlsbüttel inhaftiert; zeitweise wurde gegen ihn aufgrund von politischen Aktivitäten strafrechtlich ermittelt.

Funktionen nach 1945: ab 1949 zeitweise Vertrauensmann der GdED in Hamburg.

Weitere Hinweise: bislang nicht bekannt.

* Reichsverkehrsblatt, Nr. 34 in: LHA Schwerin, 9.2-17, Altaktenbestand der Reichsbahndirektion Schwerin, Nr. 10568; SPD-Hamburg, Für Freiheit und Demokratie, S. 435; Gottwaldt, Eisenbahner gegen Hitler, S. 70 f.

Voß, Wilhelm*

Geburtsdatum: 7. Dezember 1881
Geburtsort: Varel (Friesland)
Sterbedatum: 13. Juni 1949
Sterbeort: Hamburg
Beruf: Seemann
Partei: ab 1911 SPD

Funktionen vor 1933: ab 1899 Mitglied und ab 1911 hauptamtlicher Sekretär des DTV in Hamburg; ab Ende der 1920er-Jahre Sekretär des Gesamtverbandes der Arbeitnehmer der öffentlichen Betriebe und des Personen- und Warenverkehrs in Berlin; ab 1932 Gauleiter des Gesamtverbandes der Arbeitnehmer der öffentlichen Betriebe und des Personen- und Warenverkehrs für Pommern (in Stettin).

Verfolgung – Widerstand – Emigration: hatte nach eigener Aussage vor der Gestapo Hans Jahn erst im Zuge seiner illegalen Arbeit kennengelernt; war auch an Auslandstagungen des illegalen EdED beteiligt, u. a. in Amsterdam; zugleich beteiligte er sich an der Finanzierung von Auslandsreisen für andere; Teilnehmer der „Roskilder Konferenz" (Dänemark, April 1935); am 20./21. April 1935 verhaftet und am 7. Juni 1935 in das Untersuchungsgefängnis in Stettin gebracht; ihm wurde der Vorwurf gemacht, illegale Schriften eingeführt zu haben und illegale gewerkschaftliche bzw. der SPD und der ITF nahestehende Zirkel aufrechterhalten zu haben; am 19. September 1936 – unter Anrechnung von 15 Monaten Untersuchungshaft – wegen „Vorbereitung zum Hochverrat" zu einer Zuchthausstrafe von drei Jahren verurteilt; die Strafe verbüßte er im Zuchthaus Gollnow; nach Verbüßung der Haftstrafe wurde er in „Schutzhaft" genommen und war vom 5. Juli 1938 bis 7. Dezember 1939 im KZ Sachsenhausen inhaftiert (Häftlingsnummern: 1947 und 0853).

Funktionen nach 1945: soll sich anfangs nach Kriegsende gewerkschaftlich betätigt, das Engagement bald aber fallen gelassen haben.

Weitere Hinweise: lebte Anfang der 1940er-Jahre in Stettin, nach Kriegsende in Hamburg.

* BArch, NJ 2229, Bd. 1, Bl. 43, Unterlagen der Gestapo und NS-Justiz zur Verfolgung illegaler EdED-Strukturen; Urteil des VGH 2H34/36-15J222/35 gegen Wilhelm Voß u. a., 19. 9. 1936, in: Nationalsozialismus, Holocaust, Widerstand und Exil 1933–1945, Online-Datenbank; Buschak, „Arbeit im kleinsten Zirkel", 2., aktual. Aufl. 2015, S. 155 f., 168 ff., 324; Mielke/Frese (Bearb.), Die Gewerkschaften im Widerstand und in der Emigration, S. 222, 229, 325 ff., 347 f., 360, 368 f., 431; Esters/Pelger/Schlingensiepen, Gewerkschafter im Widerstand, S. 33, 35 ff., 45 ff., 137 ff.; Handbuch des Vereins Arbeiterpresse, 2. Aufl. 1927, S. 375; Stefan Müller, Voß, Wilhelm (1881–1949), in: Mielke (Hrsg.) i. V. mit Morsch, Gewerkschafter in den Konzentrationslagern Oranienburg und Sachsenhausen, Bd. 2, S. 107–116.

Walter, Georg*

Geburtsdatum: 23. November 1885
Geburtsort: Laudenau
Sterbedatum: 29. Oktober 1953
Sterbeort: Reinheim (Kreis Dieburg)
Beruf: Installateur
Partei: vor 1933 KPD

Funktionen vor 1933: Bezirkskassierer des EdED – Ortsverwaltung Darmstadt; Übernahme von Funktionen für die KPD, u. a. bis 1933 Parteisekretär in Reinheim.

Verfolgung – Widerstand – Emigration: noch im Februar 1933 Redner und Versammlungsleiter für die KPD im südhessischen Raum und im Odenwald; als Bezirkskassierer des EdED in Darmstadt entlassen; Festnahme am 6. Juli 1933 wegen „angeblicher Beteiligung an der Verbreitung eines kommunistischen Flugblattes" (HHStAW, Widerstandskartei); einige Tage in „Schutzhaft".

Funktionen nach 1945: bislang nicht bekannt.

Weitere Hinweise: bislang nicht bekannt.

* HHStAW, Datenbank „Widerstand und Verfolgung in Hessen", Ident-Nr.: 1703.

Wegener, Heinrich*

Geburtsdatum: 3. März 1883
Geburtsort: Hannover
Sterbedatum: 19. Februar 1952
Sterbeort: Hannover
Beruf: Handelsarbeiter; Gewerkschaftssekretär
Partei: vor 1933 SPD

Funktionen vor 1933: 1. August 1906 bis 31. Dezember 1918 Ortsbeamter und hauptamtlich Angestellter im Transportarbeiter-Verband; ab 1. Januar 1919 Bezirksleiter des DEV bzw. ab 1925 des EdED in Hannover (bis 31. März 1933 angestellt); 1928 Delegierter der 2. und 1931 Delegierter der 3. ordentlichen Generalversammlung des EdED; nahm als Delegierter am ITF-Kongress vom 15. bis 21. September 1926 in Paris teil.

Verfolgung – Widerstand – Emigration: Festnahme am 1. April 1933 im Zusammenhang mit der Besetzung des Gewerkschaftshauses in Hannover durch die SA, anschließend eventuell nochmals kurz wieder auf freiem Fuß; 7. April 1933 bis 12. Juli 1933 Inhaftierung im Gerichtsgefängnis Hannover wegen des Verdachts der „Vorbereitung zum Hochverrat" (Untersuchungshaft; am 8. Juli 1933 wurde das Ermittlungsverfahren durch die Generalstaatsanwaltschaft Hamm eingestellt), Heinrich Wegener schrieb später: „Am 11. 7. 33 erhielt ich dann von dem Generalstaatsanwalt des Sondergerichts in Hamm Westf. Frhr. von Steinäcker die Nachricht, das Verfahren sei eingestellt. Am selben Tag wurde ich aus der Untersuchungshaft entlassen. Ich habe nichts wieder davon gehört. Bemerken möchte ich noch, dass das Belastungsmaterial, auf dem die Anklage aufgebaut werden sollte (Schriftstücke und eine Eierhandgranate), von den Nazis bei der Besetzung [des Gewerkschaftshauses in Hannover durch die SA am 1. April 1933] selbst mit ins Haus gebracht worden sind, aber angeblich in unserem Bureau gefunden wurden." (selbstgeschriebener Lebenslauf von Heinrich Wegener, o. D. [Anfang der 1950er-Jahre] aus der Entschädigungsakte der Ehefrau); im Anschluss an die Entlassung keine weiteren Vermerke einer Verhaftung oder eines Gefängnisaufenthalts, allerdings geht aus der Korrespondenz betreffend illegaler Aktivitäten zwischen Hans Jahn und Edo Fimmen aus dem Jahr 1937 hervor, dass Wegener und Fimmen zeitweise in Kontakt standen.

Funktionen nach 1945: bislang nicht bekannt.

Weitere Hinweise: verheiratet mit Tetje Wegener, geborene Dreesen (geb. 28. Dezember 1888, gest. 17. November 1957), ein Kind: Ingeborg Sophie Wegener (geb. 19. August 1921); Trauung am 19. Februar 1921 in Hannover; wohnte seit der Geburt in Hannover, Gartenallee 13, später Rampenstraße 1, Davenstedter Straße 8 und in der Wunstorfer Straße 76 (ab 1934).

* SAPMO-BArch, Widerstandskartei, Heinrich Wegener; BArch, R 58/3400, Bl. 17, Unterlagen zur Verfolgung; AdsD, Bestand ITF, 5/ITFA, Mappe 46, Mappe 17, Brief von Edo Fimmen an „Lieber Hans" (Hans Jahn), 19. 10. 1937; Protokoll über die Verhandlungen der 2. ordentlichen Generalversammlung des EdED; Protokoll über die Verhandlungen der 3. ordentlichen Generalversammlung des EdED; Jahrbuch 1931 des Einheitsverbandes der Eisenbahner Deutschlands, S. 173; Handbuch des Vereins Arbeiterpresse, 2. Aufl. 1927, S. 386 f.; Auskunft des StA Hannover (Holger Horstmann), 16. 3. 2015.

Weis, Hubert [auch: Weiß, Hubert]*

Geburtsdatum: 1. Oktober 1886

Geburtsort: Koblenz

Sterbedatum: 29. Juni 1966

Sterbeort: Koblenz

Beruf: Schlosser, Angestellter

Partei: ab 1919 SPD

Funktionen vor 1933: seit 1919 Mitglied des DEV; Mitglied des Bezirksbeirates des EdED (Bezirk Rheinland); Mitglied der Betriebskrankenkasse der Reichsbahndirektion Köln; 1919–1933 Sozialreferent beim DEV/EdED.

Verfolgung – Widerstand – Emigration: laut „Organisationsplan" von Hans Jahn vom 1. März 1936 „Ersatzmann" für den Bezirksleiter Max Pester in der EdED-Widerstandsgruppe im „5. Bezirk. Bahnlinie Köln–Koblenz–Trier–Gerolstein–Köln. Vorort Köln"; hatte Kontakt zu Vertretern der ITF; am 29. Juli 1940, 16 Uhr auf seiner Arbeitsstelle verhaftet;

am 30. Juli 1940 von der Gestapo Koblenz vernommen; ab 1938 Teilnahme an verschiedenen Wanderungen mit dem ehemaligen SPD-Stadtverordneten Jean Brüning aus Koblenz, bei den Verhören versuchte Weis, den Zweck dieser Wanderungen als gänzlich unpolitisch darzustellen; gelegentliche Kontakte mit ehemaligen Kollegen, wenn er seinen Sohn in Köln besuchte; am 14. Dezember 1937 vor dem OLG Hamm als Zeuge gegen Max Pester ausgesagt (aus geschäftlichen Gründen musste er wohl ab und zu Reisen nach Trier und Bitburg unternehmen; auf weiteres Vorhalten durch die Staatsanwaltschaft erfolgte die Angabe, dass er in Luxemburg einen Onkel Wilhelm Pauli hatte, diesen jedoch seit 1923 nicht mehr besucht habe; wurde von Wilhelm Bode in dessen Aussagen vom 18. Juni 1940 belastet, eine „Anlaufstelle" des Jahn-Netzwerkes zu sein); Weis erklärte dazu: „Wenn mir nun vorgehalten wird, daß ich aufgrund vorgefundener Unterlagen bei der illegalen Leitung der ‚Internationalen Transportarbeiter-Föderation' (ITF) als Ersatzmann des illegalen Bezirksleiters M. Pester für den Stützpunkt Koblenz bestimmt bin und dass ich nach der Aussage eines Mitbeschuldigten v. 18. 6. 1940 (Bode) als illegale Anlaufstelle für die ‚Internationale Transportarbeiter-Föderation' bestimmt bin und ich gefragt werde, wie diese Stelle an die bestimmten Angaben kommt, wenn mein Verhalten bisher einwandfrei gewesen sein kann [sic!], so kann ich nur sagen: Ich kann mir diesen Zusammenhang nicht erklären. Jedenfalls ist mir die Sache unerklärlich. Alles was ich bisher über den Umgang mit ehem. Gesinnungsgenossen gesagt habe, trifft auch für die Zeit bis 1936 zu. Auch in dieser Zeit von der Machtübernahme an, habe ich weder illegale Verbindungen unterhalten noch mich zu solchen Verbindungen hergegeben. Mir ist auch von ehem. Gesinnungsgenossen und ehem. Gewerkschaftlern nicht bekannt, daß diese illegalen Verbindungen angehören oder hergestellt haben. Weitere Angaben kann ich über die mir vorgehaltene Angelegenheit nicht machen." (Gestapo-Festnahme-/Verhör-Bericht, 30. 7. 1940); bei einer Hausdurchsuchung fand die Gestapo keinerlei belastendes Material; Weis wurde nach seiner Aussage „zur Verfügung der Stapo-Leitstelle Düsseldorf in das Hausgefängnis der Polizei Koblenz geliefert"; weitere Details sind bislang nicht bekannt.
Funktionen nach 1945: bislang nicht bekannt.
Weitere Hinweise: wohnte in Koblenz, Comeniusstraße 10, später Herbert-Norkus-Straße 17 (Anfang der 1940er-Jahre); Arbeitsort: Reserve-Teillazarett Koblenz (1940); verheiratet seit 1913 mit Elisabeth Weis, geborene Bittschier; hatte drei Kinder; ab 1933 Mitglied der DAF; ab 1938 Mitglied der NSV; 1907–1938 bei der Deutschen Reichsbahn-Gesellschaft beschäftigt (zunächst in Köln, anschließend Betriebswerkstatt Koblenz-Moselbahnhof; aufgrund schweren Unfalls aus dem Dienst der Reichsbahn ausgeschieden).

* StA Koblenz, Geburtenregister Nr. 633/1886: Weis, Hubert Karl; StA Koblenz, Sterberegister Nr. 868/1966: Weis, Hubert Karl; SAPMO-BArch, Widerstandskartei, Hubert Weiß; BArch, NJ 2229, Bd. 2, Bl. 100–107, Unterlagen zur Verfolgung der Gestapo und NS-Justiz zur Verfolgung illegaler EdED-Strukturen, u. a. Bericht über Festnahme und Verhör, 29./30. 7. 1940; AdsD, Bestand ITF, 5/ITFA, Mappe 46, „Organisations-Anlage" von Hans Jahn über den Stand der illegalen Organisation der Eisenbahner im Deutschen Reich, o. D. [1. 3. 1936];

Mielke/Frese (Bearb.), Die Gewerkschaften im Widerstand und in der Emigration, S. 363; Esters/Pelger/Schlingensiepen, Gewerkschafter im Widerstand, S. 68, 41; Buschak, „Arbeit im kleinsten Zirkel", 1. Aufl. 1993, S. 70 und ebenda, 2., aktual. Aufl. 2015, S. 161; StA Koblenz, Auskunft (Petra Weiß), 26. 8. 2015.

Weisbrod, Karl*

Geburtsdatum: 8. November 1895
Geburtsort: Karlsruhe
Sterbedatum: bislang nicht bekannt
Sterbeort: bislang nicht bekannt
Beruf: Maschinenschlosser
Partei: vermutlich SPD

Funktionen vor 1933: Betriebsrat im Reichsbahnausbesserungswerk Karlsruhe.

Verfolgung – Widerstand – Emigration: nach eigenen Angaben Ende Mai 1933 aus politischen Gründen fristlos aus dem Dienst der Deutschen Reichsbahn-Gesellschaft entlassen; 21. Mai 1933 bis 15. Mai 1935 erwerbslos; Grund der „Verfolgung" bzw. Entlassung: „Bezirksführer der ‚Eisernen Front' und Betriebsrat. Verdacht staatsfeindlicher Einstellung" (GLAK, Bestand 480, Nr. 12529, Landesbezirksstelle für Wiedergutmachung an Bundesbahndirektion Stuttgart, 27. 3. 1952); ab 1934 Mitgliedervertreter bzw. Aufsichtsratsmitglied der „Allgemeinen Krankengeldzuschuß- und Sterbekasse V. V. a. G.".

Funktionen nach 1945: bislang nicht bekannt.

Weitere Hinweise: wohnte in Karlsruhe, Rüppurrer Straße 39 (1940er-Jahre); war vom 20. November 1918 bis 25. Mai 1933 als Schlosser bzw. zuvor als Lehrling beim Reichsbahnausbesserungswerk Karlsruhe und Durlach beschäftigt; im Zuge der Wiedergutmachung unter „Berufung in das aktive Beamtenverhältnis als Werkführer" mit Wirkung vom 1. Oktober 1945 wiedereingestellt; 1947 Beförderung zum Reichsbahninspektor; war verheiratet; hatte zwei Kinder.

* GLAK, Bestand 480, Nr. 12529, Entschädigungsakte von Karl Weisbrod; Auskunft des StA Karlsruhe (Jürgen Schuhladen-Krämer), 2. 7. 2015 und 18. 7. 2015; LAB, B Rep. 042, Amtsgericht Charlottenburg, Nr. 48856 „Allgemeine Krankengeldzuschuß- und Sterbekasse V. V. a. G." (1934–1978).

Weiß, Johannes [auch: Weiss, Johannes]*

Geburtsdatum: 21. Februar 1902
Geburtsort: Mainz
Sterbedatum: 26. Mai 1981
Sterbeort: Berlin (West)
Beruf: Metallschleifer und Galvaniseur
Partei: vor 1933 SPD

Funktionen vor 1933: Angestellter des EdED (bis ca. 1927), ab 1928 Landesleitung der Freien Gewerkschaftsjugend in Dresden; ab 1928; hauptberuflicher Zweiter Sekretär des ADGB in Sachsen.

Verfolgung – Widerstand – Emigration: 21. April 1933 bis 1. Juni 1933 „Schutzhaft" aus „Gründen der öffentlichen Sicherheit", im Anschluss aus Sachsen ausgewiesen; baute nach seiner Ausweisung aus Sachsen 1933 in Cottbus mit Tarnung eines Bücherladens ein „kleines Widerstandsnetz" auf; nach der Zerschlagung eines Teils des Netzes erfolgte die Kontaktaufnahme zu kommunistischen Gruppen, die weitere Unterstützung erfuhren; im Mai 1937 – nach eigenen Angaben – durch „Verrat" aufgeflogen und in „Schutzhaft" genommen; vom 14. Mai 1937 bis 20. April 1940 im KZ Sachsenhausen inhaftiert (in Sachsenhausen eineinhalb Jahre lang „Blockältester"); nach Umzug nach Berlin dort ebenfalls mit Buchhandlung Versuche, den illegalen Widerstand zu unterstützen (hatte nach eigenen Angaben angeblich Kontakte zu Wilhelm Leuschner); im Zuge der „Aktion Gewitter" ab Ende August 1944 im KZ Neuengamme inhaftiert (bis 19. September 1944).

Funktionen nach 1945: Regierungsrat in der Arbeitsverwaltung von Berlin (West).

Weitere Hinweise: verheiratet seit 1934; im Jahr 1942 von der Berliner Feuerwehr dienstverpflichtet; zweite Ehe seit Juli 1970, die 1970 in Berlin-Wittenau mit Jutta Maria Weiß, geborene Paul, geschlossen wurde.

* BLHA, Rep. 930, SED-Bezirksleitung Cottbus, Nr. 4447, Bericht Georg Dix; StA Mainz, Geburtsregister (Familienregister) Nr. 29832: Weiß, Johannes; Heimatgeschichtlicher Wegweiser zu Stätten des Widerstandes und der Verfolgung 1933–1945. Bd. 7: Schleswig-Holstein, Teil 1: Nördlicher Landesteil, hrsg. vom Studienkreis zur Erforschung und Vermittlung der Geschichte des Widerstandes 1933–1945, Redaktion: Ursula Krause-Schmitt und andere, Frankfurt a. M. 1993, S. 187 f.; Niels Reith, Weiss, Johannes (1902–?), in: Mielke (Hrsg.) i. V. mit Morsch, Gewerkschafter in den Konzentrationslagern Oranienburg und Sachsenhausen, Bd. 3, S. 576–577; Auskunft des StA Mainz (Frank Teske), 27. 6. 2016.

Weiß, Karl*

Geburtsdatum: 30. April 1876

Geburtsort: Lue (bei Weiden, Bayern)

Sterbedatum: 3. März 1957

Sterbeort: Passau

Beruf: Schreiner; Wagenmeister

Partei: ab 1898 SPD

Funktionen vor 1933: ab 1895 gewerkschaftlich organisiert; ab 1921 Ortsbevollmächtigter des EdED in Passau und Umgebung; zwischenzeitlicher Rücktritt 1927/28 von allen lokalen Funktionen im EdED; ab 1930 erneut im EdED-Ortsvorstand Passau, zeitweise erneut Ortsbevollmächtigter (bis 1933).

Verfolgung – Widerstand – Emigration: stand in Verbindung mit Hans Jahn, den er seit 1921 kannte; nach Angaben von Hans Jahn in der „Organisationsskizze" von Ende 1938 „Reichsverbindung" der illegalen „Organisation" in Passau; vor der Gestapo gab er an, er habe lediglich auf eine Glückwunschkarte „aus Taktgefühl" geantwortet und sich innerlich der NSDAP zugewandt; diesen Ausführungen schenkte die Gestapo nur wenig Glauben, wenngleich ihm eine illegale Tätigkeit nicht nachgewiesen werden konnte; politische Zeitschriften, die bei ihm gefunden wurden, will er aus Interesse aus Zügen mitgenommen haben; er bestritt jedoch jegliche politische Agitation im Sinne des EdED bzw. der ITF; alle Korrespondenzen versuchte er als unpolitisch darzustellen; nach einem Verhör entließ man ihn auf freien Fuß.
Funktionen nach 1945: ab 1946 Gemeinderat in Heining (heute: Stadtteil von Passau); Übernahme von Funktionen in der GdED, u. a. Vorsitzender der Rentner und Pensionäre in der GdED in Passau.
Weitere Hinweise: seit 1900 bei der Königlich-Bayerischen Staatsbahn in Weiden beschäftigt; arbeitete später im Bahnbetriebswerk Passau; lebte getrennt von Ehefrau (Anna Weiß, geborene Pleyer); hatte zwei Kinder: Margarete Weiß (geb. 22. Februar 1904) und Antonin Weiß (geb. 23. Dezember 1908); Teilnehmer an einer „Internationalen Delegiertentagung" des EdED in Hamburg 1930 für Niederbayern; wohnte in Passau, Berggasse 3 (1920er-Jahre).

* BArch, NJ 2229, Bd. 2, Bl. 121 ff., Unterlagen der Gestapo und NS-Justiz zur Verfolgung illegaler EdED-Strukturen; BArch, R 3017/29433, Bl. 4, „Organisationsskizze" von Hans Jahn, 1. 12. 1938; StA Passau, Einwohnerliste für männliche Personen: Weiß, Karl; Ehrenbürger Karl Weiß verstorben, in: Passauer Neue Presse, 5. 3. 1957; Franz Mader, Tausend Passauer. Biographisches Lexikon zu Passaus Stadtgeschichte, Passau 1995, S. 250; Auskunft des StA Passau (Herta Nitsche), 25. 4. 2016.

Wengenroth, Albert*

Geburtsdatum: 16. Mai 1898
Geburtsort: Westerburg
Sterbedatum: 12. Februar 1945
Sterbeort: KZ Dachau
Beruf: Eisenbahner
Partei: vor 1933 SPD
Funktionen vor 1933: 1919–1933 Vorsitzender des DEV bzw. des EdED in Westerburg; 1929–1932 Abgeordneter des Kreistags in Westerburg; 1924–1929 und 1933 Stadtrat in Westerburg.
Verfolgung – Widerstand – Emigration: im Zusammenhang mit der „Aktion Gewitter" 1944 festgenommen und in das KZ Dachau verschleppt (Häftlings-Nr.: 108236), wo er an Typhus verstarb.
Funktionen nach 1945: –
Weitere Hinweise: in Westerburg ist eine Straße nach Albert Wengenroth benannt worden.

* AdsD, DGB-Archiv, Ehrentafel für während des Dritten Reichs ermordete Gewerkschaftsmitglieder, o. O. o. J., S. 3; Buß, Dreimal Stunde Null, S. 158; Gottwaldt, Eisenbahner gegen Hitler, S. 47; Maria Meurer, Tod in Dachau. Das Leben des Albert Wengenroth, Westernohe 2014.

Wermelskirchen, Friedrich [auch: Wermelskirchen, Fritz]*

Geburtsdatum: 30. November 1888
Geburtsort: Köln-Ehrenfeld
Sterbedatum: bislang nicht bekannt
Sterbeort: bislang nicht bekannt
Beruf: Werkzeugdreher; später Kalkulator
Partei: ab 1920 SPD

Funktionen vor 1933: 18. November 1910 bis 15. Juni 1913 DMV-Vertrauensmann (Köln); 25. August 1913 bis 30. Juli 1914 DMV-Vertrauensmann in Duisburg; 10. September 1918 bis 1. Oktober 1919 Vorsitzender und Kassierer der DEV-Ortsgruppe in Essen; zeitweise Vorsitzender des Arbeiterausschusses bei der Deutschen Reichsbahn-Gesellschaft bzw. deren Vorläuferunternehmen in Trier; ab 1. Oktober 1919 Bezirksleiter des DEV bzw. ab 1925 des EdED in Trier; 1920 Mitglied in der Unterstützungsvereinigung der in der modernen Arbeiterbewegung tätigen Angestellten in Trier.

Verfolgung – Widerstand – Emigration: laut „Organisationsplan" von Hans Jahn vom 1. März 1936 Mitglied der EdED-Widerstandsgruppe; illegale Mitarbeit im Eisenbahnerwiderstand in Köln; im Juli 1940 von der Gestapo festgenommen und verhört: er gab an, keine Verbindungen unterhalten zu haben, obwohl er Hans Jahn persönlich gekannt habe; auch Karl Priefer habe er gekannt, wie Wermelskirchen am 29. Juli 1940 vor der Gestapo erklärte; aus Mangel an Beweisen wurde er entlassen.

Funktionen nach 1945: bislang nicht bekannt.

Weitere Hinweise: wohnte in Köln, Ottostraße 6 (1930er-Jahre), später Stubbelrather Straße 195 (Anfang der 1940er-Jahre).

* SAPMO-BArch, Widerstandskartei, Friedrich Wermelskirchen; BArch, R 58/3764, Bl. 39; BArch, R 58/3345, Bl. 61; BArch, NJ 2229, Bd. 1, Bl. 33 ff. Unterlagen der Gestapo und der NS-Justiz zur Verfolgung illegaler EdED-Strukturen; AdsD, Bestand ITF, 5/ITFA, Mappe 46, „Organisations-Anlage" von Hans Jahn über den Stand der illegalen Organisation der Eisenbahner im Deutschen Reich, o. D. [1. 3. 1936]; Handbuch des Vereins Arbeiterpresse, 2. Aufl. 1927, S. 579.

Werner, Maria [auch: Diamant, Greta]*

Geburtsdatum: 8. März 1903
Geburtsort: Vukovar (Kroatien, Österreich-Ungarn)

Sterbedatum: ca. 1938
Sterbeort: UdSSR
Beruf: Journalistin; Gewerkschaftssekretärin
Partei: ab 1929 KPD

Funktionen vor 1933: ab 1929/30 „Leiterin“ (Sekretärin) des Bundes proletarisch-revolutionärer Schriftsteller.

Verfolgung – Widerstand – Emigration: März 1933 inhaftiert in Berlin; Emigration nach Frankreich; dort Sekretärin der RGI für Eisenbahner (Pseudonyme: „Grete Fodor“, „Toni Hack“); 1935 Emigration in die UdSSR; in der UdSSR Sekretärin der RGI für die Sektion der Eisenbahner; im März 1937 vom NKWD verhaftet; am 4. April 1937 aus der KPD ausgeschlossen; sah sich dem Vorwurf ausgesetzt, „Trotzkistin“ zu sein.

Funktionen nach 1945: –

Weitere Hinweise: lebte lange Zeit mit dem jugoslawischen Schriftsteller Theodor Balk zusammen; 1923 kam sie nach Deutschland; in der UdSSR lebte sie in Moskau; ein genaues Todesdatum ließ sich nicht ermitteln; sie soll Lagerhaft und Verbannung überlebt haben; die genauen Umstände des Todes ließen sich nicht rekonstruieren; 1956 erfolgte die Rehabilitierung.

* Weber/Herbst, Deutsche Kommunisten, 1. Aufl. 2004, S. 861.

Wiatrek, Heinrich*

Geburtsdatum: 1. Juli 1896
Geburtsort: Gleiwitz
Sterbedatum: 29. Oktober 1945
Sterbeort: Bad Reiboldsgrün
Beruf: ungelernter Arbeiter
Partei: ab 1922 KPD

Funktionen vor 1933: Übernahme von Funktionen in der KPD, u. a. ab 1927 Stadtverordneter und Mitglied des Stadtrates in Gleiwitz; ab 1929 Org.-Leiter der KPD für Oberschlesien; Mitglied des Provinziallandtages Oberschlesien; Übernahme von Funktionen in der RGO.

Verfolgung – Widerstand – Emigration: von November 1932 bis Oktober 1934 (Parteiname Heinrich Kirsch) Kursant der Internationalen Lenin-Schule in Moskau; reiste im November 1934 nach Düsseldorf; war dort Pol.-Leiter und dann Org.-Leiter (Deckname „Stefan“); laut Weber/Herbst zum Kandidaten des ZK der illegalen KPD gewählt; ab Januar 1936 Vertreter bei der KI; als „Trotzkist“ verdächtigt und verlor die Funktion(en) in der Partei; im Anschluss Leiter der KPD-Auslandsleitung Nord in Kopenhagen; im Frühjahr 1940 sollte er zur Verstärkung der illegalen Arbeit nach Hamburg gehen, blieb aber in Kopenhagen; dort wurde er am 19. Mai 1941 verhaftet und an die Gestapo in Hamburg überstellt; am 17. Mai 1943 verurteilte der Erste Senat des VGH Wiatrek in Berlin zum Tode; die Vollstreckung des

Todesurteils wurde mehrmals aufgeschoben, weshalb eine Rücküberführung Wiatreks nach Hamburg erfolgte; Ende April 1945 wurde er aus der Haft befreit.

Funktionen nach 1945: ab Juni 1945 als Sekretär des FDGB in Reichenbach.

Weitere Hinweise: von Dezember 1918 bis ca. 1927 arbeitete Wiatrek im Reichsbahnausbesserungswerk Gleiwitz; wegen eines Herzleidens, das er sich laut Weber/Herbst als Soldat zugezogen hatte, ging er in Rente; im Sommer 1945 erfolgte die Flucht zum Bruder Fritz Wiatrek (geb. 24. Oktober 1910, gest. 25. Mai 1982); ebenfalls aktiver KJVD- und KPD-Funktionär in Oberschlesien; verstarb in einer Lungenheilstätte an TBC; der Bruder Wilhelm Wiatrek (geb. 20. Oktober 1900 in Gleiwitz), war zeitweise Org.-Leiter der Industriegruppe Eisenbahn der RGO und Mitglied der Gauführung des RFB in Oberschlesien; auch er soll im Frühjahr 1933 in „Schutzhaft" gewesen sein.

* Weber/Herbst, Deutsche Kommunisten, 1. Aufl. 2004, S. 864 f.; Röder/Strauss (Bearb.), Biographisches Handbuch, S. 816 f.

Wiechmann, Hans*

Geburtsdatum: 30. April 1885
Geburtsort: Danzig
Sterbedatum: 26. Mai 1937 [ermordet]
Sterbeort: Danzig-Oliva
Beruf: Werftarbeiter, Eisenbahner, Seemann, ab 1927 beamteter Eisenbahnschaffner
Partei: SPD

Funktionen vor 1933: Leiter der Presseabteilung des EdED; Herausgeber der Danziger Eisenbahnerzeitung; noch vor Verselbstständigung des Verbandes Vorsitzender der Danziger EdED-Ortsverwaltung; 1928 bzw. 1931 Berichterstatter als Redakteur des EdED bei der 2. und 3. ordentlichen Generalversammlung des EdED; 1930 und 1932 Delegierter der ITF-Kongresse in London und Prag; 1933–1937 Mitglied des Danziger Volkstages.

Verfolgung – Widerstand – Emigration: kam zusammen mit Gustav Kaiser nach den Geschehnissen des 2. Mai nach Berlin, um das weitere Vorgehen zu besprechen; als Folge fand ein Treffen mit Hans Jahn statt, um sich zu beraten; Teilnehmer der „Roskilder Konferenz" (Dänemark, April 1935); am 25. Mai 1937 von der Gestapo verschleppt und anschließend ermordet.

Funktionen nach 1945: –

Weitere Hinweise: –

* BArch, R 58/3392, Unterlagen zur Verfolgung; AdsD, DGB-Archiv, Ehrentafel für während des Dritten Reichs ermordete Gewerkschaftsmitglieder, o. O. o. J., S. 6; BArch, R 58/3258a und b; Wo ist Hans Wiechmann?, in: Faschismus – Organ der ITF, 5 (1937) 12; Protokoll über die Verhandlungen der 2. ordentlichen Generalver-

sammlung des EdED; Protokoll über die Verhandlungen der 3. ordentlichen Generalversammlung des EdED; Mielke/Frese (Bearb.), Die Gewerkschaften im Widerstand und in der Emigration, S. 348, 360, 385; Esters/Pelger/Schlingensiepen, Gewerkschafter im Widerstand, S. 25, 27, 30, 43; Buschak, „Arbeit im kleinsten Zirkel", 1. Aufl. 1993, S. 73 und ebenda, 2., aktual. Aufl. 2015, S. 168; Buß, Dreimal Stunde Null, S. 73; Gottwaldt, Eisenbahner gegen Hitler, S. 47, 160 ff., 276.

Wiesmann, August*

Geburtsdatum: 31. Dezember 1893
Geburtsort: Ibbenbüren
Sterbedatum: 12. April 1972
Sterbeort: Ibbenbüren
Beruf: Güterbodenarbeiter; später Viehkaufmann
Partei: ab 1912 SPD; ab 1945 SPD

Funktionen vor 1933: seit 1911 freigewerkschaftlich organisiert; 1925 Delegierter der 3. ordentlichen Generalversammlung des DEV; ab 1919 Mitglied des Bezirksbetriebsrates der Reichsbahn in Essen; 1923–1926 Vorsitzender des Bezirksbetriebsrates Essen und Mitglied des Hauptbetriebsrates der Hauptverwaltung der Deutschen Reichsbahn-Gesellschaft in Berlin; 1927–1933 Angestellter bzw. Gewerkschaftssekretär des EdED in Duisburg; zeitweise Mitglied in der EdED-Ortsgruppe Witten.

Verfolgung – Widerstand – Emigration: am 10. Oktober 1934 Umzug nach Ibbenbüren; von der Gestapo (weiterhin) überwacht; gehörte nach Angaben der Gestapo 1938 der deutschen Gruppe der ITF in Antwerpen an.

Funktionen nach 1945: ab 1945 Vorsitzender des Ortsvereins Ibbenbüren der SPD und ab 1946 Kreisvorsitzender der SPD im Kreise Tecklenburg; ab 1946 Mitglied des Kreistages Tecklenburg und zeitweise stellvertretender Landrat; vom 20. April 1947 bis 17. Juni 1950 Mitglied des Landtages von Nordrhein-Westfalen (direkt gewählt in der 1. Wahlperiode im Wahlkreis 82 Tecklenburg); vom 20. November 1952 bis 4. April 1961 Amtsbürgermeister von Ibbenbüren.

Weitere Hinweise: wohnte in Duisburg, Steubenstraße 8 (Anfang der 1930er-Jahre), später in Ibbenbüren, Gravenhorster Straße 26.

* LAV NRW R, RW 58, Nr. 10610, Unterlagen Gestapo-Gefängnis; LAV NRW R, RW 58, Nr. 57074, Urteil des OLG Hamm gegen Wilhelm Burmester und andere, 24. 10. 1941; Protokoll über die Verhandlungen der dritten ordentlichen General-Versammlung des Deutschen Eisenbahner-Verbandes vom 21. bis 26. Juni 1925 in Köln a. Rh.; Buschak, „Arbeit im kleinsten Zirkel", 1. Aufl. 1993, S. 52; Anton Rosen, Ibbenbüren von der Vorzeit bis zur Gegenwart, Ibbenbüren 1969, S. 109; Auskunft des Stadtmuseum und Stadtarchivs Ibbenbüren (Jürgen Bucken), 13./14. 5. 2016.

Wiora, Josef [auch: Wiora, Joseph]*
Geburtsdatum: 2. Oktober 1892
Geburtsort: Beuthen (Oberschlesien)
Sterbedatum: 2. August 1971
Sterbeort: Berlin (Ost)
Beruf: Eisenbahnarbeiter
Partei: ab 1916 SPD; ab ca. 1919 USPD; ab 1920 KPD
Funktionen vor 1933: Funktionär des DEV bzw. ab 1925 des EdED; 1928 Delegierter der 2. ordentlichen Generalversammlung des EdED; Leiter des RGO-Bezirkskomitees in Oberschlesien; 1930–1933 Mitglied des Provinziallandtages in Oberschlesien; Juli bis November 1932 Mitglied des Reichstages.
Verfolgung – Widerstand – Emigration: illegale Parteiarbeit in Oberschlesien (Deckname: „Putzrolle") für die KPD; 1937 Emigration in die ČSR; Kontrollmann für den Grenzabschnitt „Waldenburger Industriegebiet" und für Jägerndorf; „Verbindungsmann" zur KPD-Abschnittsleitung in Prag; im November 1938 Emigration nach Frankreich; anschließend Ausweisung nach Großbritannien.
Funktionen nach 1945: Mitarbeit beim Neuaufbau der Gewerkschaften bzw. insbesondere der Eisenbahngewerkschaft in Groß-Berlin; zeitweise persönlicher Sekretär vom Roman Chwalek; von 1947 bis 1958 war Wiora Mitarbeiter im Bezirksvorstand Groß-Berlin des FDGB und im Zentralverband der IG Eisenbahn in der SBZ; zeitweise in der Abteilung für internationale Verbindungen des FDGB tätig.
Weitere Hinweise: 1947 Rückkehr nach Berlin.

* Der Oberreichsanwalt beim VGH – Anklageschrift 7J677/38 gegen Hildegart Gurgeit, 6. 12. 1938, in: Nationalsozialismus, Holocaust, Widerstand und Exil 1933–1945, Online-Datenbank; Protokoll über die Verhandlungen der 2. ordentlichen Generalversammlung des EdED; Weber/Herbst, Deutsche Kommunisten, 1. Aufl. 2004, S. 874 f.; Röder/Strauss (Bearb.), Biographisches Handbuch., S. 825; Schumacher (Hrsg.), M. d. R. Die Reichstagsabgeordneten der Weimarer Republik, S. 560.

Wißler, Otto [auch: Wissler, Otto]*
Geburtsdatum: 26. November 1907
Geburtsort: Freiburg im Breisgau
Sterbedatum: 9. Oktober 1995
Sterbeort: Ostfildern
Beruf: Maurer
Partei: vermutlich SPD
Funktionen vor 1933: übernahm verschiedene Funktionen im EdED.

Verfolgung – Widerstand – Emigration: am 24. Juli 1938 im Rahmen der Ermittlungen gegen Widerstandsgruppe um Karl Molt festgenommen (Details bislang nicht bekannt).
Funktionen nach 1945: bislang nicht bekannt.
Weitere Hinweise: wohnte zunächst in Rheinfelden (Baden), danach in Freiburg im Breisgau, Reutebachgasse 30 (Anfang der 1920er-Jahre), später in Ostfildern-Kemnat, Friedrichstraße 14 (1930er- bis 1990er-Jahre); war verheiratet.

* SAPMO-BArch, Widerstandskartei, Otto Wissler; BArch, R 58/2247, Bl. 124, Unterlagen zur Verfolgung; Mielke/Frese (Bearb.), Die Gewerkschaften im Widerstand und in der Emigration, S. 163; Auskunft des StA Ostfildern (Jochen Bender), 3. 6. 2016; Auskunft des StA Freiburg im Breisgau (Hans-Peter Widmann), 7. 6. 2016.

Winter, Albert*

Geburtsdatum: 6. März 1885
Geburtsort: Hannover
Sterbedatum: 14. Januar 1962
Sterbeort: Hannover
Beruf: Schlosser, Reserve-Lokomotivführer, Gewerkschaftssekretär
Partei: vor 1933 SPD; ab 1945 SPD
Funktionen vor 1933: 1903–1917 Mitglied des DMV; 1913–1917 Mitglied des Vereins Preußisch-Hessischer Lokomotivführer; 1919–1933 Bezirkssekretär des DEV bzw. ab 1925 des EdED in Hannover; Vorsitzender des Provinz- und des ADB-Ortsausschusses in Hannover; 1925 stimmberechtigter Vertreter des 1. (1925) und des 2. Bundeskongresses des ADB (1927); 1930 Delegierter (mit beratender Stimme) des 3. Bundeskongresses des ADB.
Verfolgung – Widerstand – Emigration: nach 1933 „in der Illegalität" („Der deutsche Eisenbahner"); soll „politische Gespräche" in seiner Wohnung geführt haben.
Funktionen nach 1945: in führender Position (mit zahlreichen Funktionen) an der Neugründung der Eisenbahngewerkschaft im Westteil Deutschlands beteiligt; Vorsitzender der Wirtschaftsgruppe Reichsbahn in der Allgemeinen Gewerkschaft Hannover, März 1948; ab 1949 Übernahme von Funktionen in der GdED Hannover und Vorstandsmitglied des DGB-Bezirkes Niedersachsen.
Weitere Hinweise: verheiratet seit 1906 mit Anna Winter, geborene Lux (geb. 29. August 1886); hatte ein Kind: Anna Emma Luise Winter (geb. 3. Januar 1916); wohnte in Hannover, Alemannstraße 39 (ab ca. 1918).

* SAPMO-BArch, Widerstandskartei, Albert Winter; BArch, R 58/3152, Bl. 47; Albert Winter ist 70 Jahre, in: Welt der Arbeit (Niedersachsen-Bremen), 29. 10. 1954; Albert Winter 50 Jahre Gewerkschaftler, in: Der deutsche Eisenbahner; Die Gewerkschaftsbewegung in der Britischen Besatzungszone, S. 642; Handbuch des Vereins Arbeiterpresse, 2. Aufl. 1927, S. 387; Mielke (Bearb.) unter Mitarb. von Rütters, Becker und Fichter, Orga-

nisatorischer Aufbau der Gewerkschaften, S. 1104 f.; vgl. zu Details Hartmann, Entstehung und Entwicklung der Gewerkschaftsbewegung in Niedersachsen; Auskunft des StA Hannover (Holger Horstmann), 27. 4. 2016.

Witt, Richard*

Geburtsdatum: 26. Dezember 1906
Geburtsort: Hamburg
Sterbedatum: 6. August 1983
Sterbeort: Hamburg
Beruf: Heizer, Lokomotivführer
Partei: ab 1925 SPD; ab 1946 SPD
Funktionen vor 1933: bislang nicht bekannt.
Verfolgung – Widerstand – Emigration: verlor aus politischen Gründen den Arbeitsplatz; im Jahr 1933 zeitweise fast täglich verhört; vom 14. Dezember 1933 bis 25. Februar 1934 in Gestapo-Haft im KZ Fuhlsbüttel inhaftiert; vom Hanseatischen Sondergericht angeklagt, an der Ermordung eines SS-Angehörigen beteiligt gewesen zu sein (das SS-Mitglied war bei einer Schießerei zwischen „Reichsbanner"-Angehörigen und SS-Mitgliedern am 31. Oktober 1932 im Hamburger Stadtteil St. Georg tödlich verletzt worden; durch ein Urteil des Sondergerichts vom 22. Dezember 1933 freigesprochen, kam aber nicht in Freiheit).
Funktionen nach 1945: bislang nicht bekannt.
Weitere Hinweise: bislang nicht bekannt.

* Staatsarchiv Hamburg, Bestand 351-11, Nr. 31686, Entschädigungsakte von Richard Witt; Staatsarchiv Hamburg, Bestand 213-11, Nr. L0057/37, Urteil des Hanseatischen Sondergerichtes in der Strafsache gegen Richard Witt; Staatsarchiv Hamburg, Bestand 332-5-14055, Standesamt Hamburg-Wandsbeck, Sterbeurkunde Nr. 2228: Witt, Richard Max Albert Ludwig; SPD-Hamburg, Für Freiheit und Demokratie, S. 450, Auskunft des Staatsarchivs Hamburg (Ulf Bollmann), 7. 6. 2016; Auskunft des Bezirksamtes Harburg (Freie und Hansestadt Hamburg), Fachamt Einwohnerwesen, 17. 6. 2016.

Wittbold, Karl*

Geburtsdatum: 27. August 1884
Geburtsort: Hamburg
Sterbedatum: bislang nicht bekannt
Sterbeort: bislang nicht bekannt
Beruf: Windenwärter
Partei: bislang nicht bekannt
Funktionen vor 1933: ab 1919 Mitglied des Deutschen Transportarbeiterverbandes; 1924–1933 Betriebsratsmitglied bei der Freihafen-Lagerhaus-Gesellschaft in Hamburg.

Verfolgung – Widerstand – Emigration: soll in Verbindung mit EdED-Funktionären zur Förderung der illegalen Gewerkschaftsarbeit gestanden haben; bei einem Verhör durch die Gestapo Ende Juli 1940 bestritt er zwar eine illegale Betätigung; nachgewiesen wurden ihm aber ein Briefverkehr, u. a. ins Ausland, bei dem illegale Zielsetzungen eine Rolle gespielt haben sollen; die Gestapo schätzte ihn als „unglaubwürdig" ein und ging davon aus, dass er der illegalen Arbeit „zweifelsfrei" überführt sei; war am 31. Juli 1940 im Polizeigefängnis Fuhlsbüttel (ehem. KZ Fuhlsbüttel) inhaftiert.
Funktionen nach 1945: bislang nicht bekannt.
Weitere Hinweise: bislang nicht bekannt.

* BArch, NJ 2229, Bd. 1, Bl. 33 ff., Unterlagen der Gestapo und NS-Justiz zur Verfolgung illegaler EdED-Strukturen; BArch, R 3017/29430, Bl. 16 f., Schreiben der Oberstaatsanwaltschaft Düsseldorf an den Oberreichsanwalt beim VGH in Berlin, 27. 8. 1940; Staatsarchiv Hamburg, Bestand 213-8, Ablieferung 2, 451aE1,1e, Unterlagen zur Inhaftierung im Polizeigefängnis Fuhlsbüttel/„Schutzhaftkostenabrechnungen" (ehem. KZ Fuhlsbüttel), 1940; LA NRW, RW 58, Nr. 67204, Bl. 13, Unterlagen zur Verfolgung; Ursel Hochmuth/Gertrud Meyer, Streiflichter aus dem Hamburger Widerstand 1933–1945. Berichte und Dokumente, Frankfurt a. M. 1980, S. 101; Auskunft des Bezirksamtes Harburg (Freie und Hansestadt Hamburg), Fachamt Einwohnerwesen, 17. 6. 2016.

Witzel, Karl*

Geburtsdatum: 30. Oktober 1889
Geburtsort: Brebach (Saar)
Sterbedatum: 8. Juli 1941
Sterbeort: Blotzheim (Frankreich)
Beruf: Schlosser
Partei: vor 1933 SPD
Funktionen vor 1933: 1920/21 Zweiter Bevollmächtigter der DEV-Ortsgruppe Saarbrücken; ab 1. Januar 1923 Geschäftsführer des DEV bzw. ab 1925 des EdED in Saarbrücken; Mitglied der Arbeitskammer des Saargebietes.
Verfolgung – Widerstand – Emigration: „Funkt.[ionär] d.[es] illeg.[alen] IGB" (Widerstandskartei) im Gebiet Forbach bzw. Saarbrücken; war 1934 aktiv an der Kampagne gegen den Anschluss des Saargebietes an das Deutsche Reich beteiligt; er emigrierte mit seiner Ehefrau Ende August 1935 nach Frankreich.
Funktionen nach 1945: bislang nicht bekannt.
Weitere Hinweise: war seit Dezember 1921 verheiratet mit Jeanne Witzel, geborene Kobusch (geb. 18. Januar 1898); wohnte in Hanweiler (1920er- und Anfang der 1930er-Jahre); später wohnhaft in Saarbrücken, Breite Straße 52 (Mitte der 1930er-Jahre); arbeitete zwischen 1933 und 1935 und 1938/39 als Wirt, u. a. in Frankreich; nutzte in Saarbrücken seine Schankwirtschaft, um Gespräche mit Antifaschisten zu führen; soll gezwungen worden sein, die Schankwirtschaft zu verkaufen.

* SAPMO-BArch, Widerstandskartei, Karl Witzel; BArch, R 58/3394, Bl. 35; StA Saarbrücken, Geburtenregister Nr. 299/1889: Witzel, Martin Karl; StA Saarbrücken, Meldeunterlagen von Karl Witzel LA Saarland, LEA 4350, Entschädigungsakte von Jeanne Berthe Witzel; Handbuch des Vereins Arbeiterpresse, 2. Aufl. 1927, S. 541; Auskunft des LA Saarland (Peter Wettmann-Jungblut), 19. 4. 2016; Auskunft des StA Saarbrücken (Kathrin Schmidt), 17. 5. 2016.

Wörpel, Ernst*

Geburtsdatum: 13. Dezember 1893
Geburtsort: Briest (bei Brandenburg a. d. Havel)
Sterbedatum: 6. April 1950
Sterbeort: Kirchmöser
Beruf: Schmied; Schlosser
Partei: ab 1919 KPD; ab 1945 KPD; ab 1946 SED

Funktionen vor 1933: ab 1910 gewerkschaftlich organisiert im DMV; Betriebsrat Reichsbahnausbesserungswerk Brandenburg-West in Kirchmöser; ab ca. 1919 Mitglied, später Funktionär des DEV und zeitweise Vorsitzender des EdED in Brandenburg a. d. Havel und in Kirchmöser; 1929 Ausschluss aus dem EdED und Mitgliedschaft in der RGO; ab 1930 (ehrenamtlicher) Leiter der Industriegruppe Eisenbahn der RGO Berlin-Brandenburg-Lausitz-Grenzmark; nach eigenen Angaben neben Roman Chwalek auch Mitglied der Reichsleitung der RGO-Industriegruppe Eisenbahn; Leiter der KPD-Zelle im Reichsbahnausbesserungswerk Kirchmöser; gemeinsam mit Erich Steinfurth, Ottomar Geschke u. a. Mitglied der Erweiterten KPD-Bezirksleitung Berlin.

Verfolgung – Widerstand – Emigration: nahm am „illegalen" Treffen der Berliner RGO im Wald bei Werneuchen am letzten Sonntag im Februar 1933 teil; auch am Treffen der illegalen Berlin-Brandenburger Bezirksleitung der RGO mit Mitgliedern des RGO-Reichskomitees Ende März 1933 beteiligt; illegale Tätigkeit in der Industriegruppe Eisenbahn und im Rahmen der Tätigkeit des RGO-Bezirksausschusses Berlin-Brandenburg-Lausitz-Grenzmark; bis 1935 nach eigenen Angaben Leiter der illegalen RGO-Eisenbahn-Gruppe in Berlin; zeitweise nachweislich Kontakt zum bzw. Mitglied des illegalen RGO-Bezirkskomitees Berlin-Brandenburg-Lausitz-Grenzmark; beteiligte sich aktiv an Versuchen des Aufbaus „Unabhängiger Klassengewerkschaften"; engagierte sich bei der Herausgabe und Verteilung der illegalen Zeitschrift „Die rote Osrambirne"; entzog sich einer Verhaftung im Mai 1933 „durch Flucht"; ab 1935 bei „Osram" Leiter der illegalen KPD-Zelle; deswegen am 15. Januar 1937 festgenommen, anschließend Inhaftierung im Polizeigefängnis Berlin-Alexanderplatz, danach ab 13. April 1937 Untersuchungshaft in Berlin-Moabit; vom Vierten Strafsenat des Berliner Kammergericht am 21. Oktober 1937 zu fünf Jahren Zuchthaus (bei Anrechnung von acht Monaten und drei Wochen U-Haft) und fünf Jahren Ehrverlust verurteilt wegen „Vorbereitung zum Hochverrat"; vom 21. Oktober 1937 bis 30. Januar 1942 im Zuchthaus Brandenburg-Görden inhaftiert (vorzeitig aus dem Zuchthaus entlassen, nahm ihn die

Gestapo bald in „Schutzhaft"); es ist nicht ganz geklärt, ob er anschließend kurz frei kam und am 2. Februar 1942 erneut verhaftet wurde oder direkt in das KZ Sachsenhausen überstellt wurde; auf jeden Fall war er von Anfang Februar 1942 bis 24. November 1942 im KZ Sachsenhausen inhaftiert.

Funktionen nach 1945: 1945 Mitbegründer der KPD in Calau; ab Oktober 1945 Bürgermeister in Kirchmöser; FDGB-Funktionär.

Weitere Hinweise: bis 1929 im Reichsbahnausbesserungswerk Brandenburg-West in Kirchmöser beschäftigt; Mitglied des Gemeinderates; hatte drei Kinder (Charlotte, Hildegard, Ernst), die als Mitglieder im Arbeitersportverein Berlin bis 1937 illegal arbeiteten; er siedelte 1929/30 nach Ausschluss aus dem EdED und Maßregelung nach Berlin über; erwerbslos von 1931 bis Anfang 1935.

* StA Brandenburg a. d. Havel, Nr. 22.1.17 (Kaderakte mit biografischen Informationen); BLHA, Rep. 29, Pol.-Nr. 1633, ZH Brandenburg; LHA Sachsen-Anhalt, VdN-Bestand, Nr. 2259, VdN-Akte von Ernst Wörpel; SAPMO-BArch, DY 55/V 278/4/74, VVN-Bogen; Anklage 17J 416/36 und Anklage und Urteil 17J 117/37, in: Nationalsozialismus, Holocaust, Widerstand und Exil 1933–1945, Online-Datenbank; SAPMO-BArch, RY 1/ I2/3/149, Bl. 340, Unterlagen der KPD; Geschichtswerkstatt unter Leitung von Fieber (Hrsg.), Widerstand in Berlin gegen das NS-Regime 1933–1945, Bd. 8, S. 241; Heinz, Ernst Wörpel (1893–1950), S. 782–787; vgl. zu den Organisierungsbereichen der illegalen RGO Heinz, Moskaus Söldner? Der „Einheitsverband der Metallarbeiter Berlins", S. 286–325.

Wübbenhorst, Wilhelm [auch: Wübbenhorst, Willy]*

Geburtsdatum: 20. Januar 1888
Geburtsort: Aurich (Ostfriesland)
Sterbedatum: 8. Oktober 1958
Sterbeort: Oldenburg
Beruf: Eisenbahnbeamter; zeitweise Bürogehilfe, Stationsarbeiter, Hilfsschaffner, Oberschaffner und Zugführer bei der Deutschen Reichsbahn; Gewerkschaftssekretär
Partei: ab 1918 SPD; ab 1945 SPD; später FDP

Funktionen vor 1933: 1919/20 Betriebs- bzw. Angestelltenrat bei der Reichsbahn; ab 1. Dezember 1920 Bezirksleiter und Geschäftsführer des DEV bzw. ab 1925 des EdED in Oldenburg und Vorsitzender des ADB-Landesausschusses (bis 1933); zeitweise zugleich als „Agitator" für den DEV/EdED tätig und Herausgeber eines monatlichen Mitteilungsblattes für die Eisenbahner in der Region; 1923–1925 Mitglied des Landtages von Oldenburg (3. Landtag, für den Wahlkreis I eingezogen); war u. a. von 1926–1933 Erster Vorsitzender des „Reichsbanners Schwarz-Rot-Gold"; Übernahme verschiedener Funktionen in der SPD, u. a. Vorsitzender der SPD in Oldenburg.

Verfolgung – Widerstand – Emigration: am 2. Mai 1933 für kurze Zeit in Haft genommen und zum 31. Dezember 1933 gekündigt; im Anschluss unter Beobachtung der Gestapo;

Anfang Mai 1933 bis 30. Juni 1933 „Schutzhaft“ in der Haftanstalt Oldenburg; Festnahme und Inhaftierung im Zuge der „Aktion Gewitter“ vom 22. August 1944 bis 26. August 1944 in Oldenburg-Osternburg; er schrieb 1945: „Bei jeder sich bietenden Gelegenheit habe ich die Bestrebungen der NSDAP in Wort und Schrift bekämpft. [...] Wie stark ich bei den Nazis verhaßt war, kann daraus entnommen werden, daß ich in Gegenwart meiner Frau und eines Kollegen mit Frau am 26. Februar 1933 gegen 23 Uhr von 6 uniformierten Nazis überfallen und niedergeschlagen wurde. [...]“ (Erklärung in der Wiedergutmachungsakte); im Beschluss der Entschädigungsbehörde hieß es: „Der Antragsteller war vom 1.12.1920 bis 30.6.1933 als Bezirksleiter des ehemaligen Einheitsverbandes der Eisenbahner Deutschlands tätig [...]. Seine Entlassung erfolgte wegen der Überleitung des Einheitsverbandes der Eisenbahner in die Deutsche Arbeitsfront. Die kurzen Inhaftierungen des Antragstellers im Mai 1933 und im August 1944 erfolgten im Zusammenhang mit seiner früheren Tätigkeit als Angestellter der Gewerkschaft und seiner ehemaligen Mitgliedschaft der SPD. In dieser war er Kreisvorsitzender. Außerdem war er Kreisvorsitzender des ‚Reichsbanners Schwarz-Rot-Gold‘ von dessen Gründung bis zur Auflösung.“ (Bescheid der Entschädigungsbehörde Oldenburg, 18. 9. 1953).

Funktionen nach 1945: Ende 1945 bis 1952 Mitglied des regionalen Berufungsausschusses für die Entnazifizierung; Dezernent der Stadtverwaltung in Oldenburg; 1952–1956 Mitglied des Stadtrates (zeitweise für die SPD, zeitweise parteilos, 1954–1956 für die FDP); 1946–1952 Vorsitzender des Betriebsrates der Stadt Oldenburg; verschiedene Funktionen im Bereich Sport.

Weitere Hinweise: hatte vier Kinder: Johann (geb. 29. Januar 1915), Werner (geb. 16. Dezember 1921); Wilma Johanna (geb. 6. Dezember 1924) sowie Walter (geb. 21. Februar 1920); eröffnete am 15. März 1934 aufgrund seiner Erwerbslosigkeit ein Seifengeschäft; 1937–1944 Mitglied der NSV; 1935–1945 Mitglied im NS Reichsbund für Leibesübungen (1937–1944 Platzverwalter); wohnte in Oldenburg, Frankenstraße 7 (Mitte der 1940er-Jahre).

* StA Oldenburg, Best. 262-1 G, Nr. 641, Historische Meldekartei der Stadt Oldenburg; Auskunft des StA Oldenburg (Claus Ahrens), 6. 3. 2015; SAPMO-BArch, Widerstandskartei, Wilhelm Wübbenhorst; BArch, R 58/3345, Bl. 152, Unterlagen zur Verfolgung; NLA – Standort Oldenburg, Sign. 351, Nr. 33484, Entnazifizierungsvorgang betr. Wilhelm Wübbenhorst; NLA – Standort Oldenburg, Sign. 2011/013, Nr. 4402, Entschädigungsakte von Wilhelm Wübbenhorst; Handbuch des Vereins Arbeiterpresse, 2. Aufl. 1927, S. 512; Jahrbuch 1931 des Einheitsverbandes der Eisenbahner Deutschlands, S. 173; Schumacher (Hrsg.), M. d. L. Das Ende der Parlamente, S. 178; Albrecht Eckhardt/Rudolf Wyrsch (Bearb.), Oldenburgischer Landtag 1848–1933/1946. Biografisch-historisches Handbuch zu einem deutschen Landesparlament, hrsg. im Auftrag der Oldenburgischen Landschaft, Oldenburg 2014.

Zabel, Arthur*

Geburtsdatum: 14. September 1891

Geburtsort: Wittenberge a. d. Elbe

Sterbedatum: 6. Januar 1954

Sterbeort: Heikendorf (bei Kiel)

Beruf: Mechaniker

Partei: vor 1933 SPD

Funktionen vor 1933: 1917/18 Gewerkschaftsfunktionär des DEV in Neumünster; Dezember 1918 und April 1919 Delegierter zu den beiden Berliner Rätekongressen; 1919 Mitglied der Unterstützungsvereinigung der in der modernen Arbeiterbewegung tätigen Angestellten; ab 1. April 1919 bis ca. 1922 Bezirksleiter des DEV in Neumünster; ab 1922 Bezirksleiter des DEV bzw. ab 1925 des EdED in Stettin, als solcher 1922 Delegierter der ordentlichen Generalversammlung des DEV; ab 1927 Redakteur des „Eisenbahner-Echos", Veröffentlichung literarischer Arbeiten; 1932/33 Bezirksleiter des ADGB für die Provinz Pommern und Mecklenburg-Strelitz; 1920/21 Landrat in Bordesholm; zeitweise Stadtverordneter in Stettin und Abgeordneter des Provinziallandtages in Pommern; 1932/33 Mitglied des Landtages von Preußen.

Verfolgung – Widerstand – Emigration: 1933 im KZ Esterwegen und KZ Dachau inhaftiert; in einem Schreiben des Polizeipräsidenten von Stettin heißt es, „dass sich im Polizeibezirk nur ein Mitglied der SPD und zwar der frühere Vorsitzende des Allgemeinen Deutschen Gewerkschaftsbundes Arthur Zabel in Schutzhaft befindet. Zabel wird voraussichtlich in den nächsten Tagen zur Entlassung kommen." (BArch, R 58/2518, Schreiben des Polizeipräsidenten von Stettin vom 15. 9. 1933); nach den Plänen von Wilhelm Leuschner sollte Arthur Zabel nach dem Sturz des NS-Regimes (wieder) als Bezirksleiter des ADGB eingesetzt werden; nach Aussage von Hermann Schlimme stand Arthur Zabel mit der IRL in Verbindung (Brief von Hermann Schlimme, 4. 9. 1945).

Funktionen nach 1945: 1945 bis Juli 1946 Leiter des Arbeitsamtes in Kiel; Juli 1946 bis April 1947 Präsident des Landesarbeitsamtes in Schleswig-Holstein (Kiel); danach Ruhestand.

Weitere Hinweise: Gaujugendleiter des „Reichsbanners Schwarz-Rot-Gold"; Landeseisenbahnrat; Waisenrat in Stettin; Geschäftsleiter im Gewerkschaftshaus; Filialleiter der Bank für Arbeiter, Angestellte und Beamte; Hans Jahn beschuldigte Zabel 1938 offensichtlich zu Unrecht, zu den Nazis übergelaufen zu sein; bis zu seinem Tode wohnte Zabel in Heikendorf.

* Correspondenzblatt der Generalkommission der Gewerkschaften Deutschlands, Nr. 23, 7. 6. 1919, S. 240; Handbuch des Vereins Arbeiterpresse, 2. Aufl. 1927, S. 565; Schumacher (Hrsg.), M. d. L. Das Ende der Parlamente, S. 180; Vorstand der SPD (Hrsg.), Der Freiheit verpflichtet, S. 360; Mielke/Frese (Bearb.), Die Gewerkschaften im Widerstand und in der Emigration, S. 296, 302; Schröder, Sozialdemokratische Parlamentarier, S. 813 f.

Zauske, Willy [auch: Zauske, Willi]*
Geburtsdatum: 21. Februar 1889
Geburtsort: Groß-Ottersleben (bei Magdeburg)
Sterbedatum: 24. April 1960
Sterbeort: Leipzig
Beruf: Schlosser
Partei: ab 1907 SPD; ab 1917 USPD; ab 1922 SPD; ab 1945 SPD; ab 1946 SED (zeitweiliger Ausschluss)
Funktionen vor 1933: während der Lehre Mitglied des DMV; nach Militärzeit (1909–1911) in Leipzig auch für den DMV gewerkschaftlich aktiv; 1917/18 Mitbegründer des DEV; später Vorstands- und Bezirksvorstands-Mitglied des DEV; 1928 Delegierter der 2. und 1931 Delegierter der 3. ordentlichen Generalversammlung des EdED; ab 1924 Betriebsrat und ab 1929 Vorsitzender des Bezirksbetriebsrats der Deutschen Reichsbahn-Gesellschaft in Dresden.
Verfolgung – Widerstand – Emigration: Betätigung als Funktionär des illegalen EdED bzw. der ITF; stand laut Gestapo Düsseldorf in Verbindung mit Hans Jahn; unterhielt Kontakte zu Wilhelm Bode und Max Kellner; von Franz Poralla nach dessen Angaben Ende 1933/Anfang 1934 für die illegale Arbeit gewonnen; führte außerdem Geldsammlungen für ehemalige Gewerkschafter bei der Reichsbahn durch; auch verbürgen sich mehrere Angestellte des Reichsbahnausbesserungswerkes Leipzig-Engelsdorf dafür, dass sie mit Zauske illegale Arbeit im Werk durchführten bis zu dessen Verhaftung; 1933 drei Wochen in Haft; nach Angaben von Hans Jahn in der „Organisationsskizze" von Ende 1938 „Reichsverbindung" der illegalen „Organisation" in Leipzig; nach dem Auffinden von Jahns Unterlagen im Hauptquartier der ITF am 17. Juni 1940 auf eine Fahndungsliste gesetzt (vgl. BArch, R 58/3399, Bl. 36 f.); wurde auch von Hans Jahn in einem Brief an Edo Fimmen als „sehr aktiver" Funktionär und „würdiger" Nachfolger „eines früheren unschädlich gemachten Funktionärs bezeichnet" (BArch, R 3017/29430, Bl. 15); am 20. Juni 1940 durch die Gestapo Leipzig festgenommen; ab 25. Juni 1940 „Schutzhaft" im Polizeigefängnis Düsseldorf und am 29./30. Juli 1940 Überführung ins Gefängnis Düsseldorf-Derendorf; dort Untersuchungshaft wegen des Verdachts auf „Vorbereitung zum Hochverrat"; das Verfahren wurde am 17. Juli 1941 durch Erlass des Generalstaatsanwalts in Hamm (Westfalen) eingestellt; nach kurzer „Schutzhaft" am 22. Juli 1941 schriftlich verwarnt und auf freien Fuß gesetzt, da ihm außer der gefundenen Postkarte von Jahn nichts nachgewiesen werden konnte und an einer weiteren „Inschutzhaftnahme" kein Interesse bestand.
Funktionen nach 1945: aktiv am Neuaufbau der Gewerkschaften beteiligt bzw. Mitbegründer der Leipziger Gewerkschaften; nach 1945 Mitglied der SPD, dann SED (Ausschluss vom 21. April 1949 bis 20. Mai 1957); am 29. Mai 1945 Wiedereinstellung bei der Deutschen Reichsbahn und Ernennung zum Reichsbahnrat; vom 1. August 1945 bis 31. März 1946 Beauftragter der Reichsbahndirektion Halle a. d. Saale für die Reichsbahnämter Leipzig; ab

1. April 1946 Leitung des Reichsbahnamtes Leipzig und Ernennung zum kommissarischen Oberreichsbahnrat; Mitglied der Leipziger Stadtverordnetenversammlung.

Weitere Hinweise: trat während der Lehrzeit dem Arbeiter-Sport-Verein bei; wegen Verdachts der „West-Spionage" und des Verdachts von Wirtschaftsvergehen zweimal in Untersuchungshaft (1949 neun Wochen, 1951 vom 24. Januar bis 22. August); ursprünglich am 20. März 1946 als „Opfer des Faschismus" anerkannt, am 30. Juni 1951 entzogen und 1957 wieder anerkannt; seit 23. Dezember 1912 verheiratet mit Ida Marie Zauske, geborene Dähne (geb. 16. Oktober 1891); hatte vier Töchter (Gretel, Ilse, Lucie, Traudel); wohnte in Leipzig, Anton-Zickmantel-Straße 15 (1930er- bis 1960er-Jahre).

* SAPMO-BArch, NY 4047, biografische Materialien; BArch, R 58/3399, Bl. 54, 61, Unterlagen zur Verfolgung; SAPMO-BArch, DY 30/IV 2/4/464, Bl. 211 f., Unterlagen zur Verfolgung; BArch, R 3017/29433, Bl. 4, „Organisationsskizze" von Hans Jahn, 1. 12. 1938; BArch, R 3017/29430, Bl. 14 ff., Schreiben der Oberstaatsanwaltschaft Düsseldorf an den Oberreichsanwalt beim VGH in Berlin, 27. 8. 1940; LAV NRW R, RW 58, Nr. 67204, Unterlagen der Gestapo Düsseldorf; Protokoll über die Verhandlungen der 2. ordentlichen Generalversammlung des EdED; Jahresbericht 1929 der EdED-Ortsverwaltung Leipzig, S. 5; Protokoll über die Verhandlungen der 3. ordentlichen Generalversammlung des EdED; Esters/Pelger/Schlingensiepen, Gewerkschafter im Widerstand, S. 72, 141, 148, 150.

Zauter, Otto*

Geburtsdatum: 14. November 1884
Geburtsort: Schwarzhof (Kreis Berent, Westpreußen)
Sterbedatum: 24. September 1974
Sterbeort: Leverkusen
Beruf: Maschinenschlosser
Partei: vor 1933 SPD; nach Kriegsende SPD

Funktionen vor 1933: 1918/19 Vorstand des Ortsvereins Köln des DEV; seit 28. Juli 1919 hauptberuflicher Angestellter des DEV bzw. ab 1925 des EdED; zunächst Geschäftsführer des DEV in Köln und ab 28. Juli 1919 Bezirksleiter des DEV bzw. ab 1925 des EdED in Essen; ab Ende Juli 1927 Bezirksleiter des EdED in Breslau; 1928 Teilnehmer der 2. und 1931 der 3. ordentlichen Generalversammlung des EdED.

Verfolgung – Widerstand – Emigration: im Zusammenhang mit der Zerschlagung des EdED aus politischen Gründen entlassen; danach einige Tage in „Schutzhaft" genommen.

Funktionen nach 1945: 1948 Gewerkschaftsangestellter in der Britischen Besatzungszone; vom 23. bis 26. März 1949 Teilnehmer des Vereinigungskongresses der GdED.

Weitere Hinweise: war verheiratet; hatte zwei Kinder; war von Mai 1933 bis Mai 1934 erwerbslos; arbeitete danach zeitweise als Tabakwarenhändler; lebte nach Kriegsende u. a. in Oberhausen, Münster, Bahnhofstraße 1, Rb.-Ämtergebäude (Juni 1949); am 26. August 1948 zog er von Bielefeld (Weißenburger Straße 34) mit seiner Ehefrau Maria Zauter, geborene Pottkämper (geb. 7. März 1888) nach Osnabrück; die Ehe war 1911 in Schlebusch (heute: Leverkusen) geschlossen worden; das Ehepaar Zauter verzog am 26. Mai 1954 nach Leverkusen, Sebastianusstraße 2; zuletzt wohnhaft in Leverkusen Tempelhofer Straße 2.

* StA Osnabrück, Meldeunterlagen, Dep. 3 c, Nr. 2000; Auskunft des NLA (Mirella Libera), 16. 3. 2015; StA Leverkusen, Heiratsbuch 1911, Nr. 46; StA Leverkusen, Sterbefälle 1974, Nr. 937, Zauter, Otto August; NLA – Standort Hannover, Nds. 720 Hannover, Acc. 2009/126 Nr. 01644 Titel: Rückerstattung: Gesellschafteranteil, Antragsteller: Zauter, Otto; Bezirksregierung Düsseldorf, LEA, ZK 75258, Entschädigungsakte von Otto Zauter; Jahrbuch 1929 des Einheitsverbandes der Eisenbahner Deutschlands, S. 98; Handbuch des Vereins Arbeiterpresse, 2. Aufl. 1927, S. 309; Protokoll vom GdED-Gründungsgewerkschaftstag; Protokoll des Vereinigungskongresses GdED 1949; Protokoll über die Verhandlungen der 2. ordentlichen Generalversammlung des EdED; Protokoll über die Verhandlungen der 3. ordentlichen Generalversammlung des EdED; Auskunft des StA Leverkusen (Gabriele John), 14. 4. 2016.

Zissel, Jakob*

Geburtsdatum: 23. Januar 1891
Geburtsort: Biebesheim a. Rhein
Sterbedatum: 8. Oktober 1957
Sterbeort: Frankfurt a. M.
Beruf: Maschinenschlosser, Versicherungsinspektor
Partei: vor 1933 SPD

Funktionen vor 1933: Mitglied des Vorstandes des EdED Erzhausen (bei Darmstadt); Mitglied des „Reichsbanners Schwarz-Rot-Gold" und der „Eisernen Front"; 1931 Delegierter der 3. ordentlichen Generalversammlung des EdED; Übernahme von Funktionen in der SPD, u. a. Zweiter Vorsitzender des SPD-Ortsvereins Erzhausen.

Verfolgung – Widerstand – Emigration: vom 9. März 1933 bis 30. März 1933 „Schutzhaft"; 13. November 1936 erneute Festnahme; Untersuchungshaft im Gerichtsgefängnis Darmstadt wegen der Verteilung der „Sozialistischen Aktion" als Versicherungsvertreter; „Werbe"- und „Zersetzungsarbeit" für die SPD; laut Gestapo stand er im „dringenden Verdacht", als Vertreter der Versicherungsgesellschaft „Victoria" bei Ausübung dieser Tätigkeit in den Jahren 1934/35 „marxistische Druckschriften an ehemalige SPD-Anhänger verteilt zu haben". (Gestapa, Nr. 13, 16. 11. 1936); soll sich für eine Annäherung von SPD und KPD stark gemacht haben; vom OLG Kassel am 25. März 1937 zu vier Jahren Zuchthausstrafe verurteilt, die er in den Strafanstalten Butzbach und Arnsberg verbüßte; am 26. Februar 1941 Entlassung aus der Haft; vom 26. August 1944 bis 12./13. September 1944 inhaftiert im KZ Dachau 1944 (Häftlings-Nr.: 93608).

Funktionen nach 1945: bislang nicht bekannt.

Weitere Hinweise: lebte Anfang der 1940er-Jahre in Erzhausen (Hessen) und nach 1945 in Frankfurt a. M..

* HHStAW, Datenbank „Widerstand und Verfolgung in Hessen", Ident-Nr.: 11412; HHStAW, Abt. 518, Nr. 2257, Entschädigungsakte von Jakob Zissel; StA Biebesheim a. Rhein, Mitteilung über einen Sterbefall, Nr. 1230/V: Zissel, Jakob, 10. 10. 1957; Protokoll über die Verhandlungen der 3. ordentlichen Generalversammlung des EdED; Gottwaldt, Eisenbahner gegen Hitler, S. 75 f.; Auskunft des StA Biebesheim a. Rhein (Stefan Kuss), 23. 9. 2015.

Zobel, Herbert*

Geburtsdatum: 21. April 1911
Geburtsort: Berlin-Charlottenburg
Sterbedatum: 7. Oktober 1942
Sterbeort: Berlin-Wuhlheide
Beruf: Buchdrucker; später Eisenbahner
Partei: vor 1933 KPD
Funktionen vor 1933: bislang nicht bekannt.
Verfolgung – Widerstand – Emigration: Mitglied der Widerstandsgruppe um Robert Uhrig; verantwortlich für die Anleitung von illegalen KPD-Betriebszellen; 1942 verhaftet und in das „Arbeitserziehungslager" Berlin-Wuhlheide verschleppt, wo er verstarb.
Funktionen nach 1945: bislang nicht bekannt.
Weitere Hinweise: arbeitete ab 1936 bei der Deutschen Reichsbahn; gelernter Buchdrucker, zuletzt wohnhaft in Berlin-Moabit, Sickingenstraße 57 (Anfang 1940er-Jahre).

* Meldung wichtiger staatspolizeilicher Ereignisse der Stapo-Leitstelle Berlin, Nr. 3, 6. 2. 1942 und Der Oberreichsanwalt beim VGH – Anklageschrift 9J777/43g gegen Robert Uhrig und andere, in: Nationalsozialismus, Holocaust, Widerstand und Exil 1933–1945, Online-Datenbank; Geschichtswerkstatt unter Leitung von Fieber (Hrsg.), Widerstand in Berlin gegen das NS-Regime 1933–1945, Bd. 8, S. 281; PA Siegfried Mielke, Berlin, Materialien der EVG zur Stolpersteinverlegung am 10. Mai 2011.

Zollikofer, Ludger*

Geburtsdatum: 29. Oktober 1893
Geburtsort: Fischlaken (Ruhrgebiet)
Sterbedatum: 11. Oktober 1944 [von der SS erschossen]
Sterbeort: KZ Sachsenhausen
Beruf: Eisenbahner
Partei: 1918/19 USPD; ab 1920 KPD
Funktionen vor 1933: Leiter der Proletarischen Hundertschaften und RFB-Funktionär im Ruhrgebiet und im AM-Apparat tätig; Stadtverordneter in Essen, zuletzt Leiter der IAH im Rhein-Ruhr-Gebiet; Übernahme von Funktionen im DEV bzw. ab 1925 im EdED; Über-

nahme von Funktionen in der KPD, u. a. gründete er 1922 die KPD-Ortgruppe in Werden a. d. Ruhr.

Verfolgung – Widerstand – Emigration: am 1.Mai 1933 festgenommen; in das KZ Cleve eingeliefert; Bis Ende 1933 „Schutzhaft" im KZ Esterwegen; Juni 1934 erneut verhaftet, zu einem Jahr und drei Monaten Zuchthaus verurteilt; kam bei Kriegsausbruch in das KZ Sachsenhausen; im KZ Sachsenhausen ermordet.

Funktionen nach 1945: –

Weitere Hinweise: wegen illegaler Tätigkeit zusammen mit Ernst Schneller, Matthias Thesen und weiteren 21 Funktionären sowie drei französischen Häftlingen von der SS im KZ Sachsenhausen erschossen.

* Weber/Herbst, Deutsche Kommunisten, 1. Aufl. 2004, S. 901 f.

Züfle, Friedrich*

Geburtsdatum: 23. Dezember 1891
Geburtsort: Baiersbronn (bei Freudenstadt)
Sterbedatum: 17. Dezember 1938
Sterbeort: Stuttgart (Untersuchungsgefängnis)
Beruf: Zugführer und Zugschaffner
Partei: vor 1933 SPD

Funktionen vor 1933: Übernahme von Funktionen im DEV bzw. EdED.

Verfolgung – Widerstand – Emigration: Mitglied der EdED-Widerstandsgruppe Karl Molt; enge Kooperation mit Fridolin Endraß; empfing illegale Druckschriften und gab diese an andere Personen weiter; am 24. Juli 1937 von der Gestapo in Ulm festgenommen; am 17. Dezember 1938 (angeblich) Selbstmord im Untersuchungsgefängnis Stuttgart.

Funktionen nach 1945: –

Weitere Hinweise: war verheiratet seit 1919 mit Anna Luise Züfle, geborene Hirth (geb. 22. Oktober 1895, gest. 17. Dezember 1944 bei einem Luftangriff); ein Sohn, der 1921 geboren wurde); wohnte in Ulm, Lindenstraße 35 (1930er-Jahre); Deckname im Widerstand: „Moritz".

* Unterlagen zum VGH-Prozess gegen Friedrich Schmidt, 6J244/39g-1H52/39, 25. 11. 1939 sowie Der Reichsanwalt beim VGH – Anklageschrift 6J374/38gA gegen Fridolin Endraß, 5. 7. 1939, in: Nationalsozialismus, Holocaust, Widerstand und Exil 1933–1945, Online-Datenbank; BArch, R 58/2247, Bl. 123 f., Unterlagen zur Verfolgung; Gottwaldt, Eisenbahner gegen Hitler, S. 22, 47, 163; Mielke/Frese (Bearb.), Die Gewerkschaften im Widerstand und in der Emigration, S. 402, 405; Buß, Dreimal Stunde Null, S. 158.

Hinweise auf Gewerkschafter/innen, die im NS-Staat verfolgt wurden oder Widerstand leisteten, über die sich jedoch bislang kaum biografisches Material finden ließ

Adloff, ? [auch: Adlof]*
soll sich am illegalen Wiederaufbau des EdED in der Region Straßburg und Kehl 1934/35 beteiligt haben.

* SAPMO-BArch, Widerstandskartei, Adlof, ?.; BArch, NJ 10788, Bd. 1–3, Unterlagen zur Verfolgung, u. a. Brief der Gestapo Mannheim und Brief der Staatsanwaltschaft Mannheim, 9. 10. 1934.

Apel, Johann Georg* (geb. 10. August 1891 in Mecklar)
schied am 20. September 1933 aus dem Arbeitsverhältnis bei der Deutschen Reichsbahn-Gesellschaft aus und war Repressalien seitens des NS-Regimes ausgesetzt.

* HHStAW, Datenbank „Verfolgung und Widerstand in Hessen“, Ident-Nr.: 31330.

Bauder, Otto* (geb. 9. Februar 1912 in Seckenheim)
Hilfsweichensteller; war in der sozialdemokratischen Jugendbewegung aktiv, später SPD; in illegalen Zirkeln der SAPD im Raum Mannheim aktiv; 1938 verhaftet und zu einer Zuchthausstrafe von zweieinhalb Jahren verurteilt; nach Kriegsende am Neuaufbau in Mannheim beteiligt; 1960–1973 Stadtrat in Mannheim und Vorsitzender der „Arbeiterwohlfahrt“ Mannheim.

* Matthias/Weber (Hrsg.), Widerstand gegen den Nationalsozialismus in Mannheim, S. 212, 470.

Becker, Josef* (geb. 17. Juli 1905 in Solingen)
Einschaler und Eisenbahner; beteiligte sich an der Herstellung und Verteilung von Flugblättern der KPO; zudem soll er Widerständlern Unterschlupf gewährt haben; wurde am 1. Mai 1937 zusammen mit anderen KPO-Anhängern wegen Verdachts auf „Vorbereitung zum Hochverrat“ im Stadthaus Solingen inhaftiert; im Anschluss nach Düsseldorf überführt und der Gestapo übergeben; er wurde schwer misshandelt und starb am 21. Mai 1937 in Haft, vermutlich an den bei der Folter erlittenen Verletzungen.

* SAPMO-BArch, Widerstandskartei, Josef Becker; BArch, R 2219 und R 2278 und R 3783, Unterlagen zur Verfolgung.

Bertram, Max* (geb. 25. Januar 1893 in Pritzen)
war Ende der 1930er-Jahre als Vorschlosser tätig; in der Weimarer Republik Mitglied des EdED und ab 1928 Vorsitzender des EdED in Lübbenau und Umgebung; Anfang 1933 in „Schutzhaft"; nach Angaben von Hans Jahn in der „Organisationsskizze" von Ende 1938 „Stützpunktleiter" der illegalen „Organisation" in Lübben-Lübbenau; stand nach Ansicht der Gestapo im Verdacht, im Rahmen der illegalen Gruppe um Hans Jahn und Wilhelm Bode aktiv geworden zu sein, was er jedoch im August 1940 bei einem Verhör verneinte, weshalb er auf freien Fuß gesetzt wurde; er war ab 1937 Mitglied der NSDAP.

* BArch, R 3017/29430, Unterlagen im Zusammenhang mit dem Strafverfahren gegen Wilhem Bode; BArch, R 3017/29433, Bl. 4, „Organisationsskizze" von Hans Jahn, 1. 12. 1938; BArch, R 9361, VIII, B 0105 und R 9361, IX, B 0050, Personenbezogene Unterlagen der NSDAP.

Bommer, Albert* (geb. am 10. März 1903 in Dudweiler)
Fabrik- und Grubenarbeiter; tätig als Eisenbahnhilfsarbeiter beim Saarbrücker Rangierbahnhof (bis Januar 1933, aus politischen Gründen entlassen); danach für kurze Zeit Lotterie- und Versicherungsvertreter, später erwerbslos; parteilos, stand aber der KPD nahe; Mitglied der IAH und des „Roten Eisenbahnerverbandes" der RGO (Saar); wurde am 12. September 1934 festgenommen, als er im Auftrag des kommunistischen Funktionärs Jakob Schmidt aus dem Saargebiet kommend zwei größere Koffer mit „4500 Stück kommunistischen Druckschriften und Flugzetteln" („Rote Fahne" und 2000 Broschüren sowie Flugzetteln „kommunistischen Inhalts"), die er auf dem Bahnhof Trier in Empfang genommen hatte, zu dem KPD-„Verbindungsmann" Christian Merle nach Mannheim brachte; Merle sollte die Druckschriften an andere kommunistische Vertrauensleute weitergeben; Bommer war von Bekannten, bei denen er in Mannheim übernachtet hatte, denunziert worden; der VGH verurteilte Bommer am 16. Juli 1935 zu einer siebenjährigen Zuchthausstrafe; er wohnte in Dudweiler-Herrensohr, Talstraße 29 (Anfang der 1930er-Jahre).

* Der Oberreichsanwalt beim VGH – Anklageschrift 14J134/34 gegen Albert Bommer und Christian Merle, 18. 5. 1935 und Urteil des VGH 2H23/35-14J134/34, 16. 7. 1935, in: Nationalsozialismus, Holocaust, Widerstand und Exil 1933–1945, Online-Datenbank; Herlemann, Die Emigration als Kampfposten, S. 61; Schadt (Bearb.), Verfolgung und Widerstand unter dem Nationalsozialismus in Baden, S. 111 f.

Bornberg, Karl*
Mitglied der EdED-Ortsgruppe Erfurt; Vertrauensmann und Funktionär der örtlichen SPD; Mitarbeit in der illegalen Gruppe „Alte Kumpane", u. a. Zusammentreffen mit früheren Kollegen, (politischer) Schriftwechsel untereinander; mündliche Agitation in Eisenbahnbetrieben und Abhören von Auslandssendern; nach 1945 Mitglied des Kreisvorstandes der SED Erfurt.

* ThHStAW, Bezirkstag und Rat des Bezirks Erfurt, VdN 5278, VdN-Akte von Helene Schacher, Bescheinigung Karl Bornberg, 18. 9. 1946; SAPMO-BArch, DY 55/V 278/4/116, VdN-Bogen Otto Förster.

Brichta, Willy [auch: Brichta, Willi]* (geboren in Hirschberg/Schlesien)
war vor 1933 Gewerkschaftsfunktionär des EdED in Hirschberg/Schlesien; 1928 Delegierter der 2. und 1931 Delegierter der 3. ordentlichen Generalversammlung des EdED; 1924 laut Liste der Reichsgewerkschaft Deutscher Eisenbahnbeamten und -Anwärter Kandidat für den Hauptbeamtenrat der Deutschen Reichsbahn-Gesellschaft.

* Der deutsche Eisenbahner, Nr. 1/1950; Reichsverkehrsblatt, Nr. 34, 1924; Protokoll über die Verhandlungen der 2. ordentlichen Generalversammlung des EdED; Protokoll über die Verhandlungen der 3. ordentlichen Generalversammlung des EdED.

Bürkle, Karl* (geb. 8. April 1883 in Zaisenhausen, Baden)
war ab 1. Februar 1919 Ortsbeamter im DEV bzw. ab 1925 im EdED und zeitweise dessen Vorsitzender in Karlsruhe; Mitglied des Aufsichtsrates der Bau- und Mietergenossenschaft.

* Handbuch des Vereins Arbeiterpresse, 2. Aufl. 1927, S. 409.

Burger, Wilhelm* (geb. 27. Oktober 1890 in Sindelfingen)
war Ende der 1930er-Jahre beim Reichsbahnbetriebswagenwerk Hannover beschäftigt und zeitweise EdED-Funktionär im Saargebiet (Weimarer Zeit, bis ca. 1937); wird in der „Organisationsskizze" von Hans Jahn von Ende 1938 als „Reichsverbindung" der illegalen „Organisation" genannt; stand auch nach Ansicht der Gestapo im Verdacht, im Rahmen der illegalen Gruppe um Hans Jahn aktiv geworden zu sein, was er jedoch im August 1940 bei einem Verhör verneinte, weshalb er auf freien Fuß gesetzt wurde.

* BArch, R 3017/29430, Unterlagen im Zusammenhang mit dem Strafverfahren gegen Wilhem Bode; BArch, R 3017/29433, Bl. 4, „Organisationsskizze" von Hans Jahn, 1. 12. 1938.

Clemens, Julius*
Zugführer; vor 1933 SPD-Mitglied; er soll die „Deutsche Freiheit" und Flugblätter, mit denen „die sozialdemokratische Widerstandsarbeit im Reich unterstützt werden sollte", in Züge der Deutschen Reichsbahn geschmuggelt haben.

* Heimatgeschichtlicher Wegweiser zu Stätten des Widerstandes und der Verfolgung 1933–1945. Bd. 4: Saarland, hrsg. vom Studienkreis zur Erforschung und Vermittlung der Geschichte des Widerstandes 1933–1945, Redaktion: Ursula Krause-Schmitt, Köln 1990, S. 9.

Daubitz, Georg* (geb. 13. Januar 1887 in Beuthen, Schlesien)
Ende der 1930er-Jahre Stellmacher bei der Deutschen Reichsbahn im Bahnbetriebswerk Frankfurt a. d. Oder, später in Cottbus beschäftigt; in der Weimarer Republik zeitweise EdED-Funktionär in Cottbus; stand im Verdacht, im Rahmen der illegalen Gruppe um Hans Jahn und Wilhelm Bode aktiv geworden zu sein, was er jedoch im August 1940 bei einem Verhör verneinte, weshalb er auf freien Fuß gesetzt wurde; eine Hausdurchsuchung erbrachte kein belastendes Ergebnis.

* BArch, R 3017/29430, Unterlagen im Zusammenhang mit dem Strafverfahren gegen Wilhem Bode.

Dillenz, Otto* (geb. 30. August 1884 in Esslingen)
stand im Zusammenhang mit illegalen Aktivitäten in Verbindung mit Karl Molt; wurde festgenommen im Zusammenhang mit den Ermittlungen gegen Molt.

* StA Esslingen, FR-84-7, Familienregister Esslingen: Dillenz, Otto; Mielke/Frese (Bearb.), Die Gewerkschaften im Widerstand und in der Emigration, S. 405; Auskunft des StA Esslingen (Karla Rommel), 23. 2. 2016.

Dittmann, Paul* (geb. 30. März 1878 in Morungen, heute: Sangerhausen)
Eisenbahner bzw. Zugführer; zwischen 1933 und 1939 im Widerstand in Plauen (Vogtland) und Umgebung aktiv; beteiligte sich an der Einschleusung von illegalen Flugschriften aus der ČSR; am 24. Januar 1940 festgenommen, anschließend bis 19. Juni 1940 in Untersuchungshaft in Plauen, im Anschluss bis 19. Mai 1941 in Untersuchungshaft in Leipzig; am 25. April 1941 vom Oberlandesgericht Dresden zu einer Haftstrafe von drei Jahren Zuchthaus verurteilt; vom 20. Mai 1941 bis 21. März 1942 im Zuchthaus Bautzen inhaftiert; er verstarb am 11. Dezember 1942 an den Folgen der Haft.

* SAPMO-BArch, Widerstandskartei, Paul Dittmann.

Faller, Otto* (geb. 28. Oktober 1884 in Schönwald, Schwarzwald)
Metallarbeiter; vor 1933 vermutlich SPD; ab 1945 SPD; zunächst gewerkschaftlich organisiert im DMV; später Mitglied der DEV- bzw. ab 1925 der EdED-Ortsverwaltung Karlsruhe und Mitglied des regionalen EdED-Bezirksbeirates; 1928 Delegierter der 2. und 1931 Delegierter der 3. ordentlichen Generalversammlung des EdED; im Zuge der Zerschlagung der Gewerkschaften entlassen; nach 1945 Erster Bevollmächtigter der Ortsverwaltung Karlsruhe der Eisenbahner-Gewerkschaft; Mitglied des geschäftsführenden Ausschusses der Bezirks-Personalvertretung; vom 23. bis 26. März 1949 Teilnehmer des Vereinigungskongresses der GdED; Mitglied des Vorläufigen Ausschusses der Eisenbahngewerkschafter in der Französischen Besatzungszone; ab 1949 stellvertretender Bezirksleiter des GdED-Bezirks Karlsruhe

und zeitweise Mitglied des Hauptvorstandes; wohnte in Karlsruhe, Rüppurrer Straße 79 (Ende der 1940er-Jahre); er verstarb am 12. Dezember 1950 in Karlsruhe.

* Der Deutsche Eisenbahner, 24. 12. 1950; Protokoll über die Verhandlungen der 2. ordentlichen Generalversammlung des EdED; Protokoll über die Verhandlungen der 3. ordentlichen Generalversammlung des EdED; Auskunft des StA Karlsruhe (Jürgen Schuhladen-Krämer), 21. 6. 2016.

Fischer, Johann* (geb. 8. September 1905 in Szymborze, Posen)
Lokheizer/Arbeiter; ab 1927 KPD-Mitglied; übernahm vermutlich Funktionen in der RGO; illegale Tätigkeiten für die KPD in Wittstock und Umgebung; am 4. März 1933 wurde er verhaftet und bis 29. August 1933 im KZ Alt-Daber inhaftiert.

* SAPMO-BArch, Widerstandskartei, Johann Fischer; Brandes (Bearb.), Antifaschistischer Widerstandskampf in der Provinz Brandenburg, S. 42.

Gosau, Claudius* (geb. 9. Mai 1892 in Blankenmoor)
Lokführer in Bremen; seit den 1920er-Jahren Mitglied der KPD; eine gewerkschaftliche Funktion ist bislang nicht belegt; wurde bereits Anfang Januar 1933 festgenommen und für neun Monate inhaftiert; 1938 siedelte er mit der Familie von Heide nach Hamburg über; der 1916 geborene Sohn Wilhelm Gosau wurde anlässlich des Kriegsbeginns verhaftet und am 6. Juli 1943 im KZ Auschwitz ermordet; als Lokführer in einem Rüstungsbetrieb äußerte Gosau in seiner Belegschaft Kritik am Kriegsverlauf und an Hitler; wurde denunziert, am 17. September 1943 festgenommen; der Volksgerichtshof verurteilte ihn am 11. Februar 1944 zum Tode; am 6. März 1944 wurde er in Brandenburg-Görden enthauptet.

* SAPMO-BArch, Widerstandskartei, Claudius Gosau; SAPMO-BArch, DY 55/V287, Bl. 180, Vermerk über Hinrichtung; Ursel Hochmuth, Niemand und nichts wird vergessen. Biogramme und Briefe Hamburger Widerstandskämpfer 1933–1945. Hamburg 2005.

Gruber, Georg* (geb. 26. Februar 1893 in Rönnebeck, heute: Bremen)
in den 1920er- und Anfang der 1930er-Jahren EdED-Ortsvorstandsmitglied in Paderborn; übernahm Funktionen in der SPD; im Frühjahr 1933 zeitweise in „Schutzhaft"; Anfang Juli 1933 Entzug des Stadtverordnetenmandates und der Mitgliedschaft im Elternbeirat der evangelischen Schule in Paderborn aus Gründen der Abwehr einer „Gefährdung der öffentlichen Sicherheit"; er wohnte in Paderborn, Roonstraße 55, verzog 1955 nach Bad Lippspringe.

* StA Paderborn, Meldeunterlagen: Gruber, Georg; StA Paderborn, A 3543, Entzug des Mandates als Stadtverordneter und Mitglied des Elternbeirates der evangelischen Schule, 8. 7. 1933; Scheibe/Wiegold-Bovermann, „Morgen werden wir die Gewerkschaftshäuser besetzen", S. 217; Auskunft des StA Paderborn (Jonas Eberhardt), 30. 6. 2016.

Hage, Franz*
soll sich gemeinsam mit Paul Kreisel und Hermann Jung an illegalen Aktivitäten im Reichsbahnausbesserungswerk Dessau bzw. in einer illegalen „Gruppe Eisenbahn" beteiligt haben; wurde nach Angaben von Kreisel bereits 1933 gemaßregelt und wechselte zu den „Junkers"-Werken; er soll fortgesetzt illegal tätig gewesen und im Zweiten Weltkrieg ums Leben gekommen sein.

* Biografische Materialsammlung von Eberhard Podzuweit, Berlin.

Hacker, Paul (geb. 19. November 1884 in Maxen bei Pirna)*
Maschinenbauer; engagierte sich ab 1907/08 als Vertrauensmann für den DMV und ab 1912 für den DEV; ab 1. November 1919 übernahm er die Leitung des Bezirks Sachsen des DEV bzw. ab 1925 des EdED; hatte Funktionen in der SPD inne; nach der Machtübernahme des Nationalsozialismus illegale Arbeit im Umfeld des ehemals gewerkschaftlichen Versicherungsunternehmens „Volksfürsorge", u. a. Zusammenarbeit mit Otto Gansauge.

* PA Eberhard Podzuweit, Berlin, Unterlagen zum gewerkschaftspolitischen Lebensweg; Podzuweit, Widerstand von Eisenbahngewerkschaftern gegen den Nationalsozialismus in Mittel- und Ostdeutschland.

Hamann, Bernhard*
Eisenbahngewerkschafter; vermutlich Übernahme von Funktionen im EdED in Westfalen; laut „Organisationsplan" von Hans Jahn vom 1. März 1936 „Ersatzmann" für den EdED-Gauleiter Leo Radtke im „1. Bezirk Westfalen. Vorort: Hamm".

* SAPMO-BArch, Widerstandskartei, Bernhard Hamann; AdsD, Bestand ITF, 5/ITFA, Mappe 46, „Organisations-Anlage" von Hans Jahn über den Stand der illegalen Organisation der Eisenbahner im Deutschen Reich, o. D. [1. 3. 1936].

Hannemann, Ernst* (geb. 1. August 1901 in Kolkwitz)
Ende der 1930er-Jahre Schlosser im Reichsbahnausbesserungswerk Cottbus und zeitweise Mitglied des EdED; nach Angaben von Hans Jahn in der „Organisationsskizze" von Ende 1938 „Stützpunktleiter" der illegalen „Organisation" in Petershain (Sachsen); stand auch nach Ansicht der Gestapo im Verdacht, im Rahmen der illegalen Gruppe um Hans Jahn und Wilhelm Bode im Cottbuser Reichsbahnausbesserungswerk aktiv geworden zu sein, was er jedoch im August 1940 bei einem Verhör verneinte, weshalb er auf freien Fuß gesetzt wurde; er war 1933/34 Mitglied der SA.

* BArch, R 3017/29430, Unterlagen im Zusammenhang mit dem Strafverfahren gegen Wilhelm Bode; BArch, R 3017/29433, Bl. 4, „Organisationsskizze" von Hans Jahn, 1. 12. 1938.

Huth, Heinrich* (geb. 26. August 1881 in Hümme, bei Kassel)
war Ende der 1930er-Jahre Lokomotivführer a. D.; in der Weimarer Republik Mitglied des EdED und des Bezirksvorstandes Hannover und zeitweise auch des ADB und des regionalen Beamtenrates, 1920/21 im DEV-Hauptvorstand; stand im Verdacht, im Rahmen der illegalen Gruppe um Hans Jahn und Wilhelm Bode aktiv geworden zu sein, was er jedoch im August 1940 bei einem Verhör verneinte, weshalb er auf freien Fuß gesetzt wurde; bei einer Hausdurchsuchung wurden lediglich einige marxistische Schriften gefunden; er war seit Mai 1937 Mitglied der NSDAP.

* BArch, R 3017/29430, Unterlagen im Zusammenhang mit dem Strafverfahren gegen Wilhelm Bode; BArch, R 9361, IX, J 0009 und R 9361, VIII, J 0143, Personenbezogene Unterlagen der NSDAP.

Jentsch, Karl* (geb. 27. März 1883 in Drebkau)
Ende der 1930er-Jahre als Vorschlosser tätig; in der Weimarer Republik Mitglied des EdED und Unterkassierer in Cottbus; nach Angaben von Hans Jahn in der „Organisationsskizze" von Ende 1938 „Stützpunktleiter" der illegalen „Organisation" in Drebkau; stand auch nach Ansicht der Gestapo im Verdacht, im Rahmen der illegalen Gruppe um Hans Jahn und Wilhelm Bode aktiv geworden zu sein, was er jedoch im August 1940 bei einem Verhör verneinte, weshalb er auf freien Fuß gesetzt wurde; er war seit 1. August 1940 Anwärter auf Mitgliedschaft in der NSDAP.

* BArch, R 3017/29430, Unterlagen im Zusammenhang mit dem Strafverfahren gegen Wilhelm Bode; BArch, R 9361, IX, J 0009 und R 9361, VIII, J 0143, Personenbezogene Unterlagen der NSDAP.

Jung, Hermann*
soll sich gemeinsam mit Paul Kreisel und Franz Hage an illegalen Aktivitäten in Dessau und Umgebung beteiligt haben; soll nach Angaben von Paul Kreisel 1945 bei der IG Eisenbahn in Köthen beschäftigt gewesen sein.

* Biografische Materialsammlung von Eberhard Podzuweit, Berlin.

Kramer, Paul* (28. Mai 1894 in Georgenfeld, Erzgebirge
Eisenbahnbeamter; vor 1933 SPD-Mitglied; vom 1. März 1922 bis 1. Mai 1924 Mitglied des Vorstandes der DEV-Landesstelle Sachsen; ab 1. Mai 1924 Redakteur des DEV bzw. ab 1925 des EdED in Berlin und in dieser Funktion gleichzeitig Mitglied des Hauptvorstandes; Referent zum Thema Beamtenbewegung und Mitglied des EdED-Vorstandes; 1928 bzw. 1931 Teilnehmer der 2. und 3. ordentlichen Generalversammlung des EdED; gehörte 1930 für den Verbandsvorstand dem Beamtenausschuss an; 1932/33 Leiter der Beamtenabteilung im

EdED; nahm als Delegierter am ITF-Kongress vom 7. bis 13. August 1932 in Prag teil; lebte zeitweise in Berlin-Charlottenburg, Brombeerweg 7 (Ende 1932); bei der 2. ordentlichen Generalversammlung des EdED 1928 mit 152 von 154 Stimmen und bei der 3. ordentlichen Generalversammlung 1931 mit 149 von 171 Stimmen im Amt bestätigt.

* BArch, R 58/3297, Bl. 179, Unterlagen zur Verfolgung; SAPMO-BArch, DY 40/1600, Bl. 106, „Scheffel-Manuskript", „Die Wirtschaftslage vor dem Gewaltstreich"; BArch; DY 40/1601, Kapitel „Die Neuordnung des Einheitsverbandes", S. 16; Stadtverwaltung Altenberg, Standesamt, Geburtsurkunde Nr. 20/1894: Kramer, Paul Max; Handbuch des Vereins Arbeiterpresse, 2. Aufl. 1927, S. 173; Protokoll über die Verhandlungen der 2. ordentlichen Generalversammlung des EdED; Protokoll über die Verhandlungen der 3. ordentlichen Generalversammlung des EdED; Der Einheitsverband und die Reichsbahnbeamten und -Anwärter. Material für die Beamtenwerbung, hrsg. vom Einheitsverband der Eisenbahner Deutschlands, Berlin o. J.; Auskunft von Uwe Petzold, Ortschronist von Altenberg, 6. 6. 2016.

Leuschke, Ernst*
lebte in Dresden; Funktionär und Betriebsrat des EdED; Mitglied der SPD; während des NS-Regimes verfolgt, u. a. vom 29. September 1935 bis 8. Februar 1936 im KZ Sachsenburg inhaftiert; soll in einer illegalen Gruppe um Erich Nieter mitgearbeitet haben.

* PA Eberhard Podzuweit, Berlin, Unterlagen zum gewerkschaftspolitischen Lebensweg; Podzuweit, Widerstand von Eisenbahngewerkschaftern gegen den Nationalsozialismus in Mittel- und Ostdeutschland.

Liska, Matthias* (geb. 27. Dezember 1889 in Pohrlitz, heute: Pohořelice)
am Wiener Westbahnhof beschäftigt als Hilfsarbeiter; an illegalen kommunistischen Aktivitäten beteiligt (Sammlung von Mitgliedsbeiträgen, illegale Zusammenkünfte und Besprechungen); laut Gestapo „Verbreitung kommunistischer Hetzschriften" zur „Verübung von Sabotageakten"; wurde am 20. November 1942 festgenommen; am 26. August 1943 wegen „Vorbereitung zum Hochverrat" zum Tode verurteilt; Zusammenfassung aus dem Urteil des Volksgerichtshofs, 26. 8. 1943: „Die Angeklagten [Matthias Liska und Leopold Wölfel] haben bis 1942 kommunistische Gruppen geleitet, Mitgliedsbeiträge eingezogen, Zusammenkünfte und Besprechungen mit führenden Funktionären gehabt sowie durch Verbreitung kommunistischer Hetzschriften und Verübung von Sabotageakten den kommunistischen Hochverrat vorbereitet und dadurch dem Feinde des Reiches geholfen. Beide werden deshalb zum Tode und dauernden Ehrenrechtsverlust verurteilt."; wurde am 8. September 1943 in Berlin-Plötzensee hingerichtet.

* SAPMO-BArch, Widerstandskartei, Matthias Liska.

Martens, Hans-Joachim*
soll im Zusammenhang mit einem Verfahren wegen Beleidigung Repressalien seitens des NS-Regimes ausgesetzt gewesen sein.

* LAV NRW R, Rep. 7, Nr. 820, Gerichtsunterlagen 1956–1959 (Aktenzeichen: 5 Js 578/57 bzw. 29 Js 177/56).

Mieth, Otto*
nach Angaben von Hans Jahn „sein Mann" im ADGB-Ortsausschuss in Erfurt; ab 1928 unbesoldetes Mitglied des (Haupt-)Vorstandes des EdED für den Bezirk Erfurt; Delegierter beim ITF-Kongress vom 22. bis 27. September 1930 in London; 1928 Teilnehmer der 2. und 1931 Delegierter der 3. ordentlichen Generalversammlung des EdED; arbeitete in der illegalen Gruppe „Alte Kumpane" mit; er soll illegale Kontakte gepflegt und Auslandssender gehört haben.

* SAPMO-BArch, DY 55/V 278/4/116, VdN-Bogen Otto Förster; BArch, R 58/3392, Bl. 170, Unterlagen zur Verfolgung; SAPMO-BArch, DY 55/V 278/4/116, Unterlagen zur Verfolgung.

Münchau, Gustav*
soll sich an illegalen Aktivitäten des ITF-Netzwerkes um Hans Jahn im Brandenburger Gau beteiligt haben und in diesem Zusammenhang Edo Fimmen persönlich kennengelernt haben; er wohnte in Berlin, Liegnitzstraße 12 (1930er-Jahre).

* AdsD, Bestand ITF, 5/ITFA, Mappe 23, Brief von Hans Jahn an Edo Fimmen, 2. 12. 1937 (Dokument 81), in: Mielke/Frese (Bearb.), Die Gewerkschaften im Widerstand und in der Emigration, S. 416–419, hier S. 416.

Riedel, Emil* (geb. 11. Januar 1871 in Gießmannsdorf, Schlesien)
soll an Widerstandshandlungen gegen das NS-Regime beteiligt gewesen sein.

* AdsD, Bestand ITF, 5/ITFA, Mappe 46, „Organisations-Anlage" von Hans Jahn über den Stand der illegalen Organisation der Eisenbahner im Deutschen Reich, o. D. [1. 3. 1936]; Handbuch des Vereins Arbeiterpresse, 2. Aufl. 1927, S. 190; Mielke/Frese (Bearb.), Die Gewerkschaften im Widerstand und in der Emigration, S. 361.

Rogall, Friedrich*
wurde im April 1937 als „Schutzhäftling" von Düsseldorf aus in das KZ Sachsenhausen überführt; wohnte in Duisburg-Meiderich, Bergstraße 76 (1930er-Jahre).

* AS, Schreiben der Geheimen Staatspolizei Düsseldorf an den Lagerkommandanten des KZ Sachsenhausen, 22. April 1937.

Sauf, Gustav* (geb. 18. März 1888 in Groß-Lindenau, Kreis Königsberg)
Rangierführer; ab ca. 1920 KPD-Mitglied; ab Februar 1921 Angestellter im DEV, ab 1925 des EdED in Königsberg (soll 1926 entlassen worden sein); Mitglied des Provinziallandtages; stellvertretendes Mitglied des Staatsrates; Funktionär der RGO; ab 1930/31 Funktionär des lokalen bzw. regionalen „Roten Eisenbahnerverbandes" der RGO, übernahm zeitweise den regionalen Vorsitz des Verbandes; er wurde am 1. August 1932 in Königsberg von Nationalsozialisten ermordet.

* SAPMO-BArch, RY 1/I2/8/70, Bl. 7, Unterlagen der KPD; SAPMO-BArch, NY 4091/79, Bl. 151, Erinnerungen; SAPMO-BArch, RY 1/I2/3/48, Bl. 505, Unterlagen der KPD; Handbuch des Vereins Arbeiterpresse, 2. Aufl. 1927, S. 430; Gottwaldt, Eisenbahner gegen Hitler, S. 162.

Schlichting, Heinz* (geb. 21. März 1911 in Berlin)
Kaufmann; Reichsbahnangestellter; vor 1933 parteilos, kommunistisch orientiert; offenbar nicht gewerkschaftlich organisiert; Mitglied der „Bündischen Jugend", bei der er Ernst Sieber kennenlernte; ab 1933 bei der Deutschen Reichsbahn-Gesellschaft beschäftigt, dort wegen „politischer Unzuverlässigkeit" zur Weichen- u. Lampenreinigung strafversetzt; ab ca. 1936/37 mit seinem Jugendfreund Ernst Sieber in der Illegalität aktiv; an Herstellung und Verbreitung illegaler Flugblätter beteiligt; bei der Reichsbahn-Gesellschaft in Berlin-Tempelhof tätig; Kontakt zu John Sieg; stellte im Mai 1944 auf Bitte von Sieber auf seiner Arbeitsstelle bei der Reichsbahn mithilfe eines Blankoausweisformulars Legitimationspapiere für Bernhard Bästlein auf den Decknamen „Ernst Wichmann" aus; im September 1944 zur Wehrmacht eingezogen, am 7. Februar 1945 in Mariager (Dänemark) festgenommen; nach Deutschland überführt; Untersuchungshaft (Zellengefängnis, Berlin-Moabit); ab 1945 KPD- und ab 1946 SED-Mitglied; nach 1947 Dienststellenleiter auf Berliner Bahnhöfen; später bei der Reichsbahndirektion Berlin beschäftigt, ab 1953 Kaderinstrukteur des Ministeriums für Verkehrswesen der DDR; danach leitende Funktion in der Abteilung Eisenbahnbau des Ministeriums; wohnte Anfang der 1930er-Jahre in Berlin-Niederschönhausen, Lindenstraße 7 (heute: Grabbeallee), später in Berlin-Schmargendorf, Beverstedter Weg 8.

* LAB, C Rep. 118-01, Nr. 8712, OdF-Akte von Heinz Schlichting; Hochmuth, Illegale KPD und Bewegung „Freies Deutschland" in Berlin und Brandenburg 1942–1945, S. 224.

Sporer, Karl* (geb. 25. Februar 1886 in München)
ehemaliger Geschäftsführer der EdED-Bildungsstätte in Hammersbach; stand im Verdacht, sich illegal betätigt zu haben; musste Hausdurchsuchungen und Repressalien über sich ergehen lassen; er wohnte in München, Herzogspitalstraße 20 (1930er-Jahre).

* BArch, R. 3017/1000046, Ermittlungsberichte und Vernehmungsprotokolle.

Stenzel, Richard* (geb. 17. April 1899 in Sorau)

Ende der 1930er-Jahre Mangelmeister bei den Textilwerken in Linderode (Kreis Sorau) und zeitweise Mitglied des DTV; nach Angaben von Hans Jahn in der „Organisationsskizze" von Ende 1938 „Stützpunktleiter" der illegalen „Organisation" in Linderode; stand auch nach Ansicht der Gestapo im Verdacht, im Rahmen der illegalen Gruppe um Hans Jahn und Wilhelm Bode aktiv gewesen zu sein, was er jedoch im August 1940 bei einem Verhör verneinte, weshalb er auf freien Fuß gesetzt wurde.

* BArch, R 3017/29430, Unterlagen im Zusammenhang mit dem Strafverfahren gegen Wilhem Bode; BArch, R 3017/29433, Bl. 4, „Organisationsskizze" von Hans Jahn, 1. 12. 1938.

Vühr, Max*

war laut „Organisationsplan" von Hans Jahn vom 1. März 1936 „Ersatzmann" für den Bezirksleiter Paul Emmen in der EdED-Widerstandsgruppe im illegalen „2. Bezirk. Westliche Ruhr. Vorort Krefeld"; wohnte in Krefeld, Märklinstraße 10.

* SAPMO-BArch, Widerstandskartei, Max Vühr; AdsD, Bestand ITF, 5/ITFA, Mappe 46, „Organisations-Anlage" von Hans Jahn über den Stand der illegalen Organisation der Eisenbahner im Deutschen Reich, o. D. [1. 3. 1936]; AdsD, Bestand ITF, 5/ITFA, Mappe 88, Bericht von Paul Emmen, o. D.; Auskunft des StA Krefeld (Burkhard Ostrowski), 6. 10. 2015.

Weber, Heinrich* (geb. 1883)

war ab April 1918 führender Funktionär des DEV in Kassel; Vorsitzender der Revisions- und Beschwerdekommission beim Vorstand des EdED; Mitglied des Arbeiterausschusses; Betriebsrat und Bezirks-Betriebsratsmitglied; zeitweise Heimleiter des Krankenhauses der Reichsbahnbetriebs-Krankenkasse; 1928 bzw. 1931 als Vorstandsmitglied bzw. Berichterstatter der Revisions- und Beschwerdekommission Berichterstatter bei der 2. und 3. ordentlichen Generalversammlung des EdED; im Zuge der Zerschlagung der Gewerkschaften entlassen; aktive Beteiligung an der Neugründung der Gewerkschaften in Kassel; Übernahme mehrerer Funktionen in der GdED.

* Heinrich Weber gestorben, in: Welt der Arbeit (Hessen), 7. 3. 1952; Heinrich Weber gestorben, in: Der deutsche Eisenbahner, 1. 3. 1952; Protokoll über die Verhandlungen der 2. ordentlichen Generalversammlung des EdED; Protokoll über die Verhandlungen der 3. ordentlichen Generalversammlung des EdED.

Wehner, Max* (geb. 28. Februar 1895 in Hinterjessen)

Gleisbauarbeiter; bereits ab 1926 erwerbslos; lebte mit seiner Frau bis 1933 von einer geringen Arbeitslosenunterstützung; ab 1923 Mitglied der KPD-Ortsgruppe Jessen; 1933 Beteiligung an einer verbotenen Demonstration; im Anschluss ein halbes Jahr in Haft; im Dezember

1941 wurde er von der Gestapo verhaftet und nach Dresden verschleppt; im Anschluss im KZ Sachsenhausen inhaftiert, wo er am 8. März 1942 verstarb.

* SAPMO-BArch, Widerstandskartei, Max Wehner; SAPMO-BArch, RY 1/I/2/3/136, Bl. 387 und 1/I/2/3/138, Unterlagen zur Verfolgung, KZ-Liste; Aussage von Martha Wehner, Pirna-Jessen, in: Ehrenmale, Gedenkstätten, Erinnerungsstätten und Mahnstätten der Arbeiterbewegung und des antifaschistischen Widerstandskampfes im Kreis Pirna, dokumentiert und neu zusammengestellt, http://www.geschichte-pirna.de (4. 10. 2016).

Weiß, Karl* (geb. 15. Januar 1866 in Dresden)
Eisendreher; vor 1933 Mitglied der SPD; seit 1899 Eisenbahngewerkschaftsfunktionär in Radebeul; 1905–1908 Redakteur des „Weckruf" der Eisenbahner; 1909–1917 Zweiter Bevollmächtigter und Kassierer der Ortsgruppe der Freien Eisenbahngewerkschaft; ab 15. November 1917 Leiter der Expedition des DEV bzw. ab 1925 des EdED in Berlin; 1931 Delegierter der 3. ordentlichen Generalversammlung des EdED; im Zuge der Zerschlagung der Gewerkschaften 1933 entlassen.

* Eisenbahner Karl Weiß, in: Gewerkschafts-Zeitung 41 (1931) 3, S. 45; Protokoll über die Verhandlungen der 3. ordentlichen Generalversammlung des EdED; Handbuch des Vereins Arbeiterpresse, 2. Aufl. 1927, S. 208.

Wolter, Karl* (geb. 1. November 1892)
soll mehrere Tage in Hamburg in „Schutzhaft" gewesen sein.

* SPD-Hamburg, Für Freiheit und Demokratie, S. 453.

Widecke, ?*
Rangierer im Reichsbahnausbesserungswerk Brandenburg-West in Kirchmöser; Kontakte zu polnischen Zwangsarbeitern; verurteilt zu zwei Jahren Gefängnis; zeitweise in die „Strafdivision 999" verpflichtet.

* Brandes (Bearb.), Antifaschistischer Widerstandskampf in der Provinz Brandenburg, S. 191.

Wilde, Franz* (geb. 13. Dezember 1894 in Leipzig)
soll sich in der illegalen Gruppe um Hans Jahn betätigt haben und taucht auch in dessen Adressenliste auf; war seit Ende Mai 1941 als Feldeisenbahner im Kriegsdienst.

* Biografische Materialsammlung von Eberhard Podzuweit, Berlin.

Dokumente

79

Abschrift!

Organisations-Anlage.

In der Zeit vom November 1933 – 16. Mai 1935 fanden zahlreiche Besprechungen des Reichsleiters mit den Gaugrafen unter öfterer Hinzuziehung von Stützpunktführern statt. Dazwischen fanden Besprechungen und Besuche mit Vertretern der ITF im Reich und am Sitze der ITF statt. Im Jahre 1934 wurden im Bereich der Wasserkante eine Reihe von Konferenzen unter Anwesenheit eines Vertreters der ITF abgehalten. An einigen derselben waren auch Eisenbahner vertreten. Ostern 1935 fand eine Konferenz der illegalen Organisation unter Leitung der ITF in Roskilde bei Kopenhagen statt. An dieser nahmen 11 Eisenbahner teil.

Aus kleinsten Anfängen entwickelte sich mit der Zeit eine verhältnismäßig gute Kaderorganisation. Ohne geschichtliches Vorbild, ohne Mittel zu umfassenden und regelmäßigen Unterstützungen für arbeitslose Kollegen mußte gearbeitet werden. Der Anfang war persönliche Verbindung, die Grundlage, gegenseitiges Vertrauen.

Die Verbindung war bis zum 17. 5. 1935 nach jedem Gau hin gut. Nach der Verhaftung und Emigration des Reichsleiters wurde im Einvernehmen mit der ITF eine Umorganisation durchgeführt. Die 19 Gaue wurden zu 7 Gebieten zusammengefaßt. Das bedeutete ein Aufgeben des bis dahin streng durchgeführten Grundsatzes der Abgrenzung der Gaue untereinander. Die Zentralisation war jedoch notwendig, um die teilweise abgerissenen Verbindungen wieder herzustellen. Dies gelang, nachdem ein Kurier durch mehrere Reisen in die Gauvororte die entsprechende Anordnung von ITF und Reichsleitung überbracht hatte.

Bald zwangen die Verhältnisse zur Dezentralisation. Die Gaue Rhein, Ruhr, Westfalen wurden wegen ihrer Wichtigkeit in 5 Bezirke aufgeteilt. Jedem Bezirk steht ein Bezirksleiter vor. Mit diesen werden in 4-wöchentlichen Abständen Grenztreffen abgehalten. Dieselben haben sich gut bewährt. Soweit möglich, nehmen an diesen Treffen auch Gaugrafen oder sonstige hervorragende Funktionäre aus dem übrigen Reich teil. Besuche von Gaugrafen und leitenden Funktionären am Sitze der ITF dienten wesentlich zur Festigung der organisatorischem Verbindungen.

„Organisations-Anlage“ von Hans Jahn über den Stand der illegalen Organisation der Eisenbahner im Deutschen Reich, o. D. [1. März 1936] →

AdsD, ITF, Mappe 46, Bl. 79–86

80

Blatt 2.

Durch Schaffung der Grenzstelle ist es möglich, Material und Schriftwechsel der ITF und Reichsleitung in das Reich zu befördern. Die Errichtung weiterer Grenzstellen wäre sehr erwünscht, scheitert jedoch an der Finanzfrage. Empfangs- und Abgangsstelle für Schriftwechsel und Material der ITF und Reichsleitung für den innerdeutschen Verkehr befindet sich im Reich.

Für jeden Gaugrafen ist ein besonderes Stichwort, Erkennungswort und Erkennungszeichen vereinbart.

Das organisatorische Gerippe.

I. Westliches Industriegebiet.

I. Bezirk. Westfalen. Vorort: Hamm.
Bezirksleiter: L. Radke.
Ersatzleute: W. Hamann, H. Bargmann, J. Radke.
Stützpunkte: Essen, Wanne-Eikel, Recklinghausen, Dortmund, Soest, Gelsenkirchen, Witten, Münster, Bielefeld, Lingen und Osnabrück.

II. Bezirk. Westliche Ruhr. Vorort: Krefeld.
Bezirksleiter: P. Emmen.
Ersatzleute: V. Führ, H. Bentlage.
Stützpunkte: Düsseldorf, Hagen, Duisburg, Mühlheim, Cleve, Oppum und Urdingen.

III. Bezirk. Bahnlinie Köln-Aachen-Rhein-Holländische Grenze.
Vorort: Neuß.
Bezirksleiter: H. Funger.
Ersatzleute: W. Michiol, L. Kouett.
Stützpunkte: Jülich, Rheydt, Aachen, Düren und Dellbrück, M.-Gladbach.

IV. Bezirk. Südliche Ruhr. Vorort: Opladen.
Bezirksleiter: W. Kummerowsky.
Ersatzleute: E. Dreher.
Stützpunkte: Wuppertal, Siegen, Arnsberg und Remscheidt.

V. Bezirk. Bahnlinie Köln-Koblenz-Trier-Gerolstein-Köln.
Vorort: Köln.

81

Blatt 3.

Bezirksleiter: M. P e s t e r .
Ersatzleute: J. N ö l l , M. W e i s s
Stützpunkte: Koblenz, Bonn, Trier, Euskirchen, Königswinter, Engers, Ehrang und Mayen.

2. Gau Hessen-Nassau. Vorort: Darmstadt.
Gaugraf: H. E n g e l .
Ersatzleute: G e r h a r d t , S e i b e r t .
Stützpunkte: Mainz, Rüsselsheim, Frankfurt/M., Wiesbaden, Bingen und Fulda.

3. Gau Pfalz-Baden. Vorort: Ludwigshafen.
Gaugraf: O. V o n g e r i c h t e n .
Ersatzleute: J. K u h n .
Stützpunkte: Mannheim, Kaiserslautern, Neustadt/H., Worms, Speyer, Frankenthal, Schwetzingen und Karlsruhe.

4. Gau Oldenburg. Vorort: Bremen.
Gaugraf: S c h n a k e n b e r g .
Ersatzleute: K. K ö s t e r .
Stützpunkte: Verden, Wegesack, Uelsen, Kirchweye.

5. Gau Wasserkante. Vorort: Hamburg.
Gaugraf: W. B u r m e s t e r .
Ersatzleute: W. S c h m i d t .
Stützpunkte: Hamburg, Harburg, Neumünster.

6. Gau Nordwest. Vorort Wesermünde.
Gaugraf: P. H a l t e n h o f .
Ersatzleute: J. O t t e n .
Stützpunkte: Wesermünde, Wilhelmshaven, Brake, Bremervörde und Cuxhafen.

7. Gau Hannover: Vorort: Hannover.
Gaugraf: F. G ü c k e l .
Ersatzleute: W. E b e l i n g .
Stützpunkte: Hannover, Minden, Löhne, Stendal.

8. Gau Kassel. Vorort: Göttingen.
Gaugraf: F r a a t z .
Ersatzleute: K o c h und S c h r ö d t e r .
Stützpunkte: Göttingen, Seesen, Höxter, Nordheim, Kreiensen, Kassel.

→

Blatt 4.

9. Gau Sachsen. Vorort: Leipzig.
Gaugraf: M. K e l l n e r .
Ersatzleute: P o r a l l a , I r m s c h e r , K o c h .
Stützpunkte: Leipzig, Riesa, Wurzen, Borsdorf, Dresden, Bad Lausick, Geithain, Mittgendorf, Zwickau, Chemnitz, Coselwitz, Kieritzsch, Altenburg, Werdau, Reichenbach, Plauen, Zittau und Bautzen.

10. Gau Brandenburg. Vorort: Berlin.
Gaugraf: P i e p e r , i.V. S c h m i d t .
Ersatzleute: S c h e e l und S c h r a m m a r .
Stützpunkte: Berlin, Potsdam, Oranienburg und Wittenberge.

11. Gau Thüringen. Vorort: Meiningen.
Gaugraf: H i l d e b r a n d t .
Ersatzleute: D ö l l e r und R i e n e c k .
Stützpunkte: Weißenfels, Saalfeld, Eisenach und Probstzella.

12. Gau Nordbayern. Vorort: Nürnberg.
Gaugraf: V o g e l .
Ersatzleute: E m m e r t .
Stützpunkte: Regensburg, Würzburg, Bamberg, Schweinfurth, Aschaffenburg, Hof und Schwandt.

13. Gau Südbayern. Vorort: Augsburg.
Gaugraf: A d e l h o c h .
Ersatzleute: M ü l l e r .
Stützpunkte: Freising, Passau, Kempten, Treuchtlingen, Memmingen, Rosenheim, Ingolstadt und Buchlohe.

14. Gau Württemberg. Vorort: Stuttgart.
Gaugraf: K r a f t .
Ersatzleute: U n g e r .
Stützpunkte: Heilbronn, Ulm, Friedrichshafen, Plochingen, Aalen, Kannstadt, Tübingen, Rottweil, Mühlacker, Crailsheim, Aulendorf und Gemünd.

15. Gau Schlesien. Vorort: Cottbus.
Gaugraf: B o d e .
Ersatzleute: R a a c k und F l e i s c h e r .

83

Blatt 5.

Stützpunkte: Lübben, Lübbenau, Senftenberg, Forst, Görlitz, Guben, Breslau, Schweidnitz, Sorau, Weißwasser, Finsterwalde, Petershain, Kahlau, Ruhland, Spremberg, Kolkwitz, Treppkau, Lauderode, Lauban, Frankfurt/O. u. Köthen.

16. Gau Pommern. Vorort: Stettin.
17. Gau Ostpreußen. Vorort: Danzig.

In beiden Gauen ruht die Arbeit wegen Prozeß in Stettin und der bekannten Vorgänge in Danzig. Persönlich Verbindung besteht noch.

Das Reich ist demnach eingeteilt in 17 Gaue und 5 Bezirke mit Stützpunkten in 158 Orten. In West- und Südwestdeutschland, Sachsen, Berlin-Brandenburg, Schlesien und Hamburg-Wasserkante ist die Organisation zufriedenstellend. Von Ruhrgebiet, Sachsen und Schlesien kann man mit gutem Gewissen sagen, daß die Organisation gut bis sehr gut ist. Im Gau Oldenburg, Nordwest, Kassel und Südbayern läßt zwar die laufende Verbindung zu wünschen übrig, aber die Personen der Gaugrafen, sowie die bereits vorhandenen Funktionäre bürgen für Aufrechterhaltung der Kaders. Der Gau Hannover macht Sorge. Deshalb nimmt der Bezirksleiter von Hamm Verbindungen bis in den Gau Hannover hinein auf. Des weiteren kann von Stendal aus durch W. E b e l i n g der Gau neu bearbeitet werden. Die Gaue Thüringen, Nordbayern und Württemberg hängen zur Zeit in der Luft. Die Verbindung ist äußerst mangelhaft. Obwohl Gaugrafen und Stützpunkte noch existieren, dürfte die systematische Weiterarbeit gelitten, wenn nicht gar aufgehört haben. Arbeitswillige Kräfte sind vorhanden, es fehlt an der persönlichen Anleitung. Diesem Übel muß abgeholfen werden.

Wo möglich wurden auch Vertrauensleute aus anderen wichtigen Betrieben in unseren Arbeitsbereich einbezogen. Es kommen folgende Betriebe und Stützpunktführer infrage:

Essen:	Krupp	J. Hoffmann
Urdingen:	Waggonfabrik	P. Emmen
Düren:	Glashütte	H. Breuer
Aachen:	Bergbau	G. Dürks
Dellbrück:	Metall	E. Möller
Rüsselsheim:	Opelwerke	G. Klinger
Leipzig:	Hasak - Metall	H. Schneider

→

84

Blatt 6.

Leipzig:	Pittler A.-G.	W. Schulz
Cottbus:	Textil	G. Richter
Cottbus:	Bekleidungsgew.	E[illegible]. [illegible]aise
Cottbus:	Baugewerbe	E. Jäckel
Berlin:	Siemenswerke	H. Arhilger

Nach reiflicher Prüfung kann gesagt werden, daß trotz wachsendem Terror die Arbeit fortgesetzt wurde. Am 1.3.36 waren in 137 Stützpunktorten 284 Stützpunktführer und 1320 Funktionäre gemeldet. Auch unter Berücksichtigung der wenig oder gar nicht befriedigenden Verbindungen nach Süddeutschland, Hannover und Pommern läßt die Zunahme von 21 Stützpunktorten den Schluß zu, daß zahlenmäßige Verluste kaum eingetreten sein dürften. Wohl aber darf der Überzeugung Ausdruck verliehen werden, daß die Grundlage der Kaderorganisatiån eine erheblich festere geworden ist.

In Anbetracht der Bedeutung, die das Deutsche Reich in der Weltpolitik einnimmt, muß die Fortführung der illegalen Arbeit als notwendig bezeichnet werden. Dies erfordert neben anderen in erster Linie Geld. Da ein Teil des früheren Verbandsvermögens in Skandinavien investiert ist, könnte auch die schwierigste aller zu lösenden Fragen einem alle Teile befriedigendem Ergebnis zugeführt werden.

4

Organisation: (Stand 1.12.38)

Vorort Cottbus - Bezirks Lausitz-Schlesien.

Leiter: W.Bode. 1.Vertreter:W.Schröder und 2.Vertreter:Fleischer.

Im RAW ca. 300 Mann zur Verfügung(22 Meistereien, in jeder derselben mindestens 3 Mann zur Verfügung)

Stützpunkte: Lübben-Lübbenau/ M.Bertram; Senftenberg/Raak; Ruhland/Petrenz; Forst/Kahle; Görlitz/Förster; Guben/Schütze; Breslau/Kinner ; Schweidnitz/Gebbert; Sorau/Schulze; Weisswasser/ Fleischer; Horka/Seifert; Finsternwalde/Schwarz; Petersshain/Hanebauer; Kahlau/Notnick; Spremberg/Schlenker; Kolkwitz/Hannemann; Drebkau/Jentzsch; Linderode/Stenzel; Lauban/Bufe; Oels/Lösche; Köthen/ Jandrock; Koswig/Kreisel, Güsten/Fuhrmann.

Zur Verfügung stehen 2 Sudetendeutsche:
Dubian (Versetzung nach Komotau beantragt,
Gebauer " " Wien ")
In Verbindung mit Passau Organisation in Österreich aufziehen.
Durch Erlass des RVM muss diesen Anträgen stattgegeben werden .

Andere Berufe:
Textilfabriken: Samson, Westerkamp jun., Polscher, Grühebaum & Kaufmann, Grovermann (500 Mann Belegschaft,besonders oppositionell) C.H. Jäger, Michovius.

Städtische Werke: (rund 500 Mann beschäftigt)

Holzbearbeitung: Ortling (160 Mann beschäftigt) Friede & Sohn (80 Mann

Höhere Textilfachschule:

Baufirma: Pabel & Co. (200 - 300 Mann)

Reichsverbindungen:

Berlin: Pieper (3 Besprechungen, alle grösseren Dienststellen erfasst)
Wesermünde: Haltenhof. Stuttgart: Hahn. Duisburg: Molitor.
Darmstadt: Engel. Hannover: Burger. Stendal: Ebeling. Passau: Weiss.
Göttingen: Fratz. Ludwigshafen: Vongerichten. Oberstein: Endorf .
Ulm, Friedrichshafen, Esslingen,Tübingen (Molt). Leipzig-Zanske.

Aufzeichnungen von Hans Jahn zum vermeintlichen Stand der illegalen Organisation, Ende 1938.
BArch, R 3017/29433, Bl. 4

Abkürzungsverzeichnis

ADG	Auslandsvertretung der deutschen Gewerkschaften bzw. Auslandsvertretung deutscher Gewerkschafter
ADGB	Allgemeiner Deutscher Gewerkschaftsbund
AdsD	Archiv der sozialen Demokratie, Bonn
AEG	Allgemeine Elektricitäts-Gesellschaft
AEV	Allgemeiner Eisenbahner-Verband
AfA-Bund	Allgemeiner freier Angestelltenbund
AG	Aktiengesellschaft
AOK	Allgemeine Ortskrankenkasse
AS	Archiv der Gedenkstätte Sachsenhausen, Oranienburg
BArch	Bundesarchiv, Berlin und Koblenz
BAV	Bergarbeiterverband
BayHStA	Bayerisches Hauptstaatsarchiv, München
BBC	British Broadcasting Corporation
BBZ	Britische Besatzungszone
BEG	Bundesentschädigungsgesetz
BGL	Betriebsgewerkschaftsleitung [des FDGB]
BPP	Bayerische Politische Polizei
BVVdN	Berliner Vereinigung der Verfolgten des Naziregimes
CDU	Christlich Demokratische Union Deutschlands
CMV	Christlicher Metallarbeiter-Verband
ČSR	Československá Republika [Tschechoslowakische Republik]
CSU	Christlich-Soziale Union
DAG	Deutsche Angestellten-Gewerkschaft
DAF	Deutsche Arbeitsfront
DDP	Deutsche Demokratische Partei
DDR	Deutsche Demokratische Republik
DEV	Deutscher Eisenbahner-Verband
DFG	Deutsche Forschungsgemeinschaft
DGB	Deutscher Gewerkschaftsbund

DKP	Deutsche Kommunistische Partei
DMV	Deutscher Metallarbeiterverband
DSF	Gesellschaft für Deutsch-Sowjetische Freundschaft
DTV	Deutscher Transportarbeiter-Verband
DTAV	Deutscher Textilarbeiter-Verband
DVB	Deutschen Verkehrsbund
EdED	Einheitsverband der Eisenbahner Deutschlands
EKKI	Exekutivkomitee der Kommunistischen Internationale
EVLF	Einheitsverband der Land- und Forstarbeiter
EVMB	Einheitsverband der Metallarbeiter Berlins
EVfdB	Einheitsverband für das Baugewerbe
EVG	Eisenbahn- und Verkehrsgewerkschaft
FAUD	Freie Arbeiter-Union Deutschlands
FBZ	Französische Besatzungszone
FDGB	Freier Deutscher Gewerkschaftsbund
FES	Friedrich-Ebert-Stiftung, Bonn
FIET	Fédération Internationale des Employés et Techniciens [Internationaler Bund der Privatangestellten]
FZH	Forschungsstelle für Zeitgeschichte in Hamburg
GdE	Gewerkschaft deutscher Eisenbahner
GDL	Gewerkschaft Deutscher Lokomotivführer
GDW	Gedenkstätte Deutscher Widerstand, Berlin
GEADE	Gewerkschaftliche Auslandsvertretung Deutschlands [Synonym für ADG]
GdED	Gewerkschaft der Eisenbahner Deutschlands
Gestapa	Geheimes Staatspolizeiamt
Gestapo	Geheime Staatspolizei
GFB	Gewerkschaftlicher Freiheitsbund gegen das Hakenkreuz
GLAK	Generallandesarchiv Karlsruhe
GStAPK	Geheimes Staatsarchiv – Preußischer Kulturbesitz, Berlin
HHStAW	Hessisches Hauptstaatsarchiv, Wiesbaden
HStAD	Hessisches Staatsarchiv, Darmstadt
HStA-D	Sächsisches Staatsarchiv, Hauptstaatsarchiv Dresden
IAH	Internationale Arbeiterhilfe
IBS	Internationale(s) Berufssekretariat(e)
i. V.	in Verbindung
IBFG	Internationaler Bund Freier Gewerkschaften
IG	Industriegewerkschaft bzw. Industriegruppe
IGB	Internationaler Gewerkschaftsbund
IfZ	Institut für Zeitgeschichte, München

IHS	Internationales Handlungsgehilfen-Sekretariat
IJB	Internationaler Jugend-Bund
IML	Institut für Marxismus-Leninismus beim ZK der SED
IRL	Illegale Reichsleitung der Gewerkschaften
ISK	Internationaler Sozialistischer Kampfbund
ITF	Internationale Transportarbeiter-Föderation
i. V.	in Verbindung
KI	Kommunistische Internationale (Komintern)
KJV o. KJD	Kommunistischer Jugendverband [Bezeichnung bis 1925, dann KJVD]
KJVD	Kommunistischer Jugendverband Deutschlands
Komintern	Kommunistische Internationale
KPD	Kommunistische Partei Deutschlands
KPO	Kommunistische Partei Deutschlands-Opposition
LA	Landesarchiv
LAB	Landesarchiv Berlin
LASH	Landesarchiv Schleswig-Holstein
LAV NRW R	Landesarchiv Nordrhein-Westfalen – Abteilung Rheinland, Duisburg
LEG	Landesentschädigungsgesetz
MASCH	Marxistische Arbeiterschule
MRC	Modern Records Centre (University of Warwick), Warwick
MdB	Mitglied des Deutschen Bundestages
MdL	Mitglied des Landtags
MdR	Mitglied des Reichstags
MfS	Ministerium für Staatssicherheit der DDR
NKWD	Narodny kommissariat wnutrennich del [Volkskommissariat des Innern – Sowjetischer Geheimdienst]
NL	Nachlass
NLA	Niedersächsisches Landesarchiv
NSBO	Nationalsozialistische Betriebszellen-Organisation
NSDAP	Nationalsozialistische Deutsche Arbeiterpartei
NSV	Nationalsozialistische Volkswohlfahrt
NVV	Nederlands Verbond van Vakverenigingen [Holländischer Gewerkschaftsbund, sozialistisch]
o. A.	ohne Autorenangabe
o. D.	ohne Datumsangabe
o. J.	ohne Jahresangabe
o. O.	ohne Ortsangabe
OdF	Opfer des Faschismus
OMGUS	Office of Military Government for Germany

Orgleiter/ Org.-Leiter	Organisatorischer Leiter [der KPD bzw. der RGO]
OSS	Office of Strategic Services [Amt für strategische Dienste; Nachrichtendienst des Kriegsministeriums der USA 1942–1945]
ÖTV	Gewerkschaft Öffentliche Dienste, Transport und Verkehr
PA	Privatarchiv
Polleiter/ Pol.-Leiter	Politischer Leiter [der KPD]
RAW	Reichsbahnausbesserungswerk
RFB	Roter Frontkämpferbund
RGI	Rote Gewerkschafts-Internationale
RGO	Revolutionäre Gewerkschafts-Opposition
RHD	Rote Hilfe Deutschlands
RM	Reichsmark
SA	Sturmabteilung [der NSDAP]
SAH	Schweizerisches Arbeiter-Hilfswerk
SAJ	Sozialistische Arbeiter-Jugend
SAP o. SAPD	Sozialistische Arbeiterpartei Deutschlands
SAPMO-BArch	Stiftung Archiv der Parteien und Massenorganisationen der DDR im Bundesarchiv
SBZ	Sowjetische Besatzungszone
SD	Sicherheitsdienst des Reichsführers SS
SED	Sozialistische Einheitspartei Deutschlands
SEV	Schweizerischer Eisenbahner-Verband
SFIO	Section française de l'Internationale Ouvrière [Französische Sektion der Arbeiter-Internationale]
SMAD	Sowjetische Militäradministration in Deutschland
Sopade	Exil-Vorstand der SPD [z. T. auch Exil-SPD 1933–1945]
SPD	Sozialdemokratische Partei Deutschlands
SS	Schutzstaffel [der NSDAP]
StA	Stadtarchiv
Stapo	Staatspolizei
StGB	Strafgesetzbuch
TUC	Trade Union Congress [Gewerkschaftsdachverband in Großbritannien]
UdSSR	Union der Sozialistischen Sowjetrepubliken
UGO	Unabhängige Gewerkschaftsopposition/-organisation
USG	Unabhängige Sozialistische Gewerkschaft(en)
USPD	Unabhängige Sozialdemokratische Partei Deutschlands
VDL	Verein Deutscher Lokomotivführer

VdN	Verfolgte(r) des Naziregimes
VEB	Volkseigener Betrieb
VGH	Volksgerichtshof
V. V. a. G.	Versicherungsverein auf Gegenseitigkeit
VVN	Vereinigung der Verfolgten des Naziregimes
WGB	Weltgewerkschaftsbund
ZdA	Zentralverband der Angestellten
ZK	Zentralkomitee

Quellen- und Literaturverzeichnis

Quellen

Amt für Wiedergutmachung Rheinland-Pfalz, Saarburg

Bestand VA BEG/LEG	Entschädigungsakten

Archiv der Gedenkstätte Dachau

Häftlingsdatenbank

Archiv der Bezirksregierung Düsseldorf

LEA	Entschädigungsakten des Landesentschädigungsamtes

Archiv der Gedenkstätte und des Museums Sachsenhausen

D	Lagerverwaltung und Materialien zur Verfolgung
JSU	Anweisungen der Lagerverwaltung
R	Unterlagen zur Inhaftierung und Verfolgung

Archiv der sozialen Demokratie der Friedrich-Ebert-Stiftung, Bonn (AdsD)

Bestandsübersicht, Bonn-Bad Godesberg 2006

DGB-Archiv, Erschlagen, hingerichtet, in den Tod getrieben, Bonn 1995

DGB-Archiv, Ehrentafel für während des Dritten Reichs ermordete Gewerkschaftsmitglieder, o. O. o. J.

ITF, 5/ITFA	Internationale Transportarbeiter-Föderation (ITF)
4/IJB-ISK	Internationaler Jugendbund/Internationaler Sozialistischer Kampfbund (ISK)

Nachlässe

Nachlässe des DGB-Archivs

Sammlung Flugblätter und Flugschriften

Archiv der Gedenkstätte Deutscher Widerstand, Berlin (GDW Berlin)

Fotosammlung

Archiv des Geschichtsarbeitskreises der Eisenbahn- und Verkehrsgewerkschaft
Fotosammlung

Archiv des International Tracing Service (ITS), Bad Arolsen
Digitales Archiv (Korrespondenzakten)

Archiv des Studienkreises Deutscher Widerstand, Frankfurt a. M.
Bestand „Biografische Sammlung“

Bayerisches Hauptstaatsarchiv (BayHStA)

Minn	Bayerisches Innenministerium
LEA	Entschädigungsunterlagen

Bundesarchiv, Berlin (BArch)

NJ	NS-Justiz
R	Deutsches Reich, u. a. Reichssicherheitshauptamt, Geheime Staatspolizei, Innenministerium, Staatsanwaltschaft
ZC	Akten des Oberreichsanwaltes

Stiftung Archiv der Parteien und Massenorganisationen der DDR im Bundesarchiv, Berlin (SAPMO-BArch)

Kartei zu Personen und Sachverhalten des antifaschistischen Widerstandskampfes, als internes Arbeitsmittel angefertigt im Institut für Marxismus-Leninismus, Berlin (Ost)

RY	Unterlagen der KPD und ihrer Nebenorganisationen
DY	Unterlagen aus den Massenorganisationen der DDR, u. a. der SED, des Freien Deutschen Gewerkschaftsbundes, der IG Eisenbahn im Freien Deutschen Gewerkschaftsbund und Materialien der Vereinigung der Verfolgten des Naziregimes
NY	Nachlässe und Erinnerungen
SgY	Sammlungen und Erinnerungen

Brandenburgisches Landeshauptarchiv, Potsdam (BLHA)

Rep. 2A, Pol. 1206	Politische Polizei/Gestapo
Rep. 35 G	KZ Oranienburg
Rep 35 H	KZ Sachsenhausen
Rep. 333	VdN-Unterlagen
Rep. 401	Rat des Bezirkes Potsdam (OdF-/VdN-Akten)
Rep. 801	Rat des Bezirks Cottbus (OdF-/VdN-Akten)

Rep. 862	Reichsbahndirektion Cottbus
Rep. 930	SED-Bezirksleitung Cottbus
Nr. 4322 ff.	SED-Bezirksleitung Cottbus
ZB-930	Unterlagen/Amtsblätter der Reichsbahn

Geheimes Staatsarchiv Preußischer Kulturbesitz, Berlin (GStAPK)

I. HA Rep. 219	Überwachungsberichte der Politischen Polizei bzw. Gestapo
I. HA Rep. 90 P	Überwachungsberichte der Gestapo

Generallandesarchiv Karlsruhe (GLAK)

Bestand 480	Entschädigungsunterlagen
Bestand 520	Unterlagen zur Haftzeit im Gefängnis Karlsruhe

Hessisches Hauptstaatsarchiv, Wiesbaden, Datenbank (HHStAW)

Datenbank „Verfolgung und Widerstand in Hessen“

Abt. 518	Entschädigungsvorgänge

Hessisches Staatsarchiv, Darmstadt (HStAD)

Bestand O 29	Nachlass Wilhelm Leuschner
R 4	Bildersammlung

Institut für Zeitgeschichte, München (IfZ)

ED Bestand Nachlässe

ZS Zeugenschrifttum

Landesarchiv Berlin (LAB)

B Rep. 025-01	Wiedergutmachungsunterlagen
B Rep. 042	Amtsgericht Charlottenburg
C Rep. 118-01	Magistrat von Berlin, Abteilung Gesundheits- und Sozialwesen – Hauptausschuss „Opfer des Faschismus“ (OdF)/Referat Verfolgte des Naziregimes (VdN)
C Rep. 309	Reichsbahndirektion Berlin
C Rep. 910	Freier Deutscher Gewerkschaftsbund (FDGB), Bezirksorganisation Berlin
Bestand OMGUS	Unterlagen der US-amerikanischen Besatzungsmacht (Office of Military Government for Germany)

Landesamt für Bürger- und Ordnungsangelegenheiten (LABO)

Entschädigungsbehörde des Landes Berlin

LEA	Entschädigungsakten

Landesarchiv Nordrhein-Westfalen – Abteilung Rheinland, Duisburg (LAV NRW R)

RW 58	Unterlagen der Gestapo Düsseldorf
LAV NRW, BR 336	Gerichtsunterlagen des Landgerichts Köln
Rep. 65	Gerichtsunterlagen
Rep. 112	Gerichtsunterlagen
Rep. 133	Gefangenenpersonalakten
Rep. 114	Gerichtsunterlagen
R, Rep. 163	Gefangenenpersonalakten
NW 377	Ermittlungsverfahren
BR 2182	Entschädigungsunterlagen
Rep. 6180	Unterlagen zur Zwangsversteigerung (1935)
R, Nr. 4768 ff.	Unterlagen im Zusammenhang mit der Gleichschaltung des EdED
R, Q 211a	Unterlagen des OLG Hamm

Landesarchiv Saarland/Saarbrücken (LA Saarland)

Bestand Landesentschädigungsamt

Bestand Staatskanzlei

Landesarchiv Baden-Württemberg, Staatsarchiv Freiburg

Bestand F 196	Entschädigungsvorgänge

Landeshauptarchiv Koblenz (LHA Koblenz)

Bestand 856	Gerichts- bzw. Spruchkammerunterlagen

Landeshauptarchiv Sachsen-Anhalt (Magdeburg)

Bestand VdN	OdF-/VdN-Akten

Landeshauptarchiv Schwerin (LHA Schwerin)

Bestand 9.2-17	Altaktenbestand der Reichsbahndirektion Schwerin
Bestand 10.34-3	Bezirksleitung der SED Schwerin
Bestand 6.11-11	Ministerium des Innern (Personalakten)
Bestand 7.11-1	VdN-Akten, Betreuungsstelle Schwerin
BPA IV	SED-Bezirksparteiarchiv/Unterlagen der VVN

Modern Records Centre (University of Warwick), Warwick (MRC)

Bestand ITF-Papers	Unterlagen und Dokumente zur Geschichte der ITF

Niedersächsisches Landesarchiv (NLA)

Standort Osnabrück, Rep. 492	Zuchthaus bzw. Strafgefangenenlager IV Walchum
Standort Osnabrück, Rep. 430	Entschädigungsunterlagen
Standort Osnabrück, Rep. 439	Geheime Staatspolizei
Standort Wolfenbüttel, 4 Nds	Entschädigungsunterlagen
Standort Hannover, Nds. 110 W	Entschädigungsunterlagen
Standort Hannover, Nds. 171	Entschädigungsunterlagen

Staatsarchiv Bremen

Bestand 4,82/1	Meldeunterlagen
Bestand 4,66/II	Meldebögen im Rahmen der Entnazifizierung

Staatsarchiv Chemnitz

Bestand 30071	Gefangenenakten
Bestand 31444	RAW Chemnitz

Staatsarchiv Eupen (Belgien)

Meldeunterlagen

Staatsarchiv Hamburg

Bestand 213-8	Unterlagen zur Inhaftierung/„Schutzhaft“
Bestand 241-1	Unterlagen zur Inhaftierung/„Schutzhaft“
Bestand 242-1	Unterlagen zur Inhaftierung/„Schutzhaft“
Bestand 351-11	Entschädigungsunterlagen
Bestand 424-4	Personalakten

Staatsarchiv Ludwigsburg

Bestand EL 350	Entschädigungsunterlagen

Staatsarchiv München

Bestand Gestapa

Thüringisches Hauptstaatsarchiv Weimar (THStA Weimar)

Bestand Rat des Bezirks Erfurt	VdN-Akten
Nr. 1306	Thüringisches Justizministerium
Bestand Personalakten	

Weitere Archivalien aus Gemeinde-, Stadt- und Kreisarchiven (StA, KrArch)

Chronik-Archiv, Altenberg
Stadtarchiv Arnsberg
Stadtarchiv Augsburg
Stadtarchiv Babenhausen
Stadtarchiv Bad Homburg
Kreisarchiv Barnim, Eberswalde
Stadtarchiv Bayreuth
Stadtarchiv Biebesheim a. Rhein
Stadtarchiv Bielefeld
Stadtarchiv Brandenburg a. d. Havel
Stadtarchiv Braunschweig
Stadtarchiv Bremerhaven
Stadtarchiv Bünde
Stadtarchiv Chemnitz
Stadtarchiv Coswig (Anhalt)
Stadtarchiv Cottbus
Stadtarchiv Darmstadt
Stadtarchiv Dessau-Roßlau
Stadtarchiv Dortmund
Stadtarchiv Düsseldorf
Stadtarchiv Eisenach
Stadtarchiv Erfurt
Stadtarchiv Eschweiler
Stadtarchiv Esslingen a. Neckar
Kreisarchiv Esslingen a. Neckar
Stadtarchiv Freiburg
Stadtarchiv Friedrichshafen
Stadtarchiv/Haus der Geschichte Essen
Stadtarchiv Frankfurt a. M./Institut für Stadtgeschichte Frankfurt a. M.
Stadtarchiv Fulda
Stadtarchiv Geisenheim
Stadtarchiv Göttingen
Stadtarchiv Halle a. d. Saale
Stadtarchiv Hanau
Stadtarchiv Hannover
Stadtarchiv Heidelberg
Stadtarchiv Heilbronn

Stadtarchiv Herzogenrath
Stadtarchiv Hettstedt
Stadtarchiv Hildesheim
Stadtarchiv Hohenstein-Ernstthal
Stadtarchiv/Stadtmuseum Ibbenbüren
Stadtarchiv Ingelheim
Stadtarchiv Jülich
Stadtarchiv Kamenz
Stadtarchiv Karlsruhe
Stadtarchiv Kiel
Stadtarchiv Kempten
Stadtarchiv Kitzbühel (Österreich)
Stadtarchiv Koblenz
Historisches Archiv der Stadt Köln
Stadtarchiv Königsbrunn
Stadtarchiv Königswinter
Stadtarchiv Köthen
Stadtarchiv Krefeld
Stadtarchiv Lehrte
Stadtarchiv Leipzig
Stadtarchiv Leverkusen
Stadtarchiv Liebenwalde
Stadtarchiv Ludwigsburg
Kreis- und Verwaltungsarchiv Teltow-Fläming, Luckenwalde
Stadtarchiv Ludwigshafen
Stadtarchiv Magdeburg
Stadtarchiv Mainz
Stadtarchiv Mannheim
Stadtarchiv Mülheim a. d. Ruhr
Stadtarchiv München
Stadtarchiv Münster
Stadtarchiv Mönchengladbach
Stadtarchiv Moers
Stadtarchiv München
Stadtarchiv Neuss
Stadtarchiv Nienburg a. d. Weser
Stadtarchiv Nürnberg
Stadtarchiv Oberhausen
Stadtarchiv Oberursel

Stadtarchiv Osnabrück
Stadtarchiv Paderborn
Stadtarchiv Passau
Stadtarchiv Peine
Stadtarchiv Potsdam
Kreisarchiv Potsdam-Mittelmark, Bad Belzig
Stadtarchiv Regensburg
Stadtarchiv Remscheid
Stadtarchiv Reutlingen
Archiv im Rhein-Kreis Neuss, Dormagen
Stadtarchiv Saarbrücken
Stadtarchiv Sangerhausen
Gemeindearchiv Schladen-Werla
Gemeinschaftsarchiv Kreis Schleswig-Flensburg
Stadtarchiv Schwerin
Stadtarchiv Senftenberg
Stadtarchiv Siegburg
Stadtarchiv St. Wendel
Stadtarchiv Stolberg
Stadtarchiv Stuttgart
Samtgemeindearchiv Tostedt
Stadtarchiv Troisdorf
Stadtarchiv Ulm
Kreiszentralarchiv Warendorf
Stadtarchiv Weimar
Stadtarchiv Weißwasser
Stadtarchiv Werl
Stadtarchiv Wesseling
Stadtarchiv Wiesbaden
Stadtarchiv Wittenberge
Stadtarchiv Wolfsburg
Stadtarchiv Wuppertal

Online-Ressourcen

Alle zuletzt eingesehen am 17. Juni 2017

Das Internetportal zur Geschichte des Bayerischen Parlaments seit 1819, http://www.hdbg.de/parlament/content

Deutsche Geschichte im 20. Jahrhundert Online – Nationalsozialismus, Holocaust, Widerstand und Exil 1933–1945, Online-Datenbank i. V. mit dem Institut für Zeitgeschichte, dem Bundesarchiv, dem Zentrum für Antisemitismusforschung und dem Deutschen Exilarchiv 1933–1945 der Deutschen Nationalbibliotheken u. a., München: De Gruyter, http://db.saur.de/DGO/welcome.jsf

Gewerkschaft Deutscher Lokomotivführer, 150 Jahre GDL (Teil 11): Der Nationalsozialismus – Verbot der Gewerkschaft, in: GDL-Magazin „Voraus", März 2016, http://uploads.gdl.de/Aktuell-2016/VorausArtikel-1457703094.pdf

Gewerkschaft Deutscher Lokomotivführer, 150 Jahre GDL (Teil 7): Die GDL in der Weimarer Republik, in: GDL-Magazin „Voraus", Oktober 2015, http://m.gdl.de/Aktuell-2015

Gewerkschafter in Konzentrationslagern. Biografische Datenbank „Gewerkschaftsfunktionäre in Konzentrationslagern 1933–1945", angefertigt von Prof. Dr. Siegfried Mielke unter Mitarbeit von Marion Goers, http://www.fes.de/archiv/adsd_neu/public_history/inhalt/gewerkschafter_in_lagern.htm

Helmut Müller-Enbergs/Jan Wielgohs/Dieter Hoffmann/Andreas Herbst/Ingrid Kirschey-Feix (Hrsg.), Wer war wer in der DDR?, 5. Ausgabe, Bd. 1, Berlin 2010, in: Online-Datenbank der Bundesstiftung Aufarbeitung, http://bundesstiftung-aufarbeitung.de

Historische Kommission bei der Bayerischen Akademie der Wissenschaften, Deutsche Biographie, https://www.deutsche-biographie.de/

Neue Deutsche Biographie, https://www.deutsche-biographie.de/gnd118528548.html#ndbcontent

Projekt zur Erinnerung an jüdische Menschen aus Eschweiler und Stolperstein-Initiative Eschweiler, http://eschweiler-juden.de/pages/stolpersteine/josef-mohren.php

Rheinland-Pfälzische Personendatenbank, GND-Nr. 1051214564, http://www.rlb.de/cgi-bin/wwwalleg/goorppd.pl?s1=-pta1338

Weber, Hermann/Herbst, Andreas, Deutsche Kommunisten. Biographisches Handbuch 1918 bis 1945, aktualisierte Neuauflage: Berlin 2008 und im Anschluss korrigierte Datensätze (2016), Online-Datenbank der Bundesstiftung Aufarbeitung, http://bundesstiftung-aufarbeitung.de

Weitere Archivalien stammen aus Privatarchiven (PA).

Zeitgenössische Protokolle, Flugblätter, Literatur und Jahrbücher

1925–1928. Drei Jahre Gewerkschaft deutscher Eisenbahner e. V., Berlin o. J.

[Protokoll] Bericht über den 1. Bundeskongreß des Allgemeinen Deutschen Beamtenbundes im Sitzungssaal des ehemaligen preußischen Herrenhauses zu Berlin vom 12. bis 14. Januar 1925, Berlin 1925.

[Protokoll] Bericht über den 2. Bundeskongress des Allgemeinen Deutschen Beamtenbundes im Plenarsaal des Reichswirtschaftsrates zu Berlin vom 12. bis 14. September 1927, Berlin 1927.

[Protokoll] Dritter Bundestag des Gewerkschaftsbundes Württemberg-Baden. 17. und 18. September 1949 in Stuttgart-Feuerbach. Schriftlicher Bericht des Vorstandes und Protokoll der Verhandlungen des Bundestages, hrsg. vom Bundesvorstand des Gewerkschaftsbundes Württemberg-Baden, Stuttgart o. J.

[Protokoll] Erste Landeskonferenz der deutschen Gewerkschafter in Schweden, 26./27. Februar 1944, Stockholm 1944 (als Manuskript gedruckt).

[Protokoll] Parteitag der Unabhängigen Sozialdemokratischen Partei Deutschlands. 30. März bis 2. April 1923 im Bürgersaal des Rathauses zu Berlin, Berlin o. J.

[Protokoll] über den 3. Bundeskongress des Allgemeinen Deutschen Beamtenbundes in München (Tonhalle) vom 18. bis 20. September 1930, Berlin 1930.

Aktuelle Berliner Gewerkschaftsfragen 1948. Referentenmaterial für die Gewerkschaftswahlen 1948, hrsg. vom Vorstand des FDGB Groß-Berlin, Berlin 1948.

Die Bedeutung der Stadtverordnetenwahlen in Berlin, hrsg. vom Vorstand des FDGB Groß Berlin, Berlin 1946.

Bericht über die Landeskonferenz der Gewerkschaften Südwürttembergs und Hohenzollerns in Tuttlingen am 5. Oktober 1946, Tuttlingen 1946 (als Manuskript gedruckt).

Bundesvorstand der Unabhängigen Gewerkschaftsorganisation Groß-Berlin, Wir klagen an!, Berlin (West) o. J. (als Manuskript gedruckt).

Chwalek, Roman, Berliner Gewerkschaften. Ihre Rolle und Aufgaben, Berlin (Ost) 1948.

– /Schlimme, Hermann, Gewerkschaften und Marshall-Plan, hrsg. vom Vorstand des FDGB Groß-Berlin, Berlin (Ost) 1948.

Der Einheitsverband gibt Rechenschaft. Werbematerial für Verbandsfunktionäre, hrsg. vom Einheitsverband der Eisenbahner Deutschlands, Berlin 1933.

Der Einheitsverband und die Reichsbahnbeamten und -anwärter. Material für die Beamtenwerbung, hrsg. vom Einheitsverband der Eisenbahner Deutschlands, Berlin o. J.

Erster Reichsbetriebsräte-Kongress für die Metallindustrie: abgehalten vom 5. bis 7. Dezember 1921 in Leipzig, Bonn 1981.

Die Gewerkschaftsbewegung in der Britischen Besatzungszone. Geschäftsbericht des Deutschen Gewerkschafts-Bundes (britische Besatzungszone) 1947–1949, hrsg. vom Bundesvorstand des Deutschen Gewerkschaftsbundes, Köln 1949.

Die Gewerkschaftseinheit muß erhalten bleiben! Rede des Kollegen Roman Chwalek, gehalten vor den neugewählten Mitgliedern der Bezirksausschüsse am 1. Juni 1948, hrsg. vom FDGB Groß-Berlin, Berlin 1948.

Geschäftsbericht 1948–1950, hrsg. vom Zentralvorstand der Industriegewerkschaft Eisenbahn, Berlin (Ost) o. J.

Geschäftsbericht 1948, hrsg. vom Vorstand des Bayerischen Gewerkschaftsbundes, München 1949.

Geschäftsbericht der Reichsgewerkschaft Deutscher Eisenbahnbeamten und -Anwärter für die Zeit vom 1. Oktober 1921 bis 31. Dezember 1924, Berlin 1925.

Geschäftsbericht der Reichsgewerkschaft Deutscher Eisenbahnbeamten und -Anwärter für die Zeit vom 10. Juni 1920 bis 30. September 1921, Berlin 1921.

Geschäftsbericht des Allgemeinen Deutschen Beamtenbundes ADB. 1. Juli 1927 bis 30. Juni 1930. Vorgelegt dem 3. Bundeskongreß in München vom 18. bis 20. September 1930, Berlin 1930.

Geschäftsbericht des Allgemeinen Gewerkschaftsbundes Rheinland-Pfalz 1948/49, Landau o. J.

Geschäftsbericht für die Zeit vom 1. Januar 1928 bis zum 31. Dezember 1930. Einheitsverband der Eisenbahner Deutschlands – Bezirksleitung Pfalz, Ludwigshafen o. J.

Gewerkschaft deutscher Eisenbahner e. V., Vorläufige Geschäftsordnung für die Geschäftsstellen, Berlin o. J.

Gewerkschaften und Selbstverwaltungsorgane. Aufruf des FDGB Groß-Berlin zu den Stadtverordnetenwahlen. Rede des 1. Vorsitzenden des FDGB Groß-Berlin Roman Chwalek.

Goebbels, Joseph, Vom Kaiserhof zur Reichskanzlei, München 1937.

Handbuch der deutschen Aktiengesellschaften, 40. Jg. (1935), Bd. 4, Teil 2, Berlin 1935.

Die Interessenvertretung der Eisenbahner. Kurzer Rechenschaftsbericht. Material für Funktionäre, hrsg. vom Einheitsverband der Eisenbahner Deutschlands, Berlin 1929.

Jahrbuch 1929 des Einheitsverbandes der Eisenbahner Deutschlands, hrsg. vom Verbandsvorstand des EdED, Berlin 1930.

Jahrbuch 1930 des Einheitsverbandes der Eisenbahner Deutschlands, hrsg. vom Verbandsvorstand des EdED, Berlin 1931.

Jahrbuch 1931 des Einheitsverbandes der Eisenbahner Deutschlands, hrsg. vom Verbandsvorstand des EdED, Berlin 1932.

Jahrbuch der Albertus-Universität zu Königsberg in Preußen, Bd. 17, Würzburg 1967.

Jahresbericht 1929 der EdED-Ortsverwaltung Leipzig, o. O. o. J.

Jahresbericht des Einheitsverbandes der Eisenbahner Deutschlands 1927, hrsg. von der Ortsverwaltung des EdED Berlin, Berlin o. J.

Neue Freie Gewerkschaften. Drei Reden. Roman Chwalek, Bernhard Göring, Hermann Schlimme. Gehalten auf der Gewerkschafts-Delegierten-Konferenz des FDGB von Groß-Berlin am 2. und 3. Februar 1946, Berlin 1946.

Protokoll der Delegiertenkonferenz am 17./18. Juni 1946 im Palast-Theater, hrsg. von der Industriegewerkschaft Eisenbahn im Freien Deutschen Gewerkschaftsbund, Berlin, Berlin 1946.

Protokoll der ersten allgemeinen Delegiertenkonferenz des Freien Deutschen Gewerkschaftsbundes für das sowjetisch besetzte deutsche Gebiet, 9. bis 11. Februar 1946 in Berlin, Berlin 1946.

Protokoll des I. Reichskongress der „revolutionären Gewerkschafts-Opposition Deutschlands", 30. November/1. Dezember 1929, Berlin 1930 (Manuskript).

Protokoll Gründungskongreß des Deutschen Gewerkschaftsbundes für das Gebiet der Bundesrepublik Deutschland. München, Kongreßsaal des Deutschen Museums 12., 13. und 14. Oktober 1949, Köln 1950.

Protokoll der Verhandlungen des 2. Bundestages des Gewerkschaftsbundes Württemberg-Baden. 3. bis 5. Oktober 1947 in Kornwestheim, Stuttgart o. J.

Protokoll der Verhandlungen des Ersten Reichskongresses der Betriebsräte Deutschlands: abgehalten vom 5. bis 7. Oktober 1920 zu Berlin, Berlin 1920.

Protokoll über die 1. ordentliche Bundes-Generalversammlung des Gewerkschaftsbundes Süd-Württemberg und Hohenzollern am 15./16. Februar 1947 in Tuttlingen, Tuttlingen o. J.

Protokoll über die 3. ordentliche Bundes-Generalversammlung des Gewerkschaftsbundes Süd-Württemberg und Hohenzollern am 23./24./25. September 1949 in Ravensburg, Tuttlingen o. J.

Protokoll über die Verhandlungen der 2. ordentlichen Generalversammlung des Einheitsverbandes der Eisenbahner Deutschlands vom 17. bis 23. Juni 1928 in Frankfurt a. M., o. O. o. J.

Protokoll über die Verhandlungen der 3. ordentlichen Generalversammlung des Einheitsverbandes der Eisenbahner Deutschlands vom 21. bis 27. Juni 1931 in Hamburg, o. O. o. J.

Protokoll über die Verhandlungen der dritten ordentlichen General-Versammlung des Deutschen Eisenbahner-Verbandes vom 21. bis 26. Juni 1925 in Köln a. Rh. und Protokoll über die gemeinsame Tagung des Deutschen Eisenbahner-Verbandes und der Reichsgewerkschaft Deutscher Eisenbahnbeamten und -Anwärter am 27. Juni 1925 in Köln a. Rh., Berlin o. J.

Protokoll. ITF-Kongress in Wien 1956 mit Berichten für die Jahre 1954 und 1955 hrsg. von der Internationalen Transportarbeiter-Föderation, London 1956.

Satzungen des Einheitsverbandes der Eisenbahner Deutschlands. Gültig ab 28. Juni 1925, beschlossen auf der gemeinsamen Generalversammlung des Deutschen Eisenbahner-Verbandes und der Reichsgewerkschaft Deutscher Eisenbahnbeamten und Anwärter am 27. Juni 1925 in Köln am Rhein, Berlin 1925.

Tätigkeitsbericht 1946/47 der IG Eisenbahn der Sowjetischen Besatzungszone, hrsg. vom Zentralvorstand der IG Eisenbahn, Berlin o. O. o. J.

Vorstand des Vereins Arbeiterpresse (Hrsg.), Handbuch des Vereins Arbeiterpresse, Berlin 1914 und 2., aktualisierte Aufl., Berlin 1927.

Zeitgenössische Zeitungen und Periodika

Brandenburger Kulturspiegel
Correspondenzblatt der Generalkommission der Gewerkschaften Deutschlands
Der Badische Gewerkschaftler
Der deutsche Eisenbahner – Organ der GdED
Der Eisenbahner (SBZ)
DGB-Nachrichtendienst
Die Einheitsfront – Organ der KPD-Göttingen
Die Glocke
Die Rheinpfalz
Düsseldorfer Nachrichten
Fahrt frei – Zeitschrift des EdED, Sektion der ITF
Faschismus – Organ der ITF
Gewerkschaftszeitung – Organ des ADGB
Gewerkschaftszeitung Baden-Württemberg
Gießener Anzeiger
Gießener Freie Presse
Göttinger Tageblatt
Hakenkreuz über Deutschland
Hessische Nachrichten
ITF-Newsletter
Nationalzeitung
Neue Rheinische Zeitung
Neues Deutschland
Reinhart-Briefe
Rheinische Post
Schweriner Volkszeitung
Sozialistische Aktion
Sozialistische Warte
Tribüne
Unabhängige Gewerkschafts-Zeitung
Völkischer Beobachter
Welt der Arbeit
Welt der Arbeit (Ausgabe Hessen)

Weitere (aktuelle) Tageszeitungen, deren Titel in den jeweiligen Fußnoten angegeben sind.

Darstellungen, Aufsätze, Dokumentationen und Nachschlagewerke

Adant, Philippe, Widerstand und Wagemut. René Bertholet – eine Biographie, aus dem Französischen übers. von Susanne Miller, Frankfurt a. M. 1996.

Aly, Götz, Hitlers Volksstaat. Raub, Rassenkrieg und nationaler Sozialismus, Frankfurt a. M.

Andresen, Knud, 2. Mai 1933. Die Besetzung des Hamburger Gewerkschaftshauses und die gewerkschaftliche Anpassungspolitik, in: Forschungsstelle für Zeitgeschichte (Hrsg.), Zeitgeschichte in Hamburg 2013, Hamburg 2014, S. 35–54.

Appelius, Stefan, „Der Teufel hole Hitler". Briefe der sozialdemokratischen Emigration, Essen 2003.

Aretz, Jürgen, Katholische Arbeiterbewegung und Nationalsozialismus. Der Verband katholischer Arbeiter- und Knappenvereine Westdeutschlands 1923–1945, Mainz 1982 (Veröffentlichungen der Kommission für Zeitgeschichte, Reihe B: Forschungen, Bd. 25).

Arndt, Achim, Apitzsch, Franz (1890–1948), in: Siegfried Mielke (Hrsg.), Gewerkschafter in den Konzentrationslagern Oranienburg und Sachsenhausen. Biographisches Handbuch, Bd. 1, Berlin 2002, S. 122 f.

Autorenkollektiv unter Leitung von Emil Ackermann und Wolfgang Szepansky (Hrsg.), Arbeiterbewegung und antifaschistischer Widerstand in Tempelhof, Berlin (West) 1981.

Babendreyer, Ellen, Walter Auerbach. Sozialpolitik aus dem Exil, phil. Diss., Universität Duisburg, Duisburg 2007 (Manuskript).

Baller, Kurt, Chronik der Gewerkschaftsbewegung in der Provinz und im Land Brandenburg 1945–1952, Potsdam 1986.

Bartelsheim, Ursula, Erich Steinfurth (1896–1934), in: Alfred Gottwaldt, Eisenbahner gegen Hitler. Widerstand und Verfolgung bei der Reichsbahn 1933–1945, Wiesbaden 2009, S. 104–110.

Baumgarten, Markus, Otto Gohlke (1889–1958), in: Siegfried Mielke/Stefan Heinz (Hrsg.) unter Mitarbeit von Julia Pietsch, Gewerkschafter in den Konzentrationslagern Oranienburg und Sachsenhausen. Biografisches Handbuch, Bd. 4, Berlin 2013 (Gewerkschafter im Nationalsozialismus. Verfolgung – Widerstand – Emigration, Bd. 6), S. 449–455.

Baumgartner, Gabriele/Hebig, Dieter (Hrsg.), Biographisches Handbuch der SBZ/DDR 1945–1990, Bd. 1, München 1996.

Becker, Klaus J., Der Ludwigshafener Beirat vom 27. April 1945 (Biografische Zusammenstellung), Ludwigshafen o. J. (Manuskript).

Becker, Martin, Die Betriebs- und die Volksgemeinschaft als Grundlage des „neuen" NS-Arbeitsrechts. Arbeitsrechtsideologie im NS-Rechtssystem, in: Marc Buggeln/Michael Wildt (Hrsg.), Arbeit im Nationalsozialismus, München 2014, S. 107–121.

Bednareck, Horst, Gewerkschafter im Kampf gegen die Todfeinde der Arbeiterklasse und des deutschen Volkes. Zur Geschichte der deutschen Gewerkschaftsbewegung 1933–1945, Berlin (Ost) 1966 (Beiträge zur Geschichte der deutschen Gewerkschaftsbewegung, Bd. 8).

Beer, Helmut, Widerstand gegen den Nationalsozialismus in Nürnberg, Nürnberg 1976.

Beier, Gerhard, Arbeiterbewegung in Hessen. Zur Geschichte der hessischen Arbeiterbewegung durch einhundertfünfzig Jahre (1834–1984), Frankfurt a. M. 1984.

– Das Lehrstück vom 1. und 2. Mai 1933, Frankfurt a. M. 1975.

– Die Illegale Reichsleitung der Gewerkschaften 1933–1945, Köln 1981.

– Gleichschaltung und Widerstand. Zum Verhalten der deutschen Gewerkschaften im April 1933, in: Gewerkschaftliche Monatshefte 26 (1975) 7, S. 410–421.

Beiträge zur Geschichte des FDGB im Bezirk Halle. Der FDGB und die Weiterführung des antifaschistisch-demokratischen Neuaufbaus in Sachsen-Anhalt 1946–1948, hrsg. von der Geschichtskommission des Bezirksvorstandes Halle des FDGB, Halle 1989.

Beiträge zur Geschichte des FDGB im Bezirk Halle. Die Entstehung und Entwicklung des FDGB in der Provinz Sachsen (1945/1946), hrsg. von der Geschichtskommission des Bezirksvorstandes Halle des FDGB, Halle 1988.

Benz, Elisabeth, Ein halbes Leben für die Revolution. Fritz Rück (1895–1959). Eine politische Biografie, Essen 2014.

Benz, Wolfgang/Pehle, Walter H., Lexikon des deutschen Widerstandes, Frankfurt a. M. 2008.

Bers, Günter, Eine Anti-Hitler-Demonstration in Jülich im Februar 1933, in: Beiträge zur Jülicher Geschichte 52 (1984), S. 61–66.

Betriebsschule des VEB Seehafen Rostock (Hrsg.), Willi Schröder. Leben und Wirken eines Kommunisten, Rostock 1979.

Bezirksleitung der SED Potsdam, Kommission zur Erforschung der Geschichte der örtlichen Arbeiterbewegung (Hrsg.), Antifaschistischer Widerstandskampf in der Provinz Brandenburg 1933–1939 Teil I, Potsdam 1978.

Bickelmann, Hartmut (Hrsg.), Bremerhavener Persönlichkeiten aus vier Jahrhunderten. Ein biographisches Lexikon, Bremerhaven 2003.

Bidlingmaier, Rolf, Kemnat in der Zeit des Nationalsozialismus. Ostfildern 2000 (Schriftenreihe des Stadtarchivs Ostfildern, Bd. 4).

Billstein, Aurel, Der eine fällt, die andern rücken nach. Dokumente des Widerstandes und der Verfolgung in Krefeld 1933–1945, Frankfurt a. M. 1973.

Biographisches Handbuch der deutschsprachigen Emigration nach 1933, Bd. 1: Politik, Wirtschaft, Öffentliches Leben, Leitung und Bearbeitung: Werner Röder und Herbert A. Strauss, München 1980.

Bitzegeio, Ursula, Über Partei- und Landesgrenzen hinaus: Hans Gottfurcht (1896–1982) und die gewerkschaftliche Organisation der Angestellten, Bonn 2009.

Bludau, Kuno, Gestapo – geheim! Widerstand und Verfolgung in Duisburg 1933–1945, Bonn-Bad Godesberg 1973 (Schriftenreihe des Forschungsinstitutes der Friedrich-Ebert-Stiftung, Bd. 98).

Borsdorf, Ulrich, Deutsche Gewerkschaftsführer – biographische Muster, in: Ulrich Borsdorf/Hans O. Hemmer/Gerhard Leminsky/Heinz Markmann (Hrsg.), Gewerkschaftliche

Politik: Reform aus Solidarität. Zum 60. Geburtstag von Heinz O. Vetter, Köln 1977, S. 11–41.

Böttcher, Hanns, Lokomotivführer-Gewerkschaft, in: Ludwig Heyde (Hrsg.), Internationales Handwörterbuch des Gewerkschaftswesens, Bd. 1, Berlin 1931, S. 1090 f.

Brandes, Heino (Bearb.), Antifaschistischer Widerstandskampf in der Provinz Brandenburg. Biographisches/Bibliographisches, Potsdam 1982.

Brandt, Peter, Antifaschismus und Arbeiterbewegung. Aufbau – Ausprägung – Politik in Bremen 1945/46, Hamburg 1976.

Brauns, Nikolaus, Schafft Rote Hilfe! Geschichte und Aktivitäten der proletarischen Hilfsorganisation für politische Gefangene in Deutschland (1919–1938), Bonn 2003.

Braunthal, Gerard, Der Allgemeine Deutsche Gewerkschaftsbund. Zur Politik der Arbeiterbewegung in der Weimarer Republik, Frankfurt a. M. 1981 (Schriftenreihe der Otto-Brenner-Stiftung, Bd. 21).

Bredtmann, Julana, Friedrich Michaelis (1887–1969), FU Berlin 2012 (unveröffentlichtes Manuskript).

– Hugo Bachmann (1889–1949), in: Siegfried Mielke/Stefan Heinz (Hrsg.) unter Mitarbeit von Julia Pietsch, Gewerkschafter in den Konzentrationslagern Oranienburg und Sachsenhausen. Biografisches Handbuch, Bd. 4, Berlin 2013 (Gewerkschafter im Nationalsozialismus. Verfolgung – Widerstand – Emigration, Bd. 6), S. 89–101.

Broszat, Martin/Weber, Hermann (Hrsg.), SBZ-Handbuch. Staatliche Verwaltungen, Parteien, gesellschaftliche Organisationen und ihre Führungskräfte in der Sowjetischen Besatzungszone Deutschlands 1945–1949, München 1990.

Brunner, Detlev, Bürokratie und Politik des Allgemeinen Deutschen Gewerkschaftsbundes 1918/19 bis 1933, Köln 1992 (Schriftenreihe der Otto-Brenner-Stiftung, Bd. 55).

– Sozialdemokraten im FDGB. Von der Gewerkschaft zur Massenorganisation. 1945 bis in die frühen 1950er Jahre, Essen 2000 (Veröffentlichungen des Instituts für soziale Bewegungen, Reihe A: Darstellungen, Bd. 12).

Bürks, Michaela, Bernhard, Nikolaus (1881–1957), in: Siegfried Mielke (Hrsg.), Gewerkschafter in den Konzentrationslagern Oranienburg und Sachsenhausen. Biographisches Handbuch, Bd. 1, Berlin 2002, S. 34–43.

Buschak, Willy, „Arbeit im kleinsten Zirkel“: Gewerkschaften im Widerstand gegen den Nationalsozialismus, Hamburg 1993 und 2., aktualisierte Aufl.: Essen 2015.

– Edo Fimmen. Der schöne Traum von Europa und die Globalisierung. Eine Biografie. Mit einem Vorwort von Peter Friedemann, Essen 2002.

– Karl Molt (1891–1978), in: Alfred Gottwaldt, Eisenbahner gegen Hitler. Widerstand und Verfolgung bei der Reichsbahn 1933–1945, Wiesbaden 2009, S. 186–192.

Buß, Joachim, Dreimal Stunde Null. Gewerkschaft am Schienenstrang, Aufstieg und Wandlungen 1897–1972, Frankfurt a. M. 1973.

Carsten, Francis L., Widerstand gegen Hitler. Die deutschen Arbeiter und die Nazis, Frankfurt a. M. und Leipzig 1996.

Christier, Holger, Sozialdemokratie und Kommunismus. Die Politik der SPD und der KPD in Hamburg 1945–49, Hamburg 1975.

Christoffel, Edgar, Der Weg durch die Nacht. Verfolgung und Widerstand im Trierer Land während der Zeit des Nationalsozialismus, Trier 1983.

Chronik zur Geschichte der Bezirksgewerkschaftsorganisation Leipzig, Teil I und II, hrsg. vom Bezirksvorstand Leipzig des FDGB, o. O. 1988.

Chronik zur Geschichte der Gewerkschaftsbewegung im Bezirk Halle 1945–1952, hrsg. vom Bezirksvorstand Halle des FDGB, Halle o. J.

Chronik zur Geschichte der Gewerkschaftsbewegung im Lande Mecklenburg 1945–1952, hrsg. vom Bezirksvorstand des FDGB Schwerin, Schwerin 1979.

Chronik zur Geschichte des FDGB im Land Sachsen 1945–1952, hrsg. vom Bezirksvorstand des FDGB Dresden, 3 Bde., Dresden 1987/1988.

Coppi, Hans, Die „Rote Kapelle" im Spannungsfeld von Widerstand und nachrichtendienstlicher Tätigkeit. Der Trepper-Report vom Juni 1943, in: Vierteljahrshefte für Zeitgeschichte 44 (1996) 3, S. 431–458.

– Rote Kapelle. Ein antifaschistisches Netzwerk, in: Klaus Kinner (Hrsg.) unter Mitarbeit von Elke Reuter, Der Deutsche Kommunismus. Selbstverständnis und Realität, Bd. 3: Im Krieg (1939 bis 1945), Berlin 2009 (Geschichte des Kommunismus und Linkssozialismus, Bd. VIII), S. 203–235.

– /Danyel, Jürgen/Tuchel, Johannes (Hrsg.), Die Rote Kapelle im Widerstand gegen den Nationalsozialismus, Berlin 1994 (Schriften der Gedenkstätte Deutscher Widerstand, Reihe A: Analysen und Darstellungen, Bd. 1).

– /Heinz, Stefan (Hrsg.), Der vergessene Widerstand der Arbeiter. Gewerkschafter, Kommunisten, Sozialdemokraten, Trotzkisten, Anarchisten und Zwangsarbeiter, Berlin 2012 (Geschichte des Kommunismus und Linkssozialismus, Bd. XVI).

Cornides, Wilhelm/Volle, Hermann, Um den Frieden mit Deutschland. Dokumente zum Problem der deutschen Friedensordnung 1941–1948 mit einem Bericht über die Londoner Außenministerkonferenz vom 25. November bis 15. Dezember 1947, Oberursel (Taunus) 1948.

Danyel, Jürgen, Die Rote Kapelle innerhalb der deutschen Widerstandsbewegung, in: Hans Coppi/Jürgen Danyel/Johannes Tuchel (Hrsg.), Die Rote Kapelle im Widerstand gegen den Nationalsozialismus, Berlin 1994 (Schriften der Gedenkstätte Deutscher Widerstand, Reihe A: Analysen und Darstellungen, Bd. 1), S. 12–38.

Degener, Herrmann A. L./Habel, Walter (Hrsg.), Wer ist wer? Das deutsche Who's who, Bd. 15, Berlin 1967.

Detjen, Marion, Zum Staatsfeind ernannt. Widerstand, Resistenz und Verweigerung gegen das NS-Regime in München, München 1998.

Deutschland, Heinz/Lange, Ernst Egon (Hrsg.), Wegbereiter. 32 Portraitskizzen, Berlin 1988 (Ost).

DGB-Landesbezirk Saar (Hrsg.), Fritz Dobisch. Ein Leben für die Arbeiterbewegung. Die „Saarländische Gewerkschafts-Zeitung" (1933–1935) Eine scharfe Waffe gegen Hitler, Saarbrücken, 1985.

Diels, Rudolf, Lucifer ante Portas: Es spricht der erste Chef der Gestapo, Zürich 1950.

Dietrich, Werner, Sozialdemokraten und Kommunisten in den Metallgewerkschaften Nordbadens 1945–1949, Frankfurt a. M. 1990 (Europäische Hochschulschriften: Reihe 31, Politikwissenschaft, Bd. 155).

Dinstühler, Horst, Die Straßen der Stadt Jülich und ihrer Ortsteile. Geschichte und Bestandsaufnahme, Jülich 2004 (Schriftenreihe des Jülicher Landes 22).

Doetsch, Doris/Doetsch, Michael/Hermann, Michael u. a. (Hrsg.), 1933 bis 1945. Widerstand und Verfolgung in Mülheim an der Ruhr, hrsg. von der Vereinigung der Verfolgten des Naziregimes/Bund der Antifaschisten – Kreisvereinigung Mülheim a. d. Ruhr, Duisburg 1987.

Dollmann, Lydia, Chwalek, Roman (1898–1974), in: Siegfried Mielke (Hrsg.), Gewerkschafter in den Konzentrationslagern Oranienburg und Sachsenhausen. Biographisches Handbuch, Bd. 1, Berlin 2002, S. 44–55.

Döscher-Gebauer, Susanne/Schmid, Hans Dieter/Schmiechen-Ackermann, Detlef, Linkssozialistischer Widerstand gegen die nationalsozialistische Diktatur in Hannover, Leipzig 2015 (Schriften zur Erinnerungskultur in Hannover, Bd. 3).

Dowe, Dieter/Kuba, Karlheinz/Wilke, Manfred (Hrsg.), FDGB-Lexikon. Funktion, Struktur, Kader und Entwicklung einer Massenorganisation der SED (1945–1990), Berlin 2009.

Ebenau, Michael, Freiheit für das Volk, Dokumente zur Arbeiterbewegung in Neunkirchen 1848–1961, Neunkirchen 1990.

Eckhardt, Albrecht/Wyrsch, Rudolf (Bearb.), Oldenburgischer Landtag 1848–1933/1946. Biografisch-historisches Handbuch zu einem deutschen Landesparlament, hrsg. im Auftrag der Oldenburgischen Landschaft, Oldenburg 2014.

Egginger-Gonzalez, Dennis, Der Rote Stoßtrupp. Darstellung und Analyse einer linkssozialistischen Widerstandsgruppe gegen den Nationalsozialismus, phil. Diss., FU Berlin 2016 (unveröffentlichtes Manuskript).

– Georg Lebert (1897–1974), in: Angelika Arenz-Morch u. a. (Hrsg.), Gewerkschafter im Konzentrationslager Osthofen 1933/34, Berlin 2017 (im Erscheinen).

– Hermann Ibkendanz (1880–1961), in: Angelika Arenz-Morch u. a. (Hrsg.), Gewerkschafter im Konzentrationslager Osthofen 1933/34, Berlin 2017 (im Erscheinen).

Ehmann, Christoph, Die Geschichte der Wesselinger Sozialdemokratie. Festschrift zum 75jährigen Bestehen der SPD Wesseling, Wesseling 1978.

Eiber, Ludwig, Die Sozialdemokratie in der Emigration. Die „Union deutscher sozialistischer Organisationen in Großbritannien" 1941–1946 und ihre Mitglieder. Protokolle, Erklärungen, Materialien, Bonn 1998 (Archiv für Sozialgeschichte, Beiheft 19).

Eichler, Willi, Sozialisten. Biographische Aufsätze über Karl Marx, Leonard Nelson, Friedrich Ebert, Edo Fimmen, Minna Specht, Kurt Schumacher, Erich Ollenhauer, Bonn 1972.

Eichmann, Bernd, Auch wenn andere die Weichen stellten. Exemplarische Lebensgeschichten von Eisenbahngewerkschaftern, Köln 1988.

Enderle, August unter Mitarbeit von Heise, Bernt, Die Einheitsgewerkschaften, 4 Bde., Düsseldorf o. J. (unveröffentlichtes Manuskript).

Engwert, Andreas, Johann Hatje (1889–1977), in: Alfred Gottwaldt, Eisenbahner gegen Hitler. Widerstand und Verfolgung bei der Reichsbahn 1933–1945, Wiesbaden 2009, S. 124–133.

– /Kill, Susanne (Hrsg.), Sonderzüge in den Tod. Die Deportationen mit der Deutschen Reichsbahn. Eine Dokumentation der Deutschen Bahn AG, Köln und Weimar 2009.

Erath, Marc, Dressel, Wilhelm (1884–1960), in: Siegfried Mielke (Hrsg.) i. V. mit Günter Morsch, Gewerkschafter in den Konzentrationslagern Oranienburg und Sachsenhausen. Biographisches Handbuch, Bd. 2, Berlin 2003, S. 168–170.

Esters, Helmut/Pelger, Hans/Schlingensiepen, Alexandra, Gewerkschafter im Widerstand, Bonn 1983 (Schriftenreihe des Forschungsinstituts der Friedrich-Ebert-Stiftung, Bd. 49).

Eumann, Ulrich, Eigenwillige Kohorten der Revolution. Zur regionalen Sozialgeschichte des Kommunismus in der Weimarer Republik, Frankfurt a. M. 2007 (Europäische Hochschulschriften, Reihe III – Geschichte und ihre Hilfswissenschaften, Bd. 1040).

Fait, Barbara/Mintzel, Alf (Hrsg.), Die CSU 1945–1948. Protokolle und Materialien zur Frühgeschichte der Christlich-Sozialen Union, Bd. 3: Materialien, Biographien, Register, München 1993 (Texte und Materialien zur Zeitgeschichte, Bd. 4).

Faulenbach, Bernd, Zur Rolle von Totalitarismus- und Sozialfaschismus-„Theorien“ im Verhältnis von Sozialdemokraten und Kommunisten in den zwanziger und frühen dreißiger Jahren, in: Mike Schmeitzner (Hrsg.), Totalitarismuskritik von links. Deutsche Diskurse im 20. Jahrhundert, Göttingen 2007, S. 119–131.

Fichter, Michael, Besatzungsmacht und Gewerkschaften. Entwicklung und Anwendung der US-Gewerkschaftspolitik in Deutschland 1944–1948, Opladen 1982.

Franzke, Jürgen (Hrsg.), Geschichte der Eisenbahn in Deutschland, Bd. 2: Im Dienst von Demokratie und Diktatur. Die Reichsbahn 1920–1945: Deutsche Reichsbahn und Deutsche Reichsbahn-Gesellschaft in der Weimarer Republik 1920–1933. Die Reichsbahn in der nationalsozialistischen Diktatur 1933–1945, Nürnberg 2002.

Freier Deutscher Gewerkschaftsbund (Hrsg.), Gewerkschaftsfeinde in Richterroben. Eine Dokumentation über die Verbrechen der heute noch in Westdeutschland amtierenden Nazi-Blutrichter und Staatsanwälte gegen antifaschistische Gewerkschafter. Teil 2, Berlin (Ost) 1962.

Frese, Matthias, Betriebspolitik im „Dritten Reich“. Deutsche Arbeitsfront, Unternehmer und Staatsbürokratie in der westdeutschen Großindustrie 1933–1939, Paderborn 1991 (Forschungen zur Regionalgeschichte, Bd. 2).

– Jahn, Frieda (1904–1984), in: Siegfried Mielke (Hrsg.), Gewerkschafterinnen im NS-Staat: Verfolgung, Widerstand, Emigration, Essen 2008, S. 185–198.
– Malina, Heinrich (1887–1964), in: Siegfried Mielke (Hrsg.), Gewerkschafter in den Konzentrationslagern Oranienburg und Sachsenhausen. Biographisches Handbuch, Bd. 1, Berlin 2002, S. 85–97.
– Radtke, Leo (1897–1969), in: Siegfried Mielke (Hrsg.) i. V. mit Günter Morsch, Gewerkschafter in den Konzentrationslagern Oranienburg und Sachsenhausen. Biographisches Handbuch, Bd. 3, Berlin 2005, S. 127–138.

Fricke, Ingrid, Franz Künstler (1888–1942). Eine politische Biographie, Berlin 2016 (Berliner Beiträge zur Ideen- und Zeitgeschichte, Bd. 1).

Froese, Peter, Streifzüge durch die Geschichte der Metallarbeiter in Münster und Umgebung, Münster 1991.

Fuchs, Günter/Lewin, Erwin/Reuter, Elke/Weber, Stefan (Hrsg.), Brüsseler Konferenz der KPD von 1935, Dokumentation auf CD-ROM, Berlin 2000 (Geschichte des Kommunismus und Linkssozialismus, Bd. II).

Ganz, Ingo, Karselt, Bernhard (1893–1954), in: Siegfried Mielke (Hrsg.) i. V. mit Günter Morsch, Gewerkschafter in den Konzentrationslagern Oranienburg und Sachsenhausen. Biographisches Handbuch, Bd. 2, Berlin 2003, S. 265–267.
– Mietz, Georg (1886–1947), in: Siegfried Mielke (Hrsg.) i. V. mit Günter Morsch, Gewerkschafter in den Konzentrationslagern Oranienburg und Sachsenhausen. Biographisches Handbuch, Bd. 2, Berlin 2003, S. 319–322.
– Rehschuh, Otto (1891–1945), in: Siegfried Mielke (Hrsg.) i. V. mit Günter Morsch, Gewerkschafter in den Konzentrationslagern Oranienburg und Sachsenhausen. Biographisches Handbuch, Bd. 2, Berlin 2003, S. 373–374.

Gause, Fritz Die Geschichte der Stadt Königsberg in Preußen, Bd. 3: Vom Ersten Weltkrieg bis zum Untergang Königsbergs, Köln u. a. 1971.

Gebauer, Thomas, Das KPD-Dezernat der Gestapo Düsseldorf, Hamburg 2011.

Gellately, Robert, Allwissend und allgegenwärtig? Entstehung, Funktion und Wandel des Gestapo-Mythos, in: Gerhard Paul/Klaus-Michael Mallmann (Hrsg.), Die Gestapo. Mythos und Realität. Mit einem Vorwort von Peter Steinbach, Darmstadt 2003, S. 47–70.

Geschichte des FDGB. Chronik 1945–1982, hrsg. von der Gewerkschaftsschule „Fritz Heckert“ beim Bundesvorstand des FDGB, Berlin (Ost) 1985.

Geschichte des Freien Deutschen Gewerkschaftsbundes, hrsg. vom Bundesvorstand des Freien Deutschen Gewerkschaftsbundes, Berlin 1982.

Geschichtswerkstatt der Berliner Vereinigung ehemaliger Teilnehmer am antifaschistischen Widerstand, Verfolgter des Naziregimes und Hinterbliebener (BVdN) e. V. unter Leitung von Hans-Joachim Fieber (Hrsg.), Widerstand in Berlin gegen das NS-Regime 1933–1945. Ein biographisches Lexikon, Bde. 1–10, Berlin 2001–2004.

Gewerkschaft Deutscher Lokomotivbeamten (Hrsg.), 100 Jahre GDL. Geschichte der Gewerkschaft Deutscher Lokomotivbeamten und Anwärter 1867–1967, Frankfurt a. M. 1967.

Gewerkschaft Deutscher Lokomotivführer (Hrsg.), 125 Jahre GDL. Erfolg und Zukunft. Geschichte der Gewerkschaft Deutscher Lokomotivführer und Anwärter 1867–1992, Frankfurt a. M. 1992.

Gewerkschaft Transnet (Hrsg.), 175 Jahre Beschäftigte bei den Bahnen. Ihr ständiger Kampf zur Verbesserung der Lebens- und Arbeitsbedingungen 1835–2010, Frankfurt a. M. 2010.

– (Hrsg.), Transnet. Gewerkschaft bei der Bahn 1945–2008, Frankfurt a. M. 2009.

– (Hrsg.), Zukunft hat Vergangenheit. 110 Jahre Gewerkschaft bei der Bahn 1896–2006, Hof 2006 und Neuauflage: Frankfurt a. M. 2010.

Gewerkschaftlicher Neubeginn. Dokumente zur Gründung des FDGB und zu seiner Entwicklung von Juni 1945 bis Februar 1946, hrsg. und eingeleitet von Horst Bednareck, Albert Behrendt und Dieter Lange, Berlin 1974 (Ost).

Gewerkschafts-Zeitung – Organ des Allgemeinen Deutschen Gewerkschaftsbundes, 43. Jg. 1933 mit einem Anhang „Gewerkschaften in der Krise" von Helga Grebing, Michael Schneider und Klaus Schönhoven, Bonn 1983 (Reprints zur Sozialgeschichte).

Gill, Ulrich, Der Freie Deutsche Gewerkschaftsbund (FDGB). Theorie – Geschichte – Organisation – Funktion – Kritik, Opladen 1989.

– FDGB. Die DDR-Gewerkschaft von 1945 bis zu ihrer Auflösung 1990, Köln 1991.

Goers, Marion/Mielke, Siegfried/Oden, Matthias, Max Urich (1890–1968), in: Siegfried Mielke/Stefan Heinz (Hrsg.) unter Mitarbeit von Marion Goers, Funktionäre des Deutschen Metallarbeiterverbandes im NS-Staat. Widerstand und Verfolgung, Berlin 2012 (Gewerkschafter im Nationalsozialismus. Verfolgung – Widerstand – Emigration, Bd. 1), S. 121–142.

Gottwaldt, Alfred, Eisenbahner gegen Hitler. Widerstand und Verfolgung bei der Reichsbahn 1933–1945, Wiesbaden 2009.

– Innere Front. Erinnerungen an John Sieg, Reichsbahngehilfe und Widerstandskämpfer, in: „Eisenbahn Geschichte" (Februar/März 2008) 26, S. 57–59.

– John Sieg (1903–1942), in: Alfred Gottwaldt, Eisenbahner gegen Hitler. Widerstand und Verfolgung bei der Reichsbahn 1933–1945, Wiesbaden 2009, S. 263–273.

– /Schulle, Diana, „Juden ist die Benutzung von Speisewagen untersagt". Die antijüdische Politik des Reichsverkehrsministeriums zwischen 1933 und 1945, Berlin 2007.

– /Schulle, Diana, Die „Judendeportationen" aus dem Deutschen Reich 1941–1945. Eine kommentierte Chronologie, Wiesbaden 2005.

Groß, Arnd, Jochade, Hermann (1876–1939), in: Siegfried Mielke (Hrsg.), Gewerkschafter in den Konzentrationslagern Oranienburg und Sachsenhausen. Biographisches Handbuch, Bd. 1, Berlin 2002, S. 206–208.

– Scharfschwerdt, Otto (1887–1943), in: Alfred Gottwaldt, Eisenbahner gegen Hitler. Widerstand und Verfolgung bei der Reichsbahn 1933–1945, Wiesbaden 2009, S. 206–211.

– Scharfschwerdt, Otto (1887–1943), in: Siegfried Mielke (Hrsg.), Gewerkschafter in den Konzentrationslagern Oranienburg und Sachsenhausen. Biographisches Handbuch, Bd. 1, Berlin 2002, S. 264–265.

Grundmann, Siegfried/Martres, Eugène, Hugo Geissler. Vom Dresdner SA-Mann zum Kommandeur der Sicherheitspolizei und des SD in Vichy, Berlin 2012.

Hachtmann, Rüdiger, Das Wirtschaftsimperium der Deutschen Arbeitsfront 1933–1945, Göttingen 2012 (Geschichte der Gegenwart, Bd. 3).

– /Kreuzmüller, Christoph, Arbeiter und Arbeiterorganisationen in Berlin (1930–1945), in: Michael Wildt/Christoph Kreutzmüller (Hrsg.), Berlin 1933–1945, München 2013, S. 111–126.

Häming, Josef (Bearb.), Die Abgeordneten des Westfalenparlaments 1826–1978, eingeleitet und hrsg. von Alfred Bruns, Münster 1978.

Hartmann, Franz, Entstehung und Entwicklung der Gewerkschaftsbewegung in Niedersachsen nach dem Zweiten Weltkrieg, phil. Diss., Göttingen 1977.

– Geschichte der Gewerkschaftsbewegung nach 1945 in Niedersachsen, Hannover 1972.

Heer-Kleinert, Lore, Die Gewerkschaftspolitik der KPD in der Weimarer Republik, Frankfurt a. M. 1983.

Heimatgeschichtlicher Wegweiser zu Stätten des Widerstandes und der Verfolgung 1933–1945. Niedersachsen. Bd. 1: Regierungsbezirke Braunschweig und Lüneburg und Bd. 2: Regierungsbezirke Hannover und Weser-Ems, hrsg. vom Studienkreis zur Erforschung und Vermittlung der Geschichte des Widerstandes 1933–1945, Redaktion: Ursula Krause-Schmitt und andere, Köln 1985.

– Bd. 4: Saarland, hrsg. vom Studienkreis zur Erforschung und Vermittlung der Geschichte des Widerstandes 1933–1945, Redaktion: Ursula Krause-Schmitt, Köln 1990.

– Bd. 6: Bremen. Stadt Bremen, Bremen-Nord, Bremerhaven, hrsg. vom Studienkreis zur Erforschung und Vermittlung der Geschichte des Widerstandes 1933–1945, Redaktion: Ursula Krause-Schmitt und andere, Frankfurt a. M. 1992.

– Bd. 7: Schleswig-Holstein, Teil 1: Nördlicher Landesteil, hrsg. vom Studienkreis zur Erforschung und Vermittlung der Geschichte des Widerstandes 1933–1945, Redaktion: Ursula Krause-Schmitt und andere, Frankfurt a. M. 1993.

– Bd. 8: Thüringen, hrsg. vom Studienkreis zur Erforschung und Vermittlung der Geschichte des Widerstandes 1933–1945, Redaktion: Ursula Krause-Schmitt und andere, Frankfurt a. M. 2003.

Heinz, Stefan, Ernst Wörpel (1893–1950), in: Siegfried Mielke/Stefan Heinz (Hrsg.) unter Mitarbeit von Julia Pietsch, Gewerkschafter in den Konzentrationslagern Oranienburg und Sachsenhausen. Biografisches Handbuch, Bd. 4, Berlin 2013 (Gewerkschafter im Nationalsozialismus. Verfolgung – Widerstand – Emigration, Bd. 6), S. 782–787.

– Friedrich, Hermann (1885–1944), in: Siegfried Mielke (Hrsg.) i. V. mit Günter Morsch, Gewerkschafter in den Konzentrationslagern Oranienburg und Sachsenhausen. Biographisches Handbuch, Bd. 3, Berlin 2005, S. 329–331.
– Moskaus Söldner? Der „Einheitsverband der Metallarbeiter Berlins": Entwicklung und Scheitern einer kommunistischen Gewerkschaft, Hamburg 2010.
– Widerstand aus dem Exil. Die Landesgruppe deutscher Gewerkschafter in Großbritannien, in: informationen. Wissenschaftliche Zeitschrift des Studienkreises Deutscher Widerstand 1933–1945 39 (2014) 79, S. 15–19.
– /Mielke, Siegfried (Hrsg.), Funktionäre des Einheitsverbandes der Metallarbeiter Berlins im NS-Staat. Widerstand und Verfolgung, Berlin 2012 (Gewerkschafter im Nationalsozialismus. Verfolgung - Widerstand - Emigration, Bd. 2).

Henk, Emil, Die Tragödie des 20. Juli 1944. Ein Beitrag zur politischen Vorgeschichte, Heidelberg 1946.

Herbst, Andreas, Kommunistischer Widerstand, in: Peter Steinbach/Johannes Tuchel (Hrsg.), Widerstand gegen die nationalsozialistische Diktatur 1933–1945, Berlin 2004 (Schriftenreihe der Bundeszentrale für politische Bildung, Bd. 438), S. 33–55.

Herlemann, Beatrix, „Wir sind geblieben, was wir immer waren, Sozialdemokraten". Das Widerstandsverhalten der SPD im Parteibezirk Magdeburg-Anhalt gegen den Nationalsozialismus 1930–1945, Halle a. d. Saale 2001 (Studien zur Landesgeschichte, Bd. 6).
– Biographisches Lexikon niedersächsischer Parlamentarier 1919–1945, Hannover 2004.
– Die Emigration als Kampfposten. Die Anleitung des kommunistischen Widerstandes in Deutschland aus Frankreich, Belgien und den Niederlanden, Königstein im Taunus 1982 (Mannheimer sozialwissenschaftliche Studien, Bd. 18).

Heupel, Eberhard, Reformismus und Krise. Zur Theorie und Praxis von SPD, ADGB und AfA-Bund in der Weltwirtschaftskrise 1929–1932/33, Frankfurt a. M. 1981.

Heusler, Andreas, Franz Stenzer (1900–1933), in: Alfred Gottwaldt, Eisenbahner gegen Hitler. Widerstand und Verfolgung bei der Reichsbahn 1933–1945, Wiesbaden 2009, S. 96–103.

Hilberg, Raul, Sonderzüge nach Auschwitz, Mainz 1981 (Dokumente zur Eisenbahngeschichte, Bd. 18).

Hilterscheid, Hermann, Industrie und Gemeinde. Die Beziehungen zwischen der Stadt Wolfsburg und dem Volkswagenwerk und ihre Auswirkungen auf die kommunale Selbstverwaltung. Berlin 1970, Berlin (West) 1977.

Hirschinger, Frank, „Gestapoagenten, Trotzkisten, Verräter". Kommunistische Parteisäuberungen in Sachsen-Anhalt 1918–1953, Göttingen 2005 (Schriften des Hannah-Arendt-Instituts für Totalitarismusforschung, Bd. 27).

Hochmuth, Ursel, Illegale KPD und Bewegung „Freies Deutschland" in Berlin und Brandenburg 1942–1945. Biographien und Zeugnisse aus der Widerstandsorganisation um Saefkow, Jacob und Bästlein, Berlin 1998 (Schriften der Gedenkstätte Deutscher Widerstand, Reihe A: Analysen und Darstellungen, Bd. 4).

– Niemand und nichts wird vergessen. Biogramme und Briefe Hamburger Widerstandskämpfer 1933–1945. Hamburg 2005.

– /Meyer, Gertrud, Streiflichter aus dem Hamburger Widerstand 1933–1945. Berichte und Dokumente, Frankfurt a. M. 1980.

Hofmann, Rolf/Rewinkel, Friedrich, Der Erste Eisenbahner. Entwicklungsgeschichte der Eisenbahn-Bauarbeiter, hrsg. von der EVG-Geschäftsstelle Frankfurt am Main in Zusammenarbeit mit dem EVG-Arbeitskreis Geschichte, Frankfurt a. M. 2014.

Holtmann, Karen, Die Saefkow-Jacob-Bästlein-Gruppe vor dem Volksgerichtshof. Die Hochverratsverfahren gegen die Frauen und Männer der Berliner Widerstandsorganisation 1944–1945, Paderborn 2010.

Hoppe, Bert, In Stalins Gefolgschaft. Moskau und die KPD 1928–1933, München 2007 (Studien zur Zeitgeschichte, Bd. 74).

– Stalin und die KPD in der Weimarer Republik, in: Jürgen Zarusky (Hrsg.), Stalin und die Deutschen. Neue Beiträge der Forschung, München 2006, S. 19–42.

Hotz, Benedikt, Kurt Koch (1890–1944), in: Siegfried Mielke/Stefan Heinz (Hrsg.) unter Mitarbeit von Julia Pietsch, Gewerkschafter in den Konzentrationslagern Oranienburg und Sachsenhausen. Biografisches Handbuch, Bd. 4, Berlin 2013 (Gewerkschafter im Nationalsozialismus. Verfolgung – Widerstand – Emigration, Bd. 6), S. 515–117.

Huster, Ernst-Ulrich/Kraiker, Gerhard/Scherer, Burkhard /Schlotmann, Friedrich-Karl/ Welteke, Marianne, Determinanten der westdeutschen Restauration 1945–1949, Frankfurt a. M. 1973.

IG Bauen-Agrar-Umwelt (Hrsg.), „Grundstein Extra": Vor 75 Jahren: Gewerkschaften zerschlagen und verboten, Frankfurt a. M. 2008.

Ingenbleek, Anja, Die britische Gewerkschaftspolitik in der britischen Besatzungszone 1945–1949, Düsseldorf 2010 (Düsseldorfer Schriften zur neueren Landesgeschichte und zur Geschichte Nordrhein-Westfalens, Bd. 84).

Iwen, Kurt, Der antifaschistische Widerstandskampf in Eberswalde-Finow, Eberswalde 1977 (Manuskript).

Jacobi-Bettien, Angelika, Metallgewerkschaft Hessen 1945 bis 1948. Zur Herausbildung des Prinzips autonomer Industriegewerkschaften, Marburg 1982 (Schriftenreihe für Sozialgeschichte und Arbeiterbewegung, Bd. 26).

Jacobsen, Hans-Adolf (Hrsg.), Opposition gegen Hitler und der Staatsstreich vom 20. Juli 1944. Geheime Dokumente aus dem ehemaligen Reichssicherheitshauptamt, Bd. 2, Stuttgart 1989.

Jacoby, Ruth/Schikorski, Felix (Hrsg.), Mensch – Land – Gerechtigkeit. Die Erinnerungen Erich Hellmuth Jacobys (1903–1979). „Ein Leben im Spiegel der Zeit", Berlin 2013 (Jüdische Memoiren, Bd. 19).

Jahn, Peter (Bearb.) unter Mitarbeit von Brunner, Detlev, Die Gewerkschaften in der Endphase der Republik 1930–1933, Köln 1988 (Quellen zur Geschichte der deutschen Gewerkschaftsbewegung im 20. Jahrhundert, Bd. 4).

Jahnke, Karl Heinz, Widerstand gegen die NS-Diktatur in Mecklenburg. Zur Erinnerung an die Frauen und Männer, die zwischen 1933 und 1945 ermordet wurden, Rostock 2006.

Jipp, Hubert, Gesamtverband Deutscher Verkehrs- und Staatsbediensteter, in: Ludwig Heyde (Hrsg.), Internationales Handwörterbuch des Gewerkschaftswesens, Bd. 1, Berlin 1931, S. 608–610.

Jochade, Hermann, Einheitsverband der Eisenbahner Deutschlands, in: Ludwig Heyde (Hrsg.), Internationales Handwörterbuch des Gewerkschaftswesens, Bd. 1, Berlin 1931, S. 423–424.

Jolk, Michael, Beiträge zur Geschichte des SPD-Ortsvereins Werl 1906–2006, Werl 2006.

Kachel, Steffen, Ein rot-roter Sonderweg? Sozialdemokraten und Kommunisten in Thüringen 1919 bis 1949, Köln und Weimar 2011 (Veröffentlichungen der Historischen Kommission für Thüringen. Kleine Reihe, Bd. 29).

Kahlen, Ludwig, Das kommunale Tagebuch, Merkstein 1965.

– Heimatklänge, Herzogenrath-Merkstein 1977.

Kaiser, Claudia, Gewerkschaften, Arbeitslosigkeit und Politische Stabilität. Deutschland und Großbritannien in der Weltwirtschaftskrise seit 1929, Frankfurt a. M. 2002 (Europäische Hochschulschriften, Reihe III – Geschichte und ihre Hilfswissenschaften, Bd. 923).

Kaiser, Josef (Bearb.), Jetzt erst recht! Dokumente zur Geschichte der Arbeiterbewegung in Mannheim 1945–1990, hrsg. von der IG Metall Verwaltungsstelle Mannheim, Mannheim 1993.

Kalass, Viktoria, Neue Gewerkschaftskonkurrenz im Bahnwesen. Konflikt um die Gewerkschaft Deutscher Lokomotivführer, Wiesbaden 2012.

Katzoreck, Siegfried, Aus dem Leben des Arbeiterfunktionärs Otto Scharfschwerdt, Oranienburg 1972 (Veröffentlichungen aus der Geschichte der örtlichen Arbeiterbewegung des Kreises, Nr. 1).

Kershaw, Ian, „Volksgemeinschaft". Potenzial und Grenzen eines neuen Forschungskonzepts, in: Vierteljahrshefte für Zeitgeschichte 59 (2011) 1, S. 1–17.

Kissener, Michael, Die Aktion „Gewitter", in: Manuel Becker/Christoph Studt/Joachim Scholtyseck (Hrsg.), Der Umgang des Dritten Reiches mit den Feinden des Regimes. Tagungsband der XXII. Königswinterer Tagung im Februar 2009, Münster 2010. (Schriftenreihe der Forschungsgemeinschaft 20. Juli 1944 e. V., Bd. 13), S. 185–197.

Kittner, Michael, Arbeitskampf. Geschichte Recht Gegenwart, München 2005.

Klär, Karl-Heinz, Zwei Nelson-Bünde: Internationaler Jugend-Bund (IJB) und Internationaler Sozialistischer Kampf-Bund (ISK) im Licht neuer Quellen, in: Internationale wissenschaftliche Korrespondenz zur Geschichte der deutschen Arbeiterbewegung 18 (1982) 3, 1982, S. 310–360.

Klausch, Hans-Peter, Polizei, Wehrmacht und KZ-System: Die „A-Kartei-Aktion“ zu Beginn des Zweiten Weltkrieges, in: KZ-Gedenkstätte Neuengamme (Hrsg.), Polizei, Verfolgung und Gesellschaft im Nationalsozialismus, Bremen 2013 (Beiträge zur Geschichte der nationalsozialistischen Verfolgung in Norddeutschland, Heft 15), hier S. 105–118.

Klein, Anne, Flüchtlingspolitik und Flüchtlingshilfe 1940–1942. Varian Fry und die Komitees zur Rettung politisch Verfolgter in New York und Marseille, Berlin 2007 (Antisemitismusforschung der Technischen Universität Berlin: Reihe Dokumente, Texte, Materialien, Bd. 61).

Klein, Jürgen, Vereint sind sie alles? Untersuchungen zur Entstehung von Einheitsgewerkschaften in Deutschland. Von der Weimarer Republik bis 1946/47, Hamburg 1972 (Schriften der Stiftung Europa-Kolleg Hamburg, Bd. 23).

Klopp, Eberhard, Geschichte der Trierer Arbeiterbewegung: ein deutsches Beispiel, Bd. 3: Kurzbiographien 1836–1933, Trier 1979.

Klötzer, Wolfgang (Hrsg.), Frankfurter Biographie, 2. Bd.: M–Z, Frankfurt a. M. 1996.

Knopp, Günter, Chronik 1890–1989. 99 Jahre DR/DB-Ausbesserungswerk Frankfurt am Main, Idsteiner Straße 18, Frankfurt a. M. 2013.

Koch-Baumgarten, Sigrid, Ein Linkssozialist und „Sturmvogel“ als internationaler Gewerkschaftssekretär. Edo Fimmen und die ITF (1919–1942), in: Internationale Wissenschaftliche Korrespondenz zur Geschichte der Arbeiterbewegung 36 (2000) 1, S. 12–28.

– Gewerkschaftsinternationalismus und die Herausforderung der Globalisierung. Das Beispiel der Internationalen Transportarbeiterföderation (ITF), Frankfurt a. M. 1999 (Quellen und Studien zur Sozialgeschichte, Bd. 17).

– /Rütters, Peter (Hrsg.), Zwischen Integration und Autonomie. Der Konflikt zwischen den Internationalen Berufssekretariaten und dem Weltgewerkschaftsbund um den Neuaufbau einer internationalen Gewerkschaftsbewegung 1945 bis 1949. Eine Quellenedition, Köln 1991 (Schriftenreihe der Otto Brenner Stiftung, Bd. 53).

Kolb, Eberhard, Die Reichsbahn vom Dawes-Plan bis zum Ende der Weimarer Republik, in: Lothar Gall/Manfred Pohl (Hrsg.), Die Eisenbahn in Deutschland. Von den Anfängen bis zur Gegenwart, München 1999, S. 109–163.

Kolb, Johannes, Metallgewerkschaften in der Nachkriegszeit. Der Organisationsaufbau der Metallgewerkschaften in den drei westlichen Besatzungszonen Deutschlands, Frankfurt a. M. 1972.

Körner, Hans-Michael (Hrsg.), Große Bayerische Biographische Enzyklopädie, Bd. 1, München 2005.

Kratzenberg, Volker, Arbeiter auf dem Weg zu Hitler? Die Nationalsozialistische Betriebszellen-Organisation. Ihre Entstehung, ihre Programmatik, ihr Scheitern 1927–1934, Frankfurt a. M. 1987 (Sozialwissenschaftliche Studien, Bd. 4).

Krause-Vilmar, Dietfrid, Das Konzentrationslager Breitenau. Ein staatliches Schutzhaftlager 1933/34, Marburg 2000.

Kraushaar, Luise, Berliner Kommunisten im Kampf gegen den Faschismus 1936 bis 1942. Robert Uhrig und Genossen, Berlin (Ost) 1981.

– Deutsche Widerstandskämpfer 1933–1945, 2 Bde., Berlin (Ost) 1970.

Krejci, Andreas, Schröder, Willi (1897–1944), in: Siegfried Mielke (Hrsg.), Gewerkschafter in den Konzentrationslagern Oranienburg und Sachsenhausen. Biographisches Handbuch, Bd. 1, Berlin 2002, S. 272–273.

Kröger, Martin, Buchwald, Fritz (1887–?), in: Siegfried Mielke (Hrsg.) i. V. mit Günter Morsch, Gewerkschafter in den Konzentrationslagern Oranienburg und Sachsenhausen. Biographisches Handbuch, Bd. 3, Berlin 2005, S. 285–287.

– Butenschön, Wilhelm (1875–1957), in: Siegfried Mielke (Hrsg.) i. V. mit Günter Morsch, Gewerkschafter in den Konzentrationslagern Oranienburg und Sachsenhausen. Biographisches Handbuch, Bd. 3, Berlin 2005, S. 288–289.

Krupke, Siegfried/Tewes, Antje (Bearb.), „... und Einigkeit ist Macht". Dokumente zur Geschichte der Arbeiterbewegung in Gießen 1867–1949, hrsg. von der Verwaltungsstelle der IG Metall Gießen, Gießen 1985.

Kruppa, Bernd, Rechtsradikalismus in Berlin 1918–1928, Berlin (West) 1988.

Kučera, Wolfgang, Die Gewerkschaften der bayerischen Eisenbahner – von den Anfängen bis zum Widerstand gegen den Faschismus, in: Bernhard Schoßig (Hrsg.), Unter dem geflügelten Rad. Arbeiten und Leben bei der Eisenbahn in München und im südlichen Bayern, München und Norderstedt 2001, S. 177–198.

Lamontain, Jan Christoph, Löhr, Christoph Adam (1889–1938), in: Siegfried Mielke (Hrsg.) i. V. mit Günter Morsch, Gewerkschafter in den Konzentrationslagern Oranienburg und Sachsenhausen. Biographisches Handbuch, Bd. 3, Berlin 2005, S. 429–430.

Lattard, Alain, Gewerkschaften und Arbeitgeber in Rheinland-Pfalz unter französischer Besatzung 1945–1949, Mainz 1988 (Veröffentlichungen der Kommission des Landtages für die Geschichte des Landes Rheinland-Pfalz, Bd. 11).

Leber, Annedore (Hrsg.) in Zusammenarbeit mit Brandt, Willy und Bracher, Karl Dietrich, Das Gewissen entscheidet. Bereiche des deutschen Widerstandes von 1933–1945 in Lebensbildern, Berlin (West) und Frankfurt a. M. 1960.

Lehmann, Erwin u.a., Aufbruch in unsere Zeit. Erinnerungen an die Tätigkeit der Gewerkschaften von 1945 bis zur Gründung der Deutschen Demokratischen Republik, Berlin (Ost).

Lemke-Müller, Sabine, Ethik des Widerstands. Der Kampf des Internationalen Sozialistischen Kampfbundes (ISK) gegen den Nationalsozialismus. Quellen und Texte zum Widerstand aus der Arbeiterbewegung 1933–1945, Bonn 1996.

– Ethischer Sozialismus und soziale Demokratie. Der politische Weg Willi Eichlers vom ISK zur SPD, Bonn 1988 (Politik- und Gesellschaftsgeschichte, Bd. 19).

Lengemann, Jochen (Hrsg.), Das Hessen-Parlament 1946–1986. Biographisches Handbuch des Beratenden Landesausschusses, der Verfassungberatenden Landesversammlung Groß-Hessen und des Hessischen Landtags (1. bis 11. Wahlperiode), Frankfurt a. M. 1986.

Lindner, Heiner, „Um etwas zu erreichen, muss man sich etwas vornehmen, von dem man glaubt, dass es unmöglich sei". Der Internationale Sozialistische Kampfbund (ISK) und seine Publikationen, Bonn 2006 (Gesprächskreis Geschichte, Bd. 64).

Lindner, Lothar/Hunger, Hermann, Die Industriegewerkschaft Bau in der Sowjetischen Besatzungszone 1945 bis 1949, die Industriegewerkschaft Bau-Holz in der Deutschen Demokratischen Republik 1950 bis 1990, hrsg. vom Bundesvorstand der Industriegewerkschaft Bauen-Agrar-Umwelt, Frankfurt a. M. 1997.

– /Hunger, Hermann, Die Industriegewerkschaft Bau in Groß-Berlin von 1945 bis 1950, hrsg. vom Bundesvorstand der Industriegewerkschaft Bauen-Agrar-Umwelt, Frankfurt a. M. 1997.

– /Hunger, Hermann, Die Industriegewerkschaft Bau-Holz, Mitglied der Internationalen Vereinigung der Gewerkschaften der Beschäftigten der Bau-, Holz- und Baumaterialienindustrie im Weltgewerkschaftsbund von 1949 bis 1990, hrsg. vom Bundesvorstand der Industriegewerkschaft Bauen-Agrar-Umwelt, Frankfurt a. M. 1997.

– /Hunger, Hermann, Die Industriegewerkschaft Land- und Forstwirtschaft in der Sowjetischen Besatzungszone 1945 bis 1949. Die Gewerkschaft Land und Forst – ab 1968 Gewerkschaft Land, Nahrungsgüter und Forst – in der Deutschen Demokratischen Republik bis 1990, hrsg. vom Bundesvorstand der Industriegewerkschaft Bauen-Agrar-Umwelt, Frankfurt a. M. 2000.

– /Hunger, Hermann, Die Interzonenkonferenzen der Baugewerkschaften und der Landarbeitergewerkschaften Deutschlands von 1947 bis 1948, hrsg. vom Bundesvorstand der Industriegewerkschaft Bauen-Agrar-Umwelt, Frankfurt a. M. 1998.

Link, Werner, Die Geschichte des Internationalen Jugend-Bundes (IJB) und des Internationalen Sozialistischen Kampf-Bundes (ISK). Ein Beitrag zur Geschichte der Arbeiterbewegung in der Weimarer Republik und im Dritten Reich, Meisenheim a. Glan 1964 (Marburger Abhandlungen zur politischen Wissenschaft, Bd. 1).

Lissner, Cordula, Den Fluchtweg zurückgehen. Remigration nach Nordrhein und Westfalen 1945–1955, Essen 2006 (Düsseldorfer Schriften zur Neueren Landesgeschichte und zur Geschichte Nordrhein-Westfalens, Bd. 73).

Mader, Franz, Tausend Passauer. Biographisches Lexikon zu Passaus Stadtgeschichte, Passau 1995.

Maget, Franz/Radermacher, Karin unter Mitarbeit von Gudrun Rapke, Mit Leidenschaft für Demokratie. 110 Jahre SPD-Landtagsfraktion in Bayern, hrsg. im Auftrag der Bayern-SPD-Landtagsfraktion, München 2003.

Mallmann, Klaus-Michael, Kommunisten in der Weimarer Republik. Sozialgeschichte einer revolutionären Bewegung, Darmstadt 1996.

– Konsistenz oder Zusammenbruch? Profile des kommunistischen Widerstandes 1933–1945, in: Detlef Schmiechen-Ackermann, Anpassung, Verweigerung, Widerstand. Soziale Milieus, Politische Kultur und der Widerstand gegen den Nationalsozialismus in

Deutschland im regionalen Vergleich, Berlin 1997 (Schriften der Gedenkstätte Deutscher Widerstand, Reihe A: Analysen und Darstellungen, Bd. 3), S. 221–237.

Marßolek, Inge/Ott, René, Bremen im Dritten Reich. Anpassung, Widerstand und Verfolgung, Bremen 1986.

Mason, Timothy W., Sozialpolitik im Dritten Reich. Arbeiterklasse und Volksgemeinschaft, Opladen 1978.

Matthias, Erich/Weber, Hermann (Hrsg.), Widerstand gegen den Nationalsozialismus in Mannheim, Mannheim 1984.

Matull, Wilhelm, Ostpreußens Arbeiterbewegung. Geschichte und Leistung im Überblick, Würzburg 1970 (Ostdeutsche Beiträge aus dem Göttinger Arbeitskreis, Bd. 49).

Mehringer, Hartmut, Die bayerische Sozialdemokratie bis zum Ende des NS-Regimes. Vorgeschichte, Verfolgung und Widerstand, in: Martin Broszat/Hartmut Mehringer (Hrsg.), Bayern in der NS-Zeit. Bd. V: Die Parteien KPD, SPD, BVP in Verfolgung und Widerstand, München und Wien 1983.

Mergel, Thomas, Führer, Volksgemeinschaft und Maschine. Politische Erwartungsstrukturen in der Weimarer Republik und dem Nationalsozialismus 1918–1936, in: Wolfgang Hardtwig (Hrsg.), Politische Kulturgeschichte der Zwischenkriegszeit 1918–1939, Göttingen 2005 (Geschichte und Gesellschaft, Sonderheft 21), S. 91–127.

Mertens, Rainer, Matthäus Herrmann (1879–1959), in: Alfred Gottwaldt, Eisenbahner gegen Hitler. Widerstand und Verfolgung bei der Reichsbahn 1933–1945, Wiesbaden 2009, S. 316–322.

Mette, Sandra, Karl Hellborn (1893–1959), in: Alfred Gottwaldt, Eisenbahner gegen Hitler. Widerstand und Verfolgung bei der Reichsbahn 1933–1945, Wiesbaden 2009, S. 257–263.

Meurer, Maria, Tod in Dachau. Das Leben des Albert Wengenroth, Westernohe 2014.

Meyer, Winfried, Aktion „Gewitter". Menschenopfer für Macht und Mythos der Gestapo, in: Dachauer Hefte 21 (2005), S. 3–20.

Michelsen, Danny, Karl Becker (1898–1957), in: Siegfried Mielke/Stefan Heinz (Hrsg.) unter Mitarbeit von Julia Pietsch, Gewerkschafter in den Konzentrationslagern Oranienburg und Sachsenhausen. Biografisches Handbuch, Bd. 4, Berlin 2013 (Gewerkschafter im Nationalsozialismus. Verfolgung – Widerstand – Emigration, Bd. 6), S. 346–350.

Mielke, Siegfried (Bearb.) unter Mitarbeit von Peter Rütters, Michael Becker und Michael Fichter, Organisatorischer Aufbau der Gewerkschaften 1945–1949, Köln 1987 (Quellen zur Geschichte der deutschen Gewerkschaftsbewegung im 20. Jahrhundert, Bd. 6).

– (Hrsg.), Gewerkschafter in den Konzentrationslagern Oranienburg und Sachsenhausen. Biographisches Handbuch, Bde. 1–4, Berlin 2002–2013 [Bde. 2 und 3 hrsg. in Verbindung mit Günter Morsch; Bd. 4 hrsg. mit Stefan Heinz unter Mitarbeit von Julia Pietsch].

– (Hrsg.), Gewerkschafterinnen im NS-Staat: Verfolgung, Widerstand, Emigration, Essen 2008.

- Bonatzy, Maximilian (1875–?), in: ders. (Hrsg.) i. V. mit Günter Morsch, Gewerkschafter in den Konzentrationslagern Oranienburg und Sachsenhausen. Biographisches Handbuch, Bd. 3, Berlin 2005, S. 274–276.
- Einleitung, in: ders. (Hrsg.) i. V. mit Günter Morsch, Gewerkschafter in den Konzentrationslagern Oranienburg und Sachsenhausen. Biographisches Handbuch, Bd. 3, Berlin 2005, S. 11–41.
- Gewerkschaften, in: Heinrich Potthoff in Zusammenarbeit mit Rüdiger Wenzel (Hrsg.), Handbuch politischer Institutionen und Organisationen 1945–1949, Düsseldorf 1983 (Handbücher zur Geschichte des Parlamentarismus und der politischen Parteien, Bd. 1), S. 408–425.
- Gewerkschafter im Nationalsozialismus. Verfolgung, Widerstand, Emigration: eine Forschungsstandanalyse, in: „80. Jahrestag der Zerschlagung der Gewerkschaften". Dokumentation einer Fachtagung am 4. Mai 2013, hrsg. von der Landeszentrale für politische Bildung Rheinland-Pfalz, Mainz 2014, S. 12–33.
- Heinrich Schliestedt (1883–1938), in: ders./Stefan Heinz (Hrsg.) unter Mitarbeit von Julia Pietsch, Emigrierte Metallgewerkschafter im Kampf gegen das NS-Regime, Berlin 2014 (Gewerkschafter im Nationalsozialismus. Verfolgung – Widerstand – Emigration, Bd. 3), S. 307–333.
- Johann Obenauer (1897–1957), in: Angelika Arenz-Morch u. a. (Hrsg.), Gewerkschafter im Konzentrationslager Osthofen 1933/34, Berlin 2017 (im Erscheinen).
- Valentin Baur (1891–1971), in: ders./Stefan Heinz (Hrsg.) unter Mitarbeit von Julia Pietsch, Emigrierte Metallgewerkschafter im Kampf gegen das NS-Regime, Berlin 2014 (Gewerkschafter im Nationalsozialismus. Verfolgung – Widerstand – Emigration, Bd. 3), 73–87.
- Wiederaufbau der Gewerkschaften: Legenden und Wirklichkeit, in: Heinrich August Winkler (Hrsg.), Politische Weichenstellungen im Nachkriegsdeutschland 1945–1953 – Geschichte und Gesellschaft, Sonderheft 5, Göttingen 1979, S. 74–87.
- Wilhelm Kenntner (1898–1977), in: Angelika Arenz-Morch u. a. (Hrsg.), Gewerkschafter im Konzentrationslager Osthofen 1933/34, Berlin 2017 (im Erscheinen).
- /Frese, Matthias (Bearb.), Die Gewerkschaften im Widerstand und in der Emigration 1933–1945, Frankfurt a. M. 1999 (Quellen zur Geschichte der deutschen Gewerkschaftsbewegung im 20. Jahrhundert, Bd. 5).
- /Heinz, Stefan (Hrsg.) unter Mitarbeit von Julia Pietsch, Emigrierte Metallgewerkschafter im Kampf gegen das NS-Regime, Berlin 2014 (Gewerkschafter im Nationalsozialismus. Verfolgung – Widerstand – Emigration, Bd. 3).
- /Heinz, Stefan (Hrsg.) unter Mitarbeit von Marion Goers, Funktionäre des Deutschen Metallarbeiterverbandes im NS-Staat. Widerstand und Verfolgung, Berlin 2012 (Gewerkschafter im Nationalsozialismus. Verfolgung – Widerstand – Emigration, Bd. 1).

- /Maier, Franz, Friedrich Hofäcker (1888–1965), in: ders./Stefan Heinz (Hrsg.) unter Mitarbeit von Julia Pietsch, Emigrierte Metallgewerkschafter im Kampf gegen das NS-Regime, Berlin 2014, S. 579–588.
- /Morsch, Günter (Hrsg.), „Seid wachsam, dass über Deutschland nie wieder die Nacht hereinbricht." Gewerkschafter in Konzentrationslagern 1933–1945. Begleitband zur Ausstellung der Stiftung Brandenburgische Gedenkstätten, der Arbeitsstelle Nationale und Internationale Gewerkschaftspolitik der FU Berlin und der Hans-Böckler-Stiftung, Berlin 2011.
- /Rütters, Peter, Die Deutsche Arbeitsfront (DAF). Modell für den gewerkschaftlichen Wiederaufbau? Diskussion in der Emigration und in der Gründungsphase der Bundesrepublik Deutschland, in: Hans-Erich Volkmann (Hrsg.), Ende des Dritten Reiches – Ende des Zweiten Weltkriegs. Eine perspektivische Rückschau, München 1995, S. 675–708.

Milert, Werner/Tschirbs, Rudolf, Die andere Demokratie. Betriebliche Interessenvertretung in Deutschland, 1848–2008, Essen 2012.

Monz, Heinz (Hrsg.), Trierer Biographisches Lexikon, Trier 2000.

Morsch, Günter, Arbeit und Brot. Studien zu Lage, Stimmung, Einstellung und Verhalten der deutschen Arbeiterschaft 1933–1936/37, Frankfurt a. M. 1993 (Europäische Hochschulschriften, Reihe III – Geschichte und ihre Hilfswissenschaften, Bd. 546).

Müller, Stefan, Breunig, Lorenz (Laurentius) (1882–1945), in: Siegfried Mielke (Hrsg.) i. V. mit Günter Morsch, Gewerkschafter in den Konzentrationslagern Oranienburg und Sachsenhausen. Biographisches Handbuch, Bd. 3, Berlin 2005, S. 50–62.

- Hermann Jochade (1876–1939), in: Alfred Gottwaldt, Eisenbahner gegen Hitler. Widerstand und Verfolgung bei der Reichsbahn 1933–1945, Wiesbaden 2009, S. 233–238.
- Hugo Bachmann (1889–1949), in: Alfred Gottwaldt, Eisenbahner gegen Hitler. Widerstand und Verfolgung bei der Reichsbahn 1933–1945, Wiesbaden 2009, S. 181–186.
- Jean Jülich (Geb. 1929), in: Alfred Gottwaldt, Eisenbahner gegen Hitler. Widerstand und Verfolgung bei der Reichsbahn 1933–1945, Wiesbaden 2009, S. 332–337.
- Sozialist, Gewerkschafter, Widerstandskämpfer. Zur Erinnerung an Lorenz Breunig (1882–1945), hrsg. von der Stiftung Brandenburgische Gedenkstätten mit Unterstützung des SPD-Parteivorstandes, der SPD-Bundestagsfraktion und der Gewerkschaft Transnet, Oranienburg 2007.
- Voß, Wilhelm (1881–1949), in: Siegfried Mielke (Hrsg.) i. V. mit Günter Morsch, Gewerkschafter in den Konzentrationslagern Oranienburg und Sachsenhausen. Biographisches Handbuch, Bd. 2, Berlin 2003, S. 107–116.

Müller, Werner, Freier Deutscher Gewerkschaftsbund (FDGB), in: Martin Broszat/Hermann Weber (Hrsg.), SBZ-Handbuch. Staatliche Verwaltungen, Parteien, gesellschaftliche Organisationen und ihre Führungskräfte in der Sowjetischen Besatzungszone Deutschlands 1945–1949, München 1990, S. 626–664.

– Lohnkampf, Massenstreik, Sowjetmacht. Ziele und Grenzen der „Revolutionären Gewerkschafts-Opposition" (RGO) in Deutschland 1928 bis 1933, Köln 1988.

Müller, Wolfgang, Philipp Mees (1901–1971). Eine biographische Skizze, in: Jahrbuch zur Geschichte von Stadt und Landkreis Kaiserslautern 34/35 (1996/97): Die Zeit der Weimarer Republik und des Nationalsozialismus, hrsg. von der Bezirksgruppe Kaiserslautern im Historischen Verein der Pfalz, Kaiserslautern 1998, S. 305–313.

Müssener, Helmut, Exil in Schweden. Politische und kulturelle Emigration nach 1933, München 1974.

Naphtali, Fritz (Hrsg.), Wirtschaftsdemokratie. Ihr Wesen, Weg und Ziel, Verlagsgesellschaft des Allgemeinen Deutschen Gewerkschaftsbundes, Berlin 1928.

Nebgen, Elfriede, Jakob Kaiser. Der Widerstandskämpfer, Stuttgart 1967.

Nelles, Dieter, Der verdrängte Widerstand. Die Erinnerung an den Widerstand der Internationalen Transportarbeiterföderation in den deutschen Gewerkschaften, in: Stefan Berger (Hrsg.), Gewerkschaftsgeschichte als Erinnerungsgeschichte. Der 2. Mai 1933 in der gewerkschaftlichen Erinnerung und Positionierung nach 1945, Essen 2015 (Veröffentlichungen des Instituts für soziale Bewegungen, Schriftenreihe A: Darstellungen, Bd. 60), S. 375–399.

– Der Widerstand der Internationalen Transportarbeiter-Föderation gegen Nationalsozialismus und Faschismus in Deutschland und Spanien, in: Andreas G. Graf (Hrsg.), Anarchisten gegen Hitler. Anarchisten, Anarcho-Syndikalisten, Rätekommunisten in Widerstand und Exil, Berlin 2001, S. 114–155.

– Widerstand und internationale Solidarität. Die Internationale Transportarbeiter-Föderation (ITF) im Widerstand gegen den Nationalsozialismus, Essen 2001 (Veröffentlichungen des Instituts für soziale Bewegungen, Schriftenreihe A: Darstellungen, Bd. 18).

– Widerstand und internationale Solidarität. Die Internationale Transportarbeiter-Föderation (ITF), in: Hans Coppi/Stefan Heinz (Hrsg.), Der vergessene Widerstand der Arbeiter. Gewerkschafter, Kommunisten, Sozialdemokraten, Trotzkisten, Anarchisten und Zwangsarbeiter, Berlin 2012 (Geschichte des Kommunismus und Linkssozialismus, Bd. XVI), S. 73–90.

– Zur Traditionspflege geeignet? Internationaler gewerkschaftlicher Widerstand gegen das NS-Regime, in: Sebastian Voigt/Heinz Sünker (Hrsg.), Arbeiterbewegung – Nation – Globalisierung: Bestandsaufnahmen einer alten Debatte, Weilerswist-Metternich 2014, S. 84–104.

Nelsen, Anne, Die Rote Kapelle. Die Geschichte der legendären Widerstandsgruppe, München 2010.

Neumann, Annette/Schindler-Saefkow, Bärbel, Die Saefkow-Jacob-Bästlein-Organisation 1942–1945, in: Hans Coppi/Stefan Heinz (Hrsg.), Der vergessene Widerstand der Arbeiter. Gewerkschafter, Kommunisten, Sozialdemokraten, Trotzkisten, Anarchisten und

Zwangsarbeiter, Berlin 2012 (Geschichte des Kommunismus und Linkssozialismus, Bd. XVI), S. 144–157.

Obenaus, Herbert, Die Sozialistische Front, in: Hans Coppi/Stefan Heinz (Hrsg.), Der vergessene Widerstand der Arbeiter. Gewerkschafter, Kommunisten, Sozialdemokraten, Trotzkisten, Anarchisten und Zwangsarbeiter, Berlin 2012 (Geschichte des Kommunismus und Linkssozialismus, Bd. XVI), S. 107–127.

Osterroth, Franz, Biographisches Lexikon des Sozialismus, Bd. 1: Verstorbene Persönlichkeiten, Bonn 1960.

Pagenstecher, Cord, Ausländischer Widerstand in Berlin. Spielräume des Widerstehens von Zwangsarbeitern, in: Hans Coppi/Stefan Heinz (Hrsg.), Der vergessene Widerstand der Arbeiter. Gewerkschafter, Kommunisten, Sozialdemokraten, Trotzkisten, Anarchisten und Zwangsarbeiter, Berlin 2012 (Geschichte des Kommunismus und Linkssozialismus, Bd. XVI), S. 229–247.

Pákh, Judith, Das rote Hanau. Arbeit und Kapital 1830–1949, hrsg. von der IG Metall Hanau-Fulda, Hanau 2007.

Patzer, Florian Till, Fritz Klingler (1887–1952), in: Siegfried Mielke/Stefan Heinz (Hrsg.) unter Mitarbeit von Julia Pietsch, Gewerkschafter in den Konzentrationslagern Oranienburg und Sachsenhausen. Biografisches Handbuch, Bd. 4, Berlin 2013 (Gewerkschafter im Nationalsozialismus. Verfolgung – Widerstand – Emigration, Bd. 6), S. 504–510.

Paul, Hans-Holger (Bearb.), Inventar zu den Nachlässen der deutschen Arbeiterbewegung. Für die zehn westdeutschen Länder und West-Berlin, hrsg. vom Archiv der sozialen Demokratie der Friedrich-Ebert-Stiftung, München 1993.

Peukert, Detlev J., Die KPD im Widerstand. Verfolgung und Untergrundarbeit an Rhein und Ruhr 1933 bis 1945, Wuppertal 1980 (Düsseldorfer Schriften zur neueren Landesgeschichte und zur Geschichte Nordrhein-Westfalens, Bd. 2).

Pfotenhauer, Sebastian, Seeger, Otto (1900–1976), in: Siegfried Mielke (Hrsg.) i. V. mit Günter Morsch, Gewerkschafter in den Konzentrationslagern Oranienburg und Sachsenhausen. Biographisches Handbuch, Bd. 2, Berlin 2003, S. 392–394.

Pietsch, Julia, Georg Otten (1889–1949), in: Siegfried Mielke/Stefan Heinz (Hrsg.) unter Mitarbeit von Marion Goers, Funktionäre des Deutschen Metallarbeiterverbandes im NS-Staat. Widerstand und Verfolgung, Berlin 2012 (Gewerkschafter im Nationalsozialismus. Verfolgung – Widerstand – Emigration, Bd. 1), S. 455–460.

– /Roth, Nina, Anastasius Grunwald (1890–1958), in: Siegfried Mielke/Stefan Heinz (Hrsg.) unter Mitarbeit von Marion Goers, Funktionäre des Deutschen Metallarbeiterverbandes im NS-Staat. Widerstand und Verfolgung, Berlin 2012 (Gewerkschafter im Nationalsozialismus. Verfolgung – Widerstand – Emigration, Bd. 1), S. 273–285.

Pilwousek, Ingelore (Hrsg.), Verfolgung und Widerstand. Das Schicksal Münchner Sozialdemokraten in der NS-Zeit, München 2012.

Podzuweit, Eberhard, Hans Jahn, in: Siegfried Mielke und Günter Morsch (Hrsg.), „Seid wachsam, dass über Deutschland nie wieder die Nacht hereinbricht.“, Berlin 2011, S. 100–107.

– Hermann Jochade, in: Siegfried Mielke und Günter Morsch (Hrsg.), „Seid wachsam, dass über Deutschland nie wieder die Nacht hereinbricht.“, Berlin 2011, S. 112–119.

– Widerstand von Eisenbahngewerkschaftern gegen den Nationalsozialismus in Mittel- und Ostdeutschland, FU Berlin (unveröffentlichtes Manuskript).

Pohl, Manfred, Von den Staatsbahnen zur Reichsbahn 1918–1924, in: Lothar Gall/ders. (Hrsg.), Die Eisenbahn in Deutschland. Von den Anfängen bis zur Gegenwart, München 1999, S. 71–107.

Posselt, Jonas, Paul Beyerling (1877 – nach 1945), in: Siegfried Mielke/Stefan Heinz (Hrsg.) unter Mitarbeit von Julia Pietsch, Gewerkschafter in den Konzentrationslagern Oranienburg und Sachsenhausen. Biografisches Handbuch, Bd. 4, Berlin 2013 (Gewerkschafter im Nationalsozialismus. Verfolgung – Widerstand – Emigration, Bd. 6), S. 373–378.

Potthoff, Heinrich, Freie Gewerkschaften 1918–1933. Der Allgemeine Deutsche Gewerkschaftsbund in der Weimarer Republik, Düsseldorf 1987 (Beiträge zur Geschichte des Parlamentarismus und der politischen Parteien, Bd. 82).

– /Wenzel, Rüdiger (Bearb.), Handbuch politischer Institutionen und Organisationen 1945–1949, Düsseldorf 1983 (Handbücher zur Geschichte des Parlamentarismus und der politischen Parteien, Bd. 1).

Rabe, Bernd, Die Sozialistische Front. Sozialdemokraten gegen den Faschismus 1933–1936, Hannover 1984.

Rack, Klaus Dieter/Vielsmeier, Bernd, Hessische Abgeordnete 1820–1933, Darmstadt 2008.

Raichle, Gerhard, Fridolin Endrass (1893–1940), Möglichkeiten und Grenzen des Widerstands im Dritten Reich, in: Leben am See – Jahrbuch des Bodenseekreises 16 (1999), S. 52–55.

– Fridolin Endrass (1893–1940), in: Alfred Gottwaldt, Eisenbahner gegen Hitler. Widerstand und Verfolgung bei der Reichsbahn 1933–1945, Wiesbaden 2009, S. 193–200.

Reith, Niels, Weiss, Johannes (1902–?), in: Siegfried Mielke (Hrsg.) i. V. mit Günter Morsch, Gewerkschafter in den Konzentrationslagern Oranienburg und Sachsenhausen. Biographisches Handbuch, Bd. 3, Berlin 2005, S. 576–577.

Reschke, Oliver, Der Kampf der Nationalsozialisten um den roten Friedrichshain (1925–1933), Berlin 2004.

Ribbe, Wolfgang/Hinze, Sibylle (Bearb.), Die Lageberichte der Geheimen Staatspolizei über die Provinz Brandenburg und die Reichshauptstadt Berlin, Bd. 1: Der Regierungsbezirk Potsdam, Köln und Weimar 1998 (Veröffentlichungen aus den Archiven Preußischer Kulturbesitz, Bd. 40/1).

Riechert, Udo, Neubeginn im Schatten der NS-Tyrannei. Gewerkschaften und Betriebsräte in Braunschweig und Wolfsburg in den ersten Nachkriegsjahren. Braunschweig 1987.

Riedel, Oswald, Allgemeiner Eisenbahner-Verband, in: Ludwig Heyde (Hrsg.), Internationales Handwörterbuch des Gewerkschaftswesens, Bd. 1, Berlin 1931, S. 30.

Rochow, Sylvia, Hahn, Erich (1890–1966), in: Siegfried Mielke (Hrsg.) i. V. mit Günter Morsch, Gewerkschafter in den Konzentrationslagern Oranienburg und Sachsenhausen. Biographisches Handbuch, Bd. 2, Berlin 2003, S. 223–225.

Röll, Wolfgang, Sozialdemokraten im Konzentrationslager Buchenwald 1937–1945, Göttingen 2000.

Rosen, Anton, Ibbenbüren von der Vorzeit bis zur Gegenwart, Ibbenbüren 1969.

Ross, Dietmar, Gewerkschaften und soziale Demokratie. Von der Richtungs- zur Einheitsgewerkschaft, von Weimar zur Nachkriegszeit. Untersuchungen zur gewerkschaftlichen Programmatik für den Aufbau einer demokratischen Gesellschaft, phil. Diss., Bonn 1975 (Manuskript).

Ruck, Michael, Gewerkschaften – Staat – Unternehmer. Die Gewerkschaften im sozialen und politischen Kräftefeld 1914 bis 1933, Köln 1990 (Gewerkschaften in Deutschland, Bd. 3).

Rudloff, Michael, Hans Jahn (1885–1960) Sozialdemokratischer Gewerkschafter in amerikanischer Uniform, in: Michael Rudloff/Mike Schmeitzner (Hrsg.), Solche Schädlinge gibt es auch in Leipzig. Sozialdemokraten und die SED, Frankfurt a. M. 1997, S. 174–185.

Rütters, Peter (Bearb.) unter Mitarbeit von Marion Goers, Der Freie Deutsche Gewerkschaftsbund 1945–1949/50. Gründung, Organisationsaufbau und Politik. Zonenebene, hrsg. von Siegfried Mielke und Peter Rütters, Bonn 2011 (Quellen zur Geschichte der deutschen Gewerkschaftsbewegung im 20. Jahrhundert, Bd. 15).

Saillant, Louis, Über Probleme der Gewerkschaften, hrsg. vom FDGB Groß-Berlin, Berlin 1948.

Sandvoß, Hans-Rainer, Die „andere" Reichshauptstadt. Widerstand aus der Arbeiterbewegung in Berlin von 1933 bis 1945, Berlin 2007.

– Widerstand in Spandau, Berlin (West) 1988 (Schriftenreihe über den Widerstand in Berlin von 1933 bis 1945, Bd. 3).

– Widerstand in Wedding und Gesundbrunnen, Berlin 2003. (Schriftenreihe über den Widerstand in Berlin von 1933 bis 1945, Bd. 14).

Sänger, Fritz (Hrsg.), Die Volksvertretung. Handbuch des Deutschen Bundestages, Stuttgart 1949.

– (Hrsg.), Handbuch des Deutschen Bundestages, Stuttgart 1952 [und spätere Ausgaben].

Schadt, Jörg (Bearb.), Verfolgung und Widerstand unter dem Nationalsozialismus in Baden. Die Lageberichte der Gestapo und des Generalstaatsanwalts Karlsruhe 1933–1940, Stuttgart 1976 (Veröffentlichungen des Stadtarchivs Mannheim, Bd. 3).

Scheel, Harry, Zugvögel. Kindheits-, Lehr- und Wanderjahre eines Lübecker Armenkindes und Handwerksgesellen vor dem Ersten Weltkrieg. Aufzeichnungen des Malers Harry Scheel, redigiert von seinem Sohne Heinrich Scheel, Berlin (Ost) 1989.

Scheel, Heinrich, Vor den Schranken des Reichskriegsgerichts. Mein Weg in den Widerstand, Berlin 1993.

Scheibe, Dietrich/Wiegold-Bovermann, Margit, „Morgen werden wir die Gewerkschaftshäuser besetzen". Die Zerschlagung der Gewerkschaften in Rheinland-Westfalen-Lippe am 2. Mai 1933, Essen 2003.

Schilde, Kurt/Tuchel, Johannes, Columbia-Haus. Berliner Konzentrationslager 1933–1936, hrsg. vom Bezirksamt Tempelhof von Berlin, Berlin (West) 1990.

Schmidt, Eberhard, Die verhinderte Neuordnung 1945–1952. Zur Auseinandersetzung um die Demokratisierung der Wirtschaft in den westlichen Besatzungszonen und in der Bundesrepublik Deutschland. Mit einem Vorwort von Wolfgang Abendroth, Frankfurt a. M. 1971.

Schmidt, Ernst, „Lichter in der Finsternis". Gegner und Verfolgte des Nationalsozialismus in Essen, Essen 2003.

Schmidt, Frank, „Trotz alledem…" Wir gestalten gemeinsam die bessere Zukunft. Aus der Geschichte des DMV in Limburg anhand ausgewählter Quellen und Statistiken, hrsg. von der IG Metall Limburg, Limburg 1991.

Schmidt, Rolf, Der Gau Kurhessen und seine Gau- und Kreisleiter im 3. Reich, Norderstedt 2013.

Schmidt, Walter A., Damit Deutschland lebe. Ein Quellenwerk über den antifaschistischen Widerstandskampf 1933–1945, Berlin (Ost) 1959.

Schmiechen-Ackermann, Detlef, Utopie und Realität der nationalsozialistischen „Volksgemeinschaft". Das Verhalten der Bevölkerung zwischen Selbstmobilisierung, Anpassungsdruck und wirksamen Kontrollmechanismen, in: Manuel Becker/Christoph Studt/Joachim Scholtyseck (Hrsg.), Der Umgang des Dritten Reiches mit den Feinden des Regimes. Tagungsband der XXII. Königswinterer Tagung im Februar 2009, Münster 2010 (Schriftenreihe der Forschungsgemeinschaft 20. Juli 1944 e. V., Bd. 13), S. 43–55.

– „Volksgemeinschaft": Mythos der NS-Propaganda, wirkungsmächtige soziale Verheißung oder soziale Realität im „Dritten Reich"?, in: Detlef Schmiechen-Ackermann (Hrsg.), „Volksgemeinschaft": Mythos, wirkungsmächtige soziale Verheißung oder soziale Realität im „Dritten Reich"? Zwischenbilanz einer kontroversen Debatte, Paderborn 2011 (Nationalsozialistische „Volksgemeinschaft". Studien zu Konstruktion, gesellschaftlicher Wirkungsmacht und Erinnerung, Bd. 1), S. 13–53.

Schneider, Michael, Die christlichen Gewerkschaften 1894–1933, Bonn 1982 (Forschungsinstitut der Friedrich-Ebert-Stiftung – Reihe: Politik- und Gesellschaftsgeschichte, Bd. 10).

– Gewerkschafter unter nationalsozialistischer Diktatur: Verfolgung, Widerstand und Exil 1933–1945, in: DGB-Archiv, Erschlagen, hingerichtet, in den Tod getrieben, Bonn 1995, S. 9–36.

– Gewerkschaftlicher Widerstand, in: Peter Steinbach/Johannes Tuchel (Hrsg.), Widerstand gegen die nationalsozialistische Diktatur 1933–1945, Bonn 2004 (Schriftenreihe der Bundeszentrale für politische Bildung, Bd. 438), S. 79–89.
– In der Kriegsgesellschaft. Arbeiter und Arbeiterbewegung 1939 bis 1945, Bonn 2014 (Geschichte der Arbeiter und der Arbeiterbewegung in Deutschland seit dem Ende des 18. Jahrhunderts, Bd. 13).
– Kleine Geschichte der Gewerkschaften. Ihre Entwicklung in Deutschland von den Anfängen bis heute, Bonn 2000.
– Unterm Hakenkreuz. Arbeiter und Arbeiterbewegung 1933 bis 1939, Bonn 1999 (Geschichte der Arbeiter und der Arbeiterbewegung in Deutschland seit dem Ende des 18. Jahrhunderts, Bd. 12).

Schöck, Eva C., Arbeitslosigkeit und Rationalisierung. Die Lage der Arbeiter und die kommunistische Gewerkschaftspolitik 1920–1928, Frankfurt a. M. 1977 (Campus-Studium, Bd. 537).

Schönhoven, Klaus, Die deutschen Gewerkschaften, Frankfurt a. M. 1987.
– Von der Kooperation zur Konfrontation. Gewerkschaften, Arbeitgeber und Staat in der Weimarer Republik, in: Hans-Jochen Vogel/Michael Ruck (Hrsg.), Arbeiterbewegung und soziale Demokratie in Deutschland. Ausgewählte Beiträge, Bonn 2002 (Politik und Gesellschaftsgeschichte, Bd. 59), S. 257–275.

Schröder, Wilhelm Heinz, Sozialdemokratische Parlamentarier in den deutschen Reichs- und Landtagen 1867–1933. Biographien – Chronik – Wahldokumentation, Düsseldorf 1995.

Schumacher Martin (Hrsg.), M. d. L. Das Ende der Parlamente 1933 und die Abgeordneten der Landtage und Bürgerschaften der Weimarer Republik in der Zeit des Nationalsozialismus. Politische Verfolgung, Emigration und Ausbürgerung 1933. Ein biographischer Index 1933–1945, Bonn 1995.
– (Hrsg.), M. d. R. Die Reichstagsabgeordneten der Weimarer Republik in der Zeit des Nationalsozialismus. Politische Verfolgung, Emigration und Ausbürgerung 1933–1945, Düsseldorf 1994.

Schumann, Hans-Gerd, Nationalsozialismus und Gewerkschaftsbewegung. Die Vernichtung der deutschen Gewerkschaften und der Aufbau der „Deutschen Arbeitsfront", Hannover und Frankfurt a. M. 1958.

Schuster, Martin, Die SA in der nationalsozialistischen „Machtergreifung" in Berlin und Brandenburg 1926–1934, phil. Diss., Berlin 2005.

Schütz, Dieter, Zwischen Standesbewusstsein und gewerkschaftlicher Orientierung. Beamte und ihre Interessenverbände in der Weimarer Republik, Baden-Baden 1992 (Schriften der Hans-Böckler-Stiftung, Bd. 10).

Seifert, Christfried, Entstehung und Entwicklung des Gewerkschaftsbundes Württemberg-Baden bis zur Gründung des DGB 1945 bis 1949, Marburg 1980 (Schriftenreihe für Sozialgeschichte und Arbeiterbewegung, Bd. 20).

Siegesbewusst, standhaft, unbezwingbar: Beiträge zur Geschichte des antifaschistischen Widerstandskampfes in Städten, Gemeinden und Betrieben des Bezirkes Frankfurt (Oder), hrsg. von der SED-Bezirksleitung Frankfurt (Oder), Frankfurt a. d. Oder 1978.

Simon, Barbara, Abgeordnete in Niedersachsen 1946–1994. Biographisches Handbuch, Hannover 1996.

Simon, Hartmut, Die Internationale Transportarbeiter-Föderation. Möglichkeiten und Grenzen internationaler Gewerkschaftsarbeit vor dem Ersten Weltkrieg, Essen 1994 (Veröffentlichungen des Instituts für Soziale Bewegungen, Schriftenreihe A: Darstellungen, Bd. 5).

Skrzypczak, Henryk, Funktionäre im Widerstand, in: Helga Grebing/Hans-Otto Hemmer/Gottfried Christmann (Hrsg.), Das HolzArbeiterBuch. Die Geschichte der Holzarbeiter und ihrer Gewerkschaften, Köln 1993, S. 186–189.

Sösemann, Bernd, Fritz Eberhard. Rückblicke auf Biographie und Werk, Stuttgart 2001 (Beiträge zur Kommunikationsgeschichte, Bd. 9).

SPD-Hamburg, Arbeitskreis Geschichte und Arbeitsgemeinschaft ehemals verfolgter Sozialdemokraten (Hrsg.), Für Freiheit und Demokratie. Hamburger Sozialdemokratinnen und Sozialdemokraten in Verfolgung und Widerstand 1933–1945, Hamburg 2003.

SPD-Ortsverein Arnsberg (Hrsg.), 70 Jahre SPD-Ortsverein Arnsberg 1918–1988, Arnsberg 1989.

Spliedt, Franz, Die Gewerkschaften. Entwicklung und Erfolge, Hamburg o. J. (1948/49).

Stadtland, Helke, Herrschaft nach Plan und Macht der Gewohnheit. Sozialgeschichte der Gewerkschaften in der SBZ/DDR 1945–1953, Essen 2001 (Veröffentlichungen des Instituts für soziale Bewegungen, Reihe A: Darstellungen, Bd. 16).

Stange, Carmen, Horn, Lambert (1899–1939), in: Siegfried Mielke (Hrsg.), Gewerkschafter in den Konzentrationslagern Oranienburg und Sachsenhausen. Biographisches Handbuch, Bd. 1, Berlin 2002, S. 197–198.

Steiger, Karsten, Kooperation, Konfrontation, Untergang. Das Weimarer Tarif- und Schlichtungswesen während der Weltwirtschaftskrise und seine Vorbedingungen, Stuttgart 1998 (Beiträge zur Unternehmensgeschichte, Bd. 5).

Steinbach, Peter, Die Rote Kapelle. 50 Jahre danach, in: Hans Coppi/Jürgen Danyel/Johannes Tuchel (Hrsg.), Die Rote Kapelle im Widerstand gegen den Nationalsozialismus, Berlin 1994 (Schriften der Gedenkstätte Deutscher Widerstand, Reihe A: Analysen und Darstellungen, Bd. 1), S. 54–67.

– Frauenwiderstand – Widerstand von Frauen, in: Christl Wickert (Hrsg.), Frauen gegen die Diktatur. Widerstand und Verfolgung im nationalsozialistischen Deutschland, Berlin 1994, S. 11–15.

– /Tuchel, Johannes, Lexikon des Widerstandes 1933–1945, München 1994.

Steinke, Karolin, Martin Hassemer (1912–1985), in: Alfred Gottwaldt, Eisenbahner gegen Hitler. Widerstand und Verfolgung bei der Reichsbahn 1933–1945, Wiesbaden 2009, S. 134–140.

Stickel-Pieper, Susanne (Bearb.), Trau! Schau! Wem? Dokumente zur Geschichte der Arbeiterbewegung im Raum Heilbronn/Neckarsulm 1844–1949, hrsg. von der IG Metall Verwaltungsstelle Heilbronn/Neckarsulm, Heilbronn 1994.

Stiftung Topographie des Terrors (Hrsg.), Das „Hausgefängnis" der Gestapo-Zentrale in Berlin. Terror und Widerstand 1933–1945, Berlin 2005.

Stracke, Stephan, Die Wuppertaler Gewerkschaftsprozesse. Gewerkschaftlicher Widerstand und internationale Solidarität, Bremen und Wuppertal 2012 (Verfolgung und Widerstand in Wuppertal, Bd. 12).

Striefler, Christian, Kampf um die Macht. Kommunisten und Nationalsozialisten am Ende der Weimarer Republik, Berlin 1993.

Stroech, Jürgen, Die illegale Presse. Eine Waffe im Kampf gegen den deutschen Faschismus. Ein Beitrag zur Geschichte und Bibliographie der illegalen antifaschistischen Presse 1933 bis 1939, Frankfurt a. M. 1979.

Struck, Wolf-Heino, Geschichte der Stadt Geisenheim, Frankfurt a. M. 1972.

Tenfelde, Klaus (Hrsg.), Ein neues Band der Solidarität. Chemie – Bergbau – Leder. Industriearbeiter und Gewerkschaften in Deutschland seit dem Zweiten Weltkrieg, Hannover 1997.

Theilen, Karin, Die Sozialistischen Blätter. Sprengstoff gegen das System. Ein Periodikum des hannoverschen Widerstands gegen den Nationalsozialismus, in: Marlis Buchholz/Claus Füllberg-Stolberg/Hans-Dieter Schmid (Hrsg.), Nationalsozialismus und Region. Festschrift für Herbert Obenaus zum 65. Geburtstag, Bielefeld 1996 (Hannoversche Schriften zur Regional- und Lokalgeschichte, Bd. 11), S. 145–166.

Tooze, Adam, Ökonomie der Zerstörung. Die Geschichte der Wirtschaft im Nationalsozialismus, München 2007.

Tosstorff, Reiner, Profintern. Die Rote Gewerkschaftsinternationale 1920–1937, Paderborn 2004.

Ueberschär, Gerd R. (Hrsg.), Das Nationalkomitee „Freies Deutschland" und der Bund Deutscher Offiziere, Frankfurt a. M. 1996 (Die Zeit des Nationalsozialismus).

– Für ein anderes Deutschland. Der deutsche Widerstand gegen den NS-Staat 1933–1945, Frankfurt a. M. 2006.

Uellenberg-van Dawen, Wolfgang, 60 Jahre Einheitsgewerkschaft in Köln 1945–2005. Gründung und Aufbau, hrsg. vom Deutschen Gewerkschaftsbund. Region Köln-Leverkusen-Erft-Berg, Köln 2005.

Ulrich, Axel, Politischer Widerstand gegen das „Dritte Reich" im Rhein-Main-Gebiet, Wiesbaden 2006.

– Wilhelm Leuschner. Ein deutscher Widerstandskämpfer. Für Freiheit und Recht, Einheit der Demokraten und eine soziale Republik, Wiesbaden 2012.
– /Zibell, Stephanie, Wilhelm Leuschner und sein antinazistisches Vertrauensleutenetzwerk, in: Wolfgang Form/Theo Schiller/Lothar Seitz (Hrsg.), NS-Justiz in Hessen. Verfolgung – Kontinuitäten – Erbe, Marburg 2015 (Veröffentlichungen der Historischen Kommission für Hessen, Bd. 65,4), S. 293–334.
Uns gehören die Schienenwege. Eine Festschrift des Ministeriums für Verkehrswesen der Deutschen Demokratischen Republik zum 125jährigen Jubiläum der Eisenbahnen in Deutschland, Berlin (Ost) o. J.
Verein Aktives Museum e. V. (Hrsg.), Vor die Tür gesetzt. Im Nationalsozialismus verfolgte Stadtverordnete und Magistratsmitglieder 1933–1945, Berlin 2006.
Vierhaus, Rudolf/Herbst, Ludolf (Hrsg.), Biographisches Handbuch der Mitglieder des Deutschen Bundestages 1949–2002, Bd. 1: A bis M, München 2002.
– /Herbst, Ludolf (Hrsg.), Biographisches Handbuch der Mitglieder des Deutschen Bundestages. 1949–2002, Bd. 2: N bis Z, München 2002.
Vogel, Marianne, Immer wieder aufstehen. Geschichte des DGB und der Gewerkschaften in der Region Paderborn, hrsg. von Manfred Kunkel für den DGB-Kreis Region Paderborn-Lippe-Höxter, Paderborn 1999.
Volquardts, Elisabeth, Beamtenverbände im Nationalsozialismus. Gleichschaltung zum Zwecke der Ausschaltung aufgrund politischer oder weltanschaulicher Gegnerschaft, dargestellt am Beispiel des Deutschen Beamtenbundes, des Verbandes Preußischer Polizeibeamten e.V. und der Gewerkschaft Deutscher Lokomotivführer e. V., München 2001.
Vorstand der SPD (Hrsg.), Der Freiheit verpflichtet. Gedenkbuch der deutschen Sozialdemokratie im 20. Jahrhundert. Konzeption und Redaktion: Christl Wickert, Marburg 2000.
Weber, Hermann, Hauptfeind Sozialdemokratie. Strategie und Taktik der KPD 1929–1933, Düsseldorf 1982.
– /Kommunistischer Widerstand gegen die Hitler-Diktatur 1933–1939, Berlin (West) 1988 (Beiträge zum Widerstand der Gedenkstätte Deutscher Widerstand Berlin, Nr. 33).
– /Herbst, Andreas, Deutsche Kommunisten. Biographisches Handbuch 1918 bis 1945, Berlin 2004 und 2., aktualisierte Neuauflage: Berlin 2008.
– /Herbst, Andreas, Deutsche Kommunisten. Supplement zum Biographischen Handbuch 1918 bis 1945. Hermann Weber zum 85. Geburtstag, Berlin 2013.
Weber, Max, Die „Objektivität“ sozialwissenschaftlicher und sozialpolitischer Erkenntnis, in: Max Weber, Gesammelte Aufsätze zur Wissenschaftslehre, Tübingen 1951, S. 146–214.
Weber, Petra, Gescheiterte Sozialpartnerschaft – Gefährdete Republik? Industrielle Beziehungen, Arbeitskämpfe und der Sozialstaat. Deutschland und Frankreich im Vergleich (1918–1933/39), München 2010.
Weipert, Hendrik, Die Widerstandsgruppierung um Robert Uhrig. Gruppenbiographische Forschungen, Staatsexamensarbeit (FU Berlin), Berlin 2009.

Weiß-Hartmann, Anne, Der Freie Gewerkschaftsbund Hessen 1945–1949, Marburg 1977 (Schriftenreihe für Sozialgeschichte und Arbeiterbewegung, Bd. 2).

Werum, Stefan Paul, Gewerkschaftlicher Niedergang im sozialistischen Aufbau. Der Freie Deutsche Gewerkschaftsbund (FDGB) 1945 bis 1953, Göttingen 2005 (Schriften des Hannah-Arendt-Instituts für Totalitarismusforschung, Bd. 26).

– „Wir sind die Illegalen!" Zum Wandel der Funktionen und Organisationsstrukturen des Freien Deutschen Gewerkschaftsbundes (FDGB) 1948–1952/53, in: Archiv für Sozialgeschichte 39 (1999), S. 73–121.

Wildt, Michael, „Volksgemeinschaft". Eine Antwort auf Ian Kershaw, in: Zeithistorische Forschungen/Studies in Contemporary History 8 (2011) 1, S. 102–109.

– /Kreutzmüller, Christoph (Hrsg.), Berlin 1933–1945, München 2013.

Wilfert, Andrea, Franz Göhr, in: Winfried Meyer (Hrsg.), Verschwörer im KZ. Hans von Dohnanyi und die Häftlinge des 20. Juli 1944 im KZ Sachsenhausen, Berlin 1999 (Schriftenreihe der Stiftung Brandenburgische Gedenkstätten, Bd. 5), S. 249–252.

Wingender, Antje, Friedrich Michaelis (1887–1969), in: Alfred Gottwaldt, Eisenbahner gegen Hitler. Widerstand und Verfolgung bei der Reichsbahn 1933–1945, Wiesbaden 2009, S. 201–206.

Winters, Fritz, Gewerkschaft deutscher Eisenbahner e. V. (GdE), in: Ludwig Heyde (Hrsg.), Internationales Handwörterbuch des Gewerkschaftswesens, Bd. 1, Berlin 1931, S. 646.

Wirsching, Andreas, Kommunistischer „Antifaschismus" in Berlin und Paris zwischen den Weltkriegen, in: Detlef Schmiechen-Ackermann (Hrsg.), Anpassung, Verweigerung, Widerstand. Soziale Milieus, Politische Kultur und der Widerstand gegen den Nationalsozialismus in Deutschland im regionalen Vergleich, Berlin 1997 (Schriften der Gedenkstätte Deutscher Widerstand, Reihe A: Analysen und Darstellungen, Bd. 3), S. 201–219.

Witetschek, Helmut, Der gefälschte und der echte Mölders-Brief, in: Vierteljahrshefte für Zeitgeschichte 16 (1968) 1, S. 60–65.

Wittmann, Detlef, Vorwärts und nicht vergessen. Die Geschichte der Sozialdemokratie in St. Wendel, hrsg. vom SPD-Ortsverein St. Wendel, St. Wendel 1989.

Wollin, Frank, Jendrosch, Friedrich (1890–1944), in: Siegfried Mielke (Hrsg.) i. V. mit Günter Morsch, Gewerkschafter in den Konzentrationslagern Oranienburg und Sachsenhausen. Biographisches Handbuch, Bd. 3, Berlin 2005, S. 373–375.

Zahn, Kathrin, Scharfschwerdt jun., Otto (1909–1990), in: Siegfried Mielke (Hrsg.) i. V. mit Günter Morsch, Gewerkschafter in den Konzentrationslagern Oranienburg und Sachsenhausen. Biographisches Handbuch, Bd. 3, Berlin 2005, S. 493 f.

Zimmermann, Hartmut, Freier Deutscher Gewerkschaftsbund, in: DDR-Handbuch, Bd. 1, Bonn 1985, S. 459–473.

Zimmermann, Rüdiger, 100 Jahre ÖTV. Biographien. Die Geschichte einer Gewerkschaft und ihrer Vorläuferorganisationen, Frankfurt a. M. 1996.

Liste abgekürzter Quellen- und Literaturangaben

Röder/Strauss (Bearb.), Biographisches Handbuch

→ Biographisches Handbuch der deutschsprachigen Emigration nach 1933, Bd. 1: Politik, Wirtschaft, Öffentliches Leben, Leitung und Bearbeitung: Werner Röder und Herbert A. Strauss, München 1980.

Buschak, „Arbeit im kleinsten Zirkel", Angabe der Auflage und des Erscheinungsjahres

→ Buschak, Willy, „Arbeit im kleinsten Zirkel": Gewerkschaften im Widerstand gegen den Nationalsozialismus, Hamburg 1993 und 2., aktualisierte Aufl., Essen 2015.

Buß, Dreimal Stunde Null

→ Buß, Hans-Joachim, Dreimal Stunde Null. Gewerkschaft am Schienenstrang, Aufstieg und Wandlungen 1897–1972, Frankfurt a. M. 1973.

Esters/Pelger/Schlingensiepen, Gewerkschafter im Widerstand

→ Esters, Helmut/Pelger, Hans/Schlingensiepen, Alexandra, Gewerkschafter im Widerstand, Bonn 1983 (Schriftenreihe des Forschungsinstituts der Friedrich-Ebert-Stiftung, Bd. 49).

Geschichtswerkstatt unter Leitung von Fieber (Hrsg.), Widerstand in Berlin gegen das NS-Regime 1933–1945, Bd. X

→ Geschichtswerkstatt der Berliner Vereinigung ehemaliger Teilnehmer am antifaschistischen Widerstand, Verfolgter des Naziregimes und Hinterbliebener (BVdN) e. V. unter Leitung von Hans-Joachim Fieber (Hrsg.), Widerstand in Berlin gegen das NS-Regime 1933–1945. Ein biographisches Lexikon, Bde. 1–10, Berlin 2001–2004.

Gottwaldt, Eisenbahner gegen Hitler

→ Gottwaldt, Alfred, Eisenbahner gegen Hitler. Widerstand und Verfolgung bei der Reichsbahn 1933–1945, Wiesbaden 2009.

Mielke/Frese (Bearb.), Die Gewerkschaften im Widerstand und in der Emigration

→ Mielke, Siegfried/Frese, Matthias (Bearb.), Die Gewerkschaften im Widerstand und in der Emigration 1933–1945, Frankfurt a. M. 1999 (Quellen zur Geschichte der deutschen Gewerkschaftsbewegung im 20. Jahrhundert, Bd. 5).

Mielke (Bearb.) unter Mitarbeit von Rütters, Becker und Fichter, Organisatorischer Aufbau der Gewerkschaften

→ Mielke, Siegfried (Bearb.) unter Mitarbeit von Peter Rütters, Michael Becker und Michael Fichter, Organisatorischer Aufbau der Gewerkschaften 1945–1949, Köln 1987 (Quellen zur Geschichte der deutschen Gewerkschaftsbewegung im 20. Jahrhundert, Bd. 6).

Mielke/Heinz (Hrsg.) unter Mitarbeit von Goers, Funktionäre des Deutschen Metallarbeiterverbandes im NS-Staat

→ Mielke, Siegfried/Heinz, Stefan (Hrsg.) unter Mitarbeit von Marion Goers, Funktionäre des Deutschen Metallarbeiterverbandes im NS-Staat. Widerstand und Verfolgung,

Berlin 2012 (Gewerkschafter im Nationalsozialismus. Verfolgung – Widerstand – Emigration, Bd. 1).

Heinz/Mielke (Hrsg.), Funktionäre des Einheitsverbandes der Metallarbeiter Berlins im NS-Staat

→ Heinz, Stefan/Mielke, Siegfried (Hrsg.), Funktionäre des Einheitsverbandes der Metallarbeiter Berlins im NS-Staat. Widerstand und Verfolgung, Berlin 2012 (Gewerkschafter im Nationalsozialismus. Verfolgung – Widerstand – Emigration, Bd. 2).

Mielke/Heinz (Hrsg.) unter Mitarbeit von Pietsch, Emigrierte Metallgewerkschafter im Kampf

→ Mielke, Siegfried/Heinz, Stefan (Hrsg.) unter Mitarbeit von Julia Pietsch, Emigrierte Metallgewerkschafter im Kampf gegen das NS-Regime, Berlin 2014 (Gewerkschafter im Nationalsozialismus. Verfolgung – Widerstand – Emigration, Bd. 3).

Nelles, Widerstand und internationale Solidarität. Die Internationale Transportarbeiter-Föderation (ITF) im Widerstand

→ Nelles, Dieter, Widerstand und internationale Solidarität. Die Internationale Transportarbeiter-Föderation (ITF) im Widerstand gegen den Nationalsozialismus, Essen 2001 (Veröffentlichungen des Instituts für soziale Bewegungen, Schriftenreihe A: Darstellungen, Bd. 18)

Pilwousek (Hrsg.), Verfolgung und Widerstand

→ Pilwousek, Ingelore (Hrsg.), Verfolgung und Widerstand. Das Schicksal Münchner Sozialdemokraten in der NS-Zeit, München 2012.

Rütters (Bearb.) unter Mitarbeit von Goers, Der Freie Deutsche Gewerkschaftsbund

→ Rütters, Peter (Bearb.) unter Mitarbeit von Marion Goers, Der Freie Deutsche Gewerkschaftsbund 1945–1949/50. Gründung, Organisationsaufbau und Politik. Zonenebene, hrsg. von Siegfried Mielke und Peter Rütters, Bonn 2011 (Quellen zur Geschichte der deutschen Gewerkschaftsbewegung im 20. Jahrhundert, Bd. 15).

SAPMO-BArch, Widerstandskartei

→ SAPMO-BArch, Kartei zu Personen und Sachverhalten des antifaschistischen Widerstandskampfes

Schröder, Sozialdemokratische Parlamentarier

→ Schröder, Wilhelm Heinz, Sozialdemokratische Parlamentarier in den deutschen Reichs- und Landtagen 1867–1933. Biographien – Chronik – Wahldokumentation, Düsseldorf 1995.

Schumacher (Hrsg.), M. d. R. Die Reichstagsabgeordneten der Weimarer Republik

→ Schumacher, Martin (Hrsg.), M. d. R. Die Reichstagsabgeordneten der Weimarer Republik in der Zeit des Nationalsozialismus. Politische Verfolgung, Emigration und Ausbürgerung 1933–1945, Düsseldorf 1994.

Schumacher (Hrsg.), M. d. L. Das Ende der Parlamente

→ Schumacher, Martin (Hrsg.), M. d. L. Das Ende der Parlamente 1933 und die Abgeordneten der Landtage und Bürgerschaften der Weimarer Republik in der Zeit des Nationalsozialismus. Politische Verfolgung, Emigration und Ausbürgerung 1933. Ein biographischer Index 1933–1945, Bonn 1995.

SPD-Hamburg, Für Freiheit und Demokratie
→ SPD-Hamburg, Arbeitskreis Geschichte und Arbeitsgemeinschaft ehemals verfolgter Sozialdemokraten (Hrsg.), Für Freiheit und Demokratie. Hamburger Sozialdemokratinnen und Sozialdemokraten in Verfolgung und Widerstand 1933–1945, Hamburg 2003.

Handbuch des Vereins Arbeiterpresse, Angabe der Auflage und des Erscheinungsjahres
→ Vorstand des Vereins Arbeiterpresse (Hrsg.), Handbuch des Vereins Arbeiterpresse, Berlin 1914 und 2., aktualisierte Aufl., Berlin 1927.

Weber/Herbst, Deutsche Kommunisten, Angabe der Auflage und des Erscheinungsjahres
→ Weber, Hermann/Herbst, Andreas, Deutsche Kommunisten. Biographisches Handbuch 1918 bis 1945, Berlin 2004 und 2., aktualisierte Neuaufl., Berlin 2008.

Personenregister

Zu den Autoren

Mielke, Siegfried, Dr. phil. und Univ.-Professor (im Ruhestand) für Politikwissenschaft am Fachbereich Politik- und Sozialwissenschaften der Freien Universität Berlin; Initiator zahlreicher Forschungsprojekte zur Verfolgung und zum Widerstand von Gewerkschafterinnen und Gewerkschaftern im NS-Staat; Leiter des von der Gerda-Henkel-Stiftung finanzierten Projektes „Eisenbahngewerkschafter/innen im NS-Staat: Verfolgung – Widerstand – Emigration (1933–1945)“ am Otto-Suhr-Institut Berlin; zuletzt veröffentlicht: Siegfried Mielke/Stefan Heinz (Hrsg.) unter Mitarbeit von Julia Pietsch, Emigrierte Metallgewerkschafter im Kampf gegen das NS-Regime, Berlin 2014 (Gewerkschafter im Nationalsozialismus. Verfolgung – Widerstand – Emigration, Bd. 3) und Siegfried Mielke/Stefan Heinz (Hrsg.) unter Mitarbeit von Marion Goers, Funktionäre des Deutschen Metallarbeiterverbandes im NS-Staat. Widerstand und Verfolgung, Berlin 2012 (Gewerkschafter im Nationalsozialismus. Verfolgung – Widerstand – Emigration, Bd. 1) und Siegfried Mielke/Werner Reutter (Hrsg.), Landesparlamentarismus. Geschichte – Struktur – Funktionen, 2. durchgesehene und aktualisierte Aufl., Wiesbaden 2012 sowie Siegfried Mielke/Günter Morsch (Hrsg.), „Seid wachsam, dass über Deutschland nie wieder die Nacht hereinbricht.“ Gewerkschafter in Konzentrationslagern 1933–1945. Begleitband zur Ausstellung der Stiftung Brandenburgische Gedenkstätten, der Arbeitsstelle Nationale und Internationale Gewerkschaftspolitik der FU Berlin und der Hans-Böckler-Stiftung, Berlin 2011.

Heinz, Stefan, Dr. phil., Dipl.-Politologe; Wissenschaftlicher Mitarbeiter am Fachbereich Politik- und Sozialwissenschaften der Freien Universität Berlin, Otto-Suhr-Institut für Politikwissenschaft; Forschungsinteressen: Geschichte des Nationalsozialismus und beider deutscher Staaten, Parteien- und Verbändeforschung; zuletzt veröffentlicht: Siegfried Mielke/Stefan Heinz (Hrsg.) unter Mitarbeit von Julia Pietsch, Emigrierte Metallgewerkschafter im Kampf gegen das NS-Regime, Berlin 2014 (Gewerkschafter im Nationalsozialismus. Verfolgung – Widerstand – Emigration, Bd. 3) und Siegfried Mielke/Stefan Heinz (Hrsg.) unter Mitarbeit von Julia Pietsch, Gewerkschafter in den Konzentrationslagern Oranienburg und Sachsenhausen. Biographisches Handbuch, Bd. 4, Berlin 2013 und Stefan Heinz, Moskaus Söldner? Der „Einheitsverband der Metallarbeiter Berlins“: Entwicklung und Scheitern einer kommunistischen Gewerkschaft, Hamburg 2010 sowie Hans Coppi/Stefan Heinz (Hrsg.), Der vergessene Widerstand der Arbeiter. Gewerkschafter, Kommunisten, Sozialdemokraten, Trotzkisten, Anarchisten und Zwangsarbeiter, Berlin 2012 (Geschichte des Kommunismus und Linkssozialismus, Bd. XVI), Anfang 2013: „Honorable Mention Award" von der International Labor History Association (ILHA).

Podzuweit, Eberhard, Dipl.-Politologe; Doktorand am Fachbereich Politik- und Sozialwissenschaften der Freien Universität Berlin, Otto-Suhr-Institut für Politikwissenschaft; Forschungsinteressen: Widerstand gegen den Nationalsozialismus, Europäische Integration, Entwicklung der Arbeitsbeziehungen (Schwerpunkt: Gewerkschaftsforschung); zuletzt veröffentlicht: mehrere biographische Beiträge in: Siegfried Mielke/Stefan Heinz (Hrsg.) unter Mitarbeit von Julia Pietsch, Emigrierte Metallgewerkschafter im Kampf gegen das NS-Regime, Berlin 2014 (Gewerkschafter im Nationalsozialismus. Verfolgung – Widerstand – Emigration, Bd. 3) und in: Siegfried Mielke/Günter Morsch (Hrsg.), „Seid wachsam, dass über Deutschland nie wieder die Nacht hereinbricht." Gewerkschafter in Konzentrationslagern 1933–1945. Begleitband zur Ausstellung der Stiftung Brandenburgische Gedenkstätten, der Arbeitsstelle Nationale und Internationale Gewerkschaftspolitik der FU Berlin und der Hans-Böckler-Stiftung, Berlin 2011 sowie Eberhard Podzuweit, Arbeitsmarkteinflüsse auf die Mitgliedsstruktur der DGB-Gewerkschaften. Die Entwicklungen von 1949 bis 2009 im Fokus, Saarbrücken 2011.